JOSEPH GÖRRES
GESAMMELTE SCHRIFTEN

JOSEPH GÖRRES
GESAMMELTE SCHRIFTEN

Herausgegeben im Auftrag der Görres-Gesellschaft von
Wilhelm Schellberg †, Adolf Dyroff †, Leo Just † und Heribert Raab†,
fortgeführt von der Görres-Forschungsstelle an der
Katholischen Universität Eichstätt

BRIEFE

Band 3

JOSEPH GÖRRES

BRIEFE
Band 3

Von 1814 bis zum Exil

Bearbeitet und herausgegeben von

Monika Fink-Lang

TUTA SUB AEGIDE PALLAS · 1683 ·

BRILL
SCHÖNINGH

Bibliografische Information der Deutschen Nationalbibliothek

Die Deutsche Nationalbibliothek verzeichnet diese Publikation in der Deutschen Nationalbibliografie; detaillierte bibliografische Daten sind im Internet über http://dnb.d-nb.de abrufbar.

Koninklijke Brill NV umfasst die Imprints Brill, Brill Nijhoff, Brill Hotei, Brill Schöningh, Brill Fink, Brill mentis, Vandenhoeck & Ruprecht, Böhlau, Verlag Antike und V&R unipress.

www.schoeningh.de

Einbandgestaltung: Evelyn Ziegler, München
Herstellung: Brill Deutschland GmbH, Paderborn

ISBN 978-3-506-70841-0 (hardback)
ISBN 978-3-657-70841-3 (e-book)

INHALT

Einleitung

GÖRRES' JAHRE UNTER PREUSSISCHER HERRSCHAFT IN KOBLENZ IM SPIEGEL DER BRIEFE

Der 1. Januar 1814 bedeutet den Beginn einer neuen Ära für das Rheinland und für Joseph Görres. An diesem denkwürdigen Neujahrstag, den Görres krank vom Bett aus verfolgt, überschreiten die Truppen der antinapoleonischen Allianz den Rhein und ziehen siegreich in Koblenz ein. Damit endet die 20-jährige französische Herrschaft in Koblenz. Für Görres bedeutet es das Ende der ruhigen unpolitischen Studien. Seine zweite Leidenschaft, die für den politischen Journalismus, drängt sich mit einem Schlag in den Vordergrund. Im *Rheinischen Merkur* will er dem Gebot der Stunde folgen, als Stimme der Bevölkerung am Rhein die Begeisterung für die gemeinsame deutsche Sache propagieren. Seine Hoffnung setzt er nun auf Preußen. Die Briefe an Generalgouverneur Justus Gruner zeugen von seiner Bereitschaft, an der neuen Organisation mitzuwirken. Er bringt sich von Anfang an mit seiner Kenntnis der Verhältnisse vor Ort als ein wertvoller Berater in Personalfragen ein. Im April 1814 ernennt ihn Gruner zum Direktor des öffentlichen Unterrichts. Dieses Amt, das mit zahlreichen Visitationsreisen verbunden ist, und die Arbeit an seinem *Rheinischen Merkur*, für den er nicht nur allein verantwortlich zeichnet, sondern in dem er auch als Hauptautor mit regelmäßigen Artikelserien präsent ist und für den er die tägliche Redaktionsarbeit, auch die Überarbeitung eingesandter Artikel, zu stemmen hat, nehmen seine ganze Zeit in Anspruch. Die geliebten altdeutschen Studien, die Beschäftigung mit den asiatischen Mythen, die verschiedenen Editionsprojekte, die die letzten Jahre ausgefüllt hatten, müssen den neuen Aufgaben weichen, der ausführliche briefliche Gedankenaustausch über germanistische Fragen, vor allem mit den Brüdern Grimm, ist nun weitgehend unterbrochen. Freilich ist er bemüht, die alten Freundschaften und Kontakte nicht einschlafen zu lassen, doch die Briefe an die Freunde werden seltener, und kürzer. Seine neuen Tätigkeiten lassen ihm, so schreibt er an Grimm, kaum Zeit, „die wenigen Worte in Eile hinzuwerfen", seine literarischen Arbeiten „warten auf andere Zeiten". Der Vielbeschäftigte teilt sich nun den Freunden durch seinen *Merkur* mit.

Görres' *Rheinischer Merkur* steht zunächst ganz im Zeichen des patriotischen Kampfs gegen Napoleon, den verhassten Tyrannen, er warnt vor Zugeständnissen in den Friedensverhandlungen, verteidigt vor allem die Länder links des Rheins als unveräußerlichen Teil Deutschlands gegenüber der Idee einer Rheingrenze. In den Monaten vor dem Wiener Kongress beginnt der *Merkur* sich mit der künftigen deutschen Verfassung zu beschäftigen. Was Görres vorschwebt, ist eine ständische Verfassung nach dem Vorbild des Mittelalters, und ein Kompromiss zwischen den Führungsansprüchen Österreichs und Preußens: ein Kaiser aus dem Hause Habsburg, eine Doppelspitze für den Reichstag. Eine große Artikelreihe dazu entsteht in enger Absprache und Zusammenarbeit mit dem Freiherrn von Stein. Mehr und mehr schießt Görres sich im *Merkur* auf die ehemaligen Rheinbundstaaten ein, die einstigen Verbündeten Napoleons, die er als das größte Hindernis für eine deutsche Einheit ansieht. Die Folge sind Beschwerden, schließlich

Verbote des *Merkur* in Bayern, Baden und Württemberg. Von den Problemen des *Merkur* mit der Zensur und dem sich verschärfenden Ton zeugen der Briefverkehr und Notenaustausch mit den beiden Brüdern Sack, Generalgouvernements-Kommissar Ernst Heinrich Sack in Koblenz und Johann August Sack, Generalgouverneur für Nieder- und Mittelrhein in Aachen, ebenso wie die Briefe zwischen dem kompromisslos Pressefreiheit einfordernden Görres und dem zur Vorsicht mahnenden Staatskanzler Hardenberg. Am Ende steht das Verbot des *Merkur* im Januar 1816, und der für Görres besonders demütigende Verlust seines Amts als Direktor des öffentlichen Unterrichts wenige Monate später.

In Görres' Briefen an seine Frau von einer Fußwanderung im Sommer 1816, die er unternimmt, um seine Enttäuschung aufzuarbeiten und „um den Ärger zu verlaufen", ebenso wie von seiner neuerlichen Wanderung im Herbst 1818, lernen wir den für alles Neue offenen Naturliebhaber und den interessierten Kunstsammler kennen.

Das Ende des *Merkur* und der Amtspflichten als Direktor des öffentlichen Unterrichts lassen Görres wieder Zeit zur Rückbesinnung auf alte Projekte. So wird der *Schah Nameh* wieder aufgenommen, auch Pläne für eine politische Schrift über Preußens Rheinische Mark werden geschmiedet. Nach der Rückkehr der Palatina-Handschriften in die Heidelberger Bibliothek bietet sich die lang ersehnte Gelegenheit, diese im Original zu studieren. Als Erträge seines Heidelberg-Aufenthalts entstehen die *Altteutschen Volks und Meisterlieder* und Pläne zu einer Sammlung von Sagen aus Heidelberger Handschriften. Eine Reihe von bisher unveröffentlichten Briefen an die Verleger Reimer, Wilmans, Mohr und Winter und an den Drucker Vieweg dokumentieren diese diversen Buchprojekte.

Nach wie vor versteht sich Görres als Sprecher der Rheinländer, fühlt sich verantwortlich für die Menschen am Rhein. Das zeigt sich an seinem Engagement für den Koblenzer Hilfsverein im Frühjahr und Sommer 1817 und für die Adressbewegung im Herbst des Jahres. Görres ist nicht nur Initiator der Hilfsaktion in der Hungersnot, die dem „Jahr ohne Sommer" 1816 folgt, er verfasst auch die regelmäßigen Rechenschaftsberichte des Vereins, bittet Freunde und Bekannte in ganz Deutschland um Spenden, ist als Ansprechpartner unermüdlich im täglichen Geschäft des Vereins tätig, befasst mit den Details der Organisation, mit Spenden, Lotterielosen und Getreidelieferungen, wie eine Vielzahl von Schreiben an und von Görres im Stadtarchiv Koblenz bezeugen, von denen nur einige stellvertretend hier aufgenommen wurden.

Die Briefe aus den Jahren nach dem Ende des *Merkur* dokumentieren Görres' Gemütslage zwischen Hoffen auf Rehabilitierung und Resignation. Zunächst denkt er ernsthaft über eine Wiederaufnahme des *Merkur* nach, glaubt an seine „restitutio in integrum". Eine Berufung nach Württemberg im März 1817 schlägt er aus treuer Anhänglichkeit an Preußen letztlich aus. Doch die vagen Hoffnungen auf eine Anstellung an der neugegründeten rheinischen Universität in Bonn zerschlagen sich, Görres blickt in eine ungewisse Zukunft. Die Briefe illustrieren seinen wachsenden Groll gegen die preußische Politik am Rhein, die ungerechte Steuerpolitik, die Benachteiligung der katholischen Bevölkerung, den zunehmenden Machtzuwachs der reformfeindlichen Partei am preußischen Hof, die strenge Zensur und Gesinnungsschnüffelei. Sie lassen Schritt für Schritt die Stufen der Eskalation im Verhältnis zur preußischen Regierung nachvollziehen, bis zum endgültigen Bruch. Die beiden Bücher *Kotzebue und was ihn gemordet* und *Teutschland und die Revolution* besiegeln das Ende der einst hoffnungsvollen Beziehung zu Preußen. Am 30. September 1819 ergeht der königliche Befehl zur Gefangennahme, Görres reagiert sofort, schon am 1. Oktober ist er in Frankfurt, am 9. Oktober setzt er bei Selz mit der Fähre über den Rhein und begibt sich ins Exil nach Straßburg. Den Boden des Rheinlands wird er nie mehr betreten. Görres' letztes Schreiben vor seiner Flucht aus Koblenz, das erst nach seinem Weggang verschickt wurde, befasst sich bezeichnenderweise mit der Nutzung von Geldern des Koblenzer Hilfsvereins und zeugt damit von seinem Engagement für die rheinische Heimat bis zur letzten Minute.

ZUR EDITION

Der vorliegende 3. Band der Edition bringt (incl. Appendix) 180 Briefe von Görres, unter ihnen 67 bisher unveröffentlichte Briefe. Wo immer es möglich war, erfolgte die Edition nach dem Original. Wo die Originale unauffindbar waren und auf vorhandene Briefausgaben zurückgegriffen werden musste, wurde dies gesondert angegeben. Ergänzt werden die Briefe von Görres durch ca. 340 Briefe an Görres, von denen annähernd 200 bisher unveröffentlicht waren. In der Regel wurden die Briefe an Görres im Regest aufgenommen, in vielen Fällen allerdings schien es sinnvoll, bisher unveröffentlichte Briefe – besonders solche aus den Beständen des schwer zugänglichen Familienarchivs Görres-Jochner – ausführlicher und häufig wörtlich wiederzugeben.

Viele der früher bereits von Marie Görres in den *Familienbriefen* und, ihr folgend, in weiteren Briefeditionen teilweise oder ganz veröffentlichten Briefe von Görres, sind hier erstmals nach dem Originaltext verfügbar, korrigiert und ergänzt, befreit von den redaktionellen Bearbeitungen, Modernisierungen und Kürzungen früherer Ausgaben, wie etwa den verschämten Auslassungen und gut gemeinten stilistischen Verbesserungen, die Görres' Tochter Marie vorgenommen hat, vor denen aber auch spätere Bearbeiter nicht zurückgeschreckt sind.

Görres selbst hat im Straßburger Exil seine persönliche Geschichte mit Preußen aufgearbeitet und für die Nachwelt festgehalten. Er hat sich den Schriftverkehr mit Hardenberg, Ingersleben, Wangenheim und dem preußischen König zuschicken lassen, manches musste er aus dem Gedächtnis rekonstruieren, da viele Teile seiner Korrespondenz beschlagnahmt und nach Berlin gewandert waren. Diese Sammlung, die er seiner Schrift *In Sachen der Rheinprovinzen und in eigener Angelegenheit* beigefügt hat, ist für uns heute eine wertvolle Quelle.

Alle in den Briefen von und an Görres (incl. Anmerkungen) erwähnten Personen finden sich im Personenverzeichnis, daneben gibt ein chronologisches Verzeichnis der in den Briefen erwähnten Werke von Görres den Ort ihrer Erwähnung an.

Für Görres' Biografie verweise ich auf meine 2013 im Schöningh-Verlag erschienene Arbeit, sowie auf eine komprimierte Ausgabe im Taschenbuch beim topos-Verlag, 2015.

Görres' Briefe

1. An Justus Gruner

Datum: Koblenz, 3.2.1814.
Original: Berlin, GStA PK, I. HA Rep. 77, Tit. 21, G. Nr. 1, Bd. 2, Bl. 10f. (3 Seiten).
Druckausgaben: Gruner, Ein Beitrag zum Briefwechsel von Joseph von Görres, in: *Deutsche Revue* 18. Jg., Bd. 3 (1893), S. 242f (1. Absatz fehlt); Schellberg (Hrsg.), *Ausgewählte Briefe* (1911), Nr. 94 (einige Abweichungen und Auslassungen).
Einordnung: Dieser erste Brief Görres' an den neuernannten preußischen Generalgouverneur Justus Gruner führt in die ersten Wochen nach dem Zusammenbruch der französischen Herrschaft in Koblenz. Gruners Antwort: 6.2.1814.
Regest: Görres dankt Gruner für das in ihn gesetzte Vertrauen und macht Vorschläge für die Besetzung wichtiger Ämter im neu zu schaffenden preußischen Generalgouvernement.

Coblenz am 3ten Februar 1814.

Mein sehr werther Freund!

Zum erstenmal in meinem Leben geb ich einem ersten Briefe solche Aufschrifft, in der Freude meines Herzens, daß ich zum erstenmale einen Mann gefunden, der mit der Gewalt den Willen, die Einsicht und das Vermögen im Leben durchzugreifen verbindet.[1] Darum weiß ich gar wohl, daß Sie die Weiße, wie ich Ihnen nahe, nicht als unziemliche Vertraulichkeit aufnehmen werden. Innerlich in der Gesinnung fühle ich mich Ihnen verwandt ja gleich, während, während ich den äußern Abstand gebührend ehre. Ich werde das Vertrauen, das Sie mir so ehrend, und zugleich so wohl verdient, zugewendet, nie wie einen einmal erworbenen Besitz betrachten, sondern es jedesmal immer wieder von neuem zu verdienen suchen.

Bald nach Ihrer Abreiße habe ich mit Verdruß vernommen, wie Krezer die angetragene Stelle abgelehnt, seine Weigerung wird Ihnen wohl bewiesen haben, daß er Ihrer Wahl nicht unwerth gewesen ist.[2] Alle seine Freunde, denen daran gelegen ist, daß der rechte Mann an die rechte Stelle kommen möge, haben ihm zugeredet, daß er dieser Bestimmung sich nicht entziehe, und er hat aus eben so reinen Gründen, als jene gewesen sind, die zur Weigerung ihn bestimmten, ihrem Dringen nachgegeben. Krezer theilt mit mir und allen Rheinländern von gutem Schlage eine Schwachheit, die doch keine ist, die große Anhänglichkeit an den Boden, der sie hervorgebracht, und den Strom an dessen Ufern sie genistet haben. Dieser Rhein fließt wie Blut in unsrer Aller Adern, und ich selbst gedeihe nicht recht, wo ich seine Luft nicht wittere. Indeßen wenn Sie den Kuhreigen ihm verbieten, wird es bey dem gesetzten Manne nicht zum Heimweh kommen, und ich bitte Sie, wenn Sie sich anderweitig nicht schon bestimmt, alles was seit unserer letzten Unterredung vorgegangen, als nicht geschehen zu betrachten.

Für das Saardepartement schlage ich Ihnen an die gleiche Stelle Schreiber Richter am Appellationshofe vor, von dem ich Ihnen schon hier gesprochen.[3] Es ist nicht möglich, daß Sie im ganzen Departemente einen Mann von größerer Arbeitsamkeit und Pünktlichkeit, von mehr unbescholtner Rechtlichkeit, und trotz des langen Lebens unter den Franzosen von mehr wahrhaftiger teutscher Gesinnung ausfinden können. Wenn Sie ihn vor sich kommen laßen, dann wird ein Blick ihm in die Augen, Ihnen schon den grösten Theil des hier Gesagten bewähren, das Uebrige wird die nähere Bekanntschaft gewiß vollenden.

Herr von Vink, so wie ich ihn bisher gesehen, hat sich mir als ein durchaus ehrlicher, und dabey gescheidter und verständiger Mann bewährt.[4] Mir gefällt sein freyes, offenes Wesen, mit dem er sich gegen die Leute nimmt, die ihn jetzt umdrängen. Sie haben schon gegen ihn alle die Netze ausgespannt, mit denen sie den guten, unerfahrenen Intendanten gefangen, und bisher ist er durch alle durchgebrochen. Ist er nun auch an den Schlingen, die ihm die Weiber zu legen sich bereiten, erst glücklich vorbeygekommen, dann ist unser Land wahrhaftig wohlbestellt.

Sie haben eine gute Wahl getroffen, und das ist die erste gute Gabe, die Sie, nur im Durchflug, uns gebracht.

Ueber die Wahl eines tauglichen Mannes für die Polizey habe ich mich mit mir selber bisher noch nicht vereinigen können. Diese Stelle fodert so mancherley besondere Tüchtigkeit, wenn sie nicht zu einem leeren oder drückenden Wesen werden soll, daß ich bisher noch keinen ausgefunden, den ich mit gutem Gewissen dazu empfehlen könnte.[5]

Wie ich höre, hat Zweyfel die Ernennung als Oberempfänger schon erhalten. Ich habe ihn dazu bewogen, daß er Schafhausen, einen durchaus redlichen, dabey in seinen Geschäfften höchst pünktlichen Mann, zu der Arbeit sich verbunden, und so ist auch diese Stelle auf eine ganz untadeliche Weiße wohlbestellt.[6]

Ich werde Ihnen in wenig Tagen einige Bemerkungen mittheilen über Veränderungen in der Verfassung, die ich nützlich ja nothwendig glaube, und die, wie ich hoffe, Ihren Beyfall wohl erhalten werden.[7] Jetzt will ich Ihnen fürs Erste nicht länger lästig fallen, und ich bitte Sie, sich meiner Hochachtung und Liebe versichert zu halten

J. Görres.

---

1 Justus Gruner wurde im Februar 1814 als Gouverneur des Generalgouvernements Mittelrhein eingesetzt, das als Teil des provisorischen Zentralverwaltungsdepartements vom 2.2.1814 bis 15.6.1814 bestand und die ehemals französisch besetzten Departements Donnersberg, Rhein-Mosel und Saar umfasste. Sein Amtssitz war zunächst Trier, dann Koblenz.

2 Gruner war vom 31.1. bis 1.2. in Koblenz gewesen. Advokat Lambert Joseph Kretzer, bereits in der Zeit des republikanischen Aufbruchs um 1799 Kampfgenosse von Görres und Präsident der patriotischen Munizipalität in Koblenz (vgl. *GS/Briefe* 2, Nr. 11f) wurde als Rat am Revisionshof in Koblenz berufen. Dazu Gruner an Görres am 6.2.1814: „Krezer will kommen – das danke ich Ihnen." Nach dem Zusammenbruch der französischen Herrschaft übernahm Preußen die französischen Gerichte, die Tribunale Erster Instanz wurden in Kreisgerichte umbenannt. Als obere Gerichte wurden der Kassationshof Düsseldorf und der Revisionshof Koblenz etabliert, diesem untergeordnet waren die Appellationsgerichtshöfe Köln und Trier. Mit Verordnung Nr. 32 vom April 1814 (*Öffentliches Blatt für die allgemeinen im General-Gouvernement des Mittelrheins erscheinenden Verordnungen, welche gesetzliche Kraft haben*, Koblenz (Pauli) 1814, S. 70) wurde „zu Ersetzung des Kassationshofes zu Paris für die dem deutschen Vaterlande wiedergewonnenen Provinzen des Mittelrheins" ein Revisionshof mit Sitz zu Koblenz errichtet. „Zu Mitgliedern werden ernannt: Herr von Meusebach Präsident. Die Räte: Herr Kretzer, Schreiber, Dahm, Cochems, Lebens, Nell, Fölix, als General-Prokurator Eichorn, als Obergerichtsschreiber Kretzer der jüngere." Laut Protokoll über die Installation des Revisionshofes zu Koblenz (22.5.1814) „versammelten sich die von Gruner neu ernannten Mitglieder des Revisionshofes: Präsident von Meusebach, Kretzer, Schreiber, Dahm, Lebens, Fölix und Nell, Räthe, der Herr Eichhorn General-Prokurator, und der unterzeichnete Ober-Gerichtsschreiber Kretzer. Revisionsrat Cochems

entschuldigt." (*Rheinischer Merkur* Nr. 73 vom 17.6.1814) Dazu Gudrun Seynsche, Der Revisionshof in Koblenz (1814-1819), in: Reiner Schulze (Hrsg.), *Rheinisches Recht und Europäische Rechtsgeschichte*, Berlin 1998, S. 37-60; Max Bär, *Die Behördenverfassung der Rheinprovinz seit 1815*, Bonn 1919, Nachdruck 1965, S. 401 ff; Zu den Genannten s. Personenverzeichnis.

3 Johann Joseph Schreiber, auch er einst republikanischer Kampfgenosse von Görres, wurde wie Kretzer von Gruner als Rat am Revisionshof Koblenz berufen (s. Anm. 2).

4 Friedrich Ludwig Freiherr von Vincke wurde von Gruner als General-Gouvernements-Commissair für das Rhein- und Moseldepartement mit Sitz in Koblenz eingesetzt. Als Commissaire wurden daneben für das Dep. Donnersberg mit Sitz in Worms Baron von Otterstaedt, und für das Departement Saar Friedrich Athenstaedt mit Sitz in Trier eingesetzt. (Verordnung über die innere Verwaltung des General-Gouvernements vom Mittelrhein, gez. Justus Gruner, Trier 23.1./4.2.1814: *Rheinischer Merkur* Nr. 9 vom 7. Februar 1814; *Öffentliches Blatt für die allgemeinen im General-Gouvernement des Mittelrheins erscheinenden Verordnungen, welche gesetzliche Kraft haben*, Koblenz (Pauli) 1814, Verordnung Nr. 4).

5 Mit Verordnung Nr. 15 vom Februar 1814 wurde auch die Errichtung einer „General-Polizey-Direkzion" beschlossen. Als Polizeidirektor in Koblenz wird 1814 Heinrich Weber erwähnt (Stadtarchiv Koblenz, Best. 623 Nr. 2680, 2026).

6 Johann Jakob Zweyffel und Hubert Schaaffhausen gehörten neben Hermann Dietz zum engeren Koblenzer Freundeskreis von Görres (s. Fink-Lang, *Görres*, S. 70, 150; *GS/Briefe* 2). Der Oberempfänger (= Obereinnehmer) war der ranghöchste Beamte einer übergeordneten Finanzbehörde.

7 Über seine Vorstellungen zu einer künftigen Verfassung äußerte sich Görres ausführlich im *Rheinischen Merkur*, in Nr. 76 (Juni 1814) und Nr. 94 (Juli 1814), Nr. 116 und in Nr. 104-107 (August 1814: „Die künftige teutsche Verfassung") – in enger Abstimmung mit dem Freiherrn vom Stein (vgl. Brief Nr. 17).

2. An Justus Gruner

Datum: Koblenz, 11.2.1814.
Original: Berlin, GStA PK, I. HA Rep. 77, Tit. 21, G. Nr. 1, Bd. 2, Bl. 12f (3 Seiten).
Druckausgaben: Gruner, Ein Beitrag zum Briefwechsel von Joseph von Görres, in: *Deutsche Revue* 18. Jg., Bd. 3 (1893), S. 244-246; Schellberg (Hrsg.), *Ausgewählte Briefe* (1911), Nr. 95, S. 215-218; Schellberg (Hrsg.), *Eine Auswahl* (1927), S. 340f; Koch, *Briefe deutscher Romantiker*, S. 534-536 (Auszug: „Was nun zuletzt ... vollendet wären").
Einordnung: Gruners vorangegangener Brief: 6.2.1814. Antwort Gruners: 18.2.1814.
Regest: Görres äußert seine zustimmende Meinung über Gruners Personalentscheidungen, und betont auf die Frage nach seinen eigenen Karrierewünschen, er habe in französischer Zeit nie nach Ämtern getrachtet und sich mit seinen Studien beschäftigt, bringt, etwas halbherzig, einen Posten als Rheinschifffahrtsdirektor ins Gespräch, bietet Gruner seine Dienste in jeder Form an und bittet schließlich darum, den *Rheinischen Merkur* zur offiziellen Gouvernementszeitung zu machen.

Koblenz am 11ten Februar 14.

Ihr Brief vom 6ten ist mir gar sehr erfreulich gewesen, vor allem der Hoffnung wegen, die Sie uns gegeben, künftig in unserer Mitte zu wohnen.[1] Ich wünsche Ihnen Glück, daß die französischen Departemente von Ihnen genommen worden sind; Sie hätten an äußerlicher scheinbarer Würksamkeit gewonnen, an wahrhaftiger Innerer aber um so mehr verlohren. Diese Wuth, alles auch das fremdartigste untereinander zu gießen, war eben vom Verderblichsten, womit die französische Regierung beseßen war. Lothringen fodert andere sechzig Jahre bis ihm die Gallizismen wieder ausgetrieben sind.[2] Darum kommen Sie hierhin, wo Ihnen teutsche Luft über den Rhein zuweht, während sie oben schon parfümirt herüber kömmt. Es ist ein aufgeweckterer Schlag von Menschen hier am Strome, als oben, wo sie auch immer gar zu matt und schläfrig gewesen sind. Große Dinge kann ich in der kleinen Stadt Ihnen auch wohl nicht versprechen, indeßen werden Sie sich doch gewißlich nicht misfallen. Auch Ihre Communicationen mit den verschiednen Theilen Ihres Gouvernements sind von hier aus weit leichter als von oben her. Darum kommen Sie, vom Rheine her muß mit Ihnen diesen Ländern das Heil kommen, nicht von innen heraus, als käme es noch immer von Paris.

Ihre bisherigen Ernennungen in Trier sind so, wie es die Gelegenheit des Orts erlaubte. Gerhards ist grundehrlich, er ist mit Wissen durchaus keiner schlechten Handlung fähig, dabey arbeitsam und unermüdet, nur daß er natürlicher Bornirtheit wegen die Arbeit meist am schwersten Ende anzugreifen pflegt. Petri kenn ich in keiner Weiße, auf Hezrodt aber müßen Sie ein scharfes Auge halten laßen, er ist leicht der Gescheideste unter den Dortigen, aber auch sehr ränkevoll und intriguant. Rebmann kennen Sie von jenseits, er ist witzig und von Verstand, dabey gutmüthig, aber ganz in das seichte oberflächliche Wesen hineingerathen, das da schwatzt über alles, und mit dünnem Wortschaum die Dinge überlegt.[3] Einige Geistliche sollen in der Nähe leben, die nicht zu den Unbedeutenden gehören. Das Volk umher ist gut, und Sie werden vielen Seegen in ihm stifften.

Unser Commißär erhält sich durchaus brav in allem seinem Vornehmen, und ohne Makel. Sein ehmaliges militärisches Leben hat ihm eine gewiße Offenheit gegeben, mit der man gern und zutraulich umgehen mag, dabey hat er auch eben dadurch im Äußern eine Bestimmtheit und Entschloßenheit gewonnen, die den Geschäfftsleuten meistens fehlt. Auch ein gutes Auge hat er, um Menschen und die Motive ihres Thuns zu beurtheilen, und er ist nicht leicht hinters Licht zu führen. In machem hat er dem Lande schon genutzt, und gewinnt sich immer mehr die allgemeine Achtung. Für mich ist er reiner Gewinn, da ich ihn vorher nicht gekannt, wie er mich nicht kannte.[4]

Was nun zuletzt Ihre gütigen Anerbietungen für meine Person betrifft, so will ich Ihnen allerdings so offen und so ehrlich antworten, wie Sie mich gefragt.[5] Nie hätte ich selbst die Sache zur Sprache gebracht, wenn H. v. Vinke, wie er mir gestern gesagt, mir darin nicht zuvorgekommen wäre, und Sie selbst nun noch überdem mich darüber angegangen hätten. Meine Furcht wäre immerdar gewesen, Sie mögten in die Reinheit meiner Gesinnungen ein Mistrauen setzen, und ich mögte dadurch verhindert werden, das Gute zu thun, was ich sonst wohl könnte. Als ich vor etwa sechzehn Jahren mit mehreren Freunden mich verbunden hatte, um die Unabhängigkeit unseres Landes, das mit der Abtretung bedroht war, gegen die Franzosen durchzusetzen, wurden gröstentheils auf meinen Vorschlag die meisten Stellen besetzt, ich behielt mir damals nichts für mich selber vor, als das schwerste, den offnen Krieg gegen die Franzosen, gegen deren Wuth ich mich damals mit Dolch und Pistolen schützen mußte. Unsere Bemühungen waren fruchtlos, als ich von Paris zurückgekommen, ließ ich noch einmal drucken, wie die Vereinigung durchaus nicht dem Lande fromme, wie die natürliche Gränze

Thorheit sey, und die einzige wahre Gränze durch Stamm und Sprache gegeben werde.[6] Seither habe ich geschwiegen dreyzehn Jahre lang, nur jenseits redete ich von Zeit zu Zeit in Schrifften und Aufsätzen, um wo möglich die Teutschen anzuregen. Ich lebte von dem sehr mäßigen Gehalte meiner Stelle, aber sie war mir lieb, weil sie auf eignen Fond gegründet mich gänzlich unabhängig von den Franzosen machte, mit denen ich all die Zeit nicht in der allergeringsten Berührung stand. Sie können mir keine Undankbarkeit vorwerfen, wie ich nicht für sie, so haben sie für mich auch das Allergeringste nicht gethan, ich lebte unter dem allerärgsten Despotism frey wie ein Vogel in der Luft, weil keinerley Habsucht mich ihm in die Stricke führte. Als die sieben Jahrwochen abgelaufen, fing ich wieder an, wo ichs am Anfang gelaßen hatte. In der Zwischenzeit ergab ich mich den Wissenschafften. Ich habe eine Physiologie, und ein historisches Werk geschrieben, die nicht zum Schlechtesten gehören, was die Teutsche Literatur besitzt. Besonders mit einem Werke hab ich seit Jahren mich beschäfftigt, die Urgeschichte der Erde und aller Völker aus ihren Sagen, Mythen und Poemen darzustellen. Ich habe dazu orientalische Sprachen studirt, und als Vorarbeit im letzten Jahre den großen Schah Nameh des Ferdusi, ein überaus herrliches Gedicht in 120 000 Versen aus dem persischen Manuskript im Auszuge übersetzt.[7] Von diesen Arbeiten hat die schöne Bewegung in dieser Zeit mich abberufen, obgleich mein Herz an ihnen hängt, gräme ich mich nicht darum, und sollten Jahre darüber hingehen. Stillt sich aber dieser Sturm von Vaterlandsliebe und Begeisterung, dann denke ich zur Arbeit zurückzukehren. Um sie aber nach meinem Wunsche zu vollenden, so wie noch viel Anderes, müßte ich von Zeit zu Zeit in den größeren Städten, Paris, besonders London und in ihren Bibliotheken, in den Manuskripten des Orients umsehen können. Dergleichen konnte ich unter den Franzosen zu realisiren nicht erwarten, ich habe Privatvermögen, das mich wohl gegen das Bedürfniß schützt, aber solche Ausfahrten mir nicht erlaubt. Darum wäre wohl eine Stelle mir wünschenswerth, die meine Zeit nur mäßig in Anspruch nähme, mir von Zeit zu Zeit eine Abwesenheit erlaubte, und mir die Mittel an die Hand gäbe, mich bey mäßigen Bedürfnißen im Auslande so lange zu fristen, bis meine Studien vollendet waren. Einmal im Besitz, würde ich mich wohl bey jeder Veränderung darin zu behaupten (wißen), da ich die Liebe aller Bessern mir erworben habe, und die Bösen (mich) scheuen.[8] Der wohlgemeinte Plan von H. v. Vinke eine Stelle anzunehmen, die ich durch einen Andern administriren ließe, hat etwas Gehäßiges, was ich mir nicht aufladen mögte, überdem setzt es leicht üble Verhältniße mit dem Stellvertreter. Meine Freunde rathen mir Sie darum anzugehen, die vier höchst überflüßigen Inspektoren der Rheinschiffartsoktroy in einen Direktor zu verwandeln, und Sie um diese Stelle zu bitten, die nun leicht von mir versehen werden könnte. Ich habe nur das dagegen einzuwenden, daß es nicht sehr ehrenvoll ist König der Zöllner und Publikaner zu seyn.[9]

Sie fragen mich bey der Gelegenheit, ob ich wohl nach Trier zu Ihnen kommen mögte, wie sollte ich mich deßen weigern, da ich doch Krezern so sehr zum Nämlichen gerathen habe. Könnte ich Ihnen dienen in vertrauten Arbeiten, in Solchen die aufs Ganze gehen, auch wohl in Sendungen, wo Menschen zu behandeln sind, es würde mir eine große Freude seyn, und alle meine Kräfte stehen Ihnen willig zu Gebothe. Nur steh ich zum Verleger meiner Zeitung in solchen

Verhältnißen, daß ich im Falle einer Verpflanzung sie ihm nicht wohl wegnehmen kann.[10] Er müßte also eine Filial Druckerey in Trier anlegen, und da das Blatt zwey Preßen fodert, und sie doch nicht ganz beschäfftigt, so müßte ich Sie in diesem Falle bitten, ihm die Druckerey des Gouv. wenigstens zum Theile zuzuwenden. Was die Zeitung selbst betrifft, so würden Sie allerdings mich gar sehr verbinden, wenn Sie dieselbe zum offiziellen Blatte des G. erklärten.[11] Den Beamten könnte man, glaube ich, füglich auch die Pfarrer zuzählen, da sie doch immer in der allernächsten Berührung mit dem Volke stehen, und die geringe Ausgabe leicht durch die Fabriken gedeckt werden kann.

Ich habe Ihnen nun Alles vorgelegt, wie ich's in meinem Herzen meyne, entscheiden Sie, wie's ein Vater thun würde, dem an meinem Wohl gelegen. Wenn alles Ihnen ungeschickt gesprochen dünkt, so gehen Sie schweigend daran vorüber, in meinen Gesinnungen und meinem Thun wird nicht das Mindeste geändert werden. Ansprüche habe ich nie gemacht, alles Gute vielmehr als eine freye unverdiente Gabe des Himmels hingenommen. Aber das bemerke ich mit Beschämung, daß ich durch mehr als zwey lange Seiten mit meinen Angelegenheiten (Sie) behelligt habe[12], während ich wichtigern Dingen weit weniger Platz eingeräumt. Dafür aber will ich Ihnen versprechen, daß in allen Folgenden von mir nicht mehr die Rede seyn soll, nur vom gemeinen Wohl und nicht von meinem Besondern. Leben Sie recht wohl, und erfreuen Sie mich bald mit der Ankündigung Ihres Herunterkommen(!).

J. Görres

---

1 Gruner hatte in seinem Brief vom 6.2. seinen möglichen Umzug angekündigt: „Ich habe nemlich – im engsten Vertrauen gesagt – die Absicht, nach Coblentz zu ziehen, da die französ Depts., meinem Wunsche gemäß, einem Andern zugefallen sind und ich nun ganz deutsch bleiben kann."

2 Gruners Generalgouvernement umfasste die drei rheinischen Departements Rhein-Mosel, Donnersberg und Saar (dem im März 1814 noch das Département Forêts (Wälderdepartement) angegliedert wurde. Das in Lothringen gelegene Moseldepartement mit Hauptstadt Metz gehörte nicht zu Gruners Generalgouvernement. Nach der Beschreibung in der Bekanntmachung der Übernahme sollte sich die Zuständigkeit des Generalgouverneurs ursprünglich vorläufig auch über alle, nicht näher beschriebenen, von der Schlesischen Armee eroberten französischen Provinzen erstrecken.

3 Die Ernennungen für das Saardepartement mit Sitz in Trier: „der seitherige Intendant Herr Athenstaedt. ... die Herren Praefekturrath Gerhards, Hofrath Hetzrodt und Herr Petri, werden dem Herrn General-Gouverneurs-Commissair Athenstaedt als Chefs der verschiedenen Verwaltungszweige, letzterer auch zugleich als General-Sekretair, beigeordnet." (Verordnung über die innere Verwaltung des General-Gouvernements vom Mittelrhein, gez. Justus Gruner, Trier 23.1./4.2.1814: *Rheinischer Merkur* Nr. 9 vom 7. Februar 1814; *Öffentliches Blatt für die allgemeinen im General-Gouvernement des Mittelrheins erscheinenden Verordnungen, welche gesetzliche Kraft haben*, Koblenz (Pauli) 1814, Verordnung Nr. 4). Andreas Rebmann, Publizist und Richter, war seit 1811 Präsident des Appellationsgerichts in Trier.

4 Der von Gruner ernannte Gouvernements-Kommissar Freiherr von Vincke, früher Präsident der Kriegs- und Domänenkammer, war trotz militärischer Ausbildung (Kgl. Pädagogium) nie in die militärische, sondern in die Verwaltungslaufbahn eingetreten.

5 Gruner hatte sich am 6.2. nach Görres' Wünschen erkundigt: „Und nun Sie Selbst! – Wird es Ihre Zeitung und deren Ertrag heben, wenn Sie als Beilage alle meine Verfügungen erhalten und ich dieses Blatt zur General Gouvernements Zeitung erkläre, welche alle Behörden halten müßen? – Können und wollen Sie, wenn ich nicht nach Coblentz kommen könnte, zu mir kommen? – Was soll, was kann ich in bürgerl. Hinsicht für Sie thun? Ich frage offen und ehrlich. Antworten Sie eben so."

[6] Görres spielt hier auf sein Engagement in der Cisrhenanenbewegung von 1797, seine Kämpfe gegen Korruption und Amtsmissbrauch im *Roten Blatt* und *Rübezahl* an, und auf sein Resumé: *Resultate meiner Sendung nach Paris im Brumaire des achten Jahres*, Koblenz im Floreal J. VIII (1800) (*GS* I, S. 553-608), in dem er seine geänderte Haltung zur Frage der Rheingrenze begründete, die er in seiner revolutionären Phase als natürliche Grenze gefordert hatte, von der er aber seit seiner Parisreise abgegangen war, um nun das gemeinsame Band in der Sprache und der „innern moralischen Natur der Völker“ zu propagieren. Vgl. dazu Fink-Lang, *Görres,* S. 48-62).

[7] Görres spricht hier – angesichts der Menge seines Schaffens der letzten Jahre sehr bescheiden – wohl im Besonderen von seiner *Exposition der Physiologie. Organologie,* Koblenz 1805 und von seiner großen *Mythengeschichte der asiatischen Welt,* 1810. Mit dem hist. Werk sind vielleicht *Glauben und Wissen,* München 1805, *Die teutschen Volksbücher. Nähere Würdigung der schönen Historien-, Wetter- und Arzneybüchlein, welche theils innerer Werth, theils Zufall, Jahrhunderte hindurch bis auf unsere Zeit erhalten hat,* Heidelberg 1807, oder seine Ausgabe des *Lohengrin,* Heidelberg 1813 gemeint. Seine Übersetzung des persischen Nationalepos *Schahnemeh,* mit der er sich in den letzten Jahren beschäftigt hatte, war damals noch nicht erschienen: *Das Heldenbuch vom Iran aus dem Schah Nameh des Firdussi*, 2 Bde, Berlin (Reimer) 1820 (S. dazu Fink-Lang, *Görres*, S. 125-128).

[8] Die Stelle ist durch Loch beschädigt. Ergänzung in Klammern.

[9] Gruner riet in seinem Brief vom 18.2. Görres ganz entschieden von diesen Vorschlägen ab: einen Posten anzunehmen und durch einen Andern verwalten zu lassen, „bitte ich als Ihrer unwürdig abzuweisen“. Auch der Posten eines Direktors der Rheinschifffahrtsoktroi scheine ihm unpassend. „Können wir denn nicht einen Posten finden oder bilden, der in Ihr Wesen und Ihre Pläne eingreift? Ist keine wissenschaftliche oder Kunstsammlung, oder Institute dort, worüber Sie die Direktion mit ordentlichem Gehalte übernehmen könnten? Sinnen Sie nach und sagen Sie mir, was Sie finden.“

[10] Gruner hatte am 6.2. gefragt, ob Görres für den Fall, dass er selbst in Trier bliebe, dorthin kommen könnte. Als Drucker des *Rheinischen Merkur* zeichnen: Nr. 1-65 Heriot: „Coblenz, gedruckt bey B. Heriot, Buchdrucker am Paradeplatz“; ab Nr. 66 (2.6.1814) Pauli: „Coblenz, gedruckt bey Pauli, Buchdrucker der Verwaltung des Rhein- und Mosel-Departements“. Zu Pauli s. *GS/Briefe* 2 und Pers.verzeichnis. Zum *Rheinischen Merkur*, dessen 1. Ausgabe am 23. Januar erschienen war, s. Fink-Lang, *Görres,* S. 145-164.

[11] Gruner hatte am 6.2. geschrieben: „Wird es Ihre Zeitung und deren Ertrag heben, wenn Sie als Beilage alle meine Verfügungen erhalten und ich dieses Blatt zur General Gouvernements Zeitung erkläre, welche alle Behörden halten müßen?“ Am 11. Mai 1814 erschien die Verordnung Gruners zur Einführung eines öffentlichen Blatts im Generalgouvernement des Mittelrheins, das allgemeine Verordnungen bekannt machen sollte. Bis dahin erschienen die Erlasse und Verordnungen Gruners im *Rhein. Merkur* und viell. auch in anderen Zeitungen. Im *Merkur* wurden diese auch weiterhin veröffentlicht (Gruner 246).

[12] Die Stelle ist durch Loch beschädigt. Ergänzung in Klammern.

3. An Justus Gruner

Datum: Koblenz, 15.2.1814.

Original: Berlin, GStA PK, I. HA Rep. 77, Tit. 21, G. Nr. 1, Bd. 2, Bl. 14f (4 Seiten).

Adresse: S. Exzellenz dem Herren Staatsrath und Generalgouverneur Justus Gruner in Trier.

Druckausgaben: Gruner, Ein Beitrag zum Briefwechsel von Joseph von Görres, in: *Deutsche Revue* 18. Jg., Bd. 3 (1893), S. 246-248; Schellberg (Hrsg.), *Ausgewählte Briefe* (1911), Nr. 96, S. 219ff (mehrere Auslassungen).

Einordnung: Gruners nächster Brief vom 18.2.1814 ist die Antwort auf diesen und den vorherigen Brief von Görres.

Regest: Görres geht auf Gruners bevorstehenden Umzug nach Koblenz ein, relativiert mögliche Vorurteile gegen die dortige Bevölkerung, fordert Gruner auf, so bald wie möglich den Landsturm einzuführen, betont, wie wichtig es sei, das Vertrauen der Menschen zu gewinnen, und macht Vorschläge zur Verwaltungsorganisation des Departements und zur Justizverwaltung.

Koblenz am 15ten Februar 1814.

Nachdem ich im letzten Briefe alle Schlacken ausgeworfen, kann ich jetzt ungehinderter sprechen von dem was wichtiger ist. Das Gerücht von Ihrem Vorhaben hierhin zu kommen, hat sich, ich weiß nicht auf welchem Weg, verbreitet.[1] Man glaubt schon die Zeit zu wißen, wann Sie herunter kommen, und die jungen Leute bereiten sich, Sie aufs Beste zu empfangen. Sie werden die Stadt schon um Vieles anderst finden, als Sie dieselbe verlaßen haben. Wenn man Ihnen Besorgniße gegen den Geist der Einwohner einflößen will, so glauben Sie dem nicht; die Jugend ist allzusehr durch die Kriege weggerafft, als daß große Selbstthätigkeit zum Vorschein kommen könnte, aber guter Antrieb wird gute Leute finden. Denunziationen von Einzelnen meßen Sie nicht leicht Glauben bey, wenn sie nicht von sehr bewährten Leuten kommen. Misgriffe darin werden allzu leicht gehäßig, und das abscheuliche französische Unwesen hat eine Saite aufgezogen, die in den Leuten gern nachklingt. Es ist ein gar großer Leichtsinn im Urtheil in die Welt gekommen, was ich jetzt recht auffallend bemerke, wo es darauf ankömmt, über so viele Menschen eine bestimmte Meynung zu gewinnen.

Geben Sie uns sobald wie möglich den Landsturm.[2] Es mag seyn, daß die äußerliche Freyheit durch die Fortschritte der Armeen schon gesichert ist, aber für die Innere ist es durchaus nöthig, daß das Volk wehrhaft werde, damit welcher Regierung auch immer diese Länder zufallen mögen, sie nur das Gute mit Leichtigkeit, das Böse mit Widerstand durchsetzen könne. Es wäre wohl gut, wenn die Mairien vorher reorganisirt wären, aber auch so ist an Widerstand nicht zu denken, wenn alles gehörig eingeleitet wird. Von den Städten aus müßte die Maasregel sich aufs Land verbreiten, und etwas abweichend von der Anordnung jenseits die Landwehr später aus der Mitte des Landsturms gebildet werde. Das Volk ist noch etwas scheu, man hat es so oft getäuscht, daß es nur allzu leicht Verdacht faßt, man wolle ihm die alte Fabel mit andern Namen erzählen. Anordnungen wie Ihre Letzte, über die Aufhebung der Kriegssteuer und des Domainenverkaufs, würken darum höchst wohlthätig und geben Vertrauen den Gemüthern, und einmal das gewonnen, und den Glauben das (!) alles wahrhaftig sey, und nicht Lügenspiel, dann giebt sich alles Andere von selbst.

Was die Administration des Landes betrifft, so mögte ich Ihnen wohl nach meinem besten Wissen rathen, darin eine starke Reduktion vorzunehmen. Sie wollen doch wohl etwas festes und dauerndes im hießigen Lande gründen, laßen Sie aber die alte Form bestehen, dann sind Sie sicher, daß nach dem Frieden, wenn eine bestimmte Regierung eintritt, alles umgeworfen werde. Ich mögte, daß Sie soviel thunlich eine Form begründeten, an deren Stelle man nicht leichtlich etwas gründlich Besseres setzen könnte, und die Stellen dabey mit solchen Individuen besetzten, die man mit Ehre nicht entfernen könnte. Dann hätten Sie ein bleibendes Denkmal sich errichtet, auf den Fall, wenn Sie etwa künftig uns verlaßen wollten. Gegenwärtig bestehen in unserm Departemente 90 Maire, im Saardepartement beynahe noch einmal so viel. Darunter sind viele schlechte Individuen, die sich nicht überall leicht ersetzen laßen. Überdem kosten sie dem Lande viel, da Manche, auf dem Lande, per fas et nefas sich auf 5 - 6000 Franken stehen, und in manchen Mairien alle Einkünfte der Gemeinden nicht zureichen, ihren Gehalt zu bezahlen. Ich mögte Ihnen daher vorschlagen, lieber jeder Gemeinde ihren Ortsvorsteher aus ihrer Mitte zu geben, und darüber in jedem Canton einen Cantonsverwalter zu bestellen. Man kann die französische Eintheilung des Landes beybehalten, an der nicht viel auszusetzen ist. Wir bekämen daher hier 30 Kantonsverwalter, deren Wirkungskreis nicht allzu groß, wie bey den ehmaligen Aemtern, und nicht zu klein, wie bey den Mairen seyn würde; man könnte leicht 30 taugliche Subjekte ausfinden, und der Uebergang aus einer Verfaßung in die Andere wäre in wenigen Tagen ohne Stoß und Störung zu bewürken, da Alles wie vorher bleibt, nur das Unnöthige wegfällt. Auch die Unterpräfekte wären dadurch zu entbehren, da der Gouvernementscommißär leicht mit 30 Individuen sich in Beziehung setzen kann. Mit den Empfängern ließe sich leicht auch dieselbe Reduktion vornehmen, wenn man jeder Gemeinde aufgäbe, ihren Beytrag selbst zu sammeln, und nun gleichfals Cantonsempfänger bestellte. Doch würde die Sache etwas größere Schwierigkeit haben, theils wegen zu besorgender Störung im Geschäffte für den Augenblick, theils wegen der Ablieferung der Contribution in Zwölftheilen, weil die Bauern sich nicht leicht in die dabey nöthigen Rechnungen finden können.[3]

Was die Justizververwaltung betrifft, so wird es wohl einstweilen beym Code Napoleon sein Bewenden haben müßen. Aber nichts nöthigt, den abscheulichen Code de procedure, einzig auf die finanzielle Gierigkeit der Regierung berechnet, beyzubehalten. Nicht ganz in Blok und Masse wird er sich, wenn die Andern bestehen bleiben, jedoch abschaffen laßen. Sie würden wohl thun, wenn Sie darüber ein förmliches Gutachten von Sachkundigen sich geben, und von ihnen sich bestimmen ließen, was bleiben muß, was weggeworfen werden kann. Sie werden sich ein großes Verdienst erwerben, wenn es Ihnen gelingt, die Gerichtshöfe von diesem Unrath zu reinigen, das die Partheyen arm macht und der elendesten Chikane freyen Spielraum verschafft. Das hießige Tribunal ist im Ganzen gut besetzt, durch den Tod ist eine oder die andere Stelle erledigt, wenn Sie es auf sechs Glieder bringen, dann ist es vollzählig. Nur der Präsident Michelet, ein fataler alter Franzose der in der Justiz großen Unfug angerichtet hat, indem er sich Grebel, einem ehrlosen Menschen ganz ergab, muß durchaus entfernt werden. Ich glaube Nell mögte nicht übel an seine Stelle seyn, seine Gewandheit und Übung in dem Fache würde dadurch zum Vortheil des Ganzen benutzt, und dem (was) nicht gut an ihm ist wäre dadurch mehr als in einer administratifen (Stelle) der Spielraum beengt.[4] Die Gehalte an der Justizparthie, besonders bey den untersten Behörden wäre wohl rathsam in etwa zu erhöhen.

Auch für die Geistlichen müßen Sie etwas thun, ich habe eine Vorstellung an Sie übernommen, die ich zur Unterschrifft zirkuliren laße, ich werde sie alsdann Ihnen zusenden, oder noch lieber übergeben, wenn Sie herunter kommen. Bis dahin, daß Sie die alte Augusta um diese Rheinstadt tauschen Leben Sie wohl, und erhalten Sie mir Ihr Vertrauen.

J. Görres

[1] Gruner hatte bereits im Brief vom 6.2. einen möglichen Umzug von Trier nach Koblenz angekündigt. Vgl. Brief Nr. 2.

[2] Gruner war – schon seit November 1813, als kaiserlich russischer Staatsrat in der Leitung des Generalgouvernements Berg, als auch seit Febr. 1814 im Gouvernement Mittelrhein – Hauptpropagator des Aufbaus von Landwehr und Landsturm (s. Ernst Moritz Arndt, *Was bedeutet Landsturm und Landwehr? Nebst einer Aufforderung an teutsche Jünglinge und Männer zum Kampfe für Teutschlands Freiheit von Justus Gruner*, 1814). Görres machte sich im *Rheinischen Merkur* immer wieder für dieses Thema stark: *Rheinischer Merkur* Nr. 2 (25.1.), 9 (7.2.), 23 (7.3.), 41 (13.4.), 46 (23.4.1814). Schon am 18.2. antwortete Gruner: „Der Landsturm soll nächstens organisirt werden. Ich bin in Ihren Ansichten darüber ganz Eins mit Ihnen." Noch im Februar ergingen die ersten „Bestimmungen für die Schaar der Freiwilligen (*Öffentliches Blatt für die allgemeinen im General-Gouvernement des Mittelrheins erscheinenden Verordnungen, welche gesetzliche Kraft haben*, Koblenz (Pauli) 1814, Verordnung Nr. 15 und 16). Im März dann die Verordnung Nr. 23 (März) S. 37ff: Verordnung über die Bildung einer Landwehr des deutschen Mittelrheins.

[3] Gruners Verwaltungsreform zielte v.a. auf die Einrichtung einer deutschen Verwaltung im Hinblick auf eine spätere Angliederung des Gebietes an Preußen. In jedem Département wurde ein „General-Gouverneurs-Commissair" eingesetzt, der alle Funktionen der entflohenen Oberpräfekten übernahm (vgl. Brief Nr. 1, Anm. 4). Die Unterpräfekten der Bezirke (Arrondissements), soweit diese noch im Dienst waren, wurden vorerst in ihrer Funktion bestätigt. Am 25. Februar 1814 stellte Gruner klar, dass die bisherige Gerichts- und Verwaltungsorganisation vorläufig unverändert bleibe. Die Bezeichnungen der Beamten wurden aber durch deutsche Amtstitel ersetzt, so wurden etwa die Unterpräfekten nun Kreisdirektoren genannt, der Maire wurde Bürgermeister. (Verordnung wegen Einführung deutscher Amtstitel, in: *Öffentliches Blatt für die allgemeinen im General-Gouvernement des Mittelrheins erscheinenden Verordnungen, welche gesetzliche Kraft haben*, Koblenz (Pauli) 1814, Verordnung Nr. 15, S. 22); Wilhelm von der Nahmer, *Handbuch des Rheinischen Particular-Rechts: Entwickelung der Territorial- und Verfassungsverhältnisse der deutschen Staaten an beiden Ufern des Rheins: vom ersten Beginnen der französischen Revolution bis in die neueste Zeit*, Band 3, Frankfurt am Main 1832, S. 201.

[4] Zum Präsidenten des Koblenzer Bezirksgerichts Michel Jacques Michelet und zu Mathias Joseph Grebel, der in frz. Zeit bereits 1798 Richter gewesen war, s. Personenverzeichnis. Chr. Ph. Nell, der 1798/99 Richter des Ziviltribunals in Koblenz gewesen war, wurde von Gruner im April zum Mitglied des Koblenzer Revisionshofs ernannt (vgl. Brief Nr. 1, Anm. 2) und im Febr./März 1814 zus. mit Fölix, Präsident beym Tribunal zu Koblenz, sowie Lebens, Professor bey der Rechtsfakultät zu Koblenz, zum Mitglied der „Untersuchungs-Kommission über die wider die Bürgermeister, Steuer-Empfänger und Forstbeamten eingehenden Beschwerden" ernannt (Bekanntmachung von General-Gouvernements-Kommissär Vincke: *Rheinischer Merkur* Nr. 24 vom 9.3.1814). Stelle durch Loch beschädigt. Ergänzung in Klammern.

4. An Wilhelm Grimm

Datum: Koblenz, 17.2.1814.
Original: Staatsbibliothek zu Berlin – Preuß. Kulturbesitz, Nachlass Grimm 686, 94f (2 Seiten).
Druckausgaben: Binder (Hrsg.), *Freundesbriefe* Nr. 125, S. 409-411; Schellberg (Hrsg.), *Ausgewählte Briefe* (1911), Nr. 97, S. 221f (mehrere Auslassungen); Schellberg (Hrsg.), *Eine Auswahl* (1927), S. 341 (kurzer Ausschnitt).
Adresse: Herren W. Grimm in Cassel.
Einordnung: Letzter bekannter Brief der Brüder: 24.8.1813 (*GS/Briefe* 2, S. 585f), nächster Brief von W. Grimm: 3.3.1814.

Regest: Görres berichtet von seiner Krankheit, die ihn zur Zeit des Einmarsches der Alliierten in Koblenz um die Jahreswende ans Bett fesselte, sendet ein erstes Exemplar seines *Rheinischen Merkur* und berichtet von seinen Bemühungen zur Unterstützung des Generalgouverneurs Justus Gruner, angesichts derer die literarischen Arbeiten vorerst darniederliegen müssten.

Koblenz am 17ten Febr.

Ihr Brief mein werther Freund, ist mir richtig zugekommen, ob ich gleich zufällig seinen Ueberbringer nicht gesehen habe.[1] Ich habe Ihr fortdauerndes Wohlbefinden mit Freude darin gesehen, und kann Ihnen nun das Gleiche melden. Gleich vor Neujahr hatte ich allerdings vermaledeyte Krankheit, die letzte Gabe, womit das untergehende Hundsgestirn mich beschenkt. Acht Tage schlug ich mit dem Bösen mich herum, zehn andere mußt ich niederliegen, wovon fünf sehr fatal gewesen sind. Am Ende siegte meine gute Natur, und der böse Geist wurde ausgetrieben. Aus meinem Bette sah ich dem Schießen und Hurrahrufen beym Einrücken der Rußen in der Neujahrsnacht zu.[2] In wenig Tagen war ich wieder auf den Beinen. Ein guter Appetit gab mir bald die verlohrnen Kräfte wieder. Das erste beyliegende Blatt vom 20ten wird Ihnen zeigen, daß mein Kopf da wieder ziemlich in Ordnung war.[3] Ich bin nun, wie Sie sehen, in der Zeitungsschreiberey Ihnen zuvorgekommen. Ich wollte auch meine Tonne wälzen, der schlagenden Arme sind so viele, daß man wohl mit Ehre die Seinen schreiben laßen kann, wenn sie nicht zum Schlagen kommen.

Ich denke, das Blatt wird Ihnen nicht misfallen, und wird zu Tausenden hier am Rhein gelesen. Wenn Sie die Ihre schreiben, so können wir wechselsweise voneinander borgen.[4] Wenn nicht, so schicken Sie mir wohl von Zeit zu Zeit Einiges; mein Verleger kann es honoriren. Auch Ihren Bruder mögt ich um dasselbe bitten, wenn ich nur wüßte, wo er zu suchen wäre, ob er in Frankreich steckt oder wo sonst. Sie werdens doch wohl wißen, schreiben Sie ihm darum.[5]

Sonst bin ich noch in vielfach anderer Thätigkeit, die mir kaum Zeit läßt, die wenigen Worte in Eile hinzuwerfen. Unser Generalgouverneur Justus Gruner ist ein überaus braver, verständiger und trefflicher Mensch, er hat mir sein Vertrauen zugewendet, und ich stifte durch ihn viel Gutes hier im Lande.[6] Landwehr und Alles werden wir nun auch bekommen, und sicher nicht zu spät zum Werke. Ihre Liste habe ich cirkuliren laßen[7], und werde sie ihnen senden, wenns geschloßen ist, es gäbe unvergleichlich mehr, müßten wir uns nicht für die eigne Bewaffnung bewahren. Die eignen literärischen Arbeiten liegen nun begreiflich, und warten auf andere Zeiten. Den Gregorius von Stein will ich Ihnen senden. Von Glöckle glaub ich nicht, daß er sich noch in Rom befindet.[8] Leben Sie recht wohl.

---

1 Nach dem letzten bekannten Brief der Brüder vom August 1813 ist kein weiterer Brief erhalten.

2 In der Neujahrsnacht hatten russische Truppen zusammen mit der schlesischen Armee unter Feldmarschall Blücher bei Koblenz, Kaub und Mannheim den Rhein überschritten, und die Franzosen hatten Görres' Heimatstadt geräumt (s. dazu Fink-Lang, *Görres*, S. 145ff).

3 Das Blatt vom 20.: Görres meint wohl die erste Nummer des *Rheinischen Merkur* vom 23. Januar 1814.

4 Grimms Zeitung: *Altdeutsche Wälder.* Herausgegeben durch die Brüder Grimm, 1. Band, Cassel 1813. Die beiden veröffentlichten darin fast ausschließlich eigene Aufsätze, 1814 und 1816 erschienen zwei weitere Bände, danach wurde die Zeitung eingestellt.

5 Der erste Beitrag von Jacob Grimm, der im Inhaltsverzeichnis (*GS* 6-8, S. 34) genannt wird: Die Elsaßer. Auszüge aus Briefen, in: *Rheinischer Merkur* Nr. 98 (6.8.1814). Ab Ende Sept. 1814 schickte Jacob Grimm, der bis Juni 1815 als kurhess. Gesandter auf dem Wiener Kongress war, regelmäßig „Briefe aus Wien" für den *Merkur.* Zu den Beiträgen der Grimms: Berthold Friemel, Jacob Grimms unpreußische Ansichten über Polen und Sachsen. Bisher ungedruckte Polemiken Arnims und Varnhagens gegen eine Korrespondenz im *Rheinischen Merkur*. Mit einem Anhang: Jacob und Wilhelm Grimms Beiträge zum *Rhein. Merkur*, in: *Brüder Grimm Gedenken* 10 (1993), S. 68-81; Berthold Friemel, Unpreußische Ansichten. Dokumente und Tatsachen zum politischen Engagement der Brüder Grimm 1813-1815, in: *Brüder Grimm Gedenken* 11 (1999), S. 178-196.

6 Zu Görres' Ratschlägen für Generalgouverneur Justus Gruner, v.a. zu Personalentscheidungen, vgl. die Briefe Nr. 1-3 und 5.

7 Grimms Liste: die Subskriptionsliste für die in Vorbereitung befindliche Ausgabe des *Armen Heinrich* von Hartmann von Aue. Die Brüder hatten zur Unterstützung der vaterländischen Sache eine Subskription auf die Ausgabe eröffnet und den Ertrag für die hessischen Freiwilligen zur Verfügung gestellt (10.12.1813). Nach Abzug der Druckkosten konnten sie 194 Taler an den Frauenverein zu Kassel senden. (Albert Duncker, *Die Brüder Grimm*, 1884, Ndr. S. 47f). Das Buch erschien erst 1815.

8 Zum *Gregorius* des Hartmann von Aue und zu Ferdinand Glöckle vgl. *GS/Briefe* 2, Briefe Nr. 122, 135, 143, 197. Ferdinand Glöckle, der seit 1807 in Rom lebte und dort als Scriptor pour les langues du Nord arbeitete, war, wenngleich unzuverlässig, als Lieferant von Abschriften mittelalterlicher deutscher Handschriften aus der Vatikanischen Bibliothek, v.a. der damals dort lagernden Heidelberger Codices Palatini gefragt. Görres hatte den Brüdern Grimm mehrfach Arbeiten von Glöckle vermittelt. Zu Glöckles Rolle: Armin Schlechter, Populäre Fassungen oder wissenschaftliche Editionen? Ludwig Tieck, die Heidelberger Romantik, die Brüder Grimm und Ferdinand Glöckle, in: Wernfried Hofmeister, Andrea Hofmeister-Winter (Hrsg.), *Wege zum Text. Überlegungen zur Verfügbarkeit mediävistischer Editionen im 21. Jahrhundert*, Tübingen 2009, S. 167-184.

5. An Justus Gruner

Datum: Koblenz 25.2.1814.
Original: Berlin, GStA PK, I. HA Rep. 77, Tit. 21, G. Nr. 1, Bd. 2, Bl. 16-18v. (6 Seiten).
Druckausgaben: Gruner, Ein Beitrag zum Briefwechsel von Joseph von Görres, in: *Deutsche Revue* 18. Jg., Bd. 3 (1893), S. 248-252 (Nr. IV) (ab 2. Absatz; eine längere Auslassung); Schellberg (Hrsg.), *Ausgewählte Briefe* (1911), Nr. 98, S. 222f (stark gekürzt).
Einordnung: Gruners letzter Brief: 18.2.1814. Nächstes bekanntes Schreiben Gruners: Ende Sept./Anf. Okt. 1814.
Regest: Görres warnt davor, auf anonyme Denunziationen zu reagieren, schildert den Parteienkampf in Koblenz, nennt die Namen der Hauptintriganten, und macht detaillierte Vorschläge für Personalernennungen.

Coblenz am 25ten Februar 14.

Ich hatte Ihnen die Zeit her so mancherley zu sagen und zu berichten, daß ich mich wahrhaft anzufangen scheute. Ich dachte, Sie würden bald herunter kommen, wo sich Alles in der Kürze hätte mündlich abthun laßen, da sich das indeßen in die Länge zu ziehen scheint, so halte ich für rathsam, die Sache nicht länger aufzuschieben. Ich werde die Worte möglichst zu sparen suchen, um Ihnen die Mühe des Lesens zu erleichtern.

Zuerst halte ich für nöthig, Ihnen über die Quelle der mancherley anonymen Denunziationen, die immerfort an H. v. Vinke und wahrscheinlich auch an Sie einlaufen, die nöthigen Aufschlüße zu geben. Ich habe den Gegenstand neulich schon berührt, und kenne Ihre Gesinnung darüber nicht, ich selbst würde außer in Dingen, wo Gefahr auf dem Verzug steht, durchaus auf keine anonyme Anklage irgend Rücksicht nehmen.[1] Ich weiß gar wohl, was man dafür sagen kann, die Blödigkeit der Menschen ist wie bey den Rezensionen der Hauptgrund, aber sonst ists ein elender Behelf gegen den Mangel zuverläßiger Menschen, die man befragen könnte. Wie ich nie eine anonyme Rezension gemacht, so scheue ich mich nie, was ich von jemand gesagt, ihm ins Gesicht zu behaupten, ich könnte die Briefe die ich Ihnen schreibe, in meiner Zeitung drucken laßen, und niemand würde mir darum etwas anhaben können.

Zwanzigjährige Umtriebe und mancherley Verhältniße haben den Leuten in hießiger Gegend viel Gewandheit und Geschick mancher Art, aber einer großen Classe auch viel Schlechtigkeit gegeben. Das hat viel Gutes gebracht, des Bösen aber mehr, da ohnehin auch ohne die Franzosen das Gute überall die Minorität hat. Wüthend ist ein gewisses Volk geworden über Alles was bisher vorgegangen, da es sich anläßt, als ob es recht durchgreifend bis zum Boden reichen wolle. Sie werden dergleichen wohl schon mehr gesehen haben, daß die Schlechtigkeit seichte Rechtlichkeit sich gar wohl gefallen läßt, die gründliche aber auch recht gründlich haßt.[2] Darum haben schon gleich zwey Hauptpartheyen gegen das neue Wesen sich gebildet, eine Dritte ist im Werden. Zuerst die von Frandorf Angestellten. Pottgeißer voll innern Grimms, Coll, Nebel, Dinhard, Graf Rennes, der wie ich höre durch Vermittlung von Jurkowitsch einen Ruf ins Meurthedepartement erhalten hat, und sonst noch viel böse Säfte von hier wegzieht, dann noch viele Andere, denen der Raub entgangen, und darunter auch einige gute Leute, die so hineinverwickelt waren.[3] Eine zweyte noch viel fatalere Parthey wird von Grebel angeführt, gegen den ich Sie nicht genug warnen kann, nicht daß er noch auf direktem Wege gefährlich wäre, sondern weil er auf indirekte Weiße überall die Hand mit im Spiele hat. Dieser Mensch ist rein schlecht aus Grundsatz, eine erfreuliche Erscheinung in seiner Art, weil man von ihm sagen kann ohne allen Vorbehalt, er ist verwerflich, was in der allgemeinen Halbheit sonst so selten der Fall ist. Simon, sein guter Freund, hat ihn während seiner kurzen Herrschafft zum Adjunkten auf der Mairie gemacht, dort klebt er nun seine Gespinste an, und der Märe ein ehrlicher aber etwas in seine Kleinheit vernarrter, und darum beysichtiger Mann, tappt ohne Böses zu ahnden darin herum.[4] Auch H. v. Vinke hat er schon mehr als einmal Fallstricke gelegt, und dann und wann ist er beym besten Willen hineingegangen. Da er keine Ehre zu verlieren hat, so scheint er keine Mittel, und von ihm mittelbar oder unmittelbar rühren die meisten Denunziationen zuverläßig her. Immer hat er mit dergleichen sich abgegeben, als die hießige Rechtsschule eingerichtet wurde, sandte er eine Solche mit den schändlichsten Beschuldigungen gegen alle angestellten Profeßoren an Beitz in Brüssel, den Inspektor der Schule. Da der Copist der Schrifft aber ihn verrathen hatte, und man Beitz den Urheber zum voraus nannte, so sandte sie ihm dieser unter seiner Adreße zurück, und foderte ihn auf, die Anklage zu unterschreiben, wo er die Thatsachen alsdann untersuchen würde.[5] Sein Geselle in allem Bösen ist Reuter, ein Kaufmann, der von Simon als Garde magasin für alle Lieferungen ernannt war. Simon selbst ist zu träge, um so böse zu seyn wie diese, aber daß Sie ihn bestechlich genannt, als man Ihnen denselben zum Richter vorschlug, damit haben Sie ihm keineswegs zu viel gethan, er hat die arge Prostitution durch seine Tücke gar wohl verdient, und es ist ihm sein Recht gemessen worden, um so mehr, da seine besten Freunde es ihm bereitet hatten. Die Sache ist ihm sehr nahe gegangen, er hat sich elend dabey benommen wie ein altes Weib, die Zusicherung der Fortdauer seines Gehaltes hat ihn indeßen wieder beruhigt. Für Dineur, wenn Sie nicht dasselbe an ihm thun wollen, wäre wohl zu wünschen, daß Sie ihm eine Empfehlung an den Herzog von Weimar geben könnten, damit er in Mons seiner Vaterstadt angestellt werde, denn er versteht kein Teutsch. Für Beving hat H. v. Vinke eine Vorliebe, die sich aber auf gar nichts gründet. Doch hat er ihm früher schon erklärt, daß er nicht auf Anstellung rechnen dürfe.[6]

Sie sehen die Elemente, auf denen die Opposition gegen die neue Ordnung der Dinge ruht. Da sie es die Zeit über ohne Erfolg versucht, Vinke zu gewinnen, so wenden sie sich auf den andern Weg, und suchen die gemachten Ernennungen anzugreifen. Gegen die von Zweifel und Kretzer war nicht aufzukommen, die von Mathieu zum Domänenempfänger und Hypothekenbewahrer gab ihnen schon eher einen Fuß breit Raum, auf dem sie auftreten mogten.[7] Im ganzen Departemente ist kein Mann zu finden, der dieser höchst schwierigen Stelle besser und gründlicher vorstehen wird, das wissen sie, und das auch hat mit den Andern die ganze Parthey der Domänenkäufer aufgebracht, die in der bisherigen Unordnung und Schlechtigkeit ihr Wesen trieben. Sie können gegen Mathieu nichts vorbringen als einige zweydeutige Prozeße, die er freylich zum Theil am hießigen schlechten Tribunal verlohren, an der gut besetzten teutschen Sektion in Trier hingegen gewonnen hat. Sie berufen sich aufs Publikum, aber das Publikum besteht eben aus ihnen selbst, und wohl auch einigen gutmüthigen Leuten, die so mitlaufen, weil sie nicht wissen, wos hinausläuft. Grebel ist überdem sein persönlicher Feind. Wenn etwas dergleichen bis zu Ihnen hin gelangt, dann dürfen sie nur ganz einfach darauf bestehen, daß man Ihnen facta gegen seine Rechtschaffenheit artikulire. Daß er während seiner Geschäftsführung keine Schlechtigkeit machen werde, dafür verbürgen wir uns, und selbst wenn er eine zweydeutige sich erlauben wollte, würden wir die Ersten seyn, ihn zu denunziiren. Vinke hat Ihnen Zeiler zum Unterpräfekten in Simmern vorgeschlagen. Auch gegen diesen werden sie sich ohne Zweyfel erheben. Ich hatte die einzige Einwendung gegen ihn, daß der Sprung in seinen Verhältnissen etwas zu groß seyn möge, indeßen auserordentliche Zeiten fodern ungewöhnliche Maasregeln. Wenn, wie es bald den Anschein gewinnt, der Krieg wieder eine schwierige Wendung nimmt, dann ist es vor Allem nöthig zuverläßige Leute an den öffentlichen Stellen zu sehen. Zeiler ist überdem rechtlich, und ein sehr guter Geschäfftsmann. Er war Chef de Bureau an jener Unterpräfektur, überwarf sich mit Cloden und gieng nun an den Octroy nach Holland, wo seine ökonomischen Angelegenheiten durch das theuere Land etwas in Rückgang kamen. Seit dem Uebergange wurde er als Empfänger in Kreuznach angestellt. Da er alle Oertlichkeiten kennt, so ist er gar brauchbar an jene (!) Stelle, und wird das schlechte Volk in Simmern recht wohl im Zaume zu halten wißen.[8]

Ueberhaupt verdient der Hundsrücken eine eigene Aufmerksamkeit, es ist ein sehr gemischtes, aber im Ganzen gescheidtes und aufgewecktes Volk, von dem viel erwartet werden kann. Kreuznach übt auf die Stimmung im Gebürge eine große Herrschafft aus, darum ist es von großer Wichtigkeit, dort sich in den Anstellungen wohl vorzusehen. Sie haben Hermani auf den Vorschlag von Vinke dort zum Maire ernannt. Wir erfuhren den Vorschlag zu spät, um ihm zuvorzukommen, wir haben aber H. Vinke vermogt, die Ernennung zurückzuhalten. Hermani ist im Ganzen gerade nicht unehrlich, aber er ist ungeschikt, dem pfiffigen Volke dort ein Spott, überdem hält er die dortige Bank im Pharao. Vinke hatte ihn auf den Vorschlag des Unterpräfekten Burret angenommen. Burret ist ein braver, rechtlicher, geschäfftskundiger, arbeitsamer Mann, aber über Menschen hat er kein Urtheil, weil er in zu großer Gutmüthigkeit die Sachen allzu oberflächlich nimmt.[9] Das ganze war eine Intrigue der dortigen Loge, die auf den öffentlichen Geist nicht den besten Einfluß übt. Van Recum hat diese Loge dort gegründet. Dieser Mann, der durch den Verrath von Manheim zuerst den Franzosen sich empfahl, bekam von da an eine Folge von Anstellungen, die ihn zuletzt zum Gesetzgeber geführt. Durch Pfiffe, Ränke, Jüdeln, den Bonhandel, Unterschleif in öffentlichen Arbeiten und bey Lieferungen hat er ein unermeßliches Vermögen sich erworben, und ist einer der stärksten Gutsbesitzer auf dem Hundsrücken geworden. Wie er nun also reichlich sich versehen, mogte er gern einen Kreis um sich sehen, der seine Tugendhaftigkeit und Ehrlichkeit bewunderte, darum umgab er sich mit der ganzen Krämerzunft und Andern, und stiftete die Loge, worin er die schönsten Reden über Moralität und Rechtlichkeit hielt. Herff ist in Allem ihr Sprecher.[10] Statt Hermanis habe ich Giudice den dortigen Polizeykommissär als Maire vorgeschlagen, einen Mann der die Achtung aller Partheyen hat, und von Allen die ihn kennen übereinstimmend als ein trefflicher Mensch gerühmt wird. Um indeßen Sie nicht noch einmal einer Veränderung auszusetzen, habe ich ihn durch seine Freunde fragen laßen, ob er geneigt sey die Stelle anzunehmen. Er hat mir erklärt, wie er es vorziehen werde, wenn Sie Eglinger, den bisherigen ersten Adjunkt, einen wohlhabenden, angesehenen Mann zum Maire, und ihn als dann zum Mairie Sekretär ernennen wollten, wobey dann allerdings dem Reichen die Ehre, dem verdienstvollen und arbeitsamen Manne das utile zufallen würde. Einzig nur großer Geiz wird Eglinger vorgeworfen.[11]

Bey dieser Gelegenheit muß ich Sie auf einen Mann aufmerksam machen, der eben dort lebt, Schmitt, und durch seine große Kraft gar wohl verdient, daß man ihn zum Nutzen des Ganzen an seine rechte Stelle setze.[12] Von 93-98 verwaltete er öffentliche Geschäffte, seither zog er sich zurück. Ein natürliches Feuer, das ein Alter von beynahe 50 Jahren nicht erkalten konnte, hat ihn wohl oft über das Maaß hinaus getrieben, aber überall wo es Wärme, Nachdruck, und Energie bedarf, ist er an seiner Stelle. Nur Zucht und Beharrlichkeit und innere Mäßigung ist ihm, wie allen diesen Naturen nicht gegeben. Er lebt und webt jetzt wieder mit großer Begeisterung in der Sache Teutschlands, und ist in diesem Feuer zu allem Guten aufgelegt. Nur ist die Stelle für ihn schwer auszumitteln, Kollegien ordinärer

Menschen sprengt er in kurzem in die Luft, und allein fehlt ihm zu sehr der innere Schwerpunkt. Im Juristischen Fache hat er die meisten positiven Kenntniße, und an einem Obertribunale würde er mit Ehre sitzen, obgleich seine Kraft für die Sache unmittelbar dann verlohren wäre.

Gegen die von Ihnen für die Maires angeordneten Kommissarien habe ich Manches einzuwenden. Sie beeinträchtigen zuerst den Dienst, da sie bei der nothwendigen Weitläuftigkeit alles juristischen Verfahrens, die Maires und ihre Untergebnen in einem fortdauernden Kriegsstand erhalten, und jene daher in den Operationen ihres Amtes lähmen. Dann kömmt es auch bey all dergleichen Untersuchungen selten zu einem reinen Resultat, da die Schlechtigkeit so viel Schliche zu brauchen weiß, daß man selten dazu kömmt, ihr einen andern als moralischen Beweiß zu machen. Wo Formen und Verfassungen sich einmal festgesetzt, da bleibt freylich nicht anderes Mittel übrig, aber jetzt wo man mit einem Federstrich den des Bösen Bezichtigten entfernen kann, hätte ich wohl gewünscht, Sie hätten bey der Dringlichkeit der Sache den kürzeren Weg eingeschlagen. Ueberdem sind für solche Kommissionen schwer taugliche Leute zusammenzubringen. Oben in Trier ist sie, so viel ich einsehe recht gut besetzt, hier hat Vinke, wie ich eben höre, Lebens, Nell und Fölix im Vorschlag.[13] Ich bin zum voraus überzeugt, daß bey einer solchen Zusammensetzung nicht ein einziges Urtheil herauskommen wird. Lebens ist der aufgeblasenste, hochmüthigste, leidenschafftlichste Mensch, der unter allen gerade der aller untauglichste zu einer solchen Verrichtung ist. Hat ihm etwa vor Jahren einer nicht den Huth gezogen, dann kann er heute noch Parthey gegen ihn nehmen, und dann verfolgt er seine Meynung mit solcher Hartnackigkeit, daß sind Solche mit ihm, die gleichfalls die Ihre haben, es nie zu einem Resultate kommen kann. So hat er es als Präsident des hießigen peinlichen Gerichtes und überall gehalten, so daß man ihn entfernen mußte; nur als Professor ist er an seiner Stelle, da er ohne allen Zweyfel ein guter und gründlicher Jurist ist. Nell hat dann gleichfals wieder seine eigene Leidenschaftlichkeit und Foelix ist ein rechtschaffener, aber schwacher Mann. Wir hatten Nell als Domänendirektor vorgeschlagen, aber H. v. Vinke will ihn nicht passiren laßen. Ich kenne alle Üble, was er an sich hat, auch ist der Vorschlag eben nicht aus Neigung für ihn geschehen, aber er hat alle dazu erforderliche Kenntniß, und ist, da man seine Parthey, wie ich glaube, nicht ganz vor den Kopf stoßen kann, hier auf die unschädlichste Art beschäftigt. Als Präsident, wozu ich ihn neulich vorgeschlagen, hat seine Leidenschafftlichkeit größeren Spielraum, und Foelix, der Vicepräsident, kann schon seines Alters wegen nicht wohl übergangen werden.

Ich merke, daß mein Vorrath sich noch nicht vermindern will, meine Schreiberey aber Sie ermüden muß, darum will ich den Rest einem andern Briefe aufbewahren. Leben Sie wohl, und erhalten Sie mir Ihr Vertrauen.

Görres

---

1 Zu Freiherrn von Vincke, General-Gouvernements-Kommissär des Rhein- und Moseldepartements, s. Personenverzeichnis. Auf die Denunziationen hatte Görres schon in Brief Nr. 3 hingewiesen.

2 Hier bricht der Herausgeber Gruner ab, mit der Begründung: „In dem Rest dieses Absatzes giebt Görres eine Schilderung der Unzufriedenen. Bei der Schärfe, mit welcher Görres sein Urteil über diese Männer fällt, ist es unmöglich dasselbe wiederzugeben.“ (S. 249).

3 Zu allen hier Erwähnten s. Personenverzeichnis. Frandorff, Intendant des Rhein-Mosel-Departements, einer der in den ehemaligen frz. Departements eingesetzten Preußischen Kriegskommissarien, die als Intendanten vorläufig die Unterpräfekten ersetzten (Donnersberg: Kriegskommissär Henow; Rhein-Mosel: Kriegsrath Frandorff, Saar: Kriegskommissär Athenstädt); Markus Pottgeißer war seit den 1790er-Jahren Anführer der Aristokratischen Partei gegen die Republikaner in Koblenz gewesen. Zum kurtrierischen Adel gehörte auch die Familie von Coll; Joh. Nikolaus Nebel war 1804 als Bürgermeister von Koblenz an Stelle des vorherigen Joh. Friedrich von Eltz getreten, und war, wie sein Schwiegersohn Jean Fréderic Deinhard, Weinhändler. Graf Rennes: Clemens Wenzeslaus von Renesse. Jurkowitsch konnte nicht identifiziert werden.

4 Zu Mathias Grebel vgl. Brief Nr. 3; Der Jurist und ehemalige Cisrhenane Matthias Simon war in frz. Zeit Präfekturrat gewesen, und wurde im Jan. 1814 durch Frandorf zum „Intendanz-Rath“ ernannt, mit Zuständigkeit für „die innern Angelegenheiten des Departements, als da sind, die Kirchen, Schulen, milde Stiftungen, Gemeinde-Oekonomie-Wesen u.s.w.“ (*RM* Nr.2, 25.1.1814 und Nr. 4, 29.1.1814). Maire von Koblenz war seit 1813 Johann Joseph Mazza, auch in preuß. Zeit blieb er bis 1818 Oberbürgermeister. Mazza war der Bruder von Görres’ Mutter. Beysichtig = niederrheinisch für kurzsichtig.

5 Zur Koblenzer Rechtsschule, zu deren Professoren in französischer Zeit Görres’ Freund und Schwager Franz von Lassaulx gehört hatte und an der auch Görres 1810 Logik-Vorlesungen gehalten hatte, s. Mallmann, *Französische Juristenausbildung im Rheinland*, S. 69ff, 148ff; François Beyts, dem als Generalinspektor die Organisation der 12 Spezialschulen der Rechtswissenschaften im frz. Reich unterstand, hatte 1806 die Vorverhandlungen zur Gründung der Koblenzer Schule mit der Präfektur geführt (Just, *Lassaulx* S. 134).

6 Zu dem Kaufmann Jean Pierre (Joh. Peter) Reuter und zu den ehemaligen Präfekturräten Louis-Joseph Dineur und Théodore Beving s. Personenverzeichnis.

7 Zweifels Ernennung: *RM* Nr. 10 vom 9. Febr 1814: „Der General-Gouvernements-Kommissär des Rhein- und Moseldepartemente macht andurch den Beamten und Bewohnern dieses Departements bekannt, daß Se. Exz. der Herr General-Gouverneur des Mittelrheins, unterm 7. dieses, den Herrn Handelsmann Zweifel dahier zum General-Empfänger des Donnersberger und hiesigen Departements, so wie auch zum Bezirks-Empfänger von Koblenz zu ernennen geruht haben. Koblenz, den 28. Januar/9.Febr. 1814 E. Vincke.“ Die neu ernannten Mitglieder des Revisionshofs in Koblenz, unter ihnen Kretzer: s. Brief Nr. 1, Anm. 2. – Zu Clément-Venceslas Mathieu, der schon in frz. Zeit im Büro des Receveur de l’enregistrement et du domaine national und Conservateur des Hypothèques angestellt war, ehemaliger Associé von Franz v. Lassaulx, s. Personenverzeichnis

8 Zu Zeiller s. Personenverzeichnis. Die Stelle des Unterpräfekten in Simmern wurde zunächst nach Demission des bisherigen Unterpräfekten „interimistisch dem vormaligen Maire von Kreuznach, Herrn Burret, anvertraut“ (Bekanntmachung, unterz. Frandorff, Intendant des Rhein-Mosel-Departements, Koblenz, den 22. Jänner 1814: *RM* Nr. 2 vom 25. Januar 1814). Seit April 1814 findet sich Zeiller als Kreisdirektor in Simmern erwähnt (*RM* Beilage zu Nr. 40 vom 11.4.1814). Cloden konnte nicht ermittelt werden.

9 Maire in Kreuznach wurde 1814 Stanislaus Schmitt (s. unten Anm. 12). Zur möglichen Identifizierung von Hermani sowie zu Karl J. Burret s. Personenverzeichnis.

10 Zu Andreas van Recum, der in pfalzbayerischen, französischen und dann wieder bayerischen Diensten Karriere machte, 1798 kurz der frz. Zentralverwaltung in Koblenz angehört hatte, und 1809 die Loge „Les amis réunis de la Nahe et du Rhin“ gegründet hatte, s. Personenverzeichnis. Ein D. Herff, Kaufmann in Kreuznach, erw. 1814/15 auf Subskribentenliste für Carl Hoffmann, *Des Teutschen Volkes feuriger Dank- und Ehrentempel*, Offenbach 1815.

11 Zu den Kreuznachern Jakob Giudice, seit 1809 Chef der städt. Polizei, und Werner David Eglinger s. Personenverzeichnis.

12 Stanislaus Schmitt, einst begeisterter Republikaner und 1798 Präsident des tribunal criminel in Koblenz, wurde am 29.3.1814 von Gruner zum Bürgermeister der Stadt Kreuznach ernannt und am 5.4.1814 zum Staatsprokurator. Vgl. seinen Brief an Görres vom 13.2.1814.

13 Lebens, Nell und Fölix wurden im Mai als Räte am Revisionshof in Koblenz installiert (s. Brief Nr. 1, Anm. 3; Nr. 3, Anm. 4; Personenverzeichnis).

6. An Achim von Arnim

Datum: Koblenz, 5.3.1814.
Original: Staatsbibliothek zu Berlin – Preuß. Kulturbesitz, Nachlass Grimm 686, Bl. 23f (4 Seiten).
Druckausgabe: Steig, Görres' Briefe an Achim v. Arnim, in: *Neue Heidelberger Jahrbücher* 19 (1916), S. 103-105 (einige kleinere Abweichungen).
Einordnung: Letzter bekannter Brief Arnims: 8.9.1812 (*GS/Briefe* 2, S. 576); Arnims Antwort 4.6.1814.
Regest: Görres berichtet kurz von seiner Krankheit zum Jahreswechsel und von seinem *Rheinischen Merkur*, von dem er die jüngsten Ausgaben sendet, lobt die fruchtbare Zusammenarbeit mit Justus Gruner, bedankt sich für die Zusendung von Arnims *Schaubühne* und gratuliert zur Geburt des zweiten Sohns und zu Arnims Entscheidung, sich nicht am Landsturm zu beteiligen.

Coblenz am 5ten März.

Glück auf! zum neuen Leben lieber Arnim, gieb mirs zurück, denn mir gilts doppelt, denn am Schluße des vorigen Jahres hatte ich die verdammte Krankheit, und die Russen trafen mich eben noch im Bette.[1] Sie hat mich geplagt eine Zeit, im halben Jänner hatt ich Alles abgeschüttelt, am 20. fieng ich meine Zeitung an, du wirst ihr nichts Krankes anmerken, wenn du sie erst einmal ganz bekömmst. Jetzt sende ich dir sous bande die letzten Blätter. Du siehst daraus, ich bin wieder jung geworden, dem ist der Himmel sehr gnädig, der dergleichen zweymal in seinem Leben erweckt. Diese Zeitung hält mich wohl im Athem, sie wird jetzt zu mehreren Tausenden gedruckt, und überall mit Freude gelesen, viele Tausende hangen wieder an meinem Munde, und du siehst kein dummes Volk irrt mich wie dich mit Censuren, ich kenne dergleichen nicht.[2] Gruner, den sie uns gesendet haben, ist eine Freude mit ihm zu leben und zu arbeiten.[3] Er kannte mich nicht, ich gieng zu ihm als er kam, und nach einer halben Stunde waren wir gar wohl bekannt, und nun ist der Hebel am rechten Ende in meiner Hand. Ich habe schon viel Gutes damit gewürkt, viel Lumpenvolk verzagen helfen, viel brave Leute an ihren rechten Platz gesetzt. Der gute Geist wächst täglich, und unser Gouvernement soll ein wahres Muster werden, weil das Meiste von dem fehlt, was sonst überall alles hemmt und lähmt. Bey euch ist mit der Gefahr ein guter Theil vom Intereße schon gewichen, da sie hier noch einigermaßen droht so ist es auch noch recht lebendig. Ich selbst bin über das Resultat am Ende ganz unbesorgt, ich sehe mit blindem Vertrauen dem Erfolg entgegen.

Deine Possen habe ich erhalten, und gestern Abend Jann gelesen, ich weiß nun, warum man hier sprüchwörtlich sagt, du dummer Jann! Hinein hab ich ins Andere gesehen, da ist wieder tolles Zeug, die Leute werden sich darob höchlich wundern. Ich danke dir dafür, und freue mich auf die Abende, wo ichs lesen kann.[4] Ich begreife wohl, daß das Zeitungsschreiben dir nicht sonderlich gefiel, da konntest du onmöglich (!) deine Sprünge machen, ich weiß etwas besser mich darin zu finden, doch ist sie die kleinere Hälfte nur von meiner Arbeit, Literarisches kann ich beynahe gar nichts thun. Zu Deinem Freymund hast Du nun einen Siegmund dir angeschafft, ich wünsche dir Glück dazu.[5] Wie tief du in dem Kinderneste steckst, seh ich daran, daß du deine Gleichniße sogar von ihnen hergenommen. Ich merke wohl, daß Manches auch sich schon bey dir gefunden hat, du begriffest nicht, wie man vom Kinderlärm sich irren laßen könnte, jetzt bist du in den Keller gar vor ihm geflüchtet, das unterlass ein andermal, Kellerluft ist deiner Haut gar schädlich. Man sagte dich hier beym Heere, später erfuhr ich, wie ihr es beym Landsturm gehalten habt.[6] Du hast wohl daran gethan, daß du dich nicht hinzu gedrängt, es ist gerade nicht nöthig, daß alle guten Köpfe Teutschlands in diesem Handel zu Grunde gehen. Fouqué hat sich, wie er mir eben schreibt, auch ruinirt.[7] Das Stehen in der Linie ist das Wenigste, aber dies mörderische Liegen in aller Witterung ist nicht zu überstehen, wenn man einmal die erste Jugend hinter sich hat. Mit dem Landsturm wird's hinten besser gehen, als bey den steifen Herren; ich denke es soll damit hier etwas gegründet werden, das wenn die Andern kommen, nicht wieder zu verderben ist. Darum allein zieht der Krieg sich wieder in die Länge.

Ich will dir öfter auf diesem Wege schreiben, thu du desgleichen. Da du nun auf dem Lande sitzest so magst du dich auch mitunter auf beßere Calligraphie verlegen, deine Briefe sind verdammt schwer zu lesen.[8] Willst du mir etwas für die Zeitung schicken, du hast ein großes, wohlgesinntes Publikum. Kannst du sie bey dir herum etwas in Umlauf bringen, dann ist mirs lieb, ich mögte sie freylich gern zu einem im ganzen Land gelesnen Blatte machen. Alle die Meinigen sind immer wohl geblieben, dein Pathchen[9] eingeschloßen und sie grüßen dich sammt den Deinigen. Leb wohl und behalte mich in deinem Herzen lieb.

Görres.

---

1 Zum Ende der Franzosenzeit in der Neujahrsnacht 1814 und Görres' damaliger Krankheit vgl. Brief Nr. 4.

2 Zum *Rheinischen Merkur*, dessen erste Ausgabe am 23. Januar erschien, s. Fink-Lang, *Görres*, S. 145-164 mit weiterer Literatur. Von Oktober 1813 bis Februar 1814 war Arnim Herausgeber der Berliner Tageszeitung *Der Preußische Correspondent*. Dazu und zu Arnims Schwierigkeiten mit der preußischen Zensur: Jürgen Knaack, Achim von Arnim und der „Preußische Correspondent", in: Ulfert Ricklefs (Hrsg.), *Universelle Entwürfe – Integration – Rückzug: Arnims Berliner Zeit (1809-1814)*, Tübingen 2000 (Schriften der Internationalen Arnim-Gesellschaft Bd. 1), S. 133-142. Klagen über den Ärger mit der Zensur auch im Brief Arnims vom 4.6.1814 an Görres.

3 Zu Görres' Zusammenarbeit mit Justus Gruner, v.a. seinen Ratschlägen zu Personalentscheidungen s. Briefe Nr. 1, 3, 5, 7, 9. Arnim sah Gruner weniger positiv: am 4.6.1814 schreibt er, dass er Justus Gruner nicht sehr traue, da er Heinrich von Kleist um sein Abendblatt gebracht habe. (Die *Berliner Abendblätter*, für die auch Arnim und Brentano Beiträge geliefert hatten, mussten nach nur einem halben Jahr im März 1811 eingestellt werden).

4 *Ludwig Achim von Arnim's Schaubühne*, 1. Bd., Berlin 1813, darin S. 1ff „Jann's erster Dienst. Eine Posse".

5 Arnim und Bettine hatten sieben Kinder. Die beiden ersten: Freimund (1812-1863) und Siegmund (1813-1890). Siegmund war bereits am 2. Oktober 1813 geboren.

6 Arnim befehligte während der Befreiungskriege 1813 zeitweise als Hauptmann ein Berliner Landsturmbataillon.

7 1812 kämpfte Fouqué als Leutnant und Rittmeister bei den freiwilligen Jägern, danach kehrte er auf sein Gut Nennhausen zurück. Am 1.12.1814 hatte er Görres von seiner durch den Kampf zerrütteten Gesundheit geschrieben.

8 Seit 1814 lebte Arnim als Gutsherr auf seinem Familiengut Wiepersdorf in Brandenburg. Zu den – nur allzu berechtigten – Klagen über seine unleserliche Schrift antwortete Arnim am 4.6.1814, er habe eigens bei einem Schulmeister Schreibunterricht genommen, ehe er Görres geschrieben.

9 Arnims Patchen: Görres' jüngste Tochter Marie, geb. 28.6.1808. Zu ihrer Taufe s. *GS/Briefe* 2, Brief Nr. 105.

7. An Justus Gruner

Datum: Koblenz, 5.3.1814.
Original: Berlin, GStA PK, I. HA Rep. 77, Tit. 21, G. Nr. 1, Bd. 2, Bl. 19f (4 Seiten).
Druckausgaben: Gruner, Ein Beitrag zum Briefwechsel von Joseph von Görres, in: *Deutsche Revue* 18. Jg., Bd. 3 (1893), S. 354-357 (mehrere längere Auslassungen); Schellberg (Hrsg.), *Ausgewählte Briefe* (1911), Nr. 99 (stark gekürzt).
Einordnung: Letzter Brief Gruners: Trier, 18.2.1814; nächster bekannter Brief Gruners: Düsseldorf, Ende Sept./Anf. Okt. 1814.
Regest: Görres äußert sich zur Organisation des Landsturms, zu weiteren Personalfragen, zur Neu-Organisation des Forstwesens und der Hospitäler und schlägt vor, eine besondere Kasse für noch rückständige Forderungen an die Behörden aus der Franzosenzeit einzurichten.

Coblenz am 5ten März 14.

Ich ergreife die erste freye Stunde; um die wieder angelaufnen Wasser von neuem abzulaßen, fahren Sie nur fort mir Ihre Geduld zu schenken, und zweyfeln Sie an meiner besten Meynung nicht, wenn Sie zuweilen nicht billigen, was ich rede.

Sie haben nun zu meiner Freude mit der Bewaffnung des Landes den Anfang gemacht, H. v. Vinke wird Ihnen berichtet haben, mit welchem Erfolge es hier von statten geht.[1] Die Stadt wird ihre Compagnie stellen und equipiren, so zahlreich wir nur immer wollen; der Geist ist gut, und bessert sich durch Transfusion mit jedem Tage. Das Miasma dazu liegt in der Luft und in der Zeit, und Empfänglichkeit ist in Mehreren als ich selbst geglaubt hätte. Nur die Armuth des Landes ist dabey eine üble Sache, das ist die einzige Schwierigkeit, die der Beschleunigung im Wege steht. Darum mögt ich Ihnen rathen, die Cavallerie lieber aufzugeben. Die Pferde sind gar selten in dem Lande, und viel besser beym Armeefuhrwerk anzuwenden, als daß man schlechte Reuter darauf setze, die zwey Jahre Uebung fodern bis sie diensttauglich sind, während die Infanterie in wenig Monathen schon brauchbar ist. Im Bergischen wars anderst, dort sind die Leute durchgängig im Reuten mehr erfahren; die alte Trevirische Reuterey ist hier im Lande gänzlich ausgegangen. Die Wenigen, die schon unter der Cavallerie ihre Schule durchgemacht, könnte man leicht anderwärts unterbringen. Auf dem Hundsrücken wird Zeiler der Sache gehörigen Nachdruck geben; in Bonn ist Boosfeld freylich ein Jammerbild, um dergleichen durchzutreiben.[2] Mich soll nur verlangen was Trier gethan, wenn es glänzend ausfällt, sind Sie ein Wunderthäter. Doch im Volke liegt oft eine geheime Kraft, deren Daseyn man kaum ahndet, und die wie von Gott gerufen oft plötzlich zu Tage tritt.

Ueber die hießigen Verhältniße hätte ich Ihnen mündlich Manches wohl zu sagen, was sich im Buchstaben nicht wohl fassen läßt. Vielerley Ohrenbläsereyen werden bei H. v. Vinke angebracht, er hat sich Lebens mehr als recht ist hingegeben, der auf seinen guten Willen keinen Einfluß ausgeübt, aber ihn in Manchem trübt und verwirrt. Es ist ein grundböser Mensch, ich habe es ihm gesagt, und er kennt ihn wohl darauf; auch ist das Verhältniß von seiner Seite ohne Arg geknüpft, und ich habe kein Recht mich darin einzumischen, wenn ich gleich bedauern muß, daß es also sich gefügt.[3] Was indeßen zur Spannung von seiner Seite Veranlaßung gegeben, ist eben mein Briefwechsel mit Ihnen. Ich habe gar wohl das Mißliche gefühlt, das in diesem Verhältniß liegt, und darüber nachgesonnen, wie es sich wohl beruhigen laße. Kein anderes Mittel ist mir eingefallen, als aufrichtig und offen und geradehin zu gehen, und ihm nirgend wo meine Gedanken zu verschweigen. Sie wißen selbst am Besten, wie wenig ich in den Briefen ihm zuwider gethan, wo es geschehen, wie bey der Ernennung der Kommission für die Märe, habe ich meine Gedanken ihm selbst beynahe mit denselben Worten wie Ihnen gesagt. Indeßen hat der Zufall in Manchem, wies zu gehen pflegt, sein Spiel getrieben, und ihn auf mancherley Verdacht gebracht, zu dem ich in keinerley Weiße Veranlaßung gegeben. Ich sehe diesem nun mit Schmerze zu, und Sie, die Sie die Welt und Menschen kennen, werden leicht die tausendmal erlebte Geschichte wiedersehen. Da ich gern, um dem Guten zu dienen, in solchen Sachen das Unrecht auf mich nehme, so hoffe ich mit einem guten Wort die Sache wieder zu beschwichtigen, da ich sie seit kurzem erst ganz durchgesehen. Ihnen aber habe ich dieses mittheilen zu müßen geglaubt, damit Sie nicht unschuldig in Ihren Briefen die Spannung noch vergrößern. Er ist weit der Beste, den ich im Departemente an diese Stelle kenne, von Schwächen ist keiner auf Erden frey, le mieux possible a toujours été l'enemi du bien hat freylich ein böser Mund gesprochen. Sie haben seinen Gehalt auf 12000 Franken bestimmt, Sie werden mir erlauben, daß ich einige Bemerkungen darüber mache. Ich glaube, daß es unmöglich ist, unter den gegenwärtigen Verhältnißen mit diesem Gehalte in Ehren seiner Stelle vorzustehen. Es vergeht kein Tag, daß er nicht 4, 5, 6 und mehrere Fremde zu Tische hätte, er kann, wie ich Ihnen nicht sagen darf, dieser Gastfreyheit sich nicht entziehen. Der Vorschuß der Kanzleykosten macht auch Irrungen. Ich sollte denken, es wäre nicht zuviel, wenn Sie ihm so viel, wie den ehmaligen Präfekten zuwießen, die sich ohne Raub hier auf 20 - 24000 Franken standen. Sie können mir glauben, daß ich diesen Vorschlag nicht zu einem Kitte unseres künftigen Friedens machen werde.

Die Organisation des Forstwesens ist jetzt im Werke, darüber mögte ich Ihnen gleichfals einige allgemeine Gedanken mittheilen, Sie können damit nach eigenem Belieben verfahren. Drey Forstmeister mögen hinreichen im hießigen Departemente, aber sieben Oberförster sind offenbar zu wenig. Der Bezirk Bonn hat 125 Revierjäger, zwey oder drey Oberförster können sie nicht gehörig im Auge halten. Wären diese Jäger tüchtig und in ihrem Handwerk wohl erfahren, dann mögt(!) es wohl hingehen, aber sie sind meist unwißend, und die gute alte Schule ist in den zwanzig Jahren gröstentheils ausgegangen. Unter den Franzosen waren 18 Gardes a cheval, und es waren deren in der That nicht zu Viele. Die höchst möglichste Reduktion, wäre 12 oder 14. Die kärglichen Gehalte von 1200 Franken für den Forstmeister, und 800 für den Oberförster, müßten auch erhöht werden, da die Noth sicher zum Diebstal führt. Was das Personale betrifft, so ist Jäger in der Clique von Grebel, sonst hat er, wie ich höre, jenseits Ordnung gehalten, Grünewald in Simmern ist ein ehrlicher, kenntnißreicher Mann, den sein unglücklicher Beinbruch keineswegs dienstuntauglich macht, Pott ist Spieler, Hurer, Säufer, dies, unwissend, ein Greuel dem ganzen Hundsrücken. Harwig soll die Protektion des Kronprinzen von Schweden haben, aber er ist übel berüchtigt im ganzen Lande. Ueberhaupt ist die ganze Parthie in der Wurzel verdorben, und es müßte junges, frisches Blut nachgegoßen werden, um sie wieder in etwa zu beleben.[4]

Noch über eine andere Sache bitte ich Sie, mir Ihre Aufmerksamkeit auf einige Augenblicke zuzuwenden. Es sind so viele Leute, die noch Rückstände von den letzten Franzosenzeiten her zu fodern haben, viele sind an den Bettelstab gebracht, diese kommen zu mir als einer Art von Armenadvokaten gelaufen, ob ich ihnen etwa helfen könnte. So ist ein hießiger Bäcker Nierenberger, der für 8000 Franken Fleischrationen im Namen der Stadt kontraktmäßig an die französische Einquartirung geliefert hat. Der Mann wird von den Gläubigern, die er sich darüber zugezogen hat, verfolgt, und ist rein arm, wenn er nichts erhält. Ich sollte denken, es wäre für die Gemeinde eine unvertilgbare Schuld, die aus dem Rückstand der 30 Centimen in der Stadt abgeführt werden müßte. Noch härter ist der Fall in den Gefängnißen, wo Bäcker, Mezger u.s.w. gleichfals kontraktmäßig die Gefangenen unterhalten haben, und für das letzte Trimester vor dem Uebergange der Verbündeten nicht bezahlt wurden, eben so wie die armen Aufwärter und Hüther, die aus derselben Zeit ihre Besoldungsrückstände zu fodern haben, so daß in Allem am hießigen Gefängniß allein noch 9000 Franken stehen. Ich glaube, da noch so große Rückstände von den Abgaben des vorigen Jahres, hier allein über 300 000 Franken einzutreiben sind, daß dies Alles sich am Besten berichtigen ließe, wenn Sie davon eine besondere Caße errichteten, und daraus jene Foderungen abführen ließen.

Der Hospitaldienst ist auch noch hier in ziemlicher Verwirrung. Man beschäfftigt sich wie Schlosser[5] mir gesagt, vom Hauptquartiere aus, mit ihrer Organisazion im jenseitigen Teutschland; es soll, wie Sie wohl wissen werden, eine Centralkasse errichtet werden, und ein Etapensystem von Hospitälern angelegt. Der Minister Stein steht an der Spitze, könnten Sie es nicht dahin bringen, daß wir hier disseits in dasselbe aufgenommen würden? Die Ordnung wäre leichter eingeführt, und dem Lande wäre eine Last erleichtert, die späterhin unerschwinglich werden würde.

Ich habe noch Ihren letzten Brief zu beantworten, der mir als Beweiß Ihres fortdauernden Wohlwollens sehr erfreulich gewesen ist. Ich kenne gar wohl den Schwall von Geschäften, der auf Sie eindringt, und kann leicht denken, wie schwer es Ihnen fällt, Zeit für solche Briefe zu gewinnen. Darum erwarte ich auf die Meinigen eigentlich nie Antwort, und es ist schon gut, wenn Sie dieselben nur lesen, und sich ein und das Andre merken, was Ihnen wohlgesprochen scheint.

Bey meiner Rede über Hetzerodt habe ich nur dem Urtheil urtheilsfähiger gefolgt, ich selbst kann persönlich keine Gewähr dafür geben, da ich ihn nur einigemal gesehen, und nie mit ihm in Verkehr gestanden.[6]

Sie fragen mich um Professor Schmids, ich halte ihn für einen ehrlichen Mann, ob er gleich zuviel von seiner Rechtschaffenheit und seinem teutschen Herzen, besonders aber von seinen alten Thaten spricht, durch welches Alles er oft widerwärtig wird. Als alter Beamter füllte er recht gut seine Stelle aus, und er wird es zu jeder Zeit.[7]

Sie schreiben mir, wie Schreiber nicht von denen sey, die mit Ihnen arbeiten könnten, Sie haben ihn gesehen, und mir kömmt es nicht zu, von dieser Seite den mindesten Einspruch zu thun. Er ist nicht sonderlich geistreich und aufgeweckt, er mag in der letzten Zeit sich oben in Trier sich etwas verseßen haben, aber daß(!) ist gewiß, sind Sie durch das Äußerliche durchgedrungen, Sie finden ein überaus braves, warmes, redliches Gemüth, und in allem was er thut Besonnenheit, Gründlichkeit, Fleiß und die glücklichste Thätigkeit, darüber ist mein Urtheil fest bestimmt, und kann auf keine Weiße wankend werden.[8]

Von mir selbst ein andermal, der Raum drängt zum Schluße.

Ich wünsche, daß es Ihnen wohl gehen möge.

J. Görres

---

1 Zur Landwehr schon Görres im Brief vom 15.2.1814 (Nr. 3). Gruner ordnete die Landwehr am 2.4. an (so Gruner, S. 354). Freiherr von Vincke war als "General-Gouvernements-Kommissär des Rhein- und Moseldepartements" zuständig für die Organisation der Verwaltung, Verpflegung des Bülow'schen Corps, Rüstung von Landwehr und Landsturm.

2 Zeiller war Kreisdirektor in Simmern auf dem Hunsrück (vgl. Brief Nr. 5). Von seinem Eifer für den Landsturm zeugt sein Bericht an Vincke vom 9. April über die Begeisterung der Freiwilligen bei der Rekrutierung für die Landwehr (*RM* Beilage zu Nr. 40 vom 11.4.1814); Peter Joseph Maria Boosfeld war seit napoleonischer Zeit Unterpräfekt in Bonn.

3 Zu Lebens (von Gruner in seiner Edition wieder als L. abkürzt), der im Mai als Rat des Koblenzer Revisionshofs installiert wurde (s. Brief Nr. 1), vgl. Görres' vernichtendes Urteil in Brief Nr. 5.

4 Grünewald, Jäger, Pott und Harwig konnten nicht ermittelt werden. Zu Grebel sowie zu Jean Baptiste Bernadotte, frz. Revolutionsgeneral und Kronprinz von Schweden s. Personenverzeichnis.

5 Gemeint ist wohl Christian Schlosser, studierter Mediziner, damals in der Zentralverwaltung Frankfurt (s. Pers.verzeichnis).

6 Görres hatte Gruner vor Joh. Baptist Hetzrodt als Intriganten gewarnt (Brief Nr. 2). Gruner hatte dazu am 18.2.1814 geantwortet, H. habe einen durchaus guten Ruf.

7 Gruner hatte sich in seinem Brief vom 18.2. nach „Ref." u Prof. Schmidt erkundigt. „Er gefällt mir in mancher Beziehung. Was halten Sie von ihm?" Gemeint ist wahrscheinlich Joseph Schmidt (s. Personenverzeichnis).

8 Zu dem von Görres empfohlenen Johann Joseph Schreiber s. Brief Nr. 1 und – eher skeptisch – Gruner an Görres 6.2.1814 und 18.2.1814.

8. An Johann Georg Zimmer

Datum: Koblenz, 23.4.1814.

Original: Stadt- und Universitätsbibliothek Frankfurt a. Main, Ms. Ff. Zimmer, Nr. 38 (3 Seiten).

Druckausgaben: Heinrich W.B. Zimmer, *Johann Georg Zimmer und die Romantiker*, S. 205 (Erstveröffentlichung; fälschlich unter 23.4.1812); Schellberg (Hrsg.), *Ausgewählte Briefe* (1911), Nr. 106 (fälschlich unter 23.4.1815) (beide stark gekürzt); Schultz, *Görres als Herausgeber, Literarhistoriker, Kritiker im Zusammenhange mit der jüngeren Romantik*, S.57f; Sophie Görres, in: *HpBll* 157 (1916), S. 760 (nur erster Absatz).

Zur Datierung: Zimmer datierte, ebenso wie Otto Reichel, *Der Verlag von Mohr und Zimmer*, 23.4.1812. Schellberg folgte mit seiner Datierung (1815) vermutlich dem Rezensenten der Zimmerschen Ausgabe in *HpBll* 104, S. 124, der, ohne das Orig. zu kennen, den 23.4.1815 vorschlägt. Sophie Görres stimmt ihm bei. Die Datierung auf 1814 steht aber außer Frage.

Einordnung: Letzter bekannter Brief von Zimmer: 4.5.1813 (*GS/Briefe* 2, S. 582); nächster Brief von Zimmer: 9.5.1814.

Regest: Görres geht kurz auf die Zensur ein, die ihn nicht allzu sehr beeinträchtige, sowie auf einige Beiträge im *Merkur*, und erkundigt sich im Hinblick auf sein Vorhaben, im Frühjahr für einige Tage nach Heidelberg zu kommen, nach einer möglichen Gefahr durch die Polizei.

Coblenz am 23ten April 14.

Ich danke Ihnen, mein lieber Zimmer! für Ihren letzten Brief. Ich sehe daraus, daß Sie in besorgter Treue und Redlichkeit noch immer der Alte sind.[1] Ich kann mir recht gut Ihr Gesicht denken, wenn Sie wieder ein Blatt von mir erhalten, und sich wundern wie das vom Maule spricht, ohne weder rechts noch links sich umzusuchen. Es ist, wie Sie wißen, so ganz unbefangen meine Weiße, und ich habe gefunden, daß es doch in der Welt bis zu einem gewißen Grade geht, wenn man es gleich für unmöglich hält. Die Schlechtigkeit ist unbeschreiblich feige, überdem verfängt sich alles so durcheinander, daß, geht man nur gerade darauf los, alles verdutzt und verwundert aus der(!) Wege geht. Sie haben mich jetzt unter die Censur gethan, indeßen mache ich mir nicht viel groß daraus, es ist im Ganzen nur pro forma, auch muß ich freylich wie es ruhiger und stiller wird, mehr einlenken um nicht zu verderben, wo ich gut machen mögte. Denunziationen hab ich genug auf dem Leibe, ich mache mir indeßen nichts daraus, und weiß sie schon abzufangen.

Sie sehen aus meinen Letzten Blättern, daß ich schon von einer Ihrer Notizen Gebrauch gemacht. Ich kenne schon länger diesen elenden, nichtswürdigen Menschen aus der Stuttgarder Schule, und mir war schon recht, daß ich ihn ausstellen konnte, darum habe ich ihn auch ohne Weiteres gerade zu genannt.[2] Wegen dem Nennen des Namens können Sie ruhig seyn, ich würde das nur in dem Falle thun, wenn man mich muthwillig hintergangen hätte. Kömmt er heran, so würde ich mich wohl selbst mit ihm herumbeißen. Eben habe ich den Kurprinzen von Hessen in tiefster Submission, aber auf die ärgerlichste Weiße abgefertigt.[3]

Nur Eines wollte ich von Ihnen hören, ob die Polizey oben so pfiffig und wohl bedient ist, daß sie etwa binnen drey vier Tagen Jemandes Aufenthalt im Lande erfahren könnte. Ich habe nämlich vor in diesem Frühjahr auf so lange zu ihnen heraufzukommen, und da mögte ich vorher doch wißen, in wiefern die Straße sicher ist. Ich würde mich höchlich erstaunen, wenn etwas zu befahren wäre.[4]

Was den Brief von Kastner betrifft, so sind Sie auf ganz irrigem Wege, er ist mir nicht in der geringsten böslichen Absicht, und zwar vom Generalgouverneur selbst mitgetheilt worden, der ihn auf gleich unschuldige Art erhalten hatte. Ich wollte schon im vorigen Blatte einige Worte darüber reden, fand aber keinen Platz, und werde es darum im Nächsten thun. Ist der Brief denn von Kastner selbst? ich dachte er sey von einem Bruder, und jener sitze in Halle ruhig hinter seiner Physik. Darum habe ich auch den Namen untergeschrieben. Wie konnten Sie glauben, daß ich mich irgend einer Armseligkeit hergegeben hätte. Mir gefällt bis diese Stunde der Brief sehr wohl.[5]

Die Jahrbücher[6] habe ich bis zum Jänner, sie erhalten sich so in ihrer Launigkeit, in der Auswahl der Bücher geht der gröste Fehler vor. Leben Sie wohl, und behalten Sie uns lieb.

Ihr
Görres

---

1 Zimmers letzter Brief ist nicht erhalten.
2 Von welchem Artikel Görres hier spricht, ist unklar.
3 Im März wird im *Merkur* mehrfach vom Kronprinzen von Hessen-Homburg berichtet, der mit dem von ihm persönlich befehligten Heer von Kassel aufgebrochen und schließlich zum Rückzug gezwungen war (*RM* Nr. 23 vom 7.3.1814, Nr. 30 vom 21.3.1814 und Nr. 35 vom 31.3.1814).
4 Johann Georg Zimmer, einst Verleger der Heidelberger Romantik, lebte damals noch in Heidelberg und widmete sich seinem Theologie-Studium. Am 9.5. antwortete er, die Polizei sei keine ernsthafte Gefahr, man habe noch niemand „wegen Schriftstellerey tod geschoßen".
5 Auszug aus einem Briefe von Bar-sur-Aube den 23. März 1814 (Bericht aus dem Feld), unterschrieben: „Ewig dein Wilhelm Kastner": *RM* Nr. 38 vom 6. April 1814. Karl Wilhelm Gottlob Kastner war 1805-1812 Prof. für Chemie und Physik in Heidelberg gewesen, von Okt. 1813 bis Okt. 1814 kämpfte er als Freiwilliger. Sein Bruder Philipp wird in dem Brief ebenfalls als Freiwilliger (wahrscheinlich im Kampf „geblieben") erwähnt.
6 Der 7. Jahrgang der *Heidelberger Jahrbücher* (1814) erschien noch unter dem Verlag Mohr und Zimmer, der Jahrgang 1815 dann – nach dem Ausscheiden Zimmers – Heidelberg, „bey Mohr und Winter".

9. An Justus Gruner

Datum: Koblenz 6.5.1814.
Original: Heinrich-Heine-Institut Düsseldorf Nr. 63.5898 (2 Seiten Folio).
Unveröffentlicht.
Adresse: Seiner Excellenz dem Herrn Generalgouverneur des Mittelrheins.
Einordnung: Letzter Brief Gruners: Trier, 18.2.1814; nächster bekannter Brief Gruners: Düsseldorf, Ende Sept./Anfang Okt. 1814.
Regest: Görres macht Vorschläge für die Anstellung von Mitarbeitern für die Kanzlei des Direktoriums des öffentlichen Unterrichts.

Coblenz am 6. May 1814.

Ew. Excellenz haben mir aufgetragen, Hochdemselben die Vorschläge für die Einrichtung meiner Kanzleyen zu machen.[1]

Um mich dieses Auftrags zu entledigen, nehme ich mir die Freyheit, Ihnen das Folgende vorzulegen.

Für die Besorgung der vorkommenden Verwaltungsgeschäfte und die Führung der Korrespondenz glaube ich in der Person des Herren Mähler, Notar in Mayen ein sehr taugliches Individuum gefunden zu haben.[2] Mit einer tadellosen Rechtlichkeit verbindet er die ausgebreitetesten Kenntniße im Rechnungswesen; er besitzt die zu der Stelle gleichfals nöthigen juristischen Kenntniße, und alle erforderliche Thätigkeit. Ich schlage daher denselben zum Sekretär bey der

Direction Ew. Excellenz vor, und glaube daß eine jährliche Besoldung von 2400 Franken mit seinen Dienstleistungen im Verhältniß stehen würde.

Ich bitte Ew. Excellenz mir für die Fertigung der Abschrifften einen Kanzellisten beyzugeben, der bey den erfoderlichen Eigenschafften nicht leicht unter 1200 Franken zu erhalten seyn mögte.

Alles zusammen mit 400 Franken für die kleineren Kanzleyausgaben würde eine Summe von jährlichen 4000 Franken ausmachen, die ich Ew. Excellenz bitte, mir gefälligst zu bewilligen.

Ew. Excellenz
Ergebenster
J. Görres

---

1 Görres war im April zum Direktor des öffentlichen Unterrichts im Gouvernement ernannt worden. Zu der Entscheidung, dieses Amt neben der zeitaufwändigen Redaktion des *Merkur* anzunehmen: Görres, *In Sachen der Rheinprovinzen und in eigener Angelegenheit*, 1822, S. 44f.

2 Abundius Maehler, geb. 1777 in Ehrenbreitstein, Mitschüler von Görres, der spätere Oberbürgermeister von Koblenz, war 1805-1814 Notar in Mayen. Im Oktober 1814 wurde er Amtsverweser der Kreisdirektion Koblenz, später Kreispolizeiinspektor beim Generalgouvernementskommissar in Koblenz.

10. An Eberhard von Groote

Datum: Koblenz, 15.5.o. Jahr: 15.5.1814.
Original: Stadtarchiv Bonn, I i 98/631/1 (Nicht von Görres' Hand, aber mit Görres' Unterschrift, vermutlich von seinem Kanzleisekretär geschrieben; 1 Seite)
Unveröffentlicht.
Adresse: An Herrn Ebbo von Groote (Sohn) Hochwohlgebohren zu Cölln (mit Siegel).
Zur Datierung: Groote hatte den Plan zu seinem *Taschenbuch für Freunde altteutscher Zeit und Kunst auf das Jahr 1816* bereits seit Anfang 1814. Am 6.6.1814 forderte Groote Sulpiz Boisserée zur Mitarbeit auf (Hist. Archiv der Stadt Köln, Best. 1018, Nr. 118), Carové hatte sich bereits am 8.2.1814 und 18.3.1814 an Wilhelm Grimm und Ludwig Tieck gewandt (Willi Spiertz, *Eberhard von Groote: Leben und Werk eines Kölner Sozialpolitikers und Literaturwissenschaftlers*, Köln u.a. 2007, S. 59ff). Görres wäre – nicht unwahrscheinlich – danach einer der ersten, die Groote fragte.
Einordnung: Grootes Antwort ist nicht erhalten. Nächster Brief Görres' an Groote 5.12.1814 (Nr. 33).
Regest: Görres bekundet seine grundsätzliche Bereitschaft, trotz seiner großen Arbeitsbelastung einen kurzen Beitrag für Grootes *Taschenbuch* beizusteuern.

Sie fordern mich auf einiges zu Ihrem Unternehmen beyzutragen.[1] Sollt ich Ihnen sagen, wie wenig Augenblicke am Tage mir übrig bleiben, Sie würden sich wohl verwundern, daß ich so viel Literarisches noch leisten mag, als meine Zeitung auslegt. Unter dem was ich vom(!) Rom habe, ist wenig oder gar nichts kleines, ich müßte also wohl ein Fragment hingeben. Einige Sagen und Erzählungen, hab ich wohl da liegen, wovon ich eine oder die Andere, ohne großen Zeitverlust bearbeiten könnte. Auf ein oder zwey Bogen mögten Sie in dieser Weiße rechnen können.[2] Es soll mich freuen auf die Art mit De Groote, den ich schätze und achte in Verkehr zu kommen.

Görres

Coblenz am 15 May

---

1 Das Unternehmen: E. v. Groote und F. W. Carové (Hrsg.), *Taschenbuch für Freunde altteutscher Zeit und Kunst auf das Jahr 1816*, Köln 1815.

2 Görres lieferte Anfang 1815 „Altteutsche Minnelieder", neun Lieder, von denen sieben aus Heidelberger Handschriften stammten (s. Brief Nr. 34).

11. An Heinrich Friedrich Kohlrausch

Datum: Koblenz 15.5.1814.
Original: Stadt- und Landesbibliothek Dortmund, Hs-Abt. Atg. Nr. 1982 (2 Seiten).
Druckausgabe: Binder (Hrsg.), *Freundesbriefe* Nr. 128, S. 413f (einige Auslassungen und Abweichungen).
Einordnung: Ein Antwortschreiben ist nicht erhalten. Nächster überlieferter Brief Kohlrausch an Görres: 31.5.1817.
Regest: Görres bedankt sich für ein ihm zugesandtes Buch und für Kohlrauschs Lob für den *Merkur*.

Coblenz am 15ten May 1814

Hochzuverehrender Herr Professor!
Ich danke Ihnen für das angenehme Geschenk, das Sie mir mit Ihrem Buche gemacht haben.[1] Ich könnte dem Ausdruck da und dort etwas mehr Metall wünschen, in Einigem am Anfange besonders, wo sie vom Verhältniß des Antiken und Romantischen zur gegenwärtigen Zeit reden, ist mein Ideengang etwas abweichend von dem Ihrigen, im Ganzen aber sind wir, wie sich von selbst versteht, völlig miteinander einverstanden. Willkommen ist jeder Mitarbeiter, der sich zum Werke bietet, das zur kleineren Hälfte erst vollendet ist, und es wäre nichts gethan, sollt es auf halbem Wege stehen bleiben. Was Sie von den großen Uebungslägern sagen ist wohl bedacht, gut, und ausführbar, und wird darum auch sicherlich ausgeführt werden. Ich werde einmal meine Gedanken darüber in der Zeitung mittheilen. Daß diese Ihren Beifall hat, ist mir erfreulich; hat sie die Bessern erst für sich gewonnen, dann wird ihr auch die Wirkung auf die Menge, und dann auch auf die Mächtigen nicht entgehen. Ich hoffe, daß ich nicht umsonst auf stürmischem Meer im Schwimmen mich geübt, und daß die gewonnene Übung in ruhiger Zeit zu etwas führt. Am guten Willen gebrichts in keiner Weiße, und auch die Welt ist gegenwärtig guten Willens voll.

Arndt nach dem Sie mich gefragt, wird Ihnen mit Jahn dieses Schreiben überliefern.[2] Sie werden Ihnen mündlich hinzufügen, was ich mir selbst versagen muß, da die Zeit mich auf manche Weiße beschränkt und drängt. Ich bitte Sie mich in Ihrem freundlichen Andenken zu erhalten.

Ihr Ergebenster
J. Görres

---

[1] Heinrich Friedrich Theodor Kohlrausch war seit Februar 1814 Prof. der alten Literatur und der Geschichte am Lyceum Düsseldorf. Das Buch: Fr. Kohlrausch, *Deutschlands Zukunft in 6 Reden*, Elberfeld 1814.

[2] Über einen Besuch von Arndt und (Turnvater) Jahn im Frühjahr und Sommer 1814 in Düsseldorf, „zu welchen auch für kurze Zeit Görres kam": Kohlrausch, *Erinnerungen aus meinem Leben*, Hannover 1863, S. 165.

12. An Johann Friedrich Butenschoen

Datum: o.O. o.D.: Mainz, zw. 21.5. und 12.6.1814.
Original: Stadtarchiv Mainz, Best. 62/157.
Druckausgabe: Leo Just, Zwei Görresdokumente, in: *Koblenzer Heimatblatt* 37 (Wöchentliche Sonderbeilage des Koblenzer General-Anzeigers), 1926, S. 4-6.
Zur Datierung: Das Schreiben datiert in Mainz, auf einer der „Umreisen" des Direktors des öffentlichen Unterrichts. Sein Besuch in Mainz steht in Zusammenhang mit den ersten Schritten zur Einrichtung der Mainzer Schulen, ist also vor der Ernennung von Butenschoen zum Inspektor am 12. Juni 1814, da Görres diesen hier noch als „provisorischen Rektor der Akademie" tituliert, und vor der Ernennung der Professoren am Mainzer Gymnasium am 14. Juni. Am 13. Juni entschuldigt sich Görres im *Merkur* für jüngst eingeschlichene Druckfehler „durch die vorübergehende Entfernung des Redaktors" (*RM* Nr. 71). Aus dem Schreiben Lassaulxs vom 31.5.1814 geht hervor, dass Görres am 21.5. bereits in Mainz war.
Adresse: Sr. Wohlg. dem Herren Butenschön Provisorischen Rector der Akademie von Maynz - im Römischen Kayser.
Regest: Görres bittet Butenschoen um Vorbereitung eines Treffens mit den Professoren der Mainzer Schulen während seines Aufenthalts in Mainz.

Ich bitte Sie, mich zu benachrichtigen, wann und wo ich die Herren Professoren der hiesigen Schulen vereinigt finden kann, um mit denselben über die künftige Einrichtung dieser Anstalten mich zu benehmen.[1] Ich bitte Sie, sich meiner ausgezeichneten Hochachtung versichert zu halten.

Der Direktor des öffentlichen Unterrichts
J. Görres

---

[1] Johann Friedrich Butenschoen war seit 1812 unter Napoleon Rektor der Mainzer Akademie gewesen. Nach dem Zusammenbruch der frz. Herrschaft amtierte er als „provisorischer Direktor". Am 12. Juni 1814 wurde er von Generalgouverneur Gruner als einer der beiden Inspektoren des öffentlichen Unterrichts ernannt und war damit direkt Görres als Direktor des öffentlichen Unterrichts unterstellt (*Öffentliches Blatt für die allgemeinen im General-Gouvernement des Mittelrheins erscheinenden Verordnungen, welche gesetzliche Kraft haben*, Coblenz (Pauly) 1814, Verordnung Nr. 50 vom 12. Juni 1814 (S. 125ff): Gruner gibt dem Direktor des öff. Unterrichts 2 Inspektoren bei, welche unter seiner Leitung die Geschäfte zu besorgen haben. Für Dep. Donnersberg und Rhein und Mosel: Herrn Hofrath Jung, von s. Wohnort Mainz aus. Für das Wälder- und Saardep. den ehemaligen provisor. Rektor der Akademie von Mainz Herrn Butenschön, von Trier aus ... mit einem Gehalt von 5000 Franken und der Verpflichtung, jeweils 2mal jährlich eine Umreise zu machen, und sich an die Instruktionen des Direktors des öff. Unterr. zu halten. Ebda: Verordnung Nr. 54 vom 14. Juni 1814: Beschluss, die Unterrichtsanstalten in Mainz wieder aufleben zu machen, für

den Unterricht in der Moral und Religion, der deutschen Sprache, der Griechischen, ... der Rhetorik, Geschichte, ... Physik etc. soll ein Gymnasium in Mainz errichtet werden, die bisherige Realschule soll mit dem Gymnasium vereinigt werden. Gleichzeitig Ernennung von 2 Direktoren (Prof. Weitzel von Mainz und Schulrath Schulze, gegenwärtig in Hanau), dazu 8 weitere Lehrer (Metternich, Boost, Klein, Umfenbach, Schmidt, Müller, Bruhl, Sirino, Romweiler, Nicolaus Müller). Der Direktor des öff. Unterr. „wird den Plan über die ganze innere Einrichtung, die Abtheilung der Fächer und die einzuführende Disciplin entwerfen, und die Lehrer sind gehalten, seine Vorschriften in allen ihren Theilen auf das genaueste zu befolgen."

13. An Heinrich Wilhelm Ludwig Pauli

Datum: Koblenz, 28.6.1814.
Original: UB Leipzig, Sammlung Kestner/II/A/IV, Mappe 677, Blatt Nr. 4 (2 Seiten).
Druckausgabe: Robert Stein, Ungedruckte Briefe von Görres, in: *Wissenschaftliche Beilage zur Augsburger Postzeitung* Nr. 10, 9.3.1935 (S. 37).
Einordnung: Letztes bekanntes Schreiben von Pauli an Görres: 4.5.1812 (*GS/Briefe* 2, S. 568). Eine Antwort ist nicht erhalten.
Regest: Görres teilt Pauli mit, wer in seinem Auftrag die Abrechnung über die Zeitung übernehme, und eröffnet ihm seinen Entschluss, in Zukunft die Expedition des *Merkur* selbst zu übernehmen.

Coblenz am 28 Juni 1814.

Da mancherley Geschäffte gegenwärtig mich verhindern, die Abrechnung für die Zeitung mit Ihnen zu machen, so habe ich Herren Rolshausen bevollmächtigt, dieselbe mit Ihnen abzuschließen.[1] Sie werden ihm daher zu diesem Ende die Bücher vorlegen, und die Sache in möglichster Kürze zum Ende bringen. Zugleich will ich Sie mit dem Gegenwärtigen in Kenntniß setzen, daß da ich ohnehin Kopisten in meiner Kanzley halten muß[2], ich mich, um einmal zu versuchen ob den vielen Klagen nicht ein Ende zu machen sey, entschloßen habe, die Expedition der Zeitung selbst zu übernehmen, auch mit den Posten zu berechnen und Ihnen nach billiger Uebereinkunft die Druckkosten zu bezahlen. Ich habe deswegen schon einen (!) Uebereinkunft mit einem Expedizionär getroffen.

Ihr Erg.
J. Görres

1 Pauli war der Schwager von Franz und Katharina v. Lassaulx und hatte 1806 die Buchhandlung des Schwiegervaters Lassaulx übernommen. Seit Anfang Juni (*RM* Nr. 66) firmierte er als Drucker des *Rheinischen Merkur.* Zu Josef Rolshausen s. Personenverzeichnis.

2 Görres war seit April 1814 Direktor des öffentlichen Unterrichts (Fink-Lang, *Görres*, S. 148f), in dieser Funktion beschäftigte er eine Kanzlei (s. Brief Nr. 9). Zu den Klagen über die Expedition des *Merkur* s. Grimm an Görres 3.3.1814. Zur Expedition durch Buchhändler Körner in Frankfurt vgl. Brief Nr. 14.

14. An Karl Josef Ignatz Mosler

Datum: Koblenz, 12.7.1814.
Original: Stadtbibliothek Koblenz, AB Görres-Briefe (2 Seiten).
Unveröffentlicht.
Einordnung: Vorangegangener Briefwechsel mit Mosler: Görres an Mosler 2.7.1810 und 23.8.1810 (*GS/Briefe* 2, Nr. 134, 136) und Mosler an Görres: 26.8.1810 (*GS/Briefe* 2, S. 538). Nächster Brief Moslers an Görres: 9.10.1814.
Regest: Görres teilt Mosler mit, dass seine Pension bewilligt sei, äußert sich befriedigt über das Verbot des *Merkur* in Bayern als Zeichen seiner Wirksamkeit, und fordert Mosler auf, ihm regelmäßig über seine Fortschritte in der Kunst zu berichten.

Coblenz am 12 July 1814

Man hat Ihnen allerdings die Wahrheit gesagt, als man Ihnen berichtet, ich habe eine Pension für Sie ausgemacht.[1] Der Gouverneur hat Sie Ihnen bewilligt, und das erste Trimester soll mir in die Centralcasse eingeschloßen werden, sobald die Kontributionsrückstände eingehen. Das ist nun bey der jetzigen krausen Haushaltung hier im Lande, wo jeder Hand auf das Einkommende legt, noch in der nächsten Zeit nicht zu erwarten. Darum ändern Sie einstweilen Ihre Lebensweiße nicht. Ich werde Ihres Vortheils wahrnehmen, und auf das Erste eingehende für Sie Beschlag legen.

Daß meine Zeitung Ihnen wohl gefällt, hat mich gefreut, viele der Andern sind, die sie nicht mögen, was mich wieder freut! Sie wird Ihnen nun aus dem Gesichte gekommen seyn, da die Regierung sie verboten hat. Das ist mir nur ein Zeichen, daß sie einzuschneiden anfängt, was mir schon recht seyn muß. Sagen Sie denen, die sie in monathlichen Lieferungen haben wollen, daß sie sich an Buchhändler Körner in Frankfurt am Mayn zu wenden haben.[2]

Sie können wohl glauben, daß ich von mancherley Arbeiten umgetrieben werde, und daher bis jetzt noch nicht Zeit gefunden an Sie zu schreiben. Das soll Sie nicht abhalten, mich von Zeit zu Zeit Einiges von sich hören zu laßen. Ihr stilles Fortschreiten auf dem Felde, das Sie einmal betreten haben, freut mich gar sehr, und ich denke Sie werden wohl einmal leisten, was Sie und uns Alle erfreuen kann. Um Ihnen die Mühe zu erleichtern, habe ich jene Verwendung über mich genommen, und ich hoffe, sie soll nicht ohne Vortheil für Sie gewesen seyn. Leben Sie recht wohl und behalten Sie mich lieb.

Ihr
J. Görres

---

1 Der gebürtige Koblenzer Karl Josef Ignatz Mosler, vielleicht Schüler von Görres auf dem Koblenzer Gymnasium, hatte 1804 unter dem Einfluss von Görres ein Kunststudium an der Akademie in Düsseldorf begonnen und war seit 1810 zeitweise Schüler der Akademie in München. Zur Bewilligung seiner Pension: LHA Koblenz Best. 355, 6.02.02.02, Sachakte 749, sowie Best. 358, Sachakte 203 (1.3.1814 – 31.10.1814).

2 In Bayern, wo Mosler damals lebte, ebenso wie in Baden und Württemberg, wurde der *Rheinische Merkur* bereits im Sommer 1814 verboten. Der *Rheinische Merkur* Nr. 127-134 (3.- 17.10.1814) verwies auf dem Titelblatt auf den Frankfurter Verleger Bernhard Körner als Bestell- und Bezugs-Adresse für monatlichen Bezug des *Merkur* im kommenden Vierteljahr.

15. An Justus Gruner

Datum: Koblenz, 17.7.1814.
Original: Berlin, GStA PK, I. HA Rep. 77, Tit. 21, G. Nr. 1, Bd. 2, Bl. 21f.
Druckausgaben: Gruner, Ein Beitrag zum Briefwechsel von Joseph von Görres, in: *Deutsche Revue* 18. Jg., Bd. 3, S. 357f; Schellberg (Hrsg.), *Ausgewählte Briefe* (1911), Nr. 100.
Adresse: Seiner Exzellenz dem Herren Generalgouverneur in Düsseldorf.
Einordnung: Letzter Brief Gruners: Trier, 18.2.1814; nächster bekannter Brief Gruners: Düsseldorf, Ende Sept./Anfang Okt. 1814.
Regest: Görres entschuldigt seine späte Antwort mit Hinweis auf die dreifache Belastung durch die neue Gouvernements-Verwaltung, geht kurz auf das Verbot des *Rheinischen Merkur* in Bayern ein und erinnert an noch ausstehende Reparationen für die örtlichen Justizbehörden.

Coblenz am 17 July 1814.

Ich habe mit der Antwort auf Ihre neuliche Zuschrifft länger gezögert, als Recht ist.[1] Das kömmt daher, weil ich jetzt dreyen Herren diene, die lauter lange Berichte von mir verlangen. Doch habe ich einige Wahrscheinlichkeit, deren zwey zu verlieren, die mich nicht mögen, wie Sie aus Krezzers Verhandlung gesehen haben werden. Ich habe freylich einen Apfel der Zwietracht zwischen sie geworfen, und mache mir einiges Geschäfft daraus, die Sache abzuwarten, weil ich zur Zeit, wo sie miteinander zanken hinter ihrem Rücken manches Gute ausführen könnte, aber ich habe zur Zeit noch nichts vernommen.[2]

Sie sehen aus meiner Zeitung, wie ich mit Beyern (!) in Fehde gekommen, daß sie zuerst angefangen, ist mir eine rechte Erleichterung gewesen.[3] Ich will einmal sehen, ob im uneinigen Reiche, mit den nämlichen Mitteln, welche die Franzosen zum Bösen angewendet, das Gute sich nicht durchführen läßt. Ich habe hier Stegmann kennen lernen, er gefällt mir als ein gescheuter, guter, ehrlicher Mann, er hat mir von Hardenberg aus volle Sicherheit zugesagt, und wie ich glaube, Sack gestärkt. Kleist und York sollen gelärmt haben, das geht nun so im großen Wasser hin.[4] Der hießige Sack ist mir darum besonders angenehm weil er vermöge seiner angebohrnen Grobheit sich gar nichts daraus macht, wenn ein oder der andere Staatsminister oder Polizeydirektor ein Geschrey über mich erhebt.[5]

Daß Ihnen die Worte, die ich über Sie gesprochen, wohlgefallen haben, ist mir sehr lieb gewesen.[6] Sie werden dem leichtsinnigen Gerede, was besonders im Oberlande geherrscht hat, wohl ziemlichen Einhalt thun; denn so weit habe ich es bey meinen Landsleuten wohl gebracht, daß sie glauben, ich spreche in solchen Dingen gegen meine Ueberzeugung um keinen Preiß. Sonst ist viel Unzufriedenheit im Lande, über den fortdauernden Druck, gleich die Stadt hier ist sehr überlegt und alles geht fort wie im Kriege. Auch die Knauserey will den Leuten in keine Weiße gefallen.

Crull, den Sie mir vielmal grüßen sollen, hat mit oder ohne Absicht vergeßen, dem Tribunale seine zwey Monath Rückstand anzuweißen. Darüber habe ich täglichen klagbaren Besuch. Auch für die menus depenses ist während Ihrer ganzen Regierung nichts bezahlt worden, worüber die Justiz ganz verstockt ins

Stocken zu kommen droht. Thun Sie doch dem noch jetzt abhelfen, denn Sack giebt für den Teufel nichts her. Eigentlich sollten Sie noch durch einen letzten Großmuthsakt nach dem Muster der hohen Alliirten allen Beamten noch diese Rückstände anweißen, sonst bekommen sie eben nichts.[7]

Krahe, dem Sie noch am Morgen Ihrer Abreiße die Ernennung zum Controleur gegeben, hat Sack nicht anerkannt, und seinen Kanton (!) vielmehr zerrißen. Wenn es möglich wäre den Unglücksmenschen, der von Düsseldorf her ist, unten anzubringen, dann würden Sie ihm und mir einen rechten Gefallen damit erweißen.[8]

Leben Sie recht wohl mit den Ihrigen
Ihr
J. Görres

---

1 Gruners letztes Schreiben ist nicht erhalten. Gruner war nach dem Ende seiner Amtszeit im Generalgouvernement Mittelrhein wieder als Generalgouverneur von Berg nach Düsseldorf zurückgekehrt.

2 Nach der Auflösung des Generalgouvernements Mittelrhein am 16. Juni 1814, mit der Gruners Amt endete, war das Land links der Mosel und das Stadtgebiet von Koblenz dem neuen Generalgouvernement Nieder- und Mittelrhein mit Sitz in Aachen unter Johann August Sack unterstellt. Das Gebiet rechts der Mosel wurde der k.k. österreichischen und kgl. bayrischen Gemeinschaftlichen Administrations-Kommission mit Sitz in Kreuznach unterstellt, als Präfekturrat in Koblenz wurde von dieser Kommission Theodor Beving eingesetzt (*RM* Nr. 76 vom 23.6.1814: Bekanntmachung: Kreuznach, 16.Juni 1814 „Die k.k. österreichische und kgl. bayrische gemeinschaftliche Administrations-Kommission ... tritt nunmehr in den Geschäftskreis des bisherigen General-Gouvernement; sie überträgt die Leitung jener Geschäfte, welche bisher von den General-Gouvernements-Kommissärs geführt wurden, für das Departement Donnersberg dem Herrn Rath Moßdorf zu Mainz, für die diesseitigen Kreise des Saardepartement dem Herrn Rath Gerhardts zu Trier, und für jene des Mosel- und Rhein-Departements dem Herrn Beving zu Coblenz. Die Sitze der Departementalsbehörden werden vor der Hand in den genannten Städten Mainz, Trier und Coblenz belassen.") Mit dem dritten Herrn meint Görres wohl Ernst Heinrich Sack, den Bruder des Generalgouverneurs, der in Koblenz als Gouvernements-Commissär das Sagen hatte. Zu Lambert Joseph Krezzer, dem einstigen Präsidenten der patriotischen Munizipalverwaltung, Freund und Kollegen des Franz von Lassaulx, der 1814 zum Mitglied des Gouvernementsrats berufen wurde, s. Personenverzeichnis.

3 Zum Verbot des *Rheinischen Merkur* in Bayern: *RM* Nr. 82 vom 5.7.1814 über die Beschlagnahme des *Merkur* in Asch am 29. Juni: („dass es von der Regierung ausgegangen sey können wir nicht glauben") bringt Verwunderung darüber zum Ausdruck, dass Bayern als erster ein Verbot ausgesprochen: es sei nicht die Regierung, der der Eingriff zugeschrieben werden könne, der König sei „anerkannt wohlmeynend und gutgesinnt", der größere Teil der Staatsdiener teile die Entrüstung über das Verbot, vielmehr könne „die empörende Gewaltthat" einer ganz geringen Minderzahl, die seit Jahren in diesem Lande unglückseligen Einfluß ausgeübt, zugeschrieben werden: „jene Parthey, die, indem sie den arglosen geraden Sinn von Fürst und Volk verwirrt, vor Jahren den Übertritt bey Wirzburg herbeygeführt, und dadurch alles unabsehliche Unglück, was seither über Teutschland gekommen ist, veranlaßt hat die ihr Volk auf die treuen Tyroler angehetzt ... Diese Faktion ... der Schweif Napoleons in Teutschland". Man könne es ruhig der Zeit und der ewigen Gerechtigkeit überlassen, dass ihr vergolten werde. – *RM* Nr. 84 vom 9.7.1814: „Verbot des Rheinischen Merkurs in Bayern" mit dem Untertitel „Tu contra audentior ito!" beginnt mit dem Vorwurf, dass „das Einschreiten der Polizey in Aschaffenburg, das wir jüngst gerügt ... mit Vorwissen der Regierung geschehen sey." – Und noch einmal *RM* Nr. 85 vom 11.7.1814.

5 Zu Friedrich August v. Staegemann, Kgl. Preußischer Geh. Staatsrat im Finanzministerium und enger Vertrauter Hardenbergs, und zu den preußischen Generälen Kleist und Yorck, die Görres im *Merkur*, bes. in seiner Artikelfolge „Preußen und sein Heer" (*RM* Nr. 8, 9, 14 vom 5.-17.2.1814) stets positiv behandelt hatte, s. Personenverzeichnis.

[5] Die beiden Brüder Sack: Johann August Sack, Generalgouverneur für Nieder- und Mittelrhein in Aachen, und Ernst Heinrich Sack, Gouvernements-Commissär in Koblenz.

[6] In *RM* Nr. 80 vom 1.7.1814 (Übersicht der neuesten Zeitereignisse) würdigt Görres den scheidenden Generalgouverneur als Mann von adeligem Wesen, untadeliger Rechtlichkeit und Wahrheitsliebe, dem das „Wiedererwachen des öffentlichen Geistes" am Rhein allein zugeschrieben werden müsse, der nur „geprüfte, versuchte, ausgezeichnete Männer zu seinen Gehilfen berufen habe, und dessen Andenken „zu allen Zeiten in diesem Lande in Ehren gehalten werden" solle.

[7] Gouvernementsrat Ludwig Crull war für die Erstattung von Reparationen aus der französischen Zeit zuständig. Gruner antwortete dazu Ende Sept./Anf. Okt. 1814: „Crull habe ich Ihren Gruß überbracht. Für das Tribunal wird er die Anweisungen schicken. Er ist hier wieder in voller tüchtiger Thätigkeit." Menus dépenses: Bagatellspesen, Kleinausgaben.

[8] Vermutlich handelt es sich um Nicolas Krahe, den jüngeren Bruder des Architekten Peter Joseph Krahe, der eine Ausbildung an der von seinem Vater gegründeten Kunstschule in Düsseldorf gemacht hatte und später Steuereinnehmer in Koblenz war. Nachdem Görres noch einmal am 1.9.1814 an ihn erinnert hatte, schrieb Gruner Ende Sept./Anf. Okt. 1814: „An Krahe werde ich denken, sobald es Gelegenheit giebt. Diese ist hier aber selten."

16. An Johann August Sack

Datum: Koblenz, 28.7.1814.
Original: Koblenz, Landesbibliothekszentrum Rheinland-Pfalz/ Rheinische Landesbibliothek, Signatur: H 2000/3 (3 Seiten).
Unveröffentlicht.
Adresse: Sr. Hochwohlgebohrnen dem Herren ... (Rest durchgestrichen)
Zum Adressaten: Der Name des Adressaten ist durchgestrichen, vermutlich handelt es sich aber um den Generalgouverneur, auf dessen Schreiben Görres hier unmittelbar antwortet.
Regest: Görres äußert sich auf Verlangen des Generalgouverneurs zu der Klage des Nürnberger Polizeidirektors wegen eines Artikels im *Rheinischen Merkur*.

Coblenz am 28 July 1814

Indem ich Ew. Hochwohlg. die Klage des Herren Polizeydirektors Wurm zurückzusenden die Ehre habe, begleite ich dieselbe mit einigen Bemerkungen nicht für meine Rechtfertigung, die sich aus der Sache selbst ergiebt, sondern zur Erläuterung der ganzen Begebenheit.[1]

Zunächst muß ich meine Verwunderung bezeugen über die große Mühseeligkeit womit Herr Wurm meinen Aufsatz abgeschrieben, alles Wichtige einfach, das Wichtigere zweyfach unterstrichen hat, und dann am Ende noch erläuternde und gewichtige Bemerkungen hinzugethan. Ich habe mir immer vorgestellt, eine Polizeydirektion habe so mannigfaltige, wichtige, weitumgreiffende Geschäffte, daß sie sich unmöglich mit so geringfügigen Gegenständen in so weitschichtiger Umständlichkeit abgeben könne. Ich muß mich, wie es scheint, darin geirrt haben, gestehe aber daß ich für mich selbst gar keinen Anspruch darauf machen kann, es ihm in dieser Sache gleichzuthun. Glücklicherweiße hat mich derjenige, der mir früher die Nachricht der Wegnahme meiner Zeitung in Nürnberg mitgetheilt, in den Stand gesetzt, ihn von dieser Seite zu befriedigen, indem er mir vor Monathen eine lange Erklärung mitgetheilt, die ich abgekürzt hier für Herren Wurm beylege, und die mich der Mühe überhebt, Punkt vor Punkt seinem Anbringen widerlegend zu folgen. Den Namen des Verfassers habe ich, obgleich ich die Erlaubniß dazu habe, beyzufügen unterlaßen, da Herr Wurm aus dem Concepte selbst abnehmen wird, daß er allzu ferne sich von ihm befindet, als daß seine Empfindlichkeit ihn irgend erreichen könnte. Auch der Aufforderung ihm denjenigen zu nennen, der die Wegnahme bey der hießigen Polizeydirekzion angegeben, kann ich leider in keine(!) Weiße genügen, da es mir nicht zukömmt, in die Geheimniße der Polizey hineinzusehen, und was ich darüber wußte, mir durch die mündliche Mittheilung des hießigen Oberpolizeydirektors zugekommen, dem wir Beyde glauben müßen.[2]

Was den Grund des ganzen Prozeßes selbst betrifft, so hatte ich Herren Wurm angeklagt, er habe Absichten auf die Unterdrückung des Merkurs. Ich hatte mich bey der Gelegenheit über den Polizeyunfug, worüber in ganz Teutschland nur eine Klage ist, etwas lebhaft ausgelaßen, doch gleich die Vermuthung beygefügt, Herr Wurm möge diesmal auch wohl unschuldig seyn. Herr Wurm tritt nun auf, und sagt, er habe die Zeitung allerdings sechs Tage behalten, aber warum man denn immer gleich in die Absichten der Polizey ein Mistrauen setze, und sechstägige Einsperrung ein Gefängniß nenne; seine Intention sey ganz rein gewesen, er habe sich nur recht gründlich in der Zeitung umsehen wollen, und sey darum so lange mit ihr umgegangen. Ich antwortete darauf, ich nehme, was er da sage, treuherzig als Wahrheit an, und erkläre was ich gesagt, nun auch nicht auf ihn, wie schon früher angegeben, sondern allein aufs Allgemeine gehend, und im Begriffe der Polizey müße er die Häscherspieße, Knechte und die dunkeln Verließe u.s.w. suchen, von denen der Artikel redet. Ich hatte seiner Person in dieser Weiße die Genugthuung an demselben Ort gegeben, wo ich ihn angegriffen, und derselbe kann keine weiteren Ansprüche auf Satisfakzion machen.

Das ist in wenig Worten der ganze Verlauf und die Lage der Sache, und Ew. Hochwohlg. werden sich daraus überzeugen, daß allerdings, wie Herr Wurm sagt, Licht und Wind unter uns gleichgetheilt erscheinen, aber so daß das Licht auf meiner, der braußende Wind aber auf seiner Seite ist.[3]

Ich bitte Ew. Hochwohlg. sich meiner ausgezeichneten Hochachtung versichert zu halten.

J. Görres.

---

1 Das Schreiben ist die unmittelbare Reaktion auf ein Schreiben Sacks (Bayer. Hauptstaatsarchiv, Teilnachlass Görres 3: Amtliche Zuschriften), adressiert an „Herrn Pauly Buchdrucker": „An die Expedition (überschrieben aus „Redaction") des Rheinischen Merkurs in Coblentz. Meiner Aufforderung vom 30ten v. M. Nro 814, die Beschwerden über die vorgegebenen Anzüglichkeiten des Rheinischen Merkurs gegen den Herrn Polizey-Director Wurm in Nurenberg betreffend, bitte ich binnen 3 Tagen zu genügen. Coblentz d 28ten July 1814. Aus Vollmacht des General-Gouverneurs Sack (Unterschrift)". Weiterer Schriftverkehr des Generalgouverneurs Sack zu der Sache: LHA Koblenz, Best. 355, Nr. 25, Bl. 20ff, 27ff.

RM Nr. 60 (21.5.1814), „Übersicht" berichtet über die Beschlagnahme des *RM* durch Polizei-Direktor Wurm in Nürnberg: „Man schreibt uns von Nürnberg unter dem 15. May: ‚Mit dem Gefühle des gerechtesten Unwillens eilen wir Sie zu benachrichtigen, daß gestern der hiesige Polizey-Direktor Wurm das schätzbarste Blatt Teutschlands, den Rheinischen Merkur, hat abholen und wegnehmen lassen. Dies Blatt, die Freude des Patrioten und der Liebling der ganzen Gesellschaft, hat einem feindlichen despotischen System weichen müssen ' Wir haben unsern Augen nicht getraut, als wir diese Worte gelesen, und würden ihnen, hätten wir ihre Wahrheit nicht durch einen sehr achtbaren Mann in der Unterschrift betheuert gesehn, keinen Glauben beygemessen haben. Wie? Des Teufels großes Tempelhaus wäre unter dem Jubel der ganzen Welt eingerissen, und diese Götzen hielten noch in ihren Kapellen auf Feld und an den Wegen, und sollten ihre bösen Künste treiben, wie da als ihr Herr und Meister noch geblüht, und mächtig auf Erden war. Es ist der Schweif des alten Drachen, dem die muthige Jugend den Kopf zerschlagen Wer hat diesen Polizey-Direktor zu all so hoher Würde uns gesalbt, daß er sich selbst ermächtigen kann, ein Blatt, das in ganz Teutschland und selbst in München, dem Sitz seiner Oberbehörde frey umläuft, zu hemmen und wegzunehmen. Ihm muß, als unlängst plötzlich die alten, zurückgebliebenen Posten von Paris wieder abgegangen, ein verspäteter Befehl des Polizeyministers Savary zugegangen seyn, der ihm diese Maasregel anbefiehlt. Da er von Zeitungen nur die alten französischen Blätter bis zum April nachgelesen, so weiß er auch nicht, daß man selbst in Frankreich, wo des Teufels Küche so lange geraucht, die Preßfreyheit so gut es gehen will, herzustellen sich bemüht, und daß kein Fürst mehr ist, der nicht die Presse als den Mund des Volkes ehrt, während freylich jene ihn zu schließen wünschen, die nur ihre Schande aus ihm zu hören erwarten dürfen. Diese Blätter haben nie ein Wort gesagt, daß sie nicht vor jedem unbefangenen, freyen rechtlichen Manne, und vor jedem Gerichte, das aus Solchen sich zusammensetzt, wiederholen dürften; wie wollte eine solche Polizey aus ihrem dunkeln Verließ hervor sich anmaßen, sie einzusperren und des Landes zu verweisen. Daß wir Menschenfurcht nicht kennen, wenn das Recht und die Wahrheit auf unserer Seite ist, das müssen wir als unsern Beruf geltend machen. Diese Ströme überirdischer Gewalt, wie sie durch unsere Zeiten gehen, hält keine elende Polizey mit ihren gemahlten Dämmen auf; die Wolken voll elektrischen Feuers wird sie mit ihren Häschspießen entladen. Wir wissen nicht, ob in dem vorliegenden Falle, Bosheit angetrieben oder Ungeschick, und wir wollen gern das Letzte glauben; aber das wissen wir, daß in Teutschland hunderte thun möchten, wie dieser gethan, und daß sie im bittern Haß der Wahrheit mit tausend Freuden zugreifen würden, hätten sie nicht innere Scheu vor dem unheimlichen Geiste, den sie in ihrer Erbärmlichkeit nicht verstehen, und hätte ihnen Napoleon auch nur einige Hoffnung zurückgelassen, daß er dermaleinst wiederkehre. Gegen sie Alle geht darum die Rede, nicht gegen den einzelnen Versuch, der, wie es wohl sich zu begeben pflegt, am Ende doch auf nichts hinaus geht. Sie meinen den Fürsten zu Gefallen zu leben, wenn sie gegen die Freymüthigkeit sich wild und aufgebracht geberden; sie wissen nicht, welchen schlechten Dienst sie der Macht erweisen Kein Fürst billigt den Unfug dieser dienstfertigen Gesellen, es ist auf ihre eigne Faust, daß sie dergleichen treiben. Bayern … wird nicht dulden, daß seine Polizeyknechte wieder Hand anlegen an das, was als Gesammteigenthum Allen frey gegeben. Wir appelliren an den bessern Geist in der Regierung, daß er diesen bösen Dämon uns beschwören helfe; man soll nicht sagen dürfen, in Bayern sey solcher Zwang mitten im freyen Europa zuallererst geduldet worden." Wurm antwortete mit einer Erklärung im *Nürnberger Korrespondent* vom 27. Mai, er habe lediglich mehrere Nummern der Zeitung im Museum zur eigenen Lektüre entliehen, es sei ihm „unerklärbar, wie der Vorstand des Museums aus dieser Handlung auf ein obrigkeitliches Wegnehmen dieser Blätter habe schließen können". Es habe nie eine offizielle Verfügung gegen den Merkur gegeben. Der „sehr achtbare Mann", der den Bericht geschrieben habe, müsse zweifellos der Vorstand des Museums selbst sein. Gegen „den ungerechten Ausfall" im *Merkur* habe er bereits um gerichtliche Untersuchung gebeten. – Görres druckte diese Erklärung im *RM* Nr. 68 (8.6.1814) ab, zusammen mit seiner Antwort, in der er betont, der Vorstand habe nichts mit dem Bericht zu tun. Die Angriffe in dem besagten Artikel hätten sich nicht gegen Wurm persönlich, sondern gegen das System gerichtet; Dazu noch einmal *RM* Nr. 70, Beilage, vom 11.6.1814: Erklärung des Vorstands des Nürnberger Museums zu der in Nr. 147 des *Nürnberger Correspondent* gegebenen Berichtigung eines Aufsatzes im *RM* durch Wurm: der Vorstand des Museums sehe sich dadurch „öffentlich kompromittiert" und erklärt, dass keiner aus seiner Mitte den Aufsatz im *RM* veranlasst habe, dat. Nürnberg, 27.5.1814.

2 Görres hatte in Nr. 68 geschrieben: „ ein bloß einfacher Brief hätte uns das Unglaubliche nicht glaublich gemacht, wenn nicht zu gleicher Zeit bey dem hiesigen Polizeydirektorium die Anzeige eingelaufen wäre, die Zeitung sey in Nürnberg verboten."

3 Am Ende seiner Erklärung in Nr. 68 gebraucht Görres diese Formulierung: „Beym freien Nennen ohne Hehl und Hinterhalt aber ist Licht und Wind und Alles unter beyde gleich getheilt, und es ist ein ehrlicher Kampf, und wer Recht hat, dem wird der Sieg. Das ist die Erklärung, die wir Herrn Wurm zu geben haben".

17. An Heinrich Friedrich Karl Freiherrn vom Stein

Datum: Koblenz, 4.8.1814.
Original: Cappenberg, Archiv des Grafen Kanitz, Nachlass Frhr. v. Stein, S 1114, 1 (4 Seiten).
Entwurf: Familienarchiv Görres-Jochner Nr. 244.
Druckausgaben: Pertz, *Das Leben des Ministers Frhrn von Stein*, Bd. 4, S. 66-69; Binder (Hrsg.), *Freundesbriefe* Nr. 134, S.423-427 (aus Pertz); Schellberg (Hrsg.), *Ausgewählte Briefe* (1911), Nr. 101; Schellberg (Hrsg.), *Eine Auswahl* (1927), S. 342f; Botzenhart (Hrsg.), *Freiherr vom Stein. Briefwechsel, Denkschriften und Aufzeichnungen*, Bd. 5 (1933), S. 27ff; Hubatsch (Hrsg.), *Freiherr vom Stein. Briefe und amtliche Schriften*, Bd. 5 (1964), S. 95-97, Nr. 101.
Einordnung: Vorliegendes ist Görres' erstes bekanntes Schreiben an den Freiherrn vom Stein. Steins erstes überliefertes Schreiben an Görres: 25.7.1815.
Regest: Görres sendet die von ihm redaktionell bearbeiteten Noten Steins zur Begutachtung und bittet Stein, seine Meinung zur Verfassungsfrage in einigen Punkten genauer zu erläutern, sowie ihm anzugeben, welche Punkte er öffentlich verhandelt zu werden wünsche und welche nicht. Schließlich verteidigt er sich gegen Steins Vorwürfe wegen seiner jakobinischen Vergangenheit und seines damaligen Eintretens für eine cisrhenanische Republik.

Coblenz am 4 August 1814.

Ew. Excellenz finden in dem beyliegenden Blatte der Zeitung die Noten, welche Hochdieselben mir durch den Herren General Thielemann zu übersenden die Güte hatten, in einer solchen Weiße verarbeitet, daß ich hoffen darf, damit Ihren Beyfall nicht verfehlt zu haben.[1]

Was den andern Punkt in Rücksicht auf die künftige teutsche Konstitution betrifft, so hat der H. General mir die Meynung von Ew. Ex. nicht ganz deutlich machen können und ich habe es nicht wagen wollen, ohne genauer unterrichtet zu seyn, über einen so wichtigen Punkt mich auszulaßen. Gleich was er mir von dem Protektorat Bayerns und Englands mitgetheilt, habe ich nicht wagen wollen als etwas positiv Anerkanntes offenkundig zu machen, da ich immer geglaubt habe, daß wenn dergleichen auch am Ende als unabwendbar sich ergeben sollte, man öffentlich vor dem Volke doch die Möglichkeit davon gar nicht voraussetzen müße. Eben so ist es mit allen andern Punkten, wo er mir keine Gränzen hat angeben können, bis zu welchen hin Ew. Excellenz die Publizität in dieser Sache ausgedehnt wünschen mögten. Es würde mir daher beruhigend seyn, wenn Ew. Exc. mir eben so wie bey dem andern Gegenstande einige Noten gefälligst mittheilen wollten, die mir die Punkte bezeichneten, welchen Hochdieselben einige Offenkundigkeit zu geben wünschten, und gleicherweiße jene welche vor der Hand mit Stillschweigen zu übergehen wären.[2]

Was zuletzt das Gedicht von Schenkendorf betrifft[3], so danke ich Ew. Exc. für die Mittheilung desselben ergebenst, und werde dasselbe in eines der nächsten Blätter einrücken. Ich unterschreibe es an meinem Theile, ohne darum mehr auf diesen meinen Theil zu nehmen, als irgend ein Anderer, und als mir zukömmt. In Thun und Lassen ist gleich sehr gesündigt worden. Ew. Exc. haben mir darüber, als ich Hochdieselben zuletzt gesehen, Vorwürfe gemacht, die mich nicht getroffen haben, aber mich betrübten, weil ich einen Mann, den ich achte und ehre, und im Bewußtseyn der Motive um so mehr ehrte, je härter er mich angefahren, im Unrecht erblicken mußte. Hier bey uns haben die Bewegungen nicht eine Stunde eher angefangen, als bis durch die Präliminarien das linke Rheinufer für Teutschland noch nicht dem Worte nach aber wie keinem aufmerksamen Beobachter entgehen konnte, in der That wirklich aufgegeben war. Nun stieg, wie ich keineswegs zu läugnen gesonnen bin, zuerst in mir die Idee auf, die Vereinigung mit Frankreich dadurch zu verhindern, daß diese Länder sich unabhängig erklärten.[4] Meine Gedanken waren in Gemeinschafft mit Belgien wo möglich das Elsaß mit in den Bund zu ziehen, dadurch die Schweyz mit Holland zu verknüpfen, und so einen Zwischenstaat an der Gränze Frankreichs und Teutschlands zu bilden, der sich wenn es in letzterem Lande zu etwas gekommen wäre, leicht wieder anschließen konnte. Daß es in den Formen der Zeit geschah, wäre sehr erklärlich, aber mir fällt nicht ein als Klugheit zu geben, was leicht verzeihlicher, sehr wohlgemeinter Irrthum der Jugend war. Der General Hoche[5], der verständigste und billigste aller französischen Generale und der ritterlichste, war für den Plan gewonnen, er war in heftigem Streite mit dem damaligen Direktorium befangen, und wollte sich im Falle eines unglücklichen Ausgangs eine Zufluchtsstätte bey uns bereiten, in den Zutritt Belgiens hatte er gewilligt und sogar dem Vorhaben mit Elsaß war er nicht abgeneigt. Die Sache war so weit gediehen, daß binnen vier Wochen eine Repräsentation sich in Aachen versammelt hätte, als Hoche in Wetzlar starb. Das Direktorium, das mit großer Unruhe dem ganzen Unternehmen zugesehen hatte, sandte nun den General Augereau auf der Stelle heraus, um ihm Einhalt zu thun. Dieser verweilte auf dem Hundsrücken, und ließ uns von dort durch Lehne den Antrag machen, wenn wir ihm zwey Millionen zusammenbrächten, wolle er es bei dem Direktorium dahin bringen, daß es unsere Unabhängigkeit anerkenne.[6] Als wir den Vorschlag gänzlich verworfen hatten, schritt er sogleich zum Werke, und erklärte alles früher Geschehene für null und nichtig, und ein französischer Commißär kam in seinem Gefolge, um die Länder auf den Fuß des Innern zu organisiren.[7] Nun begann der innere Krieg gegen die Franzosen, von mir insbesondere in Schrifften und auf jede Weiße so heftig geführt, daß ich während mehr als einem Jahre nicht anderst als bewaffnet ausgehen durfte, häufig mit Säbeln und Bajonetten angegriffen wurde, und mehr als einmal im Gefängniß saß.[8] Das ist die Geschichte meines Jakobinismus, ich habe mich in meinem Leben über nichts zu schämen. Nie hab ich meine Gewalt zum allergeringsten Attentat gegen meine Mitbürger misbraucht. Nie habe ich etwas angegriffen, was würklich ehrwürdig gewesen ist. Ich habe zu einer Zeit gröstentheils die Stellen im Lande besetzen helfen, und keine für mich genommen, auch nichts als Schulden aus der ganzen Bewegung für mich gewonnen.

Ew. Excellenz werden verzeihen, daß ich also umständlich mit meinen Angelegenheiten Sie behellige. Was ich hier persönlich von Hochdemselben angegangen zu meiner Vertheidigung gesagt, werde ich öffentlich angegriffen, auch vor der Welt erklären, und niemand in meinem Vaterland wird aufstehen, der mich Lügen straft.

Ew. Excellenz
Ergebenster
J. Görres

[1] Die nach den Notizen von Stein verfassten Beiträge (laut *GS* 6-8, Inhaltsverzeichnis S. 33): „Politische und merkantilische Bemerkungen über einige Verhältnisse Teutschlands zum Auslande", in: *RM* Nr. 88 vom 17.7.1814, Nr. 96 vom 2.8.1814 und Nr. 97 vom 4.8.1814. General von Thielmann (s. Pers.verzeichnis) hatte damals sein Hauptquartier in Koblenz. Er war es, der – mit Tagesbefehl vom 31.7.1814 unter Berufung auf die Pressefreiheit – Görres' sofortige Freilassung veranlasst hatte, als Hauptmann von Dziembowski, damals gerade mit sächs. Truppen in Koblenz stationiert, Görres in Reaktion auf den Artikel „Sachsens Recht und Pflicht" (*RM* 90-94 vom 21. bis 29.7.1814) eigenmächtig hatte inhaftieren lassen. Dazu Johann Georg Herzog zu Sachsen, Joseph Görres' Gefangennahme durch sächsische Soldaten im Sommer 1814, in: Hoeber (Hrsg.), *Görres-Festschrift*, S. 114-118; Albrecht Graf von Holtzendorff, *Beiträge zu der Biographie des Generals Frh. von Thielmann und zur Geschichte der jüngst vergangenen Zeit*, Leipzig 1830, S. 253. Die „alles verpönende Order" des Generalleutn. Frh von Thielmann vom 31. Juli 1814, in deren Folge Dziembowski arretiert und nach Sachsen zurückgeschickt wurde, mit gehöriger Entrüstung über Görres' „schändlichen" Artikel, zit. bei Friedrich Vollborn, *Erlebtes*, Bd. 4: 1814-1816, hrsg. von Jörg Titze, S. 39-41.

[2] Die Artikelfolge „Die künftige teutsche Verfassung" erschien in *RM* Nr. 104 (18.8.1814); Nr. 105 (20.8.1814); Nr. 106 (22.8.1814); Nr. 107 (24.8.1814).

[3] „Beichte im Oktober 1813", in *RM* Nr. 101 (12.8.1814).

[4] Zu Görres' Rolle in der kurzlebigen Cisrhenanenbewegung von 1797, die eine selbständige Republik am Rhein anstrebte: Fink-Lang, *Görres*, S. 42-46, Hermanns, Cisrhenanenbriefe, 479ff, sowie *GS/Briefe* 2, Nr. 2-6. Görres' kleine Geschichtsklitterung betrachtet das Ganze im Rückblick etwas anders, und projiziert, wie Hermanns 480 entschuldigend sagt, von „subjektivem Fürwahrhalten getragen", „Regungen eines erwachten gesamtnationalen Gefühls auf die Vergangenheit".

[5] Zu General Louis Lazare Hoche, der die Cisrhenanenbewegung entscheidend forcierte, Fink-Lang, *Görres*, S. 42, und Personenverzeichnis.

[6] Hoches Nachfolger Charles Pierre François Augereau, hatte Ende Oktober 1797 dem Cisrhenanenprojekt ein Ende gemacht und die Koblenzer Republikaner wieder auf das Ziel der Union eingeschworen (Fink-Lang, *Görres*, S. 44). Zu dem Mainzer Republikaner Johann Friedrich Lehne s. Personenverzeichnis.

[7] François Joseph Rudler hatte als Regierungskommissar der Direktorialregierung nach dem Ende der Cisrhenanenzeit im November 1797 die Neuordnung der linksrheinischen Gebiete in vier Departements unter Einführung des französischen Rechts vorgenommen.

[8] Zu Görres' Kampf gegen Korruption und Missstände in der franz. Verwaltung im *Roten Blatt* und *Rübezahl* Fink-Lang, *Görres*, S. 48-55.

18. An Karl Hartwig Gregor Freiherrn von Meusebach

Datum: o.O. o.D: Koblenz, 19.8.1814.
Original: Bibliotheka Jagiellonska Krakau, Sammlung Autographa.
Druckausgaben: Schellberg (Hrsg.), *Ausgewählte Briefe*, Anhang Nr. 4, S. 563; *Görres als Herausgeber, Literarhistoriker, Kritiker im Zusammenhange mit der jüngeren Romantik*, S. 152; Wendeler, Camillus (Hrsg.), *Der Briefwechsel des Frh Karl Hartwig Gregor von Meusebach mit Jacob und Wilhelm Grimm*, S. XIII.
Zur Datierung: Das Schreiben ist die direkte Antwort auf Meusebachs Zuschrift vom 19.8.1814, in dem Meusebach seinen Besuch für den Abend ankündigt.
Regest: Görres begleitet eine Buchgabe und die Einladung für den Abend mit einem kurzen Gedicht.

So nimm denn, was Achim von Arnim gedichtet,
Es ist auch an orthodoxe, steifgläubige Sachsen gerichtet.
Was ich gegirrt und immer vom König gegurrt,
die röthlichen Knollen sorgen, daß der DoppelMagen nicht knurrt[1].

---

[1] Meusebach hatte Görres um Zusendung von Arnims Werk *Dolores: Armut, Reichtum, Schuld und Buße der Gräfin Dolores, eine wahre Geschichte zur lehrreichen Unterhaltung armer Fräulein, aufgeschrieben von Ludwig Achim v. Arnim,* Berlin 1810, gebeten und Bezug auf Görres' Artikel „Sachsens Pflicht und Recht" im *Rheinischen Merkur* Nr. 94 vom 29.7.1814 genommen, in dem Görres „kirrig" und „kurrig" sich gezeigt und laut aufgegirrt habe. Görres nimmt hier Meusebachs Formulierungen auf, ebenso wie dessen Ankündigung, „mit doppeltem Magen" zu dem Mahl von "röthlichen Grumbirn" zu kommen.

19. An Jacob und Wilhelm Grimm

Datum: Koblenz, 22.8.1814.
Original: Staatsbibliothek zu Berlin – Preuß. Kulturbesitz, Nachlass Grimm 686, 96f (3 Seiten).
Druckausgaben: Binder (Hrsg.), *Freundesbriefe* Nr. 136, S. 429f.
Adresse: An die Brüder Grimm in Cassel.
Einordnung: Letzter Brief Jacob Grimms: Kassel, 18.7.1814; nächster Brief: Wien, 3.12.1814.
Regest: Görres empfiehlt den Überbringer, spricht von seiner großen Arbeitslast, die er aber als eine fruchtbare, von Gott gewiesene Tätigkeit verstehe, von seinen optimistischen Erwartungen an den Wiener Kongress, und der Möglichkeit, die Brüder in einer Unterrichtsstelle an den Rhein zu bringen.

Coblenz am 22 August 14.

Ich muß gegen meine lieben Casseler Freunde wohl endlich ein Wort hören laßen. Die Gelegenheit legt mir Obristlieutenant Horn, ein braver, braver Mann, den Sie bey der Gelegenheit kennen lernen werden, nahe.[1] Daß ich in großer Wirre lebe, und wie im Rade, doch lustig gehe, damit werden sie mich schon selbst vielmal entschuldigt haben. Habe ich mich in vielerley abgearbeitet, dann laufe ich lieber auf die Berge, als daß ich Briefe schriebe, die ich verschieben kann, da ohnehin genug Nothwendige geschrieben werden müßen. Doch ist mir wohl dabey, ich sehe wohl, ob es gleich nicht meine Neigung ist, daß es eine Thätigkeit seyn muß, die mir Gott angewießen, weil Alles so wohl und gut zusammenstimmt. Den Aufsatz über Elsaß habe ich, wie Sie gefunden aufgenommen, er ist mir recht willkommen gewesen, weil er eine Sünde gut gemacht, die ich wider Willen begangen hatte.[2] Vom Congreße erwarte ich nicht Alles aber viel Gutes, auch Leute, welche die Umstände genau kennen hegen gleiche Hoffnung. Es ist wunderbar, wie all unser Streben, was so sehr in der Luft gehangen, jetzt wurzelt in aller Herzen, das habe ich nun Gelegenheit mit jedem Tage zu bemerken, und darum darf ich hoffen, daß von dem vielen Saamen den ich streue gar Manches aufgehen wird. Geht der eine Bruder nach Wien, oder ist er schon gegangen, dann soll er mir schreiben von dort. Auch was er Literärisch in Paris gefunden, intereßirt mich immer noch vor wie nach.[3] Von Glöckle hab ich lange nichts gehört; ich habe ihm eine Pension von 1200 Franken beym Gouverneur ausgemacht.[4] – Am Unterricht hier kann ich wohl villeicht Einem von Ihnen oder allen zusammen nützlich seyn, wenn Sie von Hauße sich entfernen wollen. Das wäre wohl schön, wenn ich sie dem Rhein gewänne. Das gieng sehr in Eile, wie Vieles was ich thue, inzwischen werden sie Alles wohl verstehen und das Fehlende ergänzen.

Gott befohlen und herzlichen Gruß an Alle.
Ihr
J. Görres

Herr von Delwigk hat das Geld mitgenommen und wird es Ihnen auszahlen.[5] Ich muß mich wohl sehr schämen um meine Versäumniß. Eine sechswöchentliche Reiße trat bald nach dem Empfangen ein. Da bliebs liegen, und wurde vergeßen. Hernach meynte ich der Bruder käme wieder, es mitzunehmen.

---

1 Über den Besuch des Obristlieutenant Horn noch einmal Brief Nr. 24. Zu einer möglichen Identifizierung s. Personenverzeichnis.

2 Der Aufsatz „Die Elsaßer", in *RM* Nr. 98 vom 6.8.1814, von Jacob Grimm. Grimm hatte den Aufsatz am 18.7. geschickt: „Als Gegenstück dazu (zur Haltung der badischen und württemberg. Regierung) schicke ich Ihnen eine Beilage über den Elsaß, wo es mir durchaus gut gefallen hat, und ich schreibe aus gutem Andenken. Vielleicht mögen Sie ein oder das Andere daraus für die Zeitung nehmen. Was im Frieden unseren Ansprüchen vergeben worden ist, hat wenigstens den guten Eindruck zuwege gebracht, daß die allgemeine Erbitterung und Meinung gegen Frankreich steigt, und durch die heimkehrenden Soldaten, die gern wieder zuschlagen wollen, wird sie auf alle Art unter dem Volke vermehrt. Unter allen Deutschen ist dies jetzt schon ein nationaler Verband geworden." Die „Sünde", die der Aufsatz wieder gut machte: „Übersicht" in Nr. 79 vom 29.6.1814 mit Auslassungen über das Elsaß.

3 Jacob Grimm war bis Juli 1814 in Paris gewesen, hatte in seinem Brief vom 18.7. darüber berichtet, auch darüber, dass er wieder nach Wien zum Kongress gehen werde. Von Sept. 1814 war er als Mitglied der kurhessischen Delegation in Wien. Wilhelm war seit 1814 Bibliothekssekretär in Kassel. Hier macht sich wieder Görres' Unsicherheit im Unterscheiden der Brüder bemerkbar. Seine Briefe waren deshalb häufig an beide Brüder gerichtet. Schon 1811 schrieb er an Wilhelm Grimm: „Wenn ich bisher Ihrem Bruder geschrieben, dann war das Wort immer auch an Sie mitgerichtet, über dem Haupte jedes der beyden Dioskuren steht ein Stern, und ich muß mich immer wieder von neuem bey meiner Frau, die dergleichen besser behält, erkundigen welchen von Ihnen Beyden ich eigentlich hier gesehen, und ich weiß es auch in diesem Augenblicke wieder nicht. Darauf paßt nun gut, was Sie am Anfange Ihres Briefes über die Gemeinschaftlichkeit Ihrer Arbeiten bemerke(!), und es entschuldigt meinen Irrthum ..." (*GS/Briefe* 2, Nr. 144).

4 Zu Ferdinand Glöckle schon Brief Nr. 4. Görres hatte, auch in dem Bemühen, den rheinischen Landsmann finanziell zu unterstützen, immer wieder Abschriften aus der Vaticana bei Glöckle bestellt und auch Bestellungen der Brüder Grimm vermittelt (s. *GS/Briefe* 2). Zu der Pension vgl. Brief Nr. 34.

5 Johann Friedrich von Dalwigk von Schauenburg war im Haus der Brüder Grimm verkehrt und hatte dort seine Frau, die er soeben am 21. August 1814 geheiratet hatte, kennengelernt. Marie Magdalene Elisabeth v. Dalwigk, geb. Hassenpflug, war eine langjährige Freundin der Familie, die entscheidende Beiträge zur Märchensammlung der Brüder geliefert hatte.

20. An Justus Gruner

Datum: Koblenz, 1.9.1814.
Original: Berlin, GStA PK, I. HA Rep. 77, Tit. 21, G. Nr. 1, Bd. 2, Bl. 23f (2 Seiten).
Druckausgaben: Gruner, Ein Beitrag zum Briefwechsel von Joseph von Görres, in: *Deutsche Revue* 18. Jg., Bd. 3, S. 358f (ohne Anfangs- und Schlusssatz); Schellberg (Hrsg.), *Ausgewählte Briefe* (1911), Nr. 102 (einige kurze Auslassungen).
Einordnung: Letzter bekannter Brief Gruners: 18.2.1814; Nächster bekannter Briefe Gruners: Ende Sept./Anf. Okt. 1814.
Regest: Görres schickt einige Artikel aus dem *Merkur*, äußert sich zu seinem Artikel „Sachsens Pflicht und Recht", berichtet über sein durch seinen Brief verbessertes Verhältnis zum Frh. vom Stein, über die Stimmung im Lande gegen die Preußen, über den Regierungsrat Sack und über das ungute Parteiwesen in Koblenz.

Coblenz am 1 September 1814.

Ich habe dasmal wieder lange meine Schuld hängen laßen, Sie wißen indeßen wohl, wo der Grund liegt, und deuten mirs nicht übel. Ich lege Ihnen bey die Adresse, die Sie verlangt. Sie ist wahrscheinlich vom älteren Sturz in Maynz, einem sehr intriguanten Menschen, der wohl auch in mancherley Pläne verwickelt ist, die gegenwärtig angesponnen werden. Ferner das französische, woraus ich ohnlängst Ihr Lob verkündigt.[1] Da ich Beyde nur einmal habe, so mögte ich wohl, daß Sie mir Beydes verwahrten, und einmal gelegenheitlich wiedersendeten. Besonders das Letzte, da das tolle Volk wohl auch darauf kommen könnte, ich habe es erdichtet. Allerley Correspondenz auf Ihre Rechnung in gut und bös hatte ich gleichfals für Sie auf Seite gelegt, ich kann sie indeßen gegenwärtig nicht finden.

Meine fata mit den Sachsen haben Sie vielleicht erfahren, da sie es übel angelegt, mußte es auch zu übelm Ausgang kommen.[2] Mich haben die Leute jedoch gedauert, eben weil sie die Schwächern sind. Ich habe mich auch wohl gehüthet zu sagen, sie müßten preusisch werden, nur zuträglich dem Ganzen habe ich es gehalten, wenn sie sich fügen wollten. Darin wird Ihre Meynung wohl nicht weit von der Meinigen abliegen. Gezwungen soll niemand werden, wollte ich anderst sagen, stände ich mit mir selbst im Widerspruch.

Mit dem Minister bin ich aufs allervollkommenste wieder ausgesöhnt. Er hat sich mir zuerst auf eine sehr gescheidte Art genaht, und ich habe ihm geschrieben, wie ich es nicht anderst von ihm erwartet habe, und habe mich nun über meinen Jakobinism gegen ihn erklärt. Darauf hat er alles was ich früher gethan, löblich gefunden, und mich aufgefordert über die künftige Verfassung zu schreiben. Vier Linien hat er mir gegeben, daraus habe ich das Beyliegende herausgesponnen, ich sollte das Manuskript ihm schicken, dann wolle er seine Gegenbemerkungen mir machen. Er schickte es mir zurück mit lauter lobenden Exklamationen am Rande, und schrieb mir dazu, es sey so vortrefflich, daß er nichts zu ändern wiße. Ich solle 1000 Exemplare auf seine Kosten abziehen laßen und jedem der Minister Eines schicken, was ich denn auch schon getan. Sie können daraus seine Meynung abnehmen, mit welcher er zum Congreße zieht, er hat dabey die beste Hoffnung, daß Alles gut ausschlagen werde.[3]

Hier im Lande nimmt die Abneigung gegen das preusisch werden immer zu, woran der fortdauernde Druck der Einquartirung großen Antheil hat. Grundverschiedenheiten in Charakter und Denkungsweiße wirken mit, und herrschende Knickerey und Knauserey hilft treiben. Alles Geld wird eingeschleppt und auch gar nicht das allermindeste bezahlt, die Lieferungen aus Ihrer Zeit am allerwenigsten, das macht nun das allgemeine Geschrey, es sey noch schlechter wie zur Franzosenzeit. Unser Herr Regierungsrath macht sich auch durch seine rauhe Härte und Herzlosigkeit immer gründlicher verhaßt. Auf mich hat er, als ein orthodoxer Preuße, die letzte Zeit großen Zorn. Er ist vor einigen Tagen wegen der Polizeygeschichte in der Zeitung zum Minister hinübergelaufen um mich anzutragen, ist aber mit seiner Polizey übel angelaufen.[4] Mit Grebel hat er eine zärtliche Freundschafft errichtet, und mit Fritzdorf, dem er alle Lieferungen zuwendet. Alle Welt urtheilt, daß er in aller Hinsicht nicht an seinem Platze sey, am meisten weil sein Bruder an der obersten Stelle steht. Das Revisonsgericht laßen sie zappeln und geben ihm nichts. Ihre letzten Ernennungen blieben Alle auf Seite gelegt, auch Wichterich ist nicht nach Bonn gekommen, könnten Sie nur für den armen Teufel Krahe etwas thun?[5] So stehen die Sachen im hießigen Lande, man soll durchaus mit Parthey machen, man soll in das allererbärmlichste Clikenwesen sich einlaßen, was mir von je ein Abscheu und ein Greuel gewesen. Dabey treiben sie ihr Spioniren und Erspähen, daß es einen aneckelt. Kurz der alte Wust, und die Leute die aus einem Kothe herausgezogen worden, riechen daß der Neue gleichfals stinkt, und darum mögen sie nicht daran.

Ich wünsche, daß es Ihnen fortdauernd wohl ergehen möge. Grüße an Krull, von all seinen Anweisungen hab ich auch beynahe noch nichts erhalten.[6]

Ihr Erg.
J. Görres

---

1 Die Adresse aus Mainz: viell. *RM* Nr. 109 vom 28.8.1814: „Auszug aus einem Briefe von Maynz", der ein pessimistisches Bild der Stimmung des Volkes am Rhein und seiner geringen patriotischen Begeisterung zeichnet. Görres' jüngstes Lob für Gruner: in „Die Landwehr auf dem linken Rheinufer". Zu dem französischen Lob noch einmal Brief Nr. 21. Zur möglichen Identifizierung von Sturz s. Personenverzeichnis.

2 Gemeint ist die Artikelreihe „Sachsens Pflicht und Recht" in *RM* Nr. 90 (21.7.1814), Nr. 91 (23.7.1814), Nr. 92 (25.7.1814), Nr. 93 (27.7.1814) und Nr. 94 (29.7.1814). Gruner schreibt Ende Sept./Anfang Okt.: „Mit Preußen werden Sie es wohl nicht verderben. Als ich die ersten Theile über Sachsens Unrecht und Pflicht sah, glaubte ich es, jetzt aber bin ich ruhig, jedoch in dieser Sache von Ihnen abgefallen. Es ist die heilloseste Täuschung und der unglücklichste Irrthum, worin Preußen verfallen, Sachsen zu nehmen. Selbst mit der Abtretung von Ansbach und Bayreuth und Anderem, läßt sichs nicht rechtfertigen. Die Sünde wird dadurch nun doppelt. Man hätte nichts abtreten sollen. Um die Vernichtung dieses gräslichen Systems ist ja gefochten worden. Es betrübt mich, daß Sie Preußen hierhin vertreten."

3 Zu Görres' Korrespondenz mit dem Freiherrn vom Stein und den in Zusammenarbeit mit Stein verfassten Beiträgen für den *Merkur* vgl. Brief Nr. 17.

4 Zu Ernst Heinrich Sack, Gouvernements-Commissär in Koblenz s. Personenverzeichnis. Zu den Polizeigeschichten s. Brief Nr. 25.

5 Zu Mathias Grebel s. Pers.verzeichnis. Fritzdorf konnte nicht identifiziert werden. Zur möglichen Identifizierung von Wichterich s. Pers.verzeichnis. Zu Krahe vgl. Görres' Fürsprache in Brief Nr. 15.

6 Zu Gouvernementsrat Krull s. Pers.verzeichnis.

21. An Karl Hoffmann

Datum: Koblenz, 3.9.1814.
Original: verschollen.
Druckausgaben: Duch, *Rheinischer Merkur*, München 1921, Bd. 2., S. XXX, Anm. 1 (Erstveröffentlichung, ohne Angabe der Provenienz).
Bemerkung: Da das Original verschollen ist, wird das Schreiben nach der Ausgabe von Duch wiedergegeben.
Adresse: Herrn Hoffmann Wohlg. in Rödelheim.
Regest: Görres bedauert, dass er Hoffmann nicht persönlich habe treffen können, bittet ihn, ihm sein Material zuzusenden, und betont seinen unbeeindruckten Umgang mit Klagen gegen den *Merkur*.

Koblenz, am 3ten September 14.

Als Ihr Brief, der mich nach Rüdesheim lud, hier ankam, war ich abwesend.[1] Ich würde auch ohne das nicht haben herauf kommen können, so sehr ich wünschte, Sie einmal wieder zu sehen. Ich gehe in einem Rade, das immerfort getreten seyn will, weil sonst gleich vorne der Ausfluß stockt, wo viele Leute schöpfen kommen. Was Sie mir mitgebracht hätten, senden Sie mir doch zu, und was Sie mir sagen wollten, bezeichnen Sie mit wenig Zügen.[2] Daß Klagen gegen mich kommen, kann nicht anderst seyn, tausend wegen allzu großer Schärfe, Etliche wegen allzu großer Milde. Ich muß die Einen mit den Andern widerlegen. Ich mögte mir nicht gern den Wirkungskreis selbst zuschließen, wo ich Gutes stiften kann, auch meide ich alle Erbitterung, weil sie nie zu etwas Gutem führt. All Ding auf Erden hat zwey Seiten, man darf sich zur Einen halten, soll aber die Andere darum nicht abläugnen. – Ihr Sohn, ein wackerer Junge, war bey mir, Sie werden Freude an ihm haben.[3] Leben Sie wohl und lassen Sie bald etwas von sich hören.

Ihr J. Görres.

---

1 Der Brief von Hoffmann, der vor dem 7.8.1814 datieren muss, ist nicht erhalten. Görres befand sich Ende Juli/Anfang August auf einer Dienstreise als Direktor des öffentlichen Unterrichts. Zu Justizrat Dr. Karl Hoffmann, 1814 Oberst und Generaladjutant über den Landsturm des bisherigen Großherzogtums Frankfurt, und Hauptagitator des von Wilhelm Snell in Nachfolge des „Tugendbundes" und der „Teutschen Gesellschaften" initiierten „Deutschen (sogenannten Hoffmannschen) Bundes" (1814/15) s. Personenverzeichnis. Hoffmann hielt sich vom 7. August an für einige Tage in Rüdesheim auf, dort wollte er seinen Stiefsohn Karl Pfaffenberger-Hoffmann, der im Juli mit den Kriegsfreiwilligen heimgekehrt war, treffen (Hans Dieter Schneider, Das Rödelheimer Friedensfest von 1814. Leben und Wirken des Justizrats Dr. Karl Hoffmann, in: *Beiträge zur Rödelheimer Geschichte* 3: S. 29ff: www.academia.edu).

2 Vermutlich hatte Hoffmann Görres einen Beitrag für den *Merkur* übergeben wollen, vielleicht auch Material für einen Aufruf zum Friedensfest, das ab dem 18. Oktober 1814 drei Tage lang feierlich begangen werden sollte. Hoffmann selbst engagierte sich begeistert für die Feier in Rödelheim (Schneider, Das Rödelheimer Friedensfest, 29ff). Der Aufruf dazu erschien im *RM* Nr. 124 vom 27.9.1814 („Die Feyer der Leipziger Schlacht"), es solle das „große Jul- und Jubelfest aller Teutschen" werden, mit nächtlichen Feuern auf den Bergen überall „in ganz Germanien", es müsse sich „zeigen an dem Leuchten der Berge, daß ein Feuer im Volke brennt". Der Artikel bringt ein längeres Zitat aus Arndts Schrift *Über die Feier der Leipziger Schlacht*, mit der er die Feier anregte.

3 Der in Anm. 1 erwähnte Stiefsohn, der Gießener Burschenschafter Karl Pfaffenberger-Hoffmann.

22. An Justus Gruner

Datum: Koblenz, 27.9.1814.
Original: Berlin, GStA PK, I. HA Rep. 77, Tit. 21, G. Nr. 1, Bd. 2, Bl. 25f (4 Seiten).
Druckausgaben: Gruner, Ein Beitrag zum Briefwechsel von Joseph von Görres, in: *Deutsche Revue* 18. Jg., Bd. 3, S. 359-361; Schellberg (Hrsg.), *Ausgewählte Briefe* (1911), Nr. 104 (mehrere Auslassungen); Schellberg (Hrsg.), *Eine Auswahl* (1927), S. 343f (Ausschnitt ab Absatz 4).
Einordnung: Der vorangegangene Brief Gruners von Anfang bis Mitte September ist nicht erhalten. Nächster Brief Gruners: Ende Sept./Anfang Okt. 1814.
Regest: Görres erzählt von seiner Umreise nach Luxemburg, geht auf einige Artikel im *Merkur* ein, spricht von seinen geringen Erwartungen vom Wiener Kongress, von der immer noch anti-preußischen Stimmung der Bevölkerung und vom neuen Generalgouverneur Sack, und bittet Gruner, sich für eine finanzielle Unterstützung des Malers Peter von Cornelius einzusetzen.

Coblentz am 27 Sept. 14.

Ihr Brief ist angekommen, als ich abwesend war. Ich war auf einer Umreiße im Luxemburgischen begriffen, von der ich vor wenig Tagen zurückgekommen bin.[1] Das ist ein zum Theil sehr schönes Land, und es hat mir dort wohl gefallen, ob ich gleich an der Gränze hin unter den Wallonen wieder einige Tage Französisch sprechen mußte. Schmitz Crollenburg hat mir nicht übel gefallen; ob es ihm gleich im Geschäfftswesen an vielen Orten fehlen mag, so mögen ihn doch die Leute im Lande gern, weil er ihnen Eifer und guten Willen zeigt.[2] Er hat mir erzählt, wie ihm Mutz, oder Motz, wie heißt der Kerl mit dem schiefen Maule gesagt, er habe in Frankfurt bey Ihrer Unterredung mit dem Minister hinter der spanischen Wand gestanden, und was er alles dort gehört, ganz infames Zeug. Es ist nun natürlich nicht wahr, daß dieser Polonius hinter der Tapete gestanden hat, doch ists recht, daß Sie ihn gelegentlich einmal zeichnen.

Daß Ihre Umgebung sich an dem französischen Wisch geärgert hat, ist mir leid um Sie, Krull ist wohl nicht unter denen gewesen, die Aergerniß genommen haben.[3] Wie konnte ich das Lob das in solcher Schmähung lag, auch nur mit einem zu täppischen Wort verderben, wie's die Leute gewöhnlich bey solcher Gelegenheit zu machen pflegen. Wer einen öffentlichen Charakter haben will, muß sich all Solchem preiß geben, und die plumpe Art, wies dieser treibt, ist noch die Unschuldigste von Allem.

Die Adreße aus dem Ministerium zu widerlegen, war wohl überflüßig, inzwischen hab ichs doch gern gesehen, daß sie solche furchtsame Gedanken von uns haben, die wir gar wenig verdienen. Herzlich steif ist sie geschrieben, und paßt recht wohl zur Umschrifft des Siegels, Departement des affaires etrangeres.[4]

Daß Sie vom Congresse nichts Ausgezeichnetes erwarten, darin bin ich Ihrer Meynung. Es wird eben eine Physionomie erhalten, wie der meisten Fürsten Köpfe, einige wenige, allgemeine verwischte Lineamente, woraus man machen kann was man will. Wüßten wir nun etwas daraus zu machen, dann mögte es schon hingehen, aber es ist alles so indolent und liederlich geworden, daß auf der Mitte hauptsächlich meine Sorge ruht, mehr wie auf der Höhe. Von den Oestreichern kann man freylich allen möglichen Unverstand erwarten. Ueber M. habe ich nun auch von Leuten, die ihn kennen können, mildere Urtheile gehört, inzwischen habe ich freylich noch immer mich betrogen gefunden, wenn ich Solchem geglaubt.[5]

Die Stimmung hier im Lande hat sich, seit man die Soldaten zu verpflegen angefangen, um ein Weniges gebeßert. Ihr Andenken ist recht zu Ehren gekommen, doch glaube ich nicht, daß wären Sie hier geblieben, es Ihnen gelungen seyn würde, die Leute zur Zufriedenheit zu bringen.[6] Die große Hälfte der Schuld ist auf unserer Seite, die übergroße Indolenz, die sich nicht rühren mag, nur immer trägt und den Rücken hinhält, und sich dann wieder hinterher an sich selber ärgert, erregt einen guten Theil der bösen Laune. Sie mogten einmal nicht preusisch werden, wißen eigentlich nicht warum, wißen auch nicht was denn sonst, wenn sie es wüßten, haben sie auch nicht den Muth und die Kraft es zu begehren und durchzuführen, und so sitzen sie im Winkel und schmollen, und nichts ist ihnen recht. Über Sack ist der Form nach nicht zu klagen, in der Sache hat er in sehr Vielem guten Willen. Seine Verwaltung unterscheidet sich von der Ihrigen, wie überhaupt eine blos verständige von einer Genialen.[7] Damit ist nun ausgesprochen, daß die gröste Ordnung dabey herrscht, große Arbeitsamkeit und Promptheit, allgemeine Billigkeit und Mäßigung. Das geht alles so fort aus Tag in Nacht und aus Nacht in Tag, immer im selben Gleise. Nur wo ein Sprung seyn sollte, und eine Erhebung, wo ein Erguß nöthig ist und ein Wegsetzen über die Form, da fehlts, und damit mangelt freylich in jetziger Zeit oft das Nöthigste. Stößt man da wieder, dann kömmt man nicht aus der Stelle. In meinem Fache kann ich jedoch nicht über ihn klagen. Die Instruktion für die Collegien werden Sie villeicht gesehen haben. Sie ist nicht übel, doch ist das Beste von meinem Theile übergangen, weil es eben das gewöhnliche Geleise verlaßen hat. Geld habe ich noch nicht gefordert, weil ich noch ausgereicht bisher mit dem, was Sie mir gegeben haben.[8]

Was den Aufsatz über die Landwehr betrifft, so habe ich darin ganz allein vom Formalen gesprochen. Ich wollte eigentlich Krull über seine Finanzordnung etwas Angenehmes sagen, darum nahm ich nur eben davon Gelegenheit.[9] Was sonst zu sagen ist, werde ich etwa dann beybringen, wenn jemand mit Verstand etwas aus Ihrer Zeit zu tadeln unternimmt. Solches Lumpenvolk, wie bisher gekommen, verdient nicht, daß man ihm ein Wort gönne. Was Sie über Ihr jetziges Leben sagen, gilt eigentlich von ganz Teutschland. Doch kommen Alle, die ich aus Ihrem Land gesprochen, darum überein, daß man allgemein Ihnen wohlwolle, und Sie achte und liebe. Das ist viel in jetziger Zeit, und es hat mich sehr gefreut. Mit dem Revisionshof fangen auch schon allerley Umtriebe an, die eckelhaft zu werden drohen. Die Andern werden Ihnen wohl darüber schreiben.

Wie ich höre, sind Sie in dem Glauben, ich sey nach Wien gegangen. Was sollte ich dort, der Clerus jenseits hat auf mich gerathen, aber ich habe gleich durchgeschnitten, mein Ort ist hier, was oben zu thun ist, weiß ich gar wohl. Stein ist so klug gewesen, nicht einmal Arnd mitzunehmen, weil es ohne Vortheil nur allarmiren würde.[10] Da sind die Franzosen dummer, sie ziehen zu ganzen Haufen wie die Staare hin zum Platze.

Ich wollte Ihnen schon lange den jungen Mahler Cornelius in Rom empfehlen, der ein vortrefflicher Künstler schon ist, und einen noch Besseren verspricht. Sie müßen etwas für ihn thun, achtzehnhundert Franken mehr oder weniger zu so gutem Zweck verwendet, machen das Land nicht ärmer.[11]

Daß Sie nächstens heraufkommen werden, ist mir sehr lieb gewesen zu erfahren, hätten Sie es unterlaßen, ich wäre villeicht zu Ihnen herabgekommen. Dann mündlich mehr. Jetzt leben Sie wohl, zusammt den Ihrigen, und behalten Sie mich in Ihrem Angedenken.

Ihr E.
J. Görres

---

1 Der Brief von Gruner ist nicht erhalten. Nach der Dienstreise ca. Juli/August (vgl. Brief Nr. 21) war Görres offenbar im September wieder auf einer längeren Visitationsreise als Direktor des Öffentlichen Unterrichts.

2 Franz Edmund Josef von Schmitz-Grollenburg war seit Mai 1814 Gouvernementskommissar des Wälderdepartements in Luxemburg. Der im Folgenden erwähnte Lauscher konnte nicht identifiziert werden.

3 Zu dem „französischen Wisch" vgl. Brief Nr. 19, Anm. 1. Zu Gouvernementsrat Krull s. Personenverzeichnis.

4 *Europa in Bezug auf den Frieden. Adresse an die Germanen des linken Rheinufers*, anonyme Flugschrift, erschienen Mainz 1814, dem Abbé Emmanuel Joseph Sieyès zugeschrieben. Dazu *RM* Nr. 86 vom 13.7.1814 und Fs in Nr. 87 vom 15.7.1814.

5 Der Wiener Kongress war am 18.9.1814 eröffnet worden. Der Brief, in dem Gruner von seinen Erwartungen an den Kongress spricht, ist nicht erhalten. M = Klemens Wenzel Lothar Fürst von Metternich. Ein erstes positives Urteil über Metternich in *RM* Nr. 141 vom 31. Oktober 1814: „der Fürst Metternich, der aus der Mitte einer wohlgewählten Umgebung heraus in leichter freyer Lebensgewandheit die Angelegenheiten lenkt".

6 Gruner war nach der Auflösung des Generalgouvernements Mittelrhein im Juni 1814 wieder als Generalgouverneur von Berg nach Düsseldorf zurückgekehrt.

7 Generalgouverneur Johann August Sack in Aachen s. Personenverzeichnis.

8 „Vorläufige Instruktion für die Directoren und Prinzipale der Gymnasien, Collegien und anderer gelehrten Schulen im Generalgouvernement des Nieder- und Mittel-Rheins" des Generalsgouverneurs vom Nieder- und Mittelrhein Sack, dat. Aachen, 14. September 1814 (abgedruckt bei Franz Joseph von Bianco, *Versuch einer Geschichte der ehemaligen Universität und der Gymnasien der Stadt Köln*, Köln 1833, Nr. XXXIV, S. 665-680). Dazu Schagen, *J. Görres und die Anfänge der Preuß. Volksschule am Rhein*, S. 101f.

9 „Die Landwehr auf dem linken Rheinufer", in: *RM* Nr. 109 vom 28.8.1814, Nr. 110 vom 30.8. und Nr. 115 vom 9.9.1814. Zu Krull s. Personenverzeichnis.

10 Der Freiherr vom Stein war seit dem 15. September in Wien und nahm als Mitglied der russischen Delegation und Berater des Zaren am Kongress teil. Zu Steins nationalpolitischen Aktionen, die er im Vorfeld des Wiener Kongresses mit publizistischer Hilfe von Ernst Moritz v. Arndt und durch den *Rheinischen Merkur* zu unternehmen suchte, und zu seiner Rolle auf dem Wiener Kongress: Gerhard Ritter, *Freiherr von Stein: eine politische Biographie*, Erstausgabe Stuttgart 1931, Fischer Taschenbuch 2018, 2. Teil, 4. Buch, Kap. 17; Franz Herre, *Freiherr vom Stein*, S. 295-344; Botzenhart (Hrsg.), *Freiherr vom Stein. Briefwechsel, Denkschriften und Aufzeichnungen* Bd. 5, S. 53ff und S. 173-237: Tagebuchaufzeichnungen Steins während des Wiener Kongresses Sept. 1814 bis Mai 1815.

11 In seinem Brief aus Rom vom 3.11.1814 dankt Cornelius Görres dafür, dass er „die Güte gehabt", sich für ihn „am Preußischen Hofe um eine Penßion zu bewerben".

23. An Karl Hartwig Gregor Freiherrn von Meusebach

Datum: Koblenz, o.D.: Ende Sept./Anf. Okt. 1814.
Original: Biblioteka Jagiellonska Krakau, Sammlung Autographa.
Druckausgaben: Wendeler (Hrsg.), *Der Briefwechsel des Frh Karl Hartwig Gregor von Meusebach mit Jacob und Wilhelm Grimm*, S. XIV; Schellberg (Hrsg.), *Ausgewählte Briefe* (1911), Nr. 103.
Zur Datierung: Kurz nach dem 27. September 1814. Das Jahr erwähnt Meusebach in einem Brief vom 15.8.1835 (s.u.). Schellberg datiert Sept. 1814
Einordnung: Dem gegenwärtigen geht ein scherzhaftes Schreiben Meusebachs an Görres vom 19.8.1814 voraus (unter Pseudonym Markus Hüpfinsholz).
Regest: Görres schickt Meusebach zum Scherz einen selbstgebastelten Wladimirorden, als Ersatz für den ihm entgangenen echten Orden.

Hochzuverehrender Herr Präsident!
Eben spät erhalte ich noch von Dresden unter dem 27 September[1] von Sr Durchl. dem Fürsten Repnin in einer kostbaren Dose zwey Wladimirorden dritter Classe mit dem Befehl den Einen Ihnen Hochzv. H.P. für bewiesenen sächsischen Patriotismus und den Andern dem Herren Eichhorn vom ministère public zu überreichen. Die hohe Ehre ist Ihnen beyden auf ihr Ansuchen durch den Herrn Gouvernementsrath Krull, der es dem H. Gouverneur Justus Gruner nahe gelegt, zu Theil geworden.[2] Indem ich Ihnen meinen aufrichtigen Glückwunsch zu den beyliegenden Beyden Ehrenzeichen beyfüge, habe ich die Gelegenheit zu einer herzlich gemeynten Warnung nicht vorübergehen laßen wollen. Es geht nämlich ein Gemurmel in der Stadt um, wie der H. Präsident so zu sagen die Finger nicht bey sich halten könnten und sich mit dem Mausen von Uhren, Büchern u.d.g. abgäben. Da ein Solches nun einem mit dem Wladimirorden dritter Classe gezierten sehr übel anstehen würde, wenn er es fortsetzen wollte, so überlaße ich es Ihrer eigenen Diskretion, ob Sie es nicht künftig unterlaßen, und an fremdes Eigenthum nicht ferner Hand anlegen wollen.

Ihr wohlaffekzionirter
J. G.

---

1 Wendeler und Schellberg haben (fälschlich) 2. September.

2 Fürst Nikolai Grigorjewitsch Repnin-Wolkonski (s. Personenverzeichnis.) war von Okt. 1813 bis November 1814 Generalgouverneur in Sachsen (Vizekönig). Der Kaiserliche Orden des Heiligen und Apostelgleichen Großfürsten Wladimir war ein kaiserlich-russischer Zivil- und Militärverdienstorden in vier Klassen. Meusebach schreibt Berlin, 15.8.1835 an J. Grimm: „Der Kaiser von Rußland hat mir 1814 den Wladimirorden wie allen Generalgouvernementsräthen des Mittelrheins verliehen, der Generalgouverneur hat (weil ich nicht mehr in seiner Nähe war, sich beschwatzen lassen von einem niedriger stehenden Beamten, der bei ihm war, und hat ihn widerrechtlich dem gegeben; ich hab' ihn niemahls reclamiert, aber dem Generalgouverneur nachher, wenn er durch Koblenz kam, doch noch eine Fete gegeben " (Wendeler 219). Zu Gouvernementsrat Krull (Crull), der den Meusebach zustehenden Orden bekam, s. Personenverzeichnis. Ambrosius Hubert Eichhorn war Generalprokurator des neu gebildeten Revisionshofs in Koblenz, dessen Präsident Meusebach war.
Zu Meusebachs skurrilem Humor und seiner bekannten Vorliebe für originelle Späße: *ADB* 21, S. 539-541.

24. An Carl Stein

Datum: Koblenz, 5.10.1814.
Original: Historical Society of Pennsylvania, Harrisburg (2 Seiten).
Unveröffentlicht.
Adresse: Wohlg. dem Herren D. Carl Stein, Redakteur des offiziellen Journals.
Einordnung: Vorliegender ist der einzige bekannte Brief an Carl Stein. Briefe Steins an Görres sind nicht überliefert.
Regest: Görres bedankt sich für Steins positives Urteil über den *Merkur*, sichert ihm Zusendung bisheriger Exemplare und aller weiteren zu und bittet gleichzeitig um Zusendung von Steins Journal.

Coblenz am 5ten Oktober 1814.

Ihre Zuschrifft vom 11 ist hier angekommen, als ich auf meiner Umreiße mich befand, und ist unter die Masse der seither aufgelaufenen Correspondenz gerathen.[1] Ich entdecke sie so eben zufällig, und eile sie zu beantworten, damit mein Schweigen sie nicht befremden möge, und Sie keinen andern Grund als das Spiel des Zufalls darin sehen. Ich habe auch bestellt, daß man Ihnen sogleich das letzte allein noch vorräthige Quartal der Zeitung mit dem Postwagen und sofort alles Erscheinende sende, und ich werde dagegen gern die Ihrige annehmen.[2]

Ich danke Ihnen für die gute Meynung, die Sie von meinem Blatte in Ihrem Brief geäußert, ich nehme mir davon mein bescheiden Theil. Ich habe mir freylich viele Freyheit genommen, und da man den guten Willen in mir erkennt, ist man so billig gewesen das Genommene mir zu gönnen. Mit allem dem mache ich keine weiteren Ansprüche, die nicht durch den liebevollen Beyfall, der von so viel guten Leuten mir zu Theile wird, vollkommen ausgeglichen würde. Ihr Blatt hat einen engeren Umkreis abgesteckt, das hindert nicht, daß es nicht oft viel Gutes enthält und würkt, und mir fällt nicht ein, mich dessen zu überheben, daß das Meinige villeicht in einem größeren Umkreis würkt. Ihre Worte haben mich darauf gebracht, ohne das würde es schon anmaßend seyn nur davon zu reden.

Oberstlieutnant Horn hat mich bey seiner Durchreiße hier besucht, und wir haben einige vergnügte Tage miteinander zugebracht. Er ist ein braver, wackerer, redlicher Degen, der mir im Herzen wohl gefällt.[3]

Es ist mir angenehm gewesen, bey dieser Gelegenheit mit Ihnen in einiges nähere Verhältniß zu treten.

Ihr
Ergebenster
J. Görres

---

1 Der Brief vom 11.9.1814 ist nicht erhalten. Zu Görres' Umreise im September als Direktor des öffentlichen Unterrichts vgl. Brief Nr. 22. Görres' ausführlicher Bericht nach der Reise, dat. 28.11.1814: LHA Koblenz, Best. 249, Nr. 16.

2 Steins Zeitung: *Journal des Nieder- und Mittelrheins*, Aachen (Beaufort): Nr. 1 (15. März 1814) bis Nr. 8 (20. April 1816), periodisch erscheinend 3mal wöchentlich. Landesarchiv NRW Abt. Rheinland, 14, 2.2.1: Genehmigung des Generalgouverneurs zur Herausgabe des Journals als Amtsblatt durch Dr. Karl Stein. In der ersten Ausgabe Vorwort des Herausgebers „Über den Zweck des Journals", unterzeichnet Karl Stein, Doctor, Herausgeber.

3 Zu Oberstleutnant Horn vgl. Brief Nr. 19.

25. An Ernst Heinrich Sack

Datum: Koblenz 7.10.1814.
Original: LHA Koblenz, Best. 355, Nr. 25, Bl. 37 (1 Seite).
Unveröffentlicht.
Adresse: Sr Hochwohlg dem Herren Gouverneurscomm Sack.
Regest: Görres nimmt Bezug auf Anfragen wegen eines Artikels im *Merkur* und erläutert noch einmal den Sinn der beanstandeten Worte.

Coblenz am 7 Oktober 1814

Ew. Hochw fragen zu wiederhohlten malen von wegen des Aufsatzes über die Polizey bey mir an.[1] Ich hatte auf die erste Frage die Antwort unnöthig geglaubt, da eben am Tage, nachdem Ew. Hoch. den Brief geschrieben hatten, die verlangte Erörterung schon in der Zeitung erschienen war. Der Form und des Geschäftsgangs wegen will ich jedoch das dort Gesagte hier nochmal wiederhohlen. Ich habe nämlich jene Worte bey der Correktur zugesetzt, weil Oken so geradehin von aller Polizey redet, es mir ungerecht dünkte.[2]

Ich wollte also damit die Neueingeführte bezeichnen, womit zuerst die Franzosen uns heimgesucht, und die man ihnen allerwärts nachgeahmt, und die ich der Alten entgegensetzen wollte, die z.B. in hießiger Stadt zur Zufriedenheit Aller durch einen einzigen Polizeydiener versehen wurde, der jährliche 50 Rhtr erhielt.

Ew. Hochwohlg
Ergebenster
J. Görres

---

1 *RM* Nr. 102 vom 14.8.1814 unter „Erläuterungen“: ein Zitat von Oken, gerichtet gegen die „neu hergebrachte Polizey“, die überall gegen angebliche Zusammenrottungen, gegen Lachen und Singen vorgehe: „eine Polizey, die lauert, eine Polizey, die sich in alles mischen will ... ist ein hundertköpfiges Ungeheuer, dem täglich unschuldige Seelen als Opfer fallen müssen“.

2 Eine Stellungnahme zu dem beanstandeten Artikel, betitelt „Die Polizey“, erschien in *RM* Nr. 105 vom 20.8.1814: „es mögte geraten seyn, um jeder Mißdeutung vorzubeugen, uns etwas weitläufiger darüber zu verbreiten. Zuerst also haben wir das gesammte innere Spionenwesen damit verstanden Das Zweyte, was Oken in der neulich angeführten Stelle rügt, ist ein Gebrechen, was besonders in neuerer Zeit die eigentlich honette, bürgerliche Polizey angewandelt. Es ist die übermäßige geschäfftige Emsigkeit, womit sie sich ins öffentliche und häusliche Leben eingemischt, ... alles soll künstlich durch äußere Beschränkung nach voraus gegebner Norm geordnet und gehalten werden ... was wir mit der ganzen Rüge eigentlich im Auge hatten, war die Rückkehr der alten Einfachheit ... zu empfehlen.“ Zu dem Artikel schon Brief Nr. 20, bei Anm. 4.

26. An Johann Simon

Datum: Koblenz, 28.10.1814.
Original: Universitätsbibliothek Heidelberg, Hs. 3729, 20 (Nicht von Görres' Hand, aber mit eigenhändiger Unterschrift; Stempel „Directorium“).
Unveröffentlicht.
Adresse: H. Simon, Director der Normalschule Wohlgeb dahier.

Regest: Görres teilt Simon mit, dass es nicht erwünscht sei, dass Kandidaten aus dem bayerisch-österreichischen Verwaltungsbezirk südlich der Mosel für die Koblenzer Schule angenommen werden.

Koblenz den 28ten 8ber 1814

Die Oesterreichisch-bayrische Regierung in Kreutznach hat mein Anerbieten, Kandidaten aus ihrem Amtsbezirke in die hiesige Normalschule aufzunehmen, nicht angenommen; weil, wie sie mir unterm 18t d. meldete, dafür in ihrem Gebiete schon durch andere Anordnung gesorgt sey.[1]

Euer Wohlgebohrnen (!) werden daher jene Kandidaten, welche sich allenfalls von dem rechten Moselufer gemeldet haben, abweißen müssen, und sich überhaupt aller Einmischung in das Schulwesen jenes Regierungs Kreißes entschlagen.

Der Direktor des öffentl Unterrichts
J. Görres

---

[1] Seit Juni 1814 stand das Gebiet südlich der Mosel unter der Verwaltung der Österr.- Bayerischen Landesadministrationskommission mit Sitz in Kreuznach. Johann Simon, Görres' ehemaliger Lehrer, war Direktor des Gymnasiums in Koblenz. Das Schreiben vom 18. Oktober ist nicht überliefert. Görres hatte den Antrag gestellt, den links der Mosel gelegenen Teil des Saardepartements, für das Gruner vorher eine Normalschule in Trier vorgesehen hatte, an der Normalschule in Koblenz teilnehmen zu lassen, und hatte vorgeschlagen, aus ihrem Gebietsteil 15 Kandidaten zur Normalschule zu senden, wenn sie für den Unterhalt aufkommen und 1800 Franken zur Lehrbesoldung beitragen wollten. Dieses Anerbieten lehnte die Landesadministration ab. (Schagen, *Schule und Unterricht*, Diss. 1913, S. 6).

27. An Justus Gruner

Datum: Koblenz 28.10.1814.
Original: Familienarchiv Görres-Jochner Nr. 75c (2 Seiten).
Zum Verfasser: Das Schreiben ist nicht von Görres' Hand, aber von Görres mit-unterschrieben. Schreiber und Hauptverfasser ist vermutlich Anschütz.
Adresse: Seiner Excellenz dem Herrn General-Gouverneur des Herzogthum Berg.
Regest: Die unterzeichneten Mitglieder der Kommission des Koblenzer Musikinstituts bitten Gruner, die Finanzierung eines Teils der nötigen Renovierungsarbeiten für den Konzertsaal des Instituts aus den Rückständen aus seiner Gouverneurszeit zu bewilligen.

Seiner Exzellenz dem Herrn General-Gouverneur des Herzogthum Berg.[1]
Das Musik Institut zu Koblenz, welches durch die ungünstigen Zeitumstände seiner völligen Auflößung so nahe war, verdanket seine Erhaltung der Bewilligung einer jährlichen Summe, welche Euer Exzellenz zur Fortsetzung einer eigenen Lehranstalt aus der Staatscassa anzuweißen geruht haben.[2] Dieses schöne Gefühl für die Kunst erfährt den Grad der Dankbarkeit, womit die Einwohner der hiesigen Länder Hochdieselbe für die ausgezeichnet thätige, kraftvolle und väterliche Verwaltung stets verehren werden.

Wir sehen der Bestätigung dieser schätzbaren Bewilligung von Seiten des dermaligen hohen Gouvernements mit vollem Vertrauen entgegen, und wir werden alsdann unsere Bemühungen verdoppeln, um die seit zwanzig Jahren dahier vernachläßigte Kunst wieder empor zu bringen.

Inzwischen ergiebt sich dermalen ein Umstand, welcher für den Augenblick jenem vorgefaßten Zwecke äußerst hinderlich ist, und welchen wir aus unsern eigenen Kräften unmöglich zu beseitigen vermögen. Wir wagen es daher, Euer Exzellenz davon in Kenntniß zu setzen, in der Überzeugung daß Hochdieselbe auch hierbey ein wirksames Auskunftsmittel auffinden werden.

Da nur in der beständigen Ausübung die Musik gedeihen kann, so mußte unsere Anstalt darauf bedacht seyn, mehrere grösere öffentliche Musikaufführungen zu veranstalten. Das Musik Institut hatte deswegen in den vorigen Jahren zur Aufführung der wöchentlichen Conzerte ein durchaus passendes schönes Lokal in dem hiesigen Schul-Collegium gemietet, und sehr anständig verziert. Dieses Lokal, welches zugleich das einzige brauchbare dahier zu jenem Zwecke ist, mußte im Monate Jänner dieses Jahres zur Einrichtung einer Gewehr Fabrike und schweren Reparaturarbeiten an die Armeen der hohen Alliirten hingegeben werden, und wurde während dem sechsmonatlichen Gebrauche leider so verdorben, daß es in allen Theilen einer kostspieligen Herstellung bedarf, wie aus anliegendem Berichte, und der Abschätzung des Departemental Baumeisters erhellt.

Die Koblenzer Stadt-Cassa, welcher diese Herstellung nach Rechts und Verwaltungs Grundsätzen aufgebürdet werden könnte, ist ganz erschöpft, und das Schul Collegium bekanntlich ganz ausser Stande, diese Herstellung zu bewürken, um die ehemalige Miethe wieder beziehen zu können. Mithin beruhet unsere einzige Hoffnung darauf, daß Euer Exzellenz vielleicht im Falle seyn könnten, aus den Rückständen der Cassa Ihres Gouvernements die Kosten dieser Wieder Einrichtung, oder doch einen Theil davon für die neue Fußböden zu bewilligen, indem der Schaden zu dem Dienste der hohen Alliirten Mächte geschehen ist.

Indem durch die Gewährung dieses Gesuches die neu belebte Musikanstalt vollkommen und kräftig fortzuwürken in Stand gesetzt würde, würden wir diesen neuen Beweiß der Gerechtigkeit und Güte Eurer Exzellenz mit dem lebhaftesten und unbegränzten Dankgefühl stets verehren.

Koblenz, den 28ten October 1814

Die Commission des Musik Instituts[3]
(Unterz.: Anschuez, Haßlacher, Türk, Dietz, Dahm, Nell, J. Görres)

---

1 Generalgouverneur des Herzogtums Berg mit Sitz in Düsseldorf war seit dem Juni 1814 wieder Justus Gruner. Nach dem endgültigen Anfall des Landes an Preußen übernahm am 15. Mai 1815 der Generalgouverneur vom Mittel- und Niederrhein August Sack die Verwaltung des Generalgouvernements Berg.

2 Das Koblenzer Musik-Institut war im März/April 1808 durch Maire Johann Nikolaus Nebel und Präfekt Adrien de Lezay-Marnesia gegründet worden. Erster Direktor wurde Joseph Andreas Anschütz. Gruner hatte im April 1814 dem Musikinstitut staatliche Zuschüsse zugewiesen (Chronik des Musikinstituts: www.musik-institut-koblenz.de).

3 Die Unterzeichneten s. Personenverzeichnis.

28. An Karl August Freiherrn von Hardenberg

Datum: Koblenz, 1.11.1814.
Original: Geheimes Staatsarchiv Berlin, III. HA MdA, I Nr. 9207, Bl. 45f.
Druckausgaben: Czygan, *Zur Geschichte der Tagesliteratur während der Freiheitskriege,* Bd. 2: Aktenstücke. 2. Abt., Nr. 9, S. 320f (Erstveröffentlichung); Duch, *Rheinischer Merkur* (Der Deutsche Staatsgedanke, R. 1, 11), Bd. 1, München 1921, Einleitung, S. XVf (Ausschnitt).
Einordnung: Vorliegender ist Görres' erster bekannter Brief an Hardenberg. Görres antwortet hier auf ein Reskript Hardenbergs an Generalgouverneur Sack vom 10.10.1814. Das erste bekannte Schreiben Hardenbergs an Görres vom 26.4.1815 ging nicht an ihn ab.
Regest: Die von Hardenberg an Sack geäußerten Grundsätze seien ganz die seinen. Im *Merkur* finde sich nie ein gehässiges Wort, er schreibe ohne Fanatismus und Menschenfurcht, sei aber überzeugt, dass die unverfälschte Wahrheit nie schaden könne. Er räume ein, dass in letzter krisenhafter Zeit der Ausdruck der Entrüstung stärker geworden sei und vielleicht Anlass zur Klage geben könne, wolle auch in Zukunft mildernd und besänftigend eingreifen. Im Übrigen bitte er Hardenberg für die demnächst zu erwartenden Angriffe um Schutz und um Ablehnung aller grundlosen Klagen.

Gnädiger Herr!
Das Reskript Ew. Durchlaucht vom 10. Oktober in Bezug auf den rheinischen Merkur, das der Herr Generalgouverneur in vertraulicher Mittheilung unter dem 28ten mir hat zukommen laßen[1], und das unter dem heutigen bey mir eingelaufen, hat mich überzeugt, daß ich nicht geirrt, als ich im Vertrauen auf die liberalen Grundsätze der K. Preußischen Regierung in Bezug auf die öffentliche Freyheit, mich zu einem so schwierigen Unternehmen entschloßen habe, wie die Bearbeitung jener Zeitung ist. Die Grundsätze, die Ew. Durchlaucht mir haben eröffnen laßen, sind diejenigen gewesen, die im Ganzen mich bey diesem Geschäffte geleitet haben, und es wird im ganzen Jahrgang keine Stelle auszufinden seyn, wo ich aus irgend einem gehäßigen oder blos leidenschafftlichen Grunde, ohne ernsten Zweck mit Härte verfahren wäre. Ich habe mich nie überzeugen können, daß in allen öffentlichen Angelegenheiten die reine, unverfälschte Wahrheit einigen Schaden bringen möge, ich habe vielmehr immer geglaubt, daß ihre Herrschaft im Leben gleich unbedingt seyn müße, wie in der Wissenschafft. Darum habe ich immer ohne Menschenfurcht und ohne Fanatism vor Allem gestrebt, diese Wahrheit zu ergründen, und es ist mir damit so wohl gelungen, daß so sehr man mich angefeindet hat, mir doch nie eine einzige Thatsache widerlegt worden ist. Immer habe ich, da wo ich selbst geredet, in die Form die möglichste Milde hineinzulegen versucht, nur wo das Böse allzu übermüthig sich gezeigt, habe ich geglaubt die Kraft der Worte aufbiethen zu müßen, um dasselbe nach Möglichkeit abzuwenden. Darum ist freylich, je näher die Crise herangekommen villeicht um so stärker der Ausdruck der Entrüstung geworden, in der das Blatt gegen Misbräuche sich vernehmen läßt, und gerade Nro 141, welches am Tage vorher erschienen, als das Reskript mir zugekommen, wird villeicht mancherley Klage veranlaßen, gegen welche mich in Schutz zu nehmen, meine gehorsamste Bitte an Ew. Durchlaucht ergeht.[2] Im Verhältniße, wie der entscheidende Augenblick vorübergeht, und die

teutschen Angelegenheiten zur gesetzmäßigen Ordnung neigen, habe ich mir vom Anfang her vorgenommen, mehr und mehr mildernd und besänftigend einzugreifen, und endlich wenn alles geordnet und im gesetzlichen Gange ist, zurückzutreten. In diesem Vorsatz hat das Reskript von Ew. Durchlaucht mich nur bekräfftigen können, und wenn Hochdieselbe, allenfals in die Zukunft angebrachte grundlose Klagen durch die Überlegenheit Ihrer erleuchteten Einsicht, abzulehnen geruhen wollten, so können Sie sich versichert halten, daß ich zu keiner Gegründeten Veranlassung geben werde.

Ew. Durchlaucht
Unterthänigst ergebenster
J. Görres

Coblenz am 1 November 1814

---

1 Das Reskript Hardenbergs, dat. Wien, 10. Okt. 1814, die erste Note des Staatskanzlers in der Sache, an Generalgouverneur Sack in Aachen (von Staegemann verfasst, von Hardenberg abgeändert, mit sehr mildem Tadel): „Es würde dem Geist unserer Regierung entgegen sein, diese Zeitung einer solchen Censur zu unterwerfen, durch welche jede wohltätige Geistesfreiheit unterdrückt, der Austausch der Gedanken über Gegenstände des Gemeinwohls gestört, und die öffentliche Stimme wider öffentliches Unrecht und regellose Willkühr erstickt würde. ... Nach meiner Überzeugung wäre eine allgemeine Freiheit der Presse für starke, kräftige, das Gute wollende Regierungen so wie für die Völker gleich wohltätig." Es sei deshalb zu wünschen, dass in dem Augenblick wo über die Gestaltung der Verfassung und der Rechte verhandelt werde, der Herausgeber des *RM* seine Sprache mäßige, um nicht ein fruchtbares Resultat zu verhindern. Er beauftrage Sack daher, dem Herausgeber diese Ansicht vertraulich mitzuteilen (Czygan Bd. 2. 2, Nr. 7, S. 319). Antwort Sacks an Hardenberg Aachen 28.10.1814: er habe vertrauliche Mitteilung gemacht und hege das Zutrauen, dass Hardenbergs liberale und klare Ansichten bei Görres nicht verfehlen werden, auch er habe schon öfter ermahnt und dadurch „vielleicht manches Ärgere verhindert", er sehe sich durch H. in seinen Ansichten gerechtfertigt, über die Verfahrensweise einer liberalen Regierung, „wenn sie die Übel der Pressfreiheit vermeiden will, ohne den großen Vorteilen derselben zu entsagen" (Czygan Bd. 2. 2, Nr. 8, S. 319f). Ein erstes mahnendes Schreiben von Sack an Görres vom 29.9.1814 gegen einen Beitrag in Nr. 123 s. Briefe an Görres.

2 *RM* Nr. 141 vom 31. Oktober 1814: „Gang der teutschen Angelegenheiten auf dem Congress in Wien": Die Nachrichten aus Wien seien insgesamt beruhigend, des Kaisers Seele sei ohne Arg und Falsch, König Friedrich Wilhelm sei im Unglück „zum rechten Fürsten erwachsen" und habe „schöne Gerechtigkeit und wahrhaftige religiöse Gesinnung sich angeeignet", England, die „Nährmutter liberaler Ideen", sei zwar klug auf eigenen Vorteil bedacht, der eigenen Stärke bewusst, doch seien alle drei in ihren Absichten zum Wohle Deutschlands eins, auch die Minister. Gegen diese „wohltätigen, rechtlichen und verständigen Ansichten" aber habe sich aus Eigensucht lauter Widerspruch erhoben. „Teutschland muss die kennen, auf die es ein Vertrauen haben kann, und jene, die ihm und seinem Heile widersagen ... die alle seine Triumphe ihm vernichten Es ist Württemberg und Bayern, die sich also lossagen von Teutschland: sie wollen reinen Despotism, sie wollen sich trennen von der Gesamtheit des Vaterlandes, und sprechen, wie einstmals unter Napoleon, allein von bayerischer und württembergischer Nation." Die Organe dieser Sprache seien für Bayern der Feldmarschall Wrede, für Württemberg der Minister Winzigerode. Man habe gehofft, der (arglose) bayerische Fürst werde die Netze, „welche die Arglist eines gehassten Ministers mit emsiger Tätigkeit zwischen Frankreich und Südteutschland webte", zerreißen, aber nein. Nur ein Teil der Schuld sei durch die Anstrengungen in der letzten Schlacht gesühnt. Als Maximilian mit dem Heer gegen Würzburg zog, um sich mit den Franzosen zu vereinigen, war über Teutschland das Los geworfen, hätte Bayern seine Pflicht getan und in der Linie gestanden, wäre der Krieg zu einem ehrenvollen Ausgang gekommen ... Aber all das solle vergessen sein, schuld seien die Ratgeber. „Unbegreiflich ist allen Verständigen, dass diese Napoleoniden nie verstehen wollen, wie ihr Herr und Meister sie allein für seine Zwecke also ausgerüstet, und dass er sie als kostbare, unbeholfene Werkzeuge seiner Macht würde zerstrümmert haben, hätte seine Herrschaft fortgedauert." Das Volk solle sein Herz

abwenden von seinem Fürsten, der „nur in Willkür und Sultanism" herrschen wolle, solch ein Thron sei „gefährlich in der Schwebe bis er ein Raub dem Mächtigern fällt". Feste Stellung könne den Fürsten allein die Verbindung und Einigung mit Teutschland geben, sie müssten ihre grundlosen Ansprüche vergessen. Die Monarchien aber werden Teutschland eine gesetzliche Verfassung geben, dann werden sie durch die „ganze Macht der öffentlichen Meinung gehoben" werden und selbst jene Fürsten werden erkennen, „welch ein Unterschied ist zwischen herzlicher Liebe, die ihnen entgegenkömmt, und jener scheuen Unterwerfung, die der Tyrannei mit erheuchelter Achtung und schlauer Lüge auszuweichen sucht." Die Beschwerden aus Württemberg an Hardenberg seit Sommer 1814: Czygan 2.2., Nr. 4ff, S. 306ff, sowie der Schriftwechsel Graf von Winzigerode – Hardenberg seit Januar 1815: Czygan 2.2, Nr. 10ff, S. 324ff.

29. An Ernst Heinrich Sack

Datum: Koblenz, 5.11.1814
Original: LHA Koblenz, Best. 355, Nr. 599 (nicht von Görres Hand, aber eigenhändig unterschrieben).
Druckausgabe: Robert Stein, Görres und die Pestalozzischule in Koblenz, in: *Koblenzer Volkszeitung* Nr. 35 (15.2.1927) (Auszug).
Adresse: Seinen Hochwohlgebohrenen dem Herrn Generalgouvernements Commissär.
Regest: Gutachten über das Privatunterrichtsgesuch des geistlichen Rats von Lassaulx.

Koblenz den 5ten 9ber 1814

Hr. C. T. v. Lassaulx, geistlicher Rath dahier[1], der einen neuen Privat Lehrkurs ankündigte, ist von bekannten nicht gemeinen Kenntnissen, und im Erziehungsfache nicht unbewandert.

Von dieser Seite wäre daher sein Unternehmen eine willkommene Gabe, und es stünde ihm nichts entgegen.

Privatlehranstalten überhaupt, insoweit sie übrigens wohl geleitet sind, sind meiner Meinung nach den öffentlichen nicht nachtheilig. Leisteten diese nicht, was sie leisten sollten, wie es leider unter dem französischen Unterrichtszwange der Fall war, so mußten jene, und können auch einsweilen, das Fehlende ersetzen. Erheben sich diese aber wieder zu ihrer Vollkommenheit, welches freylich nicht das Werk eines Tages ist, woran aber hoffentlich meine Bemühungen nicht scheitern werden, so fallen jene von selbst zusammen, indem auch das Gute doch dem Bessern weichen muß.

Ich finde daher auch in dieser Rücksicht keinen Anstand, dem Hr v. Lassaulx sein Unternehmen zu erlauben.

Der Direktor des öffentlichen Unterrichts
J. Görres

---

[1] Der geistliche Rat C.T. von Lassaulx war ein Bruder des Adam v. Lassaulx und somit Onkel von Katharina von Lassaulx. Lassaulx hatte bereits Privatunterricht erteilt und nun eine Fortsetzung angekündigt. Der Schriftwechsel enthält auf nächstem Blatt eine Abschrift aus dem *Coblenzer Nachrichts- und Anzeige-Blatt* Nr. 42 (für Görres zur Kenntnisnahme, dat. 25.10.1814, i. A. des Gouvernememts-Commissairs): „Nach einer kurzen Geistes-Erholung, welche ich der meinem Unterrichte anvertrauten Jugend und mir selbst nicht versagen zu können glaubte, werde ich am

24ten d.M. einen neuen Lehrkurs anfangen. Es können noch einige Jünglinge von gebildeten Eltern eintreten. Die Gegenstände bleiben die nämlichen. Auch stehe ich den Freunden der engländischen Sprache in besondern Stunden zu Dienste. C.T. von Lassaulx Geistl. Rath." Das Gesuch wurde vom Gouvernements-Kommissar gewährt. Dieser hatte Oberbürgermeister Mazza beauftragt, Lassaulx die Entscheidung mitzuteilen und ihn „zugleich nachdrücklichst zu verweisen daß er sich erlaubt hat die Eröffnung einer Lehranstalt öffentlich anzukündigen ohne dazu eine Ermächtigung erlangt zu haben." Zur privaten Lehranstalt von Lassaulx auch LHA Koblenz, Best. 358, Nr. 197.

30. An den Verfasser eines Artikels in RM Nr. 142

Datum: o.O. o.D.: Koblenz, nach 14.11.1814.
Original: Familienarchiv Görres-Jochner Nr. 75c (4 Seiten).
Druckausgabe: Marie Görres (Hrsg.), *GPS* 3, S. 388-392 (nur geringfügige Änderungen in der Schreibweise und Auflösung von Abkürzungen).
Zum Adressaten: Die Identität des anonymen Verfassers, der das Pseudonym „Aurelius B." benutzt, und an anderer Stelle mit „W. S." unterzeichnet, konnte nicht geklärt werden.
Zur Datierung: Der Brief ist nach dem Erscheinen der Ausgabe des *Rheinischen Merkur* Nr. 148 vom 14. November 1814 zu datieren.
Regest: Görres berichtet dem anonymen Verfasser von der Reaktion auf dessen Artikel. Er sei aufgefordert worden, den Namen des Verfassers zu nennen, habe sich aber geweigert und jede Verantwortung auf sich genommen. Er habe wie gefordert eine Erklärung dazu veröffentlicht. Man habe ihm die Polizei ins Haus geschickt und bei Nichtnennung des Verfassers das Verbot der Zeitung angedroht. Er überlasse es dem Verfasser, ob er seine Identität preisgeben wolle oder nicht.

Die Sache betrifft einen Lärm, der sich über Ihren Artikel, redend von Racker, Canaillen in Nr. 142 erhoben hat, und von dem ich Sie vernünftigerweiße nicht in Kenntniß setzen konnte, bis Sie selbst die Sache als Sie angehend anerkannt.[1] Im Hauptquartiere des General Kleist, wo man aus begreiflichen Gründen mir lange gehässig ist, Subalterne jedoch weit mehr als der General, der ein guter rechtlicher Mann ist, nur mit mancher anklebenden Gewohnheit aus der alten Schule, hat man geglaubt, ich habe dasmal eine Blöße gegeben, die man benutzen müße. Vor acht Tagen kam also ein Rittmeister und Adjutant des Generals, Graf Schweinitz, hier an, lud mich vor den Gouverneurscommissär, und in Gegenwart eines Adjutanten des G. Thielemann fragte er mich um den Verfasser jenes Artikels.[2] Ich sagte ihm, daß der Verfaßer sich mir nicht genannt habe, daß ich ihn jedoch kennte, aber in keinem Falle nennen würde, die Thatsache sey etwas Offenkundiges, Viele erinnerten sich dergleichen gehört zu haben, es sey niemand besonders genannt, und ich hielte mich also nicht verbunden meine Quelle anzugeben, und nehme jede Verantwortlichkeit auf mich. Er erklärte darauf, G. K. halte diesen Artikel für einen Misbrauch der Pressfreyheit, der General halte dafür, all dergleichen gehöre nicht für's Publikum sondern allein für ihn, und ich hätte an ihn die Sache berichten müßen. Jetzt könne der Artikel zu Auftritten Gelegenheit geben, denen er polizeymäßig zuvorkommen müße. Ich erwiederte, die Idee die der General von der Preßfreyheit habe, könne er mich nicht zwingen mit ihm zu theilen, er könne mir verbiethen, das oder jenes aufzunehmen, und dann würde ich der Gewalt weichen, aber auch die Ursache dem Publikum erklären. Was zu allgemein in diesem Aufsatze ausgesprochen gewesen, würde ich ohnehin gelegentlich berichtigt haben, wenn auch keine Reclamation deswegen geschehen. Uebrigens müße ich erwarten, was der General weiter verfügen wolle. Jener antwortete darauf, er habe die gemessenste Ordre, der ich nur durch eine öffentliche Erklärung zuvorkommen könne, daß ich mich bey der Aufnahme übereilt, daß ich den Aufsatz misbillige, daß ich keinen mehr aufnehmen wolle, u.s.w. Ich entgegnete, ich würde eine solche Erklärung machen, wie der General sie fodern und ich sie geben könne, habe er seine Ehre, so hätte ich die Meinige, und davon würde ich auch kein Haarbreit abweichen. Nach mehrerem Hin- und Herreden blieb die Sache dabey bewenden.

Ich sandte am Nachmittag dem Ambassadeur die beyliegende Erklärung mit dem Zusatz, ich würde zu dieser kein Wort hinzufügen noch eines wegnehmen. Sey er nicht damit zufrieden, dann könne ich nicht verhindern, daß er von seiner Ordre Gebrauch mache, übrigens solle er bedenken daß er vor den Augen Teutschlands handeln werde. Am Abend kam der Polizeycommissär mit dem beygefügten Briefe, und der anliegenden Erklärung, die ich unterschreiben solle. Ich erklärte kurzweg, daß ich mir lieber die Hände abhauen laßen wolle, daß auch kein Gedanke daran seyn könne, und daß ich kurzweg auf der Meinigen beharre. Nach mehreren versuchten Vergleichsvorschlägen mußte er damit abziehen, kündigte mir aber zuvor Hausarrest an, und ließ einen Polizeysergeanten zurück. Da die Sachen so weit gediehen waren, glaubte ich ruhig ihr Ende abwarten zu können. Auch kam bald der Obristlieutnant Rudolphi, der hier die Geschäffte des Hauptquartiers besorgt[3] aus eigener Bewegung und von Thielemann gesendet, um die Sache beyzulegen. Ich meynte gegen ihn, es werde eine gute Sensazion machen, wenn man in Teutschland erfahre, von Preußen her sey der erste Eingriff in die Preßfreyheit gekommen, und man habe darum, daß jemand in der Zeitung gesagt, einige Offiziere hätten ihre Soldaten Racker etc gescholten, eine Gewaltthätigkeit geübt, die selbst die Franzosen sich nicht hätten zu Schulden kommen laßen. Besonders die in Bayern und Würtemberg werde es freuen, wenn sie erführen, der Herausgeber des R. M. sey von Preußen um so elenden Grund arretirt worden. Rud. war zu gescheidt, um nicht den ganzen Umfang des gegebnen Skandals zu fühlen, und da er, wie natürlich, meine Erklärung für übler als den Artikel selbst erkannte, ich aber nur unter der Bedingung nachgeben wollte, den General aus dem Spiele zu laßen, wenn auch er das gegebene Dementi mir erlaße, so kamen wir endlich über die Erklärung miteinander überein, die Sie Nro. 148 gelesen haben werden.[4] Das war nun weniger wie gar nichts, der Herr Rittmeister kehrte damit unmuthig zurück, einigem wohl verdienten Spott entgegensehend, da sie ganz Achen mit Lärm erfüllt hatten. Ich sendete zum Ueberfluß noch ihren Aufsatz voraus, den ich nannte die Welt und die höhere Politik, diesem als Nachrede, und als Vorrede dessen, was ich allenfals von Wien erwarte.[5]

Unterdeßen war G. K. nach Düsseldorf gegangen, und mit den Gener. Pirch und Hünerbein zusammengetroffen, die beyde aus wohlbekannten Gründen die freundschaftlichsten Gefühle für mich hegen.[6] Sie mogten ihm neuerdings die Sache angeregt haben, und nun kommt ein Brief von ihm, ich solle den nennen, der anonym habe bleiben wollen, im Weigerungsfalle solle General Thielemann mir eine Schildwache vor die Thüre setzen und die Zeitung verbiethen. Diese Maasregel ist nun vollends unverständig und abgeschmackt, und hat nichts als das Gehässige der Gewaltthätigkeit ohne allen Grund und ohne mögliche Rechtfertigung. Ich darf den Ersten Besten nur aufsuchen, der sich hinstellt und sagt: ich habe es gehört oftmal bey durchziehenden Korps, wie sie heißen, weiß ich nicht, kann auch nicht darum gefragt werden, weil ich niemand genannt habe. Ich sagte das Rudolphi, und bat ihn dem General zu antworten, ich habe erklärt, meine Ehre erlaube mir nicht den zu nennen der jenen Artikel eingesendet, ich wolle ihm jedoch darum schreiben, und wenn er es für gut finde, mir zu erlauben, seinen Namen zu nennen, dann wolle ich es thun, wenn nicht, dann müße ich mir gefallen laßen, was er weiter vornehmen wolle. Ich überlaße es nun Ihrem Ermessen, wozu sie sich entschließen wollen. Daß Sie nicht das mindeste zu besorgen haben in einem Falle wie im Andern, dafür stehe ich Ihnen. Rudolphi hat mir sein Wort gegeben, daß wenn Sie sich nennen wollten, nicht das geringste Uebel Ihnen widerfahren werde, wenn es sich nur befände, daß der Einsender ein glaubwürdiger Mann sey, und sie haben das Versprechen leicht halten, da sie eben nichts Anderes thun können. Der General meynt entweder ich sey der Verfasser, und denkt mich nur in Verlegenheit zu setzen, oder er glaubt Gruner sey es, und das wäre ihm wieder recht. Kömmt ein Dritter, dann sind sie mit einemmale festgefahren, und all ihr Pulver ist verschossen. Thielemann will dem G. schreiben, um ihn zur Besinnung zu bringen. Es wäre wohl recht so schnöde Gewalt anlaufen, und vor der ganzen Welt sich prostituiren zu laßen, aber man muß immer Preußen als den gegenwärtigen Vertreter der teutschen Sache ehren, und sich darum hüthen, Veranlaßung zu einem öffentlichen Skandal zu geben. Darum bestimmen Sie sich nach eigener Willkühr, ich kann es für Sie und mich, oder auch für mich allein durchfechten, doch halte ich das erste für besser, weil man nicht berechnen kann, wie weit blinder Eigensinn geht. Doch ist Alles in Ihre Hand gegeben, auch wird Sie Gruner gegen allenfalsige Gewalt von Seiten Hünerbeins sichern. Gott befohlen.

Ich bitte Sie mir die Einlagen gelegentlich zurückzusenden, da ich sie aus Mangel an Zeit nicht habe copiren können.

Ihr Erg.

---

1 *RM* Nr. 142 (Mi 2.11.1814): „Mancherley“, mit Forts. am 4.11., 6.11., 8.11, 10.11. und 12.11. (Nr. 146). Als Autor wird in Nr. 148 ein Aurelius B. genannt (s. unten Anm. 4). In dem Artikel wird Beschwerde über das Verhalten preußischer Offiziere gegenüber ihren Untergebenen geführt (Gebrauch von Schimpfwörtern etc.). Die in dem Aufsatz enthaltenen Beleidigungen der Armeen vom Niederrhein waren Anlass für die Bestellung eines besonderen Militärzensors für den *Rheinischen Merkur.*

2 Zu General Friedrich Graf Kleist von Nollendorf, der gegen den *Merkur* „gelärmt“ habe, vgl. Brief Nr. 15. Zu Graf Schweinitz und Thielemann s. Personenverzeichnis. Gouvernementskommissär in Koblenz war damals Ernst Heinrich Sack.

3 Zu Oberstleutnant Rudolphi s. Personenverzeichnis.

4 *RM* Nr. 148 vom Montag, 14.11.1814 „Anmerkung des Herausgebers zum Aufsatz in Nr. 142“: „In Nro 142 ist ein Aufsatz enthalten, der das Benehmen einzelner Offiziere gegen ihre Untergebnen rügt. Daß dieser Rüge eine allgemeine Anwendung auf die preußische Armee gegeben werden würde, hat der Herausgeber nicht denken wollen, weil überall, wo man diese Armee gesehen, auch nur eine Meynung herrscht über die durchgängig menschliche, freundliche und wohlwollende

Behandlung, die den Soldaten widerfährt. Weil indessen derjenige, der jene Rüge eingesendet, obgleich er für diesen Fall anonym hat bleiben wollen, ihm von sonst her als ein wohlmeynender, wahrhaftiger und glaubwürdiger Mann bekannt gewesen, so hat er daraus geschlossen, daß doch in einzelnen Fällen allerdings solche Mißhandlungen statt finden mögen, und er hat nun keinen Anstand genommen, darum seine Klage aufzunehmen, und indem das Publikum zum Zeugen solcher Misbräuche gemacht, und seine Wachsamkeit zur Verhinderung derselben aufgefordert wird, dadurch der weitern Verbreitung des Bösen zuvorzukommen, da in solchen Fällen oft der beste Wille von oben herab nicht ausreicht, das Uebel zu verhindern. Das einzig und allein ist der Grund jener Publizität gewesen, die dieser Sache gegeben worden, und um jeder möglichen Misdeutung zuvorzukommen, haben wir auch dieser Erläuterung hier Offenkundigkeit geben wollen." Darunter: „Berichtigung. Der im vorigen Blatte geschlossene Aufsatz „Mancherley" muß unterzeichnet werden. Aurelius B."

5 Der Erklärung des Herausgebers in Nr. 148 geht der erste Teil des Artikels „Die Welt und die höhere Politik" voraus, dessen Beschluss in Nr. 151 vom 20.11.1814 mit „W.S." unterzeichnet ist.

6 G. K.: General Kleist. Zu den Generälen Pirch und Hünerbein s. Personenverzeichnis. Im *RM* werden die beiden lediglich an einer Stelle in neutralem Zusammenhang erwähnt: *RM* Nr. 28 vom 17.3.1814.

31. An Ernst Heinrich Sack

Datum: Koblenz, 16.11.1814.
Original: LHA Koblenz, Best. 355, Nr. 599. (Nicht von Görres Hand, aber eigenhändig unterschrieben).
Druckausgabe: Robert Stein, Görres und die Pestalozzischule in Koblenz, in: *Koblenzer Volkszeitung*, Nr. 35, 15.2.1927 (Auszug).
Adresse: Seinen Hochwohlgebohrenen dem Herrn Generalgouvernements-Kommissär.
Regest: Gutachten zum Gesuch einer Näherin, privaten Schulunterricht zu erteilen.

Koblenz d 16ten 9ber 1814

Euer Hochwohlgebohren haben mir das Begehren der Jungfrau Clara Voß von hier, um Erlaubniß eine Privat Lehranstalt für Mädchen zu errichten zum Gutachten mitgetheilt.

Ich habe schon früher Eurer Hochwohlgebohren meine Gesinnungen über derley Anstalten zu erkennen zu geben die Ehre gehabt, und geäußert, daß dieselben, wenn übrigens gegen die Fähigkeiten und den Ruf der Vorgesetzten nichts auszusetzen sey, gestattet werden könnten.

Diesen Gesinnungen zufolge glaube ich aber gegen alle solche mich erklären zu müssen, wo diese Voraussetzung nicht begründet ist.

Die Jungfrau Voß hat weder je einem Lehrinstitute vorgestanden, noch eine Laufbahn eingeschlagen, die sie dazu hätte befähigen können.

Nicht jede, die anders ihren Unterhalt nicht mehr zu verdienen weiß, ist darum zur Lehrerin berufen, und ich fände es mislich, sich also darstellende Personen durch den Stempel der öffentlichen Authorität zu ermächtigen, Kinder zu ihrem Unterrichte an sich zu ziehen.

Es ist darum um so mehr meine Meinung, daß dem Gesuche nicht willfahret werden könne, als der Beystand, den sich die Jungfrau Voß in dem Herrn geistlichen

Rath v. Lassaulx verspricht, wegen dem von letzterm eigends errichteten Knaben Institute, von selbst nun schwankend ist, oder gar wegfallen muß.[1]

Der Direktor des öffentlichen Unterrichts
J. Görres

---

[1] Zu dem Gesuch des geistlichen Rats v. Lassaulx s. Brief Nr. 29. Dem Gesuch der Clara Voß wurde nicht stattgegeben: der Gouvernementskommissar schloss sich mit Datum 22.11. der Meinung von Görres an (linke Spalte auf selbem Blatt).

32. An Anton Graf von Belderbusch

Datum: Koblenz, 17.11.1814.
Original: Stadtarchiv Bonn, Pr 429 (3 Seiten).
Unveröffentlicht.
Regest: Görres äußert sich zur Rivalität zwischen Bonn und Köln in Bezug auf die zu gründende Universität, verspricht, sich für Bonn einzusetzen, meint aber beruhigend, es werde vorerst noch keine Entscheidung fallen.

Coblenz am 17 November 1814

Hochzuverehrender Herr Oberbürgermeister![1]
Zurückgekehrt von einer kleinen Excursion finde ich mehrere Zuschrifften Ew. Hochwohlg. unbeantwortet, darunter besonders diejenige, die Bezug auf den Aufenthalt meines Collegen und die Verlegung der künftigen Universität nach Bonn oder Cöln hat.[2] Die Gründe, die Sie für Bonn anführen, sind allerdings von nicht geringer Bedeutung und müßen bey einer Behörde, die unpartheyisch Gründe gegen Gründe abwiegt, ohne allen Zweyfel großen Eingang finden. Ich werde, wenn die Zeit dafür herankömmt, nicht versäumen, die Stadt Bonn aufs Beste zu vertreten, und ihre Gerechtsame geltend zu machen.[3] Einstweilen glaube ich, daß Sie noch vollkommen sich beruhigen können, da zur Zeit noch nichts Entscheidendes in dieser Sache geschehen sind (!). Gegenwärtig, wo so viele und so verwickelte Verhältniße auseinanderzulegen sind, denkt niemand daran, solche Dinge, die füglich auf eine ruhigere und friedlichere Zeit verschoben werden können, ohne durchgreifende Einsicht voreilig zu entscheiden. Alles was geschieht ist nur eine provisorische Arbeit, indem dieser oder Jener seine Meynung in dieser Sache zu fixiren wünscht, die doch, so lange bis von oben herab entschieden worden, immer schwankend bleiben wird. Auch höre ich eben so laut, wie Ew. Hochwg. wegen Bonn geklagt, von Cöln her die Klage erschallen, mein College habe ihnen dort die Hoffnung abgesprochen. Die schließliche Entscheidung wird sicher von Umständen abhängen, die jetzt im gegenwärtigen Zustande der Dinge noch gar nicht einmal in Rechnung gebracht werden können.

Ew. Hochwohlg
Ergebenster
J. Görres

[1] Oberbürgermeister von Bonn war 1814-1816 Anton Graf von Belderbusch, der bereits 1804-1814 Maire gewesen war (s. Pers.verzeichnis).

[2] Belderbuschs Briefe sind nicht erhalten. Von welchem Kollegen Görres hier und im Folgenden spricht, ist ungewiss. In Frage käme Karl Friedrich August Grashof, der seit 14. Juli 1814 als provisorischer Direktor des öffentlichen Unterrichts beim Generalgouvernement in Aachen angestellt war und 1816 als Schulrat nach Köln kam. In dem Kampf der stärksten Rivalen Bonn und Köln im Vorfeld der vom Preußenkönig Friedrich Wilhelm III. versprochenen Gründung einer Universität für die preußischen Rheinlande, der 1818 schließlich für Bonn entschieden wurde, engagierte sich auf Bonner Seite von Anfang an die Stadtverwaltung sehr stark, daneben insbesondere der 1814 neu eingesetzte Kreisdirektor und spätere Universitätskurator Philipp Joseph Rehfues, der eng mit Belderbusch zusammenarbeitete, in seiner Schrift *Die Ansprüche und Hoffnungen der Stadt Bonn, vor dem Thron ihres künftigen Beherrschers niedergelegt.* Für Köln setzten sich einzelne intellektuelle Bürger ein, v.a. Sulpiz Boisserée, Eberhard von Groote und Ferdinand Franz Wallraff, letzterer mit seiner *Denkschrift in Bezug auf die Gründung einer Rhein-Universität* (Köln 1814). Zu der Rivalität von Köln und Bonn: Dietrich Höroldt, Die Rivalität der Universitätsstädte Köln und Bonn, in: Hans Blum (Hrsg.), *Aus kölnischer und rheinischer Geschichte. Festgabe Arnold Güttsches zum 65. Geburtstag gewidmet*, Köln 1969, S. 189-214; Erich Meuthen, *Kleine Kölner Universitätsgeschichte*, Köln 1998; Thea Fiegenbaum, Die Konkurrenz der Städte Köln und Bonn um eine Universität, in: Gudrun Gersmann, Stefan Grohé (Hrsg.), *Ferdinand Franz Wallraf (1748-1824) Eine Spurensuche in Köln* (DOI: http://dx.doi.org/10.18716/map/00001), in: mapublishing, 2016 (URL: http://wallraf.mapublishing-lab.uni-koeln.de/wallraf-in-koeln/bildungswesen-im-umbruch/konkurrenz-der-staedte-koeln-und-bonn-um-eine-universitaet).

[3] Görres, der auch mit Befürwortern des Standorts Köln befreundet war (Boisserée, Groote) hat sich, soweit bekannt, nie eindeutig für eine der beiden Optionen geäußert, aber bis zur Gründung im Jahr 1818 große Hoffnungen auf eine Anstellung an der rheinischen Universität gehegt.

33. An Ernst Heinrich Sack

Datum: Koblenz, 5.12.1814
Original: LHA Koblenz, Best. 355, Nr. 25, Bl. 43.
Unveröffentlicht.
Adresse: Seiner Hochwohlgeb. Dem Herren Gouverneurscommissär Sack.
Regest: Görres setzt Sack über die Person des für den *Rheinischen Merkur* zuständigen Zensors in Kenntnis.

Coblenz am 5ten Dezember 14

Herr Tribunalrichter Tippel ist seit dem Juny dieses Jahres vom vorigen Gouverneur zum Censor des rheinischen Merkurs ernannt.[1] Es dient das Ew. Hochw. zur Nachricht auf Ihre Anfrage vom 25ten des vorigen Monaths.

J. Görres

[1] François Joseph Tippel war Vizepräsident beim Tribunal 1. Instanz zu Koblenz. Am 6.6.1814 (Bl. 48) wurde er für die Zeit der Abwesenheit des Zensors Gouvernementsrat Arndt mit der Zensur des *Rheinischen Merkur* beauftragt. Dazu LHA Koblenz, Best. 355, Nr. 25, Bl. 46ff. Am 30.7.1815 wurde er auf eigenen Wunsch vom Zensorenamt entbunden (Bl. 65).

34. An Eberhard von Groote

Datum: Koblenz, 5.12.1814.
Original: Stadtarchiv Bonn I i 98/631/3 (3 Seiten).
Unveröffentlicht.
Einordnung: Grootes Antwort auf Görres' Schreiben vom 15.5.1814 (Nr. 10) ist nicht erhalten. Vorliegendem Schreiben (das bei Spiertz, *Eberhard von Groote*, S. 62 fälschlich als Brief vom 25.12.1814 erwähnt wird) folgte ein Briefwechsel zwischen Groote und Katharina Görres: Groote an K. 16.3.1815; K. an Groote 1.4.1815; Groote an K. 10.4.1815 (s. Anhang: Briefe von und an Katharina Görres).
Regest: Görres verspricht Groote die Zusendung einer Abschrift aus Gregorius vom Stein und äußert sich über Arbeiten von Carové und Frau von Chezy.

Coblenz am 5 Dezember 14.

Ich bin Ihnen lange Nachricht schuldig geblieben, und einen schrifftlichen Habedank für die bewiesene Freundschafft. Das macht der Veitstanz, in dem ich fortdauernd umgetrieben werde. Kurz ist der Tag, und lang die Arbeit. So ist es geschehen, daß ich noch nicht einmal Zeit gefunden meine Papiere von andern Tagen nur herbeyzusuchen. Doch wollte ich immer nicht leer vor Ihnen erscheinen. Endlich muß ich wider Willen. Die Einlage ist an Ihren Herrn Vater gerichtet[1], damit er mir Recht schaffe gegen das hießige Postamt, das meiner spottet in seiner Lüderlichkeit. Sie werden mich verbinden, wenn Sie einigen Antheil an der Sache nehmen, und mir mittheilen was Ihr H. Vater deswegen verfügt, damit ich meine Maasregeln nehmen kann.

Gregorius vom Stein hab ich denn doch herausgefunden, und einen Theil für Sie zur Abschrifft hingegeben. Sie werden das nächstens erhalten, und Freude daran haben.[2] Ich hatte einmal vor, das ganze Gedicht in durchlaufenden Zeilen in Cöln als Volksbuch drucken zu laßen. Ich bin noch gegenwärtig nicht abgeneigt, das auszuführen.[3] Von Rom ist seither noch manches Wichtige hinzugekommen. Die Administrazion hat Glöckles Pension bestättigt und so muß er zum Frühjahr wieder hinein, und schreiben aufs Neue.[4]

Carove war in der Durchreiße bey mir, und hat mir seinen Aufsatz vorgelesen.[5] Er ist in gutem Sinne, oft geistreich und in treffender Ansicht geschrieben, einige Längen müßen, wie ich ihm gesagt, gekürzt werden. Hier und da fehlts an Positivem, und dann wird so darüber hingegangen mit großen Schritten. Das Ganze zeugt von einem recht schönen Streben. Die Chezy war auch seither hier, und hat Ihnen noch einige Seufzer nachgesendet. Ich konnte mich an dem Tage gerade nicht viel mit ihr abgeben, mit meiner Frau hat sie mehr Umgang gehabt. Was ich so von teutscher weiblicher Literatur gesehen, davon ist sie doch noch das Gescheideste, nur äuserlich unfläthig, weil sie ihr Verdienst innen sucht. Sie hat mir auch einen Aufsatz über altteutsche Mahlerey zurückgelaßen. Darin meynt sie unter Andern Raphaels Meister sey im Hauptsäglichen(!) weiter gewesen als der Schüler. An solchen Urtheilen wäre die Wahrheit das Interessanteste, aber gerade hier kann man sich auf nichts verlaßen.[6]

Schenkendorf wird bey Ihnen gewesen seyn.[7] Er ist recht brav. – Gott befohlen.

Ihr Ergeb.

J. Görres

---

1 Eberhard von Grootes Vater Erhard Anton Melchior v Groote war (1789 kaiserlicher) Oberpostmeister in Köln (gest. Juni 1820). Die Einlage ist nicht erhalten.

2 Görres hatte Eberhard von Groote einen Beitrag zu dessen *Taschenbuch für Freunde altteutscher Zeit und Kunst auf das Jahr 1816* in Aussicht gestellt (Brief Nr. 10). Am 16.3.1815 (s. Anhang) bat Groote Katharina Görres um Vermittlung wegen des versprochenen Fragments aus Gregor vom Stein. Katharina lieferte offenbar prompt, allerdings nicht wie versprochen ein „Fragment aus Gregorius vom Stein", sondern „schöne Minneklagen", die sie selbst für ihn abgeschrieben hatte (Grootes Dank dafür: 10.4.1815). Diese wurden als „Altdeutsche Minnelieder", eingesandt von J. Görres, im *Taschenbuch* S. 117-140 abgedruckt. Von den neun Liedern, die Görres schickte, sind sieben aus den Handschriften der Heidelberger Bibliothek entnommen, davon fünf 1817 auch in den *Altteutschen Volks- und Meisterliedern* veröffentlicht. Zu Görres' (bzw. Katharinas) Beitrag zu Grootes Taschenbuch: Just, in *GS* 4, S. 272). Kurz nach dem Erscheinen wurde das *Taschenbuch* in *RM* 354 und 355 (4.- 6. Januar 1816) lobend besprochen.

3 Auf Görres' Vorhaben, Gregor vom Stein als Volksbuch herauszugeben, weisen die Brüder Grimm in *Der Arme Heinrich von Hartmann von der Aue*, Berlin 1815, S. 135 hin: „den Gregor vom Steine, eine reiche, lebendige Fabel will Görres aus der vatikanischen nächstens herausgeben." Dazu noch Briefe Nr. 78 und 96. Den Gregorius hatte Görres bereits in seinen *Teutschen Volksbüchern* von 1807 erwähnt: „Eine schöne merkwürdige Historie des heiligen Bischoffs Gregorii auf dem Stein genannt. Hartmann von Aue Cöln am Rheine" (S. 244). Karl Simrock, *Der arme Heinrich*, Berlin 1830 schreibt noch in seiner Einleitung S. VI: „den Gregor vom Steine hat Görres vor Jahren verheißen"

4 Zu Ferdinand Glöckle schon Briefe Nr. 4, 19. Zu Glöckles Pension, die Görres für ihn erwirkt hatte: Brief Nr. 19.

5 Der gebürtige Koblenzer und ehemalige Schüler von Görres, Friedrich Wilhelm Carové, war Groote's Mitherausgeber des *Taschenbuch für Freunde altdeutscher Zeit und Kunst auf das Jahr 1816*. Darin sein Aufsatz „Ansichten der Kunst des teutschen Mittelalters", den Görres in seiner Besprechung des Buchs lobend und ausführlichst erläuternd und auch berichtigend besprochen hat, während er die übrigen Beiträge nur sehr summarisch und kurz behandelte und die eigenen „Minnelieder" unerwähnt ließ: „Literatur. Taschenbuch für Freunde altteutscher Zeit und Kunst, Kölln 1816", in: *RM* Nr. 354 (4.1.1816) und Nr. 355 (6.1.1816).

6 Zu der Dichterin Helmina von Chezy, die 1814/15 in Heidelberg lebte, s. Personenverzeichnis. Mit kunsthistorischen Themen hatte sich die Chezy bereits in ihrem Buch *Leben und Kunst in Paris seit Napoleon I*, 2 Bde., 1805-1807 beschäftigt, sowie in dem Aufsatz „Gemälde der Herren Boisserée und Bertram in Heidelberg", in: *Die Musen. Eine norddeutsche Zeitschrift*, hrsg. von Friedrich de la Motte Fouqué und Wilhelm Neumann, 1812, 2. Quartal. In ihrem 1817 in Heidelberg erschienenen Buch *Neue Auserlesene Schriften der Enkelin der Karschin* rühmt Chezy die Vorgänger gegenüber Raphael: Dürer, Holbein, Van Eyk, Hemmelink seien nicht minder göttlich (Zweyte Abtheilung, Heidelberg 1817: Emma. Eine Geschichte: S. 18). Ein Aufsatz „Die altdeutsche und altniederländische Malerkunst", erschien in: *Aehrenlese. Sammlung kleiner Romane, Erzählungen, Gedichte, Sagen und Legenden älterer und neuerer Zeit der Rheinlande*, hrsg. von F. Schulze, Köln 1818, S. 62-81, 115-118. In einem emotional gefärbten Brief vom 22.4.1815 an Katharina Görres (s. Anhang) bittet sie um Vermittlung der Aufnahme ihrer Subskriptionsanzeige für ihr Buch *Neue auserlesene Schriften* und eines Gedichts „Abschiedslied der Berliner" in den *Rheinischen Merkur*. Die Anzeige wurde in *RM* Nr. 239 „an Teutschlands edle Frauen und Jungfrauen" gedruckt. Der Ertrag war zur „Unterstützung verwundeter Vaterlandsverteidiger" bestimmt, das Buch kam allerdings auf Grund widriger Umstände erst 1817 heraus. Im Verzeichnis der Subskribenten finden sich dort für Koblenz zwei Namen: Freifrau von Schenkendorf, und Frau Direktorin Görres.

7 Der Lyriker Maximilian von Schenkendorf verbrachte Herbst und Winter 1814, an „Nervenkopfschmerz" leidend, in Aachen. 1815 kam er als Regierungsrat nach Koblenz.

35. An Heinrich Friedrich Theodor Kohlrausch

Datum: Koblenz, 5.12.1814.
Original: Landesbibliothekszentrum Rheinland-Pfalz/Rheinische Landesbibliothek Koblenz, H 88/8 (3 Seiten).
Unveröffentlicht.
Adresse: Herren Prof. Kohlrausch in Düsseldorf.
Einordnung: Antwortschreiben auf Görres' Brief vom 15.5.1814 (Nr. 11) und auf vorliegenden sind nicht erhalten. Nächster überlieferter Brief Kohlrausch an Görres: 31.5.1817.
Regest: Görres dankt für Kohlrauschs Aufsatz über Hannover und verspricht eine Anzeige seiner Schrift zu einem späteren Zeitpunkt.

Coblenz am 5 Dezember 14.

Ich danke Ihnen für den gründlichen und brav geschriebenen Aufsatz über Hannover, der die dortigen Dinge wie in einem hellen Crystallspiegel zeigt.[1] Auch hat er allgemeinen Beyfall überall gefunden. Einige Nachträge hab ich aus dem Lande selbst erhalten, die ich nächstens verarbeiten werde.[2] Da steht leider auch das Unkraut beynahe dichter als die Saat, und es muß tapfer gearbeitet werden, bis Alles im Reinen liegt. Sechs Abdrücke kommen mit oder nach diesem Brief. Sie haben wohl gethan, sich durch jenen durchfliegenden Zugvogel nicht irre machen zu laßen. Ich wollte den Göttingern wieder etwas Angenehmes sagen, da die kleinen Erbärmlichkeiten ohnehin mit den Großen fallen müßen, und Erbitterung vor dem Falle leicht schaden kann. Für Hannover im Gegentheil wollte ich nach meiner Gewohnheit den Widerspruch hervorlocken, was mir denn auch vollkommen wohl gelungen ist. Darum hab ich das Ganze aufgenommen, was mir dazu gar nicht gegeben war. In Ihrer Art ganz Teutschland durchgearbeitet, würde eine intereßante Statistik geben, wichtiger als jene, die in Ziffern sich umtreibt.

Die Anzeige Ihrer Schrifft bin ich noch schuldig geblieben, der Tag mit seinen Bedürfnißen und Ansprüchen drängt allzu sehr.[3] Ohnehin, nach gethaner Arbeit wird erst gefeyert, und wenn die ruhigere Zeit kömmt, will ich einmal von den Volksfeyern und Festen reden, und dann soll Ihrer Schrifft, wie sich gebührt, erwähnt werden. Im gelehrten Fache scheint sich nichts Sonderliches in Göttingen zu begeben. Ich sehe die Anzeigen nicht, und kann nicht beurtheilen, in wiefern sie sich gebessert haben. Sonst waren sie wie ein Tisch satter, längst durchfressener und durchsoffener Gäste, die mit innerem Eckel an der Tafel sitzen, und an den besten Speißen nur ganz verächtlich mit den Gabeln stochern, und keinen Segen und kein Gedeihen von allem Zusichgenommenen haben.

Leben Sie recht wohl.
Ihr Ergebener
J. Görres

---

1 „Das Land Hannover", in: *RM* Nr. 153 (24.11.1814) und Nr. 156 (30.11.1814), ohne Nennung des Verfassers. Der spätere Generalschuldirektor von Hannover Kohlrausch war damals Professor am Lyceum in Düsseldorf.

2 „Aus Hannover" in *RM* Nr. 161 (10.12.1814).

3 F. Kohlrausch, *Deutschlands Zukunft. In sechs Reden*, Elberfeld 1814. Eine Anzeige des Buchs im *Rheinischen Merkur* ist nicht erfolgt.

36. An Achim von Arnim

Datum: Zwischen 10. und 19.12.1814.
Original: Goethe- und Schiller-Archiv Weimar 3/199 (2 Seiten).
Druckausgabe: Hermann F. Weiss (Hrsg.), *Unbekannte Briefe von und an Achim von Arnim aus der Sammlung Varnhagen und anderen Beständen* (*Schriften zur Literaturwissenschaft* 4), Berlin 1986, Nr. 105, S. 261f (einige Lesefehler).
Adresse: Herrn Achim von Arnim in Berlin.
Zur Datierung: Das Datum ist nur unvollständig zu lesen. Der Brief datiert danach zw. 10. und 19. Dezember 1814.
Einordnung: Letzter bekannter Brief Arnims: 4.6.1814. Arnims nächster Brief vom 31.12.1814 kreuzte sich mit vorliegendem Brief.
Regest: Görres berichtet kurz von seiner Zeitungsarbeit, geht besorgt auf Arnims scheinbare Unzufriedenheit mit der „ökonomischen" Seite des Landlebens ein und lädt ihn zu einem Besuch in Koblenz ein.

Coblenz am 1(...) Dezember 14.[1]

Gott zum Gruße lieber Arnim, was machst du in deiner Einsamkeit, ich habe lange nichts mehr von dir gehört, aber auch lange nicht mehr dir geschrieben, ich dachte meine Zeitung bringe dir Bothschafft von mir über den andern Tag. Du siehst darin, wie ich zum Heiligen römischen Reichs Schmäher und Lärmer und Censor mich bestellt habe, und wie ich einzig für mich die Preßfreyheit bestellt und dekretirt habe. Das geht nun so auf und ab von Welle zu Welle, und du wirst mir wohl gestehen, daß ich das Steuer meines Schiffleins ziemlich geschickt führe und richte. Das ist auch das einzige Verdienst dabey, das ich mir zurechne, ich fahre im übrigen mit dem Winde des Himmels und den Strömungen des Meeres unter mir, und bin ein armes schwaches Werkzeug, eine silberne Trompete, in die ein Athem von oben hineinstößt wie die alten Igexen auf den Tempeldächern von Delphos, die das gemeine Volk befragte, weil sie im Rufe standen, sie wahrsagten auch etwas. Durch meine Fehden habe ich mich übrigens immer glücklich durchgekämpft, noch ganz neulich mit dem General Kleist.[2]

Was treibst du auf dem Lande, mich dünkt, das Landleben bekomme dir nicht sonderlich, in deinem letzten Briefe[3] schien mir viel Trübsinn und Unzufriedenheit mit unterzulaufen, was ich an dir nicht gewohnt bin. Erhalte dir deine Heiterkeit ja, alles Andere ist nicht so viel werth. Körperliches Handtieren mag dir körperlich wohlbekommen, Alles Andere an dem oekonomischen Treiben ist deiner Natur zuwider, und es kann nicht viel dabey herauskommen. Doch das mußt du Alles wohl selber am Besten wißen, und ordnen, wie es dir am zuträglichsten ist. Du solltest einmal im Frühjahr wieder her an den Rhein kommen, in mein Haus hinein. Giebts nicht wieder Spektakel und Kriegslärm, wovor wir, wie die Sachen stehen nicht sicher sind, dann kannst du das füglich, Raum habe ich wie du weißt, im Hauße genug, und guten Willen auch, dir deinen Aufenthalt angenehm zu machen. Wohl sind wir Alle noch hier, mein ältestes Mädchen wird jetzt groß, der Bube nicht minder, und das Kleine ist auch herangewachsen und munter, und sie leben lustig in die Welt hinein.[4] Die Deinen werdens ihnen wohl nachthun. Meine

Frau grüßt dich und die Deinen, und ich thu es auch und wünsche dir von ganzem Herzen, daß es dir wohlgehen möge.

Dein
J. Görres

---

1 Stelle durch Fleck beschädigt.
2 Zu General Kleist s. Briefe Nr. 15 und 30.
3 Arnims Brief vom 4.6.1814.
4 Görres' Kinder: Sophie, geb. 1802, Guido, geb. 1805, und Marie, geb. 1808. Arnim und seine Frau Bettine hatten damals bereits zwei Söhne, Freymund, geb. 1812, und Siegmund, geb. 1813. Im Februar 1815 kam Sohn Friedmund zur Welt.

37. An Ernst Heinrich Sack

Datum: Koblenz, 13.12.1814.
Original: LHA Koblenz, Best. 355, Nr. 599. (Nicht von Görres' Hand, aber eigenhändig unterschrieben).
Druckausgabe: Robert Stein, Görres und die Pestalozzischule in Koblenz, in: *Koblenzer Volkszeitung* Nr. 35 (15.2.1927). (Auszug).
Adresse: Seinen Hochwohlgebohrenen dem Herrn General Gouvernements- Kommissär dahier.
Regest: Görres empfiehlt, dem beiliegenden Gesuch zweier Lehrer um Eröffnung einer Pestalozzi-Schule in Koblenz und Überlassung passender Räumlichkeiten stattzugeben.

Koblenz, den 13ten Dezember 1814

Die Herrn Roßel und Stammer bitten in beyliegender Vorstellung um die Erlaubniß, eine Pestalozzische Schule in Koblenz errichten zu dürfen, und zugleich um die Einräumung des vorderen Nebengebäudes des hiesigen Schlosses zu diesem Zwecke.[1]

Herr Stammer ist mir schon von mehreren Jahren her als ein thätiger und in der Unterrichtsmethode sehr bewanderter Kinderfreund und Lehrer bekannt; – und ich vergewißerte mich des nemlichen bey Herrn Roßel, der sich mir deshalben vorstellte.

Darum habe ich sie selbst aufgemuntert, ein solches Unternehmen zu beginnen, und sich zu ihrer Bestättigung an Euer Hochwohlgebohren zu wenden.

Es wird nicht nur ein Gewinn für die Stadt sein, die bisher ein Institut dieser Art entbehrte[2], sondern auch manche andern Privatlektionen, die noch von früherer Zeit her bestehen, und der Bedürfnisse halber geduldet wurden, von selbst aufhören machen.[3]

Da ein wohlgelegenes abgesondertes Lokal ein Hauptbedürfniß des Pestalozzischen Unterrichts ist, so vereinige ich meinen Wunsch mit dem der Herren Roßel und Stammer, daß ihnen das benannte Gebäude überlassen werde, welches nun leer steht, und wohl zu keinem bessern und gemeinnützigeren Gebrauch verwendet werden kann.

Der Direktor des öffentlichen Unterrichts.
J. Görres

---

[1] Johann Philipp Rossel, ein junger Nassauer Lehrer, und Heinrich Stammer waren Schüler Pestalozzis in Yverdon gewesen (s. Pers.verzeichnis). Über die erfreuliche Entwicklung der Koblenzer Pestalozzischule berichtet Görres ausführlich am 30.7.1815 an den Oberpräsidenten Sack (Nr. 49). Da im Schloss ein Hospital eingerichtet war (Schagen, *Schule und Unterricht,* S. 41) entschied man sich für ein anderes Lokal: Rossel eröffnete seine Schule Anfang Januar (laut Schagen 5.1.) 1815 in Räumen des 1809 aufgelösten Deutsch-Ordens-Hauses am Kastorhof mit sieben Knaben. Stammer blieb nicht in Koblenz, an seine Stelle trat ein anderer Pestalozzi-Schüler namens Frickhöfer. Zur Eröffnung der Pestalozzi-Schule in Koblenz: LHA Koblenz, Best. 358, Nr. 196.

[2] Görres' Sympathien für die Pestalozzi-Methode zeigen sich in seinem Aufruf zur Subskription für die Gesamtausgabe der Schriften Pestalozzis, dat. Coblenz im Mai 1817: Beilage eines Briefs von Christian Jakob Herf an Pestalozzi aus Kreuznach, 27.5.1817 (Horlacher/Tröhler (Hrsg.), *Sämtliche Briefe an Johann Heinrich Pestalozzi, Kritische Ausgabe,* Band 4, S. 597): «Der Greis, der hier sein Anliegen, seine Noth und Hoffnung der Welt ausgelegt, ist nicht einer von denen, die mit grossen Redensarten windige Plagiate darbieten, die das Publikum auf seine Unkösten sich anschafen soll; es ist ein wohlbekanter braver, wakerer alter Mann, der sein Leben an seine Liebe gesetzt, und nun nahe am Ziele seiner Laufbahn sich gegen seine Zeitgenossen umwendet, und sie zu Hülfe ruft, damit er nicht vergehen sehe was er mit Mühe gepflanzt. Die Geruffenen sind wohl verbunden ihm hülfreiche Hand zu leisten, und der Rufende hat wohl verdient, dass durch gemeinschaftliche Anstrengung die Sorge von seinen Schultern genommen werde. So mancher würde willig zu einem Denkmal des geehrten Mannes seinen Beytrag geben. Diese werden umso lieber hier die Hände bieten, damit er durch Vollendung seines Tagewerks sich selbst ein solches gründen könne. So viele die Pestalozzis Schriften nur vom Hörensagen kennen, erhalten hier Gelegenheit, indem sie durch frühzeitige Theilnahme an der neuen Ausgabe sein wohlthätiges Bestreben fördern, sich mit seinem Geiste bekannt zu machen. So drangvoll die Zeiten sind, und so gross die Ansprüche leiblicher Noth, so hat doch auch die geistige ihr Recht, und das ist das nöthigste dass wir nach Vermögen nichts Grosses, Gemeinnütziges untergehen lassen. Darum hat der Unterzeichnete wohlwissend, wie leicht in jetziger Zeit auch das dringlichste Wort verhallt, so wie es vom Munde weggeredet ist, durch Aufforderung Pestalozzis durch seinen Zuspruch nach Möglichkeit verbreiten und seinen Landsleuten am Niederrhein insbesondere näher ans Herz legen wollen. Es wird wohl in jedem grössern Orte dieser Gegenden jemand sich finden, der die Unterschriften sammelt, und sie der hiesigen Gelehrten-Buchhandlung frey einsendet, und dann wird sich's wohl am Ende zeigen, dass der Rhein in allem, was zum Tüchtigen und Rechten leitet, hinter keiner Provinz Deutschlands zurückbleiben will. Unterz. S. (!) Görres». Herff (s. Personenverzeichnis) schreibt in seinem Brief an Pestalozzi, Görres habe eine bes. Aufforderung an alle seine Freunde austeilen lassen, die er beilege, «damit sich Ihr Herz daran erfreuen möge». Offenbar wirkte Rossel als Mittler zwischen Görres und Pestalozzi schon 1815 für eine Anzeige durch Görres: Nr. 1469 (Joh. Niederer an Pestalozzi, Iferten, 28.10.1815); Nr. 1626 (Johann Philipp Rossel an Pestalozzi Koblenz, 25.5.1817): er habe die Anzeige von Pestalozzis Buch aus der *Allg. Zeitung* mit einem Zusatz von Görres, wozu sich der willig finden ließ, drucken und verschicken lassen. Ebda Nr. 1654 (Rossel an Pestalozzi Koblenz, 15.6.1817): „Görres lässt sie grüssen und seiner innigen Liebe u Achtung versichern, die er in That und nächstens auch schriftlich darlegen wird" (er werde sich für die Verlängerung der Subskription bei Cotta schriftlich und durch Freunde einsetzen).

[3] Zu den zweifelhaften Angeboten von Privatunterricht vgl. die Briefe Nr. 29 und 31.

38. An Wilhelm Dorow

Datum: Koblenz, 14.12. o.J.: 14.12.1814.
Original: FDH Frankfurter Goethemuseum Hs 14040.
Unveröffentlicht.
Zur Datierung: Die Jahreszahl ergibt sich eindeutig aus dem Erscheinungsdatum des im Brief angekündigten Artikel Dorows (28. Januar 1815).
Einordnung: Ein früherer Brief Görres' an Dorow nach einem Besuch Dorows in Koblenz: 2.11.1811 (*GS/Briefe* Bd. 2, Nr. 159); Dorows Vorgängerbrief ist nicht erhalten. Nächster Brief von Dorow 29.3.1816.
Regest: Görres kündigt an, einen Artikel von Dorow in den *Merkur* zu übernehmen und zeigt sich an zuverlässigen Nachrichten zum Wiener Kongress interessiert.

Coblenz am 14 Dezember

Wenn die Mittheilungen über die Hospitäler der Alliirten nicht allzu weitläufig sind, und dabey auf unbestreitbaren Thatsachen ruhen, dann will ich sie wohl aufnehmen. Ich bin gar beengt mit dem Raume, da immer der nächste Augenblick sein Recht verlangt, und ich außerdem noch auf so vielerley zu sehen habe.[1]

Ueber die Wiener Geschichten mache ich mir nun schon in der Ferne meine Gedanken, sollte man so recht von oben herunter die Sache ansehen, es käme einem auch wie in Swedenborgs Visionen wie ein Knäuel Schlangen und Gewürme vor. Über das Besondere erfahre ich hier wenig, es wird mir darum lieb seyn, wenn Sie mir einiges Zuverläßige darüber sagen können.[2] Willemer grüßen Sie vielmal wieder von unserer Seite.[3] Gott befohlen.

Ihr Ergebener
J. Görres

---

1 Leutnant Dorow war seit 28.3.1814 Kommissar bei der Central-Hospital-Verwaltung in Frankfurt, die die Oberaufsicht über die Militärlazarette der Verbündeten hatte, angestellt. Der Artikel „Schreiben eines Teutschen an seinen Vater über die Jammerhöhlen braver Krieger in süddeutschen Reichen. G. den 7. Juni 1814 (mit kurzem Nachwort von Görres) erschien am 28.1.1815 in *RM* Nr. 185. Dorow, *Erlebtes aus den Jahren 1813-1820*, 1. Theil, S.113 berichtet von einem Besuch in Koblenz, wo er „seine alten Verbindungen zu Görres“ erneuert und die Aufsätze über Hospitalwesen verabredet habe. Ebda S. 122f: „D. vollendete nun auch den ersten Aufsatz über das süddeutsche Hospital-Unwesen, unter der Form eines Briefes, den ein deutscher Patriot an seinen Vater schreibt, „über die Jammerhöhlen braver Krieger in süddeutschen Reichen.“ Dieser Aufsatz erschien, nachdem der Staatskanzler dem D. in einem Rescript, Wien, den 14. October 1814, die Erlaubniß ertheilt hatte, dem Prof. Görres über diese hochheilige Angelegenheit Mittheilungen zu machen, im rhein Merkur Nr. 185 und in den „Zeiten“ von D. Chr. Voß, Februar 1815; er erregte überall ein allgemeines Interesse des Abscheus, theils aber auch gekränkter Eitelkeit von Seiten der Ärzte und Wuth von Seiten der betheiligten Regierungen. D's Absicht war erreicht, denn nun fing die Fackel des Hospital-Krieges allgemein an zu brennen und dieser heilige Gegenstand ward von allen Seiten beleuchtet. Selbst hochstehende und angesehene preuß. Ärzte, z.B. Geheimrath Dr. Büttner traten jetzt öffentlich auf, um, wohl aus gekränkter Eitelkeit, die Idee einer Central-Hospitalverwaltung anzugreifen. – Von Wien kamen Nachrichten, daß es volllkommen gebilligt sei, diese Abscheulichkeiten so offen und unverholen zur Sprache gebracht zu haben“, Staatskanzler v. Hardenberg habe seinen Dank geäußert. Dem Artikel folgten weitere Beiträge pro und contra eine deutsche Central-Hospital-Verwaltung: *RM* Nr. 181 (9.2.1815), Nr. 199 (25.2.1815), Nr. 206 (11.3.1815) mit Beschluss in Nr. 207 (13.3.1815; wohl wieder von Dorow), sowie Nr. 240 (20.5.1815).

[2] Dorow schreibt in seinen Erinnerungen S. 121: „D. arbeitete ununterbrochen an Mittheilungen seiner gemachten Erfahrungen in Baiern und Würtemberg für den rheinischen Merkur", und benutzt dabei exakt Görres' Formulierungen, ohne den Urheber zu nennen: „Über die Wiener Geschichten mußte man sich (Dec 1814) selbst aus der Ferne seine wunderbaren Gedanken machen, wollte man sich die Sache so recht von oben herunter ansehen, so erschien sie wahrlich wie Swedenborgs Visionen, wie ein Knäuel Schlangen und Gewürme." Über den schwedischen Mystiker Emanuel Swedenborg (1688-1772) hat Görres Jahre später in einem Aufsatz gehandelt: Emanuel Swedenborg, seine Visionen und sein Verhältniß zur Kirche, in: *Der Katholik* 22 (1826) S. 96-127, 222ff, 337ff und 23 (1827), Heft 3, S. 302-352; Separatdruck Speyer 1827.

[3] Der Frankfurter Bankier und Schriftsteller Johann Jakob Willemer gehörte zu Görres' Frankfurter Bekannten- und Freundeskreis (s. Pers.verzeichnis).

39. An Johann Simon

Datum: Koblenz, 17.12.1814.
Original: UB Leipzig, Autographensammlung Clodius, Rep. IX 5/384) (1 Seite. Von anderer Hand geschrieben. Unterschrift von Görres).
Unveröffentlicht.
Adresse: Herrn Simon, Direktor des Gymnasiums Wohlgebohren zu Koblenz.[1]
Regest: Görres gibt als Direktor des öffentlichen Unterrichts eine Anweisung zum Dienstplan am Koblenzer Gymnasium.

Koblenz den 17ten Dezember 1814

Wenn Herr Professor Borrigs[2] den Religionsunterricht Samstags in den Klaßen giebt, so finde ich es seine Kräfte übersteigend, ihn auch die Stunden der Normalschule halten zu lassen.

Sie können ihn daher von der samstägigen Stunde der Religionslehre in der Normalschule dispensiren, und dafür die Kandidaten sich mit andern Arbeiten beschäftigen lassen.

Der Direktor des öffentlichen Unterrichts
J. Görres

---

[1] Zu Johann Simon, Görres' ehemaliger Lehrer und schon in franz. Zeit Direktor des Gymnasiums, s. Personenverzeichnis.

[2] Zu dem Geistlichen und langjährigen Lehrer am Gymnasium Albert Borrigs vgl. Brief Nr. 57. Die meisten Professoren des Gymnasiums waren zugleich Lehrer an der Normalschule zur Ausbildung der Lehrer (Worbs, *Geschichte des Königlichen Gymnasiums zu Coblenz*, S. 28). Zu Görres' Schultätigkeit: Alfons Schagen, *J. Görres und die Anfänge der preuß. Volksschule am Rhein 1814-1816 (Studien zur Rheinischen Geschichte* Heft 7), Bonn 1913; ders., *Schule und Unterricht während der provisorischen preussischen Verwaltung der Rheinlande 1814-1816: Mit besonderer Berücksichtigung der Tätigkeit von Josef Görres als Direktor des öffentlichen Unterrichts*, 1913.

40. An Friedrich Perthes

Datum: Koblenz, 19.2.1815.
Original: Staatsarchiv Hamburg, Nachlass Perthes I, Mappe 9b, Bl. 25f (3 Seiten).
Druckausgabe: Schellberg (Hrsg.), Briefe an Perthes, in: *Erste Vereinsschrift der Görres-Gesellschaft für 1913*, Nr. 14, S. 71f.
Einordnung: Letzter Brief von Perthes: 24.4.1812 (*GS/Briefe* 2, S. 565); nächster bekannter Brief von Perthes: 25.8.1817.
Regest: Görres spricht kurz die Ereignisse und Veränderungen des letzten Jahres an, äußert sich zufrieden mit der Wirkung seines *Rheinischen Merkur* und bekundet seine Anteilnahme am Tod von Perthes' Schwiegervater.

Coblenz am 19ten Februar 1815.

Ich habe allzu lange Zeit verstreichen laßen, bis ich Ihnen auf Ihre letzte Zuschrifft geschrieben habe, Sie werden mir wohl glauben, daß es mir an gutem Willen nicht gefehlt.[1] Es ist mir sehr erfreulich gewesen, als ich in Ihrem Briefe die alten Züge wieder erkannte, und die Erinnerung deßen, was sich seit dem, daß wir zum Letztenmale miteinander Verkehr gehabt, begeben, hat sich mir natürlich aufgedrungen. Gott weiß, man ist wie im Wassersturz in seinem Nachen hingefahren, Braußen und Arbeiten um sich her, und all das Getöse, der Stromzug fängt an gelinder zu gehen, und man kann wieder zurückblicken wo man hergekommen, und muß sagen, Gott hat gut geführt. Ich habe nicht ohne Angst Sie im Kriegsleben gesehen, das ist auch überstanden, mit dem Unfalle, von dem man mich unterrichtet, und Sie sind wieder in der alten gewohnten Thätigkeit. Ich hatte mehrmal die Hoffnung, die Ereigniße würden Sie in die Nähe des Rheines führen, und ich Sie sehen. Daraus aber ist nichts geworden, doch waren Sie, wie ich glaube zu Frankfurt, aber noch bey geschlossenem Rheine. Es wird sich wohl fügen zur andern Zeit. Ich bin unterdeßen nun auch in eine vermehrte Thätigkeit gekommen, und ich kann nicht verkennen, daß Seegen dabey ist, darum muß die Art, wohl nicht ganz verkehrt seyn, in der ich sie seither geführt. Mein Plan bey der Sache wird sich Ihnen seit Ihrem Briefe mehr entwickelt haben. Ich mußte mit Vorsicht vorangehen, bis ich zu der unbedingten Freyheit gekommen, die ich jetzt genieße. Heftig und schneidend bin ich oft gewesen aus Überzeugung, daß man bey den Teutschen immer eher etwas zu viel als zu wenig thun muß, weil der innere Trieb meist zum Letzten zieht. Vom Irrthum bin ich auch nicht immer frey geblieben, es ist aber immer zum Besten ausgeschlagen, weil ich nie wissentlich mich verblendet habe. Was Sie mir gesendet, habe ich aufgenommen, was Sie sonst mir mittheilen wollen, soll mir Alles willkommen seyn.[2] Durchgreifender wird die Wirkung des Blattes mit jedem Tage, ich sehne mich nicht aus dieser Thätigkeit heraus, doch ist mir lieb, daß ich glauben kann, wie die meiste Arbeit gethan sey, und ich bald zu meinen alten Beschäfftigungen wiederkehren kann. Runge hat mich vorlängst, an die Farbenkugel erinnert, grüßen Sie ihn freundlich, und sagen Sie ihm wie ich mein Versprechen noch zu lösen hoffe, jetzt freylich unmöglich, da alle meine Zeit in Beschlag genommen ist.[3]

Wie ich in den Zeitungen gesehen, ist unterdeßen Ihr Schwiegervater gestorben.[4] Es wird Ihnen leid thun, den guten braven alten Mann an den Sie so gewöhnt gewesen, nicht mehr um sich zu sehen. Seine letzten Reden sind mir sehr intereßant gewesen, ich habe immer eine Neugierde auf die Letzten Augenblicke eines Menschen, und es wird doppelt wichtig, wenn der Geist so heiter bleibt, wie es hier der Fall gewesen. Für das Sterben selbst erfährt man eigentlich nichts, da der vorletzte Augenblick von der letzten Stunde sich wenig unterscheiden mag, indem er noch immer zum Leben gehört, und die Entscheidung eigentlich auf dem allerletzten Punkte des Überganges liegt, aus dem kein Wink hinunterreicht, weil der Winkende stille steht. Ich hätte gern ein Wort von ihm geredet, aber ich erkannte ihn zu wenig, um es würdig thun zu können. Sie könnten wohl eher das Wort nehmen?

Behalten Sie mich in Ihrem freundschafftlichen Angedenken.

Ihr

J. Görres

---

1 Offensichtlich liegt seit dem Brief Perthes' vom 24.4.1812 mindestens ein weiterer, verlorengegangener, aus der Zeit nach der Gründung des *Merkur*, auf den Görres nun antwortet.

2 Im *RM* Ende 1814/Anfang 1815 findet sich kein Beitrag, der Perthes eindeutig zugeordnet werden kann. Vielleicht handelt es sich um den Brief „Aus Hamburg" („Auszüge aus Briefen" in *RM* Nr. 196 vom 19.2.1815).

3 Philipp Otto Runge, *Farbenkugel oder Construction des Verhältnisses aller Mischungen der Farben zu einander und ihrer vollständigen Affinität*, Hamburg (Perthes) 1810. Runge war am 2.12.1810 gestorben. Daniel Runge, der auch einen Beitrag für den *RM* eingesandt hatte („Die Bank von Hamburg", in: *RM* Nr. 93 vom 27.7.1814) wird Görres an sein Versprechen erinnert haben, eine Anzeige für die *Heidelberger Jahrbücher* über die Schrift seines Bruders zu schreiben. Zu dem Vorhaben der Rezension s. *GS/Briefe* 2, Nr. 131 (Görres an Clemens Brentano 15.5.1810), Nr. 137 (16.9.1810 an Ph. O. Runge) und Nr. 177 (7.6.1812 an D. Runge).

4 Perthes war seit 1797 mit der Tochter von Matthias Claudius, Caroline (gest. 1821), verheiratet. Matthias Claudius war am 21. Januar 1815 in Hamburg gestorben.

41. An Achim von Arnim

Datum: Koblenz, 20.2. o.J.: 20.2.1815.

Original: Staatsbibliothek zu Berlin – Preuß. Kulturbesitz, Nachlass Grimm 686, S. 31f (3 Seiten).

Druckausgabe: Steig, Görres' Briefe an Achim v. Arnim, in: *Neue Heidelberger Jahrbücher* 19, S. 105-107.

Adresse: Herren B. A. von Arnim in Berlin.

Zur Datierung: Die Bleistiftnotiz auf dem Original „1818" ist irrig. Der Brief gehört eindeutig in die Zeit des *Rheinischen Merkur*. Aus der Erwähnung der Geburt des dritten Sohnes ergibt sich eine eindeutige Datierung auf 1815.

Einordnung: Letzter bekannter Brief Arnim an Görres: Berlin 31.12.1814. Nächster bekannter Brief Arnims: ca. Sommer 1815.

Regest: Görres beglückwünscht Arnim zur Geburt seines dritten Sohnes und kündigt den Abdruck von Arnims Zusendungen im *Merkur* an.

Coblenz am 20ten Februar.

Lieber Arnim. Ich benutze die Gelegenheit dir wenige Worte im schnellen Fluge zuzurufen. Zuerst meine besten Glückwünsche dazu, daß du dich so fleißig in Absenkern vermehrst, so daß ich nun schon zu vieren deines Gleichen rede.[1] Das ist recht, von der Race kann nicht zu viel in die Welt kommen, während andere, wie man meynen sollte, wohl ausgehen könnten. Ich meynerseits bin beym Alten Vorrath geblieben, sat prate biberunt, ich habe mich selber wiedergeliefert, und ein paar Mädchen in Kauf, ich denke das ist genug, wenns überhaupt erlaubt ist, ganz ehlos zu bleiben. Dein Schreymund wird nun wohl schon herangewachsen seyn, und ziemlich zeigen, was daraus werden wird. Meyne sind auch immerfort im Verlängern und Vergrößern begriffen, und Alle wohl, bis auf die Kleine, die eben am Husten leidet.

Was du mir neulich gesendet hast, davon will ich nach und nach Gebrauch machen.[2] Über Bayern wünschte ich überhaupt etwas Ausführliches zu haben, aber es hat sich noch niemand gefunden. Das Gesandte ist indeßen ein guter Anfang. Das Maul ist ihnen nun aufgerißen, und nun wirds wohl allmählig wie bey den Andern gehen. Es ist wohl die letzte Action, die mit den dortigen vorfällt vor Abschluß des Friedens, da die in Würtemberg sich zum Ziele zu legen scheinen. Ist die Polemik aus, dann geht meine Furcht erst an, es fehlt überall gar zu sehr an Leuten, besonders in den Classen, die einmal am Hefte stehen. Aus der Mitte wächst allmählig ein schöner, guter tüchtiger Ausschuß hervor, und diese geweckt zu haben, ist allerdings ein Verdienst, das ich mir zuschreiben kann. Das Meiste in der Zeitung, das nicht von mir ist, kömmt meist von Leuten, die sonst nie eine Feder angerührt oder über dergleichen gedacht haben, und es läßt sich doch Alles hören. Das ist eine gute Hoffnung, und der gute Wille in der Masse, und der gewitzigte Unverstand.

In dem was du von meiner Zuversichtlichkeit in Dingen sagst, wovon man nicht also reden sollte, darin magst du wohl Recht haben, es ist mir einigemal damit gelungen, und das mag mich verwegen gemacht haben. Zu meiner Entschuldigung kann ich sagen, daß ich eigentlich nichts davor kann, daß es nicht Vorsatz ist noch Eitelkeit, ich laße mich eben gehen, so lange mein Gewissen schweigt, und dann gehts eben still heraus, ohne Bewußtseyn, und es fällt mir erst hintennach auf, wenn Andere mich darauf aufmerksam machen. Es ist ein Somnambulism in Allem, und nicht die Narren sind blos Nachtwandler, nein auch die Allerverständigsten. Das ist auch mein einziger Trost bey der Keckheit gewesen, die sonst in vielem gewesen, was ich die Zeit unternommen.

Grüße mir die Deinigen. Auch Brentano, ich hatte nicht Zeit gefunden ihm seinen letzten Brief umständlich zu beantworten, obenhin mogte ichs nicht.[3] Er ist nun wie ich höre, in Berlin, doch hat er wohl seine Studien noch nicht angefangen, von denen er so viel geschrieben mit wunderlicher Zerknirschung.[4] Gott befohlen, behalte mich lieb. Dein

J Görres.

---

1 Arnims 3. Sohn, Friedmund, geb. 9.2.1815. Schreymund ist Freymund, geb. 1812, Sohn Siegmund wurde 1813 geboren. Görres' Kinder: Sophie, geb. 1802, Guido, geb. 1805, und Marie, geb. 1808. (Steig schrieb an den unteren Rand der Seite eine Bleistift-Anmerkung zu „zu vieren“: „der vierte

Sohn, Kühnemund, geb. am 24. März 1817 (auf meinem Concept von mir auf 1815 berechnet – Inhalt entscheidet), Steig." Görres' Wort von „zu vieren deines Gleichen" bezieht sich aber auf Arnim und seine drei Söhne.

2 In der Liste *GS* 6-8, Inhaltsverzeichnis, S. 44ff ist Arnim als Autor genannt für *RM* Nr. 197 vom 21.2.1815 („Aus Berlin"); Nr. 209 vom 17.3.1815 („Verfassungsbemerkung", unterzeichnet A. v. A.); *RM* Nr. 210 vom 19.3.1815 und Nr. 211 vom 21.3.1815 („Der Adel in Hannover", ebenfalls unterzeichnet A. v. A.); Nr. 212 vom 23.3.1815 („Notizen", von A. v. A.); Nr. 235 vom 9.5.1815 („Zünfte und Gewerbefreiheit", von A. v. A.); Nr. 341 vom 8.12.1815 („Berlin").

3 Brentanos letzter Brief: ein kurzes Empfehlungsschreiben aus Berlin, 12.7.1814; gemeint ist wohl eher der ausführlichere Brief vom 26.6.1814 mit der Kritik an Görres' „Marotte", so oft den Wunsch zu äußern, Franz solle deutscher Kaiser werden, und dem Zusatz: „Savigny, der euch unendlich um eure Politik liebt, und alles mit Begeisterung liest und bespricht, wünscht euch hie und da einen recht ruhigen, geliebten und geistreichen Freund, der Kleinigkeiten, die aber am unrechten Flecke verletzen, eurer Zeitung abbitte."

4 Brentano war am 12. November 1814 mit Arnim nach Berlin zurückgekehrt. Unter Schinkels Anleitung begann er Architekturstudien, daneben auch mathematische Studien. Insgesamt befand er sich in einer Lebenskrise, seit Februar 1815 zeigen sich in seinen Briefen (an Grimm, an Sailer) Anzeichen einer religiösen Selbstbesinnung, die 1817 schließlich mit seiner Generalbeichte ihren Abschluss fand. (Feilchenfeldt, *Brentano-Chronik*, S. 95f)

42. An Ernst Heinrich Sack

Datum: Koblenz, 21.2.1815.
Original: Zentralbibliothek Zürich, Hs-Abt. Autogr. Ott. (Nicht von Görres' Hand, aber mit eigenhändiger Unterschrift).
Unveröffentlicht.
Adresse: Seinen Hochwohlgebohrnen dem Herrn Generalgouvernementscommissär.[1] Auf gleichem Blatt Vermerk: ad acta. Gatt; auf Rückseite: pr.: 25.2.15.
Regest: Görres reicht seine Gehaltsrechnung für sein Amt als Direktor des öffentlichen Unterrichts ein.

Koblenz den 21ten Februar 1815

Ich habe die Ehre, Eurer Hochwohlgebohrnen den Status meines Gehaltes für diesen Monath zur gefälligen Anweißung einzusenden; und zwar um daswillen vor dem Schlusse des Monaths, damit er aus dem Beystand der Kreißkasse, der bey diesem Schlusse an die Generalkasse abgegeben wird, noch realisirt werden könne.

Der Direktor des öffentlichen Unterrichts am Mittelrhein
J. Görres

1 Generalgouvernements-Kommissar des Rhein-Moseldepartements mit Sitz in Koblenz war Ernst Heinrich Sack.

43. An Jacob Grimm

Datum: Koblenz, 21.2.1815.
Original: Staatsbibliothek zu Berlin – Preuß. Kulturbesitz, Nachlass Grimm 686, 98f (3 Seiten).
Druckausgaben: Binder (Hrsg.), *Freundesbriefe* Nr. 143, S. 453-455 (vollständig); Schellberg (Hrsg.), *Ausgewählte Briefe* (1911), Nr. 105; Schellberg (Hrsg.), *Eine Auswahl* (1927), S. 344f.
Adresse: Herren J. Grimm Wohlg. in Wien.
Einordnung: Letzte Briefe Jacob Grimms: 18.7.1814; 3.12.1814; vorangegangener Brief von Wilhelm Grimm: 30.1.1815. Nächste Briefe der Brüder: Jacob 22.6.1815; Wilhelm: 7.5.1815.
Regest: Görres spricht über seine Arbeit am *Merkur*, die ihn von allem andern abziehe, nimmt Bezug auf Jacobs briefliche Kritik und berichtet über die Aufnahme von Beiträgen Grimms in den *Merkur.*

Coblenz am 21 Februar 15.

Ich habe Ihnen mein lieber Freund auf alle Ihre Zuschrifften noch kein Wort erwiedert. Sie begreifen leicht wie das zugegangen. Die Zeitung, von der ich Alles, sogar die Correctur machen muß, verursacht viele Arbeit, dann wollen meine 700 und mehr Schulmeister abgethan seyn, am Ende bin ich froh wenn ich ein paar Stunden müßig gehn kann, und mag nicht an die Feder rühren. Obgleich mein jetziges Wirken sehr nutzbar ist, und in der Rückwirkung auch mich wieder stärkt, und ich mich auch also nicht heraussehne, wird es mir doch lieb seyn, wenn es nicht mehr nöthig ist, und ich zur Ruhe komme. Meine Angst ist alle diese Zeit her gewesen, so viel hoffende und harrende Gemüther mögten am Ende sich getäuscht und betrogen sehen, so daß man als ein Gaukler und Lügner da stünde. So wirds nun nicht, wenn auch nicht Alles ist, wies seyn sollte. Das Unwillkührliche ist freylich besser, als was willkührlich seither gemacht worden, das ist aber in der ganzen Geschichte so, die alten Bienen bauen noch immer im Stocke fort.

Was Sie in einem früheren Briefe über einige Einseitigkeit in der Zeitung gesagt[1], mag wohl wahr seyn, doch war es einestheils, wie Sie bey der Nachlese gesehen haben werden, Ueberzeugung, daß im damaligen Stand der Dinge mein Gesichtspunkt eben also genommen werden müße, und dann eben auch unwillkürliche Leitung, der ich mich eben unbefangen hingegeben, und die auch zum Besten ausgeschlagen. Sie wissen in welchen Fesseln das geschriebene Wort gelegen, und sehen, wie es noch allerwärts um seine Freyheit bestellt ist: ich wäre nicht zu dieser unbedingten Freyheit gekommen, wäre ich nicht gerade auf diesem Wege vorgegangen. Jetzt bin ich gänzlich unabhängig, sie kommen nun aus Bayern und schreyen, ich sey in preusischem Solde, die Blätter selbst haben widerlegt, ehe sie mit dem Drucke ihrer Schrifften zu Stand gekommen, und Preußen selbst darf mich nicht stören um seiner Ehre willen.

Was Sie mir gesendet, ist mir sehr lieb gewesen, einen Theil hab ich, wie Sie gesehen, in das Panorama im Gespräch verwebt, das Andere nach und nach in die Welt gelaßen, hier und da gemildert, wie ich aus Erfahrung nützlich befunden, nichts Hauptsächliches ist Ihnen gekränkt worden, und ich denke, es hat seinen

Nutzen gehabt.[2] Die Hessen betreffenden Sachen, sind nun auch Alle abgedruckt, daß es nicht gleich geschehen, daran war eine Verhandlung eigener Art Schuld. Nur der Aufsatz, wo von dem Zopfwesen die Rede ist, hat mir unter die Papiere sich verlohren, doch hoffe ich noch ihn wieder zu finden, und dann soll er sogleich abgedruckt werden.[3] Man muß den Kurfürsten in dem Meisten rühmen, und durch seinen erweckten guten Willen läßt sich viel Gutes stifften.[4] Nach dem was die Zeitungen über den Ausgang der Verhandlungen berichten, werden wir hier mit Westphalen ein stattliches Land, etwa wie Bayern ausrichten, und man wird schon sehen, wie wir uns rühren wollen. Ein Gerücht im Volke sagt Stein solle Generalgouverneur dieser Länder werden, das ist wenigstens in richtigem Instinkt erdacht.[5] Das wohlhabendste Land in Teutschland ists jetzt ohnehin, und die Preußen sind gewitzigt vor aller Gewaltthätigkeit, die Abneigung gegen sie im Lande nimmt immer mehr ab.

Sie werden sich fleißig in der Bibliothek umgesehen haben, und ich bin neugierig auf den Ertrag. Ich kann kaum etwas anders denken, als was mit meinem jetzigen Treiben zusammenhängt, und muß mich mit Gewalt abziehen von den Dingen, denen ich mich hingeben mögte. Behalten Sie mich lieb.

---

1 Die Kritik an der Einseitigkeit und Parteilichkeit des *Merkur* findet sich in Grimms Brief vom 3.12.1814.

2 Grimms Beiträge: *RM* Nr. 98 vom 6.8.1814: „Die Elsaßer"; Laut *GS* 6-8, Inhaltsverzeichnis S. 41 stammten die meisten Briefe aus Wien von Jacob Grimm. Dieser war von September 1814 bis Ende Juni 1815 in Wien, am 31.12.1814 schrieb er an seinen Bruder: „Ich habe dem Görres seit einem Monat wenigstens 30 bis 40 feine Quartseiten voll zugesandt, will nun aber aufhören". (*Briefwechsel der Brüder Grimm. Kritische Ausgabe* Bd. 1.1, hrsg. von Heinz Rölleke. 2001, Nr. 175, S. 399f). Die Beiträge „Aus Wien": *RM* Nr. 169 vom 27.4.1814, Nr. 172 vom 2.1.1815, Nr. 173 vom 4.1.1815; daneben „Der Kaiser und das Reich. Ein Gespräch" (Görres und J. Grimm) in mehreren Fortsetzungen: Nr. 175 vom 8.1.1815; Nr. 176 vom 10.1.1815, Nr. 177 vom 12.1.1815, Nr. 178 vom 14.1.1815, Nr. 179 vom 16.1.1815, Nr. 180 vom 18.1.1815 und Nr. 181 vom 20.1.1815. Dazu Jacob an Wilhelm am 27.1.1815: Görres habe darin „allerhand untereinander geworfen und zerfetzt" (*Briefwechsel der Brüder Grimm. Kritische Ausgabe* Bd. 1.1, hrsg. von Heinz Rölleke. 2001, Nr. 180, S. 412); weitere Beiträge „aus Wien": Nr. 182 vom 22.1.1815, Nr. 184 vom 26.1., Nr. 197 vom 21.2.1815, Nr. 217 vom 3.4.1815; Nr. 235 vom 9.5.1815.

3 Die Beiträge über Hessen: *RM* Nr. 195 (17.2.1815): „Congreßangelegenheiten" und – möglicherweise ebenfalls von Jacob Grimm - „Über Ländertausch in Teutschland. Eingesendet von einem Hanauer"; *RM* Nr. 205 (9.3.1815) und Nr. 206 (11.3.1815): „Die Ständeversammlung in Hessen". Die Zuschrift „Aus Kassel" in Nr. 128 vom 5.10.1814 ist laut Inhaltsverzeichnis in *GS* 6-8 wahrscheinlich von Wilhelm Grimm.

4 Das Kurfürstentum Hessen, das von Napoleon aufgelöst worden war, wurde auf dem Wiener Kongress restituiert: Kurfürst war Wilhelm I. von Hessen: 1785-1806; 1814-1821.

5 In der Verordnung wegen verbesserter Einrichtung der Provinzialbehörden vom 30. April 1815 wurde die Provinz Westfalen mit der Hauptstadt Münster als eine von zehn preußischen Provinzen errichtet. Erster Oberpräsident der Provinz wurde Ludwig Vincke. Schon länger beschäftigte sich die Gerüchteküche mit der weiteren Karriere des Freiherrn vom Stein. So Charles de Villers an Görres, Göttingen 15.11.1814: Ein Gerücht gehe, dass der Frh. v. Stein Premierminister im Königreich Hannover werde.

44. An Karl Josef Ignatz Mosler

Datum: Koblenz, 22.3.1815.
Original: Stadtbibliothek Koblenz, AB Görres-Briefe.
Unveröffentlicht.
Zur Datierung: Das Jahr 1815, bereits auf demselben Blatt von späterer Hand beigefügt, ergibt sich aus Moslers Vita.
Einordnung: Vorangegangener Brief Moslers: 6.3.1815. Nächster Brief an Görres: 31.5.1815.
Regest: Görres schickt einen Wechsel als Vorschuss auf Moslers Pension und verspricht, sich weiter für seine finanzielle Unterstützung einzusetzen.

Coblenz am 22ten März

Ich hatte so weit ausgenommen, Ihnen einen umständlichen Brief zu schreiben, daß darüber der höllische Teufel sich wieder losgerissen hat. Da ist nun wieder so viel zu thun gekommen, daß ich gar nicht schreiben kann. Mit der römischen Reiße ists nun ohnehin einstweilen nichts geworden.[1] Darum warten Sie in München ruhig ab, bis ich Ihnen weitere Nachricht gebe. Ich lege Ihnen hier den kleinen Wechsel bey. 500 Franken liegen noch für Sie hier. Ich will versuchen ob ich noch ein Trimester erhalten kann.[2] Dann werden so viele Ausgaben über uns herstürzen, daß es wahrscheinlich eine Stockung geben wird. Ich werde Sie indeßen immerfort vertreten, und Ihnen bald weiter schreiben.

Für jetzt Gott befohlen.

---

1 Mosler hatte vor, seine künstlerischen und kunsthistorischen Studien in Rom fortzusetzen. Er konnte die Reise erst 1816 antreten und blieb dann bis 1820 in Rom.

2 Zu dem Stipendium, das Görres für den jungen Maler Mosler erwirkt hatte, s. Brief Nr. 14.

45. An Johann Gottfried Ebel

Datum: Koblenz, 4.5.1815.
Original: Zentralbibliothek Zürich, Hs-Abt. Ms 2 II 509 (3 Seiten).
Druckausgabe: Strauß, Aus dem Nachlaß Johann Gottfried Ebels, in: *Euphorion* 32 (1931) S. 383-385.
Adresse: Herrn Dr. Ebel Wohlg. in Zürich zum Brunnen.
Einordnung: Vorangegangener Brief Ebels an Görres: 4.3.1815.
Regest: Görres zeigt sich erfreut über Ebels Lebenszeichen, sein Lob für den *Merkur* und seine eingesandten Beiträge, schreibt sich seinen Zorn über die „Wiener Congresswirthschafft“ von der Seele, und spricht von der Hoffnung auf einen baldigen Sieg gegen Napoleon.

Coblenz am 4 May 1815.

Es ist mir sehr lieb gewesen, nach so viel Jahren zum erstenmale wieder von Ihnen zu hören, und zu erfahren, wie Sie noch in Ihrer Weiße in alter guter Gesinnung fortleben.[1] Ich hatte die Zeit über öfter Ihrer gedacht, als ich ihr Buch über die Schweyz in die Hände bekam und sonst , und mich öfter nach Ihnen erkundigt, jetzt haben Ihre Briefe mir Alles am besten wieder aufgefrischt, und ich habe sie im zweyten eigentlich nur aus 6-8 Zeilen, bloße Notizen, bestehenden nicht Unterschriebenen, sogleich erkannt.[2] Daß ich so spät erst antworte, müßen Sie mir nicht übel deuten, ich trete in der Zeitung und im Amte ein doppeltes Rad, dazu kömmt das Exerziren bey jetziger Zeit, dann geht man gern zusammen um zu reden in solcher Crise und ich laufe auch in der schönen Jahrszeit wohl oft über die Berge, und so muß es wohl mit der Correspondenz nicht ganz ordentlich bestellt seyn. Ihr Urtheil über mein politisches Treiben hat mich erfreut, man lebt und wächst und treibt so ins Wilde hinaus, und ist sich selbst zwar wohl bewußt seines eigenen Triebes und des gegebenen Maaßes von Kraft zusammt der erworbnen Disziplin, aber man hat doch nicht Zeit darüber sich ins Reine zu setzen, ob man das rechte Verhältniß zur Welt getroffen, das muß einem gesagt werden, und darum ist mir bey Ihrem ruhigen Blicke und gutem Augenmaße Ihr Urtheil wichtig und werth gewesen.[3] Was Sie mir zum Lobe sagen, nehme ich mit Verstande hin, das Steuer zu führen habe ich einiges Geschick, das Andere ist so wenig mein Verdienst, wie beym Rheine daß er hell und klar in breitem Strome fließt. Ich stelle wie die Kinder zu Weynachten meine Schüsseln auf, und über Nacht wird es mir hineinbescheert; da nehme ichs mit Danke an, und habe würklich keine aufgeblasenen Gedanken dabey. Ich freue mich zwar auch öfters manches Treffens und Eintreffens, und da läuft auch wohl so in Reden und Gedanken eine menschliche Eitelkeit mit unter, aber ich bitte sie bald wieder ab, und bescheide mich gern, um Demüthigungen, die gern zu folgen pflegen, abzuwenden.

Aber welchen Zorn, Ärger und Verdruß man in dieser Zeit verschlucken muß, und wie man zornmüthig wird, auch bey der allerzahmsten Anlage, das sey Gott geklagt. Diese Wiener Congreßwirthschafft, ist je etwas Erbärmlicheres, Jämmerlicheres, Schwindsüchtigeres auf Erden erlebt worden? Die Pegnitzer Schäfergesellschafften in ihren geschnitteten Erbsenlauben sind doch wahrlich antike Colossen von Montecavallo gewesen, gegen diese ausgeblasenen, verwischten, abgeleckten Jammerbilder, die wie die Schatten, welche Gespenster im Mondschein werfen, herumgefahren.[4] Das lüderliche Leben, das diese Menschen führen, muß doch wohl die meiste Schuld tragen, von Saus und Braus, und Punsch und Whipz und wie all das Zeug heißt zusammt der Hurerey und Nachtwacherey müßen ihnen die Köpfe dumm werden und die Bälge hohl, und alles Fleisch eine matte weiche Gallerte eckelhaft wie an ungebohrnen Kälbern. Die Verkehrtheit dieser Menschen kann ich nie ausstudiren, und ich erstaune und verwundere mich jeden Tag von neuem darüber, es ist das Einzige was immer von neuem mich überrascht. Im Volke ist nun auch allerley Verkehrtheit und Schlechtigkeit, aber die Masse zusammen, wie hebt sich das Alles auf und verliert sich, und läßt eine so achtbare Masse von gutem gediegnen Sinn, Geschick, Entsagung und Kraft zurück, aber diese in Masse betrachtet anullіren sich erst gar, und es bleibt nichts übrig als das reine Abstractum der höchsten Nichtigkeit. Es ist wahrlich überaus betrübt ja zum verzweifeln.

So lange daher die Schicksale der Zeit in solchen Händen sind, kann ich nicht die Sorge von mir thun, daß sie auch jetzt wie zuvor Alles verderben, ist aber einmal erst das Schwerdt gezogen, dann geht es von selber fort von Gott geführt, und Alles spielt sich wie eine Naturerscheinung durch. Viele Preußen habe ich hier durchziehen sehen, und habe meine rechte Freude an den Leuten, brav und tüchtig und wohlgemuth, gut und billig in allem und genügsam, daß sie um dieser ihrer Tugenden willen nicht zu verderben sind. Die Offiziere wollen mir im Durchschnitt weniger gefallen, der verdammte Kamaschengeist hat in dem Jahre schon mächtig wieder um sich gefreßen. Die Landwehren aber sind frey davon und gar gute muntere Jungen. Die Generäle haben gröstentheils die Sünde auf sich von dem was verdorben worden. Das wird der Krieg nun Alles wieder bessern. Eben jetzt ist die Armee in großer Bewegung, Alles zieht ab gegen die Maaß. Napoleon ist an den Gränzen angekommen, und auch die Engländer sind in voller Bewegung. Greift er nicht selber an, dann wird er angegriffen in diesen Tagen. Schon vor zehn Tagen standen 36 Regimenter Infanterie 15 Reuterey mit 36 Batterien allein von den Preußen an der Gränzen, und eben ist das Bülowsche Corps angesagt, und 600 Wagen sind für seine Vortruppen aufgebothen. So wird also bald geschmiedet werden, Gott gebe ein gutes Werk![5]

Ich danke Ihnen für Alles was Sie mir gesendet, Sie haben selbst gesehen, wie fleisig ich davon Gebrauch gemacht, theilen Sie mir mit, was Sie sonst in die Welt hinaus laßen wollen.[6] Ich habe nur noch drey vollständige Exemplare des Merk. auf Schreibpapier, ich will Ihnen Eines davon aufbewahren, damit Sie es zu meiner Erinnerung behalten mögen. Meine Frau grüßt Sie vielmal; Kinder habe ich jetzt drey, zwey Mädchen und einen Buben, alle wohl und stark und gesund.

Gott befohlen und behalten Sie lieb
Ihren
J. Görres

---

1 Görres hatte Ebel 1799 in Paris kennengelernt (dazu *GS/Briefe* 2, Brief Nr. 17 vom 14.12.1799). Der Arzt und Geologe Johann Ebel war 1796, weil er revolutionärer Ideen verdächtigt wurde, aus Frankfurt nach Paris geflüchtet, wo er bis 1801 lebte.

2 Das Buch über die Schweiz: *Anleitung, auf die nützlichste und genußvollste Art die Schweiz zu bereisen*, Zürich 1793, oder auch: *Schilderung der Gebirgsvölker der Schweiz*, 2 Bände, Tübingen 1798-1802. Der 1. Brief: 4.3.1815.

3 Ebel hatte am 4.3.1815 geschrieben: „Ihr Blatt bildet eine neue Epoche in Deutschlands politischer Literatur, und ich behaupte, daß mir so viel Geist, Witz, Umsicht der Vergangenheit und Gegenwart so viel Tiefe, Kraft und heiligem Feuer noch nie ein politisches Blatt in Europa geschrieben wurde. Was Sie dem Vaterlande geworden sind, lohne Ihnen Ihr Bewußtsein, die Verehrung der Edelsten unsres Volkes, und der Himmel mit ewigem Segen. Die Wirkungen Ihres Blattes für unser Vaterland sind unermeßlich heilbringend. Gott erhalte Ihnen Gesundheit und Kraft, damit Sie Ihre Lichtbahn mit gleichem Glanze über unser Land fortsetzen können. O. wir bedürfen noch lange der heiligen Wächter wie Sie, der heiligen Posaunen der Wahrheit, der Gerechtigkeit, der Vaterlandsliebe und des ächten politischen Geistes!" Zum Exerzieren: Görres war Mitglied der Bürgermiliz und wird 1815 unter den Hauptleuten genannt (M. Bär, *Aus der Geschichte der Stadt Koblenz 1814-1819*, Koblenz 1922, S. 96).

4 Die Pegnitzer Schäfergesellschaft, oder Pegnesischer Blumenorden, 1644 als Nürnberger Sprachgesellschaft von Georg Philipp Harsdörffer und Johann Klaj nach dem Vorbild der Fruchtbringenden Gesellschaft gegründet, zählte zu Beginn des 19. Jahrhunderts zu ihren Mitgliedern u.a. Friedrich David Gräter, Friedrich Heinrich von der Hagen, Görres' Rivalen auf dem Gebiet der Germanistik, und – seit 1815 – Polizeidirektor Christian Wurm (vgl. Brief Nr. 16). Die Colossen von Monte Cavallo: die über 5 Meter hohen antiken Statuen der Dioskuren mit ihren Rössern auf dem Quirinal in Rom.

[5] Seit den Nachrichten über die Rückkehr Napoleons im März 1815 verfolgte Görres den neuerlichen Siegeszug des verhassten Tyrannen und rief in leidenschaftlichen Beiträgen zum entschlossenen und rücksichtslosen Vorgehen der Allianz gegen Napoleon und seine ganze Partei auf, warnte vor „unvorsichtiger Sicherheit“: *RM* Nr. 208 vom 15.3.1815: „Napoleon in Frankreich“, mit Forts. Nr. 210 vom 19.3.1815 und Nr. 213 vom 25.3.1815; Nr. 214 vom 28.3.1815: „Napoleon in Paris“; Nr. 220 vom 9.4.1815: „Napoleons neue Politik“; Nr. 225 vom 19.4.1815: „Die Wiedererneuerung des Vertrags von Chaumont“; Nr. 229 vom 27.4.1815: „Napoleon im Marsfeld“; Nr. 251-254 (11.6.-17.6.1815): „Die Weltlage um die Hälfte des Juni“ (mit einer letzten Forderung nach schnellem Handeln: „Jegliche Minute muss jetzt die Mutter einer Kriegsthat seyn, denn wild ist der Zeiten Lauf“). Am 15. Juni 1815 überquerte Napoleon die französische Grenze. Am 18. Juni brachte die Schlacht von Waterloo dann die Entscheidung.

[6] Ebels Beiträge: *RM* Nr. 203 vom 5.3.1815 und Nr. 204 vom 7.3.1815: „Die Schweizer Angelegenheiten“; Nr. 210 vom 19.3.1815: „Aus Zürich“ (über Landung Napoleons); Nr. 216 vom 1.4.1815: „Wort eines Schweizers in den neuesten Zeiten als Antwort auf alle frühern Artikel aus der Schweiz im Rheinischen Merkur“ (unterzeichnet: Turicensis Helvetus); Nr. 228 vom 25.4.1815: „Eine Stimme an die Schweizer. Gedicht von einem Schweizer“ und „Aus Zürich“; Nr. 242 vom 24.5.1815 und Nr. 243 vom 26.5.1815: „Aus der Schweiz“ (s. *GS* 6-8, Inhaltsverzeichnis, S. 45ff).

46. An Karl August Freiherrn von Hardenberg

Datum: Koblenz, 10.6.1815.
Original: Berlin, GStA PK, I. HA Rep. 74, Nr. 1032, Bl. 164-164v, 167-167v.
Druckausgaben: Czygan, *Zur Geschichte der Tagesliteratur während der Freiheitskriege,* Bd. 2: Aktenstücke, Nr. 24, S. 343ff (Erstveröffentlichung; einige kleinere Abweichungen und Lesefehler); Duch, *Rheinischer Merkur,* Bd. 1, Einleitung, S. XVI-XIX (vollständig, nach Czygan); „Aus dem Gedächtnis“ zitiert: Görres, *In Sachen der Rheinprovinzen und in eigener Angelegenheit*, 1822, S. 25ff.
Einordnung: Antwort auf Hardenbergs Schreiben vom 10.5.1815; eine Antwort Hardenbergs ist nicht erfolgt.
Regest: Görres räumt ein, dass er die Freiheit der Meinungsäußerung nur dem großen Sinn des Königs und den liberalen Ansichten Hardenbergs verdanke, er habe diese Freiheit nie missbraucht, habe stets nur sein Gewissen als Richtschnur genommen. Es sei ihm unmöglich, das Blatt unter den genannten Bedingungen zu führen und sich unter Zwang und Rücksichten zu bewegen. Andernfalls müsste er darum bitten, ihm die Herausgabe des Blatts zu untersagen. Er bitte darum, ferner seinem guten Geist zu vertrauen, denn das Aufhören seines Blattes würde in jetziger Krise geradezu niederschmetternd wirken.

Durchlauchtiger Fürst!
Ew. Durchlaucht haben mich unter dem 10 May mit einer Zuschrifft zu beehren geruht, welche den rheinischen Merkur zum Gegenstande hat. Da dies Schreiben mich am gewöhnlichen Orte meines Aufenthaltes nicht getroffen, indem ich auf einer Rundreise begriffen war, so ist es mir erst seit kurzem zugegangen, und ich eile ohne Verzug dasselbe zu beantworten.[1]

Allerdings hat Preußen in der letzteren Zeit einen seltenen Beweiß gegeben, daß es die Freyheit der Meynung und die Unabhängigkeit des Geistes ehrt, indem es gestattet, daß ein Blatt wie das Meinige unter seinem Schutze entstand, und sich fortbehauptete. Ich habe das oft gebührend gerühmt, und Teutschland weiß, daß es diese Emanzipazion des Gedankens in politischen Angelegenheiten neben dem großen Sinn des Königs insbesondere den liberalen Ansichten Ew. Durchlaucht verdanken muß. Aber ich darf auch behaupten, daß ich von dieser mir gestatteten Freyheit nie einigen Misbrauch gemacht, daß ob ich gleich bisweilen die Sache bis zur Spitze und nahe an die Gränze des Verantwortlichen getrieben habe, ich dieselbe doch nie überschritten.[2]

Ich konnte und durfte mich von Anfang her in keinen Andern, als den rein teutschen Gesichtspunkt setzen, meine Bahn war mir durch die Zeit, ihren Geist, ihr Bedürfniß und ihre Noth fest und bestimmt vorgezeichnet, und ich mogte nicht rechts und links ausweichen, ohne mein ganzes Unternehmen zu verderben. Das Vertrauen, das mir vom teutschen Volke frühe schon zugewendet worden, mußte ich in Ehren halten in alle Weiße, und mich hüthen, dadurch daß ich irgend Rücksichten nahm es mir im geringsten zu versehen und zu trüben. Bey so viel tausend und tausend Augen, die auf mich gerichtet waren, würde die geringste Partheylichkeit nicht unbemerkt entgangen seyn, man hätte mich für bezahlt gehalten, und aller Glauben an mich, und mit ihm all mein Einfluß wäre vernichtet gewesen auf immerdar. Darum habe ich es für nothwendig gehalten, mein Gewissen und meine Überzeugung zur einzigen Richtschnur meines Wegs zu machen, und ohne Ansehen der Person und zufälliger Verhältniße einzig dem erkannten Rechte nachzugehen. Wenn ich mich nicht irre, und dem allgemeinen Zeugniß glauben darf, hat die Entwicklung der Begebenheiten seit den anderthalb Jahren wo ich schreibe, klärlich kund gethan, daß dieser Weg einzig sicher zum Ziele führt.

Ich habe allerdings die Wiederherstellung der Kayserwürde in Kraft und Wirksamkeit als das einzige Band für die Verknüpfung teutscher Stämme, und für die einzige Gewähr für die Sicherheit und die Macht Teutschlands anerkannt, und meine Überzeugung ist in dieser Hinsicht noch unverändert die Nämliche.[3] Darum habe ich oft und warm davon geredet, indem ich nie anders gewußt, als daß dies ein Gegenstand freyer Discussion sey. Mir war nicht unbekannt, daß dem Versagen von Seiten vieler Stände eine Ungeneigtheit von der Andern gegenüberstehe, aber ich habe Beydes für ein gleich großes Unglück halten müßen. Es mag seyn, daß im Eifer der Erörterung mir oder denen, die mitgearbeitet, bisweilen ein hartes, verletzendes Urtheil, doch selten gegen Personen, meist nur gegen Grundsätze entfahren; auch ist es gar wohl möglich, daß mir ein Irrthum berichtet worden, aber ich habe mich auch nie irgend einer Zurechtweisung entzogen. Übrigens hat diese Freymüthigkeit, auch wo sie gegen Preußen gerichtet war, Preußen doch nie geschadet, weil die Duldung kühner Wahrheit die Sicherheit des Bewußtseyns erwies, und schon durch sich selbst das angeklagte Unrecht einigermaßen vergütete. Das hat sich recht gezeigt, als von Bayern her jenes niederträchtige Anfeinden und Verläumden Preußens ausgegangen, es fehlte der Bosheit zum Trumpfe nichts, als eben am Merkur, den sie sich unter Andern auch zum Gegenstande ihres Angriffs ausersehen, den Beweiß zu führen, daß Preußen nur zu seinem Vortheil, und den Gegnern zum Nachtheil die Preßfreyheit hege. Sie hatten die Beschuldigung schon unvorsichtig frisch ausgesprochen, als das Blatt sie siegreich widerlegte, und dadurch allen ihren übrigen Sophistereyen vollends allen Glauben nahm.

Ew. Durchlaucht haben geruht, mir die Bedingungen mitzutheilen, unter denen die Fortdauer des Blattes möglich sey. Sollten diese nach der Strenge des Worts genommen werden, dann würde nichts als eine ganz gewöhnliche Zeitung übrig bleiben. Wenn ich meine Laufbahn von Anfang her übersehe, dann muß ich wohl glauben, daß ich nicht umsonst, und ohne höheren Beruf am Orte sey, zu dem ich mich nicht gedrängt, und den ich aus keinerley Ehrgeiz oder sonstigen Absichten behaupte; wenn ich überdem das rührende Vertrauen sehe, das mein Volk mir zugewendet, und wieder die untadelhafte Art, in der es bey allen Gelegenheiten sich benommen, dann kann ich noch weniger glauben, daß mein Einfluß auf dasselbe irgend schädlich sey. Nein ich habe ein heiliges Amt zu verwalten, ich muß es nach meinem Gewissen führen, oder völlig niederlegen. Mir ist es nicht gegeben, mich unter Zwang und Rücksichten geistig zu bewegen, kann ich nicht länger meiner Überzeugung folgen, und muß ich einen andern Richter als mein Gefühl und meinen Takt befragen, dann weicht der Geist von mir, und ich bringe kaum das Gewöhnliche zu Stande. Ich würde Ew. Durchlaucht alsdann bitten müßen, mir die weitere Herausgabe des Blattes als nicht zeitgemäß geradezu und unbedingt zu untersagen, damit ich mit solchem Verbote vor der Welt mich rechtfertigen kann, daß mein Zurücktreten in jetziger Crise nicht aus Feigheit geschehen ist. Mit Freuden würde ich alsdann zu der ruhigen Einsamkeit zurückkehren, in die ich seit der Zeit, wo Napoleon zur Macht gelangt, während 13 Jahren mich zurückgezogen, und die ich nur verlaßen habe, weil ich hoffe, daß mein thätiges Eingreifen in der Zeit meinem Vaterlande von einigem Nutzen seyn würde.

Wollten aber Ew. Durchlaucht ferner dem guten Geist vertrauen, der mich treibt, so glaube ich die Verantwortung der Folgen gar wohl über mich nehmen zu können, um so mehr, da das Aufhören eines Blattes, das die Liebe und der Trost des Volkes in mancher harten Zeit und Gelegenheit gewesen, in der jetzigen Crise nicht anders als höchst niederschlagend wirken würde, und ohnehin der bald ausbrechende Krieg die meiste Kraft und Aufmerksamkeit auf den äußeren Feind hinrichten wird.

Ew. Durchlaucht
Unterthänigst Ergebenster
J. Görres

Coblenz am 10. Juni 1815

(Kanzleivermerk:) praes. d. 3. Juli 1815
Zu den Acten, da von Sr. Maj. Höchstselbst verfügt ist. Hardenberg.

---

1 Görres' Inspektionsreise als Direktor des öffentlichen Unterrichts dauerte vermutlich die gesamte zweite Maihälfte. In der Zeit zwischen dem 16. Mai und dem 1. Juni 1815 findet sich denn auch kein Beitrag von Görres im *Merkur*. Davor hatte Hardenberg – trotz zahlloser Beschwerden über den *Merkur*, v.a. aus Württemberg – erstaunlichen Langmut bewiesen. Dazu Czygan Bd. 1, S. 337ff; Bd. 2, S. 324ff; Fink-Lang, *Görres*, S. 156ff.

2 Hardenberg hatte mit Schreiben vom 10.5.1815 fünf Punkte als Voraussetzung für eine Fortsetzung des *Merkur* genannt. Die nun folgenden Argumente hat Görres, da ihm der Brief, der konfisziert worden war, nicht vorlag, in seiner späteren Schrift *In Sachen der Rheinprovinzen und in eigener Angelegenheit*, 1822, S. 25ff aus dem Gedächtnis wiedergegeben, gekürzt, aber in härterem Tonfall, und mit einem im Originalbrief nicht vorhandenen Schluss: „Wie er von allen diesen Beschränkungen sich nur jene gefallen lassen könne, die ihm sein Takt für's Schickliche, ein richtiger Sinn für das, was Zeit und Umstände gebieten, und Ueberzeugung und Gewissen in der Unterscheidung

dessen, was Recht und Unrecht sey, ohnehin zum Gesetze machten. Wenn er Preußens seither bey Gelegenheit so wenig wie andere Regierungen beym Aussprechen der öffentlichen Meinung geschont, so sey dies durch den Charakter des Blattes selbst geboten, das keineswegs als eine Partheyschrift sich gebe, sondern dem gesammten Vaterlande angehöre, und was die Regierung ja durch Rüge von Mißgriffen und Mißbräuchen in der öffentlichen Achtung dadurch einbüße, gewinne sie doppelt wieder, indem sie durch Gestattung derselben der Wahrheit huldige und zur Abstellung wenigstens den guten Willen zeige. Manche Anstände, deren die Zuschrift S. D. erwähne, seyen ohnehin durch den Wiederausbruch des Krieges von Selbst erledigt, da fortan die genaue Aufmerksamkeit nothwendig in die Bekämpfung des wiedergekehrten Feindes sich zusammendrängen müsse; doch werde er darum das Vaterland nicht aus den Augen lassen, und seine Ueberzeugung, daß Teutschland nur durch Wiederherstellung der Kaiserwürde in einer die Freyheit sichernden starken Verfassung geholfen werden könne, so wenig wie vorher verschweigen. Was darum den Wink auf das allenfalsige Zwischentreten einer andern Behörde betreffe, so könne und dürfe er sich keine solche censirende Behörde gefallen lassen die ohnehin überflüssig sey, da er sich selbst unmittelbar in Person jeder Verantwortung darbiete, und es also der Verantwortlichkeit eines Dritten keineswegs bedürfe. Er müsse in dieser Hinsicht die Erklärung wiederholen, die der Jesuitengeneral dem Papst bey ähnlichem Ansinnen gemacht: aut sint ut sint, aut non sint!"

3 Hardenberg hatte am 10.5. gemahnt: „So sind z.B. die fortwährend erneuten Anregungen der Wiederbelebung der deutschen Kaiserwürde im Hause Oestreich, welche dieses Haus selbst nicht will, zu unterlassen." Görres' Vorstellung war ein Neues deutsches Reich mit Preußen und Österreich als einer Art Doppelspitze und einem Kaiser aus dem Haus Habsburg. Dazu v.a. die Artikelreihe „Österreich, Preußen und Bayern": *RM* Nr. 124 vom 27.9.1814 mit Fs. in Nr. 125, 128, 129, 130, 132, 133, 138, 139, 140 und 142 vom 2.11.1814. Nr. 130 (9.10.1814) schließt: „Darum sey im Süden des Reiches Österreich die Mitte und bey ihm die Obhut, im Norden herrsche Preußen, und Nord und Süd vereinige sich in der höheren Idee der Kaiserwürde." Nr. 138 (25.10.1814): „Zuvörderst, daß die alte Kaiserwürde bey den Teutschen in all ihrem Glanze und ihrer Herrlichkeit wieder hergestellt werde, das fordert die Ehre der Nation; daß sie fortdauernd, bleibend und erblich beym Hause Habsburg beharre, verlangt ihre Sicherheit, und Beydes ist ohne Zweifel auch der Wunsch, den die große Mehrheit des deutschen Volkes hegt."

47. An Ernst Heinrich Sack

Datum: Koblenz, 24.7.1815

Original: LHA Koblenz, Best. 355, Nr. 25, Bl. 130f (2 Seiten).

Druckausgabe: 2. Absatz in engl. Übersetzung, datiert 23.7.1815: *The Times* Nr. 9792 (26.3.1816), p. 3, col. 5.

Adresse: S. Wohlgeb dem Herrn Gouv.Comm. Sack.

Einordnung: Vorliegender Brief ist die Antwort auf die beiden Schreiben Sacks vom 20.7.1815. Sacks nächster Brief: 24.7.1815.

Regest: Görres stellt klar, dass die geforderte Nennung des Verfassers eines beanstandeten Artikels nur erfolgen werde, wenn die Unwahrheit seines Inhalts bewiesen werde, und weist die Form des zweiten Beschwerdeschreibens Sacks zurück, die nicht dem entspreche, was zwischen Männern von Erziehung und von gleichem Stand üblich sei, und fordert ihn auf, in Zukunft bei ähnlichen Gelegenheiten, seine Worte mit mehr Umsicht und Ruhe zu wählen.

In Bezug auf die Zuschrift E. W. vom 20. July betr das Gesuch des K.K. Militair Gouv. zwischen Weser und Rhein um den Verfasser des Aufsatzes in Nr. 253 des M. habe ich die Ehre zu bemerken daß derselbe sich neuerdings ausgebeten seinen Namen nur dann zu nennen, wenn die Unwahrheit der Thatsache für die er fortdauernd einsteht und für die er alle Beweise beyzubringen sich erbietet sich bewähren sollte.[1] Da das Gesuch mit den Gesetzen des Instituts vollkommen übereinstimmt, so kann ich nicht anders als denselben entsprechen und bitte E. W. diese Erwiederung der anfragenden Behörde gefäligst mitzutheilen.

Ich ergreife diese Gelegenheit um auf die andere Zuschrift E.W. von demselben Tage in betreff der Klage des K. Kais. Feldmarschalls Gn Barclay de Tolly zu beantworten (!).[2] Ich will mich hier keineswegs auslassen über den Grund dieser Klage die von einem einzigen Worte ausgehend, einen Ausdruck angreift, der nur historisch und an sich selbst nicht tadelnd hingesagt worden. Nur über die Form in der E. W. den aufgetragen(!) Verweiß an mich gebracht, will ich mir einige Bemerkung erlauben. Welche Wichtigkeit E. W. auf die Sache selbst und die Ihnen aufgetragene Sanction legen mögen, so scheint es doch, als ob nichts darin seyn könnte das Sie berechtigte, aus den Formen herauszutreten, die in allen Verhältnissen zwischen gebildeten Menschen, die übrigens einander gleich gestellt sind, eintreten müssen. Nun kann es aber nur höchstens in den gröberen Formeln militairischer Subordination herkömmlich seyn Subalterne anzurufen: sich schlechterdings und so gewiß zu enthalten als es ihnen liebseyn wird unangenehme Masregeln gegen sich und Ihre etc[3], keineswegs aber mögte es üblich seyn solche Ausdrücke in einem Verhältnisse wie das Ihrige zu gebrauchen, da es hoffentlich mit der Preßfreyheit in Preußen nicht dahin gekommen, daß man über die Äußerung: die Russen seyen langsam herangekommen, Leibesstrafe zu gewarten hat. ich muß daher E.W. bitten, künftig in ähnlicher Lage Ihre Worte mit mehr Vorsicht und Mäßigung zu wählen

Coblenz am 24ten July 1815

E. W.
Ergebenster
J. Goerres

---

1 Der Aufsatz „Aus Coesfeld“ Nr. 253 vom 15.6.1815. Dagegen war am 14.7.1815 Beschwerde eingelegt worden vom Kgl. Pr. Mil.Gouvernement zw. Weser und Rhein in Münster. Sacks Schreiben vom 20.7. s. Briefe an Görres.

2 Sacks zweites Schreiben vom 20.7.: die Beschwerde bezog sich auf *RM* Nr. 258 und 259 (25.6.1815 und 27.6.1815), „Die Folgen der großen Schlacht in den Niederlanden“, wo von der „überaus langsamen Bewegung der Russen“ die Rede war. Gouvernements-Kommissar Sack hatte am 20.7.1815 auf Beschwerde aus dem Hauptquartier des Kaiserl. Russ. Feldmarschalls von Barclay de Tolly hin die Äußerungen des *Rheinischen Merkur* vom 23.6. über die angeblich „überaus langsamen Bewegungen der Russen“ gerügt und ihn im Auftrag des Oberpräsidenten aufgefordert, sich aller ungeziemenden Ausfälle gegen Verbündete zu enthalten, andernfalls drohten „unangenehme Maßregeln“. Zu dem russischen Generalfeldmarschall Barclay de Tolly s. Personenverzeichnis.

3 Görres zitiert hier Sacks Drohung in seinem Schreiben vom 20.7.1815: „In Auftrag des Herrn Geheimen Raths und Oberpräsidenten muß ich Ew Wohlgeboren hiermit auffordern, sich aller ungeziemenden, wieder die hohen Verbündeten, deren Minister und Heerführer gerichteten Ausfälle und Bemerkungen schlechterdings und so gewiß zu enthalten, als es Ihnen lieb seyn wird, unangenehmer Maßregeln gegen sich und Ihre Zeitschrift zu vermeiden, und Sie darauf aufmerksam machen, daß in dem gegenwärtigen Falle, welcher zu dieser erneuerten Rüge die unmittelbare Veranlaßung gegeben nicht nur die Unschicklichkeit, sondern auch das Unrecht vollkommen auf Ihrer Seite sey“.

48. An Johann August Sack

Datum: Koblenz, 25.7.1815.
Original: verschollen.
Druckausgabe: Marie Görres (Hrsg.), *GPS* 3, S. 378-381.
Bemerkung: Da das Original verschollen ist, wird der Brief nach der Ausgabe von Marie Görres wiedergegeben.
Einordnung: Vorhergehender Brief des Oberpräsidenten Sack: 11.7.1815; Antwort von Oberpräsident Sack: Aachen, 30.7.1815.
Regest: Görres wendet sich gegen den Beschluss des Oberpräsidenten, seinen Bruder, Gouvernements-Kommissar Sack mit der Zensur des *Merkur* zu beauftragen, da dies zu einer gänzlichen Unterdrückung des Blatts führen würde. Dieser habe schon beim ersten Mal dem Blatt die Druckerlaubnis verweigert. Für den Fall, dass eine Instruktion von oben die Duldung dieses Verhaltens durch den Oberpräsidenten veranlasst habe, bitte er um offene Erklärung. Andernfalls bitte er, den Beschluss zurückzunehmen. Er gebe sein Wort, dass er während der Dauer des Krieges keinen Aufsatz aufnehmen werde, der zu einer Störung der Einigkeit unter den Verbündeten Anlass gebe.

Euer Hochwohlgeboren haben, wie es scheint, den Herrn Gouvernements-Commissär Sack neben dem gewöhnlichen Censor Herrn Tippel mit der Censur des Rheinischen Merkurs, in sofern sein Inhalt mit dem königlichen Cabinetsbefehle in Beziehung steht, beauftragen wollen. Ich muß glauben, daß es damit auf eine gänzliche Unterdrückung dieses Blattes abgesehen sei, da die Erfahrung schon gleich am ersten Tage gezeigt hat, daß sein Fortbestehen mit dieser Anordnung schlechterdings unverträglich ist. Der Herr Gouvernements-Commissär hat dem ersten Blatt schon sein Visa verweigert, wenn Herr Tippel nicht zuvor das seinige darunter gesetzt habe. Dieser, dem er vor vier Monaten seine Commission zurückgefordert, und seither nicht wieder gegeben hat, den er aber jetzt neuerdings ohne weitere Instruction für den ganzen Inhalt des Blattes verantwortlich machte, mußte glauben, daß Alles nur geschehe, um ihm die ganze Verantwortlichkeit aufzubürden, und hat darum gleichfalls die Unterschrift verweigert, und das Blatt an den Hrn. Gouvernements-Commissär zurückgewiesen, so daß der Drucker, von Einem zum Andern geschickt, das Blatt in vier Tagen nicht hat ausgeben können, und die ganze Unternehmung ins Stocken gekommen ist.[1]

Unter dem 16. Mai schrieb mir Se. Durchlaucht der Fürst Staatskanzler von Wien aus in Bezug auf den Merkur. Ich beantwortete unter dem 10. Juni diese Zuschrift, und habe seither über meine Gegenrede keinen weiteren Bescheid erhalten.[2] Doch ist mir seitdem von Sr. Durchlaucht über Saarbrücken durch Hrn. v. Otterstedt ein Artikel zum Einrücken in den Merkur zugekommen, der sich in Nr. 270 desselben abgedruckt befindet. Ich habe das als die Erwiederung auf meine Zuschrift nehmen zu müssen geglaubt, und die Sache mithin für erledigt angesehen.[3]

Ich darf vermuthen aus dem Schritte, den Euer Hochwohlgeboren durch den Hrn. Gouvernements-Commissär haben thun lassen, daß dieselben seither andere Instructionen erhalten haben. Ich muß auf diesen Fall Euer Hochwohlgeboren bitten, mich offen und unumwunden über den Umfang derselben zu unterrichten. Ich kann und darf mich auf keine Halbheiten einlassen, ich kann und darf keine Diagonalen ziehen, die in den politischen Angelegenheiten Alles verdorben haben, meine Aufgabe ist einfach, und nur in m e i n e r Weise, und auf m e i n e Verantwortung zu lösen. Auch bedarf es keiner Umschweife, wenn man die Stimme, die aus meinem Blatte spricht, verstummen lassen will: Euer Hochwohlgeboren dürfen nur, wenn sie nicht ermächtigt sind, sich deutlich gegen mich auszusprechen, verfügen, daß es bei der genommenen Einrichtung sein Verbleiben haben soll, und ich werde verstehen, was damit ausgesprochen ist, und meine Maßregeln darnach nehmen.

Sollte die Sache aber so ernstlich nicht gemeint sein, und die Verfügung Euer Hochwohlgeboren bloß durch die Uebertreibung des Hrn. Gouvernements-Commissärs in persönlich feindschaftlicher Gesinnung eine weitere Ausdehnung als die beabsichtigte erhalten haben, so muß ich Euer Hochwohlgeboren um der guten Sache willen bitten, die dem Hrn. Gouv.-Commissär gegebene Commission zurückzuziehen, weil diese in keiner Weise mit der Fortdauer des Blattes bestehen kann. Der königliche Cabinetsbefehl spricht bestimmt und deutlich aus, was er inskünftige nicht berührt wissen will, ich würde ihm zu gehorchen verbunden sein, wenn auch nicht die Natur der Sache und das Verhältniß der Zeit seine Beobachtung zur wirklichen Pflicht gemacht hätte, die ich mir früher schon selbst aufgelegt habe, da seit dem Kriege kein solcher Artikel in die Zeitung aufgenommen worden, auf den er mit Fug und Recht hätte angewendet werden können. Euer Hochwohlgeboren werden darum Ihre Verantwortlichkeit in dieser Hinsicht vollkommen gedeckt sehen, wenn Sie sich mit meinem Worte begnügen wollen, daß ich während der Dauer des Krieges keinen Aufsatz aufnehmen werde, der zu einer Störung der Einigkeit unter den Verbündeten eine Veranlassung geben könnte. Den Hrn. Gouv.-Commissär aber muß ich auf jeden Fall schon allein deßwegen als Censor perhorresciren, weil bei der Sprache, die er sich gegen mich herausnimmt, und die sich zu erlauben Euer Hochwohlgeboren in allen Verhältnissen nie eingefallen ist, schon jede Correspondenz, außer der amtlichen, mit ihm unthunlich ist.[4]

Ich war es mir und dem Theile des Volkes, der mir bisher sein Vertrauen zugewendet, so wie der Sache, die ich vertheidige, schuldig, ehe ich zurücktrete, Alles zu versuchen, was zur Aufrechthaltung des Unternehmens dienen mag, damit man weder des Leichtsinns, der Unüberlegtheit, noch einer schnell abspringenden Muthlosigkeit mit Fug und Recht mich beschuldigen könne, ich aber im Gegentheil mich vor der Welt rechtfertigen kann, daß ich nur einer unbezwinglichen Nothwendigkeit gewichen bin.

Coblenz, den 25. Juli 1815.

Euer Hochwohlgeboren etc.

---

1 Oberpräsident Johann August Sack hatte seinem Bruder, dem Generalgouvernements-Kommissar (Ernst) Sack in Koblenz auf Weisung des Königs die Aufsicht über die Zensur des *Merkur* zugewiesen. Generalgouvernements-Kommissar Sack hatte daraufhin am 18.7.1815 an Görres geschrieben, der König habe sein Missfallen über mehrere Aufsätze im *Merkur* geäußert, die „auf eine den Anstand verletzende Art gegen die Regierungen gerichtet" seien und der guten Sache schadeten. Die Verfasser, Verleger oder Verbreiter solcher Aufsätze sollten „als Ruhestörer betrachtet und nach der Strenge der Gesetze behandelt werden". Er, Sack fordere Görres daher „nachdrücklichst auf, dergleichen anstößige und besonders solche Aufsätze, wodurch irgend eine der für die große Sache Europas jetzt verbündeten Mächte direct oder indirect angegriffen und auf diese Weise zu Mißver-

ständnissen zwischen der angegriffenen und der den Angriff duldenden Regierung der Grund gelegt wird, in den Merkur ferner aufzunehmen", sowie ihm persönlich nach der Zensur durch Tippel alles vor dem Druck zur Durchsicht vorzulegen. Am 24.7.1815 hatte Gouvern.-Kommissar Sack Görres dann mitgeteilt, er habe Tribunal-Richter Tippel „seinem Wunsch gemäß von dem Geschäfte eines Censors des Rheinischen Merkurs dispensirt", deshalb seien alle Aufsätze unmittelbar ihm zur Einsicht vorzulegen. Schon in den ersten Tagen nach dieser Weisung verweigerte Sack sein Visum, so dass die Zeitung 4 Tage nicht erscheinen konnte. Zu den Auseinandersetzungen mit Sack vgl. Brief Nr. 47.

2 Der Brief Hardenbergs an Görres, dat. vom 10.5.1815 (s. Briefe an Görres). Görres' Brief an Hardenberg: Nr. 44.

3 Georg Ulrich Freiherr von Otterstädt, preußischer Diplomat aus altem märkischen Adelsgeschlecht, war 1814 durch Gruner zum General-Gouvernements-Commissair für das Donnersberg-Departement mit Sitz in Worms ernannt worden, im Sommer 1815 war er preußischer Geschäftsträger in Frankfurt a. Main. Der Artikel: *RM* Nr. 270 (19.7.1815): „Betrachtungen", unterz. „O" mit Nachwort von Görres. Darin: „Preßfreiheit, Begünstigung der guten teutschen Köpfe. Diese muß der Staat bei sich und seinen Nachbarn aufsuchen, hervorziehn, anziehn."

4 Görres' Beschwerde über die Sprache von Gouvernementskommissar Sack: s. Brief Nr. 45. Auf das gegenwärtige Schreiben von Görres hin entschied der Oberpräsident, dass sein Bruder nur in Streitfällen als oberste Instanz entscheiden solle. Sein Schreiben an Gouvernements-Kommissar Sack teilte der Oberpräsident Görres in Abschrift am 30.7.1815 mit (Marie Görres, *GPS* 3, S. 382 ff). Darin heißt es: „Da jedoch die Allerhöchste Intention Sr. Maj. des Königs nur auf eine Regelung gewisser bestimmt angegebener in früheren Blättern des Rheinischen Merkur mißfällig wahrgenommenen Licenzen gerichtet ist, keineswegs aber auf eine gänzliche Unterdrückung der in vieler Hinsicht vortrefflichen und dem teutschen Gemeinwesen ersprießlichen Zeitschrift überhaupt, so kann ich die von Euer Hochwohlgeboren vorgeschlagene doppelte Censur nicht zweckmäßig finden, indem dabei durch häufig zu erwartende Verschiedenheit der Ansichten beider Censoren häufige Stockungen des Blattes unvermeidlich sein und über kurz oder lang dessen Untergang herbeiführen würden." Der Censor sei lediglich anzuweisen, „nichts passiren zu lassen, was den kgl. Befehlen offenbar zuwider laufen würde, also: 1) Keinen direct oder indirect beleidigenden Ausfall irgend einer der mit Preußen für den gegenwärtigen Krieg verbündeten hohen Mächten, deren Regierungen, Minister oder Feldherren. 2) Keinen Aufsatz, welcher die offenbare oder versteckte Tendenz haben könnte, die Unterthanen Preußens oder einer mit Preußen verbündeten Macht zur aufrührerischen Bezeigung ihres Mißfallens gegen irgend eine dieser Regierungen aufzufordern. Würde nun in einem gegebenen Falle eine Verschiedenheit der Ansichten zw dem Herausgeber und dem Censor obwalten, so ist der Fall Euer Hochwohlg zur Entscheidung vorzulegen. Ich darf also nicht bezweifeln, daß Eu Hochw den schuldigen Gehorsam gegen kgl Befehle mit der den preuß Staatsgrundsätzen eigenthümlichen, durch jene Allerhöchsten Befehle auf keine Weise beeinträchtigten Liberalität stets zu verbinden wissen, und eine erlaubte anständige und männliche Freimüthigkeit mit jener verbotenen persönlich beleidigenden, oder das Gemeinwesen gefährdenden Licenz, niemals verwechseln werden. Von dieser Einrichtung ist der Herausgeber des RM in Kenntniß zu setzen und übrigens nichts dabei zu erinnern, wenn derselbe den wesentlichen Inhalt der königl Cabinetsordre durch sein Blatt zur Publicität bringen und mit einer seine Intention in ehrerbietigen Ausdrücken rechtfertigenden, zugleich aber auch seinen unbedingten Gehorsam gegen die kgl Befehle als erste Pflicht anerkennenden Nachschrift begleiten will." Mit Schreiben vom 30.7.1815 versicherte Oberpräsident Sack, es sei nicht die Absicht, den *Merkur* zu unterdrükken, sofern er „mit Beschneidung einiger zu üppiger und den heilsamen Zweck gefährdender Auswüchse, übrigens mit anständigem männlichen Freimuth die öffentliche Meinung für alles Vaterländische, Gute und Rechte zu beleben fortfährt". Vorausgegangen war bereits am 6.6.1815 ein Schreiben des Königs an Generalgouverneur Sack, in dem er sein Missfallen über den *Rheinischen Merkur* und die *Aachener Zeitung* wegen Angriffen auf süddeutsche Staaten ausdrückt und Aufmerksamkeit gegen diese „Pressfrechheit" fordert (Czygan 2.2., Nr. 25, S. 345f). Am 24.6. schreibt Oberpräsident Sack an Hardenberg, er habe die Behörden instruiert, kritisiert aber die Ordre, da ihre Befolgung die Pressefreiheit gefährde („die bisher in unserm Staate bestandene, namentlich durch Ew. Durchlaucht durch so manche Anfechtungen glorreich beschützte, und der Stolz des Preussen wie der Neid des Ausländers gewordene Pressfreiheit, auf ein ganz leeres und gehaltloses Schattenbild" zurückzuführen drohe, es bestehe die Gefahr dass der schwankende Be-

griff der Pressfrechheit für alles missfällige subsumiert werden könne), und verweist auf das Vorbild Englands, die Grundsätze der engl. Konstitution, seine „innigste Überzeugung, dass eine Pressfreiheit keine sei, wenn das Urteil über ihren Missbrauch anders, als nach klaren bestimmten Gesetzen auf dem Wege gerichtlicher Procedur ausgesprochen werden kann" (Czygan 2.2, Nr. 26, S. 346ff). Mit Cabinetsorder vom 18.11.1815 (Czygan 2.2., Nr. 31) befahl der König schließlich, Sack zur Verantwortung zu ziehen, der *Rheinische Merkur* wurde der Aufsicht Wittgensteins unterstellt, Sack nach Pommern versetzt.

49. An Johann August Sack

Datum: Koblenz, 30.7.1815.
Original: LHA Koblenz, Best. 350, Nr. 24, Bl. 1-9. (Nicht von Görres' Hand, aber eigenhändig unterschrieben).
Druckausgabe: Robert Stein, Görres und die Pestalozzischule in Koblenz, in: *Koblenzer Volkszeitung* Nr. 35, 15.2.1927, 4. Blatt (Auszüge, darin einige Abweichungen).
Einordnung: Letztes Schreiben Sacks: 11.7.1815.
Adresse: Seiner Exzellenz dem Herren Geheimen Staatsrath und Oberpräsidenten der Königl. Preußischen Provinzen am Rhein.
Regest: Görres erstattet Bericht über die Entwicklung der kürzlich gegründeten Pestalozzi-Schule in Koblenz.

Koblenz, den 30ten July 1815.

Euer Exzellenz haben von der Pestalozzischen Anstalt Nachricht erhalten die in Koblenz seit Anfange dieses Jahres errichtet ist. Ich schwieg bisher von ihr, weil sie noch im Werden war, und der Erfolg erst die Erwartungen rechtfertigen mußte, die auf sie gebaut werden mogten, und die Ansprüche begründen, die sie auf eine besondere Beachtung Seiner Majestät des Königs und einer hohen Regierung machen konnten. Ich wollte Eurer Exzellenz statt bloßen Aussichten lieber etwas wirkliches vorlegen, sobald die Anstalt zu einigem Bestand gekommen wäre. Da es nun gegenwärtig dahin gediehen, daß das Unternehmen wirklich auf eignem festen Grunde beruht, so ergreife ich mit Vergnügen die Gelegenheit, mich über dasselbe in einem eigenen Berichte weiter auszubreiten.

Herr Rossel, aus dem Nassauischen gebürtig, der mehrere Jahre hindurch das pestalozzische Institut in Iverten frequentirt[1], und nun in sein Vaterland zurückgekommen war, um die Lehre seines Meisters zu verbreiten und sich der Bildung der Jugend zu widmen, fand da nicht die Gelegenheit und Unterstützung, der er zur Ausführung seines Vorhabens bedurfte, und wandte sich an mich, ob ich ihm nicht etwa Gelegenheit geben könnte, daß er sich einen angemessenen WirkungsKreiß eröffne. Sein Antrag war mir bey den hier bestehenden örtlichen Verhältnissen nicht unwillkommen. Das hiesige Gymnasium war während der französischen Occupation sehr herunter gekommen, und obgleich es sich seit einem Jahre bedeutend verbessert hat, so stehen doch einer schnellen Umbildung aus der Wurzel heraus so viele Schwierigkeiten im Wege, die in Zeit, Umständen und Personen liegen, daß nur an eine allmählig fortschreitende Reformazion sich wird denken lassen.[2] Besonders die ElementarKlassen sind zu allermeist einer Verbesserung bedürftig, die aber gerade hier am schwierigsten ist, weil sie durch die Unzulänglichkeit des Personals gehemmt wird. Alle andern PrivatAnstalten sind noch fehlerhafter, da sie, kaum über das gemeine sich erhebend, nur dem Bedürfnisse fröhnen, das ihnen meist ihr Dasein gegeben. Da nun die Pestalozzische Methode, abgerechnet einzelne Willkührlichkeiten oder Pedanterien, in die sie ihre Verbreiter hinabgezogen haben mögen, anerkannt für den ElementarUnterricht Vorzüge hat, die ihr keine andere streitig machen kann, da sie wie jede neue Lehre ihre Anhänger in jenem schönen Eifer erhält, der bey allen menschlichen Unternehmungen immer das beste und dasjenige ist, was am schnellsten zum Ziele führt, so glaubte ich hier die erwünschte Gelegenheit gefunden zu haben, jene Lücke in den hiesigen Unterrichtsanstalten einigermaßen auszufüllen. Ich hatte daher keinen Anstand, in seine Vorschläge einzugehen und ihm die nachgesuchte Erlaubniß zur Anlegung eines Institutes zu bewilligen.[3]

Es fehlte zunächst an einem Gebäude, um die neue Schule aufzunehmen, da kein städtisches Hauß hierzu sich geeigenschaftet(!) fand, und kein DomänenGebäude zur Verfügung war. Glücklicherweiße bot Herr Revisionsrath Lebens auf Ersuchen des Hn. GeneralGouvernementsCommissärs das dem französischen General Guerin zustehende und seiner Verwaltung anvertraute ehemalige DeutschOrdens-Hauß an, und räumte die zur Nothdurft erforderlichen Zimmer ein.[4] Dort eröffnete Herr Rossel in den ersten Tagen des Monaths Jenner seine Schule mit sieben Knaben.

So gering dieser Anfang war, so wenig ließ er sich dadurch niederschlagen, wohl wissend, daß in all dergleichen Dingen das Beginnen gerade das schwierigste ist, und daß nur mit der Zeit die Anerkennung des innern Werths die Anstalt befestigen kann.

Es währte so fort einen ganzen Monath, denn wenige wollten die ersten sein, einer ungekannten Anstalt ihre Kinder herzugeben; - alle wollten sie erst prüfen und nach dem Fortgange beurtheilen. – Sie mußte, wie es zu gehen pflegt, mit den Verläumdungen kämpfen, die viele Privatlehrer, so erbärmlich sie auch sein mogten, verbreitet hatten, und nur die Zeit konnte diese in ihr Nichts verschwinden machen.

In der Folge wuchs die Anzahl der Zöglinge in schnell aufsteigender Progression, bis jetzt, wo die Schule 40 Knaben zählt.

Herr Rossel ist ein junger Mann von 24 Jahren, der sein Erziehungsgeschäft mit Liebe umfaßt, und ohne irreleitende Nebenabsichten das Gute übt, weil er gut ist. Er hat sein System und seine Methode studirt und sich zu eigen gemacht, und besitzt nicht nur alle dazu gehörige Kenntnisse, sondern auch das glükliche Talent, sie mit Erfolg auf seine Zöglinge anzuwenden und überzutragen. Dabey verbindet er Muth und Ausdauer selbst in Widerwärtigkeiten mit vaterländischem Sinne, und es ist zu glauben, daß aus seiner Pflanzschule wohlgebildete Jünglinge und in Bürgertugend starke Männer hervorgehen werden.

Da sich nach dem zweiten Monathe die Zahl seiner Schüler mehrte, nahm er, was bey der Pestalozzischen Methode ganz ausführbar ist, seinen jüngern Bruder als Gehülfen an, der unter seiner Leitung die Uebungen der untern Klasse durchführt. – Seit kurzer Zeit hat sich Herr Frikhöfer, gleichfalls ein Sprosse des Institutes von Iverten, ihm beygesellt, der einsweilen bey ihm bleibt, bis sich vielleicht für ihn eine Gelegenheit eröffnen wird, anderwärtig eine pestalozzische Schule zu errichten.[5]

Es ist zwar ein Vorzug der Pestalozzischen Unterrichtsmethode, daß bey ihr mehr als bey irgend einer andern wenige Lehrer vielen Kindern genügen. – Indessen war jene Vermehrung des Lehrerpersonals Herrn Rossel aus zweyerley Rücksichten wünschenswerth. Zum ersten entstanden bey dem im Anfange von sehr verschiedenem Alter zusammentretenden Kindern auch verschiedene Klassen, die sich nicht einförmig behandlen ließen. Zum andern suchte er gerade in diesem Anfange eine schnelle Wirkung hervorzubringen, um dem öffentlichen Urtheil auch einen schnellen Erfolg vorlegen zu können. Auch hat er, da er Protestant ist, einen hiesigen katholischen Geistlichen angenommen, der die katholischen Kinder in der Religionslehre unterrichtet, und so auch in dieser Hinsicht die Eltern zufriedenstellt.

Die in der Schule aufgenommenen Knaben sind in dem Alter zwischen 5 und 13 Jahren. Sie zahlen das mäßige Lehrgeld von zwey Florin monatlich, und einige Armen sind umsonst aufgenommen. Sie sind in 2 Hauptklassen, mit 6 Unterabtheilungen, nach ihrem Alter und Fassungsvermögen getheilt; eine Abtheilung, die sich bey sich mehrender Anzahl viel besser durchführen läßt, als da derselben noch weniger waren.

Die Schulzeit ist morgens von 8 Uhr bis Mittag – und nachmittags von 2 bis 5 Uhr. Die Stunde von 5 bis 6 ist der Erhohlung gewidmet, und so lange die Jahreszeit es leidet, wird von 6 bis 8 die Turnanstalt besucht. – Wöchentlich werden dabey ein, auch mehrere Spaziergänge gemacht. Alles geschieht unter Aufsicht.

Die Unterrichtsgegenstände, die bisher nach und nach aufgenommen und bearbeitet wurden, sind: Menschenlehre, Leibesübung, Zeichnen, Geometrie und Formenlehre, Schreiben, Lesen, deutsche Sprache, und Religion. In kurzem wird auch der Gesangsunterricht beginnen, und mit dem kommenden Herbste wird den beiden ersten Abtheilungen der 1ten Klassen Geographie und lateinische Sprache gegeben werden. Die übrigen aufzunehmenden Gegenstände hängen von der Ausdehnung der Schule ab.

Seit dem Anfang dieses Monaths hat Herr Rossel auch noch eine Mädchenschule unternommen. In ihr befinden sich dermalen nur erst 8 Mädchen; ich darf aber kühn erwarten, daß sie eben den Fortgang gewinnen wird, wie erstere. Die Mädchen erhalten, mit Ausnahme der Geometrie und der Gymnastik, auch den nemlichen Unterricht, wie die Knaben; – außerdem werden sie täglich während 2 ½ Stunden in weiblichen Arbeiten geübt, wozu Herr Rossel die Frau Mathiowitz, Wittwe des verstorbenen Professors Mathiowitz dahier, angenommen hat.[6]

Beide Schulen zeichnen sich übrigens, ausser ihrem aus der Methode fließenden und ins Leben eingreifenden Unterrichtsgange, noch vorzüglich durch Ordnung, Reinlichkeit, Sittlichkeit, und die liebevolle Anhänglichkeit aus, mit der die Kinder ihren Lehrern zugethan sind, und von ihnen ohne Strenge geleitet werden.

Als ich bemerkte, daß die Anstalt in Aufnahme zu kommen angefangen, glaubte ich die Gelegenheit benutzen zu müssen, sie durch eine Turnanstalt mit dem Gymnasium näher zu verknüpfen. Es schien mir durchaus nöthig, daß mit dem geistigen Unterrichte, der sieben und mehr Stunden anhält, auch ein körperlicher verbunden werde, der, indem er die physischen Kräfte in Anspruch nimmt, das gestörte Gleichgewicht wiederherzustellen dient. Darum ließ ich am Anfange Aprils einen Turnplatz nach der Art des Berliner anlegen, auf dem die Jugend für jene Leibesübungen angewiesen wurde. Es ward mir dazu ein Seitenhof des hiesigen Schlosses eingeräumt, dem es zwar allerdings noch an gehöriger Ausdehnung fehlt, zumal bey künftigem Zuwachs der Zöglinge, der aber einsweilen wegen Mangel eines andern genügen mußte. Ich habe die zu den Uebungen nöthigen Gerüste aus dem hiesigen Unterrichtsfond angeschafft.[7] Die Uebungen bestehen 1. in Elementarübungen des Körpers und seiner Glieder; 2. in Laufen nach verschiedenen Richtungen; 3. Springen mit oder ohne Seil; 4. Militär-Exerzitium ohne Gewehr; 5. Schwebegehn auf in verschiedenen Höhen gelegten und schwingenden Balken; 6. Reckübungen (Hängen und Schwingen); 7. Klettern an Seilen und aufrecht stehenden Balken; 8. verschiedenen Turnspielen, wozu ein Caroußel gehört.

Ich ernannte zugleich Herrn Rossel zum Lehrer des Gesanges und der Turnkunst mit einem Gehalte von 400 Franken. – Die dazu tüchtigen Knaben des Gymnasiums nehmen an den Turnübungen Theil; nur mußte ich, um die Sache nicht durch Zwang zu verderben, es in die Willkühr der Eltern stellen, ihre Söhne zur Turnanstalt zu schiken. Der Widerspruch, der jede ungewohnte Neuheit durchgehends erleidet, hat zwar auch hier veranlaßt, daß noch nicht viele Gymnasiasten dabey erscheinen. Indessen muß die gute Sache sich durch sich selbst heben. – das Publikum, das täglich zum offenen Turnplatz kömmt, gewinnt ihm auch täglich mehr Geschmak ab; – und ich hege die gegründete Hoffnung, daß auch dieses Zunehmen, und so die mit der Geisteskultur gleichen Schritt haltende Körperbildung immer allgemeiner werden wird. – Die Knaben der Pestalozzischen Schule sind alle zu den Turnübungen angehalten, welche als wesentlicher Bestandtheil der Anstalt betrachtet werden. Um einestheils diese Verbreitung noch mehr zu befördern, anderntheils auch dem Turnlehrer Gehilfen an die Hand zu geben, unter deren zuverläßiger Aufsicht die Kinder in den gymnastischen Uebungen bleiben, habe ich die Kandidaten der hiesigen Normalschule dazu gezogen.[8] Es war nicht leicht, einige dahin zu bringen, daß sie ein ihnen so entbehrlich scheinendes Geschäft trieben, aber überzeugt, daß es zur Vollendung ihrer Ausbildung ebenso sehr, wie bey der eigentlichen Schuljugend, nothwendig sey, habe ich sie mit Zwang dazu angehalten; – sie haben sich nun darein gefunden, ja einige zeichnen sich darin vorzüglich aus, und erregen meine ganze Zufriedenheit.

Nachdem ich nun Eurer Exzellenz von dem Beginnen, Fortgange, und Leben dieser Anstalt Rechenschaft abgelegt, sey es mir erlaubt, hier einige Wünsche zu äußern, von deren Verwirklichung der künftige Bestand dieser für den Staat, so nöthigen Erziehungsschule abhangen wird.

Der erste betrifft das Lokal, worin die Schule bisher aufgenommen ist. Es ist dieses ein Privatgebäude, aus Gefälligkeit eingeräumt, und von dessen Eigenthümer es abhangen wird, ob er sie ferner darin lassen will. Diese Abhängigkeit könnte ihr sehr verderblich werden, und sie mit einemal in Stoken gerathen machen. Es ist aber in Koblenz ein DomänenGebäude, der Bauhof genannt, dermalen an einen

Privatmann, wie ich vermuthe, auf 3, 6, 9 Jahre vermiethet. Es umschließt, ausser einer zwar nicht ausgedehnten aber doch ziemlich geräumigen und leicht zu erweiternden Wohnung, einen weiten Hof, der zur Turnanstalt weit geeigneter wäre, als jener, der bisher dazu gegeben ist. Ich wage daher an Euer Exzellenz die gehorsamste Bitte, dieses Gebäude der pestalozzischen Schule gütigst zu überlassen, entweder nach Beendigung der nöthig zu belassenden Zieljahre, oder selbst noch früher, wenn es möglich wäre.[9]

Der andere betrifft eine Unterstützung für die Schule selbst. Es wird Eurer Exzellenz einleuchten, wie kärglich das Schulgeld die Bedürfnisse des Lehrers und seiner Gehilfen befriedigt, und wie wenig er davon erübrigen kann, seinem Institute die gewünschte Erweiterung zu geben. Das Schulgeld selbst ist nach dem mittlern Vermögens-Zustande der Einwohner dieser Stadt sehr weißlich berechnet, und seine Erhöhung würde dem Fortgange des Institutes durch nothwendig erfolgende Verminderung der Zöglinge schaden. So wie aber die Anstalt in jeder Rüksicht die Beachtung des Landesfürsten verdient, so darf ich auch mit dieser Betrachtung die Bitten vereinigen, ihr mit einem Zuschuß aus der Staatskasse zu Hülfe zu kommen.

Seine Majestät der König, der schon längst mit großen Aufopferungen die Pestalozzische Lehre unterstützte, und ihr in Seinen Staaten Aufnahme bereitete, wird auch mit Wohlwollen das Entstehen dieser Pflanzschule in einer seiner jüngsten Provinzen wahrnehmen, und ihr Seine allerhöchste Unterstützung nicht versagen. Diese Betrachtung mag mich rechtfertigen, wenn ich jene Bitte Eurer Exzellenz hier gehorsamst vortrage.

Eurer Exzellenz
Ganz ergebenster
Diener

J. Görres

---

1 Zu Johann Philipp Rossel schon Brief Nr. 37. Yverten: im Schloss von Yverdon (heute Yverdon-les Bains) 1804 von Pestalozzi gegründete Erziehungsanstalt für Knaben.

2 Dazu detailliert Brief Nr. 57.

3 Görres' Gesuch zur Gründung vom 13.12.1814: Brief Nr. 37. Zu Görres' Hochachtung für die Pestalozzi-Methode Brief Nr. 37, Anm. 2.

4 Zu Johann Friedrich Lebens und Jacques-Julien Guérin s. Pers.verzeichnis. Zur Suche nach einem geeigneten Haus für die Schule vgl. Brief Nr. 37 und weiter unten Anm. 9.

5 Karl Christian Frickhöfer, ebenfalls in Yverdon ausgebildet (s. Pers.verzeichnis).

6 Professor Joseph Mathiowitz war 1800 gleichzeitig mit Görres an der École secondaire eingestellt worden – die beiden ersten nichtgeistlichen Lehrer am Koblenzer Gymnasium (Worbs, *Geschichte des Königlichen Gymnasiums zu Coblenz*, S. 21ff).

7 Zu den Problemen, die sich schon bald mit diesem Turnplatz einstellten, s. Brief Nr. 67.

8 Die Normalschule zur Lehrerausbildung war 1784 als Kurfürstliche Normalschule vom Trierer Kurfürsten Clemens Wenzeslaus gegründet worden, 1806 von Präfekt Lezay-Marnesia neu gegründet und auch in preuß. Zeit weitergeführt worden (vgl. Brief Nr. 39, Anm. 2).

9 Zu diesem Vorschlag schrieb Gouvernementskommissar Sack am 23.8. (der sich im Übrigen durchaus positiv über das Pestalozzi-Institut aussprach): „Was nun die dem Institute des Herrn Rossel zu verabreichende Unterstützung betrift, so bemerke ich hinsichtlich der Wohnung, daß der sogenannte Bauhof auf 3, und wenn 3 Monate vor Ablauf derselben von keinem Theile eine Aufkündigung geschieht, auf 6 Jahre für 1800 Francs jährlich vor Martini 1814 an verpachtet ist, vor Martini

1817 kann die Pacht nicht aufgehoben werden, aber auch selbst alsdann ist sie nicht wohl thunlich der ansehnlichen Pacht willen. – Es scheint mir nicht unräthlich, wenn das besagte Institut mit dem Gymnasium, an die Stelle der jetzigen durchaus unnützen Vorbereitungsklassen tretend, vereinigt werden könnte. Das Gymnasium bietet dafür hinlänglichen Raum dar " (Abt. 350, Nr. 24, Bl. 11-18). Am 8. November 1815 wandte sich Gouvernementskommissar Sack in der Sache noch einmal an seinen Bruder in Aachen, nicht ohne die Gelegenheit für einen Seitenhieb gegen Görres zu ergreifen: „Herr Rossel, welcher einer Lehranstalt nach Pestalozzischer Methode vorsteht, hat sehr dringend gebeten, ihm zu einem Local für seine Lehr-Anstalt behülflich zu seyn, da er das Gegenwärtige, welches ihm durch meine Vermittelung unentgeltlich in dem, dem abwesenden französischen General Guerrin gehörigen, sogenannten deutschen Hause zugestanden ist, mit dem 1ten December räumen müße. Auf Ew. Excellenz Aufforderung habe ich bereits unterm 23ten August h. wegen dieser Lehr-Anstalt Bericht erstattet, und da mir dieserhalb noch keine Bescheidung zugegangen, so erlaube ich mir um so mehr darum zu bitten, da der Gegenstand für das Allgemeine, so wie für die hiesige Stadt von höchster Wichtigkeit ist, und die Schulangelegenheiten einer eifrigern Beherzigung und thätigern Eingreifung bedürfen als sie vom zeitigen Schul-Director H Goerres sich zu erfreuen haben." Oberpräsident Sack antwortete seinem Bruder erst nach Erhalt des Berichts von Görres zum Gymnasium vom 23.11.1815 (Brief Nr. 57), am 13. Dezember im Hinblick auf seine baldige Versetzung ohne konkreten Beschluss: „die Uebergabe meiner dortigen Administration in andere Hände steht so nahe jetzt bevor, daß ich dem Gesichtspunkt nicht kennend aus welchem diese Angelegenheit von meinem dortigen ... Nachfolger betrachtet werden wird, billig Bedenken tragen muß in selbige, jetzt noch auf eine entscheidende Weise, meinerseits einzugreifen, welches ich, wenn H Rossel sein Institut zu Kölln, Bonn oder an einem andern Orte meines künftigen Oberpräsidialbezirks hätte, oder mit dem Neuenjahr es dahin zu verlegen sich entschließen könnte, mit großer Bereitwilligkeit thun würde. Letzteres würde mir überhaupt sehr angenehm seyn, da ich den H Rossel ungemein schätze, und von seiner Thätigkeit für Zwecke des Schulwesens noch viel mehr ersprießliches erwarte. Ich glaube auch daß er namentlich zu Kölln einen dankbaren Boden für seine Unternehmung finden würde, und von meiner Seite könnte er dort auf jede billige Unterstützung und Ermunterung mit Zuversicht rechnen. – Ich ersuche H Rossel über diesen meinen Bescheid zu unterrichten und von seiner Erklärung dazu mich baldmöglichst benachrichtigen zu wollen." (LHA Koblenz, Best. 350, Nr. 24, Bl. 37f). Rossel schrieb daraufhin an Oberpräsident Sack am 11.1.1816, er habe gehört, dass Sack womöglich die Gegend bald verlassen werde, wolle deshalb bemerken, dass er nichts sehnlicher wünsche, als unter der Regierung S. Excellenz anderswo eine Pestalozzische Erziehungsanstalt zu gründen (Best. 350, Nr. 24, Bl. 45f). Auf seine nochmalige Anfrage am 10.2.1816, ob er sich Hoffnungen machen könne, erhielt er von Sack am 20.2.1816 eine vertröstende Antwort: Er solle, bis sich etwas machen lasse, „nur mutig in seinem alten Wirkungskreis fortfahren den mancherlei Hindernissen zu trotzen " (ebda Bl. 55).

50. An Ernst Heinrich Sack

Datum: Koblenz, 21.9.1815
Original: LHA Koblenz, Best. 355, Nr. 25, Bl. 83.
Unveröffentlicht.
Adresse: S. Hochwohlg. dem Herren Gouvernementscommissär Sack.
Einordnung: Antwort auf Sacks Schreiben vom gleichen Tag. Antwort Sacks: 22.9.1815.
Regest: Görres verteidigt den Inhalt eines beanstandeten Aufsatzes im *Merkur*, gibt an, einige Streichungen vorgenommen zu haben, und erbittet sich für die Zukunft rechtzeitigere Zensurmitteilungen.

Ew. Hochw. bemerken in Ihrer eben erhaltenen Zuschrifft, daß nach Ihrem dafürhalten der heutige Aufsatz der allerhöchsten Cabinetsordre entgegen sey, indem diese jeden Ausfall gegen die Regierungen und ihre höheren Beamteten verbiethe.[1] Ich muß Ew. H. bemerken, daß in diesem Verbothe unmittelbar die Clausel beygefügt ist, in sofern solche Äußerungen die Einigkeit unter den hohen Verbündeten stören könnten. Es ist aber in dem vorliegenden Aufsatze, einige harte entschlüpfte Worte gegen L. Castlereagh ausgenommen, die ich auf Ihre Erinnerung ohne Bedenken weggestrichen habe, nichts was eine solche Veruneinigung herbeyführen könnte, eine schon bestehende und einmal nicht wegzubringende Uneinigkeit ist vielmehr so gelind behandelt und dargestellt, daß der ganze Aufsatz weit eher zur Einigung als zu ihrem Gegentheile führen muß. Es ist S. M. dem König nicht eingefallen der freyen politischen Discussion einiges Hinderniß in Weg zu legen. Von Rußland ist nichts gesagt, als was es würklich und historisch als Motiv seiner Politik an Tag gelegt, und was von uns aus allen Kräften bestritten werden muß; mit England ist es eben so gehalten, und ich habe nichts gesagt, was nicht in vorliegenden Noten, die später im Aufsatz folgen werden, enthalten wäre. Indem ich also, gestützt auf die Wahrheit des Gesagten, und die gute Quelle aus der ich es geschöpft, ohne Bedenken hiermit die Verantwortlichkeit für den ganzen modifizierten Aufsatz über mich nehme, glaube ich, daß E. H. ihn ohne weiteres Bedenken passiren laßen werden.

Schließlich muß ich E.H.g. bemerken, daß heute um eilf Uhr mir erst ihre Censur über ein Blatt zukömmt, das schon am Morgen ausgegeben seyn muste und daß eine solche Verspätung der Natur eines periodischen Blattes durchaus widerstrebt, und seinen Mechanism hemmt. Ich muß also E. H um möglichste Abhülfe dieses Übelstandes bitten

Ew. Hochw.
Ergebenster
J. Görres

[1] Sack hatte am 21.9.1815 (s. Briefe an Görres) wegen Äußerungen gegen Russland und England und gegen deren Herrscher in Görres' Aufsatz „Stand der Verhandlungen am 10. September" (*Rheinischer Merkur* Nr. 302 vom 21.9.1815) das Verbot des Aufsatzes angedroht. Am 22.9. erfolgte Sacks Antwort, der Aufsatz könne mit den gemachten Modifikationen passieren.

51. An Ernst Heinrich Sack

Datum: Koblenz, 23.9.1815.
Original: verschollen.
Abschrift: LHA Koblenz, Best. 355, Nr. 25, Bl. 89.
Unveröffentlicht.
Adresse: Seiner Hochwohlgeboren dem Herrn Gouverneurs-Commissaire.
Regest: Görres weist die Aufforderung, den Namen des Verfassers eines beanstandeten Artikels zu nennen, zurück.

Ew Hochwohlgeboren fordern mich auf dem Verlangen der Administration in Mainz zu Folge, den Verfasser des Artikels über Kostheim anzugeben, und die Handschrift einzusenden.[1] Es ist den Gesetzen des Instituts zuwider, einem solchen Gesuche zu willfahren, bis die Unwahrheit der Angabe legal erwiesen ist. Ich habe darum die Klage der Administration an den Verfasser jenes Artikels eingesandt, um ihn über die darin enthaltene Beschuldigung sich vertheidigen zu laßen. Auch ist wie ich vernommen, von Seiten S. K. H. des Prinzen Carl eine Untersuchung deswegen angeordnet. Sollte diese zum Nachtheile des Verfassers ausfallen, so werde ich ihre Resultate zur Genugthuung der Administration ohne Anstand mittheilen, und den Namen zu nennen mich nicht länger weigern.

Ew. Hochwohlgeboren
Ergebenster Gez. Goerres

Coblenz am 23t Sept. 1815.

---

1 Gemeint ist der anonym erschienene Artikel „Aus Mainz" über ungerechte Steuerforderungen gegen die Bewohner von Kostheim in *RM* 285 vom 18.8.1815. Die Administration in Mainz (gez.: Marquard) hatte am 23.8.1815 bei Sack Beschwerde über die Ausfälle in dem Artikel geführt und die Nennung des Verfassers verlangt (LHA Koblenz, Best. 350, Nr. 25, Bl. 71). Sack hatte sich daraufhin mit Schreiben vom 29.8.1815 und noch einmal am 14.9. an Görres gewandt. Dazu der Brief des Verfassers L. an Görres Anf. Sept. 1815 (s. Briefe an Görres).

52. An Karl Josef Ignatz Mosler

Datum: Koblenz, 25.9.1815.
Original: Stadtbibliothek Koblenz, AB Görres-Briefe.
Unveröffentlicht.
Adresse: An Mahler Mosler in München.
Einordnung: Letzter bekannter Brief Moslers: 31.5.1815; Moslers Brief vom 2.10.1815 kreuzte sich offenbar mit vorliegendem. Moslers Antwortbrief: 16.10.1815.
Regest: Görres kündigt Mosler die Überweisung seiner Pension an, die ihm die Reise nach Rom ermöglichen werde.

Coblenz am 25ten Sept 1815

Zweyffel wird Ihnen einen Wechsel von 1450 Franken senden[1], damit reißen Sie in Gottes Namen nach der Stadt der sieben Häupter. In München ist kein Segen auf weiterem Verweilen. Ich denke ich werde mit Ihrer Pension immer nachrücken können, und wenns stocken sollte, so haben Sie so viel voraus, daß man bey Zeiten Maasregeln treffen kann.[2]

Ich verlege mich jetzt eben auch aufs Sammeln alter Bilder, und habe ein ganz vortreffliches altes Madonnenbild nur leider mit sehr verletztem linken Aug gefunden. Dann eine große schöne Himmelfarth(!) der Maria, und viel Anderes, was Sie erfreuen wird, wenn Sie einmal wieder zu uns kommen.[3]

Morgen früh muß ich auf meine Umreiße nach Trier und in die Gegend gehen. Darum die kurzen Worte, darum aber können Sie doch lange machen.

Leben Sie wohl; und reißen Sie glücklich.

---

1 Der Koblenzer Handelsmann Johann Jakob Zweiffel, der um 1804 Compagnon von Görres' Freund Dietz war.

[2] Zu der Pension Brief Nr. 14. Mosler fühlte sich an der Münchner Akademie äußerst unwohl (s. Brief vom 16.10.1815). Bereits am 16.10. spricht er von seiner bevorstehenden Abreise nach Italien in weniger als 14 Tagen.

[3] Zu Görres' Kunstsammlung vgl. Briefe Nr. 58, 68, 74, 75.

53. An Johannes Schulze

Datum: Koblenz, 25.9.1815.
Original: Germanisches Nationalmuseum Nürnberg, Hist. Archiv (Autographen Kapsel 19). (2 Seiten).
Unveröffentlicht.
Adresse: Herrn Schulrath und Professor Schulz in Hanau.
Einordnung: Antwort Schulzes: 30.9.1815.
Regest: Görres bietet Schulze die Stelle des Direktors am Koblenzer Gymnasium an.

Coblenz am 25 Sept 1815

Ich habe ein allzu langes Stillschweigen gegen Sie beobachtet. Der Grund lag außer meinen vielen Schreibereyen in den schwankenden immerfort wechselnden Verhältnißen. Als ich zuletzt eben einen Brief mit der Entscheidung an Sie absenden wollte, kam von Aachen ein Einhalt, indem von Berlin aus eine Veränderung des ganzen Planes angekündigt sey. Das hat sich denn auch dahin ausgewießen, daß die Einführung der Inspektoren über das Ganze, wie nicht zu tadlen ist, aufgegeben worden. Statt dessen sollen in jedem Komiße Inspektoren unter den Pfarrern die tüchtigsten erlesen werden, die alsdann in kleinerem Umfang, und mit mäßiger Gehaltszulage die Aufsicht über die Schulen üben. Es ist also von dieser Seite, die Aussicht geschwunden, Sie zu meinem Gehülfen zu erlangen.[1]

Dafür hat sich seither eine Andere geöffnet, die ich Ihnen jetzt vorlegen will. Der Direktor des hießigen Gymnasiums ist gestorben. Sie würden, wenn Sie in seine Stelle einträten, einen sehr angemessenen Wirkungskreis für ihre Kräfte, ohne allzu große Überladung mit Arbeit finden, und wollten Sie später zur rheinischen Universität übergehen, sich die Brücke dazu bauen.[2] Das Gymnasium bedarf großer Reformen, die Herbeyziehung neuer Lehrer, und ein ernstes starkes Antreiben der schon Vorhandenen. Alles was dazu von meiner Seite gethan werden kann, wird willig von mir geleistet werden. Einige Lehrer werden wegfallen, einige derjenigen die an ihre Stelle treten, habe ich schon bezeichnet, und sie werden an diesen gute Gehülfen finden.[3]

Was ich Ihnen dafür bieten kann sind 2000 Franken als Direktor des Gymnasiums und 600 als Direktor der Normalschule, eine sehr schöne Wohnung mit etwas Garten. In dem wohlfeilen Coblenz ist diese Summe 1/3 mehr als 2800 Fr. in dem theuern Maynz.

Ich kann Ihnen das nur in der Eil berichten, da ich eben im Begriffe bin meine Umreiße durch die Eyfel und nach Trier anzutreten. Wollten Sie sich die Sache überlegen, und mir baldige Antwort schreiben. Da ich etwa 3 Wochen ausbleibe, so könnten sich alsdann wohl auch einmal hier Alles sich besehen. Möglich auch, daß ich später nach Frankfurt komme.

Gott befohlen
Ihr
J. Görres

1 Der Theologe und Pädagoge Johannes Karl Hartwig Schulze, seit 1812 Direktor der Hohen Landesschule in Hanau, 1813 Oberschulrat des Großherzogtums, damals auch bereits renommiert als Mitherausgeber von Winckelmanns *Geschichte der Kunst des Alterthums*. Görres hatte ihn für ein Inspektorenamt in Koblenz vorgeschlagen (s. Johann August Sack an Görres 5.8.1814).

2 Zu der geplanten Errichtung einer rheinischen Universität, deren Standort noch nicht feststand: Brief Nr. 32. Schulze wurde schließlich am 21.12.1815 zum Direktor ernannt (s. Brief Nr. 57).

3 Dazu Görres' Bericht über den Zustand des Gymnasiums: Brief Nr. 57.

54. An Ernst Heinrich Sack

Datum: Koblenz, 4.11.1815
Original: LHA Koblenz, Best. 355, Nr. 25, Bl. 91.
Adresse: S. Hochwohlg den H. Gouverneurscommissar!
Regest: Görres fordert Sack auf, das Verbot eines Aufsatzes durch die Zensur zu begründen.

Ich mögte E. Hw. wohl um die Mittheilung der Beweggründe bitten, die Sie zum Gesuche um Weglaßung des Aufsatzes von Kaiserslautern bestimmen[1], damit ich mich gegen ein geplündertes, Geraubtes, mit Füßen getretenes Volk rechtfertigen kann, daß ich einen so gemäßigten ihm abgepreßten Nothschrey ersticken half.

Ew. H.Wohlg.
Ergebenster
J. Görres

Ich lege Ihnen den Aufsatz mit einem Endzusatz bey, der ihm wohl eher durchhelfen kann.[2]

1 Das Schreiben aus Kaiserslautern über die Gewalttätigkeiten der russischen Heere auf dem Rückzug (dat. 20. Oct.), sollte in Nr. 324 vom 4.11.1815 erscheinen. Er wurde von der Zensur gestrichen. Stattdessen wurde ein Gedicht „Die drey Worte des Heils" eingerückt. Einige Ausgaben des *RM* aber wurden wohl mit dem Artikel ausgeliefert: dazu Czygan Bd. 1, 347f; *GS* 6-8, Inhaltsverzeichnis, S. 56; *GS* 9-11, Anhang bringt die unveröffentlichten Zensurstücke der Ausgabe Nr. 324 vom 4.11.1815. Zu dem Aufsatz aus Kaiserslautern auch Brief Nr. 55.

2 Sack antwortete am 4.11., auch der Zusatz könne ihn nicht bestimmen, den Aufsatz passieren zu lassen (s. Briefe an Görres). Oberpräsident Sack in Aachen, bei dem die letzte Entscheidung über die Zulässigkeit des Aufsatzes lag, antwortete seinem Bruder mit Datum Aachen, 8. November: Der Gouvernementskommissar habe „wohlgetan den Artikel russ Truppen in der vorgelegten Form nicht passieren zu lassen … Teile könnten als Anreitzung der Unterthanen zu Gewaltthaten oder … persönliche Beleidigung des Kaisers oder seiner Minister gedeutet werden" (LHA Koblenz, Best. 355, Nr. 25, Bl. 91f). Im gleichen Akt, Bl. 95ff folgen weitere Beanstandungen: Aufforderung zu Streichungen in *RM* Nr. 325 vom 6.11.1815 „Die zweyte Oktoberfeyer", Verbot eines Aufsatzes „Öffentliche Anklage aus dem Herzogtum Westfalen" (Verf. laut *GS* 6-8, S. 56 vermutlich Görres), geplant für Nr. 326 vom 7.11.1815. Stattdessen wurde in Nr. 326 ein Auszug aus der Schrift „Was sollen wir Teutsche fordern?" eingefügt.

55. An Johann August Sack

Datum: o. D: Koblenz, ca. 9.11.1815.
Original: verschollen.
Druckausgabe: Marie Görres (Hrsg.), *GPS* 3, S. 385f.
Bemerkung: Da das Original verschollen ist, wird der Brief nach der Ausgabe von Marie Görres wiedergegeben.
Zur Datierung: Laut Brief Sacks vom 14.11.1815 eingegangen in Aachen am 10.11.1815.
Einordnung: Antwort Sack an Görres: 14.11.1815.
Regest: Görres beschwert sich beim Oberpräsidenten über die Handhabung der Zensur durch den Gouvernementskommissar Sack in Koblenz.

Durch die getroffene Anordnung mit der Censur des Rheinischen Merkur, finde ich mich in fortdauernde Discussionen mit dem Herrn Gouvernementscommissär verwickelt, die nachgerade anfangen mir unerträglich zu werden.[1]

Neuerdings ist dieß seit meiner Rückkehr zu zwei verschiedenenmalen bei Gelegenheit einer Rüge der schändlichen Ausschweifung der Russen eingetreten.[2] Sollen solche Gräuel vertuscht und verschwiegen bleiben, dann sind wir werth, daß wir sie ertragen müssen: heute der Nachbar, morgen wir selbst, da wir zu feig gewesen, auch nur einen Zorn um solche Mißhandlung zu äußern; krümmt sich doch der Wurm, wenn er getreten wird, und man will es den armen Leuten, die man hülflos solcher Barbarei preisgegeben, versagen, daß sie das Geschrei ihrer Noth vor die Ohren der Mächtigen bringen können. Am wenigsten kann ich ein Werkzeug solcher Verheimlichung sein, und ich kann in keiner Weise das Vertrauen täuschen, das die Mißhandelten in mich gesetzt, und in irgend einer Art mit meinen Pflichten capituliren. Ueberhaupt wird Euer Hochwohlgeboren begreifen, daß das gegenwärtige Censurverhältniß unmöglich länger bestehen kann. Ich kann mich nicht in der Mitte zwischen einem Wollen von Publicität und einem Nichtwollen derselben schwankend erhalten, und muß zu wiederholtenmalen um bestimmte Entscheidung für das Eine oder Andere bitten.

Euer Hochwohlgeboren etc.

---

[1] Der Oberpräsident hatte seinen Bruder, den Gouvernementskommissar Sack in Koblenz, im Juli an Stelle des Zensors Tippel mit der Zensur des Merkur beauftragt (s. Brief Nr. 48 sowie Briefe an Görres vom 20.7. und 24.7.1815).

[2] Zu den jüngsten Querelen mit der Zensur s. Brief Nr. 54. Görres war nach dem 25.9. auf einer etwa dreiwöchigen Umreise gewesen.

56. An Ernst Heinrich Sack

Datum: Koblenz, 17.11.1815.
Original: LHA Koblenz, Best. 355, Nr. 25, Bl. 111.
Unveröffentlicht.
Adresse: Sr Wohlg dem Herren Gouverneurscommissär Sack.

Regest: Görres beschwert sich mit harten Worten über das kleinliche Vorgehen der Zensur und erklärt, er habe den beanstandeten Artikel trotz des Verbots, das er überdies zu spät erhalten habe, mit kleineren Änderungen drucken lassen.

Da ich nicht glauben konnte, daß E. W. die an der gestrichenen Stelle bezeichneten Individuen, die nach der Angabe in der Schule französischer Intendantur, groß oder französischer Grundsätze aufgewachsen, indem sie nur die Schlechtigkeit der Franzosen mit teutschem Ungeschick verbunden überall wo sie hinkommen bey Freund und Feind Land und Leut ausscheiden und verderben, als in der königlichen Cabinettsordre mitbegriffen ansehen, und sie in Schutz nehmen würden[1]; da ich demzufolge urtheilen mußte, daß E. W. bey dieser Gelegenheit ihre Vollmachten überschritten hätten; da ich ferner in dem ganzen, von E. W. seit geraumer Zeit befolgten Gange, ohngeachtet der dabey befolgten scheinbar gemäßigten Formen nichts als das Werk kleinlicher Persönlichkeit, und ein überlegtes System, mich Schritt vor Schritt zu fesseln, erblicken konnte, weswegen ich auch gleich zu Anfang und neuerdings wiederhohlt bey der Behörde dagegen reklamirt, so habe ich nach einigen gemachten Änderungen, die der Stelle eine mehr allgemeine Wendung geben, die Zeitung ohne Bedenken ausgeben zu können geglaubt, und muß jetzt freylich dem Herren Oberpräsidenten die Entscheidung überlaßen, in wiefern ich damit Recht gethan. Der Einspruch E. W. obgleich gestern geschrieben, und citissime bezeichnet, ist mir erst heute zugekommen, und E. W. werden begreifen, daß man eine Zeitung nicht nach Laune und Willkühr Tage lang aufhalten kann, und man noch weniger einzelne aus einem Aufsatz abgerißene Stellen erst nach Aachen tragen, und dann nachsenden kann.[2]

E. W.
E.
J. Görres

---

1 Es geht um den Beschluss der Artikelreihe „Frankreichs Zukunft" (*RM* Nr. 326ff; ab 8.11.) in *RM* Nr. 330 vom 16.11.1815.

2 Sacks Schreiben vom 16.11.1815 (s. Briefe an Görres) hatte die Veröffentlichung des Aufsatzes ohne vorherige Erlaubnis des Oberpräsidenten in Aachen verboten.

57. An Johann August Sack

Datum: Koblenz, 23.11.1815.
Original: LHA Koblenz, Best. 350, Nr. 24, Bl. 19-34.
Unveröffentlicht.
Adresse: S. Excellenz dem Königl. Preußischen Geheimen Staatsrathe und Oberpräsidenten der Königl-Rhein Provinzen Ritter Herrn Sack in Aachen Gymnasium von Koblenz betreffend.
Regest: Görres nimmt Stellung zu den ihm zur Begutachtung zugesandten Vorschlägen des Gouvernementskommissars Sack zur Zukunft des Koblenzer Gymnasiums, legt Argumente gegen eine Zusammenlegung mit der Pestalozzischule vor, umreißt die Geschich-

te des Gymnasiums und legt dar, welche Maßnahmen, das Personal und die Finanzen betreffend, er für eine Verbesserung der Anstalt als notwendig erachtet.

Koblenz den 23ten 9ber 1815

Euer Excellenz haben mir die Vorschläge um Verbesserung des hiesigen Gymnasiums, die der Herr General Gouvernements Commissär bei Gelegenheit des Berichtes über die pestalozzische Lehr-Anstalt gemacht, zum gutachtlichen Berichte zugesandt. Die Umreiße, die ich seit jener Zeit gemacht, hat mich verhindert, früher diesen Bericht abzustatten. Ich säume gegenwärtig nicht länger, dem Verlangen Eurer Excellenz zu entsprechen.[1]

Es kann nicht bezweifelt werden, daß das hiesige Gymnasium einer großen Reformation bedarf, aber diese muß weit durchgreifender seyn, als es in jenen Vorschlägen geschehen, und die Vereinigung des Pestalozzischen Instituts mit dem Gymnasium würde in keine Weise dem vorgesetzten Zwecke entsprechen.[2] Einmal ist der Lehrplan in beiden Instituten allzusehr verschieden, als daß sie sich zusammenschmelzen ließen, und dann wäre den Gebrechen, die durch das Ganze gehen, wenn auch die Vereinigung sich bewerkstelligen ließ, hierdurch keines Weegs begegnet. Dieß aber fordert eine ausführliche Darstellung und eine umfassende Behandlung nach allen den verschiedenen Seiten die sie biethet.

Das Gymnasium von Koblenz, an die Stelle eines ehemaligen Jesuiten-Collegiums gesetzt, hatte eine Zeit, wo es vorzüglich ausgezeichnet gut, und in vielem vortrefflich gewesen.[3]

Als zuerst ein Streben nach einer höheren Bildung in dem hiesigen Gymnasium erwachte, als man es in der Erkenntniß und Wissenschafft dem übrigen vorgeeilten Deutschland gleichzuthun, sich bemühet, als der Hof selbst in diese Bestrebungen eingieng, sie begünstigte, und ermunterte, als die noch jungen Lehrer, im Wetteifer und Fleiße einander zuvorzuthun sich bemüheten, als der noch unversehrte Wohlstand des Landes und der Stadt und Umgegend die Lehrlinge zu Hunderten herbeiführte, da hatte die Anstalt eine Zeit der Blüthe, die einen vielfältig wohlthätigen Einfluß auf die hiesige Gegend übte. Der Ausbruch des Krieges wurde ihr zuerst verderblich, dadurch, daß er sie aus ihrem bisherigen Sitze vertrieb. Durch die Verlegung wurde die bisherige Ordnung unterbrochen, die innere Disciplin erschüttert, und der Grund zu mancherlei Unordnungen gelegt. Nach einigen Jahren kehrte das Institut zu seiner alten Stelle, aber nie wieder zu seiner Bedeutenheit zurück. Beim Einrücken der Franzosen fand es sich bald im Falle um seine Existenz zu kämpfen, da die Regierung mehr als einmal vorhatte, alle Güter des öffentlichen Unterrichts in Beschlag zu nehmen. Diese Wegnahme wurde zwar, und hier insbesondere durch die Verwendung der Lehrer verhindert, aber sie konnten nicht abwenden, daß unter dem Druke des Krieges, und unter der Schwere der Steuern und durch die im Frieden von Lunneville erfolgte Theilung der Stiftungsgüter unter die beiden Rhein-Ufer die Finanzen der Schule immer mehr in Verfall geriethen. Es geschah also, daß, da niemand sich im mindesten um das Loos der Lehrer kümmerte, noch ihnen einige Unterstützung zu Theile wurde, sie oft und häufig in die gröste Bedrängniß geriethen. Mit ihren Einnahmen zum großen Theil auf Weingüter angewießen, war ihr Bestand an das

Wandelbare dieses Besitzes geknüpft, zum Theil FamilienVäter sahen sich als dann genöthigt, auf wucherische Zinsen Geld aufzunehmen, wodurch ihre Lage im steigenden Verhältnisse sich verschlimmerte. Im Verlaufe von 15 Jahren ist ihr Gehalt ihnen nie zur Verfallzeit zu Theil geworden, und sie haben öfters länger als ein Jahr darauf warten müssen. Die Folge aber davon war eine unausbleibliche Auflösung der innern Ordnung und Disciplin. Die Lehrer nie für ihre Existenz gesichert, lebten in einer Stimmung, die mit ihrem Berufe unverträglich war. Da niemand sich ihrer annahm, glaubten sie auf ihre eigene Willkühr sich gesetzt, und thaten gröstentheils mit Unwillen nur das Nothdürftige. Sie musten ihren Unterhalt auf anderem Weege sich zu sichern suchen, und verwendeten ihre beste Krafft auf Nebenstunden, oder andere Beschäfftigungen. Die Uebel des Krieges drückten unterdessen wie auf die Lehrer, so auch auf die Besuchenden. Die Klassen hatten wenig Schüler, die höhern offt nur drei bis vier, und so fehlte auch der Antrieb der von aussen kommen, und das todte Treiben beleben konnte. Nebst dem geschah es auch, daß die französischen Behörden das Institut bald als eine Ablagerung für solche Subjecte betrachteten, die nicht bedeutend genug waren, um ihnen reichere Pfründen zu verschaffen, und deren sie sich hier aufs schicklichste entledigen zu können glaubten. So wurde nach einander eine Reihe von Lehrern hineingeschoben, die grösten Theils unwissend, und dem Berufe fremd die Reste des Besseren nur verdarben, und zugleich den Fond der Anstallt, die zum öfftern mit solchen Individuen überladen wurde, noch mehr in Rückgang brachten. Zuletzt kam nun auch die französische Universität hinzu, vertrieb durch Auflegung der Retributionen die Hälfte der noch übrigen Lehrlinge, nahm den Lehrern eine bestimmte Summe für ihre Diplome ab, und sanctionirte damit alle eingeschlichnen Misbräuche.

In diesem Zustande fand ich bei der Uebernahme der Direction das Institut. Es würde ungerecht gewesen seyn, mit Verkennung der widerwärtigen Umstände, die den Verfall herbei geführt, sogleich mit heftigen Maasregeln durchzugreifen. Ein Theil der Lehrer war in der Ausübung seines Berufes alt geworden. Da der Staat seine Verbindlichkeiten gegen sie nicht erfüllte, konnte er auch ihnen nicht mit Strenge die Erfüllung ihrer Obliegenheiten in ihrem ganzen Umfange ansinnen, noch weniger war es zulässig jetzt nachzurechnen, was in den vielen Jahren hätte geschehen und unterbleiben können. Ich dachte also nur auf eine allmälich fortschreitende Abhülfe des Uebels, und dafür mußte zunächst eine Transfusion von frischem Blute geschehen, diese aber setzte vor allem eine bessere Regulirung des Finanzwesens der Anstalt zu Grunde, da ohne diese nicht leicht ein Fremder für einen so tröstlichen Beruf sich gewinnen lassen mogte. Ich hatte noch mancherlei Schwierigkeiten zu bekämpfen, da auch hier, wenn auch keine Veruntreuung, doch manche Misbräuche eingerissen waren. Das Gymnasium besitzt viele kleinere Güter, die jedes Jahr vielmehr gekostet, als eingetragen haben. Doch ist es seit undenklichen Zeiten bei der Ordnung geblieben, die einmal damit getroffen war. Ich habe den Verkauf dieser Güter vorgeschlagen, Eure Excellenz aber hatten Bedenken, in diesen Vorschlag einzuwilligen; darum habe ich eine Vertheilung in Loosen, und eine Verpachtung auf mehrere Jahre angeordnet. Die größern Besitzungen des Instituts haben im kläglichsten Zustande sich befunden; Beträchtliche Weinberge, weil sie nicht gehörig angebaut gewesen, und in 30 Jahren nicht gedüngt worden, sind im grösten Verfalle, und Stellenweis ganz ausgegangen. Ich habe, wo die Pachtjahre abgelaufen, eine neue Verpachtung auf vortheilhaffte Bedingungen angeordnet, und nachdem eine jährliche bestimmte Summe zur Wiederherstellung des Verfallenen ausgesetzt worden, der Landwirthschafft Kundige Vögte bestellt, die über ihre Verwendung und die Erfüllung der eingegangenen Verpflichtungen von Seiten der Pächter zu wachen haben.

Schwankende und unbestimmte Kornrenten sind gröstentheils in Geldbestände verwandelt, und allzugering angesetzte Haus und Feldmiethen, durch eine Ausbiethung beträchtlich erhöht worden. Durch alle diese Mittel ist ein Theil des Deficit ausgefüllt, wie es sich bei der Bilanz des Instituts gezeigt.

Aber damit ist noch keines Weegs weder das gegenwärtige Bedürfniß, ganz gedeckt, noch weniger für das bei der Verbesserung künftig steigende vorgesorgt. Ich habe bei meiner Anwesenheit in Aachen Eurer Excellenz mündlich das damalige dringende Bedürfniß der Anstalt entwickelt, und Hochdieselbe um eine ausserordentliche Unterstützung aus der Staats-Kasse angegangen.

Damal waren die Professoren mit ihrem Gehalte 8 Monate im Rückstande, seither hat das Uebel sich vermehrt, und sie haben in diesem Augenblicke ein ganzes Jahr zu forderen.

Die diesjährige Weinlese ist nicht so ausgefallen, daß sie dies fehlende ergänzen könnte; höchstens 6 Monate des Rückstandes werden sich damit decken lassen. Um also Einnahme und Ausgabe zuvörderst ins Gleich-Gewicht zu bringen, und vorerst rückwärts die alte schlimme Zeit abzuschließen, ehe eine bessere beginnt, ergeht mein erstes Gesuch an Eure Excellenz, ohne dessen Erfüllung eine Verbesserung unmöglich ist, aus der Staats-Kasse dem Gymnasium eine Unterstützung von vier Tausend Franken zu bewilligen.

Diese Summe ist keinesweegs ein Schnitt aus frischem Fleische heraus, sie giebt viel mehr nur mit der einen Hand zurük, was mit der andern genommen worden, da ich urkundlich beweisen kann, daß das Collegium allein in diesem Jahre an ausserordentlichen Steuern über 3000 Franken zahlen muste.

Es sind weiter hin für nothwendige Reparaturen des Gymnasiums-Gebäudes im verflossenen Jahre über 1200 Franken verwendet worden, diese Ausgabe ist grösten Theils dadurch entstanden, daß die Stadt im ganzen Verlaufe des Krieges, und wieder neuerdings seit der Anlangung der Verbündeten, Hospitäler, Magazine und Wachstuben in das Gebäude verlegte, und noch im jezigen Augenblicke nicht nachläßt, trotz allen Gegenvorstellungen dasselbe in eine Kaserne zu verwandeln. Schon an sich, und nach den noch bestehenden Gesetzen ist jede Gemeinde verbunden, für die Unterhaltung der Gebäulichkeit und der in ihr befindlichen öffentlichen UnterrichtsAnstalten zu sorgen. Sie kann hier um so weniger sich dieser Pflicht entziehen, da die Beschädigungen in ihrem Dienste und Vortheil geschehen sind. Mein zweites Gesuch geht daher an Eure Excellenz, der Stadt Koblenz aufzugeben, jene 1200 Franken aus ihrer Gemeinde Kasse zu ersetzen.

Der Ertrag des laufenden Herbstes, jene 4000, und die gegenwärtigen 1200 Franken werden eben hinreichend seyn, das gröste Deficit einer jährlichen Besoldung zu decken, und nun erst wird es möglich seyn auf die Verbesserung und Reformation des Instituts zu denken. Ich fasse, was hier geschehen muß, in seinem Haupt-Gesichtspunkt zusammen.

Durch den Tod des Herrn Director Simon ist das Institut ohne Direction geblieben.[4] Es ist nöthig, daß ihm vor allem ein tüchtiger Director wieder gegeben werde, der mit einem recht durchgreifenden Eifer desselben sich annimmt, und den seit Jahren in ihm erstorbenen Geist wieder zu beleben im Stande ist. Daß er ein recht durchgebildeter Philolog seyn müsse, ist gleichfalls durch den gegenwärtigen Zustand der Anstalt bedingt.

Ich habe Eurer Excellenz schon früher den Herrn Schulrath und Director Schulz in Hanau zu dieser Bestimmung vorgeschlagen.[5]

So wie ihn Deutschland aus seinen Schrifften kennt, ist nicht zu zweifeln, daß er alle zu diesem Amte erforderliche Kenntnisse in vollem Maase besitzt, und so wie ich ihn persönlich kenne, halte ich mich für überzeugt, daß er seinem Wesen nach alles übrige in sich vereinigt, was unter den vorliegenden Umständen ihn vorzüglich passend für die Stelle macht. Es ist nicht zu zweifeln, daß es vielen unter den hiesigen Einwohnern erwünschter seyn würde, wenn die Schule einen Director ihres Glaubens Bekenntnisses erhalten hätte. Indessen ist die Stimmung der Meinung in dieser Hinsicht hier von solcher Art, daß man ohne Bedenken hier thun kann, was vielleicht in keinem andern Orte rathsam wäre. Ich habe seit dem Tode des vorigen Directors die Sache angekündigt, und mich aus der Weise, wie die Ankündigung aufgenommen worden, vollends überzeugt, daß man lieber einen recht tauglichen Director wünscht, wäre er auch von anderer Confession, als einen minder durchgreifenden, wenn er auch desselben Glaubens wäre.

Ich habe deswegen dem Herrn Schulz den Antrag gemacht, und er hat ihn Bedingungsweise angenommen.

Er wünscht nehmlich an der Stelle seiner jetzigen Besoldung in Hanau von 1500 à 1600 Gulden wieder zu erhalten, und dabei von Seiten der Regierung für die zu unternehmende Reiße entschädigt zu werden, wie es immer in dergleichen Fällen in dem Preusischen Staate gewöhnlich seye.

Der vorige Director bezog als solcher 2000 Franken, und als Director der Normal-Schul 600 Franken. Diese 2600 Franken machen nicht die verlangte Summe aus. Ich glaube, daß es füglich geschehen könne, daß ihm statt 2000 2400 Franken bewilligt werden, die dann mit den besagten 600 Franken und der freien Wohnung ohngefähr das Verlangte geben werden.

Herr Schulz hat übrigens schon von Berlin her die Zusicherung erhalten, daß, wenn Eure Excellenz ihn anstellen wollten, man Ihnen von dort aus nicht entgegen seyn würde.

Unter den Lehrern, die seit der französischen Occupation in das Gymnasium eingeschoben worden, befand sich auch Herr Dey[6]; er war ein gebohrner Pariser, ehemals in Ahrenbergischen Diensten, verschiedentlich an den Prefecturen im Rechnungswesen angestellt, und sollte nun an der Schule die untere Mathematik lehren. Es gebrach ihm keinesweegs an Kenntnissen, aber gänzlich am Vortrag und an der Fähigkeit, sein Ansehen in der Klasse geltend zu machen. Ausser dem hatte er sich dem Wein ergeben, und sein unordentliches Leben stieg in einem immer zunehmenden Verhältnisse. Ich habe ihm am Schlusse des letzten Schuljahres geschrieben, daß er nicht länger bei seinem Amte bleiben könne, und mir seine Entlassung zu geben habe. Blos das Mitleiden mit einer schuldlosen Familie, hat mich verhindert, früher diese Maasregel zu ergreifen. Er ist darauf von hier fortgegangen, und seine Stelle findet sich erledigt.

Eine zweite Stelle ist offen, seit ich die Direction übernommen, weil sie nicht mit ihr und meinen sonstigen Verrichtungen verträglich war. Der Zustand der Finanzen, und die geringe Besoldung der Lehrer hat mich abgehalten, sie bisher wieder zu besetzen, um so mehr, da ich der einzige übrig gebliebene Lehrer der höhern philosophischen Klassen war, die sonst in allen andern Fächern eingegangen. Herr Professor Borrigs hat während 33 Jahren dem Unterricht im Gymnasium seine Kräffte zugewendet.[7] Er nahet jetzt dem höhern Alter, und hält an in Ruhestand versetzt zu werden. Man kann nach der Billigkeit ihm dieses Gesuch nicht versagen. Er hat mit Fleiß und Eifer seinem Amte vorgestanden, es fehlt ihm noch jetzt nicht an Thätigkeit, und wenn er nicht ganz mit dem Erfolge, wie wohl ehemals lehrt, so kann es ihm keines Weegs als Schuld ausgelegt werden. Durch die Wiederbesetzung seiner Stelle durch einen andern Lehrer, würde das Gymnasium in soferne verbessert seyn, als größere Jugend und Rüstigkeit dem neu eintretenden einen Vorzug geben. Man wird ihm nicht weniger als Tausend Franken als Ruhe-Gehalt bewilligen können.

In der Vorbereitungs-Klasse sind zwei Lehrer angestellt, und es ist nicht zu läugnen, daß auf ihnen das größte Gebrechen der Anstalt hafftet. Die Disziplin findet sich am meisten dort im Verfall, und der Unterricht in den Vorbereitungs-Kenntnissen ist höchst mangelhafft und unzulänglich, so daß die Lehrer der höheren Klassen die Schüler in einem Zustande übernehmen müssen, der sie auf ihrem weiteren Fortschritte nothwendig irren muß. Die Lehrer, Herrn Anschütz und Pereville, haben sich untereinander wechselweise, und dem dritten, dem abgetretenen Herrn Dey, die Schuld davon zugeschoben; die Wahrheit aber ist, daß sie sich alle gemeinschafftlich in dieselbe theilen müssen.[8] Herr Anschütz hat neben seinem Lehr-Amte die Stelle zugleich als Commis-Greffier beim hiesigen Tribunal versehen. Da diese doppelte Stelle eine Theilung der Krafft nothwendig zur Folge hatte, so konnte er dem Unterrichte nicht die erforderliche Thätigkeit zu wenden, und da jene Stelle mehrmals Abwesenheit bei Commissionen erheischte, so mußte darunter die Ordnung der Schule bedeutend leiden. Da indessen die geringe Beträchtlichkeit seines Lehrgehaltes nicht zum Unterhalte seiner Familie hinreichte, war ich genöthigt eine solche Spaltung zu zu geben. Ich habe ihm erklärt, daß er für die neue Organisation der Schule nothwendig zwischen beiden Stellen wählen müsse. Er hat für die Lehrer-Stelle sich bestimmt, verlangt aber gegenwärtig, im Gehalte den übrigen gleich gesetzt zu werden. Herr Pereville der zweite Lehrer ist durch eine einseitige Bestimmung des vorigen Directors in das Gymnasium eingetreten. Er vereinigt mit einem übeln Vortrage einen völligen Mangel an Methode in der Behandlung der Zöglinge, und im Unterricht. Seine Kenntnisse scheinen durchaus auf den Umkreis einer Vorbereitungs-Schule beschränkt. Er zerstreut sich über dem vielfältig im PrivatUnterricht, der seinem öffentlichen Abbruch thut. Es wäre allerdings zu wünschen, daß er mit einem tauglichen Lehrer ersetzt werden könnte, inzwischen halte ich es für rathsam, darüber das Urtheil des neu eintretenden Directors abzuwarten.

Durch die Pension des Herrn Professor Borrigs, die Wiederbesetzung meiner Stelle, die Zulage zum Gehalte des Directors, werden die Ausgaben des

Gymnasiums um jährliche 3000 Franken vermehrt. Die Einkünfte desselben belaufen sich auf etwa 14000 Franken, die jetzt bestehenden Ausgaben, außerordentliche Kriegs-Steuern ungerechnet, auf 15000 Franken. Jene Vermehrung kann also nicht gedeckt werden durch die Gefälle der Anstallt selbst, sie muß ihr von aussen kommen. Nun ist es zwar wahr, daß durch die angeordneten Verbesserungen der inneren Oekonomie im Verlaufe von 4 – 5 Jahren jene Vermehrung zuverläßig sich ergeben wird, indessen ist damit keines Weegs für die laufenden Bedürfnisse vorgesorgt. Ich glaube, daß hier die Stadt füglich in Anspruch genommen werden könne.

Eine Gemeinde, die ein Octroi besitz, das 60 – 70000 Franken einträgt, und die davon jährlich 21000 Franken nach Paris gesendet, die übrigens für den Unterricht gar nichts thut, kann sich nicht beschweren, wenn man sie um 3000 fr zu diesem Zwecke in Anspruch nimmt. Mein drittes Gesuch ergeht daher an Eure Excellenz die Gemeinde Koblenz zu einem jährlichen Beitrag von 3000 Franken, vorschußweise am Anfange jedes halben Jahres bezahlt, anzuweisen.

Wollen Eure Excellenz dies mein dreifaches Gesuch genehmigen, so wird es ein leichtes seyn, die Regeneration der Schule bis zum neuen Jahr zu bewirken. Ich werde Ihnen alsdann den vollständigen Plan des Ganzen, und die Vorschläge zu den erledigten Lehrer-Stellen vorlegen; und will mich alsdann verbürgen, daß die Anstalt binnen einem Jahre einen neuen bisher ihr fremden Umschwung nimmt.[9] Aber ich kann es auch nicht verhehlen, daß ohne jene vorbereitende Maasregel jedes weitere Vorschreiten gänzlich unnütz ist, und besonders, daß Palliativmittel und halbe Maasregeln hier gar nichts helfen können, und also besser unterlassen werden.

Euer Exzellenz
Ergebenster Diener
und Director des öffentlichen Unterrichts

J. Görres

---

1 Auf Görres' Bericht über die Pestalozzischule vom 30. Juli (Brief Nr. 49) hin hatte Ernst Heinrich Sack mit Datum vom 23. August Vorschläge zur Verbesserung des Koblenzer Gymnasiums vorgelegt, die wiederum Oberpräsident Johann Heinrich Sack Görres zum gutachtlichen Bericht zugesandt hatte. Görres war nach dem 25.9. auf einer etwa dreiwöchigen Umreise gewesen.

2 Ernst Heinrich Sack hatte in seiner Stellungnahme vom 23. August an Oberpräsident Sack indirekt Görres eine Mitschuld am Niedergang des Gymnasiums gegeben und eine Zusammenlegung der Pestalozzischule mit dem Gymnasium vorgeschlagen: „Was Herr Direktor Görres in seinem angebogenen Berichte über den Fortgang der seit Anfang dieses Jahres unter der Leitung des Herrn Rossel eröfneten Lehranstalt nach Pestalozzischer Methode sagt, ist allerdings gegründet. Die Anzahl der Zöglinge vermehrt sich täglich, welches aber mehr dem absoluten Mangel an andern Lehranstalten zuzuschreiben ist, als dem besonderen Vertrauen des Publikums. Ein Vertrauen, das in der kurzen Zeit der Existenz jenes Instituts nicht erwartet werden kann. Herr Direktor Görres hat durch die Aufmerksamkeit, welche er demselben schenkt, vieles zu dessen Fortgang beigetragen; zu bedauern ist es aber, daß derselbe darüber das hiesige Gymnasium, welches einer gänzlichen Reform dringend bedarf, durchaus vergaß und somit dem fühlbaren Mangel einer Lehranstalt für höhere wissenschaftliche Bildung nicht abgeholfen ist. Ich habe schon in meinem letzten Verwaltungsberichte diesen Gegenstand berührt, und glaube diese Gelegenheit ergreifen zu müßen um Ew. Excellenz denselben nochmal dringend ans Herz zu legen. Herr Direktor Görres hat selbst die Nothwendigkeit der Umbildung dieser ehedem blühenden Lehranstalt anerkannt, glaubt aber in

Zeit, Umständen und Personen unübersteigliche Hindernisse zu finden. Daß es schwierig ist, eine so tief herabgesunkene Anstalt zu erheben, kann nicht verkannt werden, aber da die Sache täglich schlimmer wird, und der daraus für Bildung und Sittlichkeit entstehende Schaden täglich zunimmt, so darf nicht länger damit gesäumt werden. Die Hindernisse, welche aus den Umständen entspringen sollen, sind, wie ich vermuthe, in den schwankenden Einkünften des Gymnasiums zu suchen, welche von der größern oder geringern Ergiebigkeit der Weingüter abhangen, auf die seit dem Verlust seiner Güter auf dem rechten Ufer des Rheins, das Vermögen des Gymnasiums beschränkt ist. Durch eine jährliche Unterstützung aus der Staat-Kasse wären diese Hindernisse leicht zu beseitigen, der Mangel an tüchtigen Lehrern ist fühlbar, und mehrere derselben aus den Vorbereitungs-Klassen sind in der Achtung des Publikums so sehr gesunken, daß sie zum größten Nachtheil der Sittlichkeit, zum Gespötte der Zöglinge geworden sind. Ueberdem sind zwei Lehrstühle der höhern Klassen durch den Tod des Direktors Herrn Simon und die Beförderung des Herrn Görres erledigt. Bei dem bedeutenden Gehalte und den übrigen Vortheilen, welche die Lehrer des Gymnasiums geniesen, wird es nicht schwer fallen, die erledigten Lehrstühle auf die zweckmäßigste Weise zu besetzen, daher ich im Grunde kein Hinderniß vorfinden kann, welche der durchaus nöthigen Reform des Gymnasiums entgegen steht. ... Es scheint mir nicht unräthlich, wenn das besagte Institut mit dem Gymnasium, an die Stelle der jetzigen durchaus unnützen Vorbereitungsklassen tretend, vereinigt werden könnte. Das Gymnasium bietet dafür hinlänglichen Raum dar" (LHA Koblenz, Best. 350, Nr. 24, Bl. 11-18).

3 Das Koblenzer Gymnasium war 1582 als Jesuitenschule gegründet worden, nach der Aufhebung des Jesuitenordens bestand es als Kurfürstliches Gymnasium weiter, unter den Franzosen seit 1798 als École centrale secondaire. Görres selbst war von 1785-1793 Schüler des Kurfürstlichen Gymnasiums gewesen, und seit 1800 – mit einer Unterbrechung für seine Lehrtätigkeit in Heidelberg 1806-1808 – bis zu seiner Ernennung zum Direktor des öffentlichen Unterrichts Lehrer an der Sekondärschule.

4 Johann Simon, der bereits seit den 80er Jahren als einer der jungen Weltgeistlichen, die die Jesuiten ablösten, an der Schule lehrte und einer von Görres' Lehrern gewesen war (s. Fink-Lang, *Görres*, S. 22ff), war seit 1798 erster Direktor der École secondaire und blieb auch nach dem Abzug der Franzosen in diesem Amt. Er starb im Mai 1815. Die Leitung hatte daraufhin vorübergehend der Geistliche Albert Borrigs übernommen (Worbs 30ff).

5 Görres hatte Johannes Schulze, damals Oberschulrat in Hanau, am 25.9.1815 (Brief Nr. 53) das Angebot der Direktoratsstelle in Koblenz gemacht. Dieser wünschte sich sehr, seine unbefriedigende Stellung in Hanau aufgeben zu können (Schulzes Briefe 30.9.1815, 22.11.1815, 18.12.1815). Am 21. Dezember 1815 ernannte Görres Schulze zum Direktor des Gymnasiums (Brief Nr. 59).

6 Zu Dey, der spätestens seit 1809 dem Kollegium angehörte (Worbs, *Geschichte des Königlichen Gymnasiums zu Coblenz*, S. 28) und zugleich Gerichtsschreiber war, s. Pers.verzeichnis.

7 Borrigs, einer der jungen Weltgeistlichen, die Mitte der 80er Jahre ans Kurfürstl. Gymnasium kamen, war von den Franzosen zunächst abgesetzt, 1806 wieder angestellt worden und wurde schließlich 1818 pensioniert (Worbs, *Geschichte des Königlichen Gymnasiums zu Coblenz*, S. 21f, 30ff).

8 Zu Joseph Andreas Anschütz und Franz Xaver Pereville s. Personenverzeichnis.

9 Die Reaktion des Oberpräsidenten Sack in Aachen fiel für Görres nicht wie gewünscht aus. Sack zog es vor, die Entscheidung hinauszuschieben, da er mit seiner baldigen Versetzung rechnete, die am 10. Januar 1816 erfolgte. (vgl. Brief Nr. 49). Am 30. November schrieb er an Gouvernementskommissar Sack in Koblenz: „Ew Hchw Bericht vom 23ten Aug. über die Vorschläge des Dir. Görres zur Unterstützung der in Coblenz mit großem Beifall begonnenen Pestalozzischen Schule, und Ihr damit verbundener sehr drängender Antrag zur Verbesserung des ganz gesunkenen Gymnasiums daselbst, habe ich dem Dir. Görres zur gutachtlichen Äußerung mitgetheilt und dessen Antwort vor wenigen Tagen erhalten. Dieser erklärt sich nun zuvörderst gegen die von Ew. Hochwg. vorgeschlagene Vereinigung dieser Pestalozzischen Schule mit dem Gymnasium vorzüglich aus dem Grunde der zw beiden ganz verschiedenen Lehrpläne zwischen welche sich der Anknüpfungspunkt schwerlich so leicht möchte finden lassen. Was derselbe ferner über die höchst nothwendige Verbesserung des Gymnasiums berichtet, bezieht sich vorzüglich auf den Finanzzustand desselben und auf Vorschläge zur Besetzung der offenen Lehrstellen. Die Auseinandersetzung des ersteren Punktes ist indessen zu wenig ins Detail gehend und ohne alle nothwendige Belege und Nachweisungen, und würde daher erst einer genaueren Untersuchung bedürfen, als dies unter den jetzigen Umständen geschehen kann. Ich halte es daher für das Zweckmäßigste, die Reorganisation des

Coblenzer Gymnasiums dem Zeitpunkt zu überlassen, wo die neue Regierungsverwaltung in Würksamkeit getreten ist, und die Sache mit der erforderlichen Reife und Gründlichkeit betrieben werden kann, wodurch sich dann der zweite Antrag des Dir. Görres zur Besetzung der vakanten Lehrerstellen von selbst erledigt, welches Ew. E. demselben eröffnen wollen." (LHA Koblenz, Best. 350, Nr. 24, Bl. 35f).

58. An Achim von Arnim

Datum: Koblenz 23.11.1815.
Original: Goethe- und Schiller-Archiv Weimar, GSA 3/199. (3 Seiten).
Druckausgabe: Hermann F. Weiss (Hrsg.), *Unbekannte Briefe von und an Achim von Arnim aus der Sammlung Varnhagen und anderen Beständen* (Schriften zur Literaturwissenschaft 4), Berlin 1986, Nr. 107, S. 264-266 (vollständig, zahlreiche kleinere Lesefehler).
Adresse: Herren Achim von Arnim Wohlg zu Wiepersdorf bey Dahme in Sachsen.
Einordnung: Letzter bekannter Brief Arnims: Wiepersdorf, ca. Sommer 1815. Arnims Antwort: 23.1.1816.
Regest: Görres setzt sich mit der Möglichkeit auseinander, Arnim eine Anstellung bei der Regierung am Rhein zu verschaffen, und fordert ihn auf, nach Koblenz zu kommen und über ein mögliches Bleiben nachzudenken.

Coblenz am 23 Nov. 1815

Ich muß einmal wieder mit dir reden, du alter Streitgenoße, ich habe es lange unterlaßen, ob du mir gleich zum öfteren geschrieben, doch habe ich darum deiner nicht seltener gedacht. Man wird noch toll über all dem politischen Wesen, und ärgert sich das Weiße im Auge darüber gelb, doch verschlägts nicht viel, *spiritus flat ubi vult.* Ich hatte auf deinen letzten Brief dir sogleich zu antworten mir vorgesetzt, darum habe ich ihn auf die Reiße mitgenommen, aber da kommen zu dem ordinari Gezänke noch so viele Zerstreuungen, daß man gar nicht dazu kömmt! Dann hatte ich auch gedacht, Savigny würde dir das Nothwendigste geschrieben haben.[1]

Die Nachrichten, die du mir von deinem Treiben gegeben, haben mir freylich den von Heidelberg[2] wieder klar gezeigt, doch hat es mich betroffen, dich in etwas kleinerer Wirthschafft, die dir gar nicht zusagen kann, zu erblicken. Mir hatte glaube ich Fouques Schwiegersohn von einer großen Erbschafft erzählt, die du gethan, und da hatte ich seither immer gedacht, du hättest es wenigstens so bequem, als es in jetziger Zeit möglich ist.[3] Wäre ich in dem Irrthum nicht gewesen, ich hätte dir schon früher vorgeschlagen, dich bey uns zu versuchen. Das war damal bey Gruner ein leichtes Werk, jetzt hälts etwas schwerer, doch ists auch noch fertig zu bringen. Aber voraus mußt du doch mit dir zu Rathe gehen, nicht ob du für das Wesen taugst, sondern ob das Wesen für dich taugt. Du meynst an eine Regierung, aber das ist ja ein Ding vom Teufel, das Regieren. Diese Buchstabenwirthschafft wo jeder alle Tage mit Tinte eine Linie von einer halben

Meile zu ziehen hat, das Spinnhaus, wo jeder sich den eigenen Lebensfaden vom Rocken zieht und all sein Leben an das kümmerliche Leben wendet, das siebenmal gedroschene Stroh, das zuletzt zu Hexel verschnitten wird, und den schneidenden Eseln zur Speiße dient, dieser schreckliche Mechanism in dem die Frikzion das einzig Bezweckte ist, das ist mir all ein Greuel vor meinen Augen, und ich kann mich nicht dazu verstehen. Ich habe noch gar nicht gefragt, was sie aus mir machen wollen, aber ich habe mir vorgenommen, wenns nicht, wie bisher, auf meine Weiße gehen kann, lieber alles miteinander wegzuwerfen. Sie sollen mich nicht in ihre Mühle sperren, daß ich ihr Rad trete, das noch besser mit Wasser getrieben würde. Darum ist mir Wissenschafft und Kunst so lieb, der Mensch gilt darin, was er werth ist, dort ist er wie Papiergeld, so viel werth, als der Staat ihm gezwungenen Curs zu geben im Stande ist. Das bedenke du wohl, darin ist die äußere Natur auch besser, du kannst dich mit allen deinen Kräften an ihr versuchen, und sie hält dich in Ehren, und läßt dich gelten, und du hast doch über keine Verkehrtheit zu zürnen, wenn die Elemente dir auch einmal untreu werden.

Wenn du aber meynst, das Alles ließe sich bestreiten, und zum Guten lenken, dann bleibe immerhin dabey, und ich muß dir sagen, daß mehrere brave Leute Hierhin kommen wollen, die doch auch eine Hoffnung haben müßen, daß sie nicht zu Schanden gehen, und Gutes stiften können. Mit Solms Laubach ist gar wohl zu leben, er ist ein guter, ehrlicher, gescheidter, nur wie man sagt ein wenig schwacher und karger Mann. Schenkendorf, der recht brav ist, soll mit ihm kommen, Haxthausen mit dem ebenfals auszukommen, gleichfals, Butte von Landshuth, den ich nicht weiter kenne, wie ich glaube auch.[4] An diese Regierung müßtest du nun kommen, Landrath hat manch Gutes und Selbstständiges, doch taugt das Leben in den kleinen Landnestern nicht viel. Vor Allem müßtest du einmal herüber kommen, das wird dir ohnehin zuträglich seyn, einmal wieder in die Welt hinauszuziehen, und es kostet dich wenig, da du wohl weißt, wie gern du bey mir aufgenommen bist. Daß dich die Leute hier bald unter die Ihrigen zählen, dafür will ich stehen, sie sind schon zufrieden, wenn du nur einen schlechten oder dummen Preußen verdrängst. Überhaupt muß ich dir sagen, daß Ihr von der bisherigen Wirthschafft hier im Lande Alle miteinander keine Ehre habt. So schlecht und dabey so ungeschickt und tölpelhaft, das ist nie erhört worden, kein Mensch ist im Lande, der nicht die Überzeugung hätte, daß es schlechter als unter den Franzosen sey. Um Millionen wird das Land be(...)[5] und andere Millionen werden durch Dummheit und Ungeschicklichkeit vergeudet; dazu wollen die Soldaten nun noch aufgespielt haben, und mit freundlichen Minen wohl bewirthet seyn, und es ist eine Unbilligkeit, die Einen in der Kehle würgt. Darüber her haben sie denn noch die schönen Friedensgeschichten gemacht, daß kein Mensch auch nur auf den folgenden Tag mit Sicherheit zählen kann. – Da bin ich nun wieder im Zuge, und wollte doch nicht von all dem Quarke reden. – Also wenn du kommen willst, komm bald, ich habe schon mit Solms einsweilen in der Sache reden laßen, und will es selbst noch auf alle Fälle thun, es wäre wohl recht schön, wenn wir noch einmal zusammenträfen, und ich hätte früher wohl kaum gedacht, daß es möglich sey, daß es hier geschehe. Hätten sie nur besser für die Ruhe gesorgt, und zeigten sie nur halbwegs Verstand, es sollte kein übles Leben am Rheine werden. Es ist viel verdorben und zerrüttet worden, aber die Wurzel ist noch gut, und wird schon wieder ausschlagen. Also komm immerhin einmal herüber, du kannst dich immer hier besinnen, ob du bleiben willst. Du wirst uns Alle gesund und wohl, und die Kinder groß gewachsen wiederfinden, auch haben sich seither recht schöne altteutsche Bilder zu mir hin geflüchtet, an denen du dich ergötzen (!).[6] Unsern besten Gruß an dich und die Deinigen.

---

1 Görres' letzter Brief: 20.2.1815 (Nr. 41). Friedrich Carl v. Savigny, damals Professor in Berlin, war im Herbst auf einer Erholungsreise am Rhein, in Frankfurt und Heidelberg gewesen. Nach Stoll Bd. 2, S. 148ff war Savigny am 10.9.1815 in Koblenz. Auch Creuzer berichtet (2.11.1815 an Görres), Savigny habe Kunde von seinem Besuch bei Familie Görres gebracht.

2 Weiss merkt hier fälschlich an: „Gemeint ist der Staatskanzler von Hardenberg". Görres spricht hier aber von Arnim, wie er ihn in Heidelberg kennengelernt hatte.

3 Fouqué heiratete 1798 zum 1. Mal, hatte aber aus dieser Ehe keine eigenen Kinder, 1803 wurde ihm eine Tochter aus 2. Ehe geboren, die aber damals noch nicht im heiratsfähigen Alter war. Görres irrt hier also, zumindest mit dem angegeben Verwandtschaftsverhältnis. Möglicherweise meint er Fouqués Schwiegervater, den preuß. Generalmajor Anton Ernst Gottfried Eberhard von Schubaert (1744-1829).

4 Zu einer möglichen Anstellung für Armin in der im Aufbau befindlichen preußischen Provinz Niederrhein mit Sitz in Koblenz noch einmal Brief Nr. 60. Graf Solms-Laubach, der seit 1813 im Zentralverwaltungsdepartement mit dem Freiherrn von Stein zusammengearbeitet hatte und als Berater Steins und Hardenbergs auf dem Wiener Kongress an deren Verfassungsentwurf mitgewirkt hatte, Befürworter der Kaiserwürde für Österreich, war Görres freundlich gesinnt. Er war in der Zeit der Umstrukturierung der preußischen Rheinlande maßgeblich an deren struktureller und personeller Organisation beteiligt. Werner Moritz von Haxthausen war 1815 durch Solms-Laubach als Regierungsrat nach Köln berufen worden. Max von Schenkendorf kam 1815 als Regierungsrat nach Koblenz. Wilhelm Butte, Professor für Statistik und Staatswissenschaften in Landshut, wurde 1816 Regierungsrat in Köln.

5 Stelle durch Fleck beschädigt.

6 Zu Görres' neuesten Kunsterwerbungen s. Brief Nr. 52. Zu Görres' Kunstsammlung: Elisabeth Heitger, *Die Koblenzer Maler und ihre Werke in der ersten Hälfte des 19. Jhs.*, Anhang II, S. 297f.

59. An Johannes Schulze

Datum: Koblenz, 24.12.1815.
Original: Bibliotheka Jagiellonska Krakau, Varnhagen-Sammlung. (3 Seiten).
Druckausgabe: K. A. v. Müller, Fünf Briefe von J. v. Görres, in: *Euphorion* 19 (1912), Nr. 1, S. 284f (vollständig).
Einordnung: Schulzes vorangegangener Brief: 18.12.1815. Antwortbrief: 4.1.1816.
Regest: Görres beklagt sich darüber, dass die Regierung in Aachen keinen seiner Vorschläge verwirkliche, kündigt an, er werde daher nun aus eigener Vollmacht handeln, und fordert Schulze auf, nach Koblenz zu kommen, um die für den Aufbau des Gymnasiums nötigen Schritte vorzubereiten.

Coblenz am 24 Dez. 1815

Sie sind ungehalten über mein abermaliges Schweigen.[1] Wie ich Ihnen das nicht verübeln kann, so würden Sie es mir auch nicht anrechnen, wenn Sie wüßten, wie übel dran ich mit den Leuten bin, womit ich zu thun habe. Sie haben sich vorgenommen von allen meinen Vorschlägen zum Guten und Besseren nicht einen passiren zu laßen, übrigens aber Alles mit schönen und freundlichen Worten glimpflich von der Hand zu weißen. So ist mir in dem ganzen Jahre mit denen von Aachen nichts gelungen, nicht so viel als mit Gruner in einem Tage.[2] Nachdem sie mich so in Bezug auf das hießige Kollegium seit dem Anfang mit Versprechungen hingehalten, folgt hier der letzte Bescheid mit den armseligen Vorwänden. Nun aber bin ich gesonnen, und habe deswegen mit Solms Laubach die Abrede getroffen, von meinen alten unbeschränkten Vollmachten Gebrauch zu machen, selber durchgreifen(!), und in meinem ganzen Umkreis im Interregnum Alles zu vollenden damit die Regierung hernach sich genöthigt findet das Daseyende zu erhalten.[3] Hier indeßen, wo Sack, der Bruder, mit dem ich in durchaus feindseligem Verhältniß stehe, Commißär ist, muß ich mit einiger Vorsicht verfahren, und genau die Zeit des Übergangs abpaßen.[4] Nun aber sollen doch in der Zwischenzeit alle Vorbereitungen getroffen werden, und ich bitte Sie, wenn es Ihre Geschäffte irgend erlauben, gleich nach Neujahr auf acht Tage herunterzukommen, und die Gelegenheit und die Menschen sich zu betrachten, und vorläufig sich eine Ansicht deßen zu bilden, was geschehen muß. Die Anstalt bedarf drey, vier, ja villeicht fünf neue Lehrer, meist gute Sprachkundige für die Classen. Das müßen Catholiken seyn, wären es Geistliche, wäre mir gleichfals sehr lieb; doch ist es nicht nothwendige Bedingung: Ich bitte Sie, mir anzugeben, was Sie von dergleichen Leuten kennen, und mir empfehlen können. Wäre es nicht möglich aus Sailers in Bayern Zucht einige zu erlangen?[5] Was sie vorzüglich Tüchtiges von Protestanten kennen, dazu wird bey andrer Gelegenheit Rath werden.

Ist alles einmal vorbereitet, und die Personen alle ausgewählt und aufgefordert, dann werde ich Alles so einrichten, daß es eben zur rechten Zeit beysammen ist, und nun zu spielen beginnt. Ihre eigene Ernennung ist schon ausgefertigt, wir werden aber nur zu dieser Zeit von ihr Gebrauch machen können. Da Sie zum Schulrath in die hießige Regierung vorgeschlagen sind, so kann es Ihnen um so mehr gleichgültig seyn, wo Sie sich befinden, und Sie riskiren bey dem ganzen Spiele, das ich um das Gute zu befördern, aufgelegt, gar nichts.[6] Leben Sie wohl und behalten Sie mich lieb.

Ihr Erg.
J. Görres

---

1 Schulze hatte auf Görres' letzten Brief (Nr. 53) umgehend am 30.9.1815 geantwortet, der Wirkungskreis, den Görres ihm in Koblenz eröffnen wolle, sei seinen Kräften nach „furchtbarer Krankheit" ganz angemessen. Er werde, sobald er sein Anstellungsdekret von der preußischen Regierung erhalten habe, seinen Abschied nehmen. Am 18.12.1815 hatte Schulze sich dann, nachdem er nichts von Görres gehört hatte, wieder in Erinnerung gerufen und den 4. Band seiner Ausgabe von Winkelmanns *Geschichte der Kunst des Alterthums* (4 Bde., Dresden 1809-15, mit H. Meyer) geschickt, dabei betont, dass er Görres' Schweigen keineswegs missdeutet habe. Gott werde helfen, ihn aus den fürchterlichen Verhältnissen zu erlösen.

2 Zu Görres' Vorschlägen zur Zukunft des Gymnasiums und zur vorgeschlagenen Berufung von Schulze als Direktor, sowie zur hinhaltenden Antwort des Oberpräsidenten Sack in Aachen s. Brief Nr. 57. Zu Görres' fruchtbarer Zusammenarbeit mit dem ehemaligen Generalgouverneur Justus Gruner s. die Briefe Nr. 1ff.

3 Das Interregnum, von dem Görres spricht, umschreibt die personelle Umstrukturierung der nun preußischen Rheinlande. König Friedrich Wilhelm III. hatte am 5.4.1815 im Besitzergreifungspatent die Umwandlung des ehemaligen Departements Rhein-Mosel zur Provinz Niederrhein mit Regie-

rungssitz Koblenz verfügt. Nach der Auflösung des provisorischen Generalgouvernements Mittel- und Niederrhein und nach Abberufung des ehemaligen Gouverneurs bzw. Oberpräsidenten Johann A. Sack, war zunächst Graf v. Solms-Laubach, bei der Neueinrichtung der Provinzialbehörden, die die Einteilung der Rheinlande in zwei Provinzen einführte, als Oberpräsident für die Provinz Niederrhein vorgesehen, erhielt aber schließlich die Provinz Jülich-Cleve-Berg mit Amtssitz Köln. Die Provinz Großherzogtum Niederrhein mit den Regierungsbezirken Koblenz, Trier und Aachen, und Sitz in Koblenz, erhielt am 10.1.1816 Karl Heinrich Ludwig Freiherr von Ingersleben, der zuvor Oberpräsident in Pommern gewesen war. Zu Solms-Laubach vgl. Brief Nr. 51.

4 Zu Görres' Streitigkeiten mit dem Bruder des Oberpräsidenten, Ernst Heinrich Eberhard Sack, Gouvernementskommissar in Koblenz, um die Zensur des *Rheinischen Merkur* s. Briefe Nr. 48, 50, 54ff.

5 Johann Michael Sailer, damals Theologieprofessor an der Universität Landshut, war Görres wohl durch Brentano, der ihn hochschätzte, ein Begriff. Görres wandte sich in einem nicht erhaltenen Brief Anfang 1816 an Sailer. Dieser antwortete am 13.4.1816, er könne auf Grund des großen Mangels an Geistlichen, keinen „Gehülfen" für Görres senden, habe sich aber Görres' Anliegen „tief in die Seele geprägt", und werde, wenn er auf ein taugliches Subjekt stoße, ihm sofort Nachricht geben.

6 Schulzes Ernennung, dat. Koblenz 21.12.1815 unterschrieben von Görres (Orig.: Berlin, GStA PK, I. HA Rep. 77, Tit. 22, 8 adh., Bl. 46): „Nachdem die Stelle eines Direktors am Gymnasium zu Koblenz durch den Tod des Herrn Simon erledigt ist, und da die Erhaltung und Förderung der Anstalt deren Wiederbesetzung dringend erheischt, so ernenne ich durch gegenwärtiges den Herrn Schulrath Schulz von Hanau zum Direktor dieses Gymnasiums, als welcher er der Besoldung und aller Rechte theilhaftig werden wird, die dieser Stelle angehören. Der Direktor des öffentl. Unterrichts J. Görres." Schulze trat im Frühjahr 1816 die Stelle eines Consistorial- und Schulrats in Koblenz an, 1818 wurde er Regierungsrat am Preuß. Ministerium der geistl., Unterrichts- und Medizinalangelegenheiten in Berlin.

60. An Achim von Arnim

Datum: Koblenz, 24.12.1815.
Original: Staatsbibliothek zu Berlin – Preuß. Kulturbesitz, Nachlass Grimm 686, Bl. 25. (2 Seiten).
Druckausgabe: Steig, Görres' Briefe an Achim v. Arnim, in: *Neue Heidelberger Jahrbücher* 19, S. 107 (vollständig).
Adresse: Herren Achim von Arnim in Berlin (ohne weitere Adresse).
Zur Datierung: Steig S. 107 datiert 1816. Das Datum auf dem Original ist aber eindeutig.
Einordnung: Letzter bekannter Brief Arnims: Wiepersdorf, ca. Sommer 1815 (angekommen vor der Umreise, die Görres kurz nach dem 25.9. antrat). Arnims Antwort: 23.1.1816.
Regest: Görres teilt Arnim mit, es habe bisher nichts für eine Anstellung am Rhein geschehen können, da er sich nirgends gemeldet habe, und zeigt ihm die Möglichkeit auf, in das eben gebildete Konsistorium für Unterrichtsangelegenheiten einzutreten.

Coblenz am 24 Dez 1815

Lieber Arnim!
Ich habe dir in dein Nest geschrieben, sehe aber aus deinem letzten Briefe, daß du dich in Berlin befindest. Ich hatte mit dir geredet über das Verlangen, das du bezeigt, hierher zu kommen, bist du noch des Sinnes, dann laß dir dieses gesagt seyn.[1] Die Organisazion der Regierung ist durch Solms Laubach so zu sagen vollendet, und man kann im Ganzen damit zufrieden seyn. Da du dich nirgendwo gemeldet,

auch nichts von dir und den Deinigen lautbar wurde, so konntest du auf meinen bloßen Vorschlag nicht aufgenommen werden. Ein Schulrath oder Consistorium, wie sies nennen, ist eingerichtet, daran soll Lange, Schulz von Hanau, Windischmann, ich und zwey Geistliche kommen.[2] Wie ich höre, will Windischmann nicht annehmen, weil er nach Cöln auf die Universität zu gehen denkt.[3] Da könntest du, wenn dies der Fall wäre, füglich eintreten, und wenn es dir so gefällt, dann nehme in Berlin deine Maasregeln darnach. Haxthaußen wird dir das Nähere sagen. Das Leben hier wird gar nicht übel werden, Gneisenau und die Übrigen habens gut vor, und es kann etwas aus der Sache werden. Überlege dir Alles, und wähle das Beste.[4]

Alles ist hier wohl, grüße die Deinen, und Savigny mit den Seinigen, und Clemens, dem ich noch die Antwort auf seine beyden Briefe schuldig bin, die ich wohl einmal bald nachhohlen werde.[5] Gott behüthe dich.

J. Görres.

---

1 Der Brief ins „Nest", nach Wiepersdorf: Brief Nr. 58. Arnims Brief aus Berlin ist nicht erhalten. Im Dezember 1815 besuchten Arnim und Bettine Savigny in Berlin (Feilchenfeldt, *Brentano-Chronik*, S. 95ff). Arnim hatte sich in seinem Brief vom Sommer 1815 erkundigt, ob es „noch leere Stühle im Großherzogthum Niederrhein" gebe, oder ob seine bleibende Einrichtung schon erfolgt sei, und ob Görres' Departement, das Schulfach, schon vollständig sei. Am 23.1.1816 schrieb er allerdings, er habe keinerlei Neigung zu einer Anstellung am Rhein, da er sich dafür demütig an Schuckmann und Hardenberg hätte wenden müssen.

2 Zur Organisation der preußischen Provinz Niederrhein und zu Graf Solms-Laubach s. Briefe Nr. 58 und 59. Zu Kommissar Regierungsrat Lange, der in den konfessionellen Streitigkeiten 1819 um das Gymnasium Koblenz in Görres' Augen eine äußerst unrühmliche Rolle spielte, Brief Nr. 166, zu Johannes Schulze s. Brief Nr. 59. Zu Karl Joseph Hieronymus Windischmann s. Personenverzeichnis. Die in Preußen eingerichteten Konsistorien waren dem Kultusministerium unterstellt und für Schulangelegenheiten sowie für die staatliche Kirchenaufsicht für alle Konfessionen zuständig. Das Konsistorium für die Provinz Niederrhein in Koblenz wurde am 22. April 1816 geschaffen. Dazu Max Bär, *Die Behördenverfassung der Rheinprovinz seit 1815*, Bonn 1919. Bär S. 155 nennt als Konsistoriumsmitglieder 1816 in Koblenz neben Cunz und Schulze den „Assessor Lange", der im Nov. 1817 zum Konsistorialrat befördert wurde und noch 1823 als Schulrat in Koblenz erwähnt wird (ebda S. 190).

3 Zu den Plänen einer rheinischen Universität, die schließlich nicht nach Köln, sondern nach Bonn kam, s. Brief Nr. 32.

4 Werner von Haxthausen war Regierungsrat in Köln (vgl. Brief Nr. 58), Generalfeldmarschall August Graf Neidhardt von Gneisenau, der das Generalkommando am Rhein innehatte, sollte allerdings bereits im April 1816 seinen Abschied nehmen, da er als angeblicher „Jakobiner" immer mehr zum Ziel von Angriffen konservativ-reaktionärer Kreise am preußischen Hof geworden war. „Auf unbestimmte Zeit" beurlaubt zog er sich auf sein Gut in Schlesien zurück.

5 Zu Friedrich Carl v. Savigny, der noch im Herbst Görres in Koblenz besucht hatte, vgl. Brief Nr. 58. Clemens Brentano, sein Schwager, verbrachte den Winter 1815/16 in Berlin (Feilchenfeldt, *Brentano-Chronik*, S. 95ff).

61. An Johann Smidt

Datum: Koblenz, 24.12.1815.
Original: Staatsarchiv Bremen 7, 20-778 (2 Seiten).
Unveröffentlicht.
Regest: Görres bedankt sich für die Zusendung einer Schrift, äußerst sich kurz zu seinen Erwartungen vom Bundestag und lädt Smidt ein, Beiträge für den *Rheinischen Merkur* zu senden.

Coblenz am 24 Dez. 1815

Ich danke Ihnen für die kleine Schrifft, die Sie mir gesendet. Ich hatte sie schon im Niederelbischen Merkur gelesen, und mich an Inhalt und Form gefreut.[1] Es ist verständig und gut geschrieben, und zeigt wie doch bey uns vorwiegend überall der Sinn zum Bessern neigt, und wie es meist nur Dummheit ist, wo das Gegentheil eintritt. Wären die Frankfurter erst einmal auch so weit, da hat freylich der Schaden tiefer eingefreßen. Ich werde nach dem neuen Jahre gelegentlich von der Sache reden.

Der Bundestag hat das Schicksal, daß niemand Einiges Erkleckliche von ihm erwartet. Die anderen Congreße haben viel versprochen, und nichts geleistet, villeicht gelingt es diesem, an den kein Anspruch gemacht wird, die Erwartung zu übertreffen.

Wie aus lauter centrifugalen Richtungen ein ordentliches Weltgebäude zu erbauen ist, ist freylich eine sehr künstliche Aufgabe, inzwischen ergänzt vielleicht die teutsche Schwerfälligkeit die allgemeine Schwere, und es kommt doch vielleicht noch ein Conglomerat zusammen. Was Sie mir vom Anfang geschrieben haben, läßt sich freylich völlig zu einem abgekürzten epitomirten Regensburger Reichstag an. Inzwischen hoffen darf man immer, wenn man auch nicht mehr den Glauben hat. Es soll mich freuen, wenn Sie im Verlauf der Sache Teutschland durch den Merkur Ihre Ansichten mittheilen wollen.[2]

Ich hätte Ihnen den Merkur schon gesendet, inzwischen ist nicht die beste Ordnung in den noch vorräthigen Blättern, sie sind in einem kalten Zimmer aufgestapelt, das erschwert das Aufsuchen. Doch soll Ihnen nächstens was da ist zugesendet werden. Was nicht da, wird nach Neujahr neugedruckt.

Behalten Sie mich in Ihrem freundschafftlichen Andenken.

Ihr Erg.
J. Görres

Ich bitte Sie gelegentlich die Einlage gefälligst nach Bremen zu bestellen.[3]

---

1 Senator Johann Smidt hatte Bremen auf dem Wiener Kongress vertreten und war seit November 1815 Gesandter Bremens beim Bundestag in Frankfurt. Jacob Grimm hatte am 22.6.1815 den Senator an Görres empfohlen mit der Bitte um ein paar Zeilen, um ihm Anlass zu Görres' persönlicher Bekanntschaft zu geben. Das erwähnte Schreiben Smidts ist nicht erhalten. Der *Niederelbische Merkur* erschien 1815/16 in Hamburg (bei Wörmer bzw. Perthes und Besser) in 18 Heften. Auf dem Titelblatt heißt es, die Hefte würden Auszüge aus Tagesschriften, dem *Rheinischen Merkur* u.a. nebst eigenen Aufsätzen liefern. Herausgeber war Daniel Runge.

2 Im *Rheinischen Merkur*, der bereits am 3. Januar verboten wurde und dessen letzte Nummer 357 am 10.1.1816 erschien, sind keine Beiträge von Smidt mehr erschienen.

3 Der Adressat des eingelegten Briefs konnte nicht ermittelt werden.

62. An Ernst Heinrich Sack

Datum: o.D.: Koblenz, 12.1.1816.
Original: verschollen.
Abschrift: LHA Koblenz, Best. 355, Nr. 25, Bl. 146.
Druckausgaben: *GS* 13, Anm. S. 578; *The Times*, 26.3.1816, p. 3, col. 5. (in engl. Übersetzung).
Adresse: Sr. Wohlgeboren Herrn Gouverneurskommissair Sack.
Zur Datierung: Die *Times* bringt das Datum des Briefs. Görres hat sicherlich unmittelbar auf den Brief Sacks reagiert.
Einordnung: Vorliegender Brief ist die Antwort auf Sacks erstes Schreiben vom 12.1.1816. Sacks Antwort erfolgte noch am selben Tag.
Regest: Görres beschwert sich über die Beschlagnahme von Exemplaren des *Merkur* und die völlig ungesetzliche Verhaftung des Druckers.

Ew. Wohlgeb. haben mir die königliche Cabinets-Ordre vom 3. Jänner[1] ihrem Inhalte nach angezeigt; es hätte nicht mehr bedurft um ihre Besorgung zu sichern.

Ew. Wohlg. scheinen es im Übermaße des Diensteifers dennoch überdem für nöthig erachtet zu haben, die vorräthigen Exemplare unter Siegel legen zu laßen. Sie werden sich erinnern, daß diese Exemplare mein Privat Eigenthum sind, das niemand antasten oder mir vorenthalten darf. Die Königl. Cabinets Ordre sagt nichts von einer solchen rückwärts wirkenden Handlung. Ich muß also Ew. Wohlg. entweder um eine schleunige Aufhebung der angelegten Siegel, oder wenn ein bestimmter Befehl der höheren Behörde diese Anlegung verhängt, um Mittheilung derselben angehen.

E.W. haben zugleich mündlich, ohne einen schriftlichen Befehl von sich zu geben, die Verhaftung des Druckers verordnet.[2] E. W. werden während Ihres zweyjährigen Aufenthalts in den hiesigen Ländern so viel von den Gesetzen gelernt haben, daß sie wissen wie diese die Fährdung der persönlichen Freyheit durch einen administrativen Beamten aufs bestimmteste untersagen. Einzig und allein durch die Justizbehörde kann eine solche Arretirung verfügt werden. Diese Achtung vor der Persönlichkeit setzten die Franzosen, denen man alle Schlechtigkeit vorwirft, nie aus den Augen, die Welt wird sich wundern, sie durch einen Preuß. Beamten verletzt zu sehen. E. W. werden sich vorsehen in gegenwärtigem Falle nicht den Eingebungen persönlicher Gehässigkeit sich hinzugeben. E. W.

Erg.
Gez. J. Görres.

1 Am 3. Januar 1816 war die Kabinettsorder zum Verbot des *Rheinischen Merkur* – nach eigenhändigem Entwurf Hardenbergs – ergangen. Generalgouverneur Johann August Sack erhielt darin die Weisung, die Zeitschrift „sofort zu untersagen". Der Herausgeber habe „sich ganz gesetzwidrig und ohnerachtet der an ihn ergangenen Warnungen nicht entsagen können, durch zügelloses Tadeln und

offenbare Aufforderungen an das Volk die Unzufriedenheit desselben gegen die Regierung zu erregen", die Bedingungen des Friedens öffentlich anzugreifen und damit „Besorgnis, Unruhe, Haß und Zwietracht zu erregen.." (Czygan 2.2, Nr. 38, S. 370; P. Wentzke, Die polit. Bedeutung des Rheinischen Merkurs, *GS* 6, S. 13). Mit der Nr. 357 vom 10. Januar 1816 stellte der *Merkur* sein Erscheinen ein. Die bereits fertiggestellte Ausgabe vom 12. Januar (Nr. 358) konnte nicht mehr erscheinen.

2 *GS* 13, S. 578: Am 12.1.1816 erschien der Kgl. Polizeiinspektor Maehler in der Druckerei von Heriot und versiegelte alle Räume, in denen sich Exemplare des *Merkur* befanden. Sack teilte Görres auf seinen Protest hin noch am gleichen Tag mit, es handle sich um Ausführung eines Befehls des Oberpräsidenten Sack in Aachen. Der Koblenzer Sack brachte wegen obigen Schreibens eine Anklage gegen Görres vor. Die Sache ging bis zum Oberappellationshof. Am 23. Februar ging dem Gouvernementskommissar folgendes Urteil zu: „Das Zucht Polizey Gericht ... vernichtet die gegen Herrn Schuldirektor Goerres geführte Untersuchung ... entläßt demnach denselben von der gegen ihn erhobenen Klage." Dazu Görres, *In Sachen der Rheinprovinzen und in eigener Angelegenheit,* 1822, S. 36-39. Zum Arrest des Druckers: Sack an Hardenberg Aachen, 17.1.1816 (Czygan Bd. 2. 2, Nr. 41, S. 377f).

63. An Johann Hugo Wyttenbach

Datum: Koblenz, 27.1.1816.
Original: Stadtbibliothek Trier, Autographen-Sammlung (3 Seiten).
Unveröffentlicht.
Adresse: Herren Director Wyttenbach Wohlg. in Trier
Einordnung: Letzter Brief Wyttenbachs: 15.11.1815
Regest: Görres dankt für die ihm zugesandte Schrift, deren auszugsweise Veröffentlichung das Verbot des *Merkur* verhindert habe. Die Ernennungen, die er mit Solms-Laubach verabredet habe, seien nun durch die Ernennung von Ingersleben vereitelt worden. Bittet um Unterstützung für den jungen Flemming, den er als Unterlehrer angestellt habe.

Coblenz am 27ten Jänner 1816.

Ich danke Ihnen für die kleine Schrifft, die Sie mir neulich zugesendet. Ich wollte eben einen Auszug daraus unter der Rubrick Souverainitätswuth im 17ten Jahrhundert in den Merkur rücken, als derselbe unterdrückt wurde.[1] Der Geist Ch. von Sötern hat sicher dabey mitgewürkt, er spuckt allen in den Köpfen, und rumort durch ganz Teutschland, und sie wißen nicht, wie voll sie seines Weines sind.[2] Daß der Merkur ihnen zuerst aus dem Wege mußte, ist sein bestes negative Lob, und ergänzt nun vollends den positiven Beyfall, der ihm beym Volke zu Theile wurde. Übrigens werden die Dinge wie bisher ihren gewießenen Weg vorangehen.

Ich bin auf eine sehr unangenehme Weiße in dem, was ich für Trier und anderwärts vorhatte, gestört worden, durch das lange Drohen der neuen Organisazion: Sack versagte mir alle Mitwürkung, und wollte sich nicht von der Stelle rühren. Inzwischen wollte ich durchgreifen, und hatte mit Solms Laubach Alles verabredet und bereit zur Ausführung als der Wechsel der Präsidenten, und die Ernennung von Ingersleben in diese Provinz die Realisirung unthunlich machte, was mich um so mehr schmerzt, da es nun, wie sich entwickeln wird, von mir überall ungethan bleiben muß.[3] Ich will Steiniger und Schäffer, damit sie doch etwas haben, provisorische Ernennungen zuschicken, auf die sie schon sicher niemand vertreiben wird.[4]

Ich empfehle Ihnen aufs Beste den Ueberbringer des Gegenwärtigen, Fleming, den Sie schon von früher kennen.[5] Er hat in einer unglücklichen Organisazion allerley Seltsamkeiten sich ausgesponnen, aber er ist ein guter, gedrückter Mensch, dem über Gebühr hart mitgespielt worden. Er ist zu mir gekommen, und hat eine Zuflucht gesucht, ich habe lange darüber gesonnen, wie ich ihm helfen könnte, endlich hat es mir geschienen, daß er wohl am meisten zu ihrem Gehülfen bey der Bibliothek taugen möge. Er besitzt viele gute schätzbare, besonders philologische Kenntniße und viel stillen ruhigen Fleiß trotz zu Congestionen sehr geneigter Phantasie. Ich glaube daß er Ihnen zu diesem Zwecke sehr nützlich seyn wird, besonders da ihn sein Unglück wenn auch nicht überall im Denken, doch im Handeln sehr bescheiden gemacht hat. Ich habe deswegen dem Oberbürgermeister geschrieben, und ihm den Vorschlag gethan. Um ihm einstweilen einigen Fuß zu geben, habe ich ihn als Unterlehrer an die Vorbereitungsclaße mit 400 fr Besoldung ernannt. Da muß ich Sie aber bitten, ihn besonders am Anfang einigermaßen mit Ihrem Ansehen zu unterstützen, da ich ihm schwerlich das Vermögen zutraue eine Schaar wilder Buben im Zaum zu halten. Das Ganze soll eine einstweilige Zuflucht, und besonders eine Probe seyn, in wiefern auf diesem Wege für ihn ein Fortkommen ist, da außer Kenntnißen noch mehr Anderes in dieser Laufbahn erforderlich ist.

Leben Sie recht wohl
Ihr Erg.
J. Görres

---

1 Johann Hugo Wyttenbach war Direktor des Gymnasiums in Trier und Leiter der Stadtbibliothek, Mitglied der „Gesellschaft für nützliche Forschungen", und Verfasser zahlreicher Aufsätze zur trierischen Geschichte, laut *ADB* „die Seele aller auf Erforschung der Trierischen Geschichte und Alterthümer ausgehenden Bestrebungen". Sein letztes größeres Werk dazu war die in fünf Bändchen erschienene Schrift *Versuch einer Geschichte von Trier*, Trier 1810. Zum Ende des *Merkur* s. Brief Nr. 62.

2 Philipp Christoph Reichsritter von Sötern (1567-1652), Erzbischof und Kurfürst von Trier, hatte während des 30-Jährigen Kriegs eine Frankreich-freundliche Politik in Opposition zum Kaiser betrieben und sich durch Nepotismus und eine rigide Steuerpolitik (zur Finanzierung des Baus des Schlosses in Ehrenbreitstein), ausgezeichnet. Besonderer Streitpunkt mit den Ständen war die Weinsteuer und das kurfürstliche Monopol für den Weinhandel. (*ADB* 26, S. 50-69; Karlies Abtmeier, *Der Trierer Kurfürst Philipp Christoph von Sötern und der Westfälische Frieden*, Münster 1986).

3 Am 10. Januar 1816 war Oberpräsident Johann August Sack nach Pommern versetzt und Freiherr v. Ingersleben zu seinem Nachfolger ernannt worden. Zur neuen Organisation der Provinz Niederrhein und zu Graf Solms-Laubach, mit dem Görres eine gute Zusammenarbeit begonnen hatte, s. Briefe Nr. 58 und 59.

4 Der junge Johannes Steininger (s. Pers.verzeichnis) trat am 20. Oktober 1815 seinen Dienst als Lehrer für Mathematik und Naturwissenschaften am Trierer Gymnasium an. Schäffer, der offenbar schon vorher am Gymnasium angestellt gewesen war, konnte nicht ermittelt werden. Wyttenbach hatte in seinem Brief vom 15.11.1815, in dem er detaillierte Personalvorschläge für das Gymnasium machte, beide Namen genannt.

5 Es handelt sich wohl um Fritz Fleming (Flemming), seit 1802 Freund der Maler Mosler und Cornelius (Betthausen, *Künstlergemeinschaften*, S. 44, 138; Büttner, *Cornelius*, Bd. 1, S. 1ff, 5ff). Flemming hatte vor einigen Jahren vorgehabt, sich in Russland dem Jesuitenorden anzuschließen, hatte

diesen Plan aber aufgegeben und sich, da er 14 Sprachen beherrschte, mit Hilfe Moslers und mit einer Empfehlung von Görres um eine Anstellung als Sprachlehrer bemüht (*GS/Briefe* 2, Nr. 134 vom 2.7.1810).

64. An Johann August Sack

Datum: Koblenz, 29.1.1816.
Original: verschollen.
Druckausgabe: Marie Görres (Hrsg.), *GPS* 3, S. 393f.
Bemerkung: Da das Original verschollen ist, wird der Brief nach der Ausgabe von Marie Görres wiedergegeben.
Regest: Görres dankt dem ehemaligen Oberpräsidenten für den Mut und Eifer, mit dem er stets den *Rheinischen Merkur* gegen Angriffe verteidigt habe.

Der Rheinische Merkur hat gegenwärtig aufgehört.[1] Ich darf, indem ich mich von dem Werke zurückziehe, nicht vergessen, Ihnen Dank zu sagen für den Schutz, den Sie ihm während des größten Theiles seiner Dauer angedeihen lassen, und für den Muth und Eifer, mit dem Sie dasselbe gegen öftere Angriffe vertheidigt haben.[2] Ich habe sehr wohl den freien Sinn erkannt und geehrt, in dem Sie nicht ohne eigne Gefahr abgewehrt, daß vielfach angreifende feindselig gesinnte Gegner mich im ruhigen Aussprechen der Wahrheit nicht geirrt, und so lange Zeit hindurch ein Unternehmen sich behaupten konnte, das von so vielen Seiten angefochten wurde. Daß aller Widerstand zuletzt dem allzu starken Andrange erliegen mußte, ist in der Ordnung der Dinge so herkömmlich, und kann die Erkenntlichkeit nicht mindern, die ich Ihnen schuldig bin, und die ich nie vergessen werde.

1 Am 3. Januar 1816 war der *Rheinische Merkur* durch Kabinettsorder verboten worden und hatte mit Nr. 357 vom 10. Januar 1816 sein Erscheinen eingestellt. Dazu Brief Nr. 62.

2 Johann August Sack, dessen Amtszeit am Niederrhein mit dem 10. Januar geendet hatte, hatte, im Gegensatz zu seinem Bruder in Koblenz, als Anhänger einer liberaleren Pressepolitik eine mildere Linie vertreten. Davon zeugt v.a. das Schreiben Sacks an Hardenberg vom 17.1.1816, in dem Sack auf die Bedeutung der Gedanken- und Redefreiheit hinweist und noch einmal betont, nicht behaupten zu können, „die ergriffenen Masregeln an sich mit Überzeugung von ihrer Zweckmässigkeit vollzogen zu haben". (Czygan 2.2, Nr. 41, S. 377ff; Paul Wentzke, Die politische Bedeutung des Rheinischen Merkurs, *GS* 6, S. 12f).

65. An Eberhard von Groote

Datum: Koblenz, 10.2.1816.
Orig.: Hist. Archiv der Stadt Köln, Best. 1552, Nr. 18.
Druckausgabe: Becker-Jákli, *Eberhard von Groote: Tagebuch 1815-1824*, Bd. 2, S. 79, Anm. 204.
Adresse: Herrn Ebbo de Groote Wohlg in Cöln.

Coblenz am 10. F. 16

Beyliegend zwey Briefe, deren Einen ich mitzunehmen den Andern auf die Post zu geben bitte.[1] Der Letzte wird eine Ausgabe machen, die ich erstatten will.

In Berlin viel Grüße an Alles was grüßbar ist, Haxthaußen wünscht Ihre baldige Ankunft, damit jemand für die Kölner das Wort führe[2]; die einstimmig der Bigotterie, der Protestantenfeindschaft und der Jesuitenliebe angeklagt werden. Auch diese Jämmerlichkeit muß mit den Andern jetzt wieder hervorgesucht werden.

Fragen Sie einmal nach in Berlin ob Raumer[3] bey der Realschulbuchhandlung meinen Perser Schah Nameh 40-50 Bogen übernehmen will.[4] Gott befohlen und Glück auf der Reise nach Großschözzenstadt.[5]

---

1 Groote befand sich kurz vor der Abreise nach Berlin. Kurz zuvor war er noch bei Görres in Koblenz gewesen (Tagebuch 3. bis 7. Februar 1816: Becker-Jàkli, *Tagebuch*, S. 73-76). Am 19. Februar 1816 brach er von Köln auf, am 5. März kam er in Berlin an, am 5. Juli verließ er Berlin, um mit Schinkel nach Heidelberg zu fahren (*Tagebuch*, S. 234ff). Zum Berlin-Aufenthalt von Groote s. Becker-Jàkli, *Tagebuch* Bd. 2, S. 83 ff. Einer der beiden genannten Briefe ist wohl der folgende Brief an Zeune in Berlin (Nr. 66).

2 Werner von Haxthausen war bereits seit dem 5. Januar in Berlin. Groote sollte – wie auch Haxthausen – bei Solms-Laubach und Innenminister Schuckmann die Kölnischen Angelegenheiten im Vorfeld der Organisation der Rheinprovinz vorantreiben, v.a. sich für Köln als Standort der geplanten Universität einsetzen.

3 Görres schreibt hier fälschlich Raumer. Gemeint ist Georg Andreas Reimer, der damals die Königliche Realschulbuchhandlung in Berlin führte. Groote ging am 6. März in die Buchhandlung, traf aber Reimer zunächst dort nicht an, am 8. März lernt er ihn als „freundlichen, gescheuten Mann" kennen und ist danach häufig in seiner Gesellschaft (*Tagebuch* S.119ff).

4 Görres' Übersetzung des persischen Heldenepos *Schah Nameh* erschien im Verlag Reimer, allerdings erst 1820: *Das Heldenbuch vom Iran aus dem Schah Nameh des Firdussi*, 2 Bde, Berlin (Reimer) 1820.

5 Das Wort schözzen kommt im *Tristan* des Gottfried von Straßburg in einer Version als „Schützen" vor. Ob Görres an „Großschützen" oder an das mhd. großschetzen im Sinne von hochachten denkt, ist unklar.

66. An Johann August Zeune

Datum: Koblenz, 10.2.1816.

Original: Bayerische Staatsbibliothek München, Autographensammlung, Autogr. Jos. v. Görres (3 Seiten).

Druckausgaben: Binder (Hrsg.), *Freundesbriefe* Nr. 160, S. 488-490; Schellberg (Hrsg.), *Ausgewählte Briefe* (1911), Nr. 107; Schellberg (Hrsg.), *Eine Auswahl* (1927), S. 345 (Ausschnitte).

Adresse: Herrn Prof. Zeune Direkt. des Blindeninstituts Berlin.

Einordnung: Vorgängerbrief: Zeune an Görres 28.1.1816. Eine Antwort Zeunes ist nicht bekannt.

Regest: Görres geht auf Zeunes Fragen zu germanistischen Themen ein, äußert sich zu den Gründen für das Verbot des *Rheinischen Merkur* und zu einer gegen ihn und seine jakobinische Vergangenheit gerichteten Schmähschrift.

Coblenz am 10. Februar 1816.

Hochzuverehrender Herr Direktor!

Ich danke Ihnen für den freundlichen Brief, den Sie mir jüngst gesendet haben[1], ich hätte Ihnen wohl früher geantwortet, wenn ich nicht eine sichere Gelegenheit beym jetzigen Stand der Dinge hätte erwarten müßen, wie Sie, indem Sie von dem Institute Gelegenheit genommen. – Was Sie von dem Bauer meines Namens schreiben[2] kömmt daher, daß meine Familie allerdings über das ganze linke Rheinufer von der Mosel bis zur Maas verbreitet ist, in vielen Verzweigungen, die mir zum Theil unbekannt sind.

Das Gedicht von König Artus, von dem Sie durch Arndt Nachricht erhalten, ist nichts als der Wigoleis, ich hatte früher Auszüge daraus gesehen, und dieses Gedicht nicht sogleich darin erkannt, Grimm der mehr gesehen hat die Identität bemerkt.[3]

Keine Nibelungen sind freylich in Paris gewesen, doch waren in hießiger Gegend die codices nicht selten. Ich habe Fragmente von drey verschiednen aufgefunden, darunter eines in ganz klein Oktav zwey Blätter, wie der Pfaffe in die Donau geworfen wird, die ich Grimm gegeben habe. Kommen die Manuskripte erst von Rom zurück, dann wird die Sache erst einen rechten Schwung nehmen.[4]

Was den Merkur betrifft, so ist die Sache freylich abgethan, welchen unheilbaren Schaden der Vorgang aber Preußen in der Meynung gethan, sehen die Verständigen jetzt wohl ein, und den Blindesten und Befangensten wird sich die Überzeugung bald aufdringen. Unter allen Vorwänden und Gründen, die man zur Beschönigung der verhaßten Sache hätte hervorsuchen können, ist gerade der, den man wirklich gewählt, der unglücklichste, auf den man hätte gerathen können. Rußland hat die Unterdrückung gefordert, und Preußen hat gehorcht[5]; nur die Herren haben wir nach allen Siegen und Anstrengungen gewechselt, und nachdem wir bey den Franzosen erst Lakayendienst versehen, sehen wir uns sogleich nach anderer Herrschafft. So mit solchen Maasregeln werden Reiche verspielt, und Land und Leute verdorben, solcher Blödsinn hat uns seit der Auflösung des alten Reichskörpers zu Grunde gerichtet. Es ist ein Jammer um diese teutschen Regierungen, wie sie blind und taub und stumpf für alle Erfahrung umhertaumeln, und die Völker mit sich ins Verderben ziehen.

Was den schlechten Abdruck betrifft, den Kampz aus der Allemannia gemacht, so laß ich das so seinen Gang hingehen. Ich habe mich noch nicht entschließen können, solchem Lumpenvolk zu antworten, und immer gewartet, es möge wohl einmal ein Ehrenmann damit auftreten. Wenn ich dies Stillschweigen breche, und erkläre, wie es um die Sache beschaffen gewesen, dann ist es um der Bessern willen, die doch an mir irre werden könnten. Dann wird sich ergeben, daß die Sache noch eine andere Seite hat, als jene in der Sie es genommen; ich habe geirrt in meiner Jugend, aber ich habe mich keines Irrthums zu schämen.[6]

Ihren Gruß an Gröben habe ich ausgerichtet, er ist eben bey mir, und giebt Ihnen denselben aufs freundlichste zurück, und ich thue desgleichen.[7]

Ihr

J. Görres.

1 Johann August Zeune war nicht nur Direktor der 1806 gegründeten Königlichen Blindenanstalt, sondern auch promovierter Geograph und Germanist. Seinem Brief an Görres vom 28.1.1816 war offenbar eine Anfrage von Görres wegen des Blindeninstituts vorausgegangen.

2 Zeune hatte gefragt, ob Görres mit einem gleichnamigen Bauern vom Rhein verwandt sei, der einen Blinden bei ihm abgegeben habe.

3 Das Volksbuch *Wigoleis vom Rade* (*Herr Wigoleis vom Rade: Des Thewren Ritters von der Tafellrunde History, wie es von jugent auff biß an sein Endt im ergangen, auch was für sorgliche abenthewer er bestanden*) von Ulrich Füetrer (Erstdruck 1493) ist die gekürzte Prosa- Nacherzählung des Versromans *Wigalois* des Wirnt von Grafenberg aus dem Anfang des 13. Jhs., der zur literarischen Reihe der Artusromane gehört. (Dazu: Heribert A. Hilgers (Hrsg.), *Ulrich Füetrer, Wigoleis*, Tübingen 1975). Schon 1819 setzte mit der Edition von Benecke die wissenschaftliche Beschäftigung mit Wirnts *Wigalois* ein: Georg Friedrich Benecke (Hrsg.), *Wigalois der Ritter mit dem Rade, getichtet von Wirnt von Gravenberch,* Berlin 1819. Zeune hat diese Edition rezensiert in: *Jahrbuch der Berlinischen Gesellschaft für deutsche Sprache* 1 (1820), S. 268-292. Zeune hatte sich in seinem Brief vom 28.1. nach einem altdeutschen Gedicht „vom König Artus" erkundigt, das Arndt in Köln gefunden habe. Görres habe mehr Kenntnis von der altdeutschen Dichtung als Arndt, er selbst vermute, es handle sich um das Gedicht von Stricker „Daniel von Blumenthal". (Strickers *Daniel von dem Blühenden Tal*, ein nachklassischer Artusroman aus der ersten Hälfte des 13. Jahrhunderts). Eberhard von Groote hatte Görres im Jahr zuvor Abschriften von Teilen einer alten Handschrift von Wirnts *Wigalois* geschickt (10.4.1815 an Katharina Görres).

4 Zeune hatte berichtet, die Nibelungenhandschrift, die er durch Blücher habe rückfordern lassen, habe sich in Paris nicht gefunden. Zu den Nibelungen-Fragmenten Wilhelm Grimm an Görres 6.12.1816. Zeune hatte bereits mehrere Arbeiten zum Nibelungenlied vorgelegt: eine Prosa-Übersetzung 1813, und *Das Nibelungenlied. Die Urschrift nach den besten Lesarten neu bearbeitet, und mit Einleit und Wortbuch zum Gebrauch für Schulen versehen,* Berlin 1815. Zu Zeunes germanist. Arbeiten: *ADB* 45, S. 121ff.

5 Zum Ende des *Merkur* s. Brief Nr. 62. Zu den Gründen, die zum Verbot geführt hatten, und zur Rolle der russ. Beschwerde schon Arnim an Görres 23.1.1816; Zeune schrieb dazu: „Der große Weiberjäger in Petersburg, den Sie im Merkur „den russischen Moloch" genannt, hat es übel genommen und hat vom König die Aufhebung gefordert." (s. dazu Czygan Bd. 1, S. 347ff; Bd. 2. 2, 358ff; Fink-Lang, *Görres*, S. 163f).

6 Karl Albert Christoph v. Kamptz war damals Mitglied des Oberappellationssenats am Berliner Kammergericht, und als rigoroser Gegner der Pressefreiheit und „Liberalen-Fresser" bekannt. Zeune hatte in seinem Brief auf „zwei elende Flugschriften" gegen Arndt und Görres hingewiesen. Gemeint sind die anonymen Flugschriften: *Die deutschen Roth- und Schwarzmäntler. Eine Seitenpatrouille zu den Französischen schwarzen und weißen Jakobinern,* 1. und 2. Heft, Neubrandenburg 1815, gegen Arndt und Görres und ihre jakobinische Vergangenheit, und *Görres, als Verfasser des rothen Blattes und des Rübezahl, gegenwärtig Redacteur des rheinischen Merkurs, oder der rheinische Januskopf*, 1815, dass. ausführlichst zitiert in der Zeitschrift *Allemannia. Für Recht und Wahrheit*, Bd. 2, Sulzbach 1815 (darin S. 1-8: „Allemannia an den rheinischen Merkur": „Lieber versteinerter Merkur, es hat dir gefallen, mir in der 188. Numer deines olympischen Auskehrichts ... eine beißende Merkuriale zu spenden, und ohne weiters den Stein auf mich zu werfen ..." – hier bereits wird Görres' Vergangenheit als „Rothmäntler" thematisiert –, dann S. 39-48 „Der rheinische Januskopf" mit Auszügen aus der Flugschrift). Einen weiteren Artikel gegen Arndt „Der Pommersche Januskopf" brachte die *Allemannia* 4 (1815), S. 264-279. Kamptz werde, so Zeune, allgemein als Verfasser der Schrift gegen Görres angenommen. Gert Hagelweide, *Literatur zur deutschsprachigen Presse*, Bd. 6, S. 261 nennt als Verf. der anon. Schrift *Görres, als Verfasser des rothen Blattes und des Rübezahl* Ernst Julius Leichtlen (=Julius Lampadius), als Verlagsort Wiesbaden.

7 Zu Karl von der Gröben, damals Oberstleutnant beim Generalkommando am Rhein, s. Personenverzeichnis.

67. An Johann August Sack

Datum: Koblenz, 6.3.1816.
Original: LHA Koblenz, Best. 350, Nr. 24, Bl. 57-60 (Nicht von Görres Hand, Unterschrift ab „Euer Exzellenz" eigenhändig).
Unveröffentlicht.
Regest: Görres führt Beschwerde über am Turnplatz der Pestalozzischule entstandene Schäden und bittet, dem Verursacher die Nutzung des Platzes zu untersagen und ihn zum Schadensersatz zu verpflichten.

Eurer Exzellenz ist der Hof-Raum des hiesigen Schlosses bekannt, der dem Pestalozzischen Lehrer Hr Rossel zu einer Jahnschen Turn-Anstallt im verflossenen Jahre eingeräumt, und mit nicht unbedeutenden Kosten zu den Uebungen der Jugend eingerichtet wurde.[1] Im November letzten bezog Herr Proviantmeister Jacoby den diesem Turnplatze angränzenden Seitenflügel des Schlosses; - der durch eine bretterne Wand davon abgeschiedene Platz mogte ihm zu seinem Gebrauche dienlich scheinen, er ließ daher diese Wand einreißen, und benutzte den Raum zur Legung von Brandholz u.s.w. – Bey dieser Gelegenheit ward ausserdem nicht allein ein Klettergerüst zerstört, sondern es entkamen auch verschiedene Gegenstände, die in den offenen Nebenhallen des sonst wohl verschlossenen Hofes aufbewahrt waren. – Ich zeigte den Vorfall dem Herrn General-Gouvernements Commissair dahier an; und bat ihn, den Herrn Jacoby zur Wiederherstellung und Erstattung des Zerstörten und entkommenen anzuhalten. – Durch Anschreiben am 15tn Jenner d J theilte er mir das Untersuchungs-Protokoll mit, um daraus zu ersehen, wie es sich damit verhalte. – Dieses Verhalten war mir theils durch die Sache selbst theils durch das erwähnte Protokoll sehr deutlich geworden; Ich fußte mich neuerdings auf Letzteres, um den Erfolg zu begehren, der Herr General Gouvernements Commissaire lehnte aber durch Bescheid vom 12tn c die Sache von sich ab, und glaubte sie an die Gerichte verweißen zu können.[2]

Daß ich den gerichtlichen Weeg nicht einschlagen kann, ist mir schon aus dem Grunde nur allzu klar, weil Herr Proviantmeister Jacoby den fraglichen Platz zu benutzen ein Conzessionsrecht behauptet demzufolge ihn auch noch wirklich benutzt, folglich das Gericht die Sache wieder an die Verwaltung zurückweisen würde.

Es bleibt mir also nichts übrig, als mich an Ew. Exzellenz zu wenden, um von Hochdieselben Gerechtigkeit das zu erhalten was mir hier versagt wird. –

Ich habe daher die Ehre, Ew. Exzellenz dies Verzeichniß und den Anschlag der zerstörten und verlornen Gegenstände, dann Abschrift der Bescheide des Herrn General Gouvernement Commissaire vom 15tn Jenner und 12tn Februar d. J. so wie das dem ersten beygefügte Protokoll gehorsamst zu überreichen. –[3]

Ich gehe von dem einfachen Grundsatz aus, daß Herr Jacoby nicht das Recht hat einen von der VerwaltungsBehörde zu einem anderweitigen öffentlichen Zwecke bestimmten Platz sich zum Gebrauch zuzueignen, noch viel weniger ihn gewaltsamerweiße zu erbrechen, und darin aufgestellte Geräthe zu zerstören. – Daß er dieß gethan hat er in den Untersuchungsprotokollen selbst eingestanden, und mit seiner Namens Unterschrift bestättigt.

Das Unrecht ist auf seiner Seite, denn er drang ohne Ermächtigung in ein ihm nicht angehörendes Eigenthum, und gab es, einmal geöffnet, dem Raube preiß. –

Er glaubt zwar nicht, wie er sich in dem Protokolle ausdrückt, daß seine Arbeitsleute sich eines solchen hätten zu Schulden kommen lassen; - indessen dieser Glaube kann ihn nicht aus dem Unrecht heben, ihn nicht von der Verpflichtung loszählen, die Folgen seiner eigenmächtigen Handlung zu tragen. Vielmehr muß die Erklärung des Turn-Lehrers Herrn Rossel, dem der Turnplatz mit allen seinen Zugehör anvertraut war, und der in dieser Hinsicht dem Eigenthümer gleich zu achten ist, über das, was ihm bey der gefundenen gewaltsamen Erbrechung an Geräthe fehlte, gegen Herrn Jacoby gelten, und die Verantwortlichkeit dafür fällt eben wegen dieser Erbrechung auf ihn zurück, der eingestandenermassen sie sich erlaubte.

Ew. Excellenz werden sich von der Richtigkeit dieser Folgerung gewiß überzeugt halten und der öffentlichen Bildungs Anstallt das wieder zu verschaffen verordnen was sie einbüßte.

Der Turnplatz ist noch immer von dem Herrn Proviantmeister Jacoby eingenommen;

Der Schaden hat sich seit dem November noch vergrößert, das Gebäude am Eingange liegt fast ganz in Trümmern; – Schwebebalken sind weiter zerbrochen, das Caroussel das auseinander gelegt, und in der Nebenhalle verwahrt war, ist von Leuten die durch die Wohnung des Herrn Jacoby den Eingang haben, wieder zusammengestellt, und der Witterung ausgesetzt arg verdorben worden. – Die Turn Uebungen sollen nun beim ersten eintretenden trockenen Wetter wieder beginnen und können es nicht so lange der gegenwärtige Zustand bleibt. – Ich bitte darum Ew. Ex. gehorsamst den Herrn Proviantmeister Jacoby anzuweißen, vorerstlich den Turnplatz zu räumen, dann die zerstörte Wand und andere Gerüste wieder herzustellen, die entkommenen Gegenstände aber zu ersetzen.[4]

Coblenz den 6. Merz 1816.

Euer Exzellenz
Ganz ergebenster Diener
Director des öffentl Unterrichts
J. Görres

---

1 Zu dem Turnplatz, den Görres für die Pestalozzischule des Johann Philipp Rossel hatte einrichten und mit Geräten versehen lassen, Brief Nr. 49.

2 Auf das erw. Schreiben vom 12. Febr. geht Gouv.kommissar Sack ein in seinem Schreiben an Oberpräsident Sack, dat. Koblenz 23.2.1816: „Den Gegenstand, der sich in den Anlagen auseinander gesezt findet, hatte ich gehörig untersucht und erwogen, ehe ich die abschriftlich beiliegende Verfügung unterm 12ten erlaßen, womit der Herr Schul-Director Goerres sich nicht zufrieden stellen will. Aus dem Ganzen geht hervor, daß der Herr Proviantmeister Jacobi zwar in somit unrecht gehabt, daß er einen Theil des Hof- Platzes in Benutzung genommen, ohne darüber bei mir vorläufig Anfrage zu thun. Inzwischen besagt das ebenfals anliegende durch den Herrn Baumeister de Lassaulx, Schwager des Herrn Goerres aufgenommene Protokoll, daß jene Einräumung so geschehen, daß dadurch keine Beschädigung der auf dem Platz vorhandenen Turn-Gerüste durch den Herrn Jacobi verursacht worden, daß das was derselbe weggenommen, sich auch in seiner Verwahrsam befinden, und Alles was, nach der blosen und ungewißen Behauptung des Turn-Lehrers Rossel, verschleppt worden seyn soll, weder dem H Jacobi noch seinen Leuten, zur Last gelegt werden

könne, indem auch nicht der mindeste Beweis gegen sie vorliegt, selbst die Verschleppung an und für sich zweifelhaft bleibt, wenn man annehmen muß, daß der Turn-Lehrer Rossel nicht so nachlässig würde gewesen seyn, während dem Winter, wo die Turnanstalt nicht benuzt wird, die dazu gehörigen Geräthe als Leiter, Seilwerk und dergleichen auf dem Platze liegen zu lassen. Der ausführliche Bericht des Prov.meisters Jacobi vom 14. December a.p. den ich abschriftlich beizufügen mich beehre, giebt hierüber noch näher Auskunft. Da nun kein Beweis vorhanden über Entwendung oder Verschleppung, welche dem Herrn Jacobi oder dessen Leuten zur Last fiele, so konnte ich auch weder den H Jacobi noch seine Leute zu irgend einem Ersatze anhalten und unter diesem Gesichtspunkte mußte ich dem Herrn Goerres anheim stellen; wie sich meine oben angeführte Verfügung ausdrückt, seine Ansprüche gegen den H Jacobi im gerichtlichen Wege geltend zu machen, und konnte meiner seits glaub ich, hierin mehr nicht geschehen. Schließlich bemerke ich noch, daß der H Jacobi jenen Theil des Schloß Geländes nicht mehr bewohnt, seit dem dort die Kriegs-Schule etablirt worden." (LHA Koblenz, Best. 350, Nr. 24, Bl. 67). Jacoby hatte sich zuvor schon am 14.12.1815 an Gouv.kommissar Sack gewandt, alle Vorwürfe von sich gewiesen und am Ende ersucht, „dem H Goerres mit seiner in den Wind hinein gemachten Foderung gütigst abzuweisen, sowie demselben sein Betragen und dabei noch ausgeflossene Grobheiten gegen meine Person aufs strengste zu untersagen" (ebda Bl. 73f).

3 Die Abschriften der Schreiben in der Sache folgen Bl. 61ff.
Sacks Schreiben vom 12.2. s. Briefe an Görres.

4 Oberpräsident Sack in Aachen entschied mit Schreiben an Gouvernementskommissar Sack in Koblenz vom 15. März 1816, er solle Sorge tragen, „daß der in Frage stehende Turnplatz dem Vorsteher der Pestalozzischen Lehranstalt, in so weit durch den Proviantmeister Jacoby oder dessen Leuten zur Last fällt, derselb zum Schadenersatz angehalten werde, wozu Sie auf dem geeignetsten und am leichtesten zum Ziel führenden Wege, vielleicht durch gütliche Übereinkunft, das Nöthige veranlassen und, wie es geschehen sei, an mich berichten wollen." (ebda Bl. 67).

68. An Joseph Gregor Lang

Datum: Trier, 8.4.1816.
Original: Stadtbibliothek Koblenz, AB Görres-Briefe.
Adresse: Herren Pfarrer Lang Hochw in Sobernheim.
Regest: Görres schickt dem Sammler ein altes Pergament und bittet ihn, für ihn den Kauf eines Bildes zu vermitteln und nach Koblenz bringen zu lassen.

Trier am 8 April 1816

Hochzuverehrender Herr Pfarrer!

Ich benutze die Gelegenheit durch Schiett, Ihnen ein Blatt Pergament, das ich für Sie erhalten habe, zuzusenden.[1] Es ist obgleich nicht ganz rein, doch beßer als das, was man gewöhnlich zu finden pflegt, und mit etwas Bimstein können Sie leicht nachhelfen. Es ist mir lieb, daß ich wenigstens zur Übung Ihres schönen Talentes eine Art von Werkhelferdienst leisten kann. Anderes habe ich für Sie durch einen Freund in Paris bestellt, wo eine ganze Straße mit dergleichen handelt, und sobald ich es erhalte, werde ich es Ihnen hinaufbesorgen.

Auf Ihr Wort und Urtheil bin ich Willens worden, die Cöna in Sobernheim, von der Sie bey meiner Anwesenheit gesprochen, zu kaufen[2], wenn ihr jetziger Eigenthümer mir sie um den Kaufpreiß, oder Einiges darüber ablaßen.(!) Ich bitte

Sie deswegen darüber mit ihm übereinzukommen, und wenn Sie des Handels eins geworden mir das Bild in einem dannbretterigen Verschlage[3] nach Coblenz hinzusenden, was sich wohl über Creuznach am besten thun läßt. Kaufmann dort wird Ihnen Preiß und sonstige Ausgaben ersetzen; und dafür auf Zweiffel in Coblenz ziehen.[4] In acht Tagen gehe ich von hier dahin zurück. Ich wünsche , daß es Ihnen wohl gehe.

Ihr Erg.
J. Görres

---

1 Joseph Gregor Lang, Pfarrer von Neuendorf, gebürtiger Koblenzer, war passionierter Sammler von Handschriften, Gemälden. Die Langsche Sammlung bildete später den Kern des heutigen Mittelrhein-Museums. Der Überbringer Schiett konnte nicht ermittelt werden.

2 Die Coena in Sobernheim (Heute Bad Sobernheim, Landkreis Bad Kreuznach), also eine Darstellung des Letzten Abendmahls, vielleicht ein Altarbild aus säkularisiertem Kirchenbesitz. Zu Görres als Kunstsammler vgl. die Briefe Nr. 52, 58, 74, 75, 137.

3 Danne-Bretter: Bretter aus Nadelbaum-Holz (Tanne, Fichte).

4 Johann Heinrich Kaufmann in Kreuznach, Spezereien-Händler und Zwischenhändler mit reichem Sortiment und weitreichenden Verbindungen, selbst Kunstsammler und Hobby-Dichter. Über den Koblenzer Kaufmann Johann Jakob Zweyffel wickelte Görres häufig finanzielle Transaktionen ab (s. Personenverzeichnis).

69. An Matthias Simon

Datum: Trier, 17.4.1816.
Original: Universitätsbibliothek Bonn, Autographensammlung. (2 Seiten).
Druckausgabe: Schellberg (Hrsg.), *Ausgewählte Briefe* (1911), Nr. 108, S. 238-140 (einige Lesefehler).
Adresse: Sr Hochwohlgeb Dem Herren Landescommißär und Apellazionsrath Simon in Saarbrücken.
Regest: Görres fordert als Ergebnis seiner Visitation in Saarbrücken verschiedene notwendige Verbesserungen für das dortige Gymnasium.

Ich habe bey meiner Anwesenheit in Saarbrücken den Zustand der öffentlichen Unterrichtsanstalten untersucht, und gefunden, daß bey viel löblicher Bemühung von Seiten der dabey Angestellten, doch das Ganze hauptsäglich(!) durch das gänzlich Unzureichende in den dazu verwendeten Mitteln niedergehalten wird.[1] Eine Gemeinde wie Saarbrücken, von so vielen gebildeten und bildungsfähigen Leuten bewohnt, durch Industrie und glückliche äußere Verhältniße zu einem so glücklichen Wohlgestand(!) gelangt, kann schlechterdings nicht weniger als eine Höhere Schule von fünf Claßen haben, wenn sie in dem Wichtigsten nicht auf eine ihrer unwürdige Art zurückbleiben soll. Damit aber das möglich werde, muß vor Allem für die Verbeßerung des Fonds Sorge getragen werden. Dies kann auf zweyerley Weiße geschehen. Einmal indem auf die Verwaltung und Verwendung der schon bestehenden Einkünfte eine strengere Aufsicht als bisher verwendet wird. Diese Aufsicht ist, wie bey so vielen ähnlichen Anstalten in der Verwirrung der letzten Zeit ganz und ausschließlich in die Hände der Geistlichkeit gekommen, die dem Unterricht bestimmten Fonds haben sich mit denen des Cultus vermischt, und unter der gemeinschafftlichen Verwaltung hat dann jedesmal der schwächere nicht oder schlecht vertretene Schulstand am meisten gelitten. Diesem Übelstande müßte vor Allem abgeholfen, und beyderley Art Fonds wieder streng getrennt, und jeder seiner ursprünglichen Bestimmung zugewendet werden. Eine Komißion von unbefangenen, vorurtheilsfreyen, verständigen, dem Guten zugethanen Leuten, von E. Hw. zu diesem Zweck ernannt, würde am füglichsten und schnellsten zum Ziele führen. Schwerlich würde indeßen die dadurch gewonnene Verstärkung des Fonds zu dem vorliegenden Bedürfniße ausreichen, hier muß nun die Stadt, allenfals auch der Bezirk zwischentreten, und wie es andere weit ärmere Gemeinden gethan, aus ihren Mitteln eine jährliche Zulage machen. 5000 Franken auf diese Weiße in das Budget aufgenommen, würden dasselbe weder allzu sehr beschweren, noch auch von den einsichtigen Vorständen verweigert werden, und sie würden vollkommen für den geforderten Zweck ausreichen. Wollten E. Hw. eine solche Maasregel veranstalten, dann könnten leicht noch einige geschickte Leute hingezogen, und alsdann ein durchgreifender umfassender Schulplan eingeführt werden. Alsdann müßte aber auch vor Allem für ein schicklicheres und geräumigeres Lokal Sorge getragen werden. Die Jugend befindet sich in einem Hauße mitten im Lärm des Marktes in drey nicht sehr weiten Stuben zusammengehäuft, die für die Gegenwärtige Zahl allenfals ausreichen, aber bey der künftig eintretenden Vermehrung in keiner Weiße zulangen werden. Bey so vielen öffentlichen Gebäuden wird es nicht schwer seyn, ein Schickliches auszumitteln. Wollten E. Hw. zu diesem nun auch noch das hinzuthun, daß sie den Herren Direktor der Anstalt seiner Verrichtungen als Bürgermeister enthöben, und ihn ganz und ungetheilt seinem Berufe wiedergäben[2], dann würden Sie das allerdings wichtige Verdienst sich erworben haben, einen festen Grundstein zu einer bessern Ordnung der Dinge gelegt zu haben, auf dem sich alsdann leicht und gut fortbauen läßt.

Trier am 17ten April 1816

Der Direktor des öffentlichen Unterrichts
J. Görres

---

1 Zu Görres' Aufgaben als Direktor des öffentlichen Unterrichts gehörten auch regelmäßige Visitationsreisen. Zu seinem Zuständigkeitsbereich gehörte als Teil der Rheinprovinz auch Saarbrücken. Johann Matthias Simon war der zuständige Landeskommissar in Saarbrücken. Zu ihm schon Brief Nr. 5.

2 Oberbürgermeister von Saarbrücken war seit Juli 1815 Karl Zimmermann, Pfarrer der reformierten Kirchengemeinde Saarbrücken und seit 1808 Direktor des Gymnasiums. Zimmermann überließ im September 1816 mit stillschweigender Billigung des Landrates und der Regierung zu Trier die Bürgermeistergeschäfte seinem Beigeordneten und Nachfolger J. F. Köllner.

70. An Karl Heinrich Ludwig Freiherrn von Ingersleben

Datum: 25.4.1816.
Original: verschollen.
Abschrift: Berlin, GStA PK, I. HA Rep. 76, Tit. 8, Sekt. 50 Pers. Lit. G Nr. 34, Bl. 2f.
Druckausgaben: Görres, *In Sachen der Rheinprovinzen und in eigener Angelegenheit*, 1822, Anhang Nr. 1, S. 255-257 (einige kleinere Abweichungen); *GS* 13, S. 390f; Marie Görres (Hrsg.), *GPS* 4, S. 641f (geringe Abweichungen in der Schreibung).
Adresse: Sr. Excellenz dem Herrn StaatsMinister und Oberpräsidenten im Großherzogthum NiederRhein G. v. Ingersleben
Einordnung: Antwort Ingerslebens: 25.4.1816; Antwort des Ministeriums des Innern und der Finanzen an Görres: 8.5.1816.
Regest: Görres legt Beschwerde gegen die Übernahme des Direktoriums des öffentlichen Unterrichts durch ein neu gegründetes Konsistorium und damit seine stillschweigende Amtsenthebung, ohne dass eine höhere Weisung an ihn ergangen sei, ein, und bittet um eine förmliche Dienstentlassung von Seiten des Ministeriums und um Angabe der Gründe für seine Entlassung.

Coblenz am 25ten April 1816

Aus dem heutigen Amtsblatte erfahre ich, wie das neu angeordnete Consistorium bei der hiesigen Regierung vom 22ten dieses Monats an die Leitung des öffentlichen Unterrichts übernommen. Es muß mich befremden, in dieser Weise eine neue Behörde eintreten zu sehen, ohne daß mir die geringste höhere Weisung zugekommen, meine bisherigen Verrichtungen einzustellen. Die Bekanntmachung des mit der einstweiligen Oberverwaltung der K. Rheinprovinzen beauftragten Regierungs-Präsidenten v. Reimann vom 18ten April hebt den Gouvernementsrath v. Düsseldorf, die Regierung zu Ehrenbreitstein, die Forstdirection, den Direktorial-Rath des Roerdepartments, die Kreis, Domainen und Steuer Directionen auf, gedenkt aber der Direction des öffentlichen Unterrichts mit keinem Worte.[1] Ich glaube aber während dem Verlaufe der letzten zwey Jahre mein Amt in solcher Weise geführt zu haben, daß ich weder voraussetzen, noch auch zugeben darf, daß man mich ignorire, und also ignorirend beseitige. Ich habe das Amt zuerst im Namen der H. Alliirten durch die damalige höchste Behörde, den Gouverneur des Mittelrheins ohne mein Zuthun erhalten, und der Gouverneur des Mittelrheins hat mich später im Namen des Königs, in dessen Vollmacht er handelte, darin bestätigt.[2] Diese Beamten vereinigten damals alle die gegenwärtig vielfach getheilten Regierungsbezirke, und ich kann deswegen die Entlassung von der Stelle, die mir die höhere Behörde anvertraut, nicht von einer untern annehmen. Da die interimistischen Verrichtungen des H. v. Reimann, der einzig der Form nach darüber verfügen konnte, gegenwärtig aufgehört, so muß ich darauf bestehen, daß mir, ehe ich meine Direction als völlig aufgelößt betrachten, und die darauf bezüglichen Schriften abliefern kann, eine förmliche Dienstentlassung von Seiten eines Hohen Ministeriums in Berlin, der einzigen Behörde, die gegenwärtig noch eintreten kann, zukomme, und ich bitte E. E. um Ihre gefällige Verwendung und Unterstützung in diesem meinem Gesuche.[3]

Ich hoffe alsdann in dieser Entlassung einige der Gründe ausgedrükt zu finden, die ein hohes Ministerium bewogen haben, der Königlichen Zusage zuwider, welche jedem Beamten seine Ansprüche gewährt, mich meines Amtes zu entheben, um so mehr da bloße Aussichten auf eine künftige mögliche Anstellung, wie sie etwa die öffentlichen Blätter umtragen, nicht einmal den Schatten zu tilgen vermögen, den jede auch willkürliche und widerrechtliche Dienstentlassung auf den Entlassenen wirft, und den dieser in keiner Weise auf sich dulden darf.

E. Excellenz
Ergebenster
Der Director des öffentlichen Unterrichts
J. Görres

---

[1] *Amtsblatt der Preußischen Regierung zu Koblenz für das Jahr 1816*, Nr. 1 vom 22. April 1816: Bekanntmachung des Regierungspräsidenten v. Reimann, Aachen, den 18ten April 1816. Darin im letzten Absatz: „Mit dem Eintritt der kgl Regierungen gehen der Gouvernements-Rath zu Düsseldorf, die Regierung zu Ehrenbreitstein, die Forstdirektion hieselbst, der Direktorial-Rath des Roer-Departements, die Kreis-Domainen- und Steuer-Direktionen ein; es haben jedoch diese Behörden die näheren Bestimmungen wegen ihrer völligen Auflösung von der Regierung ihres Verwaltungsbezirks zu erwarten. Die Geschäfte derselben, mit Ausnahme der der bisherigen Kreis-Direktoren, gehen in die Regierungen über." August von Reimann nahm am 22.4.1816 seine Tätigkeit als Regierungspräsident in Aachen auf. Die Nennung des 1. April als Datum der Bekanntmachung ist offensichtlich ein Flüchtigkeitsfehler von Görres. Zu der unbegründeten Amtsenthebung von Görres als Direktor des öffentlichen Unterrichts, noch einmal Görres an den König (Nr. 72).

[2] Görres war im April 1814 von Generalgouverneur Justus Gruner zum Direktor des öffentlichen Unterrichts ernannt worden. Oberpräsident Johann August Sack, dessen Nachfolger Ingersleben seit Januar 1816 war, hatte ihn darin bestätigt.

[3] Ingersleben antwortete Görres noch am selben Tag (s. Briefe an Görres) und wandte sich mit Schreiben vom 26.4. an das Kgl. Ministerium des Innern in Berlin, in dem er über Görres' Protest gegen die Übernahme der Leitung des öffentl. Unterr. durch das Consistorium berichtete: „Hiergegen protestiert der hiesige Professor Görres in einem mir übersandten Schreiben vom gestrigen Tage, und meint darinn, daß ihm, als bisherigen Director dieses Unterrichts seine Entlassung aus dieser Stelle nur von einem hohen Ministerio der Innern zugehen könne. Ich überreiche dabey, sowohl eine Abschrift seines Schreibens – in welcher die im Original unterstrichenen Stellen, ebenfalls bemerkt sind – als auch meine ihm darauf ertheilte Antwort ganz gehorsamst. Ein Hohes Ministerium des Innern wird in der letztern die Mäßigung nicht verkennen, mit welcher ich die ungeziemende Schreibart dieses Mannes aufgenommen habe. In wie weit sein Begehren statthaft sey, muß ich lediglich Einem hohen Ministerio anheimstellen, bitte jedoch ganz gehorsamst, denselben hochgefälligst bald bescheiden zu lassen, damit die Leitung des öffentlichen Unterrichts von Seiten des hiesigen Consistorii, kein Aergerniß durch ein ungebührliches Benehmen des Görres erleide. Uebrigens bemerke ich annoch gehorsamst: daß der H Görres, so viel mir bekannt geworden, sich manches Verdienst um das hiesige Schulwesen erworben hat. Koblenz am 26ten April 1816. Ingersleben". (Berlin, GStA PK, I. HA Rep. 76, VIII Sekt. 50 Pers. Lit. G Nr. 34, Bl. 1).

71. An Karl Heinrich Ludwig Freiherrn von Ingersleben

Datum: o.O. o.D.: Koblenz, ca. 10.5.1816.
Original: verschollen.
Druckausgaben: Görres, *In Sachen der Rheinprovinzen und in eigener Angelegenheit*, 1822, Anhang Nr. 3, S. 257-260; *GS* 13, S. 391f; Marie Görres (Hrsg.), *GPS* 4, S. 642f (lediglich kleinere Abweichungen in der Schreibung).
Bemerkung: Da das Original verschollen ist, wird das Schreiben nach Görres, *In Sachen der Rheinprovinzen* wiedergegeben.
Zur Datierung: Vorliegendes ist die unmittelbare Antwort auf Ingerslebens Schreiben vom 9.5.1816.
Einordnung: Ingersleben an Görres 9.5.1816. Eine Antwort Ingerslebens ist nicht erhalten. Nächstes bekanntes Schreiben von Ingersleben: 2.3.1817.
Regest: Görres stellt fest, dass die Übergabe sämtlicher Papiere seines Geschäftsbereichs an das Consistorium erst statthaben könne, wenn er eine begründete Dienstentlassung durch das Ministerium erhalten habe, nimmt Stellung zum Gutachten Reimanns über den Charakter seiner Behörde, und betont, dass nur das Ministerium in Berlin ihre Auflösung aussprechen könne.

Auf die Zuschrift E. E. vom 9ten May habe ich die Ehre zu erwiedern, wie es nie meine Absicht gewesen, durch die herbeygeführten Erörterungen über die Art und Weise meiner Dienstentlassung einen unnützen Streit anzufangen, und durch Vorenthaltung der Papiere den Geschäftsgang der neu eintretenden Behörde im Geringsten zu hemmen, und aufzuhalten.[1] Alle Akten und Papiere, die auf den laufenden Dienst Bezug haben, ja die irgend erforderlich seyn können, das Consistorium in seinem neuen Wirkungskreise zu orientiren, stehen demselben fortan wie bisher zu Gebote, und ich erkläre mich auch zu jeder mündlichen Nachweisung und Auskunft willig, wenn diese in einzelnen Fällen nöthig befunden werden sollte. Aber E. E. werden mir auch zugeben, daß die förmliche Uebergabe sämmtlicher Papiere füglich erst dann statt haben kann, wenn die Antwort eines hohen Ministeriums auf meine neuliche Eingabe um die darinn nachgesuchte m o t i v i r t e Dienstentlassung eingetroffen ist.[2] Form gegen Form darf ich, da zwischen der Regierung und ihren Beamten alle Verbindlichkeiten wechselseitig sind, verlangen, daß man auch mir die Leistung nur insofern ansinne, als man meine gerechte Forderung gelten läßt. Was aber die Zuschrift des Hr. Regierungs-Präsidenten Reimann vom 2ten May, und das darinn enthaltene Gutachten betrifft, so habe ich mich wundern müssen, wie derselbe ein leicht verzeihliches Versehen, statt dasselbe zuzugeben und dadurch wieder gut zu machen, durch ganz unstatthafte Voraussetzungen und falsche Schlüsse zu rechtfertigen sucht.[3] Allerdings war die Direktion des öffentlichen Unterrichts eine Departementalbehörde; ja sie war mehr als das, eine provinzielle; ihr Wirkungskreis verbreitete sich zu einer gewissen Zeit über 4 Departemente, von der Queich bis zu den Ardennen und an den Niederrhein. Sie war auch nicht wie Hr. R. Pr.[4] meint, so zu sagen eine selbstständige Behörde, sondern in Wahrheit und Wirklichkeit. Meine Instruktion räumt mir mit klaren Worten dieselben Rechte und Verrichtungen ein, die ehemals der Großmeister der Universität in den hiesigen Landen ausgeübt. Einzig dem Gouverneur hatte ich von meiner Verwaltung Rechenschaft abzulegen, und die Departements-Kommissäre, an deren Stelle jetzt die einzelnen Regierungen eingetreten, waren angewiesen, mich in Führung meines Amtes in alle Weise zu unterstützen. War es also nöthig, in der Bekanntmachung vom 1ten April einer Direktion besonders zu erwähnen, so mußte diß auch mit der meinigen der Fall seyn.[5] Alle oder Keine mußten genannt werden, und wenn es bey einer unterlassen worden, dann muß diese der Form nach nothwendig als fortbestehend sich betrachten, und es kömmt hinterdrein nicht dem Hr. v. Reimann, der jetzt einzig als Regierungs-Präsident von Aachen sein Gutachten in dieser Sache giebt, sondern allein einem hohen Ministerium in Berlin zu, diese Erklärung nachzuholen, und die Auflösung auszusprechen. Wenn aber zuletzt Hr. v. R. noch der Königl. Verordnung vom 30sten April 1815[6] gedenkt, so muß ich erwiedern, daß diese bey der vorliegenden Discussion nicht die geringste Beziehung auf den Gegenstand derselben hat, da mir die Abgeschmaktheit nie eingefallen, der neu eingetretenen Behörde die Rechtmäßigkeit ihres Besitzstandes streitig zu machen, und ich einzig nur die Forderung machte, deren Erfüllung man mir nicht vorenthalten kann, daß man in der Begründung meiner Abberufung mir das zukommen lasse, was mein Recht und meine Ehre verlangen, in der Form aber, was die öffentliche Schiklichkeit gebietet.

J. Görres

---

1 Ingersleben hatte Görres am 9.5.1816 aufgefordert, die Akten über das Schulwesen an das Consistorium in Koblenz herauszugeben, ebenso das Ministerium des Innern und der Finanzen an Görres, Berlin, 8.5.1816.

2 s. Brief Nr. 70.

3 Der Erlass des Regierungs-Präsidenten v. Reimann vom 2. Mai, in dem dieser die Herausgabe der Akten über das Schulwesen an das Consistorium verlangt (erw. in Ingerslebens Schreiben vom 9.5.1816), und das Gutachten gleichen Datums mit seiner Stellungnahme zur Nichtnennung des Unterrichtsdirektoriums im Erlass vom 18. April, sind nicht erhalten.

4 Herr Regierungspräsident: v. Reimann.

5 Zu der Nichtnennung der Unterrichtsbehörde in der Bekanntmachung vom 18.4. schon Brief Nr. 70 (schon dort mit falschem Datum). Dazu die Antwort des Ministeriums des Innern und der Finanzen an Görres, Berlin, 8.5.1816: die Organisation des Consistoriums bringe die Beendigung seiner Funktion von selbst mit sich, auch wenn dies in der Bekanntmachung von Reimann vom 18.4. versehentlich nicht namentlich vermerkt worden sei.

6 Die Königliche „Verordnung wegen verbesserter Einrichtung der Provinzialbehörden" vom 30. April 1815 legte die Einteilung Preußens in zehn Provinzen aus je zwei oder mehr Regierungsbezirken fest, sowie die Befugnisse der Oberpräsidenten in jeder Provinz, wie etwa „die obere Leitung der Angelegenheiten des Kultus, des öffentlichen Unterrichts und des Medizinalwesens", u.a. verfügt sie die Gründung eines Konsistoriums „für die Kirchen- und Schul-Sachen" im Hauptort jeder Provinz, das dem Oberpräsidenten unterstellt ist. „Dieses übt in Rücksicht auf die Protestanten die Konsistorial-Rechte aus; in Rücksicht auf die Römisch-Katholischen hat es die landesherrlichen Rechte circa sacra zu verwalten. In Rücksicht auf alle übrigen Religions-Parteyen übt es diejenige Aufsicht aus, die der Staatszweck erfordert und die Gewissensfreiheit gestattet. Alle Unterrichts- und Bildungs-Anstalten stehen gleichfalls unter diesen Konsistorien mit Ausnahme der Universitäten, welche unmittelbar dem Ministerium des Innern untergeordnet bleiben. (*Preuß. Gesetzsammlung 1815*, & 15-19, S. 85-92).

72. An König Friedrich Wilhelm III. von Preußen

Datum: Koblenz, 13.6.1816.
Original: Berlin, GStA PK, I. HA Rep. 74, Nr. 2042, Bl. 3-4v (4 Seiten).
Druckausgaben: Görres, *In Sachen der Rheinprovinzen und in eigener Angelegenheit*, Stuttgart 1822, S. 48-57 (einige kleinere Abweichungen; dat. 12.6.1816); *GS* 13, S. 309-312; H. Münster, *J. J. Görres. Eine Auswahl aus seinen nationalen Schriften*, S. 154-158 (eine längere Auslassung).
Einordnung: Eine Abschrift des Schreibens ging an Hardenberg. Die Eingabe blieb, ebenso wie die an Hardenberg (Nr. 73) ohne Antwort.[1]
Regest: Görres erinnert an die Versprechungen des königlichen Besitzergreifungspatents von 1815, v.a. zur Besetzung der Ämter mit Landeskindern und der Beibehaltung verdienter Beamter. Stattdessen habe eine Verdrängung der Landeskinder aus allen Regierungsämtern stattgefunden. Die öffentliche Meinung habe sich daher umgekehrt, die Eintracht sei zerstört. Er selbst sei, obwohl er sein Amt zwei Jahre lange ehrenvoll erfüllt habe, bei der neuen Organisation gänzlich übergangen worden und habe eine unmotivierte Dienstentlassung erhalten, sein Gesuch um Begründung sei unbeachtet geblieben. Er habe auch die Zerstörung seiner Zeitung mit Gleichmut hingenommen. Das Volk halte seinen Unmut seit der Suspension der Pressefreiheit in sich verschlossen. Er halte es daher für seine Pflicht, den König vom Stand der öffentlichen Meinung in der Rheinprovinz in Kenntnis zu setzen. Im Glauben an die wohlwollenden Gesinnungen des Königs erwarte er mit Ruhe und Gelassenheit dessen Beschlüsse.

Aller Durchlauchtigster Großmächtigster König, Allergnädigster König und Herr!

Als Eure Majestät im Frühjahr von 1815 die Besitznahme des Großherzogthums Niederrhein von Wien aus verordneten, da sprach die bey dieser Gelegenheit erlassene Proklamazion herzliche Worte des Wohlwollens, des Trostes und des Friedens für die Einwohner aus. Ew. Majestät geruhten huldreichst ihnen von außen Schutz, von innen die Herrschaft milder Gesetze, regelmäßige Verwaltung, schnelle und gerechte Justizpflege, gemäßigtes Abgabensystem, Beschränkung der Militärverfassung auf die Nothwehr, Wiederherstellung von Kirche und Schule und der ständischen Verfassung zuzusichern. Die Einwohner verstanden diese Sprache, sie gaben Vertrauen um Vertrauen, sie huldigten in Aachen freudig und willig und ohne Vorbehalt, und wünschten sich Glück zu der Zukunft, zu der ihnen die frohe Aussicht eröffnet war.[2] Die öffentliche Meinung, früher schwankend und unbestimmt, war von da entschieden für Preußen gewonnen, und man kann sagen, daß nie größere Eintracht und Ergebenheit geherrscht.

Jeder Volksstamm liebt es, gleichsam in einem Naturtriebe, der sich nie und nirgend verläugnen wird, so viel wie möglich durch sich selbst regiert zu werden, und Verwaltungs- und Gerichtsstellen, wo irgend thunlich durch tüchtige Eingebohrne besetzt zu sehen. Darum lasen die Einwohner mit Vergnügen die Worte im Königlichen Patente: „Die angestellten Beamten bleiben bey vorausgesetzter treuer Verwaltung auf ihren Posten und im Genuße ihrer Einkünfte, auch wird jede öffentliche Stelle so lange, bis Wir eine andere Einrichtung zu treffen zweckmäßig finden, in der bisherigen Art verwaltet."

Die beschränkende Clausel der Amtstreue ließ sie hoffen, man werde nur die Ungetreuen, jene welche ihr Vertrauen nicht besaßen, zu entfernen suchen, alle aber die sich in der scharfprüfenden Zeit bewährt, beibehalten und statt jener die aufsuchen, die sich seither von den öffentlichen Geschäften fern gehalten, und die deswegen nicht die schlechtesten sind. Sie wußten, daß große Opfer vielen im Mutterlande große Ansprüche auf die Erkenntlichkeit des Staats gegeben; die Rheinprovinzen sind wie alle andern auch keineswegs mit einem Ueberfluß tüchtiger, unterrichteter, rechtschaffener Beamten versehen; sie hätten es gern gesehen, wenn wo würkliche Armuth eingetreten, wirklicher Reichthum nachgeholfen, und hätten solchen Beistand dankbar aufgenommen. Leider aber hat die nun eingetretene neue Organisation diese Erwartungen nicht erfüllt, und wenn die Regierungen auch bey Ernennung ihrer untergeordneten Behörden darauf Rücksicht genommen, so scheinen bey der Organisation der Regierungen selbst ganz andere Grundsätze obgewaltet zu haben. Ew. Majestät Minister haben den Ausspruch des Königlichen Patentes in einem andern Sinne, als das Land, genommen. Es wurde nämlich diese Verheißung einerseits faktisch auf die Zeit von der Erbhuldigung bis zu der Definitivorganisation beschränkt, und damit der Fülle der Königlichen Gnade und Gerechtigkeit ärmliches Maaß und Ziel gegeben; andrerseits sollte unterschieden werden zwischen Beamten, die blos von der provisorischen Regierung angesezt worden, und Solchen die der ehemaligen französischen ihre Ernennungen verdankten. Blos auf diese wurde der Königlichen Zusicherung Anwendung zugestanden, ohne zu bedenken, wie sehr, indem auf diese Weise den Ernennungen Napoleons eine größere Kraft beygelegt ward, als denen, welche von Ew. Majestät vollkommen dazu ermächtigte Beamte gemacht hatten, durch diese Unterscheidung die Würde des Thrones gefährdet wird, und die Regierung mit sich selbst in Widerspruch geräth, und sogar die Gültigkeit der Erbhuldigung erschüttert werden muß, indem dieselben Beamten, die damals als Vorstände des Landes anerkannt, und in dieser Eigenschaft als Repräsentanten desselben zu dieser Huldigung in seinem Namen nach Aachen berufen wurden, jezt als Unberufene, nur halb Legitimirte, ephemerische verworfen werden. Die Regierung würde der Gefahr ausgesezt, harte Ungerechtigkeit zu üben an so vielen, die in der gedrängten Zeit all ihre Kraft an ihr Amt gesezt, und bey den ungewissen Verhältnissen Vermögen, ja das Leben durch die Uebernahme in Gefahr gebracht; und, da eigentlich gar kein Unterschied zwischen provisorischen Beamten und ehemaligen Französischen bestand, indem alle gleichmäßig von dem Provisorium auf's Neue angesezt und bestättigt wurden, so war das Königliche Wort, das vom Höchsten Minister bis zum Untersten im Volke gleich verbindlich ist, völlig illusorisch gemacht, indem keine Claße übrig war, auf welche dasselbe seine Anwendung hätte finden können, um so mehr, da man auch auf die wenigen übrigen Beamten der ehemaligen teutschen Regierungen keine sonderliche Rücksicht nahm.

Die Folgen dieser Ansicht der Dinge hat das Land bey der neuen Organisazion schmerzlich empfunden. Durch die Befolgung jener Grundsätze und Distinkzionen, sehen die Eingebohrnen sich beinahe von allen höheren Regierungsämtern weggedrängt. Bey der hiesigen Regierung finden sich unter neunzehn Gliedern und Beisitzern nur zwey aus dem disseitigen Theile des Großherzogthums, ein

Jurist und ein Arzt, beide darum schlechterdings unentbehrlich; dazu nur noch drey aus den jenseitigen Kreisen des Regierungsbezirks, in Allem nur zwey Katholische im größtentheils Katholischen Lande, das Consistorium ungerechnet, das zwar noch drey Katholische, aber wieder unter sechs Gliedern nur zwey Eingebohrne zählt, die als Canonisten gleichfalls unentbehrlich waren.[3] Der Ruf und die öffentliche Klage verkündigen, daß dasselbe, ja noch ein geringeres Verhältniß in Köln und Aachen statt gefunden. Die Einwohner, da sie durch eine solche unverdiente Zurücksetzung zugleich ihre Treue und ihre Tüchtigkeit in ein zweifelhaftes Licht gesezt erblicken, finden in ihren Beamten sich gekränkt und versehrt; selbst jene, die ihr Vertrauen nicht besaßen, und deren Entfernung sie sogar mit Beifall und Vergnügen gesehen hätten, werden als Opfer bedauert, weil man die Beßeren nicht geachtet. Das allgemeine Vertrauen auf die Verheißungen einer glücklichen Zukunft unter einer guten Verfaßung, da diese an eine ganz willkürliche Interpretazion geknüpft seyn soll, ist erschüttert worden.[4] Viele noch bestehende Institute in der Justizparthey finden durch die Aufstellung jener Grundsätze in ihrem innersten Bestande sich bedroht, und eine peinliche Unruhe hat der Gemüther sich bemeistert; die öffentliche Meynung hat seither, durch frühere Vorgänge schon beunruhiget, eine gänzliche Umkehr erfahren; die Eintracht, die glücklich Wurzeln geschlagen, ist gestört, längst besänftigte Leidenschaften und Abneigungen sind wieder aufgewacht, und jeder Tag sieht die Kluft größer werden, die verwandte, jetzt unter einem gerechten, wohlwollenden Fürsten eng verbundene Stämme von einander trennt.

Der Unterzeichnete führt, weil er Ew. Majestät mit Privatangelegenheiten nicht behelligen will, seinen eigenen Fall nur zum urkundlichen Beweise an, daß jene oben bezeichneten Ansichten würklich ein Hohes Ministerium geleitet haben.[5] Ernannt unter der provisorischen Regierung als Direktor des öffentlichen Unterrichtes, hat er sein Amt seit zwey Jahren mit Ehren und allem dem Erfolg, den die Zeitumstände gestatteten, geführt. Es kömmt ihm nicht zu darüber viel Worte zu machen, aber er darf, wenn jemand daran zweifeln wollte, keck auf das Zeugniß des neuen Konsistoriums, das in seine Verrichtungen eingetreten, sich beziehen. Doch fand er bey der neuen Organisazion sich gänzlich übergangen, und erhielt auf sein Gesuch um Mittheilung der Gründe dieser Beseitigung, die hier beigefügte unmotivirte Dienstentlassung schlechthin, ohne daß ein Hohes Ministerium sein Gesuch um Motivirung einer weitern Beachtung gewürdigt hätte. Er würde durch eine solche Dimission seine Ehre aufs tiefste gekränkt halten müßen, wenn die ungetheilte Meinung seiner Landsleute, ja der Unwillen Teutschlands in dem Maaße wie diese Behandlung offenkundig wird, ihn nicht vollkommen beruhigte. Er würde im Gefolge dieser Entscheidung sich einzig auf die Unterstützungen angewiesen sehen, welche ein Beschluß der hiesigen Regierung vom 14. May allen denen zusagt, die wegen Unfähigkeit, Altersschwäche und Beschränkung des Personals außer Activität gekommen, wenn Gott ihm nicht die Kraft, und das Vermögen gegeben hätte, daß er sich zu keiner unwürdigen Erniedrigung verstehen darf, um durch Allmosen aus der Staatskasse sich zu fristen.[6] Er hat die Zerstörung eines Werkes, das auf die Liebe und das Vertrauen des teutschen Volks gebaut, unterstüzt von den Besten der Nazion bey manchen Mängeln und Gebrechen doch unter höherem Segen dem Vaterlande gute Frucht getragen, und nicht mit Unehre vor dem Auslande bestanden, mit ruhigem Gleichmuth ertragen, weil er eine Fügung der Vorsicht darin gesehen, daß sie seiner nicht weiter bedürfe. Er hat ohne Bekümmerniß sich von einem Gerichtshof zum andern, darum daß er das Gesetz gegen den Eingriff in die persönliche Freyheit angerufen, schleppen laßen, weil er wohl vorgesehen, daß zuletzt ihm doch Recht und Gerechtigkeit geschehen müße. Er hat auch jene Zurücksetzung mit heiterer Fassung hingenommen, da er es für eine eitle Anmaßung hält, wenn in einem großen, vielfach zusammengesezten Staate jeder Einzelne verlangt, daß ihm nach seinem Verdienst geschehe, und weil er das Verdienst, auch wo es ganz unzweifelhaft ist, nur für eine Gabe achtet, die man dankbar hinnehmen, um die man aber nicht obenein Lohn begehren soll.

Das Volk glaubt seit der Suspension der Preßfreiheit sich den Weg verlegt, um mit seinen Klagen und Besorgnißen zum Ohr des Fürsten zu gelangen, und es hält seinen Unmuth in sich selbst beschloßen. Viele die reden könnten, laßen durch Verhältniße und Rücksichten sich binden. Darum hat der Unterzeichnete es für seine Pflicht erachtet, Ewrer Majestät jene Anzeige vom gegenwärtigen Stand der Meynung in dieser Provinz der strengsten Wahrheit gemäß zu machen, selbst auf die Gefahr hin, durch die Art, wie er es gethan sich das allerhöchste Misfallen zu zu ziehen. Er weiß, daß Ewre Majestät der Wahrheit nie Ihr Ohr verschließen, und er hält es für eine beßere Treue, die sie und die Beschwerden des Volks unverhohlen kund thut, als jene, die beides verheimlichen will. Wenn Ewre Majestät ihm als bloßen Privatmann den Beruf und die Befugniß zu diesem Schritt absprechen; so kann er nichts als seine gute Absicht und seine vollkommene Uneigennützigkeit zu seiner Legitimazion anführen. Das Einzige woran das Volk bey so manchem Niederschlagenden fest hält, ist der Glauben an die Wohlwollende Gesinnungen Eurer Majestät und die Ueberzeugung, daß Sie in Allem sein Bestes mit aufrichtigem Herzen wollen; diesen Glauben hat auch er von je mit seinen Landsleuten getheilt, und in ihm erwartet er mit Ruhe und Gelassenheit, was Allerhöchstdieselben darüber zu beschließen geruhen werden.

Ewrer Königlichen Majestät
unterthänigst treugehorsamster
J. Görres

Coblenz, den 13 Juny 1816

---

1 Dazu Görres, *In Sachen*, S. 60f „Beyde Eingaben blieben ohne Antwort, inzwischen wurden, dem Vernehmen nach, die verschiedenen Ministerien zu Berichten über den Hauptgegenstand derselben aufgefordert, und der Verf. darf glauben, daß seine Reclamation den ersten Anstoß zur späteren Modification des angenommenen Systemes, und zu größerer Achtung des Indigenatsrechtes gegeben habe. In seinen eigenen persönlichen Angelegenheiten bewirkte sie keine Veränderung."

2 Das Königliche „Patent wegen Besitznahme des Großherzogtums Nieder-Rhein" vom 5. April 1815: „An die Einwohner der mit der Preußischen Monarchie vereinigten Rheinländer!" „Ihr werdet gerechten und milden Gesetzen gehorchen. Eure Religion, das Heiligste, was dem Menschen angehört, werde Ich ehren und schützen. Ihre Diener werde Ich auch in ihrer äußern Lage zu verbessern suchen, damit sie die Würde ihres Amts behaupten. Ich werde die Anstalten des öffentlichen Unterrichts für Eure Kinder herstellen, die unter den Bedrückungen der vorigen Regierung so sehr vernachlässigt wurden. Ich werde einen bischöflichen Sitz, eine Universität und Bildungsanstalten für Eure Geistlichen und Lehrer unter Euch errichten ... Ich werde durch eine regelmäßige Verwaltung des Landes den Gewerbefleiß Eurer Städte und Eurer Dörfer erhalten und beleben.

Die veränderten Verhältnisse werden einem Teil Eurer Fabrikate den bisherigen Absatz entziehen; Ich werde, wenn der Friede vollkommen hergestellt sein wird, neue Quellen für ihn zu eröffnen bemüht sein. Ich werde Euch nicht durch die öffentlichen Abgaben bedrücken. Die Steuern sollen mit Eurer Zuziehung reguliert und festgestellt werden, nach einem allgemeinen, auch für Meine übrigen Staaten zu entwerfenden Plan…." (Auszug bei Görres, *In Sachen,* S. 9ff; *GS* 13, S. 294f; Münster S. 158-161). Zu den Versprechungen des Patents Görres, *In Sachen*, S. 8ff, 15ff, 129. Die Huldigung in Aachen fand am 15.5.1815 statt, der König ließ sich durch Oberpräsident Sack vertreten. Dazu *RM* Nr. 233 vom 5.5.1815, mit der Rüge, dass statt Regierungsbeamter besser Ständevertreter das Volk bei der Huldigung repräsentieren sollten.

3 Zur Gründung des Konsistoriums „für die Kirchen- und Schul-Sachen" Briefe Nr. 70 und 71. Zur Verletzung des Indigenatrechts bei der Besetzung der Stellen durch Preußen: *In Sachen* S. 41ff. Zur späteren Eskalation der Verhältnisse am Koblenzer Gymnasium im Jahr 1819 s. Brief Nr. 166.

4 Der Satz ist bei *In Sachen* durch gesperrten Druck besonders hervorgehoben.

5 Zu Görres' eigenem Schicksal, dem Verbot des *Rheinischen Merkur* und der Absetzung als Direktor des öffentlichen Unterrichts Görres, *In Sachen,* S. 47ff (*GS* 13, S. 300-309); Fink-Lang, *Görres*, S. 161ff.

6 Ab „wenn Gott…" bei *In Sachen* durch gesperrten Druck besonders hervorgehoben.

73. An Karl August Freiherrn von Hardenberg

Datum: Koblenz, 13.6.1816.
Original: Berlin, GStA PK, I. HA Rep. 74, Nr. 2042, Bl. 1-1v (2 Seiten).
Druckausgabe: Görres, *In Sachen der Rheinprovinzen und in eigener Angelegenheit*, 1822, S. 57-60; *GS* 13, S. 312-314.
Einordnung: Begleitbrief zur Abschrift des Briefs an den König. Der Brief blieb laut Görres, *In Sachen der Rheinprovinzen* S. 60 ohne Antwort.
Regest: Görres betont, wie sehr die öffentliche Meinung am Rhein durch die Unterdrükkung der Pressefreiheit, die Zurücksetzung der Einheimischen in der Besetzung öffentlicher Ämter und die Organisation des Gerichtswesens sich gegenüber Preußen verschlechtert habe und bittet den Staatskanzler um Fürsprache in seiner eigenen Sache.

Durchlauchtiger Fürst!
Der Unterzeichnete hat die Ehre Ew. Durchlaucht eine Zuschrifft in der Anlage mitzutheilen, die er an des Königs Majestät unter dem heutigen eingegeben hat.[1] Ew. Durchlaucht werden darin den Zustand und die Stimmung des Landes seit den neueren Vorfällen nach der Wahrheit und Würklichkeit dargestellt finden, und der Berichterstatter darf versichern, daß wenn irgend eine Abweichung dabey erscheint, sie eingetreten, nicht weil Einiges übertrieben, sondern weil Vieles verschwiegen worden. Es ist Leider! nur allzu gewiß, daß seit der Unterdrückung der Preßfreyheit und seit dem Eintritte der unglücklichen Organisation die öffentliche Meynung am Rheine zum Nachtheil Preußens eine gänzliche und völlige Umkehr erfahren. Es ist nicht bloß die Zurücksetzung der Eingebohrnen, die doch so weit gegangen, daß in dem hießigen Präsidio von der ganzen jenseitigen ehmals Nassauischen Regierung nur ein Einziges und zwar protestantisches, so wie von ihren Offizianten meist die Protestantischen in die neue Regierung eingetreten, während die Angestellten des Regierungskomissärs und der Kreisdirektoren nahe Alle durchgefallen; es ist weniger dies, was obgleich übel empfunden,

jenen widrigen Einfluß ausgeübt, als das nun wieder geweckte, nicht mehr abzuweißende Mistrauen im Volke, das da jenes erste Versprechen, das natürlich billigste von Allen, und am Leichtesten vor Andern zu erfüllen, nicht gehalten worden, ihm eingiebt, daß die Andern nun eben so wenig zur Erfüllung kommen werden. In dem Maaße wie Preußens Namen, vor kurzem noch der vorausgesetzten Liberalität und Freysinnigkeit wegen hoch gefeyert, jetzt im Auslande bey allen regressiven, geistesbeschränkenden Tendenzen der Zeit genannt wird, in demselben Verhältniß macht auch am Rheine das erwachte noch junge von den großen Ereignißen der Zeit hervorgebrachte und genährte Vertrauen alten Abneigungen und Antipathien Platz. Ist es doch dem Volke nicht entgangen, wie selbst Bayern ganz in der Nähe seinen Frieden mit der Meynung zu schließen sich bemüht, nur Preußen setzt sich fortdauernd und entschieden in offnen Krieg mit ihr, und bereitet denen, die es wohl mit Teutschland gemeynt, und gehofft, daß sich dem Teutschen ein Vaterland und ein öffentlicher Geist gewinnen laße, das Herzeleid zu sehen, wie das Volk seinen gegenwärtigen Zustand und seine Aussichten in die Zukunft, mit dem, was es unter der französischen Herrschaft erfahren, vergleicht, und wenigstens im Urtheil wankt. In den neueingeführten, weitschweifigen, lähmenden, geistestödtenden Formen, nun noch dazu von Solchen getrieben, die der Landesverhältniße, ja einem Theile nach aller Verhältniße gänzlich unkundig sind, hat die Meynung schon entschieden einen mächtigen Rückschritt gegen den gewohnten freyeren, lebendigern Geschäfftsgang anerkannt; sie sieht mit Verdruße der gerichtlichen Organisazion entgegen, wo ihr die öffentliche Rechtsverhandlung und das Gericht durch Geschworne, das wahrhafte landständische, repräsentative und Oppositionsprinzip in der Justizpflege, das dem Volke lieb geworden, und jetzt hier zu Lande zu einem ziemlichen Grade der Ausbildung gelangt, nun auch genommen werden soll. Alles wirkt zusammen, um die trübe dumpfe Stimmung, und die allgemeine Unzufriedenheit zu erklären, die auf diesen Gegenden drückend liegt.[2]

Dieselbe Meynung, die in Bezug auf die Ereigniße entschieden Parthey genommen, hat ihr altes Vertrauen auf Ew. Durchlaucht noch nicht verlohren, sie hält sich überzeugt, daß alles durch eine unglückliche Verwicklung der Verhältniße, deren Bezwingung außer Ihrer Macht gelegen, also gekommen, und ich handle daher in ihrem Sinne, wenn ich zur Mittheilung meiner Eingabe die Bitte beyfüge, Ihren mächtigen Einfluß dahin zu verwenden, daß da geschehenes Übel nicht wieder ungeschehen gemacht werden kann, wenigstens Größerem für die Zukunft vorgebeugt werde. Ich selbst habe noch einen besonderen Grund, Ew. Durchlaucht bey dieser Gelegenheit zu nahen. Weil nämlich Hochdieselben früher einiges Interesse für meine Person zu zeigen geruht, und dieselbe zum öfteren in Schutz genommen, so habe ich über mein Verhalten bey der Demüthigung, die man mir, eben so sehr irrend in der Person wie in den Mitteln, zugedacht, E. Durchlaucht unterrichten zu müßen geglaubt, um Hochdieselben zu überzeugen, daß Sie Ihre Theilnahme nicht an einen Unwürdigen verschwendet haben.[3]

Ew. Durchlaucht

Coblenz am 13 Juny 1816

gehors. Ergebenster
J. Görres

1 Der Brief an den König: Nr. 72.

2 Zu den Gründen für die Unzufriedenheit am Rhein, auch den gefühlten konfessionellen Ungerechtigkeiten vgl. Brief Nr. 72. Was das Rechtswesen betraf, waren die Befürchtungen um den Fortbestand der „rheinischen Institutionen", v.a. der Geschworenengerichte und öffentlicher Gerichtsverhandlungen, der Errungenschaften aus französischer Zeit groß. 1818 entschied sich der preußische Staat schließlich, das französische Recht im Rheinland aufrechtzuerhalten. Zur Neuordnung des Gerichtswesens: Dieter Strauch, *Rheinische Gerichte in zwei Jahrhunderten: die Entwicklung der ordentlichen Gerichtsbarkeit in den Rheinprovinzen und ihren Nachfolgestaaten von 1798 bis 2005*, 2007, S. 70ff.

3 Zu Görres' Absetzung als Direktor des öffentlichen Unterrichts s. Briefe Nr. 70 und 71.

74. An Katharina Görres.

Datum: Trier, 26.8.1816.
Original: Familienarchiv Görres-Jochner Nr. 75a (3 Seiten).
Druckausgaben: Marie Görres (Hrsg.), *Familienbriefe*, S. 85f; Stein (Hrsg.), *Görres' Briefe an seine Braut und Familie*, S. 69f; Schellberg (Hrsg.), *Ausgewählte Briefe* (1911), Nr. 109 (eine Auslassung); Schellberg (Hrsg.), *Eine Auswahl* (1927), S. 345f.
Einordnung: Erster Brief von Görres' Wanderreise. Katharinas Briefe sind nicht erhalten, wohl von ihr selbst vernichtet worden.
Regest: Görres berichtet von den Stationen seiner Fußreise und von seinen Kunstkäufen.

Trier am 26ten August 1816.

Liebes Fräuwelein!
Angekommen, abgestiegen, ausgeschlafen, abgefüttert, umgelaufen, Bilder erjagt, viel Städt und Länder und Menschenkinder gesehen.[1] In Trier ists schöner, als da wir es verlaßen, das könnte mich einige Tage länger hier halten, wenn der kathegorische Imperativ mich nicht wegtriebe, und anderwärts nicht auch heller Himmel und grüne Bäume wären. Auf meinen Hufeisen und 36 Nägeln bin ich schon wacker umher gelaufen, und habe mich überzeugt daß doch Alles gar sehr ausgeleert ist. Indeßen wer sucht, der findet. In Pfalzel habe ich dem Stiftsaltare nachgespürt, und ihn endlich gefunden bey einem Schuster in der Wiege, und auf den Stühlen herum, wo hinein er die Bilder verarbeitet, daß noch Köpfe und Arme, die noch nicht abgeseßen und abgewiegt waren, da und dort heraussahen. Einen Laden fand ich noch als Fensterladen, den ich ausgehoben, Christus im Tempel wieder gefunden, freylich übel traktirt. Dann vier brav geschnittene kleine Basreliefs, Auferstehung, Ölberg etc. von diesem Altare, alles zusammen für 6 Franken.[2]

Hier erhalten um einen nachzuschickenden Kupferstich, das kleine Altärchen, das ich dir durch den Doktor[3] schicke, mittelmäßige Arbeit, aber doch immer des Aufbehaltens werth, auch einmal umzusetzen. Eine vortreffliche Anbethung der Könige und eine Kreutzigung von Elfenbein hab ich im Handel, nur ists ein wohlhabender Mann, und ich fürchte, daß ichs darum nicht bekommen werde. Einiges Andere ist mir angegeben, dem ich weiter nachgehen werde. Morgen fahre ich mit dem Doktor zurück gegen Claußen, und kehre wo möglich am selben Tag zurück, dort hoffe ich gleichfals Einiges los zu machen.[4] Dann gehe ich sogleich am folgenden Tage nach Echternach und sofort weiter.

Nun und was treibst denn du mit den Kindern? Obgleich mir nichts abgeht, sehne ich mich doch nach Euch zurück, und das wird wohl mit der Entfernung so zunehmen, und der Stein muß, so hoch man ihn wirft, doch zurück. Du kannst mir wohl einmal schreiben, und wenn du's bald thust den Brief poste restante in Luxemburg adressiren, von Echternach will ich dir schreiben, wo die Andern hin.

Küße und grüße mir die Kinder und gedenke mein, schicke Meister Langmaul ins Feld und Guido ins Wasser.[5] Was du sonst wissen willst, wird dir Settegast mündlich sagen. Grüße mir alle Freunde und Bekannte.

Wenn von Prümm Canzonen kommen, dann muß die Vollmacht en blanc auf Mathieu ausgestellt werden.[6] Der Übertrag sans signe aber bleibt zu Hauße.

---

1 Görres hatte die Fußreise, mit der er sich nach seiner Entlassung und dem Ende des *Rheinischen Merkur* den Ärger von der Seele lief, wohl um den 15. August angetreten haben. Da er offensichtlich über Prüm nach Pfalzel und Trier ging, muss er für den Weg von insgesamt etwa 170 km, dazu die Aufenthalte mit Antiquitätensuche sicher mindestens 10 Tage gebraucht haben.

2 Die ehemalige Stiftskirche St. Maria und St. Martin in Trier-Pfalzel war 1802 aufgehoben und versteigert worden. Nach mehreren Besitzerwechseln und Nutzungen als Scheune und Lager wird sie seit 1927 wieder als kath. Pfarrkirche genutzt. Zu Görres als Kunstsammler vgl. die Briefe Nr. 52, 58, 68, 137.

3 Der Doktor ist der Koblenzer Arzt Joseph Maria Settegast (s. *GS/Briefe* 2; *GS/Briefe* 1, Einleitung S. XXX, XLV, L, LXXXVff, XCVI), der Görres ein Stück Weges begleitete.

4 Klausen im Landkreis Bernkastel-Wittlich-Land, nordöstlich von Trier besaß eine spätgotische Marienwallfahrtskirche, die vermutlich ein Grund für den Umweg war: sie war 1446-1449 durch den Antwerpener Baumeister Cluys erbaut worden, der geschnitzte Hochaltar ist eines der frühesten erhaltenen Beispiele der Antwerpener Retabelproduktion. Das zur Kirche gehörige Kloster der Augustiner Chorherren war 1802 aufgelöst worden.

5 Meister Langmaul: der öfters erwähnte Hund der Familie, Görres' Kinder: Sophie, geb. 1802, Guido, geb. 1805, und Marie, geb. 1808.

6 Zu dem Notar Clemens Mathieu s. Brief Nr. 5. Zu literaturhistorischen Fundstücken, die Görres u.a. von Schmitz in Prüm zugesandt wurden, vgl. Brief Nr. 93.

75. An Katharina Görres

Datum: Echternach, 3.9.1816; Fs.: Luxemburg, 5.9.1816.
Original: Familienarchiv Görres-Jochner Nr. 75a (3 Seiten).
Druckausgabe: Marie Görres (Hrsg.), *Familienbriefe*, S. 86-89 (als 2 Nummern, vollständig, kleinere Veränderungen).
Regest: Görres berichtet von seinem völlig verregneten Marsch von Trier nach Echternach und Luxemburg.

Echternach am 3 Sept. 1816

Das schätzbare Wetter dieses lieben Jahres hält mich hier seit mehreren Tagen eingesperrt.[1] Auf dem Wege hierher habe ich die härteste Geduldprobe in meinem

Leben abgelegt. Ich gieng vor vier Tagen von Trier weg, als eben das Wetter im Umschlagen begriffen war, und hoffte noch so darunter bis hierher hinzuschlüpfen. Inzwischen fieng es schon auf der Höhe des Marxbergs pianissimo zu regnen an, was crescendo während drey Stunden immer zunahm, bis ich endlich in Wintersfeld zwey Stunden von hier bis auf die Haut eingebeizt mich nach Feuer zum Trocknen umsehen mußte.[2] Das gieng nun recht gut inzwischen hatte es sich unterdeßen noch recht sehr befleißigt, und es regnete nun in Strömen den ganzen Abend, daß an Weitergehen nicht zu denken war. Ich mußte also unterzukriechen suchen, und in dem elenden Neste mit einem Bauernhauße vorlieb nehmen. Die Nacht verbrachte ich in zahlreichster Gesellschafft von circa einem halben tausend Flöhen so angenehm unterhalten, daß mir nicht einfiel ein Auge zu schließen. Am Morgen regnete es noch sehr emsig fort, und ob ich gleich alle zehn Minuten nach dem Himmel sah, mußte ich doch noch vier tödtliche Stunden mich beruhigen, bis endlich gegen 11 der Himmel sich klärte, und ich nun über den Berg hinüber konnte, wo aber der Boden so aufgeweicht sich fand, daß ich wohl eine Hufe Landes an den Stiefeln fortgeschleppt. Endlich kam ich denn hier ins Trockne, und habe seit dritthalb Tagen das Steigen des Barometers, und das Aufklären des Himmels abgewartet. In einer Stunde gehe ich nun von hier nach Luxemburg und werde heute Abend dort seyn. Dort hoffe ich Briefe von dir zu finden indem ich nun in zehn Tagen nichts mehr von Euch gehört habe. Spätere Briefe wirst du poste restante Sedan adreßiren müßen, da unter den jetzigen Umständen und dem schwankenden Wetter auf kürzerem Wege durch die Mitte des Landes nicht durchzukommen ist, und ich daher in etwas größerem Umkreis die Maas hinunter gehen muß. In Luxemberg werde ich zwey Tage verweilen, und dir von dort schreiben. Was ich dir von Trier zu Schiffe geschickt wirst du wohl erhalten haben, es folgt noch Einiges nach.[3] Lebe wohl und grüße mir die Kinder, und alle Freunde. Dein

J. Görres

Luxemburg am 5 Sept.
Ich bin von Echternach, wie gesagt abspaziert. In Alttrier habe ich dir eine alte elfenbeinerne römische Haarnadel, einen römischen Breylöffel und dazu noch eine Hand voll Geld alles für einen Franken gekauft. Darauf bin ich in den Grünewald gekommen, den spanischen Spessart. Die Bauern sagten mir, ich könne nicht irren, ich solle nur immer dem getriebenen Wege folgen. Ich nahm mir die Direkzion nach der Sonne, inzwischen kamen die Wolken, und deckten mir meinen Signalstern zu. Da gerieth ich nun zu weit rechts, und blieb statt drey fünf Stunden im Walde, den ich nach allen Richtungen recht forstmäßig begangen habe. Endlich wieß mich ein Quellenmensch, das schneeweiße Leinwand mit Wasser begoß in der Nähe eines Gehöftes zurecht. Darüber aber war ich wieder in den lieblichen Abendregen gerathen, der dieses Jahr jeden Tag mit lieblich erfrischenden Wassergüssen schließt, und wurde eine Stunde lang und durch alle Wendungen und Umwege der Vestung Luxemburg wieder recht angenehm beträufelt. Inzwischen schätzte ich mich glücklich, daß ich noch so davon gekommen, denn kaum angelangt wurden alle Wasserkrüglein ausgeleert, und es goß in Strömen, daß ich außen ersäuft worden wäre. Ich hatte den Tag neun Stunden gemacht, so müd und naß ich indeßen war, lief ich auf die Post um zu sehen, ob keine Briefe

für mich angekommen, man sagte ja, und gab mir den Gegenwärtigen, der über Greyenmachern(!) dahin gelaufen.[4] Das verdroß mich nun sehr, und ist nicht löblich von dir, und ich würde unruhig geworden seyn, wenn ich nicht Dobschütz im Wirthshauß getroffen hätte, der eben weil er nichts wußte, bewieß, daß nichts vorgefallen.[5] Bey so bewandten Umständen, da alle Wege verregnet sind, jeder Tag neue Wasserfluthen bringt, und ein wahrhaftiges Heimweh mich anwandelt, werde ich nur bis Virton hinaufgehen, dann über Longwi nach Trier zurückkehren[6], und über die Eifel die Heymath suchen, die ich in der nächsten Woche zu erreichen hoffe. In Trier will ich nochmal nachfragen, ob keine Briefe durchlaufen. Hast du bis dahin nicht geschrieben, dann wird alles fernere Schreiben unnöthig seyn, da es mich nirgend finden wird. Bis dahin behüte dich Gott mit den Kindern und denke wenigstens an mich, wenn du mir auch nicht schreiben wollen.

Ich habe eine hübsche Maria für 20 Fr. gekauft, die ich in diesen Tagen absenden will.[7]

---

1 Görres war – später als geplant (s. Brief Nr. 74) – am 31. August von Trier aufgebrochen und am 1. Sept. wohl in Echternach angekommen. Am 3.9. brach er von dort auf und kehrte um den 10. bis 15. September zurück nach Koblenz.

2 „Das Jahr ohne Sommer", eine Folge des Ausbruchs des Vulkans Tambora auf der Insel Sumbawa im heutigen Indonesien im April 1815, mit einem ungewöhnlich kalten Sommer in ganz Mitteleuropa, schweren Unwettern und Überschwemmungen, Missernten. Eine Spätfolge war die Hungersnot von 1817 mit immenser Erhöhung des Getreidepreises, die Görres zur Gründung des Koblenzer Hilfsvereins bewog (s. hinten Briefe Nr. 99ff; Fink-Lang, *Görres*, S. 174ff).

3 Zu Görres' Suche nach mittelalterlichen Kunstschätzen s. Brief Nr. 74.

4 Greyenmachern: Grevenmacher, luxemburg. Gréiwemaacher, zwischen Trier und Luxemburg.

5 Leopold Wilhelm v. Dobschütz (s. Pers.verzeichnis) war seit Oktober 1815 Chef der 1. Brigade in Koblenz.

6 Virton/Belgien, ca. 30 km westlich von Longwy (frz. Departement Meurthe-et-Moselle), letzteres ca. 50 km südwestlich von Luxemburg.

7 Vgl. Anm. 3.

76. An Friedrich Wilmans

Datum: Koblenz, 7.1.1817.
Original: Staatsbibliothek zu Berlin – Preußischer Kulturbesitz, Sammlung Härtel (2 Seiten).
Unveröffentlicht.
Adresse: Herrn Buchhändler Willmans Wohlg. in Francfurt.
Regest: Görres bietet dem Verleger seine Sammlung altteutscher Volkslieder aus der Heidelberger Bibliothek an, erklärt seine Vorgehensweise bei der Edition und stellt eine politische Schrift in Aussicht, die er bald beginnen wolle.

Coblenz am 7 Jänner 1817

Hochzuverehrender Herr!
Ich habe Sie bey meiner Rückreiße durch Frankfurt aufgesucht, aber nicht zu Hauße getroffen.[1] Darum muß ich schriftlich sagen, was ich mündlich antragen

wollte. Ich habe während meines Aufenthaltes in Heidelberg außer einer Sammlung von Sagen und Geschichten aus den dortigen Chroniken, die bey Mohr und Winter gedruckt werden, eine Andere von Volksliedern gemacht, die von der Reformazion rückwärts bis zum dreyzehnten Jahrhundert gehen, und alles in sich begreifen, was die Nazion im Zeitraum von vier Jahrhunderten historisch, politisch und aesthetisch bewegt.[2] Ich habe diese Sammlung, die alles was lyrisch wichtiges in der Vatikanischen Bibliothek enthalten ist, in sich begreift, aus einigen dutzend Handschrifften gemacht, die einzelnen Lieder ergänzt und interpolirt, wo sie fehlerhaft aus dem Munde des Volks niedergeschrieben waren, die neuere Rechtschreibung zur größeren Verständlichkeit in sie eingetragen, und Alles in historischer Folge geordnet, und mit einer allgemeinen Einleitung verfahren, auch einige alte Melodien von Minneliedern aus den Manuskripten einrichten und umsetzen laßen, so daß das Ganze ein wohlgefälliges, gewiß Vielen Leuten zusagendes Buch werden wird.[3] Wenn Sie den Verlag desselben übernehmen wollen, so biethe ich Ihnen dasselbe auf die Bedingung an, drey Karolin den gedruckten Bogen, zur einen Hälfte am Anfang des Druckes, zur Andern am Ende zahlbar, zwölf Freyexemplare auf Velinpapier, die ganze Sammlung auf gutem weißen Papier sauber in beliebigem Formate, am besten wohl groß oktav abgedruckt. Es wird alsdann etwa 20 Bogen im Ganzen werden, und am füglichsten mit einem in Kupfer gestochenen Umschlage zu versehen seyn. Bis dahin, daß ich mein politisches Stillschweigen breche, was wahrscheinlich bald geschehen wird, da Alles mich dazu aufzufordern scheint, mögte diese Arbeit als ein schickliches Intermezzo dienen.[4] Ich erwarte darüber Ihre Erklärung.

Ihr Ergebenster
J. Görres

---

1 Görres war von Oktober bis Dezember 1816 zu Studienzwecken in Heidelberg gewesen. Laut Sulpiz Boisserée war er mindestens seit dem 26.10. in Heidelberg, und verließ Heidelberg am Sonntag, den 22. Dezember (Sulpiz Boisserée, *Tagebücher* I, hrsg. Hans-J. Weitz, S. 366ff zum 26.10.1817: „Görres Besuch ", 27.10., 28.10., 29.10., 1.11., 8.11., 16.11., 20.11., 22.11., 23.12.1816: „Görres gestern weg"). In Brief Nr. 77 bemerkt Görres, dass er 8 Tage später heimgekehrt sei als geplant. Im Mai 1816 waren die Codices Palatini germanici aus der Vatikanischen Bibliothek nach Heidelberg zurückgekehrt, ein ungeheurer Handschriftenschatz, der für Görres eine willkommene Fundgrube bot.

2 *Altteutsche Volks- und Meisterlieder aus den Handschriften der Heidelberger Bibliothek*. Herausgegeben von J. Görres. Mit einem Kupfer, Frankfurt a.M. 1817 (Bey den Gebrüdern Wilmans). Die geplante Sammlung von Sagen und Geschichten aus den Manuskripten der Heidelberger Bibliothek bot Görres noch im Januar dem Verlag Mohr und Winter an (Brief Nr. 77), am 13.12.1817 (Brief Nr. 121) dann dem Verleger Reimer. Das Projekt wurde nicht realisiert, ebenso wie das ganze Großprojekt einer Sagengeschichte, das Görres bereits seit 1812 verfolgte und letztlich aufgeben musste (vgl. Brief Nr. 160).

3 Zu Görres' Vorgehensweise bei der Edition der *Altteutschen Volks- und Meisterlieder* (im Gegensatz zum *Lohengrin* hier orthographische Veränderungen, Modernisierung der Sprache): Schlechter, Populäre Fassungen oder wissenschaftliche Editionen, S. 179f.

4 Von der geplanten politischen Schrift mit dem Arbeitstitel „Preußens rheinische Mark im Jahr 1816 und 17" (so Brief Nr. 80) ist das ganze Jahr über die Rede (Briefe Nr. 80, 81, 83, 88, 118, 154). Sie ist niemals erschienen. Zunächst als kurze Schrift gedacht, uferte das Projekt Görres unter der Hand aus und wuchs, da es über Vergangenheit, Gegenwart und Zukunft handeln wollte, „unvermerkt wie der Golem" (Brief Nr. 118). Ein Teil des Manuskripts ist wohl im Januar 1818 in den allgemeinen Schlussteil der Schrift *Die Übergabe der Adresse* eingeflossen (S. 41-60; *GS* 13, S. 24ff), wo

Görres über das Verhältnis der Rheinlande zu Preußen, über die historische Notwendigkeit einer ständischen Verfassung, über das Recht der Völker, das freie Wort, und das „starre Stockpreußenthum" im Gegensatz zu der „aufsteigenden Jugend" und der Macht der Ideen spricht. Größere Teile finden sich in *Teutschland und die Revolution* wieder (dazu die Aufstellung von Übereinstimmungen in *GS* 13, S. 584). Ein Fragment dieser Schrift hat Marie Görres unter dem Titel „Über das Verhältnis der Rheinlande zu Preußen" in ihrer Ausgabe der *Politischen Schriften* veröffentlicht (Bd. 3, S. 447; *GS* 13, S. 496-511). Görres' erstes politisches Wort seit dem Verbot des *Merkur* war die *Übergabe der Adresse der Stadt Coblenz* vom Januar 1818.

77. An Jakob Christian Mohr und Christian Friedrich Winter

Datum: Koblenz, 14.1.1817.
Original: Stadt- und Landesbibliothek Dortmund, Atg. Nr. 90 (3 Seiten).
Unveröffentlicht.
Adresse: Herrn Mohr und Winter Wohlg. In Heidelberg.
Regest: Görres berichtet von seiner Rückreise aus Heidelberg und bietet seine in Heidelberg gesammelten Sagen und Geschichten zum Verlag an.

Coblenz am 14 Januar 1817.

Ich schreibe später als ich gewollt, weil ich länger rückgereißt, als ich gesollt. Nachdem uns der Rhein bey Mannheim zurückgewießen, unwillig, daß wir ihn so lange verläugnet hatten sind wir nicht auf dem kürzesten Wege über Frankfurt heimgezogen. Da hat sich allerley so freundlich in die Straßen vorgelegt, daß wir darüber stolpern und acht Tage verziehen mußten. Inzwischen waren sie nicht übel angewendet. Über Berg und Thal sind wir darauf ins neue Jahr eingezogen, und nun heil und ganz wieder im Neste angelangt, am Winkel wo Rhein und Mosel zusammenfließen. Von da aus nochmal unsern besten Dank für alles Gute, das wir oben empfangen haben.[1]

Ins Winterische Hauß viel Grüße von Allen an Frau und Kinder. Ins Frießische Haus[2] nicht weniger, der Hausherr soll uns geprießen seyn, die Hausfrau hat mir zwar die Meinige zu allerley Zerstreuungen debauchiren wollen, der oft belobten Beweglichkeit der Nasenspitze wegen, und um der vielen Schnitten mit Eingemachtem willen, die sie mir gemacht, will ich ihr auch ferner durch die Finger sehen, und sie gleichfals recht freundlich und herzlich grüßen.

Ich habe die Sachen an Schmitz Grollenburg abgegeben und ihm mündlich des Haußes wegen gesagt was mir aufgetragen worden. Es schien ihm einzuleuchten. Das Pakett an Wahlendorf ist noch in meinen Händen, da er nicht hier und nicht in Cöln ist, aber im Siegenschen, ich weiß nicht wo sich aufhalten soll.[3] So wie ich Nachricht höre, will ichs an ihn absenden. Das Pakett an Zimmer wird wieder aus dem Prinzen Carl zurückgekehrt seyn, schreiben Sie ihm, da die Himmelsmächte unser Wiedersehen verbothen haben. Er soll jetzt, wie ich heraufgegangen, so zu mir herunterkommen.[4]

Meine oben angefangenen Arbeiten habe ich jetzt hier wieder vor die Hand genommen. Wollt Ihr die angetragenen Sagen und Geschichten aus den Handschrifften, so will ichs zum Drucke fertig machen.[5] Man biethet uns überall freywillig vier Karolin für meine Arbeiten an, ich denke wir laßen hier bey drey Friedrichsdor. Berechnets und kömmt dabey etwas heraus, so thuts; es wird ein recht angenehmes und intereßantes Buch; wenn nicht, so unterlaßts, ich will sehen, wie ich anderwärts zurecht komme. Auf die Anhänge zur Mythologie will ich später sinnen.[6]

Gott befohlen Alle miteinander
Ihr
J. Görres

---

1 Zu Görres' Studienaufenthalt in Heidelberg von Oktober bis Dezember 1816 vgl. Brief Nr. 76.

2 Christian Friedrich Winter trat nach dem Ausscheiden von Zimmer an dessen Stelle in den Verlag (Mohr und Zimmer) ein, der nun (bis 1822) unter dem Namen Akademische Buchhandlung Mohr und Winter firmierte. Frieß: der Heidelberger Bankier und Fabrikant Christian Adam Fries, in dessen Haus Görres während seiner Heidelberger Zeit 1806-1808 häufig zu Gast gewesen war.

3 Franz Edmund Josef von Schmitz-Grollenburg war seit März 1816 Abteilungsdirektor bei der Regierung in Koblenz. Wahlendorf konnte nicht identifiziert werden. Der Siegensche Kreis gehörte zur preußischen Provinz Westfalen.

4 Zu dem ehemaligen Heidelberger Verleger Johann Georg Zimmer s. Personenverzeichnis. Prinz Carl: das Hotel in Heidelberg, in dem Görres logiert hatte und in dem auch die Brüder Grimm immer abstiegen (so die Adresse auf dem Brief Jacob Grimms aus Heidelberg 11.4.1817).

5 Die angebotene Sammlung von Sagen und Geschichten aus den Heidelberger Handschriften wurde nicht gedruckt. Vgl. Brief Nr. 76.

6 Die Anhänge zur Mythologie: vielleicht eine geplante Ergänzung oder Neuauflage der 1810 bei Mohr und Zimmer in Heidelberg erschienenen *Mythengeschichte der asiatischen Welt.*

78. An Wilhelm Grimm

Datum: Koblenz, 15.1.1817.
Original: Staatsbibliothek zu Berlin – Preuß. Kulturbesitz, Nachlass Grimm 686, 100f (3 Seiten).
Druckausgaben: Binder (Hrsg.), *Freundesbriefe* Nr. 170, S. 507-511 (vollständig); Schellberg (Hrsg.), *Ausgewählte Briefe* (1911), Nr. 110.
Adresse: Herren Wilhelm Grimm Bibliothekar in Hessen Cassel frey. Poststempel: Cassel 20.1.
Einordnung: Vorangegangene Briefe der Brüder: Wilhelm 6.12.1816; Jacob 10.6.1816; nächste Briefe: Wilhelm 20.3.1817; Jacob 11.4.1817.
Regest: Görres berichtet von seinen Reisen im Jahr 1816, von seinen Arbeiten in der Heidelberger Bibliothek und seinen Arbeitsprojekten.

Coblenz am 15 Jänner 1817.

Es ist freylich nicht zu loben, daß ich so lange geschwiegen, nicht blos öffentlich, sondern auch privatim gegen meine Freunde; doch ist zu bedenken zu einiger Entschuldigung, daß ich im verlaufenen Jahre sechs Monath auf Reißen war, erst für die Schulen, dann um den Ärger zu verlaufen, dann nach den Heidelberger Manuskripten. In der Zwischenzeit habe ich nicht viel Erhebliches gearbeitet, da ich schwer die Gemüthsruhe dazu gefunden, aber alte Bilder geputzt, und mit dem Lithauischen unverständigen Volke gestritten und gedisputirt.[1] Darüber ist die Tinte getrocknet, und einen Brief zu schreiben forderte einen ordentlichen weitläuftigen Apparat; auch gefiel mirs, da das viele dumme Geschreibe mir täglich so starken Zorn einjagt, einmal das ganze Wesen von mir gethan zu sehen und mich frey in der Luft zu bewegen. So habe ich die Zeit in einem ganz erquicklichen Naturstand verlebt, wo die Schreibkunst noch nicht erfunden ist, Journale und Literaturzeitungen keinen Abgang haben, und den Lumpen kein Papier abgepreßt wird. Inzwischen hat all Ding seine Zeit, ich habe schon wieder hineingemüßt, und da hab ich dann gleich meinen Einstand in Heidelberg gegeben, wo ich neun Wochen ununterbrochen in den alten Bücher gearbeitet, daß mir die Augen stumpf wurden und die alten Worte und Redensarten mir Tag und Nacht vor den Ohren flimmerten.[2] Damit habe ich nun freylich die Sammlung bezwungen, daß ich den neuen Ideenkreis darin umfaße, weiß was dort zu hohlen und wo es zu finden, und zu meinen nächsten Zwecken auch gröstentheils Alles ausgeschöpft. Es ist höchst merkwürdig aus der Currenten Gedankenmasse in ein solches altes Münzcabinett zu gerathen, wo man bey Seite gelegt, was vor Jahrhunderten zwar gemein gewesen, jetzt aber fremd geworden, das darum aus den engen vier Wänden des Ordinären Bekannten eine Durchsicht in das Gewesene verstattet, daß man einmal wieder das Gefühl wie in der Kindheit hat, wo alles neu ist und unerhört, und man nirgends noch die Schranken, an denen überall die Flügel widerschlagen sieht und erkennt. Es hält freylich nicht lange hin, und das neue Gehege ist bald ausgefüllt, inzwischen ists schon etwas werth das expansive Gefühl in alten Tagen wenigstens auf kurze Zeit wieder gefunden zu haben. Darum war mir diese Sammlung so anziehend und das scheinbar Unbedeutendste hat mich an ihr gerade am längsten beschäfftigt. Ich hätte wohl einige Monathe länger bey ihr bleiben sollen, inzwischen ließ es sich dasmal nicht so einrichten, und ich mußte intensiv ersetzen was extensive sich nicht erreichen ließ. Ich habe eine Sammlung recht schöner Volkslieder daraus gemacht, die bis in die ältesten Zeiten reicht, die zur nächsten Messe erscheinen soll, eine andere Sammlung von Legenden, Sagen und Geschichten aus den Chroniken wird ihr zur Seite gehen. Dann aber habe ich ein drittes Werk mir darin zusammengelegt über den ganzen innern Zusammenhang des Ideenkreißes im Mittelalter im Allgemeinen, und den epischen der Dichtungen im Besondern, läßt das politische Unwesen mir Ruhe, dann hoffe ich den Winter über damit zu Standen zu kommen.[3] Sie sehen daraus, daß die Idee der Bibliotheca Vaticana aufgegeben ist.[4] Der winzige Raum von vier Bänden reicht ohnehin zu einem solchen Reichthum nicht weit, und es ist überhaupt zu viel Gleichartiges, und zu wenig coloßal vorragendes, daß man eine gerechte Auswahl machen könnte. Hätte ich Lust größere Dichtungen herauszugeben, ich würde mich zunächst an den Titurel machen, da hängt noch eine Krone, und es sind zwey merkwürdige Manuskripte oben. Alle andern, villeicht den Ottnit ausgenommen, schlottern zu lose in der Form, als daß sie eine kritische Ausgabe möglich machten; eine buchstäbliche wird oft in Nebendingen widerwärtig werden, und endigt man, dann weiß man wohl wo anfangen, aber selten wo endigen.[5] Ich will Ihnen gern zur Ausgabe des Rosengartens die Abschrifft geben, die ich in Händen habe, doch muß ich Sie dabey erinnern sie mit Vorsicht zu benutzen. Zwar ist sie mir bey Ansicht des Originals als ein später Geschriebenes ziemlich treu vorgekommen, aber der Lohengrin hat sich bey der Vergleichung als höchst fehlerhaft und ungeschickt erwießen, so daß das Gedicht im Drucke unglücklicher Weiße sehr zu kurz gekommen. Glöckle ist von Geburt ein Schwein, und von Erziehung ein Bruder Lüderlich und ein Sauffaus, weswegen man sich nicht wundern darf, wenn er voll des süssen Weines ein u für ein x gelesen. Sie müßen daher sich ein paar Stellen von Carove abschreiben laßen, und die dann vergleichen, wenn Sie die Abschrifft haben, was geschehen wird, wenn ich sie für meine Schrifft durchgesehen habe.[6] Ich lasse darum die Heymonskinder als Volksbuch, die Verse wie Prosa abgesetzt drucken, wo es nicht so sehr darauf ankömmt. Schicken Sie mir einmal gelegentlich das Manuskript.[7] Mit Gregorius vom Steine, einer ganz vortrefflichen grandiosen Dichtung halte ichs villeicht eben so. Glöckles brauchen Sie nicht einmal auf dem Titel zu erwähnen, sonst fällt er Ihnen mit seiner abgeschmackten Unverschämtheit unbequem.[8] Von den Nibelungen habe ich merkwürdige Fragmente in einem Dutzend Folioblättern Papier an einem Orte gefunden, wo sie niemand gesucht hätte, sie biethen recht gute zusammenhängende Lesarten dar. Ich habe gesehen, wie Sie meine Fragmente bekannt gemacht, ich konnte damal den Rest nicht finden, es ist indeßen nicht viel noch ein Dutzend, glaub' ich, solcher Schnitzeln, wo auf jedem einige Verse stehen. Das Hohenemser Manuskript ist jetzt ins Badische verkauft, Hundshagen aber soll, wie ich höre, einen Beweiß sich zusammengearbeitet haben, daß er das Seinige in Maynz erkauft, und daß es nicht identisch mit dem Römischen sey. Ich glaube indeßen schwer daran.[9]

Gott befohlen Alle miteinander! es wäre recht schön gewesen, wenn ich mit dem Bruder in Heidelberg zusammengetroffen wäre, er hätte lieber einen Zopf bis über die Gränze anbinden sollen. Die Boisseréschen Bilder habe ich dann die Zeit über auch mit Muße gesehen, und mich sehr daran erfreut, auch das Meinige redlich dazu beygetragen, daß sie nicht nach Berlin kommen.[10]

---

1 Görres hatte mindestens seit der Einstellung des *Rheinischen Merkur* im Januar 1816 nicht mehr geschrieben (Sein letzter erhaltener Brief an die Brüder: Nr. 43). Wilhelm hatte ihm am 6.12.1816 dies zum Vorwurf gemacht. Zu Görres' Reisen im Frühjahr und Sommer 1816: Fink-Lang, *Görres*, S. 166-174. Die letzte Dienstreise als Direktor des öffentlichen Unterrichts: Brief Nr. 69, die Wanderreise im Sommer: Briefe Nr. 74ff, zum Heidelberg-Aufenthalt Brief Nr. 76. Görres spricht gern von den Preußen abfällig als „Lithauer". Jakob Grimm rügt dies am 22.12.1822: „Ihr Rheinländer nennt wohl das gesammte preußische Wesen Lithauenthum, als ob das ein Schimpf wäre". Die Litauer seien ein edles stolzes Volk, die andern Preußen von Königsberg bis Pommern seien im Übrigen keine Litauer, sondern rein deutscher Abkunft. (Binder (Hrsg.), *Gesammelte Briefe* Bd. 3, S. 70f).

2 Im Mai 1816 waren die Codices Palatini germanici aus der Vatikanischen Bibliothek nach Heidelberg zurückgekehrt. Görres war vom 26. Oktober bis 22. Dezember in Heidelberg gewesen.

3 Zu seiner Sammlung *Altteutsche Volks- und Meisterlieder aus den Handschriften der Heidelberger Bibliothek* und dem nicht ausgeführten Projekt einer Sammlung von Sagen und Geschichten aus den Manuskripten der Heidelberger Bibliothek schon die Briefe Nr. 76 und 77.

4 Zum Plan einer *Bibliotheca Vaticana,* den Görres seit 1809/10 verfolgte s. *GS/Briefe* 2, Nr. 122, 132, 168 und Anhang. Grimm hatte am 6.12. danach gefragt, ob Görres noch an dem Projekt festhalte.

5 Über den *Titurel* des Wolfram von Eschenbach hatte sich Görres bereits 1810 intensiv mit Jacob Grimm auseinandergesetzt (*GS/Briefe* 2, Nr. 135, 187 etc.). Das Heldenepos *Otnit* oder *Ortnit*, u.a. in einer Heidelberger Handschrift überliefert, wurde 1821 von Franz Josef Mone herausgegeben.

6 Grimm hatte in seinem Brief vom 6.12. geschrieben, er wolle gern den *Rosengarten* nach einer Frankfurter Handschrift herausgeben, bräuchte dazu die Benutzung der Vatikanischen, jetzt Heidelberger Handschrift. Falls Görres sie nicht für seine *Bibliotheca Vaticana* edieren wolle, würde er Glöckle um eine Abschrift bitten. Am 20.3.1817 schrieb W. Grimm, den *Rosengarten* brauche Görres nicht zu schicken, er habe jetzt eine Abschrift von Carové, die allerdings auch schlecht sei, er wolle die Straßburger Handschrift zu bekommen versuchen. Seine Frankfurter Handschrift weiche sehr stark ab. Zur Heidelberger Handschrift des *Rosengarten zu Worms* schon *GS/Briefe* 2, Nr. 176 und 190.
Zu Ferdinand Glöckle s. Briefe Nr. 4, 19, 34, sowie *GS/Briefe* 2. Zu Friedrich Wilhelm Carové s. Personenverzeichnis. Zu Glöckles fehlerhafter Abschrift des *Lohengrin* noch einmal Brief Nr. 96. Dazu auch Schlechter, Populäre Fassungen, S. 176ff. Zur Entstehung von *Lohengrin, ein altteutsches Gedicht, nach der Abschrift des Vaticanischen Manuscriptes von Ferdinand Gloekle. Herausgegeben von J. Görres*, Heidelberg bei Mohr und Zimmer 1813. Den Brüdern Grimm in Cassel zugeeignet: *GS/Briefe* 2.

7 Zum Projekt der Edition der *Heymonskinder* des Reynold von Montalban, wovon lediglich Proben in *Deutsches Museum* Jg. 1813, Heft 10 (Okt. 1813), S. 298-320 (*GS* 4, S. 111f) erschienen waren: *GS/Briefe* 2, Anhang. W. Grimm sandte das Manuskript, das Görres den Brüdern geliehen hatte, am 20.3.1817 an Görres zurück. Die Abschrift sei sehr nachlässig, eine bloße Prosaübersetzung wäre unter diesen Umständen am Besten. Dazu Jacob Grimm an Görres 11.4.1817: Er sei im Zweifel, ob Görres es „in Prosa lösen und zuschneiden, oder genau abdrucken lassen" sollte. Im letzten Fall wäre die Durchsicht der Glöckle-Abschrift unvermeidlich. „Im ersten aber würde ich mir noch mancherlei mit dem Gedicht zu thun machen und vielleicht eine förmliche Abschrift unternehmen." Görres solle ihm schreiben, ob er (Jacob) noch etwas mit den zwei Handschriften dieses Werks tun könne? Grimm beschäftigte sich offenbar weiter damit: am 18.6. bittet er Görres, ihm die Glöckle-Abschrift zur Kollationierung noch einmal zu leihen.

8 Zu Gregorius vom Stein s. Briefe Nr. 10 und 34. Die Erwähnung Glöckles auf dem Titel hatte Grimm vorgeschlagen (6.12.): Er wolle nichts mehr mit Glöckle zu tun haben „er hat sich allzu gemein gegen uns benommen", sondern Görres allein die Mitteilung verdanken, würde ihn allenfalls auf dem Titel erwähnen.

9 Die beiden Fragmente überließ Görres den Brüdern zur Veröffentlichung in den *Altdeutschen Wäldern*, Frankfurt 1817. Grimm hatte in seinem Brief vom 6.12. darum gebeten: Jemand habe ihm erzählt, Görres habe noch mehr Bruchstücke von Nibelungenhandschriften. Das Hohenemser Manuskript: Die beiden Handschriften („A" und „C") des Nibelungenlieds waren in Schloss Hohenems gefunden worden, letztere um 1755 von Jacob Hermann Obereit auf Veranlassung von Bodmer. Die Handschrift „A" war 1807 an die kgl. Hofbibliothek in München verkauft worden, die Handschrift „C" wurde während des Wiener Kongresses an einen Händler verkauft und nach jahrelangen Bemühungen von Joseph von Laßberg erstanden. Zu der von Hundeshagen 1816 gefundenen Nibelungen-Handschrift (die Wilken für die Heidelberger Bibliothek beanspruchte, da man sagte, H. habe sie aus der Vaticana vor der Rückführung der Palatina entwendet und nicht in Mainz gekauft: Michaela Eser, *Augsburger Nibelungenlied und -klage: Edition und Untersuchung*, Regensburg 2016, S. 48ff; Ludwig Denecke, Bernhard Hundeshagen und Jacob Grimm, in: *Zeitschrift des Vereins für hess. Geschichte und Landeskunde* 95 (1990), S. 197-206.

10 Die Brüder Boisserée hatten entschieden, ihre Sammlung, die sie seit November 1810 in Heidelberg zeigten, zu verkaufen. Sulpiz Boisserée hatte auf einen Verkauf nach Berlin gehofft. Friedrich Schinkel begutachtete die Sammlung 1816 im Auftrag des Preußischen Königs. (Dazu Renate Matthaei, *S. Boisserée und die Vollendung des Kölner Doms. Eine Biographie*, 2016, S. 146ff; Christoph M. Vogtherr, *Die Erwerbungen Friedrich Wilhelms III. für die Berliner Museen und die königlichen Sammlungen*, in: *Caravaggio in Preußen*, S. 142). Die Verhandlungen schlugen schließlich fehl. Im März 1819 ging die Sammlung an den württemberg. König nach Stuttgart. Sulpiz notierte, als die Entscheidung gefallen war, bei einem kurzen Besuch in Koblenz Görres' „wahrhafte Freude, daß wir nach Stuttgart ziehen" (Boisserée, *Tagebücher*, 7.2.1819)

79. An Matthias Metternich

Datum: Koblenz, 18.1.1817.
Original: Familienarchiv Görres-Jochner Nr. 75c (3 Seiten).
Unveröffentlicht.
Einordnung: Letzter erhaltener Brief Metternichs 18.5.1814, nächster Brief Metternichs: 29.10.1817.
Regest: Über Metternichs jüngst erschienenes Buch und die Rezensionen dazu, und über die Erwartungen an die neue Universität in Bonn.

Coblenz am 18 Januar 17.

Es ist mir lieb, daß dein Buch endlich vom Stapel läuft, und es ohne weitere Verdrießlichkeiten abgeht.[1] Damit seyd ihr Mathematiker übel dran, die Leute gehen zu Euch einmal im Jahr wie zu den Herrenhuthern, wenn sie sich ein paar solide Handschuhe kaufen wollen, an deren Fingern sie ihre Rechnungen abzählen können. Ich wollte zur Politik rathen, wenn dir die Hundeniederträchtigkeit nicht immer zwischen die Beine liefe und du nicht den Tick hättest immer nach ihr zu treten, was die Bestie sehr übelnimmt. Über die paar Worte, die ich dir geschrieben, hast du wieder eine exemplarische Umständlichkeit in so viel Sätzen und Corollarien wie bey deiner Paralelltheorie.[2] Ich wollte nicht bey Schweins submissest für dich einkommen, sondern mit ihm disputiren. Er ist nicht dein Rezensent in den Jahrbüchern wie ich glaube.[3] Die Anzeige in der Frankfurter Zeitung war mir auch nicht ganz recht[4], wenn man inzwischen das Schwerd Attilas wiedergefunden, und dazu hungrige Soldaten im Hauße, die Einem auffreßen, dazu neidische Lumpenhunde, die aufpaßen, und den Bißen im Munde nicht gönnen, und die man ärgern will, dann thut man schon ein Übriges. Das wißen aber die wenigsten Leuten, und urtheilen wie Schweins was du ihm nicht so hoch anrechnen mußt. Die Sachen, die du sonst im Briefe so verächtlich traktierst, kenn ich nicht, kann also nicht darüber urtheilen. Die neue Rezension deines Buchs hab ich in einer Inhaltsanzeige entweder von Bohnenbergers neuen astronomischen Journale, oder von Lindenaus Ephemeriden gesehen. Sie ist von Einem aus Marburg. Sie selbst ist mir noch nicht zu Gesicht gekommen, ich weiß also nicht, ob sie pro oder contra.[5]

Mit der Universität siehts noch sehr windig aus. Bey der chronischen Bleich und Schleimsüchtigkeit unserer Regierung rückt nichts, es geht Alles wie der Zeiger einer Kirchenuhr, der Tag und Datum zeigen sollte.[6] Sie schreiben hin und her an diesen und jenen gelehrten Mann, warten die Antwort ab, beschwatzen sie und die Sache einmal im Monath auf dem Quatembertage, das ist Alles. Wärst du nur ein dutzend Jahre jünger, dann hätt es bey der jetzigen Parforcejagd auf Leute die etwas wißen, keine Noth, und du dürftest nach Bonn gar nicht fragen. Mich wollen sie ... politischen Anbrüchigkeit ich will aber nun einmal nicht. ... Windstille, dann wird's auch nur ... das Schlimmste ist einmal überstanden.[7] Da ich mit der ganzen Wirthschafft in Prozeße stehe so fragt mich natürlich niemand oben, über nichts, und ich kann dir direkt von keinem Nutzen seyn. Indirekt will ich jedoch thun, was ich kann. Leb wohl

Dein
J. Görres

---

1 Matthias Metternich war ein alter Bekannter von Görres, ehemals Mainzer Klubist und Mitstreiter der Cisrhenanen 1797/98, Professor der Mathematik in Mainz. Das Buch: *Vollständige Theorie der Parallellinien oder geometrischer Beweis des eilften euclidischen Grundsatzes.* Nebst einem Anhange, in welchem der erste Grundsatz zur Technik der geraden Linie angegeben wird. Herausgegeben von Matthias Metternich, Doctor der Philosophie, Professor der Mathematik, Mitglied der gelehrten Gesellschaft nützlicher Wissenschaften zu Erfurt, Mainz 1815; Mainz 1822 (Auf Kosten des Verfassers und in Commission bey Florian Kupferberg).

2 Der Brief von Görres und Metternichs Antwort sind nicht erhalten.

3 Franz Ferdinand Schweins war Professor der Mathematik an der Universität Heidelberg. Eine Rezension von Metternichs Parallelentheorie in den *Göttinger Anzeigen* vom 20.4.1816 stammt von Carl Friedrich Gauß (Carl Friedrich Gauß an Christian Ludwig Gerling, 5.3.1816: „Metternichs mit so vieler Anmaßung angekündigte Schrift über die Parallellinien habe ich vor kurzem erhalten und gestern eine Rezension in die G. G. A. gegeben. Jene Schrift ist ohne Wert " (Clemens Schaefer (Hrsg.), *Briefwechsel zwischen Carl Friedrich Gauss und Christian Ludwig Gerling*, Berlin 1927, S. 113).

4 Die Frankfurter Zeitung, die Görres meint, ist vermutlich das (französische) *Journal de Francfort*, möglicherweise auch das *Intelligenzblatt der freien Stadt Frankfurt*, das allerdings ein reines Anzeigenblatt war.

5 *Zeitschrift (oder: Tübinger Blätter) für Astronomie und verwandte Wissenschaften*, hrsg. von Bernhard August von Lindenau und Johann Gottlieb Friedrich Bohnenberger, Bd. 1, Tübingen (Cotta) 1816, S. 64ff: „Beurtheilung der vollständigen Theorie der Parallellinien etc. hrsg. von Matthias Metternich etc. Mainz 1815" von Prof. Wachter (Friedrich Ludwig Wachter (1792-1817), Schüler von Gauß an der Univ. Göttingen, war ab 1816 Gym.lehrer in Altenburg). Die Zeitschrift *Allgemeine geographische Ephemeriden, verfasst von einer Gesellschaft von Gelehrten*, hrsg. von F. J. Bertuch und gegründet von Franz Xaver von Zach, eine astronomische Zeitschrift, war ein direkter Vorläufer der *Zeitschrift für Astronomie und verwandte Wissenschaften.*

6 Zu den Plänen zur Gründung einer Universität für die preußischen Rheinlande und dem Kampf um den künftigen Standort zwischen Bonn und Köln, der erst 1818 für Bonn entschieden wurde, vgl. Brief Nr. 32. Görres machte sich bis zuletzt Hoffnungen auf eine Anstellung an dieser Universität. Dazu Fink-Lang, *Görres*, S. 179f.

7 Die Stelle ist durch Loch beschädigt. Vermutlich weist Görres hier darauf hin, dass man ihn lieber nach Berlin rufen wolle, da man ihn wegen seiner politischen Gesinnung und seiner Popularität an der Universität am Rhein für gefährlich halte, er aber nicht wolle. Wirklich hat Görres Ende 1818 einen Ruf nach Berlin ausgeschlagen (Dazu Fink-Lang, *Görres,* S. 180f).

80. An Friedrich Wilmans

Datum: Koblenz, 20.2.1817.

Original: Landesbibliothekszentrum Rheinland-Pfalz/ Rheinische Landesbibliothek, H 2009/9 (1 Seite).

Druckausgabe: Klaus Hurlebusch, Rose-Maria Hurlebusch (Bearb.), *Autoren, Bücher, Verleger. Briefe aus dem Zeitraum 1747-1873. Nach den Handschriften wiedergegeben und mit Anmerkungen versehen*, Hamburg 1977, S. 53.

Einordnung: Erster einer Reihe von Briefen an den Verleger Wilmans. Antwortbriefe von Wilmans sind nicht erhalten.

Regest: Görres schickt die erste Hälfte des Manuskripts der *Altteutschen Volks- und Meisterlieder* und kündigt eine politische Schrift an.

Coblenz am 20 Februar 1817.

P.P.
Sie finden beyliegend die erste Hälfte des Manuskriptes mit den erotischen Liedern, die zweyte mit den Scherzhaften, Balladen, Romanzen, Historischen und Legenden wird in einigen Tagen folgen.[1] Der Druck wird also anfangen und ohne weitern Aufenthalt vor sich gehen können. Glücklicherweiße habe ich in Heidelberg Jemand, dem ich die Revision anvertrauen kann (die Correktur muß ein Correktor machen). Ich lege Ihnen einen Brief an ihn bey, den Sie gefälligst in seine Hände bringen werden. Er ist Student an der Universität.[2]

Sobald ich mit der einige Bogen betragenden Einleitung fertig bin[3], werde ich eine politische Schrifft „Preußens rheinische Mark im Jahr 1816 und 17" anfangen. Sie wird leicht bis 10-12 Bogen ansteigen. Sie können füglich 4000 davon drucken, da sie disseits wird verschlungen werden, und jenseits als mein erstes Wort seit dem Verbothe gleichfals allgemein wird gelesen werden.[4] Die Hälfte des Ertrags für den Vertreiber die andere (in runder Summe) für den Verfaßer dachte ich wären billige Bedingungen. Ich erwarte Ihre Vorschläge darüber.

Ihr Erg.
J. Görres

---

1 *Altdeutsche Volks- und Meisterlieder aus den Handschriften der Heidelberger Bibliothek,* 1817 im Verlag Wilmans in Frankfurt erschienen.

2 Friedrich Wilhelm Carové, ehemaliger Schüler von Görres am Koblenzer Gymnasium, später an der École de droit Koblenz, Advokat mit germanistischen Interessen, war damals zum philos. Studium in Heidelberg, wo Georg Friedrich Creuzer Professor war. Der Brief an Carové, noch einmal erwähnt in Brief Nr. 81, ist ebenso wie Görres' Briefe an Creuzer verloren.

3 Die Einleitung zu *Altdeutsche Volks- und Meisterlieder aus den Handschriften der Heidelberger Bibliothek.*, „dat. in der ersten Hälfte des Aprils 1817": Leo Just (Hrsg.), *GS* 4, S. 195-220.

4 Zu der geplanten politischen Schrift s. Brief Nr. 76.

81. An Friedrich Wilmans

Datum: Koblenz, 1.3.1817.
Original: UB Heidelberg, Hs. 3641 (1 Seite).
Unveröffentlicht.
Adresse: Herren Buchhändler Willmans Wohlg in Frankfurt am Mayn.
Zur Datierung: Das Datum auf dem Originalbrief von Görres' Hand ist eindeutig 1816. Offensichtlich handelt es sich um ein Versehen von Görres, denn sein Aufenthalt in Heidelberg, dessen Frucht die Liedersammlung war, datiert erst im Herbst 1816. Hieraus und aus dem Zusammenhang mit den übrigen Briefen an Wilmans ergibt sich eindeutig die Datierung auf den 1.3.1817.
Regest: Görres gibt weitere Anweisungen zum Druck der *Alteutschen Volks- und Meisterlieder* und geht noch einmal auf sein Angebot einer weiteren Schrift ein.

Coblenz am 1 März 1816.

T.P.[1]

Der Titel der Sammlung ist: altteutsche Volks und Meisterlieder aus den Handschrifften der Heidelberger Bibliothek herausgegeben von J. Görres.[2] Ich will an den Mahler Müller nach Maynz schreiben, daß er mir eine Zeichnung des alten Steines mit dem Bildniß des Frauenlob im Dome mit einigen Verzierungen macht.[3] Sie können ihm dafür einige Vergeltung geben, und das Bild davor stechen laßen. Ich habe den Brief an Carove neulich beyzulegen vergeßen, er folgt hier an Creuzer eingeschloßen, da ich seine spezielle Adreße nicht kenne.[4]

Was die andere Schrifft betrifft, so war für 3000 Exemplare, das E. zu 1 Florin gerechnet, wenn man noch einige Hundert für die Kosten zugiebt, was um eher(!) angeht, da die Auflage füglich 4000 gemacht werden kann, 2000 Florin rein ab.[5] Die Hälfte davon erscheint freylich auf einzelne Bogen vertheilt, eine beträchtliche Summe, wenn Sie aber sich erinnern, daß Pradt für seine geistreiche Schmiererey das zehnfache erhielt, und wie die Frau von Stael sich gegenwärtig bezahlen läßt, so werden Sie die Forderung nicht zu groß finden.[6]

Ihr Ergebenster
J. Görres

---

1 Titulo praemisso.

2 *Altteutsche Volks- und Meisterlieder aus den Handschriften der Heidelberger Bibliothek. Herausgegeben von J. Görres. Mit einem Kupfer*, Frankfurt a.M. 1817 (Bey den Gebrüdern Wilmans) („Seinem wackern Freunde dem Major von Scharnhorst zugeeignet").

3 Nikolaus Müller, Maler und Dichter, der Görres wohl schon als Mainzer Klubist bekannt war. Seit 1805 Conservator der städtischen Gemäldegalerie in Mainz. Der Kupferstich: ein gotisches Kirchenportal, vor der Titelseite der *Altdeutschen Volks- und Meisterlieder*, sign. N. Müller.

4 Zu Friedrich Wilhelm Carové schon Brief Nr. 80.

5 Zu der geplanten politischen Schrift s. Brief Nr. 76.

6 Abbé Dominique Dufour de Pradt (s. Pers.verzeichnis), dessen aktuelle Schriften: *Histoire de l'ambassade dans le grand-duché de Varsovie en 1812*, Paris 1815 (deutsch: Wien 1816); *Du congrès de Vienne*, 2 Bde., Paris 1815-1816 (deutsch: Leipzig 1816); *Mémoires historiques sur la révolution d'Espagne*, Paris 1816. Görres spricht hier wohl von dem aktuell meistgelesenen Werk der Madame Germaine de Staël: *De l'Allemagne*, 1813; London 1814; deutsch: *Über Deutschland*, 3 Bde., Reutlingen 1815.

82. An Karl August Freiherrn v. Wangenheim

Datum: Koblenz, 7.3.1817 (eventuell 4.3.1817).
Original: verschollen.
Abschrift: Berlin, GStA PK, I. HA Rep. 74, Nr. 2042, Bl. 14-15v (4 Seiten; von Görres Hand).
Druckausgaben: Görres, *In Sachen der Rheinprovinzen und in eigener Angelegenheit*, 1822, Anhang Nr. 8, S. 267ff (einige Abweichungen); *GS* 13, S. 396-398; Marie Görres (Hrsg.), *GPS* 4, S. 647-650.
Bemerkung: Da das Original verschollen ist und die Druckausgabe bei Görres *In Sachen* leichter zugänglich ist, wird der Brief nach der Berliner Abschrift wiedergegeben. Der

Druckausgabe wie der Berliner Abschrift für Hardenberg lag vermutlich das Original-Konzept des Briefs von Görres zugrunde: Görres hatte sich für die Veröffentlichung in *In Sachen* die Briefe bzw. Entwürfe nach Straßburg schicken lassen (Görres an Katharina 30.11.1819; *Familienbriefe* S. 122-124; s. *GS/Briefe* 4). Welche der leicht voneinander abweichenden Versionen dem Original näher ist, lässt sich nicht mehr entscheiden.

Zur Datierung: Die Datierung bei Görres, *In Sachen*, weicht – sowohl für den ursprünglichen Brief von Wangenheim als auch für das vorliegende Schreiben von Görres – von der Datierung in den archivalischen Quellen ab. Görres, *In Sachen* datiert 7. März, die Berliner Abschrift trägt das Datum 4. März, der Schriftverkehr im Stuttgarter Hauptstaatsarchiv (Akte E 11 Bü 81, E 15 Bd. 10) erwähnt Görres' Schreiben mit Datum 8. März (Abschrift Note des Geh. Staatsministers v. Wangenheim an den Staatssekretär v. Vellnagel 17.März 1817: „in der Anlage das von dem vormaligen Studienpräfekten Görres v Coblenz erhaltene Antwortschreiben vom 8. des Monats in Beziehung auf die ihm nach der höchsten Resolution vom 22. d. vor. Monats angetragene Stelle eines beständigen Secretärs bei der hier zu errichtenden Kunstschule ...“). Hierbei könnte es sich um das Datum des Erhalts des Schreibens handeln, was die Datierung auf den 7. März plausibel macht.

Einordnung: Vorangegangenes Schreiben Wangenheims: 24.2.1817 (bzw. 20.2.1817); Wangenheims Antwort: 22.3.1817.

Regest: Görres dankt für den Antrag einer Berufung an die Stuttgarter Kunstschule, betont seine grundsätzliche Sympathie für Württemberg, aber auch seine Anhänglichkeit an die Heimat und die Rücksicht, die er dem Preußenkönig schulde, und bittet, da eine definitive Entscheidung in seiner Sache noch ausstehe, um Aufschub für seine Antwort.

Ew. Exzellenz fragen in Ihrer Zuschrifft vom 20ten Februar (!), womit Sie mich beehrt, ob ich geneigt sey, einen Ruf zu der in Stuttgard zu bildenden Kunstschule anzunehmen, und diese Anfrage ist auf eine so verbindliche Art an mich gebracht, daß ich vor Allem meinen besten Dank für so viel bezeigtes Wohlwollen und ein so freundliches Entgegenkommen aussprechen muß.[1] Was ich früher vom Geiste der Zeit getrieben, gethan und gewürkt haben mag, ich muß so viel Zuneigung und Theilnahme, wie sie mir von so vielen Seiten, und so auch hier entgegengekommen, doch als unverdient, und mich immer als den Schuldner meiner Zeitgenoßen erkennen. Nach dieser vorläufigen Äußerung meiner Erkenntlichkeit, die ich nicht zurückhalten wollte, will ich auf die Frage selbst nun aufrichtig und in derselben vertraulichen Form, in der sie an mich gelangt, nach bestem Vermögen meine Antwort geben.

Zuvörderst kann ich nicht läugnen, daß ich die Anhänglichkeit aller Rheinländer an ihre Heimath, und zwar noch in einem mehr als gewöhnlichen Verhältniße theile, gerade weil ich so viel mehr als Andere in ihr erlebt, und es eben dieses Erlebten wegen zu einer Art von Gewissenssache geworden ist, nicht leichtsinnig und unnöthig mich wegzubegeben. Ich habe deswegen im Verlaufe eines Jahres einen intendirten Ruf nach Jena (!), und einen Andern nach Belgien an die in Lüttich zu errichtende Universität ohnbedenklich abgelehnt, und früher Verhandlungen, die man von Bayern her angeknüpft, als unter den damaligen dortigen Verhältnißen mir überdem noch unziemlich abgebrochen.[2] Diese Anhänglichkeit an meine nähere Umgebung ist inzwischen keine sclavische, die das übrige Teutschland als unheymathlich betrachtete. Ich weiß recht wohl, daß die menschliche Freyheit gegen solche Neigungen auch ihr Recht behaupten muß, und ich kann wieder daneben eine sehr entschiedene Vorliebe für Schwaben, in dessen Herzen das Königreich liegt, nicht verbergen. Ein so wackeres Volk, wie das dortige, das bisher noch einzig in Teutschland sich zu einer Verfaßung gereift, praktisch ausgewießen, ein Fürst, der seither so würdig und verständig vorgeschritten, und der Erste in größeren Verhältnißen den Muth gehabt, der Zeit ins Auge zu sehen, und verfassungsmäßig zu regieren[3], ein glänzendes Beyspiel, das früh oder spät alle Andern nach sich ziehen wird, ohne daß darum der Ehre des Vorgangs etwas benommen würde, in einem solchen Lande eine so schöne und freye Wirksamkeit, wie die, wozu Sie mir die Aussicht in Ihrem Schreiben eröffnet haben, das wäre wohl geeignet, die stärkste Heimathlichkeit zu überbiethen, und wohl begründete Ansprüche des Indigenats zu erschüttern. Indeßen ist es das nicht allein, worauf es hier ankömmt, es treten noch andre zufällige Verhältniße auf diese Seite, die augenblickliche Entscheidung unthunlich machen. Ew. Exzellenz werden diese meine Anstände billigen, wenn Sie mir noch einige Augenblicke Ihre Geduld zuwenden wollen.

Als im vorigen Jahre die Organisazion in den hießigen Landen in nicht wenig übereilter Weiße, geleitet von den unglücklichen überfahrenden Grundsätzen der damaligen Reakzion zu Stande kam, hat man neben den Ansprüchen der Meisten meiner Landsleute auch meine Eigenen unbeachtet auf Seite schieben zu müßen geglaubt.[4] Da diese Maasregel mich nicht persönlich betraf, vielmehr nur Folge eines allgemeinen Misgriffs und einer unglücklichen Fügung war, so hatte ich nicht Ursache, es als eine Ehrensache zu nehmen, und ohne mich der Empfindlichkeit eines durch jene Behandlung gereizten Unwillens hinzugeben, erwartete ich in Ruhe, die nothwendigerweiße bald eintretende Rückkehr von dieser Verirrung. Inzwischen glaubte ich es bey meiner Stellung gegen meine Landsleute ihnen und mir schuldig zu seyn, mich an den König selbst zu wenden, und ihm die Nachtheile des Geschehenen auseinanderzusetzen, offen, ruhig und unbefangen, wie sein unverkennbar reiner Willen es wohl verdiente und geboth. Da ich meine persönlichen Angelegenheiten nur untergeordnet, als Beleg der allgemeinen Klage behandelte, konnte nicht füglich eine spezielle Anordnung für diese Verhältniße, nach der ich keinen Wunsch ausgesprochen, die Folge dieser Vorstellung seyn. Der König zeigte indeßen durch den Geist späterer Verfügungen, daß er meine Vorstellungen nicht unerwogen gelaßen, und die Klagen, die ich im Namen des Landes obgleich ohne Vollmacht, doch im guten Willen vor ihn gebracht, weder der Intention nach gemißbilligt, noch in ihrem Inhalt unbegründet befunden habe. Aus dieser Wendung der Dinge ist aber nun für mich, obgleich keine eigentliche Verbindlichkeit gegen die Regierung besteht, eine weit zartere Rücksicht eingetreten, die mir verbiethet, durch ein übereiltes Abreißen der Verhältnisse mich dem guten Willen trotzig zu entziehen, der vergangenes Unrecht wieder vergüten wollte, und dadurch die Gründe meiner Handlungsweiße in ein zweydeutiges Licht zu setzen. Auch in Preussen sehen viele redliche und wohlmeynende Menschen auf meine Schritte, da ich nun einmal ein öffentlicher Charakter geworden bin; gegen sie muß ich mein Verhältniß rein erhalten, um ihr Vertrauen nicht zu versehren. Gerade aber jetzt im Augenblicke der Crise, da über meine Verhältniße berichtet worden, und die Entscheidung jeden Tag erwartet werden kann, würde ein plötzliches Austreten sich schwer rechtfertigen laßen.

Ew. Exzellenz werden mit mir einverstanden seyn, daß diese Entscheidung, sie falle nun aus wie sie wolle, mir allein die Freyheit der Wahl geben kann, die bis dahin an unabwendbare Rücksichten gebunden ist.

Ich muß E. Exz. um Verzeihung bitten, daß ich durch lange Auseinandersetzung, da wo es ja oder nein gegolten, mich über persönliche Verhältnisse ausgelassen, die nur für mich Interesse haben können. Eben weil ich Vertrauen mit Vertrauen erwiedern und überzeugen wollte, daß keine unlautere Rücksicht zum Grunde liegt, habe ich es vorgezogen, statt klüglich durch Traktaten und Dehnungen den Monath, in dem sich Alles entscheiden muß, hinzubringen, lieber aufrichtig den wahren Stand der Sache zu berichten. Ich darf mir nicht herausnehmen mit meinen subjektiven Verwicklungen und Bedenklichkeiten den raschen lebendigen Vorschritt einer frischen Bildungskraft verzögern zu wollen, ich muß es daher dem Ermessen Ew. Ex. überlaßen, in wiefern die verlangte Frist zuläßig ist.[5] Wäre die Vorfrage erst entschieden, dann würde über Alles Andere die Verhandlung meinerseits bald beendigt seyn, da ich mich mit dem örtlich modifizirten Übertrag meiner hießigen Verhältniße und Ansprüche, wie es mir auch in andern Anträgen meist zum voraus bewilligt worden, leicht begnügen würde.

Für diesen Augenblick kann ich über die Probabilität und Modalität der Entscheidung von oben, so wie meiner Eigenen nichts voraussehen oder postuliren, nur das kann ich sagen, daß wenn mir erlaubt ist, und ich mich dazu entschließe meine Heymath zu verlaßen, ich nirgendwo so gern wie in Würtemberg unter den angetragenen Verhältnißen leben werde.

Coblenz (...) 4. März 1817

Unterzeichnet
J. Görres.

---

1 Die Abschrift hat hier eindeutig „20ten Februar", *In Sachen* dagegen „24. Februar". Wangenheim, damals von dem neuen württembergischen König ins Kultusministerium berufen, das ein Reformministerium werden sollte, hatte Görres mit diesem Schreiben das Angebot gemacht, als „beständiger Sekretär" die Leitung der vom König neu zu errichtenden höheren Kunstschule in Stuttgart zu übernehmen. Der König habe überdies die Absicht, einen Gelehrtenverein zu bilden, der für die Wissenschaft und ihr Eingreifen in das Leben wirke.

2 Das Angebot aus Lüttich: Direktor Gall an Görres Lüttich, 22.12.1816. Dazu noch einmal Brief Nr. 94. Zu der Hoffnung einer Berufung nach Bonn, dem möglichen Vorhaben, Görres nach Berlin zu ziehen, und einem Angebot aus Bayern s. Fink-Lang, *Görres*, S. 167-170.

3 Am 30. Oktober 1816 war König Friedrich von Württemberg gestorben, der neue König Wilhelm I. war von Anfang an um Reformen und um eine Einigung mit den Landständen für eine Verfassung bemüht. Gerade erst am 30.1.1817 hatte er ein liberales Pressegesetz erlassen. In seinem Brief hatte Wangenheim angesprochen, dass sich die Verhandlungen über eine Verfassung ihrer Entwicklung näherten.

4 Zu Görres' Amtsenthebung s. die Briefe Nr. 70ff.

5 Wangenheim dankte am 22.3.1817 für seine Aufrichtigkeit und erklärte sich bereit, Görres' Entschluss abzuwarten.

83. An Friedrich Wilmans

Datum: Koblenz 13.3.1817.
Original: Stadt- und Landesbibl Dortmund, Atg. Nr. 173 (1 Seite).
Unveröffentlicht.
Regest: Görres beziffert seine finanziellen Forderungen und seine Planungen für den Vertrieb der projektierten politischen Schrift.

Coblenz am 13 März 17.

Ich habe an Müller der Zeichnung wegen geschrieben, es wird sicher ein recht angenehmes Bild, das dem Buche zur Zierde gereichen wird.[1]

Ihre Vorschläge sind mir mit zwey Abänderungen recht, Sie zahlen statt 300 Fl. 500. Ich bin damit die Hälfte zurückgegangen und Sie riskiren nichts, da gut vertrieben, sicher allein 1500 hier im Lande bleiben. Die Übrigen bleiben gemeinschafftliches Eigenthum, es wird nicht viel betragen, und ich werde mich auch nicht eben mit Ihnen zanken um die Reste des Mahls. Sie können, ist es ihnen anders recht mit dem Drucke anfangen, wenn Sie wollen. Ich werde natürlich meinen Namen nennen, und die Schrifft zum voraus ankündigen laßen, doch zur genau voraus bestimmten Zeit, worüber ich näher schreiben werde, hinreichend früh auf jeden Fall, daß die Buchhändler den Überschlag ihres Bedarfs zur Messe bringen können. Hier im Lande muß der Vertrieb in anderer Weiße, durch viele Hände zugleich über alle Punkte verbreitet werden. Ich werde Ihnen eine Liste darüber schicken, ich denke Heriot wird das, da er sehr ordentlich ist, am Besten, gegen eine mäßige Abgabe, besorgen können. Die Schrifft, obgleich bittre Wahrheit enthaltend, ist doch so geschrieben, daß ihrer Verbreitung von oben kein Hinderniß in Weg gelegt werden wird.[2]

Ihr Erg.
J. Görres

---

[1] Zu Maler Nikolaus Müller, der das Titelkupfer für die *Altdeutschen Volks- und Meisterlieder* schuf, s. vorne Brief Nr. 81.

[2] Die Schrift, von der die Rede ist, ist die politische Schrift über die preußischen Rheinlande, die Görres plante (s. Brief Nr. 76). Heriot: der Koblenzer Drucker des *Rheinischen Merkur* Pierre Hériot.

84. An Friedrich August Staegemann

Datum: Koblenz, 21.3.1817.
Original: Stadt- und Landesbibliothek Dortmund, Atg. Nr. 1983 (4 Seiten Quart).
Druckausgaben: Görres, *In Sachen der Rheinprovinzen und in eigener Angelegenheit*, 1822, Anhang Nr. 12, S. 279-286 (dat. 25. März 1817) (einige Abweichungen); *GS* 13, S. 400-403; Marie Görres (Hrsg.), *GPS* 4, S. 653-656; Franz Rühl (Hrsg.), *Briefe und Aktenstücke zur Geschichte Preussens unter Friedrich Wilhelm III., vorzugsweise aus*

dem Nachlass von F.A. Stägemann, Bd. 2, Leipzig 1900, Nr. 349, S. 149-153 (lediglich kleinere Abweichungen in der Schreibung).

Einordnung: Letzter Brief von Staegemann: 15.3.1817; Antwortbrief: 11.4.1817.

Regest: Görres dankt für Staegemanns Brief und die Anteilnahme an seinem Schicksal, rekapituliert noch einmal das Unrecht, das ihm durch das Verbot des *Merkur* und seine Amtsenthebung geschehen, erwähnt die Rufe, die er in der Zwischenzeit abgelehnt habe und den Antrag der Württembergischen Regierung, und bittet um Beschleunigung des Bescheids der preußischen Regierung, da man in Württemberg auf seine Entscheidung warte.

Coblenz am 21 März 1817

Hochzuverehrender Herr Staatsrath!

Ich will nicht säumen, ehe ich mich auf die Erörterung des Gegenstandes Ihrer Zuschrifft vom 15 März einlaße, Ihnen zuvörderst die gefällige Theilnahme, die Sie mir darin beweißen, mit dem Ausdrucke meiner Dankbarkeit zu erwiedern. Ich weiß gar wohl, daß bey Ihnen viele Menschen, die ich achten und ehren muß, mit wohlwollender Gesinnung sich um mein Schicksal bekümmern, und die Rücksicht der schuldigen Erkenntlichkeit für ihren öfters bezeugten guten Willen ist keiner der undringlichsten unter den verschiedenen Gründen gewesen, die mich bestimmt, daß ich so lange und so langmüthig hier ausgehalten. Wenn Ihre Theilnahme und meine Beharrlichkeit doch nicht zum gewünschten Ziele einer aufrichtigen Versöhnung führen, so ist wohl keiner von Beyden deswegen zu beschuldigen, sondern eine höhere Fügung darin zu erkennen.[1]

Um nun ohne weitere Vorbereitung zur Sache selbst überzugehen, so kann ich aufrichtig Ihnen den Unwillen nicht verbergen, den die Art, wie man mich seit mehr als einem Jahre behandelt hat, in mir erweckt. Ich will hier nicht von der Unterdrückung des Merkurs reden, von der plötzlichen Zerstörung eines Institutes, das ein Werk nie wiederkehrender Zeitumstände, einmal vernichtet, sich um keinen Preiß wieder herstellen ließ; nicht von der eigenmächtigen Hemmung einer Thätigkeit, die durch das Vertrauen und die Mitwirkung der Nazion gestärkt, ein Gemeingut geworden, und dadurch eine Art von Unverlezbarkeit(!) erworben, die sich auf die furchtbare Macht der öffentlichen Meynung gründete; noch weniger von dem gewaltthätigen Eingriff in einen wohlerworbenen Besitz, den eine Regierung am wenigsten sich zu Schulden kommen laßen darf, die durch Rechtlichkeit die Rechtsform entbehrlich machen mögte. Man kann dagegen die sogenannte Staatsraison und die persönliche Überzeugung des Königs anführen, obgleich ich schwer begreife, daß sich kein Mittel hätte ausfinden laßen, einer Maasregel zu begegnen, die wie leicht vorzusehen war, einen nicht zu ersetzenden Schaden in der öffentlichen Meynung that, um so mehr, da die damalige Anwesenheit so viel verständiger und geehrter Leute ein naheliegendes Mittel both, die Sache zu vermitteln, und in einer Art von Friedenszustande zu bevestigen, wenn man mir auch den Takt nicht zutraute, zu unterscheiden, was verschiedne Zeiten forderten, die Ansprüche der fremden Macht aber leicht abgelehnt, oder vor die Gerichte verwießen werden konnten, wo sich dann, was Rechtens gewesen, bald ergeben hätte. Ich will an allem diesem vorbeygehend blos von den unwürdigen, gänzlich unnützen, und meinerseits unveranlaßten Vexationen reden, die man mich seither hat erfahren laßen, da Ihre Zuschrifft allein auf meine persönlichen Verhältniße geht. Nachdem man mir früher ein Amt vertraut, gegen deßen Führung man, so sehr man sich bemüht, keinen Vorwurf hat artikuliren können, hat man mir es bey der neuen Organisazion ohne mich auch nur einer Anzeige meiner Abberufung und ihrer Gründe zu würdigen, was doch Napoleon wenigstens der Form nach (un tel et tel et appellé a d'autres Fonctions) nicht versagte, wieder abgenommen. Als ich um diese Gründe mich befragte, wurde ich von Seiten des vereinigten Finanzministeriums und des vom Innern in einem schnöden Bescheide angefahren, ich sey blos provisorisch, und habe keine bleibenden Ansprüche gehabt.[2] Ich wandte mich an den König, wie sich geziemte die allgemeine Sache voran, die Meinige in den Hintergrund stellend, und für diese Genugthuung nicht verlangend, aber sie von der Gerechtigkeit des Königs erwartend. Auch dem Fürsten Staatskanzler theilte ich die Klage mit, wurde aber weder vom König noch von ihm einer Antwort gewürdigt.[3] Als in der Folge ein allgemeiner Beschluß allen Nichtangestellten aus dem ehemaligen Provisorium die Hälfte ihres bezogenen Gehaltes zusicherte, und die hießige Regierung anfragte, ob er sich auch auf mich ausdehne, wurde für meine Person die einzige Ausnahme geschaffen, es hieß: da ich ein Provisorischer sey, so habe ich auf die Ansprüche der Provisorischen keinen Anspruch zu machen; man nahm sich nicht einmal die Mühe die Absurdität des Widerspruchs mit einem scheinbaren Vorwande schaamhaft zu bedecken. Als der Präsident der Regierung durch die bodenlose Willkühr verletzt, und betreten über das gegebene Aergerniß, ohne die geringste Veranlaßung von meiner Seite, ja ohne mein Mitwissen, blos durch seine natürliche Billigkeit geleitet, Vorstellungen dagegen machte, hieß es nach Monathen, man habe an den König berichtet, und wieder nach andern Monathen, wo man sich anders besonnen, man wolle mir höchstens 1400 Franken, meinen Gehalt als ehmaliger Professor zum Wartegeld bewilligen. Dieser Beschluß ist wenig Tage vor Ihrem Briefe, der Alles zu ignoriren scheint, angekommen, und so scheute man sich in dieser Weiße nicht, nachdem man eine einfache Sache, die gar nicht Gegenstand einer langen Erörterung seyn konnte, ein Jahr lang herumgezerrt, endlich der schreyendsten Ungerechtigkeit noch eine Verhöhnung beyzufügen, die kein Mann von Ehre sich biethen laßen darf.[4]

So hat die Regierung an mir gehandelt, wie ich ihr gegenüber gestanden, überlaße ich ihr selbst zur Beurtheilung, und bin überzeugt, daß wenn diese Verhandlungen je zur öffentlichen Kenntniß kommen sollten, kein Mensch in ganz Teutschland seyn wird, der mir nicht zugesteht, daß ich das Äuserste erschöpft, was die zarteste Rücksicht auf eine Regierung verlangt, die Ehre erlaubt und die Geduld verträgt. Ich habe in keinerley Art von Trotz auf eine in eitler Anmaßung vorausgesetzte Wichtigkeit großthuend, mich ihr entgegengesetzt, vielmehr in Ruhe erwartet, bis die Verhältniße zu ihrer Reife gelangt, dabey aber wohl wissend, was meine Ehre und die Ehre meiner Landsleute, unter deren Auge ich handelte, und die in meiner Genugthuung einen Theil der Ihrigen sahen, forderte. Es kann einer Regierung nie und in keinem Verhältniß ehrenrührig seyn, begangenes Unrecht wieder gut zu machen, von ihrer Seite war also die Angelegenheit nie schwierig, und es hätte sich im Laufe derselben mehr als eine Veranlaßung ergeben, die Sache auf die schicklichste Weiße ohne alles Aufsehen beyzulegen.

Wenn aber die Urheber der Mishandlung geglaubt, ich werde mich meinerseits zu einem erniedrigenden Schritt verstehen, so ist man sehr im Irrthum gewesen, ich habe in der schwierigen Zeit mein Leben rein erhalten, und werde auch jetzt um keinen Preiß einen Makel auf mich nehmen.[5] Auch das ist ein Irrthum, wenn man geglaubt, ich sey harrend auf eine Pension und wechselnd zwischen Furcht und Hoffnung hier geblieben, einzig die Anhänglichkeit an meine Heymath, und weil ich mich meinen Landsleuten schuldig zu seyn glaubte, hat mich hier festgehalten. Bey dem jetzigen Wetteifer in allen Teutschen Staaten, Leute von einiger Celebrität und Kentnissen(!) zu gewinnen, konnte es mir an öfterer Gelegenheit in auswärtige Dienste zu gehen, nicht fehlen. Einen dreyfach verschiednen Ruf, wo mir in zweyen Fällen alle Vortheile, die ich im K. Preussischen Dienst genossen gleich zum voraus angetragen worden, habe ich aus den obenangeführten Gründen ausgeschlagen.[6] Inzwischen ist ein Vierter aus Würtemberg an mich gelangt, der mir die Aussicht auf eine so schöne, weitumgreifende und mir so sehr zusagende Thätigkeit eröffnet, und mir dabey freye Bahn läßt auch in meine öffentliche politische Würksamkeit wieder einzutreten, daß ich billig Anstand genommen auch diesen unbedingt abzuweißen, und also auf Discrezion mich zu ergeben, welche Vorsicht denn auch leider! die letzten Vorgänge gerechtfertigt haben, die eine an sich so einfache Angelegenheit in solcher Weiße verwirrt und verschoben haben, daß ich nicht mehr weiß, was die Regierung mit Ehre thun noch was ich mit Ehre annehmen kann. Wenn Sie etwas ersinnen können, ich will mich dem Äusersten nicht entziehen, und die Anhänglichkeit an die gewohnten Verhältniße bekämpft noch immer mächtig den innern Unmuth. Aber Eines muß ich bemerken, daß der Bescheid, wie er auch ausfalle, nach Möglichkeit beschleunigt werde. Ich habe durch Auseinandersetzung der Lage der Dinge, unter der Voraussetzung, daß die Sache dem König zur Entscheidung vorgelegt sey, den Abschluß mit der Würtembergischen Regierung aufgeschoben.[7] Dieser Aufschub hat seine natürliche Gränzen, und jede Regierung hat den gerechten Stolz, nicht aufzuheben, was eine Andere wegwirft, und gewählt zu werden, so lange noch eine freye Wahl offen steht.

Wenn ich in dieser Antwort auf Ihre Zuschrifft meinen Unwillen villeicht mit allzu großer Lebhaftigkeit geäußert, so schreiben Sie es einer allzu lange fortgesetzten Reizung und dem Umstande zu, daß ich unter Freunden zu seyn geglaubt. Allzu lange verwahrloßte und immer wieder aufgerißene Wunden heilen endlich schwer. Laßen Sie sich meine besten Wünsche für Ihr Wohlergehen gefallen.[8]

Ihr Ergebenster
J. Görres

---

1 Staegemanns Brief vom 15.3.1817: „Den neuesten Anlaß" seines Schreibens gäben „die vielen Freunde, die sich hier lebhaft für Sie interessiren", und die sich nach ihm erkundigten. Er wisse aber nur, dass der Fürst Staatskanzler Görres wohlwolle, und wünsche, er möge ein Lehramt an der zu gründenden Rhein-Universität annehmen. Vermutlich wolle er auf seiner Rheinreise mit ihm darüber sprechen. „Indeß wird diese Reise gewiß noch mehrere Monate ausgesetzt, und schwerlich vor Ende Junius vor sich gehen. Ihre hiesigen Freunde wünschen deßhalb, daß ich selbst noch vor der Reise des Fürsten Schritte bey ihm zu Ihren Gunsten thun möge, um Ihnen Ihr Recht zu verschaffen, und ich bin dazu sehr gern bereit, werde Sie aber um so wirksamer vertreten können, wenn ich Ihre Wünsche zuvor weiß." Staegemann, der zu den „freiestdenkenden Vorkämpfern für die Con-

stitution" gehörte und als Freund der Pressefreiheit galt, war seit 1817 im neugebildeten Staatsrat in Berlin. Zu den erwähnten Freunden, die in Berlin in seinem Haus verkehrten, gehörten Justus Gruner, Achim v. Arnim und Clemens Brentano (*ADB*, Artikel Stägemann).

2 *In Sachen der Rheinprovinzen* weicht hier ab: „Als ich um diese Gründe mich bescheidenlich erkundigte, wurde ich von Seiten des vereinigten Finanzministeriums und des vom Innern angefahren, ich sey blos provisorisch, und habe keine Ansprüche auf etwas Definitives gehabt." („in einem schnöden Bescheide" fehlt dort).

3 Die Briefe an König und Staatskanzler: Nr. 72 und 73.

4 Ingersleben an Görres 2.3.1817 erwähnt mit Genugtuung die Gewährung des Wartegelds. Dazu der Bescheid des Ministeriums des Innern und der Finanzen vom 14.2.1817 (unterz. Bülow und Schuckmann) an die Regierung in Koblenz: „In Beziehung auf den Bericht des Hr. Staatsministers und Oberpräsidenten von Ingersleben vom 20. Dec. v. J. in Betreff der Pension des Prof. Görres daselbst, wird der kgl. Regierung eröffnet: daß demselben im höchsten Falle nur dasjenige wieder zu Theile werden kann, was er als öffentlicher Lehrer des Gymnasii zu Coblenz an fixirter Besoldung bezogen hat, nämlich 1400 Francs. Diese 1400 Fr. hat ihm die K. Regierung mit 367 Thaler zwölf Groschen Courrant als Wartegeld von dem Zeitpunkt an, wo das Gehalt als Direktor des öffentlichen Unterrichts aufgehört hat, aus der dortigen Hauptkasse zahlen zu lassen. Übrigens ist der Betrag als Wartegeld zu behandeln, und pro 1817 zum Etat zu bringen, auch ist von dem Termino a quo Anzeige zu machen." (*In Sachen der Rheinprovinzen* Nr. 5, S. 262f; *GS* 13, S. 393f). Am 1.4. erging die Benachrichtigung der Kgl. Regierung zu Koblenz an Görres (s. Briefe an Görres). Görres, *In Sachen der Rheinprovinzen*, setzt dem Text dieses Schreibens hinzu: „Die Annahme des Einen wie des Andern wurde stillschweigend abgewiesen."

5 *In Sachen der Rheinprovinzen* hat: „und werde um alle Schätze der Welt jetzt nicht den geringsten Mackel auf mich nehmen".

6 Zu den erwähnten Angeboten s. Briefe Nr. 82, 94.

7 Dazu Brief Nr. 82.

8 *In Sachen der Rheinprovinzen* hat hier: „meinen besten Dank für Ihr Wohlwollen".

85. An August Graf Neidhardt von Gneisenau

Datum: Koblenz 24.3.1817.
Original: Stadt- und Landesbibliothek Dortmund, Atg. Nr. 2663 (wohl nicht das versendete Original, sondern Entwurf mit zahlreichen Überschreibungen und Streichungen) (3 Seiten Quart).
Abschrift: Familienarchiv Görres-Jochner Nr. 74.
Unveröffentlicht.
Einordnung: Vorgängerbrief Gneisenaus an Görres 8.1.1817; Antwortbrief: 3.4.1817.
Regest: Görres schickt Abschriften des Briefs von Stägemann und seiner eigenen Antwort an diesen, betont dass er niemanden als Gneisenau als Vermittler in seiner Sache wünsche, und dass er nicht mehr und nicht weniger fordere als die „restitutio in integrum den Merkur inclusive", und dass nur unbedingte Pressefreiheit die öffentliche Meinung beruhigen könne. Er bittet Gneisenau – mit Rücksicht auf seine Abmachung mit Württemberg – um Vermittlung einer schnellen definitiven Entscheidung seiner Sache bis spätestens Mitte April.

Coblenz am 24 März 1817

Herrn General von Gneisenau
Im Vertrauen auf den Antheil, den Euer Excellenz zum öftern an meinen Verhältnißen genommen haben[1], theile ich Ihnen hier einige Abschrifften von Papieren

mit, die Sie über den gegenwärtigen Stand meiner Verhandlung mit der Regierung unterrichten werden. Zuerst ein Brief von Staatsrath Stägemann.[2] Sie werden daraus ersehen, wie sehr selbst die Gutgesinnten von falscher Klugkeit(!) und diplomatischer Fineße befangen sind, und welchen Grad von Vertrauen ich, wenn solches an grünem Holze geschieht, dem dürren schenken kann, das die nackten Äste weit ausstreckt, und verlangt, daß ich mich ihm anvertraue. Die folgende Antwort ist in dem Gefühle des Unwillens geschrieben, der lange unterdrückt, endlich einmal schickliche Gelegenheit gefunden, sich einigermaßen Luft zu machen.[3]

Nachdem Sie diese Papiere eingesehen, will ich Ihre Aufmerksamkeit noch einige Augenblicke in Anspruch nehmen, um Ihnen meine aufrichtige Herzensmeynung über die Lage der Dinge mitzutheilen. Es ist nicht mehr Zeit durch wechselseitige Demonstrazionen die Sache weiter auszuzerren, es muß endlich einmal glatt ab entschieden werden, und dazu muß ich sagen, was ich will. Da muß ich denn gleich zum voraus jede andere Vermittlung, als die von Ihnen mein verehrter Herr General unbedingt ablehnen, weil ich auf keine ein Vertrauen haben kann und keine mir einige Bürgschaft giebt, daß ihr Resultat aufrichtig gemeynt, und von einigem Bestand seyn werde. Dann ist meine Überzeugung, daß außer der Restitutio in Integrum den Merkur inclusive[4] keine weitere Auskunft möglich ist, wobey die Regierung mit Ehre gewähren, und ich mit Ehre annehmen kann. Was jene betrifft, so würde jedes Halbe, so wie die Dinge gegenwärtig stehen unverzeihliche Schwäche ausdrücken, während das Ganze imponirend durch sich selbst jeden solchen Vorwurf niederschlägt. So hat der verstorbene König von Würtemberg, indem er in seinen 14 Artikeln die Stände gewissermaßen überboth, den einzigen glücklichen, seine Ehre rettenden Auskunft gefunden.[5] Es muß in Preußen schlechterdings etwas geschehen, nur wenn es noch möglich ist, den völligen und unwiederbringlichen Bankbruch in der öffentlichen Meynung abzuwenden. Die Sache auf den Bundestag zu verschieben, ist eine Ausflucht, an deren Aufrichtigkeit ich nicht glauben kann. Rund um Preussen gehen der Reihe nach alle Pressen auf, alle im Chorus schlagen einstimmig und freudig auf die Regierung los, die sich außer dem Schutz der öffentlichen Meynung selbst gesetzt, und nun gleichsam vogelfrey erklärt, die bitterste Wahrheit anhören, und alles Unangenehme der Pressfreyheit erdulden muß, ohne einen ihrer Vortheile zu genießen.

Das Beyspiel von Weimar befolgt, und unbedingte Pressfreyheit gestattet, würde dabey allein zum Ziele führen.[6] Dann wäre durch Versöhnung der Gemüther wenigstens der Weg zur möglichen Hülfe vorbereitet, da ohne das Staatsrath und Provinzialstände und Alles nicht hilft. Was meine Person betrifft, so mögte ich wohl auch lieber die Ruhe, und hätte wohl auch einiges Recht dazu, aber ich fühle auch, daß ich zu meiner Zeit in ein Verhältniß getreten, daß das nicht allein von meiner Neigung abhängt, und würde darum wohl noch einige Jahre meines Lebens zu dem Zwecke hergeben.

Das ist in wenig Worten meine Ansicht der Sache ausgedrückt, wenn nun die Regierung sich eben so rund für ja und nein entscheidet, so ist die Angelegenheit bald geschlichtet, und für mich der Zustand von Unbestimmtheit aufgehoben, den zu endigen ich mir und, wie ich glaube, dem Vaterlande schuldig bin. Sie werden aus den Briefen sehen, daß die mit Würtemberg angeknüpften Verhandlungen mir zur Entscheidung nur eine beschränkte Frist gestatten. Ich habe mir bis zur Entscheidung des Königs, die nach der Angabe der Minister noch im Laufe des Monaths März erfolgen werde, bey der dortigen Regierung Bedenkzeit vorbehalten, und werde nicht wohl über das erste Drittheil des April hinaus, aufs allerspäteste bis zur Hälfte die Sache hinhalten können. Bis dahin muß ich also Ihre gefällige Vermittlung in Anspruch nehmen, um mir eine unzweydeutige, thätliche, definitive Entscheidung zu verschaffen.[7]

Ich wünsche von ganzem Herzen, daß es Ihnen wohl gehen möge und die Meinigen fügen diesen Wünschen die ihrigen bey.

Ihr Ergebenster
J. Görres

---

1 Gneisenau hatte, seit er im Okt. 1815 als Kommandierender General nach Koblenz versetzt worden war, zum Freundeskreis von Görres gezählt. Von Dez. 1815 an war er als Oberbefehlshaber über die Truppen am Rhein in Koblenz stationiert. Er und der Koblenzer Kreis wurden von den Reformgegnern in der Umgebung des Königs als „Wallensteins Lager" und als Jakobiner diffamiert. Gekränkt nahm er im Mai 1816 seinen Abschied und zog sich auf sein Gut Erdmannsdorf in Schlesien zurück. Erst 1818 ging er als Gouverneur und Mitglied des Staatsrats nach Berlin zurück. Gneisenau hatte am 8.1.1817 an Görres, in der Meinung, der Aufenthalt in Heidelberg bedeute bereits Görres' Entfernung vom Rhein, geschrieben, dieser Entschluss sei zu rasch genommen, der Staatskanzler habe ihm sein Wort gegeben, dass für Görres „auf eine gerechte Weise gesorgt werden" solle, er, Gneisenau, nähre die Hoffnung, „daß Sie nicht auf Tod und Leben sich mit uns zu entzweyen geneigt seyn können, und ich erwarte, daß Alles sich ausgleichen wird".

2 Der Brief von Staegemann vom 15.3.1817.

3 Görres' Brief an Staegemann: Brief Nr. 84.

4 Zur Idee einer möglichen Wiederaufnahme des *Rheinischen Merkur*, die Görres bis in den August hinein noch für denkbar hielt, noch einmal die Briefe Nr. 89, 90, 91, 92, 94, 97, 98, 99, 103, 112, 115.

5 König Friedrich I. von Württemberg hatte im März 1815 durch Einberufung einer allgemeinen Ständeversammlung und Vorlage einer Verfassung versucht, einer aufgenötigten Verfassung und den Forderungen der Opposition zuvorzukommen. Die Verfassung, in der das alte Recht der Stände fast gänzlich verschwunden war, war jedoch vom Landtag abgelehnt worden, worauf ein Kampf um das „gute alte Recht", die Wiederherstellung der altwürttembergischen Verfassung entbrannte. Zur weiteren Entwicklung in der Verfassungsfrage vgl. Brief Nr. 99, Anm. 4.

6 Mit dem „Grundgesetz über die Landständische Verfassung des Großherzogthums Sachsen-Weimar-Eisenach" von 1816 hatte sich Sachsen-Weimar-Eisenach als erster deutscher Staat eine Verfassung gegeben. Diese landständische Verfassung trat am 5. Mai 1816 in Kraft. Sie garantierte u.a. die Meinungsfreiheit (§ 67 Abs. 3) und „das Recht auf Freiheit der Presse".

7 Gneisenau berichtet am 3.4.1817 von seinem Gespräch mit dem Staatskanzler in Görres' Angelegenheit, und fordert ihn in dessen Auftrag auf, kein Amt im Ausland anzunehmen: „daß Sie ja keinen eiligen Beschluß nehmen mögen, bevor er nicht in die Rheinlande gekommen, was im July geschehen werde; daß Sie unsern Staat und Ihr Vaterland nicht verlassen dürften; daß was Ihnen eine andere Regierung böte, auch die Unsrige gewähren würde; daß er Sie sehr hochachte; daß er mit Ihrem Benehmen seit anderthalb Jahren sehr zufrieden sey." Auch Benzenberg schreibt am 10.4.1817, er habe von Gneisenau erfahren, was der Kanzler ihm aufgetragen habe, Görres zu schreiben – was Anlass zu berechtigten Hoffnungen auf eine Anstellung an der rheinischen Universität schien: „Ich denke wir finden uns noch einmal alle auf der Rheinischen Universität."

86. An Ferdinand Franz Wallraf

Datum: Koblenz, 2.4.1817.
Original: Hist. Archiv der Stadt Köln, alte Signatur 134.
Unveröffentlicht.
Einordnung: Briefe Wallrafs an Görres sind nicht bekannt.
Regest: Empfehlungsschreiben für einen Geistlichen.

Herrn Professor Wallraff empfiehlt Herren De Grille einen ausgewanderten reformirten Geistlichen zur gefälligen Hülfleistung im Falle zufälliger Verlegenheit[1]
Coblenz am 2 April 1817.

J. Görres

---

1 Ferdinand Franz Wallraf war Rektor der Univ. Köln gewesen, dann in napoleon. Zeit Professor für die schönen Wissenschaften an der Centralschule und am Gymnasium in Köln. Er setzte sich für die Wiederherstellung der alten Univ. in Köln ein und für die Rückgabe der nach Paris verschleppten Kunstschätze. Der Empfohlene konnte nicht identifiziert werden.

87. An Friedrich Wilmans

Datum: Koblenz, 14.4.1817.
Original: Bayerische Staatsbibliothek München, Autographensammlung, Autogr. Jos v. Görres (1 Seite Quart)
Unveröffentlicht.
Regest: Görres sendet den ersten Teil der Einleitung der *Altdeutschen Volks- und Meisterlieder* für den Druck.

Coblenz am 14 April 17.

P.P.
Da sie in Heidelberg ohngefähr mit dem Manuskripte zu Rande seyn werden, so sende ich Ihnen beyliegend die erste Hälfte der Einleitung, um den Druck nicht aufzuhalten. Die letzte wird in einigen Tagen folgen und schließen.[1]

Das Titelkupfer werden Sie durch Herren von Schmitz Grollenburg erhalten haben.[2]

Ihr Erg.
J. Görres

---

1 Görres stand seit 7.1.1817 in Korrespondenz mit dem Verlag Wilmans wegen des Drucks der Altdeutschen Volkslieder (*Altdeutsche Volks- und Meisterlieder aus den Handschriften der Heidelberger Bibliothek.* Herausgegeben von J. Görres. Mit einem Kupfer, Frankfurt a.M. 1817 (Bey den Gebrüdern Wilmans). Vgl. die Briefe Nr. 80, 81 und 83.

2 Das Titelkupfer wurde von Nikolaus Müller gefertigt (s. Briefe Nr. 81, 83). Franz Edmund Josef von Schmitz-Grollenburg war seit März 1816 Abteilungsdirektor bei der Regierung in Koblenz, ab August 1817 dann Regierungsvizepräsident in Trier.

88. An Friedrich Wilmans

Datum: Koblenz, 23.4.1817.
Original: FDH Frankfurter Goethemuseum Hs 15748.
Unveröffentlicht.
Regest: Görres sendet den Rest der Einleitung für den Druck der *Altdeutschen Volks- und Meisterlieder* und bestimmt die Empfänger für zu übersendende Exemplare des Buchs durch den Verlag.

Coblenz am 23 April 1817

Hier endlich der Schluß der Einleitung, die Sache ist wider Willen und Verhoffen weiter ausgelaufen, als ich vorgehabt.[1] Schicken Sie mir sobald als thunlich meine Abdrücke. In Heidelberg laßen Sie zurück 1 Ex. für Carove, der die Revision gemacht, eines für Pr. Creuzer. Eines für J Grimm der jetzt dort ist, ein Viertes für Boissere.[2] Was die Anweisung betrifft, so warten Sie bis nach dem Abdruck, und schicken mir alsdann alles zusammen in einem Wechsel oder wie sonst.

Nach der Messe wollen wir über die andere Schrifft weiter reden, die ich liegen laßen, weil theils diese Einleitung theils eine größere zum Schah Nameh mich beschäfftigte.[3]

Von Leipzig aus senden Sie doch auch ein Exemplar an Achim von Arnim in Berlin und Eines an den General Gneisenau.

Ihr Erg.
J. Görres

---

[1] Die 1. Hälfte der Einleitung (zu *Altdeutsche Volks- und Meisterlieder aus den Handschriften der Heidelberger Bibliothek.* Herausgegeben von J. Görres. Mit einem Kupfer, Frankfurt a.M. 1817) hatte Görres am 14. April übersandt (Brief Nr. 87).

[2] Zu Friedrich Wilhelm Carové, Georg Friedrich Creuzer, Jacob Grimm und Sulpiz Boisserée s. Personenverzeichnis.

[3] Die andere Schrift: die geplante politische Schrift (s. Brief Nr. 76). Zu Görres' Arbeit an der Ausgabe des persischen Epos *Das Heldenbuch vom Iran aus dem Schah Nameh des Firdussi*, 2 Bde, Berlin (Reimer) 1820, s. Fink-Lang, *Görres*, S. 125-128, sowie *GS/Briefe* 2.

89. An Karl August Freiherrn von Hardenberg

Datum: Koblenz, 25.4.1817.
Original: Berlin, GStA PK, I. HA Rep. 74, Nr. 2042, Bl. 12-13 (3 Seiten).
Druckausgaben: Görres, *In Sachen der Rheinprovinzen und in eigener Angelegenheit*, 1822, Anhang Nr. 16, S. 289-292; *GS* 13, S. 404f; Marie Görres (Hrsg.), *GPS* 4, S. 658-660 (jeweils dat. 26.4.; zahlreiche kleinere Abweichungen).
Einordnung: Antwort Hardenbergs: 16.7.1817.
Regest: Görres bedankt sich für die definitive Entscheidung der Regierung in seiner Sache und betont, dass er stets auf die Gerechtigkeit der Preußischen Regierung vertraut habe. Zum Beweis seiner uneigennützigen Absichten und seiner Treue gegenüber dem Vaterland legt er den Brief bei, mit dem er das Angebot aus Württemberg beantwortet hatte.

Noch einmal bietet er, unter der Bedingung vollkommener Zensurfreiheit, die Fortführung des *Rheinischen Merkur* an, die einen wertvollen Beitrag zur Versöhnung der Gemüter am Rhein liefern könnte.

Durchlauchtiger Fürst!
Ew. Durchlaucht haben, wie mich Herr Staatsrath Staegemann unterrichtet, in meinen Angelegenheiten eine definitive Entschließung zu fassen geruht, die indem sie die obschwebende Diszeptazion auf die billigste Weiße ausgetragen, und mir Alles gestattet, was ich in vernünftiger Art irgend ansprechen konnte, jenes befriedigte, dankbare Gefühl in mir geweckt, mit dem man nach Anhörung der Sentenz aus einem gerechten Gerichte scheidet, und freudig die siegreiche Macht des einfachen Rechtes und der ruhigen Wahrheit in allen menschlichen Angelegenheiten anerkennt.[1] Ich hatte nicht geirrt, wenn ich, so sehr oft der äußere Anschein dawider schien, immer fest erwartet, daß der große gute Willen und der Instinkt der Gerechtigkeit, der unzweyfelhaft und unverkennbar durch Haupt und Glieder der Preußischen Regierung geht, zuletzt durch die zufälligen Irrthümer des Augenblicks und die Rückwirkungen der Leidenschafften hindurch das Wahre und Rechte ergreifen werde, insofern ich selbst durch ungeduldige Perturbazionen das ruhige Fortschreiten in der Entwicklung der Verhältniße nicht zu stören unternehme. Da man mich öfter allzu großer Heftigkeit in meiner öffentlichen politischen Würksamkeit beschuldigt, so war mir daran gelegen, die Motive dieses Ungestümes durch mein nachfolgendes Verhalten an den Tag zu bringen, und meinen Anklägern zu beweißen, daß nicht ein unruhiges von Leidenschaften heftig bewegtes Gemüth, Hochmuth und irgend eine Anmaßung mich dazu getrieben, sondern der Eifer für das Heil eines verlohren gegebnen und wiedergewonnenen Vaterlands mich fortgerißen. Indem diese Interessen mich vor jedem unbesonnenen Abspringen bewahrten, mußte das eben so dringende Verlangen den naheliegenden Verdacht eigennütziger Intentionen und Bewerbungen von mir abzuhalten, jede andere Annäherung, als jene, die durch die bloße Darlegung meiner Ansprüche noch dazu in ihrer Abhängigkeit von größeren Landesinteressen gegeben war, untersagen, und so mir jene ruhige, beynahe untheilnehmende Haltung gebothen seyn, die ich wirklich beobachtete. Daß Ew. Durchlaucht die Gründe dieses Verhaltens nicht verkannten, muß ich einem besondern Wohlwollen zuschreiben, und mit Dank erkennen. Daß sie aber auch nicht hinterher eingelegt, nachdem die Entscheidung erfolgt, sondern daß sie wirklich im Verlaufe mich geleitet haben, und daß ich bis zuletzt mich nicht entschließen konnte, der Regierung die Gelegenheit einer solchen Genugthuung für sich zu entziehen, dafür kann ich Ew. Durchlaucht einen urkundlichen Beweiß in der Zuschrifft vorlegen, worin ich den Antrag, den der Königl. Würtembergische Minister Herr von Wangenheim an mich gebracht, die Leitung der sämmtlichen Kunst und technischen Anstalten des Königreichs zu übernehmen, am 27. Februar beantwortete.[2] Wenn Ew. Durchlaucht einen Blick auf dieses Blatt werfen wollen, so werde dieselben sich leicht überzeugen, ob ich Vertrauen verdiene, wenn ich mich hier wiederhohlt zur Wiederübernahme des Rheinischen Mercurs, aber nur auf eine bestimmte Zeit, etwa bis zur Einführung der neuen Verfassung, nicht als Forderung sondern als Leistung erbiethe.[3] Wenn ich auch diesem mich freylich

nur bey vollkommner Censurfreyheit auf die Bedingung einer rücksichtlosen Wahrhaftigkeit unterziehen könnte, so glaube ich doch, daß diese Wiederherstellung, indem sie einerseits das angefangene Werk der Selbstgenugthuung der Regierung vollendet, und andrerseits eine Menge Mistöne, die das plötzliche Abbrechen früher hervorgebracht und zurückgelaßen, beruhigt, von den wohlthätigsten Folgen für die Versöhnung der Gemüther seyn würde, indem zu hoffen wäre, daß, wie die erste Hälfte des Unternehmens durch den Krieg der Geister auf die Ausstoßung des Schlechten nicht ohne Erfolg eingewürkt, so der Schluß durch den vermittelten Geistesfrieden für die Aufnahme des Guten gleich wohlthätig sich erweißen würde. Ich stelle diesen Antrag dem eigenen Ermessen Ew. Durchlaucht anheim, und bitte höchst dieselben die Versicherungen meiner ehrfurchtsvollen Ergebenheit zu genehmigen.

Coblenz am 25. April 1817.

Ew Durchlaucht

Gehorsamst Ergebenster
J. Görres

---

[1] Das Schreiben Staegemanns: 11.4.1817, s. Brief Nr. 90, Anm. 5.

[2] Wangenheims Antrag vom 24.2.1817 (bzw. 20.2.1817: Zur Datierung s. Briefe an Görres) hatte Görres am 7.3.1817 bzw. 4.3.1817 und nicht etwa am 27. Februar beantwortet: Brief Nr. 82. Die Datierung des Briefwechsels mit Wangenheim geht auch hier bei Görres wieder durcheinander. Eigenhändige Abschriften der beiden Briefe (Görres an Wangenheim, dat. auf den 4. März, und Wangenheim an Görres vom 22. März) hatte Görres dem Schreiben an Hardenberg beigelegt (Rep. 74, Nr. 2042, Bl. 14-15v).

[3] Zu Görres' Angebot, den *Rheinischen Merkur* wieder zu übernehmen, Briefe Nr. 90, 91, 92, 94, 97, 98, 99, 103, 112, 115. Hardenbergs (späte) Antwort vom 16.7.1817 geht nicht auf Görres' Antrag zum *Merkur* ein, sondern vertröstet auf seinen bevorstehenden Besuch in Koblenz. Zu Gneisenaus Antwort in dieser Sache s. Brief Nr. 91.

90. An Friedrich August von Staegemann

Datum: Koblenz, 25.4.1817.
Original: Stadt- und Landesbibliothek Dortmund, Atg. Nr. 1666 (3 Seiten).
Druckausgabe: Franz Rühl (Hrsg.), *Briefe und Aktenstücke zur Geschichte Preussens unter Friedrich Wilhelm III., vorzugsweise aus dem Nachlass von F. A. Stägemann,* Bd. 2, Leipzig 1900, Nr. 350, S. 153-155 (einige geringe Abweichungen).
Adresse: Herren Geheimen Staatsrath Stägemann Hochwohlg in Berlin.
Einordnung: Vorangegangener Brief Staegemanns: 11.4.1817. Nächster Brief: 6.3.1818.
Regest: Görres bittet Staegemann, seinen Antrag zur Wiederaufnahme des *Rheinischen Merkur* zu unterstützen, den er im Interesse Preußens gestellt habe, geht noch einmal auf den Bescheid in Betreff seiner Pension ein, und bittet Staegemann um Vermittlung einer festen Anstellung für Max von Schenkendorf.

Coblenz am 25ten April 1817.

Hochzuverehrender Herr Staatsrath

Ihre Zuschrifft vom 11ten, die mir die günstige Beendigung eines verdrüßlichen Handels ankündigt, legt mir die Verbindlichkeit auf, Ihnen meinen besten Dank für den eigenen daran genommenen Antheil zu bezeugen.[1] Ich habe wohl gewußt, wie Sie früher zum öftern in dieser meiner Sache sich verwendet, und Angriffe gegen mich abgewießen, wenn ich Ihnen früher darum meine Erkenntlichkeit nicht kund gegeben, so finden Sie die Gründe davon, die Sie sich ohne Zweifel selbst schon gesagt haben, in einer Zuschrifft an den Fürsten Staatskanzler angedeutet.[2] Ich bitte Sie nachdem dieselbe bey dem Fürsten angelangt, den darin enthaltenen Antrag wegen des Merkurs nach Möglichkeit zu unterstützen.[3] Es ist so wenig meine freye Neigung die mich dazu bestimmt, daß ich vielmehr eben deswegen oft vor der Last erschrecke, der ich mich wieder unterziehen will. Aber es ist nicht blos meine Meynung, sondern die aller Verständigen in den hießigen Provinzen, daß Preussens Interesse diese Wiederherstellung gebiethet, und daß ich nicht mich, sondern das Wohl des Ganzen dabey zu befragen habe. Ich wollte mich dieser Aufforderung meines Gewissens und fremden Vertrauens nicht entziehen, und werde deswegen auch dem General Gneisenau angelegentlich zuschreiben.[4] Gelingt es nicht zu überzeugen, so will ich gerne mich mit dem Glauben trösten, daß ich in der vorausgesetzten Wichtigkeit, in der ich die Sache genommen, mich geirrt. Sie aber, die Sie vor kurzem die Herstellung der Preßfreyheit im Namen des Staatskanzlers verkündigten, haben eben deswegen einen besondern Beruf, die Vorsprache zu übernehmen.

Sie erwähnen in Ihrer Zuschrifft, wie mir ausser jenen 1400 Franken im Beschluße der Ministerien noch 600 für Naturalemolumente bestimmt gewesen seyen.[5] Es war in der ganzen Sache weniger die Summe, als die Art wie sie angebothen wurde, die mich entrüstete, und daß man sich lieber ad absurdum treiben laßen, und französischen Anstellungen größere Kraft beylegen wollte als den eigenen, sogar von denselben Ministerien Gutgeheißenen. Der Beschluß der Ministerien vom 14 Februar sagt: In Beziehung auf den Bericht des H. Staatsministers von Ingersleben vom 20 Dez. vorigen Jahres in Betreff der Pension des Pr. Görres daselbst, wird der königlichen Regierung eröfnet, daß demselben im höchsten Falle nur dasjenige wieder zu Theil werden kann, was er als öffentlicher Lehrer des Gymnasii zu Coblenz an fixirte Besoldung bezogen hat, nämlich 1400 Franken, etc.[6] Die 600 Franken waren also entweder wieder cassirt, oder sie sollten der Preiß meiner Submission, die man mir auch noch wenig Tage zuvor durch Süvern angesonnen[7], und die ich der Behörde nicht versagt hätte, da diese aber durch ihre Ungerechtigkeit sich selbst für mich vernichtet hatte, der Person zu leisten weder verbunden noch geneigt war.

Noch in einer andern fremdartigen Sache mögte ich Ihre gefällige Vermittlung in Anspruch nehmen, und habe Ihnen früher deswegen schon schreiben wollen. Es betrifft nämlich Schenkendorf. Er wird seit Jahren in fortdauernder Unbestimmtheit hin und hergeworfen, und mögte so gern einmal zu einer festen Stellung kommen.[8] Man hat ihm, der so gerne hier geblieben wäre, neuerdings die

Alternative Achen oder Magdeburg gesetzt. Er scheut bey Aachen die neue Zieherey und auch die Gerüchte von möglicher Aufhebung der dortigen Regierung. Dem Vernehmen nach ist es seine Mutter, die durch unmittelbare Einschreitungen bey den Ministerien jenes fortdauernde Schwanken erhält. Nun aber kann, wie ich glaube, einer Mutter ein solches gewaltsames Eingreifen in alle Lebensverhältnisse ihrer selbständig und mündig gewordenen Kinder in keine Weiße gestattet werden, um so mehr wenn die Gründe dies. Eingriffs blos auf vorgefaßten Meynungen, falschen Voraussetzungen und Irrthümern beruhen, und nicht zu beseitigende Hinderniße das bezweckte Zusammenleben unmöglich machen. Noch unbilliger scheint mir daß man ihm, der seit so vielen Monathen mit unermüdlichen Fleisse schwere Arbeit gethan allen Gehalt bis zum nächsten Jahre versagt. Wenn Sie etwas zur Auflösung dieser verzwickten Verhältniße beytragen können, so seyen Sie hiemit in seinem und meinem Namen freundlich darum gebethen.

Ich wünsche, daß es Ihnen wohl gehen möge.

Ihr Ergebenster
J. Görres

---

1 Staegemann hatte am 11.4. geschrieben, der Staatskanzler habe ihn ermächtigt, anzukündigen, dass Görres sein volles Gehalt ausgezahlt werden solle, und er ihn auffordere, nicht in auswärtige Dienste zu treten, sondern sich seinem Vaterlande zu erhalten.

2 Korrigiert aus „in der beyliegenden Zuschrifft". Den Brief an Staatskanzler Hardenberg (Nr. 89) hat Görres wohl nicht mehr beigelegt.

3 Zu dem Antrag auf Wiederaufnahme des *Rheinischen Merkur* vgl. Brief Nr. 89.

4 Der Brief an Gneisenau: Brief Nr. 91.

5 Staegemann hatte am 11.4. geschrieben: „Die Ministerialacten ergeben, daß außer den 1400 Francs Ihnen noch 600 Francs als Entschädigung für Naturalemolumente bestimmt sind. Der Hr Fürst Staatskanzler hat mich indeß autorisirt, Ihnen zu schreiben, daß die 8000 Francs, welche Sie als Studiendirector auf die Verfügung des vormaligen Generalgouvernements bezogen, so lang, bis Ihre fixirte Anstellung erfolgt sein wird, von dem Tage an, da Sie solche zu beziehen aufgehört haben, Ihnen als Wartegeld verbleiben sollen. Er wird selbst ungesäumt die Anweisung zur Zahlung ergehen lassen."

6 Görres zitiert hier den Beschluss des Ministeriums vom 14.2.1817 (s. Brief Nr. 84, Anm. 4).

7 Johann Wilhelm Süvern war Staatsrat im Kultusministerium und engagierter Schulreformer.

8 Der Dichter Max v. Schenkendorf war 1815 als Regierungsrat nach Koblenz gekommen und fühlte sich dort dem Kreis um Gneisenau, Scharnhorst und Görres zugehörig. Wegen eines Nervenkopfschmerzes hatte er zuvor im Herbst/Winter 1814/1815 und noch einmal im Sommer 1815 mehrere Monate in Aachen verbracht, wo er sich aber im Kreis der preußischen Offiziere und Beamten nicht wohl gefühlt hatte. Eine Berufung nach Magdeburg, die ihn erreichte, als er eben seine Frau von Karlsruhe nach Koblenz holen wollte, konnte abgewendet werden, so dass er in Koblenz bleiben konnte (*ADB* Bd. 31 (1890), S. 74-81). Er starb jedoch schon am 11. Dezember 1817.

91. An August Graf Neidhardt von Gneisenau

Datum: o.O. o.D.: Koblenz, 27.4.1817.

Original: Familienarchiv Görres-Jochner Nr. 74 (Entwurf; Fragment: die beiden letzten Seiten = *In Sachen* S. 296f).

Druckausgaben: Görres, *In Sachen der Rheinprovinzen und in eigener Angelegenheit*, 1822, Anhang Nr. 17, S. 292-297 (letzter Absatz fehlt); *GS* 13, S. 406-408; Marie Görres (Hrsg.), *GPS* 4, S. 660-662.

Zur Datierung: Görres, *In Sachen* datiert Koblenz, 27.4.1817; Die „gestrige Zuschrift" an den Staatskanzler: der Brief vom 25.4.1817 (Brief Nr. 89).
Bemerkung: Der Text wird, soweit vorhanden, nach dem Original wiedergegeben, der erste Teil ergänzt nach der Ausgabe von Görres, *In Sachen der Rheinprovinzen.*
Einordnung: Gneisenaus letzter Brief: 3.4.1817; Gneisenaus Antwort: 17.5.1817.
Regest: Görres bedankt sich für Gneisenaus Verwendung in seiner Sache und bittet um Fürsprache für seinen Antrag auf Wiederherstellung des *Merkur*. Nicht Ehrsucht treibe ihn, sondern das Bewusstsein, dass die öffentliche Meinung einer führenden Hand bedürfe. Er bittet Gneisenau um Einschätzung der Chancen, bei Unausführbarkeit werde er sich ganz wieder seinen wissenschaftlichen Arbeiten widmen.

E. E. meinen herzlichsten Dank für Ihre bisherige Verwendung, die endlich die Angelegenheit, welche durch leidenschaftliche Behandlung immer weiter vom Ziele sich verirrte, zum rechten Ende zurückgelenkt hat.[1] Ich wußte recht wohl, wohin ich mein Vertrauen setzte, und daß allein das thätige Wohlwollen das leidende, an das ich wohl glaubte, das aber noch lange unfruchtbar geblieben wäre, ergänzen und befruchten konnte. Aber obgleich ich das mit gebührendem Dank erkenne, und diesen Sieg der Gerechtigkeit über den Partheygeist in all seiner Wichtigkeit nehme, so halte ich doch was geschehen, eben seiner durchaus persönlichen Beziehung wegen, nur für das Geringfügigere, und erbitte mir für das Wichtigere erst Ihren Rath, und wenn Sie mit mir einverstanden wären, Ihren Beystand. Ich habe nemlich dem F. Staatscanzler in meiner gestrigen Zuschrift wiederhohlt die Herstellung des Mercurs angetragen.[2] Sie können glauben, daß ich bey diesem Vorschlag eben nicht auf meine Neigungen gehört, ich kenne allzu gut aus der Erfahrung die schwere Mühe und Arbeit, die mit der Herausgabe eines solchen Blatts verbunden ist, und die jetzt gegen vorhin sich verdoppelt und verdreyfacht hat. Ich habe in den zwey Jahren eines fortdauernd leidenschaftlich bewegten, gespannten und gereizten Zustandes, des dabey unvermeidlichen Tumultes sattsam genug gehabt. Wäre es Ehrsucht, die mich getrieben, so wäre sie das erstemal mehr als hinreichend gesättigt, und ich könnte bey der Fortsetzung unter ganz veränderten viel schwürigeren Umständen weit wahrscheinlicher früheren Ruhm auf's Spiel setzen, als neuen gewinnen. Wäre Einkommen, was mich triebe, so könnte ich weit gemächlicher mit meinem Schweigen wuchern, als mit Reden mich um zweifelhaften Erfolg abmühen, da im Frieden wohl auch ein großer Theil des Publicums sich verlaufen. Es ist also gar wohl glaublich, wenn ich sage, daß einzig ein aufrichtiges Verlangen, das Capital von Vertrauen, das ich früher beym Volk gewonnen, nicht verschleißen zu lassen unverzinst, sondern darin das früher Angefangene zu schließen und zu ergänzen, mich leitet. Politisch steht die Nation noch so wenig auf festem Grunde, sie wird durch entgegengesetzte Urtheile so sehr hin und her gezerrt, und die Meinung durch so viele Einseitigkeiten und vorgefaßte Ideen verwirrt, daß es wohl einer festen Hand an (!) Steuer dieser Meinung bedarf, so sehr, daß, ob ich gleich das als ein Hauptverdienst des alten Mercurs immer angesehen, ich doch kaum mehr weiß, ob ich fortdauernd so schwierig gewordenen Verhältnissen gewachsen bin, und daß einzig der vielfältig vorbrechende gute Willen Muth geben kann, mit einiger Hoffnung von Erfolg sich dergleichen zu unterziehen. Für Preußen ist diese Wiederherstellung beynahe ein Bedürfniß geworden, was Alle einsehen, die die Lage der Dinge in der Nähe kennen. Man darf es sich nicht verhehlen, noch in Berlin sich einige Illussion deßwegen gestatten: Preußen steht, in Folge der fortgesetzten Misgriffe des vorigen Jahres, moralisch tiefer in der öffentlichen Meinung am Rhein und in ganz Südteutschland, als die oesterreichischen Papiere im öffentlichen Credite je gestanden, und der Grund dieses Falles ist derselbe dort wie hier gewesen, Mangel an Worthalten. Es würde der Regierung nicht leicht etwas nützlicher und ersprießlicher seyn, als in einer so fernen Provinz, wo sie beynahe von nichts unterrichtet ist, einen solchen freyen Geistesverkehr anzuknüpfen, und ich habe beym Verbote immer geglaubt, daß die Regierung, hätte sie keinen Merkur vorgefunden, einen solchen hätte gründen müssen. Andere Handlungsweise und bessere Grundsätze werden das wohl wieder bezwingen, aber die That ist ihrer Natur nach langsam, und das Wort geflügelt, und muß vorauf gehen, und ihr die Stätte bereiten. Ich bin darum vollkommen einverstanden, daß der M., wie er früher gewesen, so nicht wiederkehren kann. Kehrt doch das Wetter vom vorigen Jahre nicht zurück, und geht Keiner zweymal durch denselben Strom. Es wird im Frieden zum Frieden gehn, aber da noch so viel schlechte Elemente in der Masse gähren, da noch so viel blinder Unverstand um sich schlägt, so wird es doch auch nicht[3] ohne Krieg und Polemik abgehen, und Wahrheit vor wie nach die Bedingung seyn müßen, Milde aber nur die natürliche Folge der Sonnenhöhe der Zeit, da bey der gegenwärtigen Stimmung der Geister, jeder der von andern Grundsätzen ausgeht, bald verlassen ein Prediger in der Wüste steht.

So theoretisch nothwendig und nützlich die Sache nun immer scheint, so ist die Frage, ob sie praktisch ausführbar sey, und da habe ich Ew. Exz. der Sie in Mitte der Angelegenheiten gegenwärtig stehen zunächst um Ihren Beyrath bitten wollen. Ich weiß recht wohl, daß bey Vielen noch ein panischer Schrecken vor dem unschuldigen Blatt besteht, die sich gegen sein Wiederaufstehen gar sehr auflehnen würden, es ist die Frage mit welchem Erfolge. Es ist zweytens die Frage, in welchem Grad man ein nothwendiges nicht leicht zu irrendes Vertrauen in mich zu setzen geneigt seyn mögte, da beym Gegentheil objektiv mir der nöthige Spielraum mich zu bewegen, und subjektiv die nöthige Unbefangenheit abgehen würde. Drittens kömmt es darauf an, zu wissen in wiefern der gegenwärtige Stand der Partheyen es möglich und wahrscheinlich macht, daß die Regierung fortan das Wort in That unterstützt, damit nicht wie bisher, so wie die Geister sich einen Augenblick beruhigt, in regelmäßigen Zwischenräumen irgend eine willkührliche, unpassende und unzweckmäßige Ministerialverfügung alles wieder in Aufruhr bringt, und das Aufgebaute wieder niederreißt. Darüber bitte ich Sie Herr General um Ihre Ansicht und einige Auskunft. Ich weiß recht wohl, welche Arbeiten und Zerstreuungen Ihre gegenwärtige Lage mit sich bringt, und daß Ihnen keine Zeit übrig bleibt, lange Briefe und Dissertazionen über dergleichen zu schreiben. Wenn Sie mir also nur in wenig Zeilen und Worten die Resultate mittheilen wollen, so werde ich das Beywerk selbst zu ergänzen wißen. Findet sich bey ernstlicher Betrachtung und Anfassung Unausführbarkeit, so will ich die Sache alsdann als einen Irrthum von meiner Seite nehmen, und den Ausschlag als einen Beweiß, daß ich meiner Verpflichtung für jetzt entlassen bin, und daß andere Geister berufen sind das angefangene Werk fortzusetzen und zu beendigen. Ich werde mich alsdann meinen wissenschaftlichen Arbeiten ganz und ungetheilt zuwenden, und durch sie mein früheres Leben zu ergänzen suchen. Da meiner Tage schon viel verlaufen, und die Anzahl der übrigen gemessen ist, so wäre einsweilen mein dringendster Wunsch, durch baldige Entscheidung aus dem Zustand von Unbestimmtheit herauszukommen, der die Zeit consumirt, ohne daß sie gezählt würde.[4]

Ich glaube Ew Exz. recht gern, daß Sie lieber in den Sudeten oder bey uns am Rheine bey sich gewesen, als ausser sich aufs neue im öffentlichen Leben, dessen schlimmste Seite die ist, daß bey der Mitwirkung so vieler fremden Willenskräfte die Aufopferung von Kraft und Zeit selten in einem Verhältniß mit dem Erfolge steht. Inzwischen entschädigt Eines was gelungen für tausende die mislungen, und am Ende muß doch nach einem Naturgesetze das spezifisch Schwerste gegen die Mitte, und dort seine Ruhe suchen. Ihr Andenken ist fortdauernd hier am Rheine allen bis zum Volk herunter lieb und werth, und so gern man Sie im Staatsrathe gefunden, so ungern hat man sich dadurch von der Hoffnung losgerißen, Sie hierhin zurückkehren zu sehen.[5] Wir empfehlen uns sämmtlich Ihrem gütigen Andenken.

Ew. Exzellenz
Ergebenster
J. Görres

---

1 Zur endlichen Erledigung der Gehaltsfrage: Briefe Nr. 89 und 90.

2 Zum Antrag der Weiterführung des *Merkur* Brief Nr. 85, Anm. 4. Gneisenau schrieb Görres dazu am 17.5.1817: „Über Wiederbelebung des M. habe ich zugefragt, man antwortete mir mit einem Nein und einem Ja. Jenes ist die gediegenere Stimme. Schon früher war ich derselben Meinung, zu viel Wahrscheinlichkeit spricht für sie. Versuchen Sie's indessen zu machen, denn man kann bey der wechselnden Strömung nicht immer voraus wissen, welcher Cours gelinge. Ob aber dem wiederbelebten Mercur von auswärts nicht abermal Gefahren drohen könnten, dafür läßt sich eine Bürgschaft nicht auffinden, nicht einmal die eines Gesetzes über wiederhergestellte Preßfreyheit, wenn ein solches nicht an eine Constitution geknüpft ist."

3 Ab „ohne Krieg und Polemik" erfolgt die Wiedergabe nach dem Original.

4 Görres, *In Sachen* endet hier.

5 Gneisenau hatte sich nach seiner Beurlaubung als Oberkommandeur in Koblenz auf sein Gut Erdmannsdorf in Schlesien zurückgezogen. Inzwischen war er zum Mitglied des preußischen Staatsrats berufen worden, was seinen Umzug nach Berlin erforderte.

92. An Achim von Arnim

Datum: Koblenz, 27.4.1817.
Original: Freies Deutsches Hochstift/Frankfurter Goethe-Museum, Hs 9090 (4 Seiten).
Unveröffentlicht.
Adresse: Herren Achim von Arnim in Berlin.
Einordnung: Letzter Brief Arnims: 26.3.1817; nächster Brief Arnims: 14.6.1817.
Regest: Görres äußert sich zufrieden über die Beilegung seiner Querelen mit der Regierung, zeigt sich aber immer noch ärgerlich über den langsamen Geschäftsgang und den Mangel an Verstand der preußischen Regierung. Er verstehe jetzt, dass Arnim kein Regierungsamt habe annehmen wollen, auch er wolle keines, habe stattdessen die Wiederaufnahme

des *Merkur* angeboten. Er gratuliert Arnim zum vierten Söhnchen und berichtet über seinen Aufenthalt in Heidelberg, über die dortigen Bekannten und über seine Buchprojekte.

Coblenz am 27 April 1817.

Da nun mein Frieden bis zur Auswechslung der Ratifikazionen abgeschloßen, wenigstens viel Privatärgerlichkeit von mir abgeschüttelt[1], und die Schreiberey für jetzt abgethan ist, will ich dir doch zuerst wieder ein Lebenszeichen geben. Ich mögte in der Zeit ungenöthigt beynahe keine Feder anrühren, weil wie sie nur losgelaßen wird, alles gleich wie auf einem Abschuß der Politik zugeht, und da nichts als Ärger und Verdruß zu hohlen war. Nun hat sich zwar noch nichts gebessert, und wenn ich auf eure verfluchte Wirthschafft zu reden komme, kann ich doch wieder des Zornes nicht Meister werden, inzwischen ist doch Hoffnung zu guter Aussicht, und nachdem sie die Köpfe sattsam eingerannt, und alle Wege und Abwege versucht, gehen sie ohngefähr jetzt in die Direkzion, wo der Verstand liegt. Das allerverdrüßlichste war, daß soviel bedauernswürdiger guter Wille mit unterlief, der immer wieder interessirte, wenn man den Quark anfassen und gänzlich von sich werfen wollte, und so einem eine brennende Hitze in den Leib jagte, ohne rechte Ausdünstung, was denn auch, obgleich man auf gut teutsch schon in Präterito spricht, zur Zeit noch immer in präsenti der Fall ist. Du wirst mir gestehen, daß die Rheinprovinzen Euch sehr heilsam schon in dem Jahre bewährt, und es fortan immer seyn werden. So wie sie den Menschenverstand von sich geworfen, streckte Alles über Nacht wie spanische Reuter alle Zacken aus, daß es war, als ob der Postwagen seine Meilen durch einen Verhau abfahren sollte, wo dann die Passagiere lieber ausstiegen; kehrt das Ingenium wieder, dann wird sichs geben, aber doch langsam, weil der Credit eine sehr zarte, leicht verscherzte, schwer wiedergewonnene Sache ist. Wir wollen wie du sagst euern bejahrten Staat, den alten preusischen Invaliden nicht zum Tanzen nach unserer Weiße nöthigen, aber er soll uns auch nicht zumuthen daß wir mit unsern gesunden Gliedern auf seinen Krücken gehen. Was am meisten misfällt, ist Euer Geschäfftsgang oder Schleich, der dem mechanischen Gesetz zum Trotze, daß jedesmal an Raum oder Kraft gewonnen wird, was an Zeit verlohren geht und hinwiederum Zeit, Raum, Kraft alles miteinander schändlich verthut und gar nichts herausbringt, etwa wie die Soldaten beym Exerziren Jahr aus Jahr ein, Gasse auf Gasse ab marschiren und haseliren, ohne daß ein sichtbares Produkt dieser emsigen Thätigkeit entstünde. Dann ists der Mangel an praktischem Verstand in all euerm Thun und Wesen, der den Leuten hier zu Lande, die dessen genug haben, ganz befremdlich auffällt, während ihnen die Gelehrsamkeit, die sie nicht haben, und die ihnen hier und da vorkömmt, als etwas Entbehrliches und Überflüssiges erscheint, weil sie die Besitzer keinen Vortheil davon ziehen sehen. Da haben sie nun hier im Lande eine solche Maschiene mit schweren Kosten angelegt, worin viele Menschen gehen, treten, schöpfen, arbeiten Alles zu mit gesegnetem Erfolg, indem nun die Mosel, die sonst zwar nicht gestockt, munter und frisch in den Rhein einfließt, die Brunnen mit dem Wasserstande steigen und fallen, der Schnee von der Brücke fließt, die Suppe zur gehörigen Zeit erkaltet, und sonst in menschlichen Dingen nichts

Unnöthiges gestört und nichts Nützliches bedeutend gefördert wird. Darüber lachen nun die Leute, nachdem sie früher härter darüber gezürnt. Du must mir verzeihen, daß ich dich früher beschwatzen wollen, dich in diesen Amtsschub zu begeben, und in den Schleifschlitten einzusteigen, ich verstand das eben nicht besser, und wußte von eurer Sache nichts, als was ich bey Gruner gesehen, wo nichts Preusisches war, und wo du recht gut hättest seyn können, aber jetzt wahrlich nicht, da hast du recht, da braucht man blinde Gäule zu, Esel von aufgeweckten Anlagen, und Maulesel die in beyden schönen Racen ihre verehrungswürdigen Aeltern haben.[2] Mich soll auch Keiner hineinkriegen in diese Klappermühle, worin die Kleyen siebenmal gemahlen und gebeutelt werden, das Mehl aber vor die Schweine hingeschüttet. Statt dessen hab ich mich erbothen den Merkur wieder anzufangen, was zwar kein Kurzweil ist in jetziger Zeit, aber doch ein sehr nützliches und nöthiges Unternehmen bey so bewandter Sache.[3] Du wirst freylich lachen über meine Naivität, da du deinem Scharfsinn eben im vorigen Briefe Glück gewünscht, der die Unterdrückung vorgesagt, aber es ist mir ernst und ich habe die besten Gründe auf meiner Seite, und bin ja doch kein Werwolf sondern ein billiger sedater Mensch.[4] Du siehst auf jeden Fall, daß ich hoch hinaus will auf eigenes Etablissement, und nicht dem Herren Gubitz mit grau in grau aufwarten (!).[5] Benzenberg dem mathematischen Leichtfuß werde ich auch damit in die Parade fahren, gieb ihm doch den Brief seines Zeichens.[6] Kommt der Merkur zu Stande, dann sollst du auch mein Mitarbeiter wieder werden, und ich will dir auch die acht Thaler gern zufließen laßen.

Nun aber hat die verdammte Politik schon bald die dritte Seite überschattet, und ich habe mit dir selbst, dem glücklichen Vater nun des vierten Mundes, deren Vormund du aber immer bleibst besonders in Sachen der Frau Gevatterin, gar noch nicht gesprochen.[7] Höre du machst aber auch lauter Buben, der setzt nun so hin, und ich soll sie ihm dann dressiren auf der Rheinuniversität.[8]

Ich werde wohl mit ihnen einen Einsiedler zu schreiben anfangen, und wollen die vier Heymonskinder dem kranken König das Thor mit den Pferden noch einfahren, dann will ich sie mit ernsthaftem Zureden davon abmahnen. Vergessen hab ich deiner aber wahrlich nicht wie du schreibst, besonders in Heidelberg hatte ich oft Gelegenheit an dich zu denken. Ich habe das Häuschen wieder gesehen, obschon winterlich beschneyt und Schloß und Garten und Alles und deiner oft gedacht. Die Leute schienen mir in den acht Jahren meist etwas hölzerner und todter geworden, mein Auge wars villeicht auch. Daub hat sich noch am besten conservirt, Creuzer ist mehr abgestorben, Thi(baut) leidet an der Gicht, Wilken hat sich in der Philisterey seither in etwa qualifizirt, Schwarz gähnt und rülpst den ganzen Tag, der alte Voß ist blass, bleich und welk, der Junge bis zur Unkenntlichkeit dick geworden und wohlbeleibt.[9] Mit den Büchern hab ich viel zu schaffen gehabt, du hättest dich ergötzt an den schönen Folianten, die ich diesmal wie das vorigemal nach Hause geschleppt. Ich habe viel mit nach Hause gebracht, Volkslieder und Meisterlieder sind gedruckt, und du wirst von Leipzig ein Exemplar erhalten, und ganz angenehme Sachen darin finden, eine eigentliche Ergänzung des Wunderhorns.[10] Auszüge aus den Chroniken werden auch gedruckt, und meine Ideen über das dortige epische Wesen nach Ostern in den Satz genommen.[11] Mein Schah Nameh aus dem Persischen hat Vieweg in der Arbeit, das wird ein gar angenehmes Buch, wahrscheinlich zu zwey Bänden, woran du dich erfreuen wirst.[12] Grüße mir deine Kindbetterin vielmal, und Clemens, der ja wie ich höre in Liebesaffairen steckt[13], er wird eine ziemliche Anzahl Bände in dieser Parthie bey Sammlung der opera omnia zusammenbekommen. Behalte mich lieb. Frau und Kinder sind wohl, und die Letzten nun groß und stark, daß du dich verwundern würdest.

Dein
J. Görres

---

1 Zur Beilegung des Streits um sein Wartegeld und den hoffnungsvollen Signalen aus Berlin: Briefe Nr. 84, 90f; Fink-Lang, *Görres*, S. 167, 171f.

2 Zu der Möglichkeit einer Anstellung Arnims bei der Regierung am Rhein: Briefe Nr. 58 und 60.

3 Zu Görres' Antrag, den *Merkur* wieder zu übernehmen, Brief Nr. 85.

4 Arnim hatte am 26.3. geschrieben, dass mit dem *Merkur* alles so gekommen sei, wie er vorausgesehen.

5 Friedrich Wilhelm Gubitz betrieb seit 1816 die Zeitschrift *Der Gesellschafter oder Blätter für Geist und Herz,* „die führende geistige Stimme des biedermeierlichen Berlin" (*NDB* 7, S. 247), zu deren Mitarbeitern Brentano und Arnim zählten. Benzenberg hatte Görres am 10.4.1817 geschrieben, dass Arnim sich nun mit „kleiner Schriftstellerei" für den *Gesellschafter* beschäftige.

6 Benzenberg gab 1817/18 den *Deutschen Beobachter* in Hamburg heraus (dazu 10.4. an Görres, er habe den *Beobachter* unter seine „Specialcuratel" gestellt, dieser sei durch keine Cabinets-Ordre zu verbieten), und hatte Görres angeboten, daran mitzuarbeiten. Der Brief an Benzenberg ist nicht erhalten. In seinem Brief vom 10.6.1817 bedankt sich Benzenberg für ein Schreiben von Görres.

7 Arnims vierter Sohn: Kühnemund Waldemar (1817-1835), geb. 24. März. Arnim hatte die Geburt des Sohnes Görres am 26.3.1817 gemeldet.

8 Arnim am 26.3.: „Ich vermuthe, daß Dir eine Stelle an der neuen Universität angetragen wird, die nach aller Wahrscheinlichkeit jetzt in Bonn errichtet wird, da allmälig alle gegen Cöln sich erklären. Bei der schönen Lage von Bonn und der Wohlfeilheit des Orts in Vergleich mit Cöln ist ein Zusammenströmen von Studenten größer als in Heidelberg schon wegen der Menge Inländer zu erwarten; ich schicke meine vier Söhne auch dahin, und empfehle sie Dir bestens." Zu Görres' Hoffnungen auf eine Berufung an die neue Rheinuniversität: Briefe Nr. 84, 85.

9 Die Heidelberger Persönlichkeiten, die Görres während seines Aufenthalts wiedersah: der Theologe Karl Daub, der Altphilologe Georg Friedrich Creuzer, Universitätsrektor Anton Thibaut (der Name ist hier zur Hälfte durch Loch unleserlich), der Orientalist Friedrich Wilken, der Theologe Friedrich Schwarz, der Hauptkontrahend der Heidelberger Romantiker Johann Heinrich Voß und sein Sohn Heinrich Voß, s. Personenverzeichnis; *GS/Briefe* 2; zu Görres' Heidelberger Zeit 1806-1808 Fink-Lang, *Görres*, S. 89-121.

10 Die Frucht der Heidelberger Wochen: *Altteutsche Volks- und Meisterlieder aus den Handschriften der Heidelberger Bibliothek. Herausgegeben von J. Görres. Mit einem Kupfer*, Frankfurt a.M. 1817. Görres hatte ein Exemplar an Arnim schicken lassen (s. Brief Nr. 88).

11 Gemeint ist wohl Görres' Beitrag für die *Altdeutschen Wälder* der Brüder Grimm, Bd. 3 (1817), S. 241-249: Bruchstücke aus zwei verlorenen Handschriften der Nibelungen.

12 Zum Druck des *Schah Nameh* (*Das Heldenbuch vom Iran aus dem Schah Nameh des Firdussi*, 2 Bde, Berlin (Reimer) 1820) s. Brief Nr. 111.

13 Clemens Brentanos aktuelle Liebesaffäre: Luise Hensel, die er im Oktober 1816 kennengelernt hatte und der er Weihnachten 1816 einen Heiratsantrag gemacht hatte, den sie abgelehnt hatte. Die Zurückweisung der Hensel gab den letzten Anstoß für Brentanos Generalbeichte. Jüngste Nachrichten über Brentano hatte Görres kürzlich durch Grimm am 20.3.1817 („Clemens soll Liebeshändel vorhaben") und Benzenberg erhalten, der am 10.4.1817 schrieb: „Brentano ist noch immer die alte Natur voll Italischer und germanischer Wiedersprüche. Dort gewurzelt – hier gezweiget. – Der es in keiner Weise zu einer Einheit zu bringen vermag. – Als ein Student in einer schmuzigen Stube mit zerbrochenen Stühlen mit Caffediät und Tobakrauchen, so dahin lebend – und oft dösend."

93. An Friedrich Carl von Savigny

Datum: Koblenz, 30.4.1817.
Original: UB Marburg, Ms 725/350 (4 Seiten).
Unveröffentlicht.
Einordnung: Vorgängerbrief von Savigny: 28.7.1816; Antwortbrief 14.6.1817.
Regest: Görres gibt sein Urteil über den Überbringer von Savignys letztem Brief ab und über die Mitglieder der Immediat-Justiz-Kommission bzw. Kandidaten für die neu zu schaffenden Gerichtsbehörden, und berichtet von seiner Sammlung über örtliche Rechte und verschiedene Handschriftenfunde.

Coblenz am 30ten April 1817

Ich bin Ihnen, mein verehrter Freund auf Ihre Zuschrifft vom vorigen Sommer mit Simon die Antwort noch schuldig.[1] Seine Sendung und was damit zusammenhieng war nach einer langen Reihe von Misgriffen und Verkehrtheiten wieder das Erste Zweckmäßige Passende. Er wird sich darum über die Aufnahme nicht beklagt haben, die er hier gefunden. Er ist ein wohlmeynender gescheidter Mann, und hat sich seither wie ich höre in Cöln immer zu den Wohlmeynenden und Gescheidten gehalten, weswegen sie, wenn sie ihre freye Hand behalten, und nicht wieder neue Verfinsterung kömmt, was Gutes zu Stande bringen können. Sie haben sich jetzt durch Schwarz in Trier ergänzt. Das ist ein guter französisch praktischer Jurist, nur die Übersicht fehlt nach beyden Seiten, und das Fassen in der Masse. Fischenich bringt das auch wohl nicht hinein, er ist etwas scharf, einseitig, mager und rhetorisch, und Bölling ein besserer Administrator als Jurist.[2]

Darum hätte Eichhorn eigentlich ihnen besser getaugt, obgleich er höchst persönlich und darum fackelnd ist. Ein Aufsatz von ihm, worin er die Jurys bestreitet, wird Ihnen villeicht zu Gesichte kommen, er hat die Negative gewählt, eben weil alle Welt die Bejahung von ihm erwartete.[3] Die Sache ist scharfsinnig und gut durchgeführt, aber eben darum einseitig und im Ganzen nichtig, weil sie blos vom juristischen Standpunkt ausgeht, und den Politischen, der eben hier die Hauptsache ist, wenigstens nicht getrennt werden kann, ganz vorbeygeht.(!)

Vom Staatsrathe hat man hier im Lande einige Hoffnungen, weil man einige bekannte Namen darin gefunden. Darüber daß nur ein Rheinländer darin aufgenommen, urtheilt man wie natürlich, daß ein Mann nicht zu finden gewesen im ganzen Umfange des Landes, dem man so viel wichtige Intereßen anvertrauen können, eher drey oder fünf, und daß auch Wichtigeres zu vertreten ist, als das blos Juristische. Daniels kann nur fürs Letzte dienen, kaum als Werkzeug für sonstige Einwürkung auf das Land, weil er ihm in etwa fremd geworden, auch gar nicht die persönlichen Eigenschafften dazu besitzt.[4] Doch hat niemand etwas gegen seine Berufung, man sieht vielmehr darin ein Bestreben der Regierung dem Lande etwas zu Gefallen zu thun. Aber es muß viel geschehen, bis nur wieder gut gemacht ist, was das Jahr 1816 verdorben, das Preussen einen unersetzlichen Schaden gethan, weniger durch neuen Haß, den es hervorgebracht, als durch die Rechtfertigung der Rückkehr des alten überwachsnen Mistrauens, das nun tiefe schwer zu bezwingende Wurzeln geschlagen.

Sie schrieben mir damal von meinen Sammlungen über örtliche Rechte und damit zusammenhangende Dinge. Ich habe seither auf meinen öftern Reisen Manches dafür gethan. Es fällt schwer Auskunft darüber zu erlangen, weil die Generazion die sich darum bekümmert schon beynahe ausgestorben, und was lebt, meist nur schwachen Antheil daran genommen. Merkwürdige Schöffenweisthümer und dergleichen hab ich aufgetrieben, Mehreres ist mir versprochen, von Andern weiß ich wenigstens wie daran zu kommen. Vielen Archiven hab ich nachgespürt, auch Einiges erhalten. Auch einige Hundert zum Theil recht merkwürdiger Manuskripte hab ich aufgetrieben, darunter z.B. die Bibel die Kayser Lothar nach Prümm geschickt, als er Mönch geworden, einen alten Priscian, Ptolomäus Almagest und vortreffliche Kirchenväter zum Theil aus dem 10 u 11ten Jahrhundert, einen Beda nahe gleichzeitig u. d. gl.[5]

Behalten Sie uns in Ihrem Andenken, und seyen Sie von uns allesammt mit den Ihrigen gegrüßt.

Ihr Erg.
J. Görres

Ich bitte Sie an Arnim die Einlagen zu übergeben, er wird so gut seyn, sie an ihre Adressen zu besorgen.[6]

---

1 Savigny hatte seinen Brief vom 28.7.1816 durch seinen Freund Oberlandesgerichtsrat Simon geschickt. Zu August Heinrich Simon s. Personenverzeichnis.

2 Seit 1816 war die mit Kabinettsordre vom 20. Juni 1816 gegründete Immediat-Justiz-Kommission für die Rheinprovinzen, die als eigenständige Ministerialbehörde dem Staatskanzler Hardenberg unmittelbar unterstellt war, mit der Vorbereitung einer endgültigen Gesetzgebung für das Rheinland befasst. Am Ende ihrer Arbeit bestimmte die Kommission die Zusammenlegung der drei Appellationsgerichtshöfe Trier, Köln und Düsseldorf zum Rheinischen Appellationsgerichtshof Köln als Teil des neuen Rheinischen Revisions- und Kassationshofs in Berlin (Kabinettsorder vom 21. Juni 1819). Dazu Gudrun Seynsche, *Der Rheinische Revisions- und Kassationshof in Berlin (1819-1852). Ein rheinisches Gericht auf fremdem Boden*, Berlin 2003 (Schriften zur europäischen Rechts- und Verfassungsgeschichte 43); Christian Wiefling, *Die Personalpolitik am Rheinischen Appellationsgerichtshof zw. Preußen und Rheinland*, S. 169ff; Max Bär, *Die Behördenverfassung der Rheinprovinz*, 1919, Nachdruck 1965, S. 401 ff; Klein, Die rheinische Justiz und der rechtsstaatliche Gedanke in Deutschland, in: Wolffram/ Klein (Hrsg.), *Recht und Rechtspflege in den Rheinlanden*, Köln 1969, S. 154. Die von Görres Genannten August Heinrich Simon, Schwarz, Moritz Bölling und Bartholomäus Fischenich waren Mitglieder der Immediat-Justiz-Commission und wurden 1819 – wie auch Savigny – zu Räten am Rheinischen Revisionshof ernannt (*Rheinische Blätter* Nr. 76 vom 13.5.1819; *Rhein. Blätter* Nr. 103 vom 29. Juni 1819: Die Kgl. Kabinettsordre vom 18.6.1819 habe zum Rhein. Revisionshof in Berlin berufen: „die drei Mitglieder der Immediatjustiz Kommission, nämlich Appellationsrat zu Düsseldorf Bölling, den Oberlandesgerichtsrath zu Glogau, Simon, den Kreisgerichtspräsidenten zu Aachen Fischenich, ferner den Vizepräsidenten des provisorischen Revisionshofes zu Koblenz, Krezzer, den Rath bei dem Appellationshofe zu Trier, Seypel, den Präsidenten des Kreisgerichts zu Köln, Blanchard, den des Kreisgerichts zu Düsseldorf Hardung, den Director des hiesigen Vormundschaftsgerichts Mühler, und den Rath bei dem Oberlandesgericht zu Königsberg Friccius. Zum Generalprocurator den bisherigen Generalprocurator des provisorischen Revisionshofes zu Koblenz, Eichhorn, und zum Generaladvokaten den Regierungsrath zu Düsseldorf, Ruppenthal, beide mit dem Range der geheimen Oberjustizräthe").

3 Ambrosius Hubert Eichhorn, damals Generalprokurator am Revisionshof in Koblenz. Sein Aufsatz zu den Geschworenengerichten konnte nicht ermittelt werden. Savigny geht darauf im Brief vom 14.6.1817 noch einmal kurz ein.

4 Der Jurist Heinrich Gottfried Wilhelm Daniels war vor dem Einmarsch der Franzosen am Oberappellationsgerichtshof in Bonn und 1798-1802 Rechtslehrer an der Zentralschule in Köln gewesen, danach in Paris und Brüssel, seit 1817 als Mitglied des Preußischen Staatsrats in Berlin. 1819-1827

war er der erste Präsident des Appellationsgerichtshofs in Köln. Das Gericht wurde am 1. September 1819 in der neuen Form eröffnet. Am 14.6.1817 äußert sich Savigny wohlwollend über Daniels.

5 Die Fundstücke hatte Görres zum Großteil wohl auf seiner Fußwanderung erbeutet (vgl. Brief Nr. 74), oder mit Hilfe von Freunden (vgl. Groote an Görres 24.7.1817; Schmitz an Görres 10.11.1817). Ein Schöffenweistum erhielt Görres am 10.11.1817 durch Schmitz in Prüm. Die weiteren Sammelstücke: wohl ein Manuskript der im Mittelalter weit verbreiteten *Institutiones Grammaticae* des Priscian und der *Almagest* des Claudius Ptolemäus, das Standardwerk der Astronomie des Mittelalters. Zu Görres' Handschriftensammlung: K. Hauck, *Catalogus librorum manu scriptorum e Bibliotheca Goerresiana*, München 1902; Roland Folter, *Deutsche Dichter- und Germanistenbibliotheken*, Stuttgart 1975, S. 66-68; Jacobs, Die Handschriftensammlung Joseph Görres, in: *ZblBiblw.* 23 (1906), S. 189-204; Ludwig Traube, Bibliotheca Görresiana, in: *Neues Archiv d. Ges. f. ältere dt Geschichtskunde* 27 (1902), S. 737-739; Bibl. Görres I-X, in: *Süddeutsches Antiquariat.* Katalog 32-39, 42f, München 1903.

6 Die Einlagen: weitere Briefe nach Berlin und Umland, vielleicht die Briefe an Arnim (Nr. 92) und Ingersleben (Nr. 94) und der (undatierte) an Brentano (Nr. 95), möglicherweise auch die Briefe an Hardenberg, Staegemann und Gneisenau vom 25. bis 27. April (Briefe Nr. 89ff).

94. An Karl Heinrich Ludwig Freiherrn von Ingersleben

Datum: Koblenz, 30.4.1817.
Original: verschollen.
Druckausgaben: Görres, *In Sachen der Rheinprovinzen und in eigener Angelegenheit*, 1822, Anhang Nr. 19, S. 298f; *GS* 13, S. 408f; Marie Görres (Hrsg.), *GPS* 4, S. 662-663.
Einordnung: Vorangegangener Brief Ingerslebens: 2.3.1817; nächster bekannter Brief Ingerslebens: 4.8.1819.
Bemerkung: Da das Original veschollen ist, wird das Schreiben nach Görres, *In Sachen der Rheinprovinzen* wiedergegeben.
Regest: Görres nimmt Bezug auf die ihm gemachte Zusage der Zahlung seines vollen Gehalts, auf sein Angebot der neuerlichen Übernahme des *Merkur* an Hardenberg und beklagt, im Blick auf den ihm von Ingersleben angekündigten Aufschub einer endgültigen Entscheidung bis zur Rheinreise Hardenbergs im Juli, die fortdauernde Unbestimmtheit seiner Situation. Mit Rücksicht auf sein Angebot aus Württemberg bittet er Ingersleben, sich für eine zeitnahe definitive Entscheidung einzusetzen.

Die verschiedenen gewechselten Schriften vom 2ten, 12ten und 22sten April hat H. Schulrath Schulz mir freundschaftlich zur Einsicht mitgetheilt, und nachdem ich E. E. noch einmal meinen Dank für die bewiesene eifrige Theilnahme ausgedrückt, will ich mir einige Bemerkungen über den Inhalt dieser Papiere erlauben.[1] Unter dem 11. April hat mir H. St. Stägemann völlig officiell und vom Staatskanzler ermächtigt, die Anzeige gemacht, wie dieser beschlossen, mir meinen ganzen ehemaligen Gehalt als Direktor nebst allen Rückständen auszahlen zu lassen, und wie die Anweisung darüber in Kurzem erfolgen werde. In Gemäßheit dieser Benachrichtigung schrieb ich unter dem 26. April an den F. Staatsk., dankte ihm für diese gerechte Entschließung, erklärte mich bereitwillig zur Annahme, und erbot mich zuletzt zur Wieder-Uebernahme des Merkurs.[2] Ich sah ein, daß die angekündigte Ausfertigung nicht eher erfolgen konnte, bis diese meine Erklärung eingetroffen; daß sonst irgend etwas bey einem so bestimmten Ausspruche hemmend eingreifen und die Sache rückgängig machen könne, fiel mir natürlich nicht ein, und ich halte es auch mit meinen Begriffen von einer Regierung in diesem Augenblicke noch für völlig unvereinbar. Indessen haben E. E. mir doch die einzige Möglichkeit eines Aufschubs bis zur Ankunft des Staatskanzlers nahe gelegt, und ich glaube darüber eine Erklärung mir schuldig zu seyn.[3] Unter allen Unannehmlichkeiten, die der Charakter der gegenwärtigen Zeit mit sich bringt, ist mir von je die fortdauernde Unbestimmtheit aller Verhältnisse bey meiner ganzen Denkungsart die unerträglichste gewesen. Ein Jahr meines Lebens habe ich in solchem Schwanken hingebracht, ich glaube gegen mich selbst und meine Familie die Verbindlichkeit zu haben, nicht die Hand zu bieten, um diesen Zustand zu verlängern. Ich hatte eben einen Ruf nach Lüttich mit 3000 F. Dienstemolumenten abgelehnt, als der Ruf des Ministers von Wangenheim zu der Leitung der dortigen Kunstschule an mich gelangte.[4] In meiner Antwort erbat ich mir vier Wochen Zeit, bis die Entscheidung meiner Regierung eingetroffen. Diese Frist, die mir mit Gefälligkeit bewilligt worden, ist längst verstrichen, und es möchte weder schicklich gegen die K. P., noch gegen die K. W. Regierung seyn, länger meine Erklärung aufzuschieben. So gern ich also aus den Händen des Königs früher das Geringste angenommen hätte, und auch jetzt ihm gern Alles verdanken will, so kann ich doch nicht die Entscheidung an Seine Reise knüpfen lassen, und bitte also E. E. im Sinne Ihrer Eingabe vom 22sten April die definitive Erledigung dieser Sache gefälligst zu betreiben.[5] Auch wünschte ich, wenn es möglich wäre, die Unterscheidung zwischen jenen 2000 Franken, die meinen Rechtsantheil nach der Behauptung der Ministerien bilden sollen, und den vorgeschlagenen 6000 Franken zu beseitigen, da es mir von Anfang an mehr um die Anerkennung meines ganzen und vollen Rechtsanspruchs, als um die Größe der Summe zu thun gewesen. E. E. werden durch diese Zwischenkunft sich neue Ansprüche auf meine Erkenntlichkeit erwerben, die ich willig und gern mit meinem besten Dank abtragen werde.

Coblenz den 30sten April 1817.

Görres.

---

1 Schulrat Schulze, seit Frühjahr 1816 Consistorial- und Schulrat in Koblenz, wurde 1818 Regierungsrat am Preuß. Ministerium der geistl., Unterrichts- und Medizinalangelegenheiten in Berlin. Ingersleben hatte auch in seinem Schreiben vom 2.3.1817 schon vorausgesetzt, dass Schulze Görres ins Bild gesetzt habe. Ingersleben hatte sich mehrfach für Görres in der Frage des Wartegelds eingesetzt. Schon im Sommer 1816 (Antrag auf 4000 Fr. als Hälfte des vormaligen Gehalts, abschlägige Antwort), und am 2. April 1817 hatte er sich an das Ministerium des Innern gewandt und am 12.4 Antwort (Wartegeld von nur 2000 Fr. zuerkannt) erhalten. Am 22.4.1817 wandte er sich dann in der Sache in einem ausführlichen Schreiben an Staatskanzler Hardenberg, mit der Bitte um „baldige Bescheidung“: „In dieser Lage bleibt mir daher nur übrig, mich ehrerbietigst an Er. Durchl. zu wenden, um Hochdero bekannte Liberalität für einen Mann in Anspruch zu nehmen, welcher meiner Erachtens aus mehrerer Hinsicht geschont werden sollte, dessen Kenntnisse und Gelehrsamkeit seinem Vaterlande noch von großem Nutzen werden können, dessen Nichtbeachtung nicht ihm schaden würde, da er einen doppelten sehr vortheilhaften Ruf im Auslande vor sich hat, und Er. Durchl. Protection schon um deßhalb verdient, weil er, der erlittenen Kränkungen ungeachtet, dennoch seitdem sich immer ruhig verhalten hat.“ (Marie Görres, *GPS* 4, S. 650-652).

2 Staegemanns Schreiben vom 11.4.1817: s. Briefe an Görres; Görres Schreiben vom 25. an Hardenberg: Brief Nr. 89.

3 Ingersleben hatte am 2.3.1817 zu Görres' Anfrage wegen des *Merkur* geschrieben: der Staatskanzler werde Görres' Antrag, wenn nicht schon früher, sicher bei dessen Anwesenheit in Köln beantworten, was allerdings nicht vor Ende Juli zu erwarten sei.

4 Zu dem Ruf nach Lüttich s. Brief Nr. 82 und Direktor Gall an Görres Lüttich, 22.12.1816. Zu dem Angebot von Wangenheim aus Württemberg Brief Nr. 82.

5 Gneisenau hatte am 3.4.1817 an Görres berichtet, dass er in Ingersleben einen Fürsprecher habe: „daß der Minister v. Ingersleben, ganz unveranlaßt durch Ihre hiesigen Freunde, eine sehr vortheilhafte Schilderung von Ihnen macht, und Ihr Interesse bey der Regierung wahrnimmt. Er hat mir gestern den Entwurf zu seiner Vorstellung an die Minister zu Ihren Gunsten vorgelesen, und früher hatte ich schon vernommen, daß er in seinem Wirkungskreise Ihr Vertreter sey." Die Entscheidung in der Sache: Hardenberg an Görres Engers, 27.1.1818.

95. An Clemens Brentano

Datum: o.O. o.D.: Koblenz, vermutlich Ende April bis Ende Mai 1817.
Original: Bibliotheka Jagiellonska Krakau, Varnhagen-Sammlung (3 Seiten).
Druckausgaben: Schultz, *Görres als Herausgeber, Literarhistoriker, Kritiker im Zusammenhange mit der jüngeren Romantik*, Briefanhang Nr. 3, S. 234-236; Schellberg (Hrsg.), *Ausgewählte Briefe* (1911), Nr. 117; Schellberg (Hrsg.), *Eine Auswahl* (1927), S. 347f; Steig, Görres' Briefe an Achim v. Arnim, in: *Neue Heidelberger Jahrbücher* 19, S. 111-113.
Zur Datierung: Die *Viktoria* erschien wohl in der ersten Jahreshälfte 1817. Ein genaues Erscheinungsdatum lässt sich nicht ermitteln. Fest steht, dass die Vorbereitungen für den Druck im Herbst noch liefen (laut Brief des Carl Detlev Vetter von der Maurerschen Buchhandlung vom 30.7.1816 waren die Druckvorbereitungen damals schon weit fortgeschritten, in der 2. Hälfte des September entstanden die Gedichte an Schinkel und Görres in der Endfassung (*FBA* 13,3, S. 36). Am 6.12.1816 schreibt Wilhelm Grimm an Görres, Brentano habe die *Viktoria* beendet. Friedrich Wilhelm Gubitz, Berlin-Korrespondent des *Tübinger Morgenblatts* berichtet unter dem 19. November 1816: Nächstens erscheint „Victoria und ihre Geschwister " (Michael Grus, *Brentanos Gedichte „An Görres" und „An Schinkel". Histor.-kritische Edition der bislang ungedruckten Entwürfe mit Erläuterungen,* Frankfurt a. Main 1993, S. 60), dieselbe Ankündigung („Nächstens erscheint") findet sich im *Morgenblatt für gebildete Stände* vom 13.12.1816. Die *Leipziger Literaturzeitung* kündigt die *Viktoria* im Juni 1817 als „soeben erschienen" an, ebenso das *Intelligenzblatt zum Morgenblatt für gebildete Leser* Nr. 21 (11. Jg vom Juli 1817). Gesichert ist ebenfalls, dass das Buch spätestens im Juni 1817 im Buchhandel erhältlich war: Brentano an Vetter Juni 1817: Vetter soll dem Überbringer ein Exemplar der *Victoria* geben (*FBA* 33, S. 283). Friedhelm Kemp u.a., *Brentano. Werke*, München 1963-68 Bd. 1, S. 1102 nennt ohne besonderen Beleg den Mai 1817 als Erscheinungsdatum. Die Nicht-Erwähnung des Hilfsvereins und die Bemerkung, man gehe „gemach und ruhig" seiner Wege, lässt darauf schließen, dass der Brief vor Görres' Engagement für den Hilfsverein liegt, also vor Ende Mai. Vielleicht ist der Brief eine der Einlagen, die Görres dem Brief an Savigny zur Weitergabe an Arnim beilegte. Danach wäre er auf 26.- 30. April zu datieren.
Einordnung: Letzter bekannter Brief Brentanos: 12.7.1815. Eine Antwort ist nicht erhalten.
Regest: Görres dankt für die Zueignung von Brentanos *Viktoria,* erinnert an die gemeinsame Heidelberger Zeit, berichtet über seine jüngste Heidelberger Begegnung mit dem

alten Widersacher Johann Heinrich Voß, und äußert seine Abneigung gegen das Berliner Wesen.

Ich danke, lieber Brentano! für die Zueignung der Viktoria.[1] Ich hatte sie in der gelehrten Buchhandlung bestellt, nun erhalte ich sie stattlich auf feinem Papier und in rothem Gallakleide. Ich habe sie mit ihrer spaßhaften Gesellschafft hereingenommen, und trotz ihrem Putze hat sie sich gleich zu Hauße gefühlt. Ich habe mit vielem Vergnügen die berühmte große Schlange mit dem Berglein butternd im Milchmeer, das Gefrorne, die präparirte Hundsschnauze und den übrigen Heidelberger Apparat wiedergefunden.[2] Der Dichter beweißt hier Sulzers Theorie[3], wie fest die Jugendeindrücke haften, und ich der Leser habe in completer Illusion wieder in Heidelberg gesessen am grünen Platze im getäfelten Zimmer, und jener hat ihm, das ist mir, den Bärnhäuter vorgelesen, und ich habe ihn hier und da gedehnt und fürs Publikum zu hochbeinigt gefunden, der damalige Leser aber hats sich nicht einreden laßen, sondern den langen Kerl subtil in den Einsiedler, wie in eine Lade hineingelegt, Arnim aber hat daneben gesessen, und immer mit einem Fuß getänzelt, und war immer meiner Meynung nur nicht bei eignen Sachen.[4] Was die Illusion einigermassen gestört, war daß ich mit dem alten Voß nicht mehr wie damals Feindsvolk bin, sondern Freundsvolk geworden, indem er mir die Hand gereicht und herablaßend von den Nibelungen gesprochen, und mir hinter dem Rücken gesagt, es sey an mir am meisten von den Dreyen gewesen, da ich ihn am wenigsten geärgert. Der Mann ist viel älter geworden in den zehn Jahren, wie wir eben auch.[5] Was übrigens das kleine Buch betrifft, so ist es der Tebel hohl mer nicht übel gerathen und enthält recht artiges Gespaße, und guten Witz.[6] Das haben diese Oesterreicher doch an sich, daß sie gar vortrefflichen Scherz liefern, während oben in der Mark, gar miserables Wildbrett fällt. Da habe ich von dem Julius Voß ein Buch mit Berliner Witz gesehen[7], der jämmerliche Patron ist freylich Schuld daran, aber der Witz doch am meisten, das Ding ist mir abscheulich aufgestoßen, und ich kann den sappermentschen Geschmack noch nicht aus der Kehle kriegen. Dergleichen verleidet den Rheinländern unter Andern mit das ganze Berliner Wesen, sonst hätte es wohl keine Noth, daß sie bald dort ständen, wo sie hingehören. Nach Wien und dort hinaus sind immer Viele gegangen, nach Berlin mag niemand, und sie mögten darum am liebsten ihre eigene Haushaltung haben. Der Brief zu dem kleinen Buche ist aber allzu demüthig geschrieben, ich müßte darauf herablaßend versichern, daß der Patron ja niemal ruhmredig gewesen, und daß darum der Autor ihn nicht also anzapfen möge. Das ist wahrhaftig wahr, die Zeiten sind vortrefflich, um den Menschen allen menschlichen Hoffart zu benehmen, denn wer sich in der schlechten, abgestandenen, abgerahmten, kahnigten Brühe besäuft, muß einige schweinische Natur im Magen sitzen haben. Darum hat's gute Zeit, daß jemand sich von der Seite übernimmt, und man geht eben gemach und ruhig seiner Wege, und sorgt nur, daß man bey sich selbst in einigem mäßigen Respekte bleibt, damit man nicht verlumpt und verludert. Nun Gott befohlen, schreibt bald wieder so kleine Bücher, und sagt nicht hintenher dem Witze drein Böses nach, sonst hält der Witz sich wieder über seinen eigenen Vater auf und liest ihm auch den Text, und gegen die witzige Bestie kömmt der eigene Erzeuger mit den besten Gründen nicht auf. Die Meinigen grüßen, die Kinder sind Alle groß geworden, der Bube ein langer Fähndrich Schlingschlang, das kleine Ding auf dem Arme ist jetzt 2/3 Menschengröße, und die Älteste gar dem Vater über den Kopf gewachsen.[8] – Behaltet Euch wohl.

J. Görres

---

1 *Viktoria und ihre Geschwister, mit fliegenden Fahnen und brennender Lunte. Ein klingendes Spiel von Clemens Brentano,* Berlin (Maurersche Buchhhandlung) 1817. Die Zueignung: „Meinen Freunden Johannes (!) Görres und Carl Friedrich Schinkel als eine Festgabe bei ihrer freundschaftlichen Berührung am Rhein liebevoll gewidmet." Dem folgen zwei Widmungsgedichte an Görres und an Schinkel.

2 Die Schlange im Milchmeer: die Schlange Vasuki der indischen Mythe, die das kosmische Milchmeer quirlt, um den Nektar der Unsterblichkeit zu gewinnen. Görres spielt hier auf Brentanos Widmung an, wo es heißt: „Nimm hin dies Spiel gefesselt von der Zeit! Nicht quirlt Wassugi drinn, die Indenschlange, den Berg Mandar umziehnd gleich einem Strange, im Milchmeer, drauend die Unsterblichkeit." Die Schlange im Milchmeer spielt in der Korrespondenz zwischen Brentano und Görres schon länger eine Rolle: Brentano an Görres Ende Februar 1810, Görres an Brentano 15.5.1810 (wo er schreibt, er habe die Schlange im Milchmeer Brentano zuliebe als Titelbild des 1. Bands seiner *Mythengeschichte* gewählt) (*GS/Briefe 2,* Nr. 126 und 131).
Im *Morgenblatt* 61 („Heidelberger Kämpfe") wird ironisch Görres' Wort zitiert, Deutsche Kunst und Wissen seien unserer Zeit „so kalt wie eine Hundeschnauze" (Nr. 61 vom 11.3.1816).

3 Johann Georg Sulzer (Schweizer Philosoph der Aufklärung; 1720-1779), *Allgemeine Theorie der schönen Künste* (1771–1774). Brentano verweist in seinem Vorwort zur *Viktoria* S. XVI für die Erklärung der mythischen und architektonischen Fachbegriffe auf Sulzers *Theorie der schönen Künste.*

4 Das Bärenhäuter-Motiv (nach Grimmelshausen) wird in Arnims Erzählung *Isabella von Ägypten* und von Brentano in *Geschichte und Ursprung des ersten Bärenhäuters,* in: *Zeitung für Einsiedler* Nr. 22 (15. Juni 1808) aufgegriffen.

5 Zu Johann Heinrich Voß vgl. Brief Nr. 92. Dass Voß herablassend über die *Nibelungen* sprach, war bei seiner bekannten Geringschätzung für alles Mittelalterliche bereits ein großes Entgegenkommen.

6 „Der Tebel hol mer": häufig gebrauchte Redewendung in Christian Reuters *Schelmuffskys wahrhaftige, kuriöse und sehr gefährliche Reisebeschreibung zu Wasser und zu Lande (1696/97).* Soeben entstand der erste vollständige Nachdruck des Werks, auf Anregung der Brüder Grimm, hrsg. von August von Haxthausen, Schelmerode i.e. Göttingen 1817 (s. Brief Nr. 123). Brentano war „hingerissen" vom Schelmuffsky (Brentano, *Der Philister vor, in und nach der Geschichte,* 1811). Schon in Brentanos und Görres' BOGS (*Entweder wunderbare Geschichte von BOGS dem Uhrmacher, wie er zwar das menschliche Leben längst verlassen, nun aber doch, nach vielen musikalischen Leiden zu Wasser und zu Lande, in die bürgerliche Schützengesellschaft aufgenommen zu werden Hoffnung hat, oder die über die Ufer der badischen Wochenschrift als Beilage ausgetretene Concert-Anzeige. Nebst des Herrn BOGS wohlgetroffenem Bildnisse und einem medizinischen Gutachten über dessen Gehirnzustand,* Heidelberg 1807) wird darauf Bezug genommen: dazu Maximilian Bergengruen, Schelmuffsky trifft Soemmerring. Brentanos und Görres' *Bogs* als teuflische Parodie, in: Strack/Becker-Cantarino (Hrsg.), *200 Jahre Heidelberger Romantik,* S. 369-387.

7 Der Vielschreiber Julius von Voß, Begründer der Berliner Lokalposse, war Autor zahlreicher Lustspiele und Romane mit Berliner Lokalkolorit, aktuell u.a. *Satyren und Launen die Zeit beachtend,* 2 Bände, Breslau 1813, 2. Auflage als *Satirische Zeitbilder in scharfen Umrissen nach dem Leben. Oder Erzählungen, Schwänke und Possen aus der neuen und neuesten Zeit,* Breslau 1817; *Fräulein, Mamsell und Jungfer Kunkel, oder die Streitigkeiten in Alten-Wortklau. Ein Zeitgemälde,* Berlin 1817.

8 Die Kinder: Sophie, geb. 1802, Guido, geb. 1805, und Marie, geb. 1808.

96. An Jacob Grimm

Datum: Koblenz, 1.5.1817.
Original: Staatsbibliothek zu Berlin – Preuß. Kulturbesitz, Nachlass Grimm 686, 102f (3 Seiten).
Adresse: Herren J. Grimm in Cassel (Heidelberg durchgestrichen) (Poststempel 10. May).
Druckausgabe: Binder (Hrsg.), *Freundesbriefe* Nr. 178, S. 523-526 (vollständig).
Einordnung: Vorangegangener Brief Jacobs: 11.4.1817; Antwortbrief 18.6.1817.
Regest: Görres nimmt Bezug auf seinen jüngsten Aufenthalt in Heidelberg und auf einige Handschriften der Palatina, klagt über die unzureichenden Abschriften von Glöckle, bietet Grimm seine Abschrift der *Heymonskinder* zur Bearbeitung an und kündigt an, stattdessen den Gregorius vom Stein bearbeiten zu wollen, wofür er Grimm um Vergleichung seiner Abschrift mit dem Manuskript bittet, und geht kurz auf seine Handschriftenauswahl für die *Altteutschen Volks- und Meisterlieder* ein.

Coblenz am 1ten May 1817.

Ich bin etwas lange mit der Antwort ausgeblieben, das macht, daß wenn ich nach Heidelberg schreibe ich immer die Briefe zu Halbduzzenden schreiben muß, und darum gern verschiebe.[1] Daß Sie zur Stelle sind und fortfahren, wo ich nachgelaßen, ist recht gut, es hört auch mit zum Schicksale solcher Sammlungen, daß sie nicht gleich anfangs in dumme Hände fallen. Ich habe fleißig daran gezapft, die Zeit über wo ich da gewesen.[2] Freylich fühlt man bald genug auch hier die Schranken, die allem Wissen positiv eben wie natürlich gesetzt sind, inzwischen sind einige Blicke weiter schon viel werth, und es ist gerade in den unscheinbaren Nebensachen am meisten, viel Merkwürdiges darin. Freylich hätten wir sie, mit der jetzigen Übersicht, uns anlegen können, es wäre mehr und weniger, aber man muß es eben hinnehmen mit Dank, wie gutes und böses Wetter.

Die alte Reimchronik hat mit Recht Ihre Aufmerksamkeit auf sich gezogen. Ich habe mir das Teutschhistorische daraus für meine Sammlung Chronikauszüge abschreiben laßen, sie ist die Quelle aus der sehr Viele Spätere geschöpft, als ihre eigene, schwerlich Lateinische Quelle, verlohren war. Von Karl dem Großen habe ich allerdings eine Abschrifft von Glöckle, ich weiß aber nicht, wie viel sie taugt, da ich sie nicht bey mir hatte, um vergleichen zu können. Der Kerl hat ohne Zweyfel immer halb besoffen geschrieben. Sie werden gesehen haben, wie er den Lohengrin zugerichtet, ich habe glücklicherweiße noch Einiges von seinem Manuskripte, das den Setzer frey spricht. Ich weiß nicht, was ich mit dem Buche anfangen soll, da die Menge der Berichtigungen über die Mensur hinausgehen würde. Wie hat ers denn mit dem Reinecke Fuchs gehalten? Es scheint mir doch als ob Carl der Große correkter sey.[3] Ich hatte vor die Heymonskinder in einer prosaischen Bearbeitung herauszugeben, wenn Ihnen indessen daran gelegen ist, und Sie glauben, daß der Text selbst aus den beyden Manuskripten leidlich wiederhergestellt werden kann, so halte ichs selbst für besser ihn zu geben, und will gern abstehen, und dafür den Gregorius vom Steine, ein sehr merkwürdiges großartiges Werk, das Sie ja kennen vornehmen. Da müßten Sie mir wohl den Gefallen thun, meine Abschrifft mit dem Texte zu vergleichen. Da es nur acht Bogen sind, so ist die Arbeit zu bestreiten, vorausgesetzt, daß er besser geschrieben, als beym Lohengrin, wo ichs Ihnen nicht zumuthen würde, überhaupt auch nicht, wenn die Zeit Ihres dortigen Aufenthaltes beschränkt ist, wie ich denn auch nichts dergleichen hätte übernehmen können.[4]

Meine Sammlung von Volks und Meisterliedern wird jetzt gedruckt seyn, und ich habe geschrieben, daß Ihnen ein Exemplar ausgeliefert werde.[5] Es war eine leichte und angenehme Arbeit, die noch dazu die Kosten meiner Reiße nahe bezahlte. Es ist unter Einigem Mittelmäßigen, das ich (...) ganz auszuschließen dauerte, viel recht Gutes, das wieder unsern Steinreichthum in diesem Fache beweißt. Viel bedeutendes hab ich in diesem Felde zur Nachlese nicht zurückgelaßen, 343 hat so ziemlich sein Bestes hergegeben, unter den Meisterliedern mögte sich da oder dort noch Einiges auswählen laßen, auch wohl aus den vielen Bänden Behaims, vor denen ich mich gefürchtet. Eben so scharf hab ich in den Chroniken aufgeräumt, nur hat mirs bisweilen geschienen, als ob der Herausgeber von Königshoven hier und da etwas willkührlich verfahren, und Manches ausgelaßen, aber ich hatte nicht Zeit diese Zeitkostende Vergleichung anzustellen.[6]

Leben Sie wohl und behalten Sie mich lieb.

Ihr
J. Görres

---

1 Görres hatte ursprünglich an J. Grimm nach Heidelberg schreiben wollen, hatte dann aber die Adresse durchgestrichen und den Brief nach Kassel adressiert (s. Briefcouvert). W. Grimm hatte am 20.3.an Görres geschrieben, Jacob werde nach Heidelberg reisen, Jacobs Brief vom 11.4. datierte noch aus Heidelberg. Weitere Briefe von Görres nach Heidelberg: Nr. 97 an Sulpiz Boisserée, vermutlich auch ein – nicht erhaltener – Brief an Creuzer, der leider Görres' Briefe schlecht verwahrt hat (Creuzers Antwort: 18.5.1817).

2 Jacob Grimm war, ebenso wie Görres vor ihm, nach Heidelberg gefahren, um die aus Rom zurückgekehrten Handschriften der Palatina einzusehen (s. Briefe Nr. 76ff). Am 18.6.1817 antwortete er, er habe nur vier Wochen Urlaub für Heidelberg gehabt, aber Arbeit für sechs Monate gefunden.

3 Grimm hatte im Brief vom 11.4. eine Pariser Chronik erwähnt, die ihn interessiere, und sich danach erkundigt, ob Görres nicht auch eine Abschrift Glöckles von Cunrads Gedicht, also des *Rolandslieds* des Pfaffen Konrad, habe, das Görres offenbar mit „Carl der Große" meint. Zu Ferdinand Glöckles fehlerhaften Abschriften schon Brief Nr. 78. Zu der Vatikanischen Handschrift des *Reineke Fuchs* in einer Abschrift Glöckles, die Görres im März 1811 an J. Grimm gesandt hatte *GS/Briefe* 2, Nr. 138f, 142f. Die Ausgabe von Jacob Grimm erschien erst 1834: Jacob Grimm, *Reinhart Fuchs*, Berlin (Reimer) 1834.

4 Görres hatte den Brüdern seine Abschrift der *Heymonskinder* geliehen. Dazu Brief Nr. 78. Zu Görres' Beschäftigung mit den *Heymonskindern* 1810-1812: *GS/Briefe* 2, Verzeichnis nicht ausgeführter Projekte. Zu Gregorius vom Stein Briefe Nr. 34 und 78, zu Görres' Plan einer Edition des Gregorius: *GS/Briefe* 2. Zu *Lohengrin, ein altteutsches Gedicht, nach der Abschrift des Vaticanischen Manuscriptes von Ferdinand Glöekle*, hrsg. von J. Görres, Heidelberg (Mohr und Zimmer) 1813: *GS/Briefe* 2.

5 *Altteutsche Volks- und Meisterlieder aus den Handschriften der Heidelberger Bibliothek.* Herausgegeben von J. Görres, Frankfurt 1817. Zur Versendung des Exemplars Brief Nr. 88.

6 Cod. Pal. germ. 343 der Heidelberger Bibliothek: *Sammlung geistlicher und weltlicher Lieder* (Heidelberg, nach 1547). Die Bände Behaims: Cod. Pal. germ. 335 Michel Beheim, *Pfälzische Reimchronik* (Heidelberg, 1471-74) und weitere Heidelberger Hss: Cod. Pal. Germ. 312, 334. Beheims Lieder liegen in mehreren Heidelberger Handschriften vor, überliefert sind 452 Lieder zu 11 Melodien und drei große Reimchroniken: das „Buch von den Wienern" (1462), das „Buch von der Stadt Triest" und die „Pfälzische Reimchronik". In seiner Einleitung zu den *Altteutschen Volks- und Meisterliedern* S. XXXVII erwähnt Görres Michel Behaim: Das Gedicht „Fehdezeit" (Nr. 111, S. 240) sei aus der Heidelberger Hs. Nr. 837. Der Herausgeber von Königshoven: wohl Cod. Pal.

germ. 140 (Twinger von Königshofen, *Straßburger Chronik*, 1456) und Cod. Pal. germ. 475 Jakob Twinger von Königshofen, Croniken, dt., mit „Konstanzer Zusätzen“ (um 1430).

97. An Sulpiz Boisserée

Datum: Koblenz, 1.5.1817.
Original: Hist. Archiv Köln, Bestand 1018, A 113 (3 Seiten).
Druckausgaben: Mathilde Boisserée (Hrsg.), *Sulpiz Boisserée. Lebensbeschreibung und Briefwechsel*, Bd. I, Stuttgart 1862, 338f; Binder (Hrsg.), *Freundesbriefe* Nr. 179, S. 526f; Schellberg (Hrsg.), *Ausgewählte Briefe* (1911), Nr. 111 (jeweils zahlreiche Abweichungen/Lesefehler).
Einordnung: Vorangegangener Brief Boisserées: 26.2.1817. Görres' darin erwähnter „reichhaltiger“ Brief vom 8. Januar ist nicht erhalten (Boisserée, *Tagebücher*, 18.1.1817 erw.: „Brief von Görres“). Boisserées Antwortbrief vom 25.6.1817 (erw. *Tagebücher*: „Brief an Görres“) ist ebenfalls nicht erhalten.
Regest: Görres erinnert an seine Einladung nach Koblenz, berichtet von seinen nicht aussichtslosen Verhandlungen zur Weiterführung des *Rheinischen Merkur*, und spricht den Wunsch aus, dass die Boisseréesche Sammlung am Rhein bleiben könne und nicht nach Berlin gehe.

April ist vorüber und Keiner ist gekommen, freylich ist es mörderliche Zeit gewesen. Kömmt nun der May mit freundlicherm Gesicht, da werdet Ihr wohl nicht lange sitzen bleiben.[1] Das wollte ich hauptsäglich in Erinnerung bringen, daß hier Stapelrecht ist, und umgeladen wird, das Übrige kann beßer mündlich geschehen. Bertram hätte ich freylich wieder viel zu erzählen, wie nach heftigem Scharmüziren es endlich zu den Traktaten gekommen ist, wobey ich mich selbst in die Seele der Gegner schäme.[2] Jetzt bin ich in Verhandlungen um den Merkur[3], ich habe begreiflich gemacht, wie die Regierung ihn brauche, ich aber mit nichten; wie es kein ander Mittel gebe, ihren Credit leidlich wiederherzustellen, als das, und dann von Allem das Gegentheil zu thun, was im vorigen Jahre geschehen, damit die Worte eine Unterstützung in der That hätten. Da das Gefühl des Heruntergekommenseyns sich nicht abwenden läßt, da bey schwerer Unbehülflichkeit doch viel guter Wille da ist, da die Bessern das Maul wieder weit aufreißen, und der Chorus der Einwohnerschafft der hießigen Lande mit seinen Tremulanten gar nicht aufhören will, so ist es wohl möglich, daß das Alles vereinigt den innern panischen Schrecken vor den beyden nackten Personen[4] zu überschreyen und zu begütigen hinreicht, und mir dann der große Hudel wieder auf die Schultern gewälzt wird. Ich habe freylich viele gute Wahrheiten auf dem Herzen, und glaube auch wohl, daß ich viel Gutes und Versöhnendes ausrichten könnte, aber ich fürchte mich doch vor dem schweren Amte, das jetzt viel schwieriger geworden als ehmals, und wird nichts draus, so werde ich mich persönlich nicht darüber kränken. Eure Geschichten werden nun auch noch schwebend stehen, die Finanzverlegenheiten werden hier wohl ein großes Gewicht in der Schaale seyn. Verzögert sichs bis die Provinzialstände hier zusammenkommen, dann muß man daran arbeiten, daß die Sachen am Rhein bleiben. Ich glaube es wäre durchzusetzen bey unsern Landsleuten, daß sie wie die Bergischen Stände zur Düsseldorfer Geld hergäben, ganz oder mit der Regierung gemeinschafftlich, voraus die Bedingung daß die Sammlung bey der Universität bleibt, für die jetzt alles nach Bonn hinüberneigt. Die in Berlin laßen sich auch bedeuten, wenn mans ihnen in vielen Berichten klar macht, daß das nichts für sie sey, und dann wäre die Sache auf die beste und füglichste Weiße abgemacht.[5] Nun Gott befohlen und haltet uns lieb.

---

1 Boisserée besuchte erst im darauffolgenden Sommer Görres in Koblenz: 22.-24. Juli 1818 (Boisserée, *Tagebücher* S. 499-501).

2 Zu Johann Baptist Bertram, dem Freund der Brüder Boisserée, s. Personenverzeichnis. Görres spricht hier von seinen Verhandlungen mit der preußischen Regierung um sein Gehalt nach Entlassung als Direktor des öffentlichen Unterrichts.

3 Zu Görres' Angebot, den *Merkur* wiederaufzunehmen s. Brief Nr. 85.

4 Die allegorischen Figuren von Rhein und Mosel auf dem Titel des *Rheinischen Merkur*.

5 Zu den Verhandlungen um die Boisseréesche Kunstsammlung und Görres' Sorge, sie könnte nach Berlin kommen, schon Brief Nr. 78. Boisserée hatte am 26.2. geschrieben, die Sammlung werde vielleicht nach Berlin kommen, Hardenberg habe ihm durch Schinkel schreiben lassen. Zur Frage des künftigen Standorts der rheinischen Universität s. Brief Nr. 32.

98. An Karl August Freiherrn v. Wangenheim

Datum: Köln, 16.5.1817.

Original: Familienarchiv Görres-Jochner Nr. 243: Entwurf- Fragment: 1. Teil bis „... was mir unmittelbar versagt worden". Der Entwurf, ab dem 2. Absatz zunehmend schlampig geschrieben, wurde vielleicht zum Teil in der fahrenden Kutsche geschrieben. (4 Seiten).

Druckausgaben: Görres, *In Sachen der Rheinprovinzen und in eigener Angelegenheit*, 1822, Anhang Nr. 20, S. 300; *GS* 13, S. 409; Marie Görres (Hrsg.), *GPS* 4, S. 664 (2. Hälfte).

Bemerkung: Der 1. Teil wird nach dem Original-Entwurf wiedergegeben. Der 2. Teil („Da es sich nun ...") nach der Ausgabe von Görres, *In Sachen*.

Einordnung: Vorangegangener Brief Wangenheims 5.5.1817. Eine Antwort ist nicht erhalten.

Regest: Görres bedauert, dass er aus Zeitmangel die von Wangenheim gewünschten Gedanken zu den Erfordernissen eines guten Kunstinstituts noch nicht mitsenden könne, verspricht aber, dies noch nachzuholen, um wenigstens einen kleinen Beitrag dazu zu leisten, und begründet, warum er nach dem positiven Bescheid der preußischen Regierung in seiner Angelegenheit das Anerbieten aus Württemberg, wenn auch mit Bedauern, ablehnen müsse.

Cöln am 16ten May 1817.

Ew. Exzellenz verzeihen, daß ich erst so spät und nach vorgängiger Erinnerung über den gütigst an mich gebrachten Antrag mich definitiv erkläre.[1] Der Grund lag nicht in der Sache selbst oder in irgend einer Absichtlichkeit, sondern allein in zufälligen äußern Umständen. Da Ew. Exzellenz den Plan zu einem Kunstinstitute von mir verlangt, so wollte ich nach Möglichkeit diesem Verlangen entsprechen, um nicht ganz mit leeren Händen zu erscheinen, und meine Dankbarkeit nach Maaßgabe meiner Kräfte wenigstens einigermaßen zu beweißen.[2] Inzwischen häuften sich meine Arbeiten gerade in dieser Zeit in einem solchen Grade, und es kamen so viele Störungen, und zuletzt auch die Reiße, in der ich noch begriffen bin, hinzu, daß die Vollendung der Arbeit sich mehr und mehr hinausschob, und ich mich jetzt, da längeres Zögern unschicklich seyn würde zur Abgabe meiner Erklärung ohne ihre Begleitung entschließen muß. Ich bitte also Ew. Exzellenz von dieser Seite um einigen Aufschub, ich kann freylich keinen Plan eines solchen Institutes liefern, da zu dergleichen Einsichten, Erfahrungen und Kenntniße gehören, die nur der Augenschein und örtliche Anschauung geben kann, aber ich werde wenigstens meine Gedanken über die Sache niederschreiben, und so einen wenn auch unvollkommenen doch villeicht nicht ganz unnützen Beytrag zu einem solchen umgreifenden Entwurfe liefern.

Was nun die mich persönlich betreffenden Angelegenheiten angeht, so hat jener Privatbrief, dessen Ew. Exzellenz erwähnen allerdings über die Entscheidung der Preussischen Regierung nicht die Unwahrheit berichtet[3], und der Ausschlag dieser Sache hat abermal bewießen, was das einfache klare Recht blos durch sich selbst vermag, da ich vom Anfang her es meiner Ehre schuldig zu seyn erachtet, mich durchaus bindend und antheilnehmend in dieser Angelegenheit zu verhalten. Nur was den Merkur betrifft, so ist die Ankündigung seines Wiederscheinens(!) villeicht zu voreilig gewesen, ich habe mich freylich zur Wiederübernahme dieses jetzt dreyfach schwierigen Werkes auf die vorigen Bedingungen bereitwillig erklärt, und das Anerbiethen ist gegenwärtig Gegenstand der Discussion, aber ich kann nicht wissen, welches das Resultat seyn wird, und ob man geneigt seyn mag, in der verlangten und nöthigen Weiße zu emanzipiren. Wie das sich nun fügen möge, so bin ich nach den Grundsätzen, die ich E. E. früher entwickelt, nun äußerlich eben so sehr an meine Heymath gebunden, wie ich es von je innerlich gewesen, und ich würde es für sündlich halten, mich einer so bestimmten Fügung zu entziehen. Ich danke also S. M. d. K., wenn ich voraussetzen darf, daß er von jenem Rufe Notiz genommen, für das bezeugte Vertrauen, durch das ich mich sehr hoch geehrt gefühlt. Ich danke E.E. für das mir bey dieser Gelegenheit bewießene, gefällige und geneigte Entgegenkommen, und es schmerzt mich, daß mir die Gelegenheit entgangen, dasselbe in näheren Verhältnissen werkthätig zu erwiedern. Ich kann sagen, daß ich schon mit der Idee vertraut geworden, in einem mir von je so werthen Lande, wo so viel Kraft, Leben und Tüchtigkeit sich von je entwickelt, wo bey manchen Misverständnißen, Schwankungen und Kämpfen entgegengesetzter Partheyen doch auf beyden Seiten gleich sehr guter Wille und wohlmeynende Gesinnung vorhergeht, und darum Alles sicher zu einem gedeihlichen Resultate sich entwickeln wird, thätig zu werden, und daß ich nicht ganz ohne schmerzliche Empfindung mich von diesem Gedanken losreiße.

Inzwischen ist jedem sein Kreis geschloßen, den er freylich auf seine Gefahr durchbrechen kann, und indem ich mich bescheide, nicht aus dem Meinigen herauszutreten, wird es mir villeicht gestattet, aus der Ferne meine dankbare Anhänglichkeit zu bewahren, und wenigstens mittelbar zu leisten, was mir unmittelbar versagt geworden.[4]

Da es sich nun also gefügt, so bin ich nach den Grundsätzen, die ich E. E. früher entwickelt, nun äußerlich eben so sehr an meine Heimath gebunden, als ich es von je innerlich gewesen, und ich würde es für sündlich halten, mich einer so bestimmten Fügung zu entziehen. Ich danke also Sr. M. dem König, wenn ich voraussetzen darf, daß er von jenem Rufe Notiz genommen, für das bezeigte Vertrauen, durch das ich mich sehr hoch geehrt gefühlt. Ich danke E. E. für das mir bey dieser Gelegenheit bewiesene, gefällige und geneigte Entgegenkommen, und es schmerzt mich, daß mir die Gelegenheit entgangen, dasselbe in näheren Verhältnissen werkthätig zu erwiedern. Ich kann sagen, daß ich schon mit der Idee vertraut geworden, in einem mir so werthen Lande, wo so viel Kraft, Leben und Tüchtigkeit sich von je entwickelt hat, wo bey manchen Mißverständnissen, Schwankungen und Kämpfen entgegengesetzter Parteyen doch auf beyden Seiten gleich sehr guter Wille und wohlmeinende Gesinnung vorherrscht, und darin Alles sicher zu einem gedeihlichen Resultate sich entwickeln wird, thätig zu werden, und daß ich nicht ganz ohne schmerzliche Empfindung mich von diesen Gedanken losreiße. Inzwischen ist jedem sein Kreis geschlossen, den er freylich auf seine Gefahr durchbrechen kann, und indem ich mich bemühe, mich innerhalb des meinigen zu halten, wird es mir vielleicht gestattet, aus der Ferne meine dankbare Anhänglichkeit zu bewähren, und wenigstens mittelbar zu leisten, was mir unmittelbar versagt worden.

J. Görres.

---

1 Zu dem Angebot aus Württemberg s. Brief Nr. 82 und Wangenheim an Görres 24.2.1817. Wangenheim hatte am 5.5. 1817, nachdem er von Görres' bevorstehender Wiederanstellung durch Preußen gehört, Görres zu einer beschleunigten Antwort aufgefordert (vgl. Anm. 3).

2 Wangenheim hatte in seinem ersten Schreiben vom 24.2.1817 (bzw. 20.2.) seinem Angebot hinzugefügt: „Zugleich würden Sie mich sehr verbinden, wenn Sie mir vorläufig Ihre Ansicht in Beziehung auf die Grundzüge einer guten Kunstschule mitzutheilen die Güte haben wollten."

3 Wangenheim hatte am 5.5. geschrieben: „Nun ist mir in diesen Tagen ein Privatschreiben aus Coblenz vom 22. des v. Monats mitgetheilt worden, welches die Nachricht enthält, daß Ihre Angelegenheiten in Berlin eine für Sie und ich darf wohl sagen, für die Ehre der Königlich Preußischen Regierung sehr glükliche Wendung genommen haben, indem das bisherige Verfahren gegen Sie mißbilligt und Sie von Ihrer Wiedereinsetzung in Ihren vorigen Gehalt und Ihrer bevorstehenden Wiederanstellung amtlich benachrichtigt worden seyen, auch deswegen den Rhein Merkur neu beginnen werden." Zu Görres' Hoffnungen auf eine Anstellung in den preußischen Rheinlanden und den Verhandlungen zur Wiederaufnahme des *Merkur* Brief Nr. 85, Anm. 4.

4 Hier endet der Entwurf.

99. An Friedrich Perthes

Datum: Koblenz, 4.6.1817.
Original: Staatsarchiv Hamburg Nachlass Perthes I, Mappe 10d, Bl. 176f (3 Seiten).
Druckausgabe: Schellberg (Hrsg.), Briefe an Perthes, in: *Erste Vereinsschrift der Görres-Gesellschaft für 1913*, Nr. 15.
Einordnung: Letzter bekannter Brief von Perthes: 24.4.1812 (*GS/Briefe* 2, S. 565); nächster Brief von Perthes: 25.8.1817.

Regest: Görres sendet den ersten Aufruf des Koblenzer Hilfsvereins und 100 Lose mit der Bitte um Verteilung in Hamburg, berichtet von seinem Antrag auf Fortsetzung des *Rheinischen Merkur* und äußert sein Bedauern über die jüngste Entwicklung der Verfassungsangelegenheit in Württemberg.

Coblenz am 4 Juny 1817

Ich sende Ihnen hier ein paar gedruckte Blätter, aus denen Sie den Zustand unseres Landes in etwa ersehen werden. Vier Jahre mislungener Weinherbst, drey Jahre Krieg und Einquartirung, die zum Theil noch besteht, nun das Malter Korn vier Karolin und täglich im Preiße steigend da die Vorräthe zu Ende gehen, dabey muß nothwendig Land und Leut verderben.[1] Hamburg hat auch keine Schätze gesammelt, inzwischen hats doch ein wenig verschnaufft, und wir können schon die Wohlthätigkeit um ein Kleines ansprechen, das der hießige Verein durch schnellen Umtrieb und angestrengte Thätigkeit zu einem Großen zu machen weiß. Ich sende Ihnen 100 Loose zu der vorhabenden Lotterie, und bitte Sie, dieselben in Hamburg zu vertreiben. Zu drey Franken ist jede Nummer angesetzt, mehr ist nicht untersagt, auch können, da bey täglichem Zuschleppen von Gegenständen aller Art, die Anzahl noch viel vermehrt werden wird, noch mehr Loose nachgesendet werden. Wer in der harten Zeit nicht blos ein Kapital zum Besten der Armuth auf gute Zinsen legen will, sondern ich mögte sagen, Zinsen zum Kapitale machen mögte um zu helfen, der schicke uns sein Entbehrliches, dem hießigen Vereine wird diese Umwandlung durch angestrengte Thätigkeit und schnellen Umtrieb gelingen, wie sich am Ende ausweißen wird. Ich bitte Sie uns Ihre Verwendung nicht zu entziehen.

Ich wünsche, daß es Ihnen wohl gehen möge

Ihr Ergebenster
J. Görres

Was bringen Sie von der Leipziger Messe für den Buchhandel mit. Sie haben wohl die 25 Ex. des Merkurs erhalten.[2] Ich habe seither mit der Regierung um die Fortsetzung unterhandelt, doch seh ich kein gedeihliches Ende vor, es ist alles innerlich gar zu wurmstichig, faul und feig und verträgt keine Kritik, und weiß kein freyes Wort weder zu achten noch zu schützen.[3] Die Wendung der Würtemberger Angelegenheiten ist auch, wenigstens für den Augenblick sehr schlimm. Ich kann es den Ständen nicht verargen, daß sie der militärisch hastigen Zumuthung keine Folge geleistet, und der oktroyirten Konstitution ihr altes Recht nicht aufgeben wollen, aber es ist unglücklich, daß es so hat kommen müßen, und Wangenheim, beym besten Willen in seiner Art, trägt doch die meiste Schuld davon.[4] Gott befohlen, ich weiß nicht was aus unserm Vaterlande werden soll.

---

1 Der 1. Aufruf des Hilfsvereins, dat. Coblenz am 30. Mai 1817, unterschrieben von Görres: *GS* 13, S. 513f. (Weitere Aufrufe und regelmäßige Rechenschaftsberichte: 2. Aufruf, dat. 2. Juni: *GS* 13, S. 515-518; 3. Aufruf, dat. 13. Juni 1817: *GS* 13, S. 518-522; 4. Aufruf, dat. 5. Juli 1817: *GS* 13, S. 522-529; 5. Aufruf, dat. 15. August 1817: *GS* 13, S. 529-536 (jeweils unterschrieben „Der Hülfsverein"). Zum Koblenzer Hilfsverein, von Görres und Freunden zur Linderung der Not des Hungerjahrs 1817 gegründet: Marie Görres, *GPS* 3, S. 397ff; *GS* 13, S. 585ff; Fink-Lang, *Görres*, S. 174-176; Moering, *Die Karitas in Koblenz*, S. 7.

[2] Perthes hatte wohl um Zusendung von Exemplaren des *Rheinischen Merkur* gebeten. Am 13.5.1817 hatte Perthes' Schwager Johann Heinrich Besser bei diesem nachgefragt, ob „noch irgendwo vom Rhein. Merkur etwas liege?" und ein „complettes Ex. v. 1815" erbeten. (Staatsarchiv Hamburg, NL Perthes I, 622-1/82, Mappe 10d). Vgl. Brief Nr. 122 an Perthes, wo es ebenfalls um eine Nachbestellung von *Merkur*-Exemplaren geht.

[3] Zu den Verhandlungen wegen Weiterführung des *Merkur* s. Brief Nr. 85, Anm. 4.

[4] Ein von König Friedrich I. von Württemberg im März 1815 vorgelegter Verfassungsentwurf war vom Landtag abgelehnt worden (vgl. Brief Nr. 85, Anm. 5). Friedrichs Nachfolger König Wilhelm I. hatte am 3. März 1817 abermals einen Verfassungsentwurf vorgelegt, der einen Landtag mit zwei Kammern, einer Adels- und Prälatenkammer und einer Volkskammer, vorsah. Der Entwurf war soeben am 2. Juni vom Landtag zurückgewiesen worden. Erst im Juli 1819 kam es zu einer Einigung zwischen Regierung und Ständeversammlung, am 25. September 1819 wurde die neue Verfassung bestätigt. Wangenheim, mit dem Görres eben noch in Kontakt wegen einer möglichen Anstellung in Württemberg gestanden hatte (zuletzt Brief Nr. 98), hatte schon unter König Friedrich auf eine Verfassung hingearbeitet, seine im September 1816 erschienene Schrift *Ueber die Trennung der Volksvertretung in zwei Abtheilungen und über landschaftliche Ausschüsse* aber wurde von vielen als Verschleppungsversuch angesehen, sein Verhältnis zu den Ständen wurde immer schwieriger. Er hatte in dem Kampf zwischen „Altwürttembergern" und „Neuwürttembergern" – erfolglos – zu vermitteln gesucht. Während seiner Zeit als Minister kam die Verfassungsangelegenheit nicht voran, im November 1817 nahm er seinen Abschied und wurde zum Gesandten am Bundestag ernannt (*ADB* 41, S. 153-155).

100. An Johann Smidt

Datum: Koblenz, 5.6.1817.
Original: Stadt- und Landesbibliothek Dortmund, Atg. Nr. 894 (2 Seiten Oktav).
Unveröffentlicht.
Zum Adressaten: Der Adressat wird nicht genannt, doch handelt es sich mit großer Wahrscheinlichkeit um Senator Johann Smidt.
Einordnung: Briefe von Smidt an Görres sind nicht erhalten.
Regest: Görres sendet die Aufrufe des Koblenzer Hilfsvereins und bittet den Senator, die mitgesandten 100 Lose der Wohltätigkeitslotterie in Bremen zu verteilen.

Coblenz am 5ten Juny 1817.

Hochzuverehrender Herr Senator!
Da ich niemand anders unmittelbar in Bremen kenne[1], so muß ich mich schon an Sie wenden, in einer Angelegenheit, die Sie leicht aus den gedruckten Beylagen verstehen werden.[2] Wie übel es hier zu Lande steht, können Sie leicht aus dem Umstande abnehmen, daß der Weinbauer an Aar, Rhein, Mosel, Nahe in vier Jahren keinen Herbst gemacht und nun das Malter Korn mit vier Karolin bezahlen sollen, nachdem sie früher das Kriegsvolk schon ganz ausgefressen. Ich sende Ihnen hundert Loose zum Vertreiben in dem wohlthätigen Bremen. Eines ist zu drey Franken angesetzt, mehr ist nicht verbothen, auch können Sie nach Belieben noch eine größere Anzahl erhalten. Ist jemand der nach der Besorgung dringender einheimischer Noth noch etwas übrig hat, das er gern auswärts auf eine recht fruchtbare hülfreiche Weiße anlegen wollte, so mag er es uns hersenden, wir haben einen Verein, der sich mit der angestrendtesten Thätigkeit, die in solchen Sachen

das Meiste ist, der Angelegenheit annimmt, und in dessen Händen daher jede Gabe zu einem Sandkorn wird, das dreißigfältig trägt. Darum empfehle ich wie im Gedruckten Blatte so im Geschriebenen Eile. Einige Worte in Ihren Zeitungen im Auszuge aus den Aufrufen würden die Sache wohl befördern.

Ich wünsche, daß es Ihnen wohl ergehen möge.

Ihr ergebenster
J. Görres

---

[1] Zu Görres' Bekanntschaft mit Senator Johann Smidt, die 1815 von Jacob Grimm vermittelt wurde, s. Brief Nr. 61.

[2] Die Beilagen: die ersten beiden Aufrufe des Koblenzer Hilfsvereins vom 30. Mai und 2. Juni 1817 (vgl. Brief Nr. 99). Ein Brief aus Bremen vom 21.1.1819 bestätigt, dass sich Smidt in der Sache des Hilfsvereins engagiert hat (s. Briefe an Görres).

101. An Karl Hartwig Gregor Freiherrn von Meusebach

Datum: Koblenz, 6.6.1817.
Original: Biblioteka Jagiellonska Krakau, Sammlung Autographa (von Görres' Hand, beide Unterschriften eigenhändig).
Druckausgaben: Wendeler, Camillus (Hrsg), *Der Briefwechsel des Frh Karl Hartwig Gregor von Meusebach mit Jacob und Wilh Grimm. Nebst einleitenden Bemerkungen über den Verkehr des Sammlers mit gelehrten Freunden, Anmerkungen und einem Anhang von der Berufung der Brüder Grimm nach Berlin*, S. XIV; Schellberg (Hrsg.), *Ausgewählte Briefe*, Anhang Nr. 3, S. 563 (dat. auf 1816).
Regest: Geburtstagsgruß des Ehepaars Görres zu Meusebachs 36. Geburtstag.

Die Liebe und die Freundschafft hat, wie Jean Paul sagt, keine Zunge, darum haben wir den Lecker des Evangelisten gewählt, um Ihren Geburtstag, Verehrungswürdigster! in gebundener und ungebundener Rede zu celebriren, und Ihnen die Gefühle unseres Herzens in zarten Worten vorzustammeln.[1]

Coblenz am 6 Juni 1817
J. Görres C. Görres

---

[1] Das Blatt ist in Form einer Rinderzunge ausgeschnitten. Meusebach, der ein großer Verehrer von Jean Paul war und über einen besonders eigenwilligen Humor verfügte, war damals (bis 1819) Präsident des rheinischen Revisionshofs in Koblenz (vgl. Brief Nr. 23). Meusebach erinnert noch im Februar 1824 in einem Schreiben an Katharina Görres an dieses „wichtige Autograph" (Meusebach an Katharina Görres 4.2.1824: Wendeler, *Der Briefwechsel des Frh Karl Hartwig Gregor von Meusebach*, S. XIIf).

102. An Friedrich Carl von Savigny

Datum: Koblenz, 7.6.1817.
Original: UB Marburg Ms 725/351 (3 Seiten).
Unveröffentlicht.
Einordnung: Antwort Savigny an Görres: 14.6.1817 und 21.6.1817.
Regest: Görres berichtet über die Hungersnot, die durch die ungeschickte Hilfe des Königs noch vergrößert worden sei, und sendet 100 Lose zur Verteilung in Berlin.

Coblenz am 7 Juny 1817

Ich wende mich in unserm Anliegen an Sie, mein lieber Freund, weil ich weiß, daß Sie gern der Sache sich unterziehen. Nachdem wir uns lange in dummen Hoffnungen auf die Regierung haben hinhalten laßen, hat uns endlich die eindringende Hungersnoth aus unserer Indolenz aufgeschreckt, und genöthigt zuzuspringen, und zu helfen mit schwachen Kräften wenigstens, so viel wie möglich ist.[1] Gerade die Wohlthat des Königs ist uns durch Ungeschicklichkeit und Indolenz der Werkzeuge, die sie an uns bringen sollten, zu Gifft geworden[2], sie hat alle Gesellschafften, die schon zur Einfuhr des Getreides sich gebildet hatten aufgelöst, sie hat die Leute sicher gemacht, daß sie ihre Vorräthe verkauft, wozu bey der Aufsperrung aller Gränzen nach Frankreich und Belgien hin die beste Gelegenheit gewesen, sie hat bewirkt, daß die Regierung sogar den grösten Theil ihres eigenen Vorraths auf den Douanenspeichern losgeschlagen, und nun wird uns angekündigt, daß wir in etwa vier Wochen den vierten Theil der zugesagten, schon an sich gegen das Bedürfniß unbeträchtlichen Hülfe, den Rest aber nach der Erndte erhalten werden, unsere Vorräthe aber sind grossentheils erschöpft, und das ärmere Landvolk, besonders die Weinbauern an der Aar, der Mosel und dem Rhein, dem Brod längst ein Luxusartikel geworden, und das vier Carolin für ein Malter nun gar nicht mehr erschwingen kann, ißt schon seit längerer Zeit Klee, Gras, Kleyen und Schnecken. Welche Stimmung das verbreitet, neben den andern Herrlichkeiten die uns zur Entschädigung der Norden seit anderthalb Jahren zugesendet, und neben der herrlichen Aerndte von Unkraut die uns aus der Saat von 1813, 1814 und 1815 hervorgewachsen, können Sie sich leicht vorstellen. Die Verantwortung wird wohl wieder, wie gewöhnlich kein einzelner Mensch und keine Behörde auf sich haben, sondern das unbehülfliche, schlaffe, liederliche System im Ganzen, dem nichts gelingt, nichts gedeiht und Alles in den Händen umschlägt, und das, wenn es noch wenige Jahre so fortfährt zu wirtschafften wie die Jahre seither, schnell eine ähnliche innerliche Catastrophe herbeyführen wird, wie die bey Jena äußerlich gewesen. Die hießige Regierung hat nun auf ihre Gefahr 400 Winspel[3] aus Holland zu bestellen beschlossen, wir hoffen durch Eröffnung eines Credits beym Hülfsverein es wenigstens vor der Hand auf die Hälfte zu bringen, aber leider kann das nur in 4-6 Wochen zur Stelle seyn, und ist dann als ob man einem Elephanten 20 Tropfen Wasser zur Labung auf Zucker geben wollte. Inzwischen muß man thun, was die Kräfte vermögen, mit vielem kömmt man aus, mit wenig hält man Hauß; die armen ausgesogenen Leute schleppen nach

Möglichkeit zu, und durch schnelles Rühren, läßt mit Wenigem sich doch noch Vieles ausrichten.[4] Darum sende ich Ihnen hundert Loose zu, die Sie nur als Anregung zur Wohlthätigkeit betrachten mögen, bey Ihnen hat zwar auch niemand etwas wegzuwerfen, und man schämt und scheut sich beynahe auch in der dringendsten Noth jemand auch nur zum Geben aufzufordern, inzwischen zeigt sich darin gerade die Unverwüstlichkeit der guten menschlichen Natur, und man muß nicht aufhören, zur Beschämung des schlechten Volkes fortzuwirken. Auch kömmt, was eine Hauptsache beym Geben ist, die Gabe in gute Hände, die aus dem Groschen einen Thaler machen werden. Darum laßen Sie mich bald den Erfolg wißen, und seyn Sie mir mit den Ihrigen freundlich gegrüßt.[5]

Ihr Ergebenster
J. Görres.

---

1 Zum Koblenzer Hilfsverein vgl. Brief Nr. 99.

2 Zur kontraproduktiven Wirkung der gut gemeinten Hilfsaktion des Königs noch einmal Brief Nr. 107 und Görres, *In Sachen der Rheinprovinzen*, S. 76f (*GS* 13, S. 320): „Der König hatte früher der mit Noth bedrohten Provinz einen Beweis seiner Theilnahme gegeben, den diese dankbar aufgenommen, indem er zwey Millionen zum Ankaufe von Ostseegetreide bestimmt. Aber hier war leider! Vieles zu Wenigem geworden, nicht durch die Schuld des Gebers, nicht einmal recht der dabey Thätigen, sondern, wie die spätere Untersuchung ausgewiesen, allein durch die Schuld des Schlendrians, der bis zu einem gewissen Grade von jedem Geschäftsgang unzertrennlich ist."

3 Ein Wispel oder Winspel: altes Maß für Getreidemengen, das von Land zu Land variierte.

4 Über die vielen Dinge, die die Leute für die Lotterie „zuschleppten" (vom Fernrohr, Mikroskop und Schmuck bis hin zum Backenzahn eines Mammuts und einem Pferd), erstattet Görres detaillierten Bericht in Aufruf Nr. 1 vom 30.5.1817 und Nr. 2 vom 2.6.1817: *GS* 13, S. 513ff.

5 Savigny berichtete bereits am 14. Juni, er habe mit Solms-Laubach und Ingersleben gesprochen und für Verbreitung des Aufrufs gesorgt, am 21. Juni berichtet er von ersten Spenden, die eingegangen seien.

103. An Jacob Grimm

Datum: Koblenz, 7.6.1817.

Original: Staatsbibliothek zu Berlin – Preuß. Kulturbesitz, Nachlass Grimm 686, 104f (3 Seiten).

Druckausgaben: Binder (Hrsg.), *Freundesbriefe* Nr. 181, S. 529-531 (die üblichen stilistischen Veränderungen, einige Auslassungen; Ortsangabe fälschlich Cassel); Schellberg (Hrsg.), *Ausgewählte Briefe* (1911), Nr. 112 (nach der Ausgabe der *Freundesbriefe* mit weiteren Auslassungen).

Einordnung: Letzter Brief Grimms: 11.4.1817; nächster Brief: 18.6.1817.

Regest: Görres geht kurz auf seine *Volks- und Meisterlieder* ein, auf seinen Ärger über die Entwicklung der Verfassungsfrage, und sein Angebot der Wiederaufnahme des *Rheinischen Merkur*, auf das er immer noch keine Antwort habe, und bittet um Unterstützung des Hilfsvereins durch Verbreitung der 100 mitgesandten Lose.

Coblenz am 7 Juny 1817

Sie haben nicht lange in Heidelberg verweilt, mir war die mehr als doppelte Zeit zu kurz[1], besonders um ein Buch mit so hochmüthigem Titel zu machen, wie es mir kürzlich Oswald zu meinem Erstaunen ex propriis angekündigt.[2] Ich werde scharf daran corrigiren. Die Lieder werden Sie erhalten haben, ich sehe hintenher, daß ein Halb Duzzend bey Nikolay und Büsching stehen, das verschlägt indeßen nichts, in der vergeßlichen Zeit sind sie doch schon dort vergessen.[3]

Ich sollte die Einleitung zum Schah Nameh jetzt schreiben, da hat mich aber die große Noth im Lande abberufen, und ich habe es für sündlich gehalten, gemächlich am Tisch zu schreiben, während draussen Hunger und Elend alle Menschenhülfe in Anspruch nimmt.[4] Daß ich dazu gerufen war, zeigt der nach weing Tagen unerwartet glückliche Erfolg, der schon sehr ins Große geht. Jedes Land hat freylich mit seiner eigenen Noth zu ringen, doch giebt es wohl noch überall Abfälle die zu brauchen sind. Darum sende ich Ihnen 100 Loose, geben Sie diese denen die in Cassel mich kennen und etwas auf mich halten, wenn ich sie bitte die Papiere zu vertreiben, so werden sies wohl gerne thun. Marburg und Göttingen kann auch Einige nehmen. Drey Franken richten niemand zu Grunde, und die Leute schleppen so viel zu, daß die Preiße zahlreich und ganz stattlich werden. Aus Kleinem schnell erhalten, werden wir schon Großes zu machen wißen. Was Sie nicht brauchen, senden Sie zurück.

An den politischen Dingen in Teutschland dauert mein Eckel fort, und über unsere lithauische Wirthschaft wird mir gar speyerlich. Der Ausgang mit den Ständen[5], obgleich das dumme Volk in seiner Einfalt darüber triumpfirt, und obgleich die Mediatisirten ihn eigentlich bewürkt, ist recht gewesen, damit einmal ein Beyspiel statuirt werde an dieser despotischen Freyheitsmacherey, die zur Verfassung commandirt wie zur Parade, und das Kleid erst schneidert und dann den Menschen ihm anthut, der es tragen soll. Sie mögen nun zusehen, wie sies gesprengte Werk wieder einrichten, aber lieb ist mirs doch auch an der andern Parthey, daß sies nur zu einer solchen Crise gebracht hat. Bey uns in unserer ewigen Schleimschisserey, in unserm weisblütigen, mattherzigen, kläglichem Wesen kömmts zu gar nichts, als höchstens zum Abgang einiger blähenden Winde, die weiter nicht einmal sonderlich riechen und einigen Rülpsern.

Ich habe ihnen freylich den Merkur als ein spanisch Fliegenpflaster wieder angetragen, aber die Haut ist so zart und weich und empfindlich, daß sies nicht vertragen können; sie sagen und winken Ja mit den Augen, aber wie ich nahe komme, wehren sie ab mit den Händen, daß ich vor Ungeduld ihnen den Quark ins Gesicht werfe.[6] Da ist kein Nerv und kein Muskel nur Haut und Knochen, hier zu Lande haben sie sich förmlich concursmässig gemacht. Gott gebe ihnen das Licht und den Verstand. – Sie aber und den Bruder möge er behüthen

Ihr
J. Görres

---

1 Zu den Studienaufenthalten von Grimm und Görres in Heidelberg s. Briefe Nr. 76-78, 92, 95, 96.

2 Gemeint ist vermutlich das im Heidelberger Verlag August Oswald erschienene Werk: Friedrich Wilken, *Geschichte der Bildung, Beraubung und Vernichtung der alten Heidelbergischen Büchersammlungen. Ein Beytrag zur Litterärgeschichte des XV. und XVI. Jahrhunderts. Nebst einem meist beschreibenden Verzeichniß der im Jahr 1816 von dem Pabst Pius VII. der Universität Heidelberg zurückgegebenen Handschriften, und einigen Schriftproben*, Heidelberg (Oswald) 1817, 552 Octavseiten.

3 *Altteutsche Volks- und Meisterlieder aus den Handschriften der Heidelberger Bibliothek.* Herausgegeben von J. Görres, Frankfurt 1817. Johann Gustav Gottlieb Büsching und Friedrich Heinrich von der Hagen (Hrsg.), *Sammlung deutscher Volkslieder: mit einem Anhange flammländischer und französischer, nebst Melodien*, Berlin 1807; Friedrich Nicolais Volkslieder-Almanach: *Ein feiner kleiner Almanach*, Berlin und Stettin 1776.

4 Görres' Ausgabe des persischen Epos *Schah Nameh* ging erst 1820 in den Druck: *Das Heldenbuch vom Iran aus dem Schah Nameh des Firdussi*, 2 Bde, Berlin (Reimer) 1820, s. Fink-Lang, *Görres*, S. 125-128; *GS/Briefe* 2. Zur Hungersnot des Jahres 1817 und zum Hilfsverein s. Brief Nr. 99. Der erste Aufruf vom 30.5.1817 und ein Losschein: Staatsbibliothek Berlin, Nachlass Grimm 686, Nr. 122 und 123.

5 Zu den Verfassungsverhandlungen in Württemberg Brief Nr. 99. In Preußen hatte sich endlich – mit 2jähriger Verspätung (angeordnet am 22.5.1815) – durch kgl. Kabinettsbefehl vom 30. März 1817 eine Verfassungskommission des Staatsrats zur Ausarbeitung einer schriftl. Verfassung konstituiert. In ihrer einzigen Sitzung am 7.7.1817 beschloss sie dann die Durchführung einer aufwendigen Befragung Eingesessener in den einzelnen Provinzen. Am 30. März 1817 war verkündigt worden, „die Commission soll sich zuerst mit der Zuziehung der Eingesessenen aus den Provinzen beschäftigen." Hardenberg schlug am 7. Juli statt der Zuziehung von Einheimischen zu den Beratungen vor, sich die Kenntnis der bestehenden Verhältnisse in den Provinzen und die Wünsche und Ansichten der „Wohlgesinnten" an Ort und Stelle zu erwerben. Demzufolge wurde Altenstein an den Rhein und nach Westfalen entsandt. (Schmitz, *Die Vorschläge und Entwürfe zur Realisierung des preuß. Verfassungsversprechens 1806-1819*, Göttingen 2010, S. 220ff; Alfred Stern, Die preuß. Verfassungsfrage im Jahr 1817 und die Rundreise von Altenstein, Klewitz, Beime, in: *Deutsche Zeitschrift für Geschichtswissenschaft 9* (1893), S. 62-99.

6 Zum Angebot, den *Rheinischen Merkur* fortzuführen: Brief Nr. 85, Anm. 4.

104. An Herzog Wilhelm I. von Nassau

Datum: Koblenz, 9.6.1817.
Original: verschollen.
Druckausgabe: *GS* 13, B: Aufrufe und Denkschriften in Sachen des Koblenzer Hilfsvereins 1817-1819, Eingaben Nr. 1, S. 537.
Bemerkung: Da das Original verschollen ist, wird das Schreiben nach der Ausgabe der *Gesammelten Schriften* wiedergegeben.
Einordnung: Eine Antwort ist nicht erhalten.
Regest: Eingabe an den Herzog von Nassau um Hilfe für die notleidenden ehemaligen Untertanen durch Getreidelieferungen.

Durchlauchtigster Herzog,
gnädigster Fürst und Herr!

Ew. Durchlaucht ist es sicher nicht unbekannt geblieben, welchen unglücklichen Einfluß die in höchstdero Landen angeordnete Fruchtsperre, auf die Kreise Altenkirchen, Neuwied in die Nachbarschaft ausgeübt, und wie die Unterbrechung der Zuflüße, auf welche die dortigen Bewohner gerechnet, und die ihnen nach der natürlichen von politischen Abtheilungen unabhängigen Ordnung der Dinge für ihre Subsistenz angewiesen sind, indem sie ihnen die nothwendigsten und unentbehrlichsten Lebensbedürfnisse entzogen, sie an den Rand der Verzweiflung hingetrieben.[1] Ihre Noth und ihre Klagen sind es zum Theil gewesen, die wie Ew. D.

sich aus den gedruckten Beylagen überzeugen werden, den Zusammentritt des hiesigen Hülfsvereins veranlaßt haben, der es sich gelobt, alles was in seinen Kräften steht zur Linderung des allgemeinen Jammers beyzutragen, und jedes Mittel zu versuchen, das zu diesem Zwecke führt. Es müßte ihm nahe, ja am nächsten liegen, zuvörderst die landesväterliche Milde Ew. D. in Anspruch zu nehmen, die es nicht über sich gewinnen wird, ehemalige treue Unterthanen dem Verderben hinzugeben, die dadurch daß sie an eine andere Regierung übergegangen sind, welche bey aller Anstrengung sich hülfreich zu beweisen, durch eine Verkettung unglücklicher Umstände und den Drang und die Größe des Bedürfnisses sich in die Unmöglichkeit versetzt sieht, überall wo es fehlt, für den Augenblick mit gehöriger Wirksamkeit einzugreifen, nicht alle Ansprüche auf die Theilnahme ihres ehemaligen Regenten besonders in so harten Zeiten verloren haben, wo die Noth selbst die Entferntesten, die sich sonst fremd geblieben, wie mit einem allgemeinen Familienband umschließt, und der Mensch dem Menschen beyspringt, ohne anderen Grund als den dringendsten, weil er ihn in Nöthen und Bedrängniß sieht. Der Hülfsverein macht daher im Namen dieses ehemaligen Landestheils Ew. Durchlaucht mit dem ehrerbietigsten Ersuchen um die Vergünstigung ihm 400 Malter Korn von den herrschaftlichen Speichern, oder wenn diese einen solchen Vorrath nicht mehr abgeben können, von den öffentlichen Märkten um den dort festgesetzten Preis zu überlassen, und die freye Ausfuhr zum Besten jener Kreise zu gestatten.[2] Indem Ew. Durchlaucht durch diese Bewilligung zur Fristung jener Gegenden bis zu Ankunft der Zufuhren einen kaum entbehrlichen Beytrag geben, werden Sie sich im Herzen der dortigen Einwohner ein dankbares Andenken gründen, und der Hülfsverein wird mit Erkenntlichkeit diesen Beweis der Milde eines freundnachbarlichen Fürsten aufnehmen und verehren.

Coblenz d. 9 Juny 17

Ew. Durchlaucht
Ergebenste Mitglieder des Hülfsvereins

---

1 Zu Hungersnot und Hilfsverein s. Brief Nr. 99. Das unmittelbar benachbarte Herzogtum Nassau hatte durch eine Getreide-Ausfuhrsperre erheblich zu der Verschärfung der Hungersnot beigetragen. Dazu auch Creuzer an Görres 17.9.1817. Georg August Heinrich Belgicus zu Nassau war von 1816 bis 1839 als Wilhelm I. zweiter Herzog des 1806 gegründeten Herzogtums Nassau. Teile des Westerwalds und des Koblenzer Umlands wie Neuwied und Altenburg hatten bis zur Gründung der preußischen Rheinprovinz zum Herrschaftsbereich der Nassauer gehört.

2 Der Hilfsverein erhielt zunächst keine Antwort von der nassauischen Regierung. Im 3. Aufruf vom 13.6.1817 (*GS* 13, S. 520f) heißt es noch, der Verein habe sich an den Herzog von Nassau gewandt und „darf hoffen keine Fehlbitte gethan zu haben, da ein teutscher Fürst nicht bloß für jetzige, sondern auch wohl für ehemalige Unterthanen ein Herz haben wird." In Aufruf Nr. 4 (ebda S. 523): „Ob wir gleich vom herzoglich- nassauischen Hofe über unser Gesuch keiner Antwort gewürdigt worden, so ist uns doch von Wiesbaden, wir wissen nicht ob von fremder oder einheimischer Hand, eine dankenswerthe Gabe zugekommen, und wir selbst haben uns nicht abhalten lassen, auch über die Gränzen hinüber in nassauischen Dörfern Brod auszutheilen, indem wir nicht erst thöricht nachgefragt, sondern allein auf das Bedürfniß Rücksicht genommen." In Aufruf Nr. 5 vom 15. August (ebda S. 533) wird endlich von einer späten Reaktion berichtet: „Ein Anerbieten von Seite des Herzoglich-Nassauischen Ministeriums, das uns am 13. Juli auf unser früheres Gesuch vom 9. Juni zugekommen, für diese Gegenden die verlangten 400 Malter Ostseefrucht zum Ankaufspreis von 31 Florin uns zu überlassen, mußte der Hülfsverein ablehnen, weil er damals auf dem Markte zu 22 Florin einkaufte."

105. An Werner von Haxthausen

Datum: Koblenz, 11.6.1817.
Original: Staatsbibliothek zu Berlin – Preußischer Kulturbesitz, NL Arnswaldt (2 Seiten).
Unveröffentlicht.
Einordnung: Letzter Brief Werners v. Haxthausen: 4.6.1816; nächster Brief: 18.7.1817.
Regest: Görres sendet Lose des Hilfsvereins zur Verteilung.

Coblenz am 11 Juny 1817.

Hier mein lieber Haxthausen die dir zugedachte Razion Loose; 200 zu 3 Franken auf das Stück ohne das Verboth mehr zu geben. Die sende nun umher nach Göttingen, Münster, Osnabrück, und die dortige Gegend, wo barmherzige Seelen wohnen, was du mir liegen lästs(!) und durch eigene Schuld versäumst, wird dir heimgeschlagen.[1] Ich habe die Ferne bis Königsberg zuerst bedient, darum kommt ihr unten so spät erst an die Reihe. Gut geht's übrigens, und mit viel Glück und Segen in unserer Sache, und es kömmt viel Frucht und Heil dabey heraus, und ein ins Große gehender Erfolg, auch wird uns wacker zugeschleppt. Ich habe alle Hände voll vom Morgen bis zum Abend zu thun. Schütz wird bey dir seyn, es läßt sich schon ein verständiges Wort mit ihm reden, und ob er gleich ganz verschämt sich als Berliner hat erklären müßen, läßt sich doch bey ihm raisonabel über Großlithauen ausziehen. Er schreibt auch geistreicher als er spricht. In Stuttgart war er bey der Crise, und es hat ihn gefreut, wie ich gleich beym ersten Worte unbedenklich den Ständen Recht gab.[2] Wer kann denn auch anders, der Weltverstand hat, das Beyspiel für uns hat nichts zu sagen, denn es ist bey uns nichts zu verderben. Wärt ihr zwey unglückselige Reisegesellen jetzt hier in dem herrlichen Wetter, das wäre wohl angenehmer, als daß ihr Euch hier damal in die Weiche hießigen Ortes legtet, und dazu über Berg und Thal euch Blasen in die Füße liefet. Gott sey bey Euch.

Dein
J. Görres

---

1 Zum Hilfsverein Brief Nr. 99. Werner von Haxthausen war seit 1815 preußischer Regierungsrat in Köln, hatte in früheren Jahren in Münster gelebt, in Göttingen studiert, und hatte zahlreiche Verbindungen in Westfalen. Sein jüngerer Bruder August studierte 1815-1818 in Göttingen. Werner von Haxthausen gibt am 18.7.1817 einen ersten Bericht über den mäßigen Erfolg der Aktion in Köln (vgl. Brief Nr. 110).

2 Gemeint ist vermutlich Christian Wilhelm von Schütz, gen. Schütz-Lacrimas, gebürtiger Berliner und befreundet mit Tieck, Arnim und Brentano. Er hatte Grund über „Großlitauen" herzuziehen, da er, nachdem er sich gegen die durch die preußischen Reformen verfügten Einschränkungen der Feudalrechte ausgesprochen hatte, 1811 seiner Ämter enthoben worden war (*NDB* 23, S. 666f).

106. An A. Ludwig

Datum: Koblenz, 16.6.1817.
Original: Archiv der kath. Pfarrgemeinde Maria Himmelfahrt, Andernach[1] (von Görres' Hand).
Unveröffentlicht.
Adresse: An Herrn Gastwirth Ludwig Wohlgeb zu Arenberg im rothen Rothen (!) Hahn. (Gastwirth ausgebessert aus Bürgermeister) (Beschriftung des Couverts nicht von Görres' Hand; Auf der Rückseite des Couverts eine Rechnung, nicht von Görres' Hand).
Regest: Dank des Vereins für eine Spende für die Lotterie.

Der Verein dankt Ihnen für das gefällige Anerbiethen der zwölf Lämmer zum Besten der Bedürftigen.[2] Er wird sie zum Gegenstande einer kleinen Lotterie machen, die mit der Ausspielung des Pferdes verbunden, diese zu einem Kinderfeste umschaffen wird. Den Tag dieser Verlosung wird er sie, sobald er festgesetzt, bey Zeiten wissen laßen.

Koblenz am 16ten Juny 1817

Die Glieder des Hülfsvereins.[3]

Schmitzgrollenburg Kehrmann
Arnold Heinz
v. Steinebach Lucas Nell
Milz Albrecht Nebel
J. Görres Burret

Herren Gastwirth A Ludwig in Arenberg

---

1 Für Entdeckung des Briefs und Vermittlung einer Kopie des Originals habe ich Herrn Dr. Marcus Mrass in Bonn zu danken.

2 Im 4. Aufruf vom 5. Juli 1817 berichtet Görres über diese Spende: „Ein Wohlthäter zu Arensberg, nahe bei Coblenz, hat uns 13 Lämmer zugewiesen, wir haben sie zur Veranlassung eines Kinderfestes gemacht, und 560 Lose sind darauf genommen worden, und so haben sie den Dürftigen 270 Franken abgeworfen. Ein ungewöhnlich großes Kalb, das sich ungeberdig in solche Poesie nicht finden wollte, hat doch in schlichter Prosa ausgewürfelt 108 Franken ertragen, während das Pferd am 30. Juni gezogen, nachdem es mit Nr. 807 dem Herrn Postmeister Hartung aus Neuwied zugefallen, reichliche eilfhundert Gulden der Hülfskasse zugebracht." (*GS* 13, S. 525).

3 Es folgen die Unterschriften der Mitglieder. Mitglieder des Hilfsvereins waren laut *In Sachen des Hilfsvereins* (*GPS* 3, S. 400: 1) Herr Pastor Albrecht, 2) Herr Handelsmann Arnold, 3) Herr Friedensrichter Burret, 4) Hr. General Braun, 5) Hr Pfarrer Conz, 6) Hr. Handelsmann Dietz, 7) Hr. J. Görres, 8) Hr. Kanzlei-Inspektor Heinz, 9) Hr. Jacob Lucas, 10) Hr. Consistorialrath Milz, 11) Hr. Handelsmann Nebel, 12) Hr. Stadtrath Reif, 13) Hr. Hauptmann Rollshausen, 14) Herr Regierungsdirector von Schmitz-Grollenburg, 15) Hr. Doctor Settegast; Später beigetreten: Geistl. Herr Goblet, Revisionsrath Nell, Handelsleute Kehrmann und Steinebach (S. 405), Regierungsrath von Schenkendorf, Advokat Longard, Handelsleute Fowinkel und Gottfried Menn (S. 421). Der hier mit unterschreibende Koblenzer Kaufmann Kehrmann ist Hauptansprechpartner für alle Getreidelieferungen, neben ihm noch die Handelsleute Clemens und Nebel (Stadtarchiv Koblenz, Best. 623, Nr. 2671).

107. An Friedrich Perthes

Datum: Koblenz, 28.6.1817.
Original: Staatsarchiv Hamburg, Nachlass Perthes I, Mappe 11a, Bl. 239 (4 Seiten).
Druckausgabe: Schellberg (Hrsg.), Briefe an Perthes, in: *Erste Vereinsschrift der Görres-Gesellschaft für 1913*, Nr. 16.
Zur Datierung: Das Jahr, auf dem Original unleserlich, ergibt sich eindeutig aus dem Zusammenhang.
Einordnung: Letzter überlieferter Brief von Perthes: 24.4.1812 (*GS/Briefe* 2, S. 565); Nächster Brief von Perthes: 25.8.1817.
Regest: Görres dankt für die Hilfe aus Hamburg, schildert die Not, die durch die Hilfsaktion des Königs und durch Auswanderer aus Holland noch vermehrt worden sei, und schickt den 4. Aufruf des Hilfsvereins mit der Bitte um Veröffentlichung.

Coblenz am 28ten Juny 18(..)

Ich habe Ihnen und Ihrer Stadt, mein lieber Freund! für das Übersandte und für das theilnehmende Interesse, das Sie an so ferner Noth genommen.[1] Die Worte, die Sie beygefügt, sind mir aus dem Herzen geredet, man muß sich schämen und scheuen, die Leute die überall zum Tode gedrückt und gedrängt und gepreßt werden durch die Zeit, und so viel zum Besten gehabt, auch fürs Dringendste um etwas auszusprechen, da es doch am Ende immer wieder darauf hinausläuft, die Erbärmlichkeiten der Regierungen wieder gut zu machen. Hätte die Unsrige sich hier in nichts gemengt, wir hätten die Frucht nie über zwey Louisdor steigen sehen, nun aber hat der König uns eine Wohlthat erzeigen wollen, und die ist in den Händen seiner schlechten Administrazion uns zum Verderben umgeschlagen. Die Proklamazionen haben die Leute erst in Schrecken gesetzt durch die dabey unwahre Angabe es sey nicht genug zum Bedarfe, dann als demnach die Preiße in die Höhe giengen wurden die großen Eigenthümer durch sie hinreichend gereizt zum Verkaufe, die Kleinen sicher gemacht durch die Versprechungen und gaben ihre Vorräthe in die Fremde hin, als es nun auf die Neige gieng, und das Versprochene eintreffen sollte, da war, Gott weis durch welche Dummheit oder Teufeley nichts da, jetzt drey Wochen vor der Erndte fängt an nach und nach ein Fünfttheil einzugehen, das nichts hilft. So ist es dieser Regierung gelungen, im fruchtbarsten Lande, das selbst in diesem Jahre im Ganzen seinen Bedarf erzeugt, auf die künstlichste Weiße, ursprünglich durch den besten Willen eine Hungersnoth hervorzubringen, was seit den drey Hungerjahren des Erzbischoffs Poppo nicht erhört gewesen.[2] Man hat schon einzelne Erhungerte in den Wäldern gefunden, und viele Leute besonders säugende Weiber sterben an einer schleichenden Entkräftung ohne weitere Krankheitsformen weg. Zu dem inländischen Elend kömmt nun noch das Äußere, es sind seit Frühjahr wohl schon 20000 Auswandrer aus Holland bey uns vorbeyzogen (!), sie machen kleine Tagreißen von zwey drey Stunden täglich, Alle wollen essen und leben, und sie essen und leben würklich, man muß es den Einwohnern hier zur Ehre nachsagen, daß sie obgleich aufs Äuserste bedrängt, doch ihren letzten Bissen theilen, keiner von Allen diesen ist noch erhungert, nur einen, den die Verzweiflung wahrscheinlich sonst an einem Punkt ergriffen, hat man mit einem umgebundnen Kind im Wasser gefunden. Obgleich heymathlos, hört man doch auch von ihrer Seite weiter von keinem Unfug den sie verübten. Es ist wahrlich eine neue sehr harte Prüfung für die Teutschen, und man muß im Allgemeinen das Zeugniß geben, daß sie sie gut bestanden haben. Es ist zum Verwundern was uns die Leute zugeschleppt, im nächsten Blatte IV werde ich das Verzeichniß drucken laßen.[3] Es ist ein sichtbarer Segen in der Sache, und eine wunderbare Fügung, da wir höchstens nur vorbereitend aber eigentlich thätig keinen Tag früher hätten beginnen können. Wir haben seither schon manches Gute gewürkt und Böses verhindert, nicht blos durch das was wir unmittelbar geben, sondern auch indirekt durch den erweckten Eifer und die Zuthätigkeit in den vielen Vereinen, die sich gebildet haben. Ich gebe nebenbey der Sache auch eine politische Richtung zu Warnung und Lehre, wie Sie in N III angefangen sehen.[4] Die beyliegende Anzeige über Gneisenaus Geschenk, ist zunächst für den Beobachter bestimmt, Sie werden mich aber sehr verbinden, wenn Sie eine Abschrifft auch für den Correspondenten machen laßen wollen, aber nur daß es an einem und demselben Tag in beyden erscheint.[5] Wollen Sie etwas für die Insertion, so schießen Sie es gefälligst vor. Schicken Sie doch auch gefälligst der Redakzion des Beobachters ein Exemplar des dritten Aufrufs in meinem Namen, ich habe jetzt allzu viele Schreiberey. Kleudgen kenne ich allerdings recht gut, er war mein Schulkamerad, und ich habe ihm noch damal den Spitznamen Philonem Weltgeschichte gegeben, weil er des Juden Buch einmal so citirte.[6] Er hat sich seither wacker gehalten, wie ich oft vernommen, und ich hätte auch an ihn gedacht, wenn Sie mir nicht so nahe gelegen hätten. - Die Hauptstadt hält sich brav, eben kommen von ihr 6000 Florin Wechsel an, es ist gar zu tröstend, wie viel Gutes bey solcher Gelegenheit aus dem Innersten der Leute, mitten aus den Schlakken der Philisterey des Alltagslebens hervorbricht.

Gott befohlen, grüßen Sie mir Runge, wenn er noch meiner gedenkt.[7]

Ihr Erg.
J. Görres

---

1 Zur Hilfe aus Hamburg und dem Hamburger Umland (durch Perthes und Kleudgen): 5. Aufruf und Rechenschaftsbericht vom 15.8.1817 (*GS* 13, S. 531), vgl. Brief Nr. 112.

2 Zur Mitschuld des Königs vgl. Brief Nr. 102. Schellberg verweist dazu auf das Kgl. Handschreiben vom 15. November 1816 (*Koblenzer Anzeiger* Nr. 49 vom 6.12.1816) und das Schreiben an die Bewohner der Kgl-preuß. Rhein-Provinzen des Geh. Rats von Klewitz (*Koblenzer Anzeiger* Nr. 3 vom 17. Januar 1817). Poppo von Babenberg war 1016-1047 Erzbischof von Trier.

3 Im Aufruf Nr. 4 vom 5.7.1817 kündigt Görres an, ein Verzeichnis der Naturalien, die gespendet worden, solle folgen. Eine solche genaue Liste war bereits in Nr. 3 vom 13.6. angekündigt worden. Dem Bericht Nr. 5 vom 15.8.1817 war dann am Ende eine Liste aller gespendeten Gegenstände von Wert beigegeben (*GS* 13, S. 524 und 531). Schellberg hat hier fälschlich 10 statt IV.

4 Aufruf Nr. 3 vom 13.6.1817 beginnt mit einer Würdigung des „unverwüstlich guten Naturells des teutschen Volkes". Ebda wird über die Gründung von Hilfs-Vereinen in Neuwied und Adenau berichtet und die Aufforderung zur Gründung weiterer Vereine wiederholt (*GS* 13, S. 521).

5 Über Gneisenaus Geschenk, ein wertvolles silbernes Tafelservice, das von König Friedrich Wilhelm III. für 2000 Taler zurückgekauft und dem Feldherrn wieder zurückgegeben wurde, berichtet Aufruf Nr. 5 vom 15.8.1817 (*GS* 13, S. 530). Ein Bericht über den Verkauf des Gneisenau-Geschenks: Stadtarchiv Koblenz, Best. 623, Nr. 2671, Bl. 284: Verkauf des Silbergeschirrs des Grafen von Gneisenau gespendet für den Hilfsverein. Autograph Görres, unterschrieben „Der Hülfsverein", Coblenz am 28 Juny 1817.

Der *Deutsche Beobachter oder privilegirte hanseatische Zeitung* Nr. 546 vom 25. Juli, Beilage und Fs vom 1. August 1817 und 5. August enthält „Verzeichniß der an dem Hilfsverein zu Koblenz für die Armen, zum Verloosen abgegebenen Gegenstände". Der *Beobachter* Nr. 559 vom 9. Sept. und 560 vom 12. Sept. enthält den Vereins- Bericht Nr. 5 vom 15. August (mit der Erwähnung von Gneisenaus Geschenk und des Rückkaufs durch den König). Der *Korrespondent von und für Deutschland* erschien ab 1806 in Nürnberg.

6 Der Kaufmann Peter Kleudgen aus Hillscheid bei Koblenz, war 1814 Chef des Hamburger Bürgermilitärs gewesen, betrieb damals seit kurzem eine Dampfschiffsfähre zwischen Hamburg und Harburg und einen Steinkohlenhandel (s. Personenverzeichnis). Im *Rheinischen Merkur* Nr. 196 (19.2.1815) wird er in einem Brief aus Hamburg genannt: über die glückliche Idee, „einen wackern jungen Kaufmann von Familie und Vermögen, dem es zudem nicht an Kenntniß dieses Faches fehlt" als Obristlieutnant an die Spitze der Bürgerkohorte in Hamburg zu stellen. Gemeint ist hier Philon von Alexandrien (Philo Judaeus).

7 Görres war 1812 mit dem in Hamburg lebenden Daniel Runge nach dem Tod von dessen Bruder Philipp Otto Runge in Kontakt gekommen. Mit Perthes hatte er den Plan einer gemeinsamen Buchausgabe der *Heymonskinder* mit Illustrationen Runges verfolgt (s. *GS/Briefe* 2, Nr. 137, 177).

108. An Jacob Grimm

Datum: Koblenz, 29.6.1817.
Original: Staatsbibliothek zu Berlin – Preuß. Kulturbesitz, Nachlass Grimm 686, 106 (1 Seite).
Druckausgaben: Binder (Hrsg.), *Freundesbriefe* Nr. 184, S. 536; Schellberg (Hrsg.), *Ausgewählte Briefe* (1911), Nr. 113.
Einordnung: Vorangegangener Brief Jacobs: 18.6.1817; Antwortbrief: 6.7.1817.
Regest: Görres dankt für die Unterstützung für den Hilfsverein, berichtet über den guten Erfolg und schickt den jüngsten Aufruf und Lose.

C. am 29 Juny 1817.

Ich danke Ihnen, mein lieber Freund! für die gute Besorgung des Werkes, danken Sie auch, wo Sie zukönnen, in meinem Namen Allen denen, die mir wohlmeynend ihr Vertrauen geschenkt.[1] Ein guter Name ist ein kostbar Ding, das merk ich wohl in dieser Sache. Unser Stock geht schon scharf auf die 40000 Franken los, und wir haben sehr im Großen schon geholfen, und helfen fort. Eine wahre Fügung hat uns zu rechter Zeit geweckt, daß wir noch größer Unglück, als schon geschehen, verhindern können. Im Innersten der Eiffel ist die eigentliche Hungersnoth, mit Allem was man so davon erzählt eingetreten, aber wo wir hingelangt ist Alles, wie wir hoffen glücklich abgewendet. Es ist wieder eine erschreckliche Lehre für die faulen, liederlichen Regierungen. Ich lege Ihnen den dritten Aufruf mit den 16 Loosen bey, da jener wohl noch nicht an Sie gelangt. In den nächsten Tagen erscheint der Vierte mit der Rechenschafft vom Bisherigen.[2]

Dem Bruder viele Grüße, Reinold werd ich schicken. Wissen Sie nicht, ob Carove etwa die Legenden von Fritzlar bearbeitet hat? Er wollte so etwas thun.[3]

Ihr
J. Görres

[1] Zum Koblenzer Hilfsverein s. Brief Nr. 99. Jacob Grimm hatte am 18.6.1817 berichtet, er habe von den 100 Losen 15 nach Göttingen, 10 nach Marburg, die übrigen in Kassel untergebracht, und schicke bereits die 300 Franken.

[2] Der 4. Aufruf des Hilfsvereins: 5. Juli 1817 (*GS* 13, S. 522-529).

[3] Reinold: Rainold von Montalban, der Verfasser des Versromans über die Heymonskinder, die Görres hatte edieren wollen (vgl. Brief Nr. 78). Görres hatte, nachdem er das Projekt aufgegeben hatte, den Brüdern zu ihrer Arbeit daran sein Manuskript zugeschickt (dazu Wilhelm Grimm 20.3.1817). Jacob Grimm hatte am 18.6. Görres darum gebeten, ihm noch einmal die Glöckle-Abschrift der *Heymonskinder* zu leihen. Friedrich Wilhelm Carové, damals Student in Heidelberg, arbeitete öfters mit Abschriften und Korrekturen zu (vgl. Briefe Nr. 80f, Wilhelm Grimm an Görres 20.3.1817), zusammen mit Eberhard v. Groote hatte er das *Taschenbuch für Freunde altdeutscher Zeit und Kunst auf das Jahr 1816* herausgegeben. Mit den Legenden von Fritzlar ist vermutlich die mittelhochdeutsche Handschrift von Hermann von Fritzlar, *Buch von der Heiligen Leben* (14. Jh.) gemeint. Carové hat allerdings nichts derartiges herausgegeben, auf literar. Gebiet veröffentlichte er lediglich: *Romantische Blätter*, Eisenach 1818.

109. An Friedrich Perthes

Datum: Koblenz, 6.7.1817.
Original: Staatsarchiv Hamburg, Nachlass Perthes I, Mappe 10d, Bl. 206 (1 Seite).
Druckausgabe: Schellberg (Hrsg.), Briefe an Perthes, in: *Erste Vereinsschrift der Görres-Gesellschaft für 1913*, Nr. 17, S. 77f.
Einordnung: Letzter überlieferter Brief von Perthes: 24.4.1812 (*GS/Briefe* 2, S. 565); nächster Brief von Perthes: 25.8.1817.
Regest: Görres schickt den 4. Bericht des Hilfsvereins und äußert sich optimistisch zur weiteren Entwicklung.

Coblenz am 6ten July 1817.

Hier mein lieber Freund das vierte Blatt, das Ihnen schildern wird, was wir gethan und wie wir stehen und was vorgegangen.[1] Es war ein harter Monath der überstanden ist, das Härteste aber ist auch nun vorüber, viele die das scharf umlaufende Rad gedrückt, krümmen sich freylich und sind das Opfer, was heil aus der Schlacht gekommen, ist aber doch geborgen, oder wird es doch in wenig Tagen, da die reichste Ernte vor den Thoren steht. Leider ist das oben jetzt nicht, und gröstentheils gar nicht der Fall, aber die unten müßen schon helfen aus ihrem Vorrath, die allgemeine Thätigkeit ist nun einmal angeregt und würkt zu einem Ziele, und die ist überall das Beste, und wo sie ist, da ist auch schon geholfen. Wir stehen dahinter und schaffen und treiben an und leiten, und so wird es wohl gut gehen.

Ihr Erg.
J. Görres

Geben Sie wieder ein Exemplar an den Beobachter.[2]

1 Der 4. Aufruf des Hilfsvereins: 5. Juli 1817 (*GS* 13, S. 522-529). Görres hatte sich bereits am 4. Juni an Perthes um Hilfe für den Verein gewandt (Brief Nr. 99). Perthes antwortete am 25.8.1817 mit einer Abrechnung über die Spenden aus Hamburg.

2 *Der deutsche Beobachter oder privilegierte Hanseatische Zeitung* in Hamburg brachte jeweils die Rechenschaftsberichte des Hilfsvereins (vgl. Brief Nr. 107).

110. An Werner von Haxthausen

Datum: Koblenz, 7.7.1817.
Original: Stadt- und Landesbibliothek Dortmund, Atg. Nr. 1686 (1Seite Quart).
Unveröffentlicht.
Einordnung: Letzter überlieferter Brief Haxthausens: 4.6.1816; Antwort Haxthausens: 18.7.1817.
Regest: Görres sendet den jüngsten Rechenschaftsbericht und äußert sich zufrieden über den Erfolg des Hilfsvereins.

Coblenz am 7 July 1817

Hier mein lieber Haxthausen Nro IV vertheile sie gehörig, aber nicht blos in Cöln, sondern überall hin, wo ihr Lose gesendet habt.[1] Wie glänzende Geschäffte wir machen, siehst du aus dem Gedruckten, freylich die umgekehrte Kauffmanschafft, wie Tieks Theater, das sich rückwärts dreht, ein Bergwerk, in das man die harten Thaler hineinpflastert. Die Kaufleute bey uns werden dadurch freylich ganz corrumpirt, sonst aber geht's recht gut, und wir würken Gutes so zu sagen fabrikmäßig und en gros. Ich thu auch nichts am Tage als Bettel- und Dankbriefe schreiben, Anweisungen ausstellen, Expressen abfertigen, Versendungen dirigiren und dergleichen.[2] Dafür mache ich mir dann in den Aufrufen die plaisir, einiges schlechtes Volk etwas gelblich zu ärgern, und nebenbey Allianzen zu stiften, bey denen die Diplomatiker nichts zu thun haben.

Bist du recht fleißig mit den Losen gewesen, so kannst du noch mehr erhalten.[3] Ich habe den Rheinstädten nun schon die Quittung für ihre künftigen Beyträge geschrieben, von Cöln ists noch dünn gekommen, doch scheinen die Leute auch gar wenig von der Sache zu wissen.[4] Hamburg hat schon über 3000 Florin gesendet, Berlin 10000. Nun Gott behüthe Euch.

Dein
J. Görres

1 Der Rechenschaftsbericht Nr. 4 vom 5. Juli 1817(*GS* 13, S. 522-529).

2 Darüber geben die zahlreichen Schriftstücke von Görres' Hand Zeugnis, die ihn als unermüdlichen Hauptmotor und Organisator des Hilfsvereins erweisen: mehrere Hundert kurze Schreiben im Auftrag des Hilfsvereins zwischen Ende Juni und Ende August 1817, die sich mit Spenden, Getreidelieferungen und Einzelgaben an Bedürftige beschäftigen, Schreiben, die hier nicht aufgenommen wurden, da es sich um Vereinsarbeit, nicht um Briefe im eigentlichen Sinn handelt: Stadtarchiv Koblenz, Best. 623, Nr. 2671.

3 Görres hatte Haxthausen am 11. Juni (Brief Nr. 105) Lose zur Verteilung zugesandt.

[4] Werner v. Haxthausen berichtet am 15.7. über den Grund für den mangelnden Erfolg in Köln: „Meine Collecten werden von allen Seiten zurückgewiesen, die Loose habe ich endlich nach Westphalen verwiesen; dort sind sie angenommen und du sollst nächstens das Geld erhalten, kannst auch noch 100 senden; ich will sehen, sie unterzubringen. So traurig dieses für uns Kölner scheinen muß, so wenig darfst du vergessen, daß die Stadt gegen 42 000 Einwohner, in gewöhnlichen Zeiten ein Vierttheil Arme … hat. … Die hiesige Polizei hat die Einrückung einiger Worte in die Zeitung, wodurch zur Annahme von Loosen aufgefordert werden sollte, verwehrt, weil alle Lotterien verboten seien, und die höhere Autorisation fehle. Ich habe Schmitz Grollenburg gebeten, mir die nöthigen Weisen und Verweise darüber zu geben."

111. An Johann Friedrich Vieweg

Datum: Koblenz, 11.7.1817.
Original: Herzog August Bibliothek Wolfenbüttel, Briefsammlung Vieweg, 1 603 (3 Seiten).
Unveröffentlicht.
Regest: Görres dankt für die Verwendung Viewegs für den Hilfsverein, äußert seine Freude über den Fortschritt des Drucks des *Schah Nameh* und gibt Anweisungen über die Aufteilung der Bücher, die Illustrationen und den Titel des Buchs.

Unsern besten Dank für Ihre gütige Verwendung in der Sache des Vereins. Es that wahrlich groß Noth, jetzt ist das Ärgste überstanden, und wir dürfen schon hoffen bey dem reichen Erntesegen des Übrigen Meister zu werden. Das Land wird sich immer dankbar der Hülfe erinnern die ihm von außen geworden, wo auch niemand auf Rosen gebettet lag. Nro IV erzählt Ihnen unsere Erfolge.[1]

Es ist mir lieb gewesen zu vernehmen, daß es unterdessen mit dem Manuskripte so voran gerückt.[2] Da meine acht Bogen die ich auch ungefähr rechnete dreyzehn gegeben, so wird das Ganze etwa vierzig, und mit der Einleitung fünfzig Bogen geben, also zu viel für einen Band. Ich denke also, wir brechen den Ersten ab mit dem Ende der achtzehnten Sage, so daß der zweyte mit XIX p 87 des Manuskriptes beginnt mit der Sage von Sijawesch und der Sewdabeh, und jede etwa 25 Bogen erhält.[3] Ich glaube es würde dem Buch sehr zuträglich seyn, wenn bey jedem Bande eine der recht hübschen Miniaturzeichnungen gestochen würde, die sich beym Manuskript in Göttingen befinden. Wenn das Reimer recht wäre, so würde ich einen Freund in Göttingen bitten, die Zeichnungen dort zum Formate des Buchs machen zu laßen.[4]

Eigentlich müßte auch eine kleine Karte, ein Quadratfuß etwa, vom alten Persien hinzukommen. Leider sehe ich noch nicht recht, wo ich die Zeit hernehmen soll, um den angefangenen Entwurf derselben zu beendigen. Auf jeden Fall wünschte ich von Ihnen oder Reimer zu erfahren, wie viele Zeit auf den Stich einer solchen Karte geht, damit ich überschlagen mag, ob ich sie noch zu Stande bringe.

Der Titel des Buches ist:

Schah Nameh, oder das Buch der Könige, aus dem Persischen des Firdusi von J. Görres.

Alte Sagengeschichte bis zum Einbruche Alexanders.

Senden Sie mir immer der Einleitung wegen die abgedruckten Bogen je sechs und sechs dann zu zwey und zwey.

Viele Grüße von mir und den Meinigen an Herren Krahe.[5]

Ihr Ergebenster
J. Görres

Coblenz am 11 July 1817.

Melden Sie nur bald den Empfang des Manuskriptes.

---

1 Zum Hilfsverein s. Brief Nr. 99. Der mitgesandte Rechenschaftsbericht Nr. 4 vom 5. Juli 1817: *GS* 13, S. 522-529.

2 Es geht um den Druck der Übersetzung des *Schah Nameh* des Firdusi, der schließlich als *Das Heldenbuch vom Iran* bei Reimer in Berlin verlegt wurde und erst 1820 erschienen ist: *Das Heldenbuch von Iran: aus dem Schah Nameh des Firdussi von Joseph Görres. In zwei Bänden mit 2 Kupfern und einer Charte.* Schon im April 1817 hatte Vieweg in Braunschweig offenbar mit dem Druck begonnen (Brief Nr. 92). Zu Görres' Arbeit am *Schah Nameh* Fink-Lang, *Görres,* S. 125-128; *GS/Briefe* 2.

3 Bd. 1 des *Heldenbuchs* endet wie im Folgenden vorgeschlagen mit Kap. XVIII, Bd. 2 beginnt mit Kap. XIX: Die Sage von Sijawesch und Sewdabeh.

4 Der Freund in Göttingen ist August von Haxthausen (s. Brief Nr. 114). Dieser schrieb am 4.11.1817 an Görres, sein Bruder Werner habe ihm den Auftrag übermittelt, in der Bibliothek zwei Bilder im *Schah Nameh* des Firdusi abzeichnen zu lassen. Das habe er getan. Die beiden gefalteten Kupferstiche mit persischen Miniaturen finden sich am Ende des ersten Bandes, S. 273 und 275. Der Verlag Georg Reimer in Berlin bestand seit 1817 und war aus der Buchhandlung der Königlichen Realschule in Berlin, kurz Realschulbuchhandlung, hervorgegangen.

5 Peter Joseph Krahe war damals Kammer- und Klosterrat und Leiter des Bauwesens in Brauschweig. Görres hatte sich 1814 mehrmals bei Gruner für ihn oder seinen Bruder verwendet. (Briefe Nr. 15 und 20; s. auch *GS/Briefe* 2).

112. An Friedrich Perthes

Datum: o.O. o.D.: Koblenz, 15.8.1817.

Original: Staatsarchiv Hamburg, Nachlass Perthes, Mappe 10d, Bl. 228f (4 Seiten).

Druckausgaben: Schellberg (Hrsg.), Briefe an Perthes, in: *Erste Vereinsschrift der Görres-Gesellschaft für 1913*, Nr. 18 (einige Abweichungen); Perthes, *Fr. Perthes Leben,* Bd. 2, S. 142f; Binder (Hrsg.), *Freundesbriefe* Nr. 186, S. 537f; Schellberg (Hrsg.), *Ausgewählte Briefe* (1911), Nr. 114 (jeweils Ausschnitt ab „Es ist im Werke…"); H. Münster, *J. J. Görres. Eine Auswahl aus seinen nationalen Schriften*, S. 152 (nach Schellberg, *Ausgewählte Briefe*).

Zur Datierung: *Perthes' Leben* und *Freundesbriefe* datieren „im Sommer 1817"; Oben auf dem Original von Perthes' Hand: „Goerres Coblenz 1817". Schellberg datiert 15. August, dazu Anm.: „Der Brief ist ohne Zweifel am 15. Aug 1817 geschrieben, denn er ist ein Begleitschreiben zu dem 5. Blatte des Hilfsvereins (Schriften 4, 425ff), das vom 15. August datiert ist. Görres hat die Quittung sofort nach der Drucklegung abgeschickt." Das ist plausibel.

Einordnung: Perthes' Antwort: 25.8.1817.

Regest: Görres sendet den 5. Rechenschaftsbericht des Hilfsvereins und Quittungen, und dankt für die Hilfe aus Hamburg, berichtet von dem Vorhaben, Adressen an den Bundestag aus ganz Deutschland zu organisieren und fordert Perthes auf, die Sache für Hamburg zu betreiben. Er erwähnt kurz, dass er die Hoffnung auf eine Weiterführung des *Rheinischen Merkur* aufgegeben habe, und beklagt die furchtsame und schlaffe Art der preußischen Regierung.

Weil ich bey viel nothwendiger Schreiberey die minder nöthige wohl aufschieben darf, darum habe ich mit den Quittungen für Sie und Kleudgen gewartet, bis ich sie Ihnen gedruckt zusenden konnte, was sich durch Zufälligkeiten in der Drukkerey vom fünften bis heute verzögert.[1] Sie sehen daraus, daß Alles richtig eingegangen und gut angelegt worden, und daß reichliche Zinsen und Zinseszinsen dabey herausgekommen. Ich danke Ihnen Beyden nochmal für Ihre Mühen und den Hamburgern für ihre Freygebigkeit, übrigens *ad Reciproca paratus*.

Sie haben wohl recht in dem, was Sie über das Eigenthumsrecht von Schrifftsteller und Verleger gesagt.[2] Im Grunde hat das Recht eigentlich keine Gränze, ein Buch ist wie ein Bild, das ich gemahlt, ich kann es um Geld sehen laßen, im Kupferstich bekannt machen, in Farben copiren laßen, und behalte immer mein Eigenthumsrecht darauf, und kann es vererben, oder durch ein Fidicommiss(!) beym Ältesten erhalten. Wenn ich also zugebe, daß mir eine Zeit bestimmt wird, so ist es ein Opfer, das ich der Bequemlichkeit der Gesellschafft bringe, und ich darf mir wenigstens eine reichliche Zeit ausbedingen. Gerade bey den besten Büchern ist das Opfer am grösten, und was der Nachwelt am meisten angehört gehört auch dem Erfinder am stärksten, und es ist immer eine Art von Strandrecht und Droit D'aubaine, die das Ganze übt, wenn es also einen besondern Besitz durch bloße Verjährung gemein macht.[3] In dieser Sache wird der Bundestag mit Freyheit handeln können, und darum wird schon etwas heraus kommen, wenn man ihm die Sache vorarbeitet, und die Worte in den Mund legt.

Es ist im Werke den Bundestag wenn er wieder zusammenkömmt aus allen Theilen Teutschlands mit Adressen um endliche Ausführung des Art. 13 zu beschießen. Der achtzehnte Oktober soll der Tag der Unterzeichnung gleichzeitig in allen Orten seyn, und bis dahin die Sache verschwiegen bleiben.[4] Es kann nicht schaden, wenn sich so einmal die Masse rührt und ruft und stampft, und einige Ungeduld laut werden läßt, damit sie erfahren, daß es den Leuten Ernst um die Sache ist. Auch ist es gut, um den Bundestag, der, ist er gleich schwächlich und aus sehr schwächlichen Elementen zusammengesetzt, doch nicht fallen gelaßen werden darf, einigen Fuß gegen die Höfe zu geben, und bessere Betriebsamkeit zugleich hervorzurufen und zu rechtfertigen. Sie könnten mit Ihren Freunden die Sache wohl für Hamburg übernehmen, auch sie in Lübeck und Bremen einleiten. Sie schreiben mir vom Merkur, ich hatte würklich ernstlich Schritte darum gethan, weil ichs für eine Schuld hielt, je mehr ich die Leute persönlich kennen lerne, die dabey zu thun oder doch zu leiden hätten, desto mehr gebe ich die Hoffnung an die Möglichkeit auf.[5]

Das ist ein Haufen alter, furchtsamer, verschüchterter Leute halb aus bösem Gewissen halb aus undiäter Lebensart und Nervenzufällen, die bey jedem Geräusch zusammenfahren, und gar keine Luft vertragen, ohne daß ihnen Kopf und Gesicht aufschwellen und die paar Zähne schmerzen. Sie müßten erst ein paar Jahre auf den Turnplatz gehen und recken und klettern und springen lernen, ehe sie dergleichen vertragen. Früher war der Franzosenschrecken, der siebenfach größer als der Gröste war, ein heilsames Antidotum, darum giengs leidlich, jetzt wo dieser nachgelaßen kehrt die alte Hysterie zurück, und auf den kurzen Veitstanz folgt die Erschlaffung. Frisches Blut muß nachgefüllt seyn, bis an etwas Rechtes zu denken ist.

Leben Sie wohl und grüßen Sie alle dortigen Freunde, die uns hier wohlwollen.

Ihr
J Görres

Geben Sie doch eines der beyliegenden Exemplare an Benzenberg oder die Expedizion des Beobachters.[6]

---

1 Der 5. Rechenschaftsbericht des Hilfsvereins vom 15.8.1817 enthält u.a. eine Passage zu der Hilfe aus Hamburg durch Perthes und Kleudgen, die dort „Bank gehalten" und „nah und fern reichlich und christlich um sich her gewuchert", so seien aus zahlreichen norddeutschen Städten bis Stralsund und Kopenhagen hin „beträchtliche Gaben zusammengeflossen, die uns nach und nach in vier verschiedenen Sendungen von dorther zugekommen" (*GS* 13, S. 531). Zu der Spende von Perthes und Kleudgen aus Hamburg für den Hilfsverein schon Brief Nr. 107. Die Abschlussrechnung sandte Perthes am 25.8.1817.

2 Schellberg merkt hier an, Görres beziehe sich hier wohl nicht auf einen Brief von Perthes, sondern auf dessen Schrift *Der deutsche Buchhandel als Bedingung des Daseins einer deutschen Literatur*, Sommer 1816.

3 Droit d'aubaine: das (damals bereits abgeschaffte) Heimfallsrecht, also das Recht des Fiskus auf Einziehung der Hinterlassenschaft eines im Land verstorbenen Fremden.

4 Görres spricht hier erstmals von der Adressbewegung. Dem König sollten die Adressen verschiedener rheinischer Städte bei seinem Besuch der neuen Provinzen im Herbst 1817 übergeben werden, die eine Verfassung nach Art. 13 der Bundesakte und die Einlösung des Verfassungsversprechens bei Inbesitznahme des Rheinlands im Mai 1815 einforderten. Eine von Görres verfasste Petition an den König, datiert vom 18. Oktober, dem Jahrestag der Schlacht bei Leipzig, für die er überall in Stadt und Land Unterschriften sammelte, fand allerdings keine Mehrheit im Koblenzer Stadtrat, so dass es zur Abfassung eines Gegenentwurfs im Stadtrat und zur Absendung von zwei Koblenzer Adressen kam (Adresse des Koblenzer Stadtrats vom 20. Oktober 1817 an Staatskanzler Hardenberg: Stadtarchiv Koblenz, Bestand 623, Nr. 2185). Die Adresse, die Görres als Flugblatt zur Unterschrift verteilen ließ: „Allerdurchlauchtigster Großmächtigster König, Allergnädigster König und Herr! Euer Majestät haben bei allerhöchst Ihrer neulichen Anwesenheit in den hiesigen Landen die Eingabe der Städte Trier und Cölln huldreichst aufgenommen, und in dem allerhöchsten Rescripte an die verschiedenen Oberpräsidenten jede mit dem Wohl des Ganzen vereinbare Rücksicht auf die dort wie anderwärts ausgesprochene Wünsche und Beschwerden, gnädigst zuzusichern geruht. Es kann Euer Majestät nicht gleichgültig seyn, zur Ueberzeugung zu gelangen, in wie fern das, was sich in jenen Städten kund gegeben, nur allein ihre, oder die Gesinnung einiger Wenigen, ausdrücke, oder die öffentliche Meinung und Gesammtüberzeugung der großen Mehrheit darstelle, da, je nachdem das Eine oder das Andere sich bewährt, die Würdigung nothwendig eine verschiedene seyn muß. Die unterzeichneten treugehorsamsten Einwohner der Stadt Coblenz haben es daher nicht blos ziemlich, sondern als ihre Bürgerpflicht erachtet, an ihrem Theile dem Thron zu nahen, und durch die Vermittelung Seiner Durchlaucht des Fürsten Staatskanzlers, die Erklärung vor demselben niederzulegen, daß sie in Allem und Jedem dem Gesuche beider Städte beitreten, und ihre ausgesprochenen Wünsche für die ihrigen erklären. Da diese Wünsche ihrem wesentlichen Inhalt nach auf die Wiederherstellung der Freiheiten der Landschaft und der uralten wahrhaft deutschen Verfassung gehen, so haben sie den feierlichen Tag zu ihrer Vereinigung gewählt, der in Deutschland die Macht jener auswärtigen Tirannei hoffentlich auf immer vernichtete, die mehr wie eine andere Ursache, durch ihre mittelbare und unmittelbare Einwirkung seit Jahrhunderten, die

Unterdrückung und Vernichtung jener alten Freiheiten, Rechte und Verfassungen herbeigeführt. Die gehorsamst Unterzeichneten dürfen umso weniger Anstand bei diesem Schritte nehmen, da Alles wornach sie hiermit ihr Verlangen ausgedrückt, ihnen schon in dem Königlichen Besitznahme-Patent von Euer Maj. Gnädigst zugesichert worden. Sie sind nie vermessen genug gewesen, an der Erfüllung dieses Königl. Wortes den geringsten Zweifel zu hegen, und wollen darum ihr Gesuch nur dahin aussprechen, daß es Ihrer Majestät gefallen möge, dieselbe eintreten zu lassen, sobald es die Umstände nur irgend erlauben wollen. Indem sie sich aber nicht blos als Bürger der Preußischen Monarchie, sondern auch als Deutsche betrachten, und als solche das Heil des gesammten Vaterlandes ihnen am Herzen liegt, haben sie nur den Wunsch beifügen wollen, daß so wie sie für ihre Zukunft durch die Königliche Zusage, beruhigt sind, so auch Euer Majestät für die gleiche Beruhigung des übrigen Deutschlands Allerhöchst Ihre Verwendung beim Bundestage dahin eintreten lassen mögten, daß durch Festsetzung der gegenseitigen Pflichten und Rechte der Regenten und Regierten in allen Staaten Deutschlands, der Artikel XIII. der Bundesacte endlich in Erfüllung komme. Coblenz, am 18. October 1817. Euer Königlichen Majestät unterthänigst treugehorsamste Einwohner der Stadt Coblenz. (Es folgen die Unterschriften) (Faksimile eingelegt in *GS* 13; Abschrift: Berlin, GStA PK, I. HA Rep. 77, Tit. 21, 8 adh., Bl. 77f). Der Begleitbrief zur Petition mit der Aufforderung zur Unterschrift, Koblenz 18.10.1817: *GS* 13, Einlage; Görres übergab seine Petition Hardenberg im Januar 1818: Dazu Görres, *Die Übergabe der Adresse der Stadt Coblenz und der Landschaft an Se. Majestät den König in öffentl. Audienz bei Sr. Durchl. dem Fürsten Staatskanzler am 12. Januar 1818. Als Bericht für die Theilnehmer*, Koblenz (Heriot) 1818 (*GS* 13, S. 4-34). Zur Adressbewegung s. auch Fink-Lang, *Görres*, S. 176-178.

5 Der Antrag auf Wiederaufnahme des *Rheinischen Merkur* s. vorne Brief Nr. 85, Anm. 4.

6 *Der deutsche Beobachter oder privilegierte Hanseatische Zeitung* in Hamburg, den Benzenberg herausgab, brachte jeweils die Rechenschaftsberichte des Hilfsvereins (vgl. Brief Nr. 107). Über den Abdruck des letzten Berichts: Benzenberg an Görres 13.9.1817.

113. An Eberhard von Groote

Datum: Koblenz, 30.8.1817.
Original: Stadtarchiv Bonn I i 98/631/4 (2 Seiten).
Unveröffentlicht.
Adresse: Herrn Eberhard de Grote in Cöln.
Einordnung: Letzte Briefe Grootes: 6.7.1817 und 24.7.1817. Nächster Brief Grootes: 3.11.1817.
Regest: Görres schickt den 5. Rechenschaftsbericht des Hilfsvereins und äußert sich zu den Chancen von Köln, der Standort der rheinischen Universität zu werden.

Beyliegend eine Anzahl Exemplare von V für diejenigen, die sich darum intereßiren. Die Sendung ist darin verzeichnet, und hat so viel betragen als gedruckt steht, und nicht ganz so viel als aufgeschrieben war, weil im Zählen bey Euch ein Irrthum vorgegangen war. Sie haben mir den Sortenzettel geschrieben, ich kann ihn aber jetzt gerade nicht finden. Das Letzte von Elberfeld ist noch nicht aufgenommen, weils erst einige Tage angekommen.[1]

Wenn ich früher über Cöln einiges Ehrenrührige gesprochen, so wollte ich damit nicht Mangel an Wohlthätigkeit meynen, nur Mangel an allgemeinem Sinn im Philisterium, das freylich gut thäte, wenn eine Universität mit ein paar tausend Studenten einrücken könnte und den alten Staubsack ausklopfen. Schuckmann schien mir ganz entschieden zu seyn, und um auf Trostgründe für die kniende

Colonia zu sinnen die rechts den Stapel links die Universität haben will. Er meynte, es sey doch unerhört, daß eine Universität den Stapel begehre, und die Kaufmannschafft sey sehr großmüthig, daß sie den gelehrten Herren den eignen Vortheil hingäben, die doch nichts damit zu machen wüßten weil es nicht schicklich sey für Philosophen und Theologen sich mit Versendungen abzugeben.[2] Nun das wird sich finden. Gott befohlen.

Coblenz am 30 August 1817
J. Görres

---

1 Die Versendung des Rechenschaftsberichts Nr. 5 vom 15. August 1817 (*GS* 13, S. 529-536). Darin zum Ertrag des Losverkaufs in Köln (S. 532). Groote hatte am 6.7. geschrieben, dass er wegen der Lose wenig Erfreuliches berichten könne, da die Not in Köln ebenfalls groß sei.

2 Zu Görres' Zusammentreffen mit Innenminister Schuckmann bei dessen Besuch am Rhein vgl. Briefe Nr. 114, 115 und 118. Groote setzte sich im Streit um den künftigen Standort der Universität dezidiert für Köln ein, zuletzt mit einem satirischen Gutachten vom Juli 1817, Innenminister Friedrich von Schuckmann trat dagegen für den Standort Bonn ein. Dazu Willi Spiertz, *Eberhard von Groote: Leben und Werk eines Kölner Sozialpolitikers und Literaturwissenschaftlers*, Köln u.a. 2007, S. 81ff. Spiertz S. 94: seit August 1817 verdichteten sich Gerüchte, die Universität komme nach Bonn. Am 1.9. notierte Groote in seinem Tagebuch: „Dieser (Görres) glaubt auch, vom Minister erfahren zu haben, daß die Univ. nach Bonn komme".

114. An Werner von Haxthausen

Datum: Koblenz, 30.8.1817.
Original: ULB Münster, Nachlass Schulte-Kemminghausen, Autographensammlung Haxthausen (3 Seiten).
Druckausgaben: Peter Heßelmann, Unbekannte Briefe von Joseph Görres, in: *Lit.wiss. Jb.* Bd. 35 (1994), S. 233-252, Brief Nr. 1, S. 242f.
Adresse: Herren v. Haxthausen in Cöln.
Einordnung: Letzte Briefe Haxthausens: 18.7.1817 und 16.8.1817. Nächster Brief Haxthausens: 28.2.1818.
Regest: Görres gibt Anweisungen für die Zeichnungen, die August v. Haxthausen für die Ausgabe des *Schah Nameh* anfertigen sollte, und erinnert an die Persien-Karten, die er von Werner v. Haxthausen zu erhalten hoffte.

Coblenz am 30 Aug 1817.

Ich vermuthe dich wieder unter deinen beschwerlichen gehäuften Arbeiten, und im Trillhauße, um von dem ausschweifenden Leben auf Reißen, wieder zur Vernunft gebracht zu werden, was Gott gebe.[1] Befleißige dich der Solidität, ich habe dich dem Minister Schuckmann empfohlen, er meynte, du wärest nicht im Stande einen Bogen voll Schrifft ohne Gedanken zu machen, also unbrauchbar. Ich tröstete ihn mit Zeit und Applikazion.[2]

Lasse mir von Deinem Bruder die Zeichnungen machen, wovon ich dir gesagt. Er soll sich den Aschischen Codex geben laßen, darin ist eine Zeichnung ein junger Mensch liegt am Fuße eines Baumes, den Oberleib nackt, den Ärmel heraufgestreift, vor ihm Rustan in Klage, weiterhin eine Andere Rustan und Isfendiar wie sie streiten, beyde auf ihren Rossen einander gegenüber, der Eine wie ich glaube auf einem weissen der andere auf einem schwarzen Pferde. Beyde soll er abzeichnen laßen, jedes in Form eines Großaktavblatts gebracht, doch muß es Einer thun, der es mit Geschicke macht, keiner kanns bezahlen.[3]

Vergeße mir die persischen Karten nicht.[4] Leb wohl ich und die Meinigen grüßen dich Alle miteinander.

J Görres

---

[1] Werner v. Haxthausen war damals Regierungsrat in Köln. Von einer gerade zurückliegenden Reise Werners schreibt sein Bruder August am 24.8.1816 an Jacob Grimm (W. Schoof, Freundesbriefe der Familie Haxthausen an die Brüder Grimm, in: *Westfäl. Zeitschrift* 94 (1938), Nr. 33). Eine Reise nach Bonn und Maria Laach zusammen mit Reimer, Arndt und andern hatte Haxthausen in seinem Brief vom 16.8.1817 angekündigt. Das Trillhaus oder Drehhäuschen: ein eiserner Käfig, in dem Delinquenten auf öffentlichen Plätzen zur Bestrafung dem allgemeinen Spott ausgesetzt wurden.

[2] Über das Zusammentreffen mit Innenminister Schuckmann bei dessen Aufenthalt am Rhein: Briefe Nr. 113, 115, 118, sowie Arnim an Görres 21.10.1817. Das Verhältnis hatte sich, wie Schuckmanns Brief vom 21.11.1817 zeigt, seit dem persönlichen Treffen zum besseren gewandelt und gab Anlass zu den schönsten Hoffnungen, nimmt Schuckmann doch darin Bezug auf „unsre Abrede, in der Sie nach meinem Wunsche Sich geneigt erklärten, bei der rheinischen Universität die Lehrstelle der Geschichte anzunehmen". Dagegen Schuckmanns negatives Urteil über Görres aus dem Anfang des Jahres 1816, er sei zum Schulrat in Koblenz „auf keine Weise qualifiziert" (*GS, Ergänzungsband* 1, Nr. 178).

[3] August, der in Göttingen studierte, sollte für Görres' Ausgabe des *Schah Nameh* Zeichnungen aus dem Göttinger Codex, den Görres 1812 für seine Arbeit an dem persischen Nationalepos entliehen hatte, anfertigen. Der Codex stammte aus der Sammlung des russischen Generalstabsarztes Baron Georg Thomas von Asch (1729-1807). Dazu *GS/Briefe* Bd. 2, Nr. 142, 146, 149, 151, 154, 157, 162, 167, 181, 187. Die beiden Kupfer (Wiedergaben persischer Miniaturen), die der Ausgabe (*Das Heldenbuch von Iran*, 1820) tatsächlich beigegeben wurden, zeigen Sehrab, der von seinem Vater Rusthm im Kampf getötet wurde, unter einem Baum liegend (Zu *Heldenbuch*, Band 1, S. 225: Die Sage vom Kampfe Rusthms mit seinem Sohne Sehrab), und die beiden Kämpfer Asfendiar (Esfandiyar) und Rusthm auf ihren Rössern. Am 4.11.1817 schrieb August aus Göttingen, sein Bruder habe ihm den Auftrag vom „Herrn Vater" übermittelt, in der Bibliothek zwei Bilder im Firdusi abzeichnen zu lassen.

[4] Der Ausgabe des *Heldenbuchs* war eine Landkarte des persischen Reichs beigefügt: eine mehrfach gefaltete lithographische Karte von „Hochasien zum Schah Nameh des Firdussi", mit Nebenkarte „Das Pendschab oder Sendschab am oberen Tschihum". In der Vorrede der Ausgabe 1820 dankt Görres einem Major Knakfuß für die Ausführung der Zeichnung der Karte (zu Knackfuß s. Personenverzeichnis). Haxthausen wird dort nicht erwähnt.

115. An Justus von Gruner

Datum: Koblenz, 4.9.1817.
Original: Geheimes Staatsarchiv Berlin, Nachlass Gruner, J. K. v., d. Ä., Nr. 113.
Druckausgaben: Gruner, Ein Beitrag zum Briefwechsel von Joseph von Görres, in: *Deutsche Revue* 18. Jg., Bd. 3, S. 362f (ohne Anfangs- und Schlusssatz); Schellberg (Hrsg.), *Ausgewählte Briefe* (1911), Nr. 115 (nach Gruner, eine kleinere Auslassung).
Einordnung: Letzter bekannter Brief Gruners: 4.7.1817; Antwort: 1.10.1817.

Regest: Görres schickt die letzten Rechenschaftsberichte des Hilfsvereins, erzählt vom Besuch des Kronprinzen, des Königs und der Minister Schuckmann und Altenstein, beklagt die Schwerfälligkeit der Verhandlungen zur Verfassungsfrage und äußert seine Freude darüber, dass er den *Rheinischen Merkur* nicht weiterführen müsse.

Coblenz am 4 September 1817.

Ich habe länger als recht war, Ihren Letzten und vorletzten Brief unbeantwortet gelaßen.[1] Sie werden mir das zu Gute halten, wenn Sie bedenken, wie ich wieder die Zeit her im Tumult gelebt, wie alle Arbeiten im Großen beym Vereine mir auf dem Halse gelegen, die viele unausweichliche Schreiberey mir alles übrige Schreiben verleidet, dabey noch viel Anderes nebenbey gelauffen, das mich nichts angegangen, um das ich aber mich bekümmern müßen, und darüber noch allerley litterärische Arbeiten auf Vollendung gedrungen.[2] Hätten Sie um die Ecke gewohnt, dann wäre ich wohl öfter zu Ihnen gelaufen, aber Briefe schreiben will seine Zeit haben und wird immer schwerer je länger man gewartet.

Ich lege Ihnen unsere beyden letzten Bekanntmachungen bey, damit Sie sehen was aus der Sache geworden.[3] Ich wollte damit den Leuten helfen, so viel thunlich war, und nebenbey gleich hart am Schlendrian, der immer geschäfftig nichts zu Stande bringt, ohne Apparat, blos durch den lebendigen, freyen Eifer, einmal wieder ein würkliches Werk hinsetzen. Das ist nun freylich recht wohl gelungen, aber was hilfts, sie thun doch nicht darnach, sie sehens eben an und meynen, Narren könnten freylich gewissermaßen mehr als gescheidte, solide Leute, die sich über nichts hinaussetzen. Überhaupt würkt alles Wesen dieser ordinarie(!) Postklepperey, wie sie jetzt gemächlich zu Bocke sitzt, und im Sande ackert, fortdauernd emetisch, und es kommt mir immer vor, als seyen die überspannten Menschen, die etwas aus der Zeit machen wollen, für ihre Herstellung zu einer Eckelkur verurtheilt, die mit Mineralkermes und kleinen Dosen Brechweinstein geführt wird. Wir haben nun so zum Theil unsere Herrschafften hier gesehen, sie mögtens wohl alle gerne besser machen, wenn sie nur in der Welt ein Mittel dafür wüßten, vor dem sie sich nicht fürchteten. Der Kronprinz war hier, das ist ein junges, frisches Blut, der weil er sich natürlich genommen, nichts Verzwicktes an sich hat, und ein noch unverdorbenes Naturell gezeigt, den Leuten recht wohl gefallen.[4] Um Geschäffte hat er sich weiter nicht bekümmert, als in der Form nöthig war, ich denke er meynt, der Bleymantel werde ihm früh genug umgethan, und er wolle jetzt seiner Jugend genießen was ich ihm eben auch nicht übel nehmen kann. Der König ist sodann gekommen, der hat eine unselige Weiße in Verlegenheit und Scheu die Leute von sich abzustoßen und aus falscher Popularität sich höchst unpopulär zu machen.[5] In Kleinigkeiten hat er viel guten Willen zu helfen bezeugt, im Großen ist nichts geschehen, und hat er auch nicht einmal etwas erfahren wollen, besonders hier scheint er geglaubt zu haben, man paße ihm auf, um ihn mit allerley verdrüßlichen Sachen zu behelligen, weswegen er niemand vor sich ließ. Darauf kam Schukmann. Das ist auch eine Betrübniß, daß man keinen Zorn auf niemand verwahren kann, sieht man sie selber, dann sinds alles gute Leute, mit deren Irrthümern oder Furchtsamkeiten man Mitleiden haben muß. Ich habe zwey Stunden lang mit ihm gesprochen, war meist anderer Meynung als er, doch kann ich nicht sagen, daß er einen schlechten Grundsatz geäußert hätte, es ist alles nur Verzagtheit und Mangel an Herz.[6] Darauf sollte der Kanzler kommen, der ist aber auf halbem Wege nach Pyrmont abgesprungen, weil er den Keichhusten bekommen, er schien als ob es sich durch ihn zu etwas anlaßen sollte, das ist nun auch zu Wasser.[7] Jetzt ist Altenstein hier, der soll auf die ständische Verfassung reißen, Lebens ist darüber Referent bey ihm[8], es soll auch ein guter, wohlmeynender Mann seyn, aber ich habe meinen Eckel an dem lahmen Austernwesen noch nicht so weit überwinden können, daß ich zu ihm gegangen wäre, alle Worte sind wie Wasser, das den Rhein hinunterfließt, das große Lebermeer voll Klebebier verschlingt Alles. Das ist ohngefähr der Stand hießiger Dinge, unterdessen rasselt die Mühle fort, schüttet Klagen auf und bringt wieder Klagen heraus, viele gute Kräfte aber gehn darüber verlohren, und die Zeit wird vergeudet. Hundertmahl habe ich Gott gedankt, daß sie mir den Merkur abgenommen, daß ich nicht immer in dem Kothe zu rühren nöthig hatte; freylich hatte ichs wieder angetragen, aber der Himmel hat mich dafür bewahrt[9], mags da treiben wer Lust dazu hat Schnecken zum Tanze abzurichten. Leben Sie recht wohl und behalten Sie in Ihrem Andenken

Ihren Erg.
J Görres

---

1 Die beiden letzten überlieferten Briefe: 25.4.1817 und 4.7.1817.

2 Zur Schreibarbeit für den Koblenzer Hilfsverein Brief Nr. 110, Anm. 2. Görres beschäftigte sich damals mit der Endredaktion seiner Übersetzung des persischen Nationalepos *Schahnameh*, die allerdings erst 1820 erschienen ist.

3 Die beiden letzten Rechenschaftsberichte des Vereins: Nr. 4 und Nr. 5 vom 5. Juli und 15. August 1817 (*GS* 13, S. 522ff).

4 Zu der begeisterten Aufnahme des Kronprinzen, des späteren Friedrich Wilhelm IV, bei seinem Besuch in Koblenz in den ersten Augusttagen des Jahres 1817: Görres, *In Sachen der Rheinprovinzen*, S. 98f. Görres deutet hier seinen eigenen Anteil an der freundlichen Begrüßung nur an. Doch soll seine Tochter Sophie damals dem Kronprinzen ein von Görres verfasstes Gedicht vorgetragen haben (Raab, *Ein Leben für Freiheit und Recht*, S. 51; Das Gedicht „Sei uns willkommen junger Fürst" bei Hans A. Münster, *Joh. Josef Görres. Eine Auswahl aus seinen nationalen Schriften*, Hamburg 1925, S. 148; Schellberg (Hrsg.), *Ausgewählte Briefe* (1911), S. 747). Max von Schenkendorf schrieb ein Huldigungsgedicht zum Abschied am 5. August 1817 (*Unserm geliebten Kronprinzen. Zum Abschiede von Koblenz am 5. August 1817*: M. v. Schenkendorf, *Gedichte,* Leipzig o.J., S. 214-216).

5 Zum Besuch des Königs und seiner mangelnden Volksnähe noch einmal Brief Nr. 118.

6 Zur Unterredung mit Minister Schuckmann s. Briefe Nr. 113, 114 und 118.

7 Hardenbergs Besuch am Rhein musste wegen Krankheit verschoben werden, er kam erst Ende Dezember 1817 nach Koblenz (s. Brief Nr. 124).

8 Karl Freiherr vom Stein zu Altenstein übernahm 1817 das neu geschaffene Ministerium für Kultus, Unterricht und Medizinalwesen, dessen Bereich bisher zum Ressort des Innenministeriums gehört hatte. Zu dem Juristen Johann Friedrich Lebens s. Personenverzeichnis.

9 Zu dem Angebot, den *Rheinischen Merkur* wieder aufleben zu lassen, Brief Nr. 85, Anm. 4.

116. An Johann Gerhard Christian Thomas

Datum: Koblenz, 1.10.1817.
Original: Österr. Nationalbibl. Wien, Autogr. 11/120-2.
Unveröffentlicht.
Adresse: Herrn Senator Thomas Wohlg. an der schönen Aussicht in Frankfurt.
Einordnung: Briefe von Thomas an Görres sind nicht erhalten.
Regest: Görres sendet den Rechenschaftsbericht des Hilfsvereins und erkundigt sich nach dem Schicksal übersandter Lose.

Coblenz am 1 Oktober 1817

Ich bitte Sie mein lieber Freund die Beylage in der Frankfurter Zeitung abdrucken zu laßen[1], die Gebühren mögen sie hierhin ziehen.

Ich habe Ihnen am Anfang 100 Loose für Hach nach Lübeck gesendet, von denen ich nichts höre.[2] Sie haben diese Bestimmung wahrscheinlich übersehen, und sie für Frankfurt verwendet. Das thut nichts wenn es so ist, doch muß es in die Bücher. Darum schreiben Sie mir ein Wort darüber.

Ich habe Eile geladen, darum jetzt Gott befohlen! Wie ist Ihnen das Bad bekommen?

Ihr
J. Görres

---

1 Vermutlich der letzte Rechenschaftsbericht des Hilfsvereins vom 15. August. Frankfurter Zeitung: vielleicht *Intelligenzblatt der freien Stadt Frankfurt* (ab 1804, bis 1910 reines Anzeigen- und Bekanntmachungsblatt) oder *Frankfurter Oberpostamtszeitung*.

2 Johann Friedrich Hach führte 1817 als Jurist und Diplomat im Dienst seiner Heimatstadt Lübeck die Vorverhandlungen für den Deutschen Bund in Frankfurt für die Hansestädte. Danach wirkte er als Senator in Lübeck. Johann Gerhard Christian Thomas war seit 1816 Senator der Freien Stadt Frankfurt.

117. An Karl Joseph Heinrich Ruckstuhl

Datum: Koblenz, 8.10.1817.
Original: Stadt- und Landesbibliothek Dortmund, Atg. Nr. 2859 (3 Seiten).
Unveröffentlicht.
Adresse: Herrn Prof. Ruckstul in Bonn.
Einordnung: Es sind keine Briefe von Ruckstuhl an Görres erhalten.
Regest: Görres fordert Ruckstuhl auf, für Bonn eine Adresse an den Bundestag und Unterschriften dafür zu sammeln. Er werde dann dafür sorgen, dass sie durch eine Deputation überreicht werde.

Coblenz am 8 Okt 1817

Es ist im Werke, wie Sie wohl schon wissen werden in allen Theilen Teutschlands am 18ten Oktober eine Adresse unterzeichnen zu laßen, worin der Bundestag aufgefordert wird, endlich einmal die Erfüllung des 13ten Artikels der Akte zu betreiben.[1] Wenn auch die Sache an sich nicht würklich in der Ordnung zur Reife gediehen, und also wahrscheinlich nicht ganz ohne Erfolg vorüber geht, so wäre sie schon deswegen von Wichtigkeit, um einmal den allgemeinen Willen feyerlich an Tag zu legen, und in gemeinsamer Zusammenwirkung ein Nazionalwerk zu begründen. Auf die rheinischen Städte sieht ganz Teutschland in solchen Dingen, und Bonn darf sich nicht ausschließen. Da es eine ganz constituzionelle Sache ist, und weder Muth noch Verläugnung zur Sache gehört, so wird es als eine schimpfliche Indolenz erscheinen, wo sie nicht zu Stande kömmt. Da solche Dinge immer von der Art abhängen, wie sie angefangen und betrieben werden, so habe ich mich an Sie wenden wollen, damit Sie sich mit einigen andern tüchtigen Leuten der Sache unterziehen.[2] Entwerfen Sie eine solche Adresse in einer Weiße wie es Ihnen zeitgemäß scheint, und laßen Sie dieselbe den Leuten zur Unterzeichnung vorlegen, je mehr deren Theil daran nehmen um so besser wird es seyn. Senden Sie nur als dann das Instrument ein, und ich werde es weiter befördern, wo es durch eine Deputation überreicht wird. Will Bonn eine Universitätsstadt werden, so muß es vor allem sich legitimiren, daß es einen wahrhaften öffentlichen Geist und einen rechten Gemeinsinn besitzt, weil ohne das keiner Stadt eine solche Anstalt gebührt, noch auch dieselbe in ihr gedeihen mag.[3]

Ihr Ergebenster
J. Görres

---

[1] Zur Adressbewegung s. Brief Nr. 112.

[2] Karl Joseph Heinrich Ruckstuhl, seit 1816 Lehrer am Gymnasium in Bonn, hatte mehrere Beiträge für den *Rheinischen Merkur* geliefert. Er kam aus der Schule Pestalozzis, die Görres besonders schätzte (s. Brief Nr. 49).

[3] Zur Frage des künftigen Standorts einer rheinischen Universität s. Brief Nr. 32.

118. An Achim von Arnim

Datum: Simmern, 20.11.1817.
Original: Staatsbibliothek zu Berlin – Preuß. Kulturbesitz, Nachlass Grimm 686, S. 27f (4 Seiten).
Druckausgabe: Steig, Görres' Briefe an Achim v. Arnim, in: *Neue Heidelberger Jahrbücher* 19, S. 108-111.
Zur Datierung: Ralf Breslau, *Der Nachlass der Brüder Grimm: Katalog*, S. 319 datiert – fälschlich – 20.5.1817.
Einordnung: Letzter Brief Arnims: 21.10.1817; Arnims Antwort: 23.12.1817.
Regest: Görres berichtet von seiner Arbeit als Aushebungskommissar und vom Erfolg der Unterschriftensammlung für seine Adresse, schildert seine Eindrücke vom Besuch des Kronprinzen und des Königs, und seine Unterredung mit Minister Schuckmann. Schließlich lobt er Arnims *Kronenwächter* und erwähnt kurz seine eigenen aktuellen Arbeiten.

Simmern am 20 Nov 1817.

Ich schreibe dir, lieber Arnim! hier von der Höhe des Hundsrücken in einer freyen Stunde, die ich mir heraus erschnappt habe.[1] Weiß Gott, welch ein abgesagter Feind von aller Kamaschen und Soldatenwirthschafft ich bin, und nun muß ich doch mit General und Offizieren im Lande umherziehen und Soldaten ausheben. Sie haben mich nämlich zum Deputirten der Städte bey der Departementalaushebungscommission gemacht. Ich mogte es nicht ausschlagen, weil es sonst eben heißt, man habe großes Maul, und sey, wo es gälte, nicht zu Hauße. Auch sah ich wohl vor, daß es eine Gelegenheit sey, Stöße zu geben und zu empfangen, und bey der Unvernünftigkeit und Mangelhaftigkeit des Aushebungsgeschäfftes manchem armen Teufel durchzuhelfen. Das ist denn auch geschehen, und ich habe mich durchs ganze Land durchdisputirt, ob ich gleich im Allgemeinen gegen die Billigkeit meiner soldatischen Begleiter nicht schelten kann. Das sey Gott geklagt, was man nicht dumme Arbeiten in der Welt hat, und es wäre vollends kein Rath, wenn Alles gescheidt gienge. Hat man auch keine, so macht man sich Eine, so habe ich seit dem 18. Oktober eine Adresse an den König durchs ganze Land mit nicht geringer Mühe und Schreibtreiberey durchgetrieben, die nun freylich Alles unterschrieben, und nun in einem stattlichen Imperialfolio dem König präsentirt werden soll, damit sie doch nicht ferner sagen, es seyen blos einige unruhige Köpfe, die wollten, was der Menschenverstand befiehlt.[2] So gehts aus Einem ins Andere, ein immerwährendes Gesause, und man treibt und haselirt und handthiert, und mögte doch am liebsten seyn, wo man gar nichts von der verrückten bestialischen Wirthschafft hörte, die auf diesem perennirenden Markt von Plundersweiler getrieben wird. Jetzt steht nun wieder ein neuer Aufzug bevor, da der Kanzler kommen und lange bleiben will, nach den erschrecklichen Durchzügen, die wir schon gehabt.[3] Ich stelle mich zwar gewöhnlich in die Coulisse, und putze wohl da und dort eine Lampe, und sehe mir so die Sache von hinten an, wo sie sich in der Regel nicht sonderlich ausnimmt. Dem Kronprinzen trat ich ein wenig nahe, weil mich die Zukunft in ihm interessirte, und sein gutes Naturell mich leicht anzog.[4] Er hat sich gut und mit natürlichem Anstande genommen, und hat sicher neben einer vorherrschenden Gutmüthigkeit einen innern Kern, der freylich schon anfängt mit Manier und leicht abthuender glatter Übergleiterey umfrißirt zu werden, wobey Ancillon sicherlich übeln Einfluß hat[5], der aber wenn der gefährliche Witz nicht zu übermüthig wird, oder sie ihn nicht in der Schnürbrust ihrer mörderischen Langeweile und emsigen Nichtsthuerey verderben, sich wohl herausarbeiten, und es zu etwas bringen wird. Den Leuten hier, denen Alles Natürliche und Lebendige gefällt, hat er sehr gefallen, nicht so der König, der wie ein verdrüslicher Nordwind durchgefahren.[6] Den habe ich gar nicht gesehen, weil ich keine Paraden sehen mag, und er doch dort allein zu finden. Darneben sind nun allerley Minister zwischengelaufen.[7] Boyen hat mir gefallen, als ein Mann der Sehnen hat, und an den man wohl ein Wort wenden mag, weil man sieht, daß es nutzen kann. Ist er befangen, so ist es sein Unglück und nicht seine Schuld. Altenstein sprach freylich lieber von Vielem Andern als seiner Angelegenheit, das aber war mir ein wahrer Trost, weil ich aus Eckel an der leeren Salbaderey gar nicht mehr davon reden mag. Darum habe ich mit ihm wohl disputirt, aber kein

Wort über Stände und Verfassung geredet. Er ist jetzt an seinem Platze. Darauf auch Schuckmann, du schiltst mich aus über den, als hätte ich eine Liebschafft mit ihm angefangen, und sey nun dimittirt um mit ihm copulirt zu werden. Da aber war die Zärtlichkeit gar nicht so herzinnig, was sollte ich auch an einem solchen caduken, welken, aus der Höflichkeit durch Hochmuth in die Grobheit und aus der Grobheit aus Furcht wieder in die Höflichkeit beständig hinüberschielenden Manne für Berührungspunkte finden. Ich saß zwey Stunden neben ihm verdrüslich in verdrüßlichen Redensarten über allerley Dinge redend ohne Aufwand und Mühwaltung, wie man wohl in langweiliger Gesellschafft thut, selten seiner Meynung, ohne deswegen mich zu ärgern oder an allenfalsiger Übereinstimmung Gefallen zu haben. Ich weiß nicht, wollte er sich vor mir putzen oder ist er so, ich kann nicht sagen, daß er in all der Zeit einen schlechten Grundsatz geäußert, aber was er sagte war unerfreulich, und grau oder gräulig, fahl und lau, und ich ließ es so gut seyn. Am Ende erzählte er von Wolf und klagte mir seinen Verdruß mit ihm[8], ich ließ mirs gefallen und gieng und sah ihn nicht wieder. Ich habe einen schlechten Begriff von der Parthey bekommen, die sich bey Euch von ihm unterdrücken läßt.

Laße mir nun den verdammten Quark und sprich mir von was Anderm. Du hast mir deine Kronenwächter geschickt[9], und ich habe mir sie gleich vorlesen laßen, und sie haben mir sehr wohl gefallen, und ich habe mich recht gefreut, daß es bey dir noch so frisch grünt, und unter deinen Händen Alles so wohl gedeiht. Du hast sehr gut deine Zeit gewählt, den Nachglanz der guten Schwäbischen Zeit, die selbst wie dein crystallner Pallast hinten im Niedergange steht, im Aufgang der kühle etwas fröstelnde Morgen der Reformazion, den Maximilian den letzten teutschen Kayser zusammenbrechend, um ihn die leichten Erdstöße und die schwüle Luft vor großen Veränderungen, hinter ihm die alten Ritter aus Harnischen, Helmen und Schienen zusammengestellt, von zornigen aber körperlosen Geistern erfüllt, die Körper aber daneben ohne Geist umgehend. Diese Zeit die wieder so gar viel Ähnliches mit der Unsern hat, hast du auch gut studiert, es ist dir damit sehr wohl gelungen, und das Gedicht liest sich wie Geschichte, es hat mir einen reinen Eindruck gemacht, wie die Nähe einer rechten Fülle von aller Flunkerigkeit entfernt, sie immer giebt. Die Menschen drinn sind auch so greiflich wie die Zeit, große Enthaltsamkeit ist auch zu loben, und der scharf geführte Zügel, kurz es ist Alles recht gut gemacht, und es soll mir Einer kommen und sagen, es sey nichts damit. Die dummen Teufel in den Blättern sind nun auseinandergeblasen, wie die Spreu vom vorigen Jahre, und deine Gerechtigkeit wird dir werden. Gern mögt ich etwas über das Buch sagen, könnt ich nur erst etwas zu mir selber kommen. Ich laße den Schah Nameh drucken, wie du wißen wirst, und habe die große Einleitung dazu auf dem Stuhle, daneben wieder ein Buch aus der verdammten Politik[10], was freylich wohl gut werden wird und der Zeit gemäß, das ich aber im Werden hasse und doch mit Liebe pflege, das heraus muß, weil ichs nicht laßen kann. Ich wollte es nur kurz machen, weil es aber in großer Kürze von dem was war ist und seyn wird reden will, da wächst es unvermerkt wie der Golem, ich drücke und ziehe und stampfe daran in gröster Herzensangst, aber es hilft all nichts, und ich will durchaus kein Buch! Nun Gott sey der ganzen Zeit gnädig, sie wird noch im Kindbett sterben. - Ich konnte wohl denken, daß dir die Heidelberger Lieder gefallen würden, es sind recht gute Sachen darunter, aber man spürt doch gar sehr daran, wie sehr es sich geändert, seit der Zeit wo sie noch sangbar waren.[11] Ein Theil davon kann in deinen Kronwächtern gesungen werden.

Gott befohlen, und behalte mich lieb, alle die Meinigen grüßen.

J.

---

1 Der Kreis Simmern im Hunsrück gehörte zum Regierungsbezirk Koblenz. Die Aushebungskommissionen hatten außer dem Landrat 4 zivile Mitglieder, 3 Offiziere und einen Militärarzt. Görres hat im März 1818 in seiner Eigenschaft als „Mitglied der Departementalaushebungskommission" eine Denkschrift über die Landwehr mitverfasst (s. Brief Nr. 134). Am 24.9.1818 bat er unter Hinweis auf den geringen Entscheidungsspielraum der Kommissare durch die neuen Aushebungsgesetze um seine Demission (Brief Nr. 144). Zur Aushebungspraxis und den damit verbundenen Problemen im Preußen des Vormärz: Ute Frevert, *Die kasernierte Nation. Militärdienst und Zivilgesellschaft in Deutschland*, München 2001, S. 63ff.

2 Zur Adressbewegung s. Brief Nr. 112.

3 Der Besuch des Kanzlers Hardenberg war aus Gesundheitsgründen verschoben worden. Hardenberg kam schließlich Ende Dezember 1817 an den Rhein (s. Brief Nr. 124).

4 Zum Besuch des Kronprinzen vgl. Briefe Nr. 115.

5 Jean Pierre Frédéric Ancillon, 1810-1814 Erzieher des Kronprinzen mit großem Einfluss auf diesen, seit 1817 Mitglied des Staatsrats und des Ausschusses für die Bearbeitung und Einführung der provinzialständischen Verfassung und des Oberzensurkollegiums, Gegenspieler Hardenbergs.

6 Zum Besuch des Königs in den Rheinlanden vgl. Brief Nr. 115.

7 Die im Folgenden erwähnten Minister: Hermann von Boyen, damals Generalmajor und preußischer Kriegsminister, Kultusminister Karl Freiherr vom Stein zu Altenstein (vgl. Brief Nr. 115), Innenminister Schuckmann (vgl. Briefe Nr. 113-115). Arnim hatte am 21.10. an Görres geschrieben, er habe gehört, dass Görres mit dem Kronprinz Worte gewechselt und mit Schuckmann sogar einen Händedruck. „Dies Letztere könnte mich Deinetwegen fast bange machen; der Kerl will Dich über den Gänsedreck führen, denn wie ich höre, hat er gehindert, daß Dir noch nicht Dein Gehalt ausgezahlt ist. Wenn Du Schuckmann kennen gelernt hast, so kennst Du auch das Miserabelste in unserem Staate, die tiefste Note, und wenn Du Dich mit dem verträgst, so wirst Du bald der beste Patriot sein."

8 Gemeint ist vermutlich der Altertumswissenschaftler Friedrich August Wolf, der als Berater in Universitätsangelegenheiten und bei der Gründung der Universität Berlin, kurzzeitig glücklos als Direktor der wissenschaftlichen Deputation für die Section des öffentlichen Unterrichts, gewirkt hatte, und in ständigen Zwistigkeiten mit der Universität wie auch mit der Berliner Akademie der Wissenschaften lebte (s. Pers.verzeichnis).

9 Arnims Roman *Die Kronenwächter* (Bd. 1 Berlin, Maurersche Buchhandlung 1817; Bd. 2 als Fragment posthum 1854) spielt zu Anfang des 16. Jahrhunderts in Schwaben, Hauptperson ist ein Nachfahre der Hohenstaufen. Arnim hatte Görres das Buch geschickt und am 21.10. nachgefragt, wie es ihm gefallen habe. Am 23.12.1817 dankt er für das Lob für die *Kronenwächter*.

10 Zum *Schah Nameh*: Briefe Nr. 111, 114-116. Zu der geplanten politischen Schrift s. Brief Nr. 76.

11 Die Heidelberger Lieder: *Altteutsche Volks- und Meisterlieder aus den Handschriften der Heidelberger Bibliothek.* Herausgegeben von J. Görres, Frankfurt 1817. Arnim hatte am 21.10. geschrieben, dass er Görres' Meisterlieder im *Gesellschafter* (*Der Gesellschafter oder Blätter für Geist und Herz,* hrsg. von F. W. Gubitz, Berlin, 1. Jg. Januar 1817) lobend rezensiert habe.

119. An Eberhard von Groote

Datum: Koblenz, 1.12.1817.
Original: Stadtarchiv Bonn I i 98/631/5 (2 Seiten).
Unveröffentlicht.
Adresse: Herren Eberhard De Grote Wohlg. in Cöln.
Einordnung: Letzte Briefe Grootes: 3.11.1817 und 20.11.1817. Möglicherweise liegt vor dem gegenwärtigen Brief von Görres noch ein weiterer nicht erhaltener Brief: Im Stadtarchiv Bonn I i 98/631/7 findet sich ein Couvert ohne Poststempel, aber später mit Datum 14.11.1817 versehen, an „Herrn Eberhard de Grote in Cöln" adressiert.
Regest: Görres teilt Groote mit, dass er wegen der bevorstehenden Ankunft Hardenbergs vorerst noch nicht nach Köln kommen könne, kommentiert die Adressen von Köln und Trier und berichtet über den Erfolg der Unterschriftenaktion.

Coblenz am 1 Dez 1817.

Die Beschreibung von Kisten und Kasten sammt Inhalt, macht allerdings große Lust zum Kommen.[1] Indeßen, da der Kanzler nun endlich in diesen Tagen anlangen soll, so kann ich doch nicht so fortlaufen, und muß schon abwarten, bis der Schauer vorbeygezogen.[2] Dann aber denke ich zu kommen, und vom freundlichen Anerbiethen Gebrauch zu machen.

Was die Loose betrifft, so ist das Ihrige allerdings in bester Ordnung, aber der confuse Regierungsrath hat würklich große Unordnung hineingebracht.[3] Er hat allerdings von 8800 zurückgesendet, die ich selbst ins Buch eingetragen, und die sich auch beym Vereine noch vorfinden.

Ich weiß wohl, daß an der Adresse von Cöln nicht sonderlich viel ist, und die von Trier hat mir auch in ihrer Fassung nicht sonderlich angestanden. Inzwischen knüpfe ich immer gern an schon Bestehendes an, die huldreiche Aufnahme war eine kleine List nach oben und unten, und es macht überdem noch den Nachbarn Muth, wenn man aus ihren zaghaften Schritten etwas Absonderliches macht. Es ist nun so weit gediehen, daß alles Volk von der Nahe bis gegen Malmedy hin unterzeichnet hat. Der Kanzler kömmt um abzuhohlen.[4]

Der Apparat zu Tristan ist allerdings stattlich, nur bald an die Arbeit. Hagen kündigt alles an, damit niemand sich an die Sache macht.[5] Gott befohlen.

Ihr Er
J Görres

(außen auf dem Adressbogen über der Adresse):
Beyliegend die Adreße für den Bundestag, die Jassoy übergeben wird. Eine Anzahl Unterschrifften aus eurer Gegend wird heilsam seyn.[6]

---

1 Groote hatte bereits am 6.7.1817 über allerlei interessante Handschriften berichtet, die nun aus Paris den Rheinprovinzen zurückgegeben worden seien, ebenso am 24.7. über 3 Kisten mit Büchern und Urkunden, und hatte Görres eingeladen: „Bey mir ist Raum zu wohnen und nach Lust und Liebe den ganzen schönen alten Kram zu durchmausen". Am 3.11. berichtete er, die lange erwarteten Handschriften von Aachen seien immer noch nicht angekommen, die trierischen Sachen aber könnte Görres bei ihm noch einsehen. Am 20.11.1817 schließlich schrieb er, er habe in seinen Stuben und Sälen alles voll von dem „lang erhofften Kram", vier Kasten mit alten Handschriften

und Büchern, drei mit Urkunden – „braucht es mehr, um die Seligkeit voll zu machen?“, und forderte Görres noch einmal zum Kommen auf.

2 Staatskanzler v. Hardenberg kam in den letzten Dezembertagen an den Rhein: s. Brief Nr. 124.

3 An der Konfusion mit den Hilfsvereinlosen in Köln schuldig zu sein wurde Werner von Haxthausen verdächtigt, der seit 1815 Regierungsrat in Köln war. Am 28.2.1818 schreibt Haxthausen dazu: „Die Confusion mit den Loosen muß Groote oder Dumont, mit dem er sie hin und her gekramt hat, verantworten. Meine sind in Ordnung. Weil diese Brüder aber nicht einig darüber werden können, und am Ende deine Eifeler nicht darunter leiden dürfen, ich auch als Vorsteher aller Irren- und Armenanstalten in Köln nicht zugeben darf, daß diese Schande auf Köln sitzenbleibt und du sagen müßtest die Irren und Armen confusion ist da noch ärger als in Coblenz und allen übrigen Orten, so übernehme ich den Trödel, verkaufe meine Kupferstiche, die doch nichts werth sind und decke den Kölnischen Loosen-Defekt. Schreibe mir also wie viel Geld dir noch fehlt aus dieser Geschichte, dann will ich dir alles schicken.“

4 Zur Adressbewegung Brief Nr. 112.

5 Groote hatte am 24.7. und am 3.11. über seine vergleichenden Arbeiten an den verschiedenen *Tristan*-Handschriften berichtet. Am 20.11. schrieb er: „Wüßte v.d. Hagen davon, hätte er wohl noch nicht im letzten Meßkatalog das Gedicht angekündigt“, er werde ihm schreiben, nichts zu übereilen, da man doch alle Handschriften vergleichen müsse. Zu Grootes Projekt einer Edition des *Tristan* des Gottfried von Straßburg: Spiertz, *Groote*, S. 164ff; Grunewald, *Von der Hagen*, S. 176ff. Groote hatte für seine Edition schließlich 5 Handschriften, 2 Inkunabeln und 2 Exzerpte zur Verfügung. Groote hatte 1815 ursprünglich v.d. Hagen zu einer gemeinsamen Ausgabe eingeladen, doch dieser kündigte im November 1817 ohne Grootes Wissen die *Tristan*-Edition im Leipziger Meßkatalog an. Sein Vorteil gegenüber Hagen in puncto Anzahl der Handschriften, und diese Ankündigung veranlassten Groote von einer Zusammenarbeit abzusehen. Am 17.1.1818 schrieb er an Hagen, dass ohne Benutzung seiner Materialien eine vollständige Ausgabe wohl schwerlich möglich sei. Grootes Ausgabe erschien 1821: Eberhard von Groote (Hrsg.), *Tristan von Meister Gotfrit von Straszburg mit der Fortsetzung des Meisters Ulrich von Turheim*, Berlin (Reimer) 1821, S. LXVI-LXIII. Hagens wenig glückliche und vielfach kritisierte Version erschien 2 Jahre später: *Gottfrieds von Strassburg Werke aus den beßten Handschriften mit Einleitung und Wörterbuch*, 1823.

6 Daniel Ludwig Jassoy aus Hanau, Schriftsteller und Rechtsanwalt in Frankfurt (s. Pers.verzeichnis).

120. An Johann Smidt

Datum: Koblenz, 12.12.1817.
Original: Staatsarchiv Bremen 7, 20 – 778 (2 Seiten).
Unveröffentlicht.
Adresse: Herren Senator Smidt Wohlg. in Francfurt.
Regest: Görres berichtet vom Tod des Max von Schenkendorf.

Coblenz am 12 Dez 1817

Ich habe Ihnen eine betrübte Nachricht zu melden. Gestern Abend starb hier Max von Schenkendorf.[1] Er hat, wie Sie wißen schon lange mit bedenklichem Schwindel und anderm Übel sich geschleppt. Seit acht Tagen kamen die Anfälle häufiger. Gestern war sein Geburtstag, mitten unter Kränzen und Blumen, bekam er Abends um fünf Uhr einen neuen Anfall, den man wie gewöhnlich für vorübergehend hielt. Als inzwischen nach einer Viertelstunde der Arzt kam, fand er ihn leblos, eine geschlagene Ader gab kein Blut, und er war auf dem Gesichte liegend sanft und wahrscheinlich ohne Bewußtseyn verschieden , ob er gleich schon lange die Ahndung eines solchen Tods gehabt. Er war, wie Sie ihn kennen, ein wackrer braver Mann, wie ihrer Preussen nicht Viele zu verlieren hat. Seine Frau ist, wie Sie sich denken können, in großem Leide, sie ist herzlich zu bedauern. Es geht eben in alle Wege nicht zum Bessern.

Leben Sie wohl, viele Grüße an die Ihrigen

Ihr Erg.
J Görres

---

1 Der Dichter Max von Schenkendorf starb am 11. Dezember in Koblenz, vermutlich sogar in Görres' Haus an der Schloßstraße (s. Brief Nr. 90). Der Bremer Senator Johann Smidt war mit Schenkendorf befreundet gewesen und hatte sich um Verlag und Drucklegung eines Bandes mit Gesammelten Gedichten bemüht: Max v. Schenkendorf, *Gedichte* (Cotta) 1815.

121. An Georg Andreas Reimer

Datum: Koblenz, 13.12.1817.
Original: Stadtbibliothek Wuppertal, Nachlass Paul Pörtner (3 Seiten).
Abschrift: Familienarchiv Görres-Jochner Nr. 124.
Druckausgabe: Paul Kaufmann, Joseph Görres und Andreas Reimer, in: Hoeber (Hrsg.), *Görres-Festschrift,* 1926, S. 119-125 (einige kleinere Abweichungen).
Adresse: Herrn Reimer Wohlg. in der Realschulbuchhandlung.
Regest: Görres dankt für Reimers Brief, meldet den Tod Schenkendorfs, berichtet von der Adressbewegung, kündigt die Zusendung der Zeichnungen für die Illustration des *Heldenbuchs von Iran* an und bietet Reimer seine Sammlung von Sagen und Geschichten aus der Heidelberger Bibliothek an.

Coblenz am 13 Dezember 1817.

Ich danke Ihnen für Ihre neuliche Zuschrifft durch Dohna, und die freundschafftliche Art, in der sie mir die Nibelungenbilder zugesagt.[1] Ich habe sie noch nicht gesehen, und es ist mir lieb sie zu besitzen, des Gegenstandes und des Urhebers wegen, und um Ihrentwillen. Ich wills gelegentlich wieder gut zu machen suchen.

Es ist mir leid gewesen, was Sie mir von der Krankheit Ihres Sohns geschrieben, das wird nun jetzt vollends beseitigt seyn.[2] Er hat eine gute, gesunde Anlage, damit läßt sich durch Vieles durchkommen. Schenkendorf ists nicht so gut geworden, er ist vor zwey Tagen einem wahrscheinlich organischen Übel erlegen, und wir begraben ihn heute.[3]

Es war ein wackrer, braver Mensch, wir hätten wohl sieben Andre von unserer Regierung um ihn gegeben, und hätten doppelten Gewinn davon gehabt.

Was Sie über die Adresse bemerken ist wohl gegründet, inzwischen da keine Korporazionen vorhanden, muß man an die Masse des Volkes gehen. Das habe ich gethan, und die unsre ist jetzt im ganzen Regierungsbezirke von Ort zu Ort von allen Notabeln unterzeichnet. Da der Kanzler immer nicht kommen will, so werden wir sie wohl absenden müßen, und die treugehorsamsten Bauersleute, die sich die Constituzion ausbitten, werden schon nach Berlin wandern müßen. Die an den Bundestag wird nach der Absendung in Umlauf gesetzt. Man muß die teutschen Gewässer immer in Bewegung halten, damit sie nicht in Fäulniß übergehen.[4]

Mit Vieweg rückt der Druck langsam vor, das ist mir nicht ganz unlieb, weil ich gar so viel zwischenlaufende Arbeit habe, die mich immer hindert an die Einleitung zu gehen. Ich habe unterdeßen in Göttingen zwey Gemählde aus dem Manuskript durchzeichnen laßen, die ich Ihnen senden werde, damit sie dieselben stechen laßen können, als Titelkupfer zu den beyden Bänden. Eine Karte wäre auch höchst nöthig, wenn ich nur Zeit finde, sie zu vollenden.[5]

Wegen der Schrifft Sagen und Geschichten aus den Manuskripten der Heidelberger Bibliothek habe ich mit Mohr und Winter Rücksprache genommen, ich habe ihnen etwas anderes gegeben, was ihrer Wirkungsweiße mehr zusagt, und Sie können sie haben, wenn Sie dieselben übernehmen wollen.[6] Aber auch dabey muß ich um Ausstand anhalten, so sehr ich mich zusammenhalte, kommt doch allzu viel Zerstreuendes das ich bey meiner Stellung in keiner Art abweißen kann. Leben Sie recht wohl, viele Grüße an die Ihrigen.

Ihr Erg.
J Görres

---

1 Reimers Brief ist nicht erhalten. Der Überbringer: wohl Graf Dohna, Erbherr von Karwinden und Schlodien, ein Gönner von Max v. Schenkendorf, in dessen Haus in Schlodien in Ostpreußen der Dichter 1810 in schwerer Krankheit gepflegt worden war. Er war vermutlich zu dem Schwerkranken nach Koblenz gereist. Die Nibelungenbilder: Peter Cornelius, *Aventiure von den Nibelungen*, Berlin (Prêtre) 1817. Zur Beziehung von Görres zu Cornelius s. Brief Cornelius an Görres 3.11.1814.

2 Die Krankheit des Sohnes: Reimer hatte damals vier Söhne, die nicht im Kindesalter starben: darunter sein späterer Nachfolger im Verlag Georg Ernst Reimer (1804-1885), und Karl August (1801-1858).

3 Zum Tod von Max v. Schenkendorf s. Brief Nr. 120.

4 Zur Adressbewegung s. Brief Nr. 112. Hardenberg kam in den letzten Dezembertagen an den Rhein. Am 12. Januar 1818 übergab ihm Görres seine Adresse in öffentlicher Audienz. Dazu Görres, *Die Übergabe der Adresse der Stadt Coblenz und Der Landschaft an Se. Majestät den König in öffentlicher Audienz bei Sr. Durchl. dem Fürsten Staatskanzler am 12. Januar 1818. Als Bericht für die Theilnehmer*, 1818. Eine Adresse an den Bundestag sei, so Görres, *In Sachen der Rheinprovinzen*, „wegen mangelndem Vertrauen in diese Behörde" nicht zustande gekommen (S. 79 = *GS* 13, S. 321).

5 Das von Reimer verlegte und von Vieweg gedruckte Werk: *Das Heldenbuch von Iran: aus dem Schah Nameh des Firdussi von Joseph Görres. In zwei Bänden mit 2 Kupfern und einer Charte*, 1820. Die Zeichnung hatte August von Haxthausen für Görres in Göttingen ausführen lassen (s. Brief Nr. 114).

6 Die Sammlung von Sagen und Geschichten aus den Handschriften der Heidelberger Bibliothek hatte Görres im Januar 1817 schon Wilmans und danach Mohr und Winter angeboten (s. Briefe Nr. 76-78). Sie ist weder bei Reimer noch bei Mohr und Winter in Heidelberg erschienen. Welche andere Schrift Görres dem Verlag angeboten hat, ist nicht klar. Vgl. dazu den Brief Winters vom 20.1.1818, in dem von 3 Heften die Rede ist.

122. An Friedrich Perthes

Datum: Koblenz, 15.12.1817.
Original: Staatsarchiv Hamburg, Nachlass Perthes I, Mappe 10d, Bl. 288f.
Adresse: Herren Perthes Wohlg in Hamburg.

Druckausgabe: Schellberg (Hrsg.), Briefe an Perthes, in: *Erste Vereinsschrift der Görres-Gesellschaft für 1913*, Nr. 19, S. 79f; Binder (Hrsg.), *Freundesbriefe* unter Nr. 186, S. 538 (dat. „Einige Monate später"; Ausschnitt); H. Münster, *Johann Josef Görres. Eine Auswahl aus seinen nationalen Schriften,* Hamburg 1925, S. 153 (nach der Ausgabe der *Freundesbriefe*).

Einordnung: Vorangegangener Brief von Perthes: 25.8.1817; nächster Brief von Perthes: Ende Sept. 1819.

Regest: Görres sendet die 6. Bekanntmachung des Hilfsvereins, dankt für die Hilfe aus Hamburg und berichtet von seiner Unterschriftenaktion für die Adresse.

Coblenz am 15 Dez 17.

Nach langer Pause sende ich Ihnen, mein lieber Freund! die sechste Bekanntmachung mit der Rechnungsablage, die ich Sie zu verbreiten, und ein Exemplar an den Beobachter zu geben bitte.[1] Noch einmal schönen Dank für Ihre und Kleudgens Bemühung in dieser Sache, nicht Sorge noch Geld war weggeworfen, alles Volk in den Bergen schreibt dem Unternehmen die Rettung der Armen zu.[2] Ich habe Ihnen Ihre Verzeichniße nicht unterschrieben zurückgeschickt, wie Sie verlangt, weil ich dachte, daß es einfacher im Druck geschehen könne. Wollen Sie's daneben noch haben, so will ich's Ihnen nachschicken.

Sie sehen aus den Zeitungen, wie das Adressenwesen für den Bundestag, wovon ich Ihnen im letzten Briefe schrieb, ernsthaft geworden ist. Ich habe, um keine Behörde vorbeyzugehen, zuerst eine an den König entworfen, die ist erst hier in der Stadt allgemein unterschrieben worden, und dann habe ich sie durchs ganze Land getrieben, und Dorf vor Dorf bis auf 20 Stunden von hier ist beygetreten. Da der Kanzler in wenig Tagen hier ankömmt, werde ich ihm sie zustecken. Es war mir zuerst daran gelegen, die Leute einmal einstimmig zu einem Werk zusammenzubringen. Demnächst laße ich die an den Bundestag cirkuliren. Sie sollen doch wißen, daß nicht Einige sondern Alle die Sache wollen, und es ist wieder ein Schritt weiter gethan. Es wäre wohl gut, wenn sie sich unten in Ihrer Gegend auch rührten, zu der Vielheit muß auch die Weite kommen, um Achtung zu gebiethen.[3]

Sie schreiben mir wegen Meninski, ich habe große Lust ihn zu behalten, gegen Erlag dessen, was Ihnen ein Anderer giebt.[4] Schreiben Sie mir deswegen, wie hoch Sie ihn halten.

Wenn ich mich recht erinnere, schrieben Sie mir einmal um einige fehlende Blätter vom Merkur für jemand. Ich habe es in allerley Getreibe vergessen, wenn Sie sich noch erinnern, so bezeichnen Sie mir die Nummern und ich will sie Ihnen senden.[5]

Ihr Erg
J Görres

---

1 Zum Hilfsverein Brief Nr. 99; Die 6. Bekanntmachung ist nicht in den Schriften veröffentlicht. *Der deutsche Beobachter oder privilegierte Hanseatische Zeitung* in Hamburg brachte jeweils die Rechenschaftsberichte des Hilfsvereins.

2 Am 25.8. hatte Perthes seine Spendenabrechnung und die von Kleudgen gesandt. Zu dem Hamburger Kaufmann Peter Kleudgen, der aus Hillscheid bei Koblenz stammte, s. Personenverzeichnis.

[3] Die Übergabe der Adresse erfolgte in Audienz am 12. Januar 1818. Dazu Görres, *Die Übergabe der Adresse der Stadt Coblenz und Der Landschaft an Se. Majestät den König in öffentlicher Audienz bei Sr. Durchl. dem Fürsten Staatskanzler am 12. Januar 1818. Als Bericht für die Theilnehmer*, 1818. Zur Adressbewegung s. Brief Nr. 112.

[4] Das Arabisch-Persisch-Türkisch-Lateinische Lexikon des Orientalisten Francis Meninski (Francisci a Mesgnien *Lexicon Arabico-Persico-Turcicum*, Wien, 4 Bde, 1780-1802), das Görres 1811 als Leihgabe von Perthes erhalten hatte (Perthes an Görres 24.2.1811: *GS/Briefe* 2, S. 548-550), hatte ihm bei der Arbeit am *Schah Nameh* wertvolle und unentbehrliche Dienste geleistet. Dazu noch einmal Brief Nr. 154.

[5] Vgl. Brief Nr. 99.

123. An August von Haxthausen

Datum: Koblenz, 22.12.1817.
Original: Stadt- und Universitätsbibliothek Dortmund Nr. 13648 (3 Seiten).
Unveröffentlicht.
Adresse: Herrn A. v. Haxthausen Wohlg. in Göttingen.
Einordnung: Letzter bekannter Brief Augusts v. Haxthausen: 4.11.1817. Nächster Brief: Haxthausens undatiertes Schreiben vom Januar 1818.
Regest: Görres bestätigt den Erhalt von Augusts *Schelmufski*-Ausgabe, geht scherzhaft auf die Westfalenreise Werners von Haxthausen ein, dankt für die Bemühungen mit den Zeichnungen für die *Schah Nameh*-Ausgabe, gibt weitere Anweisungen dafür und legt den 6. Rechenschaftsbericht des Hilfsvereins bei.

Coblenz am 22 Dez. 1817.

Der Herr Sohn haben sich seit 1816 zweymal brieflich angegriffen, einmal am 4ten Dezember vor sechs Wochen (lies eigentlich am 20 Nov) und das ander mal am besagten 4 Dezember, wenns kein Druckfehler ist, das erstemal mit Gespaße, das andermal amtlich.[1] Der Schelmufsky, an dem der H. S. Vaterstelle vertreten[2], ist im Schellenschlitten angefahren gekommen, hat viele Grüße gebracht und erzählt, der Tebel hohl mir von einem ganzen geladenen Heuwagen geschwappelt voll Liedern, die der Herr Schwiegervater abgeschrieben seit einem Jahre, und die er zu schicken gedenke, sobald gelinde Witterung komme und das Eis aufgehe, darum habe er sie nicht auf den Schellenschlitten gepackt, weil der mit Klingeln zu viel Aufsehen mache.[3] Er erzählte ferner, der Herr Bruder Graf sey gegenwärtig auf Reißen gegangen in konstituzionellen Angelegenheiten[4] und die schönen Sammthosen seyen ihm darüber gar schändlich aufgerißen, weswegen er eine Adresse an den Bundstag geschickt, ihm ein paar neue anzuschaffen, die ihn auf eine Subskription im Kuhländchen angewiesen. Ich habe mich für alle diese Neuigkeiten bey ihm gar höflichst bedankt, und nachdem er mir auf Abschlag der Lieder einen Anker Klebebier getrunken[5], hat er sichs Maul gewischt, und ist auf und davon gefahren in seinem neuen rothmarmorirten Rocke in alle Welt. Die Frau Mutter sieht nun alle Tage nach dem Thermometer, weil der Schelm nicht lügt, wie sie meynt, und der Kanzler der mit ihm abgefahren ja auch noch nicht da ist.

Was die Bilder betrifft, so scheint etwas an der Sache zu seyn.[6] Ich bedanke mich vorläufig für die Mühwaltung. Ich habe Reumer(!) dem Verleger nach Berlin schon geschrieben, daß alles fertig sey, und auf den Kupferstecher warte. Wenn der, so die Zeichnung gemacht, wie gesagt ist, sauber sticht, so wäre es ganz angemessen, wenn er auch den Stich übernähme. Mir wäre lieb, da ich ohnehin der Schreiberey genug habe, wenn er Reimer schreiben und ihm den Vorschlag machen wollte, er kann dann auch mit ihm übereinkommen wegen des Honorars für Stich und Zeichnung, und sich dabey auf meine Einwilligung berufen. Auch wäre es allerdings sehr gut, wenn die Bilder in den Farben des Originals illuminirt würden, da die Farbe auch ihre Bedeutung bey den Figuren hat. R. kann die geringen Kosten wohl daran setzen, da ich mir alle typographische Eleganz ausgehalten.

Da der Herr Sohn wie ich glaube, auch Loose zum Hülfsverein abgesetzt, so lege ich hier einige Abdrucke von Nro VI bey, die er verbreiten wolle, damit die Leute wissen, was sie gewonnen haben.[7]

Gott befohlen und baldige Wiederkehr zum Rheine.

J Görres

---

1 Von welchen Briefen Görres hier spricht, ist unklar. Überliefert ist nur der Brief vom 4.11. mit der scherzhaften Anrede „Lieber Papa Görres", der etwa 6 Wochen vor dem vorliegenden Brief datiert.

2 Am 4.11.1817 hatte August eine „Reisebeschreibung", also ein Exemplar seiner Neuausgabe von Christian Reuters *Schelmuffskys Wahrhafftige Curiöse und sehr gefährliche Reisebeschreibung zu Wasser und zu Lande* beigelegt. „Der Tebel hol mer" ist darin eine häufig gebrauchte Redewendung (vgl. Brief Nr. 95).

3 Die Lieder für Frau Görres hatte August am 4.11. angekündigt.

4 Am 28.2.1818 geht Werner v. Haxthausen in seinem Brief an Görres kurz auf seine Reise durch seine Heimat Westfalen ein, wo er die Wünsche und Vorstellungen der Bevölkerung in Sachen Verfassung – möglicherweise im Auftrag der preußischen Regierung bzw. Hardenbergs – sondieren wollte. Möglicherweise stand die Reise Haxthausens, der Mitglied der Adelsvereinigung „Die Kette" war, auch im Zusammenhang mit dem Verfassungsvorstoß des rheinisch-westfälischen Adels und dessen Adresse an den Bundestag. Eine Denkschrift des westfäl. Adels („Denkschrift die Verfassungsverhältnisse der Lande Jülich, Kleve, Berg und Mark betreffend") wurde am 26. Februar von Vertretern des Adels – Mirbach, Nesselrode, Wylich, Hövel und Romberg – Hardenberg in Engers übergeben (dazu das Stein-Archiv in Cappenberg S 248: Korrespondenz Steins mit Vertretern des rheinisch-westfälischen Adels und Christian Friedrich Schlosser zur Vorbereitung der „Denkschrift die Verfassungsverhältnisse der Lande Jülich, Kleve, Berg und Mark betreffend"; Heinickel, *Adelsreformideen in Preußen*, S. 534ff; Beusch, *Adlige Standespolitik*, wo allerdings nirgends Haxthausen als einer der Akteure genannt wird). Werner beendete seine Reise vor Ende Dezember, war zu Weihnachten 1817 nur zwei Tage bei der Familie in Bökendorf, vor Neujahr musste er schon wieder in Köln sein (August v. Haxthausen an J. Grimm, Anfang 1818: Schoof, *Freundesbriefe der Familie von Haxthausen an die Brüder Grimm,* Nr. 38).

5 Das malzreiche „Klebebier" wird im *Schelmuffsky* häufig erwähnt, und auch in Brentano/Görres, *Die wunderbare Geschichte von BOGS dem Uhrmacher* (1807) zitiert. Das Flüssigkeitsmaß 1 Anker bezeichnet je nach Ort ca. 30 bis 40 Liter. Das Kuhländchen zitiert *Fylgie, oder Alte teutsche Volkslieder in der Mundart des Kuhländchens.* Herausgegeben und erläutert von Joseph George Meinert, 1. Bd., Wien und Hamburg (Perthes und Besser) 1817. Meinert, der mit Brentano und Arnim befreundet war, sammelte nach dem Vorbild des *Wunderhorns* Volkslieder aus dem mährischen Raum. Grimm lobt die Sammlung am 7.11.1817 als „ein gutes Buch".

6 Die Bilder, die August v. Haxthausen in Göttingen für den Druck des *Heldenbuchs von Iran* bei Reimer besorgen sollte: s. Briefe Nr. 114, 121. Am 4.11.1817 hatte August v. Haxthausen geschrieben, sein Bruder habe ihm den Auftrag vom Herrn Vater übermittelt, in der Bibliothek zwei Bilder im *Schah Nameh* abzeichnen zu lassen. Das habe er getan. Ob die Bilder auch farbig sein sollten?

Ob er es an Görres oder gleich an Reimer schicken solle? In dem undatierten Schreiben vom Januar schreibt August, er habe nun an Reimer geschrieben, wie Görres ihm aufgetragen habe.

7 Ein Rechenschaftsbericht Nr. 6 des Hilfsvereins ist nicht bekannt. Er wurde im Dezember 1817 von Görres verschickt (vgl. Brief Nr. 122, Daniels an Görres 15.12.1817). Der letzte überlieferte, Nr. 5, datiert vom 15. August 1817 (*GS* 13, S. 529-536). In dem undatierten Brief schickt August zwei Lose, die gewonnen hatten.

124. An Justus von Gruner

Datum: Koblenz, 30.12.1817.

Original: Geheimes Staatsarchiv Berlin, Nachlass Gruner, J. K. v., d. Ä., Nr. 113 (4 Seiten).

Druckausgaben: Gruner, Ein Beitrag zum Briefwechsel von Joseph von Görres, in: *Deutsche Revue* 18. Jg., Bd. 3, S. 363f (ohne ersten und letzten Absatz); Schellberg (Hrsg.), *Ausgewählte Briefe* (1911), Nr. 116 (nach Gruner); Schellberg (Hrsg.), *Eine Auswahl* (1927), S. 346f.

Einordnung: Letzter bekannter Brief Gruners: 14.12.1817; Antwort: 4.2.1818.

Regest: Görres beklagt das verlorene Vertrauen der Bevölkerung auf die Regierungen, skizziert kurz die politische Lage und die Interessen der verschiedenen Regierungen, berichtet von der Ankunft Hardenbergs und von seiner Unterschriftenaktion für die Adresse an den König, schildert die Stimmung im Volk und äußert sich zu einer Personalie.

Ich sitze eben nieder, um Ihren ersten Brief zu beantworten, und erhalte sogleich die neue Aufforderung durch den Zweyten.[1] Daß jenes nicht sogleich geschehen, vor acht Tagen schon, müßen Sie den vielen Zerstreuungen zu gute halten, die keine meiner Arbeiten vorwärts kommen laßen. Jetzt Eines nach dem Andern.

Daß die Dinge bedenklich stehen, darin bin ich mit Ihnen einverstanden, weil alles Öffentliche das blos auf dem Vertrauen sicher ruht, gänzlich grundlos steht, wo dies nicht vorhanden ist.[2] Daß alle Regierungen aber miteinander kein Vertrauen genießen ist von einem Meer zum Andern sonnenklar, und daß sie es in wenig Jahren dahin gebracht mit wenig Bosheit, ziemlicher Unaufrichtigkeit, und starker Feigheit und Schlaffheit, woran Napoleon lange Zeit hat arbeiten müßen mit bloser Schlechtigkeit, ist ausgemacht, auch daß wenn irgendwo ein Bruch in das verwegene Wesen geschähe, ein groß Stück, ja wahrscheinlich das Ganze nachstürzen würde. Aber eben der Bruch wird, wie ich meyne, doch nicht geschehen, weil die Vorbereitung einer ruhigen arglosen Zeit nicht da gewesen, und die Vergangene die überschäumenden Kräfte theils gebrochen, theils zu sehr gewitzigt hat. Es ist eine eigene Sache um die Trägheit in den Dingen, sehen wir doch Felsen Jahrhunderte und Jahrtausende überhangen, und jeden Tag den Einsturz drohen. Das wissen alle die recht wohl, die in der Dummheit ihres Herzens vermeßne Spiele spielen, aber wenn sie es in ihrer Art gewonnen, haben sie es doch sicher in der Unsern verlohren. Am wenigsten denke ich daran, daß die Franzosen den ersten Riß treten werden, sie sind die schlauesten von Allen in ihrer Weiße, und da kennen sie die Gefahr recht gut, und wie, da ihre Rolle ausgespielt, für sie alles zu verlieren, und wenig zu gewinnen ist. Die Bourbonen wißen recht gut, wie Ludwig XVI. durch den Krieg verlohren gieng, sie wißen daß sie allerdings durch einen Krieg anfangs populärer würden, wie aber diese Popularität sie bald verschlingen müßte, um dahin zu gelangen, wo sie nicht hinwollen. Die Minister wissen, daß sie zwar im Frieden sich leidlich behaupten können, im Kriege aber verlohren sind, was aber das entscheidendste ist, sie wißen auch, daß sie so viel Aufwandes nicht bedürfen, um zu ihrem Zwecke zu gelangen. Diese ausgelernten Comödianten begreifen recht gut, daß sie nur zuerst den Cothurn anschuhen dürfen, und als aufgebrachte Helden sich geberden, um uns, zaghaft wie sie uns kennen, so in die Enge zu treiben, daß wir ihnen zu Willen leben. Um sie buhlt England und Rußland abwechselnd, wem sie sich zuschlagen, der giebt uns hin, und wir bezahlen zuletzt, und werden noch dazu ausgescholten, daß wir unseres schmutzigen Interesse (!) wegen den allgemeinen Frieden stören wollten. Hernach, wenn sie haben, was sie gewollt, werden sie sich so friedfertig zeigen, wie die Lämmer.

Der Kanzler ist nun hier seit einigen Tagen.[3] Ich habe ihn gesehen vorgestern, eine ganz ansehnliche Ruine. Ich soll öfters nach Engers zu ihm kommen, und ihm auslegen, was dem Lande diene. Seine Ankunft hat noch durchaus keine Sensazion gemacht, die Leute wollen durchaus Thaten sehen. Ich habe eine Adresse an den König um Verfassung und Zubehör durchs ganze Land auf zwanzig Stunden in die Runde von Dorf zu Dorf unterzeichnen laßen, das soll ihm in diesen Tagen übergeben werden, und sie werden daraus sehen, wo der Geist herkömmt und wo er hin will.[4] Überhaupt ist die Stimmung des Landes unwillig und murrend, verminderter Haß aber zunehmende Misachtung. Selbstständigkeit wäre der Provinz besser, aber dem Ganzen, dem sie ein treffliches Ferment ist, schädlich. Ein eigener Gouverneur hätte einen harten Stand, wollte ers dem Volke zu Danke machen, müßte er sich mit dem Hofe überwerfen, beym Gegentheil wär es schon in der dritten Woche in der Meynung aus mit ihm, und er stünde eben da wie Einer der Andern. Ich mögte Ihnen nicht wünschen, daß sie diese Aufgabe zu lösen hätten, auch denkt man nicht daran, sie zur Lösung hinzugeben.[5] Eine klägliche Furcht hat die Leute oben überfallen, und wies im Schrecken zu gehen pflegt, sie arbeiten sich immer tiefer hinein, je mehr sie sich herausreißen wollen. Wie sie zappeln, wie sie sich sträuben, sie müßen hin, wo sie hinsollen, sie gehen nicht zum Ziele, sie werden eben unter beständigen Protestationen hingefahren. Wo die abtretende invalide Generazion mit der aufsteigenden, frischen Jugend kämpft, da kann der Ausgang keinen Augenblick zweyfelhaft seyn, und in einen solchen Kampf haben sie unbesonnen sich eingelaßen. Die Wartburger Geschichte war ihnen wieder ein Wink und eine Warnung, aber sie verstehen nichts und begreifen nichts, die Welt soll eben nichts ihrem guten Willen Alles der Nothwendigkeit verdanken. Unterdessen verbindet gemeinschafftlicher Unwille alle Teutsche fest zusammen.[6]

Wegen Zeiler ist die Sache so.[7] Sie haben ihn bey der neuen Organisazion übersehen, wie so Viele Andere, nicht aus Gründen, sondern aus Ursachen. Später als die Nachwehen kamen, sollten nun Gründe ausgefunden werden. Im Großen war er uneigennützig und hat der Sache gedient, das geben Alle zu, im Einzelnen artikuliren seine Gegner Einiges gegen ihn, was mit den Weibern zusammenhängen mag, und was ich nicht beurtheilen kann. Der Kanzler hat ihm allerdings den ganzen Gehalt zugesagt, doch ist nichts erfolgt, nicht einer besondern Verfolgung wegen, sondern durch den Schlendrian. Ich habe mich viel um ihn bemüht, jetzt hat sich endlich die Gelegenheit gefunden, ihm zu helfen aus wahrhafter Noth, er soll Inspektor der Zölle mit 1200 Thlr werden, und ist schon dazu vorgeschlagen. Die Stelle ist ihm angemessen, und ich denke er wird zufrieden seyn.

Leben Sie recht wohl in Ihrem sichern Versteck. Allzusehr bedaure ich die Berner Zeitung nicht, Heldmann war eben auch der Mann nicht zu solchem Ding, wie wir sie in Teutschland brauchen.[8] Die besten Wünsche zum neuen Jahr.

Ihr Erg
J Görres

Cobl. am 30 Dez 1817

---

1 Der letzte Brief Gruners, datiert Bern, 14.12.1817. Der „erste Brief": der vom 1.12.1817.

2 Gruner war am 14.12. kurz auf die europäische Lage eingegangen: „Der Ton unserer oestlichen Nachbarn stimmt sich immer höher. Ich denke die Pfiffe werden bald pfeiffen daß uns die Ohren davon gellen." Eine weitere pessimistische Beurteilung der Lage in Europa aus französischer Sicht hatte Görres kurz zuvor von Krezzer erhalten (Paris, 30.11.1817), der unverblümt vor der Gefahr eines Kriegs warnte, da Frankreich aufrüste, um seine verlorenen Provinzen wiederzugewinnen und Ludwig XVIII. sich durch einen Krieg Popularität werde verschaffen wollen.

3 Die für den Herbst geplante Reise Hardenbergs an den Rhein war aus Gesundheitsgründen verschoben worden. Zu seinem temporären Amtssitz machte er das ehemalig fürstbischöfliche Schloss Engers bei Neuwied nahe Koblenz. Erst Anfang April 1818 kehrte er nach Berlin zurück.

4 Zur Adressbewegung s. vorne Brief Nr. 112.

5 Gruner, damals preußischer Gesandter in der Schweiz, war seit Ende 1813 Mitglied des Zentralverwaltungsrates für die besetzten Rheinbundgebiete gewesen, zuerst Gouverneur des Generalgouvernements Berg, dann, seit Februar 1814, Gouverneur im provisorischen Generalgouvernement Mittelrhein. Die Provinz Großherzogtum Niederrhein, die seit 1815 bestand, und deren Oberpräsident Karl Freiherr v. Ingersleben war, wurde schließlich 1822 in die Rheinprovinz umgewandelt.

6 Görres geht hier erstmals auf das Wartburgfest des 18./19. Oktober ein, das aus Anlass des 300. Jahrestages des Beginns der Reformation und des 4. Jahrestages der Völkerschlacht bei Leipzig gefeiert wurde und zum Forum des Protests mehrerer Hundert Studenten gegen die reaktionäre Politik und der Forderungen nach einem geeinten Nationalstaat und einer Verfassung, nach Rede- und Pressefreiheit wurde. In seiner Schrift *In Sachen der Rheinprovinzen* (S. 84) schreibt Görres, die Säkularfeier auf der Wartburg habe „wie ein heftiger galvanischer Reiz" gewirkt. In *Teutschland und die Revolution* geht er noch einmal auf das Wartburgfest, das ein „heilsames Nachdenken" hätte bewirken können, und auf die überzogene Reaktion der Regierung ein: „ statt in besonnener Ruhe die Sache zu nehmen, für was sie gelten konnte; zu loben, was des Lobes würdig war, und was mißfiel, etwa mit heiterer Ironie abzuweisen, ließ man sich durch den ersten Eindruck und das Geschrey der verletzten Eitelkeit beherrschen, füllte die Welt mit Anklagen des unerhörten Frevels, stellte Untersuchungen an und Ambassaden, die wieder keine Folgen hatten und weckte so zuerst die Idee großer Wichtigkeit in den jungen Leuten, und zugleich war das ganze Geheimniß der Schwäche mit einemmal verrathen."(S. 103f = *GS* 13 S. 88f))

7 Zeiller war Kreisdirektor in Simmern auf dem Hunsrück gewesen (vgl. Briefe Nr. 5 und Nr. 7), damals bei den Liquidationsgeschäften mit Frankreich in St. Goar beschäftigt. Gruner hatte am 14.12.1817 über den Fall an Görres geschrieben und um nähere Informationen gebeten. Zeiller wurde Anfang 1818 mitgeteilt, dass mit einer weiteren Verwendung in preußischen Diensten nicht zu rechnen sei, er wurde auf Wartegeld gesetzt und offenbar nicht wieder eingestellt, nach dem Tod seiner Frau im Juni 1818 zog er mit seinen sieben Kindern nach Koblenz, wo er „in dürftigen Verhältnissen" lebte. Eine seiner Töchter heiratete den Naturforscher Johannes Müller (Wilhelm Haberling, *Johannes Müller. Das Leben des rheinischen Naturforschers aufgrund neuer Quellen und seiner Briefe*, Leipzig 1924, S. 31).

8 Die kurzlebige *Freymüthige Europäische Zeitung* war 1817 unter der Herausgeberschaft von Friedrich Heldmann erschienen. Der *Neue rheinische Merkur* 169 vom 23.10.1817 hatte folgende Warnung ge-

bracht: „Man schreibt uns aus der Schweiz: „Der Redacteur der europäischen Zeitung zu Bern, Herr Heltmann, hat ein freisinniges Schild ausgehängt und auf seiner Reise durch Teutschland alle Freunde liberaler Ideen um Mitteilungen ersucht, welche er in seiner Zeitung benutzen werde. Er legt aber alle confidentiellen Eröffnungen, welche er aus Teutschland empfängt, der Polizey vor, und durch diese erfährt das Gouvernement daselbst, die Namen der Einsender, so wie den Inhalt der Aufsätze oder Mittheilung. Letzteres unterrichtet dann die verschiedenen Regierungen Teutschlands wieder von allem diesen." Trotz der glaubwürdigen Quelle glaube die Redaktion an ein Missverständnis, wolle aber die Warnung den Landsleuten nicht vorenthalten. Dazu schreibt die *Neue Speyerer Zeitung* Nr. 140 vom 22.11.1817 (Miszellen): „Wir gedachten, in Nro 132 (vom 4. November) dieser Zeitung, des harten Vorwurfs, welchen der Neue Rheinische Merkur dem Verfasser einer sehr interessanten Schweizer-Zeitung gemacht hatte, und sind nunmehr in den Stand gesezt worden, dagegen, folgende Erklärung aufzunehmen, welcher Pflicht wir uns in mehr als einer Hinsicht, mit wahrem Vergnügen erledigen. „Die seit dem Julius d. J. in Bern erscheinende freymüthige Europäische Zeitung konnte, wie leicht vorauszusehen war, ihrer Tendenz wegen einer gewissen Partey, die nur im Trüben zu fischen vermag, keineswegs gefallen, und es fehlte daher auch nicht an Umtrieben, das neue Institut in seinem Fortgange zu hemmen. Da mancherley Versuche, auf direkten Wegen zu schaden, mislungen waren, so dachte man jetzt auf einem indirekten seinen Zweck zu erreichen, nämlich durch eine Verläumdung, zu deren Verbreitung man den Neuen Rheinischen Merkur benüzt hat. Der Herausgeber der Europäischen Zeitung, Professor Heldmann in Bern hat nun öffentlich an den Redakteur des Neuen Rheinischen Merkur die Aufforderung ergehen lassen, jenen der blossen Verläumdung überführten Einsender nahmhaft zu machen, widrigenfalls er mit Allen, denen Recht und Wahrheit noch etwas werth, nothgedrungen, besagten Redakteur als Mitschuldigen jener schändlichen Verläumdung ansehen müsse. Zugleich hat er jeden seiner respektiven Korrespondenten und Mitarbeiter, der durch Wirkung eines ihm verläumderisch angedichteten Verraths hinsichtlich seiner für die Europäische Zeitung gemachten Mittheilungen die mindesten Unannehmlichkeiten erfahren, die auch nur den Verdacht desselben begründen könnten, aufgefordert, ihn eines solchen Verbrechens im Angesichte des ganzen Publikums zu beschuldigen, wobey er jedoch zugleich die Herausgeber öffentlicher Blätter gegen Aufnahme anonymer Artikel in dieser Beziehung warnt." Friedrich Heldmann (s. Pers.verzeichnis) war 1817 bis 1819 ao. Professor für Kameralistik an der Akademie in Bern. 1806 hatte er bereits seine Wirksamkeit als Leiter des Heldmannschen „Handlungs-Instituts" in Würzburg, als „mutwilliger Bankerottirer und Dieb" beschuldigt und mit einer Schuldenlast von ca. 30.000 fl. beenden müssen und war an die Kantonsschule nach Aarau gegangen. Gruner war gegen die Zeitung bei der Schweizer Regierung eingeschritten, ihr Erscheinen musste 1817 eingestellt werden. Am 14.12. hatte Gruner die europäische Zeitung „eine Eintagsfliege deren erste Bewegung schon die matten Flügel verräth" genannt.

125. An Karl August Freiherrn von Hardenberg

Datum: Koblenz, 30.1.1818.
Original: Geheimes Staatsarchiv Berlin, Nachlass Hardenberg H Nr. 15 ½, S. 6f (2 Seiten).
Druckausgabe: Görres, *In Sachen der Rheinprovinzen und in eigener Angelegenheit*, 1822, S. 86f; *GS* 13, S. 324.
Einordnung: Vorangegangener Brief Hardenbergs an Görres: Engers, 27.1.1818; Antwort: Engers, 31.1.1818.
Regest: Görres dankt für den positiven Bescheid in seiner Sache und übersendet dem Staatskanzler seine Schrift über die Übergabe der Adresse, die zur Beruhigung der Gemüter beitragen solle.

Durchlauchtiger Fürst!
Euer Durchlaucht haben unter dem 27ten Jänner einen wohlwollenden Beschluß in meiner Angelegenheit zu nehmen geruht. Ich konnte nicht irren an einer Re-

gierung, die wohl irren mag, aber nicht wissentlich beharren in dem erkannten Irrthum. Wenn ich früher meine Sache gegen die Gegner als ein Recht verfocht, so nehme ich sie jetzt gern und willig als eine freye Gabe hin, für die ich Ewr Durchlaucht hiemit meine beste Erkenntlichkeit bezeugen will. Ich werde in dem Amte, das Ewr Durchlaucht mir zugedacht, das in mich gesetzte ehrende Vertrauen zu rechtfertigen mich bestreben.[1]

Ich ergreife diese Gelegenheit, Euer Durchlaucht eine kleine Schrifft, die so eben die Preße verlaßen, zu übergeben. Sie spricht zur Eintracht und zum Frieden in der Weiße, die schon das Motto in wenig Worten angiebt.[2] Die Rheinländer mögen gern die Wahrheit vom Herzen wegreden, und weil sie dazu mit der Beschränkung der Preße bey sich nicht mehr die Gelegenheit gefunden, sind sie in die auswärtigen Blätter gegangen; viel unberufene Schreyer haben sich erhoben, und das Volk verwirrt, und mit mancher nützlichen Wahrheit viel unnöthige Bitterkeit ausgesaet. Ich habe in der alten Weiße, die meine Landsleute an mir gewohnt gewesen, zu ihnen geredet, weil ich in jeder Andern nichts vermag; sie werden die Stimme, die seit zwey Jahren geschwiegen, gern vernehmen, und wie ich sie kenne, wird mein Zuspruch für die Beruhigung der Gemüther nicht unwirksam seyn. Wie sie Freymüthigkeit üben, so habe ich diese auch an ihnen ausgeübt, und dagegen auch die Schaden auf der andern Seite nicht schonen dürfen. Ich hoffe durch die Schrifft den Boden einigermassen vorbereitet zu haben, auf dem Euer Durchlaucht Ihre Saat aussaen werden.

Coblenz am 30ten Jänner 1818.

Euer Durchlaucht
Gehorsamst Ergebenster
J Görres

---

1 Hardenberg hatte Görres am 27.1.1818 mitgeteilt, dass er für die Zeit vom 1.5.1816 bis 1.1.1818 eine Summe von 8000 Francs jährlich erhalten solle, und dass die Absicht bestehe, ihm „in den Rheinprovinzen eine anderweitige öffentliche Anstellung zu geben". Bis dahin solle er 1800 Rthlr. jährlich erhalten.

2 Die kleine Schrift: Görres, *Die Übergabe der Adresse der Stadt Coblenz und der Landschaft an Se. Majestät den König in öffentlicher Audienz bei Sr. Durchl. dem Fürsten Staatskanzler am 12. Januar 1818. Als Bericht für die Theilnehmer,* 1818 (Am Ende dat.: „Geschrieben am 24. Januar 1818"). Das Motto nach dem Titelblatt: „Redet Wahrheit miteinander, richtet recht, und schafft Friede in eueren Thoren! Der Prophet Zacharias 8, 16." Zur Adresse, zur Audienz bei Hardenberg und zu der Schrift: Fink-Lang, *Görres,* S. 176-179.

126. An Heinrich Friedrich Karl Freiherrn vom Stein

Datum: Koblenz, 30.1.1818.
Original: Cappenberg, Archiv des Grafen Kanitz, Nachlass Frhr. v. Stein, S 250 (2 Seiten).
Druckausgaben: Binder (Hrsg.), *Freundesbriefe* Nr. 194, S. 549; Schellberg (Hrsg.), *Ausgewählte Briefe* (1911), Nr. 118; Pertz, *Das Leben des Ministers Freihern von Stein*, Bd. 5, S. 181; Botzenhart (Hrsg.), *Freiherr vom Stein. Briefwechsel, Denkschriften und Aufzeichnungen,* Bd. 5 (1933), S. 444f; Hubatsch (Hrsg.), *Freiherr vom Stein, Briefe und*

amtliche Schriften, Bd. 5 (1964), Nr. 624, S. 708 (nur als Regest); Max Tau (Hrsg.), *Joseph Görres. Eine Auswahl aus seinen Schriften*, S. 328 (nach der Ausgabe Schellbergs).
Einordnung: Vorangegangener Brief Steins: 26.5.1817; Antwort 2.2.1818.
Regest: Görres übersendet seine Schrift über die Übergabe der Adresse, berichtet über die Audienz bei Hardenberg und äußert die Hoffnung, dass dieser doch noch seine besseren Einsichten gegen die reaktionären Kräfte werde durchsetzen können.

Coblenz am 30 Jänner 1818

Euer Exzellenz erhalten beyliegend eine kleine Schrifft, die eben die Preße verlaßen.[1] Da sie alle Hunde loslaßen, und die aus allen Löchern hervorbellen, so habe ich wohl auch endlich mein zweyjähriges Stillschweigen brechen müßen. Daß ich es in würdiger Art gethan, davon werden E.E. beym Durchlesen sich überzeugen. Ich habe mitunter scharf geschnitten, wo die bösen Schäden liegen, das läßt sich nun einmal nicht anders geben. Die Audienz ist mir besonders von der Seite intereßant gewesen, weil ich dem Staatskanzler dabey in ungewöhnlichen Verhältnißen, wo die allgemeinen Redeformeln bald zu Ende giengen, zugesehen, wie die Gedanken sich bey ihm bildeten, und mich dabey überzeugen konnte, daß er die Nothwendigkeit einer andern Ordnung der Dinge fühlt, und darüber seine Parthey genommen, aber bey der Ausführung von allerley Sorgen, besonders der entgegengesetzten Partheyen wegen sich erschrecken läßt, und darum immer nach dem Mittelwege sucht. Der Knoten wird inzwischen doch endlich zum Brechen kommen, hat Oesterreich, das gegenwärtig seinen Anfall hat, diesen erst überstanden, dann wird sich wohl die Sache zu rechte legen, da der Mensch einmal nicht durch Mauern und Wände kann.

In meiner Angelegenheit ist nun auch vorgestern entschieden worden, und es ist mir lieb, daß dieser böse Stein des Anstoßes für die Meynung endlich weggeräumt worden.[2]

Euer Exzellenz
Ergebenster
J. Görres

---

1 Görres, *Die Übergabe der Adresse der Stadt Coblenz und Der Landschaft an Se. Majestät den König in öffentlicher Audienz bei Sr. Durchl. dem Fürsten Staatskanzler am 12. Januar 1818. Als Bericht für die Theilnehmer,* 1818.

2 Zur Entscheidung in Görres' Gehaltsangelegenheit: Brief Nr. 125.

127. An Karl August Freiherrn von Hardenberg

Datum: Koblenz, 31.1.1818.
Original: Geheimes Staatsarchiv Berlin, Nachlass Hardenberg H 15 ½, S. 40f) (4 Seiten).
Druckausgabe: Görres, *In Sachen der Rheinprovinzen und in eigener Angelegenheit*, 1822, S. 89f (*GS* 13, S. 325f).
Einordnung: Vorangegangenes Schreiben Hardenbergs: 31.1.1818; nachfolgendes Schreiben Hardenbergs: 10.3.1818.

Regest: Görres dankt für die gute Aufnahme seiner Schrift über die Übergabe der Adresse, äußert die Zuversicht, dass die noch misstrauische öffentliche Meinung am Rhein sich beruhigen werde, wenn Hardenberg, bei seiner nächsten Anwesenheit am Rhein „etwas allgemein durchgreifendes" bewirken könne, und verspricht, Hardenbergs Berichtigung der Schrift in einem Beiblatt beizugeben.

Ewr Durchlaucht
danke ich aufs verbindlichste für die gute Aufnahme, die Sie meiner kleinen Schrifft haben angedeihen laßen.[1] Wenn man seiner Gesinnung im Innern gewiß ist, darf man schon jede Wahrheit sagen, und darf nicht fürchten, daß sie verletze, da die allgemeine menschliche Gutartigkeit, sich gern durch die gute Absicht versöhnen läßt, wenn sie deren nur erst ganz gewiß geworden. Auf dieser Überzeugung, die meine Landsleute von mir gewonnen, und auf diesem Vertrauen, das alle Verständigen und die ehrlichen Leute in mich setzen, weil sie mich immer unverrückt auf der geraden Linie meiner Überzeugung haben gehen sehen, ruht der ganze Einfluß, den ich wohl früher über die Meynung ausgeübt, und die Hoffnung daß mein Zuspruch nicht ohne Wirkung bleiben werde. Nur die gescheidten und die ehrlichen Leute bilden die Meynung, um die Schlechten und um den Unverstand darf sich keine Regierung kümmern, da all ihr Treiben sich untereinander selbst aufreibt. Es ist eben eine Verkettung unglücklicher Verhältniße gewesen, die indem sie in dem Volke eine Art von Verzweyflung hervorgebracht, je etwas Besseres in der Wirklichkeit zu erblicken, neben der sehr löblichen Opposizion des sich erwehrenden Instinktes einer andern sehr Unreinen eine Macht gegeben, die sie ohne das nie erhalten hätte, und die nicht allzu leicht wieder in ihre Gränzen zurückzuweißen seyn wird. Inzwischen ist was geschehen, wohl noch wieder gut zu machen, es wohnen gutmüthige Leute disseits des Rheines wie jenseits, und es liegt überhaupt in der teutschen Natur eine so unverwüstliche Masse von gutem Willen, Hoffnung und Vertrauen, daß wenn Ewr Durchlaucht sich in der Möglichkeit befinden, nur etwas allgemein durchgreifendes bey Ihrer Anwesenheit zu bewürken, damit die noch mistrauische Meynung nur einen Boden gewinne worauf sie fußen kann, es Ihnen gar wohl gelingen wird Sr Maj dem König eine beruhigte Provinz zurückzubringen. Das unaufhörliche Schreyen gegen die Regierungen von einer Classe von Menschen, die selbst in der Meynung verlohren sind, denen Wahrheit und Lüge als Mittel dasselbe gelten, und die im Streite nicht den Gegenstand desselben wegräumen wollen, sondern den Streit um des Streites willen führen, hat längst die Bessern angeeckelt, und die Regierungen werden leicht darüber Meister werden, wenn sie den guten Geist der Zeit, indem sie ihm sein Recht gestatten, beruhigen wollen. Alles Andere wird sich dann von selbst ergeben, da wenn erst das Menschliche gewährt und geleistet ist, über zwischenlaufende menschliche Unvollkommenheiten jeder Verständige sich bescheiden muß. Was die Berichtigung betrifft, so werde ich diese in einem besondern Beyblatte zu den versendeten Exemplaren beylegen, und es wird mir jederzeit erfreulich seyn, wenn Ewr Durchlaucht mir Ihre abweichenden Ansichten über einzelne Gegenstände mittheilen wollen.[2] Ich werde mich nie und nirgend besserer Überzeugung dünkelhaft verschließen.

Coblenz am 31 Jänner 1818.

Euer Durchlaucht
Ergebenster
J Görres

1 Hardenberg hatte am 31.1.1818 geschrieben: „E.W. danke ich recht sehr für die Mittheilung Ihrer Druckschrift, darin Sie von unserer Unterredung am 12. Januar Rechenschaft geben. Ich erkenne ganz Ihre gute Absicht, zur Eintracht und zum Frieden zu sprechen, und hoffe, daß Sie den Zweck nicht verfehlen werden."

2 Hardenberg hatte am 31.1. geschrieben: „Ich behalte mir vor, mit E.W. über einige Ihrer Ansichten zu sprechen, Thatsachen zu berichtigen, und dadurch Ihr Urtheil über Manches vielleicht näher zu bestimmen. Ihre Darstellung der Unterredung ist richtig und sehr schön bis auf Einen Punkt, wo ich falsch verstanden worden bin. Seite 38 muß es nämlich statt: zwar sey dort noch an manchen Orten noch Leibeigenschaft eingeführt, bis --- wegzuschaffen, heißen: Leibeigenschaft bestehe nirgends mit Ausnahme einiger wenigen neuen Erwerbungen; die Verhältnisse, die in einigen Provinzen das Eigenthum der Bauern beschränkten, wären theils aufgehoben, teils sey die Vorkehr getroffen, auch die letzten Überreste wegzuschaffen. Ich wünsche sehr, daß E.W. eine Berichtigung dieser Stelle allgemein bekannt machen möchten." Am 10.3.1818 distanzierte sich Hardenberg bereits erheblich deutlicher: die Schrift stelle „die Regierung und ihr Verfahren in einem ganz falschen Lichte" dar, habe, da sie „das größte und allgemeinste Aufsehen erregt" habe, „gefährliche Irrthümer über den Geist und das Verfahren der preußischen Regierung veranlaßt", und sei „ganz dazu geeignet, Unzufriedenheit und Unruhe in den Rhein Provinzen zu verbreiten". Görres hätte überdies die Schrift nicht ohne Bewilligung Hardenbergs drucken lassen dürfen.

128. An Achim von Arnim

Datum: Koblenz 3.2.1818.
Original: verschollen.
Druckausgabe: Steig, Görres' Briefe an Achim v. Arnim, in: *Neue Heidelberger Jahrbücher* 19, S. 113-114.
Bemerkung: Da das Original verschollen ist, wird der Brief nach der Ausgabe Steigs wiedergegeben.
Einordnung: Letzter Brief Arnims: 23.12.1817; nächster Brief: April 1818.
Regest: Görres kündigt Arnim seine Schrift über die Übergabe der Adresse an und beklagt die Schwerfälligkeit und Furchtsamkeit der Regierung.

Ich habe einmal wieder Deine patriotische Galle in meinen letzten Briefen in Bewegung gebracht, wie damal öfters in Heidelberg. Etwas ins Grosse hab ichs in dem kleinen Buch von der Audienz versucht, das Dir Savigny geben wird, in Hoffnung die peristaltische Bewegung des preussischen Staats in etwa zu verstärken, damit die bösen Blähungen hinten abgehen.[1] Deine gesagten Sachen überzeugen mich Alle wenig, das Einzige ist triftig, was Du sagst, die alte Generazion sey nicht auf dergleichen abgerichtet, und die Neue noch nicht da, das Lied hab ich mir wohl oft vorgepfiffen, wenn ich ungeduldig gedacht, sie bleibe auch gar zu lange aus. Ich bestärke mich immer noch in meiner Meynung, jetzt wo ich die Mitte der Regierung in der Nähe habe. Das sind alles gute, wohlmeynende und gröstentheils gescheidte Leute, sitzen von Morgens bis in die Nacht, und thun sehr nützliche und nöthige Arbeiten, aber für die Nöthigsten bleibt keine Zeit.

Hätten wir eine Ordnung, so wäre alles ganz vortrefflich, der König wie erwünscht, der Kanzler untadelhaft, der Staatsrath vortrefflich; alles gut; aber jetzt wo eine neue Ordnung gemacht werden soll, ist eben niemand da, der Lust und Musse übrig hätte; was sich davon erkratzen und der Arbeit abdarben lässt, wird Alles aufs Flicken und Lappen des alten mürben Zeugs verwendet, und so schleppt sich Alles nur so hin. Wäre auch einmal nur der erste Schritt geschehen, dann würde sich auch schon das Meiste geben, aber da ist alles so furchtsam, so bedenklich, da ist dort zu bedenken und da zu überlegen, und dies zu schonen und jenes zu betrachten, am Ende heissts immer: sehen wir noch eine Weile zu, es wird sich geben, aber es giebt sich nichts, als immer zunehmende Zerrüttung. Dabey ists wieder so, dass sie jedem ders tadelt, und die Sache besser machen zu können meynt, keck zurufen können: komm nur herein, und hilf mit Hand anlegen, hat ihn die Maschiene erst gepackt, dann hat sie ihn in kurzem mürb gebracht, und das Grosssprechen hat ein Ende. Darum liegt der Fehler in Allen, wäre Einer aber der sich etwas herausnähme und es könnte mit Fug, dann wäre uns Allen geholfen. Der Kanzler mögte so von unten herauf die Leute gewinnen, das ist recht wohl gemeynt und würkt wohl auch das Seine, aber hätte er zu dem Zwecke auch die drey Millionen Pfund verwendet, er hätte doch mehr Unzufriedene als Zufriedene gemacht. Was schneller fördern könnte, wird er schwerlich wagen, ich treibe wohl an, so viel ich im Kleinen mag, aber sie mögten seinen Regenschirm mit einem Blitzableiter bewaffnen, und ihn in Wachstaffet nähen von oben bis unten hin, damit kein Lüftchen an ihn komme. Ich habe oft Streit mit Eichhorn[2] darüber, das Buch hätte ich auch vorher vorlegen sollen, ich habe mich aber wohl gehüthet, da wäre alles auf die Klagen drauf gegangen. Jetzt ists überstanden, und nun ists gut. In der Audienz hat der Kanzler nun schon das constituzionelle in nuce versucht, und der Punkt ist doch da, aus dem die Linie wird, aus der die Ebene, und dann der Körper. Es ist viel Gerede hier darüber, aber ich habe wie gewöhnlich die grosse Mehrheit auf meiner Seite, nur einige Schüffte von diesseits und jenseits stehen mir gegenüber, denen aber sage ich, ist die Schlacht gewonnen, mögt Ihr raisonniren. Sonst bist Du irrig, wenn Du meynst, ich suche in meinen Formen das Heil. Ich weiss dass das Alles zu wenig führt, weil die Leute gleich mit Sack und Pack inclusive aller Schlechtigkeiten eingefahren kommen. Aber ich habe die Überzeugung, dass wir verlohren sind, wenn wir uns auf den feuchten Boden zum Schlafen niederlegen, darum stimme ich für Alles, was Bewegung bringt. Die Welt ist zu gescheidt geworden, als dass ein Volk ohne Todsgefahr dumm bleiben darf, und dumm sind wir in allem Öffentlichen noch unbeschreiblich. Die Berliner hab ich freylich hart angelassen, nach dem guten Willen, den sie mir in der Vereinsgeschichte bewiessen, aber ich weiss meine Dankbarkeit nicht besser zu beweissen, als indem ich sie auszanke über Alles was mir nicht gefällt, und dessen ist ziemlich viel. Nun ich muss noch mehr Briefe schreiben, und der Tag wird dunkel, nimm vorlieb wieder für diesmal. Die Meinen grüssen Alle. Gott befohlen

Dein J. Görres.

---

1 Zur patriotischen Galle, dem Stachel in der Freundschaft zwischen Görres und Arnim: Fink-Lang, Einleitung zu *GS/Briefe* 1 *(Briefe der Münchner Zeit)*, S. CIV-CIX. Das Buch: *Die Übergabe der Adresse der Stadt Coblenz und Der Landschaft an Se. Majestät den König in öffentlicher Audienz*

bei Sr. Durchl. dem Fürsten Staatskanzler am 12. Januar 1818. Als Bericht für die Theilnehmer, 1818. Görres sandte mehrere Exemplare der Schrift an Savigny, eines davon für Arnim. Bettine schickte es Arnim, der damals in Prenzlau war, mit dem Zusatz: „Beiliegendes von Görres ist gleich verbothen worden, Savigny hat von ihm einen ganzen Pack zur Austheilung an die Minister und sonst wichtigen Personen bekommen." Arnim antwortete Bettine am 2.3.1818: „Das mitgetheilte Buch von Görres und sein Brief haben mir Vergnügen gemacht. Wäre es um zwei Tage früher gekommen, ich hätte es dem Landtag vorgelegt, jetzt läufts hier aus Hand in Hand. Der Schluss, der wohl eigentlich das Verbot veranlasst hat, hätte fortbleiben können, es sind Dinge von denen sich keiner überzeugt, der nicht schon vorher daran glaubt, Dinge, die mündlich besprochen, wirken können, aber in dieser Verbindung öffentlich gedruckt den König und die Minister kränken." (zitiert bei Steig S. 114f).

2 Ambrosius Hubert Eichhorn war damals Generalprokurator des Rheinischen Revisions- und Kassationshofs in Koblenz.

129. An Justus von Gruner

Datum: Koblenz, 18.2.1818.
Original: Geheimes Staatsarchiv Berlin, Nachlass Gruner, J. K. v., d. Ä., Nr. 113 (3 Seiten).
Druckausgaben: Gruner, Ein Beitrag zum Briefwechsel von Joseph von Görres, in: *Deutsche Revue* 18. Jg., Bd. 3, S. 364f (eine kurze Auslassung); Schellberg (Hrsg.), *Ausgewählte Briefe* (1911), Nr. 119 (mehrere Auslassungen).
Adresse: Sr Exzellenz dem Herren J. v. Gruner in Bern.
Einordnung: Vorangegangener Brief Gruners: Bern, 4.2.1818, nächster Brief: Bern, 28.2.1818.
Regest: Görres sendet seine Schrift über die Übergabe der Adresse, erzählt von Hardenbergs wohlwollender Reaktion auf die Schrift und äußert auch seine optimistische Erwartung für die Reaktion des Königs. Im Übrigen prophezeit er Gruner eine baldige Rückkehr aus seinem Schweizer Exil.

Coblenz am 18 Februar 1818.

Ich habe der Gelehrten Buchhandlung Auftrag gegeben, Ihnen von Heidelberg aus ein Exemplar meiner Schrifft zuzusenden.[1] Da Ihr Brief ihrer indessen nicht erwähnt, und es mit solchen Buchhändlerbestellungen oft nicht zum schnellsten geht, so lege ich Ihnen lieber gleich ein Anderes bey. Sie werden daraus sehen, daß wir nicht, wie Sie meynen, auf der Bärenhaut geseßen, sondern uns wohl gerührt. Wenn Rehfues über den unconstituzionellen Sinn der Rheinländer in Engers hat klagen hören, so mag das zwischen der ersten und zweyten Audienz gewesen seyn.[2] In jener saß der Kanzler allein hier, und es kam niemand, was mir gar nicht unlieb war, weil es zeigte, wie die Stocks nahe auf Null herabgefallen. Es mußte freylich dem Kanzler unangenehm auffallen, doch hat er acht Tage später in der Nächsten nicht mehr Grund gehabt, von dieser Seite zu klagen. Der Kanzler zum erstenmal, wenn auch sehr im Kleinen, in konstituzionellen Verhältnißen, und noch dazu damit überrascht, hat sich im Ganzen recht gut aus der Sache gezogen, und ich habe an seiner Aufrichtigkeit nicht zweyfeln können. Den Druck der Schrifft habe ich Allen bis zum letzten Tage verheimlicht, und so hat auch sie, als sie erschienen, Alle überrascht, doch hat auch hier der Kanzler sich gescheidt benommen, und mir wenige Stunden, nachdem er sie gelesen, einen billigenden Brief geschrieben, und mir Weniges Unwichtiges berichtigt.[3] Zwey Tage vor der Erscheinung hatte er in meiner Privatangelegenheit einen Entschluß genommen, und mir alle meine Rückstände, und vorwärts 1800 Rhl. bis zur Anstellung angewießen.[4] Seither ist es nun etwas still, indem man erwartet, wie der König die Schrifft aufgenommen. Die Adresse der Stadt Aachen an den Bundestag hat er sehr übel vermerkt, und diese hat dafür vom Kanzler einen Verweis bekommen, der mir halb gegolten. Ich habe im Meinigen alle Formen streng eingehalten, damit der Sache rechtlich nichts anzuhaben, und dem der sie angreift, allein der Spott und die Schande des Unverstandes und der Bosheit bleibt. Da ich, wenn gleich in Grundsätzen und im Tadel streng, doch jede Persönlichkeit, die der Schufften von beyden Seiten ausgenommen, so sehr wie möglich geschont, so denke ich, daß auch dort wie hier kein ehrlicher Mensch etwas dagegen haben wird, und da der König doch unter diese gehört, so wird er wohl auch ihrer Meynung seyn.[5] Hat sich das erst bevestigt und entschieden, dann werden wir hier einen Schritt weiter gehen, und ich hoffe wohl, daß es bey uns zu etwas kommen wird, das sich vor dem übrigen Teutschland darf sehen laßen.

Was Sie uns über Ihr fortdauerndes häußliches Glück geschrieben, freut mich gar sehr, am Ende ist es doch der Grund worauf alles Andere ruhen muß, das schlecht gestellt ist, wo es weicht. Wenn Manche damal Frist wünschten, so konnte doch niemand Ihre Wahl mißbilligen, und das bewährt sich gegenwärtig.[6] Ihr Exil in die Schweiz wird übrigens nun auch die längste Zeit gedauert haben, das kam aus einer Zeit, wo man meynte, da der Verstand es nun gar zu weit gebracht, sey es besser einmal mit dem Unverstand die Wirtschafft anzufangen.[7] Da ist es nun, wie der Augenschein zeigt, sehr kläglich gegangen, und der Verstand kömmt wieder zu Ehren. Da wird es aber bald dahin kommen, daß man alle Schubsäcke umkehren muß, um nachzusuchen, wo sich noch dergleichen findet, und da wird die Reihe auch an Sie kommen. Bis dahin stehen Sie ruhig auf Ihrer hohen Warte, auf der Sie nun die schöne Jahrszeit vor sich haben. Leben Sie recht wohl mit den Ihrigen.

Ihr Ergebenster
J Görres

---

1 Die Schrift: *Die Übergabe der Adresse der Stadt Coblenz und Der Landschaft an Se. Majestät den König in öffentlicher Audienz bei Sr. Durchl. dem Fürsten Staatskanzler am 12. Januar 1818. Als Bericht für die Theilnehmer,* 1818. Gruner berichtet am 28.2., er habe die Schrift von Varnhagen erhalten.

2 Philipp Joseph Rehfues, damals Verwaltungsbeamter am linken Rheinufer, geht in seiner *Antwort eines Rhein-Preußen auf des Herrn Julius v. Voss Sendschreiben eines Brandenburgers an die Bewohner Rhein-Preußens bei Gelegenheit der S. D. dem Fürsten Staatskanzler übergebenen Adresse*, Bonn 1818 auf die Görres'sche Adresse und die Angriffe von Voss ein. Görres war erstmals am 29.12. bei Hardenberg (s. Brief Nr. 124), mit der zweiten Audienz meint er wohl die vom 12. Januar.

3 Hardenbergs Brief vom 31.1.1818, vgl. Brief Nr. 127.

4 Zur Regelung von Görres' finanziellen Angelegenheiten: Hardenberg an Görres 27.1.1818.

5 Die Reaktion des Königs fiel nicht so positiv aus wie gedacht. Hardenberg reichte die Bittschrift am 19. Februar 1818 als Anlage zu einem wohlwollend gehaltenen Immediatbericht an den König weiter. Der König reagierte mit Kabinettsordre vom 21.3.1818: „Wer den Landesherrn, der diese

Zusicherungen aus ganz freier Entschließung gab, daran erinnert, zweifelt freventlich an der Unverbrüchlichkeit seiner Zusage und greift seinem Urtheile über die rechte Zeit der Einführung dieser Verfassung vor". Eine Unterschriftensammlung könne nicht gestattet werden. „Jene Vorstellung kann also nur Mein gerechtes Mißfallen erregen." Er selbst werde bestimmen, wann die Zusage einer Verfassung in Erfüllung gehen solle, Pflicht der Untertanen sei es, den Zeitpunkt, den er bestimme, abzuwarten. (*Die preußische Verfassungsfrage: Sammlung aller auf die Verordnung vom 22ten Mai bezüglichen Aktenstücke*, Nr. 17)

6 Gruner hatte in seinem letzten Brief geschrieben, er lebe in einem Himmel von Vaterfreude. Er hatte nach dem Tod seiner 3. Ehefrau im Jahr 1812 bereits 1814 in Koblenz wieder geheiratet. Aus dieser Ehe gingen drei Töchter und ein Sohn hervor (vgl. Brief Nr. 150).

7 Gruner war von den reaktionären Kräften am preußischen Hof politisch kaltgestellt worden und lebte seit April 1816 als preußischer Gesandter bei der Eidgenossenschaft in Bern.

130. An Freiherrn von Scholz

Datum: Koblenz, 18.2.1818.
Original: verschollen.
Abschrift: Bibliotheka Jagiellonska Krakau, Varnhagen-Sammlung (Eigenh. Abschrift Varnhagen van Ense).
Druckausgabe: K. A. v. Müller, Fünf Briefe von J. v. Görres, in: *Euphorion* 19 (1912), Nr. 2, S. 286f.
Adressat: Auf der Abschrift genannt: „Görres an den Königl. Preuß. Minister-Residenten Hrn Scholz zu Frft a.M."[1]
Regest: Görres dankt Scholz für den positiven Kommentar zu seiner Adresse und erläutert seine Beweggründe für sein jüngstes Engagement.

Koblenz am 18. Februar 1818

Für Ihre freundliche Zuschrift von neulich danke ich Ihnen aufs beste. Sie ist so unverstellt gutmüthig und wohlmeinend abgefaßt, daß es wohl strafbar wäre, wenn ich kalt daran vorübergehn wollte.[2] Wenn ich sonst mancherlei Schwächen und Gebrechen wie jeder Andere habe, so hat mich doch Gott jederzeit vor Hochmuth behütet, und während ich gar nichts gebe auf alle jene Lobhudeleien und den ganzen Kram von öffentlichen und Privateitelkeiten, so hat sich mir doch der Sinn für jene aufrichtige Herzenseinfalt erhalten, die mir in Ihnen nicht zum erstenmale genaht, und mir gesagt, daß sie mit meinem Thun zufrieden sei. Darum hat es mich gefreut, daß Sie am Diplomatiker vorbeigegangen, und mir Ihre Gedanken über mein letztes Treiben mitgetheilt.[3] Wenn man zwanzig Jahre sich in einer so bewegten Zeit umgetrieben, dann ist einem schon anzusinnen, daß man, was man macht, recht zu machen wisse. Ich möchte gern der Zeit zeigen, daß zur Lösung nichts als schlichter Menschenverstand, vor allem aber Ehrlichkeit gehört, daß aber keine Kunst, keine Macht, keine Gewandtheit, Erfahrung noch Entdekkung den Mangel der letztern ersetzen kann. Darum habe ich immer mein Leben rein zu erhalten gesucht, damit ich zeige, daß auf diese Bedingung sogar der Einzelne jede Konsequenz durchführen könne, und daß alles in dieser Zeit gelingt, was nur aus aufrichtigem Herzen kömmt, und sonst nur mit ganz gewöhnlicher

Klugheit gehandhabt wird. Das denke ich hat sich auch jetzt bewiesen, und ich hoffe, die Sache soll nicht ohne gute Früchte bleiben, und wie alles ein physisch fruchtbares Jahr zu versprechen scheint, so wird es auch wohl moralisch von besserem Ertrage als die vorigen werden.

Wenn Sie noch einmal in die Nähe meines Hauses kommen, so gehen Sie nicht vorbei, Sie sollen freundlich aufgenommen werden.

Ihr Ergebenster
J. Görres.

---

1 Freiherr von Scholz war damals preußischer Minister-Resident beim Bundestag in Frankfurt. Vorname und Lebensdaten sind unbekannt. Scholz war wohl von Juni 1816 an in Frankfurt. *Allgemeine Zeitung München*, Nr. 362 vom 27.12.1816, S. 1447: „Der bei der freien Stadt Frankfurt akkreditirte königl. preußische Minister-Resident, Freiherr v. Scholtz, überreichte am 17. Dec. dem Senate sein Kreditiv; *Deutscher Beobachter oder privilegirte hanseatische Zeitung*, Nr. 459 vom 27.12.1816: „Der bei der freien Stadt Frankfurt akkreditirte kgl preuß. Herr Minister Resident Freiherr von Scholz, hat am 17.d. M. sein Kreditiv dem Senat überreicht und ist heute in dieser Eigenschaft auf die herkömmliche Weise im Namen des Senats bekomplimentirt worden."; *Augsburg. Ordinari Postzeitung von Staats-, gelehrten, historisch- u. ökonomischen Neuigkeiten*, Nr. 170 vom 16.7.1816: „Frankfurt den 10. Juni der königlich preußische Minister, Resident am hiesigen Bundestage, Legationsrath Scholz, von Berlin hier eingetroffen."; Tobias C. Bringmann, *Handbuch der Diplomatie 1815-1963: Auswärtige Missionschefs in Deutschland*, München 2001, S. 315: Frankfurt: von Scholz Jan. 1817 - März 1818. Müller nimmt an, Scholz sei identisch mit dem Verfasser mehrerer Briefe an Rahel von Ense (*Aus dem Nachlaß Varnhagen's von Ense. Biographische Porträts*, Leipzig 1821, S. 301-334), der auch dort ohne Vornamen genannt ist und, wie aus den Briefen hervorgeht, als Diplomat in Wien, Madrid, Frankreich und Rom wirkte.

2 Der Brief von Scholz an Görres ist nicht erhalten.

3 Scholzs lobendes Urteil über Görres' „letztes Treiben" bezog sich wohl auf sein Engagement für die Verfassung und die Übergabe der Adresse.

131. An Wilhelm von Schack

Datum: Koblenz, 9.3.1818.

Original: Universitätsbibliothek Bonn, Autographensammlung (Konzept; zahlreiche Ausstreichungen und Korrekturen) (4 Seiten).

Abschrift: Berlin, GStA PK, I. HA Rep. 192 NL Wittgenstein V.5.8 (Schreibweise modernisiert).

Druckausgaben: Görres, *In Sachen der Rheinprovinzen und in eigener Angelegenheit*, S. 100ff (offensichtlich nach dem Konzept); *GS* 13, S. 329-331; Schellberg (Hrsg.), *Ausgewählte Briefe* (1911), Nr. 120, S. 257-261 (vollständig).

Bemerkung: Der Brief wird hier – trotz der leicht veränderten Orthographie – nach der Berliner Abschrift wiedergegeben, da sie wohl auf die Endfassung des Briefs zurückgeht.

Zum Adressaten: Görres, *In Sachen* S. 100 nennt als Adressaten Schack, Oberst und Adjutant S. K. H. des Kronprinzen, auf dessen Zuschrift im Auftrag des Kronprinzen er hier antwortet. Die (spätere) Notiz auf dem Bonner Konzept: „Jetzt General von der Gröben, damals Adjutant des Kronprinzen" ist demnach falsch.

Einordnung: Antwort auf das Schreiben von Oberst Schack Berlin, 27.2.1818.

Regest: Görres äußert seine tiefe Verletztheit über die Reaktion des Kronprinzen auf die Zusendung seiner Schrift über die Übergabe der Adresse, erläutert seine Beweggründe, erinnert an den Besuch des Kronprinzen im Rheinland und verweist auf die wohlwollende Reaktion Hardenbergs.

Hochzuverehrender Herr Oberst!
Ewr Hochwohlg. haben mir in Auftrag Sr Königl. Hoheit des Kronprinzen meine Schrift zurückgesendet.[1] Ich kann Ihnen nicht verbergen, daß diese Abweisung mir schmerzlich gefallen.[2] Dieser Schmerz ist nicht jener gröbere, den das Gefühl erlittenen Unrechts erzeugt[3], ich habe dergleichen wohl an gröberen Mishandlungen bezwingen lernen; er ist vielmehr von höherer Art, der sich mit dem Gedanken nicht versöhnen kann, Jemand, den ich im Herzen hochachten muß, wenn auch unwillkührlich, im Unrecht zu sehen. Die Schrift enthält nichts, was in irgend eine Weise die Schiklichkeit verlezte, nichts, was zu vernehmen nur von ferne ehrenrührig wäre[4], ihren Inhalt habe ich auch nicht erfunden, ich habe nur die allgemeine Meinung dieser Lande, ja von ganz Teutschland nachgesprochen: eine solche Wahrheit darf sich nicht furchtsam vor Fürsten verbergen. Vor zwei Jahren, als die Rückwirkung angefangen[5], deren Folgen zu schildern ich genöthigt war, habe ich mir die Freiheit genommen, Se Majestät den König auf die nachtheiligen Würkungen, die daraus entstehen mußten, aufmerksam zu machen.[6] Ich bin damals keiner Antwort gewürdigt worden und mußte glauben, daß S. Majestät zwar die ausgesprochene Wahrheit anerkenne, aber an der Persönlichkeit des Sprechenden einigen Anstoß nehme. Darum habe ich es diesmal für ziemlich gehalten, die Sache ihren officiellen Weg gehen zu lassen, da die Adresse selbst an S. Majestät gerichtet war und Se Durchlaucht der Fürst Staatskanzler als Organ Allerhöchstdenselben ohnehin amtlich über die öffentliche Handlung, die sie zur Folge hatte, berichtete. Dagegen schien mir die Schiklichkeit zu gebieten, S. Königl. Hoheit den Kronprinzen unmittelbar von dem, was vorgegangen, in Kenntniß zu setzen. In seiner Stellung zum Thron[7] mußte alles darin Berührte für ihn von vorzüglichem Intereße seyn; ohne unmittelbare Theilnahme an der Regierung konnten die Klagen der Zeit ihn nur als historische Erscheinungen berühren; ich konnte überdem hoffen, daß einige Bekanntschafft mit meiner Persönlichkeit wenigstens keine Vorurtheile gegen dieselbe in ihm erweckt und so durfte ich in aller Bescheidenheit der Täuschung Raum geben, Se K. H. werde, was ich wohlmeinend dargeboten, in Güte aufnehmen, und auch in dieser Schilderung der dunkeln Seite unseres Zustandes, so wie in der ganzen Begebenheit denselben vertraulichen Sinn wieder erkennen[8], in dem die Einwohner ihrem jungen Fürsten entgegen gekommen, als er die Provinz mit seinem Besuch beehrte. Damals setzten sich die Einwohner wohl ebenfalls über die strenge Form hinaus, sie nahmen die Regierungs Behörden und die Polizei Beamten nicht an ihre Spitze, als sie ihn allerwärts mit Jubel begrüßten[9] und sich auf Straßen und Wegen um ihn drängten, S. K. H. haben vielmehr ihre Huldigung um so gütiger aufgenommen, je weniger künstlich berechnet und schulgerecht sie sich zugedrängt. Wie hier ein schönes unverkümmertes Naturell ohne Mistrauen und Argwohn sich über die steife starre Form hinaus gesetzt; so hat bey S. Durchl dem Fürsten die gereifte Erfahrung des Staatsmanns und die ruhig klare und freie Übersicht, die er in Behandlung vielfältiger Geschäfte gewonnen, ihn bestimmt, auf gleiche Weise das Ungewöhnliche der Form zu übersehen, und nur die Gesinnung zu erwägen. Er hat es darum

nicht sogleich für Aufruhr gehalten, als einige tausende ruhiger Menschen sich zusammen gethan um die Wünsche Aller durch fünfzehn unbescholtene Leute[10] an ihn zu bringen, sondern Vertrauen mit Vertrauen erwiedernd, hat er, statt sie mit Härte abzuweisen, sie vielmehr mit gefälliger Herablaßung aufgenommen, und durch ganz Teutschland ist Niemand ein Arg dabei eingefallen, es geht vielmehr nur eine Stimme des Lobes darüber durch alle Lande. Was aber den Schluß betrift, den ich der Schrift beigefügt, so habe ich allerdings bittere Wahrheiten darin ausgesprochen, aber ich glaubte es in solcher Weiße gethan zu haben, daß über die Gesinnung, die mich dabei getrieben, nicht leicht einiger Zweifel eintreten kann. Die Art, wie ich zwei Jahre lang öffentlich geredet, hat wohl einigen Beruf dazu bewiesen; ein zweijähriges Schweigen, das meine Absichten gerechtfertigt, hat mir wohl auch einiges Recht begründet, nun ich es gebrochen, mit rücksichtsloser Freimüthigkeit zu sprechen. Wie die Zeiten stehen, ist die Wahrheit im Angesicht der Fürsten auszusprechen nicht ferner mehr ein Recht, sondern eine gebotene Pflicht und das ist eine grausame und sträfliche Schonung, die ihnen diese Wahrheit vorenthält. Wie soll die allgemeine Gährung der Gemüther beruhigt werden und wie sollen sich die zahllosen Misverständniße lösen, die Alles furchtbar auseinander halten, wenn was einzig verständigen kann, abgewiesen und blos zagender, verkleisternder, verhüllender Halbheit der Zugang gestattet wird? Mögen Andere thun, was sie nicht lassen können, ich habe es immer für unerlaubt gehalten, mit seiner Ueberzeugung zu transigiren und habe es kaum je ungestraft üben sehen. Ich habe genug von der Welt begriffen, um ihren leeren Täuschungen auf den Grund zu blicken; der einzige Ehrgeiz, der mir geblieben, ist, vor mir selber und allen achtbaren redlichen Menschen immer in Ehren zu bestehen. Dieser Ehrgeiz ist nicht von der gefährlichen Art, wenn er auch bisweilen unbequem erscheint und es ist nicht glaublich, daß er sogar allgemein verbreitet, die Ruhe der Staaten bedrohen würde.

Ich habe durch diese Erwiederung nur die ehrfurchtsvolle Achtung aussprechen wollen, die ich gegen S. K. H. und das erhabene Hauß hege, dem Sie angehören, und stelle es dem Gutbefinden Ew Hochwohlgeb frei, davon, wenn die Gelegenheit sich fügt, schiklichen Gebrauch zu machen.

Ew. Hochwohlgeb
ergebenster

Coblenz am 9 März 1818.

J. Görres

---

1 Oberstleutnant Wilhelm von Schack war seit 1814 Adjutant des preußischen Kronprinzen Friedrich Wilhelm, des späteren Königs Friedrich Wilhelm IV., den er auch 1817 auf seiner Reise in die rheinischen und westfälischen Provinzen begleitet hatte. Görres hatte seine Schrift *Die Übergabe der Adresse* an den Kronprinzen gesandt und am 27.2.1817 die Antwort durch von Schack erhalten. Görres, *In Sachen der Rheinprovinzen* erklärt dazu später: „Einigermaßen betroffen über diese Bescheidung, doch leicht den innern Zusammenhang der Sache deutend, glaubte der, dem sie gegolten, seine Empfindungen darüber nicht verbergen zu dürfen, und schrieb darum … die folgende Erwiederung".

2 Der Entwurf hat „daß diese unverdiente Abweisung mir sehr schmerzlich gefallen".

3 Der Entwurf hat „der aus dem Gefühle erlittenen Unrechts hervorgeht".

4 „nur von ferne" ist im Entwurf nachträglich eingefügt.

5 Der Entwurf hat hier „Reaktion" statt „Rückwirkung".
6 Das Schreiben an den König: Brief Nr. 72.
7 Die ursprüngliche Version „als wahrscheinlichen Thronfolger" wurde schon im Entwurf ausgebessert.
8 Der Entwurf hat hier: „was ich in guter Gesinnung dargebothen, mit Güte aufnehmen, und auch in dieser Schilderung, ob sie gleich die dunkle Seite freymüthig berührt, doch so wie in der ganzen Begebenheit denselben vertraulichen Sinn wieder erkennen...".
9 Der Entwurf hat hier ursprünglich „frohem Jubel". Görres' Tochter Sophie hatte damals ein Gedicht für den Kronprinzen aufgesagt (s. Brief Nr. 115).
10 Görres, *In Sachen* macht daraus später „achtzehn unbescholtene Leute".

132. An Werner von Haxthausen

Datum: o.O. o.D.: Koblenz, Mitte bis Ende März 1818.
Original: UB Leipzig, Autographensammlung Kestner II/A/IV, Mappe 677, Blatt Nr. 2 (2 Seiten).
Unveröffentlicht.
Adresse: Herren von Haxthaußen in Köln.
Zur Datierung: Der Brief ist vermutlich die Antwort auf Haxthausens Brief vom 28.2.1818. Görres kennt wohl schon die Reaktion des Kronprinzen auf seine Schrift, vielleicht sogar die königliche Kabinettsordre vom 21.3.1818. Damit dürfte der Brief in die zweite Hälfte des März zu datieren sein.
Einordnung: Vorangegangener Brief Werners v. Haxthausen: 28.2.1818.
Regest: Görres geht kurz auf Haxthausens Brief ein und auf die Reaktion der preußischen Regierung auf seine Schrift zur Übergabe der Adresse.

Daß du durch die westphälische Reiße nicht hochmüthig geworden, sondern uns in Gnaden gewogen bleibst, habe ich mit Vergnügen aus deinem Briefe vernommen.[1] Alles Andere wird sich geben, auch die Geschichte mit den Loosen. Der Verein ist nicht so grausam, daß er seine Commissionäre noch oben drein zum Danke für ihre Bemühung auszieht. Also nimm deine Kupferstiche von ihm wieder zum Geschenke an, und denke du hättest sie mit den verlohrnen Loosen gewonnen. An hundert bist du auch wahrscheinlich ganz unschuldig, da ich nicht weiß wie's damit zugegangen.[2]

Das kleine Buch, das du gerühmt, will Andern, die sich darin gemeynt glauben, nicht recht gefallen, es will aber auch die Leute eben nicht heyrathen. In Berlin haben sies für grob gehalten, und sind sehr darüber erzürnt, es hat von dort starke Donnerschläge gedroht, am Ende wirds aber doch wohl noch wie gewöhnlich so still wegstreichen, so daß nur einiger weniger Gestank nachbleibt.[3]

Ich habe deinem Bruder Vollmacht gegeben meine Bilder wegzunehmen bey Fuchs wenn sie nicht fertig sind.[4] Bezahle du ihm doch, was er daran verdorben hat, ich will dirs wieder anweißen. Leb wohl, auf baldiges Wiedersehen

dein
J. Görres

1 Zu Haxthausens Westfalen-Reise s. Brief Nr. 123.

[2] Am 11.6.1817 hatte Görres Werner v. Haxthausen 200 Lose der Hilfsvereins-Lotterie zur Verteilung geschickt. Zu der „Confusion mit den Loosen" hatte Haxthausen am 23.2. alle Schuld von sich gewiesen, aber zur Deckung des Schadens den Verkauf seiner Kupferstiche angeboten (vgl. Brief Nr. 119, Anm. 3).

[3] Görres, *Die Übergabe der Adresse der Stadt Coblenz und Der Landschaft an Se. Majestät den König in öffentlicher Audienz bei Sr. Durchl. dem Fürsten Staatskanzler am 12. Januar 1818. Als Bericht für die Theilnehmer,* 1818. Haxthausen hatte am 23.2. geschrieben, das Büchelchen habe ihm viel Freude gemacht, und hatte gleichzeitig die negative Reaktion der Presse erwähnt. Die Donnerschläge aus Berlin: die brüske Antwort des Kronprinzen (s. Brief Nr. 131), und die Kabinettsordre des Königs vom 21.3.1818, die Görres möglicherweise schon kannte (s. Brief Nr. 129).

[4] Fuchs sollte wohl Bilder aus der Sammlung von Görres restaurieren. Vermutlich Maximilian Heinrich Fuchs (1767-1846), Architekturmaler und Gemälderestaurator in Köln (Spiertz, *Eberhard von Groote,* S.103; Bernhard Fischer, *Der Verleger Johann Friedrich Cotta. Chronologische Verlagsbibliographie 1787-1832,* Bd. 1, S. 256).

133. An August von Haxthausen

Datum: o.O. o.D.: Koblenz, Ende März/Anfang April 1818.

Original: ULB Münster, Nachlass Schulte-Kemminghausen, Autographensammlung Haxthausen (3 Seiten).

Druckausgabe: Heßelmann, Unbekannte Briefe von Görres, in: *Lit.wiss. Jb. NF* 35 (1994), Brief Nr. 3, S. 246-248.

Adresse: Herren August v. Haxthausen Der Rechte Beflissenen in Göttingen.

Zur Datierung: Vorliegender Brief liegt sicher nach dem undatierten Schreiben August v. Haxthausens, also nach dem Januar 1818 (zur Datierung s. Briefe an Görres), er datiert 14 Tage nach Erhalt der Sendung mit den Liedern, die August am 4.11. versprochen hatte. Am 4.11. hatte er den Schelmufski geschickt, nicht aber die Lieder, am 22.12. waren die Lieder noch nicht angekommen. Görres schreibt, er habe seither neben den Probeblättern einige Exemplare der *Wünschelruthe* gesehen, also datiert der Brief nach Heft 1 vom 1. Januar. Am 28.2.1818 hatte Werner v. Haxthausen einen Besuch Augusts für Ostern angekündigt, Görres' Bemerkung darüber, sie hätten August Ostern erwartet, bezieht sich also auf Ostern 1818, der Brief datiert demnach nach Ostern, also nach dem 22.3.1818. Schließlich gibt die Erwähnung des nah bevorstehenden Todes von Görres' Schwager Franz v. Lassaulx einen letzten Hinweis auf einen Zeitpunkt kurz vor dem 2.4.1818. Am 15.4.1818 macht Görres überdies noch eine weitere Bestellung für die Bibliothek, offensichtlich in der Annahme, dass August das (kürzlich) bestellte Buch von Malcolm noch nicht ausgeliehen hat.

Einordnung: Vorliegender Brief ist vermutlich die Antwort auf August v. Haxthausens undatiertes Schreiben vom Januar 1818. Der Brief an Frau Görres mit den Liedern ist nicht erhalten.

Regest: Görres dankt im Namen seiner Frau für übersandte Lieder, äußert sich vorsichtig optimistisch zu den Chancen der neuen Zeitschrift *Die Wünschelrute* und sagt seine Mithilfe zu. Schließlich bittet er Haxthausen, für ihn ein Buch in der Göttinger Bibliothek zu entleihen.

Angekommen ist alles Gesendete vor vierzehn Tagen mit der langsamen Schnekkenpost. Meine Frau dankt zuvörderst aufs Beste für die übersandten Lieder, die Auswahl ist gut und es sind lauter recht angenehme Sachen.[1] Sie kann selbst nicht schreiben, weil sie eben in Gefahr steht ihren Bruder zu verlieren, der fern von hier lebt, wodurch auch mir der Kopf zum Schreiben in etwa verrückt ist.[2] Die Blätter von der Wünschelruthe habe ich erhalten, auch seither Einige dazu gesehen.[3] Es ist recht gut angelegt, und wird sich wohl behaupten, wenn ihr den Athem dazu nicht verliert. Die teutsche Philisterey prätendirt zu Allem eine erschreckliche Zeit um sich zu bedenken, vom Bedenken zum Handeln ist wieder ein langer Weg, und da alles Gute in der Regel etwas zarter Complexion ist, so geht darüber das Meiste zu Schanden. Könnt Ihr das Werk nicht durch eine Subskription unter den Studenten und in der Nähe sichern, dann müßt Ihr darauf gefaßt seyn, daß Schaden heran kömmt, und wenn er unvermuthet kömmt, immer böse Laune setzt. Hats einmal Wurzel gegriffen, dann ists unvertilgbar, die Philister gewöhnen sich an ein Journal, wie an Taback, und laßen sichs hernach um keinen Preiß wieder wegnehmen, wenn auch unterdessen aller Geist herausgezogen ist, und nichts als die vier nackten Papierwände stehen bleiben. Es ist fortdauernd eine klägliche Dürre in unserem Journalwesen, und das politische zu aller oberst gesetzt, wo die Raisonneure in Auerbachs Keller den Tisch anzapfen, die kleinen Goldmücken in den aesthetischen Blättern sind vollends gar betrübte Creaturen, die Kindtaufe, Hochzeit und Begräbnis an einem Tage feyern.

Es ist gut, daß das junge Volk einmal unter sie hinein fährt, ob ich gleich nicht mehr unter sie gehöre, bin ich doch immer gern bey Ihnen und werde mithelfen. Ihr Urtheil über Ihren Freund im Blatte habe ich gar richtig und treffend gefunden[4]; es ist sicher ein Talent in ihm, und wenn er dies nur erst von der Grimasse trennt, und allerley gesuchte und verdrehte Wort und Gedankenfügungen unterläßt. Das wird sich bald geben, dazu ist ja die Palästra. Wir hatten Sie zu Ostern hier erwartet, aber Sie laßen sich auch eben treiben, wie die Blüthen gehen.[5] Was Vieweg und Reimer mit dem Schah Nameh machen weiß ich auch nicht, ob sie etwa denken er sey wie fauler Käse alt am besten?[6]

Ich mögte, daß Sie mir zum Behuf der Einleitung aus der Göttinger Bibliothek ausnähmen Malcolms Geschichte von Persien im engl Original und und (!) mir es auf dem Postwagen sendeten.[7] Ich habe angeordnet, daß Ihnen der Gewinnst des Looses gesendet werde.[8] Leben Sie wohl. Ihr Erg

J Görres

---

1 August und Werner v. Haxthausen sammelten Hunderte von Volksliedern, mit dem Ziel sie zu edieren, kamen aber nicht zum Abschluss (vgl. die Klage W. Grimms an Görres 7.11.1817). Dazu Heßelmann, *August v. Haxthausen,* S. 49-71. In seinem Brief vom 4.11.1817 verspricht Haxthausen, „demnächst" Lieder an Frau Görres zu senden.

2 Franz v. Lassaulx, Katharinas Bruder und ein guter Freund von Görres, starb am 2.4.1818 in Nancy. Er war unmittelbar nach dem Ende der Franzosenherrschaft in Koblenz noch am 1.1.1814 von Koblenz in Richtung Paris abgereist, „forcé par les circonstances", wie er in seinem Abschiedsschreiben an die Fakultät schrieb, und hatte seitdem mit seiner Familie in Frankreich gelebt, zuletzt als Rektor der Akademie in Nancy. Zu Lassaulxs letzten Lebensjahren Just, *Lassaulx*, S. 205ff.

3 Die *Wünschelruthe,* ein kurzlebiges literarisches Journal, das die „Poetische Schusterinnung an der Leine", eine poetische Vereinigung von Studenten mit dem Ziel der Pflege von deutscher Sprache und Kultur unter Federführung von August v. Haxthausen herausgab. Als Herausgeber zeichneten Heinrich Straube und Dr. Johann Peter v. Hornthal. Die Zeitschrift erschien Jan. bis Juni 1818 in 52 Nummern (und Zugabe Nr. 1-4). Haxthausen hatte Görres um Beiträge für das Blatt gebeten.

4 August v. Haxthausen hatte in seinem Brief vom Januar über den jungen Herausgeber (Straube) geschrieben: er (Haxthausen) unternehme die Zeitung „zum Besten eines armen aber höchst ausgezeichneten jungen Menschen, daß er ein Feld hätte wo er seine Kräfte üben und auch einige unsterbliche Vortheile haben könnte. Die Erzählung in den Probeblättern ist von ihm, wenn ich auch gleich das gesuchte unklare und marinirte darin zugebe, so werden sie doch mit mir einig sein, daß ein sehr großes Talent sich darin offenbart, welches wenn es sich zurechtfindet einen eigenen Weg gehen wird."

5 Am 28.2.1818 hatte Werner v. Haxthausen geschrieben, August werde Ostern von Göttingen nach Köln und Heidelberg kommen.

6 Görres hatte das Manuskript des *Schah Nameh* an Vieweg und Reimer für Druck und Verlag nach Berlin geschickt. Das Werk erschien als *Heldenbuch von Iran* bei Reimer 1820.

7 John Malcolm, *The History of Persia, from the most early period to the present time, containing an account of the religion, government, usages and character of the inhabitants of that Kingdom,* 2 Bde, London 1815. Am 15.4. (Brief Nr. 136) fügt er dem eine weitere Buch-Bestellung hinzu.

8 Haxthausen hatte im Januar zwei Lose des Hilfsvereins und die Namen der Gewinner gesandt.

134. An Karl August Freiherrn von Hardenberg

Datum: Koblenz, ca 1.- 4.4.1818.
Original: verschollen.
Druckausgabe: Görres, *In Sachen der Rheinprovinzen und in eigener Angelegenheit*, 1822, S.113-117 (= *GS* 13, S. 334-336).
Bemerkung: Da das Original verschollen ist, wird der Brief nach der Ausgabe von Görres, *In Sachen*, wiedergegeben.
Zur Datierung: Laut *In Sachen*, S. 112: „wenige Tage" vor dem 5. April. *GS* 13, S. 550 datiert auf den 4. April (Görres habe die Denkschrift von Rolshausen zusammen mit diesem Begleitbrief am 4. April 1818 an Hardenberg eingesandt).
Einordnung: Letztes Schreiben Hardenbergs: 31.1.1818; nächstes Schreiben Hardenbergs: 10.3.1818.
Regest: Görres erläutert noch einmal seine Beweggründe für die Abfassung der Schrift zur Übergabe der Adresse, dankt Hardenberg für seine besonnene Aufnahme und äußert die Hoffnung auf eine Besserung der Stimmung der öffentlichen Meinung. In der Anlage übersendet er eine Schrift über die Landwehr, deren Mitautor er ist.

E. D. stehen im Begriffe die Rheinprovinzen zu verlassen, und ich habe mich noch einmal nahen wollen, um meinen ehrerbietigen Dank für alles mir persönlich erwiesene Vertrauen und die unwandelbar feste Milde, womit Sie von Anfang her mein etwas ungewöhnliches Auftreten beurtheilt und aufgenommen haben, darzubringen.[1] Gewöhnt, seit ich denke, nur auf die Wahrheit zu sehen, als der am Ende immer alles Andere zufallen muß, nie sie scheuend, auch wo sie gegen mich selber aufgestanden, hatte ich auch diesmal nur gesucht, sie mir zu gewinnen, unbesorgt um alles Weitere, was sich daraus ergeben könnte, da sie, einmal hervorgerufen, wie das Leben sich selbst vertheidigt, und überall das Bessere im Menschen mit ihr im geheimen Bunde steht. Die freye, sichere Weise, in der E. D. die Sache aufgenommen, hat mir gleich am Anfange schon bewiesen, daß ich auch diesmal recht geurtheilt; der erste von spätern Grübeleyen noch nicht getrübte Eindruck bey allen verständigen Menschen, wo ich hingehört, ist derselbe gewesen, und ich bin gewiß, daß am Ende, wenn die erregte Gährung sich erst beruhigt hat, diese erste Ansicht wie immer auch wieder die letzte seyn wird. Man tadelt jetzt besonders den Schluß der Schrift, er wird sich aber als die andere mit der ersten gleich wesentliche Hälfte der ganzen Handlung leicht vertheidigen, wenn erst die ruhige Betrachtung Raum gewonnen. Daß alles darin enthaltene Bittere als ein in der Meinung vorhandner, durch bloße Negirung nicht zu vernichtender Stoff mit Widerstreben aufgenommen, schicklich behandelt, und zum Besten gewendet worden, ergiebt sich leicht jedem Unbefangenen, der der darin herrschenden Gesinnung sich nicht verschließt. Die ganze Handlung sollte der Regierung gegenüber den Wunsch des Volkes nach constitutionellen Formen und die Fähigkeit, sie zu handhaben, ausdrücken; der Meinung gegenüber aber die Regierung selbst zur Besänftigung der Spannung im rechten Lichte zeigen. Das Letzte mußte für die Gegenwart sich aus der Handlung selbst ergeben, und der Aufnahme, die E. D. der Deputation widerfahren ließen; aber nun durfte auch die Vergangenheit nicht mit Stillschweigen übergangen werden, weil in ihr alle Zukunft ihre Gewähr aufsucht. Das ist nun in jener Art von parlamentarischer Rede geschehen, die ich mir, am Ende der Handlung in der Deputation und zu ihrer Auflösung gehalten dachte. Ich konnte nicht damit anfangen, zu läugnen, zu verkleistern und zu bemänteln; da es meiner Natur entgegen, wäre es schlecht gelungen: die Meinung hätte sich unwillig von mir abgewendet, und die öffentlichen Schreyer, die mich jetzt der Illiberalität beschuldigen, hätten mich der Zweideutigkeit, der Lügenhaftigkeit, ja der Bestechung angeklagt. Auch bedurfte die Regierung solcher Hülfe nicht; war erst die halbe Wahrheit anerkannt und herausgesagt, so durfte sie nur ganz ausgesprochen werden, und die andere Hälfte heilte, was die erste verwundet hatte. Indem ich dies that, und das Verhältniß und den Kampf der Partheyen auseinanderlegte, wurde bis zur Evidenz klar, daß Alles, was die Meinung seither verletzt, größtentheils aus dem Schwanken, das dieser Streit hervorgebracht, entsprungen sey, und der Unwillen wurde auf den Grund desselben hingeleitet. Wenn ich die hiesigen unverständigen Lärmer nicht geschont, so habe ich die entgegengesetzte Parthey als die schädlichste besonders angreifen zu müssen geglaubt, weil sie sich immer durch alle Künste einer optischen Täuschung mit der Regierung zu identificiren strebt, und indem sie derselben ihre Ungeschicktheit, Plumpheit und Leidenschaftlichkeit unterzuschieben suchte, in der Meinung Preußen einen Schaden gethan, den man nicht leicht zu ermessen im Stande ist. Indem die Schrift die Partheyen von der Regierung scharf getrennt; indem sie den seitherigen stillen Fortschritt derselben zu verfassungsmäßiger Freyheit bemerklich machte, und alle scheinbaren Rückschritte als eine augenblickliche Verfinsterung durch leicht verzeihliche Irrthümer vorstellte, erschien die Vergangenheit gerechtfertigt in der einzigen Weise, in der es noch möglich ist; die Hoffnung einer bessern Zukunft konnte Wurzel fassen, und durch das Erscheinen der Schrift unter die Augen E. D. war überdem der Verdacht, den die Meinung, durch mancherlei Vorgänge aufgeregt, gefaßt, Preußen habe sich einem heillosen Geisteszwang ergeben, siegreich widerlegt. Aus diesem Gesichtspunkte habe ich bey der Abfassung geurtheilt, in wiefern ich dabey mit Bewußtseyn verfahren, im Einzelnen kann ich, Irrthümer rügend, selbst geirrt haben, aber im Ganzen weiß ich in diesem Augenblicke nicht, wie ich anders hätte handeln können, auch hat die Erfahrung wohl bewiesen, daß ich wenigstens in dem Theile des Urtheils, der die öffentliche Meinung betrifft, Recht gehabt. Aus diesem Gesichtspunkt haben auch E. D. die Sache angesehen, und ich muß es Ihnen sehr verdanken und nachrühmen, daß der Blick, der gleich Anfangs richtig aufgefaßt, sich auch in der Folge durch die Rückwirkungen der getroffenen Partheyen nicht hat irre machen lassen. Mögen E. D. auf diesem Wege fortschreiten, und es Ihnen gelingen, zwischen entgegengesetzten Uebertreibungen die Idee der Regierung durchzuführen. Möge es E. D. bald vergönnt seyn, was Sie hier am Rheine angefangen, zu einem gedeihlichen Ende zu bringen, damit die Meinung, die durch so viele im Einzelnen bewiesne hülfreiche Gutthat, milde und wohlmeinende Gesinnung und strenge Gerechtigkeit gar sehr beruhigt worden, nun auch durch ein allgemeines Band befestigt werde, auf daß uns nicht ein allenfallsiger neuer Krieg in gehässigen Spannungen überrasche, und jede Unruhe uns gefaßt und einig finde.

Unterz. J. Görres

Ich nehme mir zuletzt noch die Freyheit Ewr. Durchlaucht eine Denkschrift beyzulegen, die ich gemeinschaftlich mit Herrn von Rolshausen über das Landwehrwesen entworfen habe.[2] Ewr. Durchlaucht werden sie in Ihrer Weisheit erwägen, und das Beste erwählen.[3]

Ew. Durchlaucht
gehorsamst ergebenster
J. Görres.

---

1 In seinem Abschiedsschreiben an die Rheinländer vom 5.4.1818 (*Bayreuther Zeitung* Nr. 77 vom 19. April), erklärte Hardenberg, er sei wegen der bevorstehenden Abreise des Königs genötigt, nach Berlin zurückzukehren, verspreche aber, im Sommer in die Rheinprovinzen zurückzukommen, um sich „von den Bedürfnissen und Wünschen ihrer Einwohner zu unterrichten". Görres, *In Sachen der Rheinprovinzen*, S. 112 merkt zu dem Brief an: „Am 5. April erließ der Staatskanzler von Engers aus die Bekanntmachung, er sey genöthigt, sich nach Berlin zurückzubegeben, werde aber eilen, in die Rheinprovinzen zurückzukommen, um sie im Laufe des bevorstehenden Sommers zu bereisen, sie genau kennen zu lernen, und sich von den Bedürfnissen und Wünschen ihrer Einwohner zu unterrichten. Wenige Tage vorher hatte der Unterzeichnete folgende Zuschrift an ihn zu richten sich die Freyheit genommen."

2 Die Denkschrift über die Landwehr (dat. Coblenz, 12.3.1818): *GS* 13, S. 549f (Orig.: Berlin, GStA PK, I. HA, Rep. 92, NL Boyen III). Joseph Rolshausen, der wohl Verfasser des rein militärischen Teils der Schrift ist, war Hauptmann in der Landwehr-Kompagnie Koblenz. Görres unterzeichnete mit als „Mitglied der Departementalaushebungskommission". In der Adresse an den König unterzeichnete R. fälschlich als „v. Rollshausen, Regierungs-Calculator" (dazu *GS* 13, S. 551). Der Kanzler gab die Schrift und den Begleitbrief an Kriegsminister von Boyen weiter. Dieser entwarf ein Memorandum dazu (*GS* 13, S. 550f).

3 Dieser Nachsatz, mitgeteilt in *GS* 13, Anm. S. 550, fehlt bei Görres, *In Sachen.*

135. An Jacob Grimm

Datum: Koblenz, o.D.: 8. oder 9.4.1818.
Original: Staatsbibliothek zu Berlin – Preuß. Kulturbesitz, Nachlass Grimm 686, 107f (3 Seiten).
Druckausgaben: Binder (Hrsg.), *Freundesbriefe* Nr. 197, S. 553-555 (vollständig); Schellberg (Hrsg.), *Ausgewählte Briefe* (1911), Nr. 121 (Ende ab „Schuckmann…" fehlt).
Adresse: Herren J. Grimm Bibliothekar in Cassel frey (zwei Poststempel: „9." und „13 Avril").
Zur Datierung: Binder, *Freundesbriefe* datiert „Coblenz im April 1818". Der erste Poststempel legt die Datierung auf den 8. oder 9.4.1818 nahe.
Einordnung: Letzte Briefe von Jacob Grimm: 18.6.1817 und 6.7.1819; von Wilhelm: 7.11.1817; nächster bekannter Brief Jacobs: 13.3.1819.
Regest: Görres äußert sich verständnisvoll zu Grimms Absage des Rufs nach Bonn und zeigt sich skeptisch, was den Zeitplan für die Eröffnung der Universität betrifft. Er bedauert den mäßigen Erfolg seiner Subskribentensammlung für die geplante Ausgabe des *Reineke Fuchs.*

Es ist gar zu lange, daß ich nicht mehr hinübergeschrieben, es ist leicht an den Fingern abzuzählen, was ich für ein Lied pfeiffen werde, wenns zur Verantwortung kömmt. Ist man einmal auf den verfluchten Rutschbergen eingesessen, dann gehts fort, man mag wollen oder nicht. Aller Welts Landstand zu seyn, ist eine sehr Zeit raubende Sache, es ist ein Amt wie eines Postillons der immer auf den Straßen liegt, und irgendwo hinwill, ankömmt oder abgeht. Ich wills aber noch einstellen, und der Dinge mich entschlagen, die mich nichts angehen, aber die Distinkzion ist eben schwer, und seit die neue Pansophie sich auch auf die Politik erstreckt, ist vollends kein Rath mehr, und man wird gejagt wie eine Wolke von allen Winden. Doch ists glücklicherweise bey mir nur äußerlich, innen hab ich doch meine Heymath, wo ich ruhig sitze, selbst wenn ich auf Reißen bin. Eichhorn hat mir vor einigen Monathen Ihren Brief wegen des Bonner Projekts gezeigt.[1] Ob ich Sie gleich von Herzen gern dort sähe statt manches hölzernen Schnitzbildes das an die Stelle rückt, so muß ich doch alles Gesagte darin gutheißen. Das ist ein Wurzelwerk das man getrieben, wenn man erst bis in die andre Lebenshälfte an einem Ort geblieben, daß mans selbst nicht weiß und daß es beym Ausgraben erst sichtbar wird, und daß man die besten Ausläufer, und eben so viel oben von den Ästen hinten laßen muß. Schämte ich mich nicht und hielte es mir in meiner Lage für unziemlich, ich blieb auch hier und ließe Universität Universität seyn, und kehrte mich an gar nichts, ob ich gleich in Bonn das Rheinwasser am Mittag trinken kann, was am Morgen hier vorbeygelaufen.[2] Übrigens hats mit Bonn noch einiges Bewenden. Sie sagen zwar im Herbste, aber ich habe solche Fristen noch nie einhalten sehen, sie richten nicht einmal eine Hochzeit an dem anberaumten Tage aus. Alles ist nur in einer beständig rotirenden Bewegung in der kein Fortschritt ist. Schuckmann hätte nie was andres als ein Invalidenhauß fertig gebracht oder ein vortreffliches psychologisches Clinicum, mit Altenstein ist wenigstens ein gutes Personale gewonnen, und ein Ende abzusehen.[3]

Was treiben denn Sie gegenwärtig, und wie weit ist es mit Reineke gediehen. Ich bin nicht sehr glücklich mit Subskribenten gewesen, das(!) alles nicht sehr literärisch und am wenigsten alt literärisch ist. Ich habe nur acht, worunter eins auf gutem Papier seyn soll, doch laßen Sie mir zwölf aufschreiben, ich werde die Andern noch anbringen.[4]

Sonst gehe ich in meinen Arbeiten auch nicht müßig, und druckten sie nur schneller, Sie würden bald etwas erhalten.[5] Gott behüthe Sie.

Ihr E.
J Görres

---

1 Grimms Brief an Eichhorn vor einigen Monaten: Das Absageschreiben, mit dem Grimm seine Nicht-Annahme des Rufs an die neugegründete Universität Bonn begründete: Jacob Grimm an Johann Albrecht Friedrich Eichhorn, Kassel, 30.12.1817 (Konzept: Berlin SB Nl. Grimm 638, 120-123; JKS Bd. 1 (1864), S. 182 (Empfänger irrtümlich Savigny); Stoll, *Savigny*, Bd. 3 (1939), S. 274-276, Nr. 14).

2 Zu Görres' damals begründet scheinenden Hoffnungen auf eine Anstellung an der Universität Bonn: Fink-Lang, *Görres*, S. 179f, sowie die Briefe von Arnim (26.3.1817), Grimm (30.3.1817), Benzenberg (10.4.1817), Frh. v. Stein (24.3. und 2.4.1817). Hardenberg hatte zudem am 27.1.1818 eine öffentliche Anstellung in den Rheinprovinzen in Aussicht gestellt. Am 18.10.1818 wurde die Universität Bonn gegründet. Spätestens im November war für Görres klar, dass er keinen Ruf erhalten würde (s. Briefe Nr. 150, 154).

3 Zu Innenminister Schuckmann und zu Altenstein, der im Vorjahr das neu geschaffene Kultusministerium übernommen hatte, s. Personenverzeichnis.

4 W. Grimm hatte Görres am 7.11.1817 um Sammlung von Subskribenten für die geplante Ausgabe des *Reinhard Fuchs* und um Zusendung der Namen möglichst vor Neujahr gebeten. Binder, *Freundesbriefe* S. 554 merkt an, die Koblenzer Subskribentenliste verzeichne u.a. die Namen Scharnhorst, v. Meusebach, Dr. Settegast, Dr. Ulrich und Johannes Schulze.

5 Görres wartete damals auf die Fertigstellung des Drucks des *Schah Nameh* (vgl. Brief Nr. 133).

136. An August von Haxthausen

Datum: Koblenz, 15.4.1818.

Original: UB Münster, Nachlass Schulte-Kemminghausen, Autographensammlung Haxthausen.

Druckausgabe: Heßelmann, Unbekannte Briefe von Görres, in: *Literaturwiss. Jb der Görres-Gesellschaft NF* 35 (1994), Brief Nr. 4, S. 248.

Adresse: Herrn August v. Haxthaußen der Rechte Beflissenen in Göttingen. (Poststempel 16. und 20. April)

Einordnung: Letzter Brief Augusts: ca. Januar 1818; Antwortbrief: 21.4.1818.

Regest: Görres bittet Haxthausen, für ihn einige Bücher aus der Göttinger Bibliothek zu entleihen.

Ich bitte Sie, wenn Sie Malcolms persische Geschichte für mich in der Bibliothek ausnehmen auch Folgende sich geben zu laßen

A Journey through Persia, Armenia, and Asia minor by James Morrier 1812.[1]

Von den Asiatick Researches den siebenten, zehnten, eilften Band und wenn ein zwölfter da ist auch diesen.[2]

Endlich die Englische Übersetzung des indischen Ramayana so weit sie erschienen.[3]

Alles verpackt per Post.
Coblenz am 15 April 1818. Ihr Erg
J Görres

---

1 Die bestellten Bücher stehen alle in Zusammenhang mit der Arbeit an der Einleitung zum *Schah Nameh*. James Justinian Morier, *Travels in Persia, Armenia and Asia Minor, to Constantinople*, 1812. Görres hatte in seinem letzten Brief (Nr. 133) darum gebeten, für ihn Malcolm, *The History of Persia* auszuleihen. Am 21.4. schrieb Haxthausen von seinen meist vergeblichen Bemühungen um die gewünschten Bücher.

2 Die *Asiatic researches or Transactions of the society instituted in Bengal, for inquiring into the history and antiquities, the arts, sciences, and literature, of Asia*, London 1798ff, boten Görres für seine orientalischen Studien, v.a. für die Arbeit am *Schah Nameh* eine unerschöpfliche Quelle. 1811 hatte er bereits die Bände 8 und 9 für längere Zeit entliehen (*GS/Briefe* 2, Nr. 149, 155, 157, 167).

3 Das *Ramayana* ist das zweite indische Nationalepos neben dem *Mahabharata*. Ansätze zu Übersetzungen ins Englische wurden mehrfach unternommen. Laut F.A. Wiese, *Indien oder Die Hindus*, Bd. 2, Leipzig 1837, S. 403 war die erste englische Ausgabe des *Ramayana* von Carey und Marshman begonnen, aber nach Erscheinung der ersten zwei Bücher nicht fortgesetzt worden (3 vols, Serampore 1806-1810). Eine neue und kritische Ausgabe, der eine lat. Übers. beigefügt werden solle, sei, so Wiese, von A.W. Schlegel „jetzt im Werke". Eine erste Komplettübersetzung ins Englische erschien erst 1870ff durch Ralph T. H. Griffith.

137. An Karl Josef Ignatz Mosler

Datum: o.O. o.D.: Koblenz, 19.4.1818.
Original: Stadtbibliothek Koblenz, AB Görres-Briefe (4 Seiten).
Unveröffentlicht.
Adresse: Herrn Mahler Mosler in Rom.
Zur Datierung: Auf dem Original am oberen Rand Bleistiftnotiz von anderer Hand: „am 19tn April 1818".
Einordnung: Vorangegangener Brief Moslers: 3.4.1818; nächster Brief Moslers: 1.8.1818.
Regest: Görres äußert seine Vorfreude auf das Bild, das Mosler nach Koblenz senden will, berichtet über Gemälde, die er in letzter Zeit gesehen, und über seine eigenen Kunst-Erwerbungen, reflektiert über Moslers Chancen auf Aufträge in Deutschland und rät ihm, ein kleines Gemälde an Minister Altenstein zu senden.

Ich muß Ihnen wohl endlich einmal übers Gebürg hinüberschreiben, damit nicht alle Fußstapfen herein und keine herausgehen. Ein unruhiges in allerley Dinge getheiltes Leben läßt mich öfter nicht zum Liebsten kommen, und die Zeit geht hin wie auf der Seefahrt, wo man auch keine Briefe giebt und empfängt.

Es freut mich einmal nach vielen Jahren wieder etwas und etwas Ausgeführtes von Ihrer Hand zu sehen. Ich erinnere mich der Zeichnung nur dunkel mehr, es wird also ein in aller Hinsicht neues Bild für mich seyn, und mir wie eine Art von Tagebuch vorkommen, worin ich übersehe, welchen Gang Ihre Entwicklung in dem fernen Kreiß genommen, woran ich mehr als einen bloß aesthetischen Antheil nehme.[1] Ich habe mein Auge seither auch durch das Sehen vieler Bilder geschärft, und kann mir schon in Vielem ein einigermaßen sicheres Urtheil zutrauen. Während drey Monathen habe ich langsam die Boisserésche Sammlung durchgesehen, Wallraff, Fochem, Liversberg in Cöln, die Bonner und Frankfurter Sachen, nun auch Bettendorf und Burtin wahrscheinlich, auch manches Eigene.[2] Das in Cus hatte ich schon längst als Sie mir davon geschrieben, es war verlohren, wenn ich nicht darüber kam.[3] Es wird von einigen Hubert von Eyk zugeschrieben, doch glaube ich nicht daran, nach Allem was ich von diesem weiß. Israel von Mecheln oder Meckenheim nennen die Boissere's eine Reihe die sich anschließt, aber noch nicht sicher bewießen.[4] Es ist ein Eyckisches und ein Hemlingisches Element darin nicht zu verkennen.[5] Daneben habe ich einige sehr gute Byzantiner, einige treffliche Hemskerke, einen Lucas von Leyden oder da herum, einen Wohlgemuth und Anderes, für drey Jahre Sammlung gut genug.[6] Auch Andere haben hier recht Gutes aufgetrieben, und es entdeckt sich täglich noch. Das Historische in allen diesen Dingen hat eine sehr viel andere Wendung genommen, es wird vieles klarer und anders, als man es sonst angesehen, die sogenannte Cölner Mahlerschule schwindet sehr zusammen, vieles tritt unsern Zeiten näher und das Urtheil bevestigt sich. Ich habe einige Besorgniße wegen Ihrer angekündigten Erörterung dieser Sachen, da Sie aus der Ferne dem Gang der Dinge nicht wohl folgen konnten.[7]

Was Ihren Wunsch um Bestellungen betrifft[8], so wird wohl bald einiger Rath dafür werden, da man in Berlin den vernünftigen Plan gefaßt, statt der Pensionen an Künstler solche Bestellungen für Kirchen und Rathhäußer zu machen, woran sich das religiöse und historische nun üben mag. Man spricht von Akademien und Kunstanstalten hier am Rheine, ehe aber bey uns das Wort vom Papier weg ins Leben ausgesaet worden, pflegt gar viel Zeit zu vergehen. Von da aus muß sich der Sinn verbreiten, der wohl da ist in der Masse aber noch sehr hart schläft. Die Kirchen sind fortdauernd sehr arm, und können nichts auf die Kunst verwenden; von den Reichen sind die Neuen nur von der grob genießenden Art, die Alten Philister mit Beyden nichts anzufangen. In Berlin bezeichne ich Ihnen den Kronprinzen, der viel Sinn und Liebe für die Kunst hat, und den Minister Altenstein, der recht gescheidt und brav für Alles wirkt, was in seinen Kreiß gehört. Könnten Sie schnell und leicht arbeiten, und ihm ein kleines Bild gut und rasch hingelegt schicken, es würde Ihnen wohl nützlich seyn. Nach und nach wird sich Alles schon zusammenfinden, ist nur erst das Wort recht Fleisch geworden.- Meine besten Gegengrüße an Mahler Müller und Runges.[9]

Gott befohlen
Ihr Erg.
J. Görres

---

1 Mosler hatte am 3.4.1818 angekündigt, ein Gemälde nach Koblenz zu senden, um das Konsistorium für sein Gesuch gnädig zu stimmen. Das Gemälde, eine Verkündigung, hatte Mosler nach einem früheren Entwurf ausgeführt.

2 Die damals berühmten privaten Kunst- und Gemäldesammlungen, die Görres hier nennt, werden in zeitgenössischen Kunstführern häufig lobend erwähnt: die des Professors Wallraf, des Rektors Fochem und des Kaufmanns und Stadtrats Liversberg in Köln: J.S. Ersch und J.G. Gruber, *Allgemeine Encyclopädie der Wissenschaften und Künste*, 18. Theil, Leipzig 1828, S. 184; Ebenso auch in Schinkels Briefen von seiner Rheinreise 1805 (Wolfgang Jess, *Deutschland in Schinkels Briefen und Zeichnungen*, 1937, S. 80). Der Kölner Kaufmann Jacob Joannes Nepomuk Lyversberg erwarb zahlreiche Kunstschätze aus aufgelösten Klöstern, unter anderem den später nach ihm benannten „Lyversberger Altar", einen 1464 gestifteten Altar aus der Kirche des Kölner Kartäuserklosters, und

begründete eine umfangreiche Gemäldesammlung (u.a. Jan van Eyck, Lucas van Leyden, Lucas Cranach d. Ä, Anthonis van Dyck, Rubens, Rembrandt). Die Sammlung wurde von Friedrich Schlegel beschrieben und unter anderem von Goethe und Schinkel besucht. Die Bettendorfsche Gemäldesammlung in Aachen umfasste damals ca. 370 altdeutsche und niederländische Gemälde (*Aachener Kunstblätter* Bd. XIV, Aachen 1828, S. 37-63; Joh. Peter Joseph Monheim, *Die Heilquellen von Aachen, Burtscheid, Spaa, Malmedy und Heilstein*, Aachen und Leipzig 1829, S. 140; Christian Quix, *Historisch-topograph. Beschreibung der Stadt Aachen und ihrer Umgebungen*, Köln und Aachen 1829, S. 121). Über die Sammlung Franz Xaver de Burtin in Brüssel: J. D. Fiorillo, *Geschichte der zeichnenden Künste in Deutschland und den Niederlanden*, Bd. 2, Hannover 1817, S. 353 (kritisch über die Kennerschaft des Sammlers und seine angeblichen Dürer-Zeichnungen). Zu Görres' eigener Sammeltätigkeit vgl. Briefe Nr. 52, 58 und 74.

3 Das Passionstriptychon hatte Görres während seiner Visitationsreisen 1815/16 im St. Nikolaus-Hospital in Kues (Bernkastel-Kues) in schlechtem Zustand im Salzmagazin aufgefunden, es wurde damals Görres als Geschenk überlassen, der es in seiner Koblenzer Wohnung aufstellte (Hans M. Schmidt, *Der Meister des Marienlebens und sein Kreis: Studien zur spätgotischen Malerei in Köln*, 1978, S. 174; s. Heitger, Die Koblenzer Maler, S. 75, 297f). 1839 gab er es nach längeren Verhandlungen dem Hospital zurück: Über die vom Generalvikar von Trier unter Androhung einer Anzeige verlangte Rückgabe Dietz an Görres im November 1827 (*GS/Briefe* Bd. 1 (Briefe der Münchner Zeit) S. 451); Ein Bittgesuch vom 26.5.1832 an den Oberpräsidenten der Rheinprovinzen von Pestel um Rückgabe der Kreuzigung und die abschlägige Antwort der Regierung: LHA Koblenz, Best. 403, Nr. 4718. Dazu auch Wohlers, Das rheinische Oberpräsidium und die Stadt Koblenz, in: *Zeitschrift für Heimatkunde*, Sonderheft 1922. Mosler hatte am 16.10.1815 geschrieben: „Herzlich wünschend Ihr Kunsteigenthum zu vermehren trete ich Ihnen gern meine Ansprüche des Entdekkens dreyer zusammengehörender Gemälde in der Speißstube des Gesindes im Hospital zu Kus ab, auf welche ich meinen Vetter in Bernkastel Kommission gegeben. Sie sind von dem jüngsten der drey Niederrheinischen Meister welche nach meiner Ansicht eigentlich diese Schule ausmachen. Von denselben kommen Bilder von den Jahren 1464 1473 und 1480 vor. – Wen Sie in Köln in der Liversbergischen Sammlung gewesen so haben Sie dort eine Folge von Passionsbildern desselben gesehen, die Schlegel in der Europa beschrieben." Am 14.11. ging Mosler noch einmal darauf ein: es sei ihm sehr lieb gewesen, zu erfahren, dass Görres die Bilder aus Cues habe, er wünsche ihm Glück dazu.

4 Sulpiz Boisserée sah das Werk 1818 und 1819 bei seinen Besuchen in Koblenz: 23.7.1818: „Görres. Bilder. Kreuzigung von Meckenem"; 7.2.1819: „Das große Stiftungsbild von Nicolas Cusanus von Meckenem hergestellt, in dem großen Wohn-Zimmer" (Boisserée, *Tagebücher* S. 500ff).

5 Hubert (Huybrecht) van Eyck (geb. um 1370-1426), flämischer Maler; Israhel van Meckenem (um 1430/40-1503), niederrheinischer Kupferstecher und Goldschmied (*NDB* 16 (1990). Hans Memling, fälschlich auch Hemling (um 1433/40 -1494), Maler der niederländischen Schule und Zeitgenosse des Meisters des Marienlebens.

Das Passionstriptychon wird inzwischen eindeutig dem Meister des Marienlebens zugeschrieben, der ca. 1460-1490 in Köln tätig war. Es ist sein ältestes noch erhaltenes Werk, das um 1460 im Auftrag von Nikolaus Cusanus geschaffen wurde, und befindet sich heute wieder in der Kapelle des St. Nikolaus-Hospitals in Cues. „Kölnische, niederländische und sogar italienische Momente, wie beispielsweise auch in der „Geburt Mariae", sind hier zu einem Ganzen vereinigt. In weiträumigen Szenen, mehr kontemplativ als dramatisch, stellen die Bilder Stationen des Leidens Jesu vor Augen: im Mittelbild die Kalvarienbergszene, auf dem linken Flügel die Verspottung und auf dem rechten die Grablegung Jesu." (Schmid, Hans M., „Meister des Marienlebens" in: *NDB* 16 (1990), S. 716f; ders., *Der Meister des Marienlebens und sein Kreis: Studien zur spätgotischen Malerei in Köln*, 1978). Mosler schrieb dazu am 14.11.1818, für Hubert van Eyk (+1426) dürfe man es nicht halten können, auch wenn sie dessen Stil zu haben schienen, denn sie seien offenbar für das Hospital gemalt worden, und lägen daher zeitlich nach dem Tod des Hubert v. Eyk. „Der Meister ist ein jüngerer und eben derselbe welchen Boisserée für eine Person mit Israel von Mechlen oder Meckenheim hällt, damit er auch sehr viel Ähnlichkeit hat; ich habe nichts gegen die Vermuthung einzuwenden. Ich sage nur der Meister arbeitete in den 60er 70er und 80er Jahren des 15. Jahrhunderts zu Köln. Das Verzeichniß seiner nicht geringen Anzahl von Werken finden Sie in meiner Erörterung genau angegeben. Wen Sie sich ein einigermasen sichereres Urtheil über die Masse jener Bilder zutrauen dürfen die Sie während drey Monaten langsam durch gesehen haben, so werden Sie mir auch wohl einiges zutrauen da mich jener Meister allein längere Zeit praktisch beschäftigt hat indem ich 5 Tafeln von ihm gezeichnet habe."

6 Martin Hemskerk, eigentlich Maerten Heemskerk van Veen (1498-1574), benannt nach seinem Geburtsort nahe Harlem, holländ. Portraitmaler und Maler religiöser Motive (sein Lebenslauf: Johanna Schopenhauer, *Joh. van Eyck und seine Nachfolger*, Bd. 2, Frankfurt a. Main 1822, S. 133-162). Ein Werk aus Görres' Sammlung, eine Enthauptung des heiligen Johannes aus der Kirche in Adenau, wird in dem Schriftverkehr um die Rückgabe des Kueser Altarbilds erwähnt (LHA Koblenz, Best. 403, Nr. 4718).

7 Zu der angekündigten kunsthistorischen Arbeit Moslers s. Brief Nr. 152. Zu den kunsthistorischen Studien zur altdeutschen und bes. Kölner Malerschule namentlich Friedrich Schlegels und der Brüder Boisserée und zu den Kölner Kunstsammlern: Renate Matthaei, *Sulpiz Boisserée und die Vollendung des Kölner Doms: Eine Biographie;* Heribert Reiners, *Die Kölner Malerschule,* Mönchen-Gladbach 1925; Kurt Karl Eberlein, Carl Mosler. Zur Geschichte der rheinischen Kunstwissenschaft, in: *Wallraf-Richartz Jahrbuch* Bd. 5 (1928), S. 109-118.

8 Mosler hatte am 3.4.1818 die Hoffnung geäußert, dass ihm das gesendete Gemälde Aufträge einbringen möge: „Es wäre mir lieb, ja sehr aufmunternd wen es mir in der Heimat eine Bestellung erwürke, den dazu ist hier bey der Konkurenz man kann wohl sagen der besten jetzt lebenden Künstler wovon die Besten freylich für viele Jahre Bestellung haben wenig Aussicht..."

9 Johannes Friedrich Müller, genannt Maler Müller oder Teufelsmüller, der deutsch-römische Maler und Dichter, der seit 1778 bis zu seinem Tod in Rom lebte. Runges: die Familie des 1810 verstorbenen Malers Philipp Otto Runge. Mit ihm und seinem Bruder Daniel hatte Görres in brieflichem Kontakt gestanden (s. *GS/Briefe* 2).

138. An Sulpiz Boisserée

Datum: Koblenz, April 1818.
Original: Hist. Archiv Köln, Best. 1018, A 113 (3 Seiten).
Druckausgaben: Mathilde Boisserée (Hrsg.), *Sulpiz Boisserée. Lebensbeschreibung und Briefwechsel*, Bd. I, S. 347f (vollständig); Binder (Hrsg.), *Freundesbriefe* Nr. 199, S. 557f (vollständig mit einigen Abweichungen); Schellberg (Hrsg.), *Ausgewählte Briefe* (1911), Nr. 122 (kleinere Auslassungen).
Zur Datierung: Die Datierung auf dem Original lässt sich nicht weiter eingrenzen.
Einordnung: Letzter bekannter Brief von Sulpiz Boisserée: 26.2.1817. Boisserées Brief vom 25.6.1817 (erw. *Tagebücher*: „Brief an Görres") ist nicht erhalten.
Regest: Görres kommentiert die noch offenen Verhandlungen über den Verbleib der Bildersammlung, charakterisiert Hardenberg und schildert die Folgen seiner Schrift über die Übergabe der Adresse.

Coblenz im April 1818

Ich muß schon einmal wieder zu den Leuten bey den Bildern ein freundliches Wort reden. Mit Kommen halten sie freylich niemals den Verspruch, nun nach der österlichen Zeit werden sie sich wohl bessern. Was sich sonst oben in der Haushaltung die Zeit begeben, davon habe ich wenig vernommen; Melchior wird noch immer die Bilder schleppen, Bertram den commentarius perpetuus in süßen Zuckerworten machen, und Sulpiz in der Stube bey den Aposteln hinter den Büchern sitzen, und den Bildern die Nativität stellen, alle miteinander mit Serenissimi Bevollmächtigten diplomatische Verhandlung pflegen. Wie ich höre, setzt Altenstein diese fort.[1] Ich sollte Euch gleich anfangs schreiben, daß wenn Ihr begehrtet an den Rhein zu kommen bey sonst billigen Bedingungen, das wohl durchzusetzen wäre. Ich habe es unterlaßen, weil ich wohl sah, daß es zu den 7000 guten Vorsätzen gehörte, die man all aus gutem Herzen und mit festem Vorsatz sie auszuführen faßt, woraus aber immer nichts wird. So ist es mit Allem Andern auch ergangen. Der Kanzler hat zu nichts Vollmachten mitgebracht und schleppt alles wieder mit nach Berlin. Dort stehen die dummen Partheyen, schwarze, weiße, rothe, blaue, Philister aller Gattung wie die Stampfen in der Walkmühle, und stoßen alles zu Brey zusammen, und gießen Papier daraus. Der Kanzler ist ein guter Mann, ganz gescheidt dazu, er kann aber keine Faust machen, nirgend durchbrechen, streitet immer weitläuftig mit allen Schwierigkeiten und besiegt keine. Darüber vergeht mit lauter Schwenken und diplomatischem Halb rechts halb links alle Zeit, und alles geht dem Ruine zu.[2] Ich habe einmal mit meiner Adressgeschichte Sturm gelaufen und die Fahne wie im Merkur oben aufgepflanzt.[3] Da stellten sie nun sich hin und sahen verwundert mit Perspektiven herauf und begriffen nicht und verstanden nicht, wie das Ding habe da heraufkommen können. Darauf haben sie's mächtig übel genommen in Berlin nämlich, daß man so etwas gewagt, und hättens gern wieder heruntergehabt. Das hat aber nun Kopfbrechens gekostet, und dato, drey Monathe darnach haben sie nichts ausgesonnen, als einige Dummheiten und Prostituzionen ihrer selbst. Der Kanzler ist mit Cabinetsblitzen beworfen worden, und hat genug zu thun gehabt abzuwehren, sie hätten ihn in ihrem Zorne durchprügeln mögen, um nur an mich zu gelangen. Ich habe inzwischen in seinem Schatten gemüthsruhig geseßen, und die Sache abgewartet. Es ist eine jammervolle Misere, einige böse Buben ausgenommen ein sehr guter Wille, der aber hat die schwächste Leibeskonstituzion die nur zu ersinnen ist.

Gott befohlen, behaltet Euch wohl Alle miteinander, und erinnert Euch unser.

J. Görres

---

1 Zu den Brüdern Sulpiz und Melchior Boisserée, und zu Bertram s. Personenverzeichnis. Zu den Verhandlungen um die Boisserée'sche Kunstsammlung, die nun bei Kultusminister Altenstein lagen, und Görres' Sorge, sie könnte nach Berlin kommen, schon die Briefe Nr. 78 und 97.

2 Hardenberg hatte seinen Aufenthalt am Rhein am 5. April beendet, s. dazu die Briefe Nr. 124ff. Vgl. dazu die Charakteristik Hardenbergs und den damit verbundenen Exkurs über die Pflichten des rechten Steuermanns bei Görres, *In Sachen der Rheinprovinzen,* S. 92-98.

3 Görres' Bericht *Die Übergabe der Adresse der Stadt Coblenz und Der Landschaft an Se. Majestät den König in öffentlicher Audienz bei Sr. Durchl. dem Fürsten Staatskanzler am 12. Januar 1818. Als Bericht für die Theilnehmer,* 1818. Zur Adressbewegung s. Brief Nr. 112.

139. An Johann Friedrich Vieweg

Datum: Koblenz, 4.5.1818.
Original: Staats- und Universitätsbibliothek Hamburg Carl von Ossietzky, CS 6, Bl. 1.
Unveröffentlicht.
Zum Adressaten: Der Adressat wird nicht genannt. Da es um den Druck des *Schah Nameh* geht, könnte es sich auch um den Verleger Georg Andreas Reimer handeln. Da es aber

allein um Probleme des Drucks und um die Zusendung von Aushängebögen geht, dürfte hier, wie in Brief Nr. 111 Vieweg der Ansprechpartner sein. Die Erwähnung der Lose für den Hilfsverein deutet zudem auf Vieweg (vgl. Brief Nr.111).
Einordnung: Briefe von Vieweg an Görres sind nicht erhalten.
Regest: Görres erkundigt sich nach dem Stand des Drucks des *Schah Nameh*, beklagt die Verzögerung und fordert zur Zusendung der Aushängebögen auf, die er für die Fertigstellung der Einleitung brauche, die im Übrigen länger ausfallen werde als gedacht.

Ich habe in allzu langer Zeit nichts von dem Druck gehört, und es verzögert sich doch beynahe gar zu lange[1], um so mehr da ich mich in der Einleitung in eine Menge Untersuchungen verwickelt habe, und diese daher größer ausfällt, als ich gedacht.[2] Sie schreiben mir jetzt um Manuskript, bemerken aber mit keinem Worte, ob das zuletzt Gesandte, das Ende des Textes angekommen und wie viel davon abgesetzt ist. Sie haben mir auch seither keine Aushängebogen gesendet, die ich doch nothwendig zur Vollendung der Einleitung bedarf. Geben Sie mir über das Alles Auskunft, und senden Sie mir was fertig, damit ich die Übersicht des Ganzen gewinne. Die Einleitung zerfällt jetzt in einen Vorbericht vor den ersten Band, der leicht 16 Bogen ertragen kann, und einen Anfang an den zweyten, der auch wohl 4 Bogen beträgt. Dadurch wird das Verhältniß der Bände wieder hergestellt.

Sie haben sich ja noch nicht über die Gewinnste an der Lotterie des Hülfsvereins, so viel ich weiß erklärt[3].

Ihr Erg.
J. Görres

Coblenz am 4 May 1818.

---

[1] Es geht um den *Schah Nameh* (*Das Heldenbuch von Iran*), gedruckt von Vieweg, verlegt bei Reimer. Zu dem langsamen Voranschreiten des Drucks schon Briefe Nr. 121 und 133, sowie 160.
[2] Zur Einleitung und ihrer Länge Briefe Nr. 141, 156, 157, 158, 160.
[3] Zu Viewegs Engagement für den Hilfsverein vgl. Brief Nr. 111.

140. An August von Haxthausen

Datum: Koblenz, 4.5.1818.
Original: UB Leipzig, Sammlung Kestner/II/A/IV, Mappe 677, Blatt Nr. 5 (3 Seiten).
Unveröffentlicht.
Adresse: Herren August von Haxthausen Wohlg. in Göttingen. (Poststempel 17. May).
Einordnung: Letzter Brief Haxthausens 21.4.1818; nachfolgender Brief: 2.6.1818.
Regest: Görres äußert weitere Wünsche für Ausleihen aus der Göttinger Bibliothek.

Unglücklicher Weiße hilft mit der gesendete 7 Band der Researches gar nichts, da ich ihn schon besitze. Ich will ihn daher wiedersenden bey dem nächsten Pakette. Es wäre mir sehr daran gelegen die letzt erschienenen Bände zu erhalten, wäre es möglich zu erfahren, wo sie sich befinden um sie auf 6 Wochen zu erhalten, so würde mir ein Gefallen geschehen. Eben so mit Malcolm. Auch den 5ten Band der Researches können Sie ausnehmen für mich. Morrier und Malcolm müßen vorhanden seyn, da sie in den gelehrten Anzeigen gestanden[1]; das ist auch so ein gelehrtes Philisterwort sie führten keine Übersetzung, der Ramayana ist im Samskrit(!), und sie haben wohl keinen Professor dort, der ihn im Originale so vom Blatte wegliest. Der Samskrittext(!) ist dem Originale beygedruckt.[2] Ich weiß nicht ob Ouseley die Resultate seiner letzten Reiße nach Persien vor etwa 5-6 Jahren bekannt gemacht.[3] Erkundigen Sie sich darum, und wenn was da ist, wäre mirs auch brauchbar. Eben so des Moses von Chorone Chronik von Armenien, und des Syncellus editio Goar wenn ich nicht irre.[4] Es ist mir Leid, daß ich Sie so plagen muß, ad reciproca paratus. Gott befohlen

Ihr Erg.
J. Görres

4 May 1818
Die Einlage auf die Post zu geben

---

1 Görres hatte am 15.4.1818 August um Beschaffung des 7., 10., 11., und falls vorhanden 12. Bands der *Asiatic Researches* gebeten, ebenso um Malcolms Persische Geschichte, um James Morier, *A Journey through Persia, Armenia, and Asia minor*, und eine englische Übersetzung des indischen Nationalepos *Ramayana* (s. Brief Nr. 136). Am 21.4. hatte August melden müssen, dass die meisten der gewünschten Bände ausgeliehen seien, und dass Malcolms griechische (!) Geschichte beim Buchbinder sei. Auch am 2.6. musste er noch einmal seine Erfolglosigkeit eingestehen.

2 August hatte am 21.4. geschrieben: „Eine Übersezung des indischen Ramayana haben sie auf der Bibliothek gar nicht, weil sie überhaubt keine Übersetzungen anschaffen."

3 Der brit. Orientalist Sir William Ouseley (1767-1842) veröffentlichte seinen Reisebericht in 3 Bänden erst 1819-1823: *Travels in Various Countries of Middle East.*

4 Die *Geschichte Armeniens* des armenischen Geschichtsschreibers des 5. Jhs, Moses von Choren: 1. Auflage Amsterdam 1695, 2. Ausgabe London 1736, 3. Ausgabe Venedig 1752 (übers. ins Französische und Italienische). Die Weltchronik des Georgios Synkellos, lat. Georgius Syncellus, eines byzantinischen Mönchs und Geschichtsschreibers des 8. Jhs: die zweisprachige griech.- lateinische Erstausgabe wurde von dem Dominikaner Jacques Goar, Paris 1652, veranstaltet. Nach dieser Editio princeps gab es einen weiteren Druck Venedig 1729 und – später – eine Ausgabe von Karl Wilhelm Dindorf, in: *Corpus scriptorum historiae Byzantinae*, Bonn 1829.

141. An Adam Müller

Datum: Koblenz, 16.5.1818.
Original: verschollen.
Druckausgaben: Pilat (Hrsg.), *Briefwechsel zwischen Friedrich Gentz und Adam Müller. 1800-1829,* Stuttgart 1857, Nr. 160, S. 251-253; Baxa, *Adam Müllers Lebenszeugnisse*, Bd. II, S. 143-145, Nr. 984 (nach Pilat); Binder (Hrsg.), *Freundesbriefe* Nr. 200, S. 558-561 (nach Pilat); Schellberg (Hrsg.), *Ausgewählte Briefe* (1911), Nr. 123; Schellberg (Hrsg.), *Eine Auswahl* (1927), S. 348f; Max Tau (Hrsg.), *Joseph Görres. Eine Auswahl aus seinen Schriften*, S. 329 (Ausschnitt, nach der Ausgabe Schellbergs).
Bemerkung: Da das Original verschollen ist, wird der Brief nach der Erstausgabe von Pilat wiedergegeben.
Einordnung: Letzter bekannter Brief Müllers: 17.5.1816; nächster Brief Müllers: 16.7.1819.
Regest: Görres dankt für die Zusendung von Müllers Gegenschrift zur *Übergabe der Adresse* und arbeitet die Unterschiede in ihrer beider Ansichten heraus.

Für Ihre wohlmeinende Schrift und die frühe Mittheilung[1] derselben danke ich Ihnen aufs verbindlichste, und verdanke Ihnen gern den wohlthätigen Eindruck, den Sinn und Weise Ihres Tadels auf mich gemacht, und dazu das geistige Wohlgefallen, das eine in sich zusammenhängende, durchgeführte religiöse Ansicht der Verhältnisse, die den Geist jetzt am allermeisten beschäftigen, gewährt. Man kann hier sehr verschiedener Ansicht seyn, aber das Streitende findet in jener durchgehenden inneren Einheit auch sein Einendes, und so wird der Streit nicht eine Thierhetze, wie jetzt das meiste Oeffentliche, sondern eine edle, anständige Geistesübung. Alles auf eine Wurzel zurückbezogen, möchte wohl der Grund der Verschiedenheit unserer beiderseitigen Ansichten darin liegen, daß Sie das Christenthum für Religion, ich aber für eine Religion, aber freilich Gipfel und Mitte und Geist und Seele aller andern, nehme. Darum ist mir der Dienst der Urwelt das kindliche Christenthum, das Judenthum mit den Mysterien des Heidenthums seine Jugend, die in vielen, oft sehr excentrischen Bahnen sich versucht, endlich das eigentliche Christenthum die Reife, die aber, wie alles großartig historische, seinen Phönix, aber keinen absoluten Schluß und kein Ende hat. So gewinne ich Raum vorwärts und rückwärts, um auch das unterzubringen, was ja Gott selbst nicht verurtheilen muß, weil er es mit Wohlgefallen geduldet, da alles Böse immer vor ihm zu nichte worden. Da in unserer beiderseitigen Betrachtungsart an das Religiöse sich das Politische in der Gesellschaft knüpft, so müssen die Differenzen, die dort zwischen uns eingetreten, auch hier zu Tage treten. So nehme ich keineswegs an, daß die vorchristliche Zeit keine Stände gekannt.[2] Gerade die letzte Zeit her bin ich mit einer Arbeit beschäftigt gewesen, die ihren ersten Ursprung, als zugleich mit dem Ursprunge der Gesellschaft gegeben, mit Evidenz beweist, und Sie werden die Resultate in einer Schrift finden, wo Sie dieselben nicht gesucht hätten, in der Einleitung zu meiner Uebersetzung des Schah Nameh, die Anfangs Sommer erscheinen wird.[3] So bin ich vorwärts toleranter wie Sie gegen die jetzige Freigeisterei der Wissenschaft und des Geldverkehrs, diese allgemeine geistige und physische Windbeutelei und die immer weiter um sich greifende Vergasung alles Festen und Bestehenden, während mir zugleich das jetzige unvernünftige Schreien der Parteien gegen einander, und zum Theil gegen die Regierungen, ein Greuel und Abscheu ist; aber gerade weil es da ist als etwas Stehendes und den Charakter des Zufälligen verloren hat, muß es geachtet werden als ein Historisches, wenn es auch gleich nur der Pathologie des Geschlechts angehört. Diese übermüthige Wissenschaft kann durchaus nicht durch regressive Richtungen, durch ein Zurückgehen, durch ein Unterkriechen, ein Ignoriren und ein Niederdrücken, sie kann allein d u r c h s i c h s e l b s t bemeistert werden, und gerade so das Geldwesen. Das ist der Punkt, wo ich zugleich zu den Liberalen und Ultras gehöre, weswegen mich auch beide wohl anfechten; außerdem haben Sie recht erwartet, daß ich keine Consequenz scheuen und keine diplomatische Achselträgerei im Sinne führen werde. Ich kann mich in einem Briefe nicht weiter auslassen; was ich in wenig Zeilen gesagt, wird hinreichen, Ihnen die scheinbaren Widersprüche in meiner Schrift aufzulösen. Doch muß ich bemerken, daß Sie einzelne Worte schwerer genommen, als sie gesagt gewesen. Ich habe mich immer nur bemüht, mein Inneres heiter und disciplinirt zu erhalten, übrigens unbekümmert um die Handlungen und Aeußerungen, die bei klaren Augen nicht trübe und verwirrt seyn können. So war auch bei dieser Audienz nichts vorbereitet und nur das Nothdürftigste überlegt, und bei der schriftlichen Fassung wollte ich denn doch auch die historische Treue nicht verletzen. Den Nachsatz habe ich nur als eine Art parlamentarischer Rede, nach dem Schlusse der Handlung vor den Handelnden gehalten, betrachten wollen. Der Faden will hier zu Ende laufen, ich werde ihn wieder anknüpfen und besser ausspinnen in einer kleinen Schrift über die drei Stände, die ich vorhabe. Einstweilen habe ich Sie mit den wenigen Worten freundlich begrüßen wollen. Ihr ergebenster

J. Görres

Coblenz am 16. Mai 1818

---

1 Die Schrift: A. Müller, An den Sprecher der Stadt und Landschaft Coblenz, in: *Staatsanzeigen*, Heft XVI, S. 381, Leipzig 1818.

2 Dazu Baxa S. 145: „In seiner Schrift spricht Müller von ‚einer christlichen, auf ursprünglicher und gesetzlicher Ungleichartigkeit der Stände beruhenden Verfassung', woraus Görres schließt, Müller wäre der Ansicht, eine ständische Gliederung gebe es erst seit dem Christentum." Zum Verhältnis Görres' zu Müller, zur Spannung zwischen den beiden zur Zeit des *Rheinischen Merkur*: Schellberg, *Ausgewählte Briefe*, S. 748; Baxa, *A. Müllers Lebenszeugnisse* Bd. I, Nr. 740 und Nr. 744, sowie die Briefe Müllers an Gentz (*Briefwechsel zwischen Friedrich Gentz und Adam Müller,* S. 247ff, Nr. 158, 159).

3 Görres, *Das Heldenbuch von Iran*, Einleitung (*GS* 12, S. 96) über die altiranische, nach Kasten gegliederte Verfassung.

142. An NN

Datum: o.O. o.D.: Koblenz, Mai bis Sommer 1818.
Original: Familienarchiv Görres-Jochner Nr. 75a (3 Seiten).
Unveröffentlicht.
Zur Datierung: Zwischen dem 2.4.1818 (Tod des Franz v. Lassaulx) und dem 15.10.1818 (Beginn der Fußreise nach Frankreich). Vielleicht noch im Mai (nach Krezzers Schreiben vom 9.5. mit der Nachricht über die Parisreise der Witwe).
Zum Adressaten: Vermutlich ein Anwalt der Familie Lassaulx in Nancy.
Regest: Görres schickt eine Übersicht über den Vermögensstand seines verstorbenen Schwagers und Katharinas von Lassaulx als Erben Adams v. Lassaulx, zur endgültigen Regelung noch fälliger Zahlungen an die Witwe von Katharinas Bruder Franz v. Lassaulx.

Wenn ich seither mit Übersendung meiner Rechnung und Ausgleichung mit meinem verstorbnen Schwager säumte, so war der hauptsächliche Grund davon, weil ich wünschte, vorher die beyden Angelegenheiten, die die gänzliche Auseinandersetzung noch einzig aufhalten, beendigen zu können.[1] Das ist zunächst der Abschluß des Kontraktes mit der Regierung über den Verkauf des zu den Festungswerken weggenommenen Gartens auf dem Petersberge[2], und dann die Eintreibung der noch ausstehenden Hausmiethe. Da Sie inzwischen die Beendigung des Geschäfftes wünschen, um eine Uebersicht des Ganzen zu erlangen, so habe ich nicht länger anstehen wollen, ihnen einen Auszug und eine Auskunft über den ganzen hießigen Zustand der Vermögensumstände des Verstorbenen zuzusenden.

Im Vorgefühl dessen was ihm bevorstehen könnte, und um mich gegen jede allenfals mögliche verdrüßliche Weiterung zu decken, da wir bis dahin alle unsere Angelegenheiten freundschafftlich und ohne schrifftliche Verträge abgemacht hatten, und er mich im bedeutenden Vorschusse wußte, hat er nach seinem ersten ernsthaften Krankheitsanfall mir früher verabredete und abgeschloßene Überträge auch schrifftlich sankzionirt, und zugesendet. Ich lege Ihnen eine Abschrifft davon bey zur vorläufigen Notiz, und werde Ihnen beym gänzlichen Abschluße der Rechnung, wen Sie es zu Ihrer Deckung nöthig halten, eine beglaubigte Abschrifft durch den Notar zusenden der aber eine Enregistrirung und mithin Kostenausgabe vorangehen muß. Ich habe ferner Einnahme und Ausgabe, wie Beyde seit fünf Jahren in der gemeinschafftlichen Sache statt gefunden, in einer Übersicht entworfen. Das gründet sich auf eine frühere Berechnung, die mein Schwager gutgeheißen, und wozu Sie die Belege gefunden haben werden. Die verschiednen Wechsel und Quittungen die seit der Zusendung dieser Berechnung in etwa zwey Jahren weiter erledigt wurden sind noch in meinen Händen, und ich werde sie Ihnen beym Definitivabschlusse übergeben. Ich bitte Sie nun diese Rechnung durchzugehen und mir Ihre allenfalsigen Bemerkungen mitzutheilen. Bis dahin wird hoffentlich die Zahlung des Gartens von Seiten der Regierung erfolgt seyn. Im vorletzten Briefe, den ich meinem Schwager geschrieben, werden Sie finden, wie ich seinen Antrag eine willkührliche Summe dafür zu bestimmen, und diese alsdann auf mich ziehen zu laßen, abgelehnt, weil ich keinen Gewinn an ihm machen wolle, und der kurze Aufschub ihm in keine Weiße nachtheilig seyn konnte. Er hatte inzwischen die Annahme dieses Antrags von meiner Seite vorausgesetzt, und darum den Garten vorläufig mit in den Übertrag aufgenommen. Ich bitte Sie mir die schicklichsten Mittel anzugeben, wie ich Ihnen die fälligen Gelder übermachen kann.

Ich habe diese Gelegenheit ergreifen wollen, Ihnen in meinem und der Meinigen Namen nochmal für Alles zu danken, was Sie an dem Verstorbenen gethan, und an seinen Hinterlassenen zu thun fortfahren. Der Verstorbene war sicher ein ungemein guter Mensch, sein Tod hat alle seine Freunde ja die ganze Stadt betrübt, und wenn lang leben auf Erden eine Wohlthat ist, so hätte er sie wie irgend Einer verdient. Für seine Familie war sein allzu früher Tod, wie Sie recht bemerken, allerdings sehr drückend, und wenn es, wie ich selbst befürchte, meiner Schwägerin nicht gelingt, mit ihrem Gesuch um Pension durchzusetzen so mögte ihr Zustand nicht ohne Verlegenheit seyn.[3] Wir mögten gern eines ihrer Mädchen zu uns nehmen, und es wie ein Unsriges halten, wenn sie es uns überlaßen wollte.[4]

Leben Sie recht wohl.
Ihr Erg.

---

1 Görres' Schwager Franz von Lassaulx war am 2. April 1818 in Nancy gestorben, wo er seit 1814 als Professor der Rechtsschule gewirkt hatte.

2 Der Petersberg im Stadtteil Lützel auf der linken Moselseite, auf dem sich seit Jahrhunderten Äcker und Weinberge befanden, wurde seit 1792 zu Verteidigungszwecken, zunächst gegen die Franzosen, später von den Franzosen, dann von den Preußen genutzt. Der ehemals kurtrierische Hof- und Regierungsrat Adam von Lassaulx, der Vater von Katharina Görres und Franz von Lassaulx, nutzte das Gelände nach dem baldigen Verfall der Festungswerke als Garten (mit Brunnenstube bzw. „Gartenhaus"), vermutlich besaß die Familie Lassaulx dort schon seit längerer Zeit Ländereien. Im

März 1815 erging die „Order zur Neubefestigung der Stadt Coblenz und der Festung Ehrenbreitstein“ durch den preußischen König, nach längeren Unterbrechungen wurden die Bauarbeiten auf dem Petersberg im September 1819 wiederaufgenommen (Stramberg, *Rheinischer Antiquarius*, 3. Abth., 2. Band, S. 132f). Als Erben des 1813 verstorbenen Adam von Lassaulx mussten Katharina Görres und Franz von Lassaulx bzw. seine Witwe nun für den zu den Befestigungsbauten genutzten Garten von der Regierung entschädigt werden.

3 Am 9.5.1818 schrieb Krezzer, in den nächsten Tagen werde die Witwe Lassaulx nach Paris kommen, um ihr Pensionsgesuch zu betreiben. Er fürchte, es werde wenig dabei herauskommen.

4 Die Töchter von Franz und Benedicte v. Lassaulx: Virginie, Clementine und Anna. Im Oktober 1818 besuchte Görres auf seiner Fußreise die Familie in Nancy, um sich nach dem Wohlergehen der Kinder zu erkundigen und die finanziellen Angelegenheiten zu regeln (Brief Nr. 149).

143. An Karl Josef Ignatz Mosler

Datum: o.O. o.D.: Koblenz, ca. Herbst 1818.
Original: Stadtbibliothek Koblenz, AB Görres-Briefe (Fragment: Schluss eines Briefs).
Unveröffentlicht.
Zur Datierung: Auf Grund des Zusammenhangs mit der Diskussion um Echtheit und Entstehungszeit verschiedener altdeutscher Gemälde und der Erwähnung des geplanten kunsthistorischen Werks Moslers ist eine Datierung auf den Herbst 1818 naheliegend. Sicher ist vorliegender Brief nach dem Brief vom 19.4.1818, in dem Görres die Liversberg-Sammlung erwähnt, und vor Moslers Brief vom 14.11.1818, in dem vom geschehenen Druck von Moslers Arbeit die Rede ist, anzusetzen.
Einordnung: Vorangegangene Briefe Moslers: 3.4.1818, 1.8.1818; nächster Brief Moslers: 14.11.1818.
Regest: Görres vergleicht und bewertet einige Gemälde aus Kölner Sammlungen und setzt sie in Beziehung zu seiner eigenen Erwerbung.

Es ist allerdings jene Dreyfaltigkeit aber mehr noch eine Verlobung der Maria wo sie allein im blauen Gewande in der Mitte steht mit vielen Figuren rund umher ein sehr zartes angenehmes Bild. Viele Andere berühren rechts und links die sechs Apostel halb Lebensgröße ganz im Stil der sechs Figuren auf meiner Rückseite.[1] So auch ein Bild das Wallraff hat. Das Linzer Bild steht auch sehr nahe, kann ein Schüler oder Mitschüler seyn. Liversbergs Folge halte ich nur für zum Theil mittelmäßige Copien.[2] Ich mögte nicht, daß Sie drucken laßen, wo das Bild her ist.[3] Gott befohlen.

---

1 „Meine Rückseite“ bezieht sich vermutlich auf den Teil eines Altarbilds, ein Passionstryptichon, das Görres in Cues erworben hatte. (s. Brief Nr. 137).

2 Zu Wallraffs und Liversbergs Gemäldesammlungen, die er in Köln gesehen hatte: Brief Nr. 137 vom 19.4.1818. Am 8.12.1818 (Nr. 152) nimmt Görres das Thema, ob es sich um Originale handelt, noch einmal auf. Mosler argumentiert am 18.2.1819 gegen Zweifel an der Echtheit des Liversberg-Bilds.

3 Über das geplante kunsthistorische Werk Moslers und die Besorgnis, er könnte darin Irrtümern erliegen: Briefe Nr. 137 und 152. Über bereits leider schon geschehenen Druck der Abhandlung Mosler am 14.11.1818 (vgl. Brief Nr. 152).

144. An die königliche Regierung in Koblenz

Datum: Koblenz, 24.9.1818.
Original: Bayer. Hauptstaatsarchiv, Teilnachlass Görres 5 (nicht von Görres' Hand, nicht das abgeschickte Original) (5 Seiten).
Unveröffentlicht.
Regest: Görres bittet um seine Entlassung aus dem Dienst in der Aushebungskommission und erörtert seine Gründe für diese Entscheidung.

In Erwiederung der Aufforderung einer hochlöblichen königlichen Regierung vom 31 August l. J. in Bezug auf das Aushebungsgeschäft nimmt der Unterzeichnete sich die Freiheit folgende Bemerkungen mitzutheilen.

So gern u. willig er sich jedem Geschäfte unterzieht, das zur Beförderung des gemeinen Wohles führen kann, so wenig darf er seinen festen Entschluß verhehlen, an dem Vorliegenden, so lange die gegenwärtigen Einrichtungen u. Verhältniße bestehen, keinen weitern Antheil zu nehmen, eben weil er etwas Erhebliches zum Vortheil seiner Mitbürger dabei zu wirken verzweifeln muß, u. es seiner unwürdig hält zu einem bloßen inhaltsleeren Formalism mitzuwirken.[1] Die Ministerialinstruction vom 30 Juny 1817, deren sichtlich in der Theorie durchbrechenden guten menschlichen Geist er selbst öffentlich gerühmt, hat das Unglück in der Praxis aufs allergrausamste in alle Verhältniße einzuschneiden, mehrmals als je die französische Conskription bei einem unvergleichlich schlimmern einwohnenden Geiste gethan.[2] Um dem Eingriff jeder Privatwillkühr zuvorzukommen, hat sie die Fälle wo Exemtion stattfindet, fest bestimmt, aber weil dieser Fälle so Wenige sind, u. ihr Kreiß so eng umschrieben ist, bleibt der moralischen Abwiegung gar kein Spielraum übrig, u. die Verrichtungen und Einwirkungen der bürgerlichen Seite der Departementalcommission finden sich gelähmt u. gänzlich unerheblich. Eine solche Commission, so zusammengesetzt aus verschiednen Elementen deren verschiedne Interessen sich in der Angelegenheit angeregt finden, sollte nichts als eine Jury sein, wo die Mehrheit, u. der Gegensatz der Theilnehmer jedes Umsichgreifen einer Privatwillkühr oder Befangenheit ausschließt, u. die natürliche Billigkeit u. die moralische Würdigung jeden vorkommenden Falles, die Starrheit des Gesetzes mildern kann. Dies ist nun Alles bei der gegenwärtigen Einrichtung ausgeschlossen, der dienstpflichtige wird wie unter das Maaß so unter die drei Ausnahmen gestellt, u. wenn er herausfällt unbarmherzig verdammt; die bürgerliche Seite hat für ihre Apposition keinen Fuß, jeder Einspruch wird von der Militärischen durch das dürre Wort des Gesetzes abgewießen, u. der billigsten u. menschlichsten Gesinnung von dieser Seite, die der Unterzeichnete aus der Erfahrung des verflossenen Jahres rühmen muß, kann doch nicht zugemuthet werden, den klaren Buchstaben des Gesetzes zu umgehen, auch wenn der Fall dasselbe schreiend anklagt.

Der Unterzeichnete hatte seither die Hoffnung gehegt, daß eine Abänderung zu Gunsten des bürgerlichen Lebens erfolgen würde; er hat die Nachtheile der gegenwärtigen Einrichtung öffentlich zur Sprache gebracht, er hat, was hier nur im Allgemeinen angedeutet war, später in einer besondern Denkschrift entwickelt, die er Sr. Durchl. dem Fürsten Staatskanzler vor seiner Abreise im Frühjahr übergeben.[3] Die Regierung ist nicht darauf eingegangen, eine Verfügung vom May dieses Jahres verordnet dem Vernehmen nach, daß es bei der vorgen Instruction sein Bewenden habe, u. das Cirkulare einer hochlöblichen Regierung an die sämmtlichen Landräthe verfügt ausdrücklich daß die 1816 u. 1817 Zurückgestellten vor Allen Eingezogen werden sollen. Dadurch ist die letzte Möglichkeit einer nützlichen Einwirkung eines Vertreters der Bürgerlichkeit abgeschnitten, da für die allerdrückendsten Fälle die Möglichkeit jeder Frist mit diesem Jahre zu Ende läuft, so ist die äußerste Härte gesetzlich geworden, jede Apellation vom Buchstaben des Gesetzes an Sinn u. Geist desselben ist inhaltslos u. abgewießen, u. es bleibt der ausübenden Comission keine Wahl als schneidendes Durchfahren oder bodenlose Willkühr. Es kömmt dem Unterzeichneten nicht zu, die Gründe zu beurtheilen, die die Regierung hier in dieser Beharlichkeit bei früheren Verfügungen geleitet, aber es gebührt ihm allerdings darüber ein Urtheil welche Verrichtung mit seiner Ueberzeugung u. seinem Gewissen vereinbarlich ist, u. er muß hier unverhohlen erklären, daß er sich gänzlich außer Stand hält, die Pflichten zu erfüllen, die nach seinen Begriffen das Interessen(!) des bürgerlichen Standes in jenem Geschäfte zu vertreten, ihm auflegt, die Beibehaltung jenes Amtes also mit seiner Ehr unverträglich ist. Er bittet deswegen eine hochlöbliche königl. Regierung seine Dimission anzunehmen, um so mehr da er um die anberaumte Frist in Privatgeschäften abwesend sein wird. Jedes andere seinen Kräften angemessene Werk wird er sich zu übernehmen in keiner Weiße weigern.

Coblenz am 24 September 1818.

J. Görres
Einer hochlöblichen königl
Regierung dahier.

---

[1] Die Aufforderung der Königl. Regierung. 1 Abth., dat. Arnsberg, den 23. August 1817 (*Amtsblatt der Preuß. Regierung zu Coblenz für das Jahr 1817* Nr. 42 vom 10. Sept. 1817, S. 273f, Nr. 119: „Alle junge Leute, welche in dem Bezirke der unterzeichneten Regierung in den Jahren 1792 bis einschließlich 1796 gebohren sind, und ihre Dienstpflicht durch den activen Dienst noch nicht erfüllt haben, werden hierdurch aufgefordert im Laufe des Monats September d. J. sich vor der betreffenden Kreis-Revisions-Kommission zu gestellen. Die persönliche Gestellung wird jedem zur Pflicht gemacht, der seine Abwesenheit nicht durch Gründe zu rechtfertigen vermag, welche der Kommission genügen. Dennoch kann eine solche Abwesenheit, wenn das Individuum sich sonst zur Einstellung eignet, dessen Zurückstellung von dem gegenwärtigen Ersatz nicht bewirken, sondern es muß dessen Gestellung sogleich erfolgen, insofern nicht lebensgefährliche oder langwierige Krankheit solche für jetzt unmöglich macht, oder gehörig ausgemittelte Berücksichtigungs-Gründe vorhanden sind, welche die Kommission zur Zurücklassung bis zum Ersatz des folgenden Jahres für hinreichend hält. Wer sich der Gestellung vor der Kommission nach gehöriger Bekanntmachung des Termins entzieht, und sich deshalb nicht zeitig und zulänglich ausweiset, wird als ein solcher angesehen, der seiner Militärpflicht absichtlich entgangen, und bei diesem treten die mit der Dienstentziehung verbundenen Folgen ein. Vorzugsweise werden dergleichen Individuen sogleich den betreffenden Truppentheilen überliefert. Vorstehende Verfügung wird hierdurch zur öffentlichen Kenntniß gebracht. Coblenz den 31. August 1817." Görres gehörte seit Ende 1817 der Departementalaushebungskommission an (s. dazu Brief Nr. 118). Schon damals hatte er über die „Mangelhaftigkeit des Aushebungsgeschäfftes" geklagt.

[2] Die Instruktion der Kgl. Ministerien des Innern und des Krieges für die Ersatzaushebung zur jährlichen Ergänzung des stehenden Heeres vom 30.6.1817: *Amtsblatt der Preuß. Regierung zu Coblenz für das Jahr 1817* Nr. 43 vom 14. Sept. 1817, S. 236, Nr. 122; Berlin, GStA PK, IV. HA, Rep. 16, Nr. 94. In der Audienz bei Hardenberg war die Delegation auch auf das neue Aushebungsgesetz und die Praxis der Rekrutierung zur Landwehr eingegangen (*Übergabe der Adresse*, S. 23ff).

Görres hatte den „guten Geist" des neuen Aushebungsgesetzes gelobt, das „mild, schonend und menschlich" sei, aber auch Kritik geübt, besonders an der Verpflichtung von Familienvätern. Hardenberg hatte sich daraufhin eine eigene Denkschrift von Seiten der Deputation erbeten (S. 27).

3 Anfang April hatte Görres eine Denkschrift über die Landwehr, die er mit Hauptmann Rolshausen verfasst hatte, an Hardenberg geschickt (Brief Nr. 134).

145. An König Friedrich Wilhelm III. von Preußen

Datum: o.O. o.D.: Koblenz, 2.10.1818.

Original: Stadtarchiv Koblenz, Best. 623, Nr. 2671, Bl. 450-453v (Entwurf von Görres' Hand) (8 Seiten).

Druckausgaben: Marie Görres (Hrsg.), *GPS* 3, S. 438-443 (einige wesentliche Abweichungen: s.u. Anm. 2 und 3); *GS* 13, S. 538-542: Aufrufe und Denkschriften in Sachen des Koblenzer Hilfsvereins 1817-1819. B. Eingaben, Nr. 3, S. 513-542 (vollständig, einige Abweichungen).

Zur Datierung: Die Datierung des Entwurfs erschließt sich aus dem gleichzeitigen Schreiben an Hardenberg (Nr. 146).

Einordnung: Der Entwurf war dem Brief an Hardenberg (Nr. 146) zur vorherigen Einsicht beigelegt. Hardenberg sandte ihn mit Datum Berlin, 27.1.1819 mit abschlägiger Antwort an Görres zurück. Der Brief ist daher nicht an den König weitergegeben oder abgeschickt worden.

Regest: Görres schlägt vor, aus dem Überschuss des Koblenzer Hilfsvereins in der Abtei Maria Laach oder in der Abtei Rommersdorf eine gesamtdeutsche Handwerksschule für elternlose und verlassene Kinder zu gründen.

Ewr. Majestät haben im verflossenen Jahre durch thätigen und würksamen Beystand gegen den Hülfsverein so huldreich sich erwießen, daß derselbe den Muth und das Vertrauen gewonnen, sich Allerhöchst Ihrer Person nochmal zu nahen, und ehrfurchtsvoll einen Wunsch und einen Vorschlag vorzutragen, die mit dem Gegenstande seiner Thätigkeit von seiner Gründung her im genauesten Zusammenhange stehen, und deren Erfüllung und Gutheißung seine Würksamkeit auf eine würdige und fruchtbare Weiße schließen und begränzen würde. Gewöhnt seit seinem Entstehen, daß ein geheimer Segen von oben herab all sein Unternehmen begünstigt, und die Herzen der Menschen zu seinen wohlgemeynten Zwekken hingelenkt, hat er die tröstliche Hoffnung, daß auch diesmal seine Zuversicht und sein Vertrauen sich bewähren, und sein guter Wille eine gute Stätte finden werde. Im Bewußtseyn der Sache, die er führt, und wohl verständigt, wie Ewr. Majestät nie sich dem entzogen, was sich als gründlich gut, wohlthätig und nützlich bewährt, geht er daher ohne weitere Vorbereitung zur Darlegung der Sache selber über.

Bey dem Abschluße der Rechnungen des Hülfsvereins, hat sich ergeben, daß wenn alle gemachten Vorschüße an Saatfrüchten und baarem Gelde wieder eingegangen, eine Summe von etwa 60-70000 Franken in seiner Casse bleibt.[1] Dem Vereine ist, als er diese reichlich mit Brosamen gefüllten Körbe, die nach der Speißung so vieler Hungernden zurückgeblieben, betrachtet, die Idee nahe getreten, sie zu einer Stifftung zu verwenden, die während sie die Wohlthat auf die künftigen Zeiten dauernd überträgt, der Wohlthätigkeit selbst ein Denkmal gründet, und jeder gedrückten Zukunft, die verzagen wollte, eine Urkunde und ein Trost da steht, daß durch hülfreiche Milde und wohlthätiges Zusammenhalten auch das Schwerste zu überwinden ist. Indem er die verschiednen möglichen Verwendungen in Überlegung gezogen, hat er zuletzt als die rathsamste, unter den obwaltenden Verhältnissen wohlthätigste und fruchtbarste die Stifftung einer Handwerksschule für älternlose und sonst verlaßene Kinder befunden. Da der Fond aus den milden Beyträgen vieler Städte und Ortschafften fern und nahe durch ganz Teutschland zusammengeflossen, so mußte es billig scheinen, Alle die also mitgesteuert, wenigstens in den Hauptpunkten auch an der Wohlthat des Institutes Theil nehmen zu laßen, und dasselbe also zu einem Gesammtteutschen zu erheben, zu dem die verschiednen größeren Städte ohngefähr nach Maaßgabe ihrer Beyträge eine festgesetzte Anzahl hülfloser Kinder senden, um sie nach Verlauf einer bestimmten Frist zu tüchtigen Handwerkern erzogen wiederzuerhalten.

Es ergab sich, sobald dieser Plan sich also festgestellt, daß, wenn bey dem großen Umfange des äußeren in den Wirkungskreiß des Institutes gezogenen Gebiethes und der Mannigfaltigkeit der Handthierungen, die im Innern desselben getrieben werden können und müßen, nicht das ganze Unternehmen ins Kleinliche und Unzulängliche fallen soll, die Stifftung wenigstens auf fünfzig Zöglinge berechnet seyn müße. Eine solche Anzahl, die eine bedeutende Menge von Werkstätten erfordert, in die sie sich vertheilt, daneben zum Gottesdienst und sonstigen Unterricht, zur Speißung und Schläfung andere besondere Vereinigungsplätze verlangt, endlich für das nöthige Personale und die innere Oekonomie wieder andere Orte der Unterkunft nöthig macht, bedarf nun schon eine Räumlichkeit in Gebäuden und Zubehör, die vom Verein erkauft, allein seinen ganzen disponibeln Fond verschlingen würde, und für den Unterhalt des Instituts, der Alles aufs Kärglichste angeschlagen, und die Nachhülfe der angestrengten Arbeitsamkeit aller Theilnehmer mit in Anschlag gebracht 4000 Thaler jährlich erfordern würde, nichts übrig ließe. Darum hat der Verein, je ernstlicher ihm sein Vorsatz am Herzen liegt, um so sorglicher sich nach Hülfe und Unterstützung umgesehen, und da er der Privatwohlthätigkeit, die ihm so kräftig geholfen, und der er alle Mittel, die er besitzt, verdanken muß, vor der Hand keine weiteren Zumuthungen machen darf, so hat sich seine Hoffnung zuletzt in der Ueberzeugung von der wohlthätigen und huldreichen Gesinnung Ewr Majestät und in der gesicherten Erwartung eines zweckmäßigen Entgegenkommens einer wohlwollenden Regierung in allen Entwürfen, die zum gemeinen Besten führen, bevestigen müßen. So manche öffentliche Gebäude, die weil der Geist entwichen der sie einst belebt und bevölkert hatte, zerstreut im Lande öde und beynahe werthlos stehen, konnten, so schien es, ohne weitern Aufwand der neuen Anstalt eine geräumige Stätte geben, in der sie nach allen Seiten sich verbreiten und bevestigen konnte, und von wo sie alsdann was die Einsamkeit gereift und gezeitigt hatte, heilbringend und den Verkehr belebend in den allgemeinen Umlauf der Gesellschaft setzten mogte. Die Ueberreste der Domänen, einst der Vorbehalt, den das Gemeinsame Öffentliche sich bey der Vertheilung des Besitzes gemacht, obgleich im Ganzen unbedeutend, erschienen immer noch beträchtlich genug, daß die mäßigen

Ansprüche eines so bescheidenen Institutes auf seine Sustentazion aus ihnen ohne Schwierigkeit befriedigt werden konnten. Was der Staat also aus den Mitteln, die ihrem Ursprunge nach ad pias Causas hingegeben waren, spendete, versprach das Institut, indem es mit todten Mitteln lebendige Kräfte weckte und bildete, dankbar und reichlich zu vergelten, und es war evident, daß durch solche wechselseitige Unterstützung, indem die Gesellschafft durch ihre wohlthätige Leistung die Grundlage der Anstalt hergegeben, die Regierung aber das Gebäude über der Erde aufgeführt, Beyde einander gleich würdig sich benommen, und Beyde eines glücklichen Erfolges sich gleich werth gezeigt. Darum hat der Verein getrost auf so gutem Grunde und so wahrscheinlichen Voraussetzungen weiter bauend, sich zum voraus nach einem schicklichen Locale umgesehen, um dessen Einräumung zu dem ausgesprochnen Zwecke er die Regierung bitten könne, und zwey verschiedne Gebäude in der Nähe der hießigen Stadt sind ihm Jedes auf besondere Weiße als die Tauglichsten und Füglichsten erschienen.[2] Das eine ist die ehemalige Abthey Laach, die am Ufer eines fischreichen Sees mitten im Walde unter Wiesen und Feldern einsam liegend, einer guten Bewirthschafftung zu den Zwecken des Institutes hinreichenden Boden und die nöthige Abgeschlossenheit biethet, in weitläufigen Gebäuden Raum genug befasst, die ganze Anstalt mit allen ihren Werkstätten und übrigen Erfordernißen aufzunehmen, und häufig des romantischen Charakters ihrer Umgebung wegen, von Fremden besucht, in der Anlage einer eigenen Wirthschafft für ihre Aufnahme eine besondere Erhaltungsquelle öffnet, und Gelegenheit zu mannigfaltigem Absatz der angehäuften kleinen Erzeugniße ihrer innern Industrie an die jeder Beherbergte sich gern ein Andenken mitnehmen wird, während die Nähe größerer Städte und des Rheines den Vertrieb dessen was übrig bleibt, leicht und ergiebig macht. Gegründet vom Pfalzgrafen Heinrich, einem wackern Fürsten und Feldherren seiner Zeit, zum Theil aus der Sarazenenbeute, die er von seinem Kreuzzug mitgebracht; unter der französischen Regierung mit Zubehör, die Wälder ausgenommen zu etwa 90000 Franken verkauft, später aber an den Staat zurückgefallen, und jetzt zu 1200 Franken verpachtet, liegt sie jetzt übel von den Menschen und den Zeiten mißhandelt im kläglichsten Verfall, und ihre Kirche eines der schönsten Denkmale des zwölften Jahrhunderts, die die Provinz aufzuweißen hat, droht baldigen Einsturz, wenn durch die Wiederherstellung des Dachwerks die Unbilde der Witterung nicht schleunigst abgewießen wird. Das zweyte Gebäude, das zu dem Zwecke des Vereins in Anspruch genommen werden könnte ist Rommersdorf. Näher dem Rheine, nur eine Stunde von Neuwied und zwey Stunden von Coblenz entfernt, biethet es dem Vertriebe noch größere Leichtigkeit; die Werkstätten und Gewerke der benachbarten Städte würden mannigfaltig eingreifend in den Plan eines dort etablirten Institutes sich hinüberziehen laßen; ein kleiner nahe gelegener Wald würde ihm seine Bedürfniße in diesem Erzeugniß biethen, reichlicher mit noch disponibeln Gütern versehen würde es sich dort zur Bewirthschafftung besser arrondiren laßen, die Gebäude ebenfals geräumig genug und besser erhalten, haben gleichfals ihre historischen Erinnerungen, wenn die Kirche auch nicht denselben Kunstwerth in Anspruch nimmt.

Nach dieser Darstellung nochmal zusammenfassend alle seine uneigennützigen Hoffnungen naht der Hülfsverein nun ehrfurchtsvoll Ewr. Majestät, und bittet daß es Allerhöchst Ihnen gefallen möge zu verfügen daß ihm 1mo das Eine oder Andere der beyden angeführten Gebäude zum Behuf der Anlegung einer allgemeinen Handwerksschule und eines Erziehungshauses hülfloser Kinder aller Städte, die an seinem Werke zur Zeit der Theuerung hülfreich Theil genommen, eingeräumt werde, 2do daß die Huld Ewr. Maj. dieser Gabe aus den dazu gehörigen Wäldern, Feldern, Wiesen, und wo diese nicht hinreichen aus den übrigen Domänen eine jährliche Dotazion von 3-4000 Thalern zur Sustentazion dieses Institutes beyfügen wolle. Der Hülfsverein hat die Absicht, wenn E. M. gnädigst dies Gesuch gewähren, das Institut in der kürzesten Frist, die die gründliche Einrichtung einer so weitgreifenden Anstalt nur gestattet, zur Würklichkeit zu bringen. Er wird während dem Verlauf der Zeit, welche die nöthigen Vorbereitungen erfordern, Kinder die zu den verschiednen Handthierungen die nöthigen Anlagen verrathen, bey den tüchtigsten Meistern in der Fremde ausbilden laßen, damit sie alsdann selbst Meister als Lehrer in das Institut eintreten, und dort so lange Anleitung geben, bis sie in ihm wieder Andere, die an ihre Stelle treten, gebildet haben. Er wird ferner aus dem Ertrage jener Dotazion die verschiedenen Gebäulichkeiten herstellen[3], die nöthigen Werkstätten einrichten und den übrigen Bedarf des Haushaltes beyzuschaffen sich bestreben. Er wird unterdeßen den ihm übrig gebliebenen Fond im Handel oder auf sonstige Weiße fortwuchern laßen, und was sich zuletzt ergiebt in Gütern und Capitalien der Dotazion beyfügen, und alsdann die Leitung des Ganzen die Administrazion und die innere Oekonomie einigen Geistlichen übergeben, die indem sie, sofern die glückliche Wahl religiöse, wohlwollende, und taugliche Männer getroffen, ein höheres Interesse als das gewöhnliche Irdische zu der Sache bringen, am ersten mit hingebender Uneigennützigkeit die Anstalt zusammenzuhalten sich geeignet finden mögten, wie es schon die Erfahrung in diesen Provinzen ausgewießen. Für den protestantischen Theil der dort aufgenommenen Jugend dürfte alsdann nur ein eigner Religionslehrer ihrer Confession beygegeben werden.

Der Hülfsverein, indem er ehrerbiethigst diese Vorschläge zu den Füßen Ewr. M. niederlegt, kann keine andere Gewähr für die Ausführung und Leistung des Versprochenen anbiethen, als seine Ehre, die freylich mehr durch die Gunst der Umstände als eigenes Verdienst zu einem nicht unbeträchtlichen Capitale angewachsen. Er wagt es ohne Bedenken, dieses zu verbürgen, daß hier nicht, wie so oft das bewießene Vertrauen und wohlmeynende Hingebung in eine leere Eitelkeit der Welt aufgehen werde; er hegt vielmehr die sichere Hoffnung, daß wenn erst mit einer solchen Anstalt wieder ein Mittelpunkt gegeben ist und ein Sammelplatz, wo die Mildthätigkeit mit Vertrauen ihre Gaben niederlegen kann, versichert daß sie nicht mißbraucht und verschleudert werden, der Fond durch Vermächtniße und Schenkungen bald anwachsen, und also unter den Auspizien E. M. die Anstalt im Westen der Monarchie werden könne, was die Frankische Stifftung im Norden geworden.[4]

---

1 Zum Koblenzer Hilfsverein Briefe Nr. 99ff. Marie Görres hat hier 60 000 Franken.

2 Marie Görres (S. 438ff) reduziert die Auswahl hier auf Maria Laach, „und die ehemalige Abtei Laach in der Nähe der hiesigen Stadt, ist ihm als das tauglichste und füglichste erschienen. Am Ufer eines fischreichen Sees mitten im Walde…" Die Höhe der Pacht gibt sie abweichend „zu etwa dreitausend Franken" an. Der Passus über Rommersdorf fehlt dort völlig. Die säkularisierte Benediktinerabtei Maria Laach wurde 1820 von dem preußischen Regierungspräsidenten in Trier, Daniel Heinrich Delius erworben und als Gutshof betrieben. Die ehemalige Prämonstratenserabtei Rommersdorf bei Neuwied fiel nach der Säkularisation 1803 als Entschädigung für linksrheinische Gebiete an das Fürstentum Nassau-Usingen und wurde zur Rentei, zum örtlichen Finanzamt, 1815 wurde Rommersdorf preußisch, 1820 vom preußischen Fiskus an den Freiherrn von Stolzenberg verkauft.

3 Ausgebessert aus ursprünglich „die Kirche und die übrigen Gebäulichkeiten".

4 Die Franckeschen Stiftungen zu Halle, 1698 durch den Theologen und Pädagogen August Hermann Francke gegründet, umfassten eine Vielzahl kultureller, wissenschaftlicher, pädagogischer und sozialer Einrichtungen, pietistisch geprägte Schulen und Waisenhäuser, auch für Mädchen, daneben eine Buchhandlung, Buchdruckerei und Buchbinderei, in der die *Hallische Zeitung* erschien, ein eigenes Haus für Schüler aus England und, seit 1810, eine Realschule.

146. An Karl August Freiherrn von Hardenberg

Datum: Koblenz, 2.10.1818.
Original: verschollen.
Druckausgabe: Marie Görres (Hrsg.), *GPS* 3, S. 443f; *GS* 13, S. 538.
Bemerkung: Da das Original verschollen ist, wird der Brief nach der Ausgabe von Marie Görres wiedergegeben.
Einordnung: Hardenbergs Antwort: 27.1.1819.
Regest: Görres erläutert Vor- und Nachteile der beiden Standorte, die er in seinem beigefügten Gesuch an den König für die vom Hilfsverein projektierte Handwerkerschule vorschlägt, erinnert Hardenberg an sein Versprechen, sich in der Angelegenheit für ihn zu verwenden, und überlässt eine Entscheidung darüber dem Staatskanzler.

Euer Durchlaucht haben die Gewogenheit gehabt, bei Ihrer neulichen Anwesenheit in hiesiger Stadt mir Höchst Ihre gefällige Verwendung bei Sr. Majestät dem König in der vorgetragenen Angelegenheit des Hülfsvereins zuzusichern, und mich dabei aufgefordert, Ihnen die betreffende Eingabe zum voraus zur Einsicht mitzutheilen. Ich entspreche dieser Aufforderung, indem ich beiliegend das Project des Gesuches übersende, und Eure Durchlaucht bitte, ihm Ihre Aufmerksamkeit auf einige Augenblicke zuzuwenden.[1] Ich habe in der Schrift die Wahl zwischen Laach und Rommersdorf freigestellt. Laach hat den Vorzug größerer Abgeschlossenheit, es ist historisch bedeutsamer, und ich neige deßwegen persönlich mehr zu ihm hinüber, Rommersdorf aber würde, wie nicht zu leugnen ist, ökonomisch und örtlich schicklicher sein, und bei ihm würde überdem eine Concurrenz wegfallen, die bei Laach eintritt, da dem Vernehmen nach der Generallieutenant von Hacke es für seine Dotation in Anspruch genommen, wozu jedoch wieder jedes andere Staatsgut sich besser und vortheilhafter eignen würde.[2] Der Hülfsverein hat als minimum der Anstalt fünfzig Zöglinge angenommen, ohne jedoch die Munificenz Sr. Majestät dadurch im mindesten beschränken zu wollen, und diese würde allerdings bei Rommersdorf einen weitern Spielraum haben, da die dazu gehörigen 800 Morgen Landes, wenn sie dem Institute ganz eingeräumt werden könnten, jene Zahl auf das dreifache zu steigern die Mittel darreichen würden, was freilich, da einmal der Apparat angelegt werden muß, wünschenswerth wäre. Laach hingegen nur 198 Morgen Feldes und 50 Morgen Wiesen enthaltend, wird aus eigenen Mitteln nur den kleinsten Theil der verlangten Dotation darbieten, und es würde unmöglich sein, diese aus noch disponibeln Domänen in der Nähe zu ergänzen. Ich überlasse hier die Entscheidung dem Ermessen von Eurer Durchlaucht, und bitte um gefällige Mittheilung des Resultates, so wie um die Rücksendung des durchgesehenen Projectes mit den allenfalls beigefügten Bemerkungen versehen.

Eurer Durchlaucht etc.

Coblenz, am 2. October 1818.

---

1 Zu Hardenbergs Aufenthalt in Engers von Dezember bis April 1818 s. Briefe Nr. 124ff. Die Eingabe an den König (Brief Nr. 145) wurde dem König nie vorgelegt. Hardenberg sandte den Entwurf am 27.1.1819 an Görres zurück: Er habe, so gern er den Plan einer Handwerksschule begünstigen möchte, dem König nicht darüber Vortrag gemacht, da er den beabsichtigten Endzweck für nicht erreichbar halte. Görres' Pläne wurden nicht verwirklicht. Schließlich gründete man 1820 mit dem verbliebenen Überschuss einen Fonds zur Errichtung eines Armenbadehauses in Bertrich, weitere Gelder wurden für einen Schulhausneubau in der Gemeinde Kapellen zur Verfügung gestellt.

2 Zum weiteren Schicksal der Abteien Rommersdorf und Maria Laach s. Brief Nr. 145, Anm. 2. Generalleutnant Karl Georg Albrecht Ernst von Hake war 1816-1820 Kommandeur des VIII. Armeekorps in Koblenz in der Nachfolge Gneisenaus.

147. An Katharina Görres

Datum: o.O. o.D.: Mainz, 22./23.10.1818.
Original: Familienarchiv Görres-Jochner Nr. 75a (2 Seiten).
Druckausgabe: Marie Görres (Hrsg.), *Familienbriefe*, S. 89f.
Zur Datierung: Aus Görres' (undatierten) Briefen ergibt sich: Frühester Abreisetermin: ca. 15.10. (ca. 14 Tage nach dem Brief an Hardenberg vom 2.10., da er die Antwort noch abwarten wollte). Am 8.12. schreibt er von seiner Rückkehr vor 14 Tagen. Dauer der Reise: etwa 28 Tage. Reiseverlauf: 1. Tag bis St. Goar, 2. Tag bis Bingen, 3. Tag bis Rüdesheim, 4. Tag Mittags in Winkel, Treffen mit Savignys, dann bis Mainz, 5./6. Tag in Mainz, 7. Tag bis Worms, 8. Tag in Worms (Sonntag), 9. Tag in Speyer, 10. Tag in Landau, 11. Tag in Weißenburg, 12. Tag in Hagenau, 13. Tag in Straßburg (Freitag = Markttag), dann 2-3 Tage in Straßburg, 5 Tage (16.-21. Tag) in Nancy, 22. Tag (Sonntag) Ankunft in Trier, 22.-28. Tag Trier und Heimreise. Emil Wendling-Zabern, Görres' Reise ins Elsaß 1818, in: *Jahrbuch für Geschichte, Sprache und Literatur Elsass-Lothringens*, Jg. 30, Straßburg 1914, S. 161-166, der diesen Reiseverlauf ebenso aufstellt, datiert – fälschlich – 1. bis 28. November. Das von Görres erwähnte Treffen mit Savignys am 4. Tag in Winkel legt aber eine frühere Datierung nahe, da Savignys am 4.11. nicht mehr am Rhein waren. Goethe notiert in seinem Tagebuch vom 29. Okt: „Herr und Frau Savigny vom Rheine kommend“. Görres muss demnach, um den Savignys 4-6 Tage Spielraum für die Reise nach Weimar (ca. 300 km) zu geben, schon am 21. Oktober mit Savignys in Winkel zusammengetroffen sein. Daraus ergibt sich eine Datierung der Reise auf 18.10. bis 14.11. (Abmarsch Sonntag, 18.10., 21.10. Zusammentreffen mit Savignys in Winkel, 25.10. in

Worms, Freitag 30.10. in Straßburg, 2.-7. Nov. Nancy, Sonntag 8. Nov. in Trier, 14.11. Rückkunft).

Regest: Görres berichtet aus Mainz von den ersten Tagen seiner Fußreise, von Begegnungen in Mainz und seinen weiteren Reiseplänen.

Nach vielen Kreuz und Querzügen habe ich mich endlich durch die Weinberge durchgefreßen, und bin heut Abend hier angekommen, wo ich den alten Spaziergänger am Engelspfad stark brummen laße, nachdem ich bey ihm eingekehrt.[1] Ich bin am ersten Tage bis St. Goar gekommen, am zweyten bis Bingen. Dort hat das Coblenzer Volk mich einen Tag lang aufgehalten, und ich bin am Abend nur bis Winkel gekommen, aber leider wieder um sieben Uhr in Rüdesheim 2 Stunden rückwärts wohlbehalten angekommen. Da habe ich mich nun am Morgen aufgemacht und bin gegen Mittag aufs Neue in Winkel eingetroffen, wo ich Savignys gefunden, die mir Nachricht von Euch unten gebracht.[2] Von da bin ich um drey nach dem Essen aufgebrochen, und Abends sieben Uhr in Maynz eingezogen, wo ich zur Zeit noch sitze und einen Tag Rasttag halte. Da hast du kurzen Bericht von meinen Gängen, wie es schön war das Rheingau herauf bey dem schönen Herbsthimmel und dem Herbstgrün und Herbstbraun und bey den fröhlichen Gesichtern der Leute, kann ich nicht expliziren, du hättest es selbst mit ansehen sollen. Wie es sich anläßt, will mein gutes Wetterglück auch auf den Rest der Reiße mich nicht verlaßen, und ich werde so Rhein aufwärts bis auf die Höhe von Maynz steuern und mich dann landwärts durch die Vogesen zu den werthen frères et amis schlagen. Trauben von Bingen wollt ich dir hinunter schicken, aber die vielen reißenden Maulaffen mit Schreiber in der Tasche, die in Rüdesheim angewießen sind, Bergtrauben zu essen, haben sie so vertheuert, daß sie mit blanker Unverschämtheit acht Kreuzer fürs Stück fordern, was denn doch wahrhaftig allzu theuer ist, so daß man sie lieber läßt, und den Wein daraus trinkt. Franz ist in Winkel und die Frau und die Paula[3], die noch eben so dick und so breit und so faul ist wie vorher, aber wie sie sagt ihre Melancholie auf dem Wege nach Paris gelaßen, wo sie ihr die Rippenstöße des Wagens ausgejagt. Maynz ist eben wie wir es zuletzt gelaßen, recht reich und recht arm, recht schreyend und wüst, und Metternich sagt fortdauernd alles Böse davon, es sey so feige, daß seit Anbeginn noch kein großer General dort gebohren worden.[4]

Da der Alte mir von seiner Paraleltheorie immer aufs hitzigste seine Beweiße in die Ohren spricht, so muß ich aufhören, indem ich herzliche Grüße für dich und die Kinder einpacke. Kömmt etwa Antwort vom Kanzler in der Hülfsvereinssache, und er sendet mir das Projekt der Eingabe etwa vermehrt und verschlimmert zurück, dann gieb es doch an Schmitz Grollenburg daß er es abschreiben und unterzeichnen läßt und an die Behörde befördert.[5] Haltet Euch alle wohl und gesund ich schreibe Euch so bald wieder, als ich nochmal festen Fuß gefaßt. Gott befohlen

Dein
J Görres

---

[1] Am Engelspfad in Groß-Gerau an der alten Landstraße nach Mainz.

2 Das Anwesen in Östrich-Winkel im Rheingau hatten die Brüder Franz und Georg Brentano 1804 als Sommersitz erworben, später wurde es ganzjährig von der Familie bewohnt. Es wurde zum Treffpunkt des Freundeskreises der Brentanos, von Clemens, Bettine und Arnim. Savigny und seine Frau Gunda geb. Brentano waren häufige Gäste in Winkel. Ein Brief der Maximiliane von Blittersdorf, geb. Brentano (Tochter von Franz und Antonie) an Gunda und Friedrich Carl von Savigny, Winkel, 29.9.1818 (UB Marburg, Nachlass Savigny, Ms. 979/252) spricht von der Hoffnung, sie auf der Rückreise (von Brüssel) in Winkel zu begrüßen. Zu dem Treffen mit Görres Savigny an die Brüder Grimm 10.11.1818 (zit. bei Steig, in: *Neue Heidelberger Jbb* 19, S. 117): Görres sei so trüb und bitter gestimmt, dass man in seiner Nähe nicht froh werden konnte. Am 29. Oktober 1818 waren die Savignys dann in Weimar: Goethe, Tagebuch, 29. Okt.: „Herr und Frau Savigny vom Rheine kommend"; Goethe an Willemer 4.11.1818: Herr und Frau von Savigny waren diese Tage hier und nöthigten mich in die Rhein-, Mayn- und Neckargegenden (Hans-J. Weitz (Hrsg.), *Marianne and Johann Jakob Willemer: Briefwechsel mit Goethe*, Frankfurt am Main 1965, 75). Zur Herbstreise der Savignys s. Stoll Bd. 2, S. 174f.

3 Franz ist Franz Brentano, Halbbruder von Clemens. Seine Frau Antonie (1780–1869) war die Tochter des kaiserlichen Hofrats Johann Melchior Birkenstock. Paula konnte nicht eindeutig identifiziert werden. Vielleicht handelt es sich um Paula Maria (Pauline) Servière (1773-1832), Tochter eines Frankfurter Likörfabrikanten. Sie und ihre Zwillingsschwester Charlotte (1773-1862) gehörten dem Freundeskreis der Brentanos in Frankfurt an, Charlotte war mit Sophie Brentano befreundet gewesen, die beiden waren wohl Teil des Kreises der Frankfurter Freundinnen, die Görres im Winter 1799/1800 bei seinem Besuch bei Katharina, die damals zu Gast bei Sophie Brentano war, kennengelernt hatte (s. *GS/Briefe* 2, Nr. 25ff) Die Familie Servière hatte ebenfalls ein Sommerhaus in Winkel. Jean Paul schildert die Schwestern in einem Brief Frankfurt 6.- 8.6.1818 an Karoline Richter als „Matronen", „zwei alte Jungfern", die ihn zu Franz Brentano und seiner Frau zum Essen eingeladen hätten (Bernauer, Markus u.a. (Hrsg.) *Jean Paul – Sämtliche Briefe digital*, Bd. VII, 418). Die Schwestern Servière werden mehrfach als Freundinnen von Bettine Brentano und Karoline v. Günderrode erwähnt: Dagmar von Gersdorff, *Die Erde ist mir Heimat nicht geworden: Das Leben der Karoline von Günderrode*, S. 199, 239, 241; Briefe der Pauline Servière an Goethe 8.7.1815, 2.6.1815: Angelika Reimann (Hrsg.), *Goethe. Begegnungen und Gespräche*, Bd. 20 (1815/16), 2018.

4 Matthias Metternich, ein alter Bekannter von Görres, ehemals Mainzer Klubist und Mitstreiter der Cisrhenanen 1797/98, Professor der Mathematik in Mainz und Verfasser der im Folgenden erwähnten Paralleltheorie: *Vollständige Theorie der Parallellinien. Nebst einem Anhang, in welchem der erste Grundsatz, zur Technik der geraden Linien angegeben wird*, 1815.

5 Die Eingabe an den König, die Görres im Entwurf dem Brief an Hardenberg beigegeben hatte: Brief Nr. 145. Hardenbergs abschlägige Antwort erfolgte erst am 27.1.1819. Franz Edmund Joseph von Schmitz-Grollenburg war seit Mai 1818 Regierungspräsident in Koblenz.

148. An Katharina Görres

Datum: o.O. o.D.: Straßburg, 30.10.1818.
Original: Familienarchiv Görres-Jochner Nr. 75a (4 Seiten).
Druckausgaben: Marie Görres (Hrsg.), *Familienbriefe*, S. 90-94 (vollständig, mit den üblichen kleinen Änderungen); Schellberg (Hrsg.), *Ausgewählte Briefe* (1911), Nr. 124 (nach der Ausgabe der *Familienbriefe*).
Adresse: Herren Professor Görres in Coblenz.
Zur Datierung: Der Brief datiert zwei Wochen nach Brief Nr. 147, am Tag der Ankunft in Straßburg, am Markttag (= Freitag), also 30.10.1818 (s. das Itinerar zur Datierung von Brief Nr. 147).

Regest: Görres erzählt von seiner Fußreise bis Straßburg und den einzelnen Stationen, beschreibt die Eigenart der Menschen in den verschiedenen Gegenden und erläutert seine weiteren Reisepläne.

Eben Abends um fünf Uhr bin ich wohlbehalten hier angekommen, und ich schreibe Euch sogleich, damit Ihr nicht in der Unruhe bleibt. Ich wohne auf dem großen Platze im rothen Hauße[1], der heutige Markt lärmt noch unter mir nach, es läuft und rennt vielerley Volks, das ich nicht kenne, unten durch den Nebel, vor dem ich die Enden des langen mit kleinen Steinen gepflasterten Vierecks nicht sehe. Den Weg von Landau bis hierhin 18 Stunden durch die Wolken gemacht, der Nebel ist drey Tage lang einige Stunden gestern ausgenommen, nicht von meiner Seite gewichen, so daß ich von den Vogesen, deren Vorberge ich durchgangen, nicht mehr gesehen als was ich mit meinen Füßen betreten. Das ist freylich verdrieslich, doch hält es mir Kälte und Regen ab, die ich Beyde zu meiner Expedizion nicht brauchen kann. Sonst hat sich Alles für die späte Jahrszeit gut gefügt, und ich habe den ganzen Weg zu Fuß abmachen können, was ich gewollt. Es wundert sich freylich in mir über das ungewöhnliche Gehen und Laufen immerfort, über die Unordnung im Essen und Trinken, über den vielen neuen Wein aller Orten, der herunterkömmt, es denkt der Herr sey etwas verrückt geworden, indeß schaffts doch brummend Rath, und die ganze Wirthschafft wird immer weiter geschafft ohne sonderliche Kosten für Logement und Zehrung. Ich bin nicht mit den Siebenmeilenstiefeln gereißt, das machen die guten Freunde unterwegs, die sich überall wie Hemmschuhe anlegen. So habe ich mit Gott und Ehren bis Maynz vier Tage Zeit gebraucht, und Maynz selbst wollte sich mit nicht weniger als zwey Tagen abfertigen laßen. In Worms mußte ich wieder Zimmern einen Tag geben, an dem ich ihn predigen hörte[2]; es war recht brav, aber er konnte doch den peinlichen Eindruck nicht bezwingen, den protestantische Kirchen, und ihr Gottesdienst machen. Nun hörten die Freunde auf, aber es kamen andere Verzögerungen. Ich bin überhaupt eigentlich nicht von Stadt zu Stadt, sondern von Dom zu Dom gereist. Vom Maynzer in den Oppenheimer, dann in den schönen Wormser, dann in die ganz vortreffliche Speyrer Kayserkirche, dann in den höchst merkwürdigen Dagobertischen in Weißenburg, und endlich vor den Münster, den ich aber noch mit keinem Auge erblickt, obgleich ich schon die halbe Stadt durchzogen. Jeder hat seinen Tag verlangt, da ich alle recht scharf und gründlich angesehen. So sind die Stunden in Tage und die Tage in Wochen zusammengeschmolzen, deren ich nun bald zwey in guter Gesundheit consumirt. Es ist ein seltsames Wesen um eine solche Fahrt durch diese Lande in jetziger Zeit. Man kömmt durch allerley Volks Fremde und Einheimische und reißt zugleich in einer Provinz und in ganz Europa um.[3] So habe ich nach unsern Preussen die Darmstädter durchschritten, ihres Zeichens blau mit Orangegelb, dann die hellblauen Bayern, die für grob gelten, und die sie dort eben auch nicht sonderlich gern sehen mögen, und habe mich mit ihnen über den Dom von Speyer, Napoleon und die Zeit überhaupt sattsam disputirt; dann bin ich im Elsaß zu den indigoblauen Würtembergern gekommen, breite und in die Breite wohlredende Schwaben, die's treiben im Lande wie im Lied mit Mädeln sich vertragen, mit Männern rumgeschlagen. Dann haben die Oestreicher mich salutirt, Malaka ruba corenka hab ich mir gemerkt, und daraus und aus den kleinen Figuren und den schwarzbraunen verbißenen Gesichtern, als obs eine Gattung wilder Walditaliäner wäre, mir gemerkt, daß es Ungarn seyen. Diese von der weißen Sorte sind alle im Lande wohlgelitten. Hier an den Thoren und in der Stadt habe ich denn endlich die alten, werthen Freunde und Brüder angetroffen, freylich meist nur verkleidete Elsasser Bauernbuben, doch auch darunter einige der alten kriegsbraunen langen Gesellen, die das Gewehr so gut handhaben, und noch immer ärgerliche Gesichter wegen der Schlacht von Waterloo machen. Das ist der Aufzug, der Einschlag lief eben so bunt hin, näselnde Maynzer, dann das leichte Blut der Pfälzer und bey Speyer schon wieder andere Witterung, dann von Landau aus über Weissenburg hin der eigentliche Elsasser Schlag der sich dort ganz eigentlich festgesetzt. Da begegnen einem die Bauernmädchen, kräftige, untersetzte, lebhafte sehr häufig ganz hübsche Dinger, oft auch gar stattliche, große, knochige Körperschafften, in der Regel mit schönen Augen, und rufen ihr Helf Gott zu. Ihre Tracht kleidet gut, ein kleines rundes Häubchen am Scheitel, das alle Haare nach oben gestrichen zusammenfaßt, mit einer Borte besetzt, und ein hellrothes Band darum gewunden, das vorn in einer Schleife über die Stirne herunterfällt, darüber häufig einen gelben Strohhut, die flache Kappe schwarz umsponnen. Ein schwarzes Tuch ganz zierlich um den Hals gebunden, daß die Enden über den Rücken hangen. Ein geblümtes Mieder oben voneinander stehend, unten seine bunt gestickten Ränder straff im Winkel übereinandergezogen, und über ein herzförmig ausgeschnittenes langes, steifes roth überzognes und besonders oben am breiten Rand gesticktes Bruststück schwarz geschnürt, darüber ein schwarzes Wämsgen mit langen Aermeln, ein ganz rother, oder blauer oder grüner und dann unten roth gefaßter rund um in kleinen Falten, um die Hüften wulstiger Rock, weiße oder schwarze Schürze, so spazieren sie die Körbe auf dem Kopf daher, und singen ihre Sprache. Die Bursche aber haben dreyeckte Hüthe, rothe Brustlazzen mit weißen Knöpfen, schwarze kurze Röcke, und weiße Schürzen und Kamaschen, und sehen auch häufig nicht übel aus. Das Volk gefällt mir, es ist jammerschade, daß es die Teutschen in hundert Jahren nun schon zweymal so verliederlicht haben. Alles auf dem Lande spricht Teutsch und nichts als Teutsch, in den Städten eben so bis auf die feine Welt, jetzt ohnehin, wo einem auf allen Wegen teutsche Soldaten begegnen, ist die Illusion vollständig, man sey zu Hauße in einer Provinz des Reichs. Doch ist nicht zu leugnen, daß sie im Allgemeinen den Franzosen zugethan sind, was sich natürlich in den hundert Jahren angesetzt hat. Doch ist das Frauenvolk in allgemeiner Desolazion um den Abmarsch, sie haben sich gar wohl miteinander verständigt, und im Bezirke Weissenburg bleiben allein 900 numerirte junge Würtemberger zurück. Vor den Preussen hat übrigens hier zu Lande Alles großen Respekt, den ich ihnen durch meine Reden denn auch gar nicht verkleinert habe.

Ich denke nun zwey höchstens drey Tage hier zu bleiben, und mich umzusehen hier und auszuruhen. Dann will ich die allerschnellste Gelegenheit benutzen, um nach Nanzig zu kommen, das ohngefähr auf der Höhe von Straßburg liegt, und das ich mit dem Courrier in 24 Stunden erreichen kann.[4] Ich fühle wohl wieder eine Sehnsucht nach Euch, inzwischen ist's Heimweh nicht so wie das vorigemal, wo ich ordentlich ein Unglück befürchtete. Nun Gott wird euch behüthet haben. Behaltet mich lieb, von Nancy will ich Euch weiter schreiben. Grüße an Settegast,

Schlossers, und alle Freunde und Bekannte.[5] Grüße an dich liebes Kätterle, wie auch die Elsasser sagen, den Rhein herauf. Grüße an Sophie und Guido, der auch wieder daheim seyn wird, und an Marie, die ich von hier die Gesichter schneiden sehe, die sie macht, wenn sie den Gruß erhält.[6]

Euer Wandersmann

Wenn Schmitz von Prünn etwa die Cauzionszeugniße gesendet hat, dann schicke sie doch ohne Verzug an Kehrmann.[7]

---

1 Im Rothen Hause: das traditionsreiche Hotel Maison Rouge, Place Kleber, damals Auberge à la Maison Rouge, Place d'Armes („im Rothen Hause am Paradeplatz").

2 Johann Georg Zimmer, ehemals Verleger der Heidelberger Romantik, hatte 1811-1814 in Heidelberg evangelische Theologie studiert und war seit 1816 Pfarrer der lutherischen Gemeinde in Worms.

3 In den hier folgenden Schilderungen kündigt sich bereits Görres' Interesse an Volkskunde und an den charakteristischen Besonderheiten der einzelnen Stämme an, das er im Exil in den Jahren nach 1820 intensiv weiterverfolgte und das er zu einem Werk über „Altteutschland" auszuarbeiten plante. (s. Görres an Jacob Grimm, Straßburg 20.8.1822: Berlin, SB Nl. Grimm 686, 113f; Perthes an Görres 19.1.1823: Familienarchiv Görres-Jochner Nr. 187: s. *GS/Briefe* 4).

4 Görres' Schwager Franz von Lassaulx war am 2.4.1818 in Nancy gestorben. Görres wollte dort dessen Witwe und Kinder besuchen (vgl. Briefe Nr. 133 und 149).

5 Der Arzt Joseph Maria Settegast war einer von Görres' engsten Koblenzer Freunden. Christian Schlosser und seine Frau lebten damals in Koblenz, wo Schlosser seit 19.3.1818 Direktor des Gymnasiums war.

6 Görres' Kinder Sophie (geb. 1802), Guido (geb. 1805) und Marie (geb. 1808).

7 Gemeint ist wohl Johann Hubert Schmitz, der Görres mehrfach aus Prüm in Angelegenheiten des Hilfsvereins geschrieben hatte. Der Kaufmann Johann Heinrich Kehrmann war ein führendes Mitglied des Hilfsvereins.

149. An Katharina Görres

Datum: Trier, am Montag 1818: 9.11.1818.
Original: Familienarchiv Görres-Jochner Nr. 75a (2 Seiten).
Druckausgaben: Marie Görres (Hrsg.), *Familienbriefe*, S. 94f; Stein (Hrsg.), *Görres' Briefe an seine Braut und Familie*, S. 71.
Adresse: Herren Professor Görres in Coblenz.
Zur Datierung: Die Bleistiftnotiz auf dem Original „1816" von späterer Hand ist irrig. Das genaue Datum ergibt sich aus dem Itinerar der Fußreise: s. Brief Nr. 147.
Regest: Görres erzählt von seinem Aufenthalt in Nancy und kündigt seine Rückkehr an.

Trier am Montag.

Um Euch über mein Schicksal im Lande des schwarzen Mohrenkönigs und auf den Inseln der Heiden zu beruhigen, melde ich, daß ich gestern wohlbehalten hier angekommen bin. Nach Euch habe ich bey Hermes nachgefragt, und da ich Gattermann bey ihm gefunden, und Alle miteinander nichts gewußt, so habe ich geschloßen, daß ihr euch wohlbefändet.[1] In Nanzig bin ich fünf Tage gewesen, und habe mich über das Schicksal der Kinder vollkommen beruhigt, und alle unsere Angelegenheiten ins Reine gebracht.[2] Ich habe nicht von dort geschrieben, wie ich versprochen, weil ich dachte, ich werde bey den sieben Tagen Reißelauf beynahe mit meinem Briefe ankommen. Ich werde hier einige Tage bleiben und mich ausruhen, und eine Gelegenheit über die Berge oder stromabwärts erwarten und dann wieder zu Euch kommen. Ich bin froh daß die Sache so weit abgemacht ist und la belle France hinter meinem Rücken liegt. Sie fluchen dort wüthend über uns, und wenn sie sehen, wie die Abziehenden wohl aussehen, und wie die Pferde fett sind und wohlgenährt, dann denken sie es sey ihr eigen Fleisch und Blut, das also pfundweiße ausgeführt würde. Gott befohlen, bis auf Wiedersehen.

J. Görres

---

1 Johann Peter Job Hermes, Trierer Jurist und Sammler mittelalterlicher Handschriften (vgl. Brief Nr. 161). Der Trierer Jurist Franz Richard Gattermann, damals Staatsprokurator, war Hermes' Schwager und ebenfalls passionierter Kunstsammler.

2 Görres' Schwager Franz von Lassaulx war am 2. April 1818 in Nancy gestorben. Er hinterließ seine Frau Benedicte, drei Töchter und einen Sohn. Zu seiner Sorge um die Hinterbliebenen und zu der Erwägung, eines der Mädchen zu sich zu nehmen, s. Brief Nr. 142.

150. An Justus von Gruner

Datum: Koblenz, 30.11.1818.
Original: Geheimes Staatsarchiv Berlin, Nachlass Gruner, J. K. v., d. Ä., Nr. 113 (4 Seiten).
Druckausgaben: Gruner, Ein Beitrag zum Briefwechsel von Joseph von Görres, in: *Deutsche Revue* 18. Jg., Bd. 3, S. 365-367 (ab 2. Absatz); Schellberg (Hrsg.), *Ausgewählte Briefe* (1911), Nr. 125 (ab 2. Absatz, einige Auslassungen).
Einordnung: Vorangegangener Brief Gruners: 28.2.1818, nächster Brief: 12.2.1819.
Regest: Görres beglückwünscht Gruner zur Geburt seines Sohnes, reflektiert über die aktuelle Situation Frankreichs und den Ausgang des Aachener Kongresses, äußert sich zu seiner nicht erfolgten Berufung nach Bonn und bekräftigt seinen Entschluss, auf keinen Fall nach Berlin zu gehen.

Coblenz am 30ten November 1818.

Zuerst meinen Glückwunsch zu dem vom 18ten, der hat seine Zeit in Acht genommen, und wird schon kein Diplomate, die, wie die große Welt zum Schauspiel, überall zu spät kommen.[1] Oben werden sie meynen, Sie hätten das mit Fleiß und ihnen zum Verdruß gethan; doch werden Sies nicht zum zweytenmale fertig bringen und, damit können Sie sich aufs trifftigste entschuldigen, und Alles auf den noch gänzlich unerfahrenen naseweisen Jungen werfen, den die drey 18er hervorgelockt.

Zum Andern sollte ich meine Vergesslichkeit abbitten, wenns nur eben eine wäre. Man hat nichts als zornige Gedanken und Reden niederzuschreiben, und denkt jeder habe selbst hinlänglichen Vorrath davon im eignen Hausgarten wachsen, und es sey nicht nöthig sie getrocknet und eingelegt auf der Post hundert Stunden weg zu versenden. Dann nimmt der Eckel und das Aufstoßen abwechselnd auch die Luft viel Redens zu machen, und man mag sich mit dem Kleister nicht die Finger beschmuzzen, indem man darüber schreibt. Das ist aber nun nicht

Vergessenheit, die Vielen, die das Bessere wollen, sind wie Einer, und wenn einer was denkt und empfindet, klingen den Andern die Ohren mit, und es ist wohl eine nähere Correspondenz als die Briefliche. Darum aber will ich diese doch in ihren Ehren laßen, und wie ich gern die freundlichen Worte von Ihnen gelesen, so werden Sie meine Erwiederung sich gefallen laßen.

Ihr letzter Brief, den ich jedoch schon beantwortet zu haben mich entsinne, enthielt große Hoffnungen für uns und große Besorgniße vor den Franzosen, ich habe an keines recht glauben können.[2] Hätte ich die Leute so gesehen und gekannt, wie jetzt, ich wollte schon 1813 die ganze Lekzion aufgeschrieben haben, die sie jetzt absagen und ablesen, nachdem sie die Mummerey großer durch Unglück gekräftigter liberaler Männer abgeworfen, und wieder zur gewohnten Schlotterigkeit Pantoffeln und Nachtmüzze zurückgekehrt. Den Wolf Fenris haben sie angebunden[3], nun sitzen Kaninchen, Meerschweinchen, Hämmel, Kälber gar ernsthafft um den runden Tisch trinken Haverschleim zur Cur und laßen sich vom Fuchs predigen, und äußern sehr gemäßigte Leidenschafften, aber auch ungemein geringe Geistesgaben. Rund umher steht die Welt und lacht, sie meynen aus Freude über den lieben Frieden und die gnädigen Herren, und werden nur um so emsiger. Die Welt hat nie einen so öffentlichen geistigen Bankerott gesehen und eine solche freche Verschwörung von Allem was gemein im Menschen ist gegen alles Höhere, und doch so ganz ohne allen Nachdruck ja beynahe ohne Bosheit alles wie im Gähnen Schlaf und Traum. Wäre das nun bey den Regierungen allein, dann würde es wenig verschlagen, allein auch die Masse ist lahm, feig und dumm, sie sucht Repräsentazion und ist schon vollkommen repräsentirt durch ihre Höfe, weswegen diese denn auch billig nicht begreifen, was eine neue zweyte Repräsentazion soll. Darum habe ich die jetzige Generazion längst aufgegeben, sie kann die Knechtschafft nicht ertragen, und die Freyheit sich nicht erringen, so schwebt sie in einem unseligen Mittelzustande immer dahin, und wird nichts als den Anfangspunkt eines bessern Zustandes erleben, gerade wie das Geschlecht der Juden, das aus Aegypten ausgezogen das gelobte Land nie betreten. Von all der Konstituzionsmacherey in Berlin erwarte ich gar nichts, sie werden einen solchen Wechselbalg ausbrüten, daß sie ihn insgeheim des Schimpfes wegen wieder im ledernen Sack ersticken. Was die Franzosen betrifft, so habe ich mir sie auf einer Reiße in ihr Land, von der ich eben zurückgekehrt, neuerdings betrachtet.[4] Sie sind uns fortdauernd die Gefährlichsten, weil sie in ganzer Meute auf ihre Beute ausgehen, und in allen Dingen gegen uns zusammenhalten, während wir in Allen gegen sie geschieden sind. Davon haben sie neulich dem Congreß in Aachen eine Probe abgelegt, dem sie am Ende nachdem sie ihn um 30 – 40 Millionen durch den Rentenfall betrogen, keine Wahl gelaßen, als mit ihnen gemeinschafftlich und mit ihren Worten die Welt zu beschwazzen, es habe nichts zu bedeuten. Sie werden auf vollkommen konstituzionellem Wege ihren König und ihre Royalisten knebeln, und jenen zu Allem brauchen, was in ihren Absichten liegt, wohin unsere Demüthigung und ihre revange, wie sies nennen, für die zwey letzten Kriege an der Spitze steht. In der That ist die Lockung beym Anblicke unserer Dummheit so gar verführerisch, daß es eigentlich keinem Franzosen zuzumuthen ist, sie von der Hand zu weißen. In allen Scharmüzzeln, die sie mit unserer verschlagenen Diplomatik versucht, haben sie den Sieg davon getragen, und das hat ihr gesunkenes

Selbstvertrauen wieder vollkommen hergestellt, und nun hält schon der Übermuth wieder gleich nahe vor der Thüre.[5]

Was nun Sie selbst bestrifft, so erwarten Sie nicht aus Ihrem Bergverlies entlaßen zu werden[6], bis man Sie etwa nöthig hat: sie haben allzu viele Freude, Sie so wohl verwahrt zu haben, und da immer Einer sich über den Andern erhebt, und ihn weit unter sich erblickt, so meynen sie auch vollkommen Recht zu haben. Ausserdem daß diese Ungnade eine Gnade ist, können Sie sich trösten, daß auch Andere auf dem Fußpfad steigen, den Sie gegangen, da auch Jordan über Dresden nach der Schweyz zu reißen im Begriffe ist[7], der an Ihrer Krankheit nicht erkrankt. In Berlin wirds wohl zum Winter eine ziemliche Hezze werden, eines der schleichenden Fieberchen mit spasmodischen Zufällen ohne Crise und Resultat. Da ich nicht nach Bonn soll, von wo man auch Arndt wegen des Geistes der Zeit nahe fortgejagt, so soll ich nun nach Berlin, allein ich habe erklärt, und wenn sie mich über und über vergoldeten, würde ich nicht in ihre Desperazion hinein[8]; ich will mein Leben nicht an diese betrübte Misere verschleudern, und werde nicht wanken noch weichen in diesem Entschluße, was sie sonst immer beginnen mögen, mich zu entwurzeln. Wie die Dinge in der Welt gehen, das muß man geschehen laßen, weil es zu ändern nicht in unsere Macht gegeben, aber wo mein Fuß steht, das ist in meine Gewalt gesetzt, und in den Leib hinein laße ich mir nicht Dreck regnen. Krezzer ist auch nicht mit gutem Herzen nach Berlin gezogen[9], doch soll er sich ziemlich dort gefallen, einige Andere werden mit dem Revisionsgerichte nachziehen, und eine rheinische Colonie dort bilden. Beyme hat sich ganz gescheidt hier benommen, und es geschieht nun was ohnehin nicht ausbleiben konnte.[10] Leben Sie recht wohl, und seyen Sie mit den Ihrigen vielmal gegrüßt.

---

1 Gruner hatte mit seiner 4. Ehefrau Anastasia einen Sohn und 3 Töchter. Der wohl am 18.10.1818 geborene Sohn starb bereits im Jahr 1819. Auch drei seiner vier Söhne aus erster Ehe waren im Kindesalter gestorben (*NDB* 7, S. 227; GStA Berlin, Nachlass Gruner, Bestandsbeschreibung).

2 Görres' letzter bekannter Brief (Nr. 129) an Gruner datiert vom 18.2., also vor Gruners letztem Brief, und war die Antwort auf Gruners Brief vom 4.2.1818. Zur Gefahr, die aus Frankreich drohe, hatte sich Gruner in seinem Brief vom 4.2.1818 geäußert.

3 Der Wolf Fenris – der hier für Napoleon steht – ist in der nordischen Mythologie ein Dämon in Wolfsgestalt, das erste Kind des Gottes Loki und der Riesin Angrboda. Da geweissagt war, dass er die Erde einst zerstören und Odin töten werde, brachte man ihn nach Asgard, um ihn besser im Auge zu haben. Zunächst harmlos wurde er von Tag zu Tag größer und kräftiger, daher ließen ihn die Götter in schwere Ketten legen, die er aber zerriss. Schließlich wurde er mit der magischen Fessel Gleipnir gefesselt, die, je stärker er an ihr zog, sich desto enger zusammenzog. Der Weissagung nach wird er sich erst in der Zeit des Weltenbrands befreien und dann Odin verschlingen (Rudolf Simek, *Lexikon der germanischen Mythologie*, Stuttgart 2006).

4 Zur Fußreise nach Straßburg und Nancy s. Briefe Nr. 148 und 149.

5 Der Kongress in Aachen, der gerade erst beendet worden war (29.9. bis 21.11.1818), hatte einen Vertrag mit Frankreich gebracht, der den sofortigen Abzug der Besatzungstruppen aus Frankreich und eine Herabminderung der Reparationen bestimmte und Frankreich als fünfte Großmacht wieder in das europäische Konzert der Mächte einband. Eine Konvention der Siegermächte bekräftigte die Bereitschaft, die Herrschaft der Bourbonen in Frankreich, selbst mit Waffengewalt, zu verteidigen.

6 Gruner war seit 1816 preußischer Gesandter in der Schweiz. Noch in seinem letzten Brief (Nr. 129) hatte Görres Gruners baldige Rückkehr aus dem Exil prophezeit.

7 Jordan: vermutlich Johann Ludwig Jordan (1773-1848), ein Günstling Hardenbergs, geheimer Legationsrat und damals in verschiedenen diplomatischen Missionen tätig.

8 Zu den Hoffnungen auf eine Professur in Bonn: Brief Nr. 135. Ernst Moritz Arndt war an die Universität Bonn berufen worden. Allerdings erging auf Grund des eben erschienenen 4. Teils von *Geist der Zeit* (Teile 1-3: 1806, 1809, 1814), in dem er den Polizeistaat anprangerte, am 11. Febr. 1819 eine erste warnende Kabinettsordre gegen ihn, seine Papiere wurden beschlagnahmt, am 10. November 1820 wurde er wegen „demagogischer Umtriebe" von seinem Lehramt suspendiert. Schon am 28.11.1818 wusste Benzenberg in seinem Brief an Görres zu berichten, Arndt habe mit seinem vierten Teil „dem Fasse den Boden wieder eingeschlagen", „und die Polizei soll ganz formidable Sachen darin entdeckt haben, woher er dann auch billigerweise noch eine Zeit lang in seinem Provisorio bleiben kann". Über Arndts Situation auch Arnim am 4.2.1819 und Brief Nr. 154. Zum Ruf nach Berlin noch einmal Briefe Nr. 153, 156; zu den diversen Berufungsoptionen Fink-Lang, *Görres*, S. 165-170.

9 Krezzer, bisher Vizepräsident des provisorischen Revisionshofes in Koblenz, war mit Kgl. Kabinettsordre vom 18.6.1819 an den Rhein. Revisionshof in Berlin berufen worden (vgl. Brief Nr. 93, Anm. 2).

10 Carl Friedrich von Beyme war seit 1816 mit der Neuorganisation des Justizwesens in den Rheinprovinzen, und als Chef der Kommission zur Prüfung der Justizverwaltung in den Rheinprovinzen mit der Revision des allgemeinen Landrechts und der Gerichtsordnung beauftragt, 1817-1819 war er Minister für Gesetzesrevision.

151. An Franz Josef Mone

Datum: Koblenz, 8.12.1818.
Original: Stadt- und Landesbibliothek Dortmund, Atg. Nr. 2502 (3 Seiten).
Unveröffentlicht.
Adresse: Herrn D. Monne Wohlgeb. In Heidelberg.
Zum Adressaten: Die Lesung des Adressaten ist eindeutig. Die Dortmunder Zentralkartei und Kalliope verzeichnen den Namen fälschlich als „Monzle" oder „Moritze".
Einordnung: Schreiben Mones an Görres sind nicht erhalten.
Regest: Görres berichtet über seine Verwendung für Mones Berufung an die Universität Bonn bei Minister Altenstein.

Coblenz am 8 Dez 1818

Als Sie mir Ihren Brief geschrieben, war ich abwesend von hier, und erst nach meiner Rückkehr vor 14 Tagen habe ich daher Ihre Zuschrifft erhalten.[1] Da der Minister Altenstein uns angekündigt war, wie er auf der Rückreiße einen Tag hier verweilen werde, so habe ich die Antwort versparen wollen, bis ich erst mit ihm gesprochen. Das ist nun geschehen, und ich habe ihm Ihr Gesuch vorgelegt.[2] Er kannte Ihre kleine Schrifft, und meynte, wenn man auch in Vielem nicht Ihrer Meynung seyn könne, so sey das Werk doch mit einer gewissen Genialität geschrieben, die für die Zukunft doch Vieles verspreche.[3] Er sagte, er habe mit der Universität Bonn noch einige Veränderungen vor, indem er noch Einen oder den Andern von dort nach Berlin ziehen wolle, wenn das zu Stande komme, dann möge sich wohl leicht eine Gelegenheit ergeben, Sie dahin zu bringen, da gegenwärtig das historische Fach dort in etwa übersetzt sey. Ich wollte ihm Ihren Brief vorlegen, hatte ihn aber neben den Sack gesteckt, darum, da es um zehn Uhr war, und er am andern Morgen um vier Uhr abzureißen vorhattte, bat er mich, ihn

Schulze, der bey ihm vortragender Rath, und geheimer Oberregierungsrath ist, und ihm in einigen Tagen nachreißt, zu übergeben, was ich denn gethan.[4] Sie werden wohlthun, falls es Ihnen mit Ihrem Gesuche ernst ist, sich nochmal an diesen selbst zu wenden, und ihm, da er in etwa beräuchert zu werden die Liebhaberey hat, einiges Angenehme zu sagen, was Sie ohngefähr so viel fördern wird, wie Ihr Buch. Wenn ich ferner Einiges zu dem guten Werke beytragen kann, so dürfen Sie mich nur immer in aller Weiße in Anspruch nehmen.

Leben Sie wohl
Ihr
Ergebenster
J. Görres

---

1 Der Brief Mones ist nicht erhalten. Franz Joseph Mone hatte 1814-1816 in Heidelberg Geschichte und Philologie studiert und hatte sich 1817 habilitiert, 1818 wurde er Sekretär der Universitätsbibliothek, Er stand besonders Professor Creuzer nahe, dessen *Symbolik und Mythologie der alten Völker besonders der Griechen* er 1822 herausgab. Als Bearbeiter altdeutscher Literatur (*Nibelungenlied, Reineke Fuchs*) war er Görres bestens bekannt.

2 Kultusminister Altenstein sollte offensichtlich für eine Berufung Mones an die am 18. Oktober 1818 gegründete Universität Bonn gewonnen werden. Diese Hoffnung zerschlug sich, Mone wurde 1822 Professor für Geschichte in Heidelberg.

3 Mones kleine Schrift: vermutlich seine *Einleitung in das Nibelungen-Lied zum Schul- und Selbstgebrauch*, Heidelberg 1818, eventuell die *Geschichte und Beschreibung von Speyer*, Speyer (Osswald) 1817.

4 Johannes Schulze, der seit 1816 Konsistorial- und Schulrat in Koblenz gewesen war, war seit Juli 1818 am preußischen Kultusministerium unter Minister Altenstein in Berlin. Im November 1818 war er zum Geheimen Oberregierungsrat und Vortragenden Rat ernannt worden. Sein Zuständigkeitsbereich waren zunächst die Gymnasien, bald zusätzlich auch das Universitätswesen, inklusive der Akademien, Bibliotheken und öffentlichen Sammlungen.

152. An Karl Josef Ignatz Mosler

Datum: Koblenz, 8.12.1818.
Original: Stadtbibliothek Koblenz, AB Görres-Briefe (4 Seiten).
Unveröffentlicht.
Einordnung: Letzter Brief Moslers: 14.11.1818. Antwortbrief Moslers: 18.2.1819.
Regest: Görres bedankt sich für das zugesandte Gemälde einer Verkündigung und übt detaillierte Kritik daran. Er berichtet von der Übergabe des Bilds an Minister Altenstein und dessen Reaktion, und verspricht, sich weiter für Moslers Zukunft einzusetzen, korrigiert einige nach seiner Meinung kunsthistorische Irrtümer Moslers und äußert sich zu der Provenienz seines eigenen Bildes im Vergleich zu andern Sammlerstücken aus der Kölner Schule.

Coblenz am 8 Dez 1818

Als ich vor vierzehn Tagen von einer Reiße nach Frankreich zurückgekommen, war endlich Ihr Bild angelangt, und wurde mir gebracht.[1] Was mir zuerst daran Vergnügen gemacht, war, daß Sie darin eine gewiße Ihrem Charakter harmonische

Eigenthümlichkeit behauptet, und von der Influenza herrschender Manieren sich, mehr als ich fürchten mußte, frey gehalten. Als der König vor einiger Zeit hier Revue gehalten, ist der commandirende General am andern Tage in seiner Haltung, Kleidung und allen seinen Grimassen auf der Parade erschienen, und unbewußt haben alle Bewegungen seines Herren und Meisters in ihm nachgezuckt. Das liegt nur allzu tief in der Natur des Teutschen, der ein gebohrner gehorsamer Diener aller Herrschafft ist, die ihm winkt den Hut zu ziehen. Ihr Bild hat sich abseit gehalten, darum verantwortet es nur, was Ihrem Talente und Ihrer Fertigkeit fehlen mag, und nicht zugleich mit die Gebrechen seiner Zeit. Der Eindruck, den es macht, ist gefällig und angenehm, da das Große durch den idyllischen Charakter der Handlung und noch mehr der Auffassung ausgeschloßen ist, das Ganze ist gut gedacht und im Allgemeinen geläufig ausgesprochen; die Anordnung der Elemente in ihm ist wohl gewählt, die beyden Köpfe besonders der Weibliche recht fein und zart, die Figuren edel und gut gehalten, die Gewänder besonders der Mantel des Engels und stellenweiße auch der der Maria recht wohl geworfen, die Färbung, wenn auch zu reich für große epische und historische Gegenstände, doch hier dem Charakter des Ganzen wohl entsprechend. Es war keine geringe Schwierigkeit, einem Gegenstand, an dem die grösten Meister öfter als das Gegrüßt seyst du Maria! im Rosenkranze enthalten ist, sich versucht eine neue Seite abzugewinnen. Sie glauben es in der knienden Stellung des Engels, die durch Haltung von Hand und Körper zugleich eine besprechende, beschwörende wird, gefunden zu haben. Beyde Beywörter bezeichnen den Grund, warum die Alten diese Verbindung nicht gewählt, doch halte ich dafür, daß diese Darstellung obgleich an der Gränze des Erlaubten liegend, und mit einem Fuße schon über sie hinaus geschritten, doch noch mahlerisch, wenn auch schwerlich rhetorisch sich vertheidigen läßt. Die etwas unziemliche Vorbeugung des rechten Oberschenkels der Jungfrau hätte dabey wohl, sollte ich denken, sich durch eine kleine Wendung vermeiden laßen, um so mehr da die gegenwärtige zuckende Haltung noch mit einem Zeichnungsfehler complizirt scheint. Nicht ganz richtig scheint es mir auch mit dem aufknienden Fuße des Engels zu stehen, sein Auge dünkt mich dazu etwas über die Gebühr hoch gesetzt, und seine wie alle Hände mögten wohl allzu obenhin behandelt seyn, so wie die Schattenseiten der Engelsköpfe, besonders des Mittleren, der dadurch flach auseinanderfließt.[2]

Das stört den Eindruck den das sonst treu, fleißig nur oft zu furchtsam und ängstlich ausgemahlte Bild erwirkt, was inzwischen Sache des Naturells ist, da der Eine das Große hinsetzt und das Kleine sucht, der Andere vom Kleinen zum Großen geht. Hat doch der gerühmte englische Mahler Lawrence in Aachen die Bilder sämtlicher Potentaten und Minister gemacht, indem er ohne alle vorläufige Zeichnung mit dem Auge angefangen, dann eine Nase zugemahlt, dann Mund, Stirn und so weiter, und sind doch würklich getroffene Bilder wie Sackuhren aus der Zusammensetzung der Räder daraus erwachsen.[3]

Ich habe dem Minister Altenstein das Bild übergeben, und zwar, da es in die Berliner Kritik hinein soll, nicht als das Werk eines Meisters sondern als den ersten bescheidnen Versuch Eines, der seiner Kunst völlig Meister zu werden wünscht, und er hat es mit Wohlgefallen aufgenommen.[4] Sein Urtheil war ohngefähr das Meine, er meynte, es sey mit wenig Mitteln darin doch Vieles ausgerichtet, und es verrathe eine gewiße, schöne Wohlhabenheit des Talentes. Ich sagte ihm wie Sie eine andere Arbeit mit vorgeschrittnen Kräfften angefangen, und darum noch ein Jahr in Rom zu bleiben wünschten. Er meynte obgleich das Römische Leben auch seine Nachtheile habe, so wolle er wenn ich nach der Kenntniß von Person und Umständen es für Zuträglich halte, gern in die Verlängerung des Auffenthalt einwilligen. Es ist ein gescheidter und wohlmeynender Mann, die Regierung ist voll guten Willens für dergleichen Dinge; und so wird sich, was Ihr weiteres Fortkommen betrifft, die Sache auf eine angemeßene Art ins rechte Geleise bringen laßen. Ich habe ihm vorläufig von der Akademie in Düsseldorf gesprochen, inzwischen ist die Sache noch nicht so weit gediehen, wie die jungen Leute in Rom zu glauben scheinen; das will Alles gute Weile haben, und wir brauchen zu Allem eine Zeit, als ob wir noch wie vor der Sündfluth 700 Jahre alt würden. Ich werde in alle Weiße dahin zu würken suchen, daß Sie in eine Lage kommen, wo Ihre Neigung und Liebe mit Ihrem Talente in günstigen und ruhig geordneten äußeren Verhältnißen zusammenwürken und etwas Tüchtiges, wie Sie es wünschen, hervorbringen mag.[5]

Was Sie mir in Ihrem letzten Briefe von Ihrer Schrifft sagen, hat meine Besorgniße nicht vermindern können. Diese Gewißheit in seiner Sache kleidet allerdings eine gute Überzeugung wohl, allein ich weiß aus der Erfahrung wohl, wie schwer diese in historischen Dingen zu erlangen ist. Bey aller Achtung vor Niebuhrs historischem Takte kann ich vorläufig diese Entschiedenheit der Ansichten mir nicht einreden, ob ich gleich nun glauben muß, daß gewiße Vordersätze und Thatsachen zugegeben, alles nun wohl und folgerecht zusammenhängt.[6] Aber mit diesen Grundsteinen ist es noch gar nicht so evident bestellt, als Sie wohl glauben mögen. So ist Eyks Todesjahr, wie Sie es angeben gleich ein alter Irrthum, da er weit später noch gelebt hat, bis in die andere Hälfte des Jahrhunderts. An die Jahreszahl 1410 auf dem Dombild habe ich nie recht glauben können, und ich zweyfle kaum mehr, daß es in die eigentlich Eykische Zeit gehört. Jener Israel von Mecheln ist mir höchst problematisch geworden, der Name hängt an einigen Kupferstichen, die nur dem schwächsten sich vergleichen laßen, was unter seinem Namen umgeht. Meinem Bilde zu vergleichen stehen nur zwey Bilder, die Boissere hat, die Verklärung bey Fochem ist schon um vieles schwächer, und die zehn Bilder von Liversberg halte ich in keine Weiße für Originale, sondern für spätere Copien seiner Bilder. Wer der Meister meines Bildes und der Boissere ist, er hat mit Eyk und Hemmelink in der allernächsten Berührung gestanden, ganze Gruppen und Figuren meines Bildes gehören dem Einen, Andere dem Andern an, obgleich alles wieder mit einer schönen, festen Eigenthümlichkeit versetzt erscheint, die sich auch wieder für sich selbst geltend macht.[7] Die Art, wie Sie Göthes Schrifften ansehen, ist auch durch die Form in etwas verwirrt. Diese drey kleinen Bücher, die Diminuendo in sich selbst verklingen und zerfallen, haben hier am Rheine nur geringe Sensazion gemacht, man hält sie, Einiges im ersten Heft ausgenommen, allgemein für seiner gänzlich unwerth, und sie sind, einige gelehrte oder künstlerische Hasenfüße ausgenommen, sonst bey Allen beynahe ganz vergeßen.[8] Boissere halten Sie auch mit Unrecht in Verdacht, ihn dazu gebracht zu haben, da er nur mit ihm einig seyn kann in dem wo er würklich Recht hat, sein Unrecht aber ganz seine Privatmeynung ist. Das läßt sich Alles in einem kurzen Briefe nicht so verhandeln, wir wollen weiter sehen, wenn ich erst Ihre Schrifft erhalten. Leben Sie wohl, und grüßen Sie mir alle Ihre Freunde, die von mir gegrüßt seyn wollen.

Ihr E.
J. Görres

---

[1] Zur Fußreise nach Straßburg und Nancy s. Briefe Nr. 147-149. Moslers Bild: eine Verkündigung, s. Brief Nr. 137. Am 14.11. hatte sich Mosler noch Sorgen gemacht, weil das Gemälde noch nicht in Koblenz angekommen war.

[2] Mosler antwortete am 18.2.1819 auf diese Kritik und verteidigte dezidiert seine Darstellungsweise.

[3] Sir Thomas Lawrence, englischer Hofmaler und „der gefeiertste Modemaler seiner Zeit", technisch versierter Portraitmaler, hatte im Auftrag des Prinzregenten und späteren Königs George IV. die Kongressmitglieder in Aachen porträtiert (*Meyers Konversationslexikon* Bd. 10 (1889), S. 583; *The Grove Dictionary of Art,* 2000).

[4] Zum Kurzbesuch des Kultusministers Altenstein am Rhein, bei dem Görres sich auch für Mone einsetzte, schon Brief Nr. 151. Mosler hatte am 14.11. Görres darum gebeten, sich bei Altenstein für ihn zu verwenden.

[5] Mosler, seit 1816 mit einer preußischen Pension zu Kunststudien in Rom, hoffte damals auf eine Anstellung als Gehilfe von Cornelius an der Düsseldorfer Kunstakademie: Mosler am 14.11.1818 und 18.2.1819 und Görres' Brief Nr. 165 vom 12.9.1819. Die ehemalige kurfürstlich pfälzische Akademie sollte als Königlich Preußische Kunstakademie neu errichtet werden, Peter Cornelius wurde auf Vorschlag Niebuhrs ihr erster Direktor, 1821 wurde Mosler dann an der Akademie angestellt.

[6] Mosler arbeitete schon seit 1817 in Rom an einer Schrift über die alte Kölner Malerschule, was Barthold Georg Niebuhr in einem Brief Anfang 1817 bezeugt. Mosler wolle darin die selbständige Entwicklung dieser Schule zeigen, um „durch eine kühle und scharfe Untersuchung die Nebel zu zerstreuen, welche die Boisserées selbst über die vermeinten Urzeiten der dortigen Malerei verbreitet haben." „Von einer byzantinisch-niederrheinischen oder gar von einer aus der Römerzeit erhaltenen Malerschule" werde dann „hoffentlich nicht mehr die Rede sein" (Niebuhr an Staatsrat Nicolovius 22.1.1817, zit. bei Mayer, Carl Ignaz Mosler, in: *Rhein. Heimatblätter* Nr. 6 (1925), S. 172ff). Am 14.11.1818 hatte Mosler auf die „freundliche Besorgniß", die Görres in seinem letzten Brief (Nr. 137) in Bezug auf dieses geplante Werk geäußert hatte, etwas pikiert geantwortet und ihm das positive Urteil Niebuhrs, des preußischen Gesandten am Heiligen Stuhl und Mäzens der Nazarener, entgegengehalten. In seinem Brief vom 14.11.1818 spricht Mosler von der geplanten Drucklegung: „Ich würde Ihnen gern meine Abhandlung vor dem Druck mitgetheilt haben aber es war nicht gut thunlich da ich sie selber aus verschiedenen Veranlaßungen länger in Händen behielt als ich wollte." Görres' guter Rat sei ihm aber immer willkommen, er bittet sogar um eine Rezension in den *Heidelberger Jahrbüchern* und verspricht Zusendung eines Exemplars. Zu seiner Schrift äußert sich Mosler noch einmal am 18.2.1819. Ob die Schrift tatsächlich erschienen ist, ist jedoch fraglich. „Als Kunstgelehrter, namentlich der mittelalterlichen Kunst, besaß er die gründlichsten Kenntnisse und er ist mit glücklichem Forschersinn und feiner Kritik tief in das Geschichtliche der Kunstentwikkelung eingedrungen. Er hat das Verdienst der Aufhellung mancher dunklen Stelle in der Geschichte der italienischen Kunst und hat über die niederdeutschen Malerschulen ein neues Licht verbreitet. Leider sind die Ergebnisse seiner unermüdlichen und vielseitigen Forschungen nicht durch den Druck veröffentlicht. An der Akademie zu Düsseldorf hielt er viele Jahre seine hochinteressanten kunstgeschichtlichen Vorträge." (*ADB* 22, S. 403)

[7] Zu der Diskussion um die Kölner Malerschule und zum mutmaßlichen Schöpfer des in seinem Besitz befindlichen Passionstriptychons aus Kues vgl. Brief Nr. 137, ebenso zu Fochem und Liversberg (Anm. 2).

[8] Goethes drei kleine Bücher: die ersten drei Hefte seiner Zeitschrift *Über Kunst und Alterthum,* die 1816-1818 erschienen waren. Die Zeitschrift erschien unregelmäßig in insgesamt 6 Bänden zu je 3 Heften: Johann Wolfgang von Goethe, *Ueber Kunst und Alterthum in den Rhein und Mayn Gegenden*, 6 Bde, Stuttgart (Cotta) 1816-1832; *Sämtliche Werke. Bibliothek Deutscher Klassiker,* Frankfurt am Main 1987ff, Bd. 20-22, 1998/99). Mosler hatte sich am 14.11. sehr abfällig dazu geäußert.

153. An Johann Friedrich Benzenberg

Datum: Koblenz, 10.12.1818.

Original: verschollen. Leider teilt Heyderhoff den Fundort der beiden von ihm edierten Briefe nicht mit.

Druckausgabe: Julius Heyderhoff, Görres, Benzenberg und die Anfänge der Universität Bonn. Mit zwei ungedruckten Briefen, in: *Kölnische Zeitung* vom 26.1.1926.

Bemerkung: Da das Original nicht auffindbar ist, wird der Brief nach Heyderhoff wiedergegeben.

Einordnung: Während vorliegender der einzige überlieferte Brief von Görres an Benzenberg ist, zeugen allein 20 Briefe von Benzenberg an Görres zwischen 1815 und August 1819 von einem regen Briefwechsel. Vorangegangener Brief Benzenbergs an Görres (der 15. seit Sept. 1815): 28.11.1818; nächster Brief Benzenbergs: 20.12.1818.

Regest: Görres kommentiert scherzhaft die Tatsache, dass sowohl Benzenberg als auch er selbst bei den Berufungen für die Universität Bonn übergangen wurden, und berichtet von einer Einladung an die Universität Berlin, die er aber ausgeschlagen habe.

Coblenz, am 10. Dezember 1818

- - - Daß der Beobachter[1] trotz seinem deutlichen Vortrage und seinen moderaten Grundsätzen bei der Universität durchgefallen, hat man mir erzählt und mein kleiner Finger hat es mir schon seit Jahr und Tag vorausgesagt. Schulz[2] erzählte, Altenstein habe ihn vorgenommen und ihm gesagt, er wolle ihn nun zwar anstellen und ihm eine Sternwarte bauen, dagegen müsse er sich aber auch anheischig machen, sich der Astronomie ganz zu widmen, keinen andern Dingen nachzulaufen, keine schlechten Zeitungsartikel in kleinen, gebrochenen Sätzen mehr schmieren, nicht die Nase in Dinge stecken, die ihn nichts angingen, und außer Vegas großem Logarithmenbuche, Meyers Sonnentafeln, den Greenwicher Tagebüchern kein anderes Buch mit sich herumtragen, damit nicht etwa ein anderer käme und nun sagte, wenn der Vorgänger davongelaufen, er könne Sternwarte und alles nicht brauchen, und alles Geld nun in den Dreck geworfen sei. Darauf hätte besagter Bruchrechenmeister geantwortet, er könne sich nicht darauf einlassen, weil er gewohnt sei, die Wissenschaften immer als ins Leben greifend zu betrachten und sie ohne das keinen Wert für ihn hätten, und darauf seien beide galants gentlemen als gute Freunde von einander geschieden. Ich meinte darauf, ob ich gleich diesen französischen Grundsatz nur halb billige, so müsse ich jene Weigerung doch anderthalbmal gutheißen, da man ja einem Menschen eine Sternwarte nicht anmesse wie einen Überrock, der nur auf seine Statur passe, und noch weniger ihn in den Sternturm einmauere auf Lebenszeit wie eine Nonne, die die Keuschheit gebrochen. Wenn der Minister ihm gesagt, er solle vorher mit seinem Gewissen zu Rate gehen, ob er die Pflichten eines himmlischen Wächtersmannes erfüllen könne und wolle, dann habe er wohl Recht gehabt, sonst aber gänzlich Unrecht, worauf denn gesagt wurde, so habe es der Minister verstanden oder vielmehr ausgesprochen, wobei es denn sein Bewenden hatte.[3]

Was mich betrifft, so hat man mir zwar nicht den Nachtwächterdienst auf den Türmen der Universitätsburg, wohl aber ein kleines Stübchen bei Hofe angetragen, die Fenster immer mit Grün behangen und die Näpfchen wohl gefüllt. Ich habe mich aber damit entschuldigt, daß ich immer Stiefeln zu tragen gewohnt sei, die den gebohnten Boden zu sehr angriffen, auch müsse ich immer meine Promenaden im Freien haben, was zwischen den vier Wänden nicht wohl möglich sei. Darauf sollte ich mich an der Universität Berlin erst zeigen, ich zeigte aber keine Lust mich zu zeigen vor Saul Aschur, Cöln, H. v. Kamptz, v. Knesebeck und den übrigen Herren, die mich lieben, verlangte überdem auch Rheinluft und Thälerborn, was alles nicht geliefert werden konnte.[4] Da noch einiges sonst vorgezeigt wurde und ausgelegt mit der großen Gutmütigkeit, die immer im Einzelnen wieder gutmachen möchte, was im Allgemeinen verbrochen wird, und ich zu nichts Lust bezeigte, so blieb es dabei, es soll weiter nachgesonnen werden, und ich werde auf meinen eignen Beinen sein und bleiben. Also hat es sich begeben, daß die Universität sich vor der Hand wahrscheinlich nicht unserer Unterstützung zu erfreuen haben wird, was der Himmel alles ihr zum Guten wenden mag. Der Beobachter hat nun vortreffliche Zeit und Gelegenheit, in seiner Heide Beobachtungen über die mirage anzustellen, wenn er herauf nach Bonn visiert und nun bemerkt, wie die Aula samt allen Kathedern dort je nach Temperatur und Witterung bald höher und bald nieder steigt, bald näher kommt und bald wieder sich entfernt, jetzt handgreiflich, dann wieder unabsehlich. Nun Gott befohlen, laßt Euch nicht durch Harm und Verdruß vor der Zeit aufreiben.

J. Görres

---

1 Benzenberg war Herausgeber des *Deutschen Beobachters* in Hamburg 1816-18. Seit 1805 war er Professor für Physik und Astronomie am Lyzeum in Düsseldorf. Zu seinen Hoffnungen auf eine Berufung nach Bonn und der Erwartung, Görres dort als Kollegen zu treffen: Benzenberg an Görres 10.4.1817. Am 28.11.1818 hatte er über die Nachricht, dass Görres nicht nach Bonn kommen werde und dass sich Bonn „vorläufig weder Eurer Beyhülfe … noch der meinigen“ erfreuen werde, geschrieben. Den Traum von einer eigenen Sternwarte erfüllte er sich erst 1843.

2 Johannes Schulze war im Juli 1818 von Koblenz nach Berlin ins Kultusministerium berufen worden und Anfang Dezember von Koblenz nach Berlin abgereist (vgl. Brief Nr. 151).

3 In seinem Brief vom 20.12.1818 berichtete Benzenberg genauer über die Gespräche, die er in Aachen mit Altenstein, Eichhorn, Koreff und Schulze geführt hatte.

4 Saul Ascher, deutsch-jüdischer Schriftsteller, Übersetzer und Verleger in Berlin (s. Pers.verzeichnis), setzte sich in seinen Schriften für die Judenemanzipation und gegen Antisemitismus ein und befehdete als Anhänger der Aufklärung und Freund Zschokkes und Cottas insbesondere die Romantiker wie Brentano und Arnim und die nationalen Bestrebungen eines Jahn und Arndt. Seine Schrift *Die Germanomanie* (1815) wurde auf dem Wartburgfest verbrannt. Friedrich von Cölln war ein bekannter Berliner Publizist und Nationalökonom; der als Demagogenverfolger und „Liberalen-Fresser“ bekannte Geheimrat Carl Albert v. Kamptz war seit 1817 leitender Direktor im Polizeiministerium. Schriften von Fr. v. Cölln und von Kamptz wurden ebenfalls am 18. Oktober 1817 auf dem Wartburgfest verbrannt. Zu einer Berufung von Görres nach Berlin schon Brief Nr. 150.

154. An Friedrich Perthes

Datum: Koblenz, 12.12.1818.
Original: Staatsarchiv Hamburg, Nachlass Perthes, Mappe 11a, Bl. 285f (3 Seiten).
Druckausgaben: Schellberg (Hrsg.), Briefe an Perthes, in: *Erste Vereinsschrift der Görres-Gesellschaft für 1913*, Nr. 20, S. 80-82; Binder (Hrsg.), *Freundesbriefe* Nr. 206, S. 569-571 (dat.: „Ende 1818“); Schellberg (Hrsg.), *Ausgewählte Briefe* (1911), Nr. 126 (dat. „Ende 1818“); Schellberg (Hrsg.), *Eine Auswahl* (1927), S. 349f.

Adresse: Herren Buchhändler Perthes Wohlg in Hamburg.
Einordnung: Nächster bekannter Brief von Perthes: Ende Sept. 1819. Der hier erwähnte Brief Perthes' vom März 1818 ist nicht erhalten.
Regest: Görres zieht ein Résumé der Adressgeschichte, macht seinem Ärger über die politische Situation und die politischen Parteiungen Luft, und beurteilt die unsicheren Anfänge der Universität Bonn, an die er nicht berufen worden sei.

Coblenz am 12 Dez. 1818

Es mögte nach gerade Zeit seyn, Ihnen mein lieber hanseatischer Freund einmal wieder zu schreiben. Ihre letzte Zuschrifft ist vom März gewesen. Sie bezeugten mir darin Ihre Zufriedenheit mit der Adreßgeschichte.[1] Sie haben seither gesehen, wie der feigste und plumpste Despotismus in dieser Sache sich benommen. So schwächlich und erregbar sind diese Leute, der geringste Reiz, den man an die bringt, erregt Delirium und Krämpfe, und reizt man nicht, dann verfallen sie gleich in Stumpfsinn und Lethargie. Darum war der Merkur ihnen eine so heilsame diätetische Disziplin, jeden zweyten Tag reichte er ihnen eine Morselle dar, nach den Umständen aus bittern, erregenden, calmirenden, gelind eröffnenden, oder eckelmachenden Substanzen zusammengesetzt; so wurde das Gleichgewicht ziemlich erhalten, eine gelinde Transpirazion befördert, die zu große Erregbarkeit abgestumpft, und die Lebensgeister wurden in einer beständigen Uebung umgetrieben. Nach dreyjähriger Abwesenheit wollte ich einmal eine Leuchtkugel unter die Partheyen werfen, und ich kann nicht sagen, daß sie viel Erfreuliches beleuchtet hätte.[2] Fürsten die in der Unglücksschule studirt, aber gar nichts begriffen haben, nicht einmal so viel, daß sie ihre Würde in Acht zu nehmen wißen; Minister von gutem Willen, aber ohne Krafft, ohne Entschiedenheit, ohne Muth; eine höfische Opposizion schlecht weniger durch Anwesenheit von positiver Bosheit als durch die gänzliche Abwesenheit alles Guten, dumm bis zur Bestialität, plump wie ein Rhinozeros, feig und erbärmlich und unter aller Kritik von oben bis unten hin; eine demokratische Parthey ohne Einheit und Zusammenwürken, ohne Standpunkt und Basis, unthätig, jeder Illusion nachlaufend, immer hoffend es werde alles über Nacht sich von selber machen; eine Meynung ohne Axe, ohne Takt in den Führern, ohne Grundsatz, ohne Weltansicht, hochmüthig, eitel, leichtsinnig, zerstreut und vergeßlich, verworren und ewig ohne Resultat, sich selber widersprechend, zugleich feig und anmaßend, ohne Haltung, Nachdruck und Ruhe. Das sind die Herrlichkeiten dieser hektischen Zeit, wie man sie eben von einer Generazion erwarten kann, die jede Eitelkeit versucht und jede Demüthigung, die auf der Zinne des Tempels gestanden, und durch jeden Koth sich hat durchschleifen laßen, die nur im Zerstören Talent gezeigt, im Bauen aber gänzliche Impotenz. Sie wird nichts fertig bringen als den Anfangspunkt von etwas Besserem. Wie die Juden die aus Aegypten ausgezogen, vierzig Jahre in der Wüste gelebt, und das gelobte Land nicht gesehen. Es erwächst würklich ein besseres Geschlecht, von dem man ohne Leichtsinn und Selbsttäuschung viel Gutes erwarten kann.

Unter Zittern und Zagen ist nun die Universität hier aufgethan, sie kann viel Gutes bringen, wenn der Unsegen sie nicht getroffen, der auf Alles, was sich von heute und gestern her datirt, zu fallen pflegt.[3] Arndt mit seinem Geist der Zeit hat beynahe im Mutterleibe einen Fluch auf sie herabgezogen[4], inzwischen ist die Arme dem Unheil doch glücklich entgangen, und liegt ein schwaches Kindlein in Baumwolle eingepackt. Es fehlt noch trotz aller angewandten Mühe, in vielen Fächern, und es ist auch wenig Ehre für Teutschland, daß nachdem mehr als ein duzzend Universitäten eingegangen, mit Mühe eine einzige Neue montirt werden kann. Mich haben sie zu klein oder zu groß in Geisteslänge dafür befinden, dagegen aber mir sonst allerley angetragen, was ich ausgeschlagen, da ich auf eigenen Füßen und der alten Wurzel fortdauernd stehen will, und mich den Winden nicht Preiß geben mag, von denen man nicht weiß, von wannen sie kommen, und wo sie hinziehen.[5] Da ich wohl weiß, was ich will, und keine Sucht mich plagt, so habe ich leichtes Spiel in allen diesen Dingen.

Die Nummern des Hülfsvereins, die Sie im Frühjahr mir gesendet, habe ich zur Besorgung abgegeben, Sie werden Nachricht darüber erhalten haben. Meninskys Wörterbuch behalte ich für den dort angegebenen Preiß, und Sie können auf mich ziehen, das und die 300 Florin, die Sie noch von der Uebersetzungsgeschichte her an mich zu fordern haben.[6]

Leben Sie recht wohl, und behalten Sie mich in Ihrem Angedenken.

Ihr Erg.
J Görres

---

1 Zu Görres' Bericht *Die Übergabe der Adresse der Stadt Coblenz und Der Landschaft an Se. Majestät den König in öffentlicher Audienz bei Sr. Durchl. dem Fürsten Staatskanzler am 12. Januar 1818. Als Bericht für die Theilnehmer,* 1818 und zur Adressbewegung s. Briefe Nr. 112, 117-138. Perthes' Brief vom März ist nicht erhalten.

2 Vielleicht bezieht sich Görres hier auf die schon seit 1817 angekündigte politische Schrift (s. Brief Nr. 76, Anm. 4).

3 Am 26. Mai 1818 war mit königl. Kabinettsorder Bonn als Sitz der Univ. bestimmt worden, am 18. Oktober 1818 unterzeichnete König Friedrich Wilhelm III. in Aachen die Stiftungsurkunde zur Einrichtung der Bonner Universität.

4 Zur Absetzung von Ernst Moritz Arndt als Folge des 4. Teils seines Werks *Geist der Zeit* s. Brief Nr. 150.

5 Zu Görres' Hoffnungen auf Anstellung in Bonn und seinen Ruf nach Berlin s. die Briefe Nr. 135, 150, 153.

6 Die Nummern des Hilfsvereins: Gewinnnummern aus der Lotterie für den Hilfsverein. Zu Perthes' Engagement in der Sache des Hilfsvereins und zum Persisch-Wörterbuch des Meninski vgl. Brief Nr. 122. Die Übersetzungsgeschichte: das Projekt einer Übersetzung von Rémy Fleurigeon, *Code administratif ou Recueil, par ordre alphabétique de matières, de toutes les Lois nouvelles et anciennes, relatives aux fonctions administratives et de police des Préfets* (7 Bde, Paris 1809) durch Franz von Lassaulx, das Görres zusammen mit Perthes 1811 und 1812 betrieben hatte und das letztendlich aufgegeben wurde. Dazu *GS/Briefe* 2, Briefe Nr. 145, 148, 153f, 158, 161, 171, 186, 188.

155. An Achim v. Arnim

Datum: Koblenz 15.12.1818.
Original: Staatsbibliothek zu Berlin – Preuß. Kulturbesitz, Nachlass Grimm 686, Blatt 29 (4 Seiten).
Druckausgabe: Steig, Görres' Briefe an Achim v. Arnim, in: *Neue Heidelberger Jahrbücher* 19 (1916), S. 115-117.

Einordnung: Letzter Brief Arnims: 30.4.1818. Vorliegender Brief erreichte Arnim erst 3.2.1819; Antwort: 4.2.1819.

Regest: Görres beglückwünscht Arnim zur Geburt des fünften Kindes und begründet noch einmal, warum er nicht nach Berlin gehen wolle.

Coblenz am 15. Dezember 1818.

Sie sagen mir Alle, wie du vergnügt lebtest mit deiner fünfröhrigen Pans und Schäferflöte und dem fünffachen Mundstücke dazu, was mich denn sehr freut, weil ich dir alles Gute gönne, und gleich jetzt mit zum neuen Jahre wünsche. Ich denke du wirst wohl so fortfahren, und ohngefähr wie Felix Plater in seiner Lebensbeschreibung, alle Jahre mit einem Briefe, in etwa so langen Buchstaben wie du selbst, mir die Geburt eines neuen Mundibürden vormundschafftlich notifiziren, ein Jahr drauf springt der Kerl schon herum, und wird an die Reihe der Andern angestellt. Daß Ihr auf Mädchen nicht eingerichtet seyd, ist allen statistischen Tabellen zuwider, widerspricht der Süßmilchischen Weltordnung, und die Mundas werdens sehr übel nehmen, die zum Patronat bereit stehen, und immer höflich abgewießen werden.[1] Mache nur, daß sie gehörig lange Beine bekommen, damit sie in euerm Sande ordentlich herumkrabbeln können, und nicht in Gefahr kommen, darin zu ersäufen, wie es schon viel guten Leuten ergangen, die sich aufs Stelzenlaufen nicht verstanden, und doch jene Naturgabe nicht gehabt, auch gerade keine Kiefer gefunden, auf die sie sich hätten salviren können. Ein treuloses Land! und nun wollen sie Alle bey meinem höchst mittelmäßigen Fußgestell, ich solle mich in den grünbewachsenen Sandsumpf hineinwinden, und dort wie ein Ameisenbär unten im Trichter wohnen, ohne die lange klebrigte Zunge und die nöthigen Scharrorgane. Ich soll mich dort besehen laßen von den Berliner Badauds, die Qualitätspersonen in ihrer höchst ansehnlichen Gesellschafft zählen, die numidische Bestie soll gegen sie das Maul aufsperren, und der Wärter ihr dann den Arm Ellenlang in den Rachen stecken, zur Beruhigung Aller und zum unwiderleglichen Beweiß, daß das Thier so bös es aussieht, doch höchst zahm und human ist; dann kanns wieder in den Hochwald laufen und seinen Sitten nach leben. Ich weiß wohl, man würde mich gut ausstaffiren, wenn ich es verlangte, ein Saffianhalsband mit den Buchstaben F. W. eingelegt in Silber, das Rückkreuz vergoldet, Futters genug, und so zu sagen menschliche Ehre. Ich aber will anfangen, wo jene enden wollen, und will in meiner Freyheit bleiben, und auf meinen eignen Beinen stehen wie immer.[2] Napoleon setzte ein solches Subjekt sogleich unter Aufsicht der hohen Polizey, unsere Napoleonischen mögtens auch gern thun, wenn sie nur den Muth dazu hätten, aber sie würden doch sehr applaudiren, wenn sichs selber stellte! Die Guten meynens freylich gut, sie aber immer getäuscht und betrogen, immer hoffend, an jedem Strohhalm sich anhaltend, über alles sich tröstend aber Fuß vor Fuß Feld verlierend, sie würden übers Jahr mich mit gleich stattlichen Gründen bereden, wieder heim zu gehen, weswegen ich dem auch Vernunft anhöre, und lieber gleich dort bleibe, oder hingehe, wo mirs gefällt. Am Hofe habe ich nichts zu suchen, dieser Sumpf in dessen Unergründlichkeit das längste Senkbley keinen Boden findet, trägt keinen Menschen, wenn nicht etwa ein großes Unglück, wie vor zehn Jahren, ihn wie ein Winterfrost stehend macht, wo denn freylich Lastwagen, ja ein ganzes Volk darüber hinziehen mag, ohne daß es murxt. Sie lachen freylich über diese freyserliche Poesie, aber diese Fantastik steckt eigentlich in der Nase, als warnender Instinkt dies oder jenes Kräutchen nicht zu berühren. Auf die Berliner Universität hat sichs am Ende hingeworfen, und da sag ich mit Recht, wenn dahin warum früher nicht nach Bonn; ich weiß wohl, daß man es beym König damit durchzusetzen gedenkt, daß man ihm sagt, man habe mich dort unter Augen, und ich sey so am schicklichsten unschädlich gemacht, bey mir aber mit dem größeren Wirkungskreiß, der sich mir dort eröffne, eines hebt sich durchs Andere auf, und ich bleibe bey meiner Weigerung. Hat der König eine Uebereilung gemacht, dann kann mir nicht zugemuthet werden, deswegen meinen ganzen Lebensplan zu ändern, er hat mir schon eben so gewaltthätig, wie er in der Adreßgeschichte gehandelt, einen Wirkungskreiß zerstört, wie ihn villeicht seit Luther niemand in Teutschland gehabt, ich habe es damal ruhig ertragen, und jetzt auch Manches über mich ergehen laßen, was ich hätte abweißen sollen.[3] Der König ist ein guter und ehrlicher Mann, aber was hat die Welt davon, wenn er in den wichtigsten Dingen wie ein Despot handelt. Darum will ich seine Gnade nicht, von Gottes Gnade nehme ich Alles hin, der Menschlichen will ich nichts zu verdanken haben, selbst ihr Geld nehme ich um Ihnen Gelegenheit zu geben, ein Unrecht vor der Welt gut zu machen, und gebe es hin, wenn sie mir darüber eine schiefe Miene ziehen, die wie ein Vorwurf aussieht. Es verdrießt mich, daß ich aus dem Scherz in den Ernst hineingekommen bin, und von mir rede wie von einer wichtigen Person, da ich in meiner republikanischen Sinnesart nichts vorstellen mögte, allein ich wollte dir doch meine Meynung über die Sache sagen, da du auch dahin zu neigen scheinst, daß ich herüberkomme.[4] Ich glaube, daß dein Hauptgrund ist, mich einmal wiederzusehen, und das wiegt auch bey mir mehr als ein halb Duzzend politischer Gründe die sie mir anführen. Inzwischen wirst du noch einmal die Initiative machen müßen, und zum Rheine kommen, es geht ja ohnehin mit dem Strome, da das Andere gegen den Strich ist, wo die Katzen immer mauzen und kratzen. Über zehn Jahre bekommt Ihr überdem eine Colonie Rheinländer mit dem Revisionsgerichte hin, wenn bis dahin die Sache mit der Gerichtsverfassung ausgemacht ist.[5] Ich habe, während der Congreß bey den Bankiers Unterricht in der Finanzwissenschafft und transzendentalen Kaufmannschafft genommen, eine Reiße nach Frankreich gemacht, und zwischen ihm und Teutschland einen Handelstraktat vermittelt, worinn die Franzosen sich anheischig machen, uns jährlich eine beträchtliche Anzahl Lasten Dummheit abzunehmen, und uns im Tausche dafür eine mäßige Quantität freyer, frecher, franker Schlechtigkeit zu überlaßen, da die Unsrige zwar ansehnlich genug, aber allzu feig, elend und verlegen sey. Viel alte Kirchen hab ich besucht, viel neuen Wein getrunken, viel mit den Menschen geredet und gestritten, nach fünf Wochen bin ich wieder heimgegangen, und vergnügt und wohlbehalten angekommen.[6] – Was macht denn Clemens, er soll ja ganz übel und mazerirt aussehen vor lauter Frömmigkeit; wie ists denn mit ihm, hat er wenigstens Ruhe darin gefunden, und ists aufs Bleiben angesehen.[7] Grüße mir ihn und die Deinigen, und Savigny mit Zubehör, Eichhorn und was mich sonst wohl leiden mag.[8] Gott befohlen.

- Dein

J. Görres.

Erboße Dich nur nicht wieder über die vielen Anspielungen und Bilder auf Sand, ich habe es nur gethan, um meine Schrifft zu trocknen, und weiß recht gut daß euer Land ein Wiesen und Waldland ist, recht angenehm für die, welche darin gebohren sind.

---

1 Achims vier Söhne: Freymund, geb. 1812, Siegmund, geb. 1813, Friedmund, geb. Februar 1815, und Kühnemund, geb. März 1817. Am 23. Oktober 1818 war Töchterchen Maximiliane geboren (spätere Gräfin von Oriola, gest. 1894). Felix Platter (Platerus), Schweizer Arzt und Psychiater 1536-1614, seine tagebuchartige Lebensbeschreibung *Historia vitae Thomas Platteri*, Zürich 1724; deutsch: *Lebensbeschreibung*, hrsg. von M. Lutz, Basel 1790.

2 Zu dem Ruf an die Universität Berlin Brief Nr. 150, 153. Badauds: Spaziergänger, Gaffer, Flaneur, Typ der Großstadtkultur des 18. und 19. Jhs.

3 Zur Nichtberufung nach Bonn s. Briefe Nr. 135, 153f; zur Adressgeschichte Briefe Nr. 112, 117ff. Den Vergleich mit Luther wiederholt Görres noch einmal in seinem Brief an Hardenberg vom 18.10.1819 (Berlin, GStA PK, I. HA Rep. 77, Tit. 21, G. Nr. 1, Bd. 1, Bl. 138f): dass die preuß. Regierung mit dem Verbot des *Merkur* „der Nation ein ihr werthes Institut, und mir nebst einem wohlerworbenen Eigenthum einen Würkungskreiß zerstöhrte, wie ihn seit Luther kein Teutscher mehr gehabt."

4 Arnim, der sich schon seit Görres' Rückkehr aus Heidelberg Gedanken um dessen akademische Karriere an einer Universität machte und auch immer wieder versucht hatte, ihm Berlin schmackhaft zu machen (*GS/Briefe* 2, Brief Nr. 115; Arnim an Görres 10.11.1808; 4.12.1810: „Komm her, Dir wird hier recht wohl werden"), antwortete am 4.2.1819: „Bei mir ist es nicht blos der Wunsch, Dich hier zu sehen, denn ich ziehe von hier fort aufs Land und weiß daher nicht, wie viel mir gewährt würde, ich gönnte Dir aber gern eine Anschauung von vielen Verhältnissen, auf die Dein Trieb zur politischen Untersuchung Dich doch immer wieder zurückführen wird."

5 Zur Gründung des rheinischen Revisionshofs in Berlin und der Berufung einer Reihe von Rheinländern im Mai/Juni 1829 dorthin s. Brief Nr. 93. Auch in Brief Nr. 150 spricht Görres von der Kolonie der Rheinländer in Berlin.

6 Zu Görres' Fußreise nach Straßburg und Nancy s. Briefe Nr. 147-149.

7 Clemens Brentano war im September 1818 nach Dülmen gegangen, wo er die Jahre bis 1824 am Krankenbett der stigmatisierten Nonne Anna Katharina Emmerick verbrachte, deren Visionen er aufzeichnete. (Feilchenfeldt, *Brentano-Chronik*, 109ff).

8 Arnims Schwager Friedrich Carl von Savigny. Welchen Eichhorn Görres hier grüßt, ist ungewiss. Ambrosius Hubert Eichhorn ging erst im Sommer 1819 von Koblenz nach Berlin, es könnte daher auch Johann Albrecht gemeint sein.

156. An Johann Friedrich Vieweg

Datum: Koblenz, 1.2.1819.
Original: Dortmund, Institut für Zeitungsforschung II Ak 85/79.
Unveröffentlicht.
Zum Adressaten: Da Görres an Reimer in Brief Nr. 158 berichtet, Vieweg habe jetzt die Einleitung in Händen, ist hier der Adressat Vieweg, ebenso wie in Brief Nr. 157 – trotz der dort anderslautenden Bibliotheksnotiz.
Regest: Görres kündigt die baldige Übersendung der Einleitung zu seiner Übersetzung des *Schah Nameh* an und drängt zur Eile auf Fertigstellung des Drucks vor der Ostermesse.

Coblenz am 1 Februar 1819

Hochzuverehrender Herr!
Ich habe Ihnen anzeigen wollen, daß endlich im Verlaufe dieses Monathes die Einleitung fertig wird, und daß Sie dieselbe binnen vier Wochen erhalten werden.[1] Der Grund der langen Zögerung ist gewesen, daß die seit einem Jahre Angefangene zu einem eigenen Werk geworden, und ich nun eine neue bearbeiten mußte. Diese wird zu etwa 12-14 Bogen auslaufen. Ich bitte Sie deswegen, die nöthigen Anstalten zu treffen, damit alsdann der Druck ohne Aufenthalt fortgehen und das Werk zur Ostermesse fertig wird. Ich bitte Sie zugleich mir die noch fehlenden letzten Bogen des 1 und 2 Bandes zuzusenden.

Ihr Ergebenster
J. Görres

---

1 Görres sandte das Manuskript der Einleitung zum *Schah Nameh* mit einiger Verspätung in mehreren Teilen (s. Briefe Nr. 157 und 158). Das Werk, das von Reimer verlegt und von Vieweg gedruckt wurde, erschien erst 1820 als *Das Heldenbuch von Iran: aus dem Schah Nameh des Firdussi von Joseph Görres. In zwei Bänden mit 2 Kupfern und einer Charte.*

157. An Johann Friedrich Vieweg

Datum: Koblenz, 8.3.1819.
Original: Bibliotheka Jagiellonska Krakau, Sammlung Autographa (2 Seiten).
Unveröffentlicht.
Zum Adressaten: Wie in Brief Nr. 156 Vieweg, und nicht wie in Krakau vermerkt „laut Bibl Notiz: R Buckh in Berlin: Buchhändler Reiner?"
Regest: Görres schickt den ersten Teil der Einleitung zum *Schah Nameh,* dringt auf Eile und kündigt die baldige Übersendung der 2. Hälfte an.

Coblenz am 8 März 19

Sie erhalten, wie ich neulich geschrieben, den ersten Theil des Manuskripts. Ich bitte Sie nun den Druck zu betreiben, daß die Schrifft endlich zur Ostermesse vom Stapel geht.[1] Um die Arbeit zu beschleunigen habe ich die Einleitung in zwey Theile getheilt, wovon die eine Hälfte vor den ersten Band, die andere als Anfang an den zweyten kömmt, wodurch der Umfang beyder Bände auch gleichförmig wird. Ich bitte sie mir sogleich zu schreiben, ob Sie zwey Pressen und mehrere Setzer dazu bestimmen können, dann werde ich Ihnen sogleich den ganzen Anfang mit umgehender Post zusenden. Die andere Hälfte der Einleitung vor dem ersten Bande, wovon beyliegend die erste kömmt, wird in vierzehn Tagen folgen, so daß kein weiterer Aufenthalt von meiner Seite eintreten wird.

Melden Sie mir doch gefälligst umgehend den Empfang des Manuskriptes, und welche Anstalten Sie getroffen haben, und legen Sie mir die noch fehlenden Aushängebogen bey. Die schärfste Correktur empfehle ich aufs Beste.

Ihr Ergebenster
J. Görres

1 Der neuliche Brief: Nr. 156. *Das Heldenbuch von Iran: aus dem Schah Nameh des Firdussi von Joseph Görres. In zwei Bänden mit 2 Kupfern und einer Charte*, 1820.

158. An Georg Andreas Reimer

Datum: Koblenz, 3.5.1819.
Original: Theatersammlung Hamburg (Zentrum für Theaterforschung), Autographensammlung (3 Seiten Quart).
Unveröffentlicht.
Regest: Görres meldet die Sendung der Einleitung zum *Schah Nameh* an den Drucker, berichtet von der Herstellung der Charte, die dem Werk beigegeben werden soll, und kündigt deren Übersendung in längstens 4 Wochen an.

Die Sache ist nun so weit gediehen, daß Vieweg bis auf vier Bogen das ganze Manuskript in Händen hat.[1] Es wird nun austragen: Erstens 12-14 Bogen Einleitung, etwa 38 Bogen Text, und etwa sieben Bogen Anfang. Dazu die zwey Zeichnungen, wann Sie dieselben haben ändern laßen. Endlich eine Charte. Ich habe mich lange darüber besonnen, endlich aber doch Eine für das Verständniß unumgänglich nöthig befunden. Ich habe sie entworfen, und zwar im Charakter einer Terraincharte, und sie wird nach diesem Entwurfe etwa 22 Zoll lang und 18 hoch auf dem hießigen topographischen Bureau recht gut und schön ausgeführt. Da sie Major Knackfuß mir zu Gefallen zeichnet, so wird es außer einem Exemplar und villeicht eine oder die andere militärische Schrifft, wenn Sie etwas dergleichen in Ihrem Verlage haben, Ihnen keine weitere Kosten machen.[2] Abdrucken will ich sie laßen auf Stein in Carlsruhe, wo sie recht gut arbeiten, und dabey aufs Beste für Sie contrahiren. Es wird unbedeutend wenig kosten, da alle diese Sachen sehr billig sind, und dem eine sehr instruktive und willkommene Zugabe seyn. In vierzehn Tagen spätestens wird die Charte hier fertig, und in andern 14 kann sie schon abgedruckt seyn. Schreiben Sie mir unter welcher Adresse ich sie alsdann nach Leipzig senden laßen soll. Da Vieweg sicher noch so lange druckt, so wird alles gut zusammentreffen.

Sie können nun Ihren Ueberschlag des Preißes machen, wenn Sie über das Buch schon in der Messe mit den Buchhändlern abschließen wollen. Der Titel ist definitiv Das Heldenbuch von Iran aus dem Schah Nameh des Firdussi von J.G. etc.

Rolshausen, der Ihnen diesen Brief bringt, ist ein wackerer junger Mann von hier, nehmen sie ihn wohl auf, so lange sein Geschäfft in Berlin dauert.[3]

Leben Sie recht wohl

Ihr Erg.
J. Görres

1 Zum Druck des *Schah Nameh* vgl. Briefe Nr. 156 und 157.

2 Zu den Karten schon Brief Nr. 111 und Nr. 114. Major Knackfuß vom topografischen Bureau wird in der Vorrede des *Heldenbuchs* dankend erwähnt. Zu Friedrich Ludwig Knackfuß, der seit 1816

durch Heirat mit Maria Katharina Theresia Settegast mit den Koblenzer Familien Settegast und Mazza – und damit mit Görres – verwandt war, s. Personenverzeichnis.

3 Zu Joseph Rolshausen s. Brief Nr. 134 und Personenverzeichnis. Auf vorliegendem Brief steht mit Bleistift geschrieben: „Abgegeben durch Hptm. v. Rolshausen, logirt in der Sonne unter den Linden.“ Rolshausen überbrachte auch den hier folgenden Brief an Arnim (Nr. 159).

159. An Achim von Arnim

Datum: Koblenz 3.5.1819.
Original: Staatsbibliothek zu Berlin – Preuß. Kulturbesitz, Nachlass Grimm 686, Blatt 33f (3 Seiten).
Druckausgabe: Steig, Görres' Briefe an Achim v. Arnim, in: *Neue Heidelberger Jahrbücher* 19, S. 118-120.
Adresse: Herrn Achim von Arnim in Berlin.
Einordnung: Letzter Brief Arnims: 4.2.1819.
Regest: Görres begründet seine späte Antwort damit, dass er zunächst vorgehabt habe, Arnim für seine Parteinahme für die preußische Regierung und gegen die Rheinländer auszuschelten, geht dann auf einige der jüngsten Fehler der preußischen Politik ein und prognostiziert eine düstere Zukunft.

Coblenz am 3 May 19.

Ich habe deinen letzten Brief, mein lieber Arnim, lange unbeantwortet gelaßen, weil ich nicht Zeit und Laune seither finden konnte. Erst wollte ich dich auszanken, daß du dich auch zu der schwächlichen, bedächtlichen und weichlichen Parthey geschlagen, die da meynt, man müße auf wollenen Socken nach der Freyheit gehen, und nicht auf des Königs Schatten dabey treten, sachte, leise, hinten um den Nordpol herum oder durch die Südsee, mit angehaltenem Athem und exemplarischer Geduld bis zum Vorabend des jüngsten Tages, und die darum auf die Rheinländer schelten, daß sie so laut und ungestümm sind, und immer die Vögel vom Vogelheerde verjagen, wenn sie sich eben auf die Leimruthen niedersetzen wollen.[1] Ich habe inzwischen am Ende doch deinen guten Preußischen Patriotism gedauert, den eure wie wahnwizzige Regierung nun täglich mehr ins Gedränge bringt, und die Sache unterlaßen, da es bey dir doch nicht von Herzen geht, und mir ein großer Theil des von hier aus gemachten Spektakels eben so widerwärtig ist wie dir. Ich sage eure Regierung, trotz des vorigjährigen Verweißes, da ich es noch immer nicht über mich gewinnen kann, das ganze Preußische Wesen für mehr als ein Interimistikum und dem Schwammgewächs an dem faulen Teutschland zu halten, das vertrocknet, wie der Stamm Leben gewinnt. Wenn ich so sehe wie Alles auf den Selbstmord losarbeitet, wie ein Gifft in allen Adern schleicht, das alle Lebensorgane benagt, wenn ich das geringe matte, arme Leben betrachte, das so viel Feindschafft widerstehen soll, dann kann meine Physiologie nichts wahrsagen als einen Tod vor der Zeit, ein Schicksal, das diese Constituzion übrigens mit Allem was aus der ganzen Saat der Schlangenzähne die der dreißigjährige Krieg in Teutschland gesaet, erwachsen, gemein hat. Seit Jahren sind sie aufgegeben, die bey Euch das Ruder führen, wenn man ein Treibenlaßen mit allen Winden und Strömen also nennen kann; der Himmel hat erkannt daß auf positivem Wege mit ihnen nicht das mindeste auszurichten sey, darum hat er ihnen die verneinende Rolle übertragen, und man muß ihnen rühmlich das Zeugniß geben, daß sie unvergleichlich in dieser Rolle sich benehmen, daß sie dem teutschen Phlegma ein Dornen und Stachelbett bereitet, und der Trägheit ein härenes Cilicium, von Haus zu Haus tragen sie das Feuer um, und jeden wissen sie bey der schwachen Seite anzufassen, bey der er am leichtesten anzubrennen ist. Damit sie schon mit dem Anfang den Anfang machen, so hetzen sie sich mit den kleinen Jungen auf den Turnplätzen ab, und jagen sie mit Ohrfeigen nach Hauße, damit sie ein Denkzeichen haben an die Schlacht vor Leipzig und die Wiederherstellung teutscher Freyheit. Dann gehen sie zu den Studenten über, haben die Göttingen verrufen, wohl so soll ihnen Jena verrufen seyn, hat ein Student den Kozebue erschlagen, pereant Studiosi! hat ein Gerbersgesell Mordio geübt, allen Gerbern werden Kisten und Kasten nach verbothenen Korrespondenzen aufgebrochen, haben Viele für Teutschland sich geschlagen, dann sind sie Narren gewesen, und die Narrenkappe muß ihnen abgezogen werden.[2] Nachdem diese gehörig im Aufruhr sind wenden sie sich an die Masse des Volkes, das seinem Gewerbe und Verdienst nachgeht, und zur Zeit noch nicht rechten Antheil an der Politik genommen. Da haben sie nun das vortreffliche Mauthsystem ausgesonnen, das unbeschadet der Weisheit des Staatsrathes ohngefähr so in alle Verhältnisse paßt wie ein Rock, den man einem Gaule angemessen zum Leichnam eines Menschenkindes.[3] Vor Jahren wollten patriotische Teutsche nicht zu uns über den Rhein herüberkommen, um sich nicht dem Betasten französischer Hände auszusetzen, jetzt können sie dasselbe von Preußischen haben, und unter meinen Fenstern habe ich Nachts das angenehme Schauspiel, wie sie sich weit über der Lane mit den Schmugglern schießen, als sey die Stadt im Belagerungsstande, eine dankenswerthe Verbesserung und Erweiterung des Napoleonischen Systems, und alles dazu so einträglich, da mit allem angestellten Janhagel im R. B. 100 000 Th. herauskommen, die wir ihm gern geschenkt hätten. Da inzwischen der Lärm hauptsächlich nur auf die Gränzen sich beschränkt, so haben sie noch eine Consumptionssteuer in petto zurückbehalten, die sie bey der schicklichsten Gelegenheit zu appliziren denken, wenn dies erste recht Feuer gefangen, um denn auch das ganze innere Land in allen seinen Elementen in Aufruhr zu setzen. Nun muß zu jenen übergegangen seyn, die sich durch alle diese Senf und Blasenpflaster nicht rühren laßen, darum wird dem Aberglauben derjenigen zu Leib gegangen, die auf Kirche und Kirchliche Formen etwas zu halten die Schwachheit haben, eine Hetze mit den Geistlichen anzufangen, wie sie Napoleon angestellt, wird als das Ersprießlichste befunden, um am schnellsten zum Ziele zu gelangen, da ist denn jene unsinnige Cabinetsordre vom 6ten über die gemischten Ehen ausgegangen, die wenn sie ihren Zweck erfüllt alle Gemüther zu empören, und zu erbittern, und die allerstärkste Reakzion hervorzurufen, ruhig ohne Schaam und Betretenheit zurückgenommen wird.[4] Um das alles nun zu bewehren, zu vertheidigen vor Feindes Gewalt, und zu schützen gegen jeden der es bessern mögte, ist die ganze Bevölkerung nun dienstpflichtig gemacht im stehenden Heere der sogenannten Landwehr, da werden sie aufgejagt, geplakt, geplagt, gehudelt mit Exerziren, von Zeit zu Zeit auf die Latten gesetzt, in Disziplin genommen und eingeübt gut Königlich preußisch zu seyn, was ihnen freylich ganz unpraktikabel bleibt. Ueber alles das wird nun alle drey Tage ein Blatt der Staatszeitung mit der Salbe aus Butter, Honig, Schnee, grüner Seife, Tragantschleim und Quäckwurzelextrakt[5] hergeschlagen, und wenn der Patient damit verbunden ist, laßen sie ihm ihre gerührtesten, menschenfreundlichsten Wünsche zur Genesung zurück. Wie bey Euch, so ist die Wirthschafft überall, der Bundestag ist nur die zweyte Potenz der besondern Erbärmlichkeit, wie der Congress die dritte gewesen. Man wird sehr zerknirscht und dehmüthig (!), wenn man so zusieht, und es kömmt mir noch immer zum öfftern vor, es sey nicht richtig in mir, da es mir unglaublich scheint, daß eine solche Masse von Abgeschmacktheit aussen sich behaupten kann, weswegen ich von Zeit zu Zeit Umfrage halte, wie es mit Andern steht. Möge Gott ihre Finsterniß erleuchten, sonst sind sie und ihr und wir verlohren.

Rolshausen der Dir diesen Brief bringt[6], ist ein ganz wackrer, praktisch gescheidter junger Mann von hier, den du wohl aufnehmen sollst, er wird dir noch zuerzählen, was du sonst wissen willst. Ich denke, es wird dir mit deinen 77 Aemtern wohl gehen und du wirst wohl bald den zweyten Theil der Kronenwächter senden, ich werde dir wohl auch in wenig Wochen meinen Perser hinschicken können, und du wirst Gefallen an ihm finden.[7] Was du über meine Verhältnisse bemerkst, darin erkenne ich deine wohlgesinnte Sorge, aber du darfst ruhig seyn, werde mich nicht zwischen die zwey Regierungsstühle setzen, weil ich ganz einfach auf meinem eignen sitze, und von da aus alles mit Gleichgültigkeit betrachte, was sie mit mir vorzunehmen gedenken.[8]

Grüße mir Eichhorn und Savigny, sie werden mir nun wohl Recht geben, daß ich nicht in die ganz desperate Geschichte und den Sumpf, auf dem sich nur Irrlichter halten können, hinein wollte.[9] Anderwärts gehe ich auch nicht, ich habe das französische Unwesen überlebt, ich hoffe auch älter zu werden als das gegenwärtige. Clemens ist wie ich höre in Dülmen.[10] Gott erhalte dich mit allen den Deinigen.

J. Görres

---

1 Arnim hatte in seinem letzten Brief Kritik an der Opposition am Rhein geübt und geschrieben, wie sehr der *Beobachter* von Benzenberg dem Rheinland geschadet habe: „Die Rheinlande sind uns überhaupt eine gewaltige Hemmung geworden durch das viele Geschrei was daher gekommen, und Rechte, die hier unbedenklich eingeräumt würden, wagt man nicht wegen der Rheinlande auszusprechen."

2 Der Dichter August von Kotzebue war am 23. März 1819 von dem Studenten Karl Ludwig Sand erstochen worden. Görres hatte dazu soeben einen Aufsatz in Ludwig Börnes „Zeitschrift für Bürgerleben, Wissenschaft und Kunst" veröffentlicht: „Kotzebue und was ihn gemordet", in: *Die Waage,* 6. Heft (April 1819), Frankfurt 1819. Dass. in *Deutscher Beobachter oder privilegierte Hanseatische Zeitung* (Hamburg) Nr. 733 vom 11.5.1819 und Nr. 734 vom 14.5.1819, damals unter der Herausgeberschaft von Johann Friedrich Benzenberg, sowie teilweise abgedruckt in Christian von Strambergs *Rheinischem Herold* Nr. 40 vom 4.5.1819 und Nr. 41 (ohne den „Beschluß", der in Nr. 42 folgen sollte). (Der Aufsatz: *GS* 13, S. 490-495).

3 Das preußische Zollgesetz vom 26. Mai 1818 (Gesetz über den Zoll und die Verbrauchs-Steuer von ausländischen Waren und über den Verkehr zwischen den Provinzen des Staats, Berlin 1818, in: *Gesetz-Sammlung für die Königlichen Preußischen Staaten,* Berlin 1818, S. 66), das das zersplitterte Preußen zu einem einheitlichen Zoll- und Handelsgebiet machte, für die Gebiete außerhalb des Territoriums aber keine Änderung bedeutete, stieß in den übrigen deutschen Territorien auf Unzu-

friedenheit, auf die Einfuhr fremder Waren wurde nach wie vor ein Zoll erhoben, ebenso für Gegenstände, die nicht im Lande blieben, sondern „bloß durchgeführt" wurden. Am 14. April 1819 hatte daher Friedrich List als Bevollmächtigter des Allgemeinen Deutschen Handels- und Gewerbevereins eine „Bittschrift an die Bundesversammlung" eingereicht, in der die Aufhebung der Zölle im Innern Deutschlands und die Schaffung eines Zollsystems nach außen gefordert wurde.

4 Die Kabinettsorder über die gemischten Ehen vom 6. April 1819 bestimmte „Amtsentsetzung kath. Geistlicher bei Erschwerung der kirchlichen Vollziehung gemischter Ehen" (Augustinus de Roskovany, *De Matrimoniis mixtis inter Catholicos et Protestantes*, Vol. 2, 1842, S. 169f; Ernst Rudolf Huber/Wolfgang Huber, *Staat und Kirche im 19. und 20. Jahrhundert*, Bd. 1, S. 311).

5 Tragantschleim, der gummige Pflanzensaft des Tragantbocksdorns, der als Verdickungsmittel, aber auch pharmazeutisch zum Anrühren von Pastillenmasse angewendet wurde, in der Homöopathie auch als Pulver oder zu Bissen gebildet gegen Husten, Nieren- und Gallensteine und Durchfälle. Quaeckwurzel (Steig hat fälschlich Quarkwurzel): ein Unkraut, Hundsgras oder Ackergraswurzel; der Extrakt der rothen Queckenwurzel wirkt blutreinigend und anregend auf die Harn- und Nierenabsonderung und findet gegen Rheuma, Gicht und Syphilis Verwendung (Samuel Hahnemann, *Apothekerlexikon*, Zweiter Theil, zweite Abtheilung, Leipzig 1799; *Universal-Lexicon der practischen Medicin und Chirurgie* Bd. 3, Leipzig 1837, S. 430).

6 Zu Hauptmann Joseph Rolshausen, der auch Überbringer von Brief Nr. 158 war, s. Brief Nr. 134.

7 Arnim hatte Görres bereits 1817 seinen Roman *Die Kronenwächter* (Bd. 1, Berlin 1817) gesandt (s. Brief Nr. 118). Ein zweiter Band erschien erst posthum 1854. Der Perser: Görres, *Das Heldenbuch von Iran: aus dem Schah Nameh des Firdussi von Joseph Görres. In zwei Bänden mit 2 Kupfern und einer Charte*, 1820.

8 Arnim hatte am 4.2.1819 geschrieben: „Auf die Pension scheinst DU wenig Wert zu legen, und doch scheint sie mir für Deine spätern Jahre wichtig, und ich wünschte daher sehr, daß sie in irgend einer Art festgesetzt, nicht wie bisher blos auf Autorität des Staatskanzlers gezahlt würde. Es quält mich, daß Du mit Deinem Dasein und Verhältniß noch so unbestimmt stehst, und ich meine Dir schon einmal meinen ehrlichen Rath gesagt zu haben, Dich nicht zwischen zwei Stühle zu setzen. Vermagst Du es nicht, Dich Deinem neuen Vaterlande aufzuopfern, Gutes und böses mit ihm zu theilen, so schaffe Dir ein Vaterland, ein Geschick nach der Kraft Deiner Jahre. Beim Ärger kommt nichts heraus, und am Ende kommt man dabei in die Gewalt des Teufels."

9 Zu Savigny und Eichhorn vgl. Brief Nr. 155, Anm. 8.

10 Clemens Brentano lebte bereits seit mehreren Monaten in Dülmen, wo er die Visionen der stigmatisierten Nonne Anna Katharina Emmerick aufzeichnete (Feilchenfeldt, *Brentano-Chronik*, S. 109ff). Arnim hatte am 4.2. dazu geschrieben: Clemens spreche jetzt viel vom Teufel, sei ein katholischer Eiferer geworden, wolle Geistlicher werden, er wolle nun ganz zu der kranken Nonne in Dülmen ziehen. „Als vorübergehende Beschäftigung ist es merkwürdig genug, und es freut mich für ihn, daß er einer gewissen Richtungslosigkeit entrissen. Allzu lange wird er wohl so wenig hiebei wie sonst aushalten, und es ist mir interessanter, was er aus sich daraus entwickelt, als was die Kranke ihm an Visionen mittheilt, die ohnehin ihre Autorität durch die von ihm erhaltene Färbung verlieren."

160. An Jacob Grimm

Datum: Koblenz, 23.5.1819.

Original: Staatsbibliothek zu Berlin – Preuß. Kulturbesitz, Nachlass Grimm 686, 109f (4 Seiten).

Druckausgaben: Binder (Hrsg.), *Freundesbriefe* Nr. 210, S. 578-583 (vollständig); Schellberg (Hrsg.), *Ausgewählte Briefe* (1911), Nr. 127 (mit Kürzungen); Max Tau (Hrsg.), *Joseph Görres. Eine Auswahl aus seinen Schriften*, S. 329f (nach der Ausgabe Schellbergs; mit einigen Auslassungen).

Adresse: Herren Jacob Grimm Bibliothekar in Cassel Frey; Poststempel: 23. May und 27. May.
Einordnung: Letzter bekannter Brief Grimms: 13.3.1819; nächster Brief: 8.8.1819.
Regest: Görres spendet detailliertes Lob für Grimms *Deutsche Grammatik*, erinnert sich an seine alte Abscheu gegen Gottsched und Adelung, weist auf einen Manuskript-Fund in Trier hin, berichtet vom Stand des Drucks seines *Heldenbuchs* und äußert sich positiv über die Bonner Burschenschaft.

Coblenz am 23ten May 1819

Erst gestern habe ich Ihr Buch mit dem Briefe vom 3(!) März erhalten, und ich danke Ihnen aufs Beste für die Mark guten löthigen Goldes, die Sie mir darin geschenkt.[1] Ich erstaune über den großen unermüdlichen Fleiß, der auf jeder der siebenthalbhundert Seiten zu Tage tritt, aber es freut mich am meisten daran, daß Sie mitten in dem gelehrten Wuste den Sinn so frisch, das Leben so gesund und den Geist so klar erhalten haben, so daß Alles was Sie verarbeitet haben, Ihnen nicht, wie so gewöhnlich in Teutschland, zu einem gelehrten Schmeerbauch geworden, sondern zu einem kräftigen, geschmeidigen, wohl proportionirten, und mit einer Idee beseelten Leibe, in dem jedes Glied lebt für sich, und das Ganze in Allen. Dergleichen ist allein noch der Mühe werth zu schreiben, und es kann Einem auch allein Freude machen, da wohl schon ganze Messen vergangen, ohne daß ich in eins der erschienenen Bücher hineingesehen. Ich setze Ihr Buch Ritters vergleichender Geographie zur Seite, an der ich mich auch einmal wieder ergötzt[2], was mir selten an einem Buche jetzt zu Theile wird, und worin ich wieder einmal etwas rechts zugelernt. Ich will sehen, ob ich in meiner Sagengeschichte ein Drittes zu Stande bringe.[3] Wohl gefallen hat mir Ihre Zueignung an Savigny, die nicht in ausgesuchten Feyertagsworten Sermonen hält, sondern ein stilles vertrauliches Gespräch nur laut vor der Welt zu Ende redet.[4] Gefreut hat mich, was Sie in der Einleitung über das Bemühen sagen die Muttersprache in der Schule zur Gelehrten umzuzerren. Ich habe noch jetzt mein Wohlgefallen daran, daß ich in der Schule nie mit einem Auge in den Gottsched und später in den Adlung gesehen, es kam mir gar zu abgeschmackt vor, nochmal aus dem Buch zu lernen, was ich schon könne, und ich band einmal im Zorne meinen Gottsched, der vielen Pönitenzen wegen, die er mir zugezogen, an einer Schnur ans Bein, und schleppte ihn so hinter mir über die Straße zur Schule, wo er denn mit jämmerlich zerfetztem Lederkleidchen ankam. Jetzt machen sie's noch toller, und lehren die Kinder, wie sie das Maul stellen sollen, um die Buchstaben, die sie längst schon mit Worten und Wortstellung können, hervorzubringen. Weiter hat mir gefallen, was Sie über das allmählige Abwelken des Sprachkörpers beybringen, besonders auch darum, weil Sie dadurch nicht zur Ungerechtigkeit gegen ihren heutigen Zustand sich verleiten laßen, indem Sie recht wohl einsehen, daß die Wurzelblätter abwelken müßen, wenn oben der Gipfel sich entwickeln soll, und daß der alte Sprachwald gelichtet werden mußte, wenn die Nahrungsgräser mit der heutigen Cultur gedeihen sollten.[5] Bey Gelegenheit der Aufzählung Ihrer Quellen ist mir eingefallen, daß hätte ich von Ihrer Arbeit gewußt, ich Ihnen noch ein recht merkwürdiges Glossar hätte mittheilen können. Es ist ein Manuskript, daß ich in der Bibliothek von Trier gefunden, und bis vor drey Monathen hier gehabt, ein zwey Finger dickes Bändchen im kleinsten Quart, ein alter lateinischer Isidor, aber mit überall beygesetzten teutschen Namen aller vorkommenden Dinge, Thiere, Pflanzen, Gerätschafften, Wissenschaften, Völker u.s.w., und zwar aller Wahrscheinlichkeit nach noch zur Zeit des alten Frankenreichs unter den Nachfolgern Carls des Großen und in der Sprache dieser Zeit. Das Manuskript selbst mag leicht aus dem zwölften Jahrhundert, wenn nicht früher seyn, und eine neuere Hand, spätestens aus dem vierzehnten Jahrhundert hat späterhin hier und da andere interlineare Worterklärungen beygeschrieben, die um mehr als zwey Jahrhunderte von den Alten abstehen.[6] Was das Persische betrifft, worüber Sie anfragen, so giebt es von Declinazionen würklich nicht mehr, als die Grammatiken enthalten, ich habe mich selbst zum öftern über diese übergroße Einfalt gewundert, aber wirklich nichts gefunden, als eine einzige Pluralendung, die nicht in der Sprachlehre steht.[7] Ich weiß mir die Sache noch jetzt nicht recht zu deuten, da nichts dafür spricht, daß irgend eine Art von Armuth oder Kärglichkeit dabey gewaltet. Ich habe wohl versucht mir die Erscheinung aus der Landesnatur zu deuten. Ganz Persien hat nicht Wald noch Baum, die wild und frey zu Haufen beyeinander stünden, es hat kein fließend Wasser, das in einem Zuge rinnend in frischem Lauf durch weite Strecken zum Meere ginge; es kennt nicht jene reiche Fülle der Vegetazion, die aus der Regengetränkten Erde sprießt, alles wird vielmehr durch künstliche unterirdische Bewegung aus der Tiefe heraufgetrieben. Daher mag es kommen, daß auch seiner Sprache jener wuchernde Trieb gefehlt, der schon gleich am Grunde das reiche Gezweige treibt, und daß sie frühe schon zur Höhe schlank hinaufgestrebt, zu der die Teutsche erst in langsamer Entwicklung spät gelangt. Auch ist das Parsi, das wir allein kennen, nur ein Dialekt, und in den sechs dem Namen nach bekannten Andern mag wohl auch noch manche Differenz verborgen liegen. So viel für jetzt über den Theil Ihres Buches den ich bisher gelesen, das Ganze will ich stückweiße bedächtig durchnehmen. Einstweilen hat mich sehr ergötzt, wie die Dame Georgia Augusta bey dieser Gelegenheit gegen ihre Gewohnheit einen Thee dansant mit Rhum gegeben, und mit ungeziemendem Enthusiasmus sich gebehrdet. Die wird in ihren alten Tagen noch Liebesgeschichten anspinnen und Scandale geben.[8]

Ich habe aus dem nämlichen Grunde wie Sie seither so lange geschwiegen, weil ich nicht mit leeren Händen erscheinen wollte, und immer meynte mein Ferdusi sollte fertig werden. Daß es noch immer nicht geschehen, daran bin theils ich Schuld, weil ich das Ende nicht finden konnte, theils Vieweg, weil er nicht immer zur gehörigen Zeit Papier. Jetzt hat sichs, da ich 30 Bogen zu meiner Sagengeschichte auf Seite gelegt, auf etwa 14 Bogen Einleitung und 7 Bogen Anhang beschränkt. Der Druck wird in etwa vier Wochen beendigt seyn, und ich werde Ihnen dann, wenn wie zu hoffen auch die Charte zu dieser Zeit abgedruckt ist, das Buch zusenden.[9] An jener Geschichte arbeite ich nun fleissig fort, sie ist im ersten Entwurf beynahe vollendet, aber ich werde wohl zur Ausführung in vielen Theilen, die noch lückenhafft stehen geblieben auf eine Zeit lang nach Göttingen gehen, wenn die Umstände meine Entfernung von hier gestatten.[10] Sie werden sich freuen über den schönen klaren und großen epischen Zusammenhang dieser Geschichte, wenn sie erst vor Ihnen liegt, aber ich weiß freylich nicht, ob die Zeit, die täglich ernster, dringender und eiliger wird, mir zur Ausführung die nöthige Ruhe gestatten will.

In Bonn gährt und kocht es schon gar sehr unter den Studenten, und es kann leicht zu einem Ausgange wie in Göttingen kommen, wenn von oben herab mit dem gewöhnlichen Unverstande verfahren wird. Sie errichten dort eine Burschenschafft, sind fest entschloßen sich ihre Freyheit in keiner Weiße beschränken zu laßen, und im Allgemeinen hört man nur Gutes und Erfreuliches von dem Geiste der darin treibt. Hüllmann, den sie an die Spitze gestellt, hat schon ein pereat erhalten, unter den Professoren hat noch kein Weisel sich gefunden, dem der Schwarm anhienge, und so brummt und summt er unruhig und zornig im neuen Stocke.[11] Über Schlegels Geschichte, die Sie in Ihrem Briefe berührt, werden Sie seither mehr erfahren haben[12], auf der einen Seite sträfliche Eitelkeit, auf der Andern aber Schmutz der schlechtesten Art aus der alten Jenaischen Sudelküche. Gott befohlen, viele Grüße an die Brüder, besonders für den Wilhelm, den die Kinder an die Rückkehr erinnern, wie ich Sie nach wohl fünfzehn Jahren.

Ihr
J Görres

---

1 Jacob Grimm hatte Görres am 13. März seine *Deutsche Grammatik*, Göttingen 1819 geschickt.

2 Carl Ritter, *Die Erdkunde im Verhältniß zur Natur und zur Geschichte des Menschen, oder allgemeine vergleichende Geographie als sichere Grundlage des Studiums und Unterrichts in physicalischen und historischen Wissenschaften*, Erste Auflage, Berlin 1817-1818.

3 Zum Projekt einer Allgemeinen Sagengeschichte, das Görres seit 1812 verfolgte und schließlich aufgeben musste: *GS/Briefe* Bd. 2, Briefe Nr. 153, 157, 161, 170, 178, 190.

4 Die Widmung Grimms an Savigny ist in Form eines Briefs an „Herrn Geheimen Justizrath und Professor von Savigny zu Berlin" gehalten und schließt mit den Worten „Behalten Sie lieb Ihren getreuen Jacob Grimm".

5 Grimm, Vorrede zur *Deutschen Grammatik*, S. IX-XXV. Johann Christoph Gottsched (1700-1766), Verfasser einer Reihe von Lehr- und Schulbüchern zur Sprach-, Dicht- und Redekunst (*Versuch einer critischen Dichtkunst vor die Deutschen*, Leipzig 1729; *Ausführliche Redekunst*, Leipzig 1736). Sein Grammatiklehrbuch *Grundlegung einer deutschen Sprachkunst*, Leipzig 1748 fand weite Verbreitung im Schulunterricht. Johann Christoph Adelung, *Grammatisch-kritisches Wörterbuch der Hochdeutschen Mundart* (1774–1786, 2. Aufl. 1793-1801).

6 Vielleicht die Trierer Pergament-Handschrift des *Summarium ethimologiarum Isidori in decem libros divisarum.* also die um 1050 entstandene Bearbeitung von Isidor von Sevilla, *Etymologiae* als *Summarium Heinricianum* zu einem zweisprachigen Lehrbuch (Michael Embach u.a. (Hrsg.) *Die Bibliothek der Abtei St. Matthias in Trier – von der mittelalterlichen Schreibstube zum virtuellen Skriptorium*, Trier 2013, S. 57ff). Die Unterstreichungen sind mit blauem Stift, wahrscheinlich von späterer Hand, vielleicht von Grimm, hinzugefügt.

7 Grimm hatte nachgefragt, ob die persische Deklination nicht noch mehr Varietät habe als man gemeinhin behaupte.

8 Die Dame Georgia Augusta: die Universität Göttingen.

9 Görres, *Das Heldenbuch von Iran: aus dem Schah Nameh des Firdussi von Joseph Görres. In zwei Bänden mit 2 Kupfern und einer Charte.* Zu der beigefügten Karte s. Brief Nr. 158, zur verzögerten Fertigstellung des Drucks s. Brief Nr. 163. Das Buch erschien erst 1820.

10 Der Plan, für einige Zeit nach Göttingen zu gehen, hatte Görres bereits 1811/1812 beschäftigt: *GS/Briefe* 2, Nr. 147, 150, 155, 161, 164, 167.

11 Die Bonner Burschenschaft Alemannia, noch im WS 1818/19 als „Lesegesellschaft" von Studenten, die Mitglieder einer Burschenschaft an anderen Universitäten waren, gegründet, verstand sich ab SS 1819 als burschenschaftliche „Allgemeinheit", d.h. als Vertretung aller Bonner Studenten. Der Historiker Karl Dietrich Hüllmann war 1818/1819 der erste Rektor der Rheinischen Friedrich-Wilhelms-Universität in Bonn.

[12] Grimm hatte von den Gerüchten um Schlegels Heirat geschrieben. August Wilhelm Schlegel hatte nach dem Tod der Madame de Staël 1817 in Heidelberg Sophie Paulus, die Tochter des Theologen Heinrich Eberhard Gottlob Paulus geheiratet. Die Ehe scheiterte bereits nach wenigen Wochen, da Sophie sich weigerte, Schlegel nach Bonn zu folgen, wo er eine Professur für Indologie antrat.

161. An Jacob Grimm

Datum: Koblenz, 19.6.1819.
Original: Staatsbibliothek zu Berlin – Preuß. Kulturbesitz, Nachlass Grimm 686, 111f (2 Seiten).
Druckausgaben: Binder (Hrsg.), *Freundesbriefe* unter gleicher Nr. 210; Schellberg (Hrsg.), *Ausgewählte Briefe* (1911), unter Nr. 127 (gekürzt).
Adresse: Herren Bibliothekar Grimm in Cassel.
Einordnung: Letzter Brief Grimms: 13.3.1819; nächster bekannter Brief Grimms: 8.8.1819.
Regest: Görres berichtet, er habe wegen des Trierer Manuskripts an Hermes geschrieben und lädt die Brüder nach Koblenz ein.

Coblenz am 19 Juny 19.

Ich wollte Ihnen nur in der Eile melden, daß ich des Manuskriptes wegen nach Trier geschrieben, nicht an Wyttenbach direkt, der auch seine Bibliothekars Mukken hat, sondern an Hermes, der es Ihnen wohl verschaffen wird.[1] Wenn Sie in einiger Zeit noch nichts davon gehört haben, dann schreiben Sie mir wieder, und ich will ein Monitorium ausfertigen.

Setzen Sie ihren alten Constituzionskrämer auf die Seite, und kommen Sie herüber zum Rheine. Bis zum Herbste wachsen dem seßhaftesten Vogel die Flügel wieder, und in weniger als einem Tage fliegt ein Kranich herüber die 40 Stunden. Da die Brüder in der Regel miteinander arbeiten, so könnten sie auch einmal miteinander reißen, und einer dem Andern beym Müdwerden den Schnabel auf die Schultern legen. Es ist dieses Jahr besonders gar zu schön am Rheine.

Gott befohlen für diesmal

Ihr
J Görres

---

[1] Vermutlich ging es um das in Brief Nr. 160 erwähnte Trierer Manuskript des Isidor bzw. Summarium. Johann Hugo Wyttenbach war Bibliothekar an der Trierer Stadtbibliothek. Zu Johann Peter Job Hermes, Trierer Jurist und Sammler mittelalterlicher Handschriften, s. Personenverzeichnis. Am 8.8. meldet Grimm, der Trierer Codex sei nicht angekommen, „welches ich Ihrer Erlaubniß zufolge melde, damit Sie einmal daran erinnern." Dazu Brief Nr. 168. Am 25.9.1819 wandte sich Jacob Grimm mit der Bitte um Übersendung des Manuskripts an Wyttenbach und bedankte sich am 6.11. für die Zusendung. Am 19.1.1820 sandte er die Handschrift zugleich mit einigen seiner früheren Arbeiten zurück. Die Briefe Jacob Grimms an Wyttenbach: *Briefwechsel der Brüder Grimm* Bd. 4: *Briefwechsel der Brüder Jacob und Wilhelm Grimm mit Theodor Georg von Karajan, Wilhelm Wackernagel, Johann Hugo Wyttenbach und Julius Zacher*, hrsg. von Michael Gebhardt, Jens Haustein, Jürgen Jaehrling und Wolfgang Höppner, 2009.

162. An Eberhard von Groote

Datum: Koblenz, 8.7.1819.
Original: Hist. Archiv der Stadt Köln, Best. 1552, Nr. 18 (4 Seiten).
Unveröffentlicht.
Einordnung: Letzter bekannter Brief Grootes: 31.12.1817; nächste Briefe Grootes: 9.7. und 16.7.1819.
Regest: Über die Reaktion auf Görres' Aufsatz zur Ermordung Kotzebues, über Eingaben des Stadtrats, eine Schrift Grootes und über die preußische Konfessionspolitik.

Coblenz am 8 July 19.

Seit Jahr und Tag war ich aus Eckel über die Schandwirthschafft rund umher auf Reißen gegangen, und zwar nach den Persianischen Ländern, das heißt, ich habe meinen Schah Nameh fertig gemacht. Seit Frühlings Mitte bin ich wieder von da zurückgekehrt, und habe meine glückliche Ankunft den Herren in Berlin durch den Aufsatz über Kozebue notifizirt.[1] Die aber haben, statt wie ich mit einiger Beschwer hoffen wollte, Freude darüber und Antheil daran zu bezeugen, sehr verdrießliche Gesichter geschnitten, und neun Wochen darüber Rath geschlagen, was mit dem unzarten Hofprediger anzufangen sey, endlich aber haben sie, wie man mir eben schreibt, beschloßen, die Sache auf sich beruhen zu laßen, wozu ich denn auch meinen Willen gegeben, und darauf weiter mit der Protestazion vorangegangen. Sie haben nun im Stadtrathe freylich die Ohrfeige mit rothen und grünen Bändern ausgeputzt, und sie in den Fußtritt mit einem steifzierlichen pas applizirt, inzwischen wird's doch darum keine Höflichkeit, und das Volk hier hat ganz richtig wählend sich allein die grobe Parthie darin ausgesucht, und sie mit großem Jubel aufgenommen, und die Bürger haben ganz aus eignem Antrieb eine Adresse zum Dank an den Stadtrath beschloßen und ausgeführt.[2]

Eben so richtig hat auch die hießige Regierung gesehen, und freylich nicht Dankesbezeugungen, aber doch, was dasselbe, das Gegentheil dekretirt, was aber nach gewohnter Weiße betrachtet wird als sey es nicht geschehen. In Berlin wo die Sache jetzt angekommen ist, wird sie mit der gewohnten gediegenen krafftvollen Besonnenheit aufgenommen werden, daß wieder alle Vorübergehenden verwundert stehen bleiben. Aber gar sehr zu wünschen ist immer, daß recht Viele, und zwar mit richtiger schlichter Protestazion nachgehen. Wie das was Cöln eingegeben, so hat der hießige Stadtrath um dieselbe Zeit wegen dem gleichen Gegenstande eine recht gute Eingabe gemacht, aber nichts destoweniger 14 Tage darauf jene Rechtsverwahrung beschloßen. Eure Schrifft[3] ist im ganzen nicht übel, lichtvoll und klar genug, aber die Erwähnung gerade an dieser Stelle, wo man gerade die Spitze der Beschwer einer ganz andern Art erwartet, ist beynahe albern, und eben so ungeschickt daß man mitten in der Klage über ein unerhörtes, gewaltthätiges Unrecht, statt unbedingt auf seiner Vernichtung zu bestehen, schon zu kapituliren anfängt, und die Gegenstände bezeichnet, in denen die Leute allenfals noch ein Fleckchen Haut sitzen haben, das abgeschunden werden könnte. Um so mehr sind sie jetzt aufgefordert, gerade und unumwunden ihr Recht dem Unrecht der Regierung gegenüber zu stellen, und jenes in dem eisernen Bestand einer freyen Erklärung für sich und die Nachkommen zu wahren. Euer Bürgermeister wird dabey die beste Gelegenheit haben, das Urtheil derjenigen, die ihm abgeneigt sind, zu beschämen, es würde aber auf jeden Fall gut seyn, wenn irgend ein anderer unabhängiger Mensch im Stadtrath die Inititative(!) übernähme.[4]

Was Ihr über die religiösen Verhältniße beybringt darin bin ich völlig mit Euch einverstanden. Es existirt allerdings ein geheimer Plan unter den Protestanten, den Catholizism zu unterdrücken, den jene Jubelfeyer zuerst in ihnen hervorgebracht, indem sie es vor der Nächsten dahin zu bringen, sich vorgesetzt, daß auch die dritte Confession jener Vereinigung zuträte.[5] Da wider muß man sich nun allerdings mit aller Macht auflehnen. Der Erfolg des Widerstandes wird keinen Augenblick zweyfelhafft seyn, da in den Leuten auch nicht die allermindeste Neigung vorhanden ist, in diese Projekte einzugehen. Umgekehrt da sie es in der gewohnten Weiße mit ihrer ordinären Plumpheit angefangen, sind ihnen alle gleich auf die Spur gekommen, und erkannt ist die Sache schon verlohren, und alle andern Abneigungen und Sympathien der negativen Art werfen sich gleich auf diese Seite. Ich habe deswegen ganz ruhig dem Unwesen, und ihren freudigen Hoffnungen zugesehen, in der vollkommenen Ueberzeugung, daß gerade dies wieder dem Catholizism auf die Beine hilft. Hier in der Stadt, wo in Religiösen Dingen seit Jahren eher eine Gleichgültigkeit geherrscht, ist doch darüber nur eine Meynung, und die sonst nie von dergleichen geredet, nehmen den lebhaftesten Antheil an der Sache, und denken bey der Gelegenheit auch einmal nach über den Grund des Gegenstandes. Wäre der Clerus in besserer Fassung dann wäre vollends Alles auch formal ein Spiel, so muß aber auch dies, wie Alles von unten herauf getrieben werden. Ich habe mich seither begnügt auf die Meynung in meiner Umgebung zu wirken, und den Clerus gelegentlich zu stärken, z.B. in seinem Widerstande gegen die romseligen Verfügungen von oben und die jämmerlichen Cabinetsordren, so daß denn auch die hießigen sich wenigstens keinen Schritt vergeben. Kömmt es einmal zum Ständischen, was nicht lange mehr ausbleiben kann, da Schimpf, Schande und allgemeiner Unmuth so hoch gestiegen, daß sie ihnen den Athem versetzen, und sie im Drecke sich kaum mehr von der Stelle bewegen können, dann schlägt man mit Blitzen drein, und zerstreut den ganzen Spuck, die Geschichte mit Fonk und Nellesen haben sie hier ganz vertuscht, schreibt mir doch das Genauere darüber.[6] Von Düsseldorf weiß ich nur das Allgemeine. Das Komandiren in der Kirche habe ich geglaubt sey blos örtlicher Mißbrauch hier, ist es allgemein, dann muß man sich allerdings gleich dagegen auflehnen. Schreibt mir darüber einige Umstände.

Euer Schwager hat mir die Geschichte mit dem Bruder erzählt, die Sache ist wahrscheinlich von dem Tische ausgegangen, wo euer vortrefflicher General Lossau, oder wie der Kerl heißt, wahrscheinlich Sermonen über den Text gehalten.[7] Hier ist nicht über das Militär zu klagen, allgemach aber fangen sie doch an zu merken, daß die Constituzion zum Theil aus ihrem Leder geschnitten werden soll, und nehmen Parthey. Ihr müßt die Sache gehörig in die Welt hinaus blaßen, die Speyrer Zeitung, die Würtemberg. Blätter, die Bremenser und Oken.[8] Gott befohlen! Viele Grüße ins Haus an Frau und Kind, auch an Haxthausen.[9]

1 Zu der immer noch weiter verzögerten Fertigstellung des Drucks von Görres' *Heldenbuch von Iran aus dem Schah Nameh* s. Briefe Nr. 160 und 163. Görres' Aufsatz „Kotzebue und was ihn gemordet" war im April erschienen (dazu schon Brief Nr. 159). Darin hatte Görres das Attentat verurteilt, für die Motive aber Verständnis gezeigt und das Geschehen als Warnzeichen für die Regierungen gewertet. Zur Reaktion der Regierung auf den Aufsatz: Hagman, *Görres und seine politische Publizistik*, S. 248 zitiert ein Schreiben von Gentz an Metternich, in dem dieser betont, dass der Aufsatz strafbar wäre und die öffentliche Meinung vergifte. Die Koblenzer Regierung meldete, dass der Aufsatz „die allgemeine Sensation erregt habe" und Görres' „Verehrer" nun zu Lobrednern der Tat von Sand geworden seien. (*GS* 13, Einleitung S. XV).

2 Görres schildert die Geschichte um die Eingabe der Stadt Koblenz zum Steuerwesen, die der Stadtrat aus der von Görres entworfenen Protestation in eine milde Petition umgewandelt hatte, im Rückblick in *In Sachen der Rheinprovinzen*, S. 122ff. Es ging um die geforderte und im Besitznahmepatent versprochene Zuziehung der Rheinprovinzen bei der Festlegung der Steuern, eine der Hauptquellen der Unzufriedenheit am Rhein. Das neue Mautgesetz und die Auflagen auf Wein und Branntwein schienen die Befürchtungen zu bestätigen. „Die rheinischen Städte nahmen sich daher zusammen, um dem bevorstehenden Unheil zu begegnen. Coblenz, gewohnt seit lange mit seinem Beyspiel voranzugehen, rührte sich auch hier zuerst. Seit der Adreßgeschichte war der Weg collectiver Gesuche aus der Masse der Eigenthümer heraus verschlossen; Darum konnten nur die Stadt- und Gemeinderäthe, als einzige übrige Organe, Reclamationen vor den Thron zu bringen, übrig bleiben; besonders da schon alle Bemühungen fruchtlos sich bewiesen. Der Verf. des Gegenwärtigen, aufgefordert, seine Ideen über diese Angelegenheit mitzutheilen, glaubte auch hier seiner Bürgerpflicht sich nicht entziehen zu dürfen. Es war bey einiger Bekanntschaft mit dem Stande der Sache leicht abzusehen, daß auf dem Petitionswege keine Aussicht auf einigen Erfolg zu erwarten sey, indem man schwerlich gesonnen war, ein mühsam zusammengesetztes, lange debattirtes Finanzsystem den Vorstelllungen einiger betroffenen Städte aufzuopfern. Wenn aber dies System mit Verletzung positiver Rechte der Provinz gegründet worden, und andere Privatrechte, so wie das allgemeine der gleichen Zuziehung zu den Staatslasten, zum Nachtheil der Provinz zu bedrohen schien, dann kam dieser allerdings die Befugniß zu, gegen diese Kränkung ihrer Rechte sich zu verwahren. So war also nicht länger mehr unnütze Petition, sondern Protestation gegen das widerrechtliche Verfahren durch die Umstände herbeygeführt, und dahin gieng der dem Stadtrathe vorgelegte Entwurf. Nachdem jene Rechtskränkungen und Nachtheile darin entwickelt waren, schloß er mit einer förmlichen Protestation, die der Stadtrath in die Hände der künftigen Ständeversammlung niederlegte, um davon nach Zeit und Umständen Gebrauch zu machen. Inzwischen zog der Stadtrath die mildere Petitionsform vor, und formte den Entwurf in eine solche Bittschrift an S. M. den König um, die er nach der Uebersendung in den Ortsblättern bekannt machte, aus denen sie bald in die öffentlichen durch ganz Teutschland übergieng. Der Erfolg war, wie leicht vorher zu sehen, man hatte längst seine Parthie genommen; der Finanzminister wieß die Bittsteller mit einem Verweise ab, und als diese in der Voraussetzung, daß die Eingabe nicht in die Hände des Königs gelangt, eine zweyte machten, erfolgte keine Antwort aus dem Cabinette, und so ergieng es allen andern Städten, die mit mehr oder weniger Energie in dieser Sache sich verwendet hatten". Später sei dann „jene Fluth von Abgaben" erfolgt, die alle Befürchtungen rechtfertigte. Die Folge: „die Unzufriedenheit im Lande hat jene dritte, noch fehlende Dimension erreicht, die tief hinab in die Masse des Volkes geht; sie frißt sich tiefer und tiefer ein, bis sie endlich unaustilglich, sich selber unbewußt, wie ein dunkler unausrottbarer Instinct sich eingewurzelt." (S. 126-129). Zu der Koblenzer Eingabe s. auch den Brief des Johann Heinrich Kaufmann an Görres vom 14.7.1819. Dem Koblenzer Beispiel waren weitere Städte, u.a. Köln und Kreuznach gefolgt. Der *Deutsche Beobachter oder privileg. Hanseatische Zeitung* vom 13. August 1819 bringt unter vermischte Nachrichten: „Auch die Stadt Kreuznach hat, so wie Koblenz und Köln, an den Kg von Preußen eine Vorstellung das Steuerwesen betreffend übergeben, wovon der Schluß wie folgt lautet: „Da wir mitten im Frieden die sämmtlichen directen Steuern bezahlen, wie sie unter der Franz Regierung zur Zeit des höchsten Kriegsstandes erhoben wurden; - da das Wieder-Erstehen der bereits eingegangenen Brannteweinbrennereien ein dringendes Bedürfnis ist, wenn nicht Viehzucht und Ackerbau auf das höchste gefährdet seyn sollen; - da unsere Weinberge durch die Grundsteuer ohnehin schon stark belastet sind, und der Producent, bei dem kostspieligen Weinbau auf einen unsicheren Ertrag angewiesen, in der Regel arm ist; - da wir den nachtheiligen Einfluß der Mauth auf den Handel und Gewerbe

auf das empfindlichste fühlen – und den huldvollen Worten Ewr Königl. Majestät: „Ich werde euch nicht durch öffentliche Abgaben drücken“ vertrauend, wagen wir an Ew. Königl. Majestät die unterthänigste Bitte: Den Vollzug des AcciseGesetzes für diese Provinz zu suspendiren, und nur die zeitherigen, gewiß nicht unbedeutenden Steuern, erheben zu lassen, bis dahin, wo die gnädigst verheißene Volksvertretung ins Leben tritt und durch Abgeordnete aus unserer Provinz bei der allgemeinen Berathung die Kräfte unseres Landes entwickelt und sein Interesse bei der neuen Steuer-Verfassung nach Pflicht und Gewissen bewahrt wird. Das nahe Geburtsfest Ewr königl Majestät ruft das ganze Land zur Freude auf. Die gebeugten Gemüther erheben sich in Hoffnung und Zuversicht, daß dieser Tag durch einen Akt väterlichen Wohlwollens für die Rheinprovinzen zum Segen werde u.s.w. Kreuznach, am 14. Juli 1819.“

3 Groote hatte in seinem Brief vom 9.7.1819, in der Hoffnung, Görres könnte zur Drucklegung verhelfen, einen Aufsatz mit dem Titel „Toleranz“ beigelegt, für den er leider keinen Verleger gefunden habe. Der Aufsatz trägt das Datum 26.5.1819 und stellt Grootes Sicht von Toleranz zwischen den beiden großen Kirchen dar, die auf Anerkennung und wechselseitiger Achtung beruhen müsse. Den Religionslehrern jeder Partei müsse es freistehen, den Glauben vor Eingriff oder Verfälschung zu bewahren, es gehe nicht an, dass die Protestanten ihr Reformationsfest mit Erlaubnis von Oberpräsident Ingersleben inmitten der katholischen Länder feiern dürften und es von allen Kanzeln „von dem Glück der Reformation und mit Heftigkeit gegen Pabstthum und die abweichenden Lehren der Katholiken“ donnere, aber überall da, wo ein katholischer Prediger die katholischen Dogmen berühre, er verfolgt, vor die Gerichte gezogen, bedroht, bestraft werde, alles Katholische als Rest alten Aberglaubens gelte. Die Protestanten seien nicht nur nicht tolerant, sondern überdies Proselitenmacher (dazu Spiertz, *Groote,* S. 141f).

4 Der Bürgermeister von Köln war damals bis zum 31. August 1819 Karl Josef von Mylius (1778-1838), der als Senatspräsident ans Kölner Appellationsgericht wechselte. Groote, damals Regierungsassessor bei der Kölner Bezirksregierung, hatte sich für das Amt beworben. Nachfolger von Mylius wurde aber bis 1823 Franz Rudolf von Monschaw. Groote hatte am 28.8.1816 seinen Dienst bei der Kölner Regierung angetreten. Seine Aufgaben bestanden zunächst in der Erfassung, Inventarisierung und Verteilung der von Paris zurückgeholten Kunstgegenstände, dann als Korreferent in der Bearbeitung der Kommunal- und Polizeisachen, ab Sept. 1820 übernahm er den Bereich der Kirchen- und Schulverwaltung (Spiertz, *Groote,* S. 133f).

5 König Friedrich Wilhelm IV. hatte, anlässlich der Reformationsfeier, am 27. September 1817 zur Vereinigung der reformierten und lutherischen Gemeinden zu einer „unierten“ Kirche in Preußen aufgerufen. Der Vorstoß stieß auf vielfältige Ablehnung und Widerspruch. Nur an wenigen Orten kam es zu einer Vereinigung der lutherischen und reformierten Gemeinden. Als dritte evangelische Konfession entstand damit die unierte Kirche.

6 Der Aachener Pfarrer Leonhard Aloys Joseph Nellessen, Verfechter des Ultramontanismus, seit 1817 Pfarrer, drückte seine ultramontanistische Einstellung unter anderem in zahlreichen gedruckten Predigten, Trauerreden und Streitschriften aus, wegen deren Inhalt er auch mehrfach verklagt und vorübergehend verhaftet wurde. Zuletzt war erschienen: *Die Bekenntnisse des hl. Augustins, mit eingestreuten Anwendungen auf unser Zeitalter, in fünf Fastenpredigten*, Aachen 1819. Auf Grund dieser Schrift wurde der Aachener Generalvikar Martin Wilhelm Fonck von Ingersleben aufgefordert, Nellessen zur Rechenschaft zu ziehen. In *Ein Beitrag zur Geschichte der Liberalität unserer Tage, oder meine abgenöthigte Vertheidigung*, Aachen 1819 (mit einem Vorwort des Hrsg. A. Binterim) nahm er Bezug auf die Anklage.

7 Grootes Schwager: Philipp Johann Joseph von Kempis (s. Pers.verzeichnis). Groote legte seinem Brief vom 9.7.1819 eine ausführliche Beschreibung der Misshandlung seines Bruders Carl, dat. 25.6.1819, bei: dieser habe von einem Feldwebel des preußischen Militärs ohne Anlass Hiebe mit dem Säbel erhalten, so dass die Wunden den ganzen Körper bedeckten, Feldwebel und Wachmannschaft hätten die Tat geleugnet. Groote erhebt darin schwere Vorwürfe gegen das preußische Militär und die preußische Justiz, der preußische Staat müsse dafür sorgen, dass „endlich durch eine Verfassung dem Lande die Aussicht eröffnet werde, daß allem, was noch despotisch auf ihm drückt, endlich Einhalt geschehe“ (Spiertz, *Groote*, S. 142f). Zu General Johann Friedrich Constantin von Lossau s. Personenverzeichnis.

8 Die *Neue Speyerer Zeitung* des Speyrer Buchdruckers Jakob Christian Kolb (1766-1827), war seit 1816 amtliches Organ der Kreisregierung der bayerischen Pfalz gewesen, nach dem Sturz von Montgelas 1817 verlor sie ihren amtlichen Charakter und wurde zunehmend zur liberalen Oppo-

sitionszeitung mit häufigen Konflikten mit der Zensur. Seit Juli 1816 stand sie unter der Herausgeberschaft von Johann Friedrich Butenschoen. Die *Württembergischen Blätter*: vielleicht die Zeitung, für deren Herausgabe Ernst Traugott Eifert 1819 um Erlaubnis ersuchte (Hauptstaatsarchiv Stuttgart E 146 Bü 4880: Erlaubnis für den Buchdrucker und Lehrer der französischen Sprache Ernst Traugott Eifert zur Herausgabe der „Württembergischen Blätter"). Redakteur u. Hrsg. der *Bremer Zeitung* war August Bercht, ein guter Bekannter von Görres, auch er berüchtigt wegen seiner liberalen Gesinnung. Er war auf Empfehlung von Görres und Arndt durch Johann Smidt zum Schriftleiter engagiert worden. Lorenz Oken war Herausgeber der Zeitschrift *Isis oder Encyclopädische Zeitung*. Die *Isis,* von Brockhaus verlegt, fachübergreifend mit Schwerpunkten in Naturwissenschaft, Medizin, Kunst und Geschichte, setzte sich vehement für Pressefreiheit ein. Die anfangs in Jena gedruckte Zeitschrift wurde nach ihrem Verbot im Großherzogtum Sachsen-Weimar-Eisenach seit dem Sommer 1819 im nahegelegenen Rudolstadt hergestellt. Oken war im Juni 1819 unter dem Druck der Staaten der Heiligen Allianz als Professor der Universität Jena entlassen worden.

9 Groote war seit September 1818 mit Maria Francisca von Kempis verheiratet. Am 20 Juni 1819 war sein erster Sohn Everhard Philipp Rudolph geboren worden. Zu Werner von Haxthausen in Köln s. Personenverzeichnis.

163. An Heinrich Friedrich Karl Freiherrn vom Stein

Datum: Koblenz, 20.7.1819.
Original: Cappenberg, Archiv des Grafen Kanitz, Nachlass Frhr. v. Stein, S 1114 (2 Seiten).
Unveröffentlicht.
Adresse: Sr. Exzellenz dem Herren Minister Freyherrn von Stein
In Cappenberg in Westphalen
Einordnung: Letzter bekannter Brief Steins: 2.2.1818; Antwortbrief: 26.7.1819.
Regest: Görres äußert Besorgnis im Hinblick auf die Gefahr, die die Regierungsmaßnahmen gegen angebliche demagogische Umtriebe heraufbeschworen, bittet um Informationen zu den Verhältnissen in Nassau, da er in seinem neuen Buch (*Teutschland und die Revolution*) auf das versuchte Attentat auf den nassauischen Regierungspräsidenten eingehen wolle, und kündigt die baldige Übersendung seines *Heldenbuchs von Iran* an, das er Stein gewidmet habe.

Coblenz am 20 July 1819.

Ew. Exzellenz werden wohl ohne Zweifel schon vernommen haben, was in Bonn und anderwärts vorgegangen, wie man bey Arndt und den beyden Welker versiegelt, und wie die Staatszeitung nun die Existenz einer großen Verschwörung zur Gründung einer teutschen Republik angekündigt.[1] Da die Sache durch ungeheure Mißgriffe, Fehler, Irrthümer und falsche Maaßregeln gröstentheils der Regierungen auf diese Spitze gekommen, fühle ich mich aufgefordert einmal wieder öffentlich aufzutreten, und ein schweres Wort der Wahrheit in die entsetzliche Verwirrung aller Begriffe und Handlungen hineinzureden, und in das wüthende Toben, das aus Angst uns noch das Hauß über dem Kopf anzünden wird.[2] Ich werde den Weg beschreiben, auf dem das Alles stufenweiße also gekommen ist, und nothwendig sich so entwickeln mußte, und der wenn er weiter fort betreten wird, eben so nothwendig und unausbleiblich zum Abgrund führt. Da werde ich nun bey Gelegenheit von Löhnings That an Ibel auch von der Nassauischen

Wirthschafft reden müßen und von dem dortigen nichtswürdigen Treiben, das sich auch neuerdings wieder darin bewährt, daß die Parthey im Finstern das Gerücht ausstreut, der Adel habe Löhning gegen den Präsidenten gesendet.[3] E. E. haben sicher mit aufmerksamem Auge die dortigen Angelegenheiten verfolgt, und sicher manche Umtriebe erfahren, die mir der ferner gestanden bey aller Aufmerksamkeit entgangen. Ich habe Sie daher bitten wollen mir einige Thatsachen und Notizen zukommen zu laßen über dortige Verhältniße, auf die ich sicher fußen kann, ähnlich jenen Früheren, die ich noch besitze, und womit ich meine Ansicht der dortigen Lage ergänzen kann. Es ist nicht mehr nöthig, als mir das Einzelne kurz und treffend anzudeuten, da ich im Meisten schon Bescheid weiß, und nur für meine eigene Ueberzeugung, keineswegs aber zu einem äußerlichen Gebrauch, meine Ansicht nur durch eine wichtige Autorität, ehe ich sie öffentlich ausspreche, bestättigt sehen mögte.[4]

Ich habe den Schah Nameh des Firdusi, den ich in freyer Uebersetzung bearbeitet habe, seit mehreren Monathen vollendet und ihn E.E. zugeeignet; ich hoffe das wird Ihnen nicht unangenehm seyn, und das Buch, das ich Ihnen etwa in Monath Frist zusenden zu können hoffe, indem mir noch die Bearbeitung einer Charte die Ausgabe verzögert, wird Ihnen wohl einige angenehme Stunden verschaffen.[5]

Euer Exzellenz
Ergebenster
J. Görres

---

1 Friedrich Gottlieb Welcker war 1819 von Göttingen nach Bonn als Professor für Philologie und Archäologie berufen worden, sein Bruder Carl Theodor Welcker, ging von Heidelberg als Professor der Rechtswissenschaften nach Bonn. Beide waren wegen angeblicher demagogischer Umtriebe Repressalien ausgesetzt, ihre Papiere wurden beschlagnahmt. Der einstige Mitarbeiter des Freiherrn vom Stein Ernst Moritz Arndt (zu ihm Stein in seinem Antwortbrief vom 26.7.), dessen Papiere, v.a. auf Grund des 4. Bands von *Geist der Zeit* ebenfalls beschlagnahmt wurden, wurde schließlich am 10. November 1820 von seinem Bonner Lehramt suspendiert. Die Berliner *Allgemeine Staatszeitung* Nr. 56 vom 13.7.1819 meldete in der Rubrik Inland: „Berlin vom 11. Julius. Die an mehren Orten, sowol im Preußischen als in anderen Ländern, während der letzten Tage genommenen Maasregelm zur weiteren Ausmittelung entdeckter geheimer demagogischer Verbindungen und Umtriebe, sind durch erhaltene höchst wichtige und vollständige Beweise über das Daseyn und die revolutionäre hochverräterische Tendenz derselben veranlaßt, und man hat selbst den vollständigen, mehrmals berathenen Entwurf einer dem deutschen Vaterlande zugedachten republikanischen Verfaßung in Beschlag genommen. Es geht hieraus hervor, daß diese Maasregeln nicht in den beschränkten Gesichtspunkte einer gegen Studenten und Studentenverbindungen beschloßenen Verfügung gehören, indem nur einige derselben mehr oder minder dabei implicirt, und daher von jenen Maasregeln mitbetroffen sind; über die ausgebreiteten und tief eingreifenden Verzweigungen jener demagogischen Umtriebe kann indeßen ohne dem so höchst wichtigen und wohlthätigen Zwecke selbst nachtheilig zu werden, begreiflich das Nähere jetzt noch nicht zur öffentlichen Kenntniß kommen." *Allgemeine Staatszeitung* Nr. 62 vom 3. August 1819 vermerkt zum 25. Juli aus Bonn: „Es ist ungegründet, daß, wie mehre öffentliche Blätter melden, die Professoren Arndt und Gebrüder Welker verhaftet worden. Eben so wenig haben wegen der von der Regierung nöthig gefundenen Beschlagnahme ihrer Papiere die Kollegien aufgehört."

2 Görres' neues Buch *Teutschland und die Revolution* erschien im Sept. 1819 bei Hölscher. Zum Inhalt der Schrift und seinen Intentionen Görres selbst in *In Sachen der Rheinprovinzen* S. 152-155.

3 Am 1. Juli 1819, etwa 4 Monate nach der Ermordung Kotzebues, war ein Attentat des Idsteiner Apothekers Carl Löning, der in Verbindung mit den „Gießener Schwarzen", einer radikalen Burschenschaft, stand, auf Karl von Ibell, den Regierungspräsidenten des Herzogtums Nassau, geschei-

tert. Ibell überlebte und Löning wurde verhaftet und starb am 18. Juli nach dem Verschlucken von Glasscherben im Gefängnis. Ibell war 1813/14 neben dem Freiherrn vom Stein maßgeblich an der Entwicklung der Nassauer Verfassung beteiligt gewesen und galt als liberaler Reformer.

[4] Stein räumte in seiner Antwort vom 23.7. Fehler der Nassauischen Regierung trotz guter Absichten ein, betonte aber, dass die „gewaltthätigen Maasregeln z.B. gegen Professor Snell“ (einen Freund Lönings) trotz allem „erträglicher als die Ausführung der Pläne unserer gelehrten und turnenden Jacobiner“ seien: „was diese Schule für Früchte bringt das läßt sich ja deutlich aus den Verirrungen zweyer unglücklicher mißleiteter guter junger Männer erkennen, und es ist die Pflicht jedes religioes sittlichen Mannes dahin zu wirken, daß diese verruchte Sekte bestraft und ein Gegenstand des öffentlichen Abscheus werden.“ Im Übrigen verwies er auf die Nassauischen Landtagsacten. Görres nimmt auf das versuchte Attentat in *Teutschland und die Revolution* S. 110f Bezug und zeigt grundsätzliches Verständnis für den jungen Mann, zu den Ereignissen in Nassau und der Rolle des Regierungspräsidenten Ibell: ebda S. 53ff.

[5] Die Zueignung des *Heldenbuchs von Iran*:
„Dem Manne, der zuerst mit starkem Arm
die Keule ausgeschmiedet,
Die den neuen Zohak hat erschlagen,
Als noch Teutschland zagte vor dem grimmen Drachen,
Dem es seine Kinder zum Opfer hat geschlachtet;
Dem Freiherrn vom Steine
diese Blätter!“
Zur Fertigstellung des Drucks und zu der Charte Brief Nr. 160. Der Druck verzögerte sich weiter. Noch im Dezember 1820 moniert Görres beim Verlag, dass er noch kein Exemplar erhalten habe und versenden könne (Görres an den Verleger, 10.12.1819: Kantonsbibliothek Vadiana St.Gallen, VNL 202:16:60q; s. *GS/Briefe* 4).

164. An Friedrich Perthes

Datum: Koblenz, 17.8.1819.
Original: Staatsarchiv Hamburg, Nachlass Perthes I, Mappe 11b, Bl. 203f (2 Seiten).
Druckausgabe: Schellberg (Hrsg.), Briefe an Perthes, in: *Erste Vereinsschrift der Görres-Gesellschaft für 1913*, Nr. 21, S. 82f.
Adresse: Herren Buchhändler Perthes Wohlg in Hamburg.
Einordnung: Letzter bekannter Brief von Perthes: 25.8.1817; Antwort: Ende September 1819.
Regest: Görres kündigt das Erscheinen seines Buchs *Teutschland und die Revolution* an, das ein Kommentar zu seinem Aufsatz über Kotzebues Ermordung sein werde, und bittet den Verleger um Bestellungen an Hölscher.

Coblenz am 17 August 19.

Ich habe seit drey Wochen, veranlaßt durch das wüthende Conspirationsgeschrey, eine Schrifft in Arbeit, die wohl am Ende dieses Monathes die Presse verlaßen wird.[1] Ich werde darin in etwa ein dutzend Bogen mein Herz ausschütten über die heutige Lage unserer Angelegenheiten, und ich denke es soll kein übles Buch werden, und nicht ohne Nutzen bleiben in unserem verworrenem Zustand, und in der jetzigen Spannung und Bewegung der Gemüther. Hölscher, mit dem Sie sich in allen Geschäfften einlaßen können, soll die Schrifft drucken und versenden, und ich wünschte daß Sie mich mit umgehender Post wißen ließen, wie viel er

Ihnen für Ihren Bereich zuschicken, und ob er das Pakett dem Postwagen auflegen soll. Laßen Sie jedoch vor dem Erscheinen nichts Laut werden darüber, ein Zufall mögte es an Solche bringen, die mich im Werke stören können.

Die Anweisung habe ich ausgelöst, und Sie werden wohl schon Nachricht darüber haben.

Ich habe die Zeit versäumt, Ihnen nach Leipzig zu schreiben, wie Sie gewünscht, hernach wollte ichs nicht aufs Ungewiße hin adressiren.

Eine Schande ohne Gleichen ist dieser Berliner Spektakel, und obgleich ich allen diesen Leuten jede Prostituzion gern gönnen mag, so ist diese jetzt doch würklich allzu groß. Inzwischen kömmt viele vertuschte Sünde damit auf einmal zur Abrechnung, denn Gott ist gerecht. Mit meinem Aufsatze über Sands That[2] hatte ich sie noch eben zur rechten Zeit gewarnt, aber statt sich warnen zu laßen, überlegten sie vier Wochen, was sie mir dafür anthun sollten, bis sie zuletzt beschloßen wie gewöhnlich die Sache auf sich beruhen zu laßen. Die jetzige Schrifft wird ein Comentar zu jenem Aufsatz werden, der Ihnen villeicht zu Gesicht gekommen. Behalten Sie mich in Ihrem Andenken.

Ihr Erg
J Görres

Sie schreiben mir noch von Gewinnsten des Hülfsvereins, wollen Sie mir nur die Nummern angeben, wenn Sie die Loose nicht haben, dann will ich Ihnen das Gewonnene senden laßen. Seit ich nicht mehr alles von α bis ω dabey betrieben, ist es freylich sehr unordentlich zugegangen.[3]

---

1 *Teutschland und die Revolution* erschien Sept 1819 bei Hölscher. Trotz kritischer Töne 1816 über das „recht eigentlich revolutionäre Raisonnieren" von Görres und seine Unkenntnis der norddeutschen Verhältnisse trug Perthes im Herbst 1819 aktiv zur Verbreitung von *Teutschland und die Revolution* bei, nahm Hölscher 450 Exemplare ab, um sie in Norddeutschland zu verbreiten, vermittelte sogar den Druck einer Neuauflage und umging damit die Hamburger Zensur. Dazu Moldenhauer, *Geschichte als Ware,* S. 356f. Zu den Schwierigkeiten, die Perthes bekam, s. Brief Nr. 173. Ende Sept 1819 schrieb Perthes relativierend: „Gegen Staat, Religion und Sitte ist nichts im Buche, von dieser Seite aus können Sie nicht angegriffen werden, aber die Gesinnungen und Absichten, welche Sie den Regierungen zuschreiben, werden Sie eben so wenig zu beweisen im Stande sein, wie die preußische Polizei ihren Verdacht und ihre Behauptungen republikanischer Verschwörungen beweisen kann".

2 Görres' Aufsatz *Kotzebue und was ihn gemordet*, im April in der Zeitschrift *Die Wage* erschienen, war auch im Mai in Hamburg abgedruckt worden (s. Brief Nr. 159, Anm. 2).

3 Zum Koblenzer Hilfsverein und der Wohltätigkeitslotterie zu seinen Gunsten s. Brief Nr. 99.

165. An Karl Josef Ignatz Mosler

Datum: Koblenz, 12.9.1819.
Original: Stadtbibliothek Koblenz, AB Görres-Briefe (3 Seiten).
Unveröffentlicht.
Einordnung: Letzter bekannter Brief Moslers: 18.2.1819.

Regest: Görres heißt Moslers Entscheidung, nicht sofort an den Rhein zurückzukehren, gut, da die Gründung der Düsseldorfer Akademie ohnehin noch einige Zeit auf sich warten lasse, und erst für das Frühjahr die Aussicht auf finanzielle Sicherung für ihn bestehe.

Coblenz am 12 Sept. 19.

Ich habe Ihren letzten Brief an Ihren Bruder gelesen, und kann Ihre Einrichtungen für die nächste Zukunft, ob sie gleich von einer Seite hart verfahren, doch nach Pflicht und Gewissen nicht mißbilligen.[1] Es ist einmal so die Ordnung in der Welt, daß gerade die Jugend, die Freyheit , die ihr vor den andern Lebensaltern am weitesten vergönnt ist, selbst binden muß durch einen Zwang, und gerade die Empfindung, der sie am liebsten nachhängen mögte, beschränken durch Arbeit, wenn irgend etwas Tüchtiges aufs künftige Leben herauskommen soll, und man kann sich über diese Ordnung mit noch weniger Recht beklagen, als darüber, daß die Kinder in Schmerzen müßen gebohren werden, obgleich Beydes leichter dem blos Zusehenden als dem Selbst in Anspruch genommenen erscheint. Daß Sie also dem Zuge, den der Rhein hinter Ihnen übt, noch eine Zeit lang Gewalt anthun, und nur langsam den Alpen nahen, noch unterwegs mitnehmend, was die nie wiederkehrende Gelegenheit Ihnen biethet, um die freyen Lehrjahre noch mit dem letzten sproßenden Sinngrün[2] zu kränzen, davon kann bey meinem besten Wohlmeynen mit Ihnen und Allem was Sie nahe angeht, nicht abrathen. Es kömmt dazu die Lage der Dinge hier disseits der Berge. Die Preussische Regierung gehört nicht in die Classe der warmblütigen Thiere, die wie schnell athmet, so auch in ihren Bewegungen mit rascher Schnellkrafft würkt. Alles was sie beginnt, zieht wie die nordischen Heiden in die unübersehbare Weite hinaus, und Jahre fördern nur wie einen Monath. So ist es denn auch um die Academie beschaffen.[3] Mit Ihnen aber ist es so bestellt, daß Sie nothwendig in eine äußere Lage kommen müßen, die Sie gegen die Ansprüche des Lebens deckt und sichert, damit Sie alsdann in vollkommener Gemüthsruhe, von keiner äußerlichen Noth gedrängt, Ihrer Kunst leben können, da Sie sogleich verlohren wären, wenn Sie von Ihrer Kunst leben müßten. Dazu aber ist nun in diesem Augenblicke keine Aussicht vorhanden, wohl aber glaube ich, daß es sich wohl bis zum nächsten Frühjahr wenigstens bis dahin entscheiden wird, daß man absieht, bis wann die Angelegenheit in ihr Geleise tritt. Wenn Sie dann hierhin zurückkehren, dann ist nicht so weit mehr zum Ziele, und die Freude des Wiedersehens hilft über den Zwischenraum hinaus. Bis dahin will ich nach Vermögen sorgen und trösten wenn es nöthig ist.

In Teutschland hier ist nun die Verrücktheit auf den höchsten Punkt gediehen, und man darf hoffen, daß nun ein kleiner Schweiß oder irgend ein anderer Auswurf dem Übel seine Gränze setzt. Ich selbst habe übrigens trotz allem, was die Zeitungen darüber berichtet, vollkommen ruhig gesessen, und es ist nichts in meiner Nähe vorgegangen. Ich habe die Zeit benützt, meine Gedanken über das ganze jetzige Unwesen aufzuschreiben[4], da allzu weit bis Florenz ist, werden Sie es wohl erst disseits der Alpen zu Gesicht bekommen.

Gott behüthe Sie
(Unterschriftskürzel)

1 Mosler kehrte im Frühjahr aus Rom zurück, zunächst nach München, wo er durch Cornelius im Auftrag Altensteins für die Reorganisation der Düsseldorfer Kunstakademie gewonnen wurde (*ADB* 22, S. 403). Der Bruder konnte nicht ermittelt werden. Moslers Familie lebte in Koblenz, wo auch Mosler aufgewachsen und zur Schule gegangen war.

2 Sinngrün oder Wintergrün blüht im Frühling und variiert mit roten und weißen Blüten.

3 Zur geplanten Düsseldorfer Akademie: Brief Nr. 152.

4 *Teutschland und die Revolution* war soeben erschienen (vgl. Brief Nr. 164).

166. An Eberhard von Groote

Datum: Koblenz, 15.9.1819.
Original: Stadtarchiv Bonn I i 98/631/6 (1 Seite).
Unveröffentlicht.
Einordnung: Vorangegangene Briefe Grootes: 9.7. und 16.7.1819.
Regest: Görres sendet seine Schrift *Teutschland und die Revolution* sowie eine Adresse der Koblenzer Bürger zu den Vorfällen am dortigen Gymnasium.

Coblenz am 15 Sep 19.

Ich sende Euch beyliegend eine Schrifft die ich die letzte fünf Wochen geschrieben habe[1], betrachtet es als einen langen Brief, worin Ihr Alles lesen könnt und mehr als ich Euch die Zwischenzeit geschrieben hätte. Ihr werdet sehen, daß Alles so ziemlich berührt ist, wo es jetzt happert und hält; sie werden drüben wenig Freude daran haben, darauf ists indeßen auch gar nicht abgesehen. Behaltet eins für Euch und gebt das Andere an Haxthausen.[2]

Hier ist es um des Collegs willen zur Crise gekommen, ich lege Euch die Abschrifft einer Adresse bey, die die ganze Bürgerschafft unterzeichnet hat.[3] Es ist freylich schlimm, das man so exklusiv werden muß, und ich will es auch nicht, als bey ähnlicher Veranlaßung zur Nachahmung empfehlen, aber ist diese vorhanden, dann muß man auch ohne Verzug zugreifen, und die Sache gleich ins rechte Verhältniß setzen. Hernach müßen sie mit uns und dem Prinzipe kapituliren. Nächstens mehr, jetzt Gott befohlen.

Legt die Einlage an Stein doch auf die Post.[4]

1 *Teutschland und die Revolution,* Koblenz (H.J. Hölscher) 1819.

2 Werner von Haxthausen, der damals Regierungsrat in Köln war.

3 Görres schildert die Vorfälle am Koblenzer Gymnasium in *In Sachen der Rheinprovinzen,* S. 134ff (= *GS* 13, S. 340ff). Dort hatte der Direktor Christian Schlosser, der jahrelang mit „vielfältigen Hemmungen" und Schikanen gekämpft und auf freieren Wirkungskreis gedrungen hatte, nach abschlägiger Antwort seine Entlassung genommen. Hauptgegner Schlossers war der Regierungskommissar Lange. (Dazu *GS* 13, Anm. S. 579; Stadtarchiv Koblenz, Abt. 402, 412; Katharina Görres an August v. Haxthausen, Koblenz, 2.12.1819, zit. bei Heßelmann, *Unbekannte Briefe von Görres,* Brief 5, S. 249f): „Sie müßen nämlich wissen, daß Schloßer von dem H Regierungsrath Lange der obgleich er ein eifriger Protestant ist, doch die hiesigen Katholischen Schulen unter sich

hatte so chicanirt wurde, daß er sich genöthigt sah seine Dimißion zu nehmen“). Kurz darauf war ein junger katholischer Hilfslehrer auf Grund seiner Äußerungen über Luther in einer Schulstunde über die Reformation vom protestantischen Referenten über Schulangelegenheiten entlassen worden. Die empörte Bürgerschaft reagierte mit einer Adresse an den Stadtrat, die Görres, *In Sachen der Rheinprovinzen,* S. 137ff (= *GS* 13, S. 344f) im Wortlaut mitteilt: „Die unterzeichneten Einwohner der hiesigen Stadt, größtentheils Familienväter, deren Kinder den Unterricht im Gymnasium genießen, aufmerksam gemacht durch die Vorgänge, die neuerdings in diesem Institute sich begeben haben, vereinigen sich in der gegenwärtigen Zuschrift an einen verehrl. Oberbürgermeister und Stadtrath, um denselben, als natürlichen Vorstand der Gemeinde, aufzufordern, durch sein Zwischentreten endlich Umtrieben Gränzen zu setzen, denen sie nicht länger mit Gleichgültigkeit zusehen können. Als bey der Reorganisation des hiesigen Gymnasiums, die größtentheils unter Leitung protestantischer Mitglieder des Consistoriums geschah, mehrere Protestanten an die Lehrstellen berufen wurden, ließen sich die Einwohner diese Neuerung gefallen, weil sie durch eine solche Duldung einen Beweis ihrer verträglichen Gesinnungen und ihres Vertrauens in die Regierung geben wollten, und dagegen erwarteten, daß man von dieser Duldung und diesem Vertrauen keinen Mißbrauch machen, und eine gutwillige Einräumung, gegen Recht und Billigkeit, nicht in eine gänzliche Entsagung umdeuten werde. Der Erfolg hat leider! dieser Erwartung nicht entsprochen, und einen Argwohn, der sich längst erhoben, daß man, wo nicht die Katholiken, doch den Katholicism von der Lehranstalt zu verdrängen sich vorgesetzt, nur allzu sehr gerechtfertigt. Man hat zuerst den Director der Anstalt H. Schlosser, der das Vertrauen der Einwohner sich erworben, durch eine Folge von Kränkungen, Hemmungen und Zurücksetzungen endlich dahin gebracht, daß er, von allen Seiten und in allen seinen Schritten beschränkt und aufgehalten, überall von einer höheren Autorität geirrt, die allein handeln, und für die er nur figuriren sollte, während doch alle Verantwortlichkeit auf ihm haftete sich nun bis zu höherer Entscheidung zurückgezogen. Dieser unbequemen Mittelsperson entledigt, ist die Ausführung weiter fortgeschritten und vor einigen Tagen endlich zu jenem ärgerlichen und unbedachten Ausgang gediehen, der, als er offenkundig wurde, einen allgemeinen Unwillen erweckt, und zur entschiedensten Rückwirkung aufgefordert hat. Wir kennen nicht die einzelnen Umstände dieses Vorgangs und überlassen es billig einem verehrl. Oberbürgermeister und Stadtrath sie näher zu untersuchen; aber notorisch ist, daß ein Lehrer dafür, daß er an einem katholischen Gymnasium vor beynahe blos katholischen Zuhörern im geschichtlichen Vortrage mißbilligend, nicht einmal von der Reformation, sondern von dem Reformator gesprochen, ohne daß man auf seine Vertheidigung gehört hätte, gewaltthätig und auf eine gehässige, beschimpfende Art von seiner Stelle entfernt wurde, und daß man ihn alsdann den übrigen katholischen Lehrern als ein abschreckendes Beyspiel vorzuhalten sich herausgenommen hat. Ein solcher Vorgang, dem bald auch die auf die kürzeste Frist anberaumte Examination eines andern katholischen Lehrers, sichtbar in der Absicht, ihn gleichfalls zu verdrängen, gefolgt, hat die Unterzeichneten auffordern müssen, sich aus allen Kräften und mit allen Mitteln, die ihnen auf gesetzlichem Wege zu Gebote stehen, einem Beginnen zu widersetzen, das wohlberechnet und stufenweise fortschreitend, endlich damit zu enden droht, eine ursprünglich und ausschlieslich katholische und auf katholische Dotation gegründete Anstalt in eine völlig protestantische umzuwandeln. Sie erklären also durch das Gegenwärtige einem verehrl. Oberbürgermeister und Stadtrath, daß, nachdem die Erfahrung die Nachtheile jener Mischung von protestantischen und katholischen Lehrern unter einer protestantischen Oberautorität hinlänglich nachgewiesen, sie ein solches Verhältniß länger weder billigen, noch anerkennen können, und daß sie überzeugt, wie diese ihre Ansicht die der bey weitem überwiegenden Mehrheit der ganzen Bürgerschaft sey, dem gemäß den städtischen Vorstand auffordern, die nöthigen Vorschritte zu machen, um dahin zu gelangen, daß das Gymnasium seiner ursprünglichen Einrichtung und Bestimmung als eines ungemischt katholischen, zurückgegeben werde, und daß fortan kein protestantischer Referent den Vortrag über katholische Schulsachen bey der Regierung haben möge. Da sich alle jene Eingriffe zum Theil dadurch authorisirt glauben, daß die Regierung einen Theil der Ausgaben des Gymnasiums über sich genommen, so wird die Bürgerschaft lieber auf ein so zweydeutiges Geschenk verzichten, und entweder das Institut beschränken, oder den Ausfall aus städtischen Mitteln bestreiten wollen, als länger dulden, daß durch ewigen Zwist und Hader Unsegen über eine Anstalt herabgezogen werde, wo ihre Jugend in Eintracht und Frieden erzogen werden soll. (Folgen die Unterschriften) .... Die Adresse lief schnell durch die Stadt; nicht ein einziger Einwohner sagte sich von der Unterzeichnung los; selbst die einheimischen Protestanten ... unterschrieben zum Theil selber mit ... Die Folge war von Seiten des Ministeriums ... die Erklärung, man hätte die Anstalt nie anders als eine rein katholische angesehen, ein katholischer Rector sey ernannt, das Referat beym Consistorium werde einem neu ernannten katholischen Consistorialrathe übertragen werden, und man wünsche mehr Vertrauen in die Maßregeln der Regierung. Dadurch beruhigte sich die Bewegung der Gemüther für diesen Fall." Görres, dessen Sohn Guido das Gymnasium besuchte, war wohl der Hauptinitiator der Adresse, und wurde auch von der Regierung als ihr Hintermann betrachtet. Der Oberpräsident schrieb dazu, Görres habe in der Sache „von neuem seinen Einfluß von der schädlichsten Seite bewährt", weswegen er seinen Wunsch wiederhole, Görres baldmöglichst „an einem andern Orte anzustellen". Görres sei es „trotz seines thätig genommenen Anteils nicht gelungen ... den Direktor Schlosser, welcher seinem Sohne Privat-Unterricht gab, hier zu erhalten". (zit. in *GS* 13, S. 579f).

4 Die Einlage an Stein ist nicht erhalten.

167. An Adam Müller

Datum: Koblenz, 19.9.1819.
Original: 1943 durch Bombenangriff vernichtet, vormals (laut Schellberg) Sammlung Dr. Hamm, Hannover.
Fotografie des Originals: Schellberg, *Eine Auswahl* (1927), zw. S. 336 und 337 (4 Seiten).
Druckausgaben: Pilat (Hrsg.), *Briefwechsel zwischen Friedrich Gentz und Adam Heinrich Müller*: 1800-1829, Stuttgart 1857, S. 298f, Nr. 181; Binder (Hrsg.), *Freundesbriefe* Nr. 216, S. 589-591 (nach Pilat); Schellberg (Hrsg.), *Ausgewählte Briefe* (1911), Nr. 129; Schellberg (Hrsg.), *Eine Auswahl* (1927), S. 555f; Max Tau (Hrsg.), *Joseph Görres. Eine Auswahl aus seinen Schriften*, S. 331f (nach der Ausgabe Schellbergs); Baxa, *A. Müllers Lebenszeugnisse*, Bd. II, 1966, S. 275f, Nr. 1084.
Bemerkung: Da das Original vernichtet ist, wird der Brief nach der Fotografie des Originals wiedergegeben.
Einordnung: Vorangegangener Brief Müllers: 16.7.1819.
Regest: Görres übersendet seine Schrift *Teutschland und die Revolution* und geht auf Müllers Schrift *An den Sprecher der Stadt und Landschaft Koblenz* und auf die in Müllers Brief angesprochenen Unterschiede in ihrer beider Ansichten ein.

Coblenz am 19 Sept 1819

Zum Danke für Ihre neuliche Schrifft sende ich Ihnen beyliegend die Meine, auch ein offner Brief an Alle, die es wohl mit dem Vaterland meynen.[1] Daß ich Sie unter diesen begreiffe, werden Sie leicht aus dem Inhalte sehen. Sehr scheu geworden gegen die vielfältige Sophisterey in dieser Zeit habe ich wohl scharf zugesehen, aber wer so lange in der Minorität tapfern Muthes steht, und durch alles Schnödethun des Partheygeistes sich nicht erzürnen noch zur Empfindlichkeit reizen läßt, der kann nicht durch Eitelkeit, sondern allein durch eine gute und starke Ueberzeugung getrieben werden, und die muß man ehren und hochhalten, wenn man sie auch sonst in wesentlichen und unwesentlichen Dingen nicht theilt. Wie wir in unsern Ansichten zueinander stehen, wird Ihnen nun aus der Schrifft in den Hauptsachen klar werden, und ich brauche nicht nochmal zu schreiben, was schon gedruckt ist. Ich habe die Blätter schnell in etwas mehr als vier Wochen niedergeschrieben, und fern von jeder Absichtlichkeit mich darin gehen laßen, wie der Geist eben trieb, Sie werden also leicht und vollständig darin erkennen, wes

Geistes Kind ich bin. Die Zweydeutigkeit, die Sie an mir getadelt[2], wird Ihnen nun vollkommen klar werden, als eine Solche die nicht etwa aus einer dummen Weltklugheit bey mir hervorgegangen, sondern aus einer natürlichen und geschichtlichen Nothwendigkeit, indem im Grunde jener Janus, der sonst nur an der Spitze der Geschichte steht und nach zwey Zeiten schaut, auch bey jedem großen Zeitabschnitte und jeder wahren Epoche wiedergebohren wird, die menschliche Natur aber in irdischen Verhältnissen sich von jener Dichotomie nie lossagen kann. Ich glaube, daß Sie meiner Grundansicht nichts Erhebliches entgegensetzen werden, in der Ausführung tritt das Menschliche mit seinen Irrthümern und Täuschungen ein, und da sieht immer der Eine, was dem Andern entgangen, darum ist im Geisterreiche immer Jeder eines Jeden bedürftig. Ich habe Ihre Schrifft mit Vergnügen gelesen, und bin ebenfals in der Grundlage mit Ihnen einverstanden, und halte die Religion an sich für eine in demselben Verhältniß gründlichere Basis der Verfassung dann der Besitz je seyn kann, als der Himmel höher dann die Erde ist. Aber zu diesem Zwecke muß die Religion Mensch werden, und dann ist sie ans Zeitliche gebunden, und nun kann seyn, daß sie so tief gebunden wird, daß würklich für den Augenblick das schlechtere Prinzip das Bessere ist, aber freylich, wie es Gott eben eingerichtet hat, als Werkzeug zur Entkettung dieses Besseren führend. Das finden Sie im Buche, ist aber eben kein Einwand gegen das Ihrige, das allein nur ausspricht, was seyn sollte. Etwas verwundert hat mich an einem geübten Denker, die naive Freude über gewisse einfache wiedergefundene Grundsätze, und der Glaube, daß es bei dieser Einfachheit nun sein Bewenden haben werde. Wenn ein Künstliches, in der Ueberbildung gänzlich verschraubtes und verrücktes System einmal lange Zeit die Welt gedrückt, dann hält man es allerdings für eine wichtige Entdeckung, wenn man die großen einfachen Grundvesten wieder in der Tiefe entdeckt, auf denen das Ganze ruht, und vergißt, daß wenn darauf wieder etwas gegründet werden soll, doch das Zusammengesetzte wieder sein Recht behauptet, und es bey einigen Zahlwurzeln nicht sein Bewenden haben kann. Im Grunde war das auch einer der Irrthümer Luthers. Alles das verschlägt aber nichts, wofern nur aufrichtigen Herzens dabey gehandelt wird. Ich wünsche, daß es Ihnen wohl ergehen möge.

Ihr Erg.
J Görres.

---

1 Beigelegt war die Schrift *Teutschland und die Revolution*. Müller hatte Görres zuvor seine Schrift *An den Sprecher der Stadt und Landschaft Koblenz*, Leipzig 1818, geschickt. Am 8.10.1819 schickte er ein Exemplar von *Teutschland und die Revolution* an Herzog Ferdinand und am 6.10. eines an Gentz, mit Abschrift des Briefs von Görres (Baxa Nr. 1088 und Nr. 1089).

2 Müller hatte am 16.7.1819 geschrieben: „Sie haben die Formel der Streitfrage in Ihrem Schreiben an mich mit großer Bestimmtheit aufgestellt: E i n e Religion oder d i e Religion. Möchten Sie sich über die daraus hergeleitete Alternative: körperliche und lebendige Stände oder todte Geldstände, öffentlich und umständlich erklären, damit wenigstens der ritterliche Streit fortgeführt werden und dem Hauptübel, der Sprachverwirrung, gesteuert würde. Meine Schriften und meine Person zähle ich dabei für nichts; nicht i c h will Sie provociren oder I h r e Waffen aus Eitelkeit auf mich ziehen. Aber das zerrüttete deutsche Vaterland fordert zumal von den Starken, von den Reichbegabten, von seinen Freunden und Führern, also von Ihnen, daß Sie ihr innerstes Herz, den Kern Ihrer Gesinnung über die Hauptstreitfragen, Ihr Glaubensbekentniß darlegen, und der Zukunft beweisen, daß Sie in allen wesentlichen Stücken nur E i n d e u t i g gewesen sind."

168. An Jacob Grimm

Datum: Koblenz, 19.9.1819.
Original: Staatsbibliothek zu Berlin – Preuß. Kulturbesitz, Nachlass Grimm 433 (2 Seiten).
Druckausgaben: Schoof, Josef Görres und die Brüder Grimm in: *Jb für Geschichte und Kunst des Mittelrheins u. seiner Nachbargebiete* 6-7 (1954-55), S. 94-103; Steig, Gesammelte kleine Bemerkungen zu Dichtern und Schriftstellern des 18. und 19. Jhs, in: *Euphorion* 15 (1923), Erg.H. 15, S. 74f, Nr. 25; Raab, *GS, Erg.bd* 1, Nr. 254 (nach Steig).
Adresse: Herren Jacob Grimm Bibliothekar in Cassel.
Einordnung: Vorangegangener Brief Grimms: 8.8.1819; nächster erhaltener Brief Grimms: 31.5.1822 (Binder (Hrsg.), J. *Görres. Gesammelte Briefe* Bd. 3, Nr. 251, S. 15f; Original: Familienarchiv Görres-Jochner Nr. 80: s. *GS/Briefe* 4).
Regest: Görres sendet seine Schrift *Teutschland und die Revolution.*

Coblenz am 19 Sept.19.

Nebst vielen guten Grüßen habe ich Ihnen eine kleine Schrifft zusenden wollen, die ich die letzte Zeit her niedergeschrieben. Blicken Sie immerhin einmal hinein. Sie werden in einer Camera obscura, oder clara wie Sie's nehmen, das Wesen im Reiche sehen in dem sieben böse und sieben gute Geister umgehen. Sie haben mir hier Beschlag darauf gelegt, aber zu spät nachdem die Vögel schon ausgeflogen.[1] Sie sollen nun zu meinen Freunden fliegen, und ihnen Botschafft von meinem Treiben bringen. So nehmt denn das Eure miteinander freundlich auf, als ein langes Sendschreiben zum kurzen Briefe. Eben die Länge ist Schuld an der Zögerung meiner Antwort auf die letzte Zuschrifft.

Ich wollte immer die Vollendung abwarten. Wittenbach hatte mir nämlich früher schon geschrieben, um seinem Amte Ehre zu machen, er werde Ihnen das Manuskript nicht weigern, erwarte aber darum von Ihnen angesprochen zu werden.[2] Das Blatt hab ich verlegt, aber sonst steht nichts drin. Also werden Sie schon zu ihm in die Audienz müßen. Da ich mir schon mit den Begleitungsschreiben zu den verfluchten Revolutionsbüchern die Finger stumpf geschrieben, so will ich den Brief bis zu besserer Ruhe aufsparen, und dem Casseler Hauß, das wie es scheint, mit der Rheinreise nicht Wort hält[3], die besten Wünsche senden. Gott befohlen.

Ihr
J. Görres.

---

[1] Am 15.9.1819 war die Beschlagnahmung der Schrift *Teutschland und die Revolution* befohlen worden. Allerdings waren zu diesem Zeitpunkt bereits 2300 der 3000 Exemplare ausgeliefert. Auch danach hat Görres noch weitere Exemplare an der Zensur vorbei versenden lassen (s. Brief Nr. 173). Zu der Beschlagnahme Müller, *Görres in Straßburg*, S. 230ff, 261-266. Ebenda zu den verschiedenen Auflagen.

[2] Johann Hugo Wyttenbach, Bibliothekar in Trier, sollte Grimm zur Leihgabe einer Trierer Handschrift verhelfen (vgl. Briefe Nr. 160 und 161).

[3] Görres hatte die Brüder an den Rhein eingeladen (Brief Nr. 161).

169. An die Königliche Regierung in Koblenz

Datum: Koblenz, 19.9.1819.
Original: verschollen.
Abschrift: Berlin, GStA PK, I. HA Rep. 77, Tit. 21, G. Nr. 1, Bd. 1, Bl. 56-57v (4 Seiten).
Druckausgabe: Müller, *Görres in Straßburg*, Beilage Nr. 4, S. 233-235 (vollständig, wenige kleinere Abweichungen). „Görres' Vorstellung an die Regierung von Koblenz, wegen Beschlagnahmung seiner Schrift: Deutschland und die Revolution", in: *Zeitschwingen* (Hrsg. von Ludwig Börne), 3. Jg., Nr. 80 (6.10.1819), S. 321f; dass.: *Allgemeine Zeitung* Nr. 311 (7.10.1819), S. 1243f.
Bemerkung: Da das Original verschollen ist, wird der Brief nach der Berliner Abschrift wiedergegeben.
Einordnung: Eine direkte Antwort der Regierung erfolgte nicht, da sie sich für nicht befugt erklärte und das Schreiben weiterleitete (s. Schreiben der kgl. Regierung vom 21.9.1819). Antwort durch Ingersleben: 25.9.1819.
Regest: Görres betont die Gesetzwidrigkeit der Beschlagnahmung von Exemplaren seiner Schrift *Teutschland und die Revolution*, weist den Vorwurf zurück, das Buch sei anonym und ohne Angabe des Druckorts erschienen, und verlangt, die Gründe für das Vorgehen gegen die Schrift offenzulegen, da ihr Inhalt in keiner Weise strafwürdig sei.

Herr Hölscher hat mir angezeigt, daß am 16ten Septbr der hiesige Oberburgermeister in Gemäßheit eines schriftlichen Befehles einer Hochlöblichen Regierung die noch vorräthigen Exemplare meiner Schrift: Teutschland und die Revoluzion in Beschlag genommen.[1] Diese Maasregel, die erste der Art, die seit der Wiederherstellung, ich will nicht sagen von einer Provinzial Regierung, sondern selbst von der obersten Behörde verfügt worden ist, und auf der ihrer Natur nach nothwendig eine bedeutende Verantwortlichkeit haftet, muß durch die allerwichtigsten und dringendsten Gründe hervorgerufen seyn, und ich habe die seither verlaufenen drey Tage dazu angewendet, diesen Gründen nachzudenken, um wenigstens etwas einigermaßen Plausibles und Wahrscheinliches darüber auszufinden. Da es sich nicht bestättigt hat, daß ich unter Aufsicht der Polizey gegeben sey, und Se Excellenz der Herr Minister von Ingersleben auf meine Anfrage mir noch kürzlich die positive Erklärung gemacht hat, daß die darüber umlaufende Sage gänzlich grundlos sey[2], so muß ich voraussetzen, daß also auch meine Gedanken, die zu mir gehören, und der schriftliche Ausdruck dieser Gedanken in meinen Büchern nicht unter die Spezialinspekzion der Polizei gehören, und daß nicht etwa eine besondere Verfügung eines Hohen Polizeyministeriums über alle meine erscheinenden Schriften einen allgemeinen eventuellen Beschlag verhängt. Da ich mich also in solcher Weise keineswegs als rechtlos und außer dem Gesetze betrachten durfte, so habe ich mich in den Gesetzen selbst umgesehen, ob in ihnen irgend etwas jene Maaßregel rechtfertigen könne, aber in ihnen ist mir nichts dergleichen vorgekommen. Was die Censurverordnungen betrifft, so ist die Preußische noch nicht gesetzlich eingeführt, die Französische aber, das Werk argwöhnischer Tiranney unausführbar geworden. Nach dieser soll der Drucker in ein vom Präfecten beziffertes und paraphirtes Register Titel und Verfasser jedes von ihm übernommenen Buches einzeichnen, und als dann dem Generaldirector des Buchhandels in Paris und dem Präfecten eine Abschrift dieser Inscription einsenden. Da es aber nun keine Präfecte, folglich auch keine bezifferte Register giebt und das Einsenden nach Paris weder thunlich noch rathsam wäre, so ist dadurch jede Censur für andere Drucksachen als Zeitungen, wie es auch die Praxis überall ergiebt, wenn auch nicht formal doch faktisch aufgehoben. Als einen Rechtsgrund für die Confiskazion führt das Gesetz den Mangel der Angabe von Drucker und Verfasser auf dem Werke an; Beydes aber hat eine Hochlöbliche Regierung wider ihr Erwarten auf meinem Werk bey der Confiskazion vorgefunden, und mithin die bewießene Sorgfalt sich des Manuskriptes zu bemächtigen, als gänzlich überflüßig sich ausgewießen. Da ich also auf diesen Wegen nicht so glücklich war, auch nur den Schein eines gesetzlichen Grundes zu entdecken, habe ich in der schriftlichen Weißung an den Oberbürgermeister mich nach demselben umgesehen, und dort allerdings artikulirt gefunden: „wegen Titel und Inhalt". Nun ist aber der Titel: Teutschland und die Revolution. Von Teutschland wird in Preußen wohl noch geredet werden dürfen, von der Revolution zu reden wird gleichfalls kein Aufruhr seyn, und das unschuldige Bindewort und, wird so wenig eine Revolution in Teutschland machen, wie der Kalender das Wetter. Was den Inhalt betrifft, so verbiethet das Gesetz, etwas zu drucken, was die Pflichten der Unterthanen gegen den Souverain und das Interesse des Staates gefährden könnte. Nun aber kann es vernünftigerweiße das Interesse Teutschlands nicht gefährden, wenn man gegen Revolutionen spricht, wenn man überall gegen ungesetzliche Gewaltthätigkeiten warnt, wenn man in Allem zum Frieden redet, und den einzigen Weg angiebt, auf dem dieser erhalten werden kann; noch heißt es dem Souverain zu nahe treten, wenn man etwa die Prädikate bezeichnet, die der Majestät würdig oder unwürdig sind, und von der Uebertreibung aussagt, daß sie ihr selbst als demagogisch erscheinen müße. Jener Weisung waren sieben Bogen des Werkes beigefügt, und es hat den Verfasser wundern müßen, wie ein so zahlreiches Collegium in so kurzer Frist sein Urtheil über so viele Blätter hat befestigen können, und noch mehr, wie Hochdasselbe es hat über sich nehmen mögen, aus einem blosen Fragmente das Ganze, das ihm als noch nicht vorhanden erscheinen mußte, zu beurtheilen, und sogleich als aufrührerisch zu verwerfen. Alle diese Betrachtungen haben ihn aufs Höchste befremden und verwirren müßen, besonders wenn er überlegt, daß da der Druck des Werkes offen unter den Augen einer hochlöblichen Regierung betrieben, das Geheimniß der Stadt gewesen, Hochdieselbe nun zuletzt in einer Weise gewaltsam eingegriffen, die blos das Gehässige der Handlung, keineswegs aber einen bedeutenden Vortheil abgeworfen. Es muß Teutschland eben so sehr irre machen, wie ich es geworden bin, wenn es erfährt, daß während die Preußische Polizey in Berlin diejenigen einsperrt, die sie im Verdachte hat, daß sie eine Republik machen wollen, hier durch dieselbe Polizey die Bücher eingesperrt werden, die diese Republik aus allen Kräften abrathen, und dabey etwas Vernünftigeres empfehlen. Zu Seiner und meiner Aufklärung habe ich darum zuletzt beschlossen, mich an die Autorität, die jene Beschlagnahme verfügt, unmittelbar zu wenden, und sie gehorsamst zu ersuchen, mir die Gründe ihrer Handlungsweiße gefälligst mitzutheilen.[3] Einen sonst wohl üblichen Bescheid, eine hochlöbliche Regierung sey nicht verbunden mir von den Gründen ihrer Handlungsweise Rechenschaft zu geben, würde ich zwar hinnehmen müßen, aber er würde nicht dienen in Teutschland den Verdacht einer untergelaufenen Willkühr niederzuschlagen. Die Angabe, die Maasregel sey auf den

Spezialbefehl der zunächst höheren Behörde genommen worden, würde mir zwar die Instanz bezeichnen, bey der ich meine Genugthuung und mein Eigenthum zu reclamiren habe, aber ich würde dann bey dieser Gelegenheit sehr ungern die Vortheile der collegialischen Verfassung gerade da vermissen, wo sie sich für alle Theile am wohlthätigsten hätte erweisen können, statt dessen aber zur unglücklichsten Stunde versagt.

Coblenz den 19. Septbr 1819.

Gez. J. Görres

---

1 Die Beschlagnahme erfolgte durch Bürgermeister Abundius Maehler, Görres' ehemaligen Schulfreund. Schon vor der Veröffentlichung war dank einer Indiskretion eines Gesellen der Druckerei Heriot eine Denunziation gegen Görres an das Regierungspräsidium gelangt, Görres' Schrift werde mit 3000 Exemplaren vertrieben, als Druckort sei fälschlich „Sachsen" angegeben. Ingersleben verfügte am 15. Sept., es müsse festgestellt werden, ob die Schrift tatsächlich anonym und mit falscher Druckangabe erscheinen solle. In diesem Fall sollten Manuskript und Druckbogen beschlagnahmt werden. In den eingesandten Bogen wurden mehrere Stellen beanstandet, die Maßregeln der Regierung getadelt und fremde Regenten beleidigt hätten. Maehler erhielt den Auftrag, beim Verleger Hölscher die vorrätigen Bogen zu beschlagnahmen. Die Schrift war inzwischen fertiggestellt und teilweise bereits versandt. (Wohlers, Einleitung zu *GS* 13, S. XVI; Görres, *In Sachen der Rheinprovinzen und in eigener Angelegenheit* (*GS* 13, S. 351f); die Akten zur Beschlagnahme der Schrift: Berlin, GStA PK, A.A. I., Rep. IV, Censur Nr. 49; LHA Koblenz, Best. 402, Nr. 864.

2 Ingersleben hatte Görres auf dessen Anfrage hin am 4.8.1819 beruhigt, es sei in Berlin nichts gegen seine Person geplant. Über Ingersleben, „sonst ein ruhiger, billiger, gerechter, wohlwollender Mann", der „überall zum Mäßigen und Milden neigte" und der schon einmal ein Urteil über Görres' lautere Motive zu dessen Verteidigung ausgesprochen habe: Görres, *In Sachen der Rheinprovinzen*, S. 155 (=*GS* 13, S. 351).

3 Görres' Schreiben wurde mit Datum vom 21.9. von Regierungsrat Heuberger in Abschrift an Ingersleben weitergeleitet und das weitere Vorgehen „Eurer Excelens höherem Ermessen" anheimgestellt. (Berlin, GStA PK, I. HA Rep. 77, Tit. 21, Spez. G, Nr. 1, Bd. 1, Bl. 58); Ingerslebens Antwort an die Kgl Regierung in Koblenz vom 22.9.1819 (ebda Bl. 59): „Der kgl Regierung sende ich die Eingabe des Prof Görres vom 19ten d.M. mit dem Bemerken zurück, daß nicht wohl abzusehen ist, weshalb dieselbe Bedenken getragen hat, dem Görres zu eröfnen, daß weil in seiner Schrift Stellen befindlich, in welchen die Maaßregeln Sr Königl Majest auf eine unehrerbietige und selbst beleidigenden Weise getadelt worden, den bestehenden Vorschriften gemäß, die Beschlagnahme derselben veranlaßt, und zur ferneren Bestimmung an das Kgl Ministerium des Inneren Bericht erstattet worden sey. Im Uebrigen kann ich nicht unbemerkt lassen, daß der Oberbürgermeister Maehler bei Ausrichtung des ihm von der Kgl Reg ertheilten Auftrages sich nicht gut benommen hat; er sollte die ganze Auflage in Beschlag nehmen, und nachdem schon 2300 Exemplare versandt waren, hätte ihm einleuchten sollen, daß die Versiegelung des noch vorhandenen Restes derselben, zu nichts mehr nützen konnte. Auch würde ich kein Bedenken getragen haben, die kgl Regierung zur Aufhebung der Beschlagnahme der 700 Exemplare zu veranlassen, wenn hierdurch nicht den von Wohlderselben erbetenen Bestimmung des kgl Ministerii des Innern würde vorgegriffen worden seyn. Koblenz den 22ten Sept 1819 gez. Ingersleben".

170. An Karl August Freiherrn von Hardenberg

Datum: Koblenz, 19.9.1819.
Original: Berlin, GStA PK, I. HA Rep. 77, Tit. 21, G. 1, Bd. 2.
Druckausgaben: Schellberg (Hrsg.), *Ausgewählte Briefe* (1911), Anhang Nr. 7, S. 564f (mit Lesefehlern, unter der Angabe „An Oberpräsident von Ingersleben"; Müller, *Görres in Straßburg*, Beilage Nr. 3, S. 232.

Einordnung: Letztes Schreiben Hardenbergs 27.1.1819; eine Antwort ist nicht erhalten.

Regest: Görres sendet seine Schrift *Teutschland und die Revolution*, betont den versöhnlichen Geist, in dem sie geschrieben sei, berichtet von der ungerechtfertigten Beschlagnahmung durch die Regierung in Koblenz und äußert die sichere Zuversicht, dass Hardenberg die Regierung anweisen werde, diesen Beschluss aufzuheben.

Euer Durchlaucht
Erhalten beyliegend eine kleine Schrifft, die ich aufgefordert durch die mehr und mehr sich drängenden Ereignisse, die letzte Zeit hier niedergeschrieben.[1] Wenn Höchstdieselben einen Blick auf diese Blätter werfen wollen, so werden Sie sich überzeugen, daß sie durchhin in einem versöhnlichen Geiste geschrieben sind, deutend auf die Abgründe rechts und links, und nach bester Ueberzeugung den einzigen Weg mitten hindurch bezeichnend und andeutend. Um dieser Ueberzeugung Eingang zu verschaffen, habe ich über die gegenwärtige Lage der Dinge Wahrheit reden müßen; damit ich nicht für einen der Lügenpropheten gehalten werde, die die Zeit verwirren, mußte Sie, die Wunder thut, ein Zeugniß seyn, da ich selbst nicht Wunder thun kann. Die hießige Königliche Regierung, dies mißkennend, hat ehe Sie eine Einsicht des Ganzen gewinnen können, blos nach Einsicht der ersten neun Bogen mit Umgehung der geltenden Gesetzgebung Beschlag auf einen Theil der Auflage gelegt, und also ohne den mindesten absehbaren Vortheil eine schreyende Gewaltthätigkeit geübt.[2] Ich beschränke mich, indem ich diese Maaßregel Euer Durchlaucht anzeige, Höchstdieselben, auf den Eindruck aufmerksam zu machen, den es, nach Allem was sich vor Kurzem begeben hat, in Teutschland machen würde, wenn solche Grundsätze, wie sie dieses Buch enthält, auf eine so ruhige Weiße vorgetragen, und überall auf geschichtliche Wahrheit fest begründet, nun auch von der Regierung gemißbilligt würden, und wenn es jeder untergeordneten Behörde erlaubt seyn sollte, sich in solcher Weiße nicht bloß zum Richter sondern auch zum Tyrannen der Ueberzeugung aufzuwerfen. Ich bin überzeugt, daß es keiner weiteren Auseinandersetzung bedarf, um Euer Durchlaucht zu vermögen, die Regierung anzuweißen, den widerrechtlich angelegten Beschlag aufzuheben, und mir damit jene Genugthuung zu geben, die ich für die gewaltsame Vorenthaltung meines Eigenthums und zugleich für die öffentliche Ehrenkränkung fordern darf.[3]

Coblenz am 19 Sept 1819

Euer Durchlaucht
Gehorsamst Ergebenster
J. Görres

---

1 Görres, *Teutschland und die Revolution,* Koblenz (Hölscher) 1819.

2 Zur Beschlagnahme der Schrift s. die Briefe Nr. 168 und 169.

3 Eine Antwort von Hardenberg ist nicht erfolgt. Auch ein weiteres Schreiben an Hardenberg vom 18.10.1819 blieb ohne Antwort (Fink-Lang, *Görres*, S. 191f). Vgl. dazu Görres' Urteil über Hardenberg in *In Sachen der Rheinprovinzen,* S. 93ff und 98 mit dem impliziten Vorwurf, Hardenberg sei als Steuermann zu einem „Spiel der Wellen", zum Spielball der gegensätzlichen Parteien geworden, ohne klaren Kurs zu halten.

171. An Sulpiz Boisserée

Datum: Koblenz, 19.9.1819.
Original: Hist. Archiv Köln, Best. 1018, A 113.
Druckausgaben: Mathilde Boisserée (Hrsg.), *Sulpiz Boisserée. Lebensbeschreibung und Briefwechsel*, Bd. I, Stuttgart 1862, S. 372f (dat. 13.9.1819); Binder (Hrsg.), *Freundesbriefe* Nr. 214, S. 587f (nach Math. Boisserée; mit falschem Datum 13.9.); Schellberg (Hrsg.), *Ausgewählte Briefe* (1911), Nr. 128, S. 277f (unter 19.9.; „an die Brüder Boisserée").
Einordnung: Von den Brüdern Boisserée sind keine Briefe aus 1819 an Görres erhalten. Nächste überlieferte Briefe zwischen den Brüdern Boisserée und Görres erst 1821 und 1822 (*GS/Briefe* Bd. 4).
Regest: Görres sendet seine Schrift *Teutschland und die Revolution,* erzählt von der gelungenen Versendung der meisten Exemplare trotz des Befehls der Beschlagnahmung und mutmaßt über mögliche Reaktionen in Berlin.

Coblenz am 19 Sept 19.

Ich wollte Euch oben in Schwaben wieder einmal einen Denkzettel an mich geben, darum sende ich Euch das beyliegende Buch, das ich im August niedergeschrieben habe.[1] Es ist eben auch eine Art von Altarbild in den Hofcapellen mit Hölle, Fegfeuer, jüngstem Gericht, in der Mitte St. Antonius der den Fischen predigt, St. Rochus der die Hunde verjagt u.s.w. auf den Flügeln, außen die vierzehn Nothhelfer. Nun scheint es zwar, als ob meine Mahlerey oben keinen Beyfall finden wolle, weil die unten, unsere hießige Regierung Beschlag auf das Ganze hat legen wollen, weil ich aber den Fa Presto gemacht, und die Sache accurat vorgesehen, darum ist, als sie eben die Zugbrücke aufgezogen, das Roß drüben gewesen, und aus seinem Schweife sind nur einige Haare in den Thorflügeln eingeklemmt zurückgeblieben.[2] Jetzt haben sie das verdrießliche Nachsehen zu viel tausend Blättern, die in die Welt fliegen und wo immer in einem das Nämliche wie im Andern steht. In Berlin wirds diesmal sehr donnern, obs einschlägt wollen wir in Geduld erwarten, ich habe zwar keinen Wetterableiter auf dem Hauße, aber doch gegenüber.

Ihr lebt ja wohl lustig oben, und die Schwaben kommen wohl fleißig wie ich lese, und es zieht der Landsturm durch Eure Zimmer. Ihr werdet wohl finden, daß die Leute dort zu Lande gerade das haben, was denen über der Elbe fehlt, nämlich Sinn für die Sache innerlich. Die Fenster sind ihnen nur eben angelaufen, darum scheints etwas trüblich durch, und da ist Eure Sendung klar zu machen und hell zu putzen zur Belohnung für ihre seitherige gute Aufführung, und weil es an ihnen der Mühe lohnt, was bey unsern Herren im Prozeße steht. Hernach wenn die Bilder das Evangelium gepredigt haben, kommen sie wieder heim. Gott behüthe Euch Alle.

J. Görres

---

1 *Teutschland und die Revolution*, Koblenz 1819. Mit Sulpiz zugleich angesprochen sind sein Bruder Melchior und Freund Bertram, die damals zusammen in Heidelberg lebten.
Am 13. Okt. 1819 notiert Sulpiz in seinem Tagebuch: „Görres genial. Buch über Deutschland und die Revolution … Görres hat sollen arretiert werden in Frankfurt. Senatus zog es in die Länge" (Boisserée, *Tagebücher* S. 579).

2 Zu den bereits vor Beschlagnahmung ausgelieferten Exemplaren vgl. Briefe Nr. 168 und 169.

172. Görres an Exzellenz NN

Datum: o.O. o.D.: Koblenz, Sept. 1819 (nach 19.9.1819).
Original: Bibliothek der Lutherhalle Wittenberg.
Unveröffentlicht.
Zur Datierung: Der Brief ist kurz nach dem Schreiben an Hardenberg und nach der Beschlagnahme der Exemplare von *Teutschland und die Revolution* zu datieren.
Zum Adressaten: In Frage kommen als von Görres mit Exzellenz angesprochene Briefpartner Justus v. Gruner, Gneisenau und der Freiherr vom Stein. Ingersleben, der die Beschlagnahme verordnet hatte, scheidet aus. Gruner, damals als Gesandter in der Schweiz, war ebenso wie vom Stein und Gneisenau, der in Berlin und Erdmannsdorf lebte, politisch kaltgestellt, alle drei standen mit Görres noch sporadisch in freundschaftlichem Kontakt und konnten von ihm in der Sache als Gleichgesinnte angenommen werden. Gruners letzte Zuschrift datiert vom 12.2.1819; ihm hatte Görres im Februar 1818 seine Adress-Schrift zugesandt; Gneisenau hatte zuletzt am 20.8.1818 geschrieben, er gehörte auch später zu den Freunden und Bekannten, denen Görres Exemplare seiner Arbeiten senden ließ (das *Heldenbuch von Iran*: Görres an Katharina Görres, 30.10.1819: *Familienbriefe* S. 104-107: s. *GS/Briefe* 4). Eine Einlage an Stein war dem Brief vom 15. September an Groote (Nr. 166) beigegeben gewesen. Da aber in gegenwärtigem Schreiben der Brief an Hardenberg als bereits geschrieben erwähnt wird, es also nach dem 19.9. zu datieren ist, ist davon auszugehen, dass es sich hier nicht um den am 15. September beigelegten Brief an Stein handeln kann. Ob diese bereits ein Exemplar von *Teutschland und die Revolution* enthielt oder etwa nur die Ankündigung der Zusendung, ist unbekannt. Seine Arbeit daran hatte Görres schon in seinem Brief vom 20.7.1819 erwähnt. Eine eindeutige Festlegung auf einen der möglichen Adressaten ist nicht möglich.
Regest: Görres sendet seine Schrift *Teutschland und die Revolution,* davon ausgehend, dass der Adressat seine Intentionen nicht missverstehen werde, und berichtet von der Beschlagnahmung der Schrift.

Euer Exzellenz
Sende ich eine kleine Schrifft, die ich die letzte Zeit geschrieben, indem ich mich den vielfältigen Aufforderungen der Zeit nicht entziehen zu dürfen glaubte. Der Geist und die Gesinnung, worin das Ganze geschrieben ist, mag sich selbst kund thun, und ich bedarf bey Ihnen nicht jenes grobe Mißkennen befürchten, das die hießige königl. Regierung sich hat zu Schulden kommen laßen, indem sie einen kleinen übrigen Theil der Auflage in Beschlag genommen. Ich habe deswegen schon meine Klage bey Sr Durchlaucht dem Fürst Staatskanzler angebracht, und hoffe, daß er mir die Genugthuung verschaffen wird, die ich fordern darf.[1]

Euer Exzellenz
Gehorsamst Ergebenster
J. Görres

---

[1] Der Brief an Hardenberg: Brief Nr. 170.

173. An Friedrich Perthes

Datum: Koblenz, 28.9. o.J.: 28.9.1819.
Original: Staatsarchiv Hamburg, Nachlass Perthes I, Mappe 11b, Bl. 221f (2 Seiten).
Druckausgabe: Schellberg (Hrsg.), Briefe an Perthes, in: *Erste Vereinsschrift der Görres-Gesellschaft für 1913*, Nr. 22, S. 83f.
Adresse: Herrn Perthes et Besser Buchhändler in Hamburg.
Zur Datierung: Beschriftung von Perthes Hand: „Goerres 1819". Das Jahr geht überdies eindeutig aus dem Zusammenhang hervor.
Einordnung: Perthes' Antwort: Ende Sept. 1819. Vorliegendes ist Görres' letztes Schreiben vor seiner Flucht aus Koblenz. Bereits am 30.9.1819 erging die Kabinettsorder des Königs Friedrich Wilhelm III., die seine sofortige Verhaftung befahl.
Regest: Görres sendet Exemplare der 2. Auflage von *Teutschland und die Revolution* und bittet Perthes, weitere 3000 Exemplare schnellstmöglich drucken zu lassen.

Coblenz am 28 Sept.

Sie werden jetzt die 150 Ex. der Schrifft erhalten haben[1], ÜberMorgen (ausgebessert aus Morgen) oder den Folgenden Tag gehen noch 300 von Frankf. aus der zweyten Auflage an Sie ab. Ich habe zwar nun schon 6000 Abdrücke im Umlauf, aber der Norden hat davon noch beynahe gar nichts. Ich mögte aber Teutschland badwarm damit heizen, damit die vielen fixen Ideen einmal aufthauen und zerfliessen. Darin aber droht mich der Bundestag mit den unvernünftigen, glücklicherweiße unausführbaren Resultaten der Carlsbader Conferenz zu unterbrechen.[2] Darum muß ich im Norden einen neuen Mittelpunkt anlegen, und ich bitte Sie, auf meine Kosten sogleich 3000 Ex. der Schrifft abdrucken zu laßen. Das muß aber binnen acht Tagen zu Ende seyn, ja wenn es möglich ist, jeden Tag drey Bogen zu liefern, so wär es um so beßer. Sie werden alsdann diese Auflage sogleich im Norden versenden, entweder auf eignen Namen, oder wenn Sie das nicht wollen, im Namen des Herren Hölscher und in diesem Falle alsdann diesem die Fakturen einschicken.[3] Sie werden den Inhalt schon kennen, und sich darin überzeugt haben, daß Sie damit keine demagogischen Umtriebe machen. Das Buch macht hier im Süden unglaublichen Eindruck, und ich hoffe es soll mit Gottes Segen viel Gutes würken. Ziehen Sie für die Kosten auf mich, sonst noch werden wir miteinander gewähren. Schreiben Sie mir Ihr Urtheil über die Arbeit.[4] Leben Sie wohl und behalten Sie mich in Ihrem Andenken.

Ihr Erg
J Görres

Auf den Titel wird immer noch zweyte Auflage gesetzt.

---

1 *Teutschland und die Revolution* von J. Görres, Coblenz, 1819, in Commission bey H.J. Hölscher. Über die Abnahme und Verbreitung der Exemplare *Fr. Perthes Leben* Bd. 2, S. 210f.

2 Die Karlsbader Beschlüsse waren auf den Karlsbader Ministerialkonferenzen (6. bis 31. August) verabschiedet und dem Frankfurter Bundestag am 20. September 1819 zur Beschlussfassung vorgelegt und angenommen worden. Der Bundestag in Frankfurt setzte aufgrund der Beschlüsse 1819 eine Zentral-Untersuchungskommission in Mainz zur Untersuchung demagogischer und revolutionärer Umtriebe ein. Im Original ist die ursprüngliche Formulierung „unterbricht" durchgestrichen und übergeschrieben durch „droht … zu unterbrechen".

[3] Die verschiedenen Ausgaben: 1. Auflage: Coblenz 1819, in Commission bey J.H. Hölscher (gedruckt in Koblenz von Heriot); 2. Auflage: „Teutschland 1819“ (laut Wohlers, *GS* 13, S. 558 „vielleicht noch in Koblenz besorgt“); „zweyte Auflage“: Teutschland (Frankfurt) 1819; „Coblenz 1820“; Tübingen (Osiander) 1819. Dazu Wohlers, *GS* 13, S. 558f; Portmann-Tinguely, *Görres-Bibliographie (GS/Ergänzungsband* 2), S. 10f. Zur Entstehung der verschiedenen Druckausgaben K. A. v. Müller, *Görres in Straßburg*, S. 261ff. Zur Verbreitung der 2. und 3. Auflage durch Perthes Brief Nr. 174 und Görres an Perthes Straßburg 9.12.1819 (Staatsarchiv Hamburg, NL Perthes, Mappe 11b, Bl. 287f: s. *GS/Briefe* 4).

[4] Zu Perthes' Urteil über *Teutschland und die Revolution* s. seinen Brief von Ende September.

174. An Friedrich Perthes

Datum: Frankfurt, 2.10.1819.
Original: Staatsarchiv Hamburg, Nachlass Perthes I, Mappe 11b, Bl. 236f (3 Seiten).
Druckausgaben: Schellberg (Hrsg.), Briefe an Perthes, in: *Erste Vereinsschrift der Görres-Gesellschaft für 1913*, Nr. 23, S. 84-86; Binder (Hrsg.), *Freundesbriefe* Nr. 217, S. 592f; Schellberg (Hrsg.), Ausgewählte Briefe (1911), Nr. 130, S. 283-285 (jeweils ohne letzten Absatz); Schellberg (Hrsg.), *J. Görres. Eine Auswahl aus seinen Werken und Briefen* (1927), S. 556f; H. Münster, *Joh. Josef Görres. Eine Auswahl aus seinen nationalen Schriften*, Hamburg 1925, S. 186f (nach Schellberg); *Fr. Perthes Leben* Bd. 2, S. 169-171 (Ausschnitt).
Adresse: Herren Perthes & Besser in Hamburg.
Einordnung: Vorangegangener Brief von Perthes: Ende Sept. 1819; Nächster Brief von Perthes: 20.2.1820.
Regest: Görres macht seinem Ärger über die Karlsbader Beschlüsse und die Pressgesetze Luft, stellt fest, dass sein Buch augenscheinlich dazu bestimmt sei, als Vertreter des gesunden Menschenverstandes der sogenannten Staatsweisheit entgegenzutreten, und gibt Anweisungen zur möglichst raschen Verbreitung der 3. Auflage.

Frankfurt Am 2. Okt. 1819.

Sie werden meine Zuschrifft vom 29 und seither auch die Carlsbader Beschlüsse erhalten haben.[1] Man muß gestehen, daß diesen Leuten ein schätzbares Talent einwohnt, immer das Gegentheil von dem hervorzubringen, was sie bezwecken, und daß es keine ärgeren Unruhestiffter giebt, als diese Wassermänner, die das Schmiedefeuer mit ihren nassen Haderlumpen immer nur zu größeren Zornesgluthen reizen. Ich kann mirs gar nicht anders klar machen, als daß sie Hydatiden[2] in den Hirnkammern sitzen haben nebst einigen serösen Ausschwitzungen, dann bekommen die Hämmel bekanntlich die Drehkrankheit, und werden wüthend in ihrer Art, freylich nicht in blutdürstiger Weiße, aber sie stampfen eben, trommeln, blasen und fauchen, und ihre Sanftmuth scheint sehr zornig. Man sollte glauben, Leute die durch ihre Stellung von oben her die Sachen betrachten, müßten nothwendig schon deswegen eine ruhige, feste Ansicht gewinnen; aber weit das Gegentheil; weil sie schwache Köpfe haben, werden sie gleich schwindlicht, wie sich etwas regt, und ab sofort geht die Welt um sie her im Kreiße, und sie fürchten die Häußer schlügen ihnen die Köpfe ein, und die Bäume kämen daher und spießten sie auf ihrem hohen Pferde. Man kann sich eben nicht verhehlen, daß so lange das Geschlecht beschränkter, verzagter, jämmerlicher Menschen, die mit lachendem Muthe einmal im tiefsten Abgrunde des Schimpfes, der Schande und der Niedertracht gelegen, dann vom umkreißenden Rade gefaßt und auf die Höhe geführt, nichts oben als Kleinmuth, Angst und Todesschrecken mitten in kläglichem Hochmuth empfunden, daß so lange diese Schächer an der Spitze der Geschäffte stehen, kein Heil zu erwarten ist, und kein Glücksstern über Teutschland leuchten wird. Inzwischen hat ihnen die Noth die Vollziehung des dreyzehnten Artikels abgedrungen[3]; wie sie ihn freylich zu vollziehen denken, haben sie deutlich genug ausgesprochen; aber das hat wohl Alles gute Wege; was sie geben ist gegeben, was sie am Rechte vorenthalten, wird ihnen vom Gegebnen abgenommen, und so kömmt die Sache, aber freylich unter Streit und Stößen, doch ins Geleis. Am allerlächerlichsten ist, was sie über die Preßfreyheit verfügt, sie könnten wohl eher ein Sieb mit Flöhen hüthen, als das Gedankenreich in ihrer Pferge halten. Ich mögte gleich Idyllen dieser neuen diplomatischen Schäfer schreiben, und die Noth und die Angst schildern, in der diese Jammerbilder Ure, Wisende, Einhörner und sonstiges ungebärdiges Vieh zu weiden sich die saure Dienstpflicht aufgeladen; sie werden sich in diesem Garten die saftigsten und schmackhafftesten Stechäpfel zum Desert ziehen. Als ich mein Buch schrieb, hab ich selbst nicht gewußt noch geahndet, welche Wichtigkeit es durch diese Carlsbader Fabrikatur erlangen würde, und wie es bestimmt sey, als die Deklarazion des gesunden Menschenverstandes, einer sogenannten Staatsweisheit entgegenzutreten, die nun auf dem Culminazionspunkte der Unnatur angekommen ist.

Von hier ist die zweyte Auflage nun in alle Welt ausgegangen, der dritten aber, wie ich vermuthete, der Weg verrannt.[4] Der Senat hat allen Druckern das Versprechen abgenommen, kein Werk unter 20 Bogen abzudrucken, das nicht die Censur passirt.[5] Das wird, da Sie keinen Bundestag bey sich sitzen haben, bey Ihnen nicht so schnell vor sich gehen, doch kanns (zur) Beschleunigung mahnen. Ich werde wohl in diesen Tagen eine Vorr(ede) eben über die Carlsbader Angelegenheiten schreiben, und sie Ihnen, (wenn)[6] sie bey Zeiten fertig wird, auch zu der Ihrigen senden, ist sie aber zur Zeit der Vollendung des Abdrucks noch nicht bey Ihnen eingelaufen, so halten Sie die Ausgabe darum nicht länger auf. Sie versorgen damit die ganze Seeküste östlich und westlich bis auf die Höhe von Berlin, das von hier aus seinen Theil erhalten, auch Bremen ist ziemlich versehen. Sie setzen dritte Auflage auf den Titel da ich die Vierte anderwärts versuchen laße.[7] Ich wünsche, daß es Ihnen wohl ergehe.

---

1 Görres letzter Brief datiert vom 28.9.1819 (Brief Nr. 173). Ebda auch zu den Karlsbader Beschlüssen.

2 Hydatiden: in der Urologie und Gynäkologie wässrige Bläschen, auch die glasigen Finnen von Bandwürmern.

3 Artikel 13 der Bundesakte vom 8. Juni 1815 hatte bestimmt: „In allen Bundesstaaten wird eine landständische Verfassung stattfinden", jedoch nicht näher definiert, wie eine solche Verfassung aussehen sollte, oder bis zu welchem Zeitpunkt sie gegeben werden müsse. Die ersten Verfassungen wurden 1816 im Fürstentum Schaumburg-Lippe und im Großherzogtum Sachsen-Weimar-Eisenach verabschiedet, 1818 im Großherzogtum Baden und im Königreich Bayern, 1819 im Königreich Württemberg.

4 Zu den einzelnen Auflagen von *Teutschland und die Revolution*: Brief Nr. 173, Anm. 3. Zu den Schwierigkeiten, die Perthes auf Antrag der preußischen Polizei durch die Hamburger Polizei bekam: Schellberg, *Briefe an Perthes*, S. 86. (Ebda über eine an Perthes gerichtete Mitteilung über geplante Beschlagnahme von 200 Exemplaren der Görres-Schrift, dat. 9.10.1819, unterschrieben B., und ein Formular der Polizeibehörde vom 9.10. mit dem Gebot, Perthes solle sich bei der Polizei einfinden).

5 1819 erfolgte im Rahmen der Karlsbader Beschlüsse eine Wiedereinführung der Zensur. Sämtliche Schriften bis zu einem Umfang von 20 Bogen waren vorzensurpflichtig.

6 Stelle abgerissen bzw. durch Siegel verdeckt. Ergänzungen jeweils in Klammern.

7 Müller, *Görres in Straßburg*, S. 265 dazu: „Dies bezieht sich jedenfalls auf die bei Winter in Heidelberg begonnene (von ihm hier als 3. bezeichnete) Auflage. Ihr Druck wurde aber gleichfalls auf Grund der Karlsbader Beschlüsse unterbrochen, und Görres, der immer noch an eine baldige Änderung der Lage glaubte, dachte zunächst daran, ihn in Straßburg vervollständigen zu lassen." Noch am 9.12.1819 schrieb er aus Straßburg an Perthes: „Von dem Buche habe ich noch eine beynahe fertige Auflage liegen, ich laße sie vollenden, wenn sie verkauft werden kann. Wie ists damit bey Ihnen, und kann sie im Norden in den Handel kommen, wenn sie als Fortsetzung der ersten Auflage Verleger und Verfasser unter dem Titel hat?" (Staatsarchiv Hamburg, NL Perthes, Mappe 11b, Bl. 287f: s. *GS/Briefe* 4).

175. An Landrat NN (Rundschreiben an mehrere Landräte)

Datum: Koblenz, 3.10.1819.
Original: Stadtarchiv Koblenz, Best. 623, Nr. 2671, Bl. 478 (Autograph Görres, ohne Unterschrift).
Unveröffentlicht.
Einordnung: Eigenhändige Vorlage von Görres für ein Rundschreiben, das offenbar erst nach Görres' Weggang aus Koblenz verschickt wurde.[1]
Regest: Görres teilt die Entscheidung des Hilfsvereins mit, dass die Gelder zur Rückzahlung für die vor zwei Jahren versendeten Saatgüter durch die örtlichen Hilfsvereine und Bürgermeister eingetrieben werden sollen. Der Verein werde sie für wohltätige Zwecke nutzen.

Da die diesjährige Erndte allerwärts längst eingethan ist, so hat der Hülfsverein dafür gehalten, daß die Zeit gekommen sey, wo die vor zwey Jahren in die verschiednen Bezirke versendeten Saatfrüchte wieder, um zu andern gleichwertigen Zwecken verwendet zu werden, zurückzugeben seyen. Da die Rücklieferung derselben in Naturalien sowohl für ihn als für die Unterstützten mit mancherley Inconvenienzen verknüpft seyn mögte, so hat er für gut befunden statt dessen einen bestimmten Preiß in Geld anzusetzen. Es würde einerseits allzu drückend für die seitherigen Nutzniesser seyn, wenn man zum Maaßstab dieser Rückzahlungen den damaligen Marktpreiß annehmen wollte; andrerseits hat er die Verpflichtung die Summe zu einer milden Stifftung bestimmte Summe (!) nicht allzu sehr einschwinden zu laßen, damit sie zu dem vorgesetzten Zwecke einigermaßen zureichend sich beweiße. Darum hat er als allgemeinen Preiß, den ohngefähr Mittleren zwischen diesem und dem vorigen Jahre, zu eilf Florin angenommen. Sie Herr Landrath! Werden darum die Güte haben, dies den verschiednen Hülfsvereinen und Bürgermeistern Ihres Bezirkes wissen zu laßen, damit dieselben für die Eintreibung jener Gelder Sorge tragen, und sie, am schicklichsten durch die Bezirkseinnehmer, dem Empfänger des Vereins H. Handelsmann Arnold[2] dahier, wo möglich bis gegen Martini, einliefern. Was jede Gemeinde für die Zwecke des Vereins über Ihren Antheil freywillig beytragen will, bleibt ihrem Vermögen und guten Willen überlaßen; über die Verwendung des Ganzen aber wird der Verein seiner Zeit wieder eine gedruckte Bekanntmachung erlaßen.[3]

Coblenz am 3. Okt. 1819 Die Glieder des Hülfsvereins

---

[1] Görres war bereits seit 1. Oktober in Frankfurt (Vgl. Brief Nr. 176). Das Schreiben war wohl von Görres vor seiner Abreise aufgesetzt worden und vom Verein an verschiedene Landräte verschickt worden. Zu der Wiedererstattung von Saatgütern vgl. Schmitz an Görres 22.3.1819.

[2] Christian Ludwig Arnold war Farbenhändler in Koblenz. Zum Hilfsverein: Wohlers, Görres und der Koblenzer Hilfsverein, in: *Koblenzer Volkszeitung* Nr. 18 (24.1.1926), S. 5; Fink-Lang, *Görres,* S. 174-176.

[3] Zur Verwendung der übriggebliebenen Gelder des Hilfsvereins: Briefe Nr. 145 und 146.

176. An Katharina Görres

Datum: Frankfurt, 3.10.1819.
Original: verschollen.
Druckausgaben: Marie Görres (Hrsg.), *Familienbriefe*, S. 95-97; Schellberg (Hrsg.), *Ausgewählte Briefe* (1911), Nr. 131, S. 285f (nach der Ausgabe der *Familienbriefe* mit Auslassungen).
Bemerkung: Da das Original verschollen ist, wird der Brief nach der Ausgabe der Familienbriefe wedergegeben.
Regest: Görres berichtet von seiner Reise nach Frankfurt und seinem Incognito-Aufenthalt dort und kündigt seine baldige Rückkehr nach Koblenz an.

Frankfurt, Sonntag den 3. Oct. 1819

Ich wollte euch in aller Kürze anmelden, daß ich vorgestern Abend wohlbehalten hier angelangt bin.[1] Die Reise ging, wie ihr gesehen haben werdet, durch lauter Sonnenschein zwischen dem grünen Rhein und den grünen Bergen ins dürre Mainz. Aber der berühmte Pudel, der meinen Namen trägt, lief immer vor mir her, und als ich Abends sieben Uhr im größten Geheimniß hier angelangt, um meinen Paß nicht vorzeigen zu müssen, vor dem Thor abgestiegen, brachte Kretschmar um neun Uhr nach Hause: man habe ihm im gelehrten Verein erzählt, ich sei eben einpassirt, woran ich die g u t e Polizei, nicht die Polizei, die nichts von mir weiß, sondern ihrer Pflegbefohlenen erkannte.[2] Uebrigens habe ich doch, um nicht ausgelacht zu werden, einiges Incognito soutenirt, und wohne beim Doctor, bin gestern nicht ausgegangen, heute auch nicht, werde wohl auch noch Montag und Dienstag fortfahren, dann aber habe ich es satt. Ich spüre, daß ich nicht das mindeste Talent zum Festungsitzen habe, nicht einmal als Commandant, vielweniger als Commandirter.

Ich habe mir zwar von der Bibliothek eine Anzahl Folianten kommen lassen, und arbeite darin recht fleißig, ohne weiter von der Politik Notiz zu nehmen, aber desto mehr von dem schönen blauen Himmel, der oben herein leuchtet. Heute Abend will ich mich die Sperre nicht dauern lassen, und im Mondschein einen der sentimentalsten Spaziergänge machen. Ich sitze eigentlich so gewissenhaft ein, weil K. die Leute weisgemacht, ich sei durchpassirt nach Berlin, da muß ich ehrenhalber doch wenigstens vier Tage auf der Reise bleiben, unterdessen bringe ich den dickleibigen Suidas klein und einige sonstige Tröster, und dann halte ich meinen Einzug. Während der Zeit wird wohl der zornige Jupiter bei euch unter Blitzen eingekehrt sein, oder auch wie ein stiller Wind abgefahren, in beiden Fällen hat man den schwefeligten Nachgestank nicht. Hier hat sich der Bundestag bis zum 20. Januar in die Ruhe gethan, die ihm alle Welt von Herzen gönnt. Sie bilden sich sammt und sonders auf ihre Energie viel ein, alle Minister sind soldatisch geworden, ziehen sich halter eine Schnurra, rauchen Tabak und trinken Branntwein: „Jott, Jott, watt wird datt geben?" Alle Drucker sind hier vereidet, nichts unter zwanzig Bogen ohne Censur zu drucken, ich habe mich gleich erboten, den Rest in lauter Lobsprüchen der Betheiligten beizufügen, um das verlangte Maß zu füllen. - -

Meine Adresse werdet ihr bei Jean Claude finden.[3] Schreibt mir was vorfällt, ich werde sobald als möglich auf die Heimkehr denken. Nun Gott befohlen! Viele Grüße allen Freunden und Bekannten.

---

[1] Am 30. September 1819 war der königliche Haftbefehl gegen Görres ergangen, mit dem Auftrag, ihn auf die Festung Glatz in Niederschlesien transportieren zu lassen. Kabinettsorder Friedrich Wilhelms III. vom 30.9.1819: „Die Straffälligkeit des Professors Görres, welcher sich nicht entsehen hat, sich in seiner dem Druck übergebenen Schrift „Teutschland und die Revolution", obgleich er von der Freigebigkeit des Staats ein Wartegeld von 1800 r. genießt, Beleidigungen seines und fremder Landesherren in den unehrerbietigsten Ausdrücken zu gestatten und zu versuchen, unter dem Schein, als ob er gegen die Revolution und ungesetzliche Gewaltthätigkeiten warne, und zum Frieden rathe, das Volk durch den frechsten Tadel der Maaßregeln der Regierung, zur Erbitterung und Unzufriedenheit aufzureitzen, liegt so klar am Tage, daß ich Ihnen hierdurch auftrage, ihn sofort arretiren und unter sicherer Begleitung nach Glatz auf die Festung transportiren zu lassen. Der Commandant derselben Oberst von Glan erhält von hieraus den Befehl zu seiner Annahme. Sie werden dafür sorgen daß diese Maaßregel mit gehöriger Vorsicht und ohne unnöthiges Aufsehen ausgeführt werde. Zugleich sind seine sämtlichen Papiere in Beschlag zu nehmen und versiegelt hieher an den Staats Minister von Schuckmann zu befördern. Berlin, den 30. Sept. 1819 Friedrich Wilhelm" (LHA Koblenz, Bestand 402, Nr. 669; Entwurf von Hardenberg: Berlin, GStA PK, I. HA Rep. 77, Tit. 21, G. 1, adhib.; Müller, *Görres in Straßburg*, S. 237). Zur Verhaftung und Flucht: LHA Koblenz, Best. 402, Nr. 669).

[2] Der Arzt und Anatom Dr. Philipp Jakob Kretzschmar, bei dem Görres logierte. *GS* 13, Einleitung S. XVII: „Es hieß, Görres sei nach Mainz geflüchtet, um dort einen Neudruck von *Teutschland und die Revolution* zu besorgen. Regierungsrat von Mackensen wurde dem Flüchtigen nachgeschickt, um ihn ausfindig zu machen. Görres aber war nach Frankfurt abgereist. Mackensen brachte in Erfahrung, dass er bei einem Dr. Kretschmar wohnte, setzte sofort den diplomatischen Apparat in Tätigkeit. Der preußische Ministerresident von Himly beantragte beim ersten Bürgermeister die Festnahme von Görres, am 7. Okt abends schritt man zur Tat, das Haus wurde umstellt, am folgenden Morgen durchsucht, doch Görres war fort. Der Bürgermeister hatte ihm einen Wink gegeben, als er bei Willemer zu Tisch saß. Görres hatte zu Fuß die Stadt verlassen, die Freunde schickten ihm einen Wagen nach." (Dazu Brief Nr. 177; Fink-Lang, *Görres*, S. 188f; Görres, *In Sachen der Rheinprovinzen*, S. 156ff).

[3] Jean Claude v. Lassaulx, der Cousin von Katharina Görres.

177. An Katharina Görres

Datum: Worms, 8.10.1819.
Original: verschollen.
Druckausgaben: Marie Görres (Hrsg.), *Familienbriefe*, S. 97-99; Stein (Hrsg.), *Görres' Briefe an seine Braut und Familie*, S. 71f; Schellberg (Hrsg.), *Ausgewählte Briefe* (1911), Nr. 132, S. 286f (eine Auslassung); Schellberg (Hrsg.), *J. Görres. Eine Auswahl aus seinen Werken und Briefen* (1927), S. 557; Max Tau (Hrsg.), *Joseph Görres. Eine Auswahl aus seinen Schriften*, S. 40f (eine Auslassung).
Bemerkung: Da das Original verschollen ist, wird der Brief nach der Ausgabe der *Familienbriefe* wiedergegeben.
Regest: Görres kündigt seine Fahrt nach Straßburg an, berichtet, wie er beim Mittagessen in Frankfurt knapp der Verhaftung entgangen sei, und fordert seine Frau auf, mit den Kindern binnen acht Tagen nach Nancy aufzubrechen, wo er sie treffen wolle, um gemeinsam den Winter in Paris zu verbringen.

Worms, 8. Oct. 1819

Ich sitze hier ruhig bei Zimmer[1], fahre heute nach Speyer, und gehe morgen Abend über die Gränze nach Straßburg. In Frankfurt haben sie mich aller Wahrscheinlichkeit nach heute Nacht in meinem Bette aufgesucht, um mich als ersten Auftrag dem Prevotalgericht in Mainz vorzusetzen.[2] Aber die Sache hat sich durch etwas, was man glücklichen Zufall nennt, allein etwas ganz Anderes ist, zu anderem Ende gewendet. Es hat sich damit so zugetragen. Als ich zum erstenmal meine Anwesenheit in Frankfurt laut werden ließ, kam Willemer gleich vorgefahren, und lud mich auf's Unbestimmte zum Essen zu seiner Zeit zwölf Uhr. Gestern wollte ich um halb zwölf auf die Bibliothek gehen, fand sie aber schon geschlossen, und als ich am Thor des Römer nachsann, wohin ich gehen solle, fiel mir Willemer ein, und ich zog zu ihm. Er hatte gerade seine Familie zum Essen geladen, darunter auch Bürgermeister Thomas. Um zwei Uhr, als wir ganz vergnügt bei Tische saßen, wurde dieser herausgerufen, Herr Bürgermeister Stark wolle ihn in einer wichtigen Sache sprechen. Da ich meinen Ueberschlag gemacht hatte, daß die Depesche von Koblenz, wenn sie mich dort nicht gefunden, gerade gestern hier angelangt sein könne, so roch ich gleich Unrath. W. hatte ähnliche Gedanken, und als Thomas nach einer Viertelstunde ganz blaß zurück kam, war ich der Sache schon in mir gewiß. Beim Aufstehen folgte W. Thomas in's andere Zimmer und kam bald zurück, Thomas habe ihm nichts sagen wollen, was es sei, wodurch also die Sache entschieden wurde.[3]

Ich fuhr sogleich über den Main, zog Kundschaften ein, erhielt bald die Bestätigung, die W. eben auch nach einer Stunde von seiner Seite brachte. Darum säumte ich nun keinen Augenblick mehr, saß sogleich ein, fuhr noch am Abend nach G. und heute Morgen hierher. In Straßburg werde ich voller Sicherheit wohnen, den Franzosen kann kein größerer Triumph widerfahren, die in Berlin aber werden sich ärgern, wenn sie den Ausgang ihrer plumpen Raserei erfahren. Von Straßburg aus werde ich dem Kanzler schreiben.[4] Ich werde nichts thun, was ich nicht vor Gott und meinem Gewissen verantworten kann, aber sie sollen einmal erfahren, was ein Mann vermag, der auf dem Rechte und der Wahrheit steht, und sich nicht erschrecken läßt. Ihr könnt also völlig ruhig über den Ausgang der ganzen Sache sein.

Aber du, meine liebe Frau, mußt nun auch mit den Kindern den Wanderstab ergreifen und dich rüsten, daß wir den Winter miteinander in Paris zubringen. Du läßt dir sogleich, wie du diesen Brief erhältst, einen Paß von Mähler nach Nancy geben.[5] Dann bringst du das Haus in Ordnung, die kleinern Bilder auf die Bibliothek, das größere geschlossen und die Papiere in Verschlägen eben dahin, Bette und Weißzeug, was du nicht mitnimmst, gleichfalls, und läßt dabei Thüren und Schlösser versorgen. Guido läßt du zurückkommen, er muß auch mit.[6] Acht Tage Zeit hast du für das Alles, erstens wegen der Sicherheit, da unter den jetzigen Umständen Niemand wissen kann, wie weit die Tyrannei geht, dann auch weil ich euch ungern spät im Winter eine so lange Reise machen lasse. Wenn die Benedict noch unten ist, oder kommt, dann könnt ihr unter ihrem Geleit nach Nancy gehen, wenn nicht, so wird sich wohl Jemand finden, der mir den Gefallen thut, dich zu begleiten, wenn du nicht allein reisen magst. In Nancy bleibt ihr so lange, bis ich euch abzuholen komme, was so bald als möglich geschehen wird. Also nehmt euch zusammen, daß alles schön ordentlich von Statten geht. Wenn Schlossers nach Paris kommen, wollen wir den Winter dort sehr vergnügt zubringen.[7] Ueberall, wo ich hinkomme, sind mir die Leute zugethan, das Buch hat Alles angeregt und aufgerichtet, in Frankfurt war es nach drei Stunden in allen Häusern. Schreibe mir gleich. Gibt es auch einige Unruhe, so geht das doch vorüber, und ist besser, als wenn ich mich von den vortrefflichen Herren hätte herumschleppen und festnehmen lassen. Ueberdem, wenn die Ruhe schimpflich ist, darf man die Unruhe nicht scheuen. Gott befohlen! Viele Grüße an alle Freunde, auch aus dem hiesigen Hause.

---

1 Johann Georg Zimmer, der ehemalige Verleger der Heidelberger Romantiker, war damals zweiter Pfarrer in Worms.

2 Zum Haftbefehl und zur Flucht vgl. Brief Nr. 176; Fink-Lang, *Görres*, S. 188f; Görres, *In Sachen der Rheinprovinzen*, S. 156ff.

3 Zu dem Frankfurter Bankier Johann Jakob Willemer und den Senatoren Gerhard Thomas und Ferdinand Maximilian Starck s. Personenverzeichnis. Thomas war seit 1819 mit Rosette Städel (1782-1845), einer Tochter Willemers verheiratet.

4 Der Brief an den Kanzler Hardenberg vom 18.10.1819: Orig.: Berlin, GStA PK, I. HA Rep. 77, Tit. 21, Spez G, Nr. 1, Bd. 1, Bl. 138f; Schellberg (Hrsg.), *Ausgewählte Briefe*, Anhang Nr. 8, S. 565-573: s. *GS/Briefe* 4; Dazu Fink-Lang, *Görres*, S. 191f.

5 Abundius Maehler, ehemaliger Mitschüler von Görres, war seit 1818 Bürgermeister von Koblenz. In Nancy lebte Benedicte, die Witwe von Franz v. Lassaulx (gest. 2.4.1818), die Schwägerin von Katharina, mit ihren Töchtern.

6 Guido war damals 14 Jahre alt und noch Schüler am Koblenzer Gymnasium. Offenbar war er, wie schon 1817 (Brief Nr. 148), in den Herbstferien.

7 Christian Schlosser und seine Frau Helene planten damals, schon Ende Oktober in Paris zu sein: s. Schlossers Brief vom 8.10.1819.

178. An Katharina Görres

Datum: Seltz, 9.10.1819.
Original: verschollen.
Druckausgabe: Marie Görres (Hrsg.), *Familienbriefe* S. 99f.
Bemerkung: Da das Original verschollen ist, wird der Brief nach der Ausgabe der *Familienbriefe* wiedergegeben.
Einordnung: Nächster Brief an Katharina Görres aus Straßburg 10.10.1819 (*Familienbriefe* S. 100-104: s. *GS/Briefe* 4).
Regest: Görres berichtet von seiner Reise ins Elsaß und kündigt an, von Straßburg aus einen genauen Termin für das geplante Zusammentreffen in Frankreich zu nennen.

Selz, 9. Oct. 1819

In aller Eile wollte ich dir nur mittheilen, daß ich heute über die Lauter gegangen bin und mich nun schon zwei Stunden landwärts im Elsaß befinde. Ich habe eine recht angenehme, gänzlich ruhige Reise gehabt, bin überall bei den Freunden auf den Wegen eingekehrt, allerwärts wohl aufgenommen und wohl verwahrt. Morgen Nachmittag werde ich Straßburg erreichen, von da will ich ausführlicher schreiben, wenn ich mich erst eingerichtet habe.

Ich hatte das allervortrefflichste Wetter, überall das Juchhei der Weinlese, die allerwärts hier im Gange ist, und die vergnügten Gesichter der Leute, die viel und gut bekommen.

Schreibt mir aber nun auch einmal, ich habe seit meiner Abreise nicht eine einzige Nachricht von euch bekommen, weiß nicht, was vorgegangen, noch ob ihr euch alle auch wohlbefindet. Schreibe nur summarisch über die Briefe, die eingelaufen, besonders was Perthes geantwortet.[1] Beschicke Alles ordentlich zur Reise, wie ich dir geschrieben; wenn günstige Gelegenheit unten sie nicht beschleunigt, dann werde ich von Straßburg aus noch näher den Tag bestimmen.[2] Viele Grüße ins Haus und außerhalb, haltet euch nur frisch auf und wohl und munter wie ich. Gott befohlen!

---

[1] Görres hatte noch von Frankfurt aus an Verleger Perthes geschrieben (Brief Nr. 174) und wartete auf Nachrichten über die Verbreitung der Exemplare von *Teutschland und die Revolution.*

[2] Zu den Reiseplanungen, die ein Treffen mit der Familie in Nancy und einen längeren Aufenthalt in Paris vorsahen: Brief Nr. 177.

Appendix: Nicht näher datierbare Briefe und Fragmente

An NN

Datum: o.O. o.D.: Koblenz, ca. 1815/16, zw. 30.4.1815 und 22.4.1816.
Original: Germanisches Nationalmuseum Autographen Kapsel 19 (Joseph Görres) (2 Seiten).
Unveröffentlicht.
Zur Datierung: Das Schreiben datiert vermutlich während Görres' Amtszeit als Direktor des öffentlichen Unterrichts, also zwischen April 1814 und Ende Mai 1816, wahrscheinlich nach der Einführung des Amts des Oberpräsidenten am 30.4.1815.
Zum Adressaten: Einer der Vielen, die sich an Görres als einflussreichen Direktor des öffentlichen Unterrichts wandten. Nicht näher eingrenzbar.
Regest: Görres rät dem Adressaten, seine bisherige Stelle nicht aufzugeben, da es wenig Hoffnung auf eine Anstellung am Rhein als Privatsekretär oder Hauslehrer gebe, sich allenfalls eine Möglichkeit, beim Katasteramt unterzukommen, ergeben könne.

(Keine Anrede)
Ich bedaure aufrichtig Ihr unglückliches Verhältniß, das Sie wahrscheinlich jetzt mit vielen Hunderten gemein haben, aber so sehr ich nachdenke, finde ich doch für den Augenblick keinen Ausweg, da wie Ihnen der Präsident von der Regierung gesagt[1], überall Alles übersetzt ist. Es sind nicht viele Leute in dem Falle, Privatsekretäre halten zu können und zu müßen, ich will mich inzwischen darnach umsehen. Was die Stelle als Hofmeister betrifft[2], so müßen Sie zuvor erst mit Ihrem Gewissen zu Rathe gehen, ob Sie die dazu erforderlichen Eigenschafften Anlagen und Neigungen besitzen, da es eine Sache ist worauf große Verantwortung hafftet, jemand zu einer Stelle zu empfehlen, an der das künftige Schicksal mehrerer Menschen hängt.

Hätten Sie einige mathematische Kenntniß, so gäbe es villeicht Gelegenheit, beym Cataster unterzukommen, den man fortzusetzen gedenkt[3], was jedoch auch wieder keine Hülfe ist, die vor der Thüre steht, sondern wieder ihre Zeit erfordert. Vor der Hand wird es auf jeden Fall rathsam seyn, das Schiff das Sie trägt, nicht eher zu verlaßen, bis es gänzlich abgetackelt wird, villeicht daß sich unterdeßen eine Gelegenheit ergiebt.

Ihr Ergebenster
J. Görres

---

1 Oberpräsident der Provinz Niederrhein mit Sitz in Koblenz war April 1815 bis Januar 1816 Johann August Sack, 1816-1822 Karl von Ingersleben.

2 Im 19. Jh. entsprach der Hofmeister einem Hauslehrer oder auch Verwalter großer Güter, Görres spricht hier wohl von einer Stelle als Praeceptor in einem adeligen oder bürgerlichen Haus, also eines Hauslehrers.

3 Das Kataster, unter Napoleon begonnen, wurde von der preußischen Regierung 1815 zunächst lediglich fortgesetzt. Noch 1816 ließ Solms-Laubach Gutachten zur Übernahme und Überarbeitung der frz. Vorschriften erstellen. 1817 beschlossen die Oberpräsidenten mit anderen hohen Beamten und Wissenschaftlern die Errichtung eines rheinisch-westfälischen Katasters nach einheitlichem Plan und bemühten sich in Berlin um eine entsprechende Katasterinstruktion und ein Gesetz.

2. An NN

Datum: o. O. o. D.
Original: Berlin, Deutsche Akademie der Wissenschaften, Literaturarchiv, Sammlung Weinhold 427.
Unveröffentlicht.
Regest: Fragment: Schluss eines Briefs an unbekannten Adressaten.

… vernommen. Leben Sie wohl, und erhalten Sie mir Ihr freundschafftliches Andenken

Ihr E. J. Görres

Briefe an Görres

9.1.1814 (Heidelberg) Georg Friedrich Creuzer: Gott sei Lob und Dank, dass Görres wieder schreiben könne! Sie hätten es doch geahnt. Die Zeitungen hätten sogar über Krankheiten in Koblenz berichtet. „Jetzt sorgen Sie nur, daß die Kräfte bald wieder ersetzt sind, und lassen Sie das Arbeiten wenn es sie angreift noch eine Weile". In Heidelberg grassierten Krankheiten, schon drei Ärzte und zwei Professoren seien seit November gestorben. Dr. Nebel sei von früh bis spät im Einsatz. Görres' Beschreibung der Ereignisse in Koblenz habe ihn und Daub, dem er sie vorgelesen, sehr erfreut. Görres habe also die fremden Zungen volle zwei Monate später gehört als sie in Heidelberg, wo es schon Anfang November angefangen habe: Der Kaiser sei nicht dagewesen, wohl aber Zar und Preußenkönig, allerlei Generäle, Schwarzenberg, Wrede, Metternich, Hardenberg, Stein. Die Bilderschau bei Boisserées sei von vielen besucht worden, der Kaiser Franz habe sich die Zeichnungen vom Dom in Frankfurt angesehen, der Kronprinz von Preußen habe sie mit besonderem Wohlwollen betrachtet. Ehemalige Studenten und Professoren kämen jetzt im Soldatenrock als Landwehrmänner. Jacob Grimm aus Kassel sei dagewesen, habe sich lebhaft nach Görres erkundigt. Er sei jetzt Legationssekretär bei der Kurhessischen Gesandtschaft. Savigny und Arnim mit Frauen seien wieder in Berlin, seien im Herbst mit der Organisation des Landsturms beschäftigt gewesen, Clemens Brentano sei in Wien. Arnim scheine mit dem jedesmaligen Redacteur der *Jahrbücher* Korrespondenz zu halten. Wilken wolle nun auch ein politisches Journal herausgeben, leide aber jetzt gewaltig an der Hypochondrie, sei sehr dick geworden. Auch Daub klage seit Monaten besonders über Schwindel. Jacob Grimm klage auch über die „Elendigkeit" des Buchhandels, Cotta habe ihn „wie ein Spitzbub" behandelt. Darauf habe er sich an Reimer in Berlin gewendet, der mittlerweile aber selber zur Landwehr abgegangen sei. „Die Verarmung des literarischen Deutschlands" werde sich in den nächsten Jahren nicht bessern, Mohr und Zimmer druckten gar nichts Neues mehr, Zimmer stehe schon mit einem Fuß auf der Kanzel, seit Herbst habe er sich mit Weib und Kind in ein neues Logis zurückgezogen, binnen Jahresfrist wolle er sein Predigerexamen machen. Mit Mohr allein sei aber nichts anzufangen. Engelmann und Meder hätten sich assoziiert und druckten einiges. Wenn es Görres recht wäre, würde er mit diesen sprechen. Leske drucke fast nur noch Kalender, die Gebrüder Hahn in Hannover, jetzt auch Besitzer der Artesischen Buchhandlung in Leipzig, suchten v.a. alte Autoren, aber auch anderes, er würde gut fahren, wenn er ihnen den *Schahnameh* anböte. In Nürnberg solle es auch einige unternehmende Männer geben, Kannes neuestes Buch sei in Leipzig gedruckt worden. A.W. Schlegel mache sich in seinem Buch über das Kontinentalsystem zum Lobredner des Kronprinzen von Schweden. Perthes und der junge Sieveking seien jetzt zu Freiburg im Hauptquartier. Die Studenten würden weniger und die Honorare dünn, das Ländchen Baden sei verschuldet, müsse 18000 Mann stellen. Doch sie seien „wohlgemuth", da sie „das neue Leben und den deutschen Gemeingeist täglich bei Jung und Alt vor Augen sehen. Wenns zum Landsturm kommt, dann wird unser einer mit seinen Collegen auch ausmarschiern. Vielleicht treffen wir dann in der Rheinschanze bei Mannheim zusammen." – Wenn Görres Bücher aus der Bibliothek brauche, könne er sie ihm schicken. Ob er denn den Lazius und Monmouth noch brauche? Boisserées und Bertram ließen grüßen. Batt sitze abwechselnd in Ladenburg und Mannheim und Weinheim. (Orig.: Familienarchiv Görres-Jochner Nr. 41; Binder (Hrsg.), *Freundesbriefe* Nr. 123, S. 404-408).

1.2.1814 (Nennhausen bei Rathenow) Friedrich Heinrich Karl de la Motte Fouqué: Gerade heute vor einem Jahr habe Görres ihm einen „freundlichen, herzvollen Brief" geschrieben, der ihn aber nicht mehr erreicht habe, da er bereits an der Spitze von 83 Freiwilligen auf dem Weg nach Breslau gewesen sei. Das ganze Jahr habe er als Offizier der reitenden Jäger gekämpft und sei erst vor kurzem „durch die gänzliche Erschöpfung" seiner Gesundheit zur Rückkehr gezwungen worden. Nach seinem Abschied habe ihn der König zum Major und Johanniter-Ritter ernannt. „Wie lange mir mein kränklich gewordenes Leben den Genuß erneuerter literarischer Muse noch verstatten wird, steht bei Gott, aber in dem frohen Bewußtsein, meine Gesundheit im ehrlichen Ringen um das Höchste erschöpft zu haben, soll es mir hoffentlich nicht an innerer Kraft fehlen, die mir noch geschenkten Stunden mit Liebe und Thätigkeit für meinen schriftstellerischen Beruf zu nutzen. Zwiefach willkommen muß mir daher Ihre freundliche Annäherung sein, und Ihr gütiges Erbieten, für meine Zeitschrift (Die Musen), Beiträge zu senden. Lassen Sie mir bald die Erfüllung dieser freudigen Aussicht zu Theil werden. Seit Sie mir zuerst als Schriftsteller erschienen – es war in Ihrem Werk über Deutsche Volksbücher – hat meine Achtung und Liebe Sie begleitet, und daß es mir gelang, Ihnen durch meine Dichtungen frohe Stunden zu bereiten, ist einer der höchst erquicklichen Grüße, die Gott meinem Leben beschert hat, wie Sie denn überhaupt sehr richtig sagen, daß die unverstellte, wohlmeinende Neigung der wenigen Würdigern das Beste ist, was unsere Zeit dem Schriftsteller geben kann." Wäre er länger im Kriegsdienst geblieben, hätte er Görres besuchen können, denn sein Kürassier-Regiment sei vor kurzem bei Koblenz über den Rhein gegangen. „Nun, der Himmel führt uns wohl sonst noch einmal in Freuden zusammen." Görres solle bald von sich hören lassen. (Orig.: Familienarchiv Görres-Jochner Nr. 66; Binder (Hrsg.), *Freundesbriefe* Nr. 124, S. 408f).

6.2.1814 (Trier) Justus Gruner: Görres' „vertrauensvoller Brief" vom 3. des Monats habe ihm „eine reine und erhebende Freude gewährt." „Ich danke Ihnen herzlich dafür und habe die ernste Absicht Ihre freundschaftlichen Gesinnungen zu rechtfertigen. Bin ich auch nicht ganz vielleicht, was Sie in mir wähnen, so habe ich wenigstens den redlichen Willen es seyn zu wollen. Möge Ihnen dieses genügen!" – Kretzer wolle dank Görres kommen. Vielleicht könne er ihm aber das Kommen ersparen, er habe nämlich die Absicht, nach Koblenz zu ziehen, da die französischen Departements seinem Wunsch gemäß einem Andern zugefallen seien. Schreiber werde er kennen lernen und gebrauchen. Görres' Urteil über Herrn v. Vincke freue ihn: „Ich mögte dem herrlichen Lande nicht gern einen unwürdigen Verwalter gegeben haben". Zweifel sei ernannt. Für die Polizei erwarte er Görres' Gutachten. „Und nun Sie Selbst! – Wird es Ihre Zeitung und deren Ertrag heben, wenn Sie als Beilage alle meine Verfügungen erhalten und ich dieses Blatt zur General Gouvernements Zeitung erkläre, welche alle Behörden halten müßen? – Können und wollen Sie, wenn ich nicht nach Coblentz kommen könnte, zu mir kommen? – Was soll, was kann ich in bürgerl. Hinsicht für Sie thun? Ich frage offen und ehrlich. Antworten Sie eben so. Schreiben Sie mir oft. Wäre es nicht meinet- doch des Ganzen wegen. Mit aufrichtiger Hochachtung u. Zuneigung Ihr Justus Gruner". (Orig.: Berlin, GStA PK, I. HA Rep. 77, Tit. 22, G. 8 adh., Bl. 71; K. A. v. Müller, Briefe von und an Görres, in: *Archiv für Kulturgeschichte* 9 (1911), Nr. 3, S. 447f).

13.2.1814 (Kreuznach) Johann Heinrich Kaufmann: „Dem Herren Görres meinen deutschen und freundlichen Gruß zuvor! Ich bin so über alle Masen mit dem Rh Merkur zufrieden, daß ich bei dem geringen Abbonement für das laufende Jahr 1814 noch den innigsten Dank beisende." Die Herren Dietz und Zweiffel werden ihm dafür entgelten, er bitte um Übersendung sämtlicher Blätter von Nr. 1 bis heute sous bande. Er wünschte, die Frage der Ordnung in Zünfte oder die der Patente einmal im *Merkur*, und zwar von Görres selbst, beleuchtet und beantwortet zu finden. „Es würde bei bevorstehender Organisation bedeutend seyn, ob's künftig Patentenmeister oder Meister giebt. Hochachtvoll." „S. Schmitt erbauet sich an Goethes Leben und Dichtung, wird aber schwerlich finden was er sucht." (Orig.: Familienarchiv Görres-Jochner Nr. 121; Unveröffentlicht).

13.2.1814 (Kreuznach) Stanislaus Schmitt: „Lieber Görres! Deine Krankheit und Genesung hörte ich schon früher mit Theilnahme: Dank dem Himmel, der dich den Deinigen, der Welt und Litteratur erhielt! Mögest du noch lange, recht lange leben!" Auch er sei außer einigen Anflügen anderer Krankheiten verschont geblieben: acht mutterlose Kinder und er selbst dankten der Vorsehung dafür mit gerührtem Herzen. – Görres' Urteil über seine poetischen Arbeiten, von denen er jedoch nur einen Teil kenne, habe er zu den drei in öffentlichen Blättern enthaltenen Urteilen gelegt, achte sie jedoch als aus einem freundschaftlichen Herzen kommend, etwas höher: „quisque suos patimur manes". „Es mag nun seyn wie du schreibst, oder nicht: so fühle ich selbst daß der Autodidakt (und dieser bin ich im strengsten Sinne des Wortes) später zu der Reflexion gelangt, die seinem Werke die Grazie des Geschmacks zugiebt." Alle Reflexion der Kunstrichter, seien es Mendelssohn, Lessing oder Schlegel, „und einer den ich aus Bescheidenheit nicht nenne" – könnten ihm nichts als einen hohlen Stock zum Geleit geben: Nur wer mit Liebe in das Werk einer Künstlerseele eindringe, biete sich als schützenden Geist an. – Dies Glück sei ihm nie zuteil geworden, früh habe er Eltern und Freunde verloren, „Unterstützung, kurz Licht und Luft musste ich dem Himmel abgewinnen. Diese Enge begünstigte meine Bildung an sich nicht: aber noch andere Schiksale hätten in jedem andern auch die letzte Kraft der Seele getödtet: ich darf wohl sagen: was ich erlernte und tat, ist mein". Dies sollten noch folgende Verse beweisen, die er schon früher aufgeschrieben habe. (Es folgt ein längeres Gedicht „An die Musen" im Reimschema ABAB, beginnend „O das die Musen Feyer sich gewährt. Dich lockte, Lied! kein Fürst hervor: Du dichtest um kein Herz, das dein Gesang erfreue, Bist Auge dir und Ohr. So fahre fort in stillen frommen Tönen, und Liebe in der glühenden Brust! Laß die verborgne Göttin dich verborgen krönen, Du ihr, sie deine Lust ...") „Diese Worte, ob sie auch nichts rechtfertigen, trösten doch!" – „Meine Tagseite, den Geschäftsmann kennst du gar nicht, lieber Görres? Und wie solltest du auch! Meine schöne Zeit, wo ich mit Hingabe den Meinen selbst gemeinnützig, und ausgebreitet wirkte, fällt in die Jahre 1793-1798 und schließt mit dem Momente wo ich nach Koblenz als Präsident berufen ward, und dich kennen lernte." Seine größeren Verdienste wolle er nicht erwähnen, wer tue das schon gern? Er müsse jetzt wohl eintreten, wenn er seiner Kinder mütterliches Erbe nicht schmälern wolle: „aber muß ich Gunst und dann erst die Stelle suchen, so behalte ich mich dem künftigen Fürsten auf, oder bleibe mein! Wiewohl Gruner ein Mann im ächten Sinne seyn soll: ist ers so werden wir uns wohl finden. Und Männer nehmen es auch nicht so genau, wenn nur das Gute geschieht." Diese Zeilen habe er den Kleinigkeiten beilegen wollen, die er geschickt habe. Nach der „ziemlich brausenden" Feier des Sieges bei Brienne habe er das Bett hüten müssen, er habe geglaubt, er sei von der herrschenden Seuche angefallen, doch sei es glücklich vorübergegangen. Nun ergreife er die erste Gelegenheit, Görres zu schreiben, und für die freundschaftlichen Außerungen seines Herzens aufrichtig zu danken. P. s.: „Du wirst dich erstaunen über den herrlich deutschen Geist, der in unserm Kreuznach aufgeht." (Orig.: Familienarchiv Görres-Jochner Nr. 218; Unveröffentlicht).

18.2.1814 (Trier) Justus Gruner: Die Augenblicke der Muße seien ihm karg bemessen, darum nur so späte und kurze Antwort auf Görres' liebe Briefe vom 11. und 15. d. Monats. Er erwarte noch Antwort von H ... stein, ehe er nach Koblenz komme. „Lassen Sie die Absicht nicht laut werden, die Trierer so matt sie sind, würden doch sich darüber grämen." Hetzrodt habe in Trier einen guten Ruf bei den achtbarsten Männern. Ob Görres den Ref. U. Prof. Schmidt kenne? „Er gefällt mir in mancher Beziehung. Was halten Sie von ihm?" – „Rebmann ist moralisch und körperlich entkräftet. Sein Äußeres mahnt an alte Sünden." Das Volk sei brav, wenn auch teilweise „von den Pfaffen zur Indolenz herabgezogen". „Es wird besser, aber langsam und wenig." – Der Landsturm solle demnächst organisiert werden. „Ich bin in Ihren Ansichten darüber ganz Eins mit Ihnen." Er habe Kantonsverwalter im Bergischen, unter dem Namen Vogt, eingesetzt, die Bürgermeister für das eigentliche Kommunalwesen aber neben ihnen bestehen lassen. „Ebenso gedenke ich es hier zu machen. Die Justiz rühre ich noch nicht an. Sobald Paris besetzt ist, soll eine Commission deshalb errichtet werden, wie ich sie im Bergischen auch gehabt habe. Bis dahin – Geduld. Schreiber ist gut, hat aber nicht die Eigenschaft, um mit mir unmittelbar zu arbeiten. Den Vorschlag Ihnen eine Exfigie Stelle zu geben, die Sie durch einen Andern verwalten lassen könnten, bitte ich als Ihrer unwürdig abzuweisen. Auch der Posten eines Direktors der Rheinschiffahrtsoktroi will mir nicht gefallen. Können wir denn nicht einen Posten finden oder bilden, der in Ihr Wesen und Ihre Pläne eingreift? Ich kenne nichts erbärmlicheres als eine solch unpassende Existenz. Ist keine wissenschaftliche oder Kunstsammlung, oder Institut dort, worüber Sie die Direktion mit ordentlichem Gehalte bekommen könnten? Sinnen Sie nach und sagen Sie mir, was Sie finden. Mögte ich Sie bald sehen! Ich sehne mich sehr zu Ihnen. Gott befohlen. J. Gruner." (Orig.: Familienarchiv Görres-Jochner Nr. 85; Binder (Hrsg.), *Freundesbriefe* Nr. 126, S. 411f: einige Auslassungen) (Zur Datierung: Das Datum auf dem Original lautet Trier „6/18 f. 14". Binder datiert richtig nach Gruners Notierungsweise julian./gregorian. Kalender: 18. Februar).

3.3.1814 (Kassel) Wilhelm Grimm: Seine Brüder werden bald nach Ankunft des gegenwärtigen Schreibens mit den Hessen anmarschiert kommen und Görres einen Brief und mündliche Grüße und Nachrichten bringen. „Heute wollte ich Sie nur eilig bitten, dem Pauli zu sagen, daß er mir nicht weiter den rheinischen Merkur sendet, wie bisher, die Posten nehmen keinen Verstand an, und lassen ihn, weil er bei ihnen nicht bestellt ist und sie den Rabatt nicht genießen, nicht anders als einen Brief laufen und taxiren ihn darnach, so daß auf diese Weise ich leicht 8 bis 10 Louisdor Porto jährlich bezahlen müßte, und das darf ich in den schlechten Umständen worin ich bin, nicht thun. Dagegen ist kein ander Mittel, ist er mir doch lieber als gar nicht, wenn er sie mir Paketweise durch Gelegenheit zusendet." Er hoffe bald mehr von Görres zu hören. „Gott gebe uns bald fröhliche Nachricht Ihr treuer Wilhelm Grimm." „Ich frankire diesen Brief nicht, thun sie es dafür auch nicht, wenn Sie schreiben, so halten wir die leichteste Rechnung, und die Briefe kommen früher an." (Orig.: Familienarchiv Görres-Jochner Nr. 80; Unveröffentlicht).

9.3.1814 (Boppard) Coenen: „Die Bothin hat nun wohl mein Schreiben geliefert, worin ich Ihnen in Eile den Empfang des Ihrigen gemeldet habe, welches mir das traurigste Andenken an den unersetzlichen Verlust ihrer so herzlich guten Mutter aufs empfindlichste erneuert hat. Kräftige Ermunterung haben Sie mir durch den Beweis ihrer fortdauernden Zuneigung verliehen, welche ich stets dankbar zu erkennen nicht vergessen werde. Von Herrn Bruder Canon. hatte ich die beruhigende Nachricht über die glückliche Reise des Hrn Vetter General Inspecteurs erfahren. Ich fühle ganz, wie tief ihn die Bottschaft einst niederschlagen wird. Möge Er doch bald wieder bey Ihnen seyn. Sehr schmeichelhaft ist es mir, daß Sie sich einer Anstellung halber meiner erinnert haben. Sehr gerne wollte ich mich noch der Arbeit widmen. Allein dazu fangen meine Kräfte zu mangeln an.

Halten Sie mit Ihrer lieben Jugend recht gesund ... mit herzlichster Aufrichtigkeit unaufhörlich ... Ihr ergebner Coenen" (Orig.: Familienarchiv Görres-Jochner Nr. 39; Unveröffentlicht).

10.4.1814 (Heidelberg) Amalie v. Helwig: „Ohne mich des Vortheils Ihrer persönlichen Bekanntschaft rühmend erfreuen zu können, glaube ich doch als eine Ihnen nicht ganz Unbekannte das Recht zu haben Ihnen diese Zeilen zu widmen, da es Bedingungen gibt, unter denen auch Fremde und Weitentfernte sich als bekannt und nah begrüßen mögen. Die hochbedeutende Zeit, in welcher wir leben, und das große und allgemeine Interesse, welches die bessern Menschen durchdringt, führt alle Gleichgesinnten einander entgegen, wie die Erreichung desselben Zieles ihnen vorschwebt. Das interessante Blatt, welches Ihrer geistvollen Feder so tiefe als genialische Bemerkungen über die neuesten Zeitereignisse verdankt, wird so allgemein von dem höhergebildeten Publikum als das bedeutendste Produkt dieser Periode gelesen, daß jeder welcher seine Gefühle auszusprechen sich berufen fühlt, den Wunsch hegen muß, durch dieses Organ zu den verwandten Geistern zu reden." – Görres werde sie „aufs lebhafteste verbinden, wenn er das inliegende Gedicht baldmöglichst in seine Zeitung aufnehmen würde. Nichts würde mir erwünschter sein können, als auch für eine kommende Zeit mich der verbindlichen Aufnahme solcher Beiträge schmeicheln zu dürfen, die, indem sie mir nicht des ehrenden Platzes unwerth schienen, den ich mir von Ihrer Güte erbitte, auch durch Ihr Urtheil, dessen freimüthigen Ausspruch ich mir hiemit erbitte, einen höhern und fester bestimmten Werth in meinen eigenen Augen erhalten werden." (Das Gedicht „Der Sieger Einzug in Paris": *RM* vom 17.4.1814). (Orig.: Familienarchiv Görres-Jochner Nr. 99; Binder (Hrsg.), *Freundesbriefe* Nr. 127, S. 412f).

2.5.1814 (Köln) Ferdinand Bourscheid: (morgens 9 Uhr) „Lieber Herr Professor". Am gestrigen Abend habe er sich wieder an dem Ort befunden, von wo er am Tag zuvor ausgegangen. Er sei fast schon in Koblenz gewesen, als er durch Zufall mit den anderen Herren zusammengetroffen sei. Er habe vergeblich versucht, sie zu überreden, in Kärlich oder Andernach auf ihn zu warten, bis er dem Generalgouverneur seine Aufwartung gemacht habe, man habe aber nicht warten wollen, so sei er gezwungen gewesen, ihnen auf der Stelle zu folgen, wenn er nicht riskieren wollte, ihnen auf der ganzen Reise nicht mehr zu begegnen. Görres solle deshalb dem Generalgouverneur melden, „daß ich von seinen Guten Absicht bey der Sache durchdrungen sey – und mich sehr bald mit denen Beyden wieder über das Ganze verständigt hätte – und daß wir ganz von dem Geiste der Sache durchdrungen so schnell wie möglich voran eilten." Es sei ihm, wie leicht zu denken, in diesem Augenblick „höchst beschwerlich", seine dringenden Familienangelegenheiten so plötzlich zu verlassen – „allein ich sagte mir auch Salus publica suprema Lex esto". Wegen der großen Eile, und weil er nicht nach Koblenz habe kommen können, wo er auch das zu erledigen dachte, finde er sich nun nicht hinlänglich mit Geld versehen und werde „diesen Defect" auch wohl nicht in Kürze leicht ersetzen können. Er bitte Görres deshalb, den Generalgouverneur um einen Kredit oder eine Anweisung für ihn zu bitten. P.S.: „gestern unterwegs vernahm ich daß aus dem Ruhr-Departement auch eine Deputation hingehen soll, in Person eines Grafen Scheesberg (Schaesberg) – ein naher Verwandter und Bekannter von mir – und eines Gen. von … (Beschädigung durch Loch), die Herrn vom Ruhr Departement haben gewöhnlich so Ihren eignen Commers – Und wir werden uns nur mit Behutsamkeit diesen nähern – sollte der H Gen. Gouv unterrichtet seyn oder werden von der Absicht dieser Sendung – so könnte uns diese Mittheilung dienlich seyn". Er habe schlechte Schreibmaterialien – „gestern 32 Stunden gefahren - - - da schreib einer mal ein bischen honet!!" (Orig.: Familienarchiv Görres-Jochner Nr. 24. Unveröffentlicht).

9.5.1814 (Heidelberg) Johann Georg Zimmer: „Mein theurer Freund." Görres' Brief habe er erst gestern durch Creuzer erhalten, er fürchte deshalb, dass diese Zeilen Görres nicht mehr antreffen werden. Es sei „gar tröstlich und erfreulich", dass Görres sie besuchen wolle. „Was die Polizey betrifft, so ist es damit bey uns nicht so ernsthaft gemeynt: wir haben noch niemand wegen Schriftstellerey tod geschoßen und ich glaube man könnte die dort oben in keine größere Verlegenheit setzen, als wenn man im zutreffenden Fall, wie der alte Hamburger bei seinem Recht beharrend sagte: ich will arkebußert seyn.“ Er sei erstaunt über das, was Creuzer von Görres’ Werken erzählt habe. Er hoffe, Görres werde bei ihm absteigen. (Sophie Görres, in: *Hist.pol. Blätter* 157 (1916), S. 759, Nr. 10).

11.5.1814 (Paris, Hotel des Indes - Rue Traversere St Honoré No 13) Ferdinand Bourscheid: Görres könne es ihm hoch anrechnen, dass er ihm „hier aus der tollen Welt – wo alles darauf angelegt ist jeden toll zu machen“ schreibe. „Was den Menschen der hier in kurzer Zeit Geschäften von einigem Belang betreiben muß oder will – Wieland sagt, und giebt den wohlmeinenden Rath „wenn du philosophieren willst, so philosophiere ja allein – und nicht mit einer Schönen im Mondschein bey einer schönen Sommernacht“ und so möchte ich rathen – Wenn du Tractaten, Dicten und Placaten zu fertigen hast, so wähle nicht Paris zum Aufenthalt.“ Zu seinen Affairen: es sei kein glücklicher Augenblick, keine günstige Konstellation für Deputierte welcher Art auch immer: man laufe und renne gegen alle ministeriellen Türen und Tore – „Sie sind und bleiben zu – morgen um 9 Uhr – dann nicht möglich morgen um 10 – und so immer fort – immer morgen niemahl heute – so treiben sich Collegen von uns aus verschiedenen Departements bereits seit Wochen herum – aber vergebens. Wir haben unsern Compas verlohren – Es gieng und geht uns nicht wie da geschrieben steht Klopft nur an und es wird euch geöffnet werden. Wir müssen uns also so gut helfen wie wir können um doch etwas zu Stande zu bringen; jeder auf seine Art thut dies aus allen Kräften Leibs und Seele - - Wir werden uns also dahin wahrscheinlich einschrenken müssen unsere Noten nur Visiten Karten von Thüre zu Thüre abzugeben? Das gienge ja noch hin, aber wie wird es mit dem lesen gehen? Nun! Wer thut mehr als er kann?“ – Nicht so ganz harmonisch sei die Zusammensetzung des Personals dieser Mission – Wie sie der Zufall zusammengefügt, seien doch alle sehr verschieden, wenn auch von gleichem Eifer „für das Gute und Schuldige“ beseelt, der eine kurz der andere lang, der eine geschwind der andere langsam, „jener etwas diffus, der andere etwas confus“. Dennoch versuchten sie „mit stoischer Beharrlichkeit“, so viel als möglich aus der Sache zu machen. Er habe zwei Bekannte getroffen, einen Herrn von Spiegel in der Kanzlei des Freiherrn von Stein – und Herrn Floret beim Fürsten von Metternich – „Beyde sind vorläuffig von unsern Plänen und Absichten unterrichtet und unsere Noten werden unter deren Händen kommen - -. Ich habe heute zum zweyten Mahle unsern Herrn Gouverneur geschrieben, wodurch er hinlänglich in facto gesetzt ist – wie es mit den Sachen steht und geht.“

Den 12. May. „Heute verbreitete sich wieder in Wiederspruch des früher gesagten daß die Mächte noch etwa 14 Tage hier verweillen könnten – viel Neckereyen, Katzbalgereyen. Zwischen dem Militär, viel raisonnirens – viel Brochüren – und so Zeug – welche mit Muth auf allen Strassen ausgeruffen werden, daß mir die Ohren davon gellen und brummen – Ich habe einen Theil davon welche am lautesten proclamirt wurden – und auf den Schall aufgekauft, und schicke sie Ihnen mit dem heutigen Postwagen – wird Ihnen vielleicht angenehm seyn – man sieht doch ohngefähr wie des Menschen Geist hinspielt – Theilen Sie selbe wenn es ihn amusieren sollte unserm Gen Gouv nebst meinem Respect mit. – Ich wünschte Sie wären auch hier mein Secretarius ich bin es hier müde – Leben Sie inzwischen wohl – und wenn es um die Ehre nicht so was Grosses wäre – wer wollte Deputirter seyn!" (Orig.: Familienarchiv Görres-Jochner Nr. 24; Unveröffentlicht).

18.5.1814 (Paris) Ferdinand Bourscheid: „Lieber Herr Professor – ich dachte bis zu diesem Dato nicht mehr hier zu seyn – aber die Götter wollten es anders – und die Weitschweifigkeit die unbezwingliche unseres gräflichen Associés läßt mich fürchten, daß wir ohne Gewaltthätigkeiten anzuwenden auch nicht eine einzige Stunde vor dem Abreisen der Hohen Alliierten von hier weg kommen werden – welches doch wohl so Gott will gegen Ende des Monaths seyn wird. – Für das wichtigste sind wir jetzt vox clamans in deserto – wären wir einige Zeit früher hier gewesen – ich will nicht sagen - - Genug. Sie werden in diesen Tagen den Abgeschlossenen Frieden mit Frankreich lesen". Die Hauptunkte seien: die Grenzen wie zu Königs Zeiten, dazu eine Vergrößerung von 6 bis 7 mal hunderttausend Seelen, die stehende Macht ohnehin 300 000, auch eine Portion Inseln, man sei aber mit dem allem nicht zufrieden. „Also prosit, und damit abgemacht – ein weiterer Congreß wegen Theilungen von und in Deutschland ist vorbehalten – wozu Frankreich auch einen Gesandten schicken kann – alles das will ich aber nicht als infallibel so verbürgen." Er schicke mit dem heutigen Postwagen wieder eine Ladung Broschuren „und so ein Zeug". „Unser Gen Gouverneur residirt also nun zu Meintz – so lesen wir in einer Zeitung – ist mir unangenehm - darauf müssen wir dann auch unsere Retour Reise richten". Er glaube, Görres darum gebeten zu haben, dem Generalgouverneur über seine Geldknappheit zu berichten, die ganze Deputation sei jetzt mit ihrer Barschaft am Ende. In Paris sei es schwer für sie an Geld zu kommen, „wir könnten daher schwer in Verlegenheit kommen – wir müssen also sehn – und machen wie man kann – ich werde hier ganz mislaunisch und fast mißmuthig – schreiben und schreiben – unser schreibseeliger Collega wird es nicht müde noch satt – es is gewiß nicht leicht bey einer Deputation so viel geschriben (geschmirt) worden wie bey unsrer – zuweilen lache ich darüber dann ergreift mich aber auch Ärger und Unwillen – denn für das überflüssige in Geschäften bin ich gar nicht" – „mein Respect an H Gen Gouv wenn er noch dort seyn sollte. - - Es hat allerdings das Ansehen daß unsere Departements preusisch werden – ich zweifle nicht daran." Mainz, so heiße es, solle Reichsfestung werden. (Orig.: Familienarchiv Görres-Jochner Nr. 24; Unveröffentlicht).

18.5.1814 (Mainz) Matthias Metternich: „Mein lieber Görres!" Er habe mit der Bittschrift in der Tasche, die er in Abschrift beilege, viermal beim Baron Otterstädt antichambriert; davor sei er diesem „sonst populären und (wie es scheint) sehr liberal denkenden Mann" vorgestellt worden, doch bevor, er noch sein Begehren vorgetragen, fortgeschickt und aufgefordert worden, sein Begehren schriftlich zu übergeben. Beim 3. Versuch, vorgelassen zu werden „drängte ich mich hinein, zeigte das etwas lange Schreibwerk, machte aber die Bemerkung daß er es nicht zu lesen brauche, sondern nur einem seiner Mitarbeiter oder dem provisorischen Recteur Butenschoen zusenden möge, um Bericht ob mein Begehren statt haben könne oder nicht, einzuziehen." Er sei auf den folgenden Tag verwiesen worden, als er aber erschienen sei und um eine halbe Viertelstunde Gehör gebeten habe, habe man ihn wieder warten lassen, „das that ich noch eine gute Stunde und sah an allem daß ich lästig war“. „Du magst dir die Gefühle denken, welche mich alten armen Mann ergriffen den die Umstände zu einem zurückgestoßenen Bettler herunter geworfen, der – ich durfte es ohne Eigenliebe fühlen – dieß alles nicht verdient hat. So wurde denn auch mein schon seit 3 bis 4 Jahren fertiges Urtheil (ich habe es mehrmal meinen vertrautesten Freunden mitgetheilt) über den vergötterten Teufel Bonaparte wieder lebendiger, als jemals und mein Entschluß ward gefaßt, einen Beytrag zur Geschichte des größten Beswichtes und seiner Helferschaften zu liefern.“ In einem der Versuche, zur Audienz zu kommen, habe ihm ein Freund geraten, sich an Görres zu wenden, der nun zum Generaldirektor des öffentlichen Unterrichts ernannt sei. „So erfuhr ich jene erstaunliche neue Nachricht, die mich herzlich freute, und wünschte dir, und dem Geschäfte Glück, weil ich deine Thätigkeit, deinen besten Willen kenne. Ich wünschte mir, daß ich mehr um dich seyn könnte, vielleicht könnte ich dir mit didaktischen Kenntnissen nützen, die ich mir im 18jährigem Unterricht, bey der hier bestandenen Normalschule sammelte, und bey der langjährigen Erfahrung im Gange des Geschäftes, selbst im administrativen Theile nützlich seyn, denn während der 5 oder 6 Jahre, als die hiesige Centralschule bestand, dirigirte ich meistens die administrative des noch hier vorfindlichen Universitätsfond; nachher, als man den Grundsatz praktizirte: „Wem Gott ein Amt giebt, dem giebt er auch Verstand, da ward das freylich anders, da wurden weitergehende Kenntnisse zur Misempfehlung. Doch da ich nicht um dich seyn kann, so würde ich gern, auch umbgesehen, ob ich dadurch meine Foderung wie sie in der Petition steht, erhalte, dir über manches Lokalitäts-Verhältnis in meinen Umgebungen Aufschluß schriftlich geben, wenn du mich darzu auffordern würdest.“ – Da er nun erfahren habe, dass in der von Gruner oder „wer weis von wem“ ernannten Schulkommission „auch bey einem aus den Trümmern des Lyzeums zu errichtenden Gymnasium ein Professor der Physik und zwar mit einem Gehalte wie er dem Professor erster Klasse gegeben werden kann“, ernannt werden solle, habe er das Antichambrieren aufgegeben, und wende sich nun an Görres mit dem „Gesuche, daß du mir bey H Gruner eine Ernennung zu der gen Professur und mit dem Gehalte von 2500 Francs (1166 Gulden) unverzüglich bewirken mögtest. Es ist kein einziger unter den Professoren zu dem Gymnasium so alt im Dienste als ich, keiner war schon Professor an der uralten Mainzer Universität, keiner nicht einmal an der nachherigen Centralschule wie ich und sollten diese Rücksichten nicht eine auch eigentliche Ausnahme oder wenn man will nicht einige Vorzüglichkeit für den alten Metternich bewirken? Mein Zustand hat sich auch seit kurzem noch dadurch sehr verschlimmert, daß man mir 8 Mann in mein Haus zur Hege und Pflege gelegt hat die mich gering gerechnet pro Tag 4 Th baare Auslage kosten. Thue dennoch lieber alter Freund, was du kanst du siehst es gilt einen alten um die wissenschaftliche Aufklärung nicht unverdienten Mann einen sorgenvollen Familien-Vater zu retten. Schreibe mir bald, wenn ich etwa noch andere Schritte thun müßte – der provisorische Zustand mag so lange bestehen, als er will, ich bekäme dadurch wenn ich mein Begehren erlangte, meinen Fuß in den Steigbügel und es würde einen andern, wenn auch noch stärkeren, noch mehr begünstigten Reitlustigen schwer werden, mich wegzudrücken. Ich grüße dich herzlich mit dem Weibchen. Dein ergebenster Metternich". (Orig.: Familienarchiv Görres-Jochner Nr. 166; Unveröffentlicht).

24.5.1814 (Neuwied) Frau NN: „Wenn Schiller in seinem schönen Gedichte, die Ideale, sagt: Ach, allzuschnell, nach kurzem Lenze entfloh die schöne Liebeszeit und fragend fortfährt Von all dem rauschenden Geleite Wer harrte liebend bei mir aus? so antworte ich mit ihm, Und tausende meiner Leidensschwestern werden ebenso denken, Sie die sich mit der Freundschaft gattet, Die gern der Seele Sturm beschwört, Beschäfftigung die nie ermattet die langsam schafft doch nie zerstört. Wenn das luftige Männervolk der heutigen Zeit – ich meine nicht allein die kurz geschürzten Herrchen, von 16 bis 20 Jahren, sondern auch die jungen Männer und Greiße von 20 bis 40 – wenn sie mich und meinesgleichen bei ihrem Eintritte in den Damenkreis mit kurzem Kopfnicken bald überschauen und stehen lassen, um sich sogleich der 14 bis 18 jährigen geistreichen Schönen mit allen ihren Verdiensten interessant zu machen: was haben wir Armen für dergleichen anderst für Trost als denjenigen, welchen uns unsere Beschäfftigung darbietet? Sie erheitert uns in stiller häuslicher Umgebung, und sollten wir uns auch von Brüdern Schwestern und Angehörigen denen wir zugefallen oft ein wenig undankbar zurückgesetzt und nicht mit aller verdienten Zartheit behandelt sehen, so werden wir mit Bescheidenheit zu sagen durch das Gefühl unseres Werthes aufgerichtet und in unserm Können zerstreut." Wo die „allein schön sein wollenden der beiden Geschlechter die glatten Gesichter die von Seelenschönheit keine Ahndung haben die lärmende Hauptrolle spielen ... da, mein lieber Herr Professor, wissen wir uns zu entschädigen. Seitdem Tausende unter uns beweisen können, daß der korsische Despote ihnen ihren Bräutigam auf den großen Schlachtfeldern von Europa hinwürgen ließ, dürfen auch wir, was sonst nur die alten Frauen durften, ein wenig über die Politik mit sprechen. Wir suchen alsdann unsere Stühle allmählich zusammenzurücken. Eine oder die Andere von uns hat Ihren Rheinischen Merkur gelesen, und sucht ihre Bemerkungen und ihr Wohlgefallen darüber mitzutheilen, wie Sie die gute Sache der Deutschen mit allem Eifer verfechten, daß es keinem glatten Gecken von Fremdling auf Fürstenthrone sobald wieder gelingen möge unser Geschlecht und das Ihrige in neue Trauer wie die Unserige zu versetzen." Der Artikel einer betagten Französin in Nr. 60 habe nun ihre Aufmerksamkeit erregt, die ebenfalls zur Beschäftigung mit der Politik ihre Zuflucht genommen habe, und ihr Beispiel, die wie eine kluge Jungfrau für ihr Vaterland rede und über den auszuhandelnden Frieden zu den Männern spreche, habe sie ermutigt. (Der Rest fehlt). Am Ende auf eigenem Blatt: „Sollten Sie wegen Unvollkommenheit im Ausdruck oder einer zu harten Rede, die Sie nach Belieben verändern mögen, meinen Aufsatz nicht aufzunehmen geneigt sein, so haben Sie die Güte demselben eine Viertelstunde ihre gewandte Feder zu widmen, um ihm eine angemessnere Einkleidung zu geben, und übersenden Sie ihn gefälligst irgend einer andern Zeitschrift, weil das Gesagte in gegenwärtiger Zeit nicht oft genug wiederholt werden kann. In diesem Falle würden sie die Geneigtheit haben mir durch eine Zeile zu sagen, wohin mein Kindlein zur Aufnahme ausgesetzt worden. Da Sie aber einer franz. Schreiberin einen Aufsatz aufnahmen, so hoffe ich werde Ihr Publikum Interesse daran finden, ein Gegenstück von einer Landsmännin zu lesen. Ihre wenn auch unbekannte Sie verehrende Freundin. (Orig.: Bayer. Hauptstaatsarchiv, Teilnachlass Görres 4; Unveröffentlicht).

25.5.1814 (Paris, Hotel des Indes - Rue Traversere St Honoré No 13) Ferdinand Bourscheid: „Lieber Professor, oder Generaldirector – oder was sie sonst noch sind was ich nicht recht weis". Er wisse nicht, warum Görres ihm nicht auf seine Briefe geantwortet habe, ob er seine Adresse nicht genannt habe, oder ob der eine oder andere Brief auf Grund des Namens Görres abgefangen worden? Ob er die zwei Pakete mit Broschüren erhalten habe? Per totum noctem laborantes nihil (vel parum) cepimus! Welch herrlich passender Text! Er wisse nicht, wer eigentlich zufrieden sei – „Sind Sie es? Bin ich es? Allen Menschen nicht recht zu machen – ist das auch nicht eine Kunst?" „Nun ich denke wir werden uns in Gottes Nahmen wohl bey Anfang der nächsten Woche auf den Weg geben können – ich meines Ortes hätte dies schon früher mit gutem Gewissen unternommen aber mein Graf wollte nicht weichen – und wir können uns ja wieder an unser Landwehrchen geben – könnte dienlich seyn – könnte gebraucht werden – denn mancher meint – doch was meint man besonders hier nicht alles?" Gegen den 29. heiße es nun, werde die österreichische Majestät abreisen, „gleich nach dem letzten Federstrich – und so dann unus post alterum der Mächten – Ich aber zu den Absoluten Ohnmächten gehörend – möchte so gern voran – aber! aber! unser Graf will nicht von dannen…" – „Frankreich id est Paris ist jetzt ipso facto mit einer neuen Constitution beschäftigt – die dürfte Haare auf den Zähnen haben und nicht das Werk von 5 und 6 Tagen seyn – wie die Erschaffung der Welt. – Es scheint überhaupt etwas Constitutionelles in der Admosphere zu seyn – damals gab es ein Ding in der Luft das hieß die influenza da mußte auch im Süden jeder nissen und Husten – weil im Norden genißt (proficiert) und gehustet wurde – aber über das Constitutionelle miasma ... mögen Politische Ärzte, Astronomen und dergleichen Gelehrte nähere Aufschlüsse geben - - ich bin zu schwach darzu - - - Ich habe in diesen Tagen eine Adresse gesehen – und im Flug gelesen de Dato Wirtzburg an die Minister in schönem reinen Deutsch gedruckt – mit vielen Unterschriften versehen. – Sie werden das nun schon kennen und wissen – Wie geht es mit Ihrer Zeitung? Legen Sie die Feder noch nicht nieder – die Waffen ruhen – und die Ruhe ist wieder an jenem flüchtigen und luftigen Instrument – z.B. ein schwarzes Blatt – Zur Aufnahme von Sünden – alten und neuen … als pendent eines damahligen Rothen – nehmen Sie's in Erwägung, denn dem ein Talent gegeben ist soll es nicht vergraben." Gern würde er wissen, wo Generalgouverneur Gruner sei, um zu wissen welchen Rückweg sie nehmen müssten. „Empfehlen Sie mich ihm gehorsamst – und leben Sie recht wohl ich freue mich darauf einmal wieder in longum et latum mit Ihnen zu schwatzen – und bin ich dann besser gestimmt wie jetzt, so soll es auch noch was zum Lachen zwischen durch geben, habe auch wieder etwas fliegende Blätter für Sie gesammelt. Daß in Wien ein fernerer Congres tagen soll zur Berichtigung Deutschlands Angelegenheiten werden Sie gewiß als was altes wissen." (Orig.: Familienarchiv Görres-Jochner Nr. 24; Unveröffentlicht).

31.5.1814 (Koblenz) Joseph v. Settegast: Er bitte um Hilfe für den Überbringer, seinen Schwager, der bei der Armee bleiben und Stabs-Auditor mit wenigstens Hauptmannsgehalt werden wolle. Er, Settegast, zweifle nicht, dass er der Stelle gewachsen sei. „Wir leben hier so fort, die Kinder sind gesund." Sie hätten viele Russen in allen Häusern, in der vergangenen Nacht allein 17 Generäle. Graf Wittgenstein sei auch mit Familie auf einer Rheinreise da gewesen. Er habe Neuigkeiten aus guter Quelle: „über den Dualismus in politicis, militaribus in Deutschland sollen die Herrn wirklich einig seyn. Auch sey eine Reichskurie statuirt, wo jeder seinen Gesandten (Richter) hinschickt, und wo jeder Bauer seinen Herrn verklagen kann, wenn er in seinen Instanzen nicht Recht bekömmt." Der Kanonikus wünsche Görres' Meinung darüber, ob der Klerus um Pensions-Erhöhung einkommen solle, „sey es auch nur, damit der künftige Herr sie nicht mit dem ärgerlichen abspeißen könnte, warum sie nicht früher reklamirt hätten". – Ob es denn wahr sei, dass kein Franzose am Mittelrhein angestellt bleiben dürfe? Er habe gehört, dass es im Ruhrdepartement schon so praktiziert werde. – „Du weißt, wie sehr ich alles hasse, was so nach Maurerey und dergleichen schmeckt, und doch geht mir seit einigen Tagen der Gedanke nicht aus dem Kopfe daß man die viele wenigen, welche die rechte Härtung haben, zum beßern Wirken durch irgend etwas näher zusammenbrächte." Auf der andern Seite sei es wohl nicht nötig, „erstens weil sie sich bald untereinander verstehen", zweitens weil die Zeit gekommen sei, in der der Einzelne keiner Ermahnung mehr bedürfe, und „weil drittens der Merkur ein gutes Erfrischungsmittel ist; doch ließe sich, dünkt mir, manches darüber reden." (Orig.: Familienarchiv Görres-Jochner Nr. 235; Unveröffentlicht).

31.5.1814 (Metz) Franz v. Lassaulx: Görres' lieben Brief vom 21. habe er erst heute hier erhalten. Er brauche noch einige Tage zur Beendigung seiner Angelegenheiten und werde erst um den 6. bis 8. abreisen. „Da ich das dringende Bedürfnis fühle, nach meiner so langen Abwesenheit meine Kinder zu umarmen, auch nach deinem Brief nicht sicher bin dich noch in Mainz zu treffen, so gehe ich von hier direct nach Lothringen". Sollte er diesen Brief noch in Mainz erhalten, solle Görres nach Frankfurt schreiben und einen Tag für ein Treffen bestimmen. Er werde nach einigen Tagen in Frankfurt weitergehen, „wohin weiß ich selbst noch nicht, und teile dir mit wo wir uns sehen können. Ich werde es ohnehin nicht vermeiden können, zur Berichtigung einiger Angelegenheiten, die meine Gegenwart erfordern, nach Koblenz zu kommen", so unangenehm es ihm auch sei. „Wenn ich euch übrigens zu sehen wünsche, so ist es um euretwillen. Deine wohlgemeinten Pläne für meine Zukunft haben mich als ein Beweis deiner Teilnahme gefreut, aber ich bin fest entschlossen, mit einer provisorischen Regierung nichts zu schaffen zu haben." Die gebe nichts als eine provisorische Anstellung – auch gefalle ihm das Revisionsgericht nicht, Fölix und Dahm seien Ignoranten und Nell ein Intrigant, überhaupt wisse er aus Erfahrung, daß das „kollegialische Verfahren" mit beschränkten und eigensinnigen Leuten nur böses Blut mache. Soviel vorläufig. „Villeicht haben wir morgen oder übermorgen den Frieden, dann können wir die Sache ausführlicher überlegen." Er habe gute Aussicht, sobald er 40 Jahre alt sei, Richter am Kassationshof zu werden, was seine Ansprüche um

30000 Fr. mehren würde. „Endlich habe ich in Coblenz, seit die Mutter todt ist, nur noch wenige die ich recht von Herzen liebe, und viele die mir recht von Herzen zuwider sind, und die man in kleinen Orten doch nicht vermeiden kann." – Soeben habe er einen Brief von seiner Frau erhalten. Sie sei nach Kastellaun abgereist, er werde deshalb, sobald möglich dorthin kommen. Görres könne ihn dann jeden Tag in Boppard „oder da herum" treffen „Behalte mich lieb. Dein Franz". (Adresse: Monsieur Boutenschoen, Recteur de l'Academie a Mayence zur gefälligen Besorgung an Herrn Verfasser Görres, gegenwärtig in Mainz). (Orig.: Familienarchiv Görres-Jochner Nr. 143b; Unveröffentlicht).

4.6.1814 (Wiepersdorf) Achim von Arnim: Er habe eigens Schreibunterricht genommen, bevor er Görres schreibe, da diesem sein Geschreibe auf einmal unleserlich geworden sei. Er müsse wohl „gewaltig große Rosinen mit neuen Verfassungen überzogen in der Tasche tragen" … „Laß es bleiben, sie werden Dich brauchen, so lange es ihnen nützlich und bequem ist, nachher kommst Du doch weder zu großer Wirksamkeit noch Reichthum. Es thut mir wahrlich leid, daß Du Dich von den Büchern zu den Menschen gewendet, Du kannst froh sein, wenn Du mit verlorner Zeit davon kommst. Zu einer ansehnlichen Stelle muß man so klebrig sein wie eine Schnecke, um hinauf zu kommen, und auf der Spitze muß man schlafen können auf einem Bein, wie ein Vogel." Gruner gehöre nicht zu dieser Sorte, er sei leichtsinnig, wolle gern klug scheinen. „Es sollt mich verwundern, wenn er sich lange halten könnte." … „Uebrigens habe ich nichts gegen ihn, ich war manchmal mit ihm in der deutschen Gesellschaft vergnügt. Ich sag's Dir blos, weil Du ein zu ehrliches Zutrauen hast und noch wenig eigentliche Geschäftsmänner aus unsern Gegenden kennen gelernt hast. Die sind alle außerordentlich trefflich mit Redensarten ausgestattet, haben aber selten Ankergrund". Gruner habe Kleist auf sehr curiose Art um sein Abendblatt gebracht. „Ich besorge für Deine Zeitung gleiches Geschick, wenn Du sagst, was wirklich gesagt werden muß, was trifft und paßt. Dafür hat das Völkchen der Regierenden eignen Geruch. Ist mir doch in vier Monaten, daß ich die Zeitung in Berlin herausgab, nie ein Wort der Art bei der Censur durchgegangen, endlich wurde mir sogar gestrichen im Abschiede an die Leser, daß ich die Lust verlöre das Erlaubte zu sagen, weil so viel unerlaubt sei."

Er habe den *Merkur* übrigens nirgends erhalten können. Er hoffe, Görres gehe auf das Eigentümliche der Länder ein, da die öffentlichen Blätter immer mehr in Allgemeinheiten versänken, auch Arndt in den meisten seiner Schriften, „den ich übrigens für einen der besten und treuesten Menschen halte, dessen Bekanntschaft ich Dir herzlich wünsche". – „Zuweilen möchte mir das Herz in Sehnsucht nach äußerer Thätigkeit springen; dann kommt wieder allerlei häusliche Noth und beruhigt mich." Er erwarte ein drittes Kind. Hier auf dem Land lerne er so manches über menschliche Verhältnisse kennen, feiere mit seinen Bauern Siegesfeste, Pferderennen, baue „ein Weinchen, der euren Bleichern ziemlich nachbleicht", „male Zimmer für alle Freunde, die ich erwarte und die nicht kommen". Auch von Grimms habe er lange nichts gehört. „Alles lebt noch in meinem Sinne wie ehmals; die Nachtigallen schlagen mir noch und die Frösche schreien mir eben im Teiche, als säße ich am Rheine. Ich grabe viel, und finde ich einen Schatz, so bin ich bald bei Dir. Lebt wohl, Du und die Deinen.“ (Orig.: Familienarchiv Görres-Jochner Nr. 5; Binder (Hrsg.), *Freundesbriefe* Nr. 129, S. 414-416).

8.6.1814 (Elberfeld) Karl Rauschenbusch: „Des verehrten Heidelberger Lehrers bekannte Sprache wieder vernehmend in Ihrem Rheinischen Merkur, erregt dies nicht allein Rückerinnerung an eine schöne vergangene Zeit mit dem herrlichen Stunden die Sie uns durch Ihre Vorlesungen über Philosophie und Hygiene darin verschafften, sondern auch Dankgefühl und Trieb Ihnen auszudrücken wie der Geist jener Vorlesungen mich bisher glücklich durchs Leben geleitet und es hoffentlich auch in der Folge thun wird, selbst bis übers Grab hinaus wie Sie es wünschten in Ihren letzten Äußerungen als Sie uns verließen und seitdem ich Sie nicht wieder gesehen, aber in Ihren Werken gelebt.“ Zugleich bitte er um die ersten beiden Stücke des *Rheinischen Merkur*, da sie in seiner Gegend nicht erhältlich gewesen seien, aber von vielen Freunden ersehnt würden. Sollten sie gedruckt nicht mehr zu haben sein, so bitte er auf seine Kosten in demselben Papierformat eine Abschrift besorgen zu lassen und ihm zu senden. Für das Volk in Berg wäre es eine Freude, „sich durch Ihre kräftige Rede von dem Schimpf befreit zu sehen, den ihnen ein preußischer General durch eine in Wiesbaden erschienene Proklamation, die Ihnen bekannt seyn wird, angethan. Das Volk das der vortreffliche Justus Gruner unser ehemaliger Gouverneur Ihnen hinlänglich schildern kann, darf auf Schimpfreden nichts erwidern, es würde unter seiner Würde seyn; aber ein Dritter mag wohl das Wort nehmen und solche Gemeinheiten gemein nennen, damit alle Anwendung auf ein redlich Volk, von dessen Kulturzustande man bis jetzt nicht mehr verlangen darf und am wenigsten durch Schimpfen, damit nicht das Volk sondern der schimpfende Mensch beschämt dastehe; fänden Sie es einer Rüge würdig, so erwiesen Sie einem Sie unbekannterweise schätzenden Zirkel sehr viel und bereiten unsern rückkehrenden Kriegern eine frohere Heimkehr.“ Straus, der damals den Genuß von Görres' Vorlesungen mit ihm geteilt habe, sei nun hier Prediger geworden, er selbst seit einiger Zeit Arzt, ihr Zusammenleben mache ihm zum Voraus viel Freude. Sie würden sich glücklich schätzen, wenn Görres sie einmal besuchen würde, er wäre herzlich willkommen. (Orig.: Familienarchiv Görres-Jochner Nr. 194; Binder, (Hrsg.), *Freundesbriefe* Nr.130, S.416-418: einige Auslassungen).

30.6.1814 (Mainz) Johann Friedrich Butenschoen: Anbei ein Bericht des Hrn Renard über das Universitätshaus, das bisher an den franz. Postsecretaire Saunot(?) vermietet war. Der Einnehmer erwarte Görres' Entscheidung dazu. Daneben ein Brief des H. Malargé (?), das Heidesheimer Universitätsgut betreffend. Die Sache sei Görres schon bekannt und verdiene seine Aufmerksamkeit. Wenn nötig werde er ihm die früheren Schriften dazu übersenden. Der Schreiber wünsche Martini abzugehen, seine Gründe seien der Beherzigung wert. Bei dieser Gelegenheit erlaube er sich, die Erneuerung der Mainzer Schule „dringend zu empfehlen“. „Hier muß schnell geholfen werden, damit nicht alles auseinander falle. Wir erwarten aber in wenigen Tagen Ihren Entschluss; käme dieser nicht, so werden wir hier das provisorische Gymnasium aus den noch bestehenden Elementen zu bilden suchen. Auch wird es immer dringender daß sich hier in Mainz selbst eine Commission mit der Verwaltung und dem Rechnungswesen der alten Universität beschäftige. Herr Hofrath Jung hat Ihnen davon geschrieben, und ich erneuere hier diesen Vorschlag der mir sehr nützlich scheint. Diese Commission könnte bestehen aus den zwey Inspectoren, zwey Professoren der mediz. Schule, H. Doct. Weidmann und H. Doct. Metternich, und aus einem Jurisconsult H. Maier. Die Beschlüsse derselben würden Ihnen vorgelegt, die jenigen ausgenommen, welche schneller Ausführung verlangen. Es wird auch gut seyn der Schulcommission eine größere Ausdehnung zu geben, damit sich solche gehörig mit dem Gymnasium beschäftigen könnte." Görres könne diesen Punkt leicht in der noch fehlenden Instruktion dem Bedürfnis gemäß entwickeln. „Vielleicht lassen Sie uns auch wissen was Sie etwa mit der Regierungscommission zu Creuznach über den öffentlichen Unterricht verabredet haben. Wird die bestehende Einrichtung fortdauern? Werde ich die Aufsicht über die Schule des Forstdepartments behalten? Sind die Ernennungen der Ortsobrigkeiten legal angekündigt worden, damit es nicht späterhin schädliche Collisionen gabe? Lassen Sie mich darüber etwas bestimmtes vernehmen; gern will ich wie bisher wirken und thätig seyn, doch wünschte ich das Ungewisse wäre weniger. Noch dauert der Kampf zwischen den Herren Lehne und Tormann. Personnalitäten sind an die Stelle der guten Gründe getreten, und ich fürchte sehr das ganze möge eine gehässige Wendung bekommen. Meinen achtungsvollsten Gruß an Ihre vortreffliche Frau. Ihr ganz ergebenster Fr. Butenschoen" (Orig.: Familienarchiv Görres-Jochner Nr. 32; Unveröffentlicht).

Ca. Mai/Juni 1814: „Hochzuehrender Herr Redacteur! Unterzeichneter, der über 6000 Franken an seiner dem französ. Gouvernement früher bezahlten Caution durch den gegenwärtigen Frieden verliert, und von dessen Freunden Einer über 17000 Franken auf dieselbe Art verliert, ersucht Sie: einliegenden Aufsatz im Rheinischen Merkur güthigst aufzunehmen. Mit der größten Hochachtung"

„E... vormaliger Beamter". Zur Datierung: Der Erste Pariser Frieden wurde am 30. Mai 1814 geschlossen und am 31. Mai 1814 ratifiziert. Mit ihm beschäftigen sich zahlreiche Artikel Mai/Juni 1814 im *Rheinischen Merkur* (Orig.: Bayer. Hauptstaatsarchiv, Teilnachlass Görres 4; Unveröffentlicht).

Ca. Mai bis Juli 1814 (o.O. o.D., ohne Unterschrift) NN: überschrieben „Sachsens Trost". „... Die immer näher dringende Besorgnis, Sachsen werde seinen König verlieren und einer fremden Macht einverleibt werden, veranlaßte diesen Ausbruch gekränkter Gefühle. Wollen Sie, verehrter Herr Professor, diese einige Stimme d Meinung aller meiner nahen und fernen Landsleute in Ihrem Rh Merkur tönen lassen. Vielleicht würde sie ... weiter und stärker gehört. Ueberhaupt bedürfte wohl der ganze Gegenstand einmal der scharfen Feder Ihres Geistes. Freundlich empfohlen" (Orig.: Bayer. Hauptstaatsarchiv, Teilnachlass Görres 4; Unveröffentlicht). (Zur Datierung: vermutlich in der heißen Phase der Diskussion um die sächsische Frage im Vorfeld des Wiener Kongresses, zw. Mai 1814 (Frieden von Paris) und Juli 1814, jedenfalls vor Görres' 1. Artikel zu Sachsen, „Sachsens Pflicht und Recht", Nr. 90-94, also vor dem 21. Juli 1814).

5.7.1814 (Heidelberg) Georg Friedrich Creuzer: Görres gleiche seinem Mercurius wenig, sei ein rechter Zauderer. „Etliche halbe Nächte" habe man in Heidelberg seinen Besuch erwartet, da er von so vielen Seiten angekündigt war. Görres solle versprechen, mit der Familie im September zu kommen. Ein paar Juden, die schon ein paarmal nach dem Herrn Direktor bei ihm angefragt hätten, und die vom Herrn Direktor Schulämter haben wollten, habe er nun eben vertrösten müssen, „bis die christliche Liebe Sie treibt, sich ihrer und unserer wieder zu erinnern. Daß dieß aber doch noch in diesem Jahre geschehe, will ich zu Gott hoffen, der ja ein Gott der Juden und der Christen ist." Unterdessen sei wohl Sulpiz Boisserée bei Görres auf der Durchreise nach Köln gewesen, auch Graf Löben werde jetzt bei ihm angelangt sein. Thibaut werde ihm sein Buch über die Notwendigkeit eines Allgemeinen deutschen Gesetzbuchs geschickt haben. „Darin wird recht tüchtig den Halunken von Halbfranzosen mitgespielt, die jetzt zwischen Fürsten und Völker treten ... Es will in dem Rheinischen Bund noch gar nicht aufhören zu napoleonisiren". - „Wir lesen Abends oft Ihr Blatt gemeinschaftlich. So geht's durch ganz Deutschland." Auch Zimmermann schreibe vom Harz zustimmend vom *Rheinischen Merkur*, er lasse grüßen – Das Plotinus-Büchlein laufe demnächst vom Stapel. Seine Frau, eine fleißige Leserin des *Merkur*, und auch Daub lassen grüßen. (Orig.: Familienarchiv Görres-Jochner Nr. 41; Binder (Hrsg.), *Freundesbriefe* Nr. 131, S. 418-420).

10.7.1814 (Aachen) Johann August Sack: „Da ich gegenwärtig damit umgehe, den Zustand des oeffentlichen Unterrichts in den NiederRheinischen Departements meines General Gouvernements, einer allgemeinen Revision zu unterwerfen, und Ideen zu einer zweckmäßigen Verbesserung desselben zu sammeln, Euer Wohlgeboren aber mit demselben Gegenstande, in Bezug auf die jetzt meiner Verwaltung zugefallenen MittelRheinischen Provinzen schon seit längerer Zeit sich beschäftiget haben, so ersuche ich Sie Ihre in dieser Hinsicht gemachten Beobachtungen, und gewonenen Resultate in einer ausführlichen Entwickelung mir bald möglichst mittheilen zu wollen, indem ich dadurch in den Stand gesetzt zu werden wünsche, die zw den Nieder und mittelrheinischen Provinzen hinsichtlich der Bedürfnisse der Volks-Bildung sowohl als der Mittel Ihnen abzuhelfen etwa stattfindende Analogie genauer beurtheilen zu können. Zugleich ersuche ich Euer Wohlg dafür Sorge tragen zu wollen, daß das für mich bestimmte Exemplar Ihres Rheinischen Merkurs, welches ich bis jetzt nur unordentlich und lückenhaft erhalte, künftig regelmäßiger an mich abgesendet werden möge. Aachen den 10. July 1814. Der Generalgouverneur vom Nieder und Mittel Rhein Sack." (Orig.: Berlin, GStA PK, I. HA Rep. 77, Tit. 22, 8 adh., Bl. 44; Unveröffentlicht).

18.7.1814 (Kassel) Jacob Grimm: Er breche hiermit sein langes Stillschweigen, habe auch lange nichts von Görres gehört. Wilhelm werde Görres gemeldet haben, dass er, Jacob, mit der Gesandtschaft zum Hauptquartier gegangen. Er bereue es nicht, habe zwar weniger bewirken können als gedacht, aber auch manches Erfreuliche gesehen und erlebt. In seinen Studien freilich sei er „gewaltig gestört" gewesen, „von den Arbeiten und meinem Bruder abgerissen, die ersten drei Monate völlig einsam und ohne Briefe. In den zwei letzten zu Paris konnte ich aber vieles auf der Bibliothek suchen und finden, worunter für uns ein mittellateinischer Renardus und Isengrimus leicht das Wichtigste. Von dem Übrigen ein ander Mal in ruhigeren Stunden, denn ich arbeite hier viel, weil ich wieder mit zum Kongreß gehen soll, an der Edda und dem Armen Heinrich, den wir für unsere Soldaten herausgeben." Görres habe mit dem *Merkur* „ein schönes und gewiß wichtiges Werk angefangen und gegründet". Er selbst habe die Zeitung erst nach seiner Rückkunft kennengelernt. „Jedermann ist hier, in Preußen (wie mir Savigny schreibt) und sicher überall in Deutschland davon entzückt. Das Rechte ist getroffen und wird Frucht tragen." Das Verbot in Bayern werde das Ganze nur heben und Görres Ehre, den Verbietern aber Schande bringen, „bis diese die große Meinung zu einem Widerruf gezwungen haben wird". Er zweifle nicht, selbst in Bayern würden jetzt desto mehr Exemplare gelesen werden, man werde ihm von überall her Beiträge schicken. Seit Schlözers Journal, „aber in viel besserem Geist", habe keine Zeitung so mächtig gewirkt. „Wir halten fest am Glauben an die durchdringende bessere Zeit. Sie kann nicht auf einmal kommen, sondern allmählich, aber unaufhaltsam und gründlich still." Am nötigsten sei „der offene Kampf gegen die rheinischen Bundgründer und das schändliche Souveränitätswesen". Bei der Durchreise habe er sich „besonders von der grenzenlosen Elendigkeit der badischen Regierung" überzeugt. Als Gegenstück dazu schicke er eine Beilage über das Elsaß, wo es ihm gut gefallen habe, vielleicht wolle Görres etwas davon in den *Merkur* aufnehmen. Seine Brüder seien heil und glücklich aus dem Krieg zurückgekehrt, der Kupferstecher lasse besonders grüßen und fragen, ob und durch wen Görres eine kleine Geldsumme, um die er gebeten hatte, habe besorgen lassen. Görres habe wohl wenig Zeit zum Antworten, das hindere nicht, ihm zuweilen Nachricht zu geben. (Orig.: Familienarchiv Görres-Jochner Nr. 80; Binder (Hrsg.), *Freundesbriefe* Nr. 132, S. 420-422; Schoof, Josef Görres und die Brüder Grimm, in: *Jb für Geschichte und Kunst des Mittelrheins u. seiner Nachbargebiete* 6-7(1954-55), S. 102f; Koch, *Briefe deutscher Romantiker*, S. 536-538).

19.7.1814 (Hamburg) Daniel Runge: Bittet „recht angelegentlich" um baldige Aufnahme des beiliegenden Aufsatzes „von authentischer Wahrheit" in den *Rhein. Merkur*. Da gerade eine Deputation in der Angelegenheit der Hamburger Bank nach Paris gehe, scheine es gelegen, die Sache öffentlich bekannt zu machen, die sicher von allgemeinem Interesse sei. Den *Deutschen Beobachter* bekomme Görres wohl ohnehin, dennoch lege er ein Blatt bei, um seine Anhänglichkeit zu bekunden. Das Lied sei von ihm, wie manches andere, und sei im Juni am Vorabend des Einzugs der Hanseatischen Legion in seinem Kreis gesungen worden. Perthes werde Görres wohl noch nicht geschrieben haben; er sei in Abwesenheit seines Schwagers und Associé sehr beschäftigt, „sein Geist wird fortwährend im stillen und lauten wirken, die schönste Zierde unsrer Gemeine sein". Julius, der am Hanseatischen Feldzug als Stabsarzt teilgenommen habe, habe ein paar Zeilen für Görres mitschicken wollen. „Sie werden doch meinen Brief vom 27. August 1812 erhalten haben, den ich an Mohr und Zimmer beschlossen? Er enthielt eine kleine Zeichnung und einen Aufsatz die Heymonskinder betreffend von meinem verewigten Bruder – Ich bin auf Ihre Antwort sehr begierig; die mich belehren wird, wie es mit Ihrer Vaticana steht – und mit der versprochenen Anzeige der Farbenkugel. Mit Verehrung“ (Orig.: Familienarchiv Görres-Jochner Nr. 208; Binder (Hrsg.), *Freundesbriefe* Nr. 133, S. 422f (einige Auslassungen).

28.7.1814 (Koblenz) Ernst Heinrich Sack: „Meiner Aufforderung vom 30ten v. M. Nro 814, die Beschwerden über die vorgegebenen Anzüglichkeiten des Rheinischen Merkurs gegen den Herrn Polizey-Director Wurm in Nurenberg betreffend, bitte ich binnen 3 Tagen zu genügen. Coblentz d 28ten July 1814. Aus Vollmacht des General-Gouverneurs. Sack“ (Adresse: An die Expedition des Rheinischen Merkurs in Coblentz. „Beschwerden über die Anzüglichkeiten des rheinischen Merkurs gegen den H Polizey- Director Wurm in Nurenberg betreffend“. (Orig.: Bayer. Hauptstaatsarchiv, Teilnachlass Görres 3; Unveröffentlicht).

29.7.1814 (Koblenz) Ernst Heinrich Sack: „Der Erledigung meiner Aufforderung vom 9ten d.M. Nr. 1141 puncto der Beschwerde des König. Würtembergischen Staats-Ministers gegen den rheinischen Merkur muß ich nunmehr binnen 8 Tagen bestimmt entgegensehen. Coblentz d 29ten July 1814. Aus Vollmacht des General-Gouverneurs. Sack“ (Adresse: An Herrn Pauly Buchdrucker in Coblenz/ An die Redaction des Rhein Merkurs in Coblentz. „Beschwerden über die Anzüglichkeit des rheinischen Merkurs gegen das Königl Würtembergische Gouvernement betreff.“ (Orig.: Bayer. Hauptstaatsarchiv, Teilnachlass Görres 3; Unveröffentlicht).

30.7.1814 (Brüssel) Jean Baptiste Picard (in franz. Sprache): Er biete Görres seine Zeitung *L'Oracle* im Austausch zum *Rheinischen Merkur* an. Er gehe davon aus, dass Görres dieses Angebot annehmen werde. (Adresse: Au redacteur du Mercure du Rhin a Coblenz). (Orig.: Familienarchiv Görres-Jochner Nr. 191; Unveröffentlicht).

5.8.1814 (Aachen) Johann August Sack: „Unter den, von Euer Wohlgeb in Ihrem Berichte vom 30. v. M. entwickelten Umständen, bleibt nichts übrig, als den Hofrath Jung von der Schul-Inspector-Stelle, zu welcher er unter der vorigen Administration berufen worden, und welche nach dem in dieser Angelegenheit gefaßten Organisations-Beschlüssen jetzt überflüssig wird, hinwiederum zu entlassen; welches Ew Wohlg demselben amtlich eröfnen belieben wollen. Was den zweiten Schulinspector Herrn v Butenschön anbetrifft, so ist derselbe zu befragen, ob er sich gefallen lassen wolle, mit Beschränkung seines Gehaltes auf 1000 Gulden nach Coblenz transferirt zu werden, und dort unter Euer Wohlg unmittelbarer Leitung sein Amt ferner zu verwalten. Sollte die Antwort verneinend ausfallen, so ist auch dieser v Butenschön zu entlassen und genehmige ich es auf diesen Fall daß der von Euer Wohlg vorgeschlagene Schulrath und Director Schulze in Hanau zu dieser Stelle berufen werde, und wollen Euer Wohlg über die fernere Entwicklung dieser Angelegenheit mir zu seiner Zeit weiteren Bericht erstatten.“ (Orig.: Berlin, GStA PK, I. HA Rep. 77, Tit. 22, 8 adh., Bl. 45; Unveröffentlicht).

6.8.1814 (Heidelberg) Georg Friedrich Creuzer: Arndt sei eben in Heidelberg, sei in Baden gewesen und gehe übermorgen nach Frankfurt. Görres habe lange nicht geschrieben. Dass der *Merkur* nun auch in Heidelberg verboten sei, wisse er ohne Zweifel schon. „Schade, daß Ihre Correspondenten aus dem Badischen Sie mit etlichen auffallenden Unrichtigkeiten betrogen hatten. Dadurch hat das Gesindel nun auch bei uns eine Art von Basis gewonnen, wovon es ausgehend leichter gegen das einzige deutsche Blatt, das die gute Sache offen fördert, operiren konnte. Sie werden sich wohl vorstellen, daß fast im ganzen Lande nur Eine Stimme ist, d.h. die f ü r Ihren Götterboten, und daß man daher mit dem Verbot sehr unzufrieden ist. Aber die heimlichen Anhänger des Franzosenthums haben doch ihren Fleck zu treffen und das Verbot zu erwirken gewußt." Daub habe richtig bemerkt, dass solche Unrichtigkeiten, da der *Merkur* unter das Volk komme und in den Wirtshäusern sehr gelesen werde, von Leuten die nicht zwischen falschen und richtigen Meldungen unterscheiden könnten, doppelt schädlich seien. – Thibaut habe den guten Gedanken gehabt, dass man vom hiesigen akademischen Senat beantragen solle, dass „wir Gelehrte" das Blatt weiter lesen dürften, sie wollten sich nicht „die freie Luft verbauen lassen", deshalb die Frage, wie er in Zukunft den *Merkur* erhalten könne? Er denke: Durch Pauli einmal wöchentlich im Couvert an seine Adresse. „Wir seufzen alle nach dem Götterherold". Über Thibauts Schrift. – Ein Reisender habe ihm von Görres' eintägigem Arrest erzählt. – Zum Plan, im September zu kommen: er werde Mitte September mit Daub und Schwarz und Wilken nach Göttingen fahren, bis 15. Oktober. Alle hier glaubten, dass Görres' persönliche Freiheit bei einer solchen Reise nicht gefährdet sei. „So weit werden es doch die lichtscheuen französischen Creaturen, die unsern Fürsten allerlei Gespenster vorgaukeln, nicht treiben". – Sulpiz Boisserée werde Görres wohl auf seiner Rückreise wieder sehen, werde wohl bald kommen. Görres werde wohl auch Goethe, Schleiermacher und andere sehen, die jetzt dem befreiten Rhein zuflögen. Über die „superklugen Berliner", die ihre dumme akademische Frage über Ägypten und Griechenland wiederholen zu müssen geglaubt hätten. Creuzers Buch mit einem neuen Prologus galeatus liege bereit und warte auf Görres. (Orig.: Familienarchiv Görres-Jochner Nr. 41; Binder (Hrsg.), *Freundesbriefe* Nr. 135, S. 427-429).

19.8.1814 (Koblenz) Karl Hartwig Gregor Frhr von Meusebach (unter dem Pseudonym Markus Hüpfinsholz): „Sende mir, Görres, alsbald – du, welcher in Numero Neunzig kirrig erst mahnst mein Volk und in Numero Neunzig und vier dann kurrig dich zeigst den gerechtesten König so herrliches Volksstamms, aber zum Schluß (so trägst du den Schelm doch immer im Nacken) laut aufgirrest und wem? Nimm Hübner, Büsching und Fabri, Einem Volke, das nie dem geheiligten Reiche, dem deutschen, angehörte, o Schmach! dem Fremdlinge hast du gegirret!- Sende mir, Görres, alsbald, was weiteres Achim von Arnim dichtete, armen Fräulein zur Lehr und zu frommer Ergetzung. Dann auch harre heut Abend beym Mahl von röthlichen Grumbirn Meiner getrost, denn ich komme gewiß und mit doppeltem Magen. Markus Hüpfinsholz." (Adresse: An Generalstudiendirektor Görres dahier) (Orig.: Familienarchiv Görres-Jochner Nr. 111; Unveröffentlicht).

24.8.1814 (Bremen) Prof. NN. (Adresse: „An den würdigen Herrn Herausgeber des Rheinischen Mercurs"): Zur Feier des 18. Oktober in Bremen, im Oldenburgischen und Hannover erlaube er sich auf Hauptmängel aufmerksam zu machen: der Magistrat habe kein Wort bekannt gegeben – alle Geschäfte sollen offen bleiben, in keiner Kirche ein Gottesdienst abgehalten werden (Dazu *RM* Nr. 152: „Nachlese zur Oktoberfeyer"). (Orig.: Bayer. Hauptstaatsarchiv, Teilnachlass Görres 4; Unveröffentlicht).

8.9.1814 (Dresden) Friedrich: Er habe unter dem 25. Aug einen Aufsatz über Sachsen übersandt, habe es Görres auch überlassen, Änderungen vorzunehmen. Bis jetzt habe er aber noch nichts davon gelesen. Er wiederhole seine Bitte um Aufnahme des Aufsatzes, bitte auch um Übersendung einiger Exemplare. Falls Görres ihn nicht drucke, bitte er um Aufschluss, diesen an seinen Agenten Herrn Postamts-sekretär Siegmeyer. Er werde demnächst noch mehr über Sachsen, seinen König und sein Volk schicken. (Orig.: Bayer. Hauptstaatsarchiv, Teilnachlass Görres 4; Unveröffentlicht).

11.9.1814 (Frankfurt a. M.) NN: „Lieber Freund! Hier haben Sie die versprochene Anweisung für Paulis Auslagen, welche Sie gütigst berichtigen. Das Abgedruckte wird fleißig in die Welt ausgestreut; Friese allein nimmt 200 Exemplare mit nach Wien. Sie haben ein gutes Werk gethan, Östreichs Politik in Hinsicht Baierns und die Gefahr, welche Teutschland in Baiern droht, wenn man es mächtiger macht, und vorzüglich, wenn man ihm am Rhein festen Fuß giebt, dem Publikum hinzustellen. Fahren Sie frisch fort: der Tropfen hölt ja endlich Felsen aus – also." (Orig.: Familienarchiv Görres-Jochner Nr. 164; Unveröffentlicht).

18.9.1814 (Göttingen) Charles de Villers: „Mein hochverehrter Görres, Wie es möglich sey, daß Sie, seit einem halben Jahre nicht von mir vielfache Sendungen bekommen kann ich nicht anders erklären als durch die psychologische Geschichte meines zerrißnen zerrütteten Gemüths während dieser Periode. – Beyde Überbringer dieses flüchtig geschriebenen Blatts, beyde meine jungen trefflichen Freunde, die Ihres Umgangs und Vertrauens werth sind, Hr. Dr. Bunsen und Hr. Dr. Brandis, können Ihnen meine Fata erzählen, aber auch den für mich glücklichen Ausgang dieser Miserien – Doch unterlag ich ihnen beynahe als dieser Ausgang kam. Ich genaß kaum von einer schweren Krankheit, die der Kummer offenbar mir zugezogen. Meine besten Stunden waren die wo ich die geflügelten Worte aus der herrlichen Ecke zwischen Mosel und Rhein bekam und verschlang – Euge fili - Sie haben da mächtig an der Bildung einer Meynung in Deutschland Hand gelegt; und die Meynung ist doch alles! – alles in allem – Mehr als alle Formen und Verfahren, wonach alle Gimpel – so sehr zusehen! – Leben Sie wohl bis ich Sie wieder auf einer Tour nach Lothringen sehe – ich umarme Sie im Geiste – Empfehlungen an Ihre liebe Frau, und an deren Bruder". (Orig.: Staats- und Universitätsbibliothek Hamburg, NL Villers; Chr. Friedr. Wurm (Hrsg.), *Beiträge zur Geschichte der Hansestädte in den Jahren 1806-1814: aus den nachgelassenen Papieren von Carl von Villers*, Hamburg 1845, S. 49).

29.9.1814 (Aachen) Johann August Sack: „Der in Nro 123 des Merkurs unter der Rubrik vom Lande enthaltene Mißbrauch des Vorspann-Wesens im hiesigen GeneralGouvernement rügende Aufsatz hat mir nicht anders, als ungemein auffallend sein können, vorausgesetzt selbst, daß Mißbräuche der angegebenen Art wirklich am Wohnorte Ihres Correspondenten vorkamen, konnte Ihnen der Sie in doppelter Qualität das officielle Journal zu lesen verbunden sind, unmöglich die vielfache Aufmerksamkeit unbekannt sein, welche ich diesem Gegenstande vom Anfange meines Hierseins an, und fortwährend gewidmet und auf jede mögliche Weise die Last der Etappen Straßen für den Landmann zu erleichtern und Mißbräuche aller Art zu entdecken und zu verfolgen gestrebt habe. Es konnte ferner Ihnen, der Sie zu Coblenz wohnen, und in vielfachen Verhältnißen zu dem dortigen Gouvernements Commissair stehen, unmöglich entgangen sein, daß gerade dieser Beamte eine ganz vorzügliche strenge und unpartheyische Aufsicht über das Etappenwesen seines Verwaltungsbezirks ausübt, und soweit menschliche Kräfte reichen, jeden Mißbrauch mit unerbittlicher Strenge verfolgt. Wenn Sie nun nichts desto weniger, ohne eine berichtigende Note, Ihren Correspondenten öffentlich sagen lassen „es wäre zu wünschen, daß die Oberbehörde Einsicht von diesem Unwesen nähme das ihrer Aufmerksamkeit bisher entgangen zu sein scheint", so geben Sie dadurch wahrlich keinen Beweis der strengen und rücksichtslosen Wahrheitsliebe, welche Sie als den distinctiv Character Ihres Blattes angesehn wünschen, und erwecken, aufs Gelindeste gesagt, indem Sie von vaterländischen Dingen so übel unterrichtet erscheinen, einen gegründeten Verdacht gegen Vieles, was vom Auslande uns Ihr Blatt erzählt. Ich ehre die Wahrheit, ich kann und will sie hören, und werde stets dem Dank wissen, der sie mir saget. Aber ich hasse die Ungerechtigkeit, und bin eben so sehr entschloßen, sie selbst nicht zu dulden, als gegen andere mich ihrer nicht schuldig zu machen, mein redliches Bestreben ist. Gleiche Gesinnungen bis jetzt noch bei Ihnen voraussetzend, stelle ich es Ihnen lediglich anheim, was Sie thun zu müßen glauben, um eine öffentlich begangene Ungerechtigkeit auch öffentlich wieder gut zu machen." (Adresse: „An den Redacteur des Rh M Herrn Doctor Jorres Wohlgeborn zu Coblentz"). (Orig.: Bayer. Hauptstaatsarchiv, Teilnachlass Görres 3; Unveröffentlicht).

Ende Sept./Anfang Okt. 1814: evtl. 30.9.1814 oder 10.10.1814 (Düsseldorf) Justus Gruner: „Ich habe mich sehr gefreut zu hören, daß Sie noch in Thätigkeit sind. Für die preußische Seite steht Ihr Wirken nun ganz fest und es ward mir wieder wohl, als ich dies im Niederrheinischen Gouvernements-Blatte las, denn die kurz zuvor darin enthaltene Bekanntmachung und respective Aufforderung zur Verbesserung des öffentlichen Unterrichtes hatte mir in keiner Art gefallen. Doch ist es nichts nuz, daß die Direktion getrennt wird, Ich sehe, daß Manches unerfüllt bleibe, denn Schulz aus Hanau hat lamentable Briefe hierher geschrieben. Können Sie ihm nicht sonst wo helfen? Mit Preußen werden Sie es wohl nicht verderben. Als ich die ersten Theile über Sachsens Unrecht und Pflicht sah, glaubte ich es, jetzt aber bin ich ruhig, jedoch in dieser Sache von Ihnen abgefallen. Es ist die heilloseste Täuschung und der unglücklichste Irrthum, worin Preußen verfallen, Sachsen zu nehmen. Selbst mit der Abtretung von Ansbach und Bayreuth und Anderem, läßt sichs nicht rechtfertigen. Die Sünde wird dadurch nun doppelt. Man hätte nichts abtreten sollen. Um die Vernichtung dieses gräslichen Systems ist ja gefochten worden. Es betrübt mich, daß Sie Preußen hierin vertreten. Crull habe ich Ihren Gruß überbracht. Für das Tribunal wird er die Anweisungen schiken. Er ist hier wieder in voller tüchtiger Thätigkeit. An Krahe werde ich denken, sobald es Gelegenheit giebt. Diese ist hier aber selten." (Orig.: Stadt- u Landesbibliothek Dortmund Nr. 6832; Teil-Abschrift (1. Absatz): Familienarchiv Görres-Jochner Nr. 85; Gruner, Ein Beitrag zum Briefwechsel von Joseph von Görres, in: *Deutsche Revue* 18. Jg., Bd. 3, S. 361f). (Zur Datierung: Gruner in *Deutsche Revue* hat „Düsseldorf, 1. Oktober? (1814)"; Abschrift Jochner dat. „10. Sept.? 1814? (1815)"; Das Datum auf dem Original ist nicht eindeutig lesbar. Mögliche Lesung: „18/30 7ber" oder „10/October". Erstere Lesung würde nach Gruners Methode, das Datum nach dem julianischen (russ.) und danach nach dem gregorianischen Kalender anzugeben, den 30. September bedeuten. Die Datierung auf 1814 ist eindeutig. Dass es sich hier um den in Görres' Brief Nr. 22 erwähnten Brief Gruners von Anfang/Mitte Sept. handelt, ist auf Grund der von Görres in seiner Antwort angesprochenen Themen unwahrscheinlich).

9.10.1814 (München) Karl Joseph Ignatz Mosler: „Meine Umstände veranlassen mich für den Fall daß etwa bey Vertiefung in Ihre Geschäfte die Erinnerung an mich und meine Angelegenheit nicht unnöthig wäre Ihnen solche zu empfehlen. – Wenn Sie recht bald etwas für mich erwürken könnten so wäre mir dies von großer Wichtigkeit. – Später kann ich mir schon leichter selbst helfen, gegenwärtig aber sehe ich keinen anderen Ausweg als einen sehr schleppenden und peinlichen wobey mein Studium was leider so oft unterbrochen war wieder aufgehoben und die Frucht vieler Anstrengung wieder in Verfall kömmt. So glichen den meine Lehrjahre dem Leben des Sysiphos im Tartarus. Ich bin seit geraumer Zeit auf den Punkt gekommen wo man sich selbst tadelnd auf sein vergangenes Leben zurück sieht wie man von einer Anhöhe auf die krummen Abwege welche man durchgangen erst hinblickt. – Wie drückend wird diese Wahrnehmung wenn man auch noch gegenwärtig sich gezwungen sieht statt des graden Weges wieder den krummen durch Geklippe und Gestrüppe zu gehen. Fast die Hälfte meiner bisherigen Lehrjahre erachte ich in praktischer Hinsicht für nichts, sollte es noch ferner mir so ergehen, so wünschte ich mich lieber von der Kunst und dem Leben geschieden. Wäre ich einmal erst ein ernster Künstler dan wollte ich ergebner mit manchem Genossen drückende Noth tragen, in welcher sich gerade die besten der deutschen Künstler befinden. Selbst die äußere Entbehrung wäre nichts wen ich nicht zu sehr in der Kunst entbehrte. Es ist so schöne Zeit in der Kunstentwicklung für Deutschland angebrochen, ein Fürst könnte mit wenigen einen großen Umschwung bewirken. Koch Overbeck und Cornelius vereint in sorgenfreie Lage versetzt und jedem ein halb duzend ihrer jungen Anhänger nach der Wahl der Meister zugesellt, dan jeder der kristlichen Gemeinden empfohlen in dieser Schule Bilder für die theils geplünderten theils verunzirten Kirchen machen zu lassen, das könnte einen allgemeinen Sinn erwecken und Nachahmung veranlassen und die alte deutsche Liebe und Andacht zur Kunst wieder erwachen lassen. – So ist von dem Volke nichts zu verlangen weil denen die ihm etwas geben wollen die Hände gebunden sind. Wen Koch wieder nach Rom geht wie er Willens ist dan werden wohl seine besten Werke wieder wie vordem nach England gehen – des werden die Manieristen in Deutschland froh seyn, den wo er erscheint da geht ein

Licht auf was den Eulen nicht taugt – wir aber werden ihm nachtrauern den sie hätten uns erbaut und gelabt und den Weg zur bessern Kunst gebahnt. Nach seinem Tode werden wir uns, wie bey Händel Holbein Gluck und andern, die Ehre ausbitten daß er uns rechtmäßig zu erkannt werde weil er ja in Tyrol geboren und – einen deutschen Nahmen hat. In diesen Tagen geht mir das ausserordentliche Werk welches er als Preisstück hierher geschickt beständig im Kopf herum und ich mag Ihnen von der ganzen zahlreichen diesjährigen Kunstausstellung nichts sagen als daß ausserdem sich noch vier andere Bilder von ihm die er früher für hiesige gemacht und Overbecks heiligdrey Königbild auch aufgestellt ist. Die Conkurrenz bey der historischen Aufgabe ist gering an Qualität, bey der bandplastischen an der Zahl (was der Schwierigkeit der Aufgabe beyzumessen), bey der Bildhauerey wieder an der Qualität ausser dem Werke eines jungen Tirolers nahmens Haller meines Tischgenossen welches den Preis erhalten wird – der Catalog der Ausstellung wird an 800 Nummern enthalten indem ganze Wände mit akademischen Natur- und Antikstudien bedeckt sind wo es aber mit all dem Studium hinaus will kann ich noch nicht merken. Ich habe nur eine Komposition hingegeben nämlich d. heil. Nacht zu Bethlehem welche man im Saal der Preisaufgaben in gutes Licht aufgehangen, zufällig hängt sie zwischen einer Skitze unseres Direktors und einer von Koch. Hätte ich zwischen diesen beyden Meistern die Wahl welcher mein Lehrer seyn sollte, ich wäre nicht lange unschlüßig obgleich Koch eigentlich Landschaftsmaler ist, allein er ist ein großer Geist der auch die historische Malerey umfast. Ich freue mich darauf ihn dereinst in Rom zu finden, dazu Gott bald seinen Seegen geben möge. Leben Sie wohl im schönen Klima des Rheinlandes, hier haben wir schon Winter, im Sommer gab's wohl heiße Tage aber immer von naßkalten unterbrochen und immer kalte Nächte. Der Schnee welcher drey Viertheile des Jahrs auf den nächsten Tiroler und Salzburger Alpen liegt läßt kein lindes Luftgen von Süden oder von Osten kommen und von Norden kommen sie ohnehin nicht. Doch bleibe ich vollkommen gesund – aber es lebe der Rhein und sein bester Vaterlandsfreund! Vergessen Sie nicht Ihren innigst ergebensten Mosler. (Seitlich:) Ich bitte Sie das Blatt abzuschneiden und fürs erste Fink mitzutheilen – wen niemand von der Burggesellschaft Lust hat so weis ich in Coblenz niemand mehr dem so etwas zu empfehlen wäre, und dan kann das Blatt dort als Fidibus verbraucht werden."

(Daran das Blatt:) „Ich habe Auftrag kunstliebenden Freunden zwey in Aquarell gemalte Landschaften von Koch die obgleich noch Eigenthum des Meisters sich zufällig hier befinden zum Verkauf anzubiethen wovon ich versichern kann daß sie vortrefflich sind wen diese Betheuerung noch bey Werken dieses Künstlers nöthig wäre. Es sind römische Gegenden nach der Natur und zwar: 1) Das neue Rom, wovon besonders die Peterskirche und die Engelsburg in der Treue ganz sichtbar; der herlich gemahlte Standpunkt ist nächst der Villa Mattei deren romantische Nachbarschaft den Vorder- und mittelgrund bildet. Die vorderste Staffirung besteht aus Mönchen deren stilles Leben in sanfter Bewegung und Einsamkeit mit den Prachtgebäuden im Hintergrunde welche erhabene Ruhe ausdrücken ein poetisches Ganze ausdrücken. 2) Gegend bey Santa Balbina, alwo man einen Theil des alten Rom sieht; in Fröhlichkeit ruhende Landleute beyderley Geschlechts und hie und da geschäftiges Leben, was wiederum mit der ernsten stummen Ruhe der antiken Trümmer eine romantische Elegie bildet. Beyde Bilder haben das Maas von 18 ½ Zoll in der Länge und 14 1/3 in der Höhe. Die Figuren der jedes Bild über zwölfe hat, haben im Vordergrund 2 ½ Zoll Höhe. Koch ist dafür anerkannt, daß er am besten die Eigenthümlichkeit der italienischen Natur darzustellen versteht. Seine Zeichnung ist unvergleichlich schön und gründlich, sein Colorit kann in diesem Aquarell gemälde freylich nicht seinen wunderschönen Oelgemälden beykommen, ist aber doch schön und kräftig und ohne die mindeste Efekthascherey von schöner Wirkung. Der Preis ist 50 Gulden für jede – was für die Gedrängte Fülle und Ausführung gar nicht zu viel ist. Wer diese Bilder auf dem Nahmen des Meisters und meine Empfehlung haben will, sende mir den Betrag in einer zu Wien an Herrn Jos. Koch zahlbaren Anweisung zu und verfüge über die Gemälde. Meine Addresse ist: bey Herrn Secretair Lindner, Neuhausser Straße Nr. 1112. über drey Stiegen. München. Karl Mosler. Nur eine kurze Zeit kann ich dafür stehen daß nicht ein anderer Käufer schon im Besitz ist." (Orig.: Familienarchiv Görres-Jochner Nr. 174; Unveröffentlicht).

18.10.1814 (München) Karl Joseph Ignatz Mosler: „Ihr Brief war diesmal wieder wie das Sprichwort sagt: nach dem Regen Sonnenschein. Ihre Sorge für mein Wohl flößt mir zu dem was ich sonst in Beziehung auf Sie im Herzen hege noch das Gefühl kindlicher Dankbarkeit ein und es ist mir recht wohl darüber daß ich Ihnen so wichtiges zu verdanken habe. Dadurch daß auch Sie mir rathen „sobald als möglich nach Rom zu gehen" bin ich entschloßen Ihrem Worte zu folgen, was auch die Akademie dagegen einwenden mag, die da behauptet für die Schule sey hier besser als in Rom gesorgt; doch bin ich überzeugt daß ich in Rom in die beste Schule kommen werde – in die Schule der Freyen die auch nur Freye bildet, im Gegentheil von unsern Schulen. München ist einmal kein klassischer oder alterthümlicher Boden, die angehäuften Kunstschätze machen kein Ganzes. Es ist wie ich's begreife der eigentlichste Mangel an Kunstgeist welcher wie die Franzosen alles in allem erobern aber nichts in seiner natürlichen Eigenthümlichkeit gelten lassen sondern es nur nach seinem dürftigen Begriffe anwenden will und kann. Wo dieser Geist in der Umgebung herrscht da geht er dan auch in die Künstler über die demzufolg' also, anstatt den Nichtgeist einzugrenzen streben, denselben befördern. – In Rom ist die Vereinigung der Künstler eine freye. – Nur die Franzosen allein die nichts freyes dulden können hausen im Fillial-Gehäuße ihrer Pariser Akademie deren Disziplin dort fortdauert. Auch die bairische mögte so eine getreue Hirtin ihrer Herde seyn und scheuet weil sie dort keinen Pferch hat selbst die gewandesten Praktiker hin gehen zu lassen, befürchtend sie mögten sich verirren d.h. das Gängelband des Professors entbehren lernen. Daß Ihre Zeitung troz der Unterdrückung sich doch so gut verbreitet macht mir große Freude und so auch daß Sie in Hinblick auf das Gute was sie stiftet den schönen Lohn Ihres Eiffers und Ihrer Anstrengung genießen. Sollte auch solche Blühte nicht heilsame Frucht tragen?" – Er habe nicht gewusst, dass seine Pension schon mit Anfang April anfange, das Dekret sei, wie man ihm zunächst berichtet habe, am 19. Mai beschlossen worden, es sei aber vom 10. Juni aus Mainz datiert, die Quittung nenne den 15. Juni, das alles sei sehr unklar. – Heute am Jahrestag der Befreiung Deutschlands solle man sich nur mit Erinnerungen beschäftigen „und wirklich spazirt mir der Schluß des damaligen Bulletins beständig im Gehirn herum – et enfin l'armée victorieuse arrivit à Erfurt comme s'il y arrivait une armée battue." (Orig.: Familienarchiv Görres-Jochner Nr. 174; Unveröffentlicht).

19.10.1814 (Marburg) Johann Christoph Ullmann: Sendet einen „kleinen Aufsatz über die Feyer des 18. Oct in Marburg mit der ergebensten Bitte", ihn, falls er sich eigne, in den allbeliebten *Rheinischen Merkur* aufzunehmen. „Die nächste Veranlassung zu dessen Verfertigung war eine an mich gerichtete Aufforderung, verbunden mit der Bemerkung, daß es doch Unrecht sey von dieser Feyer zu schweigen, da man früherhin mit großem Pomp alles französische, wäre es auch noch so geringfügig gewesen habe schreiben und lesen müssen. Alles niedergeschriebene in dem Aufsatze ist Wahrheit, und die Feyer des gestrigen Tages hat den tiefsten Eindruck auch auf mich gemacht, der ich einst wegen meiner bekannten Anhänglichkeit an meinen rechtmäßigen guten alten Churfürsten in Hessen arretirt u eine zeitlang in Fesseln gelegt worden war. Gott sey Dank diese Zeiten sind vorüber, und kehren hoffentlich zumal wenn Ihre kräftige Zeitschrift fortdauert, nie in ähnlicher Art zurück. Mit Verehrung und treuer teutscher Ergebenheit stets der Ihrige" (Orig.: Bayer. Hauptstaatsarchiv, Teilnachlass Görres 4; Unveröffentlicht).

30.10.1814 (Heidelberg) Georg Friedrich Creuzer: Er sei nicht dazu gekommen, Görres noch vor seiner Abreise zu schreiben. Mittlerweile sei er im kalten Harz, acht Tage in norwegischem Klima, alles Silber der Berge dort könnte man ihm bieten, er bliebe nicht. Zimmermann mit Frau und Kindern aber fühle sich wohl. In Göttingen, wo Wilken zurückgeblieben sei, habe er „nichts von Professorenhoffahrt, allenthalben deutsche Herzlichkeit" gesehen und allerlei neue Bekanntschaften gemacht, sehr gut habe ihn „der Weltmann" Villers aufgenommen, der viel von Görres gesprochen habe. Er habe einen jungen Mann kennengelernt, mit dem er gern gemeinschaftliche Studien betreiben würde, den Philologieprofessor Dissen, „ebenso gediegen als liebenswürdig bescheiden". Außerordentlich beeindruckt habe ihn die neu erweiterte Bibliothek. Schweren Herzens sei er wieder abgefahren. Die Hannoversche Regierung scheine viel für das Land zu tun. In Kassel, wo Daub geblieben sei, habe er Grimm einen kurzen Besuch abgestattet, acht Tage sei er in Marburg mit seinen alten biedern Professoren geblieben. Schade, dass Görres nicht nach Heidelberg gekommen. Alles spreche noch von Goethe, der kurz vorher in Heidelberg gewesen sei, „freundlich gegen jedermann", er wolle nun über die Bilder der Boisserée schreiben und Pfingsten wiederkommen. Er selbst sei eben mit dem *Merkur* beschäftigt, habe alles bis zum Oktober geliefert bekommen. Er habe die Zeitung allenthalben an den tables d'hote gefunden, in Darmstadt, Gießen, Marburg, Kassel, Göttingen. Auch in Heidelberg werde er weiterhin gelesen, es schienen ihn mehrere auf demselben Wege, durch Körner, zu erhalten. „Daß Sie auf dem rechten Moselufer die Schuldirektion abgegeben haben, ist mir sehr leid", gerade dort sei „viele Barbarei" eingerissen während der Franzosenjahre. Er schlage Görres einen „vorzüglichen jungen Philologen" zur Anstellung vor, Carl Philipp Heß aus Marburg, er könne ihn in den höheren Klassen für Griechisch und Latein und Geschichte einsetzen. Ein anderer, Regierungsassessor Groos aus Friedberg in der Wetterau, werde vielleicht an Görres schreiben, ein grundehrlicher Mann, der aber von einem filou von Präsidenten und von einem adeligen Patron bis aufs Blut verfolgt werde. Görres solle den Mann nicht vergessen. „Glöckle war bei Ihnen der lebendige Erzähler von den Leiden und Freuden des neuen Italiens. Mir hat er anschaulicher als je ein Reisender das neue Rom abgeschildert. Schade daß sein sonst heller Kopf durch Trunk etwas gelitten hat. Eine ordentliche Frau könnte ihm gut thun. Was werden Sie denn mit ihm anfangen. Sie hatten ihm eine so schöne Pension ausgewirkt." Es gebe jetzt in Heidelberg ziemlich viele neue Studenten. Einer habe ihm einen heiteren Brief von Savigny mitgebracht, der wieder einen Sohn bekommen habe. Sein, Creuzers, „Plotinischer Avantcureur mit seinen heidnischen und christlichen Begleitern" werde doch bei Görres angekommen sein? (Orig.: Familienarchiv Görres-Jochner Nr. 41; Binder (Hrsg.), *Freundesbriefe* Nr. 137, S. 430-433).

3.11.1814 (Rom) Peter Cornelius: „Geehrtester Herr! Meine Freunde aus Frankfurt theilten mir die Nachricht mit, daß Sie die Güte gehabt sich für mich am Preußischen Hofe um eine Penßion zu bewerben: nehmen Sie dafür meinen herzlichsten Dank, nicht sowohl für die guten Folgen die der glückliche Erfolg dieses Ihres gütigen Gesuchs auf die Ausübung meiner Kunst haben könnte, als für den guten Glauben u das Vertrauen welches Sie zu meinen geringen Fähigkeiten und deren Anwendung heegen. Verzeihen Sie daher wenn von gleichem Glauben beseelt sich mein Herz vor Sie aufschließt und Ihnen einige Worte über einen Gegenstand sage der es so ganz erfült, ich meine die Kunst, und zwar die unseres Vaterlands." Leider sei sie in der gegenwärtigen Zeit sowohl an wahrer Bildung als an Geist und Leben von der Nation überflügelt worden. Denn der geringste der Helden, die freiwillig in „jenen wahrhaften Kreuzzug" gezogen seien, habe „eine höhere Poesie in seiner Brust" getragen „als der erste Professor irgend einer hochweisen Akademie, vom Dunstkreyse seiner negativen eklektischen Kunstrumpelkammer umnebelt". Die Kunst müsse ein Teil des Salzes der Erde sein, sie müsse wieder erwachen in alter Kraft und Schönheit, „mit dem wiedergebohrnen Geist der Nation gleichen Schritt" halten. Er zweifle nicht, dass sie gleich dem Phönix aus der Asche wiedererstehen könne. Er glaube, „daß Gott sich aller herrlichen Keime die in der deutschen Nation liegen, bedienen will, um von ihr aus ein neues Leben ein neues Reich seiner Kraft und Herrlichkeit über die Erde zu verbreiten." Eine kleine Anzahl deutscher Künstler habe, „gleichsam durch eine Göttliche Erleuchtung, von der wahren Hoheit u Göttlichkeit ihrer Kunst durchdrungen" angefangen, „die verwachsene Bahn zu ihrem heiligen Tempel zu reinigen", sie warte auf eine würdige Veranlassung, „der Welt zu zeigen, dass die Kunst jetzt, wie einst, herrlich ins Leben zu treten vermag, wenn sie nur aufhören will eine feile Dienerin üppiger Großen, eine Krämerin und windige Modezofe zu sein", angetan „mit keinem andern Schmuck als den der Liebe, der Reinheit und der Kraft des Glaubens". Was der freien Entwicklung einer solchen Kunst entgegenstehe, sei aber 1) der Mangel an Organen höherer Art bei den Fürsten und Großen – 2) „Der Lügengeist der Modernen Kunst überhaubt, der mit seinem negativen Eklektizismus, mit der Nichtigkeit u Schwäche unserer Großen aufs Vollkommenste übereinstimmt und ein eigentlicher Ausspruch desselben ist.

Dann ins besondere die fatalen Kunstakademien u deren lederne Vorsteher in unserm Vaterland, die nur sich, ihre maschinenmäßige Nichtigkeit, und weiter Nichts zum Ziel haben und alles was der Stadt (!) von Wichtigkeit für die Kunst thun will, in ihre Kanäle zu lenken weiß; wo es sich in Schaum und Rauch auflöst, den so lange die Akademien existieren ist nichts Ewiges entstanden." Der akademische Philister, unüberwindlich, „bepanzert mit allen Würden des bürgerlichen Lebens", berufe sich stets auf die Natur, auf Raphael und die Alten wie die Pharisäer auf Moses und die Propheten. Das beste und wichtigste Mittel, der deutschen Kunst „ein Fundament zu einer neuen großen dem Zeitalter und Geist der Nation angemessene Richtung" zu geben, sei - das sei seine innigste Überzeugung - die Wiedereinführung der al-fresco- Malerei wie zu Zeiten Giottos und Raffaels. Sie wäre „so recht geeignet alle Elemente in der Kunst auf's freyste und größte in sich aufzunehmen, und statt auf dem Weege des leeren Eklektizismus, blos unvereinbare Äußerlichkeiten vereinigen zu wollen zieht sie wie in einem Brennpunkt die von Gott ausströmenden Lebensstralen zu einem glühenden Brande zusammen, der wohlthätig die Welt erleuchtet und erwärmt". Nichts wäre zur Beförderung dieser Sache wünschenswerter „als daß diejenigen, die die Wahrheit in der Kunst mit tapfern Herzen ergriffen, und im Kampfe dafür ihre Kräfte vermehrt und gebildet; daß mann denen dasjenige Vertrauen schenkte was sie verdienen, und ihre vereinte Kräften ihrem einstimmigen Wunsche gemäß, zu einer großen würdigen, ausgedehnten Arbeit an einem öffentlichen Gebäude irgend einer deutschen Stadt gebrauche". Dies würde „das Flammenzeichen auf den Bergen zu einem neuen edlen Aufruhr in der Kunst" geben. Dann würden Schulen entstehen im alten Geist, und in ganz Deutschland von den Wänden der hohen Dome, in Kapellen und Klöstern, Rathshäusern und Hallen die alte Kraft der Väter wieder erwachen lassen. „Dieses werthester Man sind die Worte die ich aus vollem deutschen Herzen über die Alpen ins Vaterland hinüber ruffe, wolle Gott! der Pfeil ihrer Wahrheit träfe troz des Redners schwacher Kunst ihr Herz, und daß Sie der Mann wären der zwischen uns und unserm Volke dasjenige Vereinigungsband fände daß uns fehlt, um diejenigen Kräften die Gott u die Natur uns verliehen zu seiner Ehre u der unsrer Nation anzuwenden und weiter zu entfalten." Schließlich bitte er nicht um Vergebung für seine Offenheit, denn er habe nicht für sich und seinen Vorteil gesprochen, sondern aus reinster wärmster Liebe und „im Nahmen vieler reichbegabter Menschen, nicht in meinem, und zu Ihnen als zu einem der edelsten Organen unseres Volkes, Sie werdens als ein Zeichen unsers Danks, unsrer Verehrung u Liebe freundlich aufnehmen. Der ich mich insbesondere ihrem ferneren Wohlwollen und Andenken empfehle. P. Cornelius pittore tedesco al Caffe Greco." (Orig.: Familienarchiv Görres-Jochner Nr. 40; Binder (Hrsg.), *Freundesbriefe* Nr. 138, S. 433-439; Koch, *Briefe deutscher Romantiker*, S. 555-560).

15.11.1814 (Göttingen) Charles de Villers: Er sende einen „kleinen patriotischen Beytrag". Wenn Görres sich veranlasst fühlte, im *Rheinischen Merkur* darüber zu schreiben, gut! Sonst sei der Zweck bloße Erneuerung des freundschaftlichen Andenkens. Der Überbringer, Dr. Goldmann, ein denkender Kopf, ein philosophisch-dichterischer Geist, habe lange im Schulfach gearbeitet und Vorlesungen gehalten, wünsche Görres kennenzulernen und sich guten Rat zu holen. Ein Gerücht gehe, dass sie im Königreich Hannover den Freiherrn vom Stein als Premierminister bekommen werden, dann würde bald das alte Ungeziefer, das hier im Dunkel schleiche, verschwinden. Wäre nur „das Hauptgezücht, der Tartuffio Rehberg erst weg, so wäre schon das meiste geräumt." Er habe „über diesen Verruchten" neulich ein paar Worte an Stein geschrieben. - Empfehlung an Schwager Lassaulx. „Sollte einmal eine Möglichkeit daseyn, in Ihrer Nähe zu leben und zu wirken? z.B., wie einmal gesagt ward, sollte eine Universität in Coblenz errichtet werden, wie gerne würde ich mich in ein solches Castrum germanicum begeben, um unter dem schönen Himmel am Rhein, da mit Ihnen zu garnisoniren, und thätig an einer Represion des eindrohenden Gallicismus zu arbeiten! Das sind fromme Wünsche für die Zukunft! Vale." P.S.: Sein Freund Prof. Saalfeld, der herzlich grüße, schicke Görres durch seinen Verleger ein Exemplar seiner soeben erschienenen Geschichte Napoleons und bitte, etwas davon im Rheinischen Merkur zu erwähnen. Mme Rodde empfehle sich allen Koblenzern.

P.S. 20. Jan. 1815 (Fortsetzung in französischer Sprache): Der Brief und das Exemplar seiner Schrift über die hanseatischen Städte (*Constitution des Villes Libres Anséatiques*) mussten seit Nov. warten. Dr. Goldmann, der den Brief bringen sollte, sei durch verschiedene Geschäfte aufgehalten worden, nun bitte er, Görres zu schreiben und zu fragen, ob eine Reise nach Koblenz für ihn Sinn brächte: „si un voyage à Coblence lui ferait avantageux, et lui donnerait plus d'espérance d'etre placi, quand l'organisation future de l'instruction publique aura lieu? – Répondez-moi, je vous prie, un mot sur la question de ce brave jeune-homme, qui puisse lui servir de guide, pour savoir ce qu'il doit faire, etc". Das Exemplar seines Buchs warte auf passende Gelegenheit, um gesendet zu werden. (Orig.: Familienarchiv Görres-Jochner Nr. 258; Binder (Hrsg.), *Freundesbriefe* Nr. 139, S. 440-442).

3.12.1814 (Wien) Jacob Grimm: Da sein Brief mit der vorgehabten Gelegenheit nicht weggekommen sei, breche er ihn noch einmal auf, um einiges hinzuzufügen. Er habe ihn nicht mehr durchgelesen, seine Worte seien „bitter und herb, denn das Höchste steht auf dem Spiel ... Wie man aber Morgends kühler denkt als Abends, so fühle ich auch nach ein paar Tagen die Nothwendigkeit, daß Sie meine Meinungen und Ansichten milder nehmen müssen, als sie dastehen. Partei hat jedermann zu ergreifen und Gott allein sieht über alle Parteien weg und vergibt ihnen das parteiliche, aber nicht das geheuchelte und gelogene." Auf Tagesneuigkeiten komme es jetzt wenig an, auch über die Dauer des Kongresses erhelle nichts. „Bald spricht man von Reiseanstalten, bald davon, daß noch alles zu thun sei. Daß Preußens politisches Wesen nicht rein ist, schadet ihm auch bei den noch Unreineren ... Würtemberg, das man gnädig in den Rath der fünfe genommen hatte, macht die allermeisten Umstände und dringt halbtrotzig auf mehr Thätigkeit, Consequenz und Bestimmtheit ... Baden, unstreitig der allerleerste und flachste Staat im ganzen Reich, hat sich anfangs alle Mühe gegeben um als sechstes zu den Cinquetisten zu gerathen und nachher aus Aergernis über das Mislingen die Noten der übrigen Fürsten nachgeahmt, etwas schwächer zwar, aber mit einer nach ein paar Tagen wiederum angehängten, über seinen Wunsch, dem Geist der

Zeit nachzugeben und Landstände einzurichten. Dabei kommen allerwärts die nämlichen Wendungen und Worte vor, und vermehren das Gefühl des Todten Hölzernen, dessen man sich nicht erwehrt." Unlängst habe es geheißen, der Großherzog wolle von der Regierung zurücktreten. „Über Sachsen erzählt man naiv aber halb richtig: da man doch ein Beispiel an Napoleons Anhängern statuieren müsse, so habe das Loos Sachsen zum Opfer bestimmt; die andern durch diese Decimation freigesprochenen gehen leider nicht das mindeste in sich. Daß der König etwas von den jenseitigen Rheinländern als Entschädigung bekommen solle, gehört wohl zu den unwahrscheinlicheren Gerüchten." In Bayern und Österreich rüste man angeblich für den Kriegsfall, Frankreich werde sich jedesmal einmischen („und eine Rheinprovinz in Separatartikeln trachten versprochen zu erhalten!") – „Der Himmel mache uns noch einig, daß diese Sünde abgewendet bleibe." Jemand habe ihm den *Rheinischen Merkur* vom 22. November gezeigt mit der Beschreibung der Feste zum 18. Oktober. In Kassel hätten seine Brüder einen großen Napoleon aus Pappe machen lassen, um ihn öffentlich in die Flamme zu stürzen, es sei aber nicht ganz gelungen. Im nächsten Jahr solle das Fest „in ganz Deutschland immer herrlicher und volksfester werden". Das Anzünden hoher Scheiterhaufen auf Bergen sei am besten, weil es vom Volk selbst zu Stande gebracht werden könne, auch die Idee großer Steinhaufen gefalle ihm, zu denen jeder Wanderer einen eigenhändig trüge. Das Almosensammeln solle man lieber auf andere Tage verschieben. Er bitte sehr um ein paar Worte, um das Unrecht gut zu machen, das im *Merkur* der Reichsstadt Bremen geschehen sei. Dieses harte Urteil sei die Meinung eines Einzelnen, er wisse aber, dass Bremen deutscher und eifriger als irgendein anderer Ort in Deutschland sei. Der Brief werde nun erst heute Abend am 7. abgehen. „Die Preußen treiben uns ausgeschlossene Stände gegen Baiern an, lassen uns Anträge thun, daß Mainz Reichsfestung werde etc. die Baiern und Österreicher wünschen und treiben, daß wir gegen Sachsens Einverleibung einsprechen, die Preußen raunen zu, daß das nicht geschehen möge. Überall Furcht, Halbheit und der eigene unreine Wille im Hinterhalt." „Predigen Sie Liebe und Festhaltung an unserer Ehre". (Orig.: Familienarchiv Görres-Jochner Nr. 80; Binder (Hrsg.), *Freundesbriefe* Nr. 140, S. 442-446).

21.12.1814 (Düsseldorf) Justus Gruner: „Diese Zeilen können und sollen nichts als ein Zeichen meines Lebens und meiner freundschaftl. Erinnerung sein. Zu sagen habe ich Ihnen nichts, als meinen herzlichen Gruß. Lassen Sie sich daran genügen. In einer so matten Zeit wie die Gegenwärtige ist ein frischer fester Händedruck auch aufrichtend. Von Ihrer Fehde mit Chr. Kl. (?) habe ich gehört. Sie wissen, was ich Ihnen in Coblentz sagte. Es wird wohl öfters noch so kommen. Aus Wien erfahre ich gar nichts. Natürlich, da das Mitzutheilende nicht mittheilenswerth scheint. Steffens hat mir geschrieben. Er sitzt in Breslau, wünscht sich aber zu der Universität am Rheine. Der König hat ihm das eiserne Kreuz gegeben, dafür hat ihm der Krieg all sein Salair gekostet und er nun sein Kreuz mit den Gläubigern, die sich mit einem Abguß davon nicht befriedigen laßen wollen. Leben Sie wohl und lassen Sie zuweilen von sich hören". (p.s. unter der Adresse:) Wenn Görres noch das 1. und 2. Heft von Mme de Staëls *Über Deutschland* von ihm habe, erbitte er sich dieses zurück. (Orig.: Stadt- und Landesbibl. Dortmund Nr. 6833;

Abschrift: Familienarchiv Görres-Jochner Nr. 85; Unveröffentlicht). (Zur Datierung: Gruners Datierung auf dem Original: „9/21" mit nicht eindeutig lesbarer Monatsangabe, o. Jahr. Eine spätere hs. Notiz auf dem Original datiert „9/21 December 1814"; die Abschrift im Familienarchiv Görres-Jochner hat „9/21 (1815?)"; Kalliope datiert „9.12.1814 - 21.12.1814", was, da die Datierung am Anfang des Briefs kaum einen Zeitraum angeben wird, unwahrscheinlich ist. Nach Gruners Gewohnheit, das Datum nach dem julianischen (russ.) und – danach mit Schrägstrich – nach dem gregorianischen Kalender anzugeben, ergibt sich der 21. Dezember. Der Zusammenhang erlaubt lediglich eine Eingrenzung auf Herbst/ Winter 1814/1815 (mindestens vor April 1815, da damals Gruners Tätigkeit in Düsseldorf beendet war, und nach Mai 1814, als Steffens aus dem Militärdienst entlassen und nach Breslau heimgekehrt war).

30.12.1814 (Aachen) Johann August Sack: „Euer Wohlgeb haben in Nro. 167 und 168 des Rh Merk einen Artikel über „den provisorischen Zustand" eingerückt, welcher für die Einwohner dieses Generalgouvernements, und folglich in einem noch höheren Grade für mich, Ihren unmittelbaren Repräsentanten, ein Gegenstand der ernstesten Aufmerksamkeit ist, da er zunächst den Zustand dieser Provinzen betrifft, welcher im Allgemeinen so geschildert wird, als ob die Einwohner nach langem französischen Druck nunmehr durch die Alliirten und den, leider durch Zeitumstände verlängerten provisorischen Zustand, vollends in den Abgrund geführt wären. Je wichtiger nun dieser Gegenstand ist und je unmittelbarer er den eignen Heerd der Länder betrifft, welche in dem erwähnten Aufsatze genannt werden, um so mehr mußte man voraussetzen, daß der Verfasser, zum Sprecher des Volks sich darstellend, eine genaue Kenntnis des allgemeinen Zustandes, der sich doch nur aus der Bekanntschaft mit den verschiedenen Zuständen in den sehr verschiedenartigen Theilen dieses Gouvernements bilden kann, haben, oder sich dieselbe vorher erwerben, alle Uebertreibung und Einseitigkeit entfernen, den muthmaslichen Nutzen eines solchen Aufsatzes mit seinen wahrscheinlichen Nachtheilen vergleichen und dann, furchtlos, wie es dem wohlmeinenden Schriftsteller ziemt und ein liberales Gouvernement es gern erlaubt, ein Wort zu seiner Zeit sprechen würde.

Um aber ein wahres Wort zu seiner Zeit zu sprechen, durfte der Rheinische Merkur nicht aus seinem Charakter herausgehen, sondern er mußte als öffentliches Blatt die in einem andern öffentl Blatt befindliche lächerliche Behauptung rügen, als ob das Volk sich in diesem provisorischen Zustande überall vergnügt und glücklich fühle. Bei dieser Gelegenheit konnte der Verfasser die Lasten dieser Zeit allerdings freimüthig und streng wahrhaft schildern und laut den Wunsch der Völker zur Herbeiführung eines definitiven und gedeihlichen Zustandes der Dinge äußern; dabei aber den Völkern selbst sagen, daß, im Verhältniß mit der Vergangenheit, dieser Zeitpunkt nicht mehr fern sein könne, und daß sie folglich ihre Noth zwar vorstellen, dabei aber, auf dem Grund mehrerer schon vorhandenen wohlthätigen Einrichtungen und Vorschritte, wie sie täglich von sehr vielen wackern und nicht minder freimüthigen Bewohnern dieses Gouvernements erkannt werden und daher auch dem Verfasser des Aufsatzes nicht unbekannt geblieben sein können – den Muth und die Hoffnung nicht verlieren dürften, ihr bald ganz abgeholfen und die Grösse der Opfer durch dauerhaft gesicherte Unabhängigkeit und künftigen Wohlstand compensirt zu sehen. Dies war der einzige Zweck, den der Verfasser haben konnte, und dann wäre der Aufsatz passend, consequent und nüzlich gewesen.

Dem ist indessen iezt nicht so! Dem Unbefangenen dürfte es gleich anfangs anmaassend scheinen, daß der Verfasser glaubt, es existire zwischen dem Rhein und dem Congresse keine Mittelsperson und das gedrückte Volk habe keinen, der daselbst für es rede. Es durfte mehr als anmaßend scheinen, wenn behauptet wird, daß eine Volksmenge von mehrern Millionen Menschen keinen befugten Wortführer habe, um den Fürsten die reine Wahrheit zu sagen, als den Verfasser des Aufsatzes über den provisorischen Zustand. Hier geht also die Wirkung auf der einen Seite durch Anmaßung verloren; denn der provisorische Zustand ist eine Wirkung der gegen alle Vermuthung so sehr verlängerten Unterhandlungen des Congresses zu Wien, und diese Verhandlungen werden um jenes Aufsatzes willen nicht schneller gehen. Auf der andern Seite aber, wo der Verf so wohlthätig hätte wirken können, wird vollends die, wahrscheinlich löbliche, Tendenz verfehlt, indem jede Uebertreibung schadet. Und daß der Verf übertreibt, daß er bei seinen Mitbürgern die Stimmung wegen erduldeter Leiden und getragener Lasten noch saurer macht und ihnen /nicht den Fürsten/ geflissentlich Opfer vorrechnet, die sie zum Theil nicht gebracht haben – das geht schon aus dem Schlusse vom Einzelnen auf das Ganze, von der Anwendung des Zustandes im Rhein und Moseldepartement auf das ganze Generalgouvernement hervor, welche Schlußfolge sich der Verf häufig zu Schulden kommen läßt. Die paar Floskeln, welche derselbe als Milderung über die Behörden sagt, thun eine, vielleicht nicht beabsichtigte, entgegengesetzte Wirkung, indem sie da stehen, wie das Exordium zu einer schlechten Parentation.

Offenbar können mehrere Lasten, über welche der Verf klagt, nur auf den Mittelrheinischen, also auf den kleinsten Theil dieses Generalgouvernements angewendet werden; auch sind sie nur gleich anfangs getragen worden. Darunter gehören die Requisitionen, die nicht mehr nöthig gewesenen Bewafnungen etc. Es muß Ew Wohlgebohren aus den in meinem officiellen Journal gedruckten Verhandlungen der Landes Deputation erinnerlich sein, wie schonend das ganze Finanz-System für das Volk aufgestellt worden und insbesondere, daß vor meiner Ankunft im Gouvernement vom Niederrhein kaum Requisitionen gemacht, ausser der vorher ausgeschriebenen Kriegessteuer keine ausserordentlichen Abgaben gefordert und dagegen dem Lande durch die Nichterrichtung der Landwehr über 25 Millionen erspart, der Zweck der inneren Sicherheits-Erhaltung und der Erregung eines selbstständigen Verteidigungsgeistes im Volke durch andere Veranstaltungen zu erreichen gesucht ist.

Der Verfasser durfte also die Angabe dieser Lasten eben so wenig generalisiren, als es gerathen war, den Mißwachs dreier Weinjahre mit den Lasten des provisorischen Zustandes zu vermengen.

Was von den Oberbeamten in Rücksicht ihres Vaterlandes gesagt wird, wäre an sich schon übel ausgedrückt, in sofern man andere deutsche Länder mit dem Nahmen Ausland belegt und dadurch dem nicht tief eindringenden Leser den Wahn beibringt, als würde er iezt, wie vorhin, von Fremdlingen regirt; und als ob jenseits des Rheins das Ausland anfange; allein es ist, dieses abgerechnet, auch im Ganzen genommen, grundfalsch, wovon sich der Verf leicht hätte überzeugen können, wenn er sich erkundigt hätte; indem z.B. Ich, die sämtlichen Gouvernements-Commissarien, Kreis-Directoren und Justizbeamten beinahe ohne Ausnahme in diesen Gegenden gebohren und gebildet, oder durch langen Aufenthalt darin einheimisch geworden sind, folglich die Präsumption für sich haben, die Gesinnungen und Weise, so wie das Interesse des Landes zu kennen.

Diejenigen, welche ich wählte, habe ich nach der Kenntnis gewählt, welche mir eine dreissigjährige Erfahrung in höhern Stellen von dem Menschen als Beamten gegeben hat und da dies nach dem allein richtig befundenen Grundsatz geschehen, daß mit wenigen, völlig tüchtigen und zuverlässigen Männern das Meiste und Beste geschehe, so habe ich nur sehr wenig Menschen neu einzustellen nöthig gefunden. Wenn mich eben diese Erfahrung lehrt, wie leicht man bei aller Vorsichtigkeit hintergangen werden kann, so werde ich, falls ich oder die unter mir stehenden höheren Beamten schlechte Umgebungen haben sollten, die Anzeige davon mit Dank erkennen, wenn sie auf Thatsachen beruht. So aber, wie der Artikel gestellt ist, kann er nur dazu dienen, den Einwohnern Mistrauen gegen die Beamten einzuflössen. Ich habe geglaubt, in dieses Detail gehen zu müssen, um Eure Wohlgebohren zu überzeugen, wie nothwendig es sei, bei der Aufnahme solcher Artikel, die nichts nützen aber viel schaden können, die größte Vorsichtigkeit anzuwenden; besonders in einem Augenblicke, wo es weit nüzlicher wäre, dem Volke das Zutrauen zu seinem künftigen Landesherrn und zu einem besseren Schicksale zu erhalten, als es durch übertriebene Vorstellungen und unrichtige Schlüsse vom Einzelnen auf das Ganze muthlos zu machen; ohne ihm deshalb seinen Zustand zu verhehlen oder es gar auf eine glatte Weise zwingen zu wollen, in verstellten Jubel auszubrechen, während das Schicksal schwer auf ihm lastet. Eben dieses Detail aber muß Ihnen auch über die Tendenz meines Schreibens Aufklärung geben.

Es ist keineswegs die Rede davon, eine vernünftige und bescheidene Preßfreiheit einzuschränken, oder die Stimme der Wahrheit unterdrücken zu wollen. Sie kennen hierüber meine Gesinnungen und diese sind unveränderlich. Noch weniger beabsichtige ich einen Nachtrag oder Widerruf, denn dieser würde mehr schaden als nützen, indem er nicht anders geschraubt oder erzwungen erscheinen möchte; denn sonst könnten ganz andere nachträgliche Facta aufgestellt werden, als in dem Zusatze Nr. 168 geschehen sind, als z.B. daß während der ganzen provisorischen Administration nicht ein Stüber aus dem Lande, aber wohl Millionen aus den Belgischen und anderen Fonds von der Preußischen Regierung hereingeschickt und in schneller Circulation die Gewerbsamkeit erhalten haben, die durch den einstweiligen Stillstand der Fabriken sonst sehr gefährdet sein würde.

Am allerwenigsten werden Sie hierin einen Beweis persönlicher Empfindlichkeit finden, denn diese würde sich kürzer geäußert haben. Eine solche ist überdies ausser meiner Denkungsart und unter meiner Würde. Gewohnt, nur meinem Könige und meinem Gewissen Rechenschaft zu geben, und nur die allgemeine Stimme wegen meiner selbst zu berücksichtigen, werde ich nie ein Wort darüber verlieren, was über oder gegen mich geschrieben wird. Allein es thut mir jedesmal leid, wenn ich sehe, daß Männer von Talent und Einsicht, indem sie der guten

Absicht nützen wollen, ihr vielmehr schaden, weil sie zu sehr für den großen Haufen oder mit ihm sprechen und sich dadurch zu gewagten, vom Einzelnen auf das Ganze ausgedehnten, theils falschen, theils übertriebenen Behauptungen verleiten laßen, deren einziges Resultat ist, die Gemüther zu erbittern. Achen, den 30ten December 1814. Der Generalgouverneur vom Nieder und Mittel Rhein. Sack (eigenh. Unterschr.) An den Herrn Dr. Goerres, Verfasser des Rheinischen Merkurs, Wohlgebohren zu Coblenz. (Amtliches Schreiben Nr. 22482) (Orig.: Bayer. Hauptstaatsarchiv, Teilnachlass Görres 3; Unveröffentlicht).

31.12.1814 (Berlin) Achim von Arnim: „Geliebter Merkur! Seitdem Du die rheinischen Pakete in alle Welt versendest habe ich nichts mehr von Dir vernommen." Seit 14 Tagen sei er wieder in Berlin, durch das Lesemuseum habe er Nummern des *Merkur* erhalten. Entzückt habe ihn v.a. der *RM* vom 22. und 24.12 über den provisorischen Zustand der Rheinprovinzen. „Du bist sehr glücklich, daß so etwas bei Dir gedruckt werden darf." Über die Zustände in Preußen: keiner wage für die Organisation des Innern zu sprechen um die des Äußern nicht zu hemmen. Arndt wolle den *Correspondenten* unter dem Namen Tagblatt der Geschichte fortsetzen. Er werde bald mit der Zensur Schwierigkeiten bekommen. „Daß Du so schreiben darfst, beruht gewiß auf politischen Spekulationen Hardenbergs". In Berlin habe man nur Ärger mit der Zensur. Görres' Plan zum Ausbau der Kölner Doms sei recht schön, doch wolle doch jede Völkerschaft lieber etwas in ihrer Mitte bauen, es sei denn, daß in Deutschland „eine Kirchenmitte entstehe". Schinkel habe in Berlin eine Kirche „von so wunderbarer Schönheit, mit solcher Freiheit der Behandlung des altdeutschen Baustyls ... so zierlich gezeichnet, daß es gewiß nicht ausgeführt wird". Ein von ihm entworfenes Siegesdenkmal werde vielleicht eher ausgeführt werden, weil es „in den ordinären Sinn der Staatsminister" passe. Görres solle doch einmal, da er die Freiheit zu reden habe, „das teuflische Geschlecht der Geschäftsmänner" darstellen, die glaubten, die Welt sei nur für sie da, ein Zweig davon sei die Polizeibande, diese Rasse gebe unbemerkt Gesetze, die das Wohl und Wehe der Menschen bestimmen, deren Zustand sie nicht kennen, sie sei „hochfahrend geworden durch das Bücherwesen und die sogenannte wissenschaftliche Bildung", „gleisnerisch reden sie vom Volksglück, wenn sie stehlen; für sie werden Siege erfochten, Friede geschlossen; ihrer ewigen Neugierde muß Kunst, Erwerb, Wissenschaft geopfert werden". Er erwarte in diesen Tagen ein Kind. Viel Glück zum Neuen Jahr. Anbei ein Blättchen gegen den *Wiener Correspondent* für den *Merkur*. (Orig.: Familienarchiv Görres-Jochner Nr. 5; Binder (Hrsg.), *Freundesbriefe* Nr. 141, S. 446-449).

30.1.1815 (Kassel) Wilhelm Grimm: Sendet den zweiten Band der Märchen. Manche habe er mitten in Kriegswirren geschrieben, während die russischen Jäger nebenan sangen. Er werde ihm auch die *Altdeutschen Wälder* durch die Buchhandlung schicken lassen. „Es wird Ihnen wohlthun, wenn Sie einmal wieder in Ruhe zu Ihren gelehrten Beschäftigungen sich wenden können; aber die Geschichte wird auch nicht vergessen, was Sie an dieser Zeit gethan." - „Sie haben hier nicht wenig Freunde, die den Merkur mit Liebe und Wertschätzung lesen. Von der ganzen fürstlichen Familie wird er in Ehren gehalten und der alte Kurfürst läßt ihn sich jeden Tag vorlesen; auch hat wohl schon genützt, was von hier aus bemerkt wurde." In Hessen drücke sie zweierlei: der übermäßige Militärbestand, und dann die zu geringe Besoldung der meisten Stellen, auch die Vernachläßigung der Lehranstalten. Der Kurfürst sei von guter Gesinnung und täte wohl, wovon man ihn überzeugen könne, so habe er etwa die Verbesserungen an den Hochschulen in Kassel und Hanau bestätigt. Er, Grimm, wolle einen Aufsatz über Hessen für den *Rheinischen Merkur* senden, wenn die Zeit dafür reif sei. Grüße an Glöckle, falls er noch in Deutschland sei. Ludwig grüße. (Orig.: Familienarchiv Görres-Jochner Nr. 80; Binder (Hrsg.), *Freundesbriefe* Nr. 142, S. 451-453).

30.1.1815 (Darmstadt) Georg Christian Gottlieb Wedekind: Der freymütige Ton von Görres' Brief habe sein Wohlgefallen, dennoch müsste Görres selbst die Kälte, mit der er seine „herzlichen Zuschreiben" beantwortet habe, wenn er ihm seinen Brief etwa nach 6 Monaten wieder vor Augen legte, selbst auffallen. „Vielleicht hat es sie verdrossen, daß ich Sie auf den Dienst welchen ich Ihnen einst zu leisten Gelegenheit hatte, aufmerksam gemacht habe. ... ich wollte Ihnen nur ans Herz legen, daß einst Sie mir sehr am Herzen gelegen haben. Ich muste dafür, daß ich Lakanal (diesen aufgeklärten, liberalen, biedern und konsequenten Mann, obgleich er wie manche andere ächte Männer, vom 19ten Brumaire an, in einen an Verrücktheit gränzenden Zustand gerieth) vermogte, so ernstliche Maasregeln von Leval zu nehmen, von lezten viel Verfolgung aushalten und mit Lebensgefahr kämpfen, weil er meinen Aufsatz und meine Unterschrift zu Gesicht bekommen hatte. Nun dachte ich in meiner Einfalt, freundschaftlicher Theilnahme Erinnerung müste auch wieder Theilnahme rege machen. Sonst hätte ich der Sache nicht erwähnt. Auch mag wohl bei Ihnen die Verleumdung nicht ohne Erfolg geblieben sein. Ich meine wir wären in Mainz so herzlich beisammen gewesen, als ein älterer in der Schule der Erfahrung grau gewordener Mann neben einem jungen Feuerkopfe, an dem er viel Wohlgefallen fand herzlich sein konnte. Sie begleiteten wenigstens die Geschenke Ihrer Zeitschriften mit herzlichen Briefen. In Mainz waren zu damaliger Zeit unter den Patrioten zwei Partheien die eine bestand fast allein aus jungen in der Periode ihrer Ausbildung stehenden Hitzköpfen und aus Hoffmann. Unter der andern Parthei hatte ich meine Freunde. Hoffmann war mein Todfeind, denn auch ich hatte einst als Professor meinen Anhang. Ob es konsequenter geendet sei, nachdem die Republik aufgehört hatte, in den Diensten eines deutschen liberalen Fürsten zu treten und von diesem Posten und Adel anzunehmen, oder besser während der Republik ein Lotto in Schutz zu nehmen und nachher über eine Million aus der anvertrauten Kasse in diesem Lotto zu verspielen, lasse ich dahin gestellt sein. Aber ich führe das nur an, weil alle meine Freunde unter den Patrioten auf dem linken Rheinufer Hofmänner sind. - Bei dem comité revolutionaire in Straßburg war ich allerdings, wie ich nachher erfahren, wegen Verrath mit den deutschen Fürsten zwei Monathe vor Robespierres Tod angeklagt, und auf dem Sprunge nach Paris abgeführt zu werden, pour alimenter la guillotine." Die Denunziation sei von einem halb verrückten Mann im Fieberwahnsinn unterschrieben worden, den er bei der Abendtafel dadurch beleidigt habe, daß er „manches zum Vortheil der deutschen Sprache gesagt habe, worüber dieser Ultrarevoluzionär so erbost war, daß er mich mit dem Messer erstochen hätte, wenn nicht ein französ. Offizier sich ins Mittel gelegt und ihn zur Thüre hinaus transportirt hätte. Darüber könnte ich eine gewiß vielen jungen Männern durch ihre Details sehr lehrreiche Erzählung zu Papier bringen. Ich kam mit großen Ehren aus dem Gefängniß – erhielt ein Paar Jahre nachher aufs friedlichste die Bürgerkrone durch die Entscheidung von Männern, die Europa angehören – aber wenn nur 3 aus Meinung und von unten weil sie mich an den Rand des Todes gebracht hatten, die tolle Anklage im Stillen fortsetzen, so folgt ganz natürlich, daß Sie sehr recht in Mainz gehört haben, ich hätte in Strasburg einen Verrath begangen. Doch genug von dergleichen. Zu erwarten steht allerdings, daß das Recht des Stärkern in Deutschland entscheiden wird. Die kleinern Mächte werden sich den größern unterwerfen müssen. Wer weis, ob Oesterreich nicht die römische und Preußen die deutsche Kaiserkrone anheim fällt? Möge bei all dem, was geschehen kann, die Deutschheit und die Liberalität triumphiren. Vernünftige Schriftsteller werden sich bemühen das Volk aufzuklären und eine vernünftige Verfassung vorzubereiten." Er ersuche Görres nun, den Aufsatz zur Verteidigung seines Großherzogs gegen die Gebühr im Intelligenzblatt einrücken zu lassen. Nur ersuche er ihn eine Randglosse von seiner Hand auszustreichen, in der es heiße, die Mad. G. sei in ihren Mann vergafft, wenn das factum auch wahr sei. „Sie sehen, daß ich aus meinen Fehlern … kein Hehl mache obwohl ich 55 Jahre alt bin. Auch ich wünsche Ihnen wohl zu leben" (Orig.: Familienarchiv Görres-Jochner Nr. 263; Unveröffentlicht).

4.3.1815 (Zürich) Johann Gottfried Ebel: „Mein theuerster Freund!" Schon lange habe er schreiben wollen über seine „höchste Seelenfreude über das erhabene Amt, was Sie übernommen, und über den Geist und Sinn und die Weihe, mit welcher Sie den hohen Beruf erfüllen". Seine Ansichten seien „unerschütterlich im Bunde mit Görres' Ansichten, auch sein „Haß gegen die Wälschen". „Ihr Blatt bildet eine neue Epoche in Deutschlands politischer Literatur, und ich behaupte, daß mit so viel Geist, Witz, Umsicht der Vergangenheit und Gegenwart, mit solcher Kenntniß der Geschichte und ihres wahren Geistes, mit so viel Tiefe, Kraft und heiligem Feuer noch nie ein politisches Blatt in Europa geschrieben wurde. Was Sie dem Vaterlande geworden sind, lohne Ihnen Ihr Bewußtsein, die Verehrung der Edelsten unsres Volkes, und der Himmel mit ewigem Segen. Die Wirkungen Ihres Blattes für unser Vaterland sind unermeßlich heilbringend. Gott erhalte Ihnen Gesundheit und Kraft, damit Sie Ihre Lichtbahn mit gleichem Glanze über unser Land fortsetzen können. O, wir bedürfen noch lange der heiligen Wächter wie Sie, der heiligen Posaunen der Wahrheit, der Gerechtigkeit, der Vaterlandsliebe und des ächten politischen Geistes!" Görres habe richtig vermutet, woher die Schrift „Zum deutschen Congreß", der er im *Rheinischen Merkur* Nr. 162 einen Artikel gewidmet habe, gekommen sei, nämlich aus Aarau, wohl von Zschokke. Er solle noch Arndts *An- und Aussichten in die deutsche Geschichte* anpreisen. (Orig.: Familienarchiv Görres-Jochner Nr. 53; Binder (Hrsg.), *Freundesbriefe* Nr. 144, S. 455-457).

6.3.1815 (München) Karl Joseph Ignatz Mosler: „Ich muß Ihnen meine Freude mittheilen über das Loos unseres Landes dem endlich eine hellere Zukunft winkt.

Die Verfügung (wen sie sich doch ja bestättigt) daß unser Rheinland ein besonderes Herzogthum mit einer eigenen ständischen Verfassung haben und Köln der Hauptort werden soll, hat mich als Erfüllung eines still genährten Wunsches innig gefreut. Obschon ich weiß wie theuer wir oft zu früh gehegte Hoffnungen büssen, kann ich doch nicht umhin hier schöne Erwartungen zu nähren. Unser deutsches Italien unter dem Schuze des starken Staates beruhigt in seiner Krafft zusammengehalten und seiner Eigenthümlichkeit gestützt – sollten da nicht herrliche Blüthen erwachsen? Wie schön ergänzen sich nicht wechselseitig das nordische und das rheinische Preußen! Eine hellsehende Regierung, sollte ich glauben, müßte durch die rechte organische Verbindung (nicht fruchtlose Vermengung) solcher Gegensätze Etwas hervorbringen was unter Staaten seinesgleichen nicht leicht fände. Herrlich ist daß so vieles was zusammen gehörte ohne daß es jedoch seit vielen Jahrhunderten verbunden gewesen wäre wieder zusammen gekommen, und daß unsere Vaterstadt doch kein Brückenkopf wird. Auf die Nachricht daß Köln der Hauptort des Großherzogthumes vom Rhein werden solle hat man hier gleich prophezeiht daß die Kunstakademie von Düsseldorf nach Köln verlegt werden würde. Was selbst Langer für vortheilhafter als München hält". Düsseldorf müsste in diesem Fall mit etwas entschädigt werden. Sollte man aber die Akademie zu Düsseldorf lassen, wäre es schön, wenn die Regierung eine Künstlervereinigung in Köln in einem Konservatorium versammelte, zur Ausbildung junger Talente und zum Schutz der Kunstdenkmäler des Großherzogtums, „so daß anstatt Zerstörungen oder heterogene Erneuerungen ächte Ergänzungen und nach und nach Entfernung des modernen Quarks stattfände". „Ein Lokal nebst Fond zur Bezahlung der Modelle und eines zum gemeinschaftlichen Gebrauche gewidmeten Apparats wäre alles was dazu vonnöthen wäre", Kupferstiche und Bibliotheken der Düsseldorfer Akademie wären zum gemeinschaftlichen Gebrauch beider Anstalten geeignet. „Ich denke mir eine solche Anstalt ganz in der Stille ohne alle äußeren Ansprüche und Ruhm wirksam, im Gegentheil von andern Anstalten die zum Puz und Zeitvertreib der Residenzen gemißbraucht worden oder viel mehr schon dazu angelegt sind." Oft werde viel Geld in Geistlosigkeit vergeudet. „Ich mag nicht davon reden, es ist zu grob wie man andern und sich selbst weiß machen will, man wolle das was man doch nicht will. Aber es ist ja doch nur im Einzelnen wie im Ganzen auch. Unter Ihrem Schuz und Beystand hoffe ich jedoch daß wenigstens bey uns ein anderer Zustand der Künste heraufgeführt werden wird. Wenn Kornelius Eifer und Wärme für ächt deutsche Kunst seine praktische Erfahrung und Kunst mit Ihrer Umsicht und Einsicht ins Allgemeine mit ihrer Liebe für die gute Sache verbunden wirkte, wenn sogar Overbek sich dazu fände – das müßte zu etwas führen. Beyde kämen gern nach Köln wie ich glaube. – Sie werden wohl in Zukunft zu Bonn residiren und gewiß wackere Männer mit Ihnen – Sie werden Köln manchmal besuchen – die Künstler würden nach Bonn, die Studenten zu Köln oft Ferienbesuche machen, Kunst und Wissenschafften im Verkehr miteinander leben wie es sich gebührt. Schöne Pläne! - - Es muß wohl in allem gut werden wen sich die Dinge im Ganzen nun noch gehörig weiter gestalten. Ganz ungemein hat mich Ihr Aufsatz Kaiser und Reich, den ich zum Glück im Hamb. M.Bl. abgedruckt gefunden, erfreut und bewegt. - -

Bis auf die Sprache selbst und die schön gerundete und geschlossene genialische Darstellung herab erstrekte ich meine Freude die von der Wahrheit zur Schönheit und wieder von der Schönheit zur Wahrheit das Ganze überging – doch was kann unsereins über so etwas sagen. - - -

Schließend bitte ich Sie mir mein voriges Schreiben mit ein Paar Zeilen zu erwiedern - vielleicht wissen Sie doch ohngefähr was ich zunächst zu erwarten habe – wenn es etwa aus einem Irrthum herrührte daß mein Bruder mir schrieb Sie hätten etwas Geld für mich bereits liegen so wäre mir die Nachricht darüber doch sehr wichtig, da ich mich darnach zu richten habe. Gegenwärtig bin ich nicht in der angenehmsten Lage. Meine lezten Kompositionen sind die 2 übrigen Evangelisten, dann, wie der Auferstandene Christus den Marien erscheint. Sie herzlich grüßend bitte ich Sie meiner zu gedenken."

„N.S.: Einliegende Ankündigung bittet der Verfasser Sie geziemend in Ihrem Kreise mitzutheilen – da mir derselbe persönlich vortheilhaft bekannt ist wie Ihnen vielleicht sein Nahme in wissenschaftlicher Hinsicht, so übernahm ichs gern Ihnen diese Mittheilung zu machen die er wünschte.

2. N.S.: Hätten Sie vielleicht meinen letzten Brief aus Ende des Januars geschrieben gar nicht erhalten?" (Orig.: Familienarchiv Görres-Jochner Nr. 174; Unveröffentlicht).

31.3.1815 (Echzell/ Wetterau) Elias Birkenstein: „Hochwohlgebohrner Verehrungswürdigster Herr!

Durch den Rheinischen Merkur ist für die Bildung und Selbstständigkeit der Deutschen schon sehr viel gutes geschehen. Als Israelite habe ich auch einige Worte zum Besten unserer Nation aussprechen wollen. Ew. Hochwohlg ersuche ich daher gehorsamst beygefügten Aufsatz in den RM gütigst einrücken zu lassen. Sie werden hierdurch einen sehr lebhaften Wunsch von mehrerer derjenigen Menschen erfüllen, die Ihre Blätter als Lieblingsblätter in einen vorzüglichen Grade vereren." Änderungen könne er sich „unmöglich gefallen lassen, weil alles genau zusammenhängt, und weil ich dabey die Absicht habe, meine Religionsverwandte selbst davon recht lebhaft zu überzeugen, daß eine Reformation unter den Israeliten höchst nöthig sey." Sollte der Aufsatz zu lang sein, dann solle er ihn in zwei Fortsetzungen drucken. „Durch eine gütige Erhörung meiner Bitte werden Hochw einen deutlichen Beweiß geben, daß sich eine jede Classe Menschen den wohlthätigen Einfluß Ihrer Blätter zu versprechen hat. In der angenehmen Erwartung dass möglichst sein Aufsatz in den RM eingerückt seyn werde ... geh Diener M.E. Birkenstein dahier. Echzell in der Wetterau unweit Gießen d 31.März 1815.

NS: Ich habe die Ehre Ew Hochwohlgeb hierdurch bemerklich zu machen, daß ich nicht nur unter meiner Nation lebe sondern mich auch von ihr nähren muß. So bald es nun bekannt werden sollte, wer den beygehenden Aufsatz geschrieben hat so würde ich nicht nur allen Einfluß bei meiner kurzsichtigen Nation verlieren, sondern ich werde auch gänzlich brodlos ja vielleicht sehr unglücklich werden. Ich bitte daher gehorsamst, um Verschwiegenheit meines Namens." (Orig.: Bayer. Hauptstaatsarchiv, Teilnachlass Görres 4; Unveröffentlicht).

1.4.1815 (Heidelberg) Johann Georg Zimmer: „Mein theurer Freund!" Görres' Brief vom 21. Febr. mit der Einlage an W. habe er erhalten und letztere übergeben. Görres' Urteil über seine kleine Schrift *Die Bestimmung des evangelischen Geistlichen* habe ihm überaus wohlgetan. Er sei nun bereits examiniert und wirklicher Pfarrvikar oder auch Pfarrer in Schriesheim an der Bergstraße. In einigen Tagen werde er mit seiner Familie dorthin ziehen. 1 bis 2 mal wöchentlich komme er noch nach Heidelberg. „Die Lage unseres Geschäftes ist übrigens der Art, daß wir uns am allermeisten bey den gegenwärtigen Aussichten aller neuer Unternehmungen enthalten müßen. Sie können nicht glauben, welche traurige Resultate die letztern Jahre in dem Buchhandel gegeben haben. Es wird bald nicht mehr möglich seyn, überhaupt etwas zu drucken. Der kurze Friede hat noch nichts gut gemacht. Unsere alten Bücher haben wir voriges Jahr in zwey Licitationen, bis auf einiges Unbedeutendes, gänzlich verkauft. Auch sind hier sonst keine Schätze, die ich Ihnen zuweisen könnte, zum Verkauf vorhanden. Welchen Zeiten gehen wir jetzt wieder entgegen, lieber Görres! Ihr treuer Zimmer!" (Sophie Görres, in: *HpBll* 157 (1916), S. 759f, Nr. 11).

1.4.1815 (Koblenz, Hotel de la Poste) Mills (in frz. Sprache): Monsieur Mills beehrt sich, Görres im Auftrag von Herrn Jung ein billet zu schicken. Dieser hätte dies gern persönlich getan, aber seine sehr schwache Gesundheit und eine allzu anstrengende Reise erlaubten ihm nicht mehr auszugehen. Monsieur Mills würde sich freuen, Görres aufzusuchen oder die Ehre seines Besuchs zu haben, nach halb 6 an diesem Abend. Görres solle die Güte haben, ihm mitzuteilen, welche dieser Möglichkeiten er bevorzuge. Er sei auch beauftragt, ihm einen Brief von Dr. Ebel und ein Werk, an dem er selbst gerade arbeite, zu übergeben. Er versichere Görres seiner Hochachtung und seines lebhaften Wunsches, ihn kennenzulernen. (Orig.: Familienarchiv Görres-Jochner Nr. 169; Unveröffentlicht).

2.4.1815 (Heidelberg) Sulpiz Boisserée: „Lieber theurer Freund." Empfehlung für Professor Seber aus Aschaffenburg, einen Kollegen von Prof. Windischmann, der ihn zusammen mit dem Kurator der Würzburger Universität „unbedingt" als Direktor des neuen Gymnasiums in Köln empfohlen habe. Er gehe jetzt nach Köln, um sein neues Amt anzutreten. – Ein paar junge Leute, die Creuzer, Wilken und Schwarz empfohlen hätten, kämen ebenfalls dorthin, der eine von Regensburg als Professor für Griechisch und Latein, der andere aus Heidelberg als untergeordneter Professor der Geschichte. Letzterer mit Namen Dumbeck sei „ein Mensch von viel Geist und Anlagen, der sich neben seinen griechischen und römischen Sprachstudien ganz vorzüglich mit altteutscher Litteratur u Geschichte befaßt", habe eine Arbeit über das Gedicht von Anno von Köln geschrieben und werde einstimmig von Wilken, Creuzer und Schwarz gerühmt. Er komme erst Ende Mai, da er noch erst eine Preisschrift über die deutschen Gaue des Oberrheins ausarbeiten und andere Dinge vollenden müsse, er werde ihm dann eine Karte an Görres mitgeben. „Die neue Schand -Wirtschaft der Franzosen" setze die Eröffnung der Kölnischen oder Bonnischen Universität, „denn eine der Beyden wird's doch wohl seyn müßen", zurück. „Ich glaube zwar, daß, wenn man zu etwas Großem fähig wäre, in Köln am meisten könnte hervorgebracht werden, und daß es im höchsten Grad ersprießlich, die alte Colonie durch eine neue Kolonie von Gelehrten, Studenten, Geschäftsmännern, Geistlichen u. sof. erfrischen; dennoch bin ich nicht so craß parteiisch gestimmt, daß ich die Ansprüche von Bonn nicht besser zu vertheidigen wüste; als der Reh- und Hasenfuß, der sein einzig Heil in Anstiftung alten Neidhards sucht. Warum haben Sie ihm nicht eins aufs Dach gegeben? Hätte doch den streitbahren Vertheidiger gemeinen Rechts und gesunden Menschenverstands wohl angestanden. Doch wozu jetzt noch von so kleinen Dingen, da der große Strafkomet mit seinem langen Schweif u Anhang wieder aufgegangen ist. Man muß sich wohl freuen, daß nur das Schreckbild Gelegenheit giebt, wieder zu gewinnen was wir im vorigen Jahr liederlicher bengelhafter Weise aus der Hand gelassen, wenn man nur dabey das Elend und Verderben vergessen könnte, was eben gerade über die Unschuldigen kömmt, während den Schuldigen nicht einmal ihre Manschetten und Haarbeutel abgestreift werden! Darum bleibe ich wie bey aller nothgedrungener Freude voll Ingrimm." Alle Ihre Freunde, Creuzer, Daub, Melchior Boisserée und Bertram grüßten freundlich und herzlich. (Orig.: Familienarchiv Görres-Jochner Nr. 20; Binder (Hrsg.), *Freundesbriefe* Nr. 146, S. 460f).

5.4.1815 (Frankfurt) Nicolaus Vogt: „Ihr Urtheil über die meisten Weltbegebenheiten ist sehr richtig. Rechts Jacobinismus und links Jacobinismus, und in der Mitte Unverstand. Die Fürsten und Schriftsteller sollen nur nicht mit dem Geiste unsrer Zeit spielen. Incedunt perigere suppositos cineri doloso et furioso. Unter den Völkern ist keine Religion, keine Sitte, keine in Blut übergegangene Verfassung und folglich kein Charakter mehr. Beständiger Fürsten-, Regierungs- Meinungs- und Kriegswechsel, dabey zerrissen, zerstückt, von beyden Seiten aufgehezt, müssen sie zulezt toll werden, und wir haben eine neue Völkerwanderung vor der Thür. Zur Verzweiflung gebrachte Sanscülotten und noch wilde Kosaken werden sich vereinigen, und dann wird ein neuer Attila erscheinen und als Geisel Gottes die Völker und Fürsten bestrafen. Lesen Sie nur, was ich in den lezten Kapiteln meines Sistems des Gleichgewichts und der Gerechtigkeit sage, und sie werden meine Worte durch die Geschichte unsrer Zeit bestätigt finden. Discite justitiam moniti. Jedermann tadelt jezt die Franzosen, daß sie ihren Eid vergessend den Napoleon ohne die geringste Gegenwehr wieder auf seinen verlassenen Thron gelassen hätten. Ich mag über die Denkungsart dieses Volks gar meine Meinung nicht sagen, allein wenn denn die Teutschen diese, wie sie es nennen, unrechtmäßige Einigkeit tadeln, und mit allen ihren Streitkräften bestrafen wollen, warum werden sie selbst zu einer rechtmäsigen Handlung nicht einig? Warum rufen sie ihren rechtmäsigen Kayser nicht herbey und übergeben ihm die Gewalt ... Was nützen teutsche Theater, teutsche Gesellschaften, teutsche Wörter, wenn die Teutschen nicht einmal über das einzige rechtmäßige Mittel einig werden können, was sie selbständig macht? Hier haben sie den ächten Probierstein des teutschen Patriotismus: Der Kayser Franz seze sich, wie Napoleon, in einen Wagen begleitet von 1000 Reichsrittern oder österreichischen Soldaten, und führe die Krone Karls des Großen mit sich. Er fahre von Wien nach Frankfurt, rufe die großen teutschen Fürsten als Kurfürsten zusammen; lasse in allen Gauen des teutschen Reichs eine Proklamation erschallen, worin sie ... erklären sollen, ob sie lieber in kleine und große Königreiche zerrissen, als ihn als gemeinschaftlichen Kayser annehmen wollten! Dann lasse er sich krönen und wenn dann bey dieser ganzen Handlung wie in Frankreich bey der Landung Napoleons, kein Widerspruch, keine Gegenwehr, kein Schuß fällt, als Freudenschüße, dann will ich selbst aus vollem Herzen rufen vivat Franciscus und die teutsche Nation! Wenn ich aber, wie bisher, sehe, daß man einen Status in statu gründet, daß die teutschen Fürsten und Schriftsteller und Zeitungschreiber einander verbinden, versezzen, verrathen, verspotten so glaube ich eher daß die divina Nemesis als Einigkeit und Gemeinsinn über Teutschlands Gaue kommen werden. Der liebe Gott hatte im Jahre 1810 dem Napoleon, und im Jahr 1814 den verbundenen Mächten die Gewalt in die Hand gegeben, Gerechtigkeit, Ruhe und Frieden herzustellen, und im Jahr 1815 fangen wir da wieder an, wo wir im Jahre 1792 waren." (Orig.: Familienarchiv Görres-Jochner Nr. 261; Unveröffentlicht).

15.4.1815 (Aschaffenburg) Karl Joseph Hieronymus Windischmann: „Wie lange Ihnen mein lieber Freund, dieser Brief schon zugedacht ist, mag ich gar nicht sagen, wenn ich die mannichfaltigen Hindernisse bedenke, die ihn zurückgehalten haben. Der verdrießlichste darunter ist die Spannung, welche durch Ihren Merkur in unsere Verhältnisse gekommen ist. Sie haben außerordentlich viel Wahres gesagt, sehr oft ja meistens das Rechte getroffen und nur manchmal zu schnell wieder verworfen, weil Sie selbst fühlen mogten, daß die äußerste Schärfe fast schon überschritten war. So ist gekommen, daß das glühend gemachte Eisen dennoch selten ausgeschmiedet wurde, daß wenig ganz ausgeführt, desto mehr aber angeregt wurde, aber ins Unbestimmte und mit aller Gefahr des Misverstandes. Glauben Sie sicher, ich weiß es aus gar vielen Erfahrungen seit einem Jahre her, daß durch Ihre Darstellungsweise indem sie allzusehr und leidenschaftlich ins Partikulare und Persönliche eingegangen, statt sich in der ungetheilten Kraft und Consequenz der Wahrheit zu halten, die Zwietracht und Feindseligkeit der deutschen Nationalkräfte um ein nicht geringes vermehrt worden ist. Nicht blos Schurken scheuen und arbeiten rastlos gegen solche Blosstellungen, auch Menschen von tüchtigen Gesinnungen wissen nicht immer Ihre wohlwollenden und großen Absichten von den Besonderheiten ja lasen sie michs geradezu sagen von den Sophistereien zu scheiden, welche Ihnen hie und da der Drang des Augenblicks aufgeladen oder abgewonnen hat. Sie haben Deutschland oft ganz in dem Gesichtspunkte genommen und zu ihm gesprochen, als ob es schon seine großen Metamorphosen durchgemacht hätte, die ihm noch so sehr bevorstehen – dieser Ton aus einem mächtigen Geiste der Bewegung, so kräftig er auch ist und so achtbar, ist doch jetzt noch nicht mehr als prophetisch – er geht über die ermatteten und verdorbenen Generationen weg in eine Zeit, deren Noth drükender geworden, bei der auch jener großartige Ton wieder lebendig wird und das praktische Leben von einem Riesengeiste des Guten erfüllt ist. Die besten die gediegendsten Reden – wen treffen sie zunächst? Das Echo in 1000 Reflexen oder die 1000köpfige Hydra der Critik der Schwindler, die sich von jedem neuen Gedanken durch alle Elemente jagen lassen sie suchen mit Argusaugen und nagenden Würmern im Leibe das lebendige Wort vor aller Welt zu benagen u. klein zu machen." Keiner von denen, denen jetzt noch die Herrschaft anvertraut sei, könne jetzt schon begreifen, was erst künftig ganz begreiflich werde, auch wenn er es wollte, er dürfe nicht, „die Schufte stopfen ihm die Ohren zu". „Die wenigen welche Ihre Absichten ganz erkennen, erkennen zugleich, daß sie noch nicht ganz und überhaupt noch gar nicht bedeutend zu erfüllen sind, was dann nothwendig mit sich führt, daß Ihr Merkur nicht hätte so ungenügsam seyn und von den Sündern dieser Zeit nur das zu dieser Zeit menschmögliche fodern sollen. Ich habe das in andern Dingen, zu meinem augenbliklichen Schaden zwar, aber auch zu meinem wahren Heil und Nutzen gelernt und finde immer mehr, daß man gegen diese Zeit seyn muß, wie die Quäker und Herrnhuter im Handel: den Preiß nicht höher sezen als man ihn endlich erlassen will u. verlangen sie kostbare Waare, dann mögen sie auch die höchsten Preiße zahlen. Ich rede Ihnen aufrichtig, Freund, weil ich die gute Sache liebe und Sie lieb und sehr hoch achte, was Sie dieser Sache gethan haben. Wollte Gott, es thäte jeder auf seine Weiße so viel Ernstgemeintes. Daß ich es nicht unterlasse dürfen Sie versichert sein; aber eben darum habe ich mir bisher die Wege meiner Wirksamkeit offen zu erhalten gesucht und mir Vertrauen zu erwerben gestrebt. Es ist mir auch gelungen, rechtschaffene Männer zu begeistern u. durch sie Begeisterung zu verbreiten ebenso durch einige wackere Geistliche u. biedere Staatsmänner. ... Sie haben meine Zeichnungen im *Gericht des Herrn über Europa* etwas übertrieben gefunden; gebe Gott, daß nicht nächstens noch mehrere Züge desselben lebendig vor unsern Augen auftreten. Ich lasse den Haß des Bösen nicht fahren, sondern bitte Gott täglich, daß er mich stärke in demselben, wie denn überhaupt jetzt keiner die Entschuldigung hat, daß er noch kein rechtes getroffenes Bild des Bösen sehe ... Aber ohngeachtet dieser stehenden Gesinnung und Bereitwilligkeit, alles zu opfern, was Gott von mir haben will, besorge ich doch in ganz kurzer Zeit schlimme Dinge. Dieser Aufruhr in Frankreich sieht mir noch nicht ernstlich genug aus und kommt mir oft fast wie geeignet vor, die ruhigen Seelen der Fürsten noch mehr zu beruhigen." - Über den Sophismus des *Moniteur*, den unverschämten Lügengeist, den Vater der Lügen. - „aber jetzt könnte uns auch ein einiger fester Wille von ihm und von der blutigen schrecklichen Anarchie die uns im schlimmsten Falle bevorsteht retten und statt Umwälzung könnte es noch eine stillere Metamorphose seyn, dem Deutschen anständiger als die wildernde bestialisirende Revolution." „Über Ihre Bemerkung zu meinem Buche reden wir noch ein Wort: sie haben dasselbe etwas übereilt gelesen und beurtheilt, am meisten irren Sie, wenn Sie glauben, ich wolle verlebte Dinge auffrischen." (Schluss fehlt) (Orig.: Familienarchiv Görres-Jochner Nr. 269; Unveröffentlicht).

20.4.1815 (Luxemburg) v. Gloeden, Premier Lieutenant im Corps du Génie: Ein Lieutenant v Soethoff, dem er einen Aufsatz vorgelesen habe, glaube, beigefügter Aufsatz könnte vielleicht etwas für den *Rheinischen Merkur* sein, er lege ihn deshalb Görres zur Prüfung vor, er möge einzelne Fehler gütigst berichtigen. Es sei einer seiner heißesten Wünsche geblieben, Görres seine persönliche Hochachtung in Koblenz erzeigen zu können, dem „ächten Teutschen Mann, der so kräftig die Sache der Teutschen mit männlichem Muthe befördert". (Bayer. Hauptstaatsarchiv, Teilnachlass Görres 4; Unveröffentlicht).

24.4.1815 (Echzell/Wetterau) Elias Birkenstein: „Hochwohlgeb Verehrungswürdigster Herr! Ihre Blätter werden, so viel ich weiß, beynahe in ganz Deutschland besonders von den gebildeten Ständen geschätzt und gelesen." Dies habe ihn veranlasst, Görres am 31. März einen Aufsatz zu senden, „mit der gehorsamsten Bitte ... daß Sie solchen in Ihre Blätter gütigst einrücken möchten. – In diesem Aufsatz zeigte ich, wie sehr der Talmud den menschlichen Verstand fessle und unterdrücke, wie sehr meine Nation der reinen Sittlichkeit und der wahren Aufklärung noch zurückstehe und rief die Fürsten Deutschlands auf, daß dieselbe durch Verbesserung der jüdischen Schulanstalten diesem grosen sittlichen Übel abhelfen möchten. So sehr ich aber eine gütige Willfahrung meiner gethanenen gehorsamen Bitte wünschte, so habe ich dennoch die Einrückung des bemeldeten Aufsatzes in Ihre öff Blätter bis jetzt vermißt. Voll des Vertrauens auf die große Güte die der Schöpfer der Natur in Ihrem Herz pflanzte, bin ich abermals so dreyst Ew Hochw hierdurch gehorsamst zu bitten: meinen an Sie überschickten Aufsatz in Ihre berühmte Öffentlichen Blätter gütigst aufzunehmen. O könnte ich Ew Hochw mein ganzes Herz eröffnen, und Ihnen die Gesinnungen in demselben lesen lassen, so würden Sie sich gewiß überzeugen, daß noch selten eine Bitte reiner, edler und heißer aus einem menschlichen Herzen geflossen ist, als diejenige ... Mein heißes Verlangen geht nur dahin: meiner Nation zu zeigen, daß dies die sicherste Richtschnur eines gottgefälligen Lebenswandels sey, wenn der Mensch solche Gesetze beobachte, wodurch er weiser, verständiger und seinem Gott in Liebe zum Guten immer ähnlicher werde. Ich möchte meiner Nation sehr gern darthun, daß alle andere Vorschriften, die ihr durch den Talmud unter dem Namen von Heiligkeit oder Gebot Gottes aufgebürdet werden, und die den Menschen nicht besser und vollkommener machen nichts als Ausgeburten der kurzsichtigen Rabbiner sind. ... Es ist nichts in der Natur, das gleich beym Entstehen seine völlige Vollkommenheit hat. Das größere hängt immer vom kleineren ab. Wie nahe steht der Apfel, der in Newtons Gegenwart vom Baum fiel, mit der richtigen Erkenntniß des ganzen Weltsystems in Verbindung! Eine sehr bedeutende für meine Nation vortheilhafte Wirkung kann sehr leicht dadurch entstehen, wenn Sie die Güte haben und meinen überschickten Aufsatz großmuthsvoll einrücken. Vielleicht dringt mein Reden in die Ohren eines Fürsten, der dadurch dasjenige in Wirklichkeit bringt, welches ich und mehrere so sehr wünschen. Diesem Beyspiel können dann noch mehrere Fürstenhäuser nachahmen, und so kann eine moralische Erlösung für meine ganze Nation daraus erwachsen. Aus diesem Brief und aus den darin enthaltenen Äußerungen werden Ew Hochw ersehen, welch angenehme Gefühle welch süße Regungen mein ganzes Herz durchströmen werden, wenn es Ew Hochw gütigst gefallen sollte, auf meine Bitte Rücksicht zu nehmen." Gewisse Verhältnisse erforderten, dass er darum bitten müsse, seinen Namen zu verschweigen, er sei aber „erbietig einen jeden dagegen gemachten Einwand hinlänglich zu widerlegen". „So viel ich aber den elenden Geist meiner Nation studirt habe, wird das letztere nicht nöthig seyn: denn den Juden interessirt nur dies welches ihm entweder unmittelbar Geld nutzet oder Geld schadet. Mit dem größten Verlangen hoffe ich den Aufsatz bald im Merkur zu lesen." (Bayer. Hauptstaatsarchiv, Teilnachlass Görres 4; Unveröffentlicht).

26.4.1815 (Wien) Karl August von Hardenberg (Konzept von Staatsrat Jordan; nicht abgeschickt, Vermerk „cessat“ von Hardenberg): „Die unzweideutigen Beweise welche Ew Wg. bis jetzt bei verschiedenen Gelegenheiten von dem Bestreben der Preußischen Regierung erhalten haben, eine auf liberalen Grundsätzen beruhende Denk und PressFreiheit zu befördern, berechtigte mich zu der Erwartung daß Sie bei der Redaktion des Rheinischen Merkurs die öffentliche Mittheilung solcher Äußerungen zu vermeiden suchen würden, welche fremden Regierungen zu wohl gegründeten Beschwerden Anlaß geben könnten. Ungern habe ich mich daher seit dem Ein? der neuesten Ereigniße in Frankreich davon überzeugt, daß in mehreren Aufsätzen des genannten Blattes eine Sprache vorherrschend welche im Übermaaß ihrer Kräftigkeit an strafbarer Ungebundenheit grenzt. Ich habe dieselben indeßen solcher nicht vermögen, weil Ihr verschiedentlich ausgesprochener Tadel nicht gegen eine oder die andere Regierung besonders gerichtet war. Dahingegen werde ich jetzt durch eine von Seiten des Grosherzoglich Badenschen Hofes bei mir angebrachte Beschwerde über den in Nr. 216 des Rheinischen Merkurs befindlichen, aus Carlsruh datirten Artikel veranlaßt, Ihnen mein Misfallen über die Rücksichtslosigkeit zu erkennen zu geben, mit welchen die Gesinnungen des genannten Hofes darin verdächtig gemacht werden. In einem Augenblicke wie der gegenwärtige, wo durch das gegenseitige Vertrauen der Regierungen und deren innige Vereinigung mit ihren Völkern allein nur die Erreichung des gemeinschaftlichen großen Endzwecks bewerkstelligt werden kann, muß jedes Gouvernement aus denen unter seinem Schutz erscheinenden öffentlichen Blättern alles dasjenige mit Strenge verweisen und rügen was jenes Bestreben vereiteln könnte. Ich muß es daher Ew Wg recht sehr zur Pflicht machen, bei der Auswahl der, Ihnen über auswärtige Regierungen vorzüglich in Hinsicht ihrer politischen Denkungsart zur Aufnahme zukommenden Aufsätze, in der Folge sorgfältiger zu Werke zu gehen, indem es mir wahrlich leid thun würde, durch neueren, der gegenwärtigen ähnliche Beschwerde zu Maasregeln veranlaßt zu werden, deren ich mich gern überhoben sehen möchte.“ (Berlin, GStA PK, I. HA Rep. 74, Nr. 1040, Bl. 8f; Czygan, *Zur Geschichte der Tagesliteratur während der Freiheitskriege*, Bd. 2. 2, Nr. 19, S. 336f).

26.4.1815 (Hanau) Johannes Schulze: „Der geheime Rath von Carlshausen hat mich in dem einliegenden Briefe dringend aufgefordert, Sie, mein geliebter Freund, um die Aufnahme seiner Antwort in Ihren Merkur zu bitten. Dem hart Angeklagten werden Sie die Gelegenheit nicht versagen, sich zu rechtfertigen; also fordert er die Gerechtigkeit, welcher Sie immer huldigten. Darum halte ich es für überflüssig, seine Bitte noch durch die meinige zu verstärken. Lassen Sie mich die Insertions-Gebühren wissen, damit sie bald möglichst durch mich in seinem Namen berichtigt werden können. Der zweite so eben eingetroffene Brief des Herrn von Carlshausen mag Ihnen den Beweis liefern, daß die endliche Entscheidung über mich oder vielmehr über die hiesigen Schulen noch immer nicht erfolgt ist. In Cassel denkt man eher an alles, als an die Schulen und an die schwer bedrängten Noth leidenden Lehrer. Darum bitte ich Sie, mein bester Freund, mir bald möglichst zu schreiben, ob die günstige Anstellung, welche mir durch Ihre Güte in Coblenz werden soll, jetzt noch möglich ist; meine aus Berlin erhaltenen Briefe zu Folgen darf ich an der Bestätigung meiner Anstellung in Coblenz von Seiten der Sektion des öffentlichen Unterrichts nicht zweifeln, besonders da mir durch Ihre Empfehlung der freundliche Antrag geworden. Kaum vom Tode genesen verwalte ich schon wieder mein Amt in seinem ganzen Umfange; ich kämpfe mit den Sorgen der Nahrung wieder seit sieben Monaten, und alle meine Lehrer entbehren eben so lange ihren wohl verdienten Lohn. Es ist Grausamkeit, und ich muß, durch die Noth gedrängt, die Wirkung auf meine geliebten Schüler aufgeben und nicht ohne tiefe Wehmuth einen andern Wirkungskreis suchen. Setzen Sie mich durch einige Zeilen in Kenntniß von meiner Angelegenheit in Coblenz, und lassen Sie mich wissen, ob ich mein Tagewerk, das ich hier mit Liebe auch in den ungünstigsten Zeiten vollbracht, unter einem milderen Gestirn an Ihrer Seite wieder beginnen kann. Mit treuer Verehrung Ihr Freund J. Schulze." (Orig.: Familienarchiv Görres-Jochner Nr. 230; Unveröffentlicht).

Ca. April/Mai 1815 (o.D.) Cunz: „Wohlgebohrner Hochgelehrter Herr Professor und Schuldirector! Beykommender Aufsatz, von einem ausgezeichneten Manne von Frankfurt, ist mir gestern Abend für Ew Wohlgeborn zugekommen. Für eine mündliche Unterhaltung habe ich die Erlaubniß Ihnen den Verfasser zu nennen, wenn Sie ihn zu kennen wünschen mögten. Da ich aber weiß wie Sie mit Geschäften überhäuft sind, so habe ich mir nicht die Freiheit nehmen mögen Sie zu stören. Da Sie mit kraftvollem Wort und vielwirkend mit einem weiten Kreise reden, so wage ich die Freiheit sie um einen Aufsatz über einen Gegenstand zu bitten der mir von gröster Wichtigkeit scheint. Ueberall wo man über die gegenwärtige Zeit reden hört, vernimmt man den Ausruf: „Wenn nur der Ausgang der ersten Schlacht glücklich ist und nicht für N. günstig ausfällt. Dadurch wird ihm in Frankr und auswärts wiederum alles zufallen". Solcher Glaube wäre, wenn er sehr allgemein wäre, äußerst nachtheilig, und doch lasse er sich „als Vorurtheil" leicht widerlegen. „Verzeihen Sie meinem Wunsche für die gute Sache diese Freiheit". (Orig.: Bayer. Hauptstaatsarchiv, Teilnachlass Görres 4; Unveröffentlicht). (Zur Datierung: nach dem Wiederauftauchen Napoleons in Frankreich und nach dem Koalitionsvertrag gegen Napoleon vom 25. März 1815 und vor den ersten Schlachten vom Juni 1815).

7.5.1815 (Kassel) Wilhelm Grimm: Warnt – aus herzlicher Freundschaft – Görres vor den schlechten Absichten des Herrn, der ihm vor kurzem „eine gewisse Summe" zugesendet habe: man wolle nichts anderes als die Reinheit von Görres' Gesinnung verdächtig machen durch Ausstreuung von Gerüchten und damit dem *Rheinischen Merkur* schaden. „Daß man schon im Winter die Absicht gehabt, dergleichen zu thun, habe ich aus einigen gefallenen Reden geschlossen, man hat es aber wohl aus Sparsamkeit für die Noth aufbewahrt und als ein letztes Mittel betrachtet." Er solle diesem Menschen daher dienen wie er es verdiene, am besten im *Merkur* selbst. – Ob er die *Edda* und Ludwigs Kupferstich bekommen habe? (Orig.: Familienarchiv Görres-Jochner Nr. 80; Binder (Hrsg.), *Freundesbriefe* Nr. 148, S. 463).

10.5.1815 (Wien) Karl August von Hardenberg: „Ew Wohlgeb. haben bisher Beweise genug gehabt, daß der Preußische Staat jeden Zwang verabscheuend, auch die PreßFreyheit begünstiget und so wenig es meine Absicht ist, auch über politische Gegenstände einer freymüthigen Untersuchung Schranken zu setzen, die in dazu gewidmeten besonderen Werken geschehen mag; so nothwendig ist es, besonders in der gegenwärtigen Epoche, den offenbaren Nachtheil zu verhüten, welcher durch Zeitschriften und Tagesblätter entsteht, wenn unsre Feinde sie benutzen, um der guten Sache zu schaden, wenn durch sie die Einigkeit gestört und politischen Zwecken entgegen gearbeitet wird, wenn sie zu einem Tummelplatz persönlicher Angriffe werden und Mistrauen der Regierungen unter sich und der Völker gegen die Regierungen verbreiten, wo es vielmehr hoch Noth thut, Zutrauen und das engste Zusammenhalten zu befördern. Der Rheinische Merkur hat Anlas zu den allerdringendsten Beschwerden gegeben. Ich will hier nicht in eine Untersuchung und Rüge des Einzelnen hineingehen, sondern blos die Grundsätze aufstellen, nach welchen bey der Redaction künftig verfahren werden muß, wenn das Blatt fortdauern soll. 1) Muß der bittere Ton, womit die Schritte des Congresses und die politischen Maasregeln der verbündeten Mächte, oft sehr ungerecht getadelt wurden, durchaus unterbleiben. Die Thatsachen wurden bisher zum Theil ganz unrichtig – vermuthlich aus nicht vollständigen oder unwahren Nachrichten – dargestellt, wie z.B. die von einer Königl. Preußischen Note in der Sächsischen Sache war, darin Hugo Grotius citirt seyn sollte, die Preußen nirgend übergab, zum Theil wurde die Tendenz jener Maasregeln falsch beurtheilt, wie es so leicht möglich ist, wenn man das Ganze nicht kennt und übersieht. 2) Sind alle Angriffe einzelner mit uns verbündeter Regierungen daraus zu verbannen. 3) Darf der Krieg den wir zu führen im Begriff sind, nicht als ein Krieg gegen das französische Volk, sondern blos gegen Buonaparte und die die ihm anhängen geschildert werden. 4) Müssen persönliche Ausfälle unterbleiben. Derjenige, der in einem Ihrer Blätter gegen den Herrn Renfner eingeflossen ist, war sehr tadelhaft, da Herr Renfner im Amte handelte und in einem unter Preußischem Schutz herauskommenden öffentlichen Blatte auf Achtung und Schonung Anspruch machen durfte. Gesetzt, er wäre zu ängstlich bey der ihm übertragenen Censur politischer Schriften gewesen, so war das zu entschuldigen, da die älteren Censur Gesetze noch bestehen, und der Drang der Geschäfte es noch nicht erlaubte, wie es die Absicht ist, ein neues zweckmäßiges Gesetz wegen der Preßfreyheit zu bearbeiten. 5) Muß alles vermieden werden, was die Leidenschaften unter den Deutschen gegeneinander aufregen kann. So sind z.B. die fortwährend erneuerten Anregungen der Wiederbelebung der deutschen Kaiserwürde im Hause Oestreich, welche dieses Haus selbst nicht will, zu unterlassen. Wollen Ew. Wohlgeborn Ihre geschickte Feder dazu benutzen, der Deutschen Patriotismus, Einigkeit und kräftiges Zusammenwirken zu dem großen Zweck anzufeuern, so öffnet sich Ihnen ein weites und angemessenes Feld. Ich bin überzeugt, daß es nur dieses Winks bedarf, damit Sie den Forderungen welche ich an Sie mache, gern und ohne alle Einmischung irgend einer Behörde entsprechen, da es Ihrer Einsicht nicht entgehen kann, daß sie billig und den Zeitumständen angemessen sind. Nehmen Sie die Versicherung meiner vollkommenen Hochachtung an.“ (Unterzeichnet: C. F. v. Hardenberg). (Orig.: Familienarchiv Görres-Jochner Nr. 91; Abschrift: Berlin, GStA PK, I. HA

Rep. 74, Nr. 1032, Bl. 165-166; Konzept: Berlin, GStA PK, I. HA Rep. 74, Nr. 1040, Bl. 10-10v; Görres, *In Sachen der Rheinprovinzen*, S. 21-24 (= *GS* 13, S. 298f); Auszug in *GS* 4, S. 496; Czygan, *Zur Geschichte der Tagesliteratur während der Freiheitskriege*, Bd. 2. 2, Nr. 23, S. 341-343 (nach eigenhändigem Konzept Hardenbergs). (Zur Datierung: *In Sachen* datiert fälschlich „16. May"; Original wie Konzept tragen aber das Datum 10.5., das Konzept trägt den Vermerk „abgeschickt am 11.5.").

17.5.1815 (Köln) Franz Ignaz Kaa: Görres habe eine Aufforderung in Betreff der Hospitäler zur Verpflegung der Verwundeten gemacht. Es wäre zu wünschen, dass die Monarchen statt auf ihre täglichen Ohrenbläser zu hören, sich dieser Sache annähmen. „Lesen sie gefälligst den Gebrauch dieses Wundbalsams, die Probe davon kann ich stündlich machen, allein der Taglöhner ist seines Lohnes werth." Er sei 33 Jahre lang Domkapellmeister in Köln gewesen, bis zum Verfall der Musik im Dom und bis das Domkapitel aufhörte zu existieren. Danach habe er nicht mehr dienen wollen. Er habe dadurch über 1000 Carolin verloren. 30 Jahre lang habe er seine freien Stunden mit Chemie und Alchemie verbracht, und dadurch „diese große arcanische medicamenden fertig gebracht. Solche durch genugsame Proben sind approbirt – wissen sie daher einen großen Mann dem das Wohl der Menschen am Herzen liegt, so machen Sie es demselben bekannt – ich verbitte mir alles öffentliche Lob, wohl aber einen guten Lohn. Ich schreibe ihnen dieses nur oberflächlich – sollte es jemand einleuchten, dann schreiben wir mehr darüber." Eines habe er noch bei dieser Gelegenheit zu erinnern: Warum rücke Görres nicht die von ihm eingeschickte Anzeige des Buchs über Gicht und Contractur in sein „beliebtes Blatt" ein? – „Die Vorige Rechnung habe ich doch franc nach Koblenz liquidirt – ich wüste nicht in was ich sie beleidigt sollte haben – sie wissen ja ohne dem ignorans non peccat – ich ersuche sie also mit dieser Gelegenheit nebst Bitte dasselbe noch einzurüken." (Orig.: Familienarchiv Görres-Jochner Nr. 120; Unveröffentlicht).

18.5.1815 (Leerfeld) Jakob Andreas Oberreit: „Mein Herr Doctor, in der Beilage erlaube ich mir Ihnen eine ... Relation der tumultuarischen Auftritte die leider ohnlängst bei einem Theil des Sächsischen Truppen ausgebrochen sind, vertrauensvoll zuzusenden. Nicht um denselben durch ihre Zeitschrift der allgemeinen Publizität verschafft wissen zu wollen, sondern mehr um sie, mein Herr Doctor, bei irgend einer Erwähnung oder Beurtheilung jenes unglücklichen Vorfalls neben den Ihnen wahrscheinlich schon zugekommenen Stimmen des Klägers auch von der des Beklagten in Kenntnis gesetzt zu haben. ... Ich glaube durch sie allen meinen mit mir über diesen Vorfall an sich tief trauernden Landsleuten einen vortrefflichen Dienst zu erweisen, und so hoffe ich um günstige Aufnahme. Mit großer Hochachtung der ganz ergebenste Hauptmann Oberreit im kgl Sächs. Generalstaab." (Orig.: Bayer. Hauptstaatsarchiv, Teilnachlass Görres 4; Unveröffentlicht).

24.5.1815 (Heidelberg) Georg Friedrich Creuzer: „Einer unsrer Alumnen, lieber Freund, einer von denen die nach vollendeten Studien in die Welt gehen und die

Völker lehren, ist im Begriff den Rhein hindurchzuschwimmen. Da kann ich ihn doch nicht entlassen ohne ihm ein Blättchen an Sie mitzugeben, worin ich mich erkundige wie es ihnen und Frau und Kindern geht. … Von Ihrem Wohlseyn gibt mir der Mercurius Kunde, den wir hier fortfahren fleißig zu lesen. – In diesem Augenblick sind wir hier voll Getümmels, indem das Oestreichische Hauptquartier sich heute bei uns niedergelassen hat. Da hab ich denn auch sogar meine Collegstube einräumen müssen. Sie können denken, daß ich die Alliirten schon um deswillen (außer meinem rechtbegründeten Patriotismus) den besten Fortgang wünsche. – Fast alle jungen Studenten werden ins Feld geschickt. Savigny hat mittlerweile sein neuestes Buch ausgesendet und mir neulich einen sehr vergnügten Brief zugeschickt. Brentanos Drama über Prag werden Sie wohl gesehen haben. – Was mir unter den neusten literarischen Dingen besonders merkwürdig gewesen, ist eine Inschrift die der Engländer Gell 1813 bei Elis in Pelopones gefunden, uralt und in griechischen Buchstaben, besonders im großen Z/E aus Keilschriftelementen zusammengesetzt. – Münter in Kopenhagen der mir eine Kopie zugesendet findet das selbst höchst merkwürdig. – Studenten haben wir hier so ziemlich viele. Übrigens ist auch alles andre hier ziemlich beim Alten. – Diese Zeilen bringt Ihnen Herr Dumbek aus Bruchsal, der am neuen Gymnasium zu Cöln als Professor angestellt worden und neulich hier den Doktortitel erhalten hat – ein sehr thätiger und durchaus braver junger Mann. – er wünscht ihre Bekanntschaft zu machen." (Orig.: Familienarchiv Görres-Jochner Nr. 41; Unveröffentlicht).

24.5.1815 (Hanau) Johannes Schulze: Der *Rheinische Merkur* gewähre ihm hohen Genuss. Er kämpfe gegen jeden, der Görres persönliche Rücksichten andichten möchte. Görres habe seit mehreren Wochen keinen Stein aufgehoben, „sondern mit Blitz und Donnerkeulen geschleudert, und ein so furchtbares Dräuen und Warnen geht von Ihnen aus, wie sonst aus keines Sterblichen Munde gekommen ist". Der *Merkur* scheine ihm „wie ein Vesuv, von einer höhern Hand mächtig hingepflanzt in der Ecke zwischen Mosel und Rhein zum Schutz und Trutz gegen das Franzosenthum". Er würde gern etwas tun, um seine nächste Umgebung aus dem Todesschlaf aufzurütteln, worin sie durch die Passivität der Regierung, die nichts für die öffentliche Stimmung tue, immer tiefer versinke. (Orig.: Familienarchiv Görres-Jochner Nr. 230; Binder (Hrsg.), *Freundesbriefe* Nr. 149, S. 464f; Raab, *GS/Erg.bd.* 1, Nr. 164).

31.5.1815 (München) Karl Joseph Ignatz Mosler: „Einem meiner Freunde ward ehelängst aus Thüringen ein halbes Blatt des Rh. Merk. zugesendet, in welchem sich der Beschluß des Aufsatzes „Siegesmal" (30.1.1815!) befindet, dies machte mir große Freude um so mehr da mir hier so lange nichts von Ihnen zu Gesicht gekommen. Wie viel Wichtiges mögen Sie nicht und wie viel Tröstliches nicht gesagt haben unter der Zeit und von allem erfahre ich nichts. – Auch soll von meinem Freunde Ebbo Groote vor einiger Zeit ein Aufsatz im M. gestanden haben – was er aber betraf weis ich nicht, noch was de Groote der sich wie man mir schreibt im Hauptquartier (wo?) befinden soll, sonst noch macht, – er hat mir sehr lange nicht geschrieben. Bloos von Andern erfuhr ich daß er Sie in Köln habe kennenlernen, was ich so lange ihm wünschte, und ich wünschte auch daß er sich eine Zeit lang in Ihrer Nähe befände. Sollten Sie ihm schreiben so bitte ich Sie ihn von mir zu grüßen. Dem erwähnten Dorso(!) des Rh. Merk. habe ich dem Bildhauer und Maler Eberhard welcher ein Mitglied des römischen-deutschen Künstlervereins ist mitgeschickt, welcher sich sehr darüber gefreut. Wen das Siegesmal wie es die Meynung jener Künstler ist ein christliches werden soll, so dürfte Eberhard als Bildhauer einer der ersten seyn die dabey in Anspruch zu nehmen – Er hat bereits in Rom die Idee zu einem Hauptbild einer auf jenem Schlachtfelde zu errichtenden Kirche in Zeichnung entworfen die mir außerordentlich gefällt. Aus der Apokalypse ist vom 14ten bis ins 20ste Kapitel das bezügliche und darstellbare in ein symbolisches Bild zusammen gezogen zu einer wahrhafft großen Komposition angeordnet. Ich bin überzeugt daß wen Eberhard dazu beauftragt würde, er ein Werk zustande brächte daß einer solch erhabenen Stelle werth wäre. Ich möchte nur die Entwürfe sehen, die Overbeck und Kornelius zu einem so schönen begeisternden Zwecke hervorbrächten sehen(!). Von ersterem sah ich jüngst zwey höchst treffliche Zeichnungen die vielleicht als das herlichste zu erachten sind was unsere Zeit überhaupt geleistet: die erste einfärbige Zeichnung war die Grablegung Christi (für Schlosser in Frf) die zweite gefärbte, die Erwekkung der Tochter des Jairus. Wenn Sie diese Sachen gesehen so würden Sie sich nicht wundern wen ich Ihnen sage, daß ich eben so sehr nach diesem neudeutschen Maler mich sehne als nach den Werken der altitalienischen. Unter seiner und Kornelius Leitung hoffe ich heranzureifen. Es ist jetzt eine gewaltige Regung in jenen deutschen Künstlern in Rom die uns wen anderst nicht politische Ungewitter die Blüthe stören, eine große Kunstepoche verspricht. Der gleiche frische Trieb pflegt ja von solchem Schwung zu seyn, daß in ihm alles einigermasen kräfftige mit hineingerißen wird und Flügel bekommt; so hoffe ich den auch es solle mir dort glücklich ergehen und wenigstens aus mir werden was ich zu werden vermag. Je mehr ich arbeite und arbeiten sehe, je mehr finde ich daß man um Meister zu werden viel, sehr viel arbeiten muß, allein zugleich finde ich daß man doch umsonst sich abplagt, wo das Gemüth sich nicht behaglich fühlt um mit Lust zu arbeiten. Sie sagen so wahr, die Kunst ist mehr wie die Wissenschafft bedürftig einer sonnenwarmen lichtbeschienenen Stelle – unterdessen mögte ich hinzusetzen, hat man sie in kühlen dunklen Kellern überwintert – dort möchte man sie auch noch eingeschloßen halten, allein das erquikende Frühlingslicht dringt hinab und weckt neues Leben. Dieses mal sind gewiß nur äußere Umstände daran Schuld wenn die deutsche Kunst nicht bald ihre zweite Erhebung im Ganzen erlebt. Unter den jungen Kunstbeflißenen wird man, sobald sie überhaupt Geist haben mehr und mehr die allgemeine zu hoffende Richtung im aufkeimen schon gewar; darüber die Herrn L. zwar gewaltig eifern und mich der Verführung anklagen, sich aber bey den jungen Leuten nur lächerlich machen. Aller solchen Anfeindung so hefftig sie auch seyn mag sehe ich gelassen zu – doch ist es mir unangenehm ehe ich selber noch etwas geworden so gleichsam nothgedrungen mich wenigstens gegenüber aufstellen zu müßen, was dan scheint als wolle ich etwas gelten was ich doch durchaus nicht wollen kann. Allein so machen sie's. Ebenso haben diese Ehrenmänner an Kornelius so lange gewürgt, bis er die Hände gebunden hatte, jetzt mögten sie gern alles vergessen wünschen seit sie wissen was K. in Rom gilt; doch reiten sie sich nebenbey immer tiefer in Dreck hinein und sammeln sich Kohlen auf dem Haupte. Die tüchtigen Männer Koch und Thorwaldsen haben sie geglaubt mit Titteln als Mitglieder der Akademie für sich zu gewinnen – diese aber sind die erklärtesten Freunde von Kornelius. Wen es auf irgendeine Weise mir bald möglich würde den Dunstkreiß dieser Kunst-Kerker-Meister zu verlassen und mich an jene lichtbeschienene sonnenwarme Stelle zu begeben wo mir wieder das Herz aufgienge so wäre ich glücklich. Thorwaldsen hat bey meiner Zeichnung gefragt, ob ich den nicht bald nach Rom käme! Dies nehme ich als ein Zeichen daß er mir mit seinem Rathe beystehen würde, worauf ich mich unsäglich freue. Ich finde da eine ganz andere Akademie zusammen. - - - Da Sie sonst so viel Propheten Gabe haben so wünschte ich nur zum Troste ohngefär zu wissen wie lange Sie glaubten daß ich noch in dieser Vorhölle verharren dürfte? Wenn die Verordnung meiner Unterstützung schon für ebenso gültig als von der wirklichen Regierung herrührend zu betrachten oder dahin umgewandelt werden kann so könnte ich darauf vielleicht Privat-Vorschüße erwarten. Bedenken Sie gütigst, ob nicht etwas für mich einzuleiten sey daß ich da sich die Verhältniße in Italien so bald und so glücklich geendet, doch eher nach Rom gelangte. Sie werden sich wundern daß ich während Sie selbst sich mit den Waffenübungen befaßten, ich fast nur an Kunstübung zu denken scheine; indessen versichere ich Sie auf mein Ehrenwort, daß ich auf den ersten Wink von Ihnen bereit bin mit ins Feld zu ziehen, doch ist's für mich gut wen es nicht nöthig ist und ich denke es wird diesmal so arg nicht noth thun. Wen ich auch jetzt schon die Mittel in Händen hätte nach Italien zu gehen so würde ich doch auf jeden Fall auch noch ein einigermaßen entscheidendes Ereigniß in Frankreich abwarten um im schlimmen Fall anstatt über die Alpen über den Rhein zu gehen. Für Ihren guten freundlichen Willen mir einen umständlichen Brief zu schreiben danke ich Ihnen von ganzem Herzen und bedauere nur daß es nicht geschehen kann noch auch jetzt wird geschehen können – indessen weis ich aus der Erfahrung daß Sie auch so sehr mit dem allgemeinen Wohl beschäftigt Zeit finden im einzelnen gutes zu thun und verlasse mich mit ganzem unbegränzten Vertrauen auf meinen theuren Beförderer. Leben Sie mit den werthen Ihrigen recht wohl! Ihr innigst ergebenster Karl M

Anekdote: Als dem guten Kaiser Franz, als er sich gestern mit dem von Rußland und dem König von Baiern ein auf der hiesigen Münze befand, ein Eilbote die Nachricht von der glücklichen Endigung des Krieges gegen Murat überbrachte, faltete er die Hände andächtig und sagte: Nun das ist gut! Darauf las er den Bericht den beyden andern Monarchen vor.

N.S. Es hat mir jemand gesagt als hätten Sie eine Flugschrifft: Buonaparte im Jahr 1815 geschrieben?“ (Orig.: Familienarchiv Görres-Jochner Nr. 174; Unveröffentlicht).

2.6.1815 (Hanau) Johannes Schulze: Empfiehlt den Überbringer Rittmeister Rupprecht, der eine Anstellung im preußischen Heer suche. Er habe ein Corps der hiesigen Freywilligen Jäger angeführt, man hab ihm keinen Wirkungskreis angewiesen. Vielleicht könne Görres ihn an Gouverneur Sack empfehlen. „Gott sey mit Ihnen, mein geliebter Görres, und segne Ihren herrlichen Eifer für die gute

Sache ... Ihr Sie liebender J. Schulze (Orig.: Familienarchiv Görres-Jochner Nr. 230; Binder (Hrsg.), *Freundesbriefe* Nr. 149).

22.6.1815 (Wien) Jacob Grimm: Der Überbringer, Herr Senator Smidt aus Bremen, bitte um ein paar Zeilen, um ihm Anlass zu Görres' persönlicher Bekanntschaft zu machen. „Er ist ein braver Mann, ohne Ruh und Rast voll Sorge für Deutschland und hier zu Wien in allem Guten einer der rührigsten gewesen." Auch seine „Erlösung" sei nahe, er werde in einer Woche geradewegs heimreisen und nicht einmal über Frankfurt kommen. „Diese Tage sind heiß und ängstlich ... Gott stehe unsrer Sache bei". „Das meiste Ihrer Blätter muß ich zu Haus nachholen, denn ich habe blos die wenigsten zu lesen aufgetrieben. Ihr letzter Aufsatz über die drei Zeitepochen seit Nap. Wiederkunft hat mir trefflich gefallen. Aus Caßel dann mehr, ich verbleibe unveränderlich Ihr treuer Freund" (Orig.: Berlin, GStA PK, I. HA Rep. 77, Tit. 22, Litt. G 8 adh., Bl. 4-5; K. A. v. Müller, Briefe von und an Görres, in: *Archiv für Kulturgeschichte* 9 (1911), Nr. 4, S. 448f; Schellberg, *Ausgewählte Briefe,* S. 743).

23.6.1815 (Frankfurt) Nicolaus Vogt: In seinem letzten Brief habe er Görres gebeten, ihm nichts Politisches mehr zu schreiben und doch habe er wieder von ihm Politica erhalten. „Ich für mein Theil mag von der jezigen Politik gar nichts mehr wissen". Die alten Staatsmänner und Verfassungen, die Jahrhunderte hindurch den Stürmen der Zeit getrotzt hätten, sähen mit Verachtung herab auf die neuen Staatsgebäude, die gebrechlich und hinfällig seien. „Deswegen halte ich mich jetzt ganz an die alte und neue rheinische Geschichte, und wenn Sie mir etwa wie bisher subsidia schicken können, würden Sie mir einen großen Dienst erweisen." Ein Besucher habe ihm viele Auskunft über die rheinische und niederrheinische Geschichte versprochen. Da er aber krank sei, habe er ihn danach nicht mehr gesehen. Er bitte daher Görres um weitere Hilfe. Er höre, Günther arbeite jetzt an einer Geschichte von Kloster Rommersdorf und Isenburg. Besonders würde er um nähere Auskünfte über Rommersdorf und Isenburg, über die Familie von Lebenstein und über Schloss und Burggrafschaft Hammerstein ob Andernach bitten. Vielleicht könnte Günther oder ein Anderer hierüber nähere Auskunft geben. Was Görres ihm bereits zugesandt habe, habe er schon in seiner Sammlung gehabt. Nur bey Günthers Geschichte von Coblenz finde er etwas über den Aufruhr gegen den Kurfürsten Heinrich II. und die Hinrichtungen danach. Günther wisse dazu sicher mehr. „So eben erhalten wir die Nachricht, daß Napoleon gänzlich geschlagen sey und sich nach Paris zurückziehe. Ich aber grüße Sie und Günther in alter teutscher Art herzlich und wünsche Ihnen einen guten Herbst, guten Wein und Ruhe ..." (Orig.: Familienarchiv Görres-Jochner Nr. 261; Unveröffentlicht).

26.6.1815 (Berlin) Clemens Brentano: „Geliebter Görres!" Vor 14 Tagen sei das Gerücht gegangen, dem *Merkur* sei „das Maul verboten, wegen seiner oft erschrecklichen Courage nicht unglaublich; nun sind wir beruhigt und hören eure vulkanischen Predigten mit Andacht". „Ihr selbst seid mir doch immer das Liebste dabei, denn außer der Freundschaft und Kameradschaft ist kein Bund noch Band auf Erden mehr, seit dem deutschen Bund." - Lassaulx habe ihm aus Paris vor Napoleons Ankunft geschrieben und seine Stelle angezeigt, dass es ihm, Brentano, ordentlich Angst geworden sei, „denn er war deutsch untergegangen als ihr aufgiengt". Er, Brentano, habe ihm nicht geschrieben, sondern ihm nur durch seinen Schwager Jordis Glück wünschen lassen. Er selbst hätte längst gern Beiträge für den *Merkur* geliefert, aber „blos politisch sagt ihr selbst alles besser", er habe kein Wort beizufügen. Nur: viele Freunde hätten gern Erklärung für Görres' Marotte, warum er so oft den Wunsch äußere, Franz solle deutscher Kaiser sein, wo es doch keinen ohnmächtigeren Kaiser als ihn gegeben. „Savigny, der euch unendlich um eure Politik liebt, und alles mit Begeisterung liest und bespricht, wünscht euch hie und da einen recht ruhigen, geliebten und geistreichen Freund, der Kleinigkeiten, die aber am unrechten Flecke verletzen, eurer Zeitung abbitte." Er, Brentano, habe Görres vor etwa einem Jahr aus Prag geschrieben, und wisse nicht, ob er den Brief erhalten habe. „Lieb hab ich euch immer gehabt, seit ihr so aus dem tiefsten Herzensbrunnen mich in Heidelberg in meiner überraschenden Noth erquicktet. Wenn auch ganze Flächen, bunte Flächen meines Lebens eingesunken sind, jene Zeit bleibt mir immer heilig durch eure Liebe. Ihr könnt nicht glauben, wie es mich in jedem Augenblick erfreut, daß euch die Zeit bedurfte, daß euch die Geschichte suchte, die ihr nicht gesucht habt." Humboldt spreche angeblich auch mit der größten Verachtung von der Bundeskonstitution, seit er gesehen, dass Österreich und Baiern allem „contrariieren". Nach einem scharfen Beobachter solle es das Merkwürdigste am Kongress sein, dass eine Mittelmacht wie Baiern sich so in den Mittelpunkt spiele und alles erreiche was sie wolle. – Den Preußenkönig ehre das treue Gedenken an seine Gattin. Das Monument von Rauch für sie – rührend. „Wenn es euch nicht unangenehm ist, will ich euch ein Lied über dieses Monument in euer Blatt schicken." Beiliegend ein Lied auf die Schlacht vom 19. Juni. Er habe eine Menge Kriegslieder aus dem vorigen Krieg in Österreich geschrieben, keiner habe sie drucken wollen, „sollte Pauli sich entschließen, der durch Auszüge oder eine Rezension von euch in eurer Zeitung sich den Absatz sichern kann, so befehlt, ich schicke euch das Manuscript und die sehr billigen Bedingungen." Er habe Görres schon oft seine Hilfe „als Corrector und Correspondent u.s.w." beim *Merkur* anbieten wollen, wenn ihn nicht „eine innere Bescheidenheit abgehalten hätte. Jetzt bin ich so kühn, weil es der Augenblick gibt. Meine Ansicht ist die, daß ihr nie ein so lebendig und kräftig gegründetes Blatt dürft untergehen lassen, es kann euren Kindern ein Kapital werden, der guten Sache ist es eine Schatzgrube – ja meine Meinung ist, ihr solltet es, so Friede wird, zum Theil aus der Politik auch zur wissenschaftlichen und Kunstkritik überführen, und so auch im ganzen Menschen für Deutschland würken, denn man fesselt den Menschen doch wohl nur an einem Interesse, um ihn im Geiste zu entlassen. Könnt ihr jetzt oder künftig zum mechanischen Theil einen ergebenen treuen und armen Freund, der euch über Alles lieb hat, gebrauchen, so will ich euch mit angestrengtem Fleiße helfen, es sei wozu es wolle. Ich verlange nichts dafür, als was ihr mir schon aus Gastfreundschaft nicht versagen würdet, und euren Umgang. Eine solche Beschäftigung, indem ich euch diente, könnte mich ruhig und glücklich und gut machen, was ich mehr zu werden Lust habe als je." Grüße an „Katti und alle Kattinkili". Soeben höre er vom Tod von Christian Stolberg, er sende auch ein Lied zu dessen Andenken. (Oehring (Hrsg.), *FBA* Bd.

33, Nr. 671, S. 149-151; Binder (Hrsg.), *Freundesbriefe* Nr. 150, S. 465-469; Koch, *Briefe der Romantik*, S. 545-548; Vortriede/Bartenschlager, *Dichter über ihre Dichtungen. Cl. Brentano*, Frankfurt 1970, S. 36f).

ca. Sommer 1815 (Wiepersdorf) Achim von Arnim: Savigny sei einige Tage da gewesen, er komme vielleicht an den Rhein. Dieser meine, es wäre gut für ihn, Arnim, da sein Vermögen durch die Zeitläufte gelitten habe, eine Zivilstelle anzustreben, er sei nicht ohne Geschick fürs praktische Geschäft und könnte dem Vaterland nützlich dienen. Er trage aber einen unüberwindlichen Ekel gegen Hardenbergs Zivilverwaltung in sich, halte ihn für einen „tyrannischen Schleicher", mal mild mal hart. Die „Hardenbergerei" möge allerdings weniger in die Ferne wirken, das beweise der *Rheinische Merkur*. „Aber diese Art Scheu wird schwinden, wenn der Übergang vollendet ist, und die Angestellten dort werden ihm Handwerkszeug sein müssen, um allerlei Willkür durchzuführen." Vergebliches Herumziehen sei für eine 5-köpfige Familie nicht möglich: „Giebts nun aber noch leere Stühle im Großherzogthum Niederrhein, oder hat sich Alles schon voll gedrängt? ist seine bleibende Einrichtung schon erfolgt, oder erwartet man neue? Ist Sack der Allmächtige, so wäre es freilich gut, wenn ich auch ein Sack wäre, aber einigermaßen kenne ich ihn schon; habe oft bei ihm nach Neuigkeiten für meine Zeitung gelauscht (o Du glücklicher Zeitungsschreiber, der das nicht nöthig hat, sondern sich ruhig von der mühsam gekochten Brühe der andern die Fettaugen als mikroskopische Linsen gebraucht, um ins Innere der Verhandlungen zu schauen!); habe öfters zwar demüthig mit seinem Kanzellisten als mit ihm verhandelt; aber er sandte mir doch öfter aus Gunst allerlei schöne offizielle Betrachtungen, die ich durch Schnee und Regen in die Druckerei tragen mußte, daß sie zur rechten Zeit das Licht der Welt überleuchteten". „Wohin möchtest Du mich haben? Ist Dein Departement, das Schulfach schon vollständig?" - Über sein Leben in Wiepersdorf: ruhig, fast ohne eigentlichen Umgang, nicht unnütz für die 1200 Seelen, bei den Leuten beliebt, halte er Kühe, Schweine, Hühner und Enten, habe große Seligkeit im Gartenbau gefunden, seine Kartoffeln, Runkelrüben und Gurken stünden trefflich, dabei schreibe er manches, was ihm gefalle, auf die Dauer aber sei er einsam, noch einsamer sei seine Frau. (Orig.: Familienarchiv Görres-Jochner Nr. 5; Binder (Hrsg.), *Freundesbriefe* unter Nr. 141, S. 449-451). (Zur Datierung: Frühester Zeitpunkt ist Mitte Mai 1815, da der erwähnte Besuch Savignys in Wiepersdorf Anfang Mai stattfand; laut Knaack, *A. v. Arnim, nicht nur Poet:* Liste der Arnimbriefe „Anfang September", laut Weiss S. 264 hatte Arnim an Görres Anfang Juli und Anfang September geschrieben).

11.7.1815 (Aachen) Johann August Sack: „Unterm 28. Febr ist von mir an Königl Ministerium des Innern ein ausführlicher Bericht über alle diejenigen Vorarbeiten erstattet worden, durch welche eine gründliche Reformation der Verhältnisse des öffentlichen Unterrichts in den Königl Provinzen des linken RheinUfers einzuleiten seit einem Jahre ich bemüht gewesen bin. Die vor einigen Tagen eingetroffene Antwort des Königl Ministeriums in dem sie das geschehene billigt, zum Fortschreiten auf dem betretenen Wege aufmuntert und alle dazu nöthige, und den Umständen nach mögliche Unterstützung verheißt, trifft aufs glücklichste mit den großen Begebenheiten zusammen, durch welche kürzlich die Gefahren des Krieges von uns gewendet, und die Lasten desselben auf das Haupt unseres Feindes großen Theils zurückgewälzt worden sind. Ohne Besorgniß nunmehr die wohlthätigen Werke des Friedens durch unmittelbares Kriegsgetümmel gestört zu sehen und nachdem es wahrscheinlich ist, daß ferner nicht mehr, weder die Thätigkeit der Behörden, noch jegliche Finanz-Quelle durch die Bedürfniße des Kriegs allein absorbirt werden wird, dürfen und müssen wir jetzt mit erneuertem Eifer wiederum Hand ans Werk legen, und die bisher gesammelten Materialien zu einem wohlüberlegten und dauerhaften Bau zu verarbeiten trachten. Vorläufig gereicht es mir zum Vergnügen Ew. Wohlgeboren persönlich eröffnen zu können, daß das Königl Ministerium auch mit Ihren bisherigen Arbeiten und Bemühungen für den Ihnen anvertrauten Wirkungskreis eine wohlwollende Zufriedenheit zu bezeugen, und Sie in demselben provisorisch zu bestätigen geruht hat, bis die Einrichtung der in Altpreußen üblichen Provinzial-Schulbehörden, als Folge einer allgemeinen Definitiv Organisation auch hier stattfinden wird. Für die Zukunft scheint indessen das Königl Ministerium Ihnen einen Wirkungskreis zu bestimmen, welcher, ihren gelehrten Kenntnissen und literarischen Talenten angemessener die gemeinnützlichste Verwendung derselben, sowohl als Ihre persönliche Zufriedenheit mehr als Ihr bisheriges Verhältniß befördern wird. Einstweilen aber, und indem ich voraussetzen darf, daß Sie bis zu jenem Zeitpunkte das Mögliche von Zeit und Kraft, dem großen Werke, wovon die Rede ist, gern zu widmen fortfahren werden, ist beschlossen worden Ihre provisorische Direction des öffentlichen Unterrichts statt des derselben durch Abtretung des größten Theils vom Wälder Department entzogenen Wirkungskreises nunmehr auch auf das Ganze neugebildete Saar-Departement auszudehnen und wird der Gouvernements Commissair Freiherr von Schmitz Grollenburg von diesem Beschlusse unterm heutigen Dato in Kennntiß gesetzt. Ew Wohlgeboren werden daher, bis auf weiters im Rhein und Mosel und Saar Departements, sowie Ihr Herr College im Roer Departement die inneren Verhältnisse des öffentlichen Unterrichts allein und die äußern gemeinschaftlich mit den betreffenden Herren Gouvernements Commissairs in der bisherigen Art zu respiciren haben. Hinsichtlich der neu requirirten Districte jenseits der Mosel wird es jetzt vor allen Dingen darauf ankommen dieselbe anschauliche Kenntniß vom gegenwärtigen Zustande des öffentlichen Unterrichts uns zu erwerben, welche hinsichtlich der ältern Provinzen durch die eingegangenen Antworten auf die 43 Schulfragen sowie durch Ew Wohlgeboren und Ihres Herrn Kollegen persönliche Rundreise gröstentheils bereits erworben worden ist: Was die Schulfragen betrifft, so habe ich den Freiherrn von Schmitz Grollenburg schon beauftragt deren Beantwortung in den Districten jenseits der Mosel schleunigst zu veranlassen und wiederhole ich bei dieser Gelegenheit die Ew Wohlgeboren unlängst schon gemachte Eröffnung, daß ich die Antworten auf die Schulfragen aus allen Provinzen zuförderst Ihren Herrn Kollegen zustellen lasse, theils um die Einheit einer daraus zu fertigenden tabellarischen Schulstatistik sämmtlicher Königl Provinzen des linken Rheinufers zu befördern, theils um Ew Wohlgeboren eine Zeit zu ersparen welche auf Ihre litterarischen Arbeiten gemeinnütziger verwendet werden kann; so bald aber jene Tabellarische Schulstatistik volendet seyn wird, werde ich Ihnen sowohl eine

Abschrift des Ihren Wirkungskreis betreffenden Theils derselben, als die dazu gehörigen Materialien vorlegen lassen, hingegen wird es durchaus nöthig seyn, daß Sie noch vor Eintrit des Herbstes auf einige Wochen sich abmüssigen um die Districte jenseits der Mosel zu bereisen, und sodann über Personal und Material des dortigen öffentlichen Unterrichts aus eigener Anschauung ebenso Bericht zu erstatten, wie solches hinsichtlich des Wälder und Rhein und Mosel Departements früher von Ihnen geschehen ist. Ich erwarte deshalb Ihre specielle Anträge zur Genehmigung. Was nun den zur fernern Fortsetzung unserer Arbeiten gehörigen und Ihren Wirkungskreis generel oder speciel berührenden Innhalt des oberwähnten Königl Ministerial Rescripts betrifft, so bemerke ich zu forderst, daß meine unterm 18ten September vorigen J. publicirte vorläufige Instruction für die Directoren der gelehrten Schulanstalten in allen wesentlichen Puncten genehmigt worden ist. Einiges wird jedoch modificirt und anderes amplificirt durch einen mir mitgetheilten Auszug aus einer Anweisung über die Einrichtung der öffentlichen allgemeinen Schullen im Preußischen Staate, welche künftig als allgemeines Landesgesetz publicirt werden soll. Um nun die jetzigen innern Verhältnisse unserer gelehrten Schulen soviel als möglich schon im Voraus diesen künftigen Landesgesetzlichen Bestimmungen anzupassen, lasse ich die Puncte worauf es hauptsächlich ankömmt zu einer Bekanntmachung verarbeiten, welche als Nachtrag und Ergänzung der vorläufigen Instruction, vom 18ten September v. J. nächstens im offiziellen Journal erscheinen soll, und deren genauen Handhabung demnächst sich angelegen seyn zu lassen, ich Ew Wohlgeboren hiedurch schon vorläufig empfohlen haben will. Sodann hat in Betreff des Elementarschulwesens das Königl Ministerium auf meine Anträge folgende für alle Königl Provinzen des Linken Rhein Ufers gemeingültige Bestimmungen zu treffen geruht:

1) Es ist für unbedenklich erklärt worden, daß hinsichtlich der äußern Ausstattung der Schulen und Ihrer Lehrer vorläufig und bis zu einer abweichenden gesetzlichen Bestimmung nach den Grundsätzen verfahren werde welche in meinem auf Ew Wohlgeboren damals abschriftlich mitgetheilten Rundschreiben an die Herrn Gouvernements Commissairs vom 26ten Januar ausgesprochen sind. Es wird nur bevorwortet, daß solches mit der etwa durch die jetzigen Conjuncturen nothwendigen Schonung und Vorsicht geschehe. Da nun die glückliche Wendung unserer politisch militärischen Angelegenheiten den früher besorgten Druck der Kriegsverhältnisse hinlänglich abwenden oder mindern wird, um von der Mehrzahl der Gemeinden nach Verhältniß individueller Kräfte einige Anstrengung für einen so löblichen Zweck schon jetzt fordern und erwarten zu können, so habe ich in einem an sämmtliche Herrn Gouvernements Commissairs heute erlassenen Rundschreiben, die Sache wieder aufgenommen, und die baldigste Einreichung der schon durch das Circular vom 26ten Januar geforderten Uebersicht verlangt, aus welcher entnommen werden soll, wie viel von jeder Gemeinde zur fixen Dotation ihrer Elementar-Schullehrerstellen, aus eigenen Mittel, beigetragen werden könne.

2) Auf meine Anträge wegen der für Aufsicht und Förderung des Elementar Schulwesens so überaus nothwendigen Local-Schulvorstände und mittleren Schulbehörden ist folgendes vorläufig festgesetzt worden:

a) Als mittlere Schulbehörde sollen in jedem Kreise ein katholischer, aber wo Verschiedenheit der Profession statt findet, ein katholischer und protestantischer Geistlicher jeder für die Schulen seiner Confession, als Inspector angestellt werden.

b) Die Vorschläge zur Besetzung dieser Stellen werden zwischen den betreffenden Directoren des öffentlichen Unterrichts, GouvernementsCommissarien und (insofern von einem katholischen Inspector die Rede ist) GeneralVicarien verabredet, und unter deren gemeinschaftlicher Unterschrift bei mir eingereicht. Es ist bei der Wahl möglichst darauf zu sehen, daß der Schul-Inspector mit den zu diesem Amte erforderlichen Eigenschaften, auch diejenigen vereine, welche ihn bei der künftigen Definitiv Organisation der Kultverhältnisse, zum resp. Erz-Priester oder Superintendenten qualificiren dürften. Zugleich ist es wünschenswerth, daß jeder Schulinspector in der Kreis-Stadt oder möglichst in der Nähe derselben wohne, wodurch seine amtliche Communicationen mit dem Kreis-Director wesentlich erleichtert werden dürften. Ew Wohlgeboren wollen nun nach diesen Grundsätzen für das Rhein und Mosel und Saar-Departement unverzüglich mit den Herrn Gouvernements Kommissairs Sack und Schmitz Grollenburg, so wie mit den betreffenden General-Vicariaten zusammentreten, und die Einreichung der Vorschläge zu den Schulinspectorstellen jener Departements so sehr zu beschleunigen suchen, als es ohne Uebereilung in der Wahl irgend geschehen kann.

c) Die Schulinspectoren werden für die ihnen auferlegte Mehrarbeit und die ihnen erwachsenden Reisekosten auf eine anständige und angemessene Weise entschädigt. Ueber das Quantum dieser Entschädigung bedarf es jedoch meinerseits noch einer weitern Rücksprache mit dem Königl Ministerio, nach deren Resultate ich mir die nähere Bestimmung vorbehalte.

d) Sobald die Wahl der Schulinsprectoren vollendet seyn wird, soll über die Amtsverhältnisse derselben eine ausführliche Instruction erfolgen. Vorläufig bemerke ich, daß selbige in allem was die innern Verhältnisse der ihnen anvertrauten Elementarschule betrifft, nach oben, nur mit dem vorgesetzten Director des öffentlichen Unterrichts, so wie nach unten mit den Local Schul-Vorständen communiciren, hingegen alles was die äußern Verhältnisse betrifft gemeinschaftlich mit dem betreffenden Kreis Director eben so bearbeiten werden, wie solches in höherer Instanz zwischen dem Director des öffentlichen Unterrichts und dem betreffenden Gouvernements-Kommissair gemeinschaftlich geschieht.

e) Das erste Geschäft der zu ernennenden Schulinspectoren soll unter Leitung der obern Behörde die Organisation der Local-Schulvorstände seyn. Doch sind schon jetzt zu diesem Zweck von Ew Wohlgeboren und den beiden Herrn GouvernementsCommissairs die nöthigen Einleitungen zu treffen. Der Local-Schulvorstand jeder Gemeinde soll aus dem zeitigen Pfarrer und den zwei für dieses Geschäft tauglichsten Familienvätern der Gemeinde bestehen. Verschiedene Gründe bestimmen mich die zeitigen Bürgermeister vor der Hand nicht von Rechts und Amtswegen als Mitglieder zu ernennen. Da indessen die Preußische Schulverfassung allerdings von dem Grundsatz ausgeht, keine Schul-Behörde isolirt stehen zu lassen, vielmehr eine jede aus Männern zusammen zu setzen, welche durch ihre Eigenschaften das Innere, und durch anderweite Amtsverhältnisse das Äußere der Schulen wahrzunehmen qualificirt sind, - da es folglich wahrscheinlich ist, daß, nach eingetretener Organisation des Communal Wesens auf Preußischen Fuß, die Concurrenz des jedesmaligen bürgerlichen Orts Vorstandes zu den Geschäften des Orts-Schulvorstandes gesetzlich erfordert werden wird, – und da wir suchen müssen das jetzige Interimisticum der künftigen Definitiv Verfassung schon möglichst anzunähern und anzupassen, so soll für jetzt der zeitige Bürgermeister jeder Gemeinde, in so fern er persönlich qualificirt ist, aber nicht qua talis, sondern als einer der zu wählenden Familien Väter zum Orts-Schulvorstande vorzugsweise mit ernannt werden. Ueber Pflichten und Rechte dieser Local-Schulvorstände wird übrigens eine besondere, ausführliche Instruction demnächst gleichfalls erfolgen.

3) Da es von der äußersten Wichtigkeit ist keinen Elementar-Schullehrer anzustellen, ohne dessen Qualification insofern sie durch Bildung desselben in einem einländischen Seminario nicht schon verbürgt seyn sollte, durch hinlängliche Prüfung erprobt zu haben, so hatte ich eigene an verschiedenen Orten ad hoc niederzusetzende Prüfungscommissionen in Vorschlag gebracht. Das Königl Ministerium hat jedoch diesen Vorschlag nicht genehmigt. Vielmehr sollen die Prüfungen der Elementar-Schullehrer provisorisch in eben dem Maaße, wie solches nach erfolgter Definitiv Organisation durch die Provinzial Schul-Behörden geschehen wird, durch den betreffenden Director des öffentlichen Unterrichts entweder selbst oder durch einen in jeden einzelnen Falles ad hoc von ihm zu delegirenden qualificirten Kommissario geschehen, welcher als dann vom Resultate ihm Bericht erstatten verbunden, und wozu künftig in der Regel der betreffende Schulinspector zu nehmen ist. Indem ich schließlich bemerke, daß alle einzelnen dem öffentlichen Unterrichte des Rhein und Mosel und Saar Departements angehörigen Institute vorläufig im bisherigen Gange verbleiben, erwarte ich über diejenigen Veränderungen welche hinsichtlich des einen oder andern schon vor der Definitiv Organisation zu veranlassen, Ew Wohlgeboren nothwendig oder nützlich scheinen mögte, Ihre speciellen Anträge, und benutze zugleich diese Gelegenheit Sie an baldgefällige Erstattung des Berichts zu erinnern, welcher über das neuerlich zu Coblenz entstandene Bildungs-Institut nach Pestalozzischer Methode kürzlich von Ihnen erfordert worden ist. Aachen d 11ten July 1815. Der Geheime StaatsRath und Ober Präsident der Königlich Preußischen Provinzen am Rhein (Unterschr.:) Sack. An den Director des öffentlichen Unterrichts im Rhein und Mosel und Saar Departements Herrn Dr. Goerres Wohlgeboren zu Coblenz. (Amtl. Schreiben Nr. 14627). (Orig.: Bayer. Hauptstaatsarchiv, Teilnachlass Görres 2; Unveröffentlicht).

12.7.1815 (Berlin) Clemens Brentano: Empfehlung für den Überbringer Herrn von Burgsdorf, preuß. Nationalrepräsentant bei der Ständeversammlung in Berlin. Er sei Savignys Freund, Tieck genieße auf dessen Gut zu Ziebingen literarische Muße. Er, Brentano, habe vor acht Tagen zwei Lieder für den *Merkur* geschickt. Ob Görres den Brief erhalten habe? Auch den (schon alten) von Savigny? „Wir fürchten die Post möge nicht ganz treu mit eurer Adresse sein". In einigen Tagen werde er wieder ein Lied senden. Die Nummern 262 und 263 des *Rheinischen Merkur* begeisterten jedermann. „Liebster bester Görres, es muss anders werden in der Welt, die Politik kann nicht so schlecht sein, daß sie nicht eine Passion für euch kriegte, ihr redet ja wie ein berauschter Liebhaber, die Geschichte muß euch Schäferstunden geben.“ Bitte um weitere Empfehlungen für Herrn Burgsdorf. Grüße an Kaddi und die Kinder. Savigny lasse grüßen. (Oehring (Hrsg.), *FBA* Bd. 33, Nr. 672, S. 152; Binder (Hrsg.), *Freundesbriefe* unter Nr. 150, S. 469).

17.7.1815 (Paris) Friedrich Ribbentrop: „In der N° 246 des Rheinischen Merkurs vom 1. v. M. findet sich unter der Ueberschrift „Ein Wort aus reinem Herzen“ ein Aufsatz, welcher die heftigsten Ausdrücke gegen die Beamten des Krieges Commissariats enthält und ohne Anführung von speciellen Thatsachen oder Benennung der Thäter diesen ganzen Stand in das niedrigste Licht zu setzen sucht.

Da ich Theil des Königl. Preuß. Krieges Commissariats bin, so kann ich es nicht zugeben, daß ein nichtswürdiger Pasquillant die Preßfreiheit mißbraucht, um das meinen Befehlen untergeordnete Beamten Personal auf eine so hämische Weise öffentlich anzulasten. Ich fordere Sie deshalb auf, mir den Verfaßer jener Schmähschrift namhaft zu machen, damit ich meine weitere Maaßregeln gegen ihn nehmen kann. Möchten Sie aber wider Erwarten Bedenken finden, den Pasquillanten zu benennen, so würde mir nichts Anders übrig bleiben, als Sie selbst gerichtlich in Anspruch nehmen zu laßen. Paris, den 17ten Juli 1815. Der Königl. Preuß. Staatsrath und General Intendant (Unterschr.:) Ribbentrop. An den Redacteur des Rheinischen Merkurs Herrn Doctor Görres in Coblenz.“ (Orig.: Bayer. Hauptstaatsarchiv, Teilnachlass Görres 3; Unveröffentlicht).

20.7.1815 (Koblenz): Ernst Heinrich Sack: „In einer Allerhöchsten Cabinets-Ordre d.d. Berlin den 7t Juni 1815 haben S. Majestät der König Höchstdero grosses Missfallen über mehrere seither in dem Rheinischen Merkur u anderen Flugschriften erschienenen Aufsätze als von einer ganz ungeregelten Lizenz ihrer Verfasser zeugend, indem sie auf eine den Anstand verletzende Art gegen die Regierungen gerichtet sind, der guten Sache zu einer Zeit um so wesentlichen Schaden, als jeder Anlass zu Misshelligkeiten da bedeutender wird, wo es gilt, die vereinten Kräfte für den jetzigen, über die Ruhe von Europa entscheidenden, Kampf zusammen zu halten.

So tadelfrei auch die persönlichen Gesinnungen sein mögen, aus welchen dergleichen Aufsätze entspringen, so können und wollen Se Majestät doch keine Aeusserungen gut heissen, durch welche die Formen und die Gesetze der Ordnung, in welchen die verbündeten teutschen Staaten bestehen aufrührerisch angegriffen werden u sollen die Verfasser, Verleger oder Vertreiber solcher Aufsätze als Ruhestörer betrachtet, u nach der Strenge der Gesetze behandelt werden.

Mit der strengsten Vollziehung dieses deutlich ausgesprochenen Allerhöchsten Willens S. Majestät von dem Herrn Geheimen StaatsRath u OberPräsidenten der kgl. Provinzen am Rhein beauftragt, bringe ich solchen hiermit zu E. W. Kenntniß, u fordere Sie nachdrücklichst auf, dergleichen anstössige u besonders solche Aufsätze, wodurch irgend eine der für die grosse Sache Europas jetzt verbundenen Mächte direct oder indirect angegriffen u auf diese Weise zu Missverständnissen u Kälte zwischen der angegriffenen u den Angriff duldenden Regierung der Grund gelegt wurde, in den Merkur ferner nicht aufzunehmen, auch, damit ich mich hiervon zeitig genug überzeuge, mir alle aufzunehmende Aufsätze, nachdem solche der Censur des Herrn TribunalRichter Tippel passirt sind u vor dem Abdrucke, jedesmal zur Durchsicht zum Visa vorzulegen. Der Drucker ist angewiesen keine, mit meinem Visa nicht versehene Artikel abzudrucken. Den Empfang dieses Schreibens werden mir E. W. anzuzeigen die Gefälligkeit haben." (LHA Koblenz, Best. 355, Nr. 25, Bl. 54; Marie Görres (Hrsg.), *GPS* 3, S. 376f: dat. 18.7.1815).

20.7.1815 (Koblenz) Ernst Heinrich Sack: „Den Königlich Preußischen Militair-Gouvernements zwischen Weser und Rhein ist daran gelegen, den Verfasser einer in N° 253 des Rheinischen Merkurs eingerückten Aufsatzes aus Coesfeld über die Aushebung der dortigen Landwehr zu wissen, und wünscht die Mittheilung des Manuscripts sub fide retractationis. Ew Wohlgeboren ersuche ich mir daher obigen Verfasser nahmhaft zu machen, und das Manuscript sub fide remissionis zu jenem Behufe zukommen zu lassen. Koblenz den 20ten Juli 1815. Der General Gouvernements Commissär (Unterschr.:) Sack. An Herrn Goerres Herausgeber des RM Wohlgeborn dahier" (Orig.: Bayer. Hauptstaatsarchiv, Teilnachlass Görres 3; Unveröffentlicht).

20.7.1815 (Koblenz) Ernst Heinrich Sack: „Aus dem Hauptquartier des Kaiserl Russ Feldmarschalls Herrn Grafen von Barclay de Tolly Erlaucht ist bey dem Königl Preuß Geheimen Rath und Ober-Präsident der Königl Provinzen am Rhein über mehrere Äußerungen des Rhein Merkurs, namentlich auch über diejenige Beschwerde geführt worden, welche derselbe unterm 23ten Juny d. J. über die angeblich „überaus langsamen Bewegungen der Russen" sich erlaubt hat. In Auftrag des Herrn Geheimen Raths und Oberpräsidenten muß ich Ew Wohlgeboren hiermit auffordern, sich aller ungeziemenden, wieder die hohen Verbündeten, deren Minister und Heerführer gerichteten Ausfälle und Bemerkungen schlechterdings und so gewiß zu enthalten, als es Ihnen lieb seyn wird, unangenehmer Maßregeln gegen sich und Ihre Zeitschrift zu vermeiden, und Sie darauf aufmerksam machen, daß in dem gegenwärtigen Falle, welcher zu dieser erneuerten Rüge die unmittelbare Veranlaßung gegeben nicht nur die Unschicklichkeit, sondern auch das Unrecht vollkommen auf Ihrer Seite sey. Denn wenn man bedenkt, daß es in der allgemeinen und gewiß sehr weisen Disposition der hohen verbündeten Mächte lag, die Kaiserl Russisch Streit-Kräfte nicht kolonnenweise, sondern gleich in großen Massen am Rhein eintreffen zu laßen, und wenn man ferner erwägt, daß die äußersten hinzu gehörigen Truppen von jenseits des Niemen und zum Theil sogar von den Ufern der Düna haben herangezogen und die an die Stelle der abmarschirenden Truppen die noch weiter zurück befindlich gewesenen haben abgewartet werden müßen, so muß man, weit entfernt die Langsamkeit ihrer Bewegungen zu tadeln, vielmehr die Anstrengung bewundern, durch welche es möglich geworden ist, den ungeheuren Raum zwischen der Düna und dem Rheine in der gegebenen Zeit zurückzulegen. Coblentz d 20ten July 1815. Der General-Gouvernements-Commissair (Unterschr.:) Sack. An den Redacteur des Rheinischen Merkur hier". (Orig.: Bayer. Hauptstaatsarchiv, Teilnachlass Görres 3; Abschrift: LHA Koblenz, Best. 355, 25, Bl. 57f; Unveröffentlicht).

24.7.1815 (Koblenz) Ernst Heinrich Sack: „Da ich den Herrn Tribunal-Richter Tippel seinem Wunsch gemäß von dem Geschäfte eines Censors des Rheinischen Merkurs dispensirt habe, so werden mir Ew Wohlgeboren die für dieses Blatt bestimmten Aufsätze nach Innhalt meines Schreibens vom 18ten von jetzt an unmittelbar zur Einsicht und Visirung zugehen laßen. Coblentz d 24ten July 1815. Der General-Gouvernements-Commissair (Unterschr.:) Sack. An den Redacteur des Rheinischen Merkur". (Orig.: Bayer. Hauptstaatsarchiv, Teilnachlass Görres 3; Unveröffentlicht).

25.7.1815 (Koblenz) Heinrich Friedrich Karl Freiherr vom Stein: Er reise mit Goethe nach Köln, komme Donnerstag oder Freitag zurück und ersuche Görres, es sich so einzurichten, dass sein Reisegefährte und er ihn treffen könnten. Sie werden ihn von ihrer Ankunft noch benachrichtigen. (Orig.: Familienarchiv Görres-Jochner Nr. 244; Binder (Hrsg.), *Freundesbriefe* Nr. 151, S. 470; Hubatsch (Hrsg.), *Freiherr vom Stein. Briefe und amtliche Schriften*, Bd. 5 (1964), Nr. 336, S. 403f).

30.7.1815 (Aachen) Johann August Sack: „Den wesentlichen Inhalt des von Euer Wohlgeboren unterm 25. d. M. an mich erlassenen Schreibens, darf ich auf eine sowohl meine Pflichten als Ihren Wünschen genügende Art durch diejenige Verfügung erledigt glauben, welche ich unterm heutigen Dato an den Herrn Gouvernements-Commissär in Coblenz erlasse, und wovon Euer Wohlgeboren eine Abschrift zur Nachricht und Achtung hiebei zugefertigt empfangen. Es ist nicht die Absicht Sr. Majestät des Königs, und es kann folglich auch nicht die meinige oder irgend eines königl. Beamten sein, Ihre Zeitschrift zu unterdrücken, wenn selbige mit Beschneidung einiger zu üppiger und den heilsamen Zweck gefährdender Auswüchse, übrigens mit anständigem männlichen Freimuth die öffentliche Meinung für alles Vaterländische, Gute und Rechte zu beleben fortfährt. Durch diejenige pünktliche Achtung der königlichen Befehle, zu welcher sie sich verpflichtet bekennen, werden Sie alles leisten, was von Ihnen gefordert wird, und jede Collision mit der angeordneten Censur von selbst vermeiden. Auch wird es nach der von mir erlassenen Instruction künftig nur von Ihnen abhängen, in wiefern Sie eine etwa vorkommende Verschiedenheit Ihrer Ansichten mit denen des Censors bei diesem letztern ausgleichen, oder aber zur Entscheidung des Gouvernements-Commissärs vorstellen wollen. Aachen, den 30. Juli 1815 Der geheime Staatsrath und Oberpräsident der kgl. preuß. Provinzen am Rhein Sack" (Marie Görres (Hrsg.), *GPS* 3, S. 381f).

10.8.1815 (Köln) Friedrich Gentz: Beiliegend die ihm bei seiner Durchreise gestern in Koblenz geliehenen neuesten Stücke aus dem *Rheinischen Merkur* – große Hochachtung. Er hätte Görres gern besucht, aber ein kurzes Gespräch brächte nichts. „Unsere politischen Ansichten und Urtheile weichen in vielen Punkten gewaltig voneinander ab; wie es bei der Verschiedenheit unserer früheren Studien, unserer Verhältnisse und unserer Standpunkte wohl nicht anders sein kann. Dies hindert mich aber nicht, der Tiefe Ihres Geistes, der Originalität und Kraft, und Schärfe Ihres Blicks, dem Ernst und der Gründlichkeit Ihres politischen Charakters und Ihrer oft wundervollen Gewalt über die Sprache volle Gerechtigkeit angedeihen zu lassen. Vom ersten Blatt des Merkurs an hat es mir eingeleuchtet, daß diese Schrift mit einem ganz andern Maßstab gemessen werden müsse, als die gewöhnlichen bis zum Übermaß und bis zum Eckel gehäuften Produktionen unserer Tage; und wenn ich gleich oft gegen Sie gemurrt habe, hat doch das Uebergewicht Ihres Genies mich auch ebenso oft wieder mit Ihnen ausgesöhnt. Ueber Vieles würden wir uns leicht verständigen, wenn das Schicksal uns je auf längere Zeit zusammenführte.“ Sollten die Umstände Görres einst in ruhigeren Tagen einen Besuch in Wien gestatten, würde ihn eine nähere Bekanntschaft sehr interessieren. Nicht Anmaßung sondern inneres Gefühl hätten ihn getrieben, Görres zu schreiben. Er selbst habe der Schriftstellerei längst entsagt, wisse aber, welcher Platz einem Talent und einem Verdienst, wie dem von Görres, gebühre. (Orig.: Familienarchiv Görres-Jochner Nr. 71; Binder (Hrsg.), *Freundesbriefe* Nr. 152, S. 470-472).

21.8.1815 (Aachen) Johann August Sack: „Die Königliche Inspection der stehenden Militair Lazarethe hat sich über verschiedene, die Düsseldorffer und Köllner Heilanstalten betreffenden Artikel des Rheinischen Merkurs, namentlich über den Artikel in Nro 279 dieser Zeitschrift, nicht nur durch die in den Düsseldorfer Blättern vom 18ten und 19ten August erschienenen Gegenerklärungen beim Publico, sondern auch durch eine officielle Anzeige bei mir bitter beschwert. Allerdings wäre es nun zu wünschen, daß die Thatsachen und Gründe, auf welchen der im Rheinischen Merkur allen Verwaltungsfächern hie und da freigebig gespendete Tadel beruht, immer zuvor, hinsichtlich ihrer Richtigkeit und Zuverläßigkeit, genauer, als häufig geschieht, geprüft und dadurch Reclamationen dieser Art, so wie auch die Verdrießlichkeiten vermieden werden möchten, in welche Ew Wohlgeb persönlich in und außer Wege Rechtens verwickelt werden können. Ich ersuche Sie daher, um des Interesses der Wahrheit und der guten Sache, eben sowohl als um Ihrer selbst willen, Ihre Correspondenz Nachrichten, ehe Sie davon Gebrauch machen, immer zuvor einer strengen Kritik in dieser Hinsicht zu unterwerfen. Was den gegenwärtigen Fall betrifft, so erfordert die Unpartheylichkeit, welche Sie sich zur Pflicht machen, daß die in den hier anliegenden beiden Stücken der Nieder Rheinischen Blätter eingerückten Gegenerklärungen der Militair Lazareth Direction auch im Rheinischen Merkur aufgenommen werden, und ich erwarte daher selbige im nächsten nach Empfang gegenwärtiger Verfügung erscheinenden Stücke desselben abgedruckt zu sehen. Aachen, den 21ten August 1815. Der Geheime Staats Rath und Ober Präsident der Königl Preuß Provinzen am Rhein (Unterschr.:) Sack (Siegel).“ (Orig.: Bayer. Hauptstaatsarchiv Teilnachlass Görres 3; Unveröffentlicht).

29.8.1815 (Koblenz) Ernst Heinrich Sack: „Die k.k. Oesterr und k. preußische vereinte Administration der Stadt und Festung Mainz begehrt den Namen des Verfassers und das Manuskript des den Rest seiner betreffenden in Nr. 285 des Rh Merk eingerückten Aufsatzes, da das darin angeführte Factum eine Unwahrheit sey, und die Administration selbst mehr gethan habe, als den Verunglückten früher bewilligt worden. Ich ersuche demnach E. W. diesem Begehren zu willfahren, und mir sowohl den Einsender jenes Aufsatzes nahmhaft zu machen, als das Original auszuliefern, damit ich beides der genannten Administration mittheilen kann." (LHA Koblenz, Best. 350 Nr. 25 Bl. 67; Unveröffentlicht).

Anf. September 1815 (Mainz) L.: „Ew Wohlgeb sind so gütig gewesen, mir die Klagen der Mainzer Administration gegen den eingerückten Artikel Nr. 285 Ihres Blatts, wovon ich der Einsender bin, im Auszuge mitzutheilen, welche diese Administration an das Hochpreißliche Königl Preuß Generalgouvernement vorgebracht habe. Sie sagen, daß die Thatsachen als völlig ungegründet wiedersprochen werden, und daß man den Einsender als einen abscheulichen Verleumder ausgebe; daß man nicht begreifen könne, wie solche Sachen, die die Ehre benachbarter Regierungen antaste, in der Censur könne passiren lassen; daß die Mainzer Censur ein ganz anderes Wesen sei, daß diese Administration darauf angetragen habe, die Originalschrift der Einsendung der Mainzer Administration ohne weiters auszuliefern. In diesem letzten Antrage haben die H Administratoren beurkundet, daß sie gar nicht in diesem Lande zu Hause sind. Ne! Einem preuß Gouvernement so grade hin zuzumuthen, daß es eine Sultanische Verfügung aussprechen solle! – Die Herrn haben den Grundsatz aufgestellt, die Flagge solle die Ladung deken! – und da dürfe es keine Verwegene Hand wagen zu durchsuchen, was denn eigentlich geladen sei, besonders, wenn man auf Administrations Ehre versichert es sei lautere reine Wahrheit im Schiffe. Eben so unbescheiden ist, daß sich die Administration zu Mainz heraus nimmt ihre despotische Censur Maxime einer der liberalsten Regierungen Deutschlands zum Muster geben zu wollen – doch weiter, Sie sagen, die Herrn hätten bestimmt gesagt, daß sie, weit entfernt, das Decret vom franz Kaiser, welches den Kostheimern Contributions freiheit auf 15 Jahre zugestände, zu beschränken, sogar dasselbe auf die Güter ausgedehnt hätten, die … in dieser Gemarkung gelegen, aber unterdessen auf andere Besitzer übergegangen seyen – und wenn sie das gethan hätten, weiter unten wird der Beweis geliefert, daß es nicht wahr sei, so haben sie warlich nichts gethan was zu thun war denn wo steht es geschrieben, daß die Steuerfreiheit nur dem Kostheimer zustehe, wo steht denn das im Decret? Belieben Sie doch die beiliegende Autentische Abschrift dieses Decrets zu lesen." Auch eine Abschrift des Beschlusses von Generalgouverneur Gruner vom 13. Juni 1813 liege bei. - „Sie sagen daß das preußische Generalgouvernement sich von dieser zuversichtlichen und offiziellen Sprache überzeugt habe, und daher verlange, daß die Falschheit der Angabe berichtigt werden solle, und daß Sie sich wegen Einsendung des Originals dieser Einsendung schriftlich verantworten sollten; das ist ganz die Sprache eines humanen Gouvernement, so weit habe ich nötig gefunden, zu Commentiren, woraus Sie gefällig ersehen wollen, daß ich Ihren Brief verstanden habe. Auch ich verlange, aber nur bittend, im Namen der heiligen Wahrheit und der mishandelten Menschheit die folgenden Berichtigungen einzurücken" … Die Originale der Zwangsbefehle seien noch meist in den Händen der Gepeinigten, in der Anlage Abschriften, er bitte die Kopien mit einrücken zu lassen. „Ich wollte bei meiner ersten Einsendung sie mit allzuviel Aktenlesen verschonen … Sie scheinen etwas unwillig zu sein, als habe ich Ihre bekannte Bereitwilligkeit der Wortführer der unterdrückten Menschheit zu sein, hier ins Gedränge gebracht, daß etwa so etwas, wie die Mainzer Administration wähne, es seien Leidenschaftlichkeit, Verleumdungslust, Eigennutz im Spiel gewesen. Da dieser Ihr Argwohn sich auch ein bisgen auf das Officielthun dieser Administration gründet, so muß ich Ihnen bemerken, daß die Männlein an dieser Administration keinen andern Maasstab zur Beurtheilung der Moralischen Handlungen besitzen als den aus ihres Herzens Härte." Er habe als Beobachter das Elend der Kostheimer gesehen und deshalb den Artikel geschrieben. „Ihnen und mir zur Belohnung" sei gesagt, „daß alle weitern executorischen Maßregeln eingestellt wurden seit dem Erscheinen des Artikels".

Ps.: Es sei „wahrlich sonderbar daß die Leute nicht vor der Publicität an welchem Tribunal sie doch angeklagt waren, auftretten wollen … Also zur Publicität! Aber H Redakteur, dann fodere ich Ihre ganze Kraft auf, die Sie bisher der erkannten Wahrheit gegen List und Menschenbedrückung reichten, auch alle diese Original Aktenstücke zu publizieren, es müßte doch nicht mit rechten Dingen zugehen, wen die Menschheit hier scheitern sollte." (Orig.: Berlin, GStA PK, I. HA Rep. 77, Tit. 22, G Nr. 8 adh., Bl. 6f; Unveröffentlicht).

8.9.1815 (Koblenz) Ernst Heinrich Sack: „Der in dem R M vom 9ten Sept d. J. Nro 296 „über teutsche Waffen-Ehre" enthaltene Aufsatz wiederspricht in Absicht der Art der Abfassung und Anwendung auf Hessen, also von dem Satze: „Und in dieser Zeit wieder erwachten Ehre etc etc" an, den Grundsätzen, welche in der königlichen Cabinets-Ordre vom 7ten Juny d. J., deren Inhalt ich Ew Wohlgeboren unterm 18ten July d. J. mitgetheilt, ausgesprochen und den Dispositionen der hohen Ober-Präsidentur, welche Ihnen diese unterm 30ten July d. J. unmittelbar bekannt gemacht hat, zu sehr, als daß solcher in der Art, wie er da steht und Ihnen eingesandt seyn mag, bleiben könnte. Ew Wohlgeboren werden dieses mit mir theilen und daher den Aufsatz entweder ganz weglaßen, oder wenigstens so umarbeiten, daß er mit jenen Grundsätzen und Dispositionen und der in unserm Lande herschenden Liberalität verträglich erscheine als wozu ich Ew Wohlgeboren hiermit ausdrücklich auffordere. Coblentz d 8ten September 1815. Der General-Gouvernements-Commissaire (Unterschr.:) Sack. An den Redacteur der Rhein Merkurs Herrn Schul-Director Goerres Wohlgeb hier". (Orig.: Bayer. Hauptstaatsarchiv, Teilnachlass Görres 3; Konzept: LHA Koblenz, Best. 355, Nr. 25, Bl. 72; Unveröffentlicht).

14.9.1815 (Koblenz) Ernst Heinrich Sack: „Die K.K. Oesterr und K Preuß Administration von Mainz wiederhohlt ihr Ansuchen um Angabe des Einsenders des die Kostheimer betreffenden Aufsatzes und um Auslieferung des Manuscripts. Ich bringe Ihnen daher zur baldigen Erledigung in Erinnerung." (LHA Koblenz, Best. 355, Nr. 25, Bl.77; Unveröffentlicht).

20.9.1815 (Wiesbaden) Wilhelm Butte: „Verehrter Mann! Die Art und Weise auf welche Sie durch Ihr Blatt in die Zeit eingegriffen, viel des Guten erwirkt und verhindert haben, daß vieles des Mittelmäßigen nicht das Schlechteste wurde, sind Ihnen ein bleibendes Denkmal in der Geschichte. Daß dieses gerade von Ihnen als einem Manne geschah, der sich früher öffentlich als ein Priester des philosophischen Wissens angekündigt und bewährt hatte, war mir um so erstaunlicher als ihr Beispiel jetzt eines von denen ist die da Zeugniß geben, daß das Abstraktionsvermögen und der Blik in das Getriebe des gemeinen Lebens ... den innigsten Zushang haben. Was ich Ihnen über diesen Punkt, sodann über Ihr Wirken zur Zeit des Wiener Kongresses dem ich als freiwilliger beiwohnte noch gern sagen möchte, bleibe der mündlichen Unterredung vorbehalten auf die ich mich schon lange jetzt aber um so mehr freue als ich die Aussicht habe baldigst in Ihre Nähe zu kommen. Diese Aussicht beruht mir auf folgendem Dienstverhältniß mit dem ich Sie gern vorläufig bekannt mache." Geboren in Hessen habe er bis 1809 in Landshut studiert. Er habe sich mit Eifer seiner Wissenschaft gewidmet, sei 1812 nach Paris gegangen „um seiner Bibliotheken willen". Bei Ausbruch des Kriegs sei er zurückgekehrt, zunächst nach Wien, habe eine vorläufige Zusage auf eine Professur in Berlin erhalten – bedingt durch die Kriegswirren sei er stattdessen als Regierungsrat nach Köln gekommen. Er bringe wegen der Organisation des Großherzogtums seine Zeit in Frankfurt und Köln zu. Das Schriftchen, das er nun Görres zu senden die Ehre habe, „ist zunächst die Frucht meiner sonstigen Geschäftslosigkeit, und in sofern war es mir wenigstens von Nutzen wenn es auch für einen höhern Beruf zu spät gekommen seyn sollte. Heute verdanke ich ihm die längst erwünschte Veranlassung mit Ihnen dem sinnverwandten Manne, eine einstweilen schriftliche Bekanntschaft anzukündigen, wenn es Ihnen anders, wie ich lebhaft wünsche gefällig ist dazu Amen zu sagen. Finden Sie es geeignet eine kurze und möglichst baldige Erwähnung dieses Schriftchens in den Merkur zu thun; so würden Sie mich und meinen Verleger dadurch allerdings sehr verbinden." Das Ganze mache keinen Anspruch auf Neuheit, doch scheine es gut, wenn gewisse Dinge von Mehreren gesagt würden. Dr. W. Butte, Reg.Rath. Frankfurt a.M. chez de Neufville, auf dem kleinen Hirschgraben. (Orig.: Bayer. Hauptstaatsarchiv, Teilnachlass Görres 4; Unveröffentlicht).

21.9.1815 (Koblenz) Ernst Heinrich Sack: „Der Aufsatz „Stand der Verhandlungen am 10ten September 1815" in Nro 302 des rheinischen Merkurs enthällt, wie Ew Wohlgeboren nicht entgehen kann, mehrere Stellen gegen Rußland, England und dessen Herrscher und Feldherrn, welche mit der Ihnen bekannten Allerhöchsten Willensmeinung, keinen direct oder indirect beleidigenden Ausfall gegen irgend eine der mit Preußen verbündeten hohen Mächte, deren Regierungen, Feldherrn etc. passiren zu lassen, unvereinbar sind. Der Aufsatz kann also wie er da steht, nicht bleiben, und muß entweder ganz weggelaßen, oder den Allerhöchsten Ansichten gemäß umgearbeitet werden, als wozu ich Ew Wohlgeboren hiermit ausdrücklich auffordere. Coblenz d 21ten September 1815. Der General-Gouvernements-Commissaire (Unterschr.:) Sack. An den Redacteur des Rheinischen Merkurs Herrn Schul-Director Goerres Wohlgeboren Hier" (Orig.: Bayer. Hauptstaatsarchiv, Teilnachlass Görres 3; Abschrift: LHA Koblenz, Best. 355, Nr. 25, Bl. 79; Unveröffentlicht).

22.9.1815 (Koblenz) Ernst Heinrich Sack: „Mit den von Ew Wohlgeboren gemachten Modificationen mag der Aufsatz über den Stand der Verhandlungen am 10ten September 1815 passiren, da ich ebensosehr wie Sie von der darin enthaltenen Wahrheit durchdrungen bin und nur die oft schadende Darstellung im Einzelnen abgeändert wünschte. Da ich das Blatt zur Zensur erst gestern Abend erhalten, so hat auch letztere nicht eher vorgenommen werden können; von der frühern Einreichung des Blattes wird auch die frühere Censur desselben abhängen. Coblenz d 22ten September 1815. Der General-Gouvernements-Commissaire (Unterschr.:) Sack. An den Redacteur des Rheinischen Merkurs Herrn Schul-Director Goerres Wohlgeboren Hier". (Orig.: Bayer. Hauptstaatsarchiv, Teilnachlass Görres 3; Unveröffentlicht).

26.9.1815 (Paris) Johann Friedrich Benzenberg: Seit acht Tagen habe sich die Stimmung sehr gegen die Bourbons verschlimmert. Die Abdankung des Ministeriums, das Nichteröffnen der Kammern, das Zusammenziehen von 50000 Preussen um Paris – die Verschiebung der Abreise des Souverain, die daraus hervorgegangene Gewissheit, dass noch nichts abgeschlossen sei, wie man es doch mit so viel Zuversicht angekündigt habe – all das scheine auf die öffentliche Meinung einen starken und nachteiligen Einfluss gehabt zu haben. Dazu sei noch das Ausräumen des Musäums gekommen. Zuerst hätten sie ihre wenigen Sachen, die dort waren, weggenommen. Die Franzosen hätten ihnen versichert, dass sie es „aus bloßer Hochachtung gegen die Preußen" hergäben, und dass sie hofften, dass sie sich damit zufrieden geben würden. „Allein nun kamen die Hessen – mit ihren sehr genauen Catalogen und den Original Empfangscheinen von Cassel. – Da diese ihre Sachen so klar und deutlich hatten, so sagten wir: was uns recht gewesen, sey den Hessen, die so gut deutsche wären wie wir, billig; Denon bequemte sich als er sah, daß es nicht anders war, – als aber die Hessen nun ihre Gemählde wiederhatten, so schloss das Musäum und sagte: Claudite iani pueri, rivos sat prata biberunt. – Das Unglück wollte daß gerade unser Oberst Pfühl hinkam, um ins Musäum zu gehen. Als dieser es geschlossen fand so ließ er Denon rufen und sagte ihm: daß dieses gegen die Convenance sey, so etwas ihm den Plaz-commandanten zu thun; er solle es nur gleich wieder aufschließen lassen. – Bis jetzt hällt nun auch die Nationalgarde die Wache am Museo. Den folgenden Tag ließ der Gouverneur von Müffling sie abzihen, und schikte eine Compagnie Engelländer hin. – Nun halten die hohen Allliirten doch das Regieren allein – und nun heißt es: Kommt her zu mir alle denen etwas gestohlen wurde oder abhanden gekommen. Da kamen die Niederländer, und holten ihre Rubens von Antwerpen wieder, die fast alle auf Holz gemalt sind. Das gab nun ein groß Spektakel im Museo. – Das Abnehmen der großen Gemählde, das Aufschlagen der Nothklammern auf die Blendrahmen, und dann das Packen worauf die Holländer nicht wenig Fleiß verwendeten. Es hämmerte in dem ganzen Musäo wie auf einem Zimmerplaz; und die Wände wurden sehr leer. Beynah die ganze Niederländische Schule hatten die Franzosen auf dem Wege erworben, den die Zigeuner Mitgehen heißen ... Gegen die Rechtsgründe der Niederländer wandten die Franzosen im Ganzen so viel nicht ein, theils weil die Niederländer bey Bellalliance ihnen an der Jak gewesen, theils weil sie 40000 Mann hier haben welche eben so viele Advokaten sind. Doch waren einige Franzosen die meinten: die Niederlande wären doch nur eine Provinz von Frankreich, wenn beyde Nationen glücklich seyn sollten dan müßten sie doch wieder beysammen.- Andere sagten „Chaqun a son tour – und es kommt ein Tag an dem wir die Gemählde in Antwerpen wieder holen müssen und das macht dann doppelte Kosten." So etwas sagt der Franzose ohne etwas dabey zu denken. Er beutelt gerne Worte so wie Eulenspiegel das Mondlicht. Darauf aber kamen die Florentiner, und sagten sie hätten auch gerne ihre Sachen wieder. Das war den Franzosen zu rund und da man einmal in so gutem Zuge war, so musten die Französischen Commissarien diesen ihre Gemählde auch anzeigen. Dieses thaten sie zitternd und in merklicher Verwirrung. Es wurde nachher so ein bischen unruhig in der Galerie; die franz. Arbeiter die zum Abnehmen gebraucht wurden, liefen zusammen. Der wachhabende Guardian ließ eine doppelte Schildwache stellen; und die Ruhe wurde wiederhergestellt.- Die Florentiner nahmen über 100 Gemählde aus der italiänischen Schule weg. – Ein ganzer Saal wurde leer. – Auch gehörten ihnen viele von den großen Gemählden die in dem hohen Saal hingen, der von oben beleuchtet wird. Dieser sieht jetzt aus wie eine leere Scheune, da die großen Leitergerüste an denen die Gemählde gehangen da geblieben. Gestern und heute haben die Österreicher Grenadiere am Museo die Wache. – Ich fragte einen: was sie da machten? Er antwortete: Gestern hieß es daß die Venus von Medicis gepakt würde. Doch war es ungewiß da Niemand ins Musäum kam. Ich konnte mir heute das Vergnügen nicht versagen hinzugehen. ... durch eine Nebenthür im Turmhofe kam ich in die Galerie, in der keine lebendige Seele war. Vor der Gallerie saßen die französischen Conciergen, die einen gerne vergiftet hätten und doch nun freundlich thun mußten. Ich kam in den Saal und sie war verschwunden – das Pedestal stand noch – auch noch der runde eiserne Reifen um dasselbe. Auf dem Boden lagen noch Holz und Heu vom Einpacken. So läuft jetzt diesem Volk alles zwischen den Fingern durch wie Queksilber, und seine Hände sind leer nachdem es seit 25 Jahren ungeheure Anstrengungen gemacht, und dem halben Erdkreis durchzogen. Dieses ist ein großes Beyspiel für die Gerechtigkeit der Dinge – und daß nichts dauernd ist was auf unrechten Wegen erworben wird. – So wie nie Räuberbanden dauernd reich werden, so wird es auch nie ein Filibusterstaat so wie es Frankreich war. Heute sollen die Pferde vom Triumphbogen abgenommen werden. Dieses wird einen ungeheuren Eindruck aufs Volk machen. Da alles dieses so langsam geschieht, und von Seiten der Franzosen unter beständigem Zaudern, und einigen Wiedrigkeiten, so fühlen sie so recht die sieben Grade der Folter. Hätten sie sich gleich entschlossen, alles zurückzugeben was sie mitgehen geheißen, so hätten sie lange so viel nicht dabey gelitten. Allein sie hoffen durch ihre Zähigkeit immer noch etwas zu erhandeln und zu behalten. Auch wakeln die Säulen von Achen. Denon drohte damals das Musäum zu schließen, er macht auf den unangenehmen Eindruck aufmerksam den dies machen würde und räth uns unsere Reputation zu bedenken. – Jetzt ist es geschlossen, unsere Reputation hat nicht sonderlich gelitten und wen nichts mehr im Museo ist, dann sind die Säulen die ein paar Zwischenwände im Museo tragen, überflüssig. Da das Louvre so lange ohne die Säulen gestanden so wird es jetzt auch nicht zusammenfallen wenn man sie wegnimmt. Nichts hilft uns hier mehr vom Flek als die französische Politik. Hiemit stehen sie ganz außer der Zeit, und wenn bey uns es irgendwo stokt, dann kommen so ein paar politische Pfiffigkeiten von den Franzosen, und bringen die Sache wieder in Gang, und zwar zu Gunsten der Deutschen.

Mit dem Rapport von Fouché hat es seine Richtigkeit so wie Sie es gegriffen. Es ist nur eine Comoedia larmoyante, Benefizvorstellung für die Franzosen, dedicirt den hohen Alliirten. – Wir haben jezt einen geheimen Raport im Briefe an den König erwischt, in welchem er ihm sagt S. Majestät möge sich nicht so sehr über das erschreken was er Ihnen vorgetragen. Es sey nur blos für die hohen Alliirten also geschrieben worden. - Ich hoffe Ihnen bald die Abschrift davon zusenden zu können." (Orig.: Familienarchiv Görres-Jochner Nr. 14; veröff. als Zuschrift „aus Paris" in *RM* Nr. 310 vom 7.10.1815, anonym, bis „dedicirt den hohen Alliirten").

30.9.1815 (Koblenz) Ernst Heinrich Sack: „Ew Wohlgeboren ersuche ich auf die Zuschrift vom 25ten hujus mir die Ihnen unterm 3ten September brevi manu mitgetheilte Verfügung der hohen Ober-Präsidentur und deren Anlagen über den bekannten Artikel wegen Kostheim gegen die Mainzer Administration, zurückzusenden. Coblenz d 30ten September 1815. Der General-Gouvernements-Commissaire (Unterschr.:) Sack. An den Red d RM Herrn Schul-Dir Goerres Wohlg Hier". (Orig.: Bayer. Hauptstaatsarchiv, Teilnachlass Görres 3; Unveröffentlicht).

30.9.1815 (Hanau) Johannes Schulze: Trotz Görres' langen Stillschweigens habe er nicht einen Augenblick in seiner Liebe zu ihm gewankt. „Es will den Anschein gewinnen, als wären Sie vom Schicksal bestimmt, auf meine äußere Lage einen besonderen Einfluß zu haben." Görres' vorletzten Brief habe er erhalten, an dem Abend, an dem seine furchtbare Krankheit begonnen, die freundliche Zukunft, die er ihm damals eröffnete habe, habe ihn erheitert. Görres' letzter Brief sei gestern gekommen, am Ende des Schuljahrs. „Der Wirkungskreis, welchen Sie mir in Coblenz eröffnen wollen, scheint meinen Kräften ganz angemessen. Ich werde hier unbedingt meinen Abschied fordern, sobald ich durch Sie mein Anstellungsdekret von der preußischen Regierung erhalten habe." – Grüße von seiner Frau. Er könne es kaum erwarten, nach Koblenz zu kommen, werde alles aufbieten, das Vertrauen, dessen Görres ihn würdige, durch Wort und Tat zu rechtfertigen. (Orig.: Familienarchiv Görres-Jochner Nr. 230; Binder (Hrsg.), *Freundesbriefe* Nr. 153, S. 472f).

2.10.1815 (München) Karl Joseph Ignatz Mosler: „Möge es ihnen doch ja nicht unbescheiden dünken daß ich Sie wiederholt um ein paar Worte Nachricht bitte. Ich habe weder Ruh noch Rast. Wen es entschieden, daß ich nicht dieses Jahr nach Rom gehen kann, so nehm ichs geduldig hin, doch dies Schwanken zwischen Furcht und Hoffnung ist greulich. Eberhard, mit dem es mir so lieb als vortheilhaft wäre die Reise zu machen, sucht seine Abreise zu beschleunigen und wird im Anfange des Novembers wahrscheinlich abgehen. Ist es nun doch nicht möglich, daß ich diese schöne Gelegenheit benuzen kann, so wäre es wenigstens ein Trost für die abermals fehlgeschlagene Hoffnung wen ich nach Nürenberg gehen, und mich dort eine Zeitlang, von Nahrungssorgen ungestört, aufhalten könnte. Der Sohn des Kassler Bildhauers Ruhl, ein sehr talentvoller junger Maler der vor kurzen hier angekommen aber gleich mit der Akad. Direktion wegen der Romantik zerfallen ist desselben Willens. Wir sind auf dem Punkte desto bessere Freunde zu werden und so hoffen wir in Nürnberg wo die Künstler allesamt Philister sind an ein ander Stütze so wie auch hier sein Aufenthalt mir tröstlich ist und zugleich ein Sporn zum Wetteifer. Obgleich er sechs Jahre jünger ist als ich so gaben ihm seine frühe Künstler-Erziehung und die günstigsten Verhältniße unter welchen er seinen Gang ununterbrochen so gieng wie es ihm beliebte, in der Geschicklichkeit, den Vorsprung, und müßen wohl erst glückliche Umstände mich, dessen zerstücktes immer wieder zurückgeworfenes Fortstreben gegen jenes eines so beglückten Menschen einen ziemlichen Anblick machen, wieder zum keken Jugendmuth aufhelfen. Und mögte solches doch ja bald geschehen denn die Jugend von der ich nicht mehr viel übrig habe kehrt nicht zurück! Wie wenig ist noch errungen und wie viel bleibt noch um nur auf den Nahmen eines Künstlers Anspruch machen zu können. Ich hoffe zu Gott, daß Er durch Sie, wie die Gerechtigkeit und das Volksheil auch mein persönliches Wohl fördern werde . – In dieser Hoffnung beharrend ist mir aber die Hülfe immer dringender nothwendig geworden, darum es mir viel ausmachte wen Sie nur schleunig Etwas für mich bewirken könnten – und so gehe es den ferner wie Gott will. Wen Sie wüsten wie sehr ich mich schon so lange Zeit her nach ein paar Worten von Ihnen sehne, von welchem Inhalt sie immer seyn mögten, sie würden so barmherzig seyn mich auch nicht eine Stunde mehr vergeblich hoffen zu lassen; allein im Drange wichtigerer Angelegenheiten müßen Sie wohl das Kleinere vergessen darum Sie mir auch wohl diese Erinnerung freundlich zu Gute aufnehmen werden. Ihr getreuer Mosler.

N.S. Wenn Sie das Geschrey von den bey Salburg entdekten römischen Alterthümern vernommen so versichere ich Sie aus zuverläßigster Quelle daß – der Sack des Beudels nicht werth sey – Obgleich die Geschichte die Regierung viel Geld kostete .--!!" (Orig.: Familienarchiv Görres-Jochner Nr. 174; Unveröffentlicht).

5.10.1815 (Koblenz) Ernst Heinrich Sack: „Ew Wohlgeboren erinnere ich hiermit an die Rücksendung der schon durch mein Schreiben vom 30ten v. M. zurückgeforderten Verfügung der Hohen Ober-Präsidentur, über den Aufsatz der Kostheimer Brand-Entschädigungs-Gelder. Coblenz den 5ten October 1815. Der General-Gouvernements Commissair (Unterschr.:) Sack. (Orig.: Bayer. Hauptstaatsarchiv, Teilnachlass Görres 3; Unveröffentlicht).

9.10.1815 (Aschaffenburg) Karl Joseph Hieronymus Windischmann: Empfehlung für den Überbringer Professor Seber, nun Direktor des Gymnasiums in Köln. Sollte der französische Schulplan eingeführt werden, werde ihn selbst in Aschaffenburg nichts mehr halten, „auch nicht das letzte Band, die hiesige Existenz meines Oheims", und davon abhalten „den Rhein zu suchen und dort mich der Philosophie und Medicin, v.a. aber, wie ich unter meinen Kindern längst thue, der Erziehung und Vorbereitung der deutschen Sache zu widmen." „Denken Sie ein wenig, wie mir etwa am vaterländischen Strome zu helfen wäre. Zu eilen hat es indessen nicht". Görres' Antwort auf seine Zuschrift habe ihn erfreut. Er werde in Zukunft hie und da etwas für den *Rheinischen Merkur* beitragen und durch Thomas zusenden. In einigen Monaten werde Görres Fragmente aus dem Ramayan, nebst einer grammat. Abhandlung eines seiner trefflichsten Schüler, Franz Bopp, erhalten, der seit drei Jahren in Paris orientalische Studien betreibe. (Binder (Hrsg.), *Freundesbriefe,* Nr. 154, S. 474f).

15.10.1815 (Paris) Johann Friedrich Benzenberg: „Das Musäum hat geendigt. Als die Florentiner und die Römer ihre Sachen wiedergenommen, so war die Gemählde Galerie aufgelöst, und man sah nun recht, wie wenig die Franzosen an sich selber besassen. Der Sinn dieses Volkes ist immer auf die Comödie gerichtet gewesen. – Das große, ernste der Künste ist ihnen fremd geblieben – und sie haben nie viel Geld drauf wenden mögen um Kunstschäze zu kaufen. Hätte die Regierung die halbe Million die sie jährlich auf die große Oper verwandte, auf Gemählde-käufe verwendet, so hätte sie auch solche Gallerien gehabt, wie die Deutschen Fürsten, in München, Dresden, Düsseldorf und Cassel. – Erst als sich im Kriege die Gelegenheit darbot die Kunstschäze zu stehlen – da bekamen sie Geschmack dran. Canova ist jetzt damit beschäftigt die römischen Bildsäulen für den Pabst wegzunehmen. Sie werden zum Theil eingemauert. Besonders die Theile welche dünn und zart sind, und dem Brechen leicht ausgesetzt. Die Franzosen hatten sie damals in Gyps gegossen. Hiedurch soll die Oberfläche der Bildsäulen leiden, besonders wollte man dieses an der medicäischen Venus bemerkt haben. – In dem Museo geht es wie in einem Pakhofe; das hämmert, das meisselt, das pakt, das schlept, das schreit – das flucht und fast in allen Sprachen. O! mon dieu sagte heute ein Franzose – ils nous ne restent que les murs. – Laokoon und den Apoll ließ Canova am ersten einpacken. Ich sah diesen zulezt als er schon bis an die Knie im Mauerwerk stand – und ihn wie von allen Seiten italiänische Rede umflog. Ein deutscher Prinz aus dem alten Hause der Wittelsbacher meinte: Diese Gerechtigkeit der Geschichte müßte den Deutschen – der hier als Sieger gehe – doppelt erfreuen. – Und als er an den Achener Stelen vorüberging, so sagte er: „Villeicht sind dieses die Trophäen des dritten punischen Krieges.“ Deutlich ist es hier überall zu sehen wie der Deutsche zum Deutschen hält – wie der Krieg und nun die Siege die Stämme miteinander verbunden - wie sie wechselseitig milde gegeneinander sind und wie alte Vorurtheile und beschränkte Ansichten in dem gemeinschaftlichen Gefühle untergehen! Sind wir nicht alle Kinder eines Bluthes? – Mehr noch wie die Wegnahme des Musäums hat die Franzosen die Wegnahme der Pferde vom Triumphbogen gedemüthigt. – Der 30. Sept. und der 1. Oktob. waren herrliche Tage – wo man so recht fühlte daß man als Sieger hier sey – der Himmel hatte uns wie gewöhnlich ein paar französische Pfiffigkeiten über den Hals geschikt welches er so zu thun pflegt wenn es mit den deutschen Angelegenheiten so recht nicht fort will. Fürst Schwarzenberg hatte an den Gouverneur Hrn Müffling geschrieben: Er möge die Pferde abnehmen lassen aber so das es nicht viel Aufsehen mache. Müffling sprach hierüber mit dem Grafen Desolles der General der Nationalgarde. Dieser bath man möge das ihm überlassen. – Um Ludwig den 18 zu schonen – wollte er sie des Nachts wegnehmen. – Da wir und die Oesterreicher keine Pionniere hier hatten so wurde eine Compagnie englischer Pionniere dazu beordert. Diese stiegen des Abends auf den Triumphbogen, und fingen an zu hämmern und die Pferde loszumachen. – Dieses hören die Nationalgarde und die Gardes du Corps des Königs – halten einen Kriegsrath und kommen gegen halb 12 Nachts mit Fackeln aus dem Tuillerienplaze und holen stat der Pferde die Engelländer herunter und schiken sie nach Haus. Den andern Tag war großer Jubel in der Stadt. Man erzählte wie die Engelländer die Pferde hätte stehlen wollen – wie sie aber doch fürchteten es bey Tage zu thun – und wie man sie die Nacht so schön heruntergeholt. Les etrangers ont peur – das war die allgemeine Meinung. – Unter den Deutschen wurde sehr laut über diese Halbheit gesprochen und über die Höflichkeit sich selber zu blamiren um Ludwig den 18ten zu schonen – und endlich kam der Befehl die Pferde an hellem Tag abzunehmen. – Es rükten zwey Batallons österreichische Grenadiere auf den Carusselplaz und schloßen ein Vierek. – Im Hintergrund ritten acht Schwadrone Cürassiere auf. Alle Zugänge zum Platze wurden mit doppelten Wachen besetzt, drauf die Gitterthore an den Tuillerien wurden geschlossen und kein Franzose durfte über den Platz gehen. – Nun fing ein fröhliches Leben an. Die rothen Englischen kletterten wie die Mauerspechte auf dem Triumphbogen herum, die Pioniere hämmerten die Steine weg, die Pferde loszumachen, die eingegossen waren. Getrunken wurde leidlich – die Engelländer warfen die leeren Flaschen in die Höhe und sangen Rule Britannia. Offiziere aus allen Nationen waren auf dem Triumphbogen. – Es war ein einziges Gefühl an diesem Tage auf dem Siegeswagen zu stehen, den Napoleon für sich erbaut, und nun auf die Franzosen hinabzusehen die sonst so voll Stolz und Übermuth über unsere Köpfe weggingen. Die Franzosen standen von weitem so wie die Juden zu Jerusalem, und sahen durch die Arkaden der Tuillerien und durch die Straßen des Louvre und erseufzten über den Schaden Josephs. Jeder wollte ein Andenken an diesem Tage und von dieser Stunde. Die aus Bley gegossene Zierrathen auf dem Triumphwagen, die recht hübsch vergoldet waren schienen hierzu nicht unschicklich zu seyn, und die englischen Pioniere waren uns sehr behilflich. Auf dem Triumphbogen herrschte eine allgemeine Bruderschaft und eine größere Einigkeit als bey den Herrnhuthern und den Freymaurern.

Für Jahn nahmen wir ein großes N mit. Es schien uns billig zu seyn, daß le nommé Jahn, der seiner Zeit im Moniteur floriert, nicht vergessen werde. – Ich habe mir ein Stük vom Lorberkranze zugetheilt – in ein paar Stunden war der Siegeswagen ganz kahl, bis auf den großen Adler der allzu schwer war.

Und es begab sich daß an diesem Tage viele Menschen aus dem französischen Aberglauben kamen. Man sah deutlich daß man ein solches Heer Egoisten wie die Pariser nie zu fürchten hat, so bald man einige Batallone Grenadire aufziehen läßt und einige Schwadronen Kürassiere. – Courage und große Mäuler hatten die Pariser vorher genug – allein da jeder nur an sich selber denkt, so kann unter ihnen Nie etwas großes Nie etwas gemeinschaftliches zu stande kommen, - und alles Wetterleuchten ihrer Redensart und ihres Zorns geht spurlos vorüber.

Gegen 6 Uhr kam das erste Pferd herunter. Gegen 7 das zweite. Da es dunkel wurde so blieben die beyden andern bis den folgenden Morgen. – Dieses war ein Sonntag. Obschon die Pferde nicht schwer sind, da jedes nur 1500 Pfund wiegt, so hatte das Abnehmen doch einige Schwierigkeit, da kein Gerüst aufgeschlagen war. Die Engelländer machten dieses mit einer bewundernswürdigen Einfachheit – so ein bischen auf Schiffermanier – und es war angenehm zu sehen mit welcher Leichtigkeit sie alles auf ihre Wagen legten und dann damit davon fuhren. Als den andern Tag die Oesterreicher den Markus-Löwen abnahmen, so brach ein Seil und der Löwe fiel hinunter und brach ein Bein. Dieses machte den Franzosen eine große Freude, und alles Volk das herumstand rief: Vive le Roi. Dieses war ihnen von Herzen gegangen, da die Polizey den Casus nicht vorhersehen konnte, und also auch keine bestellen, welche riefen so wie es hier Sitte ist.“ (Orig.: Familienarchiv Görres-Jochner Nr. 14; veröff. in *RM* Nr. 321 vom 29.10.1815).

16.10.1815 (München) Karl Joseph Ignatz Mosler: „Es war dieses mal eine Verwirung von Zufällen welche mich so lange in Unruh und Besorgniß gelassen, aus denen ich nun glücklich befreyt. Sie würden sich noch mehr darüber freuen daß ich durch Ihre Hülfe aus dieser Jämmerlichkeit erlöst wurde, wen Sie genau wüßten wie sehr Sie wahr sagen daß kein Segen auf längerem Verweilen. Aber nun wird ein neues Leben für mich aufgehen. Es befällt mich ein ordentliches Grausen wen ich mir ein längeres Hierbleiben denke. Der alte Langer ist immer toller geworden, daß seine Bannsprüche nicht mehr verfangen wollen, und mich sieht er als einen der Urheber seiner Leiden an, obgleich er sich wohl mehr selbst wie der Dachshund im Nagelschmieds-Rad umtreibt und abhezt. Durch die dumme Spionirerey hat er es dahin gebracht, daß sich nur die jenigen Treuen die sich hinlänglich als ehrliche Kerls kennen was bey seinen Kreaturen nicht der Fall ist, darum er zu kurz kommt, wie er mit Wuth zu bemerken scheint. Es freut mich daß Sie sich auch um alte Bilder bemühen und schon gute gefunden haben da es jetzt schon seltener geschieht. Herzlich wünschend Ihr Kunsteigenthum zu vermehren trete ich Ihnen gern meine Ansprüche des Entdeckens dreyer zusammengehörender Gemälde in der Speißstube des Gesindes im Hospital zu Kus ab, auf welche ich meinem Vetter in Bernkastel Kommission gegeben. Sie sind von dem jüngsten der drey Niederrheinischen Meister welche nach meiner Ansicht eigentlich diese Schule ausmachen. Von denselben kommen Bilder von den Jahren 1464 1473 und 1480 vor. – Wen Sie in Köln in der Lieversbergischen Sammlung gewesen so haben Sie dort eine Folge von Passionsbildern desselben gesehen, die Schlegel in der Europa beschrieben. Wen Sie über das Gemälde am Grabmale des Kuno v. Falkenstein, irgend die geringste Notiz fänden so wäre mir solche vielleicht sehr wichtig.

Mein Versuch aus dem Lohengrin sieht nicht übel aus. Ich habe Lust bekommen mich innerhalb dem Dichtungskreise des fernen Gral und der Tafelrunde mehr zu versuchen; Obschon ich darüber noch erst einen sehr dürftigen Begriff aus der schreklichen Verzerung der Gedichte aus den Zeiten der Tafelrunde von F Hofstädter habe erlangen können, so zieht mich das doch sehr an und ich trachte nach näherer Bekantschafft damit. - Wie willkommen wäre da nicht ein Wort von Ihnen gleich jenen über die Volksbücher! In Ermanglung aber würden mir etliche Fingerzeige von Ihnen möglich machen mich selbst so weit es mir nöthig und dienlich mit den Quellen bekannt zu werden. Giebt es wohl solche Schilderungen auch von dem Äußerlichen der wichtigsten Ritter der Tafelrunde wie von den Reden Dieterichs von Bern? Oder sind solche aus zerstreuten Stellen zu sammlen, und so auch erst die Karakter zu erforschen und die einzelnen Züge in der Phantasie zu sammlen und zum bildlichen Begriff zu steigern? Auf jeden Fall bedürften die Maler hierin erst der Dahinweisung derjenigen die gemäß ihren tieferen Einsichten auch strengere Forderungen machen. Unter den Kennern altdeutscher Dichtung mögen Sie wohl am meisten Beruf dazu haben die aus der Sage hervorragendsten und durch die Dichtung am deutlichsten geprägten Helden und Frauen Karaktere und Gestalten lebhaft zu vergegenwärtigen. Dem Maler bleibt immer noch genug zu thun übrig bis zur wirklichen Vorstellung. Für Sie glaube ich wäre es als Erholung von Arbeiten welche die Phantasie weniger beschäftigen zu betrachten, wenn Sie etwas gerundetes darüber geben wollten; allein da man befürchten muß daß Ihnen auch dazu die ruhige Muse gebreche, so würden die Künstler für vorläufige Privat-An- und Hindeutungen von Herzen dankbar seyn. Dagegen könnte es mich recht verdrießen wen ich mit einer sonst vielleicht gelungenen Vorstellung zu sehr von der Ihrigen abwiche.

Mögen Sie so fort der Beschüzer solcher Künstler seyn die ein ächtes vaterländisches Bestreben ergriffen und ihnen beweisen helfen daß nicht ihre Absicht sey (wie Schelling in seiner Sprache sagt) „ein Kunstalter zweyter Potenz herbeyzuführen“, sondern nur das zu Ende laufende Kunstalter gar keiner Potenz beseitigend den Faden eigener Bildungen an die kräftigere Vorzeit anzuknüpfen. Wo ist wohl ein Kunstaltar erster Potenz anderstwo als wogegen die Akademiker eifern.

Wie froh bin ich, daß ich fort komme. Wahrscheinlich werde ich mit Overbek in dem selben Hause wohnen. Von Rom aus werde ich Ihnen viel schreiben können, hier aber habe ich nicht viel erfreuliches erlebt, als was von anderstwo herkam. Eberhard hat eine Büste des Michael Wohlgemut gar schön vollendet, für des Kronprinzen Sammlung. Jetzt arbeitet er am Marschal Wrede. Kornelius hat sein Bild von den klugen und thörigten Jungfrauen noch unter Händen, so lang hat er noch an keinem Bild gearbeitet. Es ist von dem Buchhändler Reimer in Berlin gekauft. Koch, der auch wieder nächstens nach Rom geht, hat zwey neue italiänische Landschaften die hierhin bestellt waren, geschiket. Der treffliche Olivier in Wien ist mit Vollendung seines H. Hubert auf der Jagd beschäfftiget. Ich mögte es veranlassen können daß auch vom Rhein Bestellungen an so vorzügliche Künstler ergiengen. Die befreundeten Koblenzer Kunstfreunde sollten einmal etwas kleines gemeinschaftlich bestellen und es dann dem zukommen lassen der es besitzen wollte. Ich bin überzeugt daß sich Liebhaber fänden, und wollte dan wohl jeder etwas besitzen.

Eben höre ich daß unsere Akademie als Ehrenmitglieder aufgenommen habe, die Engländer welche vor einiger Zeit ihre Gesundheit getrunken, unsern Landsmann den Teufels-Müller in Rom wahrscheinlich zur Entschädigung daß man ihm seit vier Jahren seine kleine Pension nicht ausbezahlte, und nebst Fiorillo und Rumohr auch – ich mußte laut auflachen – F. Schlegel – das sieht wahrlich aus wie ein Vorschlag zur Güte oder ein Versuch den Leuten was weis zu machen. Pfui! die Erbärmlichkeit! Ich wollte es gäbe auch für Kunstangelegenheiten einen Rh. Merkur, da mögte ich auf eine gründliche Weise den Herrn die Maske abzihen. Indessen wird sie das alles nichts helfen. - -

Wollen Sie gefälligst Herrn Zweifel beyliegende Bescheinigung zukommen lassen. Derselbe äußerte in seinem Briefe daß ich Ihnen melden solle wohin ich den Wechsel für den nächsten Betrag geschickt haben wolle. Ich frage gestern darüber einen Handelsmann, ob es thunlich und vortheilhaft sey zu Frankfurt in Rom zahlbare Wechsel einzuhandeln in welchem Falle ich den Herrn Zweifel bitten würde durch seine Korespontenten in Frankfurt und H. Joh. Frid. Wenner solches geschehen zu lassen; allein der Kaufmann sagte ich würde dan durch den Kurs zu viel verlieren, besser wäre es wen ich mir nach Rom Wechsel die auf Augsburger, Mayländer oder Pariser Häußer gestellt wären schicken ließe, ich solle mich in Rom erkundigen wohin es am vortheilhaftesten wäre und dieses nach Koblenz melden. Da ich nun von allem dem nicht das Geringste verstehe so weiß ich auch nicht ob man dan in Koblenz derley Wechsel nach belieben kaufen kann, was mir deswegen nicht gewiß scheint weil ich sonst wohl Anweisungen auf Augsburg anstatt immer auf Frankfurt würde erhalten haben, oder ist das nur Zufall? Meine Adresse in Rom ist: presso il Signore Cornelius, pittore tedesco al Caffe Greco in Roma.

Unsere Abreise hoffen wir in vierzehn Tagen längstens möglich. Eberhard geht noch nicht mit, aber der Römer Palini. In Florenz werden wir uns 4 bis 5 Tage aufhalten. Herrlich wäre es wenn ich dort schon die zurück gekehrten Kunstwerke sähe. In Rom giebts auf jeden Fall eine Himmelsfreude, für die deutsche Landsmannschaft insbesondere. Sie erinnern sich vielleicht, daß Sie mir einmal vor vielen Jahren ganz zuverläßig sagten, es würden die Kunstwerke von Paris dereinst durch die Deutschen zurück geführt; aber das wir's noch erlebten hätten wir doch damal nicht gedacht, und so zweiflen wir auch vielleicht jetzt, Manches zu erleben was wir zuversichtlich hoffen und als durchaus nothwendig erkennen.

Und nun leben Sie und Ihre liebe Famillie recht wohl. – Obschon ich mich weiter von Ihnen entferne so ist mir's doch als kämme ich Ihnen um so viel näher. – Ich gehe nun mich Ihrer Theilnahme werther zu machen und mich zu bestreben, Ihre Sorge um mich wo möglich einigermaßen zu verdienen, habe ich das erreicht dan darf ich hoffen auch Andern nicht unwerth zu erscheinen aber unglücklich würde ich seyn wen ich zu weit unter Ihrer Erwartung bleiben sollte. Drum gehe ich eben so hoffnungs-bang nach Rom als damals nach Düsseldorf und jetzt wie damals ist Ihr Vertrauen meine beste Stütze – möge es mir gelingen mich darin zu erhalten. Ihr innigst ergebenster K Mosler. (Orig.: Familienarchiv Görres-Jochner Nr. 174; Unveröffentlicht).

2.11.1815 (Heidelberg) Georg Friedrich Creuzer: Die Beilage von Freund Wolber gebe ihm Anlass sich in Erinnerung zu bringen. Sähe er Görres nicht so rüstig fortarbeiten an seinem Mercurius, würde er sich Sorgen machen. Nun habe Savigny glückliche Kunde von Familie Görres gebracht, sei nur zwei Tage hier gewesen. Er, Creuzer, habe ihn aber bis Darmstadt begleitet. Diesen Herbst seien wieder viele Besucher in Heidelberg gewesen. Mittlerweile debattiere man am Rhein wieder „ein Langes und Breites" über den Standort der neuen Universität. Schön, dass sie so manche Literatur und Kunstschätze wiedergewonnen hätten. In Heidelberg lebe man der Hoffnung, dass man die Codices Palatini wiederbekomme, die die Franzosen nach Paris geschleppt hätten, und auch die Vatikanischen Handschriften. Wilken sei deswegen in Paris gewesen. „Das wär was für unsern Freund Görres, dann würde er sich wohl wieder mal entschließen für ein halbes oder ganzes Jahr nach Heidelberg zu kommen." Zimmermann wünschte sehr eine Anstellung in den Rheinprovinzen. „Wenn Sie Gelegenheit finden, den Zimmermann in einem Amte zu empfehlen, das in Ihren Gegenden noch unbesetzt ist und wozu er tauget, so werden Sie u n s auch noch besonders einen Gefallen erweisen, indem meiner Frau das Leben auf dem Harze (wie sie es aus zweimaligem Besuch kennt) gar nicht behagen will. Es gibt ja zwischen hier und Ostern wohl Anlaß, daß Sie über solche Dinge befragt werden." – Goethe sei drei

Wochen in Heidelberg gewesen, Sulpiz Boisserée sei mit ihm herumgereist. Von Ackermanns Tod, einem Verlust für die Universität, habe Görres wohl erfahren. Sie müssten sich nun wieder nach einem Anatomen und Physiologen umsehen. (Orig.: Familienarchiv Görres-Jochner Nr. 41; Binder (Hrsg.), *Freundesbriefe* Nr. 155, S. 475-477).

4.11.1815 (Koblenz) Ernst Heinrich Sack: „Aus bewegenden Gründen ersuche ich Ew. Wohlgeboren, den in Nro 324 des Merkurs enthaltenen Aufsatz aus Kaiserslautern über den Rückmarsch der Rußen wegzulaßen. Coblenz den 4 November 1815. Der General-Gouvernements-Commissair (Unterschr.:) Sack." (Orig.: Bayer. Hauptstaatsarchiv, Teilnachlass Görres 3; Unveröffentlicht).

4.11.1815 (Koblenz) Ernst Heinrich Sack: „Auch der Zusatz, welchen Ew Wohlgeboren zu dem Aufsatze von Kaiserslautern über den Rückmarsch der Russen gemacht, kann mich nicht bestimmen, letzteren augenblicklich passiren zu laßen. Ich werde solchen indeßen sofort dem Herrn Geheimen Staats-Rath und Ober-Präsidenten vorlegen und Ihnen sodann hochdeßen Entscheidung über die Zulässigkeit oder Unzuläßigkeit der Einrückung mittheilen. Coblenz d 4ten November 1815. Der General-Gouvernements-Commissair (Unterschr.:) Sack. An den Redacteur des Rheinischen Merkurs Herrn Schul-Director Goerres Wohlgeboren Hier". (Orig.: Bayer. Hauptstaatsarchiv, Teilnachlass Görres 3; Unveröffentlicht).

14.11.1815 (Aachen) Johann August Sack: „Während ich Ew. Wohlgeborn ohne Datum verfaßtes, aber den 10ten d. M. hier eingegangenes, Ihre Beschwerden über die Zensur Ihrer Zeitschrift enthaltendes Schreiben empfieng, wird Ihnen aus dortigem Gouvernements-Commissariat bereits mitgetheilt worden seyn, was ich wegen des von der Censur gestrichenen, die Ausschweifungen russischer Truppen im Donnersberger Departement betreffenden Artikels dahin erlassen habe. Sie werden daraus ersehen haben, daß es keineswegs meine Absicht ist, die öffentliche Rüge spezieller und erweislicher Thatsachen unterdrücken zu lassen, wodurch auf selbige eine wohlthätige, und für die Zukunft vorbauende Aufmerksamkeit der Machthaber, oft wirksamer, als durch aktenmäßige Berichte allerdings gelenkt werden kann. Aber ebenso sehr werden Sie auch, bei kaltblütiger Ueberlegung, schon selbst eingesehen haben, daß es unmöglich war, in einem Blatte, welches dem russischen Kayser vielleicht noch in Berlin selbst, während er seinen Bruder der Tochter unsers Königs verlobte, zu Gesicht kommen konnte, die beleidigendsten Persönlichkeiten gegen jenen Monarchen, und eine direkte Aufforderung an unser Landvolk zum Todtschlagen seiner Truppen, stehn zu lassen. Es giebt nun einmal Verhältnisse in der Welt, über die man sich nicht wegsetzen kann und darf, und welche der Verfechter der Wahrheit selbst um der Wahrheit willen, respektiren muß, wenn er einen höhern Zweck hat, als Aufsehen zu erregen, indem er blindlings mit dem Kopf gegen die Mauer anrennt. Ständen die Sachen etwa besser dadurch, wenn der fragliche Artikel abgedruckt, in Berlin dem Kaiser vorgekommen, und vom Könige dann, zur nicht zu weigernden Satisfaktion seines Kaiserlichen Gastes, der Merkur supprimiert, der Herausgeber aber mit sammt dem Censor auf die Festung geschickt wäre? Man soll das Märtyrerthum für die Wahrheit nicht feige ablehnen, wenn es der Himmel sendet, aber wer es muthwillig provozirt, erregt mancherley Praesumtionen gegen sich. Schließlich muß ich Ew. Wohlgeborn bemerklich machen, daß absolute Preßfreiheit, ohne alle Censur, wie Sie für Ihre Zeitschrift dieselbe wünschen, nur in einem Staate möglich ist, wo, wie z.B. in England, neben ihr, die ihren Misbrauch abwehrenden Libellgesetze existiren. Es steht zu hoffen, daß es auch bey uns einst dahin kommen werde: noch aber ist es nicht so weit. Aachen, den 14ten November 1815. Der Geheime Staats-Rath und Oberpraesident der Königlich Pr. Provinzen am Rhein. (Unterschr.: Sack) An den Herausgeber des Rh. Merkurs Herrn D. Görres Wohlgeborn zu Coblentz". (Orig.: Bayer. Hauptstaatsarchiv, Teilnachlass Görres 3; Marie Görres (Hrsg.), *GPS* 3, S. 386f).

15.11.1815 (Trier) Johann Hugo Wyttenbach: (An Studiendirektor Görres) „Ihren Plan habe ich gestern erhalten und morgen werde ich meinen Herrn Collegen denselben vorlegen, und, Ihren Wünschen gemäß, unsere allenfallsigen Bemerkungen alsogleich Ihnen übermachen.

Eines wollte ich aber heute schon Ihrer Einsicht vorlegen. Unser Heinrich Maurer wird mit jedem Tage auszehrender; seine Stunden kann er unmöglich mehr geben. Nun denke ich, und es scheint mir mit Ihrem Plan (in Rücksicht der 7. und 8. Klasse) ganz gut übereinzustimmen, daß wir für diese zwey Klassen nur Einen Professor der Mathematik und Physik zugleich bräuchten; es greift ja beydes gut ineinander und es trifft sich gerade, daß Herr Steininger beyden Fächern gewachsen ist. Dann sparen wir einen Lehrer für diese obersten Klassen; welches sehr heilsam ist, da wir einen Philologen nöthig haben, denn mit den Sprachen hat da ein Mann seine volle Arbeit. Für diese Klassen wären also drey Lehrer nötig: a für die Sprachen b Mathematik und Physik c historische und philosophische Gegenstände, welche für diese Klassen bezeichnet sind. Die letzten Gegenstände wollte ich dann recht mit Lust übernehmen. Da wir für dieses Jahr nur die 7 Klasse (nach Ihrem Plan) organisiren könnten, so wäre die Stunde für die 3 Lehrer bald bestimmt; die zwey ersten Lehrer könnten für die Woche eine Portion Stunden mehr bekommen. Es wäre vorzüglich gut, wenn nebst dem neuen Lehrer der Mathematik und Physik, und dem für die Vorbereitungsklasse, auch schon gleich der neue philologische für die obersten zwey Klassen ernannt würde. Dieser könnte freilich ganz gut aus den gegenwärtigen Lehrern des Gymnasiums gewonnen werden. Sowohl Herr Prof Wirz, als Herr Prof. Martini sind dem Lehrfach der Sprachen gewachsen, diese kann ich daher mit Recht vorschlagen. Ihre Weisheit wird schon die Wahl treffen. Dann kann Hr Schäfer in der Reihe steigen, und für das Tyrocinium wird sich leicht ein Anderer finden. Ich schlage die Herrn Weis und Servatii (Bruder des Professors) dafür vor. Es wäre sehr rathsam, daß diese recht bald beginnen, damit die Sache, so viel als möglich in den Gang kommen könnte. Der Direktor des SchulCollegiums Wyttenbach.

N.S.: Seit dem Montage habe ich schon eine kleine 7. Klasse pro diligentia organisirt, die ich täglich in Ihrem Geiste, so wie er in Ihrem Plan lebt, ohne ihn doch damal buchstäblich gekannt zu haben, zu beschäftigen suche. Machen Sie also nur, daß die zwey andern Lehrer noch hinzukommen, so kann schon ein

Ganzes werden. Der neue philologie Professor beschwert nicht mehr den Fonds, weil der besondere Physikus einstmal wegfallen würde.“ (Orig.: Familienarchiv Görres-Jochner Nr. 272; Unveröffentlicht).

16.11.1815 (Koblenz) Ernst Heinrich Sack: „Die in dem Aufsatze „Frankreichs Zukunft“ heute früh gestrichene Stelle von den Worten „aber so wie die Dinge gegenwärtig … verschüttet werden“ kann auch in der Art wie sie im Außer-wesentlichen von Ew Wohlgebohren abgeändert ist, ohne vorgängige Gutheißung der hohen Ober-Präsidentur nicht bleiben, und muß ich Ew Wohlgeboren daher ersuchen, solche biß dahin ganz wegzulaßen. Coblenz d 16ten November 1815. Der General-Gouvernements-Commissair (Unterschr.:) Sack. An den Redacteur des Rheinischen Merkurs Herrn Schul-Director Goerres Wohlgeboren Hier“ (Orig.: Bayer. Hauptstaatsarchiv, Teilnachlass Görres 3; Unveröffentlicht).

20.11.1815 (Trier) Justus von Gruner: „Ihr heutiges Blatt, das ich soeben lese, macht Sie einer warhaften Sünde gegen mich schuldig, die mir sehr wehe thut. Sie haben Alles, was ich Ihnen vertraulich erzählt eben so öffentlich wiedergegeben, selbst Namen. Das ist gegen Ihr Versprechen und zugleich ohne Nutzen. Besonders aber muß mich der Schluß des Satzes der ersten Seite kompromittiren denn außer Hdbg und Gneisenau kennt Niemand das Vorgehen unsers Kabinets – selbst Stein nicht.

Der Dienst hat Geheimnisse. Auf diese ist der Staatskanzler sehr eifersüchtig. Ihr Blatt beweiset, daß ich Ihnen Solche mitgetheilt. Das kann mir meine Stelle kosten. Was die gute Sache dadurch gewinnt? Weiß ich nicht.

Ich gäbe für Sie und mich etwas darum, daß es nicht geschehen wäre. Da Sie es nun aber gethan, so suchen Sie es wieder einzurichten beim Schluße, wenn Sie nicht diesen vorläufig ganz aussetzen wollen (worum ich Sie sehr bitte) bis wir uns gesprochen haben. Ich komme morgen Vormittags zu Ihnen u. bitte Sie nicht mich aufzusuchen, da wir uns sonst verfehlen könnten, indem ich abzureisen, vorher aber noch einige Besuche zu machen gedenke. Ihr Justus Gruner“. (Orig.: Familienarchiv Görres-Jochner Nr. 85; Unveröffentlicht).

21.11.1815 (Kassel) Wilhelm Grimm: Sendet einen Beitrag für den *Rheinischen Merkur* über von den Russen genommene Kunstwerke. Sein Bruder Jacob habe vorgehabt, in diesen Tagen auf dem Rückweg bei Görres einzutreffen, schreibe aber eben, er könne erst zu Weihnachten kommen. Görres solle ihm dann den *Rosengarten* aus der Vaticana mitgeben, er wolle die Handschrift mit einer andern neu gefundenen vergleichen. Eichhorn sei nervenkrank gewesen, August Wilhelm von Schlegel, wie er sich jetzt „aus Höflichkeit“ nenne, habe eine Rezension der Grimmschen *Wälder* für die *Heidelberger Jahrbücher* geschrieben, die viel Vornehmes und dabei dummes enthalte. - Er freue sich auf Görres’ Firdusi: „machen Sie doch dass er herauskommt.“ Er wäre gern jede Woche nur einen Abend bei Görres, sei sehr einsam. Ludwig sei in München. Er habe nicht gewusst, dass Meusebach Gedichte schreibe und damit die Taschenbücher vollschreiben helfe. „Gute Nacht meinen größeren Brief werden sie erhalten haben. Ich will Ihnen nicht das Antworten zumuthen, sonst wäre es mir lieb etwas von Ihnen zu hören.“

(Orig.: Familienarchiv Görres-Jochner Nr. 80; Binder (Hrsg.), *Freundesbriefe* Nr. 156, S. 478f).

22.11.1815 (Hanau) Johannes Schulze: „Zürnen Sie nicht, mein guter Görres, daß ich Sie noch einmal mit einem Briefe belästige, und suchen Sie die Ursache meiner scheinbaren Unbescheidenheit in dem Verzweiflungsvollen meiner gegenwärtigen Lage. – Ich widme mit unverdrossenem Eifer meine ganze Zeit und Kraft meinem Amte, und seit neun Monaten entbehre ich mit allen hiesigen Lehrern meinen schwer verdienten Lohn. – Ich würde mein Amt sogleich aufgeben, und mich mit dem Wenigen bis zu der gehofften Anstellung im Preußischen durch Privatunterricht und schriftstellerische Arbeiten ernähren, wenn mich nicht die Rücksicht auf das Wohl der hiesigen Jugend, die mir doch anvertraut worden, diesem Schritt verhinderte. Eine ganze Klasse habe ich seit dem Oktober schließen müssen, weil die Stelle des abgegangenen Lehrers noch nicht besezt ist; für 42 wöchentliche Stunden fehlen mir Lehrer, und ich besorge ganz allein den Unterricht, für die erste und zweite Klasse. Dennoch wird mir und den andern Lehrern die Besoldung vorenthalten! – Doch genug des Jammerns oder schon zu viel! Denn ich erröthe vor Ihnen, daß ich als Deutscher solche Niederträchtigkeiten von einer deutschen Regierung erzählen muß. An eine Besserung solcher ist nicht zu denken; es liegt schwer auf meiner Seel, daß ich unter einer solchen Regierung, die das Wohl des werdenden Geschlechts preisgiebt, leben und wirken muß. Mein ganzes Wesen streubt sich gegen den Gedanken an die Möglichkeit, daß ich noch länger in diesen gemeinen unwürdigen Verhältnisse auszudauern bestimmt sey. Darum beschwöre ich Sie bey der treuen Gesinnung, welche ich für Sie immer hegte, mir recht bald nur in wenigen Zeilen zu sagen, ob Ihr Antrag in Hinsicht meiner abgegangen ist, und ob ich auf die mir von Ihnen zugedachte Stelle rechnen kann. Der Graf Solms, den ich neulich in Frankfurt gesprochen, wünscht, daß ich so bald als möglich das Direktorat des Lyceums in Coblenz übernehme; er weiß durch mich, daß Sie mir den Antrag zu jener Stelle gemacht. Leben Sie wohl, mein geliebter Görres; der Himmel behüte Sie und die Ihrigen vor der Stimmung, in welcher ich diese Zeilen geschrieben! Ihr Freund J. Schulze.“ (Orig.: Familienarchiv Görres-Jochner Nr. 230; Unveröffentlicht).

23.11.1815 (Koblenz) Ernst Heinrich Sack: „In der Beylage zu Nr 334 des Rheinischen Merkurs findet sich die Anzeige eines Mittels wieder rothe und graue Haare. Unter Verweisung auf die unterm 6ten October an die Redaction des Rheinischen Merkurs erlaßene Verfügung, wird dieselbe hierdurch aufgefordert jenen Artikel aus der Beylage wegzulaßen. Gleichfalls kann darin die Aufforderung des Herrn Stargardt, Lieutenant, gegen den Königl Niederländischen Obrist-Lieutenant von Mesnik auch nicht stehen bleiben, da öffentliche Foderungen dieser Art im Preußischen nicht geduldet sind, und es dem Einsender überlaßen bleiben muß, die Seinige in den Blättern Belgiens geltend zu machen. Coblenz d 23ten November 1815. Der General-Gouvernements-Commissair (Unterschr.:) Sack. An den Redacteur des Rheinischen Merkurs Herrn Schul-Director Goerres Wohlgeboren Hier“ (Orig.: Bayer. Hauptstaatsarchiv, Teilnachlass Görres 3; Unveröffentlicht).

25.11.1815 (Nennhausen bei Rathenow) Friedrich Heinrich de la Motte Fouqué: Anfang 1813 habe Görres ihn mit einem Brief beehrt, in dem er sich zur Mitarbeit an seiner damaligen Zeitschrift *Die Musen* erbot. Damals sei er schon an der Spitze einer Schar Freiwilliger auf dem Weg nach Breslau gewesen. Ende 1813 sei er krank zurückgekehrt und habe Görres geschrieben. Entweder habe ihn der Brief verfehlt oder er habe keine Zeit zur Antwort gefunden. Er werde sobald möglich einiges für den *Rheinischen Merkur* senden. Beiliegend ein Schreiben eines „ächtdeutschen Waffenbruders" zum Abdruck im *Merkur*. (Orig.: Familienarchiv Görres-Jochner Nr. 66; Binder (Hrsg.), *Freundesbriefe* Nr. 157, S. 480f).

25.11.1815 (Trier) Franz Edmund Joseph von Schmitz-Grollenburg: „Ich hatte das Vergnügen Ihrer gütigen Zuschrift erhalten, und dem Empfohlenen den Rath ertheilt die nahe Ankunft des Organisations Commissairs Gh Rat von Reumann abzuwarten, wo ich dann nach Möglichkeit für ihn thätig zu sein, mich beeifern werde. Nun auch ein paar Empfehlungen dagegen, damit Sie an meiner Eigennützigkeit ja nicht zweifeln. Ich bin ersucht – und zwar durch H v. Zwackh – den Herrn Lichtenberger zu Münster bei Kreuznach zu einer Professur bei dem Gimnasium daselbst zu befördern, und nichts weiters zu thun, als ihn Ihnen zu empfehlen. Er soll nach Professor Creutzers Zeugniß alle dazu erforderlichen Eigenschaften im hohen Grad besitzen. – Ich kenne ihn nicht persönlich. – Hier ist der Professor der Phisik gestorben, wie ich merke wünscht H. Stieldorff diese Stelle, will sich aber nicht darinn melden, weil er nicht den Anschein geben will, als wolle er der Normalschule sich entziehen, und als sey es ihm mit diesem Anerbiethen nicht recht ernst gewesen! – Wenn Sie ihn zu dieser Professur fähig halten, und einen andern Gehülfen für den Herren Devora aufzufinden wissen, was doch wohl möglich sein dürfte, so scheint er mir sich besser zur Professur zu eignen, indem ich sehr besorgt bin, daß seine schwache Gesundheit die Anstrengung der Normalschule nicht lange ausdauert. – Ich bitte gütigst um Ihre Ansicht, wenn Sie den Wunsch billigen und unterstützen, dann glaube ich wird H Stieldorff Ihnen Vorschläge in Hinsicht einer zweckmäßigern Eintheilung der Lehrstunden machen. – An Graf Solms-Laubach habe ich wegen der Normalschule geschrieben, aber auch noch keine Antwort. Ist er nicht bey Ihnen? Und können Sie es nicht auf diese Art bewirken, daß sie doch mit der neuen Organisation ebenfalls eröffnet werde? – daß die Oberforstkommission nach Koblenz kömmt wird Ihnen angenehm sein! – Mit wahrer Hochachtung" (Orig.: Familienarchiv Görres-Jochner Nr. 226; Unveröffentlicht).

5.12.1815 (London) M. J. Grundler: „Hochzuverehrender Herr Doktor!" Vor einigen Wochen habe er die Bekanntschaft von Dr. Carl Müller aus Berlin während seines Aufenthalts in London gemacht. Trotz des kurzen Aufenthalts habe er sich von der „Übereinstimmung in unsern Grundsätzen und Gesinnungen" überzeugen können. Dr. Müller wünsche, Grundlers persönliche Bekanntschaft mit Herrn James Perry, Redakteur der „loyalen und liberalen Zeitung" The Morning Chronicle „dazu zu nutzen, der Sache unserer gemeinsamen deutschen Vaterlandes und seinem jezigen immer allgemeiner werdenden Streben nach bessren Verfassungen durch Einrückung solcher Aufsätze zu dienen die dahin abzwekken der Rechtmäßigkeit und Nothwendigkeit dieses Strebens der Welt vor Augen zu legen, die dafür bereits eingenommenen Gemüther noch mehr in ihrer Meynung zu befestigen und andere dafür zu gewinnen um sich auf diese Weise einem guten wenn auch langsamen doch sicher guten Erfolge nach und nach immer mehr zu nähern." Er habe bereits Gelegenheit gefunden, Herrn Perry diesen Wunsch zu übermitteln, dieser habe seine Äußerungen so aufgenommen, „wie es sich von seinen ganz der Sache der Menschheit der Vernunft und des Rechtes gewidmeten Grundsätzen erwarten ließ. Er versicherte mich: daß er auf die Sache Deutschlands als auf eine heilige Sache sehe, und er ihr daher gern und von ganzem Herzen seine Zeitschrift widmen wolle, sooft sich ihm Veranlaßung dazu zeigen werde. Er werde also künftighin jede dahin abzwekende Mittheilung von mir oder von irgend einem meiner Freunde mit Vergnügen und Interesse empfangen, vorausgesetzt, daß selbe mit der Original-Unterschrift der Verfaßer versehen sey, nicht um von einer solchen Unterschrift bey Einrückung in sein Blatt Gebrauch zu machen, indem er dessen nicht bedarf, und nur er allein für den Inhalt seiner Papiere nach hiesigen Gesezen der Preßfreyheit verantwortlich bleibt, sondern um für sich und seine eigene innere Überzeugung eine Garantie der Richtigkeit und Aechtheit der Darstellungen zu besizen. Auf dieser Grundlage wird ihm daher jede Mittheilung aus Deutschland über alles was dorten vorgeht, es sey in welcher Hinsicht es wolle, sehr willkommen seyn". Er wolle deshalb Görres davon benachrichtigen, in der Voraussetzung, dass auch er gern eine solche Gelegenheit ergreifen werde, „auf den Geist der Zeit ungeschönt zu wirken". Dass bei den einzusendenden Aufsätzen „immer einige Rücksicht darauf genommen werden muß, daß selbe für ein englisches Blatt bestimmt sind, das bey allen seinen liberalen, und menschenfreundlichen Grundsätzen doch seinen Nationalismus nicht verleugnet, und in dieser Hinsicht wenn nicht geschmeichelt, doch auch nicht gereizt werden mag, versteht sich von selbst, und braucht kaum einer oberflächlichen Berührung."

Schon seit einer Anzahl von Jahren treibe ihn sein Stand als Kaufmann in beinahe allen Teilen Europas herum, ohne ihn allerdings für sein Vaterland gleichgültig zu machen. Seine Liebe dafür umfasse im Gegenteil „nicht nur einen kleinen Teil dessen." Er würde sich daher „doppelt glücklich fühlen", wenn er trotz seiner noch notwendigen Entfernung im Stande sein könnte, „der allgemeinen Sache auf irgendeine Weise zu nüzen. Dies ist mein Zwek. Sollten die einzusendenden Aufsätze von solcher physischen Substanz seyn, daß sie mir bedeutendes Porto verursachten so werden ohne Zweifel die Einsender mir dieses gelegentlich zu vergüten nicht abgeneigt seyn." Dr. Müller habe vergessen, ihm seine Adresse mitzuteilen, ihm aber die von Görres gegeben. Er bitte Görres daher, die Einlage an den gemeinsamen Freund so schnell und sicher wie möglich zu befördern. (Orig.: Familienarchiv Görres-Jochner Nr. 84; Unveröffentlicht).

5.12.1815 (Brüggen) Johann Friedrich Benzenberg: Anbei ein Briefwechsel mit Alexander von Humboldt „über den Merkur für den Merkur". „In d. Voraussezung, daß Sie <u>diese</u> Epistel nicht drucken lassen füge ich folgendes hinzu. Man sieht aus dem ganzen zu welcher Stärke und welcher Kraft die öffentliche Meinung gediehen ist und wie sie geachtet wird. So wie Sie in der Würtenbergschen Sache klüglich das Recht getheilt haben – um ganz im Rechten zu bleiben, und um noch ein Häkchen übrige zu haben, so machen Sie es auch in dieser. Sagen Sie als Einleitung zu den 4 Brieflein – ein kräftiges klares Wort, und schließen Sie damit die ganze Sache, so daß weiter keine Rede mehr davon ist. – Der König liest dieses was H. betrift mit Aufmerksamkeit, und er wird es gut nehmen, daß wir billig und freundlich mit einander sind. – Die Engelländer werden das ganze im Thimes und im Cronikle übersezen, – und aus diesen werden es die Franzosen gewahr. - Und wir Deutschen müssen doch nur zueinander halten, und es auch zeigen sobald wir merken daß die Ausländer Freude an unsern getheilten Meinungen haben. – Alex. von H. ist uns wichtig. Jemand der die Welt so viel gesehen, gehört ipso facto zu den Liberalen. – Sein angenehmes Seyn macht, daß ihn der König gerne um sich hat, und wir können ihn noch einmal sehr bedürfen wenn sich einmal Misverständnisse erheben sollten die schwer zu lösen wären. Auch ist H. in seinen wissenschaftlichen Werken ein Deutscher geblieben. Die Briefe werden Sie in einem Aufsaze über die gelehrten Anstalten finden die in Paris blühen - dieser nächstens.

Ich gestehe gern daß mich H.'s angenehme Persöhnlichkeit in einem hohen Grade bestochen hat, und daß ich außerordentlich gern mit ihm war. – Er sagt so unbefangen seine Meinung über alles über große und kleine – über Verhältnisse und Ansichten, daß man ihm gut seyn muß."

Er könne auch „darin nichts Arges sehen dem Königе den Brief zu geben". „Wer konnte voraussehen, daß die Sache diese Wendung nehmen würde und so wichtig werde. Bey jedem kleinen Fehler muß man doch sein Urtheil nach der Kleinheit des Fehlers richten und nicht nach der Größe der Folgen die er hatte, und die Niemand voraussehen konnte. Viele die jetzt so klug hintendrein reden, hätten in Humbolds Lage villeicht denselben Fehler begangen. Ich habe Sack in Achen gesehen. Er war sehr heftig – aber gerad ehrlich und dies auf eine Weise daß mich seine Heftigkeit nicht unangenehm berührte. Wir schieden nicht unzufrieden ... Jacobi seine Schrift ist familiär, heimlich, so wie die Einleitung ins überflüssige Taschenbuch ... Philosophie in einem Strikstrumpf". - Seine Mutter lasse freundlich grüßen. Herzliche Grüße an die Hausfrau.

H frage: „Ob Sie den Brief erhalten, den er Ihnen vor 3 Jahren als Antwort auf den Ihrigen gesendet? – Dann fragte er: Wie kommt es, daß Görres im Merkur eine so klare Darstellung hat, und es in seinen andern Schriften einem so schwer macht ihn zu verstehen – auch wenn man den guten Willen zum verstehen mitbringt." (Orig.: Familienarchiv Görres-Jochner Nr. 14; Unveröffentlicht).

9.12.1815 (Heidelberg) Georg Friedrich Creuzer: Während Görres verreist gewesen sei, werde er einen Brief von ihm bekommen haben. Hier nun schon wieder einer, wieder zu Zimmermann auf dem Harz. Dieser möchte „gar zu gern" ins Rheinland, weg vom Harz. Da er nun in Erfahrung gebracht habe, dass der Graf von Beust in Bonn das Bergwerkswesen für die preußischen Provinzen einrichte, habe er deswegen geschrieben. Görres möge sich seiner erinnern und ihn bei Solms-Laubach und Graf Beust empfehlen. Schenkendorf habe zuletzt auf seiner Durchreise Nachricht von Görres gebracht. Sie erwarteten nächstens die Ankunft der 38 Codices Palatini von Paris her. Der Minister von Humboldt habe ihnen größte Hoffnung gemacht, da er gemeldet habe, dass er und Fürst Metternich „ernstliche Schritte getan" habe, um die Heidelberger Handschriften aus Rom wieder zu gewinnen. Dann würde Görres wohl wieder einmal eine Wanderschaft nach dem alten Heidelberg machen. Grimms würden sich dann wohl ganz in Heidelberg niederlassen. (Orig.: Familienarchiv Görres-Jochner Nr. 41; Binder (Hrsg.), *Freundesbriefe,* Nr. 155, S. 477f).

18.12.1815 (Hanau) Johannes Schulze: Sendet den 4. Band, 2. Abteilung der Winkelmannschen Kunstgeschichte. Ob Görres die 1. Abteilung vor mehreren Monaten richtig erhalten habe? Er habe Görres' bisheriges Schweigen nicht missdeutet. „Sie konnten mir nichts Bestimmtes schreiben, und darum schwiegen Sie lieber." Gott werde helfen, ihn aus den fürchterlichen Verhältnissen zu erlösen. Blanc aus Halle, der ihn besucht habe, lasse Görres grüßen und gedenke noch mit Freude der in Görres' Gesellschaft verlebten Stunden. „Mit treuer Anhänglichkeit". (Orig.: Familienarchiv Görres-Jochner Nr. 230; Binder (Hrsg.), *Freundesbriefe* Nr. 153, S. 473f).

19.12.1815 (Castellaun) Josef Anton Görres: „Lieber Bruder! Beykommend schikke ich Dir die 105 fl. für den Lassaulxschen Erbbestand von Rumelsheim, und Waldlaubersheim vom Jahr 1814. Denjenigen für 1815, habe ich noch nicht erhalten. – Schicke doch durch den Boten einen Empfangschein. – Wegen dem Graf Boosischen Gut in Dorweiller, habe ich mich an den Notaire gewendet, welcher den Pachtkontrakt gemacht hat: Ich werde Dir mit der nächsten Post darüber Aufschluß geben können. Erkundige Dich in der Zwischenzeit, wie viel der Graf haben will; denn diese Güter sollen sich noch viel besser verpachten laßen. Es soll aus beynahe 190 Morgen Land und Wiesen bestehen; aber das Schloß Waldek gehöret eigentlich nicht zu diesem Gut, liegt aber nur eine halbviertel Stunde davon, und ist wahrscheinlich auch zu haben. – Da es sehr gute Pächter hat, so hat es einen großen Vorzug vor vielen anderen, und da es in meiner Nachbarschaft liegt, so könnte ich die ganze Aufsicht darüber übernehmen. – Doch kann letzteres nicht in großen Anschlag gebracht werden; denn, wer weiß, wohin mich die neue Organisazion wirft. – Hast Du noch nichts wegen unserer Pathin bey dem Herrn Grafen Solms vernommen? Wenn Du etwas davon gehöret hast, so theile es mir mit. – Vergeße doch auch nur Zeiller seiner großen Haushaltung nicht. Lebet wohl Dein Bruder G." (Adresse: „Sr. Wohlgeboren dem Herrn Schul-Director Goerres in der Neustadt in Koblenz nebst einen Päckgen mit Geld") (Hans von Lassaulx, Friedrichsfeld, Ein unveröffentlichter Brief an Josef Görres, in: *Koblenzer Generalanzeiger,* 25.5.1926, nach Orig. aus Familienarchiv Lassaulx).

20.12.1815 (Fs. 21.12.1815) (Berlin) Fallenstein: „Schmalz hat auf seinen ersten Wisch einen zweiten Wasch folgen lassen, und droht izt mit einer dritten Wäsche, so daß wir nun bald die ganze Tändlerei in Wische-Wasche-Wäscherei zerfließen sehen. Es sollen noch ganze Herden von Schmalzschriften in Schlesien lagern die hier von Lüttwitz und den General von Hünerbein nächstens werden ausfallen lassen. Inzwischen versorgt uns der Buchdrucker Korb zu Neubrandenburg im Mecklenburgischen mit Neuigkeiten. Der arme Mann mag wenig zu thun haben. Wenigstens sezt er die Vorrede zu einer herausgegebenen Gedichtsammlung: Er habe sie drucken lassen, weil seine Gesellen und Lehrlinge nichts zu thun hätten.

Die haben sich gewiß das nicht zweimal sagen lassen und haben die Noth des armen Korb gemißbraucht. Es ist bei ihm ein Lehrjungenstück erschienen: ‚Die deutsche Roth- und Schwarzmäntler. Eine Seitenpatrouille zu den französischen schwarzen und weißen Jakobinern.' Ein unbekanntes Ich macht sich auf den 35 Seiten sehr breit, thut als sei er am Main und Rhein gewesen, ... Jederman weiß hier aber, daß der vorgebliche Reisende diesen ganzen Sommer aus der französischen Straße bis unter die Zelten geschlendert ist ... Dennoch kündet dieser Drillingsbruder von Münchhausen und Damberger eine größere Reisebeschreibung an, der das Unbekannte Ich eine Charte vom Bündlerlande beifügen und danach ihre Residenzien feuerroth (besser feuerbrandroth) bezeichnen will. Uebrigens ist die Darstellung gerade so, als wenn ein Stotterjahn sich Mühe giebt um zu Wort zu kommen. – Aus dem vielen Französisch in angezogenen Stellen aus diesjährigen Flugschriften erkennt man einen St. ..., der sich gerade auf das schlechteste Zeug der Art aus Paris verschrieben hat. Dieser große Peitschmeister der über sein bischen Französisch alles deutsch verlernt hat und die besten Biedermänner in erlogenen Lebensläufen kämmen will, behauptet aus einem kleinen deutschen Staate zu sein. Wahrscheinlich ist also jener Mecklenburgische Don Quichote zurückgekehrt, der einst durch die meilenbreite Müritz reiten wollte und darauf längst unter die Hottentotten verschollen war."

Berlin d 21. Dez.1815 In der Anlage „von bekannter Hand ein wenig Salz gegen das schlechte Schmalz" mit der Bitte um baldigste Aufnahme. „Man hätte schon früher gegen diese Fledermäuse mit der lausigen Nachtmütze zu Felde ziehen sollen, und ich glaube am Ende: dadurch daß man die Sache zu ernste nahm hat man sie eben erst ernsthaft gemacht. – Nun mehr solcher Bannstralen wie die von A. v. A. und das Anliegende." Man sei noch ungewiss darüber, ob von Camptz die Mauspatrouillen gemacht habe. – „Haben Sie ‚Schrift und Zeit' von mir erhalten? Ich schickte es Ihnen vor einiger Zeit zu, hatte aber aus Versehen den Begleitungs und Beglaubigungsbrief dazu liegen lassen, und Sie erhielten es daher ohne zu wissen von wem. – Es sind zwar nur Andeutungen, aber sie liegen zwischen Ernst und Scherz und treffen gewiß. Halten Sie es für gut und nöthig, so sezzen Sie getrost meinen Namen unten, - gegen Schurken und Schufte immer mit offenem Visier! Uebrigens heiße ich Fallenstein, nicht Falkenstein, wie der Merkur mich nennt. Es lassen Sie gute Freunde herzlich grüßen, ich grüße Sie und Ihr Frauchen recht von Herzen." (Orig.: Familienarchiv Görres-Jochner Nr. 61; Unveröffentlicht).

28.12.1815 (Stuttgart) NN: „Anbey wieder etwas über Württemberg und für Ihr Blatt. Es ist mit einer Liebe zur Sache Deutschlands und Würtembergs redlich und wahrhaftig geschrieben. Es hätte sich wohl mehr sagen lassen gegen die Regierung, die in dem Rescript vom 13. Nov. recht viel zugiebt, aber zugleich sich selbst widerspricht. Jedoch um so viel möglich zu schonen, um die reizbare Laune so wenig als möglich zu reitzen und um den besseren Regungen, die etwa durch die neuen bessern Ratgeber erkünstelt werden mögen, auf keinerlei Weise entgegenzuwirken, hat man nur gesagt, was man sagen mußte, um Deutschland und Würtemberg gehörig in Kenntnis zu setzen, hat man auch die Art der Darstellung gewählt die zu Berichtigungen am meisten geeignet schien. Sie werden also, verehrter und verdienstvoller Mann kein Bedenken tragen, den Aufsatz ganz und unverändert aufzunehmen, und bald Ihrem so großen Publikum mitzutheilen. Sollten Sie aber über Hauptpunkte anders urtheilen, so bittet man, daß Sie Ihr Urtheil in Noten oder Beylagen anfügen, weil so die Wahrheit am meisten gewinnen möchte. Können Sie den Aufsatz nicht aufnehmen, auch nicht wenigstens das Wichtigste davon mittheilen, so belieben Sie ihn unfrankiert und in Bälde an H Provisor Tritschler in der Einhorn Apotheke zu Frankfurt am Mayn ad locum unde zurückgehen zu lassen. Noch kann sich der Verfasser nicht nennen. Hofft es aber später zu können, mit Behuf des Ausschnitts. Gott erhalte Sie und Ihr Blatt in bester Wirksamkeit für Deutschland und Würtemberg. Mit inniger Verehrung und Dankbarkeit. Ein unpartheyischer Würtemberger". (Orig.: Bayer. Hauptstaatsarchiv, Teilnachlass Görres 4; Unveröffentlicht).

30.12.1815 (Hildesheim) Joseph Hillebrand: „Wohlgeborner, insonderheit hochzuverehrender Herr Professor, Wenn das wissenschaftliche Streben im Geiste die Männer vereinigt, die sich sonst nicht bekannt sind, so darf ich wohl von Ihnen, Hochzuverehrender Herr, Nachsicht erwarten, wenn ich so frei bin, Ihnen hierbei ein Exemplar eines Werkes zu überschicken, das ich das erste größere Projekt meiner schriftstellerischen Bemühung nennen muß. Ihr Name hat mich oft zu sehr begeistert, Ihre kräftige Rede zu sehr emporgehoben, Ihre Verdienste in der gelehrten Welt überhaupt mir zu vernehmlich zugesprochen, als daß ich diese Gelegenheit unbenutzt vorbei lassen kann. Daß Sie mithin diese Schrift welchen Werth selbe auch haben mag, unparteiisch würdigen und den Verfasser derselben daraus näher kennen lernen wollen, ist das eigentliche Interesse, das mich bei der Uebersendung derselben leitet. Indeß kann ich doch nicht verfehlen, und Sie, hochzuverehrender Herr, werden mir es sicher nicht übel deuten, wenn ich beiläufig noch einen andern Wunsch Ihnen zu äußern mir die Freiheit nehme. Die hochlöbliche Preußische Regierung, deren Unterthan ich einst war, jetzt aber leider durch ein fatales Schicksal, das über Staaten wie einzelne Menschen gebietet, nicht mehr bin, will nach öffentlichen Nachrichten eine hohe Schule für die neuerworbenen katholischen Unterthanen am Rhein errichten. Ihr Einfluß, den Ihre hohen Verdienste um Deutschlands Erwachung und fernere Ermuthigung so offenbar als ruhmvoll rechtfertigen, ist mir in dieser Hinsicht längst bekannt gewesen, ward mir aber auf einer neulichen Reise nach Frankfurt an eben diesem Orte so wie auch in Göttingen durch gelehrte Männer noch mehr angepriesen. Weil nun meine gegenwärtigen Verhältnisse mir durchaus nicht zusagen können, indem das Josephinum ein altes Jesuiten-Kollegium ist mit aller Aus- und Ansicht hinabgesunkener Jahrhunderte, so trieb mich schon diese Lage, noch mehr aber die Sehnsucht, wiederum ein Unterthan der so liberalen als die Freiheit ehrenden preußischen Regierung werden zu können, Ihnen meinen Wunsch, wo möglich durch Ihr gütiges Bemühen eine Lehrstelle an gedachter projektirter Anstalt zu erlangen, hiermit voll Vertrauen vorzulegen. Ich habe deshalb auch an den Herren Minister v. Schuckmann in Berlin, so wie an den Generals Gouverneur v. Sack Schreiben nebst gleicher Uebersendung des Werks gerichtet. Ich will daher auch nicht verfehlen in zwei Worten auch einige nothwendige Notizen über mich selbst herzusetzen. An dem genannten Josephinum dahier gebildet ward ich an eben demselben vier Jahre Unterlehrer. Auf Veranstaltung der Studiendirektion in Cassel aber, die für das hiesige Seminarium einen mangelnden und bis dahin nie dagewesenen Orientalisten angestellt wünschte, der nebenbei in den philologischen und philosophischen Gegenständen etwas vollkommener unterrichtet seyn möchte, ward ich nach Göttingen geschickt, wo ich unter der Leitung des H Hofraths Eichhorn und des H.H. Bouterweck mich vorzüglich weiter zu bilden suchte. Ich darf mich besonders der Gewogenheit des Erstern rühmen. – Nach meiner Rückkehr aber hörte die Westphälische Herrschaft bald auf, und eine Hannoveranische will sich fürs erste um die katholischen Bildungsanstalten nicht bekümmern, sondern überläßt solche ganz der Aufsicht des Bischofs." Er wolle jedoch das „Thun und Treiben" nicht näher auseinandersetzen. „Urtheilen Sie, Hochzuverehrender Herr aus diesen wenigen Notizen wie aus der Schrift, so weit möglich, über meine etwaigen freilich nur geringen Qualitäten. Gelegenheitlich schließe ich einen Aufsatz an, den ich auf Ansuchen für das hiesige Sonntagsblatt geliefert habe und Ihnen hiermit als gutgemeinten Glückwunsch für das wiederkehrende Jahr darbiete. Mit diesem Ausdrucke meiner Achtung so wie der Hochschätzung die Ihren Verdiensten gebührt, füge ich auch die Versicherung bei daß keiner mehr seyn kann als ich Eu Wohlg aufrichtigster Verehrer J. Hillebrand". (Orig.: Familienarchiv Görres-Jochner Nr. 104; Unveröffentlicht).

Ca. Ende 1815 (o.O. o.D.) „H… ehemaliger Beamter in den von Frankreich abgetrettenen Provinzen": Über einen Bericht in der privilegierten Berliner Zeitung, dass jeder Einwohner Frankreichs nur 1 ½ Heller bezahlen müsste, um die Kriegskontribution von 700 Millionen Franken abzutragen. Dazu seine Stellungnahme. (Orig.: Bayer. Hauptstaatsarchiv, Teilnachlass Görres 4; Unveröffentlicht). (Zur Datierung: vermutlich nach der Bestimmung über die Kontributionen im 2. Pariser Frieden vom 20. November 1815).

Ca. Anfang Januar 1816 (Heidelberg, o.D.) Georg Hallwachs: „Wohlgeborner insonders hochzuverehrender Herr Professor. Herr Justizrath Martin in Heidelberg wollte die Anlage in die Frankfurter Zeitung einrücken lassen. Sie wurde ihm indessen mit dem Commentar, daß sie nicht eingerückt werden könnte, zurückgesendet. Er wendete sich hier noch an die hiesige Zeitungsredaction und bat mich bei einem Besuch, welchen ich ihm in Heidelberg abstattete, auf den Fall, daß die hiesige Zeitungsredaction seine Bekanntmachung gleichfalls nicht aufnehmen würde, ihm die selbe wieder abzusenden und an Ew Wohlgeb zur Einrückung in den rheinischen Merkur zu senden. Er wählte um deswillen die beiden bemerkten Zeitungsblätter, weil sie in den nächsten Umgebungen von Heidelberg herauskommen und aus diesen überall Aufregen wegen der in der Anlage bezeichneten und in Heidelberg von der Polizei unterdrückten Schrift an ihn gelangten. Auch der hiesigen Zeitungsredaction, welche unter einer sehr strengen Zensur steht, wurde die Aufnahme der Anlage untersagt und ich entledige mich daher indem ich Ew Wohlg die Anlage übersende, des Auftrags meines ehmaligen Lehrers und gegenwärtigen mir doppelt achtungswerthen Freundes. Justizrath Martin hat, was Ew Wohlg wahrscheinlich noch unbekannt ist, verwichenen Semesters die gebotene Dimission, aber noch keine Genugthuung erhalten. Indem ich diese Gelegenheit ergreife, Ew Wohlg – ich hatte das Glück Sie in Heidelberg unter meine Lehrer zu zählen – meiner alten Verehrung und Liebe zu versichern, empfehle ich Ew Wohlg ergebenster G. Hallwachs". (Orig.: Familienarchiv Görres-Jochner Nr. 90; Unveröffentlicht). (Zur Datierung: Am 19. Nov. 1815 hatte bei Martin eine Hausdurchsuchung und Beschlagnahme von Schriftstücken stattgefunden. Der Brief ist vermutlich vor dem Schreiben aus Heidelberg vom 10.1.1816 einzuordnen, steht jedenfalls im gleichen Zusammenhang, und muss vor dem Bekanntwerden des Endes des *Rheinischen Merkur* angesetzt werden.

4.1.1816 (Hanau) Johannes Schulze: „Bey der Menge von Amtsarbeiten, unter welchen ich fast erliege, ist es mir erst heute vergönnt, Ihren Brief zu beantworten, mein geliebter Freund. Gern wäre ich Ihrem Wunsche gemäß auf acht Tage nach Coblenz gekommen; allein hören Sie den Grund, weshalb ich jetzt nicht von hier reisen kann. Ich stehe nach wie vor in meinem Amte, und muß seit Michaelis, wo drey Lehrerstellen fort und fort unbesetzt sind den Unterricht für die erste und zweyte Klasse ganz allein besorgen". Beide Klassen würden somit während seiner Abwesenheit gar keine Lektionen haben, auch könne er in Kassel nicht um Urlaub bitten. „Auch würde man in Hanau wie in Cassel, wo man weiß, daß ich von hier zu gehen entschlossen bin, vielleicht von mir solche Reise als Zeichen meiner selbst genommenen Entlassung auslegen." Ferner müsse er seit zwei Monaten den Töchtern einer Dame, die auf den Unterricht ihrer Töchter sehr streng achte, tägliche Lektionen erteilen. „Endlich - denn ich achte Sie zu sehr, als daß ich Ihnen das Geringste verhehlen sollte – fehlt es mir jetzt an Geld zu einer Reise, und hierüber werden Sie sich nicht wundern, wenn Sie bedenken, daß mir und allen hiesigen Lehrern seit zehn Monaten unser ohnehin spärlicher Lohn vorenthalten wird. Ich muß daher Gott danken, wenn ich nur für mich und meine Familie das nöthigste Geld zu den dringendsten Ausgaben auftreiben kann. – So übel geht es mir trotz meines unermüdeten Arbeitens für das Wohl und die Bildung der Jugend! Die Offenheit und Ehrlichkeit, welche ich in allen Verhältnissen zu beobachten suche, und die Freundschaft, welche Sie gegen mich bewährt haben, machen es mir zur Pflicht, Ihnen, bevor ich den übrigen Inhalt Ihres Briefes beantworte, die Schritte zu entdecken, welche ich in Berlin gethan, und den Erfolg, den Sie bis jetzt gebracht. Der Minister von Schuckmann hat mir in einem officiellen Schreiben vom 23ten November geantwortet, daß er meinen Wunsch um Anstellung im Preußischen Staate zu erfüllen geneigt sey, und daß sich in Betreff meiner zu erwartenden Vorschläge eine schickliche Gelegenheit darbieten würde. Der Staatsrath hat mir auf meinen Brief, dem ich den neuesten Band unsres Winkelmanns beygelegt: „Wegen Ihrer Anstellung bitte ich Sie sich zu beruhigen; Sobald der G.St.R. Sack oder der Graf Solms ihre Anträge machen, wird die Entscheidung erfolgen. Die Versicherung des H. Ministers von Schuckmann giebt Ihnen darüber Gewißheit. Aber den Gang der Sache muß man eben abwarten. – Da ich nun von Ihnen, mein guter Görres, erfahre, daß ich wirklich zum Schulrathe bey der Regierung in Coblenz vorgeschlagen bin: so überlasse ich es Ihrer bessern Einsicht, und Ihrem sorgsamen Eifer für mein Wohl zu beurtheilen, ob ich bey dieser Lage der Dinge ... ohne vorherige Genehmigung von Seiten des Ministeriums irgend einen Schritt wagen kann, ohne den unerfreulichen Schein des sich Aufdrängens zu erwecken, oder gar meine künftige Existenz zu gefährden. Übrigens gestehe ich Ihnen, daß es zu meinen lebhaftesten Wünschen gehört, das Direktorat des Gymnasiums in Coblenz mit der Stelle eines Schulraths bey der Regierung verbinden zu können. Denn das Unterrichten der Jugend ist ein Bedürfniß meines Lebens geworden, und mir ist immer am wohlsten in der Nähe meiner Schüler. Ich bitte Sie also dringend, dieses zu berücksichtigen. Ja! Ich bin mit dem Direktorat des Gymnasiums herzlich zufrieden, wenn mir dasselbe im Namen der Preußischen Regierung durch Ihre oder des Grafen Solms Vermittlung übertragen wird. Eine schwierige Aufgabe scheint es mir, tüchtige der alten Sprachen kundige Lehrer für das Gymnasium vorzuschlagen. Bayern ist leider schrecklich neidisch auf Preußen, und läßt keinen brauchbaren Mann in den Preußischen Dienst übergehen." Ihm sei ein Lehrer am Gymnasium in Fulda empfohlen worden, der in der Lateinischen Sprache gute Kenntnisse haben solle, aber nicht im Griechischen, „das auf den meisten katholischen Schulen bisher sehr dürftig getrieben worden" sei. Er kenne ihn nicht persönlich, könne aber, wenn Görres es wünsche, genauere Erkundigung einziehen. „Glauben Sie ja nicht, guter Görres, daß ich wegen Ihres Stillschweigens ungehalten gewesen. – Mein letzter Brief, dem ich die Kupfer und Anmerkungen zum neuesten Bande unsres W. beygefügt, kann den Beweis führen, daß ich Ihr Stillschweigen nicht misgedeutet. Ich glaube Sie zu kennen, und darum achte und liebe ich Sie treu und wahr, in alle Ewigkeit. Möge mir bald durch Sie die fröhliche Kunde werden, daß ich im Preußischen endlich eine sichere Anstellung gefunden. Ich seufze unter der Eisenlast unwürdiger Verhältnisse ... Beym Beginn des neuen Jahres meinen, wenn gleich ärmlichen Dank. Gott wird Sie belohnen! Ich bin und bleibe mit treuer Liebe Ihr Freund J Schulze." (Orig.: Familienarchiv Görres-Jochner Nr. 230; Unveröffentlicht).

5.1.1816 (Hamburg) Peter Kleudgen: „Werther Herr Professor. Als Landsmann und Schulmann werden Sie mir die Freiheit verzeihen mich hiemit in Ihr freundliches Andenken zurückzurufen und mich in einer Angelegenheit an Sie zu wenden, die besonders in dieser Gegend allgemeine Aufmerksamkeit erfährt. Ihr echt deutscher Sinn, ihre magische Sprache ist ganz dazu geeignet der Sache einen Schwung und eine Publicität zu geben, um auch das französische Gouvernement und vielleicht auch für fremdes Unglück gleichgültige Minister bewegen zu können ein himmelschreyendes Unrecht wieder gutzumachen. Es betrifft nemlich unsre durch die Franzosen geraubte Kunst." Er bitte, die Sache „in kraftvollen Worten in Ihrem Mercur dem Publico vorzulegen". Hamburg habe „in den trübsten Zeiten Standhaftigkeit und Anhänglichkeit" bewiesen, habe sich als erster „den damals noch in ganz Deutschland herrschenden Franzosen mit bewaffneter Hand mänlich entgegen" gestellt, und so „den Schwung und den Funken" verbreitet. „Der Geist den Hamburg in den Deutschen anfachte that ... den Franzosen mehr Schaden als eine verlorne Schlacht." Dadurch habe sich Furcht und Schrecken aller ihrer Bewegungen bemächtigt, den Schweden sei die Möglichkeit verschafft worden, ungestört zu landen, und Bonaparte gezwungen worden, starke Truppenabteilungen zu verlegen, „die er ohne Hamburgs Mitwirkung vielleicht zum Verderben der hohen Alliirten anderswo hätte gebrauchen können. Die

30000 Mann unter Davoust die während 3 Wochen durch Hamburg und einzelne ... organisirte Bataillone beschäftigt wurden, hätten wahrscheinlich dem ganzen Feldzuge und den späteren Siegen der Alliirten eine andere Wendung gegeben, wenn dieselbe nach der Schlacht von Lützen Berlin von dieser Seite angegriffen hätten." Diese Vorteile seien „den Alliirten in sehr critischen Augenblicken durch Hamburgs Anstrengungen an Geld und Menschen" errungen worden. ... „ist es nicht genug daß die Franzosen hier unter weißer Cocarde den Rest der Bank raubten den diejenige unter dreyfarbiger Cocarde noch übrig gelassen hatten? Will denn das jetzige Gouvernement mit aller Gewalt alle die Schandthaten theilen, die das vorige hier verübt? Sind dieses die Grundsätze der jetzigen franz. Regierung, und glaubt dieselbe noch ein Recht auf die Rückstände der Bonapartischen Contributionen und Requisitionen machen zu können, so sey das Ausland auf seiner Huth, es wird den ersten Augenblick wahrnehmen, solche einzutreiben." Diese seine Ansichten habe er mitteilen wollen und es sollte ihn freuen, wenn Görres die eine oder andere „dem vorgestellten Ziele für zuträglich" halte, und er ihn nicht umsonst so lange von seinen Studien und sonstigen Beschäftigungen abgehalten habe. (Orig.: Familienarchiv Görres-Jochner Nr. 126; Unveröffentlicht).

6.1.1816 (Ziegst bei Querfurth) Adolph Freiherr von Seckendorf: „Anbey erhalten dieselben einen Aufsatz für den Rhein Merkur. Es soll Ihnen überlaßen seyn, einige Korrekturen anzubringen, jedoch mache ich nur eine Bedingung, meinen Nahmen auf keine Weiße zu verrathen. Könnten Sie dieses nicht versprechen, so bitte mir den Aufsatz zurückzusenden. Mit Hochachtung Dero ergebener Adolph Frhr von Seckendorff". (Orig.: Bayer. Hauptstaatsarchiv, Teilnachlass Görres 4; Unveröffentlicht).

9.1.1816 (o. Ort, ohne Unterschrift) NN: Ein Freund des Großhzgl. hessischen Artilleriemajors Sandfort habe am 24. Nov. vorigen Jahres der Redaktion einen Beitrag über diesen geschickt. Da er noch nicht erschienen sei, fordere er diese auf, den Beitrag binnen 14 Tagen einzurücken oder zurückzuschicken. (Orig.: Bayer. Hauptstaatsarchiv, Teilnachlass Görres 4; Unveröffentlicht).

10.1.1816 (Heidelberg) P. J. Wild und weitere Studenten: „Hochverehrter Herr, lange schon erwarteten wir den endlichen Beschluß des Hofgerichts in Martins Sache um ihn Eu Wohlg sogleich mitzutheilen; allein noch ist nichts der Art erfolgt und ist von Allem keine Silbe zu vernehmen. Allem Anschein nach wird es auch ferner so bleiben, denn wie sollte ein Gericht in solcher Sache anders urtheilen, als zu der Unterthanen und Martins Ehre und dieß hieße wohl nichts weniger, wenn solch Urtheil nicht leer seyn soll, als Alles wieder in den vorigen Stand setzen und die Urheber des Gewaltstreichs als Banditen brandmarken. Doch wo ist dieß dem landesväterl Sinne angemessen? Auch ist schon Gensler zu Martins Stelle eingeladen, ohne daß jedoch Letzterem die Entlassung eingehändigt wäre, u. so wird die Zeit mit Jahren diesen Vorfall in Vergessenheit hüllen sollen. Wer sollte übrigens die souverainen Herrn antreiben, daß sie den Rechtspruch baldig finden, auf dessen Machtwort die Gerichte verstummen? Das Neueste, was bis jetzt hier vorgefallen, ist, daß an den letzten Decbrtagen man alle Buchhändler und Buchdrucker zur Polizey vorlud wegen einiger Bogen, die seit ein Paar Wochen über die berüchtigte Geschichte in Umlauf sind. Man nahm ihnen alsdann den Handschlag ab, alle solche ketzerische Schriften, wenn sie unter ihre Hände gerathen sein sollten, getreulich einzuliefern. Herr Mohr ward wegen doppelten Verdachts 2mal vorgeladen. ... Merkwürdig ist ferner noch ein Büchlein. Ein badischer Mitbürger nämlich fühlte sich gedrungen, die falsche Meynung zu vertreten und gutherzig den Leuten darzuthun, daß Irren menschlich sey, daß sie die Wohlthat ganz verkennen, die in dem Steuerwesen der Landesvater ihnen angedeihen ließ. Auf höchsten Befehl ward dieß Rechenbüchlein allenthalben gratis hier versendet an Stadtdirectoren wie an Schulzen, daß alle Unterthanen sich des Heils erfreuten. – Wir aber sind nicht sonderlich in diesem Fache kundig, um darüber ein Urtheil im Besondern zu geben. Doch glaubten wir Eu Wohlg davon in Kenntniß setzen zu müssen und es Ihnen anheimzustellen, ob es der Sache angemessen, den Inhalt jenes Büchleins öffentlich zu prüfen.

Wir verharren mit Hochachtung Euer Wohlgeb ergeben P. J. Wild stud. juris aus Frankfurt, G. A. Rapp Stud. jur. aus Frankfurt, H. E. Nuth stud theol. aus Selbold. Fürstth Ysenburg.

So eben haben wir bey einem Besuche von Martin selbst vernommen, daß er das Weitere in dieser Sache Euer Wohlgeb selbst überschicken wolle, indem er daraus kein Hehl mehr mache.“ (Orig.: Familienarchiv Görres-Jochner Nr. 267; Unveröffentlicht).

12.1.1816 (Koblenz) Ernst Heinrich Sack: „Se Majestät der König haben mittelst Allerhöchster Cabinets-Ordre d. d. Berlin d. 3ten Januar 1816 die fernere Herausgabe des Rheinischen Merkurs zu untersagen geruht, weil Sie ganz gesetzwidrig und ohnerachtet der an Sie ergangenen Warnungen, sich nicht entsehen, die Unzufriedenheit und Zwietracht der Völker erregende und nährende Aufsätze zu liefern und zu verbreiten und durch zügellosen Tadel und offenbare Aufforderungen die Gemüther zu beunruhigen. Der Herr Geheime Staats-Rath und Ober-Präsident Sack hat mich mit der pünktlichsten Befolgung dieses Allerhöchsten Verbots unterm 9ten hujus zu beauftragen geneigt.

Ich eröffne Ihnen daher diese Allerhöchste Willensmeinung hiermit zur unbedingtesten Befolgung und fordere Sie auf, von heute einschließlich an, kein Blatt Ihrer Zeitschrift mehr erscheinen zu laßen, zu welchem Ende auch die geeigneten Verfügungen an den Herrn Censor, den Buchdrucker und wegen Nichtausgabe des heutigen Blattes auch die erforderliche Weisung an den Herrn Polizey-Inspector Maehler erlaßen sind. Sie wollen mir den Empfang dieser Verordnung unverzüglich bescheinigen. Coblenz d 12ten Januar 1816. Der General-Gouvernements-Commissair (Unterschr.:) Sack.“ (Orig.: Bayer. Hauptstaatsarchiv, Teilnachlass Görres 3; Marie Görres (Hrsg.), *GPS* 3, S. 374).

12.1.1816 (Koblenz) Ernst Heinrich Sack: „Dem Herrn Schul-Director und bisherigen Redacteur des Rheinischen Merkurs Goerres wird auf die Eingabe vom heutigen Tage hiermit unverhalten, daß, da es ausdrücklicher höchster Befehl gewesen, nach dem Eingange der Allerhöchsten Cabinets-Ordre kein Blatt jener Zeitschrift mehr ausgeben zu laßen, und da der Redacteur sich bisher über obrigkeitliche Anordnungen ähnlichen Inhalts wegzusetzen sich nicht hat zuvielseyn laßen, die Versiegelung und Beschlagnahme des Blattes eine nothwendige Folge jenes Befehls und dieser Wiedersetzlichkeit ist, und die Zurückgabe der versiegelten Exemplare eher nicht geschehen kann, als biß ich höhere Weisung vom Herrn Geheimen Staats-Rath und Ober-Präsidenten Sack erhalten, worauf ich angetragen habe. Die Verhaftung des Druckers, eine polizeyliche Maßregel, ist auf Weisung der hohen Ober-Präsidentur geschehen, und sind die darüber gemachten Äußerungen ebenso ungeziemend, als die Ausfälle wegen vermeintlicher Persönlichkeiten unpassend und verächtlich. Coblenz d 12ten Januar 1816. Der General-Gouvernements-Commissaire (Unterschr.:) Sack. An den Schul-Director Herrn Goerres Wohlgeborn Hierselbst.“ (Orig.: Bayer. Hauptstaatsarchiv, Teilnachlass Görres 3; Unveröffentlicht).

18.1.1816 (Göttingen) Zwei Göttinger Studenten aus der Rheingegend ohne Nennung der Namen: „Hochzuverehrender Herr Professor! Unverzüglich beeilen wir uns, Sie von einem Vorfalle zu benachrichtigen der in so fern sich dabei der teutsche Zeitgeist auf eine kräftige Art ausgesprochen hat, sowohl Ihrer als aller teutschen Männer Berücksichtigung verdient. Die Schand- u Schmachschrift eines gewissen Dabelow welche Sie aus dem beiliegenden Exemplar beurtheilen können, wurde heute um 12 Uhr in einer allgemeinen Versammlung von den Studenten an den Schandpfahl geschlagen. Wer vermöchte es besser als Sie, der Sie täglich die gute Sache der teutschen Nation mit Wort und That unterstützen, nicht allein diese Schrift selbst, sondern auch das Benehmen der Studierenden zu würdigen?“ (Orig.: Bayer. Hauptstaatsarchiv, Teilnachlass Görres 4; Unveröffentlicht).

19.1.1816 (Köln) Frau NN, geb. von Klaud: „Da ich Sie mahnte, wußte ich nicht daß der Merkur aufgehört hatte, aber wie der indische Gott unter 7 Verwandlungen die Erde begrüßte, so wird der Götterbote bald wieder in jugendlicher Gestaltung erscheinen. Schicken Sie mir, theurer Görres meine unbenutzten Papiere unverzüglich durch die Feldpost zu, denn Sie werden sie wohl nun nicht verwenden können. Wissen Sie mir einen guten Muth zu geben, die Spitzbuberey recht an das Licht zu bringen, so unterlassen Sie es nicht. Ich höre daß Hr Schenkendorf u Lange in Ihrer Nähe sind, empfehlen Sie mich beyden, u nehmen Sie meine herzlichsten Wünsche u Grüße“. (Bayer. Hauptstaatsarchiv, Teilnachlass Görres 4; Unveröffentlicht).

20.1.1816 (Neuwied) Dr. Stegmann: „Hochverehrter Herr Professor!“ Zugleich mit Görres’ „werthestem Brief“ habe er die Bekanntmachung von Seiten der Regierung erhalten, daß seine Zeitung, so wie überhaupt alle Zeitungen und Journale, keine Kritik über den innern Staatshaushalt drucken dürften. Görres’ Antwort auf das Schreiben des Herrn Gouvernementskommissars von Sack sei aber „von einer Beschaffenheit, die Verfolgungen nach sich ziehen könnte.“ Er müsse es daher ablehnen, Görres’ Auftrag zu vollziehen, „wollten Sie jedoch auf die Bekanntmachung der Antwort Verzicht leisten und zur Benachrichtigung Ihres Publikums die Kabinetsordre und Ihre Anzeige wegen Unterbrechung des rhein. Merkurs dahier drucken lassen, so glaube ich nicht daß dies Anstand finden wird, und erbiete mich sehr gern Ihre desfallsigen weitern Aufträge bestens zu besorgen. Falls es Ihnen einstweilen genügen sollte den Brief des Herrn Gouvern.komm. v. S. an Sie, jedoch ohne Ihre Antwort, und die Anzeige wegen Nichterscheinens Ihres Blattes in der Neuwieder Zeitung abgedruckt zu sehen, so belieben Sie mir solches umgehend und zwar wo möglich heute oder doch spätestens morgen bey guter Zeit mit ein paar Zeilen gefälligst wissen zu lassen, in welchem Fall Sie jedoch so gütig seyn würden, mir das Manuskript, welches ich hierbei remittire, zurückzusenden. Mit ausgezeichneter Hochachtung Ew Wohlgeboren ergebener Diener Dr. Stegmann. N.S.: der Bote hatte versprochen zurückzukommen und diesen Brief mitzunehmen; da er dieses indessen nicht gethan hat, so gebe ich denselben heute auf die Post. Neuwied, den 21. Jan. 1816". (Orig.: Familienarchiv Görres-Jochner Nr. 243; Unveröffentlicht).

23.1.1816 (Wiepersdorf) Achim von Arnim: Dank für zwei Briefe, einen mit einer Einladung, einen mit dem Wunsch, ihn, Arnim, in seiner Nähe angestellt zu sehen. Aus Beidem sei leider nichts geworden. Haxthausen, den er in Berlin getroffen, werde wohl Bericht erstattet haben, wie er die Minister gefunden. „Wie oft habe ich mich geschämt Dir zu schreiben, wie es eigentlich bei uns steht, und nur der wachsende Ekel gegen alles, was bei uns im Innern und insbesondere w i e es getrieben wird, entfesselt mich von der angebornen Liebe. Schuckmann, gerade der Chef des geistig wichtigsten Theils der Verwaltung, ist der eigensinnigste, widerhaarigste und furchtsamste Geselle; ... er sah Jacobiner und tolle Streiche, so ängstet ihn die Furcht, wo er etwas Ausgezeichnetes hört, vor ähnlichem Unglück. Du stehst bei ihm im gefährlichsten Geruche. Er soll sich gleich bei den Vorschlägen des rheinischen Gouvernements erklärt haben, das sei zu gefährlich, Dich zu einer Stelle über die Jugend einzusetzen. Wenn Du also dennoch zu dieser Stelle berufen wirst, so sei versichert, daß dies nicht von ihm, sondern vielleicht vom Staatskanzler ausgegangen ist, der neben seinen eignen Absichten eine Allerweltshurerei treibt, und den Liberalen spielt, während von ihm alle Art schändlicher Bedrückungen ausgehen. Und an diese Leute hätte ich mich in Berlin demüthig wenden müssen, um angestellt zu werden. Das ist mir nicht gegeben! Es kam auch noch ein Umstand dazu, der es wohl vergeblich gemacht hätte. Als zuerst die Gerüchte gingen, der RM solle verboten werden, da wurde erzählt, wegen des Briefes aus Berlin, worin Lecoq vorgekommen, sei das geschehen. Gewiß war es, daß Lecoq, dem ein athemloser Polizeispion den Merkur aus einem Weinhause brachte, wo alle Welt davon begeistert war, den Morgen darauf alle seine Polizeibediente versammelte, ihnen den schrecklichen Angriff auf ihn ihren Meister und Herrn vorlas, mit Stolz endlich sagte, er wolle wie Friedrich II. bei Pasquillen thun, sie nicht herabreißen, sondern das Blatt dem Weinhause zurückschicken, woher es entnommen, aber beim Könige um Genugthuung anhalten. Ich traf Stägemann, der viel persönlich beim Staatskanzler verhandelt; ich sagte ihm, ich hätte gehört, der rheinische Merkur solle wegen eines Briefes aus Berlin verboten werden, ich sei der Verfasser, ich wolle als solcher dafür einstehen; sie müßten sich gegen mich wenden, aber ein Institut nicht stören, das für die öffentliche Meinung über Preußen so wichtig sei und bleibe; das bat ich dem Staatskanzler zu sagen. Stägemann erwiederte, daß der Brief nicht Veranlassung sei, wenn ein Verbot erfolge, sondern Russische Anfoderung über ein Paar Artikel gegen den Kaiser, und daß man mich als Verfasser jenes Briefes ohnehin vermuthet habe. Schuckmann ist durch das, was ich dort über den Cultus gesagt, aufgebracht; für mich ist bei ihm nichts zu suchen.

Fast gewaltsam drängt mich eine höhere Hand von allem öffentlichen Verkehr zurück, und zuweilen leuchtets in meine Seele, als ob meine Liebe fürs öffentliche Wohl einer reinern Zeit, einem festern Vertrauen unter den Menschen aufgespart sei, weil ich mich nicht ohne Schaden mit den Befleckten mischen könnte, und wenn ich den Zorn dann glühend in mir fühle über die Wesen, denen ich gehorchen müßte in jetziger Zeit, da fühle ich auch, es ginge so nicht gut zusammen, sicher nicht lange". Sein Leben als Güterbesitzer sei ohnehin „ein beständiger Zank mit den Behörden aller Art." Als er 1813 gehört habe, dass Stein nicht an die Stelle Hardenbergs trete, sondern in Breslau mit ihm ausgesöhnt zusammenlebe, habe er alles Dauernde und Tüchtige im Staat für verloren gegeben. „Wir hatten ihn kennengelernt, als ihn das Glück der Begebenheiten noch nicht übermüthig machte, was war von ihm zu erwarten, wenn er sich die Thaten des Heeres zueignen konnte, wenn er mit Geschenken, Orden, reichlicher das Maul den Hörbaren stopfen konnte, welche Verfassung ist da zu erwarten!" Wäre der Berliner Landsturm nicht aufgehoben worden, hätten die Geschäftsmänner „mit vorgemußt, das hätte sie allein erzogen oder von der Erde hinweggenommen". Aber dies Geschlecht habe „aus geheimem Instinct" den Landsturm zerstört. So lange keine Verfassung vorhanden sei und Willkür herrsche, sei auch kein Widerspruch der gefährdeten Rechte möglich. Durch die früheren Gesetze habe man größere und kleinere Grundeigentümer gegeneinander aufgehetzt Genug des Ärgers! Er sei wieder zu Hause im Frieden, schlachte Schweine, mache Wurst und möchte Görres und Familie dazu einladen. (Binder (Hrsg.), *Freundesbriefe* Nr. 158, S. 481-484).

28.1.1816 (Berlin) August Zeune: Wegen der vielen armen Blinden am Rhein, die in die hiesige Blindenanstalt aufgenommen werden wollen, verweise er ans Innenministerium. Es gebe leider nur 6 Freistellen. Ein alter Bauer namens Görres habe einen Blinden aus Mikratberg bei Jülich zu ihm gebracht. Ob Görres aus dieser Gegend stamme? Er bitte um „gütige Nachrichten" über das altdeutsche Gedicht „vom König Artus", das Arndt in Köln gefunden habe. Görres habe mehr Kenntnis von der altdeutschen Dichtung als dieser, er selbst vermute, es handle sich um das Gedicht von Stricker „Daniel von Blumenthal". Die Nibelungenhandschrift, die er durch Blücher habe rückfordern lassen, habe sich in Paris nicht gefunden. „Daß Ihr trefflicher Rheinischer Merkur aufgehört hat, hat großes Mißvergnügen überall erregt. Der große Weiberjäger in Petersburg, den Sie im Merkur ‚den russischen Moloch' genannt, hat es übel genommen und hat vom König die Aufhebung gefordert. Der kleine Hannoverkönig Graf Münster soll auch böse sein, daß Sie seine Geldgier aufgedeckt. Wie mag sich nicht die Alemannia und die Schmalzgesellenschaft freuen, daß Sie nun zum Schweigen gebracht sind!" Die Nachgiebigkeit Preußens gegen Russland und England schade dem Ansehen Preußens sehr. Hardenberg habe den besten Willen, habe aber doch England nicht vor den Kopf stoßen können oder wollen. Auch der Name „Preußen" werde von vielen als anstößig empfunden, die Sachsen und Rheinländer, die Preußen anheimgefallen, fänden es verwunderlich, „daß sich 4/5 deutsche Menschen nach dem entferntesten 1/5 , das noch dazu halb slavisches Volk sei, solle nennen lassen. Wenn nur der König den Titel „König in (denn von paßt noch nicht) Norddeutschland annehmen wollte!" Zwei elende Flugschriften gegen Görres und Arndt seien in Berlin erschienen: Die deutschen Roth- und Schwarzmäntler (1. und 2. Heft). Man habe beiden nichts anderes als ihre Jugendsünden, ihre damalige Franzosenverehrung, vorwerfen können. Man nenne allgemein Legationsrat von Kampz als den Verfasser, einige auch den Herrn von Lüttwiz am Zobtenberge, den Bruder der Ministerin von Schuckmann. Schmalz habe wenigstens Ritterlichkeit gezeigt, indem er sich öffentlich genannt, dieser „elende Mensch" aber verkrieche sich „wie ein feiger Bube". „Man sagt allgemein, daß auch der Minister v. Schuckmann hinter jener Partei stecke." Dieser habe, um ihn, Zeune, zu ärgern, einen groben Brief von ihm „an einen heimtückischen H. W. W. und noch dazu entstellt drucken lassen, nachdem schon die Staatsräte Renfner und Lecoq im Sinne des Königs und Staatskanzlers den Druck verweigert hatten." Es habe aber in der öffentlichen Meinung diesem mehr geschadet als ihm, Zeune. Grüße an Gneisenau und Gröben, und ganz besonders Lange, falls er in Koblenz sei. (Orig.: Familienarchiv Görres-Jochner Nr. 275; Binder (Hrsg.), *Freundesbriefe* Nr. 159, S. 485-488).

12.2.1816 (Koblenz) Ernst Heinrich Sack: „Da Ew. Wohlgeboren, nach Ihrer Eingabe vom 22. pr. sich mit der, wegen des an dem Turnplatze angeblich verursachten Schadens, durch den Herrn Baumeister de Lassaulx vorgenommenen Untersuchung, wovon ich Ihnen das Protokoll mitgetheilt habe, nicht glauben zufrieden stellen zu können, so muß ich Ihnen überlassen Ihre Ansprüche gegen den Herrn Jacobi im gewöhnlichen Wege geltend zu machen." (Abschrift: LHA Koblenz, Best. 350, Nr. 24, Bl. 61; Unveröffentlicht).

21.2.1816 („zu Kesten, auf Besuch") Pfarrer Lichte von Schoendorf („an den Verehrungswürdigen Herrn Goerres, Schulinspektor zu Coblenz"): „Hochgeehrtester Herr und Apostel der Wahrheit! Mit vielem Ärger und Unwillen vernahm ich mit den edlen Wahrheitsfreunden, daß die despotisch-gebieterische Hand Ihnen untersagte, ferner unsere Landsleute über dies und das, die Angelegenheiten der Welt aufzuklären". Sie alle bedauerten den Verlust, „so manche reelle Darstellungen der politischen Vorfälle nicht mehr von Ihnen zu vernehmen". Überbringer sei „ein Jüngling, der sich Görres zur Prüfung vorstellen will". Er habe „nicht große aber immerhin Haus und Güter hier, und kann deshalb bei den geringen Einkünften der Schule bestehen". Er selbst werde wohl in Schöndorf bleiben müssen. Noch einmal Dank an Görres, wie schon vorher durch Prof. Simon, dass er ihn für die – nun besetzte – Professorenstelle vorgeschlagen habe. Grüßt die liebe Familie. (Orig.: Berlin, GStA PK, I. HA Rep. 77, Tit. 21, 8 adh., Bl. 8f; Unveröffentlicht).

18.3.1816 (Frankfurt a. M.) Justus von Gruner: Görres habe ihm durch Rein nichts zukommen lassen, wohl weil ihm die Luft zu unrein war, er ziehe nun aber in freiere Gegenden und hoffe umso mehr, dorthin zuweilen einen Ton von Görres zu vernehmen, als Görres' Stimme ja nun nicht mehr öffentlich erschalle. „Wir haben beide einen Kabinetscoup auszuhalten gehabt. Ihnen hat er den Götterboten zerschlagen, mich aber von der Elbe an die Aar geschleudert." Er sei aber zufrieden, „aus den Sandebenen an die frischen Alpen zu kommen", stelle sich das Leben dort interessanter vor als am steifen sächsischen Hofe. Was gedenke Görres nun zu tun? „Mit Ingersleben können Sie nicht sein. Werden Sie nach Köln ziehen? Solms rechnet wohl auf Sie. Er und seine nächsten Umgebungen scheinen Ihre Freunde. Also dächt ich, Sie gingen zu ihnen und ließen auch nicht durch Ihr Haus sich in Coblenz halten. Ich mag kaum noch an den Zusammenfluß von Rhein und Mosel denken, seit die elende Confluenza erscheint und die Menschen dort den Namen des Ortes täglich brandmarken. Der Ruf des Cobl. Intriguengeistes ist in Berlin so groß als einst in Paris. Die Verfolgungen hören gar nicht auf. Gegen Krezzer sind ungeheuer viele Denunciationen eingegangen. Einer klagt immer den Andern an. Es ekelt mich daran zu denken. Gehen Sie hinaus." Ob er den *Merkur* ganz aufgeben oder in anderer Form, z.B. monatlichen Heften, erneuern wolle? „Es ist ein unersetzlicher Verlust." Neues habe er nichts zu sagen. Auf große Anstrengung folge gewöhnlich Abspannung; „ob nun die Kräfte sich erholen und in neuer Arbeit die alte Richtung verfolgen, oder in Laßheit diese aufgeben werden", werde sich zeigen. Bittet die Einlage an Arndt zu senden. Grüße an alle guten Bekannten. (Orig.: Familienarchiv Görres-Jochner Nr. 85; Binder (Hrsg.), *Freundesbriefe* Nr. 161, S. 490f).

29.3.1816 (Dresden) Wilhelm Dorow: Er habe längst schon von Berlin aus schreiben wollen, sei aber krank gewesen. „Die böse Nachricht wegen des rheinischen Götterboten erfuhr ich mit Trauer, gerade als Arnim bei mir war, der die Stadtluft sehr meidet. Nie wäre es dahin gekommen, würde nicht durch das Nichtverbot das ganze gute Verhältniß mit A. verschoben worden sein, welchen wir nun einmal als Freund haben wollen, und welches früh genug uns Trauer und Leid bringen wird. Man hegte aber die Hoffnung, daß unter einem anderen Namen d i e Zeitung fortbestehen würde, welche einzige Verkünderin der Wahrheit ist und das Elende und Schlechte überall aufsuchte und verfolgte. -- Freunde von Ihnen und der Sache des gemeinsamen Vaterlandes wollten schon auf meinen Vorschlag einen Schildaer Postreuter herausgeben; dieser elegant in die Welt gesendet, mit Sporen die das Roß der Dummheit antreiben, könnte Gutes bewirken". Natürlich müsste eine Leichenrede für den *Merkur* den Anfang machen. „Was meinen Sie zu diesen oder ähnlichen Unternehmungen?"

„Vielleicht kann ich Ihnen hier oder in Berlin förderlich sein; Ihre vornehmen Freunde thun nichts (Was Ihnen auch Müller sagen wird), denn bei denen ist die Furcht, sich die Finger zu verbrennen, zu groß. Unser persönliches Zusammensein ist zwar kurz gewesen, doch liebe ich Sie herzlich, und nichts wünsche ich mehr, als daß auch Sie und Ihre hochverehrte Frau meiner freundlich gedenken mögen." Wenn Görres sicher an den Staatskanzler schreiben oder Briefe befördern wolle, so werde er das mit Freuden pünktlich besorgen, auch sonst jeden Auftrag an ihn; „ich kann es sicher!" In Dresden, wohin er als Geh. Legationssekretär gesendet sei, herrsche „ein böser Sinn", „ein trüber Geist", eine fixe Idee jage die andere, die Freiheit werde nicht als Grundlage alles Lebens erkannt. Görres werde sich wundern diese Zeilen zu erhalten, er erfahre daraus, dass es viele Menschen gebe, von denen er herzlich geliebt werde. (Orig.: Familienarchiv Görres-Jochner Nr. 47; Binder (Hrsg.), *Freundesbriefe* Nr. 162, S. 492f).

13.4.1816 (Landshut) Johann Michael Sailer: Er habe Görres' Brief richtig erhalten und mit Teilnahme gelesen: Aber es herrsche auch in diesen Gegenden ein großer Mangel an Geistlichen, viele Kaplanstellen seien unbesetzt. „Ach, Geliebter, wie gerne sendete ich Ihnen Gehülfen, wenn ich nur tüchtige vorfinden könnte." Er habe sich aber den Inhalt von Görres' Schreiben „tief in die Seele geprägt" und werde ihn benachrichtigen, falls er einen tauglichen finde. „Ihr Name, das ist, Ihr Gemüth, Ihr Wirken ist mir theuer." – Görres solle Briefe an Sailer in einem Couvert an Graf Alexander Westerholt in Regensburg schicken, dann bekomme er sie am sichersten. (Orig.: Familienarchiv Görres-Jochner Nr. 209; Binder (Hrsg.), *Freundesbriefe* Nr. 163, S. 493f; Hubert Schiel (Hrsg.), *J. M. Sailers Briefe*, Regensburg 1952, S. 418, Nr. 403; Raab, *GS/Erg.bd.* 1, Nr. 184).

25.4.1816 (Koblenz) Karl Heinrich Ludwig Freiherr von Ingersleben an Görres: „Wenn Ew. W. in Ihrem gefälligen Schreiben von heute, meine Verwendung und Unterstützung bey den Hohen Ministerien nachsuchen, daß von Seiten dieser Behörde, Ihnen eine förmliche Dienstentlaßung, als Director des öffentlichen Unterrichts zukomme; so ermangele ich nicht darauf zu erwiedern, daß, mit Einsendung Ihres Schreibens, ich dem Ministerio solches bekannt machen, und demselben das weitere darüber anheim stellen werde. Koblenz den 25ten April 1816 gez. Ingersleben" (Abschrift: Berlin, GStA PK, I. HA Rep. 76, VIII Sekt. 50 Pers. Lit. G Nr. 34, Bl. 3v).

3.5.1816 (Kaisers-Lautern) Wilhelm Friedrich Balbier: „Wohlgeb Herr Generaldirektor, innigst verehrter Mann!" Anbei eine Schrift von Prof. Diesterweg in Mannheim, der bei einer allenfallsigen Neuorganisation eine Anstellung im Schulwesen in der Gegend um Siegen oder am Niederrhein wünsche. Er liebe die Mathematik „als sein höchstes Studium" und sei ein vorzüglicher Lehrer darin an einem Gymnasium oder an einer Universität. „Auch bin ich aufgefordert, Sie zu fragen: ob man, als der Merkur verboten wurde, Ihnen gesagt habe, daß die Regierung dieses Landes Ihnen uneingeschränkte Preßfreiheit gestatte, wenn Sie ihn fortsetzen wollten? Was sie damals aus Rücksicht für die übrigen Mächte indirekte hat wollen andeuten lassen, wiederholt sie hiermit auf gleichem Wege, und verspricht durchaus Preßfreiheit sowohl für den Merkur als auch für jede andere Schrift – auch gegen Bayern zu schreiben, soll Ihnen erlaubt sein, nur wünscht man, daß es nicht zu derb sein möge – eine sonderbare Clausel! Ich darf die Namen der Männer nicht nennen, durch die Ihnen dies Anerbieten gemacht wird; doch bin ich beauftragt Ihnen dies zu sagen, und daß es aus ächter Quelle kommt, dafür bürge ich Ihnen als redlicher Mann. Uebrigens als Zeichen der Zeit wenigstens, dachte ich, würde es Ihnen nicht unangenehm sein, dies zu erfahren." -

„Das Gerücht war Ihnen neulich vorausgeeilt und hatte uns die frohe Kunde gebracht, daß Sie hier durchpassiren würden. Ich hatte mich unendlich darauf gefreut". Er habe gehofft, Görres zu sprechen, hoffe, ihn einmal persönlich kennenzulernen. (Orig.: Familienarchiv Görres-Jochner Nr. 9; Binder (Hrsg.), *Freundesbriefe* Nr. 164, S. 494-496).

6.5.1816 (Aachen) Franz Daniels: „Wohlgebohrner, insonders Hochgeehrter Herr und Freund! Zu Ende Dezember 1815 hatte ich die Ehre, Ihnen einen Brief zu schreiben, worin ich unter anderm auch Einiges über die alten deutschen Indignat -Rechte, und wie die Liebe zu einem Vaterlande die Behaglichkeit in der Heymath voraussetze. Ich wünschte zu wissen, ob dieser Brief bey Ihnen angekommen, obgleich ich dessen ganzen Inhalt mit meiner Unterschrift versehen, der Zensur selbst zu überreichen keinen Anstand gefunden haben würde. Ich beging damals die Unhöflichkeit den Brief Ihnen im brouillon zu übermachen, hoffe aber mich damit bey Ihnen zu rechtfertigen, daß ich etwas unpäßlich war und zugleich viel Arbeit hatte. Mir mußte wohl das geahnt haben, was wir nun haben eintreten sehen! Kaum dürfte eine langjährige wahrhaft landesväterliche Verwaltung den schlimmen Eindruck verwischen, den die totale Nicht-Anerkennung dieses alten Rechts verursacht hat. In unsern Tagen ist es so weit gekommen, daß Deutsche ihre Klagen in einem welschen Blatt, in welscher Sprache laut werden ließen. Ich meine, den Mercure-Surveillant. Auch dieses Blatt ist nun unterdrückt, das ich übrigens auf keine Weise mit dem Ihrigen vergleichen will, denn ihm fehlte die Basis des Ihrigen, das ist, die Liebe; darum war sein Haß ein gemeiner Haß, und man sah wohl, weß Geistes Kinder die Verfasser waren. Erhebt sich aber denn gar keine Stimme um die Sache bescheiden, aber würdig und der allgemeinen Volks-Stimme gemäß zu behandeln? Doch ich besinne mich, es ist bereits genug gesagt und geschrieben worden, um annehmen zu können, daß man das Gegentheil von dem, was die Menschen wünschten, cum causae cognitione gethan hat. Die Wünsche selbst müssen also wohl nichts getaugt haben. Der gute President Schmitz, durch den ich zuerst ihre mir nie vergeßliche Bekanntschaft machte, so wie sein Herr Vater sind seitdem schon beyde gestorben! Vitae summa brevis spem nos vetat inchoare longam! Lassen Ihnen ihre übrigen Geschäfte es zu, mir ein paar Zeilen zu schreiben, so machen sie mir ein großes Vergnügen. Mit Achtung Ihr ergebenster Diener F. Daniels" (Abschrift und Orig.: Familienarchiv Görres-Jochner Nr. 43; Unveröffentlicht).

8.5.1816 (Berlin) Ministerium des Innern und der Finanzen: „Wir ersehen aus einem Berichte Sr. Excellenz des Herrn Geheimen Staatsministers und Ober-Präsidenten v. Ingersleben, womit er Ihre Eingabe vom 25. v. M. einsendet, daß Sie Bedenken tragen, ohne unsere ausdrückliche und besondere Veranlaßung Ihre bisherige provisorische Funktion, als Direktor des öffentlichen Unterrichts zu Coblenz, in die Hände des Königl. Niederrheinischen Konsistoriums daselbst niederzulegen. Da nun einerseits die Organisation des Consistorii die Endschaft Ihrer Funktion von selbst mit sich bringt, leztere auch allerdings Sr. Königl. Majestät Absicht gemäß, und wenn deren Auflösung in der Bekanntmachung des Herrn Präsidenten v. Reimann vom 18ten v. M. nicht namentlich proklamirt worden, solches nur eine zufällige Omission ist; andererseits aber Sie von dem vormaligen General-Gouvernement überhaupt nur provisorisch mit der Leitung des öffentlichen Unterrichts in Coblenz beauftragt gewesen sind, und es nach den Verhältnißen des gedachten Gouvernements auch deßen Absicht und Befugniß niemals hat seyn können, Ihnen dort eine definitive Stellung und damit also irgend einen formellen Anspruch auf Permanenz Ihrer Funktion zu geben: So folgte aus der Organisation des Consistorii die Auflösung Ihrer einstweiligen Direktion des öffentlichen Unterrichts von selbst, und der Herr Minister v. Ingersleben war vollkommen befugt, Sie hienach zu bescheiden, wir haben jedoch kein Bedenken, Ihnen hiemit die Entlaßung aus dieser Ihrer einstweiligen Funktion, als Direktor des öffentlichen Unterrichts, und die Anweisung zu erteilen, das von ihnen gesammelte Archiv und die sonstigen Official-Schriften und Dienstsachen, ohne allen Aufenthalt, dem dortigen Königl. Consistorio, nach der näheren Instruktion Sr. Excellenz des Herrn Ministers v. Ingersleben, zu überliefern, indem derselbe authorisirt ist, solche von Ihnen zurück zu nehmen. Berlin den 8ten May 1816. Unterzeichnet Bulow. Schuckmann. An den Herrn Professor D. Goerres zu Coblenz. Ministerium des Innern und Ministerium der Finanzen“ (Abschrift: Berlin, GStA PK, I. HA Rep. 74, Nr. 2042, Bl. 5; Konzept: Berlin, GStA PK, I. HA Rep. 76, VIII Sekt. 50 Pers. Lit. G Nr. 34, Bl. 4; Görres, *In Sachen der Rheinprovinzen*, Anhang Nr. 4, S. 260-262 = *GS* 13, S. 393 = Marie Görres (Hrsg.), GPS 4, Anhang Nr. 4, S. 644).

9.5.1816 (Koblenz) Karl Heinrich Ludwig Freiherr von Ingersleben: „Ew. Wohlgebohren ersuche in Gemäßheit des von dem Hr. Regierungs-Präsidenten v. Reimann zu Aachen an Sie erlassenen und mir abschriftlich mitgetheilten Erlasses vom 2ten d. M. die Akten über das Schulwesen, welche sich in Ihren Händen befinden, an das hiesige Consistorium einzusenden. Coblenz den 9ten May 1816. Der Staatsmeister und Oberpräsident des Großherzogthums Niederrhein (Sig.) Ingersleben.“ (Görres, *In Sachen der Rheinprovinzen*, Anhang Nr. 2, S. 257; = *GS* 13, S. 391 = Marie Görres (Hrsg.), *GPS* 4, S. 642).

17.5.1816 (Leipzig) Adam Müller: Er, „einer Ihrer wahren und ältesten Verehrer“, überreiche das erste Stück der von ihm in Leipzig herausgegebenen *Staatsanzeigen*. Bittet Görres um Mitwirkung, um Beiträge, wüsste für ihn kein Honorar zu bestimmen. Die *Staatsanzeigen* hätten bedeutendes Publikum in Österreich. Er werde das „väterliche Haus“ Habsburg nicht unfreundlich gegen sich finden, wie schon die halboffiziellen Protestationen aus Wien gezeigt hätten. „Verbinden Sie sich näher mit uns, die wir wissen, wer Sie sind, und geben Sie mir Gelegenheit, auch wenn Sie sich nicht gerade dem stilleren und behutsameren Verein meiner Zeitschrift anzuschließen geneigt finden, Ihnen thätig und unverzüglich mein Verlangen nach Ihrer Freundschaft zu beweisen. Mit einer Verehrung, die sich schwer in Worte fassen lassen würde, Ihr innig ergebener Adam Müller“. Dr. Karl Witte und Sohn empfehlen sich Görres. (Orig.: Familienarchiv Görres-Jochner Nr. 176; Binder (Hrsg.), *Freundesbriefe* Nr. 165, S. 498f).

25.5.1816 (Kaisers-Lautern) Wilhelm Friedrich Balbier: Die Sache, von der er neulich geschrieben, scheine immer ernstlicheres Ansehen zu gewinnen, werde von München aus „mit der größten Angelegenheit“ betrieben, man habe gesagt,

„daß im Fall Sie nachgeben würden, man Ihnen in Rücksicht Ihres Amtes das zu ersetzen suchen würde, was Sie dorten aufgäben. Es mag nun freilich sein, daß nicht die edelsten Triebfedern mit unterlaufen; aber so Manches scheint mir zu sagen, daß die Bayern jetzo, nachdem sie gesehen, daß von Außen ihnen nicht viel gewährt ist, von Innen sich Stärke zu verschaffen suchen, vorzüglich dadurch, daß sie dem Geiste der Zeit huldigen, wenigstens sich das Ansehen geben". Er gebe davon Nachricht, damit Görres die Zeichen der Zeit beobachten könne und sich vielleicht doch noch geneigt finden lasse, „den Wünschen so Vieler nachzugeben". Deshalb sei es ihm auch unangenehm gewesen, zu hören, Görres habe schon einen Antrag von Bayern erhalten und ihn abgelehnt. Der Mann, der ihn, Balbier, beauftragt habe, Görres zu schreiben, sei dadurch in einige Verlegenheit geraten und fürchte, es könne bekannt werden und ihn kompromittieren. Er lasse Görres bitten, dies womöglich zu verhindern. Er freue sich, dass Görres ihn in Lautern besuchen wolle. Man habe ihm versichert, der König wolle einiges für das Schulwesen dort tun. (Orig.: Familienarchiv Görres-Jochner Nr. 9; Binder (Hrsg.), *Freundesbriefe*, Nr. 164, S. 496f).

4.6.1816 (Köln) Werner v. Haxthausen: „Ich bin weder Organisations-Commissair noch sonst ein organisches emissorium, commissorisches organon etc. gewesen! Ich grüße Euch alle viel tausendmal! Zu Euch nach Coblenz reise ich seit mehreren Wochen, da das Reisen eigentlich als Bewegung von einem Ort zum andern angesehen werden muß, alle Bewegung aber vom Geiste ausgeht, und der meinige seit langer Zeit zu euch gegangen ist. Erster Tage werd ich wohl mündlich das weitere mit euch sprechen können, da meine Sachen noch alle in Coblenz stehen und ich dorthin will, sie abzuholen. Könntet ihr nicht bald einmal zu uns hierher kommen? Ihr alle, Weib und Kinder, Gröben, Lassaulx, Mäusebach, vulgo der Froschmäuseler nicht ausgenommen? Ich habe das Meiste was ihr nöthig habt: Haus, groß und bequem, Fleisch und Gemüse, Butterbrod, Wein, und eine große Bibliothek mit Holzschnitten. Ich grüße Eure famille, ich grüße Gröben, ich grüße den Mausebach, ich grüße den Scharnhorst, ich grüße Lassaulx, und euch alle vieltausendmal." (Orig.: Familienarchiv Görres-Jochner Nr. 96; Unveröffentlicht).

10.6.1816 (Kassel) Jacob Grimm: Sie hätten lange nicht geschrieben, aber viel an Görres gedacht, wünschten sehnlich, bald von ihm zu hören, „daß Sie aus der Herbheit des politischen Wesens wieder in die alte Milde und Stille Ihrer gelehrten Beschäftigungen zurückgekehrt sind, worin es Ihnen selber muß wohl seyn. Daß der Merkur gelegt wurde, thut mir für den Staat, der den Mißgriff beging, unendlich leid; an sich selbst würde es weniger verschlagen haben, ob er noch ein Viertel- oder Halbjahr länger gewährt hätte, denn dann würden Sie ihn selbst haben seyn lassen. Was er gewirkt hat und warum er allen Deutschen lieb ist, das stehet fest und kann eine geraume Zeit lang auf ihnen und sich beruhen." Als der *Merkur* noch auflag, sei die Bibliothek immer mit Lesern angefüllt gewesen. Von seinen und seines Bruders Arbeiten schreibe er erst wieder, „wenn wir erst wissen, ob Sie dergleichen wieder lesen mögen." Wilhelm sei zu Arnim gereist, der gefährlich krank gewesen, nun aber wieder hergestellt sei. Ludwig sei mit Georg

Brentano nach Rom und Neapel gegangen. In Berlin scheine man sich nun für die Universität in Köln gegen Bonn entschieden zu haben. „Vermuthlich ziehen Sie ihr dahin nach?“ Goethe habe über diese Städte und seine ganze Rheinreise „sehr zierlich, bequem und vornehm“ geschrieben. Was von ihm und seinem Bruder gedruckt worden sei, sei Görres jeweils zugeschickt worden, zuletzt ein Band deutsche Sagen. (Orig.: Familienarchiv Görres-Jochner Nr. 80; Binder (Hrsg.), *Freundesbriefe* Nr. 166, S. 500f).

25.6.1816 (Heidelberg) Georg Friedrich Creuzer: Dank für Görres' Brief, er freue sich, dass er gesund und heiter sei. Bei ihm gehe es „ziemlich“, seine Frau sei von Oktober bis Mai fast ununterbrochen krank gewesen. Martin sei eben in Frankfurt. Hier wisse niemand bestimmt, dass er den Offenbacher Merkur herausgeben will, vermute nur, dass er Antheil daran haben werde. „Indessen habe ich ihm doch gleich zu wissen thun lassen, was Sie wünschen daß er es wisse.“ Geheimrat Leonhard, der auf der Durchreise nach München dagewesen sei, habe von den „Anerbietungen“ der bayerischen Regierung an Görres erzählt. „Er wünschte sehr, dass Sie annehmen möchten.“ Er habe ihm aufgetragen, Görres folgendes zu sagen: er habe vor 10 Tagen in Aschaffenburg mit dem bayerischen Kronprinzen über Görres und seine früheren Schicksale gesprochen, dieser habe ihn mit Schlözer verglichen, überhaupt sich sehr günstig über Görres geäußert. „Das ist mein Auftrag – Was Sie thun sollen – das Urtheil begehren Sie nicht von mir, und Sie werden das besser wissen. Daß die Sache zwei Seiten hat, sehen Sie selbst. Ich kann wenigstens nicht unterlassen Ihnen zweierlei zu sagen: 1) Daß ich Sie für zu gut halte, als daß Sie sich noch einmal in das Getriebe der politischen Welthändel mischen sollten“. Auch seine hiesigen Bekannten meinten, er solle seinen Ekel für die Politik vorwalten lassen und davon abstehen. „Mohren werden Sie doch nicht weiß waschen.“ 2) „Der staatliche bairische Universitätsbann spricht nicht für Geistesfreiheit, oder daß man sie dorten liebe. In diesen Tagen hat wieder ein Student, der sich von Erlangen hierhergestohlen hatte, ein Nürnberger, Hals über Kopf den Rückweg antreten und seinen akademischen Cursus hier durchschneiden müssen – wenn er dorten nicht ins Carcer wandern und als Ausreißer behandelt werden wollte. Doch Sie selbst werden über Baiern wohl unterrichtet sein. Ich für meine Person sähe Sie lieber wieder hier, in den 850 deutschen Handschriften kramen, die nun nächstens kommen werden, mit einem Wort: ich sähe Sie lieber wieder in den Kreisen der Literatur und Wissenschaft.“ Martin werde im August zum Landtag nach Weimar abgehen, Fries gehe nach Jena, wer ihm nachfolgen werde, sei noch nicht bekannt. Daub wurzele fester und habe sich ein Haus gebaut, Schwarz sei noch der alte, Wilken sei seit 8 Tagen aus Rom zurück, habe aber außer den deutschen Sachen nicht herauspressen können, ein schöner Otfried sei dabei. Ihm habe Wilken ein treffliches neuplatonisches Apographum aus der Vaticana mitgebracht und die lat. editio princeps des Plotin. – Seinen ganzen Plotin habe er mittlerweile an die Engländer nach Oxford verkauft, auf in ca. 5 Jahren, dann sollte er fertig sein. Die Sache koste ihn viel Mühe und viel Geld. Seit einem Vierteljahr habe er sich einzig und allein mit den 38 Pariser Palatina-Handschriften herumgeschlagen. Daub habe seinen Judas Ischarioth oder das erste Heft seiner Untersuchungen über das Böse herausgegeben. Der alte Voß sei wieder im

Morgenblatt gegen Wolf und ihn, Creuzer, zu Felde gezogen. „Es soll nur Ein Homer und vor Homer soll die Welt mit Brettern zugenagelt seyn. Wer da lehrt, es habe Religion oder gar Theologie in Griechenland vor Homer gegeben, der ist ein scheinheiliger Flunkler."

„Was sagen Sie zu Göthes Rheinischem Büchlein? Die Boisserees haben wieder ein hübsches Bild aus Brüssel bekommen. Sulpiz sitzt seit einigen Monaten in Nürnberg. Zimmermann ist jetzt oft in Hannover, und weis noch nicht ob er nicht ganz dorthin muss. – Moser ist frisch und wohl." Er selbst habe neulich nach Göttingen gehen sollen und hätte mit 1400 Talern Besoldung ein „Geldmann" werden können, sei aber in Heidelberg geblieben. Grüße an Professor Schulze, besonders aber an Frau und Kinder und das Patchen. (Orig.: Familienarchiv Görres-Jochner Nr. 41; Binder (Hrsg.), *Freundesbriefe* Nr. 167, S. 501-503).

Ca. Ende Juni/Juli 1816 (o.D.) (Kaisers-Lautern) Wilhelm Friedrich Balbier: Er habe aus Görres' Schreiben das herausgenommen, was er für zweckdienlich halte, und weitergegeben. Die Antwort: „Man finde die Forderungen sehr billig und der Sache angemessen. Es bestärke in der guten Meinung, die man von Ihnen schon lange gehegt, und man erkenne den edlen Mann, der seinen Privatvortheil dem höhern Zwecke seines Lebens unterordne, man werde weiter berichten, und hoffentlich würde eine Annäherung erfolgen. Einer jener Herren hat sich geäußert: man wünsche darum die Erscheinung Ihres Blattes, damit man die Gesinnungen und Wünsche der Guten im Lande kennen lerne. Nehme ich damit nun einige andere Erscheinungen zusammen, und muß ich bemerken, daß man der laut gewordenen Kraft auf den Kopf zu treten sucht, ja alle Nerven und Fasern ihr zu zerschneiden trachtet, so kann ich durchaus jene Äußerung nicht für rein halten. Es scheint mir überhaupt, man wolle nur aufregen, damit man seinen Feind bekämpfen könne. Auch sind die nächsten Umgebungen von der Art, daß ich nichts Gutes mir versprechen kann." Er sehe eigentlich gute Menschen so umgarnt, dass sie nur „als treue Werkzeuge" fungierten. „Ich halte überhaupt dafür, daß arg das Spiel ist, das man treibt, und daß im Einzelnen kein Heil kommt, wenn nicht im Ganzen uns Rettung wird. Daß sie uns werden möchte! … Wie sehr wünsche ich darum, daß Sie wieder auftreten möchten! Arbeitet man auch entgegen, so bleibt es doch nicht ohne Wirkung, und wir haben doch etwas, was uns aufrichtet und zur Ergötzung uns gereicht." (Orig.: Familienarchiv Görres-Jochner Nr. 9; Binder (Hrsg.), *Freundesbriefe*, Nr. 164, S. 497f).

21.7.1816 (Berlin) Ambrosius Hubert Eichhorn: „Überbringer dieser Zeilen ist der Oberlandes-GerichtsRath Simon von hier. Er geht als Mitglied der Juristischen Commission nach Cölln. Sowie diese Commission in der besten Absicht aufgestellt ist, so ist auch er ausgewählt. Er kennt unsere altpreußische Rechts- und Gerichtsverfassung genau und wünscht mit Männern bekannt zu werden, die mit guter Kenntniß einen tüchtigen Sinn für das Rechte und Gute verbinden. Helfen Sie ihm … Stehen Sie ihm überhaupt in Allem bey, was er für den Zwek seines Auftrags nöthig hält. Sie können sich ihm ganz mittheilen. Er ist ein tiefer reiner und braver Mensch. - Gott erhalte Sie gesund und heiter, und vergessen Sie über den Dummen und Bösen, von welchen Sie aber vorerst nicht zu Ihrer Ueberraschung mancherley Anfechtungen erlitten haben, die große Zahl der Leute nicht, die Ihnen von Herzen wohl wollen. Mit der aufrichtigsten Hochachtung und Freundschaft Ihr ergebenster Eichhorn.“ (Orig.: Familienarchiv Görres-Jochner Nr. 58; Unveröffentlicht).

28.7.1816 (Berlin) Friedrich Carl von Savigny: „Ich schicke Ihnen diesen Brief lieber Görres, durch meinen guten Freund den Oberlandesgerichtsrath Simon, der zur Gesetzcommission nach Cöln geht. Es ist ein überaus wackerer unbefangener Mann von Sinn und Empfänglichkeit, und er verdient daß Sie ihm mit Vertrauen über die Verhältnisse der Länder reden. Die Commission, deren Mitglied er wird, ist das Werk von Eichhorn, in dem besten Sinne angeordnet, und wird vielleicht der Anfang manches größeren Guten. Auch die Mitglieder stehen in gutem Rufe, nur fürchte ich sehr, dass alter Geschäftsmechanismus sehr die Majorität darin haben wird. Der französische und der preußische Mechanismus werden sich die Leute wie Bälle zuwerfen, und es wird darauf ankommen, welcher von beiden die besten fängt; das freye, frische Leben kommt dabey wenig in Betracht. Simon ist am ersten dazu geeignet, diesem eine Stimme in der Commission zu verschaffen, und ich empfehle daher sehr, daß er vorzüglich auf guten Weg geleitet werde. Sie haben mir in Coblenz einmal von einem Plan gesprochen, durch Nichtgeschäftsmänner Schulmeister u. dgl. Alte Sitten und Gewohnheiten zu sammeln, was auf jeden Fall historisch unendlich fruchtbar seyn müsste, aber auch praktisch weit mehr hervorbringen könnte, als man denkt. Ist daran seitdem wohl noch gedacht worden? Theilen Sie doch auch an Simon diesen Gedanken mit. Tausend Grüße an Ihre liebe liebe Frau und die Kinder.“ (Orig.: Familienarchiv Görres-Jochner Nr. 211; Unveröffentlicht).

12.9.1816 (Töpliz) Johann Friedrich Benzenberg: „Mein lieber G. Mein Traktätlein werden Sie nun wohl vollständig erhalten haben, und wenn Sie nicht zu faul zum Schreiben, so melden Sie mir wie es Ihnen gefallen, und was Sie dran auszusetzen – Ich gehe von hier (nachdem ich eine Fußreise ins Erzgebirge gemacht) mit dem General nach Schlesien und gedenke gegen den 16. Okt in Loslau bey Brandes zu sein. Nach allem was ich in der Nähe des Königs gesehen und gehört, habe ich mich überzeugt daß es mit der Verfassung gehen wird. Allein große Schwierigkeiten wird es noch haben und wir sind noch weit vom Ziel entfernt. - Eine der größten scheint mir die zu sein, daß so wenig Menschen darüber klar sind was sie wollen, - und dieses rührt wieder größtentheils vom Mangel an Geschichtskenntniß her. Mein Büchlein hat diesem Mangel nicht abgeholfen, sondern ihn nur recht fühlbar gemacht. Es gibt so äußerst wenig Menschen die die Vorzeit kennen, die das wissen worin eigentlich das germanische Wesen bestanden und welches die Ursachen waren daß es sich so herrlich entfaltete. Man kennt nicht die Natur des Rechts, nicht die Natur der Territorialhoheit, nicht die des Städtereichthums, nicht die des germanischen Mannes, des deutschen Akerhofes, und man verwechselt die Gleichheit mit der Männer neben Männern standen mit der Jakobinischen Gleichheit die den Menschen dem Menschen gleich sagte – und ihn isolirt hinstellte ohne Vergangenheit und Zukunft. – Die deutsche Gleichheit, war immer adeliger Natur, so wie der deutsche Akerhof – sie beruhte auf der

Gesellschaft aus Gemeinfreien. - Eine Revolution bekamen wir nicht. Ich halte die Persöhnlichkeit des Königs schon allein für hinreichend dieses zu verhindern. Ich habe seine Bekanntschaft an einem sehr schönen Tage und an einer sehr schönen Stelle gemacht. – Auf dem Schlachtfelde bey Culm, nicht weit von der Stelle wo Vandamme gefangen wurde. – Der König war sehr heiter und freundlich. Er ist hier vom Volk sehr geehrt, da man ihn für die Ursache hält, daß die hiesigen Gegenden vor dem Einfall der Franzosen geschüzt blieben. Als Ostermann den 29. August so einen schweren Stand hatte, so führte ihm der König 800 Mann zu; dadurch hielt es Ostermann bis gegen Abend, wo die beyden Divisionen Colloredo und Bianchi aus den Gebirgspässen sich los wanden. - Mit Thiele und Albrecht wohne ich zusammen. ... Albrecht ist ein gescheiter und anständiger Mann, der zu nichts zweideutigem die Hand biethet. – Thiele ist jugendlich ein wenig romantisch – sehr kenntnißreich, und eben kein Schmalzeaner. Das geschichtliche gefällt ihm in meinem Büchlein und ich sehe hieraus wie sehr jeder das Bedürfniß fühlt die Sache von dieser Seite zu nehmen und hier klar zu werden. Graf O'Donell ist hier – Obrister und Kämmerer des Reiches und als solcher zum Könige gesandt. Ein junger gescheider Mann – in der Art wie Metternich, der viel gesehen, und mit klarem Weltverstand die Eigenheiten der Gesellschaft wohl aufgefasst. – Ich las ihm gestern aus dem Büchlein, den Abschnitt: Deutschland vor. ... Er ist gewis mit hieher gesendet, um uns zu besehen, besonders G. (Gneisenau) und da werde ich denn mitbesehen – weil sie so recht nicht klug draus werden können, was ich eigentlich hier und in Carlsbad gemacht. – Anfangs hielt man mich, wie G. erzählte, für den General Ziethen, der incognito da sey ... Von G. haben sie die wunderlichsten Vorstellungen. O'Donell erzählte gestern daß eine Dame auf dem Schlosse erzählt habe, daß G. sich zum deutschen Kaiser habe machen wollen. Uns Rheinländer halten sie alle für Jakobiner. Ich merkte dieses zuerst an der Gräfin O'Donell die eine recht artige Frau und die sehr erfreut und erstaunt war, daß so ein Jakobiner noch so manierliche Sitten. – Dafür habe ich ihr aber auch den Schenkendorf geschenkt, der sie so erbaut, daß sie krank davon geworden.

Grüßen Sie die Hausfrau und die Kindlein freundlich. Gneisenau grüßt vielmal, und hat mir aufgetragen zu sagen daß die Aerzte Denken und Schreiben verbothen. ... Nun gehabt euch wohl. Aergert euch nicht über die Schmalzeaner, denn die müßen still sein und haben wenig zu sagen. Auch nicht über den schlottrigen unvollkommnen und knarrenden Gang der Staatsmaschine, - denn diese ist in allen europäischen Staaten, weil die alten Formen sich überlebt und noch keine neuen da sind." (Orig.: Familienarchiv Görres-Jochner Nr. 14; Unveröffentlicht).

Ca. Nov./Dez. 1816 (zw. 26.10. und 22.12.1816) (Heidelberg) Friedrich Tiedemann: „Verehrtester Freund! Wie das Salzwasser zur Verbindung der Metalle in der Galvanischen Säule gebraucht wird, so bedient man sich in der neueren Zeit des Theewassers zur Vereinigung der Menschen zur Gesellschaft. Der Pariser Arzt Le Roy hat zwar den Kaffee das Principe des Idées liberales genannt, ich behaupte das aber vom Thee, und lade Sie daher mit Ihrer Familie auf diesen Abend zu einer Schaale dieses Getränks ein. Grapp-Friesens kommen auch, und die Frau Fries wird hoffentlich den rosenfarbigen Färbstoff ihrer Laune uns übrigen leicht mittheilen. Mit Hochachtung der Ihrige – Tiedemann." (Adresse: „Prof Tiedemann in Heidelberg an Prof. Görres im Prinzen Karl daselbst".). (Abschrift: Familienarchiv Görres-Jochner Nr. 251; Unveröffentlicht). (Zur Datierung: Das Schreiben datiert während Görres' Aufenthalt in Heidelberg, also zwischen dem 26.10. und 22.12.1816).

11.11.1816 (Hildburghausen) J. C. Hohnbaum: „Verehrtester Herr Professor! So glücklich ich mich schätze, Sie auf meiner nun vollendeten Rheinreise, nach Verlauf von beinahe 10 Jahren wieder gesehen zu haben, so leid that es mir, die Zeit, die ich in Ihrer Nähe verlebte nicht besser nützen und Sie wenigstens noch einmal besuchen zu können. Sie müßen mir es angesehen haben, wie wohl mir bey Ihnen war und wie gerne ich ein ganzes Jahr meines höfischen Lebens darum gegeben hätte für noch einen Tag bey Ihnen, allein es wollte sich trotz aller angewendeten Mühe nicht machen lassen.

Nun da ich wieder daheim bin, fällt mir ein, daß ich Ihrer lieben Frau versprochen, ihr einige Volkslieder aus den Singweisen zu senden. Ich bitte ihr die beyfolgenden nebst einem freundlichen Gruß in die Hände zu geben und verspreche mehrere zu senden, wenn ihr damit ein Gefallen geschieht. Bey einigen derselben habe ich die zweite Stimme angemerkt, wie sie sich natürlich giebt, und wie sie auch das Volk meist dazu singt. Bey andern ist es schwieriger weil ihrer Natur nach nicht zweistimmig, inzwischen macht sich jeder selbst eine Mittel oder Bassstimme dazu nach Gefühl Noch immer gebe ich die Hoffnung nicht auf, einmal eine wo möglich ächtere und mit strengerer Kritik veranstaltete Sammlung von Volksliedern als die Arnim-Brentanosche ist, mit Melodien zusammen zu bringen. Wenn mir nur dazu ein oder der andere noch die Hände bieten wollte. Aber öffentliche und Privat Aufforderungen haben bis jetzt nichts fruchten wollen. Es würde mir daher höchst erfreulich seyn, wenn Sie mir was Ihnen vielleicht in der Folge zufällig in die Hände läuft, aufbewahren und gelegentlich zuschicken würden. - Noch soll ich Sie im Namen der Verlagshandlung von beyfolgender Vierteljahresschrift unter Zusicherung eines angemessenen Honorars um einen kleinen Beytrag dazu ansprechen. Ob ich nun gleich voraussetzen kann, daß Sie, der Sie Ihre Zeit besser anzuwenden wißen, als an solche Toilettenlectüre keine große Freude haben werden, wie ich sie wirklich auch selbst nicht habe, so habe ich doch gern dem Verleger diesen Gefallen thun wollen, da es sein erstes merkantilisches Unternehmen ist, durch welches er sich weiter fort zu helfen gedenkt." „Ihr ergebenster Freund". (Orig.: Familienarchiv Görres-Jochner Nr. 109; Unveröffentlicht).

6.12.1816 (Kassel) Wilhelm Grimm: In der Zeit des *Merkur* hätten sie Görres gebeten, nicht zu antworten, um ihm seine kostbare Zeit nicht zu stehlen, aber es sei doch nicht recht, dass er jetzt nichts hören lasse. Er, Wilhelm, hätte ihn gern am Rhein besucht. Über seinen Besuch bei Arnim, der gefährlich krank gewesen und jetzt genesen sei, über Arnims Gut Wiepersdorf. Arnim habe wohl am Einzelnen Freude, „aber an der ganzen Landwirthschaft wohl doch nicht", eigentlich passe diese Lage doch nicht für ihn. Zu Pfingsten seien Savigny mit Frau und Kindern und Clemens Brentano zu Besuch gewesen. Clemens, wenig verändert, „nur ein wenig corpulenter", habe wieder gesagt, er wolle nicht mehr dichten, jedoch ein Drama *Victoria* beendigt. Proben davon hätten ihm, Grimm, gut gefallen, sonst wisse Clemens eine Menge köstlicher Späße. Arnim wolle im Winter nach Berlin gehen. Ludwig sei mit George Brentano in Italien gewesen und jetzt wieder in München. Mit seinem Görresbild seien sie nicht recht zufrieden. – Die Sagen werde Görres erhalten haben, „es sieht bis jetzt noch mehr einem bloßen Unterhaltungsbuche ähnlich und manches wird erst bedeutend, wenn die dazu gehörige Abhandlung heraus ist.“ Die *Altdeutschen Wälder* seien mit dem 3. Band geschlossen; Ob Görres alle Hefte erhalten habe? In einem habe er die Bruchstükke aus einer Nibelungenhandschrift „nach ihrer Erlaubniß“ abdrucken lassen. Jemand habe ihm erzählt, Görres habe noch mehr davon. „Ist das auch kein Irrthum?“ Neuerdings sei eine scharfsinnige Abhandlung von Lachmann über die ursprüngliche Gestalt der Nibelungen erschienen, der er im ganzen recht gebe, im Gegensatz zu der phantasiereichen von Göttling. Eine Bitte: er wolle eine Handschrift des ungedruckten größern Rosengartens, die er aus Frankfurt erhalten habe, herausgeben, bräuchte dazu die Benutzung der vatikanischen, jetzt Heidelberger Handschrift. Da er wisse, dass Görres das Gedicht für die „Bibliotheca Vaticana“ bestimmt habe, frage er erst bei ihm nach, wie es überhaupt mit dem Unternehmen stehe: „Wünschen Sie es, so laß ich mein Vorhaben, sonst aber, wenn es Ihnen recht wäre, wollte ich Sie um die Glöcklesche Abschrift bitten.“ Er möchte aber dadurch nicht mit Glöckle in Verbindung geraten, er wolle nichts mehr mit ihm zu tun haben, sondern Görres allein diese Mitteilung verdanken: „er hat sich allzu gemein gegen uns benommen“. (Orig.: Familienarchiv Görres-Jochner Nr. 80; Binder (Hrsg.), *Freundesbriefe* Nr. 168, S. 503-506).

22.12.1816 (Lüttich) Franz Gall: Er sei als Inspektor des öffentlichen Unterrichts aufgefordert worden, Vorschläge für die Besetzung der Lehrstühle an der Univ. Lüttich zu machen und habe die Namen Görres und Delassaulx obenan gesetzt. Der Minister habe ihn beauftragt, bei Görres anzufragen wegen des Lehrstuhls der Philosophie und ob er glaube, dass sein Schwager sich zur Annahme eines Rufs entschließen würde. Er selbst habe den Lehrstuhl für Philologie übernommen. Die Bedingungen seien: die Professoren müssten katholisch sein, in lateinischer Sprache lehren, das Einkommen bestehe aus festem Gehalt von 2200 holländischen Gulden plus Honorar von 30 Gulden von jedem Hörer, plus Anteil an den Promotionsgebühren, also wenigstens 3000 Gulden. Auch gebe es eine ansehnliche Pension und Witwenrente. Er bitte um baldige Antwort. (Orig.: Familienarchiv Görres-Jochner Nr. 69; Binder (Hrsg.), *Freundesbriefe* Nr. 169, S. 506f).

29.12.1816 (Frankfurt) Heinrich Friedrich Karl Freiherr vom Stein: Empfiehlt den Überbringer Herrn von Humboldt, der Görres' Bekanntschaft zu machen wünsche, und bittet um Rückgabe der übersandten Aktenstücke über die Nassauer Stände durch diesen. (Pertz, *Das Leben des Ministers Freiherr vom Stein*, Bd. 5, S. 861; Botzenhart (Hrsg.), *Freiherr vom Stein. Briefwechsel, Denkschriften und Aufzeichnungen*, Bd. 5 (1933), S. 429 (jeweils mit falscher Datierung 1817); Hubatsch (Hrsg.), *Freiherr vom Stein, Briefe und amtliche Schriften*, Bd. 5 (1964), S. 577, Nr. 492).

8.1.1817 (Erdmannsdorf) August Graf Neidhardt von Gneisenau: „Es liegt mir noch die Pflicht ob, Ihnen mein theurer Freund auf Ihre Zuschrift vom vorigen Sommer her zu antworten. Die Verzögerung meiner Antwort wollen Sie mit der Unstätigkeit meines zeitherigen Aufenthaltes und mit den vielen hier vorgefundnen Geschäften wohlwollend entschuldigen. Villeicht hätte ich, aus diesen und andern Gründen, länger noch mit meiner Antwort gezögert, wenn nicht die plötzliche Veränderung Ihres Aufenthaltes und die Vertauschung Ihrer Geburtsstadt mit einer fremden es mir zur Pflicht machten, Ihnen ein Paar Worte darüber zu sagen. Ihr desfalsiger Entschluß dünkt mir – Sie erlauben mir das Wort – etwas zu rasch genommen. Es mochte Ihnen wohl zu lange dünken, ehe man das, was Gerechtigkeit gebot, gegen Sie erfüllt, aber einmal reifen bei uns die Dinge heut zu Tage, wegen des langen Parteienkampfs, nicht so schnell und dann wird ja gerade Ihre Angelegenheit ebenfalls, in dem gegenwärtigen Augenblick in Frankfurth a. M. besorgt. Dieser Gang sicherte den freundlichen Anordner vor allen Vorwürfen der sehr thätigen bonapartisch-französischen Partei, oder vielmehr der Furchtsamen des lezten Decennii, die nun, durch ihre Gegenbeschuldigungen so gern vor öffentlicher Verachtung sich retten möchten. Was dann als eine Maasregel politischer Gerechtigkeit gelten muste, konnte nicht/leicht als eine besondere Begünstigung verschrien werden, und für Sie ging eine völlige Unabhängigkeit daraus hervor, die Ihnen erlaubte, Ihren schönen Studien in völliger Freiheit des Geistes nachzugehen und Sie selbst des Dankes gegen irgend Jemanden enthob. Überdieß hatte mir der Staatskanzler sein Wort gegeben, daß für Sie auf eine gerechte Weise gesorgt werden sollte und, wenn, bei dem Drang der Geschäfte, oder entgegenstehenden Hindernissen, oder bei der Natur der Form im obern Staatsregiment, so etwas auch nicht alsbald in das Leben übergehen kann, so ist er doch der Mann, der eine gethanene Zusage gern und völlig hält, und unter unsern Regierungspersonen mit am meisten eine gerechte Denkweise sich erhalten hat, nämlich soweit auch er über den Kampf der Partheien sich engzusetzen vermag. Ich würde indessen sehr gegen Personen (Sie nicht ausgenommen) und Umstände zürnen, wenn ich fürchten müste, daß Sie unserm Vaterlande auf immer entrückt werden sollten, aber ich nähre die Hofnung, daß Sie nicht auf Tod und Leben mit uns sich zu entzweien, gemeint seyn können und ich erwarte, daß Alles sich ausgleichen wird. Denn wenn ich auch nicht in Allem und Jedem Ihren politischen Ansichten, am wenigsten denen Ihrer früheren Jahre, selbst nicht immer denen der letzteren, gehuldigt habe, so dürfen wir doch nicht recht einen solchen Mann wie Sie, geboren auf unserm neuen Gebiete, mit seinen Penaten auswandern lassen und wir müssen Sie wieder gewinnen. Es ist nicht so schlimm in unserm Staate, als man sich durch Schrift und Rede manchmal im Glauben daran steigert; Vieles ist seit Friedrich II. geschehen; Manches zu thun noch übrig und wenn dieses Manches gewichtiger Natur ist, so sind uns gerade deswegen die Auspizien des Genies und der Talente nöthig. Hier lebe ich, am Fuße des sudetischen Gebirges, in einer großen Natur mit meinen Kindern und alten Bekannten ein so glückliches Leben, als es nur irgend einem Sterblichen zu Theil werden kann. Fern von Staatsgeschäften beobachte ich die große, innere, stille Bewegung und lebe der Hofnung, daß Weisheit die etwa sich zusammenziehenden Gewitterwolken entladen werde. Ihrer Frau Gemahlin wollen Sie mich empfehlen, Ihre Kinder von mir grüßen, Sie aber meiner mit Wohlwollen eingedenk seyn. Erdmannsdorf bei Hirschberg in Schlesien d. 8ten Januar 1817. Den Herren Poiserée und H. Bertram meine Empfehlungen zu vermelden bitte ich recht sehr.“ (Orig.: Familienarchiv Görres-Jochner Nr. 74; Görres, *In Sachen der Rheinprovinzen,* Anhang Nr. 13, S. 286-288 = *GS* 13, S. 403f mit längeren Auslassungen; Marie Görres (Hrsg.), *GPS* 4, S. 656-657); Binder (Hrsg.), *Freundesbriefe* S. 541 bringt lediglich in einer Anm. S. 541 den bei *In Sachen* fehlenden Schlusssatz).

12.1.1817 (Kreuznach) Johann Heinrich Kaufmann: „Nach Empfang Ihres Billets durch Herrn Böcking von Trarbach schrieb ich zweimal wegen der Bilder an Herrn Pfarrer Lang, es kam aber weder eine Antwort noch ein Effect. Ich wünschte, daß Sie solche bereits auf andere Weise empfangen haben werden. Das Ihnen durch den Reisenden des Haußes Schweitzer Herrn Schott zu sagen, und den Herrn Direktor samt Frau Gemahlin und Kinder recht herzlich zu grüßen, ist der Gegenstand dieses Schreibens und wir bitten Gott, daß er Sie noch lange nicht in die Gemeinschaft der Heiligen aufnimmt zum Nutzen und Frommen unsres nach Besserung und Erleuchtung lechzenden Vaterlands. Ihr ergeb J. H. Kaufmann. Wenn Sie Lust haben mit uns im Monat May an einem Sonnentage fünf Herren Länder durchzureisen und Abends wieder in der Kaufmanney zu speißen, so kommen Sie ... Die Reiße könnte durch preusisch Rheingau, darmstädtisch Ebernburg, Hessen Homburg, Sachsen Coburg, und Oberstein im Oldenburgischen gehen. Zu Kirn sind wir dann wieder im Vaterland. Vivat Grenzstadt!“ (Orig.: Familienarchiv Görres-Jochner Nr. 121; Unveröffentlicht).

19.1.1817 (Heidelberg) Georg Friedrich Creuzer: „Glückauf zur wohlbeendeten Reise und Wiederzurechtsetzung.“ Er hoffe, mit Patchen Marie sei alles wieder gut. Sulpiz Boisserée habe ihm Görres’ Brief vorgelesen. Die beiden Buchhändler klagten. Die Literatur liege sehr darnieder, auch auf den Messen werde geklagt, die Teuerung laste schwer, Bücher würden nicht gekauft, die Buchhändler zahlten schlecht. Er habe gestern eine saubere Abschrift aus dem Codex an Mohr geschickt, habe auch Görres’ „hiesige Manuscriptangelegenheit“ nochmals in Anregung gebracht, man müsse nun sehen, was der akademische Senat tun werde. Den Priscianus, den Görres entliehen habe, brauche er nun schnell. Von Kopenhagen schreibe man ihm, unter den Palatina in Rom sei auch ein Codex der *Edda* gewesen. „Münter will sie selbst dorten unter Händen gehabt haben. Nicht wahr, diese Hs ist nicht hier? Auch wird in demselben Brief von einer Reimchronik des deutschen Ordens in dtsch Sprache im Vatican gesprochen. Haben wir diese?“ Wilken werde nun mit seinem Buch bald fertig sein. Guaita und Franz Brentano aus Frankfurt seien der Bilder wegen da gewesen. Wahrscheinlich werde alles nach Preußen gehen, Sulpiz erwarte eine baldige Entscheidung. „Mithin hätte Freund Görres in der deutschen Bundesstadt zwar sehr getreulich und auch in meinem Sinn, aber doch vergeblich geredet.“ Die Boisserées glaubten nicht, dass die Preußen zurücktreten werden. „Wenn Sie wieder politisieren wollen, so soll man die Druckerpresse so lange versiegeln, bis in Berlin der Schah Nameh erschienen ist. Das sey Ihnen ernstlich gesagt.“ Carové sei frisch und munter und werde schreiben, Tiedemann und Welker grüßen, Thibaut kränkle noch immer am Rheumatismus, Daub habe seine Not als Prorektor, Paulus sei krank gewesen, aber wieder auf den Beinen. Görres solle die Sommerreise nicht vergessen und mit Weib und Kind kommen. „Dann wollen wir einmal miteinander nach Baden und Straßburg". (Orig.: Familienarchiv Görres-Jochner Nr. 41; Binder (Hrsg.), *Freundesbriefe* Nr. 171, S. 511-513).

24.2.1817 (bzw. 20.2.1817) (Stuttgart) Karl August Freiherr v. Wangenheim: „Euer Wohlgeb haben durch Ihre Schriften beurkundet, wie groß Ihre Theilnahme für das Land sey, dem ich seit geraumer Zeit durch Liebe und Dienstpflicht angehöre, und das durch seine innern politischen Verhältnisse seit einigen Jahren die allgemeine Aufmerksamkeit auf sich gezogen hat, und sie demnächst, weil die Verhandlungen über eine Verfassung ihrer Entwickelung sich nähern, noch in höherm Grade ansprechen wird. In unserm neuen Könige und seiner Gemahlin verehren wir ein Fürstenpaar, das mit einem wahrhaft wohlwollenden Charakter, Liebe für Wissenschaft und Kunst und ein reges Interesse für alles Schöne und Wahre verbindet. Ein Ausfluß dieser Gesinnungen ist der Beschluß des Königs, eine Kunstschule hier in Stuttgart zu errichten. Wir besitzen bereits in Danecker einen ausgezeichneten Bildhauer, in Müller einen der berühmtesten Kupferstecher, in Klinsky und Wächter vortreffliche Architekten und Mahler, und der geistvolle deutsche Künstler, Mahler Hartmann in Dresden, ein geborner Würtemberger, wird uns den Wunsch nicht versagen, in sein Vaterland zurückzukehren. Auch fehlt es in jedem Kunstfache nicht an Männern untergeordneten Ranges für den ersten Unterricht und der Erweiterung und Vervollkommnung der hiesigen Kunstsammlungen dürfen wir mit Gewißheit entgegensehen. An diesen äußern Hülfsmitteln genügt es aber nicht, sondern es bedarf die Kunstschule, um etwas Fruchtbares für die Kunst und das Leben zu leisten, einer geistvoll begründeten Einrichtung und Leitung. Eine V o r s c h u l e, in Hinsicht auf allgemeine Menschenbildung und Berufsbildung muß nach meiner Einsicht die Grundlage der eigentlichen höhern Kunstschule werden, und die unmittelbare Leitung des Ganzen darf nicht einem ausübenden Künstler, gegen den sich immer Neid und Kabale vereinigen, sondern einem ausgezeichneten Gelehrten und Kunstkenner anvertraut werden. Der König hat auch vorläufig ausgesprochen, daß die Kunstschule sich in eine höhere Bildungs-Anstalt für Bildhauerey, Mahlerey, Baukunst und Kupferstecherkunst, und in eine Unterrichts-Anstalt für Handwerker etc. theilen soll. Eben so ist die Anstellung eines beständigen Sekretärs für die Anstalt beschlossen. Ich habe dem Könige gesagt, daß für diese Stelle ein Mann von höherer Bedeutsamkeit und Gelehrsamkeit erfordert werde, da er, unter einem Ehren-Präsidenten und in collegialischen Verhältnissen mit den ausübenden Künstlern die Seele des Ganzen seyn müsse. Unerwartet kann es daher Euer Wohlgeboren nicht seyn, wenn ich, zu dessen Departement die Kunstschule gehört, mit Wissen des Königs mir die Frage erlaube, ob Sie nicht geneigt wären, einen Ruf hieher und insbesondere zu jener Stelle anzunehmen. Ihre Verhältnisse werden hier gewiß sehr angenehm seyn, und ich habe wohl nicht nöthig beyzufügen, wie sehr Sie von meiner, Ihnen und Ihrem edlen Wirken längst gewidmeten Achtung jede Berücksichtigung Ihrer Wünsche erwarten dürfen. Aber nicht die Kunstschule allein, und Ihre Anstellung an derselben ist es, welche mich zu jener

Frage veranlaßt hat. Der König hat die Absicht öffentlich erklärt, einen Gelehrtenverein hier zu bilden, der für die Wissenschaft und ihr Eingreifen in das Leben wirke. Unterdessen würde die innere politische Lage Würtembergs Ihnen einen reichen Stoff der schönsten und gemeinnützigsten Wirksamkeit darbieten. In dieser gedoppelten Beziehung erhöht sich daher der Wunsch, ja, ich folge meiner innigsten Ueberzeugung, indem ich sage, das Bedürfniß, E. W. hier zu besitzen, und Ihre Einsichten für die Absicht des Königs, Kunst und Wissenschaft zu befördern, und Ihren Muth für die Vertheidigung des wahren Rechts, und des wahren Interesses des Regenten und des Volkes und gegen die Anmaßung des Unverstands und des Uebermuths in Anspruch zu nehmen. Diese verschiedenen Verhältnisse, welche Ihrer Wirksamkeit bey uns offen stehen, bieten zugleich eben so viele Mittel dar, Ihre äußern Verhältnisse auf eine Ihnen willkommene Weise zu bestimmen. Wenn Sie daher geneigt sind, einen Ruf hieher anzunehmen, so bitte ich Sie, mir Ihre Bedingungen und Wünsche, in Hinsicht auf äußeres Verhältniß und Ihre öffentliche Wirksamkeit, sobald immer die Zeit es Ihnen gestattet, offen kund zu thun. Zugleich würden Sie mich sehr verbinden, wenn Sie mir vorläufig Ihre Ansicht in Beziehung auf die Grundzüge einer guten Kunstschule mitzutheilen die Güte haben wollten. Jede Vorsorge, die Sie etwa in Hinsicht auf örtliche, oder persönliche Verhältnisse zu machen für gut fänden, werde ich mit Vergnügen beantworten, so wie ich mir überhaupt zur Pflicht machen werde, Ihre Ansichten und Wünsche, so viel an mir ist, mit Eifer zu unterstützen." (Görres, *In Sachen der Rheinprovinzen*, Nr. 7, S. 264-267 = *GS* 13, S. 394f = Marie Görres (Hrsg.), *GPS* 4, S. 645-647). (Zur Datierung: Görres, *In Sachen* datiert 24. Februar. In seinem Schreiben an Wangenheim spricht Görres laut Abschrift Berlin von Wangenheims „Zuschrift vom 20. Februar", laut *In Sachen* vom 24. Februar. Auf Görres' Abschrift der Antwort Wangenheims vom 22.3. ist in „mein Schreiben vom 20 Febr" die ursprüngliche „24" mit „20" überschrieben. Die Datierung von Wangenheims Schreiben auf den 24. scheint jedoch wahrscheinlicher auf Grund des Zusammenhangs der Noten über den Vorgang im Hauptstaatsarchiv Stuttgart, Akte E 11 Bü 81, E 15 Bd 10: Wangenheim an den König 20.2.1818 (Bitte um Entscheidung, ob auf Görres bei der Berufung Rücksicht genommen werden solle), und Abschrift einer Note des Staatsministers v. Wangenheim an den Staatssekretär v. Vellnagel vom 17. März 1817 „in Beziehung auf die ihm nach der höchsten Resolution vom 22. d. vor. Monats angetragene Stelle eines beständigen Secretärs bei der hier zu errichtenden Kunstschule").

26.2.1817 (Paris) Lambert Joseph Krezzer: „Lieber Görres! Es ist gewiß unverantwortlich, und ich will und kann es auch nicht vertheidigen, daß ich dir und meinen übrigen Freunden zu Koblenz, die ich so tief und innig in meinem Herzen trage, zu denen ich mich so oft mit einer Art von Heimwehe zurücksehne, so lange nicht schrieb. Ihr würdet mich aber entschuldigen, wenn Ihr wüßtet, wie es mir seit dem Jahre fast hier ergangen ist, und daß mancher Tag verstrich, wo ich nicht einmal so viel Zeit erübrigte, um in dem vor meiner Thüre gelegenen jardin des Tuilleries mein gewöhnliches Exercise – wie es die Pariser nennen – zu machen. Nun will ich aber einmal schnaufen, und in der Runde herum Briefe schreiben: wer weiß, wann es mir wieder so wohl wird. Du pressirst mit deiner Geschichte mit dem Juden, du bist also auch der Erste an der Reihe, dem ich schreibe. Es ist nicht richtig, daß ich dem von Mathieu projektirten Arrangement mit dem Juden meine Beistimmung gegeben habe. Als Mathieu mir darüber sprach, sagte ich ihm, daß ich gar nicht darüber urtheilen könnte, weil mir alle Umstände aus dem Gedächtniß seyen, und daß man nothwendig die Akten unter den Augen haben müße. Eben so wenig erinnere ich mich der Einrede, die der Fritschischen Schuldurkunde entgegensteht, die aber meines Erachtens wichtig ist. Wenn ich das billet sähe, so fiel mir die Einrede vielleicht wieder bei: Lebens aber muß sich derselben noch erinnern. Ich habe mit Mathieu in dem Sinne deines Briefes gesprochen, und wir wollen nun sehen, was es weiter giebt. Die Foderung der Fritschischen Erben zu beseitigen, oder zu berichtigen kann nur der Gegenstand einer Verhandlung seyn, das Consentement de radiation des hypothèques soll – wie Mathieu sagt, der Jude bereits in authentischen Akten beygebracht haben. Ich rathe dir, auf jeden Fall … behutsam zu seyn, und ja nicht definitiv abzuschliesen, ohne nicht vorher einen Gelehrten – ich meine einen Rechtsgelehrten – gefragt zu haben.

Es hat mich sehr gefreut, wieder einmal etwas von dir zu hören, denn du warst hier seit einiger Zeit ganz abhanden gekommen. Dein Verschwinden in Koblenz (einige sezten hinzu: mit Sack und Pack) war hier bekannt, aber wohin der Vogel gestrichen, wußte eigentlich Niemand so ganz recht. Die Badenser nisteten ihn nach Heidelberg, die Bayern nach München, die Oesterreicher nach Wien; doch wußte keiner, wie er es eigentlich damit halten, und, weil er sich wahrscheinlich fürchtete, einmal von ihm gepickt zu werden, ob er sich des Fanges freuen sollte. Alle aber glaubten, daß ihn die am Rheine nun herrschende kalte Littauer-Luft verjagt habe, und zwar einmal für allemal: sie bezweifelten alle bei dir den esprit de retour. Die Preußen, die in der Regel, was sie haben, nicht leicht fahren laßen, hielten wakker Stich diesem albernen Schnack, und ich wußte es wohl, daß es überall nicht so schön ist, als auf dem Bergrücken der Karthaus zu Koblenz. Deswegen hat es mich so gefreut, daß du dahin zurückgekehrt bist. In Abdera will man das Gute nicht, weil man es nicht erkennt; in Lithauen erkennt man es, man will's auch, aber um es zu thun, fehlt der Muth; kömmt erst die Gefahr, so soll sich dieser auch wohl einstellen. Übrigens ist das Volk überall dumm und hoffärtig: man thut also am besten, da zu bleiben, wo in dem Schauspielhause es geschriben steht: Ridendo corrigo mores, als dahin zu gehen, wo die Dummheit und die Hoffahrth einen so gediegenen und soliden Kurs hat, daß kein Gesicht sich nur einmal zum Lachen verzieht. – Du bist hierüber ganz meiner Meinung, deßwegen sagst du auch, daß du aus zuvor ungeheuchelter Liebe für Littauen und seine Dependenzen dahin zurückgekehrt seiest. Wie will ich froh sein, wenn ich dich dort wiederfinde! Aber um des Himmels willen, sage mir doch, wie das zugeht, daß die Justiz bei uns noch nicht organisirt ist. Zwei Jahre sind es nun fast, daß wir vereinigt sind, und noch eine provisorische Justizverfassung! Ich begreife wohl, daß man dergleichen nicht übereilen soll, wie die Franzosen, die in dieser Zeit das Land schon siebenmal anderst und immer definitiv organisirt hätten. Aber es muß doch einmal ein Ende werden. Sage mir doch, wann und was das Land zu hoffen oder zu fürchten hat. Dem Volke am Rhein die preusische Gerichtsverfassung jetzt aufdringen zu wollen, heißt es in der Kultur von einer erstiegenen Stufe zurückweisen, diese höchste Schmach, die man einem Volke anthun kann, wird ihm wohl nicht wiederfahren, und doch fürchte ich es, weil es so viele giebt, denen am Rhein wohl eher der Weingeist als der Volksgeist zum Kopfe dringt. Ich hoffe vieles von der Überkunft des Staatskanzlers, wenn er sich nur gleich an die rechten Menschen wendet: du mußt in Zeiten dafür sorgen, ihn vor dem Gezücht zu warnen, was sich immer so hervordrängt, am Ende zwar gewöhnlich in seinen Stall zurückgetrieben wird, aber inmittelst viel schlechtes schon gethan hat. Deine unverantwortliche Übergehung wird dann auch zur Sprache kommen, und zur Ehre der Regierung und zur Satisfaktion des Volkes, will's Gott! erledigt werden. Wahrscheinlich ist die Reise des Staatskanzlers, und das Gute, was dem Lande dadurch geschieht, eine Folge deiner Vorstellungen an den König und ihn, die du mir geschickt hast, und die mir so viel Spaß machten.

Was mich angeht, so treibe ich mich nun fast ein Jahr in dem großen Dorfe herum; weil es mir bisher nicht an Beschäftigung, wie 1815 fehlt, deswegen plagt mich auch nicht, wie damals, die Langeweile. - Bis auf meine Frau war ich mit den meinigen bisher ziemlich gesund, und auch mit dieser geht es seit einiger Zeit besser. Crull ist in der Hinsicht unglücklicher als ich, er hat hier schon ein Kind begraben, ein anderes taufen lassen, ein drittes kränkelt stäts, und er selbst hat jetzt die Gelbsucht. Die Ärzte, die theuren, kommen täglich zu selbtzwei und drei in sein Haus, und das ist viel schlimm. – In ökonomischer Hinsicht geht es mir hier, wie es mir schon lang erging: klein und rein, und so komme ich aus. Das Traktiren, was hier so grassirt, ist ein Greul in den Augen des Herrn: ich nehme sehr selten thätigen, und nie leidenden Antheil daran. Unter den Herren Kollegen befinden sich Minister und Staatsräthe, sogar für Oesterreich ein Magnat, der mehr ungarische Bauern in der Tasche hat, als ich Dukaten: die Leute können das treiben, so ein Preuße aber, dem der zweiundvierzigjährige Affe schon sein Budjet gemacht, und dabei immer, wie die Chambre des Députés Einschränkungen und Ersparungen vorne angesezt hat, muß sich wohl klein halten. Zu dem kömmt noch, daß die Pariser, die von jedem Fremden für seine Unerfahrenheit einen Tribut fodern, mit der größten Seelenruhe noch etwelche Centimes additionnels darauf keilen, wenn sie mit einem Preußen zu thun haben, den sie dann immer an dem zu scharfen Nasenlaut erkennen. Sie können es noch immer nicht vergessen, daß die Preußen ihnen so den Daumen auf das Auge drückten, und durch ihre schönen Worte und Fuchsschwänzereien sich nicht irre machen ließen; an allem, was von Preußen hier zurückblieb, selbst das liebe Vieh nicht ausgenommen, nehmen sie Rache. Mathieu, der gar kein preusisches Äußeres hat, und zu dem wohl deswegen ein Franzose einiges Zutrauen fassen kann, fuhr am Neujahr mit einem Cabriolet in der Stadt herum, das Pferd bekam unbarmherzige Peitschenhiebe, so daß Mathieu, von Mitleid ergriffen, dem Kerl vorstellte, daß das Thier zu sehr ermüdet wäre und nicht mehr fort könne. Der Kerl aber antwortete und sprach: „Ce bougre peut bien marcher, mais il ne veut pas, c'est un malin – un prussien, mais je lui laverai la tête etc." Mathieu aber that wie Petrus, und schwieg und weinte bitterlich. – Von mir können sie es gar nicht begreifen, daß ich vom Rheine seye, weil ich in den Diskussionen über die Fragen, ob sie bezahlen sollen, gar keinen humeur accommodante bewiese. Ich wollte, sie halten mich für einen Pommerinken. Nun denke recht, was sie aus dir machten, wenn du hier wärest. Du solltest jetzt einmal hieher kommen, es ist jetzt so allerhand kurioses Volk hier: Rostophchin, Sindnei Schmit, und den Mann, der Saragossa vertheidigte, findet man sehr liebenswürdig. Es ist nun ein Jahr, daß du vor Lachen fast platzen wolltest, wenn Crull und ich doch wenigstens einigen Erfolg von dem Liquidationsgeschäft uns versprachen. Die Resultate, die sich bisher für Preußen ergaben, sind aber ziemlich erfreulich für uns und keineswegs lächerlich, am wenigsten für die Franzosen. Crull hat ihnen, wie ein geschickter Accoucheur schon manche Million von der Seele gerißen, so verkehrt auch der Quark in der Geburt stand, und so abgeschwächt die Wöchnerin ist. – Wenn du noch den Merkur schriebst, dann würdest du dich gewiß nicht enthalten können, uns ein bischen zu loben: es würde dem Preußenvolk gewiß nicht übel gefallen, wenn es hörte, daß es etwa eben so viel Millionen bereits erhalten hat, als die Unterthanen größerer und mehr betheiligter Staaten Zehntausende bisher erhielten, und das hat es einzig und allein dem unermüdeten Eifer des Herrn Crull zu danken, der dies alles mit einem Personale von 3 Individuen erzielt hat, während das Personale anderer Liquidations-Kommissäre auf 10 - 20 - 30 Köpfe steigt. Crull hat sich wahrhaft eine Bürger-Krone hier verdient. – Mit dem Ende dieses Monats müßten alle Forderungen gegen Frankreich unter der Strafe einer déchéance définitive angemeldet sein, und man kann nun ungefähr wißen, wie hoch diese Foderungen steigen werden. Es ist fast unglaublich, aber es ist richtig, daß sie fast Anderthalb Milliarden betragen. Wenn auch nur die Hälfte davon bezahlt wird, so lohnt es sich schon der Mühe, die Konvention von 1815 zu machen, ohne den Vortheil zu berechnen, der für die Völker aus dieser großen Lehre entspringt, daß über alle Frevel künftiger Kriege am Ende scharfe Rechnung abgehalten wird. Ich muß wohl schließen, sonst müßte ich ein neues Blatt anlegen. Lebe also wohl, und lache nicht mehr über unser Geschäft, was für die Franzosen so ernsthaft unter der Hand wurde. – Laß bald wieder etwas von dir hören, und grüße mir alle Freunde von Herzen. So wie die Sachen jetzt hier stehen, habe ich so bald noch keine Aussicht, sie wiederzusehen. Dein Krezzer." (Orig. und Teil-Abschrift: Familienarchiv Görres-Jochner Nr. 133; Unveröffentlicht).

26.2.1817 (Heidelberg) Sulpiz Boisserée: Dank für Görres' liebes reichhaltiges Briefchen vom 8. Jan. Ihre eigenen Angelegenheiten seien immer noch im Ungewissen. „Gott weiß, wie lang dies schwebende Seyn, diese ungewiße Gewißheit noch dauern mag? - Kurz nach Eurer Abreise schien sich zwar eine entschiedene Richtung nach dem N. Pol ergeben zu wollen, denn der St.k. ließ uns in folge eines eigenhändigen Schreibens durch Freund Sch. (Schinkel) anzeigen, daß er nun alle Papiere in Händen habe, die Sache ehestens dem K. vortragen würde und so bald bestimmten Erfolg hoffe, melden zu können; aber seit der Zeit ist weder Brief noch sonst etwas gekommen, und auch wir haben uns ganz ruhig und stillschweigend verhalten. Fast sollte man glauben Eure Zauberschrift N.N.N.N. hätte das Zünglein wieder in die Waage gebannt! Lächerlich war es genug, als Euer Briefchen ankam, wusten wir nicht gleich, was die seltsame Innschrift bedeuten sollte, bis sich endlich der Antiquar und Pedant im Hauß Doctor Sulpicius darüber warf und ohne weiters die wohlbekannte ominöse Bedeutung fand. Doch wie es die Gelehrten Herren machen, mit dem einen und Hauptfund nicht zufrieden, wollte er seinen kritischen Geist auch weiter üben und den Urheber der Innschrift errathen, da fielen seine Gedanken denn auf die Sophie, andre behaupteten dagegen es komme von der Mutter ja es gab sogar Stimmen für Guido, genug, es geschah ihm wie billig, die gar zu feine Forschung blieb unentschieden, auch musste er bekennen daß er den Zweifel nie ganz besiegen könne, ob der Herr und Vater nicht selbst das Schelmstück angerichtet habe? Von F. (Frankfurt) her wurde uns geschrieben, die Mehrheit sey für uns; indessen schien Herr Grambs, den Ihr karakteristisch genug Kramps schreibt, ein großes Wohlgefallen an den schönen Jungen zu finden, die Ihr als Preis auf die Unterlassung gesezt habt; ja es wäre nicht unmöglich, daß er denselben zum Behuf Academischer Studien ernstlich zu gewinnen suchte. Vorder Hand beschäftigt er sich damit, der Anstalt seine eigene Sammlung zu verkaufen! Wir sehen dem allen in Gottes Namen ruhig zu und lassen reif werden, was da reif werden will; deshalb wenn der Antiquar die Innschrift zu seinem eigenen Gebrauch also erklärt: <u>N</u>ur <u>N</u>icht <u>N</u>ach <u>N</u>. Wie das N eigentlich heißen wird, ob es ein N bleibt, ob es ein F oder was sonst wird, das muß sich erst zeigen. Und hiemit sey dies Kapitel abgethan.“

In der Sammlung habe sich seit Görres' Abreise wieder einiges eingefunden, was besser zu zeigen als zu beschreiben wäre: das Vorzüglichste sei von einem „noch nicht zu bestimmenden ausgezeichneten Meister, einem Zeitgenossen von Lucas von Leyden, der uns bisher fehlte“. Es stelle die Predigt eines Bischofs vor, die Vorhalle, worin die Predigt gehalten werde, „ist mit einem Halbdunkel und zugleich mit einer Gediegenheit der Farbe gemalt wie ich aus dieser jüngern Zeit noch nie gesehen habe. Man könnte den Maler in dieser Hinsicht einen jüngeren Eyck nennen.“ Frische sehr befriedigende Probedrucke von den Stichen zum Domwerk seien angelangt. Vor dem zu erwartenden Einschnitt im Leben sei sonst nicht viel Arbeit möglich, im Frühling und Sommer seien noch mehrere Reisen geplant, vorerst einmal rheinabwärts, er werde also die Freude haben, wieder einmal bei Görres einzukehren, hoffentlich schon im April. Er würde dann gern bei Türck die Flandria illustrata sehen, vielleicht kaufen, die Principes Flandriae von Scriverius aber seien ihm zu teuer. Er sehe auch aus Görres' genauer Beschreibung, für die er danke, dass es ein anderes Werk sei, als er gedacht habe. Er kenne diese Kupferstiche von Cornelius Vischer, mit lateinischen Versen im Fuß der Einfassung. „Dieser Tage habe ich mich über den Titurel gemacht, da endlich die mir aus dem Karlsruher (ehmals St. Peter Schwarzwälder) Codex bestellten Lesarten angekommen waren. Diese geben dem wesentlichen nach wenig oder gar keine Veränderungen, sondern nur hier und da bestimmtere bessere Ausdrücke. – Doch geht freylich aus allem, was ich bis jetzt über das Gedicht untersucht habe, deutlich genug hervor, daß der alte Druck einem Codex gleich zu achten – in so fern nähmlich, als dieser mit keinem der mir einstweilen bekannten ganz übereinstimmt. Die Schluß Verse nach dem Amen fehlen im Carlsruher Mscrt, sowohl als in dem hiesigen N 383. Indessen findet sich statt jener unten den Schlußversen enthaltenen Strophe worin sich Albrecht nennt, in N 383. Blatt 175 eine ähnliche. Sie ist zwischen die 2 Strophen eingeschoben, in welchen der Dichter im 40. Kapitel des alten Drucks (Seite 11 desselben Registers) über die Aventure spricht ‚Das vil die aventüre. Alhie nun fürbaß massen etc.‘ Ich führe es zum Überfluß an, wenn Ihr es nicht selbst bemerkt haben solltet und füge eine Vermuthung über den Albrecht bey. Indem ich nehmlich wegen der

Wiener Handschrift nachschlug fiel mir in Hagens Museum I Bd 569 die Stelle aus Ulrich Fürterers cyklischem Gedicht von dem Gral u der Tafelrunde auf, wie dieser etwa Albrecht von Scharffenberge nebst Gottfrid v Straßburg und Wolfram von Eschenbach hoch rühmt und preist. Sollte dieser Scharffenberg nicht unser Albrecht seyn? Wie kam U. Fürterer dazu, ihn so hoch ja noch höher fast als Gotf v Straßburg zu rühmen, da wir sonst von diesem Dichter nichts wißen, und kein großes Werk aus jenem Fabelkreis vorhanden ist, wenn der Verfasser unbekannt wäre, - wenn er nicht früher eine ähnliche Arbeit unternommen, wie im 15. Jh. Fürterer? Vor der Hand sagt mir diese Vermuthung wenigstens besser zu als daß es Albert von Halberstadt gewesen. Denn hier hindert mich immer die Nachricht, daß er um 1210 also mit Eschenbach gleichzeitig gelebt habe. Von Scharfenberg haben wir keine chronologische Bestimmung. In der manessischen Sammlung kömmt ein Sch. vor, welcher wahrscheinlich Albrecht ist, demnach könnte er, da die Sammlung anfang des 14. Jh gemacht worden, nicht viel später gelebt haben; so wäre er für einen Zeitgenossen des Gottfried von Straßburg zu halten und in die lezte Hälfte des 11., Anfang des 12. Jhs zu setzen. Das vertrüge sich ganz gut mit der Umarbeitung des alten (durch Abschreiben in Unordnung gerathenen) 4zeilig abgefaßten Titurel. Eine zweite Umarbeitung außer der Abkürzung des Fürter, scheint mir nicht wohl annehmbar, wohl aber muß man manche Entstellungen Einschiebungen usw. bey dem Text des Albrecht auf Rechnung der Abschreiber setzen.- Docens altteutsche Litteratur im Museum Artik. Alb v. Scharfenberg p 133 habe ich später nachgesehen; dieser bringt noch mehr Stellen über Alb v. S. aus dem Münchner Codex des Fürterer, welche meine Vermuthung bestärken, wie er sie dann auch selbst faste – jedoch (ohne irgend einen Grund anzugeben) sehr wenig darauf hält.- Prüft diese Ansicht einmal, wenn Sie Euch noch neu seyn sollte und sagt mir Eure Meynung. Wilken, der nun mit seinem Catalog bald fertig ist, habe ich sie auch mitgetheilt. Es wäre mir gar viel daran gelegen über die Zeit der ersten Abfassung und dann der Umarbeitung des Tit. ins Reine zu kommen. Aber um Gewißheit zu erlangen werde ich wohl noch manches Jahr warten müßen. Da ich nun mit meinem vielen Geschwätz den Kreislauf dieser Blätter durchgemacht habe, so muß ich wohl aufhören. Gott grüße und segne Euch alle, er laße Euch lauter gutes und glückliches wiederfahren! Das wünschen wir alle drey – Euer Freund Sulpitz Boisserée. Die besten Grüße an Schenkendorf, Creutzer erinnert euch an den Priscian.“ (Orig.: Familienarchiv Görres-Jochner Nr. 20; Auszüge: Binder (Hrsg.), *Freundesbriefe* Nr. 172, S. 514-516).

2.3.1817 (Berlin) Karl Heinrich Ludwig Freiherr von Ingersleben: „Euer Wohlgeboren danke ich verbindlich für Ihr freundliches Schreiben vom 23. v. M.; in dem ich nach meinem Gefühl für Recht und Billigkeit in der Sie betreffenden Angelegenheit, handelte, freut es mich gewiß nicht wenig solche zu Ihrer Zufriedenheit beendigt zu sehen. Zwar hat das neuere Ministerial Rescript an mich, dessen Inhalt Ihnen wahrscheinlich von Herrn Schulrath Schulze mitgetheilt seyn wird, dem Sinne des Herrn Fürsten Staatskanzlers noch immer nicht entsprochen, und mich daher zu einer nochmahligen Anfrage bey lezterem veranlasst: indeß zweifle ich nicht, daß nach der durch den K. Rath Staegemann Ihnen bereits genannten Benachrichtigung, der Herr Fürst mir nunmehr bestimmte Verfügung zur Zahlung des Ihnen zugesicherten Wartegelds zugehen lassen wird.

Auch über Euer Wohlgeb Antrag wegen Wiederherstellung des Rheinischen Merkurs, bin ich nach dem was Sie gefälligst mir darüber geäußert haben, nicht nur vollkommen beruhigt, er stimmt sogar mit meinen eigenen Wünschen überein; denn von der so geübten Feder eines in Deutschland allgemein geachteten Mannes, darf ich eben so viel Besonnenheit als Kraft und Anhänglichkeit für den Staat dem jetzt er angehört, erwarten, und dadurch das Heer der hämischen Zeitungsschreiber zum Schweigen gebracht sehen, welche, mögen sie dazu gedungen seyn, oder die eigennützige Absicht eines bessern Absazes ihrer Blätter dahinter verbergen; geflissentlich alles Gute was doch so vielfältig in Preußens Reich geschieht, mit Stillschweigen übergehen, und dagegen jede, selbst oft nur anscheinende Blöße, welche hie und da noch hervorraget und welche bey so verschiedenartigen Ländern und Menschen vielleicht nicht immer ganz vermieden werden kann, gleich laut ausschreyen und mit wiedrigen Farben ausmahlen. Es wird mir daher sehr angenehm seyn, wenn der Herr Fürst Ihrer Anfrage nicht weiter entgegen ist, und geschieht es nicht schon früher, so wird Ihnen doch der Erfolg bey dessen Anwesenheit in Köln gewiß nicht entgehen: vor Ende July dürfte solche doch daselbst nicht zu erwarten seyn. Ich beharre mit vollkommenster Hochachtung Euer Wohlgeb ganz ergebenster Ingersleben". (Orig.: Familienarchiv Görres-Jochner Nr. 113; Unveröffentlicht).

9.3.1817 (Heidelberg) Georg Friedrich Creuzer: Er habe vorgestern den Priscianus endlich erhalten, vielleicht bringe er ihn im Herbst selber wieder. Die Abtei St. Maximin konnte sich auf dieses Pergament etwas einbilden, „sowie anjezo Hr. Görres". – Carové habe schon einen Druckbogen korrigiert und nichts zu tadeln gefunden. Von Mone habe er gehört, Oswald werde Görres' Auftrag annehmen. „Sie dürfen allerdings auf großes Publikum rechnen; besonders jetzt, wo die vaterländische Literatur wieder in gebührender Aufnahme ist." Gottlob, dass Frau Görres und auch die kleine Marie, das Pathchen, genesen seien. Er, Creuzer, habe seinen Studenten den *Schah Nameh* schon fest versprochen, Görres solle sich also danach richten. (Orig.: Familienarchiv Görres-Jochner Nr. 41; Binder (Hrsg.), *Freundesbriefe*, Nr. 171, S. 513).

15.3.1817 (Berlin) Friedrich August Staegemann: „Wiewol ich darauf gerechnet hatte, bey meiner Reise nach Frankreich wenigstens auf dem Rückwege E. W. zu sehen und Ihnen meine persönliche Hochachtung zu bezeigen, so hat doch die zufällige Verspätung dieser schon halb zurückgelegten Reise auch meine Hoffnung vereitelt, und es bleibt mir nur übrig, Ihnen zu schreiben. Den neuesten Anlaß hiezu geben allerdings die vielen Freunde, die sich hier lebhaft für Sie interessiren, und die mich wegen Ihrer dermaligen und künftigen Verhältnisse in der freylich unbegründeten Voraussetzung bestürmen, daß ich mehr darüber wisse oder wirksam dafür seyn könne. Ich weiß aber nichts mehr, als daß der H. Fürst Staatskanzler Ihnen wohl will, und daß er wünscht, Sie möchten ein Lehramt an der doch nächstens zu gründenden Rhein-Universität annehmen. Ob Ihnen dieserhalb ein Antrag schon geschehen, ob etwas Anderes an Sie gelangt ist, weiß ich so wenig wie die Andern, und vermuthe nur, daß noch bis jetzt nichts geschehen sey, weil der H. Staatskanzler wahrscheinlich die Absicht hat, auf seiner Rheinreise selbst mit Ihnen darüber zu sprechen. Indeß wird diese Reise gewiß noch mehrere Monate ausgesetzt, und schwerlich vor Ende Junius vor sich gehen. Ihre hiesigen Freunde wünschen deßhalb, daß ich selbst noch vor der Reise des Fürsten Schritte bey ihm zu Ihren Gunsten thun möge, um Ihnen Ihr Recht zu verschaffen, und ich bin dazu sehr gern bereit, werde Sie aber um so wirksamer vertreten können, wenn ich Ihre Wünsche zuvor weiß. Wenn ich meine angelegentlichste Bitte deshalb an Sie gelangen lasse, so halte ich mich überzeugt, daß Sie mir das Vertrauen gönnen werden, auch von Ihrer Seite versichert zu seyn, daß ich dabey die Rücksichten nicht verletzten werde, die Sie fordern können. Hier wird am 30sten d. M. der König den Staatsrath einführen, und dieser sich sogleich mit den Einleitungen zur Konstitution beschäftigen. Wir hoffen, daß aus den frühesten Verhandlungen des Staatsraths auch für die Rheinprovinzen viel Ersprießliches hervorgehen wird, viel, so wie es Noth thut." (Görres, *In Sachen der Rheinprovinzen*, Anhang Nr. 11, S. 277-279 = *GS* 13, S. 399f = Marie Görres (Hrsg.), *GPS* 4, S. 652f).

20.3.1817 (Kassel) Wilhelm Grimm: Er werde Görres die *Heymonskinder* durch seinen Bruder zurücksenden, der nach Heidelberg reise. Die Abschrift sei in beiden Exemplaren sehr nachlässig „und das alte Gedicht gewaltig zu Grund gegangen". Eine bloße Prosaübersetzung wäre unter diesen Umständen das Beste. Den *Rosengarten* brauche Görres nicht zu schicken, er habe jetzt eine Abschrift von Carové aus Heidelberg erhalten, aber der Text sei „sündlich zugerichtet". Er wolle versuchen, die Straßburger Handschrift zu bekommen. Seine Frankfurter Handschrift weiche wieder äußerlich und in der Fabel ab. - „Vielleicht wird in dieser Zeit Ihr zukünftiger Aufenthalt bestimmt. Wir hörten vor kurzem aus guter Hand, daß Sie einen Ruf nach Würtemberg erhalten könnten; freilich muß es Ihnen schwer ankommen, den Rhein zu verlassen, doch ist dort das Land auch schön und die Menschen, die ich von dort gesehen, haben mir noch alle gefallen." – Ludwig sei in München wohl und denke mit unveränderter Liebe an Görres. Arnim bekomme in diesen Tagen Familienzuwachs, Clemens solle „Liebeshändel vorhaben". (Orig.: Familienarchiv Görres-Jochner Nr. 80; Binder (Hrsg.), *Freundesbriefe*, Nr. 173, S. 516f).

22.3.1817 (Stuttgart) Karl August Freiherr v. Wangenheim: „Euer Wohlgebohren haben mich durch die gefällige Weiße, mit der Sie mein Schreiben vom 20(!). (ausgebessert aus 24.) Februar beantworteten, zum lebhaftesten Danke gegen Sie verpflichtet. Die Gründe, welche Euer Wohlg. abhalten, sich jetzt schon zu entscheiden, sind mir ein neuer Beweis von der Reinheit Ihres Charakters, und verdienen die höchste Achtung. So sehr daher auch mein Wunsch sich erhöht, Ew. Wohlg. hier zu besitzen, so beschränke ich mich doch darauf, die Entschließung E. Wohlg. zu erwarten. Nun erlauben Sie mir die Bitte zu erneuern, mir Ihre Ansicht über die Errichtung einer Kunstschule in Stuttgart mitzutheilen. Der Wunsch allein, daß hier etwas wahrhaft Tüchtiges gegründet werde, dringt mir diese Bitte ab. Mit den Gesinnungen wahrer Hochachtung Unterzeichnet Wangenheim". (Abschrift von Görres' Hand: Berlin, GStA PK, I. HA Rep. 74, Nr. 2042 Bl. 15v; Görres, *In Sachen der Rheinprovinzen,* Anhang Nr. 9, S. 273f = *GS* 13, S. 398).

24.3.1817 (Nassau) Heinrich Friedrich Karl Freiherr vom Stein: Der Vortrag des Herrn v. Marschall über die Nassauer Finanzen, „mit seinem typischen Geist der Pfiffigkeit und Heuchelei verfasst, enthält zugleich eine Rüge des Benehmens einiger Gutsbesitzer, d.h. meiner und des Grafen Walderdorff." Er habe das Sophistische und Gleissnerische darin in den anliegenden Bemerkungen angedeutet – „Ich wünschte Euer Wohlgeboren griffen wieder zu ihrer Geißel und ließen sie den kleinen dicken Mann mit dem Katzenblick fühlen – und schickten mir einen Aufsatz für die Allgemeine Zeitung – den ich einrücken lassen will." – Er habe in Stuttgart Herrn von Wangenheim kennengelernt, „er sprach von seinen Absichten auf Sie, von einer Anstellung in Tübingen – es wäre doch schade, wenn Sie den Rhein verließen, und an einer Errichtung einer Lehranstalt läßt sich doch kaum zweifeln." (Orig.: Familienarchiv Görres-Jochner Nr. 244; Binder (Hrsg.), *Freundesbriefe* Nr. 174, S. 517f; Pertz, *Das Leben des Ministers Freiherr vom Stein,* Bd. 5, S. 112f; S. 27ff; Hubatsch (Hrsg.), *Freiherr vom Stein. Briefe und amtliche Schriften*, Bd. 5 (1964), S. 603f, Nr. 515; Botzenhart (Hrsg.), *Freiherr vom Stein. Briefwechsel, Denkschriften und Aufzeichnungen,* Bd. 5 (1933), S. 375).

26.3.1817 (Berlin) Achim von Arnim: Meldet die Geburt eines Sohnes am 24. März. Er habe lange nicht geschrieben, aber er hätte sich nur rühmen können, dass alles mit dem *Merkur* so gekommen wie er es vorhergesagt: „wie ich es aus der wohlbekannten Halbheit unsrer Minister leicht voraussagen konnte, wie es immer wieder erfolgen muß, so lange wir in der schmählichen Unbestimmtheit aller Rechte und Verhältnisse fremder Nationen und zur gänzlichen Verwirrung ihrer officiellen Meinung über unsern Zustand, wie stinkend Oehl und matter Essig zu einem verdammten Salate aller Nationen gemischt sind. Bleib uns nur treu, es wird gewiß besser und Du kannst Deinen Rheinländern gewiß noch einmal nützlicher werden, als den Bayern oder Wirtembergern. Die Meinung bei den Obern in Hinsicht Deiner scheint sich zu ändern, ich weiß mit Bestimmtheit, daß sowohl mündlich als schriftlich von Ingersleben berichtet ist, man habe Dir Unrecht gethan, man habe Dich falsch beurtheilt, und Absichten geargwohnt, die nicht vorhanden gewesen; es sei nicht nur recht und billig, Dich anzustellen, sondern auch in Hinsicht vieler Bewohner jener Gegenden, die viel auf Dich hielten, in der öffentlichen Meinung vortheilhaft." Er vermute, Görres werde eine Stelle an der neuen Universität angetragen werden, die nun wohl nach Bonn komme. Bei der schönen Lage von Bonn und der Wohlfeilheit sei ein Zusammenströmen von Studenten größer als in Heidelberg zu erwarten; „ich schicke meine vier Söhne auch dahin, und empfehle sie Dir bestens." Der Staatsrat werde nun bald zusammentreten, das Steuergesetz und die Verfassung zu beraten. Das Vorbild von Weimar und Württemberg und die Entsetzung von Montgelas seien von großem Einfluss. – Er sehe Benzenberg öfter, der sich über die Gegend informieren wolle. – Grimm habe von 3 Büchern geschrieben, die von Görres erscheinen werden. Wenn er literarische und Kunstnachrichten habe, solle er sie ihm für den *Gesell-*

schafter schicken. Ein Aufsatz über Fabrikverhältnisse in Görres' Gegend wäre interessant dafür. (Binder (Hrsg.), *Freundesbriefe* Nr. 175, S. 518-520).

27.3.1817 (Nassau) Heinrich Friedrich Karl Freiherr vom Stein: Dankt Görres, dass er sich der hiesigen Angelegenheiten annehmen wolle, übersendet Material für den Artikel gegen Marschall. Er habe die ihm mitgeteilten Aktenstücke Görres betreffend mit Unwillen gelesen, sei erbittert über das Betragen des Ministeriums. Er unterscheide aber zwischen dem vorübergehenden Geist der jetzigen Einfluss habenden Staatsbeamten und dem Geist der Bewohner des preußischen Staats, durch sie lasse sich dennoch am meisten in Deutschland wirken. Was sei ihm nun zu raten? Die Briefe seiner Freunde seien schwankend und gehaltlos, die Anträge, die man ihm mache, seien ehrenvoll, Wangenheim sei ein tüchtiger Mann, ein kleines Land habe doch aber auch immer etwas enges, und er ginge dem Niederrhein verloren. „Das einfachste wäre, Sie zeigten dem Staatskanzler bestimmt an den erhaltenen Ruf und forderten von ihm eine bestimmte Erklärung über Ihre Anstellung bei einer rheinischen Universität innerhalb einer bestimmten Zeit. Erfolgt sie nicht, so ist der Wurf geschehen; entfernen Sie sich nur nicht mit feindseligen Gesinnungen von Preußen." (Orig.: Familienarchiv Görres-Jochner Nr. 244; Pertz, *Das Leben des Ministers Freiherr vom Stein,* Bd. 5, S. 113f; Hubatsch (Hrsg.), *Freiherr vom Stein. Briefe und amtliche Schriften*, Bd. 5 (1964), S. 604, Nr. 516; Botzenhart (Hrsg.), *Freiherr vom Stein. Briefwechsel, Denkschriften und Aufzeichnungen*, Bd. 5 (1933), S. 376).

1.4.1817 (Koblenz) v. Münchhausen, Kgl Regierung 2te Abtheilung: „Ew. Wohlgebohren benachrichtigen Wir, daß die Kgl Ministerien der Finanzen und des Innern durch das Rescript vom 14. Februar Ihnen diejenige fixirte Besoldung, welche Sie früher als öffentlicher Lehrer des hiesigen Gymnasii bezogen haben, also 1400 Francs oder 367 Rthlr. 12 ggr. jährlich, von dem Zeitpunkte an als ein Wartegeld bewilligt haben, wo die Zahlung Ihres Gehalts als Direktor des öffentlichen Unterrichts aufgehört hat. Wir haben daher, und da Sie das eben gedachte Gehalt, nach Ausweis unserer Akten, bis incl. May 1816 bezogen haben, unserer Hauptkasse heute die Anweisung ertheilt: Ihnen pro 1816 auf 7 Monate 816 fr. 66 2/3 cent. und von 1. Jenner ab monatlich 30 Rthlr 15 ggr. ohne besondere Anweisung fortlaufend zu zahlen. Koblenz den 1. April 1817. Königl. Regierung. 2te Abtheilung. v. Münchhausen". (Görres, *In Sachen der Rheinprovinzen*, Anhang Nr. 6, S. 263 = *GS* 13, S. 394 = Marie Görres (Hrsg.), *GPS* 4, Anhang Nr. 6, S. 645).

2.4.1817 (Nassau) Heinrich Friedrich Karl Freiherr vom Stein: Er danke Görres für seinen Aufsatz (gegen Marschall), „es ist eine ätzende Lauge, bei deren Anwendung der Kranke laut aufschreien wird; mich hat er sehr lachen machen, und habe ich ihn an den Ort seiner Bestimmung befördert. Ich wünschte nur, daß er die feigen und lauen Menschen, die selbst zu der Unterschrift einer höchst gemäßigten Vorstellung um Zusammenberufung der Landstände sich nicht entschließen konnten, überzeugen möge, daß das, was ihnen nächst der eignen Haut am teuersten, ihr Geldbeutel, in Anspruch genommen werde und daß diese sie zum Schreien bestimmen möge. Das Begehren Ihrer restitutio in integrum habe ich nicht übersehen, glaubte aber nicht, daß Sie Ihr Bleiben an dessen Erfüllen knüpfen würden. Ich hoffe immer, Sie werden hierauf nicht bestehen, sondern, wenn man Ihnen eine ehrenvolle Anstellung bei der rheinischen Lehranstalt gibt, diesen Standpunkt fassen und von dort aus auf Sachen und Menschen wirken. Sie werden, wenn diese Voraussetzung erfüllt wird, glücklicher und selbständiger leben als am Neckar. Wird sie nicht erfüllt, dann freilich muß man anderwärts sein Heil versuchen. Es wird sich im preußischen Staat noch viel Gutes und Besseres mit Zeit, Geduld und Beharrlichkeit wirken lassen, und Sie sind durch Gebiet, Talent und Charakter zum Mitwirken berufen." (Orig.: Familienarchiv Görres-Jochner Nr. 244; Pertz, *Das Leben des Ministers Freiherr vom Stein*, Bd. 5, S. 114; Hubatsch (Hrsg.), *Freiherr vom Stein. Briefe und amtliche Schriften*, Bd. 5 (1964), Nr. 519, S. 609f; Botzenhart (Hrsg.), *Freiherr vom Stein. Briefwechsel, Denkschriften und Aufzeichnungen*, Bd. 5 (1933), S. 381).

3.4.1817 August Graf Neidhardt von Gneisenau: „Mit dem Fürsten habe ich über Ihre Angelegenheit, mein lieber Görres, geredet, Ihrem Wunsch gemäß, was inzwischen auch ohne Ihren Wunsch geschehen wäre. Der Fürst hat mich ermächtigt, Ihnen zu sagen, daß Sie ja keinen eiligen Beschluß nehmen mögen, bevor er nicht in die Rheinlande gekommen, was im July geschehen werde; daß Sie unsern Staat und Ihr Vaterland nicht verlassen dürften; daß was Ihnen eine andere Regierung böte, auch die Unsrige gewähren würde; daß er Sie sehr hochachte; daß er mit Ihrem Benehmen seit anderthalb Jahren sehr zufrieden sey. Was Sie zu vernehmen weniger erwarten werden, ist, daß der Minister v. Ingersleben, ganz unveranlaßt durch Ihre hiesigen Freunde, eine sehr vortheilhafte Schilderung von Ihnen macht, und Ihr Interesse bey der Regierung wahrnimmt. Er hat mir gestern den Entwurf zu seiner Vorstellung an die Minister zu Ihren Gunsten vorgelesen, und früher hatte ich schon vernommen, daß er in seinem Wirkungskreise Ihr Vertreter sey." (Görres, *In Sachen der Rheinprovinzen*, Anhang Nr. 14, S. 288 = *GS* 13, S. 404).

10.4.1817 (Berlin, Hotel de Rome unter den Linden) Johann Friedrich Benzenberg: „Gneisenau hat mir gesagt, daß Sie eine peremtorische Frist bis zum 15ten gesetzt – auch was ihm der Canzler aufgetragen Ihnen zu schreiben. Ich denke wir finden uns noch einmal alle auf der Rheinischen Universität." Arndt sei auf Rügen um mehr als ein Jahr älter geworden und „lange nicht mehr die lustige und vergnügte Haut so er am Rheine war", Jahn habe aus einer Ehrensache keine Ehrensache gemacht. Wilhelm Scherer habe im *Geselllschafter* von Gubitz einen Aufsatz über die Licht- und Schattenseite des Turnens einrücken lassen, u.a. sage er darin, dass die Turner sich im Krieg „eben nicht vorzugweise excellent benommen, und daß ein renomierter Turner immer diplomatische Geschäfte gehabt, wenn es zum Knallen gekommen, wodurch er sein theures Leben immer jeder Gefahr entrückt". Das habe sich auf Jahn oder auf „den diken Dr. Carl Müller, der zwar kein Turner" beziehen können. Er habe den Herren gesagt, dass sie Wilhelm Scherer „auf die Stube rüken müsten" und ihn fragen, wen er gemeint habe, „Allein sie wollten nicht recht ins Zeug gehen." „Brentano ist noch immer die alte Natur voll Italischer und germanischer Wiedersprüche. Dort gewurzelt

– hier gezweiget. – Der es in keiner Weise zu einer Einheit zu bringen vermag. – Als ein Student in einer schmuzigen Stube mit zerbrochenen Stühlen mit Caffediät und Tobakrauchen, so dahin lebend – und oft döselnd". Arnim sei den ganzen Winter in Berlin gewesen. Die liebenswürdige Bettine habe vorgehabt, im Januar hier ihre Wochen zu halten, habe sich aber verrechnet und komme wohl jetzt erst bald hinein. Arnim sehe etwas müde aus, beschäftige sich mit „kleiner Schriftstellerei" im *Gesellschafter* und habe das Naturstudium ganz verlassen. „Savigny ist der alte stille, liebenswürdige ernste, kenntnißreiche, fromme Johannis wie immer." Gneisenau sei fröhlich und heiter, - „er faßt die Sache recht mit Lust an, und scheint ein Loch durchzusehen. – Der Canzler setzt einen ungemeinen Werth auf seine neue Schöpfung – und jeder öffentliche Tadel würde ihn tief kränken. – Als captatio benevolentiae ließ er mich als der Staatsrath eingesegnet, zu sich in seine kleine Gesellschaft bitten, damit ich mit der Verfassungsurkunde des Staatsrathes nicht im Beobachter in ähnlicher Weise verführe wie mit der Würtenberger Verfassungsurkunde. Alles wohl erwogen, Verhältnisse und Personen, so glaube ich, daß man mit der Zusammensetzung des Staatsrathes, sehr zufrieden sein kann. Die Constitutionellen verhalten sich zu den Nichtconstitutionellen wie 5 zu 6, und dieses wäre hinreichend, ihnen die Majorität zu verschaffen, wenn den constitutionellen diese Art Geschäfte nicht so fremd wäre und eine solche penetrante Unwissenheit in ihnen wohnte. – Wenn im Staatsrathe ein Verfassungsentwurf gemacht wird, der wird eben so quatschig, wie der Würtenberger – und blos wegen Mangel an Kenntnißen. Evidente Wahrheiten sind dem Staatsrathe allerdings bekannt z. B. wenn es regnet dann wird's naß und kein Cadaster ist genau. – Allein – viel weiter geht auch die Kenntniß des Öffentlichen nicht. Nur mit der Öffentlichkeit kann man wirken, und deswegen habe ich mich im Beobachter angesiedelt, und den unter meine Special Curatel gestellt. Er wird hier allgemein gelesen – und gescheut, da er durch keine Cabinets Ordre zu verbiethen. So lang wir keine Preßgeseze haben, müßen wir uns mit unserer öffentlichen Meinung im Auslande ansiedelen – denn das Beurtheilen der Preßvergehen nach dem Augenmasse, das hole auch der Kukuk." Er wünsche, dass auch Görres sich im *Beobachter* „ansiedeln" möge. Beiträge solle er direkt an die Expedition des Beobachters in Hamburg senden. Er lege eine Anzeige des Redaktionsplans bei. Dr. Röding habe die englische Korrespondenz, Daevel die französische und er selbst die deutsche. – Ein Einzelner könne so ein Blatt nie vollkommen redigieren. Dass das Publikum noch sehr konstitutionell gesinnt sei, habe er an der schnellen Vermehrung des Absatzes gesehen, seit der *Beobachter* die konstitutionelle Wendung genommen. Er habe sich im ersten Quartal 1817 erheblich gegenüber 1816 vermehrt. „Ich habe dem armen Teufel geholfen, daß er einmal auf 700 Ex. Absaz und auf die Kosten gekommen." 1815 und 1816 habe er sich mit 200 - 400 Exemplaren herumgequält, Schulden gemacht „und Herrn Cotta seine Seele verschrieben, der aber nun mit März ausgeschieden." - Zu den trefflichen Einrichtungen in der Welt gehöre auch, dass der *Beobachter* allein 70 Freiexemplare in Hamburg an die Kämmerei, die Oberalten und den Senat geben müsse, wo er nur 110 Exemplare verkaufe. Im Frieden gingen die Zeitungen ungemein schlechter als im Krieg. Der *Correspondent* habe 1796 40 000 Exemplare gehabt, 1815 nur noch 20 000 und jetzt nur noch 9000. Grüße an Frau und „Kindelein", an Gröben, Scharnhorst und „das Mäusebächlein". „Schreiben Sie mir doch bald einmal wie es dort geht, und was die Leute sagen – und ob sie murmuriren. – Alles unverständige Räsonniren und murmuriren, was ich in meinem Leben gehört, reicht nicht an das Berliner. Es ist so schlecht, daß die Polizey, wie Wittgenstein sagte, nicht einmal einen Groschen ausgibt, um es zu erfahren. Alles bewegt sich hier in ungemein enger Bahn, den der Persöhnlichkeit – Hörigkeit ist allgemein verbreitet – und freye und semperfreye gibt es wenig. Indes hat sich doch durch die Regierung und durch die Universität eine Elite geistreicher Männer hier vereinigt. Am Tage der Schlacht von Paris war sie auf der Louisenhalle beysammen – und als man einmal herumzählte so war unter ihnen fast kein einziger Berliner. Adje. Der Ihrige." (Orig.: Berlin, GStA PK, I. HA Rep. 77, Tit. 22 Nr. 8 adh., Bl. 10f, Nr. 204; K.A. v. Müller, Briefe von und an Görres, in: *Archiv für Kulturgeschichte* 9 (1911), S. 449f).

11.4.1817 (Berlin) Friedrich August Staegemann: „Als ich neulich an Er Wolgeb schrieb, war mir allerdings unbekannt, sowohl daß Sie auf Ihre an Se Maj Höchst unmittelbar gerichtete Beschwerde noch nicht beschieden worden, als auch, was die Herrn Minister in Rücksicht auf Ihr Wartegeld inzwischen verfügt hatten. Ihre freundschaftliche Antwort vom 21. v. M. erst hat mich unterrichtet, ich habe mich theils aus den Ministerialacten in officielle Kenntniß gesetzt, theils über Ihre Angelegenheit durch S. Durchlaucht den Hrn Staatskanzler einen Vortrag gehalten. Die Ministerialacten ergeben, daß außer den 1400 Francs Ihnen noch 600 Francs als Entschädigung für Naturalemolumente bestimmt sind. Der Hr Fürst Staatskanzler hat mich indeß autorisirt, Ihnen zu schreiben, daß die 8000 Francs, welche Sie als Studiendirector auf die Verfügung des vormaligen Generalgouvernements bezogen, so lang, bis Ihre fixirte Anstellung erfolgt sein wird, von dem Tage an, da Sie solche zu beziehen aufgehört haben, Ihnen als Wartegeld verbleiben sollen. Er wird selbst ungesäumt die Anweisung zur Zahlung ergehen lassen. Hiernach läßt er Sr. Wohlgeb ersuchen, daß Sie in Rücksicht Ihrer fernern Bestimmung seine Ankunft am Rhein gütigst abwarten möchten, Er wird mit Ihnen selbst mündliche Rücksprache nehmen und Sie werden gewiß überall zufrieden gestellt werden. Die Reise Sr Durchlaucht ist auf den Monat Junius gewiß bestimmt, und über den künftigen Wohnsitz der Rheinischen Musen, über den ich meinen Theils niemals einen Augenblick zweifellos gewesen, wird gleichzeitig entschieden werden.

Erhalten Sie sich Ihrer Heimath, und erfüllen Sie also die Wünsche und Bitten Ihrer Freunde und die Hoffnung des Vaterlandes. Genehmigen Er Wohlg die Versicherung meiner treuesten Ergebenheit und innigsten Hochachtung. Stägemann". (Marie Görres (Hrsg.), *GPS* 4, S. 658f, Nr. 15 (im Wortlaut); Görres, *In Sachen der Rheinprovinzen*, Anhang Nr. 15, S. 289 = *GS* 13, S. 404: nicht wörtlich wiedergegeben, da das Schreiben sich nicht mehr vorfinde, wahrscheinlich unter den beschlagnahmten Papieren in Berlin sei).

11.4.1817 (Heidelberg, im Prinz Carl) Jacob Grimm: Er hoffe, Görres habe die *Heymonskinder*, die er ihnen geliehen, richtig erhalten. Er sei im Zweifel, ob Görres es „in Prosa lösen und zuschneiden, oder genau abdrucken lassen" wolle.

Im letzten Fall wäre die Durchsicht der Glöckle-Abschrift unvermeidlich. „Im ersten aber würde ich mir noch mancherlei mit dem Gedicht zu thun machen und vielleicht eine förmliche Abschrift unternehmen. Doch möchten wir in keinem Ihren Plänen und Absichten zu nahe oder in den Weg treten, sondern würden lieber ganz abstehen. Seyn Sie also so freundlich und bestimmen mir mit zwei Worten: Ob ich noch etwas mit den zwei Handschriften dieses Werks thun kann? Oder meine Zeit auf etwas anderes verwenden soll." Es sei vieles hier, aber für seine eigenen Zwecke doch weniger als er dachte. Die Pariser Chronik und Cunrads Gedicht seien ihm merkwürdig. Ob er nicht auch eine Glöcklesche Kopie von Cunrads Gedicht von Karl habe? Arnim melde eben die Geburt eines neuen -mund, die erste Silbe sei noch ungewiss. (Orig.: Familienarchiv Görres-Jochner Nr. 80; Binder (Hrsg.), *Freundesbriefe* Nr. 176, S. 520f).

25.4.1817 (Bern) Justus von Gruner: „Denken Sie nicht daß ich so lange geschwiegen um Ihre Säumniß zu erwidern." Seine Gesinnung sei unveränderlich, seine Freundschaft treu. Das verwirrte Geschrei am Rhein halle zum Teil bis in die Schweizer Täler wider. Was Görres über den dortigen Gang der Dinge mitgeteilt, habe ihn nicht erheitern können. Jüngste Berliner Nachrichten ließen endlich die Hoffnung zum Durchbruch des Bessern aufkommen. Zwar gefalle ihm die Zusammensetzung des Staatsrats und die Begrenzung seines Wirkungskreises nicht, doch „werden die welche drin sitzen schon treiben und die Sache zum Rechten leiten". Er sei hier auf seiner einsamen politischen Sternwarte. Die letzten 20 Jahre hätten furchtbar in der Schweiz gewütet, „mich jammert des tiefen Falles". Von Alters her habe „ein garstiger Götzendienst" für Buonaparte geherrscht, sie beteten das goldene Kalb an und verkauften ihm gern noch einmal ihre Söhne und ihr Vaterland. „Sie meinen, ich hüthe die Flöhe im Sieb. Aber, lieber Freund! Während ich sie oben bewache, schneiden die Kabinette nach löblichem Brauch in der Stille unten Löcher hinein so eitel ist menschliches Wollen und Mühen." Neben dem diplomatischen Treiben führe er immerhin ein patriarchalisches Leben. „Ich wollte Sie könnten einmal meinen Kreis sehen und meine lieblichen Kinder". Er wisse nur, dass Görres in Heidelberg gewesen sei über alten Manuskripten, er solle doch Nachricht geben „von seinem bürgerlichen Loose". Görres könnte Gruners Schwiegermutter, die ihn im Mai besuchen wolle, einen Brief mitgeben. (Orig.: Familienarchiv Görres-Jochner Nr. 85; Binder (Hrsg.), *Freundesbriefe* Nr. 177, S. 521-523).

2.5.1817 (Nassau) Heinrich Friedrich Karl Freiherr vom Stein: Er habe Görres' Schreiben vom 26.4. durch ein Versehen erst in diesem Augenblick erhalten, behalte sich eine ausführliche Antwort vor. Cotta habe ihm die Aufnahme des Aufsatzes in der *Allgemeinen Zeitung* versprochen, da sie nicht erfolgt sei, habe er ihn daran erinnert. Es könne aber nicht schaden, wenn der Aufsatz in Hamburg erscheine, er werde dann umso leichter in andern Zeitungen Zugang finden. (Orig.: Familienarchiv Görres-Jochner Nr. 244; Pertz, *Das Leben des Ministers Freiherr vom Stein*, Bd. 5, S. 116; Hubatsch (Hrsg.), *Freiherr vom Stein. Briefe und amtliche Schriften*, Bd. 5 (1964), Nr. 529, S. 618; Botzenhart (Hrsg.), *Freiherr vom Stein. Briefwechsel, Denkschriften und Aufzeichnungen*, Bd. 5 (1933), S. 385f).

5.5.1817 (Stuttgart) Karl August Freiherr v. Wangenheim: „Wohlgeb Hochzuverehrender Herr! Euer Wohlgebohrn werden mein Schreiben vom 22ten März d. J. ohne Zweifel erhalten haben. Nun ist mir in diesen Tagen ein Privatschreiben aus Coblenz vom 22. des v. Monats mitgetheilt worden, welches die Nachricht enthält, daß Ihre Angelegenheiten in Berlin eine für Sie und ich darf wohl sagen, für die Ehre der Königlich Preußischen Regierung sehr glükliche Wendung genommen haben, indem das bisherige Verfahren gegen Sie mißbilligt und Sie von Ihrer Wiedereinsetzung in Ihren vorigen Gehalt und Ihrer bevorstehenden Wiederanstellung amtlich benachrichtigt worden seyen, auch deswegen den Rhein Merkur neu beginnen werden.

Überzeugt daß, wenn diese Nachricht gegründet wäre, wir auf Ihren Besitz Verzicht leisten müßten, werden Euer Wohlgebohrn mir gern erlauben, Sie um gefällige Beschleunigung Ihrer Erklärung auf meine Anträge zu ersuchen. Mit den Gesinnungen wahrer Hochachtung bin ich Euer Wohlgeb ganz ergebenster Wangenheim." (Orig.: Berlin, GStA PK, I. HA Rep. 77, Tit. 22, 8 adh., Bl. 73; K. A. v. Müller, *Briefe von und an Görres*, in: *Archiv für Kulturgeschichte* 9 (1911) Nr. 6, S. 453).

17.5.1817 (Berlin) August Graf Neidhardt von Gneisenau: „Wenn Sie, mein lieber Görres, mit der jüngsten Wendung Ihrer Angelegenheiten zufrieden sind, so macht mir dieses Freude, denn ich wünsche recht viel zu Ihrer Zufriedenheit beizutragen. Bei der Hochsinnigkeit des Staatskanzlers bedurfte es keiner starken Verwendung, nur einer Erwähnung. Er erhebt sich so gern für alles bessere und man trachtet stets ihn danieder zuziehen. Über die Wiederbelebung Ihres Merkurs habe ich gefragt; man antwortete mir mit einem Nein und mit einem Ja. Dieses ist die leichtsinnigere, jenes die gediegenere Stimme, nämlich die meines Freundes Eichhorn. Schon früher war ich derselben Meinung, zu viel Wahrscheinlichkeit spricht für sie. Versuche sind indessen zu machen, denn man kann, bei der wechselnden Strömung, nicht immer voraus wissen, welcher Cours gelinge. Ob aber dem wiederbelebten Merkur von auswärts nicht abermal Gefahren drohen könnten, dafür läßt sich eine Bürgschaft nicht ausfinden, nicht einmal die eines Gesetzes über wiedergestattete Preßfreyheit, wenn ein solches nicht an eine Konstitution geknüpft ist, denn nur dann haben Minister eine gültige Entschuldigung. So viel zur Beantwortung Ihres Briefes, der ich weiter Nichts hinzuzufügen habe, als die Bitte um freundliche Erinnerung an mich und meine Grüße an Frau und Kinder." (Orig.: Familienarchiv Görres-Jochner Nr. 74; Auszug: Görres, *In Sachen der Rheinprovinzen,* Nr. 18, S. 297 = *GS* 13, S. 408).

18.5.1817 (Heidelberg) Georg Friedrich Creuzer: Wegen der Krankheit von Frau Görres seien sie besorgt gewesen. „Aber Sie sollten Ihren Geist und Kraft der Literatur vorbehalten, und nicht an die Politik verschwenden." Die Boisserées dächten genauso. Für diese sei noch keine Entscheidung gefallen. Sie lägen noch am Teiche Bethesda und es wolle kein Engel kommen, der das stagnirende Wasser der berathenden Collegien bewegte. Daneben rieten Frankfurter Briefe gleichfalls ab, sich mit den Frankfurtern einzulassen, und so werde wohl der Sommer darüber hingehen, „was uns Heidelbergern ganz recht ist". Unterdessen sei aus den Niederlanden ein Christuskopf von Hämmling (!) – „und wenn Sie den nicht gesehen haben, so haben Sie nichts gesehen", „ganz ohne Emphase", ein Wunderwerk. Dank für Görres' „frisches Liederbuch". Durch Mohr habe man beste Nachrichten vom literarischen Absatz auf der Leipziger Messer erhalten. Savigny' s Brief: Klagen über sein geteiltes Leben zwischen Staatsrat und Professur, daneben viel Jubel über den Veroneser Fund und dass Becker und Göschen jetzt hinter dem Codex rescriptus säßen, damit sei eine neue Zeit für die Jurisprudenz angebrochen. - Marheinecke habe Luthers Manuskript von den Schmalkaldener Artikeln aus der Bibliothek holen lassen, worin doch nichts anderes stehe als in dem gedruckten Band von Walch. „Ein starkes Stückchen von Lutherolatrie!". Jacob Grimm werden nun zwei der neugewonnenen Heidelberger Handschriften nach Kassel gesendet, er hoffe deshalb, er könne auch einmal welche nach Koblenz senden. Er wünschte, der *Schah Nameh* wäre fertig, er könnte ihn gut für sein Kolleg über die Literaturhistorie brauchen. (Orig.: Familienarchiv Görres-Jochner Nr. 41; Binder (Hrsg.), *Freundesbriefe* Nr. 180, S. 527-529).

26.5.1817 (Nassau) Heinrich Friedrich Karl Freiherr vom Stein: „In der Erwartung einer sicheren Gelegenheit habe ich die mir von Ew. Wohlg mitgeteilten Papiere zurückbehalten, deren Inhalt mir viele Freude macht, besonders, daß man Ihnen von einer Seite Gerechtigkeit widerfahren läßt, von der ich es nicht erwartete." Die Schicksale des Aufsatzes über die Nassauer Angelegenheiten werde er aus den anliegenden Schreiben des Herrn Cotta und seines Redakteurs sehen. Er wünschte wenigstens eine ganz einfache Prüfung des Finanzplans des Herrn v. Marschall zu erhalten, um ihn in die Weimarer Blätter einrücken zu lassen. (Orig.: Familienarchiv Görres-Jochner Nr. 244; Pertz, *Das Leben des Ministers Freiherr vom Stein,* Bd. 5, S. 117; Hubatsch (Hrsg.), *Freiherr vom Stein. Briefe und amtliche Schriften*, Bd. 5 (1964), Nr. 540, S. 631; Botzenhart (Hrsg.), *Freiherr vom Stein. Briefwechsel, Denkschriften und Aufzeichnungen,* Bd. 5 (1933), S. 395).

31.5.1817 (Düsseldorf) Heinrich Friedrich Theodor Kohlrausch: „Ich übersende Ihnen, lieber, sehr verehrter Freund, die Fortsetzung meiner Teutschen Geschichte für Schulen, über deren ersten Theil Sie mir im vorigen Jahre einige freundliche Worte der Billigung sagten, die mir nicht geringe Freude gemacht haben. Ich habe seitdem angestrengt gearbeitet um den guten Eingang, den der erste Theil gefunden, zu benutzen und besonders einen Gedanken durchzuführen, der mir sehr am Herzen liegt." Dies sei eine Schulfeier zum Andenken an die Jahre 1813, 14 und 15, in der die Geschichte derselben in jeder Schule jährlich der Jugend erzählt werde; und zwar wo möglich zeitgleich mit den kirchlichen Festen, „so daß z.B. im Preußischen im Oktober die Geschichte des Jahres 13, gegen den 31. März das Jahr 14, und gegen den 18. Juni die Schlacht in den Niederlanden an allen Schulen und allen Klassen den Schülern vor Augen träte". Wo Geschichte gelehrt werde, solle dies vom übrigen Unterricht gesondert geschehen, wo die Geschichte noch gar keinen Weg in die Schulen gefunden habe, möge hiermit der Anfang gemacht werden. Darüber hinaus solle von gar keiner Festlichkeit die Rede sein; „wenn hin und wieder der aufgeregte Sinn mehr dazu thut, so sey es als Zugabe willkommen; aber die Kunde des Geschehenen sey die Grundlage der jährlichen Schulfeier.“ Eine solche Einrichtung sei gut und notwendig, denn: „Wenn die kirchlichen Feste irgend Bedeutung behalten, wenn die Feier der Kirche und die Feuer der Berge einen hellen Wiederschein in den Herzen der Menschen finden sollen, so muß das Volk wissen, was gefeiert wird. Sonst wird nach Verlauf weniger Menschenalter keine Theilnahme mehr gefunden werden.“ Überdies wäre eine solche Anordnung „das nöthige Mittel, die ideale Ansicht der großen Angelegenheiten aufrecht zu halten“. Von den Zeitgenossen hätten sie wenige bewahrt, die Minister und Philister hätten sie verwässert. Aber die Jugend sei rein, und der Lehrerstand „im Ganzen auch am fähigsten, sie im Bilde zu empfangen und wiederzugeben. Wie aber ein solcher Lichtpunkt der Geschichte, im Gedächtniß des Volkes festgehalten nachwirkt und immer wieder neues Licht entzündet, das zeigt die Geschichte aller Völker von Bedeutung. Ferner kann dieser Anfang das Mittel seyn, Geschichte überhaupt, besonders die des Vaterlandes, in die Volksschulen zu bringen. Und wahrer Gewinn wäre das! Statt der leeren Kindergeschichten, die der Jugend Jahre lang als Vorbild in den gewöhnlichen Lesebüchern vorgehalten werden, und die ein fruchtbarer Schriftsteller ... zu vielen Dutzenden täglich aus dem Ermel schüttelt, - von der naschhaften Luise, die am Arsenik jämmerlich sterben muß, und dem tollen Franz, den ein Pferd vor den Kopf schlägt – statt dieser kleinlichen, armseligen Bilder, die höchstens der Tugend durch moralische Anweisungen über das Laster den Sieg verschaffen wollen, hätten wir den großartigen Boden der Geschichte, mit seinen tausend lebendigen Keimen, die nie ihre Bildungskraft verlieren! Ich brauche nichts hinzuzusetzen, und durfte auch so viel nicht einmal vor Ihnen auskramen, wenn ich nicht von diesen Gedanken so ganz erfüllt wäre. – Sie werden sie gewiß billigen und unterstützen, so weit Sie können. Es liegt mir an der Ausführung derselben viel mehr als an meinem Buche; doch glaube ich, daß dieses auch seinen Zweck erfüllen kann, und es ist bis jetzt das Einzige, welches die neuesten Gegebenheiten für den Kreis der Schulen dargestellt hat. Lassen Sie es sich also mit seinem Zwecke bestens empfohlen seyn. Noch eine andere Sache liegt mir sehr in Sinne. Die öffentliche Meinung ist ganz verwayset, seit der Merkur verstummen mußte. Wenn auch manches Gute hin und wieder gesagt ist, es ist doch kein Blatt vorhanden, welches in gleichmäßiger Haltung die wesentlichen Punkte jedes Augenblicks hervorhöbe und von oben her beleuchtete, keines, in welchem man ohne Scheu vor schlechter Gesellschaft mit Ehren sein Wort anbringen konnte. Der deutsche Beobachter will diesen Platz mit Sturm einnehmen, aber es wird ihm nicht gelingen, trotz vieler guter und scharfsinniger Aufsätze. Der Merkur fuhr auf ganz andere Weise gerad durch die Mitte der Dinge. – Nun hat hier einer aus Berlin mitgebracht, Sie würden auf ausdrückliche Veranlassung des Staatskanzlers den Merkur wieder anfangen, und seyen nur in Unterhandlungen, um gegen ähnliche Zumuthungen, wie das erstemahl, geschützt zu seyn. Ich bitte Sie, verehrter Freund, – zuerst daß Sie es ja thun, wenn sich irgend die Möglichkeit zeigt, und sollten Sie auch in manchen Dingen sich eine Einschränkung gefallen lassen müssen; über einzelne Dinge zu schweigen ist doch die höchste Einschränkung, die gefodert werden kann, und Sie glauben nicht, wie man sich im Allgemeinen auf einen Führer durch die vielen Widersprüche der Zeit sehnt. – Zweitens bitte ich Sie auch, mir mit ein paar Worten zu sagen, ob etwas an dem Gerücht ist und ob wir seine Erfüllung hoffen dürfen. Sie würden mir eine sehr große Freude damit machen, wie überhaupt mit einigen Zeilen über Ihr Thun und Treiben. Mir ist in diesen Tagen das 6te Kind geboren, nach 5 Knaben ein Mädchen. Da ist denn große Freude über die Langersehnte. Mit herzlichem Gruße und Wunsche, daß es bei Ihnen wohl stehen möge, empfiehlt sich Ihrer freundlichen Erinnerung Ergebenst F. Kohlrausch". (Orig.: Familienarchiv Görres-Jochner Nr. 129; Unveröffentlicht).

10.6.1817 (Berlin) Johann Friedrich Benzenberg: „Mein lieber Görres! Daß ich ihr Schreiben erhalten, werden Sie im Hanseaten gesehen haben und auch an einigem Eiffer des Oppositiononsblattes dessen Herausgeber Herr Ludewig Wieland sein soll. Was die Eitelkeit betrifft, so könnt ihr hierüber ein mehreres in der Nemesis einem Oppositionsblatt, vor allem aber in der Bremer Zeitung lesen, wo die Sache sehr ausführlich und sehr gut dargethan wird.

Die verschiednen Urtheile der öffentlichen Meinung sind von Anfang mancherlei Irrthum unterworfen, schon wegen der großen Ferne in der sie vielfach Menschen und Dinge sieht. – Da muß man einmal hindurch wie durch die Dachtraufe wenn man aus dem Regen ins Haus will ... So muss man es auch mit der öffentlichen Meinung halten. Wenn sie nach Jahr und Tag gesehen, daß sie einem Unrecht gethan, so hat sie einen um so lieber und fällt nicht so leicht in einen zweiten Irrthum.

Es ist Niemand den die Meinung so leicht kann kennen lernen als einen Zeitungsschreiber. Und da er wöchentlich zwey Blätter auf seine Vertheidigung verwenden kann – auch immer das lezte Wort hat – so braucht man mit ihm kein sonderlich großes Mitleiden zu haben; so wenig wie mit den Ministern, wenn denen ein Leid wiederfährt, da sie alle Zeitungen zu ihrer Vertheidigung haben. Ueber den Beobachter haben sich die Meinungen auch seit 3 Monathen in etwa geändert. – Anfangs hielten sie ihn hier für einen feinen Royalisten. Jetzt für einen veredelten Jakobiner. – Was ihnen ärgerlich ist, das sind die vielen Zahlen so er enthält. Leute wie Oken schaden ungemein, und deswegen habe ich ihn auch neulich im Hanseaten ausgeprügelt. Wenn diese Schreihälse nicht wären, so bliebe den Ministern beym Könige nicht der Entschuldigungsgrund, daß sie des Unverstands wegen die Freyheit der Presse nicht einführen dürften. – Man sähe dann daß es unmöglich für sie ist, weil sie in keiner Weise auf Öffentlichkeit eingerichtet sind. – Es ist ein wahres Glück wenn man so einen Censor hat wie den Sindikus von Sinen in Hamburg, der sich oft 2 Stunden mit dem Beobachter plagt und jedes Wort abwiegt. – Sie haben nun gar keine Ausrede, da er stets als ein billiger und sedater Mensch erscheint. Allein sonderlich lieb haben sie ihn doch nicht. Der Staatskanzler ließ mir am vorigen Sonnabend durch Gen. Gneisenau sagen: Daß er mit dem Beob. sehr unzufrieden wäre. ‚Da ist B. hier und läßt seine Zeitung in Hamburg drucken. Was hat er davon daß er sich in Opposition mit der Reg. stellt – kann er sie nicht eben so gut für als gegen die Regierung anwenden?' Das ist mir ungemein klar geworden daß man so eine Zeitung eben nur in der Hauptstadt schreiben kann – wo man gleich alles erfährt, und wo es gedrukt ist während die Dinge noch an Ort und Stelle – ehe der schnelle Mechanismus der Gesellschaft sie wieder weiter geschoben hat. – Was den Sonnabend hier geschrieben wird, ist den Donnerstag schon von Hamburg gedruckt hier." Gneisenau habe vorgeschlagen, mit der Stadt Hamburg zu verhandeln, damit man den Hanseaten gleich vor dem Tor drucken lassen könne. In der Provinz sehe man die Dinge zu entfernt und zu spät. „es geht wie bey dem Spiele, wo jemand mit verbundenen Augen einen Nagel einschlagen muß. Die Minister sehen solches mit Vergnügen zu und sagen: Ihr seht ja daß wir Pressfreyheit im Land haben. – Allein was so aus der Haubtstadt(!) durch die Mitte geht, wo jeder Schlag den Kopf trift und jeder Stoß eine Beziehung hat, trift." Es habe sich „eine bekennende Conspiration gegen den Beobachter entsponnen", und man sei entschlossen, ihm mit Hilfe der Post das Leben schwer zu machen, da er in Zukunft nur unter Brief-Couvert versandt werden solle.

Fs.: 12.6.1817: „Die Rheinländer haben mich in Verdacht, daß ich ihre Erstgeburth für ein Linsengericht verkauft." – Daß es so schlimm nicht sei, sehe man aus seinem Brief an den Kanzler. „G. R. Pistor meinte: ihr hättet den Aufsatz in der Bremer Zeitung geschrieben. Ich habe geantwortet: quod non – und ich glaube, daß er von Düsseldorf ist und von Kohlrausch oder Kortum geschrieben. Den Brief an den Canzler schrieb ich in einer trüben und ernsten Stimmung. Es war als ich im Herbste aus Schlesien nach Berlin kam – ein wunderliches Reden – daß die Regierung auf Reisen gewesen und außer Hause – daß man untersuchen müße: ob die Verfassung auf nassem oder trokenem Wege entstehen solle, daß die Geschichte lehre, daß noch alle auf nassem Wege entstanden wären. – Ich hatte damals noch gar keinen Maasstab für diese Berliner Rederei – und wußte nicht wie leer sie sey. Das Murmuriren gehört hier zu den stehenden Vergnügungen und bildet eine Haubtfreude der Berliner. – Wittgenstein sagt: er gebe keinen Groschen aus um es zu erfahren. Nun gehabt euch wohl, und grüßt Frau und Kinder. Arndt ist Bräutigam. Er heiratet die Schwester von Schleiermacher.

Ich habe ihn in 6 Wochen nicht gesehen. Jahn hatte ihn auch neulich in 4 Wochen nicht gesehen. Die Menschen sehen sich hier ungemein wenig. Adieu. Benzenberg." (Orig.: Familienarchiv Görres-Jochner Nr. 14; Unveröffentlicht).

14.6.1817 (Berlin) Achim von Arnim: Görres' Brief sei schon ein ganzes Buch wert, als Gegengabe sende er den Roman *Der Kronenwächter*. Er könne Görres' Brief nicht in allem Recht geben, den Regierungen sei er zu gram, das Ministerwesen aber, das man von Frankreich übernommen, sei der eigentliche faule Fleck. Das Finanzwesen sei früher auf das Wesentliche beschränkt gewesen und habe Domänen und Forsten und alles Provinzielle den Provinzialministern überlassen, ein Generaldirektorium habe über alle bedeutenden Angelegenheiten entschieden, und kein Minister habe Willkür und Nachlässigkeit gewagt. „Der Hannoveraner Hardenberg, der Braunschweiger Bülow, der Mecklenburger Schuckmann sind die Hemmungen für so viele Millionen gutgesinnter Einländer: die Eitelkeit, alle Geschäfte an sich zu reißen ohne sie verwalten zu können, ist eine ihrer Sündenquellen". Dazu komme Unwissenheit und Begünstigung unbedeutender Menschen. „So seicht Benzenberg mit seinen sieben Ideen im niedrigen Wasser fischt und seine Füchse immer zehnmal wie die Engländer zum bloßen Spaße hetzt, ohne daß etwas dabei herauskommt als daß er eigentlich gern eine Katastrirung und Grundsteuer haben möchte, um Director dabei zu werden, so ist sein Blatt doch von wesentlichem Nutzen durch manches, was er von Andern erhält. Auch glaube ich gar nicht, daß er aus Muth und edlem Sinn frei schreibt, sondern um sich bei Leuten geltend zu machen; aber item, der Himmel braucht auch solche Vögel unter seinen Wolken, und ich habe mir alle Mühe gegeben, ihn von einer Leimruthe loszueisen, an die er auf ungeschickte Weise mit der Post gekommen, indem er die zuerst angriff, die er zum Kehraus übrig lassen sollte. Ich hoffe ihn durch Pistor, den Du, wie ich meine, kennen gelernt hast, wieder flott zu machen, und dann schreibe doch auch einmal etwas über eure Gegend hinein, wenn Dein Merkur noch immer nicht die Flügel regen kann. Aufrichtig kann ich Dir nicht einmal solch fortwährendes Zeitungsschreiben wünschen; denn so lange keine große Begebenheiten uns nahe treten, die leicht kundig werden, fordert das Einzelne der inländischen Angelegenheiten entweder sehr viel Correspondenz oder die Berührung einer großen Stadt; die Unterrichteten schreiben selten gern darüber, und der Zeitungsschreiber ist meist in der Gewalt der Schreier, die sich ihm aufdrängen. Nach meiner Erfahrung kann es darüber fast nur gute Provinzialblätter geben, bis eine allgemeine Verfassung das Wesentliche des Allgemeinen zur Sprache bringt. Du taugst zu etwas Besserm, als den Leuten ihre politischen Exercitien zu corrigiren, Du mußt entweder Meister auf dem Katheder oder Minister am Throne seyn – und mein Freund bleiben, wenn ich König werden und etwa zufällig alle edlen Entschlüsse vergessen sollte, die ich als simpler Mensch faßte." (Orig.: Familienarchiv Görres-Jochner Nr. 5; Binder (Hrsg.), *Freundesbriefe* Nr. 182, S. 531-533).

14.6.1817 (Berlin) Friedrich Carl von Savigny: „Lieber Görres! Herzlichen Dank für Ihre freundlichen Zeilen. Ich hätte aber vielleicht noch länger in der Unart verharrt nicht zu antworten, wäre nicht Ihre gedruckte Aufforderung über das Eifel-Elend hinzugekommen, die ich zugleich als ein an alle Freunde erlassenes Rundschreiben betrachte, und die mich jetzt in Bewegung gesezt hat. Ich habe mit Laubach und Ingersleben gesprochen, und hoffe der Sache schnell genug für die nöthige Verbreitung geben zu können. Meinen Schwager Franz habe ich gebeten, Ihnen 150 fl zu schicken, die Sie zu diesem Zweck verwenden werden. Ich habe mich sehr der Art gefreut wie Sie die Sache angefasst, bey diesen Dingen bleibt auch politisch der Seegen nicht aus, denn vielleicht ist es uns bestimmt, daß erst durch eine recht große Induction den Leuten die Überzeugung in die Hand gegeben werden soll, wie gedeihlich nur das ist, was so aus der Einsicht und dem Gemüth der Einzelnen hervorwächst, daß also in der That der Mensch mehr vermag als die Götzen die an und auf der großen Administrations- und besonders Control-Maschine stehen. Wir wollen nie mit dem schlechten im geringsten transigiren oder uns zufrieden geben, auch Zornfeuer will ich nöthigenfalls gestatten, aber lasst uns nicht die Geduld verlieren, noch den vertrauenden heiteren Muth wodurch allein etwas gelingen mag. – Es ist mir und vielen die Schrift von Schmitt gegen Krezzer geschickt worden. Ich bin überzeugt, daß dabey eine weit verbreitete Teufeley zum Grunde liegt, aber können Sie mir wohl data zur Aufklärung der Sache geben, oder doch den Weg zeigen auf welchem zu solchen zu gelangen? – Daniels ist hier, und zeigt sich als höchst tüchtiger Geschäftsmann, dabey so offen und gerade, daß man ihm von Herzen gut seyn muß. Ich halte ihn für einen großen Gewinn. – Die Schrift von Eichhorn über die Jury habe ich nicht gesehen, möchte sie aber wohl haben. – Was der Staatsrath leisten wird, läßt sich noch nicht vorhersagen. Ein sicheres Gute aber kann man davon erwarten, daß nämlich die Gesetzgebung, die bisher nicht aus bestem Willen, sondern meist aus Mangel an Einrichtung höchst ungründlich (von administrirenden Personen als eine Nebensache) behandelt wurde, jezt mit mehr Ernst und Besonnenheit betrieben werden wird, – Daß Sie mit Glück für die örtlichen Rechte sammlen, freut mich über die Maaßen, lassen Sie mich doch bald mehr davon erfahren. Haben Sie eine bestimmte Meynung über das was für das Civilrecht in dortigen Ländern (anstatt des Code Napol) wünschenswerth seyn möchte, so wünschte ich wohl diese Meynung zu erfahren. – Lebt wohl, tausend Grüße von Frau und Kindern, auch an Frau und Kinder. Savigny“. (Orig.: Familienarchiv Görres-Jochner Nr. 211; Unveröffentlicht).

18.6.1817 (Kassel) Jacob Grimm: Görres' Brief vom 7. sei nach den Poststempeln erst am 11. abgegangen und am 16. bei ihm angelangt. Er habe von den 100 Losen 15 nach Göttingen, 10 nach Marburg, die übrigen bereits hier untergebracht, und schicke bereits die 300 Franken. Er habe nur vier Wochen Urlaub für Heidelberg gehabt, aber Arbeit für sechs Monate gefunden. Aber: wozu sich noch neuen Stoff aufladen nach jahrelangem Sammeln? Der Reinhart Fuchs und die Tierfabeln lägen ihnen am nächsten, dann die Beendigung der Deutschen Sagen. Der erste Band sei nicht gut verkauft worden, weil er nirgends rezensiert worden sei, die Kindermärchen seien ganz ignoriert worden, erlebten aber dennoch eine Neuauflage. Er habe auch vor, eine altdeutsche Grammatik zu schreiben. – Görres' Meisterlieder habe ihm Carové zugesandt, er hoffe sie bald zu lesen. In der Einleitung habe er gesehen, dass Görres aus der provenzalischen Poesie Grimms Ansicht der deutschen Form erweitert habe. Auf die andere Schrift freue er sich noch mehr und habe sich gleich denken können, dass Görres den angekündigten Titel nicht gutheißen würde. – Die Abschreibearbeit an den (ihnen von Görres geliehenen) *Heymonskindern* schrecke sie sehr ab, ob Görres ihnen die Glöckle-Abschrift noch einmal leihen könne zur Kollationierung. Was er über die Württembergischen Angelegenheiten schreibe, scheine treffend. Selbst wenn es in Deutschland noch verkehrter ginge, würde er nicht auswandern wollen, nicht einmal nach Schweden oder Norwegen. (Orig.: Familienarchiv Görres-Jochner Nr. 80; Binder (Hrsg.), *Freundesbriefe* Nr. 183, S. 533-535).

21.6.1817 (Berlin) Friedrich Carl von Savigny: „Ihr Aufruf, lieber Görres, ist erst vorgestern in die hiesige Zeitung gekommen, und sehen Sie hier, wie er doch schnell Früchte getragen hat. Zu diesen Früchten nämlich müssen Sie außer den beyl. Rimessen auch noch die 8-9000 rt. Preuss. Cour. rechnen, die in der Spenerschen Zeitungsexpedition unabhängig von mir gesammelt und gleichfalls heute unmittelbar an Ihren Hülfsverein gesandt worden sind. Dieser schnelle Erfolg freut mich besonders auch deswegen, weil es ein neuer Beweis ist, daß eigentlich viel guter Wille in den Leuten steckt, und daß es meist nur an der gehörigen Anregung und besonders an dem Zutrauen fehlt. Ihre herzlichen Worte kamen sehr zur rechten Zeit, die Achtung und Zuneigung, die auf Ihrem Namen ruht, wirkte mit, und eine dringende Empfehlung von Ingersleben und Solms-Laubach, unter den Aufsatz gesezt, mussten auch noch mit zum Ganzen beytragen. Das Aufsehen, das ohnehin schon durch die unzureichenden Massregeln der Regierung entstanden war, ist dadurch nicht wenig vermehrt worden, und auch dieses wollen wir als eine wohlthätige Wirkung betrachten, denn gerade die Lahmheit, die Sie so richtig als die Quelle sämtlicher Übel characterisieren, kann doch nicht besser als durch gründliches Aufrütteln curirt werden. Vergessen Sie nicht, mir mit umgehender Post Nachricht vom richtigen Empfang dieses Briefes zu geben. Gott befohlen Ihr Freund Savigny". (Orig.: Berlin, GStA PK, I. HA Rep. 77, Tit. 22, 8 adh., Bl. 12; K. A. v. Müller, *Briefe von und an Görres*, Nr. 7, S. 454f; Schellberg, *Ausgewählte Briefe*, Nachtrag S. 766).

23.6.1817 (Aachen) F. A. Daniels: „Ich habe gestern ihren lieben Brief mit den gedruckten Beylagen und fünfzig Loosen zu erhalten die Ehre gehabt, und übermache hierbey den Betrag für die letztern mit hundert Fünfzig Franken. Den Gedanken und die Wahl des braven Mannes von Neuwied lob ich mir; Ihnen geehrter Freund! hat er indessen ein Stück Arbeit aufgetragen von dem ich voraussehe, daß der Lohn auch nur im Himmel aufgespart ist. Die wirklich außerordentlichen Beyspiele der Wohlthätigkeit, die sobald nach dem Erstehen des Hülfvereins geliefert worden sind, kontrastiren gar zu sehr mit so Vielem andern, was doch auch von Menschen, so zu sagen, herkömmt. - Wenn ich blos ihre eigne Zufridenheit berücksichtige, so haben Sie das matte Ja gut übersetzt, aber die armen Menschen, die einer blosen Idee wegen, um nämlich, nicht ihren Beutel, sondern ihr Vaterland zu verstärken, mit Hugo Grotius behaupten wollten: quod non desinat summum esse imperium, etiamsi is, qui imperaturus est, promittit aliqua subditis, aut deo, etiam talia, quae ad imperii rationem pertineant; wo bleiben diese? - Ihr beßtes Organ ist verstummt! O vox etsi clamans in deserto, dirige, dirige viam! So lautet die Aufforderung!
Achtung für den wirklichen Besitz, der leider! irgendwo zwey, bis dreyen Brüdern zu gönnen wäre, statt einem, dann aber auch keine Schonung mit all der Erbärmlichkeit, durch die am Ende der deutsche Fürst so gut, wie der Bürger lächerlich gemacht und herabgewürdigt wird.

Herr von Maßenbach hatte Unrecht, seinen König zu beleidigen, der Kg Unrecht, die Majorität, im hohen Adel zu hassen, im Bürgerstande zu beschimpfen. Cotta und Greysinger (= Griesinger) sind nichts weniger als beliebt, so sagte neulich hier ein schlichter Mann aus Würtemberg. O der Liberalität eines vrai liberal, eines Montgelas, eines Cotta, einer allgemeinen Zeitung! Diese ist das beßte Blatt in ganz Deutschland für den Teufel. Das Oppositions-Blatt ist zu Calvinisch um Catholisch zu seyn. Es ist nicht an der Zeit, das körperlose Wort zu verehren, Preußen über alles, wenn es will! Ma foi, voila la grande nation! Unter ihrem Schutz und Schirm o Herr!!!

Hüllmanns Geschichte des Ursprungs der Stände in Deutschland wird uns zum Lesen empfohlen. Das ist ein verständiger Rath von Berlin. Ein gelehrtes Buch, aber o wie kalt, wie liebeleer! Wie ist dort der Sinn entwichen!

Ich bitte mich ihrer Frau Gemahlin zu empfehlen, und habe die Ehre mit Hochachtung mich zu nennen Ihr ergebenster Diener F A Daniels". (Orig.: Berlin,

GStA PK, I. HA Rep. 77, Tit. 22, 8 adh., Bl. 15; K. A. v. Müller, *Briefe von und an Görres*, Nr. 8, S. 455f).

30.6.1817 (Ostpreußen) NN (ohne Unterschrift): „Wohlgebohrner Insonders Hochzuverehrender Herr Professor! Ohne die Ehre zu haben Ew Wohlgeb von Person zu kennen; und ohne die Absicht meinen Namen unter diesen Zeilen zu unterzeichnen, ist es mir dennoch äußerst angenehm mit dem schätzbaren Verfaßer des ehemaligen Rheinischen Mercur; der sich auch neuerdings durch thätige Menschenliebe so ungemein auszeichnet in nähere Berührung zu treten. Die Veranlaßung hierzu giebt mir die an das Herz dringende Aufforderung und Bekanntmachung, welche der wohlthätige Hülfsverein zu Coblentz in den deutschen Beobachter Nro 536 einrücken laßen. Trotz der großen Entfernung kann ich es mir nicht versagen an der Milderung der Noth meiner Mitbrüder am Rhein einigen Antheil zu nehmen; die in dreyfacher Beziehung als Christen, als Teutsche, und als neue Genoßen meines Vaterlandes, meinem Herzen so nahe stehen. Es wäre allerdings zu fürchten, daß das durch die große Entfernung bedeutend werdende Postgeld mein Scherflein ansehnlich verringern könnte, wenn ich nicht Ursache hätte zu hoffen, daß einer so guten Sache als diejenige ist, die der edle Hülfsverein übernommen, die Postfreyheit von einer Landesväterlichen Regierung nicht versagt werden wird, weshalb ich denn auch mein Schreiben mit dem hier üblichen Rubro Herrschaftl Unterstützungssachen versehen habe: Ew Wohlgeb ersuche ich daher ganz ergebenst die hier beykommenden 335 Rth dem Hülfsverein zu Erreichung seines edelen Endzwecks zuzustellen, und damit ich die Ueberzeugung erhalte, daß dieser Geldbetrag nicht verlohren gegangen sondern richtig zu Ihren werthen Händen gekommen, mit wenigen Zeilen in die nächste Nummer des Hanseatischen Beobachters gefälligst einrücken zu laßen, daß dies Schreiben aus Ostpreußen de dato den 30ten Juny 1817 richtig eingegangen. Ostpreußen d 30 Juny 1817." (Stadtarchiv Koblenz, Best. 623, Nr. 2671, Nr. 284; Unveröffentlicht).

30.6.1817 (Cochem) Oster: „Hochzuverehrender Herr Director!" Gestern abend sei das Korn angekommen, er habe es gleich „austhüten" lassen, noch in der Nacht sei ein Bote nach Manderscheid gegangen, weil dort die Not am größten sei. Er danke dafür. Allerlei Tiere, u.a. ein Widder seien eingegangen, Görres solle ihm schreiben, wie er damit verfahren solle. (Orig.: Stadtarchiv Koblenz, Best. 623, Nr. 2671, Bl. 291; Unveröffentlicht).

4.7.1817 (Burtscheid bei Aachen) Gotthard Pastor Sohn: Er habe im Hamburger Korrespondenzblatt Görres' Aufforderung vor ein paar Tagen gesehen. Seine angeführten Gründe seien überzeugend, er wolle nun auch sein Scherflein beitragen und habe 24 franz. Kronthaler an Herrn Kehrmann eingesendet. Er bitte um schleunigen und weisen Gebrauch und um Anzeige des Empfangs. (Orig.: Stadtarchiv Koblenz, Best. 623, Nr. 2671, Bl. 299; Unveröffentlicht).

4.7.1817 (Bern) Justus von Gruner: Er habe soeben die Berliner Zeitung mit Görres' Aufruf erhalten. Er schicke ein Scherflein. Auch in der Schweiz sei die Not groß. Seine Schwiegermutter sei ohne eine Kunde von Görres gekommen. Öffentliche Blätter sagten, Görres sei wieder zu Gnaden gekommen, oder wenigstens zu seinem Recht. „Wollte der Himmel, daß endlich Alles ins rechte Gleis komme!" Arnim grüße herzlich. (Orig.: Familienarchiv Görres-Jochner Nr. 85; Binder (Hrsg.), *Freundesbriefe* Nr. 185).

4.7.1817 (Paris) Clemens Mathieu: „Liebster Görres! Auf deinen Aufruf haben wir uns auch hier auf die Beine gemacht und c. 50 Personen um milde Gaben für die armen Rheinbewohner angegangen. Seit 4 Tagen befasse ich mich unablässig mit dem Collectiren, ich gehe so lange bis ich was erhalte, sey die Gabe auch noch so geringe. Heute empfängst du durch Banquier Mendelsohn was ich bisher gelöst = 6000 fr. - auf 4000 fr glaube ich noch zählen zu können. Du erhältst alsdann ausführlichen Bericht wie wir uns hier benommen." Nun zu der Angelegenheit wegen Herz: Er habe die Forderung von Herz an Görres retrozediert, da er es nicht zu einer gerichtlichen Klage kommen lassen wollte. Zwischen Herz und Fritsch werde nun entschieden, wer das Geld zu bekommen habe. „Ists ersterer, so hat er vor der C. f 4200 an Capital und Zinsen zu beziehen, u. ists der letztere so bekömmt er was die Gerichte ihm zusprechen und du zahlest ihn nach deinem Vertrag vom 28. Feb 1806. – Im günstigsten Falle kann Fr nicht mehr als f 1333, 20 Kreuzer und die Zinsen dieser Summe v. 1806, also zusammen f. 2048, 20 Kreuzer zugesprochen erhalten. – Wenn du nun statt 4200 f., die dein Debit bis heute bilden, für meine Sachen f. 3533, 40 Kreuzer an Kehrmann versiren wolltest, - so übernehme ich es, jedem dieser Creditoren abzumachen; den Fritsch in Gewißheit des Urtheils und für die Summen die es ihm zusprechen würde, den Herz aber in Gefolge einer Transaction worüber er schon dato mit uns einig geht. Ich sehe in diesem Vorschlag für dich nicht den mindesten Nachtheil, da erstens die Zinsen aufhören, zweit. die Summe die der Contract von 28. Febr 1806 in eventum einbrachte auch dann gesichert ist, wenn, wie ich die Sache beurtheile, kaum Herz gegen den Fritsch gewinnen würde. – Ich habe keinen andern Vortheil bei dieser Sache, als zu meinen Auslagen an Herz früher zu kommen, welche mir sonst wie lange noch ausbleiben würden; dieser Posten genirt mich nicht allein, sondern ich entbehre einen höhern Vortheil, da ich Dato durch Franz in Nancy ein sehr ergiebiges Geschäft damit machen könnte. Dass ich daher gut bin auch aus gemachter Reise den einen oder den andern auf der Stelle zu zahlen, daran hast du wohl kein Zweifel, mir scheint daher dieser Vorschlag für dich durchaus acceptabel.

In deinem lezten an Krezzer sprichst du von Hypoth. die noch auf dem Hause gegen Herz hafteten, und du wüstest nicht wie eine solche weg zu bringen. Nach der Verification welche ich machen ließ, haftet ja keine Hypothek mehr. Herz hat bloß noch die Lession vor Fritsch an dich (14 Feb 1806) eine ähnliche seiner Forderung an dir vor Sara Herz (15 Febr 1806) gemacht, u. Hirsch Herz sein Bruder hat auf das nemliche Guthaben Arrest gelegt. - Beide Handlungen sind aber bloß simulirt und Herz hebt solche bei der Zahlung oder vor derselben gänzlich auf. - Ich sehe also von dieser Seite nicht die mindeste Gefahr; Kurz ich übernehme für die 3533 Fl dein Eigenthum dir so rein zu stellen als es gesetzlich sein muß und übernehme den Herz oder den Fritsch auszuzahlen. Was du 1806 nur eventualiter gewonnen hättest und, wie itzt die Sachen stehen, nie gewinnen kannst, das sichere ich dir durch meinen Vorschlag. es sind f 666, 70 – ich kann auf der Stelle mit Herz in meinem Namen dahin transigiren, saß ich ihm bis zu f 3533, 40 Creuzer dein Debet nach der Entscheidung auszahlen wolle. – Ich bitte dich mir hierüber umgehend deine Meinung wissen zu lassen, wie auch, was für Hypotheken du auf dein Haus gefunden, denn diese müssen ja auf jeden Fall weg. – Adieu lebe wohl, und mache an alle unsere Freunde die schönsten Empfehlungen von uns und namentlich von deinem ergebensten Cl. Mathieu“. (Orig.: Familienarchiv Görres-Jochner Nr. 165; Unveröffentlicht).

6.7.1817 (Paris) Lambert Joseph Krezzer: „Lieber Görres! Gleich nach dem Empfang Deines Briefes vom 22. des v. M. habe ich mit Crull und Mathieu Rat geschlagen, wie es anzufangen wäre, um schnell und viel Geld für deinen Hilfsverein zu erhalten. Die Austheilung der mir überschickten 100 Loose ward gleich als ein unzureichendes Mittel verworfen, sie wurden also ganz mit Stillschweigen übergangen, und folgen hier zurück; kann der Hilfsverein sie noch vor Ende des Monats anderswo absetzen, gut: wo nicht, dann spielen die Loose für den Hilfsverein, den der Himmel so augenscheinlich segnet, daß ich mich nicht wundern würde, wenn unter diese 100 Loose alle Gewinste fielen. Crull und ich machten eine kleine Auffoderung und legten eure gedruckte Sachen bei, wir entwarfen eine Liste, auf welche wir blos die Preußen und diejenigen die mit diesem Staate mehr oder weniger in Verbindung stehen oder Vortheile davon ziehen, eintrugen; wir schloßen absichtlich alle übrigen Teutsche aus weil Österreicher und Bayern, Hanoveraner, Sachsen und Schwaben eben so am Hunger leiden; und so wie wir sie heute für uns, sie uns morgen für sich zur Konkurrenz gezogen hätten, welches jeder würde überlegt und nur dann vielleicht 1/6 von dem gegeben haben, was er so ohne diese Reciprocität gab; auch würde dann die Sache zu laut, und es wäre leicht möglich gewesen, daß selbst die Franzosen für die Pariser uns Zumuthungen gemacht hätten, die uns so gastfreundlich bewirthen, und uns dafür die Haut über die Ohren ziehen. Ihr werdet hierin mit uns einverstanden sein, um so mehr da der Erfolg unsere Erwartungen übertroffen hat. Wir bringen 9 – 10000 frscs zusammen, dafür hat aber auch Jeder, die reichen Banquiers ausgenommen, das äußerste gethan. Die Kinder von Crull, Mathieu und wir haben ihre Sparbüchsen ausgeleert und 65 Fr. zusammengebracht, Herr Banquier Mendelssohn, dessen Hauß in Berlin schon 1200 fr. für die Rheinprovinzen gesteuert hatte, gab uns hier noch tausend Franken. – Von den eingegangenen Beiträgen sind gestern bereits 6000 fr. in einem Wechsel auf Gerdolle an dich abgegangen, das andere wird schleunig nachfolgen. Mathieu übernahm es, mit der Liste die Gassen von Paris zu messen, er verschmiert jeden Abend für ein paar Franken Hirschunschlitt, und läßt sich es recht sauer werden. – Es gehet hier wieder mit dem Regen so los, wie voriges Jahr, nur ist es nicht so kalt dabei. Wenn die Aernte noch einmal fehlschlägt, dann können wir uns mit unsern Reklamationen total auf den Weg machen. Schon wirklich macht das Volk allerhand Chikanen und Schwänke, um die Erfüllung ihrer Verpflichtungen gegen die Fremden ad calendas graecas zu ajourniren. Übrigens muß man billig sein und sich wundern über die Tüchtigkeit dieser Verwaltung, die bei fast gänzlichem Ausbleiben der Steuern doch noch so viel thut und gethan hat, daß man eigentlich nicht sagen kann, daß es gänzlich stockt. Hätte die Regierung sechzigtausend Malter Früchte auf je acht Departemente aufbringen können, so wie es die unsrige für die Rheinprovinz that, dann bin ich versichert, daß man in Frankreich vom Mangel kaum etwas erfahren hätte. – Ich schicke dieser Tage die Geschichte, worüber Savigny dir schrieb, an meinen Bruder, um sie von da weiter nach Berlin zu befördern; mein Bruder wird dir sie mittheilen, bis dahin wünschte ich, daß du deine Antwort an Savigny aussetzen könntest. Lebe wohl und sey mir mit Frau und Kindern von Herzen gegrüßt. Floreat der Hülfsverein! Das ist doch ein ganz anderes Ding wie die Société maternelle seeligen Andenkens. Dein alter Kr." (Orig. und Abschrift: Familienarchiv Görres-Jochner Nr. 133; Unveröffentlicht).

6.7.1817 (Kassel) Jacob Grimm: Beifolgend die noch schuldigen 75 Franken. Es sei schön, wie Görres diesmal mit seinem bloßen Namen gewirkt und geholfen habe. Der Erfolg müsse ihm wohler tun als andere Erfahrungen, und in solchen Empfindungen hänge das Vaterland zusammen. Unter dem großen Mittelvolk seien ihm die stillen Leute, die wenig lesen, aber wenn's gilt recht mithandeln, bei weitem der liebste Schlag. Carové werde schwerlich an die Bearbeitung der Legenden kommen und scheine keine Zeit dazu zu haben. Er hänge mehr an Hegels Philosophie und habe dabei Reisegedanken nach Polen und Jerusalem. Wilhelm grüße herzlich. (Orig.: Familienarchiv Görres-Jochner Nr. 80; Binder (Hrsg.), *Freundesbriefe,* Nr. 183, S. 535).

6.7.1817 (Köln) Eberhard von Groote: Über die Lust, zwischen Büchern, Urkunden und Handschriften zu sitzen. Alle aus Paris den Rheinprovinzen zurückgegebenen Bücher sollen an die Institute und Eigentümer zurückgehen, der Rest einer rheinischen öffentlichen Bibliothek gegeben werden. Es seien darunter allerlei kostbare Dokumente, aus Trier und den Klöstern der Gegend, kostbare Dinge, viele schöne Spezialchroniken, Annalen aus Klöstern. „So z.B. finde ich zwischen den Urkunden S. No 172 eine Hds unter dem Titel: Chronicae relationes rerum gestarum prumiensium, conscriptae per fratrem Servatium Otlerum, imperialis monasterii S. Salvatoris Prumensis professum a.D.1623; und daselbst fol. 6 folgende Notiz: ‚Ea propter etiam in libro, quem nos aureum adpellamus, pipinus gloriosissimus rex francorum et Carolus invictissimus Rom. Imperator filius illius, ut primarii Prumensis Ecclesiae fundatores atque patroni in expresso et perpulchro typo figurati, tenentes Ecclesiam dictam in manibus suis et sancto salvatori hominum desuper prospicienti, sic offerentes ajunt: Domine dilexi decorem etc. ad continendum nomini tuo Ecclesliam Prumiensem fundavimus … Per tempora futura heredibus nostris usque in finem romani imperii perlegendam et conservandam scripto atque nostris privilegiis commisimus.' In dem nähmichen Mscrpt fol. 6b: ‚Scribitur de eodem (Carolo M) a certissimis autoribus, atque in antiquissimis manuscriptis codicibus apud nos fideliter annotatum habetur, quod ad numerum elementorum seu literarum in alphabeto coenobia fundaverit, inter quae prumiensis ex primariis unum est, - et in unoquoque per ordinem fundationis unam literam de puro auro fabricatam, plus quam 100 ℔ turon. valentem reliquerit in sempiternum monumentum, ut ex ordine literarum sic tempus fundationis unius cuiusque monasterii cognosceretur, quae literae adhuc in quibusdam, quae ab incursibus hostium et vastationibus libera esse potuerunt, reperiri dicuntur. Ad haec 4 Episcopatus i.e. trevirensem, Coloniensem, moguntinensem et salisburgenden divitiis et honoribus ampliavit.' Sie werden zugeben, daß diese und dergleichen Nachrichten ganz angenehme Entdeckungen sind, und ich kann nicht leugnen, daß ich zwar den Trierern recht gerne alles das Ihrige zurücksenden will, daß mir unstreitbar jedoch die Untersuchung derselben viele Freude macht. Auch muß man hoffen, daß jene Sachen nicht wieder so ungenutzt hingelegt werden, sondern als unschätzbare Materialien zur alten Geschichte in recht gute Hände gerathen. Äußerst merkwürdig sind die Werke über Luxemburg, die ich oben berührte. Sie sind beyde ganz zierlich zum Druck zurecht geschrieben, und mit getuschten Blättern, welche Monumente, Inscriptionen etc. darstellen, versehen. Ich glaube, daß sich die Herausgabe so interessanter Werke auch nun noch sehr wohl veranstalten ließe, und werde Wyttenbach dazu zu bewegen suchen. – Übrigens ist das Meiste jener Gegenstände noch gar nicht hier, und was von altdeutschen Hss darunter ist, habe ich daher noch nicht wieder gesehen. Nur etwa 20 Hss meist Mönchsbücher, und eine Menge erster Drucke ex officina Zell hieselbst 1450-60 sind dabey. – Ich wollte nun, daß ich Ihnen wegen Ihrer Loose auch etwas Erfreuliches sagen könnte; aber die ewige Einrede, welche man immer hören muß, ist, daß die Noth in Cölln selbst zu groß sey, und man daher für anderwärts nichts geben könne. Von Elberfeld, Jülich u. Aachen habe ich noch keinen Bescheid erhalten; die Vertheilung aber habe ich dort recht wackern Leuten aufgetragen." 90 Lose habe er nach Düren gegeben, „an einen Mann, der sich gewiß alle Mühe darum gegeben hat, allein ich erhielt vor einigen Tagen das ganze Packet zurück, weil sich dort ein eigener Hilfsverein gebildet hat, der durch sehr bedeutende Beyträge der Noth mit kräftiger Hand wehrt, sich aber auch auf weiteres nicht einläßt. Zudem haben Sie hierhin fast zu viel gegeben. Die hohe Regierung hat am ersten welche genommen. Die so viel ich weiß, an einen Sekretär kamen, dann hat Haxthausen noch, – doch wir wollen thun was wir können. Von der Anzeige Nro II hätte ich gerne mehrere gehabt, wie ich auch neulich schrieb.- Nun grüßt alle lieben Freunde und Bekannte, und macht daß ihr herunter kommt. Bey mir ist Raum zu wohnen und nach Lust und Liebe den ganzen schönen alten Kram zu durchmausen. Lebt recht wohl. v. Groote". (Orig.: Familienarchiv Görres-Jochner Nr. 82, Teilabschrift: ebda Nr. 276; Abschrift mit längeren Auslassungen: ULB Münster, NL Schulte-Kemminghausen, Kapsel 71, 6; Reifferscheid (Hrsg.), *Eberhard von Groote, Mitteilungen aus seinem Briefwechsel*, Nr. 14, S. 37f; Reifferscheid, *Erinnerung an Groote*, Nr. 13, S. 157f; Ausschnitt: Binder (Hrsg.), *Freundesbriefe,* in der Anm. zu Nr. 192, S. 546f).

7.7.1817 (Berlin) Friedrich Carl von Savigny: „Liebster Görres, dieses Blatt bringt Ihnen mein lieber Freund und Gevatter der Major Röder, seyn Sie ihm freundlich und sprechen Sie ihm mit Vertrauen über alles was Sie von persönlichen und Landes-Verhältnissen auf dem Herzen haben. Er selbst verdient dieses Vertrauen in jedem Sinn und er steht an einer Stellung wo seine Einsicht doch manchmal zu Frucht gelangen mag. Gott befohlen und Gruß an die Kathi. Savigny." (Orig.: Familienarchiv Görres-Jochner Nr. 211; Unveröffentlicht).

13.7.1817 (Düsseldorf) Friedrich Kohlrausch: „Herzlichen Dank, sehr werther Freund, für Ihre Zuschriften mit Inhalt. Ich habe die 100 Loose bis auf einige untergebracht und suche nach einer Gelegenheit, Ihnen den Betrag durch ein Papier zu überschicken, um die Kosten der baaren Übersendung zu ersparen. Es soll in den nächsten 8 Tagen geschehen. Ich hätte gern mehr gethan für Ihren Zweck; aber eine öffentliche Auffoderung durfte ich nicht ergehen lassen, weil wir hier und im nahen Gebirge selbst der Noth viel haben und ich selbst Mitglied der hiesigen Armen-Verwaltung bin. Bei meinen nächsten Freunden aber hatte ich schon einigemahle Sammlungen gehalten und konnte nun ihnen nicht große Opfer mehr fordern. Im Anfange des Winters hatte ich unter andern nicht unbeträchtlich für das Erzgebirge gesammelt, wo damals die Noth am furchtbarsten zu seyn schien. Bei jener Gelegenheit habe ich gleichfalls im kleinen sehr erfreuliche Erfahrungen gemacht, wie Sie jetzt im Großen, von der unverwüstlichen Güte der menschlichen Natur und der Gewalt die das einfache treue Wort über die Gemüther übt, wenn man eine reine und rechte Sache hat. Wird es nun so im Großen angegriffen, wie Sie es gethan, so zeigt sich, wie groß das unsichtbare Band der Geister ist, die sich berühren, ohne von einander zu wissen; ein starker geheimer Bund, der den Sieg über das Schlechte gewinnen muß, eben weil er ohne Absichtlichkeit zusammenwirkt. Sollten Sie nun dazu schon auf frischer That eine böse Bande in Berlin sprengen, so wäre es noch erfreulicher. Sie werden viel Zeit und Kraft dazu hergeben müssen, aber das Opfer bringt auch Frucht; und es ist vorübergehend, Sie werden und müssen doch bald wieder auch für das geistige Bedürfniß sorgen helfen. Ich komme da wieder auf den Merkur, und möchte dringender als je, Sie auffordern, jede Möglichkeit zu ergreifen, um ihn wieder anzufangen. Ein Gesichtspunkt ist mir besonders ins Auge getreten. Wenn auch die Kritik in der Schärfe nicht hervortreten dürfte, die sie haben müßte, so kömmt es darauf an, ob nicht andere wichtige Zwecke es der Mühe verlohnten, ihrenthalben ein Blatt dieser Art fortzuführen; und es scheint mir ein einziger schon dringend genug. Das Zeitalter leidet an einer wahren Krankheit der Unzufriedenheit und Muthlosigkeit. Es weiß nicht, wo es festen Fuß behalten soll. Der Glaube an die Formen, die sonst galten, ist ihm verschwunden, und neue weiß es nicht zu schaffen; der Boden der Idee und des Glaubens ist den meisten unbekannt; daher die Unsicherheit und das Mißtrauen in der Menge. Es ist ein trauriger Zustand und ein ärgerlicher. Doch wenn ich auch noch so großen Verdruß an den Regierenden habe, das jämmerliche Geschwätz eines jeden Laffen darüber ist mir ekelhaft. Sie machen es in ihren eigenen Dingen nicht besser. Wenn ich sehe, wie sie ihre städtische Verwaltung einrichten, ihr Armenwesen, und wo sie irgend freie Hand hätten, um etwas Tüchtiges zu bilden, da fangen sie es doch gerade so leblos an, wie die ganze Maschine geworden ist, wollen mit Papier die Welt regieren, jeden kleinen Dienst bezahlt haben, und machen zwanzig Schritte die Kreuz und die Quere, wo Ein herzhafter zum Ziele geführt hätte. Das Alles, wo guter Wille und Ehrlichkeit herrschen; wo Schlechtigkeit mit im Spiele ist, geht es gar schlimm. Nun weiß ich wohl, daß diese Übel nicht durch ein Tagesblatt können gehoben werden, sondern daß ein neuer Kern gepflanzt werden muß; allein ein Tagesblatt mit siegender Gewalt gehandhabt, und mit dem Hauptzwecke vor Augen, das Erfreulichere zur Stärkung für die Gutgesinnten hervorzuheben, wo es sich findet, zu zeigen und auch das Feste und bleibende zu sehen, und wie es in jedem Kreise zu stiften sey – ein solches Blatt würde die zerstreute Kraft vereinigen und ermuthigen. Ein solches Blatt forderte aber den Meister des Gedankens und der Rede zum Herausgeber, damit sich nicht die gutmüthigen Gevattern darin eingliederten, welche die Welt mit Sittensprüchen bessern wollen. Derselbe feurige, und feine, den Kern des Lebens durchdringende, das Eitle verzehrende Geist, der im Merkur gelebt, müßte auch da walten, nur daß er sich von der Kritik mehr der positiven Seite zuwendete. Jene darf nicht fehlen, denn in ungeackerten, mit Unkraut überwachsenen Boden kann man nicht pflanzen, aber vorherrschen würde sie nicht; und Sie sagten gleich von vorne herein, daß der Standpunkt sich so verändert habe, und daß Sie auf jeden Fall bevorworteten, wenn Sie zu etwas schwiegen, so sey das nicht als Billigung zu nehmen. Ich wollte, wir könnten uns mündlich darüber verstehen; die Sache liegt mir am Herzen. – Doch, Sie werden das Mögliche thun. – Auch über meine teutsche Geschichte muß ich noch weiter mit Ihnen reden. Gerade, wie Sie die allgemeine Ansicht des Buches gefaßt haben, ist sie die rechte, und in der Vorrede der zweiten Abtheilung habe ich schon selbst angedeutet, was ich zur Ergänzung des Fehlenden über das Leben des Volkes selbst, noch hinzufügen werde. Ob daraus dann künftig noch einmal eine einzige Darstellung wird, will ich nicht entscheiden. Für jetzt glaubte ich die Elemente getrennt halten zu müssen; theils des Zweckes wegen für die Schulen, theils um mit dem leichteren Theile der Arbeit den Anfang zu machen, damit er nur gemacht sey. – Den Gedanken einer einfachen Schulfeier der drei Jahre hat das Ministerium in Berlin aufgenommen, und will ihn ausführen." (Orig.: Familienarchiv Görres-Jochner Nr. 129; Unveröffentlicht).

16.7.1817 (Glienicke bei Potsdam) Karl August von Hardenberg: „Die Beantwortung Ew. Wohlg. gefälligen Schreibens vom 26. April d. J. hat sich bey dem Andrange meiner vielen Geschäfte bis jetzt verzögert. Ich setze den weiteren Beschluß darauf bis zu meiner bevorstehenden Anwesenheit in Coblenz aus, und werde alsdann gerne dahin zu wirken suchen, daß Sie in Absicht Ihres Diensteinkommens, sowohl für die Vergangenheit, als für die Zukunft zufrieden gestellt werden.

Ich erkenne übrigens lebhaft die rühmlichen Gesinnungen, welche E. W. während der letzten bedrängnißvollen Zeiten in den Rheingegenden bewiesen haben, und freue mich, bald Ihre persönliche Bekanntschaft zu machen." (Görres, *In Sachen der Rheinprovinzen,* Nr. 21, S. 301 = *GS* 13, S. 409f).

18.7.1817 (Köln) Werner v. Haxthausen: „Liebster Görres! Wenn ich bisher nicht antwortete, so war es weil ich hoffte, dir etwas besseres erwiedern zu können. Groote wird dir schreiben, wie schwer uns hier zu Muthe ist. Solms kommt Dienstag zurück, Daniels ist schon hier. Von der Constitution, von allem Andern keine Rede. Die Universität wird wohl nach Bon kommen. Meine Collecten werden von allen Seiten zurückgewisen, die Loose habe ich endlich nach Westphalen verwiesen; dort sind sie angenommen und du sollst nächstens das Geld erhalten, kannst auch noch 100 senden; ich will sehen, sie unterzubringen. So traurig dieses für uns Kölner scheinen muß, so wenig darfst du vergessen, daß die

Stadt gegen 42000 Einwohner, in gewöhnlichen Zeiten ein Vierttheil Arme, zum Theil sind diese auf nicht mehr vorhandene Stiftungen und aufgehobene Klöster von der Natur und Geschichte angewiesen worden, in den lezten harten Jahren ist von ihnen gegen die Hälfte der ganzen Bevölkerung ernährt worden. … Die hiesige Polizei hat die Einrückung einiger Worte in die Zeitung, wodurch zur Annahme von Loosen aufgefordert werden sollte, verwehrt, weil alle Lotterien verboten seien, und die höhere Autorisation fehle. Ich habe Schmitz Grollenburg gebeten, mir die nöthigen Weisen und Verweise darüber zu geben. Wie herrlich sich dein Unternehmen bewährt, so erfreulich und schmerzlich zugleich ist der Gedanke, Deutschland in solcher Noth und nur durch die Noth vereint zu fühlen. Wenn ich gestimmt wäre zu Eitelkeit, so würde ich dir sagen, daß alle Straf- und Armenanstalten zu meinem Ressort bei der Regierung gehören, und daß ich es mit Hülfe meiner Collegen in allen übrigen deutschen Provinzen bei Regen und Wind dahin bringen werde, meinen Wirkungskreis also auszuarbeiten, daß alle Bewohner, welchen diese Wohlthat noch nicht zu theil geworden nach und nach theils in die Gefängnisse und Zwangsarbeit in Zuchthäusern, theils in den Irren- und Waisenhäusern Armen und Invalidenanstalten untergebracht, und hinlänglich erzogen gebessert und verpflegt werden. Wohin ich selbst mich bette oder gebettet werde, ist ungewiß, wahrscheinlich aber auch ins Zucht- und Irrenhaus, wo ich ein dienender Bruder der Verirrten, und Fremden sein mögte, der selbst ihrer Einer geworden ist. Ich grüße euch alle viel 1000 mal In Treue." (Orig.: Familienarchiv Görres-Jochner Nr. 96; Unveröffentlicht).

19.7.1817 (Cochem) Peter Franz Oster: Eine Witwe von hier habe ihm die hier beifolgenden Bücher für den Hilfsverein gegeben. Sie sollten direkt an Görres gehen. Falls sie nicht gebraucht würden, sollte er sie an sie zurückzusenden, damit sie „ein anderes Mittel aufsuchen könne um zu helfen". Er übernehme den Auftrag umso lieber, weil er seit langem nicht das Vergnügen gehabt habe, von Görres zu hören, bitte ihn, ihm selbst zu antworten. Für Pestalozzi habe man ihm einige Subskriptionen zugesagt, er wolle, wenn Görres es wünsche, die Subskriptionen einsammeln. Schließlich empfehle er ihm die hiesigen Armen aufs Beste, auf dem Land, besonders in der Eifel und einigen Gemeinden an der Mosel habe es unglaubliche Vorfälle gegeben. (Auf dem Couvert: „Nebst 11 Büchern und einer Flinte") (Orig.: Stadtarchiv Koblenz, Best. 623, Nr. 2671, Bl. 282f; Unveröffentlicht).

19.7.1817 (Cochem) Peter Franz Oster: Er habe den Roggen verteilt, habe aber mehrere hundert Menschen ohne Hilfe gehen lassen müssen – eine harte Stunde für ihn. Er wisse nicht, was geschehen solle, wenn er nicht schnelle Hilfe erhalte. Bitte um Erkundigung, ob schnell Nachschub komme. (Orig.: Stadtarchiv Koblenz, Best. 623, Nr. 2671, Bl. 318; Unveröffentlicht).

24.7.1817 (Köln) Eberhard von Groote: „Seit wir die 3 Kisten mit Büchern und Urkunden von Düsseldorf erhielten, da dorthin und nach Aachen seither ein neues Reskript von Berlin erging, alles übrige noch an uns zu senden, ist alles ganz still geblieben. Nur haben die Aachener angezeigt, sie haben nichts mehr als den

Codex aureus Sti Maximini, und haben nach Berlin gemeldet, es sey ihnen dieser als Depositum vom Staatskanzler überwiesen, bis zur Eröffnung der Rhein. Universität. Ich aber werde die Trierer hetzen, daß sie ihn in Berlin reklamiren, denn mit der Universität wird es ja doch einmal nichts als ein – Gemach. Sie können sie so wenig machen, als sie sonst noch etwas haben machen können, was gutes irgend noch geworden, haben sie ja gar nicht gemacht, sondern es ist überall gegen ihr Wissen und Willen, ja gerade gegen ihren Plan und Absicht entstanden. Was sie machen wird schon deswegen schlecht weil sie es machen; was irgend in der Welt Gutes ist, ist nicht – wie eine neue Residenz, die offenbar nicht zum Guten gehört – gemacht worden, sondern ist erwachsen aus dem Bedürfniß und entstanden aus dem Drange der eigenen Kraft und Lust. Darum scheint mir das Machen vom Teufel zu seyn, und nur durch Teufelsbund kann man machen, was der liebe Gott ohne des Menschen kühnes Zuthun zur Zeit heraufführt. Wird aber doch nun eine Universität gemacht, so wird es ein Machwerk seyn, oder ein Gemach, und vom Ende wieder so gut als ob keine gemacht wäre. – Von den Trierern wird nun der Codex aureus von Prüm ernstlich reklamirt, allein ich habe ihnen geschrieben, daß dieser in Paris nicht sey gefunden worden, und daß er sich weder in den Verzeichnissen noch unter den Reklamationsgegenständen befinde. Die Düsseldorfer haben inzwischen gar nichts mehr von sich hören lassen, und ich weiß nicht, ob und was wir von da noch zu erwarten haben, auf allen Fall ist es literärisch das Wichtigste. Die Trierer drangen in mehreren schnell sich folgenden Briefen auf ihre Sachen; wir haben sie aber gebethen, sich solange zu gedulden, bis wir erst alles hier zusammengebracht und gesondert hätten. Dann wäre es gut, wenn sie Herrn Wyttenbach herunterschicken um ihre Schätze in Empfang zu nehmen. Ich will Euch ferner über den Hergang mit den Sachen bescheiden. Scharnhorst, den Ihr von uns grüßen mögt, versprach die Kupfer zu den Liedern zu schicken, hat aber noch nicht Wort gehalten. – Von Heidelberg möchte ich so gerne den Tristan auch ein paar Monate haben, allein Carove schreibt mir eben, welche ungeheure Formalitäten dazu nöthig seyen. Inzwischen will ich es doch versuchen. Jean Paul ist dort angekommen und mit einem Fackelzug bewillkommt worden, wobey Carove eine Rede gehalten. Der ganze Hergang wird im Morgenblatt gemeldet. – v. Haxthausen, Kreuser (=Creuzer), Simon, mein Bruder grüßen freundlichst Euch Alle und die lieben Coblenzer Freunde. Gott zum besten Gruß." (Orig.: Familienarchiv Görres-Jochner Nr. 82; Abschrift: UB Münster, Nachlass Schulte-Kemminghausen, Kapsel 71,7; Reifferscheid (Hrsg.), *Eberhard von Groote, Mitteilungen aus seinem Briefwechsel*, Nr. 15, S. 39; Reifferscheid, *Erinnerung an Groote,* S. 160 mit Auslassungen).

30.7.1817 (Paris) Clemens Mathieu: Hier die Abschrift seiner Kollekte, von Banquier Mendelsohn 6000, dann wieder 3827, heute noch 200 Fr; vom Kammerherrn von Rougemont ebenso. Grüße von s. Frau an die Mme Görres. Jean Claude grüße besonders Mariechen. (Es folgt eine Spender-Liste von französischen Namen) (Orig.: Stadtarchiv Koblenz, Best. 623, Nr. 2671, Bl. 337f; Unveröffentlicht).

31.7.1817 (Prüm) Matthias Rosbach: Görres habe bei seiner Umreise die Not im Kreis Prüm gesehen. Bitte um Nachricht, wieviel seinen Kreisen gegeben werden könne, macht Vorschläge zu Gesetzen, die Missbrauch verhindern könnten. (Orig.: Stadtarchiv Koblenz, Best. 623, Nr. 2671, Bl. 348; Unveröffentlicht).

16.8.1817 (Köln) Werner v. Haxthausen: „Citissime. Citissime. Dienstag den – ich habe keinen Kalender – reisen wir, Simon mit Familie, Reimer mit Familie, Arndt und noch einige von hier nach Bonn, Godesberg, die 7 Berge etc. Mittwoch, ich glaube es muß der 20. sein – kommen wir in Lach an. Entweder mußt du mit Frau und Kindern, und Max Schenkendorf mit Frau Dienstag schon mit uns die Berge besteigen, oder doch sicher den folgenden Tag in Lach eintreffen. Dieses lezte ist unerläßlich. Wir fahren zusammen auf dem Wasser, steigen auf und unter die Erde. Ich grüße euch alle viel 1000 mal. Mama Sophie Guido. Werner Haxth."

(von anderen Händen:) „brevi manu comunicetur Maximiliano a Schenkendorf. Werner Haxthausen." „Herzliche Grüße den guten Goerres Leuten und Schenkendorfs. Kommt, kommt ja! Mit Liebe Simon". (Orig.: Familienarchiv Görres-Jochner Nr. 96; Unveröffentlicht).

24.8.1817 (Paris) Lambert Joseph Krezzer: „Lieber Görres! Mit den Franzosen ist der Teufel wieder los. Sie wollen durchaus nicht mehr bezahlen. Du siehst aus dem beiliegenden Aufsatze, wie sie das Ding anstellen. Sie haben gewiß einen Hinterhalt, denn wie wäre es sonst möglich, daß Richelieu so geradezu den französischen Liquidationskommissären hätte befehlen können mit dem Liquidiren einzuhalten? Mit England sind sie abgefunden und Rußland interessirt die Konvention nicht. Die Äußerungen von Wellington und Pozzo di Borgo mögen sie wohl kühn gemacht haben, und – was leicht zu besorgen ist – ihre Projekte unterstüzzen, aber einen Krieg würden sie wohl nicht darum anfangen, wenn bei Preußen und Österreich dies Projekt scheiterte. Auf diese beyden Mächte kömmt es also an, ob die Konvention wegen der Forderungen der Privaten nach ihrem ganzen Inhalt gänzlich vollzogen werden soll, sie ist ein Schooßkind des Preußisch Ministeriums, dieses wird also zu ihrer Aufrechthaltung alles mögliche thun, und auch hierinn von den übrigen betheiligten Mächten, als Niederland, Bayern, Würtemberg, Sachsen usw wakker unterstüzt werden. Für uns allein stehen noch etwa 120 Millionen auf dem Spiel, die blos durch ein ernsthaftes und festes Benehmen gerettet werden. Es wird die Unterhändler in Karlsbaad oder wo sie zusammenkommen mögen, mächtig erfreuen, wenn sie durch die öffentliche Stimme sich unterstüzt sehen; deswegen haben wir, Crull und ich, in unserer Einfalt das Ding überlegt, und gedacht, daß wenn du dich dieser armen Reklamation gegen ihre bösen Schuldner so annehmen wolltest, wie du es thatest für die Hungrigen, eine zweite Bürgerkrone du dir verdienen würdest. – Wenn du so in deiner Merkurssprache über die Geschäfte etwas in Teutschland ausposaunen wolltest, allenfalls durch Einrückung in die Maynzer oder allgemeine Zeitung, oder in einer sonstigen Art, so würde das Wunder thun. Die Materialien dazu liegen hier bei. Aber so wie bei der Hungersnoth muß auch hier die Hülfe schnelle seyn, damit die Minister gleich in den ersten Konferenzen den mächtigen Hebel, daß die Sache in Teutschland schon laut geworden, anlegen können. Die Franzosen benuzzen ja bei sich die öffentliche Opinion, dann mögten sie auch wohl einigen Respekt vor jener des teutschen Volkes haben, um es den französischen Ministern und allen so die teutsche Sprache nicht verstehen, als Capo d'Istria etcet. gemächlich zu machen, hat man es veranstaltet, daß in den belgischen Zeitungen ebenfalls das ähnliche in nettem Französisch von ihnen nächstens kann gelesen werden. Die Franzosen werden hauptsächlich einen Mordspektakel darüber machen, daß man mitunter so ungereimte Foderungen aufgestellt hat. Es ist dies zum Theil wahr, aber es geschah erst, als man die unerhört schändlichen Einreden der fr. Agenten erfuhr, womit es ihnen gelang, selbst bei den schiedsrichterlichen Kommissionen, wenn die Majorität aus fr. Richtern bestand, die gerechtesten Foderungen zu verwerfen. Aus einer kannst du auf die übrigen schließen: durch den Frieden von Tilsit wurde die Stadt Danzig zum Freystaat erhoben, die ungefähr eine Bevölkerung von 20 m Seelen hatte. Nach seinem Rückzuge aus Rußland warf Bonaparte eine Garnison von 20 bis 40 tausend Franzosen in diese Festung, man apprivisionirte sie auf ein Jahr vielleicht, sezte sie in den formidabelsten Vertheidigungsstand, erweiterte die Festungswerke, riß Häuser nieder, und zerstörte Gärten und Felder. Der Gouverneur Rapp bezahlte alles aus fr. Kassen, und hörte nur auf zu zahlen, als ihm im Jahr 1812 u. 1813 alle Kommunikation mit Frankreich abgeschnitten war. Was nicht bezahlt wurde, hat er gehörig liquidirt und mit den gültigsten Titres gegen Frankreich versehen. Nach der Konvention v. 20. Nov. 1815 traten nun diese Gläubiger auf, und wollten liquidirt und bezahlt seyn; ihre Foderung stiegen in die hundert tausende. Die fr. Agenten wiesen sie ab; sie sagten, Danzig ist eine ville libre gewesen, die fr. Garnison focht für die Erhaltung ihrer Unabhängigkeit. Frankreich war ein Alliirter dieses Freistaats, der die Kosten seiner Vertheidigung selbst bezahlen müße, es sey traurig genug, daß Frankreich die Millionen, die es dieser Republik vorgeschossen hätte, nicht zurückbekommen könne, aber man könne doch nicht fodern, daß es nun auch noch die Reste bezahlen solle, und auf dieses System wurde die Hälfte dieser Gläubiger mit ihren Foderungen abgewiesen, weil die Kommission eine Majorität von 3 Franzosen gegen 2 Fremden enthielt. Die Herren sind nicht so stupid, um nicht das absurdum einzusehen, aber sie meinen, sie könnten auch als Richter eine Conscience diplomatique – wie sie es nennen – haben. – Die Gebühren eines Schreibens bei einem fr. Kommandanten, die geflickten Fensterscheiben in einer fr. Kaserne sind travaux d'utilité publique, die, weil die Foderung nach dem 31. Dec. 1812 entstanden, nach dem Art. 30 des Friedens vom 30. May 1814 von den neuen Besizzern zu tragen sind. – Die Soldaten aus den abgerissenen Provinzen, die in der fr. Armee dienten, und nach den Schlachten von Leipzig und Hanau verwundet, oder gefangen wurden, oder aus einem sonstigen Grunde in den Heeren Bonapartes 1814 und 1815 nicht dienen konnten, erhalten ihren rückständigen Sold nicht weil sie als Déserteurs avec armes et bagage zu betrachten sind, und mithin, wenn man sie kriegt, todtgeschossen werden müßen, während die, so in den Schlachten von Ligny und Belle-Allaince unter den Fahnen des Usurpators gegen den legitimen König sich schlugen, bis auf den lezten Heller bezahlt werden. etc etc. Ich muß nun aufhören, sonst hab ich nicht Papier genug. - Ist es denn nun zu verwundern, wenn die fremden Liquidationskommissäre hier und da eine übertriebene Foderung mit unterlaufen ließen, und dadurch so schreyende Ungerechtigkeiten und Schändlichkeiten einigermaßen zu kompensiren suchten? Man wird fr.seits die Aufhebung dieser Konvention, den Rückzug des Okkupationsheeres und den Nachlaß der Kriegssteuer zugleich fodern, weil sie wähnen, daß ihre Gegner es als ein Glück ansehen würden, wenn sie mit Aufopferung der ersten die beiden andern erhielten. – Den Rückzug der Truppen verbindet man vielleicht auch diesmal noch nicht mit den andern Desiderien, weil die Regierung diese Schildwachen noch immer nöthig glaubt. Dem sey aber wie ihm wolle, wenn die Franzosen das Geringste erhalten, dann geht alles nach und nach zum Teufel; hätte man die 30 m Mann nicht zurückgezogen, dann wären sie jetzt auch mit diesen Zumuthungen zu Hauße geblieben. Und weil also jetzt so viel auf gefährlicher Kippe steht, drum wirst du als alter Kämpfer es nicht verweigern, in die Schranken zu treten, und die geprüften Waffen aufs neue zu versuchen. – Die hier gelieferten Bemerkungen werden hinreichen, um dich über das ganze Geschäft so aufzuklären, als wenn du ein ganzes Jahr hier mitgeschiedsrichtert hättest. – Es versteht sich endlich von selbst, mich so viel wie möglich zu schonen, und weder Crull noch mich geradezu anzugeben, da die Notizen selbst es schon verrathen, woher sie kommen. – Nun lebe wohl, lieber Görres! Schreibe mir doch umgehend in wenigen Worten, ob und was du in der Sache zu thun gedenkst. Einen schönen Gruß von Crull." Soeben schreibe Franz aus Nancy, daß er den 6. September mit seiner Virginie hier eintreffen werde. (Orig.: Familienarchiv Görres-Jochner Nr. 133; Unveröffentlicht).

25.8.1817 (Hamburg) Friedrich Perthes: („An den hochlöblichen Hülfsverein") „Hierbey habe ich die Ehre in liegend zu übermachen: 1) Herrn Kleudgens Aufgabe seiner Einnahmen für die Hülfsbedürftigen. 2) dieselbe Aufgabe von Perthes und Perthes, ... von Perthes und Perthes 854 fs; von Kleudgen 246 fs. ... - Eine Generalübersicht und Abschluß der gesammelten Gaben und unserer Zahlungen.

Meine heutige Epistel den Abschluß enthaltend habe ich an den Hilfsverein gerichtet, bitte sie aber sehr um eine baldige Antwort. Leben Sie wohl, erhalten sie mir ihr gütiges Andenken. Ihr treuer Perthes" (Orig.: Stadtarchiv Koblenz, Best. 623, Nr. 2671, Bl. 374f; Unveröffentlicht).

31.8.1817 (Netterhöfe) J. Lay: Dank für die Zusage von Samenkorn. Herr Brixius behaupte, Samenkorn vom Mayfeld von Koblenz sei nicht gut, neues, recht reifes Korn dagegen sei gut, altes Korn sei nicht brauchbar. Er müsse wenigstens 8 Malter haben, weil er 12 Malter säen müsse. „Noch bin ich irrig ob ich es wagen soll von meinem Korn zu sähen, weil es durch den Hagel beschädigt ist, dann auch weil ich dadurch gar keinen Vorrath für Brod haben würde. Eine sehr große Gefälligkeit erwiesen sie mir, wenn ich noch 3 Malter altes Korn für Brod bekommen könnte. Ich habe es sehr notwendig weil ich durch meine isolierte Wohnung gar zu sehr von Hungrigen und Brodbedürftigen überfallen werde, und ich noch eine zahlreiche unglückliche Familie ernähre." Die Samenfrucht müsste gleich nach Maria Geburt hier sein. Nächstens schicke er die Population der Pfarrei Wanderath und Retterath, habe aber die Populationsliste noch nicht vom Bürgermeister erhalten, die er schon lange verlangt habe. (Orig.: Stadtarchiv Koblenz, Best. 623, Nr. 2671, Bl. 389; Unveröffentlicht).

1.9.1817 (Frankfurt) Graf von der Golz: an den Präsidenten des Hilfsvereins Görres. Er wolle nach Görres' Schreiben vom 7.6., 7.7. und 28.8. nun auch helfen und habe 100 Lose gekauft. Er empfehle sich Görres' Andenken. (Orig.: Stadtarchiv Koblenz, Best. 623, Nr. 2671, Bl. 391; Unveröffentlicht).

10.9.1817 (Prüm) Matthias Rosbach: „Der Landrechtliche Commissarius" bitte Görres um Mitteilung dessen, was dem hiesigen Kreis verabfolgt werden könne. Der Bedarf sei groß, durch Hagel vermehrt. Er werde die angewiesenen Früchte dann schnell abholen lassen, da die Einsaat dränge. (Orig.: Stadtarchiv Koblenz, Best. 623, Nr. 2671, Bl. 393; Unveröffentlicht).

12.9.1817 (Cochem) Peter Franz Oster: Er habe auf Görres' verschiedene Anweisungen, von Bremm 12 Malter, von Manderscheid 20 Malter, von Naneburg 15, von Kelberg, von Ulmen ..., im Ganzen 86 Malter Roggen abgegeben. Den 5. Bericht des Hilfsvereins habe er seinerzeit erhalten und allenthalben bekannt gemacht. Es sei ihm unangenehm gewesen, dass die Gelder von hier aus noch nicht angekommen, weshalb er den Kassierer ersucht habe, ohne Verzug alles einzusenden. In der Anlage die Übersicht. Er bemerke noch, dass die Gelder für die 150 Malter, die hier eingegangen seien, aus der Kassa des hiesigen Vereins bestritten wurden. Falls Görres wünsche, dass von hier aus die Einnahme gemacht werde, solle er ihn darüber unterrichten. Er habe mit Bedauern gesehen, dass der Hilfsverein die Mosel nicht in seine wohltätige Sorge für Saatkorn aufgenommen habe. Er müsse noch bemerken, dass die Landleute frisches Korn säen müssten, und dass die Versendung bald beginnen müsse. „Ihr ergebenster Oster". (Orig.: Stadtarchiv Koblenz, Best. 623, Nr. 2671, Bl. 162; Unveröffentlicht).

13.9.1817 (Kloster Brüggen bey Crefeld) Johann Friedrich Benzenberg: „Dieses Schreiben soll Euch, verehrter Herr und Freund, vermelden, daß ich auf mein Gütlein zurückgekehrt, und dadurch allen billigen Erwartungen der Menschenfreunde entsprochen. Daß ich Euch im Beobachter ausgescholten, so wie Ihr mich, werdet ihr mit Vergnügen wahrgenommen haben. Der Westphalus Eremita ist ein ordentlicher Geselle. Er ist seines Zeichens ein Jurist, heißt Sommer und wohnt in Kirchhunden in Westfalen. Ist 24 Jahr alt, Hofgerichtsadvokat, ... besitzt auch ein Gütlein; – so daß er erlaucht und erleuchtet ist, auch wenn die Sonne des Dienstherrn sich von ihm wendet. ... Der Beobachter hat Herrn von Kamptz so lange geärgert, daß er jetzt das Justizministerium dahin gekrigt, daß dieses allen Gerichten befehlen kann Inserate auch nur zu senden. Ihn mit Hilfe der Post zu ertödten war fehl geschlagen. – Ihn zu verbieten geht nicht, des Odiums wegen, da er stets ein sedater Mensch gewesen. Das Schlimmste was er enthalten sind die Berichte des Nothvereins – die ohne ihn in Berlin gar nicht bekannt geworden, weil er die Einzige Zeitung die auf allen Kaffe und Weinhäusern zu finden. Die Wiesbadner und Mainzer werden blos bey der Polizey gehalten, – sonst nirgend. Der Beobachter ist jetzt so die Brücke zwischen dem Süden und Norden, wo ohnehin ungemein wenig Zeitungen gelesen werden. – Ihr spracht in Eurem lezten Briefe von einem Aufsatze den ihr senden wolltet und der nicht lange an der Thür warten sollte. Er ist aber nicht angekommen, - vermutlich auch nicht abgesendet. Nun gehabt Euch wohl, Hausfrau und Kind und Kegel, und schreibt mir bald was Ihr macht, und wie am Ende die Sache mit dem Gehalt gegangen. In Berlin habe ich nie recht auf den Grund kommen können, wie nun eigentlich das Ultimatum gewesen. Vielleicht komme ich in der Weinlese herauf – da ich wohl nach Godesberg gehen werde um dort Zwiesprache über das Cataster zu halten. Auch mögte ich einmal gerne wissen, in welcher Weise jetzt murmurirt wird. – Ihr wißt ja daß ein Zeitungsschreiber sehr wissbegieriger Natur ist. Adieu. Benzenberg“ (Orig.: Familienarchiv Görres-Jochner Nr. 14; Unveröffentlicht).

17.9.1817 (Heidelberg) Georg Friedrich Creuzer: Dank für Görres' Brief mit erwünschtem Lebenszeichen. Er höre manchmal von Fremden, dass Görres gesund sei, er werde ja auch fleißig besucht. Es kämen jetzt alle Völkerschaften nach Heidelberg, es fehlten nur noch Chinesen, neuerdings kämen auch Amerikaner, die altklug daherkämen, auch viele Dichter, während Voß mit seiner Ernestine an der Ostsee sitze: Hofdichter Schreiber aus Karlsruhe sei hier, Jean Paul habe bei Schwarz gewohnt, er sei der Liebling der Frauen gewesen, ihm und seinem Hund seien viele Locken abgeschnitten worden. Nun sitze er seit 14 Tagen wieder bei seinem Bayreuther Bier. Tieck sei kurz dagewesen, habe Gruß von Görres gebracht. Glückwunsch zum Erfolg des Hilfsunternehmens! Auch rund um Heidelberg und im Odenwald sei große Not gewesen. Dass Görres den Nassauern so schön die Wahrheit gesagt habe, freue ihn. Rektor Lindemann, ein Landsmann von Görres, Lehrer in Torgau in Sachsen, hätte gern Görres' Priscianus in seiner Studierstube, da ihm das Reisen sehr schwer gemacht werde. Wenn Görres es erlaube, würde er ihm den Codex schicken. (Orig.: Familienarchiv Görres-Jochner Nr. 41; Binder (Hrsg.), *Freundesbriefe,* Nr. 187, S. 538-540).

18.9.1817 (Kelberg) Bürgermeister Metten: Er habe Görres' Adresse vom 15. überall bekannt gemacht. Dank für die Wohltaten! Er werde das gelieferte Getreide gegen Getreide hiesigen Landes umtauschen lassen, da diese akklimatisiert seien. Hagel habe die Not in der Eifel noch vergrößert, die betroffenen Gemeinden seien im äußersten Elend. (Orig.: Stadtarchiv Koblenz, Best. 623, Nr. 2671, Bl. 401; Unveröffentlicht).

24.9.1817 (Prüm) Johann Hubert Schmitz: Man müsse zwischen faulen und fleißigen Bettlern unterscheiden, viele gewöhnten sich nämlich ans Almosenempfangen. Anbei ein Bericht über das Eingegangene. Die Verteilung erfolge unter strenger Aufsicht von Bürgermeister und Pfarrer. (Orig.: Stadtarchiv Koblenz, Best. 623, Nr. 2671, Bl. 412; Unveröffentlicht).

29.9.1817 (Erdmannsdorf) August Graf Neidhardt von Gneisenau: Die Abreise Scharnhorsts habe er erst so spät erfahren, dass ihm kaum Zeit bleibe, ihm seinen Gruß für Görres und seine Glückwünsche „über Ihr so glücklich vollendetes Unternehmen, die Hungrigen zu speisen“ mitzugeben. „Der König hat nicht gewollt, daß ich daran Theil nehmen sollte, und hat mir meine Gabe wieder gegeben. Ich muß hierin seinen Willen erfüllen und darf daran nichts ändern. Meine Verwunderung, daß aus allen mir gemachten Zusagen Ihr Gehalt betreffend, nichts geworden ist, kann ich nicht bergen. Wäre Ihnen von H. St.R. Stägemann nicht das amtliche Schreiben darüber zugekommen, so hätten Sie Fug und Recht, zu bezweifeln, was Ihnen darüber geschrieben worden." Die Angelegenheit bleibe ihm ein Rätsel. „So treibt bei uns die Partheysucht ihr Wesen." - „Mit der Theilnahme die Ihnen gebührt und mit der hochachtungsvollsten Ergebenheit, sowie mit Grüßen an Ihre Gemahlin und Kinder." (Binder (Hrsg.), *Freundesbriefe* Nr. 188, S. 540f; Görres, *In Sachen der Rheinprovinzen,* S. 301, Nr. 22: Ausschnitt: „Meine Verwunderung ... Ihr Wesen" unter der Überschrift „Aus einer Zuschrift vom 29. September 1817" ohne Angabe des Verfassers = Marie Görres (Hrsg.), *GPS* 4, S. 665, Nr. 22).

1.10.1817 (Bern) Justus von Gruner: Dank für Görres' Brief. Seine Wirksamkeit im Hilfsverein, „urtheilend und handelnd zugleich", habe ihn erfreut. „Dennoch scheint sie nicht an die Wurzel gedrungen. Als die Oberpräsidenten Ihren Aufruf unterschrieben, besiegelten sie die Schmach der Regierung, bekundend, daß solche nicht könne oder wolle, was sie solle. Der König hatte es wohl gefühlt und ich denke, daß daher seine Untersuchungs-Ordre kam. Aber es scheint, daß sie nicht durchgedrungen." Womit es die Rheinlande verdient hätten, „daß ein tückischer Genius jegliche Hoffnung zertritt, die ihnen eine bessere Zukunft verheißen"? Der Kanzler, jetzt von seiner Unpässlichkeit genesen, sei aber nicht erschienen. „Seine Gegenwart würde erfreuet haben, da er alles besitzt, was zur Beschwichtigung erforderlich." Die elende Organisation mit allen ihren Mißgriffen sei „verruchter und unheilbringender" als das Schlechte, das sie verdrängen sollte. Das Verderblichste sei Halbheit. „Ihre persönliche Sache ist liegen geblieben, gleich den tausend Andern. Man wollte Ihnen zurückgeben was Ihnen gebührt; es ist beim Willen geblieben. Dieser war gut, der Fürst hat Ihnen einen öffentlichen Beweis davon zugedacht. Indeß kam es nicht zur Ausfertigung und wir meinten, sie werde in Coblenz selbst erfolgen. Da ist der Keuchhusten mitten inne getreten. Nun kann es lange dauern, wenn Sie nicht etwa selbst nach Berlin gehen mögen, sich Recht zu holen." - In der Schweiz sei wenig zu tun, „und das Wenige selbst kostet viel Verleugnung und Opfer jeglicher Art." Es gebe wenig Urteil und viel Anmaßung und „im Geselligen fast eine gänzliche Stagnation". Vieles aber werde sich verändern, „hier und anderwärts. Darauf wollen wir bauen". – Es tue ihm weh, dass Görres nicht zuweilen um die Ecke kommen könne. „Sie wissen, wie ich Sie liebe, Ihnen vertraue. Hier entbehre ich Sie oft." Seine drei Töchter seien „aus rheinischem Blute, voll Geist und Leben". Görres solle einmal den Rhein hinauf sie besuchen kommen. (Orig.: Familienarchiv Görres-Jochner Nr. 85; Binder (Hrsg.), *Freundesbriefe* Nr. 189, S. 541-543).

5.10.1817 (Darmstadt) Heinrich Karl Hofmann und Wilhelm Stahl: (Hofmann:) „Gott zum Gruß liebster Herr Görres! Ich müßte nicht überzeugt sein, daß Sie meine Art kennen und mir Gnade vor Recht angedeihen ließen, wenn ich Sie wegen meines letzten ungestümen Briefs förmlich um Vergebung bitten wollte. Ich erhielt bald nach dessen Abgang Ihren letzten, der uns Alle recht erfreut hat. Schreiben Sie ja etwas zum 18. d. M., mein Geschreibs will ich nach Jena schiken, damit die beiden Kindlein nicht so aus dem Nest schlüpfen, man wird ohnehin leicht sehn, daß meines von Ihrem ist aus der Taufe gehoben worden. Das Weitere mag unser Reisender, der nun wieder zurück ist, Freund Stahl, schreiben. Gott befohlen, meinen ehrerbietigsten Gruß an die Ihrigen. Ihr Briefchen an Kreutzer ist besorgt. Getreulich Ihr Heinrich Karl Hofmann."

(Seitlich:) Als Seine Adresse sei auch möglich „an Herrn Hofkammerrath J. M. Hofmann".

(Stahl:) „Unser Freund Hoffmann führt mich bey Ihnen ein. Ich trete als ein Freund sonder Umschweife vor Sie, verehrter Mann, um Ihnen das Resultat unserer Reise kurz mitzutheilen. Mühlenfels war, wie Ihnen bekannt, mein Begleiter, und ich der Seinige, wir haben treu zusammengehalten, und die Freude brüderlich getheilt über so warme Aufnahme so herzliches Entgegenkommen wackrer Vaterlandsfreunde denen wir uns dem Grundsatze getreu: wer nicht traut dem ist nicht zu trauen, ohne Rückhalt genähert, unsern Vorsatz vertraut und sie zu gleichem Handeln in Ihrer Weise aufgefordert. In Heidelberg und Baaden stand natürlich weniger zu erwarten; Martins Schiksal vom vorigen Jahre hat auch die welche brav, aber durch Familien und häusliche Verhältnisse gebunden sind handscheu gemacht, sie wollen um so weniger Etwas beginnen als sie den Bundestag als ein Ding betrachten, aus den verwerflichsten Elementen zusammengesetzt, also sich auch im besten Falle keinen Erfolg versprechen. Indeß will Winter, überzeugt, daß es mehr darum gelte, vorerst immer wieder eine bestimmte öffentliche Meinung, einen festen Willen des teutschen Volkes auszusprechen, als unmittelbar für das, was wir als Bedürfnis der Zeit erbitten, große Dinge zu erwarten, sein Heil im Breisgau versuchen und hofft, daß dort eine Denkschrift an den B.t. (Bundestag) der Unsrigen ähnlich, zu Stande kommen werde. – In Stuttgart reges politisches Leben, herzliche Theilnahme an unserem Vorhaben und das allgemeine Versprechen daß von Schwaben aus alles geschehen solle es zu befördern, was auf der gegenwärtigen Lage der verjagten Ständeversammlung und ihrer einzelnen Glieder möglich sey. Manche Gegengründe welche der verehrte Weishaar uns darauf anführte, daß der B.tag als eine Versammlung von den Fürsten einseitig committirter Abgeordneter anzuerkennen sey, daß von ihm leicht der Beschluss zu erwarten sey, daß wir uns an die Fürsten, deren Bevollmächtigte sie nur seyen, unmittelbar zu wenden hätten, durch eine Bitte, an den Bundestag gerichtet, also eine Instanz gewissermaßen verloren gehe, - mit jugendlichem Eifer bekämpft und, wie es, aus Gründen die ich Ihnen nicht zu wiederholen brauche, überwunden; nicht so glücklich waren wir in Bekämpfung des Satzes, daß die Würtembergischen Stände, sowohl als die Einzelnen durch ein unumwundnes Anschließen an die allgemeine Sache ihren bisherigen, in der Versammlung gemachten Anfoderungen vorgreifen und sich von ihrem alten urkundlichen Rechte entfernen würden. Daß sie sich dieser allgemeinen Sache als teutsche Bürger anschließen, in ihr eine Gewähr ihrer eigenen verbrieften Verfassung finden sollten, wollte nicht einleuchten, sie glauben dem Allgemeinen am tüchtigsten dadurch zu nutzen, wenn Sie im Falle einer bald zu hoffenden Einberufung streng dem bisher betretenen Wege getreu bleiben, – Gewiß soll noch eine Versammlung mehrer jetzt auf dem Lande wohnender Glieder statt finden und uns alsdann das Resultat ihrer näheren Berathung mitgetheilt werden, bis dahin nur das allgemeine aber ernste Versprechen, treuer Beihilfe. In Jena ist die

Ständeversammlung dem B.tag noch eine Dankadresse schuldig für die geleistete Bürgschaft ihrer Verfassung und wird, durch Vermittlung des Professor Schweizer, des Vertreters der Universität der Wunsch ausgedrückt werden, daß es in allen teutschen Gauen auch so seyn möge, als eine wahre Gewähr für sie und alle. Ist unsre Adresse alsdann schon eingereicht, so geschieht es mit bedeutender Beziehung hierauf. Martin und Frieß sind wie natürlich bey der gerechten Sache. Ersterer wird sich in Koburg für eine Adresse verwenden, nur in Luden schienen wir uns geirrt zu haben; er suchte ängstlich nach einer Legitimation bey uns, die man sonst allenthalben auf unsrer Stirn und in unsrer freyen Rede gefunden zu haben schien, er predigte uns stumme Hingebung und geduldiges Erwarten der Dinge, die uns die Zeit von selbst bringen werde …" (Rest fehlt). (Orig.: Familienarchiv Görres-Jochner Nr. 108; Unveröffentlicht).

14.10.1817 (Düsseldorf) Friedrich Kohlrausch: „Ihr Brief, verehrtester Freund, war mir durch die treffenden, lichtvollen Gedanken, die er enthielt, überraschend und erfreulich. Ihn lebendig ergreifend entwarf ich sogleich die in Abschrift beiliegende Adresse, welcher Sie es ansehen werden, daß sie mit Liebe gedacht ist. Die Schwierigkeit die ich wohl fühlte, daß preußische Städte sich geradezu an den Bundestag wendeten, habe ich durch die Wendung, welche den Mittelpunkt meines Entwurfes ausmacht, daß wir nemlich nicht für uns bitten, aus Zweifel oder Ungeduld, sondern für das Ganze uns die gleichen Grundlagen wünschen, umgangen, und überhaupt Alles so gestellt, daß sicherlich kein Anstoß darin war, sondern im Gegentheil eher zu wenig gesagt zu seyn schien. Und danach haben die Freunde, mit denen ich die Sache überlegt, und die ich als die tüchtigsten erkennen mußte, Bedenken dabei gehabt. Ich will die Rede und Gegenrede zusammenfassen. Sie kamen einmahl darin auf das Entschiedenste überein, daß sie glaubten, es werde die entgegengesetzte Wirkung hervorbringen, von der die wir wünschen; namentlich werde der Schritt dem Könige von Preußen höchlich mißfallen und die Rheinprovinzen noch mehr in ein ungünstiges Licht stellen, und in unser eigenes Verfassungswerk Zögerung bringen. Ich erwiederte, daß auf das Gefallen oder Mißfallen weniger ankomme; und wenn nur die Schrift recht allgemein sey, so habe es mit der Zögerung auch nichts zu sagen. An diesem Allgemeinseyn zweifelten die aber und führten mich gleich auf unsere Art zurück, ob ich glaube, daß da so viele Menschen den rechten Sinn des Ganzen fassen und sich unterschreiben würden. Und da mußte ich gestehen, daß derer, die aus reinen Beweggründen dazu getrieben, wenige seyn würden und daß der Beitritt solcher, die, ohne die Sache zu fassen, vielleicht nur deshalb unterschrieben, weil sie dadurch die Regierung zu ärgern glaubten, eben darum eine Unwahrheit in das Ganze bringen würden, die seine Reinheit innerlich trübte. So kamen wir dann zu dem, freilich traurigen, Resultate, daß die Mehrheit wenigstens unserer Stadt, zu solcher Freiheit und Entschlossenheit der öffentlichen Meinung noch nicht gereift sey; und die Ursache mußten wir wieder in dem Mangel desjenigen finden, was wir eben jetzt zu befördern suchten, nemlich der Verfassung. So fanden wir uns in einem Zirkel, und es blieb nichts übrig, als die Frage nach dem Rechte, in der Form aufzustellen, um einen äußeren Maaßstab zu haben. Darüber kam, nach manchem hin und Herreden, der Schluß heraus, daß in der Form durch eine solche Adresse gefehlt werde. Der Landtag, der über seine Competenz noch nicht einmahl selbst im Klaren ist, steht auch nicht als Mittelpunkt da, er ist aus den Gesandten der Fürsten zusammengesetzt, und diese selbst sind die Mittelspersonen zwischen ihren Staaten und dem Bundestage. Ein solches unerwartetes Wort der Unterthanen, unmittelbar an diese Gesandten, wird sie in große Verlegenheit, statt zur frischen raschen That bringen; sie werden Instructionen holen müssen, wie sich zu verhalten und da wird jede Regierung sagen, sie möchten sich nur um das bekümmern, was ihnen aus dem Cabinette angetragen würde; was die Unterthanen ihnen aber zu sagen hätten, müsse auch durch das Kabinett gehen. Überdieß seyen Unterschriften einzelner Bürger nicht die Stimme eines Volkes oder eines ganzen Landes, und was dergleichen mehr. – Hätten wir Landstände, so wäre ein gesetzmäßiges Organ da, es ließe sich denken, daß sie sich, weil sie das ganze Volk verträten, auch in seinem Namen an den Bundestag wenden könnten; so hätten die Unterthanen in einem Staate, wie Preußen, nur ihren Landesherrn, um ihre Anliegen vorzubringen. Auch das, was sie etwa beim Bundestage anfragen wollten, müsste durch ihn gehen.

Ich bin durch alle diese Reden ermüdet, lieber Freund, und schreibe sie Ihnen, schlecht und recht, lieber Freund, noch in der Nacht, wieder zur Prüfung. Sie ließen sich in der That besser hören, als ich sie jetzt wiedergeben kann; aber sie hätten mich nicht bewegt, wenn ich nicht in ihnen, als die Hauptsache, die Unmöglichkeit gesehen hätte, eine gehörige Anzahl ehrenwerther Unterschriften zu sammeln. Denn wenn die besten, die ich zu befragen wußte, schon so in den Außenwerken befangen blieben, wie sollte es mit den andern gehen? Und darin lag also der entscheidende Grund, den Versuch nicht weiter zu treiben. Gegen die Form, gegen Herkommen und Gewohnheit, gegen den Wunsch der Regierenden, war ein solcher Schritt, das wußte ich recht gut; aber durch die Begeisterung mit der er unternommen werden mußte, konnte er das Alles zu Boden schlagen und siegreich über jedes Hinderniß wegschreiten, so daß wir in Einem Sprunge erreicht hätten, wozu noch viel Schritte gehören werden. Indeß konnte auch <u>nur</u> die Begeisterung und der unerschütterliche Ernst das Ziel erreichen; da sie sich nicht fanden, war die Sache zu Ende. Ich habe zwar auch erlangt, daß ein Bote nach Köln geschickt ist, um zuzuhören, wie es dort geht, weil die Gewalt des Beispiels innern Antrieb ersetzen muß, allein ich zweifle, daß auch dabei etwas herauskömmt. Daher schreibe ich Ihnen gleich heute, ich gestehe, etwas besorgt gemacht, daß es anderwärts eben so gehen werde. Und wenn nicht große Allgemeinheit das Außerordentliche rechtfertigt, so mögen die Warnenden Recht haben, daß es mehr schaden als nutzen würde, das mögen Sie nun am besten im Mittelpunkte sehen und beurtheilen, was weiter zu thun ist. Wäre es früh genug, so würde ich Ihnen, nach der gemachten Erfahrung, vorschlagen, die Sache in den Rheinprovinzen anders zu fassen, so daß sie mehr Allgemeinheit gefunden hätte durch ihre Form. Die Adressen hätten nemlich an den König gerichtet werden mögen: Er, der uns eine Verfassung geben wolle, möge doch sorgen, daß es auch allenthalben in Teutschland geschehe, und auf gleichen Grundsätzen; und daher möge er, als Glied des Bandes, betreiben, daß die allgemeinen Grundsätze auf dem Bundestage festgestellt würden. Wenn von Preußen solcher Anlaß ausgehe, so werde es eine Wohlthat für Alle seyn und das Band des Ganzen fester knüpfen u.s.w. – Alsdan wäre in der Form nichts verfehlt, und für die öffentliche Meinung wäre doch viel gewonnen. – Sollte solche Wendung der Sache noch möglich seyn, wenigstens in der Nähe, - überlegen Sie es, ich weiß weiter keinen Rath zu geben, und werde erwarten, ob Sie solchen Versuch vielleicht noch angestellt wünschen. Verzeihen Sie mein unordentliches Schreiben; ich bin verstimmt und niedergeschlagen. Wenn man durch und durch erwärmt und belebt plötzlich eiskalt übergossen wird, so fühlt man sich nicht unwohler als ich in diesem Augenblicke. Übrigens seyen Sie auf das herzlichste gegrüßt!

Vielleicht könnte die Adresse, statt an den König, an den Staatskanzler gehen. Wenn nicht besonders entscheidende Nachricht kömmt, werde ich es vielleicht mit einer Adresse an den König oder den Staatskanzler versuchen, ohne Ihre Antwort abzuwarten, eben aber Sie erst fragen, ob eine solche zu gebrauchen wäre, denn Düsseldorf muß nichts besonderes thun, wenn die andern rhein. Städte gerade an den Bundestag gehen." (Orig.: Familienarchiv Görres-Jochner Nr. 129; Unveröffentlicht).

15.10.1817 (Castellaun) Ignaz Görres: „Da sich wieder neuerdings die Sage verbreitet hat, als sollten mit 1818 die Steuer-Einnehmer in Gnaden entlassen, und die Erhebung den Dorfschulsen übergeben werden; so bitte ich dich, um der Sache auf den Grund zu kommen mit Herrn Schmitz Grollenburg darüber zu sprechen, und ihn bestimmt deswegen zu fragen. – Ist die Sage gegründet, so muß Herr von Schmitz Grollenburg auch bestimmt davon wissen; denn es ist ein Geschäft, welches nur in pleno verhandelt werden kann. Es ist mir sehr daran gelegen, den wahren Grund zu erfahren; indem man dann bey Zeiten sorgen kann, damit man nicht auf ein Wartegeld von 200 R gesetzt wird. – Verschiebe daher die Frage bey Schm Gr nicht lange, und schreibe mir entweder durch die Post, oder schike den Brief zu meiner Schwiegermutter. Zweytens: melde mir auch, ob du meine Bittschrift an Hardenberg übergeben, oder ob dieselbe noch ruhig bey andern Papieren ihrer Bestimmung entgegen sieht. – Solltest du dieselbe nicht übergeben haben, so mache doch ein Couvert darum, und schike dieselbe unter Adresse nach Berlin an den Staatskanzler. Auch diese Sache ist mir sehr wichtig; denn bey der theuren Zeit komme ich mit meiner jezigen Besoldung nicht aus.

Ist denn bey euch auch noch Alles so theuer? Hier ist beynahe in den Preisen der Früchte mit denjenigen vor der Erndte kein großer Unterschied. Das hießige Malter Korn kostete auf dem letzten Markt in Simmern 32 f, die Gerste 24 bis 25, der Hafer wurde in den Gemeinden zu 11, 12 bis 15 Gulden je Malter aufgekauft. – Ich weiß nicht, was aus dieser Sache werden soll? Die frühe große Kälte, welche den aufkeimenden Saamen verderben muß, trägt noch redlich dazu bey, daß die Preise späterhin noch höher, wie das verflossene Jahr steigen müssen. – Haltet bey eurem Verein nur noch euer Geld zusammen; denn, wenn nicht ein Wunder geschieht, so wird Hülfe noch nöthiger werden, als bisher der Fall gewesen ist. – Hast du deinen Rückstand angewiesen bekommen? Lasse die Summe nicht zu groß werden; denn je größer, desto schwieriger wird die Anweisung und die Zahlung. – Gehe ihnen zu leibe; denn ich halte es für viel gescheidter, wenn du den Betrag in deinen Händen hast, als 100 schöne Briefe, worin man nur die Anweisung verspricht. – Lebe wohl und grüße Frau und Kinder. Schreibe mir doch gleich, und lasse dir meine Angelegenheiten ein wenig (eingefügt: viel) angelegen seyn. Dein Bruder Ignaz

p.s. Ist noch keine weitere Bekanntmachung des Hülfsvereins ausser der 5ten erschienen? Wenn eine 6te erschienen ist, so schike mir doch dieselbe auch gleich mit." (Orig.: Familienarchiv Görres-Jochner Nr. 75d; Unveröffentlicht).

17.10.1817 (Aachen) Franz Anton Daniels: „Gleich nach Empfang Ihres lieben Briefs vom 8. des Monats hab ich mich an einen Freund gewandt, der als ein gebohrner Aachner seine Mitbürger vielleicht besser, wie ich, zu taxiren versteht. Unabhängig und bieder wollt ich ihn haben und ich fand ihn in der Person eines hiesigen Geistlichen. Am 13. d. M. schrieb er mir aber: ‚Was Sie mir über Personalansichten bemerkten, hab ich wahr gefunden. Ich benutzte mehrfach die Gelegenheit vom 13. Artikel zu reden; aber klein, durchaus klein fand ich die Teilnahme. Gleichgültigkeit ist hier zu Hause und die Mehrheit kann und will nur Geld zählen, Wechsel saldiren, Handel treiben u.s.w.'

Noch mit einem andern Freunde sprach ich, der, wie ich, von hier nicht gebürtig ist, aber doch das hiesige Publikum zu kennen scheint. Dieser zeigte sich gleich davon überzeugt, daß es ganz und gar nicht gehen würde. Ich aber glaube daß hier der Mittelstand, wie überall, brav und tüchtig ist, und sogar durch die 20 Jahre französ. Herrschaft mehr Lebenserfahrung hat, als anderswo, die wenn es zur ständischen Verfassung käme, sehr wohlthätig sich äußern würde. Doch das Vertrauen ist zu sehr geschwächt, und wehe, wenn man das Schweigen solcher Menschen so auslegt, als seyen sie mit ihrem jetzigen Zustande zufrieden! Von den Manufakturisten mag es wahr seyn, was der Freund mir schrieb, und ich scheute mich es oben zu wiederholen, und setzte hinzu: ‚Teutschheit ist Verfranzösirt'. Von dem neuen FabriksVolk kann gar nicht die Rede seyn. Ich kenne keine ärmern beklagenswerthern Menschen. Bey aller Gleichheit vor dem Gesetze mögen sie oft schlimmer daran seyn, wie die Heloten der Spartaner. Unter den 30 000 Einwohnern dieser alten Reichsstadt glaube ich indeß nur ihrer Dutzend (Gottlob! Nur ein paar dutzend) pfiffiger aufgeklärter Leute gefunden zu haben ... Aber der Einfluß dieser wenigen ist bedeutend, da sie nichts weniger als blöde sind. Ihren Haß gegen alles Deutsche mögte ich mit dem Renegaten Haß vergleichen. Leider! Können auch sie Vergleichungen anstellen, über deren Richtigkeit man sich betrüben muß. Wehe dem gutmüthigen Tropf, der vom deutschen Bunde etwas Gutes erwarten und sogar in seinem Vertrauen so weit gehen wollte, von diesem Bunde etwas, was gut und gerecht wäre, zu bitten! Er würde bald durch diejenigen der Polizey überliefert seyn, die gerade die unversöhnlichsten Hasser der jetzigen Regierung sind. Wenn die teutschen Regierungen diesen Zustand der Dinge, der fast überall der nämliche seyn mag, nicht aus eigner Beobachtung erkannt haben, dann sieht es schlimm aus: auch bey der Masse wächst dann der Unmuth und der Groll und die bessern Menschen werden bösartig und feindselig gegen ihre Regierungen gesinnt: das ist meine Überzeugung und diese mögte ich den H. Bundesgesandten mittheilen können. Aber was vermag ein geringer Privatmann? Jetzt sind vollends die Menschen hier verstimmt, durch die neuesten Maasregeln Oesterreichs, die gewiß mit mehr Schonung für die übrigen teutschen Staaten hätten getroffen werden sollen. Ich weiß zwar, daß man zuerst an das Recht denken soll, aber das kann ich z.B. besser sagen, als ich es demjenigen rathen darf, der noch diese Woche vielleicht hundert seiner Hobliten zu entlassen sich gezwungen sieht. Ob übrigens 1000 Adressen einlaufen, oder keine einzige, die Sache bleibt immer die nämliche; nur daß im letzten Falle die Zahl der Unzufriedenen noch größer und ihre Unzufriedenheit noch gefährlicher. Daher entschuldigen Sie mich, verehrter Mann! Ich würde ihren Wink nicht nur mit Freude, sondern mit Pflichtgefühl erfüllt haben, wenn ich nur einen Schatten von Erfolg dabey erblickt hätte. Sie mögen übrigens diesen Brief, doch ohne Unterschrift, der Publizität übergeben, da er meine innigste Überzeugung, wie ich sie vor meinem Gewissen verantworten kann, enthält. Der Regierung aber mögen Sie sagen, wer Ihnen den Brief geschrieben. Nun leben Sie wohl, und halten Sie mich in ihrem Angedenken, doch noch eine Bemerkung: Die Epistolae obscurorum virorum, wie haben sie nicht, langsam aber doch sicher, gewirkt! Ich kann mir denken, daß es Ihnen an frommen Herzensergießungen von allen Enden Deutschlands nicht fehlt. Wie wäre es, wenn Sie daraus ein opusculum in der Schweiz drucken ließen? Damals wirkte die Satyre, jetzt mag der Ernst wirken. Ihr ergebenster Diener und Freund“ (Orig.: Familienarchiv Görres-Jochner Nr. 43; Unveröffentlicht).

19.10.1817 (Krefeld) NN: „Von meiner Reise zurückkehrend fand ich Ihre geehrte Zuschrift auf meinem Studierzimmer, wo sie bereits seit einigen Tagen gelegen hatte. Da mir die in dem Schreiben enthaltene Aufforderung etwas unbedenklicher und zweckmäßiger schien, so theilte ich sie zunächst einigen meiner Bekannten mit, in der Absicht, sie zur Sprache zu bringen. – Meine Amtsarbeiten für die Tage vor 18. Octobers hinderten mich jetzt, etwas von der Wirkung Ihrer Nachricht in Erfahrung zu bringen. Wenn jene Wirkung aber überall die selbe ist, wie bey meinem Freunde vonderLeyen, so steht für die Erfüllung Ihrer Wünsche wenig zu hoffen. Mit diesem hatte ich wegen der Sache eine etwa zweystündige Zusammenkunft, deren Resultat kürzlich folgendes war: Der Bundestag habe bis jetzt selbst gegen kleinere Fürsten, z.B. den Churfürsten von Hessen, so wenig ausrichten können, daß von seinem Einfluße auf die größern gar nichts zu erwarten, mithin eine Adresse an ihn zu dem angegebenen Zwecke unnütz sey. Wenn man aber die Absicht habe, durch Vereinigung des Gesammtwillens in eine Gesammtäußerung sich in der Weise den Machthabern gegenüber zu stellen, daß ihnen, in dem Falle einer Weigerung von ihrer Seite, die Aussicht zu einer Revolution sich eröfne, so dürfte der Schritt zwar zweckmäßiger seyn, allein dem sittlichen Gefühle zu nahe treten. Überhaupt stehe, falls die Gewalthaber durch eine imponirende Stellung der Nation wider ihren Sinn zur Bewilligung einer Verfassung bewogen werden müßten, von dieser mehr der Schein, als das Wesen, mehr der Buchstabe, als der Geist zu erwarten, wie denn in diesem Fall eine ständische Verfassung eher nicht zu wünschen sey, in dem man sie zum Rechtfertigungsgründe für Forderungen an das Volk gebrauchen würde, welche nur bey einem wirklichen Repräsentativ-System als gerecht und billig anerkannt werden könnten. Endlich sey, zumal da unser König das Verfassungswerk, wie wenigstens behauptet werde, verbreiten lasse, wenn man je etwas thun wolle, eine durch Hofnung und vorläufig geäußerten Dank ihn ermunternde Adresse wohl viel eher anzurathen und eine Unterzeichnung derselben viel eher zu erwarten. – Ich glaubte es Ihnen, verehrter Mann, so wie meinem Freunde, schuldig zu seyn, Ihnen den wesentlichen Inhalt unseres Gesprächs mitzutheilen, dessen Grund oder Ungrund Sie nach Ihrer tiefen Einsicht in dergleichen Dingen beurtheilen werden. – Ergiebt sich aus der Mittheilung Ihres Schreibens an andere ein Ihren Absichten entsprechendes Resultat, so unterlasse ich sicher nicht, es Ihnen baldigst mitzutheilen. Ihrer Familie, so wie gelegentlich meinen Freunden die herzlichsten Grüße von Ihrem ergebensten …" (Name durchstrichen). (Orig.: Familienarchiv Görres-Jochner Nr. 273; Unveröffentlicht).

21.10.1817 (Berlin) Achim von Arnim: Er schicke etwas alten Senf, aufgelöst in frischem Most aus seinem Wingert, und danke für das Legel mit altem Meistergesang gefüllt; Ob seine *Kronenwächter* wohlbehalten bei ihm angelangt und wie sie ihm gefallen? Das Buch habe in Hamburg und andern Hansestädten Glück gemacht, er denke bald einen 2. Teil folgen zu lassen. Er habe im *Gesellschafter* Görres' Meistergesang gelobt. Er habe gehört, dass Görres mit dem Kronprinz Worte gewechselt und mit Schuckmann sogar einen Händedruck. „Dies Letztere könnte mich Deinetwegen fast bange machen; der Kerl will Dich über den Gänsedreck führen, denn wie ich höre, hat er gehindert, daß Dir noch nicht Dein Gehalt ausgezahlt ist. Wenn Du Schuckmann kennen gelernt hast, so kennst Du auch das Miserabelste in unserem Staate, die tiefste Note, und wenn Du Dich mit dem verträgst, so wirst Du bald der beste Patriot sein." Ob er noch Pläne mit dem *Rheinischen Merkur* habe? Benzenberg sei gänzlich verschollen, seine Gesinnung sei ihm ein Rätsel, wie er Bemerkungen übers Finanzwesen aus Arnims Aufsätzen gestrichen, Rücksichten genommen habe – sein Wesen werde ihm immer unheimlicher. (Orig.: Familienarchiv Görres-Jochner Nr. 5; Binder (Hrsg.), *Freundesbriefe* Nr. 190, S. 544f).

29.10.1817 (Mainz) Matthias Metternich: Vor 10 oder 12 Tagen habe er an den Hilfsverein geschrieben, dass es notwendig sei, zu erklären, ob und wann die bis in den September verschobene Ziehung der Lotterie der im Juni schon namhaft gemachten Gaben nun vor sich gehen solle, oder wenn es geschehen, ihn den Erfolg baldmöglichst wissen zu lassen, um gewissen Leuten, die sich sogar beleidigender Äußerungen bedienten, Rede stehen zu können. Er habe keine Antwort darauf erhalten. Neuerdings habe sich der Stadt-Prokurator („der gewiß dein und mein Freund nicht ist") geäußert, dass, wenn eine solche Ziehung zu lange hinausgeschoben würde, die Leute nicht zu unrecht vermuten würden, es sei mit dem Versprechen nicht sehr ernst gewesen. „Mich geht zwar die Sache weniger als den Verein an, und doch wird mir der größere Theil des Verdrusses. Ich will noch warten, erfolgt aber nichts bis zum Ende der nächsten Woche, dann gebe ich eine Erklärung in die hiesige Zeitung, daß ich gemäß der Anzeige in Nro … meine Rechnung mit dem Vereine geschlossen, die freywilligen Gaben und den Betrag der abgesetzten Loose abgeliefert, und mir nun alle weiteren Anfragen verbäthe, und man sich an den Verein wenden möge, wo es seyn könnte, Antwort zu ersuchen, in dem ich auf zweymalige Anfragen keine Antwort habe erhalten können." Der Verein habe A gesagt, nun müsse er auch B sagen. Sonst gebe es nichts Neues außer der täglich erneuerten alten Not wegen der unerschwinglichen Teuerung. „Leb wohl Gruß an dein Weib und Kinder." (Orig.: Familienarchiv Görres-Jochner Nr. 166; Unveröffentlicht).

3.11.1817 (Köln) Eberhard von Groote: „Ich habe mich nicht leicht in einer unsichereren Lage befunden, als nun bey der wunderlichen Stellung der Dinge. Daß durchgegriffen werden muß, und nicht mehr gewartet werden kann, bis es einmal den Fürsten gefallen wird Ihre Pflicht zu thun und dem Volke Wort zu halten, darüber kann kein Zweifel seyn. Darum bin ich auch mit denjenigen nicht einig, die da glauben, das Ganze müsse mit gehöriger Umsicht und Langsamkeit getriben werden; einzelne Bezirke, Provinzen, Landstriche sollen sich erst zusammenthun, damit so nach und nach sich größeres gestalte. Nein! Man verzweifle entweder an der Uebermacht des guten Prinzips, welches sich auch in diesen Ländern erhalten habe, und gewiß durchdringen will; oder man bringe muthig die gährenden Stoffe mit Einem Male zusammen, damit sich zeige, wo der gute Geist, ob, und wieviel davon übrig geblieben. Das ist meine Meinung; allein auch selbst das Zusammenbringen hält gar zu schwer. Abgesehen davon, daß gewiß von oben nicht nur nicht mitgewirkt, sondern wohlweißlich entgegengearbeitet und aufgehalten wird, ist auch in den Menschen selbst die Ansicht der Dinge, durch das scheußliche Gewirre, worin sie durch 30 Jahre umgetrieben wurden, so manichfaltig geworden, daß der Einigungspunkt nur gar zu schwer zu finden ist. Die da behaupten, es stecke in unseren Gegenden noch viel Franzosenthum, haben in einer Art Recht; nicht als ob man die Franzosen und ihre ganze Verfassung wieder zurückverlange. Aber das Lockere, Ungebundene, wahrhaft jüdische Wesen in allen Dingen, welches darin besteht, daß jeder auf seine Hand und in seine Tasche rücksichtslos betreiben kann, was er will, und im entsetzlichsten Egoismus nur seinen eigenen Vortheil sucht, das ist der Geist, der jetzigen wahrhaften Judenwirtschaft des Kaufmannsstandes, in denen aller reinere Gemeinheitssinn (!) längst erstickt ist, und die deswegen nur auch eine Art von Stand und Verein bilden, weil sie sich über gewisse Dinge vereinigt haben, die sie gemeinschaftlich handhaben müssen, um gemeinsam ihre niedrigen Zwecke erreichen zu können. An einen Bund zu wahrhaft liberalen, allgemeines Wohl beabsichtigenden Zwekken ist nicht zu denken. Dazu sind ohnehin schon zuviele bedeutende Juden unter ihnen, und solche, die durch jüdische Art in der jüdischen Zeit reich geworden sind. Von dieser Klasse hoffe ich kaum noch irgend einiges Heil zum Gedeihen des Bessern. Aber leider ist es um das Handwerk nicht viel besser bestellt: dies geht ungefähr gleichen Schritt mit dem Adel. Die alten und würklich noch adlichen und treuen unter ihnen, wovon wir gerade bei uns noch die erfreulichsten Beyspiele haben, sind in der wilden Zeit rostig und stumpf geworden und wenn sie gleich die Herrlichkeit ihrer früheren Verfassung auch in recht warmem Andenken bewahrt haben, so sind sie doch nicht im Stande sich über manches förmliche hinauszusetzen, welches doch nun einmal nicht mehr passen kann; sie sind scheu geworden und haben sich zurückgezogen, weil die Neulinge, die von der Gelegenheit profitirten, durch Mittel, die jene für unwürdig hielten, reich und ansehnlich geworden, und es vielleicht in äußerer Eleganz und Zierlichkeit weiter gebracht, als die Alten, die bey dem Herkommen zu fest hielten. Das neue Patentvolk selbst aber ist gar zu seelig in seiner Angebundenheit, die ihm die unbeschränkteste Freyheit giebt, fürs Geld zu treiben was und wie es will; ja, es ist schon zu wenig Biederkeit in ihm, als daß sie irgend in eine große Gemeinschaft gutgesinnter Menschen hineingehörten. Das äußerste, wozu sie sich verstehen wollen, ist so eine Art von Handwerkspolizey, wie sie bey den Franzosen und nun noch in Berlin besteht, wodurch den Arbeitern ein gewisser Ausschuß von Sachverständigen vorgesetzt ist, die ihre Händel unter sich und mit den Meistern schlichten. Uebrigens wollen sie, selbst die Gesellen und Knechte, von keiner Beschränkung wißen. Von einem geselligen Familienverhältniß, wo der Meister die Seinigen, als gehörten sie bleibend zu seinem Hause, betrachtete, wollen sie nicht hören. Von einer eigentlichen Meisterschaft, die sich auf eine feste Kundschaft gründet, ist nicht mehr die Rede. Der Meister ist nur Entrepreneur; übernimmt die Arbeit im ganzen, und verdingt sie stückweise wieder den einzelnen Arbeitern. Ist das Werk gethan, so geht jeder frey wieder seines Wegs, und sucht etwas neues zu übernehmen. Und nicht anders ist es mit dem Adel, dem wenigen nemlich, der sich noch wahrhaft rein und edel und ehrenwerth erhalten hat. Zurückgezogen leben sie, meist von allen öffentlichen Geschäften entfernt, und müssen sehn, daß ihnen die Günstlinge der Zeit, mit Patent, Orden und Titel versehen, vorgezogen werden. Bey keiner Klasse ist vielleicht weniger Vertrauen auf die bessere Zukunft, als gerade bey dieser. Aus Langeweile und Eitelkeit werden meist die Söhne Offiziere bey den stehenden Heeren, und kehren wenn sie davon genug haben, auf die elterlichen Güter zurück. – Was sich endlich von jüngern und älteren Leuten an die jetzige Regierung anschließt, mit diesen wüßte ich vollends nichts anzufangen. Scheu sind sie, und nach oben sehend, froh, wie sie meinen, eine sichere Aussicht zu haben, übrigens willenlos und zu keiner Aufopferung fähig, weil sie ihre Existenz sichern zu müßen glauben. Das ist das Bild unseres ganzen Referendariats, Unterpersonales und was sich sonst noch an die Regierung anschließt, die meisten obenein noch Fremde, die sich wenigstens schwerlich an etwas anschließen würden, was in einem Lande entsteht, das ihnen mehr oder weniger fremd und gleichgültig ist. – Der Bauer, wenigstens derjenige, der ferner von den großen Städten unverdorbener geblieben, wäre übrig, und den möchte ich auch nicht aufgeben. Diejenigen, welche näher der Stadt, große Höfe bauen, sind meist auch nicht mehr, was sie seyn sollten; Spekulanten, Früchtehändler mehr als wirkliche Ackerleute, und deswegen dem allgemeinen Zuge folgend. Allein die Bessern sind gewiß noch in diesem Stande, und wenn es irgend noch gelingt eine große, laute Stimme zum erwünschten Zwecke zu vereinigen, so ist es wohl nur in ihm. –

Sehr gern möchte ich nun mit Ihren näheren Plänen bekannt werden, um auf gleichem Wege fortschreiten zu können. Denn was mich persönlich angehört, so gehöre ich zu denen, die sich um das Bestehende wenig kümmern, und ohne Beachtung der eignen gegenwärtigen Existenz gerne Hand anlegen wollen um das allgemeine zu berathen und zum Ziele zu fördern. Nur muß es erst fest stehn, wie es im Einzelnen angefangen und gehalten werden soll.

V. Haxth. ist in Verlegenheit, daß Sie, wie sie mir unter dem 29. schreiben seinen ausführlichen Brief noch nicht hatten, der damals schon seit mehreren Tagen zur Post gegeben war. Lassen sie nur daher umgehend wissen, ob sie ihn auch noch nicht erhalten, daß dann gleich das Nöthige veranlaßt werden kann, um zu erfahren, was damit geworden. Was die Liebe Polizey angeht, so kümmern wir uns nicht eben sehr darum, und würden uns nöthigenfalls laut gegen sie erklären. Wie wenig wir uns vor ihr scheuen, würde sich durch sehr sprechende Beweise selbst aus den letzten Tagen darthun lassen, wenn es hier etwas nützen könnte, dies weiter auszuführen. Daß die allgemeine Stimme gegen sie ist, ist bekannt genug, und der beste Beleg dazu die in den letzten Heften des Niederrhein. Archivs für Gesetzgebung cum notis abgedruckte Adresse unseres Stadtrathes an den König.

Ich erwarte also Ihre bestimmteren Nachrichten, besonders auch wegen des Briefes von H. umgehend, und gebe Ihnen hiermit die wiederholte Versicherung daß sie mich zum guten Zwecke stets und thätig bereit finden sollen.

Die lange erwarteten Handss und Urkunden von Aachen sind immer noch nicht hier. Ich habe erst heute wieder darum geschrieben. Die Trierischen Sachen stehn noch bey mir, und ich hoffe sehr, daß Sie sie hier noch sehen könnten. – Einer meiner Freunde hat in Brabant noch eine Hs des Tristan gefunden, um die ich gleich geschrieben, und die ich Hoffnung habe zu erhalten. Das wäre dann das 6. bekannte Exemplar dieses Gedichts.

Lebt wohl und habt mit allen Freunden und Bekannten unsern herzlichen Gruß. Wegen der Loose weiß ich nichts näheres zu sagen, mehreren Anfragen wegen der Ziehung habe ich einstweilen nur darauf zu verweisen gewußt, daß wohl das Nähere davon werde bekannt gemacht werden.

Herr Fuchs hat eben die Zeichnungen zu noch 4 Figuren für den Thurm des H. v. Stein beendigt, und versichert mir Ihre Bilder sollen nun zuerst vorgenommen und ununterbrochen beendigt werden. Ich will ihn treiben." (Orig.: Familienarchiv Görres-Jochner Nr. 82; Unveröffentlicht).

4.11.1817 (Göttingen) August Freiherr von Haxthausen: „Lieber Papa Görres!" Der Sohn sei zwar ein Taugenichts geworden, habe die besten Vorsätze und Versprechungen nicht gehalten, deshalb habe er auch nicht verdient, „daß der H Vater ihm gradezu seine Befehle schicke." Nach den Ferien habe er einen „schon etwas ältlichen Brief" seines Bruders aus Köln gefunden mit dem Auftrag vom Herrn Vater, in der Bibliothek zwei Bilder im Firdusi abzeichnen zu lassen. Das habe er getan. Das eine sei fertig, das zweite noch in Arbeit. Ob die Kopien wie die Bilder auch farbig sein sollten? Ob er sie an Görres oder gleich an Reimer schicken solle? Er lege eine Reisebeschreibung bei, Mutter Görres werde er demnächst schreiben, vielleicht mit den Zeichnungen, werde auch Lieder, die er neu gelernt und längst abgeschrieben, beilegen, dass sie seine Zerknirschung sehe und ihn wieder in Gnaden aufnehme. Sophiechen und Mariechen und Herrn Bruder Eulenspiegel grüße er vieltausendmal. „Des Hrn Vaters, wie gesagt, ausgearteter Sohn" (Orig.: Familienarchiv Görres-Jochner Nr. 96; Binder (Hrsg.), *Freundesbriefe* Nr. 205, S. 568f). (Zur Datierung: Das Original ist ohne Jahreszahl datiert, Binder datiert 1818. Aus dem Zusammenhang mit Görres' Brief Nr. 114 ergibt sich jedoch eindeutig eine Datierung auf 1817).

7.11.1817 (Kassel) Wilhelm Grimm: Sendet Ankündigungen des *Reinhard Fuchs* und bittet um Sammlung von Subskribenten. Görres solle auch ein Blatt an Schulze geben, möglichst die Namen noch vor Neujahr schicken. – Meinerts Lieder aus dem Kuhländchen seien ein gutes Buch. Wenn es dergleichen für alle Hauptmundarten gäbe, könnte man die rechte Einsicht gewinnen. Haxthausens planten schon seit 6 Jahren ein Plattdeutsches, es komme aber nicht dazu. Was Görres zu Arnims Roman *Kronenwächter* sage? Es sei lebensreich und frei von jeder Manier, besser als seine früheren. Ludwig sei wieder da, habe allerlei schöne Studien mitgebracht. (Orig.: Familienarchiv Görres-Jochner Nr. 80; Binder (Hrsg.), *Freundesbriefe* Nr. 191, S. 545f).

9.11.1817 (Koblenz) Magdalena Kamphausen geb. Bode: „Hochzuverehrender Herr Professor". Sie wende sich noch einmal in ihrer Not an den Hilfsverein, sei ihrer Niederkunft nahe und habe alles aufs Pfandhaus schicken müssen. (Orig.: Stadtarchiv Koblenz, Best. 623, Nr. 2671, Bl. 418; Unveröffentlicht).

10.11.1817 (Prüm) Johann Hubert Schmitz: „Wohlgebohrner Hochgeehrtester Herr! In dem ich die Ehre habe mit der sich anbietenden Gelegenheit mein Versprechen mittels Übersendung des alten Schöffen Weistums zu erfüllen, erstatte ich nur noch kurz den verbindlichsten Dank für alle bezeigte Wohlthaten, die auch der undankbarste nie wird mißkennen können. Man sagt, die Lotterie sey gezogen; ich bin begierig die Gewinnst Nummern zu erfahren, weil ich selbst 70 bis 80 Loose dahier debitirt habe. Mit der vollkommensten Hochachtung" (Orig.: Familienarchiv Görres-Jochner Nr. 225; Unveröffentlicht).

16.11.1817 (Frankfurt) Ludwig Friedrich Froriep: „Wohlgebohrner, Hochzuverehrender Herr! In der Hoffnung bei meinem Durchflug durch Coblentz persönlich Ihnen die Hochachtung zu bezeugen, die ich schon so lange gegen Sie hege, bin ich durch Ihre Abwesenheit getäuscht worden. Ich bin daher so frei es schriftlich zu thun und Sie zugleich zu ersuchen, das Oppositionsblatt für welches ich mich ganz besonders interessire, und welches künftig auch nicht mehr den Vorwurf der Heimathlosigkeit verdinen wird, mit Ihren Beiträgen zu unterstützen. Der unbedingten Discretion dürften E Wohlg versichert seyn. Hochachtungsvoll beharrend Eu Wohlg. gehorsamst ergebenster L. F. Froriep". (Adresse: An Herrn Studiendirector Görres in Coblenz) (Orig.: Familienarchiv Görres-Jochner Nr. 68; Unveröffentlicht).

16.11.1817 (Aachen) Franz Anton Daniels: „Euer Wohlgebohren Schreiben vom 8ten hab ich am 17ten des nämlichen Monats zu beantworten die Ehre gehabt: ob die Antwort angekommen wünschte ich zu wissen; dann bitte ich Sie nochmals, wenn Sie angekommen, mit mir nicht unzufrieden zu seyn, weil die Sache hier sicher nicht zu Stande gekommen seyn würde. Wir lesen jetzt den Praesidial-Vortrag über die fernere GeschäftsWirksamkeit der Bundesversammlung. Es ist als wenn kein XIII Artikel der Bundesakte existirte! Und noch dazu der Wink, ohne Rücksicht auf Alles, was Partheygeist zur Irreleitung der öffentlichen Meinung versuchen dürfte, und wahrscheinlich versuchen wird.' Dabey kömmt diese Äußerung da vor, wo nicht mehr die Rede ist von Arbeiten, die sich unmittelbar auf die Gesammtheit beziehen! Hieraus sollte man zwar glauben, diese Worte könnten sich unmöglich auf den Wunsch von ganz Deutschland beziehen, daß überall die ständischen Verfassungen eingeführt werden möchten. Aber Gott weiß, wie man die Sache ansehen mag! En attendant, wie der Franzose sagt, habe ich da so ein altes Büchelchen aus dem Jahre 1765 zufällig gefunden „Von dem deutschen National Gewissen betitelt, das mit einem tüchtigen Glossar versehen, eine neue Auflage zu verdienen scheint. Ich bin so frey Ihnen dieses Büchelchen hierbey zu überreichen. Sagen Sie mir doch gefälligst ihre Meinung hierüber. Ich habe die Ehre mit aller Hochachtung mich zu nennen Euer Wohlg gehorsamster Diener“. (Orig.: Familienarchiv Görres-Jochner Nr. 43; Unveröffentlicht).

18.11.1817 (Aachen) Franz Anton Daniels: „Daß der Franzose der diese glatten Worte gesprochen, kein Dummkopf ist, darüber kann man sich so ziemlich verstehen; daß er auch einer von denen ist, die gerne von sich glauben, in Ihnen nur lebe ein großes Nationalgefühl, womit sie ihr Ehrgefühl so lieblich verwebt hätten, darüber mag man ebenfalls keinen Zweifel hegen. Aber daß nicht nur die Macht sondern auch die Pfiffigkeit bei ihnen ein wenig schadhaft geworden, dieses zu erkennen wird ihnen die Eigenliebe nie gestatten. Was ist es nicht für eine klägliche Figur, ein Franzose der deutsch spricht! Nicht minder kläglich ist die Haltung eines Deutschen der das Französische radbricht. Ein Pariser Schneider der einem deutschen Grafen einen Rock anmißt, und sich Schnitt und Umschlag von diesem im Französischen expliziren läßt, fühlt ein so behagliches Erbarmen, daß die gutmüthige, spaßhafte Laune damit gar nicht zu vergleichen ist, die den Deutschen Bauer anwandelt, wenn er sich im Wirthshaus mit dem Franzosen trifft, den das Schiksal und eine Heyrath in seinem Dörfchen ansäßig gemacht haben.

Was folgt hieraus? Jeder bleibt bey der Sprache, die ihm Gott von der Mutterbrust her gegeben hat; und dann fange er an weltbürgerlich, das ist, ein christlich gesinnter Mensch gegen alle Menschen zu werden. Daß in diesem Sinne der Deutsche den Franzosen und der Franzose den Deutschen an Weltbürgerlichkeit zu übertreffen suche, das ist Liebespflicht für beyde. Aber diese Liebes Pflicht kann nur dann noch mit Erfolg und Freyheit, das ist, mit dem Bewustseyn der eigenen Würde geübt werden, wenn wir sehen, daß der Deutsche wie der Welsch sich frische Mühe geben, durch Erlernung der fremden Sprache einander verständlich zu machen. Dahin gehen nun die Bemühungen unserer Patrioten, die wir deswegen verehren wollen. Auch die Exaltation können wir ihnen zu gut halten, denn es ist eine göttliche Exaltation! So wie das Bestreben der Deutschen göttlich ist, sich in der ganzen Welt umzusehen, und sich alles eigen zu machen, und sich mit allem dem zu nähren, was Europa und die Welt gutes und Vergnügliches für den Geist darbiethen. Diese Art von Weltbürgerlichkeit ist eben dem Franzosen etwas unbequem, und es ist ihm nicht sonderlich daran gelegen, ob sie im Frieden bey den Deutschen noch ferner gedeihe. Aber was sie eigentlich wünschen ist, daß der fatale germanische Volksgeist, der sie vor kurzem ein wenig stutzig gemacht, sich im Schatten des Friedens und der Ruhe wieder in die Verschiedenen Grundstoffe zersetze, die sie so vortrefflich zu handhaben verstanden. … Übrigens dürfen wir es für baare Münze nehmen, daß der weltbürgerliche Sinn der Deutschen für die Menschheit wohlthätig sey, aber wir glauben, daß er gerade dann am aller wohlthätigsten sich bewähren wird, wenn er der feindlich abstoßenden oder auch lächerlichen Volksthümlichkeit niederer Nationen, mit deutscher Würde und deutscher Zunge so lange begegnet, bis sich das wechselseitige Bestreben rein ausgeglichen, wodurch einer vom andern, so gut es gehen kann, sich in vorkommenden Fällen verständlich zu machen sucht. Der Franzose aber bedenkt seine dießfalsige Unwissenheit und Faullenzerey mit dem Mantel seines lächerlichen Eigendünkels, und er scheint ihm weit gemächlicher, eine fremde Sprache barbarisch zu nennen, und seine Welt behaglich herzuplappern als sich die Mühe zu geben, auch andere Sprachen zu studiren. So soll es nicht bleiben. Besser mögen sie wieder Latein lernen, und sich nur durch diese Sprache verständlich zu machen suchen, als daß wir nicht die strengste Reciprocität gegen sie ausüben sollten. Wir sollen Sie in dem Vortheile lassen, mit uns nur französisch zu plaudern? Wie von deren Sprache unser nämliche Klopstock sagt: Den Gedanken, die Empfindung, treffend, und mit Kraft, mit Wendungen der Kühnheit, zu sagen! das ist, Sprache des Thuiskon, Göttin, dir, wie unseren Helden Eroberung, ein Spiel!

Die Nr. 318 der Frankfurter Postamts-Zeitung vom 15. Nov. enthält einen Aufsatz aus dem Journal General, ohne ein Wort dazu zu bemerken. Das scheint mir unverzeilich. Lassen Sie ihn doch nicht ungerügt vorübergehen! Ich habe mir die Freyheit genommen, einige Gedanken hierüber hier beyzulegen, blos für Sie. Ich bitte Sie aus Liebe für die deutsche Sache bey dieser Gelegenheit nicht zu schweigen. Mit Achtung und Freundschaft Ihr gehorsamer Diener Daniels.

Aachen 18.11.1817

Sie haben ja auch neulich das stockende Liquidationswesen so prächtig in Schutz genommen. – Sat prata biberunt – Dieser Aufsatz war ja von Ihnen? Melden Sie mir gütigst, in welches Blatt Sie Ihre Gedanken einrücken werden. Noch lege ich eine Anzeige von mir hier bey. Unsere Landsleute gehen oft zu weit, und nehmen die französische Gesetzgebung zu unbedingt in Schutz. Das veranlaßte mich zu dem kleinen Aufsatze. Theilen Sie hierin meine Ansicht?

Ein zweiter Gegenstand meiner Neugier ist es, ob Euer Wohlg die Adresse der Stadt Koblenz an S. M. den König oder eine zweite an den Bundestag, auf 20 Stunden in der Runde unterschrieben, gemeint haben, und ob Köln sich dabey gut benommen? Und ob endlich die Regierung davon gewußt und es hat geschehen lassen, oder sogar Beamte mit unterschrieben haben? Ich für meinen Theil unterzeichne, weil ich in diesem Punkte frey seyn will, der nicht, wie meine Ueberzeugung ausspricht. Doch bitte ich um eine Antwort hierüber.

Euer Wohlg haben wohl recht, die Geschichte auf der Wartburg einen Spektakel zu nennen. Was soll aus unserm Vaterlande werden? Ich kenne meiner Seits junge katholische Männer, die eben so wie die protestantischen Burschen für etwas begeistert sind, aber welche dieser, schnurgerade entgegengesetzter, Begeisterungen die reinere sey, das weiß der Himmel! Und ich habe als katholisch gebohrner darüber meine eignen Gedanken. Ich begreife wohl, daß der Herr Doctor M. Luther nur als Coripheus der Autodafé erscheint, aber mir gefällt die Composition durchaus nicht.

Senkenberg war mir als Author des Schriftchens von 1765 unbekannt, aber der wackere Verfasser sprach mich freundlich an. – Es wäre ärgerlich und traurig zugleich wenn die Franzosen, so früh schon uns wieder auszulachen den Muth und die Gelegenheit hätten. Mir scheint es doch, als ob das Liquidatons Geschäft wieder einen guten Gang nehmen würde. Von der Schrifft, die Sie in Arbeit haben, bitte ich mir sehr bald ein Exemplar zu senden. Da ich weiß, daß Ihnen das Componiren (componere omnis composui, Horatz) nicht gefällt, so freue ich mich auf etwas Tüchtiges. Genehmigen Euer Wohlgebohren die Versicherung meiner ausgezeichneten Hochachtung und Freundschaft. Ihr ergebenster F. A. Daniels

N.S.: Um auf das Kontinental-System noch mit ein paar Worten zurück zu kommen, so stellte ein hiesiger Bürger in einer Konferenz Folgendes Argumentum ad hominem auf, und das that gut: Versetzen wir Aachner und rheinländische Fabrikanten und Manufakturisten, so sagte er, uns einmal in das schöne Norddepartement von Frankreich mit allen unsern Werkstätten; Frankreich habe sodann sein jetziges Mauthwesen, aber der gemeinsame deutsche Bund und die Niederlande hätten das Ihrige und übten Vergeltung aus. Wo wolltet ihr bey einem so rein Völkerrechtlichen Zustande, am liebsten wohnen? Am Rhein, am Rhein! Das war die Antwort. - Aus diesen beyden Ansichten, nämlich was ich oben sagte, und was ich jetzt eben nacherzähle, scheint demnach das petitum, als ein gerechtes Gesuch hevorgegangen zu seyn. – Aber, wie gesagt, ihre Meinung wünschte ich zu kennen. F. D.

Im Vaterlande neigt sich übrigens alles mehr zur Trennung, als zur Einheit. Das neue Konkordat mit Bayern ist dazu ein neuer Beleg. – hätte es sich von einer deutschen Kirche handeln können, so wäre vielleicht auch den Kapiteln und Gemeinden einiger Antheil an der Wahl der Erzbischöfe und Bischöfe geworden. – Dann die Furcht vor einer andern Ordnung der Dinge, in diesem Konkordat! Und die Censur! Man sieht, daß die Fürsten intimidirt sind, und gerade diese Furcht lähmt alles Gute. Indem sie sich vor den Gespenstern der Demagogie gefürchtet haben, schaffen sie vielleicht wirkliche Demagogen, und das ist traurig! – O du guter süßer Malchus in dem Versammlungsgebäude der Stände in Stuttgart!

Der Westphalus Eremita über Catholizismus und Protestantismus hat mir überaus gut gefallen. Der Beobachter meint jetzt, man thäte besser, das Maul zu halten!!!

Le cri des peuples! von Crevel - Ich muß immer lachen, wenn ich einen Franzosen auf die Stelzen springen sehe, und doch, wenn ich mich in Deutschland umsehe, wird's mir ein bischen ernster. – Was wird das Schweizlein zittern wenn die Widerlegung anlangt! – Wenn Oestreich und Preußen die Widerlegung unterstützen! Und im Fall der Noth Europa um Gerechtigkeit angefleht wird!! Was wäre wohl der deutsche Bund gegen die Schweitz, wenn die hohen verbündeten Mächte keine Freunde wären? Diese Betrachtung zeigt mir unsern Zustand in seiner ganzen Blöse. Bundesstaat und Staatenbund! Was aus diesen Begriffen für verschiedene Resultate hervorgehen! Auf dem letztern Wege ergeht es unserm Vaterlande nicht besser wie den Griechen.

Die Napoleonische Schendung der unbedingten Souveränität ist nun einmal gutgeheißen, und da der Mensch immer Mensch bleibt, er sey Fürst oder Bürger, so begreife ich wohl, daß der geringste Verlust oder die geringste Schmälerung an dieser Souveränität so angesehen wird, als wenn man einem Hauseigenthümer zumuthen wollte, daß der Nachbar ihm, mir nichts dir nichts, einige Lichtfenster auf die Nase setzen könne; und so wird's immer in der Welt bleiben, und es mag so bleiben, nur schade, daß die Vaterlandsliebe damit in Wiederspruch geräth. Halten Sie mir, verehrter Freund! mein Geplauder zu gut. Es geschieht ja so selten, daß man mit Jemandem zusammentrifft, der mit uns empfindet und das haben Sie mir ja gestanden. Empfehlen Sie mich ihrer werthen Frau Gemahlin. Ihr ergebenster F. A. D" (Orig.: Familienarchiv Görres-Jochner Nr. 43; Unveröffentlicht).

18.11.1817 (Prüm) Johann Hubert Schmitz: Im Auftrag sämtlicher Mitglieder der Schul-Kommission füge er eine Vorstellung an das Consistorium bei, mit dem „ergebensten Ersuchen", dies nach Durchlesung und Prüfung an die Behörde weiterzugeben, „oder wenn Sie glauben, daß die Sache anderst angegriffen werden müsse, uns darüber zu belehren." Das Institut befinde sich wirklich in einer sehr schwierigen Lage. Gegen Ende der Ferien habe Professor Weiß angezeigt, dass er vom Consistorium eine andere Bestimmung erhalten würde, nun sei er in Boppard angestellt. Auch Herr Pastor habe das Lehramt aufgegeben, und so sei nur Herr Hepp, der aber „auch zu schwach zu seyn scheint. Schon früh wandte sich der H Stempel an den H Castello, erhielt aber keine Antwort"; Erst auf sein zweites Schreiben an den Regens des Priesterseminars in Trier habe er nun die Antwort erhalten, dass der Generalvikar nur einen Geistlichen in der Eigenschaft als Kaplan schicken könne, und so blieben sie ohne Professoren. „Man sagt, zu Boppard sey ein gewisser Herr Maybaum als Professor gewesen, der aber jetzt abgestanden sey; sollte dieser nicht für uns passen? Euer Wohlg werden ihn doch kennen, und wissen, wo er sich aufhält. Die Schulkommission sezt ihr ganzes Vertrauen auf ihre gütige Unterstützung, und in diesem Vertrauen habe ich die Ehre ...". (Orig.: Familienarchiv Görres-Jochner Nr. 225; Unveröffentlicht).

20.11.1817 (Köln) Eberhard von Groote: „Nun laßt Eure Soldatenpresserei und was Ihr sonst treibt, auf eine Zeit ruhen, und kommt zu mir herunter". Er habe in seinen Stuben und Sälen alles voll von dem „lang erhofften Kram", vier Kasten mit alten Handschriften und Büchern, drei mit Urkunden – „braucht es mehr, um die Seligkeit voll zu machen?" Sein Bruder sei in Düsseldorf, sein Stübchen oder ein anderes könne Görres gleich beziehen, wenn er wolle. Zum *Tristan*, mit dem er seine ganze Muße verbringe, habe er jetzt alle Materialen, auch die Heidelberger Handschrift, die Müllersche Sammlung, die Vergleichung mit der Wiener Handschrift, die er durch Jacob Grimm erhalten habe, die aus Paris zurückgegebene Pergamenthandschrift, schließlich „in spe" eine Handschrift aus der Gegend von Lüttich. Wüsste v. d. Hagen davon, hätte er wohl noch nicht im letzten Messkatalog das Gedicht angekündigt, er werde ihm schreiben, nicht zu übereilen, da man doch alle Handschriften vergleichen müsse. – Görres' Adresse sei gut, bündig, ernst und eindringlich. Grüße an Schenkendorfs. Görres solle bald kommen, sonst sei sein Reichtum wieder dahin. (Orig.: Familienarchiv Görres-Jochner Nr. 82; Binder (Hrsg.), *Freundesbriefe* Nr. 192, S. 546-548; Reifferscheid, *Eberh. V.*

Groote. Mitteilungen aus seinem Briefwechsel aus den Jahren 1815-1859, Bonn 1875, Nr. 18, S. 42f; Reifferscheid, *Erinnerung an E. v. Groote,* S. 163, Nr. 17).

21.11.1817 (Berlin) Friedrich v. Schuckmann: „Wenn gleich, wie Ew. Wohlg. aus öffentlichen Bekanntmachungen ersehen haben, das Departement des Cultus und öffentlichen Unterrichts jetzt einem eignen Ministerio übertragen ist, so habe ich doch damit nicht zugleich das Interesse für die Wissenschaft und ihre würdigen Beförderer abgegeben. Ich würde daher es sehr bedauern, wenn Sie aus dieser Veränderung folgerten, daß unsre Abrede, in der Sie nach meinem Wunsche Sich geneigt erklärten, bei der rheinischen Universität die Lehrstelle der Geschichte anzunehmen, als aufgelöst zu betrachten sei, weil nichts Schriftliches darüber verhandelt worden ist. Es ist mir daher eine angenehme Pflicht, Er. Wohlg. zu benachrichtigen, daß ich diese Abrede nicht allein bald nach meiner Zurückkunft der damaligen Abtheilung für den öff Unterr in meinem Ministerio, sondern auch jetzt, bei Uebergabe des Departements Sr. Exc. dem Hrn Staatsm v Altenstein eröffnet habe. Mit Vergnügen benutze ich diese Gelegenheit, Ihnen die Versicherung zu wiederholen, welche die Erneuerung unsrer persönlichen Bekanntschaft begründet hat.“ (Orig.: Familienarchiv Görres-Jochner Nr. 227; Görres, *In Sachen der Rheinprovinzen,* Anhang Nr. 23 = Marie Görres (Hrsg.), *GPS* 4 , S. 665).

26.11.1817 (Prüm) Johann Hubert Schmitz: „Wohlg Hochverehrter Herr! Ich eile Euer Wohlg ergebenst zu benachrichtigen, daß ich die unterm 7ten dieses bereits an mich gesandte Adreße erst am 23ten dieses erhalten habe; gleich gab ich ein Exemplar an H Dr. Stempel, der sich sehr vielmal empfiehlt, ab, welcher auch schon fleißig in der Sammlung der Unterschriften begriffen ist. Ein anderes schikte ich am Montage an den H Friedensrichter von Lünebach für den jetzt in den hiesigen Kreis gehörigen Kanton Arzfeld, und zwey an den H Friedensrichter von Schönberg mit der Einladung an den letzten ab, um Eines davon gleich nach Malmedy zu besorgen.“ Er fürchte aber, dass er die Unterschriften zu spät erhalten werde, um sie noch bei der „vielleicht schon in diesen Tagen erfolgenden Ankunft des Fürsten Staatskanzler“ präsentieren zu können, „besonders da ich das hiesige auch noch gern in die Bürgermeisterey sendete. Ich glaubte daher Sie von dieser Lage zeitlich in Kenntniß setzen zu müssen, und sehe begierig die fernere Anordnung Euer Wohlg hierüber entgegen.“ (Orig.: Familienarchiv Görres-Jochner Nr. 225; Unveröffentlicht).

30.11.1817 (Paris) Lambert Joseph Krezzer: „Ja wohl, lieber Görres! Hast du tüchtigen Lärm geblasen mit deinem Rolandshorn, und die neunte Haut ihnen getroffen, aber sie haben es auch gehört und gefühlt. Von der Temse her hat es auch gedonnert, und so konnten die Minister wohl allerdings das Maul voll nehmen, um auf die lügenhaften hochmüthigen und lächerlichen Tiraden der Franzosen von der Unverträglichkeit der ihnen auferlegten Lasten, von der Verzweiflung, in die die Nation gerathen müste usw. kernhaft zu begegnen, darauf ist die bekannte heftige Note von Hardenberg (gedruckt wie ein Manifest) erfolgt. Vincent bekam Instruktionen von Wien und von London. Alle wollen den Vollzug der Verträge, nur über den Modus exequendi sind sie verschieden. Ein Pauschquantum, wie es die Oesterreicher nennen, wird wohl am Ende herausspringen, aber eine schwere Sache wird es seyn, erstens sich hier untereinander über das, was jede Regierung für alle Reklamationen ihrer Unterthanen en bloc erhalten soll, zu einigen, und zweitens wie die Vertheilung unter den Individuen zu geschehen hat. Die Franzosen wissen es nur zu gut, wie leicht man sich beym Vertheilen in die Haare geräth, darum werfen sie das Projekt nicht weg, sondern arbeiten wakker drauflos. Dies nun sowohl, als die kaum zu vermindernden Ungerechtigkeiten bei der Subreparation im Lande selbst sind freilich große Übel, aber meines Erachtens ist ihnen nicht auszuweichen. Die Verträge sind den Franzosen schon zu alt, sie sind aus der Mode gekommen, ihr Vollzug langweilt sie. Ich bin überzeugt, daß sie eher dazu zu bringen wären, neue lästigere zu unterschreiben, als die alten zu erfüllen, so wie es mir fast gewiß scheint, daß das Aversum, was sie uns geben, höher ist, als was wir auf dem vorgeschriebenen Wege erhalten hätten, denn wenn das Okkuppationsheer einmal fortgezogen ist, und sie würden es schon zu treiben wissen, daß dies im künftigen Jahre geschieht, so werden sie – wie Crull sagt, den Reklamanten was pfeiffen. Uebrigens haben wir Preusen den größten Theil der Honigrinde abgenascht, und kommen ohnehin für den unfläthigen Rest, immer am besten weg. Der König hat auch wegen uns verflucht hochmüthige Redensarten zu den Kammern geführt, und mit der Armee Rekrutierung einen Thrumpf darauf gesetzt. Der Kriegsminister meint nun höhnisch in seiner Rede an die Deputirtenkammer, daß der Zustand von Frankreich es nicht vertrüge, das Heer auf einen Fuß zu sezzen, daß es mit den übrigen Europäischen im Gleichgewichte stünde, daß dies aber auch bei der Mäsigung und Großmuth der verbündeten Fürsten nicht nothwendig sey: allein hintendrein steht es geschrieben, daß blos die Departementslegionen in Friedenszeit 150 000 Mann betragen sollen, rechnet man hinzu die garde royale, die Kavallerie und Artillerie, so haben wir in Frankreich ein Heer in Friedenszeit wie ungefähr Napoleon es hatte. Wenn man nun die Leichtigkeit bedenkt, womit dies Heer in vierzehn Tagen Zeit verdoppelt werden kann, so wird es jedem klar seyn, daß wir künftigen Sommer ohne fernere Umstände uns höflichst empfehlen werden. Wenn es also die Herren nicht verhindern können oder nicht wollen, daß Frankreich mit dem Geld, womit es 120 000 Mann fremder Truppen unterhalten soll, sich eine eigene Armee schaft, um jene Gäste zu vertreiben, dann mögen sie wenigstens in Zeiten auf die Vertheidigung ihrer neuen Provinzen denken; denn wie ich die Sache ansehe, muß Ludwig der 18te durch einen Krieg sich populär machen. In der lezten Zeit scheint mir alles darauf hinzudeuten, daß es ihm mehr um die französische Nation als um die Freundschaft der Alliirten zu thun ist, und am Ende werden diese noch den Macherlohn der geflikten Legitimität selbst bezahlen. Aus allem dem geht nun hervor, daß wenn du mir nicht bald die Freude machst, mich hier zu besuchen, ich mir wohl künftiges Spätjahr, oder vielleicht noch früher, die Freiheit nehmen werde, dich in Koblenz wiederzusehen. Amen! Denn seit den zwei Jahren, die ich fast hier bin, habe ich noch nicht einmal so aus rechtem Herzensgrund gelacht, und des Zustandes bin ich müde. - Deinen frühern Brief, den du mit einem Pack Aufrufe sous bande geschickt hast, habe ich nicht erhalten: jene an Crull und Mendelssohn, deren Adressen der Post mehr bekannt sind, wurden besorgt. Mathieu gieng auch leer aus, und hat einen vergeblichen

Versuch gemacht, die Briefe aus dem rebut zu vertiren. Was sous bande ankömmt, wird immer durchgemaust und die Briefe herausgeworfen. Künftig bitte ich dich, mir nicht mehr auf diesem ökonomischen Weg zu schreiben. In meinem Handel mit Schmitt und Grebel hast du ganz recht, daß ich den dummen Brief nicht hätte beifügen sollen, aber ich sizze hier so ganz ohne Rath. – Ich habe noch keine Antwort vom Ministerium, höre aber von Koblenz, daß der Trank nun ex officio gerührt wird. Auf das allereinfachste in der Sache, den Gruner zu vernehmen, sind die Herren nicht verfallen. Das wird wohl am Ende geschehen, wenn vorerst ein paar hundert Stunden Zeit unnüz verlohren und ein paar hundert Bogen Papier verschmiert sind, und man dann sieht, daß noch immer der Hauptknoten noch nicht gelößt ist. – Der Staatskanzler wird nun am Rheine seyn, und nun auch dein Prozeß mit den hohen Herrschaften zu Ende gehen. Erinnere dich alsdann an dein Versprechen, uns hier zu besuchen. Bis dahin lebe wohl und sey uns von Herzen gegrüßt. Ganz der Deinige Krezzer. Ich wohne jetzt: Rue Mondovi 22 – 6." (Orig. und Abschrift: Familienarchiv Görres-Jochner Nr. 133; Unveröffentlicht).

1.12.1817 (Bern) Justus von Gruner: „Als Sie das letzte Mahl mir schrieben, hatten Sie Minister v. Altenstein noch nicht gesehen. Ich wünschte um Ihrer und der Sache willen, daß es seitdem geschehen. Mir ist sehr daran gelegen, nun er die Leitung des Kirchlichen und Unterrichtswesens erhalten, daß Sie mit ihm in nähere Verbindung kommen. Er ist ein reines treues Gemüth, religiöser als man sie bei uns zu finden pflegt, voll redlicher Absichten und besten Willens, ohne Partheygeist und rücksichtslos der erkannten Warheit folgend. Äußeres und Vortrag ziehen nicht an. Aber der Kern in der unscheinbaren Hülle lohnt ihn zu suchen. Ich kenne Ihn lange und wenn wir auch nicht immer gleicher Meinung waren, so habe ich ihn doch stets hochgeachtet. Auch ist er unter allen Umständen gegen mich derselbe geblieben. Ich glaube, Sie werden sich gegenseitig gefallen und viel Gutes dürfte aus solcher Annäherung entstehen. Drum rathe ich dazu und bitte Sie darum. Wünschen Sie so will ich den Anlaß geben. Der Staatskanzler soll nun auch kommen. Auch ihn müßen Sie sehen. Ich weiß nicht welcher Theil seiner Umgebung ihn begleiten wird, aber lassen Sie sich durch keine zurückschrecken. Geht der Same, den Sie in sein Gemüth werfen werden, auch nicht gleich auf: so wird er doch später Frucht tragen.

Ich weiß wohl daß Sie mir geschrieben, wie Sie einen Ekel an dem ganzen Getriebe haben und mir gehet es ja ebenso. Aber dennoch denke ich, Sie selber sollten die Gelegenheit noch einmahl benutzen für das Recht zu wirken. Sie vermögen es leichter denn viele andere.

Die neuen Ministerialeinrichtungen sind nicht durchgreifend. Die Behörde des öffentlichen Schatzes mißfällt mir schon als Nachahmung. Auch hätte ich diesen und alle Geldinstitute dem Finanzminister belassen, aber Handel und Gewerbe in das Innere gewiesen, es scheint auch dabei viel Persönliches obgewaltet zu haben. Übrigens soll Rother, der wahrscheinlich den Fürsten begleitet, ein braver und kräftiger Mann sein.

An den Rheinischen Generalgouverneur, oder Provinzial Minister glaube ich nicht, auch hätte vielleicht nur Sack den Muth (obwohl nicht das Geschick) den

Kampf dieser Stellung zu übernehmen. Er würde Euch mit dem Hofe entzweien, Jeder Andere diesem unterliegen.

Ich suche an dem Anblicke der großen und herrlichen Natur zu vergessen, was zu ihren Füßen getrieben wird, und bin froh, wenn der Mückentanz nicht unausweichlich mein Auge trifft. Im Oktober habe ich das Weinland der Schweiz durchreist, und der November war dieses Jahr so schön hier, wie ich ihn in der ersten Hälfte meines Lebens noch nie gesehen.

Armin befindet sich auf einem Ausfluge in Deutschland. Vielleicht spricht er auch bei Ihnen ein. Ich würde mich doppelt freuen durch ihn Kunde von Ihrem und der Ihren Ergehen zu vernehmen. Gott befohlen!" (Orig.: Familienarchiv Görres-Jochner Nr. 85; Unveröffentlicht).

8.12.1817 (Mayen) Franz Peter Hartung: „Hochzuverehrender Werthester Herr Professor! Der H Bürgermeister Kleutgen von dahier wird Ihnen die Unterschriftsbogen von der hiesigen Bürgerschaft übergeben haben. Ich lege Ihnen hier den von der Bürgersch St. Johann bey. Ich weiß es nicht ob Ihnen die Bürg. von Jülich Münster und Andernach die Ihrigen schon geschickt haben, oder nicht. Jeder rechtliche Einwohner unserer Gegenden unterschrieb sich mit Freude, und sah es als eine Gelegenheit an, seine Wünsche und seine Empfindungen ausdrükken zu können; denn welchen Rheinländer sollten diese Gerechtsame, die ihn so hoch über die Bewohner anderer Länder setzen, worin nur sog. Privilegierte auf Unkosten der nicht Privilegierten, das heißt des grösten Theils des Volkes, einige davon besitzen, nicht heilig sein? Ein einziger den der Bürgermeister Kleutgen darum ersuchte weigerte seine Unterschrift mit dem unwürdigen Ausdrucke ‚Gott bewahre. Wer wird solchen Unsinn unterschreiben!' (aber kein Rheinländer sondern ein aus Holland zugereister namens Van Noorden, Oberförster hier) Mit bekannter freundschaftl Hochachtung Hartung". (Orig.: Berlin, GStA PK, I. HA Rep. 77, Tit. 22, 8 adh., Bl. 16; Unveröffentlicht).

14.12.1817 (Bern) Justus von Gruner: „Ich erhalte soeben ein Schreiben von dem jetzt in St. Goar wohnenden Kreis-Direktor Zeiller, welches all meine Gefühle aufgeregt hat und mir zur unabwendbaren Pflicht macht, für ihn zu handeln, wenn seine Lage so schuldlos ist, als er sie schildert. Der Fürst Staatskanzler hatte mir seine Wiederanstellung verheißen; sie ist nicht erfolgt. Man sagte, er solle sein ganzes Gehalt bekommen; dies ist nicht bezahlt. Aus der Beilage seiner Darstellung geht hervor, daß ihm die Coblenzer Regierung zum Vorwurf macht, es mangele ihm das nöthige Vertrauen und Würdigkeit. Das muß mich zweifelhaft machen, und ehe ich darum für ihn auftrete, bitte ich Sie, mein theurer Freund, mir aufrichtig zu sagen, was Sie über Z. und seine Führung wissen. Sie sind doppelt dazu verpflichtet, weil Sie den Mann früher empfohlen und seitdem haben beobachten können. Seine Noth scheint dringend. Sie werden also, wenn dem so ist, ihr abzuhelfen beitragen, indem Sie mir bald antworten. Ist er würdig geblieben, so sprechen Sie mit Eichhorn, wenn der Fürst an den Rhein kommt. Ich begreife diese Sache, wie so viele andere kaum. Die Intrigue und Schlechtigkeit hinkt oft zu solcher Gemeinheit herab, daß man Mühe hat sie zu fassen. Neues weiß ich Ihnen nicht zu sagen. Der Ton unserer oestlichen Nachbarn stimmt sich immer höher. Ich denke die Pfiffe werden bald pfeiffen daß uns die Ohren davon gellen. Die europäische Zeitung ist ein Neuigkeitsblatt geworden und hat dazu Preßefreiheit erhalten. Eine Eintagsfliege deren erste Bewegung schon die matten Flügel verräth." (Orig.: Familienarchiv Görres-Jochner Nr. 85; Unveröffentlicht).

15.12.1817 (Aachen) Franz Anton Daniels: „Euer Wohlgebohren liebes Schreiben vom 11. d. M. hab ich eben erhalten, und ich bitte meinen aufrichtigen Dank und das Lob ihrer Bemühungen für unsre Landsleute in den Zeiten der Bedrängung zu genehmigen. Die Exemplare der 6ten Bekanntmachung des Hilfsvereins werde ich in Umlauf setzen. ... Ich habe noch immer gewünscht und es an Versuchen nicht mangeln lassen, um die rechten Männer für die Adressensache auszumitteln, und in der That die Masse so wie die Honoratioren sind gut. Daß die alte Reichs- und Krönungsstadt keine ins Deutsche übersetzte, französische Mairie bleiben könne, wie solches bis jetzt der Fall ist, darüber sind wohl alle Einwohner einverstanden, wie verschieden übrigens ihre Ansichten seyn mögen. Die alten schlichten Bürger von kindlichem Gemüthe sehen alles, was sie seit 23 Jahren erlebt haben, als ein interregnum an, und meinen es habe davor noch längere im heiligen Reiche Deutscher Nation gegeben. Im Allgemeinen gesellt sich immer zu dem Wunsche einer Verfassung, der Wunsch, daß für den Deutschen Handel und Gewerbfleiß etwas durchgreifendes deutsches geschehen möge. Und in der That, so wie die Sachen hier stehen, ist dieser Wunsch sehr verzeihlich und wenn er ohne Selbstsucht ausgesprochen wird, sogar löblich und verdienstlich. Aus der beyliegenden Aufforderung der hiesigen Wohlthätigkeits-Commission werden Euer Wohlgeb ersehen, wie es hier steht. Daher darf es nicht verwundern (und es müßte hintennach in Deutschland nur etwas näher aufgefädelt werden, wie es gekommen) daß die abschriftlich beyliegende Adresse einen doppelten Wunsch ausspricht. Brave Männer, die etwas zu verlieren, und für Arbeit und Nahrung vieler zu sorgen haben und überhaupt solche, die guter Gesinnung sind und den Frieden lieben, meinen, nur in solcher Weise könne sich die Stadt Aachen dem Bundestage nähern! Ich, für meinen Theil, finde die Adresse auch zweckmäßig, indessen kann man doch irren, aber nicht in der Absicht. – Auf jeden Fall scheint mir die Adresse eines guten Kommentators zu bedürfen, indem wirklich in den Köpfen der Deutschen Zeitungsschreiber alles bunt durcheinander zu laufen scheint. Meine Gedanken über einen wichtigen Punkt dieser Adresse oder vielmehr die Gedanken einiger meiner Mitbürger sind folgende: Das Kontinental System, so wie es sich in der teuflischen Hand eines französischen Jakobiner Fürsten wirklich gestaltete (und nicht ein solches, was sich vielleicht durch Recht und Vernunft vertheidigen, oder einmal als Nothwehr entschuldigen ließe) ist in dieser Adresse mit kurzen Worten deswegen berührt, damit dem Vorwurfe des Franzosenthums im Voraus begegnet werden konnte. Dieses sogenannte Kontinental System gieng nämlich von einem Reiche aus, das seine eigne Grenze mit einer doppelten, dreyfachen Douanen Linie sorgfältig verwehrte, dann seine Heere bis Lissabon, Neapel und Moscou aussandte. Diejenigen so hinter der Linie lagen, konnten nun gut arbeiten, und so wohl in dem großen Reiche selbst als außer dem selben, so weit das Schwerdt reichte, und es reichte in der That weit, füglich es absetzen und verkaufen. Plump und unverschämt wollte man nun der Kontinental Weldt begreiflich machen, man trage eine väterliche Fürsorge für die ganze Kontinental Weldt, während man nur für sich selbst sorgte, dabey englische Waaren verbrannte, und den deutschen Kaufleuten ihr Eigenthum stahl. Dieser Abgeschmacktheit ungeachtet, hat nun das kontinentale System, so wie es war und wie wir es erlebt haben, doch noch seine Vertheidiger in Deutschland selbst! Hätte es seine Vertheidiger nur auf dem linken Rheinufer, so wären diese letztern zwar ungerecht, aber doch nicht dumm, die in Deutschland aber dieser Abscheulichkeit das Wort reden wollten, können nicht anders als Dummköpfe genannt werden. Ja. Hätte Frankreich seine eigne Douane Linie bey dem System aufgelöst, und Hand in Hand mit den übrigen Mächten etwas thuen wollen, dann hätte sich vielleicht für die Sache etwas sagen lassen. – Ich bitte Euer Wohlgebohren mir zu sagen, ob Sie diesen Gesichtspunkt für den wahren erkennen. Ist dieser Gesichtspunkt der richtige, dann scheint die Adresse gut und verständig zu seyn. Viele Worte ließen sich dabey nicht machen. Sagen Sie mir aber doch bald ihre Meinung über die ganze Adresse. Das Volk ist jetzt schlimmer daran, als die Egipter es zur Zeit wurden, von der im Buche Genesis gehandelt wird. Sie haben das Beyspiel des französischen Contributions Systems, 1/5 für den Staat, den Rest für die Unterthanen! Der zahlreichen Abgaben nicht einmal zu gedenken, von denen die Egipter nichts wußten als sie sich dem Pharao mit Haut und Haar verkauft hatten. Die Welt liegt doch ein bischen im Argen! So viel uns Kant auch hierüber trösten mag. Die Landwehr und der Landsturm, die so gut ersonnen waren, sind jetzt zum stehenden Heer gekommen, und der Leute die nicht pflügen und sähen, müßen jetzt mehr ernährt werden wie jemals. Man sollte fast glauben, es sey Strafe Gottes! Oder grausames Auslachen des Satans."

(Fs.): „den 31. December. Nachdem über 300 Honoratioren die Adresse unterschrieben, die katholischen und Evangelischen Pfarrer, Domherren, Priester, ein alter Bürgermeister, ein alter Syndicus, Doctoren u. j., Rentner, Adliche, Fabrikanten, Kaufleute, Bürger ist die Adresse auch dem hiesigen Advocat H. Stephan Pelzer und dem hiesigen Advokat H. Jos. Müller zur Unterschrift vorgezeigt worden, und sie haben sich verweigert. Gut daß sie so spät angesprochen wurden; denn das sind eben pfiffige, nicht blöde Herren, die andere überzeugen. Bey der Misbilligung werden sie es vielleicht nicht lassen, und auch thätig seyn wollen. ... Der Vater von H. Pelzer war Mitglied der Deputirten Kammer und vormaliger Syndikus der Stadt Aachen." Das Namensverzeichnis der Unterschriften habe er noch nicht beilegen können. Nächstens werde er die Adresse schicken. (Orig.: Familienarchiv Görres-Jochner Nr. 43; Unveröffentlicht).

23.12.1817 (Berlin) Achim von Arnim: Freude über Görres' Lob der *Kronenwächter*. Er arbeite jetzt an etwas anderm, sonst wäre der 2. Teil schon fertig: Im *Gesellschafter* bearbeite er Tagesgeschichte, teils unter seinem Namen, teils anonym. Er freue sich auf Görres' politisches Werk. Görres werde wohl darin „den Haller, der hier das ungeheuerste Streiten erweckt hat, nicht unberührt wirst lassen. Seltsam ist es, daß während die Wartburger ihn mit einer Menge Schosel zusammengeworfen haben, eine größere Zahl junger Leute ihn hier abgöttisch verehrt. Nach meiner Überzeugung laborirt er an derselben Halbheit wie Rousseau, nur weil sie nach der andern Seite geht und sich mehr historischen Schein zu geben weiß, scheint er den Leuten unendlich neu und groß." (Binder (Hrsg.), *Freundesbriefe*, Nr. 190, S. 545).

31.12.1817 (Köln) Eberhard von Groote: „In Eurer letzten Sendung muß es etwas übereilt hergegangen sein, denn die Briefe die für mich und Mühlenfels bestimmt waren, erhielt ich vorgestern von Jülich. Inzwischen hab ich mich über Eure Verwaltung recht gefreut; Ihr habt alle Ehr davon, und des Himmels Lohn kann euch dabei nicht fehlen. Ich habe nach Eurem Verlangen die Listen an alle Hauptinteressenten, die durch uns Loose erhielten, zugesandt, und wußte freilich nicht, daß Ihr nach Jülich, vielleicht auch nach Aachen die Exemplare unmittelbar hattet abgehen lassen. Nun wird noch des Zuschreibens wegen der Gewinste kein Ende sein, und dieser letzte, auch eben nicht sehr angenehme Theil des Geschäftes, bliebe Euch noch übrig.

Da hättet Ihr ja nun den Kanzler endlich wie er leibt und lebt bei Euch, und könnt ihm einheizen. Das wenigstens werdet Ihr zugeben, daß er fürnehmer und anständiger aussieht, als gewöhnlich dieß preuß. Volk pflegt. Auch ist er umgänglich, weich und redselig; das weiß ich alles aus Erfahrung. Allein ebendarum auch allen neuen und immer den neuesten Eindrücken empfänglich und nachgebend. Schriftlich, schriftlich muß verhandelt werden; d.h. nicht in langen Correspondenzen, aber nicht eher abgelassen, ehe nicht Siegel und Unterschrift in optima forma gegeben ist, damit nachher immer unverwerfliche Documente aufgelegt werden können. Hätte ich es früher so gehalten, und nicht dem glatten Wort zu sehr vertraut, ich hätte manches, was ich nun nicht habe.

Wegen der Adresse bin ich in nicht geringer Schwulität. Weiß Gott, daß mir an mir und meiner ganzen äußern Existenz so durchaus gar nichts gelegen ist, daß ich im Stande wäre, alles was ich habe und bin daran zu wagen, wenn es sonst etwas helfen könnte. Aber im Ernste, ich weiß nicht wohinaus. Das Sammeln von Privatunterschriften, ohne alle Beipflichtung eines städtischen Collegs oder bürgerlicher Corporation würde einestheils nur von geringem Belang sein, und andererseits bin ich überzeugt, daß es auch nicht 24 Stunden in Gang gesetzt sein würde, daß nicht alle Teufel los wären. Diese Behauptung ist nicht aus der Luft gegriffen; einen Beleg will ich gleich liefern. Jüngst wollte der hiesige Bürgermeister und Stadtrath sich gerne von einigem, was das alte Zunftwesen betrifft und inwieweit dieß nun wieder Anwendung finden könne, unterrichten, und wandte sich deßhalb an den Rath der Gewerkverständigen; diese luden die Meister und Gewerbvorsteher, auf einige Fragen, die darauf Bezug hatten und bei diesen Leuten circulirten, zu antworten. Diese Frager gelangten auch bis nach Bonn, von da wieder bis zu unsrer lieben Polizei, von dieser bis zu höherem Ort, und nun wurde die Frage, ob der Bürgermeister ohne höhere Autorisation Recht gehabt solche Nachforschungen anzustellen, aufgeworfen und – negativ entschieden. Was sagt Ihr dazu? Nicht blos Sachen von höherer und allgemeiner Wichtigkeit, sondern sogar was der Bürgervorstand zu eigener Notiz und nöthigster Kenntniß seiner Inneren Verwaltung bedarf, soll er nicht aus eigener Autorität mit seinen Bürgern berathen dürfen; nicht in seiner Stadt sich darum umthun, um darauf seine Vorschläge zu künftiger besserer Einrichtung gründen dürfen! Was soll nun aus wichtigeren, mehr in das Volk und seine Verhältnisse eingreifenden

Unternehmungen werden? – Genug, ich habe den wiederholten Versuch gemacht, die Sache bei unserm Bürgermeister und Stadtrath in Anregung zu bringen. Dieß sind Leute, die weder furchtsam noch indolent sind, wie Ihr mir aus früherem wohl zugeben werdet. Allein bei bewandten Umständen waren sie für die Adresse und deren Unterschrift nicht zu bewegen. Was soll ich nun thun? Auf dem Lande würden die Bürgermeister und Landräthe in ihrer Angst es ebenso halten, selbst nichts wagen und dienstwilligst unterdrücken, anzeigen, Lärm schlagen, sobald sich etwas zeigte. Das ist meine vollste Überzeugung. Soll ich endlich das Letzte versuchen; nemlich frisch von der Brust die Adresse in der Regierung vorlegen? Verlangen, daß die Sammlung der Unterschriften amtlich genehmigt wird? Aber des Erfolgs bin ich gewiß, daß man nicht nur sich weigern, sondern den Antrag schon als etwas Gesetzwidriges ahnden wird. – Genug, ihr mögt meine Unkunde oder den Mangel an Praxis in dem Geschäfte rügen, ich muß es mir gefallen lassen; allein ich weiß einmal keinen Rath: gebt ihn mir, und ich bin zu jeder Wagniß bereit. – Gott zum Gruß!" (Orig.: Familienarchiv Görres-Jochner Nr. 82; Abschrift: UB Münster, Nachlass Schulte-Kemminghausen, Kapsel 71,8; Unveröffentlicht).

ca. Januar 1818 (Göttingen) (Konzept o. D.) August v. Haxthausen: Sendet die Probeblätter und Aufforderung der Zeitschrift *Wünschelruthe* die er, „ohngeachtet mein Namen nicht grade dabei steht, doch einiger maßen leite". Er unternehme sie „zum Besten eines armen aber höchst ausgezeichneten jungen Menschen" namens Heinrich Straube, damit dieser ein Feld habe, wo er seine Kräfte üben könne. „Die Erzählung in den Probeblättern ist von ihm wenn ich auch gleich das gesuchte unklare und marinirte darin zugebe, so werden sie doch mit mir einig sein, daß ein sehr großes Talent sich darin offenbart, welches wenn es sich zurechtfindet einen eigenen Weg gehen wird. Ein jeder den es innerlich treibt, will gern in irgend eine lebendige Beziehung mit seinen Zeitgenossen treten, und wo der Gereifte nur verfehlte vielleicht zwecklose Bestrebungen sieht, da soll er doch der Jugend ihr Recht laßen, die ja erst das Leben verstehen muß." Er bitte Görres daher, die Zeitschrift mit Beiträgen zu unterstützen. „Ich weiß es recht gut daß es ihnen nicht mehr so zu Muthe sein kann aber jeder will seine Schule machen und seine Zeit durchleben, Arnim und Grimm haben auch schon manches hergegeben, und wenn wir unterstützt werden, so kann manches Gute oder Bewegende darin niedergelegt werden, und das Ganze von einiger Wichtigkeit werden, wenigstens haben wir guten Sinn und Willen. – Ist es nicht göttlich, daß wir Studenten die hiesigen alten Philister Heeren, Bouterweck, Bencke, Fiorillo gezwungen haben an einem poetischen Zeitblatte Theil zu nehmen? Wenn Ferdoussi erst Michaelis erscheint so geben sie uns doch Proben daraus". Er habe an Reimer, wie Görres ihm aufgetragen, geschrieben, dieser habe aber noch immer nicht geantwortet wegen der Zeichnung und dem Stich zum Schahname. Er schicke zwei Lose des Hilfsvereins, die etwas gewonnen hätten. (Orig.: UB Münster, Nachlass Schulte-Kemminghausen; Heßelmann, *Unbekannte Briefe*, S. 244f, Brief Nr. 2). (Zur Datierung: Heßelmann dat. „vermutlich September 1817", da die Anzeige mit Probeblättern der *Wünschelruthe* das Datum Sept 1817 trage. Die Datierung auf Januar 1818 ergibt sich aber aus der Aussage Haxthausens, er habe Reimer (wie

Görres am 22.12. gebeten hatte) geschrieben, dieser habe aber noch nicht geantwortet, ebenso aus der Erwähnung der Lose, von denen Görres am 22.12. noch nichts weiß. August H. schreibt, Arnim und Grimm hätten schon hergegeben: ihr erster Beitrag erschien in Nr. 5 vom 15. Januar).

Anfang 1818 (Koblenz) Henriette von Schenkendorf: Unter Schenkendorfs Büchern, die sie jetzt verkaufen wolle, sei auch ein Prachtband von Schöpflins Badischer Geschichte. Ob Görres die 7 Bände als Andenken annehmen wolle? Er solle es aber aufrichtig sagen, wenn ihm die Folianten eine Last seien. (Orig.: Familienarchiv Görres-Jochner Nr. 217; Binder (Hrsg.), *Freundesbriefe* Nr. 193, S. 548f).

13.1.1818 (Aachen) Franz Anton Daniels: „Herr Würth, ein hiesiger Kaufmann und Stadtrath, ein wackerer und rechtschaffener junger Mann, wird, wie er mir sagt, die Adresse der hiesigen Einwohner an die Hohe Bundesversammlung durch ein Handlungshaus in Koblenz Euer Wohlgeb einhändigen lassen, wenn es bey dem Empfang dieses noch nicht geschehen seyn sollte. Ich habe auf der Adresse 297 Unterschriften gezählt, alle ausgezeichnete, brave und den Frieden liebende Männer. Möge eine solche Stimme etwas mehr gelten, als die babilonische Verwirrung in den Zeitungen, zu der sich oft noch eine unlautere Gesinnung gesellen mag." Er lege einen „kleinen Aufsatz über Handels-Sperre und Handelsfreyheit von einem andern hiesigen jungen Kaufmann" bei, da er manches enthalte, was fundierter sei als das, was „über diesen Artikel in den rheinischen Blättern nun hin und wieder sich haben verlauten lassen". „Da die Wünsche der hiesigen Einwohner ganz den Regierungsmaximen Preußens zu entsprechen scheinen, so ist es gut, daß die Regierung dazu den Impuls nicht gegeben, und daß nur freye, unabhängige Männer, die von der Regierung kein Gehalt beziehen, aus freyem Willen diesen Schritt gethan haben." (Orig.: Familienarchiv Görres-Jochner Nr. 43; Unveröffentlicht).

20.1.1818 (Heidelberg) Christian Friedrich Winter: „Ich habe Ihren lezten Brief worin Sie anzeigen daß Sie mit den Bedingungen über den Verlag Ihrer 3 Hefte zufrieden und einverstanden seyen, und was Sie sonst verfügt, zu meiner Freude erhalten." Es seien über 150 bedeutende Unterschriften gekommen, „ein Hofmann sagt es seyen jetzt über 1000 da, und die Entferntern würden täglich erwartet. Sind denn von Ihrer Gegend viele eingekommen? Es sind 1000 in der That noch gar wenig. Auf Ihr Msct warten wir gar sehnlich. Es liegt dazu Alles lange bereit, selbst die Sezer warten darauf schon. Senden Sie doch schon wenigstens den Anfang. Dieser Tage geht ein klein Päkle mit Jahrbüchern an Sie ab. Meine ganze Familie grüßt Sie und Ihre Lieben. ... Anton zürnt auf Guido daß er nicht schreibe. Wen Sie mir wieder schreiben, so addressiren Sie den Brief an mich selbst, aus guten Gründen wünsche ich dieß: Sie können ein Couvert von M u Winter dicker machen. Ihr Winter." (Orig.: Familienarchiv Görres-Jochner Nr. 271; Unveröffentlicht).

27.1.1818 (Engers) Karl August von Hardenberg: „E. W. benachrichtige ich ergebenst, daß Sie die Summe von 8000 Francs jährlich, der Ihnen vorläufig ertheilten Zusicherung zufolge, vom 1. May 1816 ab, bis zum 1. Jan. 1818 zu beziehen haben. Es ist die Absicht, Ihnen in den Rheinprovinzen eine anderweitige öffentliche Anstellung zu geben, und da Ihre fixirte Besoldung bey dieser Anstellung erst regulirt werden wird, so habe ich mich veranlaßt gefunden, Ihnen bis dahin, vom 1. Januar 1818 ab, ein Einkommen von 1800 Rthlr. jährlich, welche Sie in monatlichen Raten von der Regierungshauptcasse zu Coblenz erheben können, zu bewilligen. Die Hälfte Ihrer Entschädigung vom 1. May 1816 ab, werden Sie mit 4000 Franken jährlich aus der Regierungs-Hauptcasse zu Coblenz empfangen, zu welchem Zweck ich sowohl an die betreffenden Herren Minister, als an den Herren Oberpräsident Staatsminister von Ingersleben das Erforderliche erlassen habe. Die zweyte Hälfte wird Ihnen der Hr. Oberpräsident Graf von Solms Laubach aus der Rheinschiffartscasse bezahlen, und auch an ihn habe ich das Erforderliche ergehen lassen." (Görres, *In Sachen der Rheinprovinzen,* Anhang, Nr. 23, S. 301f = *GS* 13, S. 410).

31.1.1818 (Engers) Karl August von Hardenberg: „E. W. danke ich recht sehr für die Mittheilung Ihrer Druckschrift, darin Sie von unserer Unterredung am 12. Januar Rechenschaft geben. Ich erkenne ganz Ihre gute Absicht, zur Eintracht und zum Frieden zu sprechen, und hoffe, daß Sie den Zweck nicht verfehlen werden. Misgriffe sind bey allen menschlichen Institutionen unvermeidlich; daß man sich Anfangs oft mißverstanden, lag wohl in besondern Umständen und in der Natur der Sache. Allgemeine Zufriedenheit ist nicht zu erwarten, aber wir wollen redlich streben, sie so weit als möglich zu bewirken, indem wir das erkannte Gute herstellen und standhaft verfolgen. Der Geist, welcher die Regierung beseelt, ist gewiß der reinste, der beste, das Wohl der Staatsbürger ihr einziges Ziel. Es kommt nur darauf an, sich zu kennen und zu verstehen, um sich wechselseitig Gerechtigkeit widerfahren zu lassen, und von allen Seiten aufrichtig und unbefangen zu Einem Ziele hinzuwirken. Ich behalte mir vor, mit E. W. über einige Ihrer Ansichten zu sprechen, Thatsachen zu berichtigen, und dadurch Ihr Urtheil über Manches vielleicht näher zu bestimmen. Ihre Darstellung der Unterredung ist richtig und sehr schön bis auf Einen Punkt, wo ich falsch verstanden worden bin. Seite 38 muß es nämlich statt: zwar sey dort noch an manchen Orten noch Leibeigenschaft eingeführt, bis --- wegzuschaffen, heißen: Leibeigenschaft bestehe nirgends mit Ausnahme einiger wenigen neuen Erwerbungen; die Verhältnisse, die in einigen Provinzen das Eigenthum der Bauern beschränkten, wären theils aufgehoben, teils sey die Vorkehr getroffen, auch die letzten Überreste wegzuschaffen. Ich wünsche sehr, daß E. W. eine Berichtigung dieser Stelle allgemein bekannt machen möchten. Nehmen sie die Versicherung etc Engers, am 31. Jänner 1818 C. F. v. Hardenberg." (Orig.: Geh. Staatsarchiv Berlin, Nachl. Hardenberg H 15 1/2 (Eigenh. Entwurf); Görres, *In Sachen der Rheinprovinzen,* S. 88f).

2.2.1818 (Frankfurt) Heinrich Friedrich Karl Freiherr vom Stein: Dank für die Mitteilung des Berichts über die Audienz bei Hardenberg. Er habe ihn mit der größten Teilnahme gelesen und sei überzeugt, dass er für Regierende und Regierte belehrend sein werde. Er glaube aber, dass zur Beförderung des Guten die Absendung eines gescheiten Mannes nach Berlin nötig wäre, der die Sache dort nach der Rückkehr des Staatskanzlers betreibe, und wer wäre tüchtiger dazu als Görres? Die Westfälischen Stände, denen er angehöre, hätten es nicht unterlassen, die Wiederherstellung ihrer Verfassung zu fordern, und als Recht zu fordern. Sie werden in Köln eine Denkschrift an den Staatskanzler übergeben, er werde Görres ein paar Exemplar davon schicken, sie werden auch eine oder mehrere Personen nach Berlin schicken. Das im engsten Vertrauen. Der Landtag im Nassauischen sei ausgeschrieben, am 12. bis 14. werden Wahlen stattfinden, er werde zum Landtag nach Wiesbaden gehen und eine Änderung der Gemeindeordnung zu bewirken suchen. Er bitte Görres, noch einige Exemplare seines Berichts zu senden. Wie denn nun Görres' Sache entschieden sei? Nachschrift: Man spreche von der Pressefreiheit in Preußen, diese gebe es aber keineswegs, die Zensur sei in Händen des nichtswürdigen Polizeiministers Wittgenstein und seines Gehilfen Herrn v. Kamptz, eines wahren Philisters. Der Vorgang mit Mallinckrodts *Westfälischem Anzeiger* sei skandalös. Die Zeitschrift sei gut und gemeinnützig gewesen, Mallinckrodt habe sich aber durch seinen „bissigen hämischen Character" viele Feinde zugezogen, und dadurch „dass er die Discussion über die bäuerlichen Verhältnisse in Westphalen mit Bitterkeit und Feindseligkeit gegen die Gutsbesitzer führte." Es bleibe aber nachteilig, dass die Zeitschrift unterdrückt worden sei. (Orig.: Familienarchiv Görres-Jochner Nr. 244; Pertz, *Das Leben des Ministers Freiherr vom Stein,* Bd. 5, S. 182ff; Hubatsch (Hrsg.), *Freiherr vom Stein. Briefe und amtliche Schriften*, Bd. 5 (1964), Nr. 626, S. 710f; Botzenhart (Hrsg.), *Freiherr vom Stein. Briefwechsel, Denkschriften und Aufzeichnungen*, Bd. 5 (1933), S. 445f; zit. bei Oswald, Goethe, Stein und Görres, in: *Hochland* 26.1 (1928/29), S. 476ff).

4.2.1818 (Bern) Justus von Gruner: Dank für Görres' Brief am Ende des Jahres. Gern hätte er den Jahreswechsel im Kreis von Freunden, mit Görres, begangen. – Über die Ansicht der Dinge sei er meist mit Görres einer Meinung. Görres halte den Sturm, der kommen müsse, für ferner, glaube auch, dass der Orkan nicht im Westen ausbrechen werde. Er bleibe dennoch bei seiner früheren Behauptung, wünsche aber, dass er sich irren möge. Der ganze innere Zustand der Franzosen, ihres Landes und ihres Lebens, bestimme seine Überzeugung. „Sie sind reif". Die Liquidationsgeschichte sei eine ordinäre Farce gewesen, unsere berühmte Anweisung an Graf Goltz ein Knallbonbon, mit dem Spott werde der Schaden nicht fehlen. Am Ende geht alles auf unsere Kosten – wenn nicht aus der Asche des Gebäudes das alle verbrennen möchten, ein Tempel entsteht, den die listigen Feuerbrändler nicht ahnden." - Schenkendorfs Tod habe sie alle erschüttert. Er selbst leide seit 14 Tagen an Krämpfen, eine „Folge klimatischer und moralischer Einwirkung". Ob Görres ihn nicht einmal besuchen wolle? Er selbst lebe in einem Himmel von Vaterfreude. (Orig.: Familienarchiv Görres-Jochner Nr. 85; Binder (Hrsg.), *Freundesbriefe* Nr. 195, S. 550f).

18.2.1818 (Aachen) Franz Anton Daniels: „Herr Leopold Bettendorf, Kaufmann und Presidirender Richter des hiesigen Handlungsgerichts, einer der Deputirten von Aachen zu s. D. dem Kanzler, ist der Ueberbringer dieses Briefes, und der Nämliche, der die schöne Gemählde-Sammlung besitzt. Da Herr Bettendorf mein Freund ist, so empfehle ich ihn auch zu ihrer Freundschaft und Sie würden gewiß, wenn Sie einmal nach Aachen kämen in seiner Gemählde-Sammlung einen schönen Genuß haben. Die Adresse von Aachen, nach Inhalt, Form und Haltung vom Kanzler gelobt, hat sich gleichwohl den Tadel dadurch zugezogen, daß sie nicht an die Regierung gerichtet war. Sollte man nicht etwas zur Rechtfertigung oder zur Entschuldigung für die Gutgesinnten sagen?

Beym Nothgeschrey der Pastoren und der Wohlthätigkeits-commission; beym Aufruf des FrauenVereins; beym Sammlen der Knochen und der Brodsamen; unter mehreren tausend elenden Bettlern; beym letzten Todes-Stoß durch den Schluß von Nord-Italien konnte der Bürger, so schien es, beym Mangel einer Verfassungsmäßigen Form nur auf eine solche fallen, die ihm der gesunde Menschenverstand anwieß, indem er sie mit seinem Gewißen und der seinem Fürsten schuldigen Ergebenheit vereinbarte. Die bekannte Große Adresse an den B.Tag circulirte hier in Druck, nach dem E. W. mir schon darüber geschrieben. Man zog vor, in eigner Weise zu reden, weil man allgemein das Bedürfnis empfand, etwas über die Fabriken zu sagen. Die beyden Wünsche sind rein national und nicht ausschließlich Oesterreichische, Preußische oder Bayrische Wünsche. Man hat sie auch seitdem dafür anerkannt. Zudem war es kein Antrag, worauf man einen Beschluß, sondern ein Wunsch, den man beherzigt zu sehen verlangte. In dieser letzten Gestalt dürfte es wohl keinem deutschen Manne, gleichviel wessen Unterthan, nach dem Bundesbegriff unerlaubt seyn, den Gesandten der Fürsten und freyen Städte seine Ansichten über National Angelegenheiten mitzutheilen. Aachen begehrte nichts für sich, wie die Immediatisierten es thun. Was in den rheinischen Blättern über die Deputation von Koblenz vorgekommen, hat mir schwach und falsch zugleich erschienen. Nur wünschte ich, daß jeder, wenn er gebellt, seinen Nahmen im Geschlechtsregister bekannt machte. Vielleicht würde alsdann eine kleine Biographie die beste Replik seyn. Ich habe die Ehre mit aller Hochachtung mich zu nennen Euer Wohlg gehorsamster Diener“ (Orig.: Familienarchiv Görres-Jochner Nr. 43; Unveröffentlicht).

22.2.1818 (Aachen) Franz Anton Daniels: Herr Bettendorf habe ihn vor seiner Abreise um einen Brief an Görres gebeten, habe jedoch bei der Abreise vergessen, ihn zu holen. Er lasse ihn nun durch seine Gemahlin ersuchen, den Brief nach Koblenz zu übermachen. „Ich benutze diese Gelegenheit, um Euer Wohlg noch auf die Schrift des H. Bettendorf aufmerksam zu machen, weil auch diese zur Rechtfertigung der Adresse das Ihrige stark beyträgt. Den Vorwurf scheinen mir die Aachener Subscribenten durchaus nicht zu verdienen, als hätten sie kein gehöriges Vertrauen in die eigne Regierung gehabt. Es sind im Gegentheil gerade die Besten, ruhigsten Bürger deren Namen, wie ich mich zu überzeugen Gelegenheit hatte, auf der Adresse vorkommen. Das Vertrauen in den guten Willen der Regierung war eben nöthig, um die Adresse zu unterschreiben; denn diejenigen die gar kein Vertrauen in die guten Absichten unserer Regierung haben, mögen es nicht der Mühe werth halten, eine Adresse zu unterzeichnen. Aber das Vertrauen in die Macht der Regierung um besonders in Rücksicht des Handels und der

Fabriken etwas Wohlthätiges zu Stande zu bringen, das ist es eben, was nicht sonderlich stark war noch seyn mag. Wenn die Regierung den wahren Geist der Rheinländer kennen thäte, so würde sie einsehen, daß gerade diejenigen welche alles Vertrauen und alle Liebe zu Deutschland und zu Preußen verloren oder nie besessen haben, in vielen Punkten und so auch in der Beurtheilung der Adresse, mit den Preußischen Beamten, wiewohl aus verschiedenen Gründen und Ansichten coincidiren, und daß die gute Masse des Volks zwischen beyden, wie zwischen zwey Mühlen, im Dreck sitzet. Beyde triumphiren über die Rüge des Kanzlers und der gute wohlmeinende Geist der Unterthanen wird verstummt? Es wäre vielleicht nicht übel, von diesen Ansichten, wenn sie den ihrigen entsprächen, zur Rechtfertigung der Adresse einigen Gebrauch zu machen. Hätte ich aber z.B. gewußt, daß Herr Reymann die Sache abgerathen (so viel ich darüber gesprochen, will keiner von diesen Adressen etwas wissen) so würde ich nicht unterschrieben haben, und meine Ueberzeugung der seinigen untergeordnet haben. F. Daniels". (Orig.: Familienarchiv Görres-Jochner Nr. 43; Unveröffentlicht).

23.2.1818 (Mayen) Franz Peter Hartung: „Hochgeehrtester Herr Professor! Ich habe einen neuen Beweis, liber Herr Professor! daß in Angelegenheiten, wie die fraglichen, und überhaupt wie die, welche das öffentliche Beste betreffen, man sich wenig auf mitwirkende Thätigkeit anderer verlassen solle. Ich wollte, besonders hinsichtlich der Kreisfeldwebel und was darauf Bezug hat von den Bürgermeistern noch manches näher wissen, und da ist einer krank, der andere sagt einem aus purer Höflichkeit, die besseres Selbstwissen unterstellt, der dritte aus Faulheit nichts. Länger warten, wiederhohlt schreiben führt zu nichts, ich rafte also schnell alles zusammen, was ich in der praktischen Verwaltung bei der Landwehr Beschwerendes gesehen habe, und bemerke es Ihnen kurz, wie Sie es wünschen. Für das Gewand sorgen sie ohnehin, da meine Bemerkungen nur einzelne Punkte der andern Beschwerden sind, die Sie ja doch in ein ganzes faßen und überreichen werden. Es ist eigentlich verboten offizielle Correspondenzen zwischen der Regierung und den Beamten mitzuteilen, wie Sie selbst wissen und das Verfahren der Regierung über die Bekanntmachung des famösen Zeitungsberichtes vom Fabrigsdirektor W.: ‚Über den Geist der R.' beweißt, ich kann daher keine Auszüge geben, aber ich bemerke Ihnen jene zur Nachricht, daß ich in meinem Zeitungsberichte vom Monath Dezember v. J. - bey der Rubrik: ‚Über den Einfluß der Gesetzgebung' - über die Landwehrkavallerie und überhaupt über die zwey Gesetzgebungen (Militz und Bürgerl.) denen der Landwehrmann unterworfen ist, und die allgemeines Misfallen erregen, das Gehörige sagte. – Jedermann hat Ihre kernhafte Auseinandersetzung in dem Adreßbüchlein mit beyfälliger Freude gelesen, und hofft viel. Die weitern Eingaben von Memoirs über einzelne Gegenstände werden den Fürsten über unsere Verhältniße und das, was uns gut und nachtheilig ist, und werden könnte, mit aufklären helfen. Die Hauptsache und die Beweggründe, die Ansichten haben Sie in jenem Büchlein so kräftig dargelegt, daß es nicht ohne Berücksichtigung bey den definitiven Verfaßungen und Gesetzen über unsere Gegenden auf die Seite gelegt werden kann, man müßte dann mit der Wahrheit mit den Völkern mit dem Bundestagswesen und mit allem, was nicht Willkühr und nicht Unreinheit ist, einen schändlichen Spaß getrieben haben und treiben wollen, und nur Firniß über Schmutz streichen. Das können und das wollen wir aber nicht denken. Das Büchlein ist ungetheilt. – Der Bürgermeister von Burgbrohl hat mir mit dem letzten Botengange auch noch den Adreßbogen zurückgeschickt. Er kömmt zwar post festum; ich lege Ihnen dennoch solchen bey. Dient er zu nichts, so mag er verbrannt werden. – An dem Justizwesen wird also auch jetzt fleißig gearbeitet. Ob das Friedensgerichtsinstitut bleiben wird? - Es hieß einmal, man wolle nur Landgerichte an den Orten errichten, wo jetzt die Kreißgerichte etablirt sind? Dann mögten wohl Friedensgerichte bleiben und über die gewöhnlichen Polizeygegenstände und über erhöhte Summen in erster Instanz sprechen, besonders wenn, wie ich hoffe die gezogene Absonderungslinie zwischen der Verwaltung und der Justiz bleibt.- Das voluntarische Gerichtsbarkeitswesen wird man schwerlich so belaßen, wie es ist. Die Notär stehen zu gut, als daß der Staat ihr Einkommen nicht beziehen und eigene Beamten mäßig dafür besolden sollte." Er hoffe auch, dass manches Willkürliche bei den Urteilsvollstreckungen auf dem Lande und die die teure Fürsorge bei den Güterversteigerungen der Minorennen weniger förmlich und kostspielig werde. „Auch hätte ich gewünscht, man habe bey der Wiederherstellung der Erbschaftsabgaben nebst der geraden Linie auch die Eheleute davon ausgenommen. – Es wird sehr hart halten, die brüderliche Eintracht der Finanz- und Justizministerien bey der Organisation des Gerichtswesens zu trennen. Wenn bey dem Geschrei der geistlichen Herrn nur der unselige verderbende alles vernichtende Gedanke nicht beyfällt, daß, um jenen zu helfen, der Zehnte wieder eingeführt werden solle. Dieses würde die Regierung nicht nur auf ewig verhaßt machen, sondern in der That so viel schlimmer wirken, als wenn den Provinzen eine Milliarde Schulden aufgebürdet würde. Sie wären alle, da ein gesegneter Ackerbau ihr Hauptreichthum ist, durch diese einzige Verfügung, ich möchte sagen, arm gemacht und ihr geringes Wohl um ein starkes Drittheil vermindert, zugleich aller Landbau Industrie und Verbesserung ein unübersteigliches Hinderniß in den Weg geworfen, und Thür und Thor für Proteste, Immoralitäten und Unzufriedenheit weit geöffnet. Die Freiheit aller Lasten und Abgaben mit Ausnahme der Grundsteuer besonders derer in natura, bey dem Ackerbau und die Vertheilung der Domainengüter durch die Versteigerungen sind die Grundursachen des Wohlstandes des Landbewohners geworden, wodurch er veranlaßt wurde, den Ackerbau so sehr zu kultivieren, daß man ihn, im Vergleiche von 20-30 Jahren, kaum mehr wieder erkennt. – Bey dem Serviswesen, was die Städte so drückt, sehe ich nicht ein warum die Staabsoffiziere die auch in Friedenszeiten so sehr gut für wenig Arbeit besoldet sind, sich nicht selbst ihre Quartiere miethen und beschaffen können, ohne auf Naturalquartier Anspruch machen zu dürfen, und warum sie die bürgerlichen Einwohner in der Eigenschaft einer Serviskommission als ihre Bedienten dazu gebrauchen müssen? Das ist auch, wie ich glaube, weder bey den Oesterreichern noch Franzosen noch sonstigen Truppen der Fall. – Bey den liberalen Gesinnungen des Fürsten Stkanzler ist alles Gute zu erwarten. – Nach Adenau und Hillesheim habe ich sogleich Ihre Aufträge besorgt. – Der vormalige Kanzlei Inspektor Heintz hat mir, von Seiten des Hülfsvereins ein Lelongsches Dukatenloß zum Absatz geschickt; den habe ich besorgt, und ihm den Dukaten übermacht. Die Sache sollte am Ende des Dezember entschieden werden, und das Resultat wollte man bey Zeiten bekannt machen, weil ein gewißer Tag im März die Gewinste verlieren macht, wenn sich nicht darum gemeldet wird. Der Abnehmer des Loses plagt mich oft, ob ich nichts gehört habe.- H Heintz antwortete auf meine desfallsige Frage, daß er selbst von der Lelongschen Expedition auf mehrere Schreiben keine Antwort erhalten hätte, und sich bey seiner Durchreiße in Kassel persönlich darum erkundigen und mir alsdann Nachricht geben wolle. Sie haben nichts darüber gehört? Ich möchte nur den Abnehmer über den peremptorischen Märztag beruhigen können, dann hätte es mit dem übrigen Zeit. – Vergeben Sie mir, lieber Herr Professor, daß ich Sie mit so vielem belästige, und genehmigen Sie meine freundschaftliche vollkommenste Hochachtung! Ihr ergebenster G Hartung". (Orig.: Familienarchiv Görres-Jochner Nr. 93; Unveröffentlicht).

26.2.1818 (Hildburghausen) Carl Ludwig Nonne: „Es könnte dem Schreiber dieses wahre Freude machen, wenn der Meister aller jetzt lebenden Zeitungsschreiber, der hoffentlich nun wieder reinere Luft abwartet, um seine Schwingen aufs neue zu erheben und uns andern vorzufliegen, an den beyliegenden Blättern einigen Gefallen finden könnte. Sehen wird er leicht, daß er mit ihm, wenn auch nicht gleiche Kraft, doch gleich guten Willen und gleiche Wünsche für unser gemeinschaftliches Vaterland theilt, und da er das Gute gerne befördert, so hofft er, wenn er ihn anders wichtig genug findet und sich der geringen Collegenschaft nicht schämt, auch an ihm einen guten Freund und Beförderer seines Unternehmens zu finden. Der Dorfzeitungsschreiber." (Orig.: Familienarchiv Görres-Jochner Nr. 103; Unveröffentlicht).

27.2.1818 (Berlin) Wilhelm von Schack: „Mein Herr Professor! Seine Königliche Hoheit der Kronprinz haben mir befohlen, Ihnen die Schrift zurückzusenden, welche Sie Höchstdenselben unterm 2ten Februar überschickt haben, und dabey zu bemerken, daß der Karakter, den E i n g a n g und N a c h s a t z der Schrift geben, Sie wohl hätten veranlassen können, den Kronprinzen ebenso wie S. M. den König mit Vorlegung derselben zu verschonen. Genehmigen etcetc Berlin, 27. Febr. 1818. Schack, Oberst und Adjutant S. K. H. des Kronprinzen." (Görres, *In Sachen der Rheinprovinzen*, S. 99f).

27.2.1818 (Berlin) Friedrich Carl v. Savigny: „Ihr Paket habe ich erhalten, und die Schrift augenblicklich an Schuckmann Beyme Boyen Altenstein, Friese Gen. Grolman etc. vertheilt, auch Prinz August hat ein Ex. bekommen. Im Ganzen ist mir die Schrift gar recht, vorzüglich hat mir die Freymüthigkeit auch gegen die Rheinländer sehr wohl gefallen. Über das materielle der ersten Hälfte giebt es natürlich hie und da verschiedene Ansichten, aber die ruhige Haltung darin macht sehr guten Eindruck. In der zweyten Hälfte könnten einige Stellen weniger scharf und bitter seyn, ohne daß das ganze an Bestimmtheit und Wirksamkeit verlieren würde. Die Anhänglichkeit fast aller dortigen Geschäftsleute an französische Formen ist sehr zusammengesezter Art. 1/3 kommt auf Rechnung wirklich guter Elemente darin, 1/3 hat ihnen der gewaltige und zusammenhängende Mechanismus des ganzen Wesens (der darum auch ganz schlecht hätte seyn können) imponirt, daß sie diese Ehrfurcht nicht los werden können, und 1/3 lieben sie es als einzigen ihnen bekannten Gegensatz gegen unsere preussische Formen. Es käme nun darauf an, daß ein Staatsmann Phantasie und Geschick genug hätte, ihnen ein neues hinzugeben was ihren Gedanken eine frische Richtung gäbe, und worin sie das wirklich gute ihrer jetzt gewohnten Einrichtungen wieder fänden, doch so daß der nationale Zusammenhang mit dem jezigen Frankreich und die unmittelbare historische Erinnerung an die französische Herrschaft verschwände. Wer das thun wollte, müßte aber selbst nicht nur historischen Sinn und Blick haben, sondern auch Geschäfte aus Erfahrung kennen und mit Glück getrieben haben, sonst weiß er nicht, was jenen noth ist und frommt. Er würde aber ein Wohlthäter seyn können nicht nur für jenes Land, sondern für mehrere und vielleicht auch für uns hier. Es ist eben darin jetzt wie in so vielem, der willigen Hörer werden immer mehrere, so daß man meynt die Propheten könnten nun nicht länger ausbleiben, da sie so gut bereitete Stäte finden.

Ungemein hat es mich gefreut, in Ihrem Brief wieder etwas Zutrauen kommen zu sehen.

Herzliche Grüße an Ihre liebe Frau und Kinder Ihr Savigny." (Orig.: Familienarchiv Görres-Jochner Nr. 211; Unveröffentlicht).

28.2.1818 (Köln) Werner v. Haxthausen: „Die alten Sachsen wollen sich selbst constitutioniren. Sie finden nothwendig, das Alte zu verbessern, Neues aufzunehmen etc., allein sie meinen, das könnten sie selbst am Besten; der König habe ihnen keine neue Konstitution zu schenken, weil sie weder eine neue noch eine geschenkte haben möchten; sie haben darauf angetragen sich wieder zusammentreffen zu dürfen, dann wollten sie schon überlegen was Noth sei, und dem König den Entwurf wie sie sich verbessern möchten, wie künftig statt der Domkapitel auch die Pfarrer repräsentirt und aufgenommen werden sollten, wie statt der Rittergutbesitzer auch die Bauern hinzukommen müßten etc etc, zur Prüfung und Bestätigung vorlegen. Nächstens soll auch so ein Ding, was wie eine Deputation aussehen und sich gebärden soll, zu euch nach Coblenz und Engers reisen. Dein Büchelchen hat mir große Freude gemacht. Die Juristen, Immediatjustizcomparisten, Journal- und Zeitungsschreiber sind dir sehr grimmig. Du seist ein Obscurant, ein Papist, Feudalist, Privilegist etc., genug ein Abgebrannter, wenn dich die Wartburger auch vergessen hätten, daher das Gerücht entstand, du seist noch am Leben. An den Wiesbadener Weisen, den rheinischen Blättermann soll eine Dankadresse gesandt werden, weil er dich so schön zurecht gewiesen und vor aller Welt lächerlich gemacht hat. – Die Confusion mit den Loosen muß Groote oder Dumont , mit dem er sie hin und her gekramt hat, verantworten. Meine sind in Ordnung. Weil diese Brüder aber nicht einig darüber werden können, und am Ende deine Eifeler nicht darunter leiden dürfen, ich auch als Vorsteher aller Irren- und Armenanstalten in Köln nicht zugeben darf, daß diese Schande auf Köln sitzenbleibt und du sagen müßtest die Irren und Armen confusion ist da noch ärger als in Coblenz und allen übrigen Orten, so übernehme ich den Trödel, verkaufe meine Kupferstiche, die doch nichts werth sind und decke den Kölnischen Loosen-Defekt. Schreibe mir also wie viel Geld dir noch fehlt aus dieser Geschichte, dann will ich dir alles schicken.

Von dem Briefsteller habe ich weder in Osnabrück noch sonst in Westphalen jemals gehört. Auch im Hildesheimischen existirt so viel ich weis, keine Familie von König: ich habe deshalb geschrieben und will dir den Erfolg berichten.

Deine Frau hat mir ein Exemplar des Rheinischen Merkur versprochen, das kannst du mir wohl herunterschicken. Auch wollte die Mama für mich sorgen, daß ich die Bilder bald erhalte ... Grüße Mama Sophie Marie, de Lassaulx auch alle 1000 mal. August kommt Ostern von Göttingen hierher und geht nach Heidelberg. Erkundige dich doch, ob in Coblenz ein vollständiges Exemplar der Praefecturacten des Rhein und Moseldepartements zu haben ist. Ich muß durchaus eins haben. Kannst du's also auftreiben so schick mir's und schreibe den Preis. Was sagst du zu der neuesten Deputation und ihrer Addresse?" (Orig.: Familienarchiv Görres-Jochner Nr. 96; Unveröffentlicht).

28.2.1818 (Bern) Justus von Gruner: Varnhagen habe ihm Görres' Schrift zugeschickt, zwei Tage vor Erhalt von Görres' Missive. Görres' Schrift sei „Wort und That zugleich, Geist und Leben", ihm sei dabei geworden „wie an unsern schönen Tagen von 1814". Dass der Kanzler sich „geschickt benommen" habe, sei zu erwarten gewesen. „Sein Gemüth stellt ihn so hoch, alles klar zu übersehen und warm aufzunehmen – sein seltener Takt wird in Art und Maß der Gegenäußerung sich nie verleugnen." Dennoch sei er froh gewesen, „die wilden Rosse durch freundliches Zureden besänftigen zu können". „Mich freut, daß er Ihre persönliche Angelegenheit nach Recht geendet und Sie nun im Besitze dessen sind, was Ihnen gebührt." – Einige tadelten Görres' Erneuerung der geschichtlichen Idee des alten Ständewesens. Er halte es mit Görres, umso mehr als er sich „das Geschichtliche nicht gern rauben lasse". Görres sage, er hoffe, es werde am Rhein und an der Mosel zu etwas kommen, was sich sehen lassen könne. „Da hätte ich denn wohl Lust Theil zu nehmen Was meinen Sie, wenn ich ein kleines Domäne oder Privatgütchen in dortiger Gegend acquirirte, um Mitstand zu werden?" Nur 10-12000 Taler könnte er dafür aufbringen, wenn Görres etwas derartiges wüsste, solle er es ihm schreiben. Den Urlaub für den Provinzialtag könnte man ihm nicht abschlagen, so könnte er tätig eingreifen ins alte Werk. Görres solle bald schreiben, was er dazu meine. (Orig.: Familienarchiv Görres-Jochner Nr. 85; Binder (Hrsg.), *Freundesbriefe* Nr. 195, S. 551f).

4.3.1818 (Düsseldorf) Friedrich Kohlrausch: „Ein sehr wackerer Freund, der Kaufmann Josua Hasenklever aus Remscheid, der in diesen Tagen mit einer Deputation an den Fürsten Staatskanzler in Ihre Gegend geht, möchte gern einige Zeilen von mir an Sie mitnehmen. Schenken Sie ihm eine Stunde, sie wird ihm und Ihnen wohlthun." Dieser komme aus einem Geschlecht tüchtiger Fabrikanten und habe ihn, Arndt und Jahn mehrmals in seinem Haus gastfreundlich empfangen. Gern würde er auch Görres einmal dorthin führen. „Meine Bitte, mir die Hierkunft Hardenbergs zu melden, kann ich nun zurücknehmen. Ich hatte die Absicht, ihm eine Adresse, von einer Anzahl gediegener Männer aus dieser ganzen Gegend unterschrieben, wegen des 13. Artikels der Landesacte, zu überreichen. Nun macht es die Erklärung des Preuß. Gesandten am Bundestage überflüssig und unmöglich. Diese Adresse hätte ich dann auch, in beglaubigter Abschrift, den

Frankfurtern als Beilage zu ihrer Eingabe an den Bundestag überschickt. Jetzt wüßte ich nun keinen andern Weg, an jenem Unternehmen Theil zu nehmen, als wenn ich die beabsichtigte Addresse durch die öffentlichen Blätter bekannt machte; ich habe sie daher an die Red. der Bremer Zeitung geschickt und denke sie in diesen Tagen dort gedruckt zu sehen." Der Fürst Staatskanzler werde am Ende des Monats in Düsseldorf zu Konferenzen mit den Oberpräsidenten erwartet. Er wollte, er könnte „die Herren nur so gut reinen Wein einschenken, wie Sie gethan!" - Von seinen hundert Losen seien drei mit Gewinnen herausgekommen, er habe Herrn Hasenklever gebeten, ihm die Gewinne, falls noch vorhanden, mitzubringen. „Mit herzlicher Ergebenheit und Freundschaft der Ihrige F. Kohlrausch". (Orig.: Familienarchiv Görres-Jochner Nr. 129; Unveröffentlicht).

6.3.1818 (Berlin) Friedrich August v. Stägemann: Dank für die Übersendung des Berichts von der Übergabe der Adresse, den er mit voller Teilnahme gelesen habe. Welche ungleiche Sensation Hardenberg hier gemacht, werde Görres bekannt sein. Mit aufrichtiger Freude habe er vernommen, dass Görres' eigene Angelegenheiten, „wenn auch später als zu wünschen war, berichtiget worden", ebenso auch Gneisenau. Sie hofften, dass ein freudiges Leben beginnen werde, sobald nur die Universität am Rhein eingerichtet worden. So bleibe man nicht ohne Trost. „Bewahren Sie mir freundschaftlich Ihre wohlwollende Erinnerung". (Orig.: Familienarchiv Görres-Jochner Nr. 241; Binder (Hrsg.), *Freundesbriefe* Nr. 196, S. 552f).

10.3.1818 (Engers) Karl August von Hardenberg: „An den Professor Görres. Ich habe mir vorbehalten, Ewr Wohlgeb Ansichten über Verschiedenes zu berichtigen was Sie in Ihrer Denkschrift Die Übergabe der Adresse ... in Beziehung auf die preuß Regierung öffentlich geäußert haben. Es ist Amtspflicht für mich geworden, dieser Berichtigung ebenfalls die größte Öffentlichkeit zu geben, da der Theil jener Schrift, welcher nicht die, bis auf eine Stelle (Pag. 38 ... genauer in Fußnote) richtige Erzählung die Unterredung zw der Deputation und mir betrifft, die Regierung und ihr Verfahren in einem ganz falschen Lichte darstellt und Ihre individuelle Meinung sehr leicht, mit der Meinung derjenigen verwechselt und vermischt werden könnte, welche die an sich tadellose obgleich ganz unnöthige Adresse unterschrieben, da ferner, Ihre zum Bericht für die Theilnehmer an der Adresse bestimmte Denkschrift in den Buchhandel gegeben, das größte und allgemeinste Aufsehen erregt, gefährliche Irrthümer über den Geist und das Verfahren der preuß Regierung veranlaßt hat und ganz dazu geeignet ist, Unzufriedenheit und Unruhe in den Rhein Provinzen zu verbreiten.

Ich bin weit entfernt Ihnen Absichten dieser Art zuzutrauen, vielmehr erwarte ich daß Ihnen selbst nichts willkommener seyn werde, als die Bekanntmachung der Wahrheit.

Ew Wohlg haben indessen immer sehr gefehlt, Ihre Schrift ohne meine Bewilligung drucken zu lassen, da sie einen Bericht über die Sprache welche die Deputation geführt und über die Antworten, welche ich ihr gegeben, enthielt. Ich hätte Ihre irrigen Ansichten in einer Besprechung mit Ihnen leicht berichtiget und das nachtheilige Aufsehen wäre vermieden worden. Ich will nur einige Hauptpunkte aus Ihrer Schrift ausheben.

Sie stellen Preußens Regierung so dar, als ob sie im Kampf mit Preußens Volk gewesen wäre und noch sey, als ob dieses ungerufen, jene gleichsam hingerissen habe, zu allen den Großthaten wodurch die Selbständigkeit und Freiheit von Preußen und von Europa wiedererkämpft wurde, während nicht eine Spur von einem solchen Streit existirt hat, während das Volk seinem König anhängend und vertrauend, zweymal, seinem Ruf folgend im schönsten Einverständniß mit Ihm und seiner Regierung willig die größten Opfer mit Gut und Blut brachte, um den großen Zweck zu erreichen. Dieses ist heilige Wahrheit und eben so wahr ist es, daß Preußens König und seine Regierung dieses allgemeine und rührende Einverständniß diese so willig gebrachten Opfer, aufs lebhafteste schützen und anerkennen; eben so wahr ist es, daß der König um seinem treuen Volke eine Belohnung für seine Thaten zu geben demselben ganz unaufgefordert und freywillig, im Edicte vom 22. May 1815 eine landständische Verfassung zusagte und dabei keinen Unterschied zwischen den alten und den soeben erworbenen Provinzen gemacht hat. Und welches Recht hatten denn die Rheinprovinzen etwas der Art zu fordern? Sie waren dem König als erobertes Land ohne Bedingung übergeben. Aber Er behandelte sie natürlich wie die übrigen. Ebenso wahr ist es daß die preuß Stimme auf dem Congreß zu Wien auch unaufgefordert eifrig dazu mitwirkte, daß in der Bundesakte vom 8. Juni 1815 den deutschen Bundesstaaten Landstände zugesichert wurden … Frevel ist es das königliche Wort zu bezweifeln, Pflicht die Erfüllung desselben vertrauensvoll zu erwarten und ich begreife es wirklich nicht, wie Sie es ununterrichtet oder übelunterrichtet haben wagen können, in wirklich höchst unschicklichen Ausdrücken eine solche Schilderung Preußens zu machen, als man gegen das Ende Ihrer Druckschrift lieset wie sie die Geschichte mit erhobenem Finger aufrufen können, um auf ganz falsche Thatsachen sich stützend als ob Alles in Gärung, Alles unzufrieden und von Mistrauen erfüllt sey, eine der Geschichte ganz unwürdige Warnung zu gründen. Sie wird diesem Ruf nicht folgen, sie wird das Wahre sichten vom Falschen. Getrost kann Preußens Regierung die Grundsätze welche sie befolgt und ihren bloß auf das Wohl des Volks gerichteten Gang dem Urtheil der Geschichte überlassen. Dass sie beharrlich nur das Wohl des Volks zum Ziel hatte.

Alles was sie von einer Reaction in Preußen sagen ist durchaus ungegründet; von der Meinung einzelner Partheyen und ihrem Treiben kann die Rede nicht sein. Die Reg steht unpartheiisch darüber. … Was sie von unwürdigen Fesseln erwähnen, die der freyen Rede wären angelegt worden, kann nur auf das Verbot der Fortsetzung des RM gehen. Eine andere Veranlassung zu dieser Beschuldigung ist mir nicht bekannt. Ausfälle Einzelner auf fremde Mächte mitten im Frieden können nicht geduldet werden, ohne die Verhältnisse mit diesen Mächten in Gefahr zu setzen. Damit, daß Sie selbst diese Rücksicht noch nicht besser beobachten, beweisen Sie neuerlich durch das was Sie mit Ihrer Schrift über Verhältnisse Preußens in Vergleichung mit Österreich erwähnen. Die Eingebohrnen von Anstellungen in den Rhein Provinzen und in der preuß Monarchie auszuschließen war nie die Absicht der preuß Reg. Mängel und Unzufriedenheit waren anfangs unvermeidlich, man kann aber das Vertrauen haben dass ihnen abgeholfen wird. Also trifft der Tadel nicht. Sie können dieses Schreiben als einen laut sprechenden Beweis des wohlwollenden Geistes betrachten, welcher die

Preuß Regierung belebt. Dagegen hege ich die gute Meinung von Ihnen, daß Sie nur der Wahrheit huldigen und also nicht unterlassen werden, die Irrthümer, darauf ich Sie aufmerksam gemacht habe, wo sich die Gelegenheit ergiebt, zu berichtigen und als treuer Unterthan und Staatsbeamter im Einverständniß mit dem Staate zu seinem wahren Wohl mitzuwirken." (o. D.; ohne Unterschrift). (Orig.: Geh. Staatsarchiv Berlin, Nachl. Hardenberg H 15 ½ (Acta betr. die Koblenzer Adresse 1817/1818); Daran anschließend Entwurf Hardenbergs, dat. Engers, 10. März 1818; Unveröffentlicht).

11.3.1818 (Düsseldorf) Johann Friedrich Benzenberg: „Ich war 8 Tage in Elberfeld und erhielt euer Schreiben eben als ich weggehen wollte. Doch noch früh genug, um es Plazhof, Aders und Wilberg mitzutheilen. In Elberfeld ist man sehr geneigt, alles zu thun was man wünscht – da man aber keine eigene Meinung hat. Die Parteiungen so in den Armenverwaltungen herrschen haben so wie die Parteiungen so in den verschiedenen Bekenntnißen statfinden einen lebhaften Sinn fürs Öffentliche erzeugt, da sie die Persöhnlichkeit der Menschen mit in die Meinungen verflochten. Dasselbe ist hier der Fall. Die hiesige Bürgermeisterwahl ist dadurch erst gut geworden, daß Parteiungen entstanden sind, und in diesem Kriege der Meinungen sind die Menschen ins Öffentliche herein gerathen ohne daß sie wissen wie. Die Elberfelder wollen mit ihrer Deputation warten, bis der Canzler in Cölln oder Düsseldorf ist. Haltet Ihr aber für gut, daß sie früher kommen, so müßt Ihr solches an Plazhof oder Millberg schreiben. Am besten an lezteren – so meinte Plazhof. Zugleich müßt Ihr ihnen eine Anleitung geben wie und was – und wenn Ihr Aders mit haben wollt – so müßt Ihr solches schreiben. Die Constellation der innern Verhältnisse ist nemlich folgende. Der Oberbürgermeister Brüning ist da er von seinen 1200 fl Gehalt einigermaßen abhängig – ungemein ergeben nach oben. Er besitzt eine Suade die Niemanden zu Wort kommen läßt – und übrigens eine trefliche Dreistigkeit – so wie in den Adressen Napoleonischer Zeit einem wohlconditionnirten Maire zukam. Er wird es sich nicht nehmen lassen, an der Deputation Theil zu nehmen, obschon ich ihm etwas Angst gemacht, indem ich ihm explizirt: in welcher Weise das Gespräch beym Fürsten klüglich müßte geführt werden, damit wenn es nachher gedruckt würde, man mit Ehren bestünde. Der erste Beygeordnete ist Kamp, der Schwager von Aders – der es sich ebenfalls nicht nehmen lassen wird der Deputation beyzuwohnen. Da er auf das Representative einigen Werth sezt. – Kommt Kamp so kann Aders nicht kommen – da Beyde nicht zu gleicher Zeit vom Comptoir abwesend sein können. Doch meint Plazhof, daß wenn Ihr schreibt Aders müßte kommen, da er der Einzige so dem Fürsten und dem König bekannt sey – so würde es sich geben Die Schrift des Adels habe ich gelesen und eine Darstellung daraus an den Beob. gesendet. – Sie ist etwas nebulös welches villeicht nothwendig war. Ich habe sie in kurze und scharfgestellte Sätze zusammengezogen, auch noch die fehlenden Zahlen beygefügt, von denen Schlosser auf eine so ungeziemende Weise geschwiegen. – Auch habe ich die Sache so gestellt, daß die Bürgerlichen in keinen Zorn über die Schrift gerathen – welches sich bey der großen Eifersucht so sie gegen den Adel haben leicht ereignen konnte. Nun grüßt mir Frau und Kind Morgen gehe ich nach Brüggen. Adieu" (Orig.: Familienarchiv Görres-Jochner Nr. 14; Unveröffentlicht).

17.3.1818 (Brüggen) Johann Friedrich Benzenberg: Als er nach Brüggen gekommen sei, habe er Görres' „Traktätlein" und Brief vorgefunden, die seine Mutter schon geöffnet und gelesen. Er habe sich an der Freude gefreut, mit der alle Leute reagiert hätten, „obgleich man auf alle geschlagen, wohingegen das Verfassungsbüchlein es mit allen verdorben, obgleich es alle gelobt. O, du glückseeligster unter den Menschenkindern, wie hat es dir seit der Zeit ergangen? Wie haben die Mainzer und Wisbader geredet – und Herr Ludewig Wieland in seinem Patrioten und Herr Heuberger in Achen – Fries in der Uebersicht der Elberfelder allg Zeitung? Plazhof hat mir solche gesendet – wie er mir schrieb um Standrecht drüber im Beobachter zu halten. Allein ich will sie an Eure Hausfrau senden. Damit sie sieht wie die Leute von Euch reden. Sonst erzählt ihr blos wie sie von mir reden. Heute habe ich nach Hamburg gesendet Variorum obscurorum secretum Gravamina contra J. G.

Außer dieser Zeitung in der Ihr ausgeprügelt werdet, bekommt die Hausfrau noch einen Auszug aus der Isis in welcher unser Freund Schlotmann unserer bestens gedenkt. Oken hat ja im lezten Hefte bey der Geschichte des närrischen Kretschmanns – auch Vinke ausgeprügelt – Ich sah ein paar Muster Philister in Düsseldorf, die sich hieran sehr ergözten. Das murmuriren gehört bey diesem Volk zur Unterhaltung wie das Tobakrauchen – auch pflegen sie, wenn sie so was gelesen, seelenvergnügt eine Pfeiffe zu stopfen. Das sage ich Euch – geht mir von dem murmurirenden Philistervolk weg – es ist keine Ehre dabey ... Das Volk murmurirt und Tobakraucht – und es mus dabey bleiben, die Welt mag sich gestalten wie sie will. Ein großes Phlegma des Darmkanals, so sagt Mallinckrodt dieser größte der Philister, sey mit etwas Galle zu heben, so man auf Brandwein setze. – Auch pflegen die murmurirten einen etwas säuerlichen Geruch an sich zu haben". An Guido habe er sein Büchlein gesendet und einen Brief an Görres mit beigelegt, der jetzt in seinen Händen sein werde.

„Künftige Woche ist eine Versammlung von 60 Fabrikherren in Gladbaek, in der eine Adresse an den König votirt wird, des Inhalts: Reichszölle und keine preußischen, dann: Verwaltungs-Einrichtungen wie in Engelland, damit wir englischen Hausverstand bekommen an dem es uns noch mehr gebricht wie an englischem Gelde. Die große Entwicklung so die Gesellschaft in Engelland erreicht hat, diese ist es die uns mit unserm unentwickelten imponirt und ueberzeugt. Wo ligt bey uns eine Eisenbahn? Die halbe Stunde von Oberkassel Bonn bis zum Rheine würde 13000 Thaler kosten – und jährlich 9000 Th an Fracht ersparen. Graf Lippe in Oberkassel ist ein reicher Mann von 50 0000 Thaler ... warum ist er als Deutscher nicht so klug als der Herzog von Bridgewater als Engländer? – Adieu, grüßt die Hausfrau und die nicht jakobinisch gesinnte Jugend". (Orig.: Familienarchiv Görres-Jochner Nr. 14; Unveröffentlicht).

17.3.1818 (Berlin) Achim von Arnim: Er habe seinen Dank und seine Antwort auf Görres' Verfassungsdruckwerk verschoben „um zu horchen, wie viel der Staatskanzler von den Versprechungen halte, habe bis jetzt nichts vernommen." Als Gegengeschenk schreibe er ihm die Adresse des hiesigen größeren Ausschusses ab, die sie dem König übergeben hätten, und über deren Wirkung er auch noch nichts habe vernehmen können. Görres könne sie Benzenberg in seinem Namen senden. – Das Ministerium des Innern habe die Versammlung des Ausschusses in landschaftlichen Angelegenheiten genehmigt. „Von diesem ist nach altem Herkommen alsdann über allgemeine Landesangelegenheiten berathschlagt und es sind die darauf begründeten Gesuche S. K. M. eingereicht worden. Daher erlauben auch wir uns gegenwärtig die wichtigste Angelegenheit der Provinz, die Wiederherstellung unserer Verfassung nach dem dringendsten Wunsche der Stände S. M. allerunterthänigst vorzulegen.“ (Orig.: Familienarchiv Görres-Jochner Nr. 5; 1. Teil, dat. April 1818: Binder (Hrsg.), *Freundesbriefe* Nr. 198, S. 555).

29.3.1818 (Mainz) Matthias Metternich**:** „Mein lieber Görres! Die öffentlichen Blätter haben berichtet, daß die preuß. Regierung endlich gerecht gegen dich geworden, und dir viel Geld gegeben habe. Es hat mich recht gefreut, nur war mir immer etwas Zweifel im Kopfe; denn in regula kommen die Regierungen sehr selten zum Vergüten des Unrechtes, daher mögte ichs von dir ex manu propria, mit der nöthigen Umständlichkeit erfahren; deshalb tritt gegen mich aus deiner bösen Gewohnheit, höchst selten zu antworten, und schreibe mir wie es ist; auch habe ichs gelesen, oder gehört, daß du bey der neuen Universität angestellt werden sollest, und das schreib mir auch, wie, wo, und wann, da das alles etwa ein Halbstündchen Zeit erfordert, und es jeden Tag, nach Abzug der Bett- und Tafel-Ruhe doch wenigstens 25 bis 26 solcher Halbstunden giebt. Ich hatte schon vorlängst der hessischen Buchhandlung geschrieben, sie solle dir ein Exemplar meiner Zahlenlehre zustellen, die endlich, nach 22monatlichem Aufenthalte in utero dieser Druckerey erschienen ist; und du wirst sehen, wie viel du darin zu tadeln findest, denn es wird dir hart ankommen, so was zu loben, das nicht persischen Ursprunges ist.“ Er habe dem Buch ein Sachregister beigegeben, das ihm erhöhten Wert gebe. Die preuß. Brigaden-Schule hindere ihn sehr an der Umarbeitung seiner Geometrie. Er freue sich schon auf die Muse nach dem Ende der Schule im Mai: „Es soll mir was Rechtes werden, besser und anders als die Bücher der Art. Sonst geht in meinem Lebens- und Webens-Kreise nicht Bemerkungs-Werthes vor; in Mainz stirbt täglich der Sinn fürs Wissenschaftliche mehr ab; und da wird mir das Leben wie auf einer dürren Heide ekelhaft. Die Sage ist, du habst bey Hardenberg für Adel und Geistlichkeit, als Stände im Bürgerthum gesprochen, und man nimmt es dir übel, und da möchte man Recht haben, wenn anders kein Misverstand obwaltet. – Leb wohl grüße Frau und Kinder von meiner Seite totus tuus Metternich“ (Orig.: Familienarchiv Görres-Jochner Nr. 166.; Unveröffentlicht).

30.3.1818 (Brüggen) Johann Friedrich Benzenberg: „Ist es wahr daß der Canzler abgereist ist – und wie hängt dieses zusammen? – Ich bitte schreibt mir doch umgehend wie die Sache sitzt. Wir haben den 26ten noch eine trefliche Addresse notiert an S Majestät auch eine Epistel an den Canzler geschrieben, in der wir ihn gebethen sie am Throne niederzulegen, und ihm sonst noch allerhand nützliches gesagt; – unter anderen: daß wir fürchteten, daß unsere Ansicht in der Einseitigkeit befangen sey, da sie nur aus dem Gesichtskreise von einigen Meilen entstanden. Wir bäthen deswegen daß er aus allen Fabrikgegenden Deputirte versammeln möge, damit die Kenntnisse sich auslauffen und die Meinungen sich auf einer gemeinschaftlichen ausgleichen könnten. Die Bittschrift an den König betraf die

Zölle – sie bewegte sich zwischen folgenden Zahlen: Die Rheinisch Westfäl. Mark hat 150 Meilen Grenze, bey 830 Meilen Fläche und 2 Mill 850000 Einwohnern. ... Frankreich hat 275 Meilen Seegrenzen und 300 Meilen Landgrenzen bey einer Fläche von mehr als 8000 QMeilen und nahe 30 Mill Bevölkerung. Seine doppelte Douane Linie beschäftigt 24000 Douaniers die den Staat täglich 9000 Fr kosten. Die Verwaltungskosten der Zölle betrug als sie am besten geordnet waren 17 p.C. der Einnahmen. Hiernach würden die preußischen Zölle bey gleicher Höhe, und bey gleicher Dichtigkeit der Zolllinie etwa 60 bis 70 p.C. der Einnahme kosten. Die Fabrikherren der Orte Gladbach etc haben daher s Majestät gebethen in gnädige Überlegung zu nehmen ob es nicht nach der geog Lage des Staates besser sey alle Binnenzölle aufzuheben – da sogar Spanien sie abschafft – und blos deutsche See und Grenzzölle anzulegen. In dem Briefe an den Canzler haben wir gesagt, daß es uns scheine, daß die Ueberlegenheit die Engeland über uns übe daher rühre, daß alle gesellschaftliche Einrichtungen dort vollkomner wären als bey uns – woher sie denn alles mit einer so großen Geschwindigkeit machten, daß bey ihnen das Jahr nicht 365 Tage habe sondern 2000.“ Der Kreislauf von Färben, Drucken, Waschen, Trocknen und Verpacken werde dort in 15 Minuten durchlaufen. Ebenso wie sie bei den Pferderennen Aufwand und Zeit verminderten. Diese Klugheit gehe sogar aus ihren Wetten hervor, denn bekannt sei, dass der Herzog von Bedford eine Wette gewonnen habe, nach der der Kreislauf der Fabrikation von Waschen, Spinnen, Weben, Walken, Scheren, Trocknen, und bis zum fertigen Kleid in 24 Stunden durchlaufen worden sei, „indem die Wolle die vor 24 Stunden noch Seiner Herrlichkeit Schaafe getragen nach 24 Stunden S. Herrlichkeit selber getragen. – Ihr seht an dieser Probe daß wir kluge Reden mit S. Durchlaucht geführt haben, allein was hilfts wenn er nicht mehr vorhanden ist. Schreibt bald und grüßt die Hausfrau und die Kinder – Adieu“. (Orig.: Familienarchiv Görres-Jochner Nr. 14; Unveröffentlicht).

3.4.1818 (Rom) Karl Joseph Ignatz Mosler: Wegen seines Gesuchs beim Consistorium für das laufende Jahr habe er sein nun vollendetes Gemälde von der Verkündigung nach Koblenz gesendet, das nun angekommen sein werde. „Ich hatte dieses früher entworfene Bild das mir wenig genügte sehr lange Zeit, die ich zu meinen Cartons d. Tod d. Madonna hauptsäglich verwandte, stehen lassen erst nach Vollendung der Kartons der mir möglichst großen Beyfall bringen sollte, konnte ich mich zur Ausführung der Verk. entschließen die mich mehr Zwang und Mühe kostete als wenn ich ein neues Bild angefangen hätte, so wenig Freude machte mir jenes bis es allmählich durch Ausführung doch gewann. Man kann also doch die Gute Meinung darinn sehen und hat nicht übel ausgefallene Stellen. Auch das Ganze findet man obwohl ernsthaft doch gefällig, und harmonisch in der Form. Es wäre mir lieb, ja sehr aufmunternd wen es mir in der Heimat eine Bestellung erwürke, den dazu ist hier bey der Konkurenz man kann wohl sagen der besten jetzt lebenden Künstler wovon die Besten freylich für viele Jahre Bestellung haben wenig Aussicht, es sey denn daß mein Tod d. Madonna als Gemälde nicht weniger gefällt den der Karton; das Bild selbst wird sich mehr für eine Kirche als für ein Wohnhaus eignen. Ich wünschte darum sehr daß es einmal in der Heimat zu dieser Bestimmung gelangte. Die Aussicht wäre schon sehr erfreulich den es macht dreyfach größere Lust zu wissen für welche Bestimmung man arbeitet. Wie glücklich waren darum die Alten Maler! Wer weiß ob, wenn meine Verkündigung in Koblenz gefällt, Sie nicht etwas zu wege brächte. Da Sie schon damals für meine Erfindungen ein günstiges Vorurtheil hegten, so bin ich begierig, wie Sie mit der Ausführung zufrieden seyn werden. Die Zeit wird mir für diesen Posttag zu kurz um Ihnen mehr zu schreiben als noch herzliche Grüße vom alten Müller und von D. Ringseis, und von meinen Freunden, allen bekannten und Unbekannten Ihr getreuer Mosler". (Orig.: Familienarchiv Görres-Jochner Nr. 174; Unveröffentlicht).

4.4.1818 (Wittlich) Dr. Schumm: „Ewer Wohlgeb bitte ich ganz ergebenst, die Anlage an Einen Verehrlichen Central Verein gefälligst gelangen zu lassen. Über die Unterschrift der Adresse bin ich zwar nicht offiziel zur Verantwortung aufgefordert worden, jedoch ersuchte mich der Regierungsrath freundschaftlich, ihm über den Modum der Circulation zu berichten, ich meldete Ihm darauf am 27 Jänner letzthin daß da jene Adresse unter den Augen eines hohen Oberpresidii in Koblenz erschienen da selbe in den aller Submissesten Ausdrücken abgefolgt, und von den angesehensten Justitz und Verwaltungs Beamten unterschrieben worden, ich kein Bedenken gehabt dieselbe mitzuunterzeichnen. Darauf glaubte ich nicht daß ein guter Vater es seinen Kindern übelnehmen könne, wenn sie ihn Vertrauen- und respektvoll an ein früheres Versprechen erinnerten, dass die untertänigste Bitte der treuen Untertanen dem Fürsten nicht misfallen würde. Seitdem habe ich nichts mehr von der Sache gehört, vermutlich hat die gute Aufnahme der Adresse bei dem Fürst Staatskanzler das ganze schweigen gemacht." (Orig.: Berlin, GStA PK, I. HA Rep. 77, Tit. 22, 8 adh., Bl. 54; Unveröffentlicht).

14.4.1818 (Brüggen) Johann Friedrich Benzenberg: „Ich habe Euer kleines Brieflein erhalten, und darin ersehen wie es gegangen. Der Canzler hat blos <u>einzelne</u> Meinungen gehört – und seiner Erklärung nach will er im Junius wenn er wieder kommt, sich wieder aufs <u>almoseniren</u> legen. – Hätte er die Meinung der Rheinlande wollen kennen lernen, so mögte er hier zusammenbringen und sie zusammenlaßen, bis sich eine klare und entschiedene aus dem trüben Gebräu verworrener Redensarten entwickelt hätte. Ich will euch nun erzählen wie es hier ergangen. Das constitutionelle Wesen hat den Kauf und Fabrikherren in hiesiger Gegend so gut gefallen daß sie beschloßen, jeden ersten Sonntag des Monaths zusammenkommen – und abwechselnd in Rheidt, in Gladbach ... um dort zu essen zu trinken und zu reden. Sonntag den 5. Ap waren 45 in Gladbach beysammen. Die Adresse wurde votiert, so wie sie im Ausschusse festgesetzt worden. Sie erhielt noch einige Correkturen wodurch sie sichtlich gewann, und die gemeinsame Beratung ging recht anständig. Einige gute Köpfe leiteten das Ganze. Und ich lies sie stille unter sich gehen. Gegen 6 Uhr Abends war sie zu Stande und die Gesellschaft trennte sich. Es zeigte sich viel Gelenkigkeit in der Behandlung der Geschichte – man sprach mit völliger Kenntnis des Gegenstands – die Adresse war fünfmal abgeschrieben worden und jeder hatte sie in seinem Hause zum copieren gehabt – der Deutsche hat eine gehörige Vorsicht. Ehe er unterschreibt will er vollkommen unterrichtet sein. Greift man die Sache gleich in offener legaler

Weise – läßt ihm seine gehörige Zeit sich die Sache zu überlegen – berücksichtigt jede Bemerkung – so ist es wirklich so schwer nicht die Menschen auf eine gemeinschaftliche Stimmung zu vereinigen. Aders sein Aufsatz kam dann auch sehr zur gelegenen Zeit, und war nützlich als Opposition. Am Montage blieb ich noch bey den Kaufleuten in Rheidt – welche die Absendung der Addresse nach Berlin übernommen hatten. Es ist mir in Gladbach klar geworden, daß unsere Provinzialstände die Regierungen in drey Jahren unter haben, so daß sie sich nicht mehr rühren können. Die Gladbacher Versammlung war der Godesberger so weit überlegen, an Gelenkigkeit und Geschäftskenntniß – das diese sich mit jener gar nicht vergleichen ließ. Im Beobachter werde ich dieses Vierteljahr wohl so ziemlich mit den constitutionellen Glaubenslehren rund kommen. Nächstens kommt ein Aufsatz: Ueber Provinzialstände – ihre Geschichte – ihre Bedeutung und ihre gegenwärtige Stellung zur Gesellschaft. Dann einer über die Bergische Verfassung mit Auszügen aus den Urkunden auf denen sie beruhte. Der Gerichtsschreiber von Elberfeld, Herr Schuler, hat jetzt ein kleines Buch hierüber geschrieben, in welchem er die beyden Haupturkunden von 1672 und 1675 mit hat abdrucken laßen. Die Leute sind doch damals so dumm nicht gewesen. Nie hatten sie sich ihr Indigenatrecht verbrieft, und daß der Fürst nur im Lande Eingebohrne und Eingesessene mit Ämtern belehnen konnte! Er muste sich im Receß von 1672 anheischig machen, daß er die nicht im Lande Eingebohrne und eingesessnen Beamten in 3 Monaten ihre Stellen aufkündigte , nachdem die Stände solche namhaft gemacht. Hätte man sich doch in Berlin etwas mehr nach den alten Rechten dieser Lande erkundigt, ehe man anfangen wollte sie zu organisieren ... Dadurch daß der Adel der Länder Jülich Berg Cleve und Mark erklärt, daß er den Bürger und Bauernstand mit in die Vertretung aufnehmen wolle, so ist dieser auch mit in das geschriebene Recht von 1672 aufgenommen, und ich sehe keine Schwierigkeit daß der Landtag dieser Länder sich versammeln kann denn nach Artikel 7 des Recesses von 1672 können sich die Stände dieser Länder in dringenden Fällen versammeln" (es folgt ein längeres Zitat). „Mir scheint es daß dieses eine gute und sichere Grundlage des positiven Rechtes für eine solche Zusammenkunft ist. Daß die Sache dringend, indem das ohne Berathung der Eingesessenen geschehen, wird Niemand leugnen. ... Ich denke daß wir einmal beysammenkommen und die Sache überlegen. Ich bin nun so oft oben bey Euch gewesen, kommt ihr denn einmal herunter zu mir. Wir wollen dann einige verständige und des Landes Kundige Männer besuchen, und mit denen über die Sache reden. Wir gehen dann einmal nach Crefeld und Elberfeld, und sprechen dort mit den Leuten. Ist euer Traktätchen über die Verfassung noch nicht fertig? Ich wünschte es damit man Euere Ideen einmal im Zusammenhang übersehen könnte und sich auf den gemeinschaftlichen ausgleichen – und das worüber keine Ausgleichung möglich – vermeiden und auf sich beruhen lassen. Bis die Zeit eine Entscheidung herbeiführt. Wenn wir über die Hauptpunkte der Addresse einig sind, so muss man den Entwurf druckken laßen, und eine erklärende Einleitung dazu schreiben so eine Art von Catechismus – damit wenn man nachher zusammenkommt jeder mit völliger Kenntniß des Gegenstandes rede - und seinen Nahmen zeichne. Wenn unter dem Entwurfe etwa 9 oder 10 gekannte Nahmen stehen, so ist dieses hinreichend. Könnt Ihr Euch so einrichten daß Ihr anfangs Mai hier seid? – Wir gehen dann zusammen nach Pierßen wo den ersten Sonntag im Mai die Zusammenkunft der Fabrikherren ist. Ich laße dieses dann vorher einigen wißen, damit daß alle kommen. Ich habe heute einen langen Brief an Gneisenau geschrieben. Ich habe ihm gemeldet wie es vorigen Sonntag in Gladbach gegangen, - und daß es mir scheine, daß Kaiser Leopolds Wort eintreffen würde, daß wenn die Tochter mannbar, sie sich einen Mann nähme, wenn man ihr keinen gäbe. Ich wäre überzeugt, daß wir den 1 Januar 1819 eine Provinzialverfassung hätten. – Das Behandeln des Verfassungswerks in diplomatischer Weise gehe nicht vom Flek – Man müsse das öffentliche öffentlich thun – und nicht allem die Meinung impulsiren, sondern auch von der Meinung impulsiert werden. Das wären wohl recht dumme Leute gewesen die 1815 in Berlin gemeint daß man mit dem Geheimnisse etwas ausrichten könne und mit geheimen Reden sich der Regierung gegenüberstellen. Was nicht öffentlich sey, das übe keine Wirkung aufs öffentliche - und wenn sie 10 Th auf den Beob. wendeten so könnten sie alles was sich begibt ganz genau erfahren. Grüßt Eure Hausfrau und schreibt mir bald ob Ihr kommen könnt. – Bringt auch etwa Briefe von Gneisenau mit damit wir wechselweise was zu lesen haben. Auf diesem Manne beruht jetzt alles, da er wenn der Canzler abtrit doch der Einzige so fähig ist in der Mitte zu stehen. – Pfuhl ist auch zu jung zum ersten Minister, obschon dieser auch das Holz dazu hat. ... Jetzt gehabt euch wohl. Meine Mutter sagt ich solle den knutterigen Görres grüßen." (Orig.: Familienarchiv Görres-Jochner Nr. 14; Unveröffentlicht).

21.4.1818 (Göttingen) August v. Haxthausen: „Seit Vorgestern von Haus, wo ich die Ferien halb krank zugebracht zurückgekommen, bin ich gleich, da ich Ihre Briefe lieber Papa Görres! (den letzten vom 15. Ap.) und darin Ihre Wünsche gelesen, auf die Bibliothek gegangen die verlangten Bücher zu holen, habe aber nur den 7. B. der Asiatic Researches gefunden, die übrigen Bände sind schon ausgeliehen, eben so wie das Journey through Persia etc d. Morria (!), wahrscheinlich hat sie irgend ein Lump von hiesigem Professor im Hause. Eine Übersezung des indischen Ramayana haben sie auf der Bibliothek gar nicht, weil sie überhaubt keine Übersetzungen anschaffen. Malcolms griechische Geschichte ist beim Buchbinder und kömmt wahrscheinlich erst in 4 Wochen auf die Bibliothek. Ich werde acht geben, und sobald die Bücher da sind sie Ihnen gleich senden. Sobald Sie diesen Band durchgesehen und benutzt haben so schiken sie ihn mir gleich wieder, es hat zwar so leicht nichts zu sagen, doch geschieht es wohl daß einem die Bibliotheksbücher nach 4 Wochen abgefordert werden. Ihren lieben Brief werde ich beantworten sobald ich die Bücher von der Bibl habe ... Grüße an die Frau Mutter Sophie Marie etc Ihr August Haxthausen." (Orig.: Familienarchiv Görres-Jochner Nr. 96; Unveröffentlicht).

27.4.1818 (Brüggen) Johann Friedrich Benzenberg: „Ich soll eine Einladung an Euch machen daß Ihr den 3. Mai der Versammlung der Fabrikherren in Vierssen mit beywohnt. Es war gestern eine kleine Versammlung auf der verschiedene Gegenstände in Berathung genommen wurden, und da ich Euren Brief gerade bey mir hatte, so sagte ich daß ich Euch geschrieben, daß Ihr uns mit Eurem Besuche beehren und erfreuen mögtet. Worüber denn alle sehr erfreut waren.

Die Bittschrift an den König geht diese Woche nach Berlin. Ich arbeite jetzt an einer neuen von der ich hoffe daß sie dann fertig sei, wenn der Canzler wieder kommt. Sie soll für die beyden Herzogthümer Berg und Jülich sein – folgende Idee ligt dabei zum Grunde: Man geht überall vom Positiven aus, von dem was früher (1672) zwischen der Landeshoheit und der Landschafft verabschiedet worden und von dem was der König in seinem Besitzergreifungspatent erklärt hat." Man schreibe nun so ein Verfassungsbüchlein, hauptsächlich aus Urkunden bestehend, und entwickle aus ihm alle Gründe und lasse sie aus einer Beratung von etwa 10 landeskundigen und angesehenen Männern hervorgehen, die sie auch unterzeichnen. Als Einlagen gebe man die Recesse von 1672 und 1675, die Bundesakte, das Besitzergreifungspatent, die Einsetzung des Staatsrathes, die Denkschrift des Adels, die Versicherungen des Staatskanzlers gegen die Deputation u.s.w., so dass man alle Aktenstücke auf einen Blick übersehe, dieses Büchlein von etwa 10 Bogen lasse man drucken, so dass sich alle „vollkommen über den Gegenstand unterrichten" könnten. Nach ein paar Monaten halte man dann eine größere Versammlung in Düsseldorf ab, zur neuerlichen Beratung, wo „die Bittschrift gemeinschaftlich entworfen und unterzeichnet" werden solle. „Jeder der Anwesenden nimmt eine Abschrift mit und läßt sie in seinem Kreise von denen unterzeichnen, welche geneigt sind an diesem Unternehmen Theil zu nehmen. - Die Haubtsache bey der Bittschrift ist die: <u>daß die Leute einmal sehen wozu sie vermöge des Urkundlichen Rechtes berechtigt sind, - und damit sie einiges Zutrauen zu ihrer Sache gewönnen.</u> Dann: daß <u>sie in Berlin sehen, daß man sehr geneigt sie zu ihrem urkundlichen Worte zu halten.</u> In der Einleitung scheint mir nun schicklich, nun den rechten Standpunkt für die Adresse zu finden und um jede leere Rederei zu vermeiden, daß man eine kurze Darstellung der Begebenheiten der lezten Jahre gibt, und zeigt wie sich alles ereignet, wie die Gegenwart in den Kampf getreten mit der Vergangenheit, welche mit ihren Formen nicht mehr für einen Zustand der Gesellschaft paßte ... wie sie diese überwunden – wie sie aber selber zügellos geworden als sie sich vom bestehenden völlig getrennt – wie der Alleinherrscher stets der Erbe der Anarchie ist – und wie dieser, als er sich erkühnt den Thron zu besteigen nun seine Mitbürger als seine Unterthanen zu grüßen – nun genöthigt die niedrige Herkunft durch glänzende Thaten zu verdeken – und seine Dinastie in zehn Jahren zur ältesten in Europa zu machen. – Wie er nun die Fürsten und die Völker gedrükt – und wie als ihn in Rußland großes Unglück betroffen – diese sich miteinander verbündet und gegen ihn aufgestanden, – Wie hiedurch eine neue Zeit entstanden ... Hier folgt dann die Geschichte von 1813, 14 und 15 ebenfalls wieder aus Urkunden – die Einrichtung der Landwehr, die Einrichtung des Landsturms, der Aufruf an mein Volk u.s.w. Ich habe nur diese in Berlin gesammelt. Man bekommt dadurch eine viel klarere Ansicht der damaligen Zeit, als aus allen Beschreibungen. – Es fehlt mir aber die erste Proklamation von Kalisch, die Livingston oder ein anderer englischer General machte, in der er eine freie Verfassung der Völker versprach, wenn sie die Ketten der Franzosen zu zerbrechen hälfen. – Könnt Ihr mir keine Abschrift von verschaffen? – Schreibt mir nun umgehend ob Ihr kommen könnt. – Ich muß unter des noch eine kleine Reise machen – auch in constitutionellen Angelegenheiten. Die reformierte Geistlichkeit will auch eine Adresse an den König machen, und da haben sie mich zu Rathe gezogen.“ Diese hätten beschlossen, im August für Cleve, Jülich und Berg eine Generalsynode in Elberfeld abzuhalten, auf der auch die Ältesten der Gemeinden erscheinen und „nach alter Weise berathen und beschließen“ sollten. „Nach allen Seiten wächst die Gesellschaft der Regierung über den Kopf. Gehabt Euch wohl und grüßt die Hausfrau. Auch gestern war man der Meinung ‚gut und langsam von unten auf‘ B.“ (Orig.: Familienarchiv Görres-Jochner Nr. 14; Unveröffentlicht).

30.4.1818 (Wiepersdorf) Achim von Arnim: Die Einlage, die er schon in Berlin geschrieben, sei über „manchen unangenehmen Geschäften“ noch liegengeblieben. „Unterdessen ist einer der schönsten Frühlinge erschienen, der je die Welt beschienen, und ich kann Deiner so recht von Herzen denken, wie Du am Rheine, in Deinem Garten, Dein reiches Theil mit genießest, und der politischen Gedanken auf einige Zeit überdrüssig bist“. Wie gern wäre er bei Görres – er müsse jetzt ein Gut übernehmen, das bisher verpachtet war, mit Brauerei und Branntweinbrennerei und allem. Er sei neugierig darauf, mit Eichhorn zu sprechen, wie es Görres ergangen. Fehlen werde es wohl am Resultat. Seine Meinung über Görres’ Schrift: er hätte mit der Unterredung abgebrochen und alles Folgende lieber als eigne Schrift über die Einführung der preuß. Verfassung herausgegeben, aber Görres werde wohl seine Gründe haben. „Wunderbar bist Du vom Geschick dadurch in allem begünstigt, daß Dir Dinge zu drucken erlaubt sind, die jedem Andern gestrichen würden von der Censur. Dafür danke Gott und laß die Leute reden, Deine Feinde hast Du auch, besonders unter den Schülern Hallers, der bei der Jugend in Berlin viel Eingang findet“. (Binder (Hrsg.), Freundesbriefe Nr. 198, S. 555f).

4.5.1818 (Brüggen) Johann Friedrich Benzenberg: „Eure Adresse kam den 25. Nov. schon im Beob. Die soll aber jetzt noch einmal gedruckt werden nebst der Antwort. Gestern war die Versammlung in Vierssen von etwa 40 Kaufherren, die unsrige muste noch von einigen unterschrieben werden, und da gerade den vorigen Tag die Wisbadner Zeitung angekommen, so gebrach es vielen fast an Muth.“ Der Kaufmannstand sei von allen Ständen der mit dem geringsten politischen Mut und der Unwissenheit über Landesangelegenheiten, „nur das Nächste bedenkend und stets den eignen Vortheil“. „Mit den Bauern kommt man viel besser vom Flek. – Diese sind lange so bedenklich nicht – wohingegen Jene stets wie der kleine Emmerich reden: Vater, es wird nicht gut ablaufen. Bleiben wir von dem Soldatenhaufen… Wenn sie uns nur nicht am Leibe schaden. - Wie haltet Ihr es mit den Städten? Ich will es mit den Bauern halten. Unter allen Gewerben ist der Ackerbau das Einfachste und Stärkste und wird alle überdauern. - Ich werde jetzt mein Addressbüchlein auf eigene Rechnung und Gefahr schreiben müßen, welches mir in mancher Hinsicht auch bequemer und lieber ist.“ Er habe vor, es in zwei Abteilungen zu teilen: in der ersten die alten Urkunden von 1500 bis 1700, in der zweiten die von 1810-1818. Er werde mit seinem Büchlein nur die vier Länder Jülich Cleve Berg und Mark umfassen. „Es herrscht eine große Unwissenheit im Volk über seine Rechte. Es ist so lange mit der Gnade gespeist worden, daß es glaubt diese sey das einzige Manna so ihm verfassungsmäßig zukomme.“ Vinke habe die Abschriften des Briefs des Kanzlers vom 12. März geschickt, und die Entwürfe zu Anfragen über Gemeine und Landesverfassung, beides von Eichhorn und „sehr verderbt". „Man sieht darin die gute Meinung des alten Herren, allein auch zugleich die Scheu vor den Öffentlichen, und wie er immer nach oben sieht, ob da auch approbirt wird, was er zu thun gedenkt. Man muß nichts thun, was sie irrt, da sie so voll guter Meinung sind; obschon sie sicher mit ihren diplomatischen Thesen und ihrer Versöhnlichkeit in einer Zeit wo die Dinge sich bewegen, auf dem Holzwege sind. Ohne Geburtswehen wird das nicht abgehen." Im nächsten Monat wolle er mit seiner Mutter für 14 Tage nach Aachen, um das Bad zu gebrauchen. „Wir können dann die Sache wohl so einrichten daß wir zugleich da sind". Am 7. Mai gehe er nach Krefeld, am 10. nach Elberfeld, und am 14. treffe er Vinke, um eine Bittschrift durchs Herzogtum Westfalen zu machen. Anfang Juni gedenke er wieder in Brüggen zu sein. - „An der Antwort des Königs gefällt den meisten Leuten, daß sie sich in Berlin den Muth genommen etwas zu sagen." – Die Proklamation des Kutusow habe er im *Merkur* nicht finden können. „Ihr hättet mir die Nummer dabey schreiben sollen; - Da jeder seine Zeitung doch am Besten kennt. Gehabt Euch wohl, und grüßt Eure Hausfrau." (Orig.: Familienarchiv Görres-Jochner Nr. 14; Unveröffentlicht).

9.5.1818 (Paris) Lambert Joseph Krezzer: „Habe vielen Dank, lieber Görres! Für die mir durch Mendelssohn geschickten Broschüren. Wenn auf solchem Wege nichts zu uns kömmt, dann weiß man hier gar nicht, was in Teutschland vorgeht. Das Adreßbüchlein hat uns ungemein gefreut, sein Hagel hat fatale Spizzen, aber mit einem solchen Trumpf müßte der Beobachter zu Wien abgestochen werden. Helfen wird es doch nicht, denn eitel ist die Hoffnung auf die Furcht vor Blamirung. Wir haben es jetzt an dem unglücklichen Briefe gesehen: die Parthey ist im höchsten Grade wüthend, und hält sich des Sieges gewiß, indem sie es mit einem zwar guten aber schwachen Willen zu thun hat, der den Baum der Erkenntniß nie fassen mag, weil ihm der Muth fehlt, einen Blick in die Tiefe des Abgrundes zu werfen, wo er gewurzelt stehet. Und deswegen ist die Geschichte so heil- rath- und hoffnungslos. Es muß doch weit gekommen seyn, wenn der Staatskanzler schon bloß um seiner eigenen Ehre willen jenes Sendschreiben nicht hindern konnte (denn, daß er einen listigen Antheil daran habe, glaube ich nimmer). Wenn also am dürren Holze ein solches geschehen konnte, was wird es erst mit dem grünen geben; deswegen überlege wohl jeden Schritt, den du darauf thun willst, und bedenke, daß die Könige das lezte Wort haben müßen. – Unser Liquidationsgeschäft ist nun mit den Franzosen geendigt. Richelieu hat sich abermal dabei prostituirt oder prostituiren lassen. Als Hauptpunkt beim Anfang der Unterhandlung hatte er dem Herzog von Wellington gesagt, daß die definitive Vergleichssumme mit der jouissance v. 1. März 1816 gezahlt werden solle. Hierauf nahmen nun die Minister bei Festsezzung des Minimum Rücksicht, und reduzirten es auf das möglichste. Beim Abschluß aber hat man ohne weiters die Zinsen und die mehr als zweijährige jouissance verweigert, und gradezu erklärt, daß man, ehe man sich darauf einlasse, lieber die ganze Verhandlung abbrechen würde. Und so geschah nach ihrem Willen. Das Wort von Richelieu war zu Wasser geworden und Frankreich profitirte dabei etwa achtzehn Millionen. Vor uns Preusen haben sie noch einigen Respekt, und Wellington, der es wohl noch nicht vergessen hat, wie ihm von dort her an jenem Tag bei Belle Alliance Hülfe und Rettung kam, nahm sich unserer besonders an, auch hatten wir unser Laus Deo am besten in der Ordnung, das Alles machte, daß wir so über alle Erwartung gut wegkamen. Darüber haben nun die andern Kläffer einen Zorn und einen Neid gegen uns und glauben wir hätten falsches Spiel gespielt auf ihre Kosten. Nichts rühmliches werden diese daher von uns sagen; die Reklamanten die mit ihren faulen Forderungen noch ein glückliches Loos aus der schiedsrichterlichen Urne zu ziehen hoften, werden auch lange Gesichter machen, die gerechten Gläubiger werden uns ebenfalls des Teufels Dank darum wissen, daß ihre Kapitalien um Zinsen und jouissance verkürzt sind, und die Regierung wird vielleicht gestehen, daß wir unsere Diäten verdient hätten. Du könntest uns also wohl ein bischen loben, denn, im Ernste, unserm Crull, seiner tiefen Fachkenntniß, seinem unermüdeten Eifer, und seiner Energie, sind doch wohl vorzüglich alle die Millionen, die nicht nur wir, sondern auch die andern, fast sämmtlich schlecht vertheidigt, erhalten haben, zu verdanken. Nun kömmt es aber darauf an, was die Regierung mit den 52 Millionen, welche für die Reklamanten den Franzosen aus dem Rachen gerißen wurden, anzufangen gedenkt, ob sie solche mit dem Schazze vereinigt, dem Finanzminister der Verwaltung überläßt, und die Liquidation und Vertheilung dieses Aversum unter die Betheiligten einer Kommission übergiebt, die nach der löblich eingeführten Art über jede einzelne Reklamation ganze Berge von Papier vorschreibt, und so unter Mühe und Schweiß nach 50 oder 100 Jahren ein Kollokationsurtheil macht, bei welchem die Kosten des Verfahrens wie billig primo loco stehen, und die Bankorutsmassen um ein bedeutendes schmälern, oder aber ob die Regierung dieses Geld separatim verwalten, und die Vertheilung desselben nach der in der Konvention von 1815 vorgeschriebenen Weise geschehen läßt. Geschieht lezteres, so ist die Sache höchstens in einem Jahr abgethan, und es wird doch endlich einmal erlebt, daß ein Artikel, den man seit Jahrhunderten aus einem Friedensvertrag in den andern herübergeschleppt hat, rein vollzogen ward. Crull hat deshalb schon im Laufe der Vergleichsunterhandlungen mit Frankreich die Vorschläge in eventum nach Berlin abgeschickt. Der Vergleich ist mittlerweil abgeschlossen, und noch immer ist keine Antwort erfolgt. So sizzen wir nun hier, verliehren die kostbare Zwischenzeit, und erwarten das Unerwartete, was von dorther kommen soll. - Nun sey mir mit den deinigen herzlich gegrüßt. Das nämliche gilt von Crull. Wir fahren noch immer fort mit unserer guten Aufführung, auch haben wir schon einige tessera ab omni poena erhalten; wir können dir eines borgen, wenn dich noch einmal die Lust anwandlen sollte zu einem neuen Adreßbüchlein. – In diesen Tagen wird die Witwe des armen Franz hier eintreffen, um ihr Pensionsgesuch mit Nachdruck zu betreiben: es wird leyder wenig herauskommen. Du hast vor mehrern Jahren Glauben und Wissen geschrieben. Kannst du mir nicht ein Exemplar sous bande davon schikken? Ich werde von einem Sachsen andauernd darum geplagt. Lege aber keinen Brief dazu, weil die Post sonst nichts abgiebt. – Nun lebe wohl und behalte mich lieb. Dein Krezzer" (Orig.: Familienarchiv Görres-Jochner Nr. 133; Unveröffentlicht).

14.5.1818 (Aachen) Franz Anton Daniels: Herr Bettendorf, der seinen inzwischen verstorbenen Bruder krank angetroffen habe, habe ihm vor wenigen Tagen Görres' lieben Brief überbracht. Die Sache sei lächerlich und ernsthaft zugleich. „Da S. M. der König ein guter Fürst ist, wie allgemein gesagt wird, so bedaure ich ihn sehr. Denn ich bin überzeugt, daß die Liebe unserer Landsleute je mehr und mehr verscherzt wird. Es gab bis jetzt gewisse Lacher, die lachten wohl auch der Guthmüthigkeit, womit man zu wünschen wagte; auch diese sind ernsthaft geworden. Sollte man sich nicht mehr und mehr in dem Glauben bestärken, daß alles was wir sehen als eine Heimsuchung Gottes betrachtet werden müsse. Es giebt vielleicht zu wenig Menschen die ihr Vaterland auf eine wahrhaft christliche Art lieben. Mit einer solchen würde man Berge versetzen! ... Die Fürsten erweisen sich überall in unsern Tagen als gute entschlossene Menschen; wo wäre in der Vergangenheit die Zeit zu finden, wo so viele Fürsten zugleich so wenig persönliches Ärgerniß gaben wie jetzt, und doch scheint es ihnen nicht zu gelingen, den Menschen den Frieden zu geben; warum nicht? Weil ihre Diener und Räthe aus der Masse der Menschen genommen sind, einer Masse, die dieses Friedens nicht werth seyn mag, und sich daher ihre eigenen Geißeln schafft. Ich wünschte, verehrter Freund! Sie könnten mir diese meine Ansicht zu meinem Troste und zur Aufmunterung widerlegen! Sagen Sie mir doch auf jeden Fall ihre Meinung. Was die belgischen Blätter von dem Schreiben unseres Königs sagen, so wehe mir selbst dieses Schreiben thut, kömmt mir durchaus ekelhaft vor. Ich kann diese niederträchtige französische Liberalität nicht verdauen. Ich mögte weinen, statt zu spotten. Sagen Sie mir doch etwas über den Charakter der Leute zu Hazenport, gewöhnlich sind es doch nur zwey bis drey, die den Impuls geben: Entweder sind diese zwey oder drey vollendete Menschen oder infame Heuchler. Gott befohlen." (Orig.: Familienarchiv Görres-Jochner Nr. 43; Unveröffentlicht).

2.6.1818 (o.J. Poststempel 1818) (Göttingen) August v. Haxthausen: Es tue ihm sehr leid, die verlangten Bücher nicht schicken zu können: „ich wollte, ich könnte Sie nur auf irgend eine Weise überzeugen, daß es nicht meine Schuld, weil mein langes Zögern fast aussah als ob ich die kleine Mühe nicht übernehmen wollte." Malcolms persische Geschichte sei aber immer noch beim Buchbinder gewesen, als das Buch fertig gewesen, habe es sofort ein Professor holen lassen, er müsse deshalb noch einmal mindestens zwei Wochen warten. Alle Bände der *Asiatic Researches* außer Bd. 1, 2 und 6-7 habe Professor Tychsen schon seit zwei Jahren im Hause zum Rezensieren, von den übrigen Sachen habe er die kurze Antwort erhalten, dass sie nicht da seien. „Nun habe ich noch folgenden Vorschlag: Einer meiner Freunde (Zwigker) der trefflich englisch versteht kennt Tychsen ziemlich gut und würde wohl einzelne Stücke von ihm geliehen bekommen, wenn Sie mir daher schreiben könnten, was Sie daraus zu wissen wünschten, so wollte der mit mir Auszüge machen und abschreiben, (das kömmt natürlich auf die Art der Sachen an die Sie haben müsten!)" Es sei in Göttingen die Regel, dass neu eingegangene Bücher erst nach zwei Jahren in den öffentlichen Gebrauch kämen. Görres solle so bald wie möglich den 7. Band der *Asiatic Researches* zurückschicken, da er schon mehrmals darum gemahnt worden sei. Die beiden Gewinne aus der Lotterie des Hilfsvereins seien noch nicht angekommen: „treiben Sie bei Gelegenheit die mal an, die bei der Verschikung thätig sind. - Die arme Wünschelruthe lege ich ihnen auch bei Gelegenheit mal wieder ans Herz. Ich grüße Mama und die Kinder viel 1000 mal und bin Ihr August Haxthausen." (Orig.: Familienarchiv Görres-Jochner Nr. 96; Unveröffentlicht).

2.6.1818 (Pöpelwitz bei Breslau) Graf Karl von der Gröben: Übersendet die herzliche Bitte eines 82-Jährigen, der sich lebhaft für den Hilfsverein interessiert habe, wenn möglich die ihm fehlenden Exemplare der Rechenschaftsberichte von Nr. 2 bis zum Schlussbericht durch Scharnhorst zu senden. Görres' Bericht über die Übergabe der Adresse habe er als Meisterstück bewundert, und „dennoch mehrere Wortspiele gemisbilligt, weil sie zur Sache nicht zu gehören schienen und ihr vielmehr Schaden bringen mußten. Daß sich aber die Erbärmlichkeit danach im Tone des feigsten Despotismus so aussprechen würde, habe ich nicht erwartet. Was sagt denn der Staatskanzler zu diesem Compromiß? Wird denn die Provinzial-Verfassung noch vor sich gehen? Haben Sie noch Hoffnungen?" Görres solle ihm ein paar Worte durch Scharnhorst schreiben, „mir liegt die Sache sehr am Herzen. Auch von hier aus ist eine ähnliche, doch milder abgefaßte Adresse, nur von ungefähr 25 Personen unterschrieben, etwa 6-7 Monate früher als die Ihrige an den König abgegangen, aber ganz unbeantwortet geblieben." Sein häusliches Leben glücklich, aber keine Hoffnungen mehr auf einen glücklichen Staat. Nur der Gedanke an eine nicht vorher zu berechnende große Erschütterung von außen her wirke wie warmer Frühlingsregen. - „Wir wohnen auf dem Lande und nur ich muß täglich auf mehrere Stunden in die böse Stadtluft. Gott segne Sie, Ihre liebe Frau, die schöne Sophie, Guido und Marie. Ihr ewig treuer Freund Carl Gröben". (Orig.: Familienarchiv Görres-Jochner Nr. 81; Binder (Hrsg.), *Freundesbriefe* Nr. 201, S. 561f).

1.8.1818 (Rom) Karl Joseph Ignatz Mosler: „Wen Sie, als worum ich Sie sehr bitte mich in meiner Abwesenheit ferner bey den respekt. Behörden der königl. Regierung vertreten wollen, so bäte ich Folgendes gütigst an sie gelangen zu lassen. Meinen geziemenden ergebensten Dank für die bisherige Verwendung unseres verehrungswürdigen Konsistoriums zur Unterstüzung meines Kunststudiums in Rom habe ich zu entrichten bis jetzt noch unterlassen weil ich selben zugleich mit einer Probearbeit zu senden gedachte. Diesem Vorhaben jedoch stellten sich manch verzögernde Hinderniße entgegen. Das Erste dazu unternommene Gemälde (nach eigner Erfindung) wollte mir im Vorschreiten der Arbeit nicht so viel genügen um es nur mit derselben Liebe zu vollenden als es angefangen und fortgeführt worden war. Es ist manchem höher begabten und viel vermögendern Künstler unter uns geschehen daß er hier durch die Eindrücke des Höchsten der alten und Neuen Welt zu sehr mismuthig am Gelingen seines Werks verzweifelte. Ich unternahm darauf eine neue viel größere Komposition als Karton auszuführen vorstellend den Tod der heil. Jungfrau. Die Komposition (ganz verschieden von der die ich einmal früher entwarf) gefiel; aber bey der Ausführung fühlte ich daß ein sorgsameres Vorbereiten durch Studien mir Noth thäte, und ich suchte diese Forderung an mich selbst nach Kräften zu erfüllen. Die Früchte vieler Studien nach der Natur zeigten sich alsbald im bessern Gelingen meiner Arbeit. Die vier ersten der ausgeführten Apostel erhielten ungetheilten Beyfall unserer besten Künstler, welches mir neue Kraft gab auf dieselbe Weise die Aufgabe durchzuführen. So gelang es mir auch mit den folgenden acht Apostelgestalten, und die früher ausgeführte Glorie mit dem Heiland und vier Engeln musten neu gearbeitet werden und fügten sich nun erst harmonisch zum Ganzen das mir selber unbemerkt zu einem größern Styl sich erhoben hatte. Man rieht mir nun diese Komposition zur Ausführung als Gemälde von der vierthel-Lebensgröße in die halbe zu vergrößern als wodurch es bedeutend gewinnen würde, und seinen Karakter mehr ausdrücke welcher der eines Kirchenbildes ist. Ich erkannte daß man Recht habe. Allein wie viel Zeit wird mich nun die Ausführung eines so großen Gemäldes noch kosten? Was sollte ich unterdessen als Probearbeit nach Hause schiken? Den Karton den ich am liebsten geschikt hätte bedürfte ich zum Gemälde. Sollte ich nun auch die zweite Arbeit ebenfalls auf halbem Wege stehen lassen und eine dritte beginnen? Nein – ich nahm das erste Gemälde wieder vor; aber es einigermasen mir selbst genügend zu überarbeiten kostete mir, dies sah ich unter der Hand, fast mehr Arbeit als ein ganz neues Bild in dem eine Änderung die Andere herbeyführte. Ich hatte aber dabey den Vortheil sehr viel zu lernen vorzüglich durch den Rath des vortrefflichen Overbek, und bereitete mich dadurch bestens auf das große Bild. Die Absendung des vollendeten kleinen Gemäldes verzögerte sich entlich noch durch die sich hinausschiebende Gelegenheit wodurch es mit zwey Gemälden anderer Künstler kostenfrey nach Frankfurt abgehen sollte wie es geschah. Es wird nun nicht lange nach meinem Schreiben eintreffen indem es schon einige Zeit abgesendet ist. Möchten es die gesammten Freunde und Kenner der Kunst in unserer Heimat nachsichtig aufnehmen. Ich überlasse es ganz der Verfügung des Konsistoriums. Möchte das kleine Bild einige gute Meynung von noch auszubildenden Anlagen veranlassen. Ich kann unterdessen mit gutem Gewissen versichern und nöthigenfalls mit Zeugnissen der nahmhaftesten Künstler bestättigen: daß ich in der größeren Unternehmung auch bereits entwickeltere Kunst und Bildung gezeigt habe und dabey einen größern und freyeren Styl eingegangen bin. Die vorzüglichsten meiner hiesigen Genossen ermuntern mich nicht wenig und hoffen für meine nächste Zukunft das Beste wen es mir würde gelungen seyn mit der Ausführung meines großen Bildes das kleine ebenso zu übertreffen als es durch den Karton geschah. Auch ist mir ein gewisser Ehrenpreis auf die Vollendung dieses Bildes gesezt, den ein freywilliger Verein vieler der vorzüglichsten deutschen Künstler zur Förderung eines einträchtigen tieferen und ernsteren Bestrebens zu ertheilen pflegt, durch die förmliche Aufnahme in diesen Verein der übrigens durchaus keine Ansprüche macht.

Sie werden sich leicht vorstellen wie sehr mich diese Aufforderung spornt alle Kräfte anzustrengen um den gebotenen Ehrenpreis zu erringen und mir hier durch die Vollendung eines Werks von Umfang einen guten Nahmen zu erwerben, den auch dies ist mein Ziel, auch meiner Heimat ein Weniges zur Ehre gereichen möge. – Umso mehr liegt mir dieses ob, als ich durch die genißende Unterstützung dazu verbunden bin den Hoffnungen derjenigen nach Kräften zu entsprechen die mich ihrer Fürsprache werth gehalten haben und ihre Wahl zu rechtfertigen. Ich würde von meinem Vorhaben früher Meldung gethan haben, wen es nicht eine Zeit her geschienen hätte daß sich meiner Absicht eine dazwischen tretende Abrufung entgegensezen könnte, nämlich zu einer Anstellung am Niederrhein die ich zwar nicht nachgesucht habe die mir aber nicht unerwünscht wäre. Ich erfuhr bloos daß ich dazu in Vorschlag gekommen sey und das andere mehr wissen wollten war wohl aus einem Gerüchte entstanden. Gegenwärtig weis ich so viel daß wen auch diese Berufung statt haben sollte dieses doch nicht vor Verlauf wenigstens eines Jahres geschehen wird. Demnach bin ich nun fest entschloßen wen es mir vergönnt seyn mögte mein Bild hier in Rom auszuführen und da es kürzer nicht geschehen könnte wo möglich noch ein Jahr hier zu bleiben um dabey die großen Alten und die besten lebenden Meister zu benuzen, über die einem erst das rechte Licht praktisch aufgeht wenn man ähnliche große Aufgaben wie sie zu lößen unternimmt. Nur ist es dabey nicht thunlich, daß man mit kleinen Brodarbeiten, Kopiren u.d.gl. unterbrochen zugleich das Große erstrebe. Ich wünschte darum daß mir die Unterstüzung für das laufende Jahr möge zugesichert bleiben ja wo möglich die Hoffnung auf einen Theil der des kommenden Jahres nicht abgeschnitten werde, als welchen ich noch für mein Werk bedürfte, den da der schöne Plan von dessen günstiger Aufnahme in Berlin man uns berichtet, gemäß welchem durch freywillige Beyträge aller Kunstfreunde, groß und klein, Kunstwerke für das öffentliche Leben sollen befördert werden – da dieser Plan nicht so schnell wird zum wirklichen Institut reifen können – wiewohl bereits mehrere Privatmänner für ihren Beytrag hundert Thaler jährlich anbiethen – so dürften die Künstler auch wohl ihrer Unterstüzung noch vor der Hand nicht entbehren können, wen sie sich auf große Aufgaben verlegen. – Wie nun meine Probearbeit aufgenommen und sie mein Gesuch unterstützen werden? u.s.w. alles erwarte ich mit Ergebung in den Höchsten Willen. Ihr Karl Mosler“ (Orig.: Familienarchiv Görres-Jochner Nr. 174; Unveröffentlicht).

20.8.1818 (Erdmannsdorf) August Graf Neidhardt von Gneisenau: Überbringer sei sein Schwiegersohn Scharnhorst. Er habe sich nur wenig mit diesem über den Rhein unterhalten können, habe aber erfahren, dass die rheinischen Länder immer noch im selben Zustand seien als da er sie verlassen habe. – „Nicht so in Berlin: Der Widerstand gegen freiere, zeitgemäße Ansichten ist entschlossener geworden, seitdem die Wartburger Begebenheit, Ihre Adresse und andere Veranlassungen den Verfinsterern Stoff gegeben, gegen die neuen Lehren mißtrauisch zu machen und ihre Bekenner zu verunglimpfen.“ – Frau von Staels *Considérations sur la révolution francaise* werde die freisinnigen Ideen erweitern helfen und in die vornehme Gesellschaft einführen. Er werde dem König noch einmal schriftlich aufzeigen, warum nur eine freie Verfassung ein Reich dauerhaft heut zu Tage gründen könne. Er brüte auch über einem Plan, das Ganze endlich ins Leben zu rufen, damit endlich der Anfang mit dem Anfang gemacht werde. „Aber still davon: Denn Entwürfe, die man im voraus verlautet sind oft gerade dadurch schon halb vernichtet.“ Empfehlung an Frau und Kinder. „Ihr in Freundschaft und Hochachtung zugethaner Freund Gneisenau“. (Orig.: Familienarchiv Görres-Jochner Nr. 74; Binder (Hrsg.), *Freundesbriefe* Nr. 202, S. 563f).

1.9.1818 (Aachen) Franz Anton Daniels: „Wohlgeb insonders hochgeehrter Herr und Freund! Zunächst wünschte ich von Ihnen zu erfahren, daß sie sich noch wohl befinden mit Gattin und Kinder, dann auch bin ich so frei, Sie daran zu erinnern, daß Sie mir noch eine Antwort auf meinen letzten Brief schuldig sind, oder, um bescheidner zu reden, daß ein Briefchen von ihrer Hand mir recht viel Vergnügen machen würde. Was mich von öffentlichen Nachrichten am meisten interessirt, daß der Kayser von Rußland sein Reich in 13 Divisionen eintheilen soll, und daß bei dieser Gelegenheit die Provinz Podolien u.a. zu dem übrigen Theile des Königreichs Polen gezogen werden sollen. Wenn das in redlicher Absicht geschieht, wie man es von diesem menschenfreundlichen Herrscher erwarten mögte, wenn diese Gebietseintheilung ein Mittel ist, um die braven, wiewohl nicht ganz unsträflichen Polen, wieder zusammenzubringen, so wäre das ein großes, schönes Beyspiel um nämlich der Weldt zu zeigen, daß ein großer Völkerherrscher es eingesehen hat, was eigentlich Noth thut. Um streng konsequent zu urtheilen, fallen wir Deutsche oft in Pedanterey, und haben wir einmal bedacht, daß ... die Völker nicht umsonst verschiedene Sprachen reden, so ruhen wir nicht, bis wir uns durch die Grenzberichtigung lächerlich machen die wir nun als Folge dieser einfachen Wahrheit anzugeben für nöthig erachten. So wenig ich mich nun zu diesen rechnen mögte, so bleibt es doch wahr, daß eben daher viel Unheil, und noch mehr Unzufriedenheit über die Menschen gekommen ist, daß in dem Völker Vereine auf diese von der Vorsehung herkommende Naturgrenze zu wenig Rücksicht genommen wurde. Selbst eine Europäische Universal Monarchie würde aufhören eine Chimäre zu seyn, wenn es denkbar wäre, daß ein Volk und ein Fürst, von welchen eine solche ausgienge, sich nicht gegen die andern Völker überhöben. Man rathschlagt jetzt, um dem südlichen Theile unseres Vaterlandes ein Paar gute feste Pläze zu verschaffen: Warum nimmt man sie nicht da, wo sie auf deutschem Boden stehen? ... Bringen Sie die Sache doch noch einmal nach ihrer eigenen tüchtigen Weise zur Sprache. Nicht jedes Wort ist darum verloren, weil es nicht gleich und unmittelbar gewirkt hat. Vive vale Ihr gehorsamer Diener F. Daniels". (Orig.: Familienarchiv Görres-Jochner Nr. 43; Unveröffentlicht).

4.9.1818 (Heidelberg) Georg Friedrich Creuzer: „Ich hatte lang gegen Sie geschwiegen, und nun nachdem ich geschrieben, antworten Sie auch gar nicht mehr. Hoffentlich sind Sie alle recht frisch und gesund. Die lezte Notiz habe ich vorlängst von Boisserées. Mit uns war es den Sommer über nicht besonders. Erst hatte ich gekränkelt, dann legte sich neulich meine Frau, an der Ruhr erkrankt, ins Bett, und jetzt, nach 3 Wochen, ist sie noch so matt wie eine Fliege im Herbst. Doch geht's nun wieder vorwärts. Ihr Bonn macht uns hier jezt etwas heiß: Daub, Leonhard, Tiedemann, Langsdorf und vielleicht nächstens auch ein und andrer haben Vocationen dorthin. Wer gehen, oder bleiben wird, weiß man noch nicht. Auf jeden Fall haben wir eine Crisis zu überstehen." Er habe Görres zwei nützliche hiesige Lehrer genannt: die Professoren Eschenmayer und Sebastian, jener Cameralist dieser Medicus. Beide seien hier gering besoldet, und „sehr thätig". „Wenn Sie sie doch Ihrem Minister empfehlen könnten, so würden Sie dort zwei brauchbare Professoren und diese selbst bessere Besoldung bekommen. Mich brauchen Sie nun nicht mehr, da ich allein schon von zwei Philologen weiß, die dorthin gehen: Heinrich von Kiel und Welker von Göttingen. Beides sind gewiß tüchtige Leute, und die Wahl macht Ihren Ministern Ehre. In Heinrich bekommen

Sie jedoch eine Essigmutter, in die akademische Wasser kann nicht schaden (!). Wo so viel Salz ist, wie Sie und mehrere andre nach Bonn bringen werden, da muß auch Essig seyn, und ohne Zank ist nach Empedokles, keine Welt denkbar." A. W. Schlegel werde mit seiner jungen Frau demnächst hinunterkommen und sich einstweilen für nächste Ostern ein Quartier mieten. „Sie werden sich doch freuen das junge Ehepaar zu sehen." Letzten Sonntag sei die Hochzeit gewesen, Melchior Boisserée sei Brautführer gewesen, er, Creuzer, habe auch am Hochzeitsmahl teilgenommen. Er müsse Görres leider im Namen der Bibliothek mahnen: die *Memories de l'Academie des Inscriptions*, die er noch habe, würden zurückverlangt. Er solle also die Bücher schicken und dabei „ein wenig ausführlich" melden, wie Frau und Kinder den heißen Sommer ertragen hätten. Im Winter solle Görres dann, wenn er zu Haus oder zu Bonn hinter dem Ofen sitze, einen Band Herodot-Sachen von ihm bekommen, den er eben in die Druckerei geben wolle. Von Savigny habe man in Heidelberg noch nichts gehört und gesehen. (Orig.: Familienarchiv Görres-Jochner Nr. 41; Binder (Hrsg.), *Freundesbriefe* Nr. 203, S. 564f).

9.9.1818 (Göttingen) August v. Haxthausen: „Lieber Papa Görres!" Er sei in großer Verlegenheit wegen des 7. Bands der *Asiatic Researches*, den die Bibliothek schon mehrmals zurückgefordert habe. „Jetzt sind die Ferien vor der Thür, und ich bleibe selbst nur noch 8 Tage hier, seien Sie daher so gütig es mir gleich mit umgehender Post zu schicken. Ich bin seit dem Juli, noch ehe der große Spectakel hier war, im nördlichen Deutschland umher gereist und erst seit 2 Tage wieder hier, wo ein Deutscher sich nicht mehr aufhalten darf, sondern bloß ein Hannoveraner; die Regierung hat sich lächerlich betragen (indem sie einen ganz ordinären Studenten-Lärm als eine Revolution behandelte, die Studenten hatten im Ganzen Recht, doch haben sie sich bei der Haubtsache kindisch unbesonnen und mit wenig Umsicht aufgeführt. Von meinem Kommen-wollen darf ich wohl nicht mehr sprechen? Doch könnte ich leicht ehe man das Blatt umwendet, an Eure Thür klopfen. Grüße 1000 mal Frau Mutter und Kinder" (Orig.: Familienarchiv Görres-Jochner Nr. 96; Unveröffentlicht).

12.9.1818 (Brüggen) Johann Friedrich Benzenberg: „Aus der Einlage erseht Ihr, daß Ihr nach Aachen kommt! Ich habe nichts hinzuzusetzen, als daß Ihr Eure Hausfrau mitbringt, wobey ich allerhand diplomatische und eigennützige Absichten (!). Zuerst erfährt man von ihr das in ordentlicher und verständiger Rede, was Ihr murmurirend, brummend, abgerissen und im Superlativ erzählt. Da sie so lange mit Euch gelebt, so ist sie des Übersetzens in gewöhnliches Deutsch gewohnt, – und dieses erleichtert den Hausfreunden manches. – Zweitens muß irgendjemand des allgemeinen Bestens wegen eine Frau mitbringen, weil sonst doch nichts zu stande kommen kann, was irgend wie Häuslichkeit aussieht, und jeder vagabundirt auf seine eigene Hand. Da nun Sommer und ich keine haben, so kann man von uns das Mitbringen der Frau billigerweise nicht fordern. Drittens muß man doch den einen und den andern Spaziergang vornehmen, und ohne daß Eure Frau dabey, kommt in so etwas auch kein Anhalt und kein Verstand, gerade weil Niemand das Regiment der Sitte führt. Die übrigen Gründe will ich euch sagen wenn wir in Achen sind. Für Herrn Frank kann man ein Zimmer haben, wie Ihr aus einliegendem Briefe der Madame Hoyer in der Reichskrone seht. Nun gehabt Euch wohl, grüßt Frau und Kinder, und bringt mir auch den Brief von Vinke wieder mit so ich Euch neulich gesendet. Seht doch einmal im Merkur nach, wo die Proklamation von Kalisch von Kutusow steht. Ich kann sie nicht in ihm finden. Vergesst solches nicht.“ (Orig.: Familienarchiv Görres-Jochner Nr. 14; Binder (Hrsg.), *Freundesbriefe* Nr. 204, S. 565f).

14.11.1818 (Rom) Karl Joseph Ignatz Mosler: „Ich habe erfahren daß mein Bild am 23. des vorigen M. noch nicht in Koblenz angekommen sey, die Schuld dieser ärgerlichen Verzögerung ist die Abwesenheit des Frankfurters dessen Gemälde es beygepackt ist – bis zur Ankunft dieses Briefes wird es ohne Zweifel da seyn. Ich brenne vor Ungeduld ihre Meynung darüber zu vernehmen. Ich bitte Sie ganz nach Ihrem Gutdünken zu verfahren; Was Sie in meinem Nahmen zu thun für gut finden ist mir lieb und recht. Mein Bestes zu bedenken bitte ich Sie nicht, den das thun Sie ungebeten. Mein Bruder weis daß Sie alle Vollmacht von mir haben. Auf Ihren vorigen Brief habe ich Ihnen noch mehreres zu sagen. Es freut mich sehr der nähere Antheil den Sie an unserer alten Kunst nehmen und daß Sie Gelegenheit gehabt haben ihren angeborenen Blick zu schärfen durch das Sehen vieler Werke – daß Sie die Bilder aus Kus haben ist mir sehr lieb gewesen zu erfahren ich wünsche Ihnen Glück dazu. Für Hubert van Eyk (+1426) glaube ich dürfte man sie dennoch nicht halten können wen sie dessen Styl zu haben schienen – diese Bilder sind offenbar für das Hospital gemalt worden. Sehen Sie nach dem Geburtsjahr des Stifters so wird dieser vielleicht noch nicht gebohren gewesen seyn oder noch Fische gefangen haben als Hubert v. Eyk starb. Der Meister ist ein jüngerer und eben derselbe welchen Boisserée für eine Person mit Israel von Mechlen oder Meckenheim hällt, damit er auch sehr viel Ähnlichkeit hat; ich habe nichts gegen die Vermuthung einzuwenden. Ich sage nur der Meister arbeitete in den 60er 70er und 80er Jahren des 15. Jahrhunderts zu Köln. Das Verzeichniß seiner nicht geringen Anzahl von Werken finden Sie in meiner Erörterung genau angegeben. Wen Sie sich ein einigermasen sichereres Urtheil über die Masse jener Bilder zutrauen dürfen die Sie während drey Monaten langsam durch gesehen haben, so werden Sie mir auch wohl einiges zutrauen da mich jener Meister allein längere Zeit praktisch beschäftigt hat indem ich 5 Tafeln von ihm gezeichnet habe. Wegen meiner Erörterung bitte ich Sie ganz außer Sorge zu seyn. Wen wie Sie sagen ‚das Historische in allen diesen Dingen hat eine sehr viel andere Wendung genommen‘ u.s.w. so antworte ich: das muste es auch, wenn es anderst mit den Resultaten meiner Untersuchung jemals zusammentreffen sollte. Welche Wendung nun die rechte sey wird sich zeigen. Die Kölnische Malerschule wird man nicht enger begränzen als ich schon gethan habe: darauf gebe ich Ihnen mein Wort – weder in Rücksicht der Dauer noch der Anzahl der Meister. Die so genante kölnische Malerschule u.d.gl. die welche aus wenigstens 12 Meistern von verschiedenem Styl und aus den ältesten Zeiten her soll bestanden haben die mag sehr zusammenschwinden, die wirkliche aber wird müssen anerkannt werden; und zwar eh die größere Masse ihrer Denkmale an den Meistbiethenden werden verkauft seyn, und mit der Zeit weis Gott welches Geschik erleben. Es werden aber die Verkäufer im Tempel der vaterländischen Kunst nicht gern sehen ‚wenn vieles klarer' wird ‚als man es sonst angesehen'. Es soll aber klarer werden mag auch dagegen dunkel erschienen was dunkel ist. Sie meynen ich habe ‚dem Gang der Dinge aus der Ferne nicht wohl folgen können', aber auch in der Nähe würde ich dem Gang der Dinge nicht gefolgt seyn der in Göthes elendem Rhein und Main noch da steht wo er im Jahr 1807 stand. Polemische Äußerungen gegen jenes Getratsche habe ich vermieden, aber die Sache wird selber sprechen. Ihrer freundlichen Besorgniß, dafür ich Ihnen herzlich danke, wird es angenehm seyn Niebuhrs Urtheil über meine schriftliche Arbeit zu erfahren: Sie haben, sagte er, da etwas gutes, etwas sehr gutes, verdienstliches gethan dafür man Ihnen recht dankbar seyn muß. Ihre Darstellung überzeugt mich so sehr als man ohne eine unmittelbare Ansicht jener Dinge zu haben nur überhaupt sagen kann. – Ich sagte dagegen daß mir doch wohl nicht alle glauben würden welche diese unmittelbare Ansicht hätten, da für manche Dinge die auf innern Gründen beruhen habe ich keine andern äußern Beweise als die Verwirrung und der Unsinn welcher durch eine andere Annahme heraus kömmt, da glaubte man den eher den Unsinn. Da trösten Sie sich, sagte er, mit mir, ich bin in dem selben Fall wie Sie. – Ich würde Ihnen gern meine Abhandlung vor dem Druck mitgetheilt haben aber es war nicht gut thunlich da ich sie selber aus verschiedenen Veranlaßungen länger in Händen behielt als ich wollte. Ihr guter Rath und Meinung wird mir dennoch wilkommen seyn, und haben Sie etwas zu erinnern und auszusezen so sieht es desto unparteiischer aus wen Sie, darum ich Sie bitten wollte, etwa nicht abgeneigt seyn sollten in den Heidelberger Jahrbüchern meine Arbeit beurtheilen und etwas gutes daran zu zeigen haben. Von Niemandem ist mir angenehmer beurtheilt zu werden als von Ihnen. Ich werde auf jeden Fall sorgen, daß Ihnen noch vor der Erscheinung ein Exemplar zugesendet werde. Meiner Schrifft traue ich zu, daß sie eine Eigenschaft der englischen Stiefelwichse habe, die je mehr man sie bürstet desto scheinbarer wird; und darum glaube ich daß Einige nachdem sie zu bürsten versucht haben ihre Bürsten wieder in die Tasche steken, und werden sich verhalten wie bey dem Ey des Kolumbus. Die welche Göthen in seiner Aktion über die niederrheinische Malerey souflirt haben können wenigstens nicht sagen daß sie mir souflirt hätten wie man's mache das Ey auf die Spize zu stellen, den es wird sich finden, daß ich's nicht auf die byzantinische Manier probire, und ich denke es soll stehen, während Göthe sich so geberdet daß man ihm seinen Unglauben an das Experiment recht gut ansieht. – Leben Sie recht wohl! Ich grüße Sie und die lieben Ihrigen. Fink dürfte mir wohl auch einmal schreiben. Grüßen Sie auch den Doktor und Schlosser. Ihr Karl Mosler.

N.S.: Ich ersehe aus der Zeitung, das Minister von Altenstein selbst nach Bonn komme. Niebuhr hat sich bey ihm verwendet daß ich als Gehülfe von Kornelius nach Düsseldorf möchte berufen werden, aber so lang es auch ist noch keine Antwort. Könnten Sie villeicht gelegenheitlich die Sache in Erinnerung und Anregung bringen und unterstüzen? Es ist mir unter uns gesagt sehr daran gelegen diese Anstellung zu erhalten. Kornelius wünscht es und man findet mich wie man sagt am besten geeignet diesen zu ergänzen. Ich glaube selbst wir beide würden etwas ausrichten. Die lange - lange Trennung von einem Ihnen sehr nahen Theil meines Lebens höhlt meine inneren Kräfte zu sehr aus das fühle ich täglich mehr; ich trage was Menschen möglich ist. – Sie waren das Himmelswerkzeug für einen wichtigen Schritt meines Lebens – ich hoffe Sie werden es noch sein für einen andern. Geb's Gott.

Um vorwärts zu kommen mußte ich viel mehr etwas voran gehen, und wen dazu eben meine durch Sie beförderte Entfernung mitgewirkt habe das werden Sie gewiß mit dem grösten Vergnügen erkennen, weil Sie ich weis nicht zu sagen wie viel fachen Antheil daran nehmen." (Orig.: Familienarchiv Görres-Jochner Nr. 174; Unveröffentlicht).

28.11.1818 (Brüggen) Johann Friedrich Benzenberg: „Da ich diesen Abend eine zärtliche Anwandlung gegen Euch verspüre, so will ich euch einen Brief schrieben. Eichhorn wird Euch erzählt haben, wie alles in Achen gegangen, auch daß ich nebst meinem constitutionellen Gäulchen dort 4 Wochen in der Herberge gewesen, und schweres Geld verzehrt habe – dabey aber nicht Professor in Bonn geworden. – Ich hörte zuerst daß Ihr nicht hinkommen würdet – weil Ihr ein Zeitungsschreiber gewesen – allein ich dachte, daß solche Principien auf sedathe Leute wie unser einer gar nicht anzuwenden. – Aber Arndt hat mit seinem vierten Viertel vom Geist der Zeit dem Fasse den Boden wieder eingeschlagen, und die Polizey soll ganz formidable Sachen darin entdeckt haben, woher er denn auch billigerweise noch eine Zeitlang in seinem Provisorio bleiben könne." In der Aachner Zeitung sei ein Aufsatz erschienen, der „von Niemand anders sein konnte als von Korreff". Er habe ihn im *Beobachter* abdrucken lassen, da viele vornehme Reden und große Rosinen in ihm zu finden seien. „Uebrigens fürchten sich alle vor einander, der A vor dem B und dieser wieder vor dem A, und wagen daher nicht in ihren Vorschlägen und Worten herauszugehen. Zugleich fürchten sie sich vor den Studenten und Turnern, – und wenn sie sich verhältnißmäßig so vor den Landständen fürchten, dann muss man fast wünschen daß sie den Versuch nicht machen. Denn sie bringen uns sicher in Verwirrung so wie im Jahr 1787 das schwache Ministerium von Lud XVI die Nation, durch seine halb gebende und halb nehmende Masregeln in Verwirrung brachte. Ich schreibe jetzt an einem Büchlein über ProvinzialVerfassung, von dem ich mir schmeichle daß es Euch zwar nicht gefallen wird aber Gneisenau, und zu dem ich viele alte Dokumente aus unsrer Landesgeschichte abdrucke. Sommer der in Achen war hat sein Verfassungsbüchlein über Westfalen bereits fertig. Es komt in Münster heraus. Wenn Ihr mir einmal schreiben wollt, so soll es mir lieb sein. Denn diesen Winter bekomt ihr mich doch nicht zu sehen. – Grüßt Eure Frau und die Kinder, meine alte Mutter läßt Euch auch grüßen. Gehabt Euch wohl". Altenstein solle in Aachen gesagt haben, er sei der Meinung, „daß diesen Winter auch etwas im Verfassungsprocess geschehen müste". Alexander von Humboldt sei dort sehr beschäftigt gewesen mit dem Kanzler und dem König, da diese so großen Einfluss auf seine Reise hätten. Koreff habe gesagt, er mache täglich um die 80 Besuche, in Paris aber 144. (Orig.: Familienarchiv Görres-Jochner Nr. 14; Binder (Hrsg.), *Freundesbriefe* Nr. 204, S. 566-568).

9.12.1818 (Kirchhundem) Johann Friedrich Joseph Sommer: „Verehrter Herr Professor! Wenn ich es wage, dem ruhmvollen Kämpen für deutsche Freiheit die beiliegenden Blätter zu verehren, so werde ich freilich das: in magnis voluisse sat est zu meinem Schutze in Anspruch nehmen müssen. Ich glaubte, die Wahrheit, daß Verfassung nicht Gnade, daß sie etwas Historisches, daß sie ein Recht sey, könne nicht einleuchtend genug bewiesen werden, und jeder Beitrag dazu sey wünschenswerth. Im einzelnen werde ich freilch manches Irrthums, nicht immer mit Unrecht, beschuldigt werden. – Möchte es Ihnen so wohl gehen, als ich wünsche. In Aachen hoffte ich vergebens, Sie zu treffen. Hochachtungsvoll Ihr gehorsamer Sommer". („nebst einem Paket Gedrucktes", u.a. wohl Sommers Schrift *Von deutscher Verfassung im german. Preußen und im Hzgtum Westfalen. Mit Urkunden*, Münster 1819). (Orig.: Berlin, GStA PK, I. HA Rep. 77, Tit. 22, G 8 adh., Bl. 17f; K. A. v. Müller, *Briefe von und an Görres*, Nr. 9, S. 457).

11.12.1818 (Koblenz) Ignaz Heil: „Die Regierung kann den von dir eingereichten Akt nicht als ein Dokument ansehen, wodurch das Erbtheil der v. Lassauxschen Minorennen auf dich eigenthümlich übergegangen ist. Es ist kein Verkauf, weil der Preis fehlt, auch keine Schenkung, weil keine Acceptations-Urkunde vorliegt. Sie hat mich übrigens autorisirt den Kaufkontrakt mit dir sowohl in deinem eigenen Namen, als Namens der v Lassaulxschen Minorennen abzuschließen, wenn du dich verbindlich machen würdest die Einwilligung des Familienraths vorschriftsmäßig innerhalb 6 Monaten beyzubringen, worüber ich nur deine Erklärung erbitte." (Orig.: Familienarchiv Görres-Jochner Nr. 100; Unveröffentlicht).

20.12.1818 (Brüggen) Johann Friedrich Benzenberg: „Ich bin gestern von Elberfeld und Düsseldorf wieder auf meinem Häuschen in der Heide angekommen, wo es mir immer noch am besten gefällt – denn einige Stille und Einsamkeit ist allerdings hier zu haben. Auch kann man hier gelehrte Bücher schreiben und mancherley von sich bringen. Des Zeitungsschreibens bin ich müde. Die Leute lesen sie nicht, selbst die nicht für die man schreibt. – So hatte man den Aufsatz im Beob. über die Wahlen in Engeland nicht gelesen, und die Recension Eurer Schrift hatte Niemand gesehen ... woher ich mir denn einiges Verdienst damit erworben daß ich sie im Beob. noch einmal habe abdrucken lassen. Auch ist die Censur in Hamburg ganz in der Abhängigkeit vom Grafen Groote. Ein Aufsatz von Aders über die Verbrauchsteuer wurde so gestrichen, daß er ganz zurückgenommen werden mußte. Sommer hat angefangen seine Aufsätze mit den Hamburger Varianten im Herrmann abdrucken zu laßen. – Bonn hat also sich vorläufig weder Eurer Beyhülfe zu erfreuen noch der meinigen. Allein ich gebe noch nicht alle Hoffnung auf, wenn sich nemlich diesen Winter die 18 Studenten und die 30 Professoren oder vice versa – als stille und sedate Leute betragen, keine Turnjaken anziehen, und sonst nichts beginnen was dem von Kaiser Maximilian aufgerichteten Landfrieden entgegen ist. - Mit der Astronomie sieht es freylich bis dato windig aus. Die Sache hat sich nemlich in Achen in folgender Weise begeben: Koreff fragte mich ob mir Altenstein nicht geschrieben - Obgleich einem Juden wenig zu glauben, so hatte er doch wohl Ursach die Wahrheit zu sagen, unter anderen wegen der Preisfrage über den Magnetismus. Dann sprach Koreff verschiedenes von der Universität und von politischen Gesinnungen, welches mir nicht deutlich war. – Den Abend ging ich zu Altenstein. Dieser sagte: wie er gesonnen, alle politische Meinungen zu entfernen, wie die Leute ordentlich den Studien obliegen sollten, und wie er das Herzeleid nicht erleben wolle, daß durch politische Parteiungen die Hörsäle leer blieben; und wenn die Universität auch den Ruf bekäme, daß sie aus lauter Philistern bestände, so solle es doch so gehalten werden. – Ich ging den andern Tag mit Eichhorn spazieren und erzählte ihm daß ich bei Altenstein gewesen und daß es mir völlig klar geworden, daß ich der Universität nicht convenire und die Universität mir nicht. Eichhorn behauptete, daß ich den Minister nicht verstanden, und da ich blos gehört, aber seine Meinung nicht bestritten, so habe der Irrthum sich nicht finden können. Schulz, der auch dabei war, behauptete dasselbe. Ich blieb indeß dabei, daß ich ihn wohl verstanden, daß mir die Idee sehr dumm vorkomme, mit den Studien die Politik zu gewältigen, und daß in einer bewegten Zeit alles Wissen auf die Bewegung der Zeit angewiesen und auf dieser wurzle, so in der Reformation und so in der Revolution. Die Kenntnisse hätten gerade deswegen auch in diesen Perioden so große Fortschritte gemacht, und das National-Institut habe in zehn Jahren mehr geleistet als die Akademie in hundert. Was das reine Wissen beträfe, so gehe es diesem wie der reinen Tugend und der reinen Frömmigkeit. Die davon redeten, besäßen gewönlich nicht viel davon, und das was die Berliner so davon beibrächten, wären eitel große Rosinen. Kurz mir sei es ganz klar, daß ich dem Minister nicht convenire und der Minister mir nicht. Eichhorn meinte aber, Altenstein sei doch ein guter Mann, der es nicht verdiene, daß man es ihm entgelten lasse, wenn er sich unrecht ausgedrückt; die Sache sei anders. Ich solle ihm (E.) einen Brief schreiben, in diesem Briefe meine Ansicht klar darlegen, und E. wollte denselben A. zeigen und mit ihm darüber reden. – Dieses geschah. Allein die Sache kam hiedurch nicht weiter. Hr. von Stürtzer schrieb sein gefährliches Werk über die deutschen Universitäten – alle Welt war allarmirt, der österreichische Kaiser und Genz, und ersterer meinte: sie sollten nur nicht machen, daß die Studenten in Bonn es so auf den Siebenburgen trieben wie die Jenaer auf der Wartburg. Der König hatte erklärt: er würde dann die Universität gleich wieder aufheben, und nur mit Mühe hatten sie ihn am 18. Oktober dahin gebracht, daß er unterzeichnet. Koreff hatte in der Achener Zeitung zwei Tage vorher in den erhabensten Ausdrücken von der Bonner Universität gesprochen, und dieses wohl mit Zustimmung des Canzlers – damit die Sache auf die Spitze gestellt würde. In dieser Lage blieb dem Minister nichts andres übrig als unbekannte Namen dem Könige vorzuschlagen, und möglichst wenige, damit nur die Universität am Leben bleibe und eklatante Begebenheiten verhütet würden. Ich kann weder ihn noch den Canzler tadeln. Jeder muß so gut regieren wie er kann.

Da Ihr nun ebenfalls nicht hinkommt, so war die Sache auch weiter kein Ehrenpunkt, und da Koreff in der Aachener Zeitung den Rheinländern zwar Bildsamkeit zugestanden, dabei aber über ihre Unwissenheit geklagt, so war es vielleicht sogar einer, nicht hinzukommen, wenigstens nicht allein ohne den englischen Grundsatz des Zusammenhaltens, beim Ein- und Austreten kommen wir ohnehin zu nichts. Lieb ist es mir doch, daß ich solange in Aachen gewesen, um die Sache und ihren Zusammenhang völlig zu begreifen, und um es so leichter zu vermeiden daß man nicht gegen Dinge redet, die nicht existiren. Reinlich sind sie und rechtlich, aber eine Angst haben sie im Leibe vor jeder Bewegung der Gesellschaft, die ohne Grenzen ist, und von der französischen Revolution wissen sie blos was im

Hamburger Correspondenten gestanden. Wenn nur der Himmel gibt, daß bis zum 5. Febr. alles im täglichen Gleise bleibt! Wenn irgendwo eine Wartburger Geschichte ins Land kommt, so dispensiren sie sich auch vom Worthalten. Geht es in Bayern vom 1. bis 31. Januar gut, und bewilligen die Stände ohne Anstand, so ist einige Hoffnung vorhanden. Sind einmal Stände da, so fürchten sie sich wieder vor etwas anderem, und Bonn wird dann vergessen - wenigstens bis zum 18. Oktober, der ein harter Tag wird, weil dann die Studenten nach dem Drachenfelsen ziehen werden und Feuer anzünden und Reden halten. – Als ich nach Aachen kam, sagte mir Eichhorn: ‚Jetzt sind die obscuranten Grundsätze wieder herrschend, aber fürchten sie sich nicht, daß etwas obscurantenartiges geschieht.‘ Freilich wenn die andern sich mit so viel Mäßigkeit, Klugheit und Geduld bewahren, dann kommt man immer glücklich durch diese Nebel und Regenwände hindurch. Als ich wegging, sagte er mir: ‚Ich bin jetzt K. preuß. Geheimrath. Wenn ich es nicht wäre – und ich bäte um eine Assessorstelle bei einer Regierung, der Canzler wagte nicht mich dem Könige dazu in Vorschlag zu bringen.‘ Uebrigens glaube ich, daß es unser Vortheil ist, das Königthum auf alle Weise zu schonen und zu schirmen. Es wurzelt in einer großen Vergangenheit, und im Munde des Volkes ist nichts so klar und so verbreitet als der Begriff des Königs. Unter 100 Menschen weiß kaum Einer, was ein Minister ist, aber von 10 wissen 9, was ein König ist, und welche Rechte am Königthum haften.

Ich bleibe den ganzen Winter hier. Im Februar wird mein Verfassungsbüchlein fertig. Grüßt eure Hausfrau, und schreibt mir, wenn Ihr etwas von Berlin hört. Adieu.“ (Orig.: Familienarchiv Görres-Jochner Nr. 14; Unveröffentlicht).

22.12.1818 (Jever) Anton Garlichs: Nach langer Zeit, in der er Görres nicht gesehen, aber „umso mehr von den herrlichen Produkten seines Geistes gelesen“, nehme er sich die Freiheit mit einer Bitte an ihn heranzutreten. „Ich habe hier nämlich zu einer Zeit da der Kg der NL die Stadt Amsterdam sinken ließ, und folglich auch die dortigen Künstler nach andern Städten wanderten den Ihnen wahrscheinl nach großen Mezzo-tinto-Platten bekannten Kupferstecher F. C. Bierweiler, von Amsterdam nach Jever gezogen, und mit ihm hier eine Kunst und Verlagsbuchhandlung gegründet, welche wir aber im Frühling des nächsten Jahres nach Hamburg verlegen werden.“ Nachdem sie nun eine Reihe von Brustbildern „bedeutender Personen, die das deutsche Vaterland kennt und ehrt“, hergestellt hätten, sei ihre Wahl „natürlich auch“ auf Görres gefallen, sie ersuchten deshalb um Erlaubnis, nach einem von ihm einzusendenden Gemälde eine Mezzo-Tinto Platte liefern zu dürfen. Er solle es an ihren Kommissionär, Gebrüder Willmans in Frankfurt, senden. Wenn er kein Bild habe, schlügen sie vor, eines auf ihre Kosten malen zu lassen. Sie böten auch an, falls er schon einen Kupferstich habe, mit dem er nicht zufrieden sei, diesen zu retuschieren oder zu kolorieren. Die Platte würden sie dann dem Minister Stein oder einem andern, den Görres schätze, dedizieren. Ein Druck zur Ansicht sei beigefügt. (Orig.: Berlin, GStA PK, I. HA Rep. 77, Tit. 22, G Nr. 8 adh., Bl. 19f; Unveröffentlicht).

24.12.1818 (Heidelberg) Georg Friedrich Creuzer: Dank für Görres' kürzlichen „allerliebsten“ Brief. „Wir haben uns was zu gut gethan mit Lachen. Mir ist vor

Allem lieb zu sehen, wie auch nichts im Stande ist Ihre gute Laune zu verderben. Unser Sulpiz Boisserée sieht manchmal etwas trüber. Die Cölner Briefe, die das bloße bittere Materiale bringen ohne verzuckernde Einkleidung, mögen das ihre wohl dazu beitragen". Doch seien alle drei nun recht guter Dinge, da sie nun endlich doch aus der engen Wohnung herauskämen, gingen nun wirklich nach Stuttgart mit den Bildern, ohne Obligation, und bekämen vom König ein schönes Haus mit 44 Zimmern. Besonders Melchior sei froh, der unter dem beständigen Bilderschleppen beinahe zu Grunde gegangen wäre. Noch vor Ostern solle der Umzug sein. - Von den Heidelberger Professoren habe niemand das Experiment wagen wollen, nach Bonn zu gehen, da alle Anträge einzeln und die meisten erst im September und Oktober gekommen seien, nur Welker sei noch unentschlossen, die andern bekämen Gehaltszulage. Anfang März fänden in Karlsruhe die Sitzungen statt, alle seien mit dem neuen Regenten sehr zufrieden. Allerlei Literaturnachrichten: Dr. Mone wolle eine Bildersammlung aus altdeutschen Handschriften herausgeben, die Laßbergischen Abdrucke von seinen alten Minneliedern gäben eine „sehr anständige Liedersammlung", er habe auch ein Faksimile vom Hohenemser Codex des Nibelungenlieds machen lassen. Grimms altdeutsche Grammatik komme demnächst heraus. Mone finde keinen Verleger. Oswald lamentiere, dass Görres noch immer kein Manuskript geschickt habe. „Da die Politik jetzt auf der Seite liegt, so werden Sie, denk ich, wohl wieder an andern Dingen fleißig seyn. Und wie stehts denn mit dem Schah Nameh? Ich warte schon lang mit Schmerzen darauf, zumal jetzt, wo ich die zwei ersten Bände der Mythologie neu drucken lassen möchte, thäte mir Ihr Nameh gar zu nöthig. Die Mythengeschichte wird auch besser gebraucht, als beim ersten Druck jenes Anfangs geschehen konnte." Er wolle neue Kapitel hinzufügen, das Ägyptische ganz abändern. Görres werde Ostern zweierlei von ihm bekommen, auch das lateinische Büchlein über Herodot. (Orig.: Familienarchiv Görres-Jochner Nr. 41; Binder (Hrsg.), *Freundesbriefe* Nr. 207, S. 571-573).

21.1.1819 (Bremen) NN: „Herr Senator Smidt, welcher hier zum Besuche ist, und in einigen Tagen auf seinen Gesandtschaftsposten in Frankfurt zurückkehrt, hat es übernommen, Ihnen den noch in meinen Händen befindlichen Rest für den Koblenzer Hilfsverein zukommen zu lassen. Dieser befasst in folgendem 1) eine sächsische Pistole 2) eine kleine goldne Medaille, etwa einen Ducaten werth 3) eine Summe in Conventionsgeld. Dazu ein silbernes Hanseschiffer Kreuz wie zur Zeit des Befreiungskrieges häufig als Kokarde getragen wurde. Wünsche für ihr Wohlergehen". (Orig.: Stadtarchiv Koblenz, Best. 623, Nr. 2671, Bl. 455; Unveröffentlicht).

27.1.1819 (Berlin) Karl August von Hardenberg: „So gerne ich auch die Ausführung des mir von Ew. Wohlgeboren unter dem 2. October v. J. mitgetheilten Plans, die Anlegung einer Handwerksschule von Seiten des dortigen Hülfsvereins betreffend, begünstigen möchte, so habe ich doch in der Rücksicht Anstand nehmen müssen, Seiner Majestät dem Könige hierüber Vortrag zu machen, weil der hierunter beabsichtigte Endzweck nach meiner Meinung nicht zu erreichen seyn dürfte. Der mir von Ew. Wohlgeboren eingehändigte schriftliche Entwurf erfolgt

Ihrem Wunsche gemäß, in der Anlage zurück." (Orig.: Stadtarchiv Koblenz, Best. 623, Nr. 2671, Bl. 449; *GS* 13, S. 588).

31.1.1819 (Cochem) Johann Peter Weckbecker: „Euer Wohlgeb freundschaftlichste Verwendung für mich, macht mich so frey, mich an Sie schriftlich wenden zu dürfen. Meine Wünsche bei der Königl Regierung zu Coblenz angestellt zu werden, zu deren Gelingen Sie schon so manches Wort zu meinen Gunsten gesprochen haben, sind Ihnen ganz bekannt, wie auch, daß ich mich im December v. J. deßfalls nochmals an die Regierung mit Aufführung meiner Rechtstitel zu der Stelle eines Regierungssekretärs, als im May 1815 in Gefolge des Besitznahmspatents vom 15 April 1815 übernommenen Presidialsekretär der administrativen Justiz zu Creutznach (einer Branche der damaligen Regierung) schriftlich gewendet habe." Zwischenzeitlich habe er vom Kurator des Regierungssekretariats, Regierungsrat John, der mithin auch Referent in dieser Sache sei, den Antrag erhalten, seinen hiesigen Posten mit der Stelle eines Kreissekretärs zu Sinzig zu vertauschen, bis er zum Regierungssekretär ernannt werden würde; zudem wolle man sich dafür verwenden, daß der dortige Landrat ihm ex propriis einen monatlichen Zusatz von 10 Talern zur Verbesserung seiner Verhältnisse gebe. Diesem Antrag habe er die Unbequemlichkeit und die Unkosten eines Umzug mit einer starken Familie entgegengesetzt, sowie „das Unangenehme einer Versetzung und eines nicht einmal ganz bestimten, fortwährenden Aufenthaltes", und den Regierungsrat um günstige Fürsprache zur Erlangung seiner Wünsche und Ansprüche gebeten, da er auch gegenüber andern ein Vorrecht habe. Gleich nach Abgang dieses Schreibens habe er den Bescheid bekommen, „daß man sich noch zur Zeit außer Stande sehe meinem Gesuche zu willfahren. Obgleich in dieser Verfügung vielleicht immer noch etwas Hofnung durchschimmern mag, daß ich weiß Gott wann einmal zum Ziele gelangen werde". Dies sei ihm ganz unerwartet gewesen, da er geglaubt habe, dass durch die Absetzung der beiden aus dem Sekretariat ausgeschiedenen und zu Assessoren ernannten Heil und Linz zwei Lücken zur ferneren Besetzung eröffnet sein würden. „Bei dieser noch sehr ungewißen Lage meiner Verhältnisse erlaube ich mir, Sie inständig zu bitten, sich gefälligst gelegentlich bei H. Presidenten von Schmitz Grollenburg nochmals verwenden zu wollen, und mich mit Ihrem gütigen Rath durch Mittheilung desselben unterstützen zu wollen. Die Versetzung nach Coblenz lieget mir um so mehr am Herzen, als meine Frau sich sehnlichst nach den Ihrigen wünscht". Sie leide „an den Nerven" und habe nun seit dem erhaltenen Bescheid die Erfüllung ihrer stets gehegten Hoffnungen erwartet. „Euer Wohlg kräftiges Vorwort würde sehr viel zur Verbesserung meiner Lage, besonders meiner häuslichen Verhältnisse beitragen; Sie wollen mir es daher nicht verargen daß ich mich dieserwegen im vollstem Zutrauen zur baldigen Abhülfe an Sie gewendet habe." (Orig.: Familienarchiv Görres-Jochner Nr. 262; Unveröffentlicht).

4.2.1819 (Berlin) Achim von Arnim: „Erst gestern gab mir Schulz deinen Brief vom 15. Dez.: herzlichen Dank und treue Aufrichtigkeit deinem treuen Andenken. Den Wunsch, dich hier zu sehen, deutest Du, wie ich glaube den Leuten falsch, wenigstens denen, die ich kenne. Auch bei mir ist es nicht dies/das Verlangen allein, dich einmal wiederzusehen, denn bey meiner abwechselnden Anwesenheit auf dem Lande hätte ich dazu vielleicht nur wenig Zeit, sondern vielmehr die Hoffnung, daß dir die Reise eine Anschauung von vielen Verhältnissen geben könnte, die du nur dem Namen nach kennst und auf die dein Trieb zur politischen Untersuchung dich doch immer wieder führen muß. Du kannst dem entgegensetzen, daß Benzenberg nicht nur hieher gereist ist, sondern sogar einige Monat hier gelebt hat und doch über die hiesigen Angelegenheiten nichts als ein tolles Sammelsurium von Unwissenheit und Aberwitz aufgetischt hat, daß also eine Reise der Art zu nichts führe als zum Zeitverlust, daß man in einem Lande nicht Monate, sondern Jahre, nicht in Beschauung, sondern in Thätigkeit zubringen müsse, um es kennen zu lernen. Es mag etwas in dem Einwurf liegen, aber ganz wahr ist er doch nicht in unsrer Zeit wo die Berührung überall leicht und offen ist, so daß jemand der offene Augen und einen freyen ungebundnen Geist und ein wohlwollendes Herz mitbringt, auch in kürzerer Zeit manches entnehmen kann, was bedeutend ist, was aber der Eingeborne nicht achtet, weil es von der Gewohnheit ihm abgeschliffen ist. Was that jener Benzenberg? Er lief vom Morgen bis Abend von einem zum andern und demonstrirte ihnen seine Weisheit und wenn ihm Leute zur Belehrung etwas gaben, so drückte und zwikte er daran bis er es in sein Systemchen eingepackt hatte und purzelte es dann wieder in seinen Beobachter mit der Fertigkeit einer Ente hinein. Wenn man ihm den Unsinn vorhielt, so meinte er, das sey alles Absicht, um die besserunterrichteten Leute zum Sprechen zu bringen. Diese Spekulazion ist ihm aber nur selten eingetroffen. Das Zeitungswesen war sein Hauptunglück, ein schreckliches Verführungsmittel in Ländern, wo noch keine allgemeine öffentliche Organe der Mittheilung sind. Davon bist du frey, du hast der Welt auf diesem Wege in einer Zeit genuzt, wo die meisten Gegenstände allgemeinen Interesses sich auf mancherlei Wegen zur Öffentlichkeit drängten, wo die Hauptpunkte so klar vor Augen lagen, daß die Partheien im einzelnen gegen die Förderung jener zurücktreten mussten.

Mit dem gewaltsamen Zustande der für uns hier sieben Jahre gedauert hatte und dessen Spize der Krieg war, in welchem alle innern Angelegenheiten der Politik geopfert worden, blos der Meinung und Anregung wegen übers Knie gebrochen wurden, unter einem höchst leichtsinnigen, lenkbaren Staatsmanne wie Hardenberg, in dem diese Zuversicht in dem was zu thun nöthig überall aufgehört, aber nicht … (durchgestrichen); erst die Bildung des Staatsrechts scheint eine Hemmung hervorzubringen, scheint das überall durch sinnlose Verallgemeinerung prüfungslose Schmeichelei beliebter Meinungen zerrissene Verhältniß in eine verfassungsmäßige Vermittelung bringen zu wollen. Hier muß bis zu den lezten Endpunkten gegangen werden, es ist aus Zeitschriften fast nichts mehr zu lernen, die meisten wissen gar nicht mehr auf welchem Punkt die Sache steht und nur die mühsamste Ansicht der Geschäfte in allen einzelnen Ländertheilen kann zu etwas führen, was wohlthätig auf das Ganze wirkt. Hier wird einem aber plözlich ein Unwesen klar, was vorher nicht geahndet war. Die Beamtenwelt erfährt ihre Metamorphosen später als die andern thätigen Menschen weil sie unter der Last des kürzlichen Treibens eigentlich keine Zeit zu eigner Untersuchung hat. Hier ist nun die blos steifstellige Meische früherer Zeit im Aussterben, was sich jetzt vordrängt ist in der Schule der Gewalt und der leichtsinnigen Theorie aufgewachsen, meist Leute der Art wie Benzenberg, jeder möchte den Staat auf seinen Blik wie einen Kiesel schlagen und versteht es doch nicht das kleinste Geschäft seines Berufs auf eine verständige Art durchzuführen. Wie ist diesem Uebel zu begegnen? Durch eine Constitution, die von diesen leichtsinnigen Beamten zusammengeschmiert wird? – Hier liegt der Hund begraben! – Zerrissene Gemeinde und Kreisverhältnisse oder wenigstens neue Entwicklungen, die noch keine feste Wurzeln geschlagen, von unten auf, von obenher eine leichtsinnige Beamtenwelt, die es sich mit Theorien bequem macht, unentwickeltes streitiges Interesse (die ihre Interessen noch gar nicht kennen) überall; wie soll die Verfassung aussehen?" (Rest fehlt; Anschluss nach Weiss 63f:) „Es kann sich demnach ein Mensch wohl zweierlei Arten der Wirksamkeit als lebenswürdig denken, entweder in dem Kreise, der ihn geboren, zu rathen, mitzuwirken, oder als Lehrer auf die künftige Beamtenwelt zu wirken. Manche wünschen das letztere von dir, und wenn du es früher gewünscht hättest, wäre die Anstellung in Bonn nicht schwer gewesen. Es scheint aber, daß sich jetzt in des Königs Kopfe viel Seltsames gebildet hat; wäre Arndt nicht schon berufen, so käme er gewiß nicht dahin. Der Kg glaubt am Rhein einen Revolutionsgeist zu finden, der sich hier vielleicht noch häufiger entdeckt, kurz er will da lauter bedeutsame Lehrer haben, die eine Stätgkeit in die Unruhe bringen sollen. Dagegen ist vorläufig nichts zu machen, späterhin könnte es sich ändern; der russische Kaiser hat ihm unzählige Flöhe ins Ohr gesetzt. Ob dir unter diesen Umständen eine Anstellung in Berlin etwas werth sein kann, wage ich nicht zu entscheiden; ob dir die Pension nothwendig ist zu deinem Lebensunterhalt, eben so wenig; ob diese Pension gesichert, oder bloß auf Autorität des Staatskanzlers ausgezahlt ist, mußt du wissen, ich hörte das letztere, und da hinge sie von seinem Leben und Sterben ab. In jedem Fall wünschte ich Dir eine angemessene Thätigkeit, und ich meine dir schon einmal gesagt zu haben, daß du dich nicht zwischen zwei Stühle setzen sollst. Vermagst du es nicht über dich, den Geschicken deines neuen Vaterlandes dich aufzuopfern und Gutes und Böses mit ihm zu theilen, so mache den Übergang zu einem andern Vaterlande in der Kraft deiner Jahre, beim Ärgern kommt nichts heraus, das habe ich oft in meiner Geschichte erfahren, und die wenigste Opposition kommt aus meinem Herzen, sondern meist aus Gram und Haß über getäuschte menschliche Erwartungen. Glaub wenigstens das Eine, daß alle die, so viel ich deren kenne, die sich hier für dich interessiren, es wirklich aus Anerkennung deines Werths thun; daß du aber auch Gegner hast, die vollkommen den Muth gehabt hätten, dich wegen der Adresse und des Anhangs auf die Festung zu setzen, allenfalls auch zu rädern. Was ich in Hardenberg nie erkannt habe, ist eine entschiedene Güte und Milde, die auch Kraft genug hat, sich bösen Absichten entgegenzustellen, in aller andern Hinsicht ist es ein vollständig elender Kerl, jene Milde, dann aber auch, weil er sich dabei kompromittiert glaubte, waren dein Schutz." (Die Ausgabe der *Freundesbriefe* hat noch folgendes Ende: „Es quält mich, daß Du mit Deinem Dasein und Verhältniß noch so unbestimmt stehst, und ich meine Dir schon einmal meinen ehrlichen Rath gesagt zu haben, Dich nicht zwischen zwei Stühle zu setzen. Vermagst Du es nicht, Dich Deinem neuen Vaterlande aufzuopfern, Gutes und Böses mit ihm zu theilen, so schaffe Dir ein Vaterland, ein Geschick nach der Kraft Deiner Jahre. Beim Ärger kommt nichts heraus, und am Ende kommt man dabei in die Gewalt des Teufels. Beim Teufel fällt mir ein, daß der Clemens viel von ihm spricht, daß er ein katholischer Eiferer geworden, daß er Geistlicher werden will. Uebrigens ist er nicht sonderlich verfallen. Er hat mehrere Monate bei einer kranken Nonne in Dülmen gelebt und will jetzt ganz zu ihr ziehen. Als vorübergehende Beschäftigung ist es merkwürdig genug, und es freut mich für ihn, daß er einer gewissen Richtungslosigkeit entrissen. Allzu lange wird er wohl so wenig hiebei wie sonst aushalten, und es ist mir interessanter, was er aus sich dabei entwickelt, als was die Kranke ihm an Visionen mittheilt, die ohnehin ihre Autorität durch die von ihm erhaltene Färbung verlieren. Meine Kinder sind wohl, das fünfte aber ist ein Mädchen, so daß ich auch in dieser Hinsicht etwas gethan habe. Grüß herzlich Frau und Kinder und behalte mich lieb, Achim Arnim. Am Schluß fällt mir ein, daß du vielleicht noch gar nicht wissen magst, daß ich in diesem Jahre Landwirth, Hirte, Bierbrauer, Brantweinbrenner, Viehhändler, Getreidehändler u.s.w. geworden bin, und daß es mir bis jetzt so ziemlich ergeht bei der Wirthschaft." (Die Wiedergabe des Briefs erfolgt hier, da stark abweichend von der – leichter zugänglichen – Druckfassung der *Freundesbriefe,* nach dem Entwurf: erste Hälfte nach Abschrift Varnhagens im Goethe- und Schiller-Archiv Weimar: GSA 3/236; Fortsetzung nach Weiss, *Unbekannte Briefe*, Nr. 24, S. 63; Druckausgabe der Endfassung: Binder (Hrsg.), *Freundesbriefe* Nr. 208, S.573-576).

12.2.1819 (Bern) Justus von Gruner: „Das Jahr ist abgelaufen, mein theurer Freund! ohne daß ich Ihnen antworten können, und das Neue aufgegangen ohne uns Stoff zur fröhlichern Unterhaltung zu bringen. Als ich Ihren lieben Brief vom 3ten Oktober v. Js. empfing, hatte man mich eben mit einer Gabe frischduftender Hoffnungen beschenkt und da der heurige Winter so viel Außerordentliches bringt, war ich gutmüthiger Thor genug, Früchte von Treibhausblüthen zu erwarten, welche abfielen, wie ich sie an die freie Sonne der Wahrheit brachte. Daß doch das Gemüth nie altert, und keine auch noch so bittere Erfahrung es abstumpfen kann gegen die verführenden Reize der alten Täuschung. Ich erwarte, wie Sie, wenig von dem lebenden Geschlechte; desto mehr von dem heranwachsenden Theile desselben. Auch wird der Kampf immer lauter und die Furcht der Alten beweiset, wie die Kraft, so die Reinheit der Jugend. Die Erscheinungen, welche die Zukunft des Vaterlandes andeuten, sind ein erhebender Führer durch seine matte Gegenwart. Auch für diese Kräftigung wird, denke ich, noch Viel sich thun lassen, ist einmahl das Mittel gegeben. Haben wir die Verfassung – sey sie welche sie wolle – so stehen wir an der Himmelsleiter. Wie hoch sie zu ersteigen? Wird von dem Muthe, der Reinheit und Besonnenheit derer abhangen, welche die freie Luft da oben höher schätzen denn den fetten Fraß auf gewichstem Hofboden, gern das Leben daran setzend, kühn voran klimmend, den bessern Steg und Weg zeigend. In Baiern fürchten sie sich schon ob ihres eigenen Werkes, und die Landtags-Zeitung posaunt in gar jämmerlichen unsicheren Tönen die Pflicht der Bürger-Ruhe, wie einst Schulenburg in Berlin. Was gegen die Fähigkeit der Baiern aus Preußen neulich verkündet worden, verrieth Esels-Ohr und Pferdefuß zugleich. Immittelst dankt die Welt der Lichtenstein'schen Nationalität ein neues würdiges Verfassungs-Muster und ich hoffe, daß alle deutsche Kabinetsköche künftig in gleichem Noth-Pudding die Unsinne der ,verträglichen Gemüths-Art' gebührend einmischen werden; ist ein probates Mittel für ruhige ministerielle Verdauung. Mögte es nun abgethan seyn mit dem bittern Scherze! Aber das vaterländische Gemüth blutet schon im Voraus an den neuen Wunden, welche es dem Volke von Außen schlagen siehet, weil im Innern nichts geschiehet, während dort Alles tüchtig sich gestaltet. Die Franzosen haben Ihre und meine Erwartungen schon gerechtfertigt. Die Folgen dessen so geschehen, sind klar und unvermeidlich. Dennoch wollen sie in Berlin solche nicht erkennen, wenigstens nicht eingestehen, und suchen uns, die wir ohne Theil an den diplomatischen Fehlgriffen, vor deren Resultaten warnen, noch gar wohlmeinend zu beruhigen!! Die Staatszeitung, welche ich noch garnicht bekommen, wird wohl klüglich schweigen, um sich nicht in das jämmerliche Spiel des österreichischen Beobachters zu verwickeln, welcher Herrn Nilet billig eine ehrenvolle Stelle im Dictonaire des Pirouettes sichern sollte. Dem edlen Lord Castlereagh, welcher auch alle Theilnahme am Geschehenen durch seinen getreuen Kourier abläugnen lassen, ist der Kanal zur Gellert'schen Brücke geworden.

Ich freue mich, daß Sie am Rhein zu bleiben entschlossen sind. Ihr Leben kann nur dort seyn und auch ohne öffentliche Stellung wirken Sie dort mehr als zu Berlin in gelehrtem Amte. Für äußere Noth sind Sie hoffentlich geschützt? Es gehört zu dem belobten Beschwichtigungssisteme von d e r Seite gerecht zu erscheinen, um sich Ruhe zu sichern. Ich bleibe hier und denke nicht daran, über die Schweitzerberge zu kommen, so lange das Staaten-Ruder in den jetzigen Händen bleibt. Zwar meinten vor etwelcher Zeit manche Freunde, es sey genug an drei diplomatischen Lehrjahren, aber der Meister will klüglich, daß ich nicht als Pfuscher heimkehre und sein Metier verrufe. Ich selbst halte mich nur zu Einem reif und tüchtig, und wenn der Augenblick erscheint, wo es darum gilt, wird mich weder G- noch Verbot halten. Bis dahin lassen Sie uns in Lieb und Glauben zusammen halten, auch wenn es der schriftlichen Erinnerung an Stoff gebricht." (Orig.: Berlin, GStA PK, I. HA Rep. 77, Tit. 21, Spec. Litt. G. Nr. 6; Gruner, *Deutsche Revue* S. 367-369).

18.2.1819 (Rom) Karl Joseph Ignatz Mosler: „Ihre Beurtheilung meines kleinen Bildes hat an Ehrlichkeit meine Erwartung sehr übertroffen. Was Sie daran loben ist mir auch das Erfreulichste von Ihnen bemerkt zu sehen. Ihre Zufriedenheit im Ganzen that mir sehr wohl und hat mir Muth gegeben. Was Sie an dem Bild tadeln ist wohl nur alzu gegründet und war mir nicht unerwartet daher es mir die Freude am Beyfall auch um nichts beeinträchtigen konnte. Ich hätte dieses Bild an manchen tadelhaften Stellen wohl verbessern können, allein die einsichtigsten Freunde waren nicht dafür daß ich mich mit diesem Bilde noch länger herumplagen sollte, da es mir selbst so wenig genügte und ich nur immer ängstlicher darüber ward und verdrießlich daß es sich an manchen Stellen deren Schwäche ich einsah nicht mehr ändern ließe: daher die Ungleichheit, die Sie mit Recht tadeln. Doch an einer Stelle Ihrer Kritik muß ich Ihnen freymüthig erwidern, scheinen Sie mir gegen die Autorität der größten Maler Unrecht zu haben. Es betrifft die gerügte kniende Stellung des Eng. Gabriel und die segnende Bewegung der Hand und die ihr entsprechende des Körpers, welche Sie besprechend und beschwörend nennen.

Sie glauben wohl irrig daß ich sie in dem Streben nach Neuheit für einen so oft behandelten Gegenstand gesucht und damit etwas unstatthaftes gefunden hätte, oder um mich genau an Ihr Wort zu halten: etwas was sich allenfalls malerisch aber nicht retorisch vertheidigen ließe: den es verhällt sich anderst. Diese Vorstellung ist in dem was Sie berühren, die eigentlich alte, wen auch nicht die ausschließlich übliche; und ich habe sie beybehalten weil sie auch meinem Sinn mehr zusagt als die neuere. In der Hauptsache ganz neu zu sagen wird bey diesen Gegenständen theils nicht thunlich oder schädlich, theils nicht rätlich seyn; ich habe daher das Neue mehr in dem Vortrag des Einzelnen in die Gestaltung selbst und in das Akkompagnement der Gewandung und s. w. gelegt. Auch die Erscheinung der übrigen Engel gehört zu dem Neuen. Ich habe damit den Mittelweg zu treffen gesucht zwischen der älteren Art wo bey diesem Gegenstande eine Glorie mit der Vorstellung des Gott Vaters erschien so daß davon die Strahlen auf die heil. Jungfrau fallen, und der Neueren, wo das was den alten nothwendig schien ganz unterdrückt ist. Da die streng symbolische Vorstellungsweise heutzutag schwer aus dem rechten Gesichtspunkte gefast wird selbst da wo sie bey den Alten aufs vortrefflichste gegeben ist, so habe ich hier mich doch hüten wollen eine zu sehr ins Profane gehende Idylle oder Romanze zu malen; ich suchte also das Mittel durch eine halbe Wendung ins Idyllische doch andererseits die Symbolik des kirchlichen Begrifs wenigstens als ideale Grundlage durchscheinen zu lassen und glaubte dies dürfte bey einem der allerbekanntesten Gegenstände verständlich genug seyn. Aber man ist heutzutag zu sehr an das Absolute Anschauen außer der Zeit und dem Raum gewöhnt, da hört die Kunst auf, eine bestimmte Sprache zu haben und wird das noch so klar Gedichtete eines bildlichen Gedankens zur vieldeutigen und willkührlichen auszulegenden Hieroglyphe. Ohne rhetorische Kunst glaube ich vertheidigt sich die Vorstellungsart dieses Gegenstandes bey den Alten wie ich sie beyzubehalten suchte, viel mehr von selbst, wen man in die Bedeutung des Gegenstandes eingeht. Es war gewiß nicht die Absicht der Alten das <u>Ereigniß des Grußes</u>, oder <u>das Grüßen</u> hauptsächlich darzustellen so wie ja das Ave in der That nur wie die Eingangsformel der Rede ist, sondern offenbar wollten sie viel mehr den <u>Seegen</u> darstelllen welcher der Total Inhalt der Botenrede war und der von ihr wie die Erfüllung von dem Befehl mittelbar ausging. Zugleich aber muß in dem Boten der Gottgesande und ihm gegenüber die Vergine madre – umile ed alta piu etc creatura (Dante Parad. XXXIII) erscheinen, vor welcher Demuth und Hoheit der hohe Gesande selbst auf ein Knie sinkt. – Wohl mag nun die Schuld in meinem Bilde liegen daß es sich nicht als das zeigt was es seyn sollte aber dies glaub ich nicht daß es in der Vorstellungsart seinen Grund habe wen es mißverstanden wird. Die Berliner Krittik ist mir darum ein unheimlicher Gedanke, nicht etwa daß ich fürchte meine Arbeit werde zu gering geschätzt, sondern weil das alles so voll Vorurtheil über unser Streben ist und unwissend und gefühlloos für das wonach wir in Wahrheit ringen, daß einen auch das Gute zum Fehler ausgelegt wird, und der unwillkührliche Fehler als verkehrte Absicht erschient. - Die Art wie Sie mein Bild und mich dem Minister empfohlen haben war wie ich es mir wünschen mögte. Ich bin Ihnen abermals großen Dank schuldig, um wieviel mehr wäre ich Ihnen verpflichtet wenn Sie es in der That dahin brächten was Sie für uns zu erwirken suchen wollen. Ihre eigene Einsicht wird Ihnen sagen was ich ihnen zu sagen hätte, viel besser als ich es Ihnen sagen könnte. Ich möchte dan auch so gern mein Schärflein mit dazu beytragen daß unser schönes Rheinland nicht gar zur Kaserne werde und die Fußstapfen des bildenden Geistes unsrer Vorfahren nicht zu sehr erlöschen sondern sich wieder auffrischen. Wegen Düsseldorf sage ich Ihnen nur daß die Sache dennoch seitdem wieder in Anregung gekommen. Ich mögte wissen ob man nur in der That dem Kornelius außer seinen Bruder welcher die Inspektion hat noch einen Gehilfen bewillige. Wen Sie gelegentlich den H. v. Altenstein wissen lassen könnten daß ich mich zugleich dazu eigne der Sammlung der Kupferstiche und Handzeichnungen ... und der eigenen Bibliothek der Akademie vorzustehen, mögte es wohl räthlich seyn. Ich glaube die Sache stockt immer daran daß niemand da ist der mit einem lebhaften Interesse auch die Übersicht und Einsicht hat was zu thun sey um den möglichsten Vortheil aus diesem Überrest von ehemaliger Akademie zu ziehen, und um die Nähe von Köln mit in den Plan zu ziehen. Da hat man nur Paris, Berlin, Wien, München u.s.w. im Kopf, wo die Anstalt zugleich zum Prunk der Hauptstadt eingerichtet viel weg geworfnes Geld kostet, während in den beyden letzten Städten man in der Unterstützung der Künstler äußerst zäh ist. Bey uns ist jetzt sehr guter Wille, Preußen hat die meisten unterstüzten Künstler hier. Aber die Kunst in der Heimat zu erwecken scheint man keinen Sinn zu haben, es soll da nur der Grandiosität der Franzosen nachgestrebt werden, deren innere Hohlheit noch nicht genug einleuchtet. Für Ihre wohlgemeinte Besorgniß wegen meiner Schrift danke Ihnen herzlich, bitte aber sie getrost zu erwarten. Glauben Sie nicht, daß ich unbesonnen ans Werk gehe. Was Sie mir in Ihrem Briefe von Zweifel an der Jahrszahl des Dombilds sagen wird sich schwerlich ich mögte sagen gewiß nicht unterstüzen lassen. Noch weniger der Zweifel an der Originalität der Liversbergischen Passion. Doch mögen meinethalb diese sowie alle andern Zweifel zur Sprache kommen, sie sind nicht der Art mich zu beunruhigen: es ist mir vielmehr lieber es geschehe und zwar öffentlich als daß es nur so privatim umgeht. Was Sie mir weiter über den Meister Ihrer Bilder und der bessern dieser Art sagen finden Sie auch ohngefähr so in meiner Schrift, nur daß ich Bilder die Sie wen Sie konsequent verfahren mit der Transfiguration für schwächer oder gar mit der Liversberger Passion für Kopien halten dürften, mit jenen unter seinen Werken angeführt finden. Ich verlange aber nicht daß man sich blind für meine Überzeugung entscheide, und zur gewissen ... (Loch) werde ich auch über das Werk des Meisters vom Dombild und über den der heil. Veronika kommen. Das hat aber nichts zu sagen: wer die Sache anderst sieht mag mir auf seine Weise darstellen dan wollen wir weitersehen. Ich glaube ... meine Gründe zu haben sowohl für das Aufgestellte so wie gegen die zu erwartenden Einwürfe und ich erwarte daß man erkenne wie ich keineswegs nur ins Blaue sagte. Mein Schriftgen ist übrigens nur meine Exposition zur Erörterung welche Modifikation diese noch annehmen oder nicht annehme, muß sich zeigen, wen die Kenner ihre Meynung wie ich es wünsche öffentlich mittheilen wollen. Einerseits werde ich nicht anstehen Rechenschaft zu geben. Wenn nur die Sache recht begonnen wird. Ich wollte es käme dazu daß man sich in öffentlichen Sendschreiben darüber Rechenschaft abfordere und gebe. Es wäre wohl endlich dan einmal an der Zeit daß man sage was man zu sagen hat. Das in Wahrheit gefundene sey es auch noch so klein kann ein fruchtbarer Keim des Großen seyn. Man sollte zum Prüfen und Verarbeiten des Gefundenen streiten: und mögte dan nur die gehörige thätige Theilnahme statt haben die so vieles erleichtert. Von Ihnen wünschte ich daß Sie das Präsidium der Verhandlungen übernähmen, die allenfalsigen Prozeße instruierten, leiteten und nach dem Verlauf der Untersuchung Ihr Urtheil fällten – und daß Sie nur in dieser Qualität ihr Wort an uns ergehen ließen, auch zum Versuch die Gründe zu prüfen diese oder jene Meynung unterstützten, ohne vor der Hand, ehe nämlich die Pro und Contra Ansicht sich völlig ausgesprochen haben, zu entscheiden wie Ihnen den nach Ihrer Äußerung noch keine Entschiedenheit der Ansichten stattzu haben scheint, wie ich Ihnen nur aufs erste Wort zu glauben wahrlich nicht zumuthen kann. Allein versuchen Sie es, für sich selbst und für die Andern ob man sich nicht nach gehöriger Erwägung aller Gründe und Berücksichtigung des Nöthigen nicht endlich für einige positive Wahrheit wird entscheiden können, und ob nicht dann ein neues Licht über unsere Kunstgeschichte aufgehe, darin manches deutlicher sich zeigt als man jetzt zu sehen glaubt. Ich wäre begierig Ihre Position zu verstehen und die Verhandlung soweit und so tief es Ihnen gefällig wäre mit Ihnen fortzusetzen. Doch ich bin mit Ihnen überzeugt daß sich so etwas nicht in einem kurzen Briefe abthun läßt. Lassen wir also die Verhandlungen ihre ganze Ausdehnung gewinnen und legen sie andern Experten vor. Auch mit einem langen Sendschreiben wird man noch nicht zu Ende reichen also dürften es mehrere werden, die von Zeit zu Zeit erscheinend auch in andern Theilen des Vaterlandes den Geist und eine Methode der Kunstgeschichtlichen Untersuchung erwecken möge. Es ist hoch an der Zeit, wer noch Einiges an Ort und Stelle seiner Entstehung finden will, den mehr und mehr fängt alles an zu wandern. Wären z.B. die ursprünglichen niederrheinischen Alterthümer der Malerey noch dort im deutschen Rom vereinigt wie ich sie noch da sah so ließe sich in persönlichen Konferenzen in Gegenwart der Werke die Untersuchung bewerkstelligen und wir hätten des öffentlichen Verfahrens nicht so sehr noth als jetzt da Rheinländer selbst mit ihren Alten in eine etwas entlegenere Nachbarschaft ziehen und fremdes Dach und Fach suchen. Jetzt muß auch unsere Untersuchung öffentlich gehalten werden. – Vielleicht trägt das was ich aufstelle mit dazu bey dereinst zu bewirken daß man einsehe welche Barbarey es sey Kunstwerke wen sie auch schon ihrer ursprünglichen Bestimmung entrückt sind – gleichsam um die Wunde weiter aufzureißen noch weiter von ihrer Heimat zu entfernen. Und es kömmt vielleicht die Zeit daß unsere Rheinlande ihre entführten Kunstalterthümer wieder erhalten, wen die Neugirde vorüber ist und die Mode, dafür aber ein besserer Sinn erkannt haben wird daß mit aller Anhäufung von Kunstschäzen zur Aggregat Gemeinschaft der Gallerien kein organischer Kunstkreis entsteht, daraus das Leben einen Einfluß spüren könnte. – Leben Sie wohl! Ihr Karl Mosler. Alle meine Freunde grüßen Sie wieder, namentlich Kornelius, Overbek, Eberhard. Bitte Sie gelegentlich unsere gemeinschaftlichen Bekannten zu grüßen.“ (Orig.: Familienarchiv Görres-Jochner Nr. 174; Unveröffentlicht).

13.3.1819 (Kassel) Jacob Grimm: Sendet seine deutsche Grammatik, der man v.a. den Fleiß ansehen werde. Görres werde vielleicht ihm zu liebe etwas mehr darin sehen und herausfinden, worauf sich weiter bauen lassen werde und in mancherlei Weise. „Welche Menge Stoff ruht doch noch in dem was uns Deutschen gehört“. Manche gescheiten Leute hätten dennoch der Kleinheit wegen diese Untersuchungen verachtet und handgreifliches Material ungenutzt liegen lassen. Mit Görres' Kenntnis des Persischen würden sich seine, Grimms, Ansichten sehr erweitert haben, er würde v.a. wissen wollen, ob die persische Deklination nicht noch mehr Varietät habe als man gewöhnlich sage. – Wegen der Grammatik hätten sie so lange nicht geschrieben, sie hätte schon vor einem halben Jahr herauskommen sollen. Sie hätten erfahren, dass Görres nicht nach Bonn komme. „An Muße, Ihre alten Arbeiten vorzunehmen, hat es Ihnen also nicht gemangelt, wohl aber an Lust?“ Wann der Firdusi komme, und das Buch über altdeutsche Dichtung, das der Verleger unter einem so langen Titel angekündigt habe? Der Zustand von Bonn scheine aus der Ferne betrachtet frisch und lebendig. Seltsame Gerüchte um Schlegels Heirat mit Paulus' Tochter, die er schon wieder heimgeschickt haben soll. Mit seinem Shakespeare habe Schlegel auch Verdruss, doch komme ihm die Übersetzung von Voß bei aller Richtigkeit „unausstehlich steif“ vor. „Wir nehmen immer den lebhaftesten Theil an allem was Sie betrifft.“ (Orig.: Familienarchiv Görres-Jochner Nr. 80; Binder (Hrsg.), *Freundesbriefe* Nr. 209, S. 577f).

17.3.1819 (Kirchhundem) Johann Friedrich Joseph Sommer: „Ihr sehr gütiges Schreiben v. 28. Jan. erhielt ich, und habe mich über Ihre nachsichtsvolle Beurtheilung meiner Schrift sehr gefreut. Die mir gütigst gesandte Schr. über das Serviswesen (Erörterung und Bitte, betreffend das Serviswesen überhaupt und insbesondere der Stadt Koblenz / Sr. Durchlaucht, dem Königlich-Preußischen Staats-Kanzler, Fürsten von Hardenberg, und dem Königlichen hohen Staats-Rathe unterthänigst vorgetr. von dem Stadt-Rathe zu Koblenz, Koblenz (Heriot) 1819) wird gewiß ihres Zweckes nicht verfehlen, schon hat die Staatszeitung eine Abhandlung über das Serviswesen angekündigt, ganz besonders haben mich die allgemeinen Grundsätze dieser Schrift angesprochen. – Ich verehre Ihnen die beiliegende Schrift von der Kirche, die erste Veranlassung derselben war die gewöhnliche Ansicht der Alt Preußen, daß Katholik seyn und nicht bei Troste seyn, so ziemlich eins sey; solchem Dünkel musste entgegengearbeitet werden, so schien es mir. – Die Dedication meiner Schrift von deutscher Verfassung an die Juristen Fakultät Giessen hat mir das beiliegende Diplom verschafft. – Die Staatszeitung hat denn auch für gut gefunden, meine Schrift zu recensiren; mir scheint, daß man zu Berlin, wo das Bestehende und Geschichtliche nicht sonderlich werthvoll ist, eine etwas andere Ansicht von der Geschichte haben müsse, als bei uns. – Benzenbergs Buch über Provinz Verfassung wird in kurzem fertig, ich habe die ersten Bogen hier; besonders jovialisch ist darin die Entwickelung des Indigenatrechts behandelt. – Bei einer im Mai vorzunehmenden Rheinreise hoffe ich Sie persönlich kennen zu lernen; Benzenberg will um dieselbe Zeit auch am Rhein reisen. –

Leben Sie recht wohl.“ (Orig.: Berlin, GStA PK, I. HA Rep. 77, Tit. 22, G. Nr. 8, Bl. 21; K. A. v. Müller, *Briefe von und an Görres*, Nr. 10, S. 457f).

22.3.1819 (Prüm) Schmitz: Ob die Wiedererstattung von 1817 vorgeschossenen Saatgütern in natura oder in Bargeld erfolgen solle? Es gebe immer noch anhaltende drückende Lasten, die Wiederkehr des Wohlstands werde noch lange auf sich warten lassen. (Orig.: Stadtarchiv Koblenz, Best. 623, Nr. 2671, Bl. 462; Unveröffentlicht).

17.4.1819 (Godesberg) Johann Friedrich Benzenberg: „Der große Sanhedrin ist versammelt, und da wir die Thora bald durchgesehen, also einige Zeit zum Müßiggehen vorhanden – so geht unsere Bitte dahin, acht Groschen nicht anzusehen, sondern im Gegentheile dran zu wenden, und den Rhein herabzufahren und uns zu besuchen. Ein Mann der mit einiger Imagination ausgestattet ist, kann sich recht vorstellen, wie hübsch es hier zu Lande ist – und jetzt. Die erste Hälfte meines neuen Verfassungsbüchleins ist schon heraus, und in diesem alle Urkunden von 1813-18. Die zweite Abtheilung kommt in vier Wochen. Ich bitte, kommt ja – man spricht dann doch über das Eine und das Andere, über das man nur mühsam schreiben kann. Grüßt Eure Hausfrau und die Kindlein. Adjeu. Den 25. kommen die Oberpräsidenten." (Orig.: Familienarchiv Görres-Jochner Nr. 14; Unveröffentlicht).

2.5.1819 (Frankfurt) Johann Christian Mühl: „Hochgeehrtester Herr Professor! Als ich mich im Oct v. J. auf einer Geschäftsreise nach Köln in dortiger Stadt kurze Zeit aufhielt hatte ich das Vergnügen Sie persönlich kennenzulernen, wozu mir Dr. Cretschmar dahier die Gelegenheit gab". Dieser habe ihm ein Empfehlungsschreiben mitgegeben, das sich freundlicher Aufnahme erfreut habe. Heute deshalb: Herr Carl Gerber, Legationssekretär bei der Kurhessischen Gesandtschaft in Frankfurt, „ein junger Mann von vorzüglichen Geistesgaben" habe Betrachtungen über Kotzebues Ermordung geschrieben, „welche ihrer Wahrheit und Kraft wegen Aufsehen erregten und begierig gelesen wurden". Das Thema sei darin „vom gleichen Standpunkt aus behandelt" wie Görres' vortrefflicher Aufsatz. Gerber habe sich gefreut, dass Görres seine Ansichten teile, er habe ein Exemplar beigefügt und erbitte seine Beurteilung darüber. Er bitte aber „um Verschweigung seines Namens, weil seine äußeren Verhältnisse nicht der Art sind, um als Verfasser bekannt werden zu dürfen." (Orig.: Berlin, GStA PK, I. HA Rep. 77, Tit. 22, G. Nr. 8 adh., Bl. 22f; Unveröffentlicht).

10.5.1819 (Brüggen) Johann Friedrich Benzenberg: „Daß ich heute an Euch schreibe, könnt Ihr Euch zu einer besonderen Ehre rechnen, denn ich habe bereits an 6 Minister geschrieben, und geringer wie an einen Generallieutnant thue ich es nicht. (Die Advokaten findet Ihr in der Einlage)". Fr. Schlosser sei von Prof. Brewer in Düsseldorf tüchtig getroffen worden, „in seinem urkundlichen Bereiche daß die Sachen sich ganz anders verhalten als sie in der Denkschrift beschrieben werden." Schlosser gehöre zu den Historikern, „die die Geschichte nur von Hörensagen kennen und nie Urkunden gelesen". „Unserm guten Sommer" sei das Haus abgebrannt, und mit ihm ein Teil seiner Bücher und Papiere. „Der arme Schelm ist ganz hypochondrisch. Ich will ihm heute schreiben und einen Brief von Stegemann schicken den Ihr sonst bekommen." - „Besucht Euch auch das große Schaaf noch zu Zeiten? – So ein Scandal erlebt man doch hier in der Heide nicht – wo so eines sich hinsetzt und mit zu Tisch – mir nichts dir nichts. Das sind die Folgen Eurer großen und übergroßen Humanität. Was hilfts daß man Euch zu einiger Grobheit vermahnt?“ Brokhaus schreibe, dass von der 5. Auflage des Conversationslexikons in 5 Monaten 9000 Exemplare hier verkauft worden seien, und dass er sie schon wieder neu drucken lasse. Dieses Werk habe eine größere Wirkung in der Gesellschaft als die Encyklopädie. Von dieser werde ein Exemplar angeboten, das 1200 Fr koste und das noch nicht einmal aufgeschnitten sei. Grüße „an die Hausfrau und die Kinderchen, das dreibeinige Reh, Herrn von Meusebach und die Wasserpolin, so die jungen Raben gespeist“. (Orig.: Familienarchiv Görres-Jochner Nr. 14; Unveröffentlicht).

14.5.1819 (Altenahr) Pfarrer P. J. Schülzchen: „Hochzuvehr Herr Schulinspektor, Ich weiß, seit der Entstehung unserer Arbeitsschule, die mit dem 1 April d. J. statt hatte, sahen Sie mit jedem Tage einem Berichte von mir entgegen, worin ich Ihnen über den Tag der Eröffnung, die Zahl und Fortschritte der Schülerinnen umständliche Aufklärung gegeben hätte; allein Sie werden meine Nachläßigkeit hierin gerne entschuldigen, wenn ich Ihnen bemerke, daß vielen die Errichtung einer Arbeitsschule zu Altenahr ohne Fond eine so seltsame Erscheinung war, daß man an dem Aufkommen derselben zweifelte. Nicht muthlos, doch aber etwas schüchtern dadurch gemacht, begann ich, ohne Meldung von Schulgeld zu thun, den Unterricht am 1. April mit 39 Schülerinnen, die sich an diesem Tage zu meinem größten Vergnügen schon einfanden: allein ich zweifelte noch immer, ob die Eltern dieser Kinder den wesentlichen Nutzen dieses Unterrichts anerkennen und sich zu einem billigen Schulgelde verstehen würden; daher mußte ich mit Grunde fürchten, daß wenn mein Fond von 32 Rth erschöpft wäre, auch dann der Unterricht ein Ende habe. Dies war die Ursache, warum ich Ihnen bis dahin von unserer Industrie Schule nicht meldete, und erst das Resultat des ersten Monats abwartete. Zu meinem größten Vergnügen aber kann ich Sie nun versichern, daß in aller Hinsicht meinen Wünschen entsprochen wurde: denn diese 39 Schülerinnen verfertigten während dem Monat April 27 Paar Strümpfe, wobei zu bemerken, daß alle diese des Strickens ganz unkundige Schulkinder waren; 8 Schülerinnen nahmen Unterricht im Zeichnen, und machten bedeutende Fortschritte, so daß einige schon mit dem Monat May hinlängliche Kenntniß darinn haben und ferneren Unterricht im Nähen erlangen können. Die Bereitwilligkeit der Eltern in Zahlung des Schulgeldes hatte ich wohl nicht so ganz erwartet.“ (Es folgt eine Rechnungsaufstellung für Schulgeld und Materialkosten (Stoffe, Garn etc). „Sie werden sich über diesen sparsamen Haushalt wundern und zugleich die Auslagen über innere Einrichtung der Schule vermissen; allein ich sehe mich zu dieser Sparsamkeit genöthigt, so lange mir keine ergiebigere Quelle zu Gebote steht. Mit dem Monat May ist die Zahl der Schülerinnen bis zu 50 angewachsen, worunter wieder mehrere Arme sind, die also ebenfalls der obigen Unterstützung bedürfen, während in diesem Monate noch eine Auslage für Nähgeräthe, etc erfordert werden, die ebenfalls für die Aermeren aus dem obigen Reste bestritten werden muß, damit selbe mit den Vermögenden im Unterrichte gleichen Schritt halten können. In solchen Unterstützungen liegt ein kräftiges Mittel, einer Anstalt in einer armen Gegend aufzuhelfen. Durch solche Gaben angelockt sieht sich der Arme von dem Nutzen eines solchen Unterrichts überzeugt, und versteht sich nachher selbst zu einem Opfer, zu dem er anfangs gewiß nicht zu bringen war, der Vermögende sieht sich gereizt und will nicht nachstehen und sogar der Eigensinnige wird endlich von der Gesamtheit fortgerissen. Diese Erfahrung machte ich nicht einmal sondern mehreremale mit dem besten Erfolge. Ich weiß, Sie werden diese Ansicht mit mir theilen und die ärmliche Einrichtung des Lokals und Schulapparats einstweilen billigen, der folgendes Bild darbietet: Das Lokal ist ein bauloses Zimmer in meinem Pfarrhause, der Schulapparat ist ein gelehnter Tisch und noch ein anderer aus zusammengenagelten Dielen, 3 gelehnte Bänke und mehrere auf kleine Blöke gelegte Dielen dienen ebenfalls zu Bänken. Dies ist der ganze Hausrath; allein eben auf diese Ärmlichkeit dürfen wir stolz seyn, wenn wir das, was unsere Schülerinnen schon geleistet, zur Seite stellen. Es ist eine Herzensfreude, 50 Kinder zu sehen, deren 30 bis zum kleinsten mit Stricken, 20 theils mit Zeichnen theils mit Nähen beschäftigt, und in den Stand gesetzt zu werden, theils die armen Kinder unterrichten, theils den nötigen Schulapparat an dem es bis dahin noch ganz mangelt, anschaffen und dem Unterricht etwas mehr Ausdehnung geben zu können. Zuletzt muß ich E Hochw noch bemerken, daß unsere Lehrerinn Gertrudis Schmelz durch besonderen Fleiß und ansprechende Art in Ihrem Unterricht sich ganz besonders empfiehlt, wohl weit mehr leistet als man erwarten könnte, und dürfte und wirklich in einem Alter von 14 Jahren die Lehrerin so macht, daß es zu bewundern ist. Indem ich mich hiermit des für den Monat April schuldigen Beweises entledige, bin ich so frey, E H. den Antrag zu machen, unsere Industrieschule dem Wohlwollen der K. Reg. bestens zu empfehlen und unsere Bitte um den Rest des vorgeschlagenen Bedarfs bei Hochderselben mit Ihrem gütigen Antrage zu unterstützen. Von Ihrer Vorliebe zu solchen Anstalten überzeugt darf ich recht bald die Ehre Ihres werthen Besuchs in unserer Arbeitsschule erwarten, ich sehe demselben mit sehnlichem Vergnügen entgegen, um Sie augenscheinlich von dem Gedeihen derselben zu überzeugen. Mit vorzüglichster Hochachtung.“ (Abschr.: Familienarchiv Görres-Jochner Nr. 228; Unveröffentlicht).

20.5.1819 (Nancy) Benedicte de Lassaulx: „Hier lieber Görres schicke ich Ihnen die verlangten Papiere in bester Ordnung und hoffe daß Sie damit alle für uns eingehende Gelder einkassiren können. Ich habe dieses Paquet unfrankiert an Sie abgeschickt, damit der Empfang um so gewisser und bitte die Auslage dafür mir anzuschreiben. Wenn nur die Nassauer uns auch recht bald den andern Theil zahlten. Ich glaube aber nicht daß sie sich allzu sehr mit dieser Liquidation eilen werden. Für Ihre schnelle Zahlung an Gerdolle meinen herzlichen Dank. Ich bin recht froh daß wir nichts mehr mit ihm zu schaffen haben, denn es ist ein rechter Schuft“. Er habe immer Nachforderungen gestellt, „aber wohl zu bemerken diese Nachforderung erst nach dem Tod meines guten Mannes und nachdem diese Rechnung ganz mit demselben beendigt war, machte, und ohngeachtet er den Inscriptionsschein in Händen hat und also recht gut wüßte von wann die Zahlung zu laufen anfing und daß seine Fodrung falsch sei. – nun wollte ich nur noch daß wir auch mit den Erben Vacanau auseinander wären, in welches Geschäft sich ein zweiter Gerdolle nemlich Mathieu hinein mischt. Die Kinder welche alle recht wohl sind, grüßen und küssen Sie, und die liebe Tante, und alle Kinder viel 1000mal und versichern daß sie Euch alle gar sehr lieb haben, und verlangen sehr alle liebe Verwandte einmal wiederzusehen. Mit meiner Gesundheit geht es soso, ich bin noch immer zu einer sehr strengen Milch Diète verurtheilt, und seit zwei Tagen habe ich wieder Brustweh, und eine große Mattigkeit, woran wahrscheinlich das windige Wetter schuld ist, zu Anfang März war ich aber sehr schlecht, und glaubte daß es mit mir vorüber sei, ich konnte das Bett nicht mehr verlassen, welches bei mir und dieser Art Krankheit viel sagen will, denn man glaubt sich immer viel weniger krank als man würklich ist, weswegen mich auch der Doctor oft ausschimpft. Unsere Absicht ist es allerdings wenn nichts dazw kommt zu Anfang Septembers die Reiße nach Koblenz zu machen um einmal alle liebe Verwandte, nach allem bisher erlittenen Leid wiederzusehen, dieses verhindert aber nicht daß Sie Ihr Versprechen halten uns noch vorher mit Kätchen, die ich so wie die Kinder herzlich grüße, hier zu besuchen. Nun lieber Görres, lassen Sie die Pause nicht wieder so lange währen, und erfreuen sie zuweilen mit einem freundlichen Brief Ihre B de Lassaulx" (Orig.: Familienarchiv Görres-Jochner Nr. 143b; Unveröffentlicht).

23.5.1819 (Trier) „Vetter" NN: „Hochgeehrter Herr Vetter! Herr Pastor Brand von Mastershausen ist gestorben. H Pastor Thomé von Obergundershausen welchen Sie kennen und welcher sich Ihnen bestens empfiehlt, wünschte die Pfarrei Mastershausen zu bekommen. Er hat sein desfalsiges Gesuch eingeschickt. Wenn Sie in Verbindung mit Herrn Milz oder einigen andern stünden, welche das Gesuch des H Thomé unterstützen könnten, und ihn zu dem Ende zu verhelfen die Güte haben wollten, so würden Sie ihn sehr verbinden. Er ist ein empfehlenswerther Mann. Meine Frau und ich haben die Ehre uns Ihnen freundlichst bestens zu empf." (Orig.: Familienarchiv Görres-Jochner Nr. 253; Unveröffentlicht).

10.6.1819 (Brüggen) Johann Friedrich Benzenberg: „Zuerst muß ich billigerweise Eure Sagazität bewundern, mit der Ihr herausgebracht, daß weil ich einen Brief an Weber in Bonn eingeschlagen, ich selber nach allda anreisend sey. – Dann daß mein Zorn über den wohlmeinenden Historikus vor einer fehlgeschlagenen Liebschaft in Bonn herrühre. – Dieses ist nicht. Außer Stollberg habe ich es auf die Neukatoliken ohnehin nicht geladen – und auf die wohlriechenden gar nicht. Auch bin ich der Meinung, daß die Leute mit den langen Bärten als etwa Antonius, Augustinus, und ähnliche, die wirklich der Meinung daß sich die Sache also verhalte – auch nicht sonderlich erbaut sein würden wenn Dr Schlosser mit seinem wohlriechenden Sacktuche an ihrer Zelle herumgewedelt … Was nun die Schrift von Brewer betrifft, so ist diese heftig geschrieben und etwas Jakobinisch, woher sie den Leuten gefällt, und ich kann mir vorstellen daß Euer negativer Freund in Wisbaden gros Aufhebens davon gemacht hat, obgleich ich solches nicht gelesen. Die Haubturkunde so Brewer hat drucken lassen ist die von 1383 von Herzog Wilhelm I. … Ich habe sie S. 8 des Büchleins so Ihr besitzt im Auszuge mitgetheilt – und werde sie in der Urkundensammlung ebenfalls abdrucken lassen, da sie abgesehen vom Lande dem sie gehört, eine der merkwürdigsten Urkunden ist, so wir aus dieser Periode besitzen. Ich begreife nicht was Ihr für einen Narren an den Resten der Nachkömmlinge der ehemaligen Dienstmannschaft gefressen. – Wenn sie alle zusammen aufsitzen, so sind sie nicht mehr im Stande ein Dorf einzunehmen so durch eine Compagnie Landsturm vertheidigt wird. – Und

Schlosser seine Darstellung ist ganz unrichtig wovon er sich leicht überzeugen wird wenn er die Urkunden und die Reichsabschiede gelesen. Das Jahr 1555 ist das eigentliche Normaljahr für die Landtage, von wo an sie eine neue Wendung bekommen, weil in dem Reichsabschiede von diesem Jahr, allgemeine Reichs und Kreissteuern festgestellt wurden, so in jeder Landschaft erhoben worden … Früher hatte man alle 10 oder 20 Jahre einmal Landtag gehalten, so wie die Landesnothdurft sie forderte, und die Landsassen erschienen, da ihnen die Sache wenig lästig, wie bey einer Huldigung gern und fleißig und ordentlich. – Dieses änderte sich als die Landtage jährlich gehalten wurden wo die Ritter (zwar kamen aber die gemeinen Landsassen wegblieben) da sie die Sache kostbar und wenig spaßhaft fanden. Als dieses ein halbes Jahrhundert gedauert, und die adeligen Landsassen ganz allein waren – so fassten sie den Beschluss daß sie blos solche Landsassen in Zukunft wollten auf offenen Landtagen zulassen, die zu ihrer Knappschaft gehörten, und die mit 8 Schilden nachweisen konnten daß Groseltern und Urgroßeltern schon Dienstmannskinder gewesen. Dieses war die Ahnenprobe … In Cleve und Mark 1599, in Westfalen 1601 u.s.w. Als die Adeligen allein waren, so dauerte es doch noch ein halbes Jahrhundert ehe sie ihre Steuerfreyheit zu Stande hatten, da die Städte auch gegen hielten. In Westfalen brachten sie sie erst 1654 zustande, und in Berg und Jülich 1664. – Seht, mein poetischer Historikus so hat sich die Sache begeben und nicht wie Schlosser sie in der Denkschrift dargestellt. – Ich kenne Eure Geschichte im Trierschen nicht – allein ich bin überzeugt daß sich bey Euch in deselben Zeiten dasselbe begeben hat. … Meine Mutter so Euren Brief gefunden sagte: ‚Görres thut doch nichts als Keifen.' – Wenn sie diesen läse so sähe sie daß ich es auch kann. Grüßt Eure Hausfrau und sagt ihr: daß ich den Artikel Murmuranten fürs Conv.Lexikon ausgearbeitet – an welchem treflichen Werke ich ein fleißiger Mitarbeiter bin. – und gerade so wie sie ihn angegeben. Daß von der 5. Auflage vom Nov. 1818 bis April 1819 bereits 9000 Ex. verkauft wurden, jetzt 30000 in allem habe ich Euch wenn ich nicht irre, bereits gemeldet. … Nun gehabt Euch wohl". (Orig.: Familienarchiv Görres-Jochner Nr. 14; Unveröffentlicht).

12.6.1819 (Frankfurt a. Main) Christian Schlosser: „In Gedanken sind wir, werthester Görres, so oft bey Ihnen und Ihrem lieben Hause gewesen, daß Sie uns schon vergeben mögen, wenn das Gewühl des Tages uns das Schreiben unmöglich gemacht. Man irrt außerdem nicht leicht, wenn man sich nur Frohes und Gutes von ihnen denkt. Der renommirte Kannibale, in dem Hofschritte in welchem er sich bewegt, fällt freylich etwas sonderbar aus. Aber der Blikk, den er in dieser Gestalt, in die Welt von zerrütteter Ehre und Wahrhaftigkeit thut, ist nur um so heller; und die umständlichen denn's und so's und die Exposition die dem allen vorangeht, beynahe unbarmherzig. Dem Redakteur der Blätter ist es offenbar gegangen, wie Saul dem Sohn, der als er den Esel der Höflichkeit suchte, das Königreich derbster Grobheit fand. Hier im Wiederstrahle des Lichtes in welchem sie leben, habe ich von den Geschäftsmännern, nur eine Stimme gehört: es sey Schmach daß so was gesagt werden dürfe, und die Männer seyen zu ehren, die bey Überprüfung aller Verhältnisse, außer willkürlich gemachter, ein Naturverhältnis treu zu bewahren, und an ihm so ernstbescheiden Gränze zu halten wüssten. Leider ist man nicht verwöhnt sich zu fragen, was durch einen solchen Schritt für die Sache herbeygeführt werde, was aber gegen einen solchen Schritt gethan werden könne, der nur ein Verzeichniß schreyenden Unrechts enthält, lässt sich nicht absehen.

Für alles Wohlwollende was für mein Verhältniß geschieht, bin ich wahrhaft dankbar. Ich habe mich sehr kurz und bestimmt gefasst ausgesprochen, daß ich keinen Wunsch einer anderen Lage habe, und mit Freude dem einmal begonnenen treu bleiben werde, bis es vollendet ist, wenn man mir Unterstützung in dem was an Mitteln fehlt, und sonst vollkommene Freyheit und Ruhe gewähren will; will man mir dieses nicht gewähren, kann man es nicht, so habe ich meine Entlassung gefordert, und gebeten daß man meinen Urlaub bis zur vollen Entscheidung der Sache ausdehnen möge. Ich bin überzeugt daß meine Entlassung, allein das Resultat dieses Briefes seyn kann. Die oberen Geschäftsmänner sind Organe der Untergebenen, die Untergebenen sind eine Parthey, die sich in diesem Jahre schwach fühlt, nach zehn Jahren aber stark seyn möchte, und daher die Jugend nicht aus den Händen lassen will. Freylich gäbe eine Ausnahme ein ernstes und gefährliches Beyspiel, vermitteln wird man nicht können, weil ich das Wort fest gestellt habe, und so wird man erst einige Rüksichten in die Wage legen, bis die Schaale der guten Sache von selbst sinkt. Ich denke auf jeden Fall ernstlich daran den nächsten Winter in Ihrer Nähe zuzubringen, um vergnügte Tage und so Gott will in mancher Beziehung nüzliche Tage zu verleben. Meine Frau grüßt das ganze liebe Haus aufs Beste ... Wir haben ihre Schwester leidlich wohl getroffen, seit gestern auch meinen Schwiegervater unter uns. In 8 Tagen denke ich nach Böhmen zu gehen. Eine kleine Bitte. Wenn Sie baldmöglichst nach Empfang dieses Blattes dem Lieutenant Corneli sagen lassen wollten, ich hätte seine Wünsche H. von Stein, und Herrn von Humboldt mitgetheilt, die nahe und fern sich für ihn verwenden werden. H. v. H. komme ganz ... (Loch) nach Koblenz. Zeigte sich Gelegenheit ihn persönlich aufzusuchen, so möge H. Corneli doch dieses in Bezug auf mein Gespräch thun.

Die gewünschte Chronik ist nicht auf der Bibliothek. Sollte ich von Neuigkeiten schreiben so könnte ich nichts als das alte Lied anheben; wenn man die Menschen sieht lernt man Gott und die Natur verehren. Wir grüßen von ganzem Herzen Sie und die lieben Ihren allesamt Herzlichst ergebenst Schlosser Fft M." (Orig.: Familienarchiv Görres-Jochner Nr. 220; Unveröffentlicht).

13.6.1819 (Koblenz) Karl Hartwig Gregor Freiherr von Meusebach: „Nochmahls sage ich Euch, Ihr unvergeßlichen Geliebten, den wärmsten Dank für so viele Freundschaft und Liebe und Duldung. — du Deutschland, ich muß marschieren, O du Deutschland ich muß fort!" (Abschiedsgruß auf eingeklebtem Zettel in Exemplar von Meusebachs *Eintagsschönchen* in Görres' Bibliothek: Wendeler, Briefwechsel VIII).

9.7.1819 Eberhard von Groote: Erkundigt sich nach Veröffentlichungen im Fall Kotzebue, drückt die Hoffnung aus, bald dem Druck von oben, dem er sich bisher ausgesetzt habe, um „den ganzen Kram mit Schlich und Pfiff kennen zu lernen" zu entkommen, da er eine neue Stellung in Aussicht (die Wahl in die Ständeversammlung) habe, die ihm Gelegenheit „zu einem freyeren selbständigeren

Worte" biete. Dann stehe ihm frei, auch selbst „derber zum Werke" gehen zu können. Bezugnehmend auf ein Schreiben des Koblenzer Oberpräsidenten Karl von Ingersleben habe er den beiliegenden Aufsatz „Toleranz" verfasst, für den er leider keinen Verleger gefunden habe, weil diese „entweder alles von der Hand weisen oder gar scheußlichen Verrath trieben". Über die Ablehnung seines Gesuchs (vom 20.3.1819 für den Verbleib der 1815 in Paris requirierten Kunstsachen, Inkunabeln etc im Rheinland) durch eine „grobe Kabinettsorder" am 11.5.1819. (Dem Brief beigefügt ein Schriftstück, dat. 25.6.1819, in dem Groote die Mißhandlung seines Bruders Carl durch einen Feldwebel des preuß. Militärs – scharfe Hiebe mit Säbel und Seitengewehr – beschreibt und schwere Vorwürfe gegen das preuß. Militär erhebt, mit der Bitte an Görres um Hilfe bei der Publikation dieses Schriftstücks, das von der Wochenzeitschrift *Rheinische Blätter* zurückgewiesen worden sei. (Orig.: Berlin, GStA PK, I. HA Rep. 77, Tit. 21, Lit. G Nr. 5; Spiertz, *Groote*, S. 106f, 141ff).

14.7.1819 (Kreuznach) Johann Heinrich Kaufmann: „Endlich habe ich reusirt, denn heute ist die Bürgerschaft zusammen, eine unsre ganze Lage umfassende Schrift an den König selbst zu unterzeichnen – und morgen geht ein gleiches vom Stadtrat an das Ministerium. Dieser versammelt sich im Privathauße weil der k. Oberbürgermeisterey-Verwalter und K. Rendant Rupert (Rupert begleitet hier beide Ämter in einer Person - man kann sagen alle Ämter) sie nicht versammeln wollte oder konnte – lezteres sagt er. Eigentlich fürchten die Leute sich vor ihren Obern. Ich glaube selbst der Landrath! denn er ist mir heute noch die Antwort auf meine Bitte mitzuwirken schuldig. Auf dem Land aber geht's besser, ich habe alles in Erwägung gesetzt und das Resultat muß sich bald herausstellen. Ein Freund von Ihnen tadelte das Drucken der Protestation, sagend: man sollte niemand vor der Hand zum Richter in dem machen was man von Oben erbitte. Dies hat mich aber nicht abgehalten gleich unsre Zeitung mit der Coblenzer Protestation zu bereichern und 100 Ex. aufs Land zu spendiren. Genug, es muß gehen oder brechen.

Diese Woche hat sich Handelsmann Betz erhängt, hat sein Vermögen gewissenhaft an arme Anverwandte testamentarisch vermacht. Er wollte wahrscheinlich in der schlechten Verfassung nicht mehr leben! Wir wollens aber, und das dem Teufel zum Trotz und zum Heil des Vaterlandes. Arm werden wir durch preußische Art zu regieren, aber klein sollen sie uns nicht kriegen! In ein ander Land ziehen? Nein, den Platz räumen wir auch nicht. – Ich habe 200 Bäume gepflanzt und zehn Kinder und wohne in der Heimath des Schönen. – Frau Direktor Görres mag sich auch ihrer schönen Kinder erfreuen, - ich denke oft nach Coblenz und an die schönen Promenaden und genußreichen Abende. Nun wird unser Gymnasium gut. Aber denken Sie 52 Frank Schulgeld! welch ein königliches Geschenk! Wer aber für zwei Knaben zahlt hat den 3ten frei, darf aber auch, drückt ihn die Großmuth, bezahlen. Leben Sie recht wohl! Und von Herzen gegrüßt. J. H. Kaufmann" (Orig.: Familienarchiv Görres-Jochner Nr. 121; Unveröffentlicht).

16.7.1819 (Köln) Eberhard von Groote: „Das Ding scheint nun nach und nach recht hübsch werden zu wollen! Ihr kennt doch Mühlenfels, der hier Substitut des

Staatsprokurators ist? Vorgestern Abends rückte der Polizeipräsident mit mehreren Helfershelfern – unter ihnen, wie man versichert, mehrere specialiter ad talia opera von Berlin geschickte Herren sein sollen – vor das Haus wo M. wohnt. Auf Anfrage hörte er, daß M. nicht zu Haus sei, und verlangte von den Hausleuten Zimmer- oder Hauptschlüssel. Diese verweigern standhaft, selbst als er mit der, den Preußen sehr geläufigen Frage: ‚Wissen Sie auch wer ich bin?' vorkommt. Wirklich muß er sich gedulden, bis M. kommt, denn er konnte von den Leuten nichts erhalten. Jener wird also aufgesucht und kommt endlich. Als die sauberen Herrn ihm ihren Auftrag eröffnen, protestirt er förmlich, da weder er noch seine Sache unter der Polizei, sondern nur unter dem Generaladvokaten und den Präsidenten des Appellhofes stünden. Man versteht sich auf seine wiederholte derbe Erklärung endlich dazu, jene beide Herrn zuzuziehen; sie werden ohne Umstände eingelaßen, gleich zu erscheinen, und nun wird in die Zimmer des v. M. von oben bis unten alles versiegelt; er selbst geht frei herum. – Ist das nicht recht schön? Was mögen sie nun wieder für Lunten bei den Gewehren haben? Auch Sandianer, allgemeine Burschenschaft u. dgl.? Man spricht von mehreren Arrestationen durch solche Emissäre; auch bei Euch, selbst in Berlin sollen welche stattgehabt haben. Auch das Eröffnen der Briefe geht wieder los, wie ich gestern noch hörte. - Ich füge noch hinzu, was sich wegen der Mißhandlung meines Bruders jüngst zugetragen. Der Auditeur, der die Untersuchung geleitet, kam zu meinem Bruder und fragt: ob er sich nicht wohl willig finden lassen, eine Erklärung dahin abzugeben, daß er sich begnügen wolle, wenn über den Unteroffizier auch nur eine geringere Strafe verhängt würde; denn wenn nach der Schärfe des Gesetzes geurtheilt würde, dürfte es dem Verbrecher schlecht gehen. Mein Bruder fertigte ihn mit den Worten ab: Was mich betrifft, mögt ihr ihn nur laufen lassen, denn was kann mir an einem so elenden Menschen für Genugthuung werden! Allein meiner Familie und dem Publikum muß Genugthuung und dem Gesetze Recht geschehen, und deshalb erkläre ich nichts und unterschreibe nichts! Damit zog der Auditeur ab. - Hat man je ein solches Verfahren gesehen? Ist das ein Recht und Gesetz, wobei auch noch das Mitleid und die Fürsprache des Beleidigten erst in Anspruch genommen, ehe das Urtheil gesprochen wird?! Und doch ist Aussicht, daß solchem Recht und Gesetz nun, man kann geradezu sagen, der ganze, wirklich derber Verbrechen fähige Theil des Volkes unterworfen wird, denn das Militär greift sich alles was unter den Landsturm 1. und 2. Aufgebots steht, mithin alle Männer vom 20. Jahren an, wo sie in die Linie treten, bis zum 42. wo sie zum Landsturm übergehen, arrogirt." Mit seinem *Tristan* gehe es vorwärts, so viel es die Zeit erlaube, die Vergleichung der Handschriften sei vollendet, er sitze jetzt am Wörterbuch. „Was habt Ihr denn zu den Kochbüchern des v. Hallberg gesagt? Sind das nicht dürre Sandberge, worin hie und da ein glänzendes Steinchen liegt?", soviel „Derbheit ... Wust, Unkenntniß und Rohheit". Inzwischen gebe er, bisher ungestört, schon den 3. Band heraus. „Wie geht es bei Euch? Von Frau und Kindern hörte ich ja lange nichts. Schwimmt einmal herunter, nachdem ihr so lange still gesessen, und kommt und seht was für einen prächtigen Jungen ich habe; und wie er und die Mutter nun so recht wohl und selig in einander sind – und ich mit. Kommt bald, ehe man uns allesammt arretirt!" (Orig.: Familienarchiv Görres-Jochner Nr. 82; Abschrift: UB Münster, Nachlass Schulte-Kemminghausen, Kapsel 71,9; Unveröffentlicht).

16.7.1819 (Leipzig) Adam Müller: Er zähle Görres zu den „recht befreundeten", schickt seine Schrift (*Von der Nothwendigkeit einer theologischen Grundlage der gesammten Staatswissenschaften und der Staatswirthschaft insbesondere,* Leipzig 1819). Es sei eine politische Dissertation über 1 Corinther 12. „Möchte es ein Schritt zum Sturz der Mauer sein, die zwischen uns steht. Sie haben die Formel der Streitfrage in Ihrem Schreiben an mich mit großer Bestimmtheit aufgestellt: Eine Religion oder die Religion. Möchten Sie sich über die daraus hergeleitete Alternative: körperliche und lebendige Stände oder todte Geldstände, öffentlich und umständlich erklären, damit wenigstens der ritterliche Streit fortgeführt werden und dem Hauptübel, der Sprachverwirrung, gesteuert würde. Meine Schriften und meine Person zähle ich dabei für nichts; nicht ich will Sie provociren oder Ihre Waffen aus Eitelkeit auf mich ziehen. Aber das zerrüttete deutsche Vaterland fordert zumal von den Starken, von den Reichbegabten, von seinen Freunden und Führern, also von Ihnen, daß Sie ihr innerstes Herz, den Kern Ihrer Gesinnung über die Hauptstreitfragen, Ihr Glaubensbekentniß darlegen, und der Zukunft beweisen, daß Sie in allen wesentlichen Stücken nur Eindeutig gewesen sind. Könnte ich Ihnen die Demuth und die Liebe, sowie die Hochachtung ausdrücken, mit der ich Ihnen dieses schreibe, so würden Sie nichts verletzendes darin finden." (Orig.: Familienarchiv Görres-Jochner Nr. 176; Binder (Hrsg.), *Freundesbriefe* Nr. 211, S. 583f).

26.7.1819 (Cappenberg) Heinrich Friedrich Karl Freiherr vom Stein: „Die Regierungen hätten freylich seit 1814 vieles anders machen können, insbesondere auch die Nassauische, gute Absicht kann man ihr nicht absprechen, aber ihre Coryphe-en sind besessen von einer Organisations- und Neuerungssucht, die sich auf Eitelkeit und seichte Selbstgefälligkeit gründet, und sich in sehr kostbaren Anstalten und Einrichtungen ausspricht, die dem Land sehr kostbar und lästig sind, die auf das Centralisiren, und das paralysiren im Einzeln, auf eine Schein und Papier-Thätigkeit hinausgehen. Hiemit verbindet sie Pfiffigkeit, die unlautere Absichten beweist, und die sich in ihren liberalen Phrasen, in ihrem Eingreifen in die Wahlen, in der ängstlichen Tutel der Ständischen Versammlungen, in dem Gebrauch ihres Hofpommers, wie ihn jemand nannte, des H. Weitzel, zeigt, und die mit sehr gewaltthätigen Maasregeln z.B. gegen Professor Snell zu Dorpat, gegen H. Bergmann, verbunden ist. So manche Nachtheile daraus entstehen, so sind sie doch erträglicher als die Ausführung der Pläne unserer gelehrten und turnenden Jacobiner, was diese Schule für Früchte bringt das läßt sich ja deutlich aus den Verirrungen zweyer unglücklicher mißleiteter guter junger Männer erkennen, und es ist die Pflicht jedes religioes sittlichen Mannes dahin zu wirken, daß diese verruchte Sekte bestraft und ein Gegenstand des öffentlichen Abscheus werde. Arndt kenn ich seit 1812, ich halte ihn für einen braven christlichen milden verständigen Welterfahrung und Menschenkenntniß besitzenden Mann, den ich so lange liebe und achte, bis man mir so klar wie das Sonnenlicht beweist daß ich mich irre. In d Anlage erhalten E Wohlg eine Ankündigung u.s.w., vielleicht nehmen Sie durch Beyträge daran Theil – die Ausgabe der Deutschen Quellen Schriftsteller, hat einen guten vorbereitenden Fortgang. Hochachtungsvoll verbleibe ich E Wohlgeb Ergebenster ... Stein.

E Wohlg haben gewiß die Nassauische Landtagsacten v. 1818 u. 1819 so bey Schellenberg in Wiesbaden gedruckt gelesen." (Orig.: Familienarchiv Görres-Jochner Nr. 244; Pertz, *Das Leben des Ministers Freiherr vom Stein,* Bd. 5, S. 398f; Hubatsch (Hrsg.), *Freiherr vom Stein. Briefe und amtliche Schriften*, Bd. 6 (1965), Nr. 97; Botzenhart (Hrsg.), *Freiherr vom Stein. Briefwechsel, Denkschriften und Aufzeichnungen*, Bd. 5 (1933), S. 585f).

4.8.1819 (Koblenz) Karl Heinrich Ludwig Freiherr von Ingersleben: „Euer Wohlgeborn abermahlige Anfrage, ob in Bezug auf Ihre Person etwas von Berlin eingegangen sey, konten Dieselben sich schon aus meiner heutigen allgemeinen Versicherung, daß von dem Innhalte Ihres ersteren Schreibens mir gar nichts bekant sey, beruhigend beantworten: auch liegt es in der Natur meiner Amtspflichten, so wie meiner Wahrheitsliebe, daß wenn wirklich mir eine dergl. Verfügung, welche Verschwiegenheit erfordert hätte, zugegangen wäre, ich sodann Ihr Schreiben überhaupt nicht beantwortet, und viel weniger noch das Gegentheil eines bessern Wissens versichert hätte. Sehr gern aber bezeuge ich Ihnen hierdurch wiederholend, daß etwas für Sie beunruhigendes, so wenig mir, als, soviel mir bekant, auch irgend einem andern hier von Berlin zugekommen ist." (Orig.: Berlin, GStA PK, I. HA Rep. 77, Tit. 22, G. Nr. 8 adhib., Bl. 35; Müller, *Görres in Straßburg*, Beilage 1, S. 229f).

8.8.1819 (Kassel) Jacob Grimm: „Der trierer Codex ist richtig nicht angekommen, welches ich Ihrer Erlaubniß zufolge melde, damit Sie einmal daran erinnern. In diesen Tagen politischer Thorheit und Anstöße arbeitet sichs gut über etwas ganz leichtem, mechanischem, und ich lese auch im Winter nicht gern feine Handschriften. Was sagen Sie zu den schimpflichen Berliner Geschichten? Ich kann mirs im voraus denken, nur werden Sies kräftiger und stärker aussprechen, solche Graßheiten der Kampzianer müßen wir erleben und die gescheidten und guten Leute zu Berlin laßen das unter ihren Augen geschehen. Die Sache kann gute aber auch übele Folgen haben, wenn die Verschwörungswitterer durch die Maße ihrer Dummheit den Bravgesinnten das Land verleiden und dem edleren Element die Luft verderben. Hoffentlich aber stürzen sie sich selbst. Wenn es geht, reisen wir den Herbst nach dem Rhein, aber ich fürchte, es geht wieder nicht; ich bin blos zu Fuß auf unsern höchsten Berg den Meisner gekommen. Hundert Grüße von Ihrem Grimm" (Orig.: Berlin, GStA PK, I. HA Rep. 77, Tit. 22, G 8 adh., Bl. 25; Schellberg, *Ausgewählte Briefe*, S. 749; K. A. v. Müller, *Briefe von und an Görres* Nr. 11, S. 458f).

14.8.1819 (Erdmannsdorf) Graf Karl von der Gröben: Er könne Generalin Gneisenau nicht ohne Grüße von ihm abreisen lassen. „Wir seufzen gewiß beide, und doch gebe ich die Hoffnung einer bessern Zeit nicht auf. Gott segne Sie und ihr Haus." Görres' Patenkind Georg blühe. (Orig.: Familienarchiv Görres-Jochner Nr. 81; Binder (Hrsg.), *Freundesbriefe* Nr. 212, S. 585).

19.8.1819 (Karlsbad) Christian Schlosser: Nur mit einem Wort, „weil alles Schreiben den Brunnentrinkern untersagt ist, die heil werden wollen", wolle er Görres sagen, wie sehr er ihm und den Seinen verbunden sei. „Wir hoffen Sie alle wohl und froh zu finden, und hoffen gesund und froh zu Ihnen zurückzukehren. Wann, steht in Gottes Hand; auch das wie lange. – ich bin entschiedener als je, nur unter ganz geordneten Bedingungen neu in meine Stelle zu treten. Wehe wie es mir thut so werden Sie es doch nicht tadeln; und das Gute was mir in dieser Stelle begegnet ist, wird mir unvergesslich seyn. – Gegen Ende des Monats mehr aus Frankfurt. Lassen Sie das sich und den lieben Ihren nur eine Erinnerung herzlicher dankbarer Freundschaft seyn. Der Ihrige" (Orig.: Familienarchiv Görres-Jochner Nr. 220; Unveröffentlicht).

20.8.1819 (Meyen) Johann Friedrich Butenschoen: „Als ich neulich ein paar Zeilen von Ihnen sah, lieber und verehrter Herr Director, erwachte in mir das Verlangen Ihnen einmal wieder zu sagen, wie sehr ich Sie hochschätze. Ueberbinger dieses der nach dem schönen Koblenz wallfartet, wird Ihnen sagen, was wir hier machen, wie wir schreiben und Dinte versprützen und Nummern erledigen Möge Ihnen ein angenehmeres Schiksal geworden seyn. Vielleicht sind Sie nun häufig in Persien, studiren Palwi und Keilschrift oder schwärmen am Ganges herum. Ich freue mich, im Voraus, der goldenen Früchte die sie von dort gewiss herbringen werden. Verlieren Sie mich ja nicht ganz aus dem Auge, denn Sie sowohl als Ihre liebe Frau und Familie sind mir theuer und werth geworden." Er bitte um Mitteilung von interessanten Neuigkeiten, v.a. aber um „alles was von Ihnen kommt". „Mit der herzlichsten Verehrung. - Wäre in Rheinpreußen etwas über den öffentlichen Unterricht gedruckt worden so ersuche ich gelegentlich um dessen Mittheilung." (Orig.: Familienarchiv Görres-Jochner Nr. 32; Unveröffentlicht).

20.8.1819 (Bruggen) Johann Friedrich Benzenberg: „Ich habe gar nicht gewusst, daß Ihr einmal in Siebenbürgen festgesessen wie ich aus einliegendem Censeur ersehe. Dieser ist sonst eine gute Zeitung nur einseitig und im Superlativ. Wie alle Nichtmathematiker." Er habe Görres' Schreiben vom 6. Juli am 1. August bei seiner Heimkehr vorgefunden. Er habe am 13. seine Sache auf dem Appellhof in Düsseldorf verteidigen müssen, sei vorher durch die Mark und das Münsterland mit dem Westfälischen Eremiten gereist. Er habe an Herausgeber Schulz in Hamm die Adresse geschickt, der „solche besser brauchen konnte ... da er zu den Constitutionellen und zur Opposition gehört, - ich aber zu den Ministeriellen desertiert bin", wie man lesen könne. Auch in einem „fein und sedat geschriebenen Artikel" in der Staatszeitung, „der in Berlin sehr gefallen habe und für den ich nun endlich den rothen Adler-Orden bekomme". „An der großen Studentenverschwörung habe ich mich recht erschrocken. Es wird Euch auch wohl so ergangen sein. Mit dem Hep Hep ist es bisher in Brüggen noch gut gegangen. ... Am Sonntag war eine Zusammenkunft von 24 Fabrikherren in Gladbach. Es wurde überlegt: ob man sich an den allgemeinen Deutschen Kaufmannsverein anschließen solle? Vorläufig wurde beschlossen sich mit dem Prof. List in Verbindung zu setzen und eine neue Zusammenkunft auf den 19. Sept. festgesetzt. Den 1. Sept. geht die Jagd auf. Als Propedeutik habe ich bereits 22 Schwalben geschossen." Görres solle ihn jetzt besuchen kommen, er habe 6 wilde Eulen auf dem Hofe, die er von Kindsbeinen an aufgezogen habe. „Meine Mutter läßt Euch grüßen und sagen: Ihr solltet nicht so viel grummen. Das Urtheil des Tribunals lege ich Euch bey. Damit ihr Euch darin spiegelt und die Leute nicht mehr verunglimpft. Einen Aufsatz über die beyden Kammern in Bayern, habe ich zum Besten Eures Seelenheils ausgearbeitet und an die Mainzer Zeitung gesendet. Ich halte es mit der Pairskammer wie leicht zu denken. Ende September oder Anfangs October komme ich mit meinem Bräunchen durch Coblenz, und gehe nach Mainz, Worms, Mannheim Heidelberg, Darmstadt Frankfurt. Nun gehabt Euch wohl und grüßt Frau und Kinder. Sagt Eurer Hausfrau sie wüste wohl wie es einem Manne zu Muthe sey, so mit Zahnweh heimgesucht.

Der Apellhof in Düsseldorf hat sich und das Tribunal für competent erklärt. – Ich bin in Cassation gegangen und gehe vielleicht selber nach Berlin". (Orig.: Familienarchiv Görres-Jochner Nr. 14; Unveröffentlicht).

23.8.1819 (Heidelberg) Georg Friedrich Creuzer: Er habe länger nicht geschrieben, weil er gewartet habe, dass Görres komme. Zimmermann sei zu Besuch in Heidelberg gewesen, „mit Lorchen und drei muntren Buben und einem zarten Mädchen", er sei mit ihnen für ein paar Tage an den Rhein gereist. Nachrichten über Sulpiz Boisserée, der seit Juli in Baden zur Kur gewesen. Die von Minister Stein gegründete Gesellschaft für die Deutschen Geschichtsschreiber fange an sich zu regen. Es gebe viele Mitarbeiter, nur Schlosser wolle nicht mitarbeiten, er habe am Plan allerlei auszusetzen. In Heidelberg divertierten sich neuerdings die Prinzen und Kavaliere. Görres' alte Bekannte dächten oft an ihn. Leske schreibe, er habe Görres nicht angetroffen. Er habe ihm ein Exemplar der *Symbolik* dagelassen. Heute sende er Görres „das lateinische Büchlein über den Herodot, das ich für Sie und Sulpiz ganz speciell zurecht gemacht habe. Wenn Ihnen das Gericht nur mundet, und die vielen Gräten von Noten und Citaten nicht die Eßlust rauben." N.S.: Görres werde bemerken, „daß mir Ihre Mythengeschichte gute Dienste geleistet, und daß ich auch von Ihren schriftlichen Bemerkungen Gebrauch gemacht habe nämlich in der Symbolik". (Orig.: Familienarchiv Görres-Jochner Nr. 41; Binder (Hrsg.), *Freundesbriefe* Nr. 213, S. 585-587).

9.9.1819 (Hamm) Heinrich Schultz: Görres werde demnächst durch den gemeinsamen Freund Benzenberg aufgefordert werden, seine Ansichten über die beiden Kammern an den *Rheinisch- Westfälischen Anzeiger* mitzuteilen und seine Schrift über das Verfahren der zweiten Kammer in Bayern zu rezensieren. Er ergreife die Gelegenheit, den laufenden Jahrgang „dieser ältesten Zeitschrift Rheinland Westfalens" zu übersenden, damit er „sich mit dem Gang der Verhandlungen in derselben und mit dem Geist, der in ihr waltet" bekannt machen könne. „Der Rh. Westf Anzeiger ist durch seine lange Dauer, durch die Theilnahme Vieler ausgezeichneten Männer und durch einen freien Geist und eine lebendige Regsamkeit der in ihm lebte in einem großen Theil meines Vaterlands, Westfalen, nazional geworden und hat sich durch alle Stände verbreitet. Nur der kleinstädtische Klatsch- und Zankgeist hatte ihn in den letzten Jahren vielfach entstellt und seinen öffentlichen Ruf herabgewürdigt, als ich durch zufällige Verhältniße veranlaßt wurde die Herausgabe desselben zu übernehmen. Mein eifrigstes Streben von diesem Augenblick an war ihn von diesem Fehler von der einen Seite frei zu halten, von der andern aber seinen Charakter einer gemeinnützigen Volksschrift zu behaupten und ihm zugleich einen hohen politischen Geist einzuhauchen. Von diesem Ziele, was ich mir vorgestellt, bin ich noch weit entfernt, aber ich kann es mir selbst nicht ableugnen, daß ich seit dem Jahre das ich die Redaction übernommen bedeutende Fortschritte zu demselben gemacht habe. Anfangs allein stehend, verkannt und in meinem Streben mißverstanden, haben sich nach und nach mehrere der ausgezeichneten Männer unseres Vaterlands zu mir gesellt und mich in meinem Streben freundlich und eifrig unterstützt. Wer Rücksicht auf das Publikum nimmt und auf die Mittel, die mir zu Gebote stehn, der wird finden, daß in dem Anzeiger allerdings ein Vehikel vorhanden, durch welches sich eine richtige politische Ansicht der Dinge in unserm Vaterlande und durch alle Stände verbreiten läßt, und wodurch mächtig dahin gewürkt werden kann, dass eine klare Ansicht der Dinge und ein bestimmtes Wesen und Wollen in unserm Volke herrschend werde, da es eigentlich das Hauptunglück des Deutschen, daß er nicht weiß, was er will und sein ganzes Streben nach dem hohen in dieser Unklarheit vergeht. Soll aber dieses Ziel erreicht werden, so dürfen sich die ersten Männer unsers Landes und Volkes nicht gleichgültig von einem Unternehmen abwenden, das sich solch hohes Ziel gesteckt hat, und dürfen ihm ihre Theilnahme nicht versagen. Nur dadurch kann es besser mit unserm Volke werden, daß die Bessern und Einsichtigern einen Mittelpunkt fänden, um sich selbst und das Volk über die Interessen des Vaterlands zu belehren, und solange wir noch keine Stände haben, wo könnte dieser Mittelpunkt anders gefunden werden als in den Zeitschriften? Und welche Zeitschrift könnte sich dazu besser eignen, als eine solche, die schon vom Volke selbst als seine eigenthümlich nazionale betrachtet wird? – Darum darf ich auch hoffen, daß Ew Wohlgeborn mir Ihre Theilnahme nicht versagen und sich dem Kreise der Mitarbeiter anschließen und mit mir zu dem gemeinsamen Zwecke verbinden werde. Schon längst würde ich Ew Wohlg eingeladen haben, hätte ich nicht befürchten müßen, daß Sie mir da ich Ihnen persönlich unbekannt und die Tendenz meiner Zeitschrift Ihnen noch nicht bekannt seyn konnte, mit den gewöhnlichen Speculanten verwechseln möchten. In Warheit möchte ich grade vor allen Ew Wohlg Ihre Theilnahme in Anspruch nehmen, da Ihre Ansichten mich von jeher am meisten angesprochen haben, und ich dieselben am meisten geeignet glaube, um in einer Zeit, wo eine eben so oberflächliche als herz und gemüthlose, alles egalisirende und alles vernichtende Ansicht des Staats und der Verfassung vorherrscht, eine andere Ansicht der Dinge zu begründen. Nehmen Sie aus diesem Gesichtspunkt meine Einladung auf und wenn Sie das thun, so darf ich keine Fehlbitte zu wagen hoffen." Wie er zu der Adresse gestanden, möge Görres aus den Nummern 43, 49, 51, 54, 55, 57 und 60 ersehen. „Hätte ich nicht allein gestanden und hätten wir vereinigt zu einem Ziele gewirkt, wahrscheinlich würde der Widerstand nicht so fruchtlos abgelauffen seyn und wahrscheinlich zu irgend einem Resultate geführt haben. So hat die Vereinzelung der Kräfte die Folge gehabt und alle Reden sind wirkungslos am Volke vorüber gegangen, ohne irgendeine feste Ansicht in ihm zurückzulaßen, oder zu begründen. Möge diese Erfahrung Ihnen ein neuer Antrieb seyn, Ihre Kräfte mit den unsrigen zu vereinigen und mit vereinigter Kraft auf dem gemeinsamen Zile zu streben. In dieser Hoffnung und in der Erwartung keine Fehlbitte gethan zu haben, schließ ich mit der Versicherung meiner wahren und ausgezeichneten Hochachtung und Verehrung Der Herausgeber des Rh. Westfälischen Anzeigers Heinrich Schultz." (Orig.: Familienarchiv Görres-Jochner Nr. 229; Unveröffentlicht).

10.9.1819 (Hamm) Wilhelm Freiherr von Blomberg: Beiliegend sende er ein Exemplar seines *Thomas Aniello*. Er hoffe, dass „der kniflige Sinn" des Stücks Görres nicht missfallen werde. „Ich wünschte daß Sie für die Verbreitung des Aniello etwas thun könnten. ... Was sagen Sie denn zu unseres Dr. Schulz Rh. Westfähl. Anzeiger? Seine Aufsätze tragen, wie mich deucht, den Mangel eines aus der Geschichte gewurzelten Sinnes, der unserer Zeit heilsamer ist." Er wünschte sehr, dass Görres den Dr. Schulz zu Zeiten mit politischen Aufsätzen unterstützen möchte, um dem Blatt höhere Bedeutung zu verschaffen. (Orig.: Familienarchiv Görres-Jochner Nr. 18; Unveröffentlicht).

10.9.1819 (Frankfurt) Christian Schlosser: „Einem glücklichen Ungefähr verdanke ich, lieber Görres, daß ich Ihre Zeilen noch von hier aus beantworten kann. Vor allem das beste für sie alt und jung in dem theuren und unvergeßlichen Hause." Was er auf Görres' Schreiben von Frankfurt aus beantworten könne, sei Folgendes: Er zweifle nicht, daß die neueren Vorfälle neben den früheren Unannehmlichkeiten „nach oben ernstes Misfallen" erregen werden. „Meine Verhältnisse sind, wie ich Ihnen früher geschrieben, gelöst, und ich beharre auf dieser Lösung entschieden. Meiner festesten Überzeugung nach bedarf das am Rhein aufgestellte Unterrichtssystem ... wesentlicher Änderungen. Vielleicht führt das Geschehene zu weiser Einsicht. Werden dann Grundsätze aufgestellt, von denen man sich Frucht und Segen versprechen darf, hat man den Muth Stellungen zu geben, die auch Wirkung möglich machen; Wüsste sich für mich ein neuer Beruf in den schönen Rheinlanden, so wissen Sie daß das Bild was ich von Coblenz mitnehme, nur geeignet seyn kann, meine Ueberlegung auf die Seite meines Herzens zu lenken." Sehr natürlich scheine ihm die Forderung, dass man nur katholische Lehrer am Gymnasium zu Koblenz wolle. Er sehe es aber nur als eine Forderung des Augenblicks an. „Nur Friede und Verträglichkeit, wechselseitiges Vertrauen" dürften zwischen Protestanten und Katholiken herrschen. „Da soll und darf nicht Unverstand und Fanatismus einiger abgeschmakter Wirrköpfe den Saamen der Zwietracht säen, und in Institutionen der Jugend dauernd begründen." – „Eine unpartheiische, eine würdige das Heilige nicht anstoßende, ernste und milde Führung von oben" sei nötig. „Ernsteste Forderung dafür, an die obere Stelle, diese kann helfen, und ich habe die Ueberzeugung, daß die guten Menschen am Rhein, wenn diese weniger Hezzereyen reden, gleich wieder der ihnen fremden Spannung vergessen seyn werden, die nicht unter ihnen entsprungen, von Menschen hervorgebracht worden, die die Herrlichkeit des Landes genießen und zum Lohn vergiften. – Leuzinger würde der tiefste Verlust für die Anstalt seyn, und ein treffliches Gegengewicht an ihm verlohren gehen. Nur seine ungeeignete Lage im Augenblikke konnte das Vertrauen erschüttern das er so vollkommen verdient. Auch in religiösen habe ich ihn immer nur bey den ganz löblichen gefunden. Und nun herzlichstes Lebewohl von uns an alle. So wie meine Verhältnisse förmlich und vollkommen auseinandergelegt, sehen wir uns wieder." (Orig.: Familienarchiv Görres-Jochner Nr. 220; Unveröffentlicht).

17.9.1819 (Frankfurt a. Main) Christian Schlosser: „Die Scheidewand, die zwischen der Rückkehr zu Ihnen, bestes Görresisches Haus, lag, ist durch die gestern erhaltene Entlassung gehoben. Wir werden Sie also, so Gott will, Ende nächster Woche, wiedersehen. Mit Freude und mit wahrer Betrübniß. Denn wahrhaftig, indem man scheiden soll, fühlt man erst, wo und wie man liebt. Ihr gehört für uns zu den ganz unvergeßlichen Menschen. – Über den Gang der Dinge mündlich. Ich konnte keinen andern voraussehen. Was ich brauchen konnte, und allein, konnte man nicht geben; was man geben wollte, konnte ich nicht brauchen. So sehr es mich schmerzt, einer würdigen und friedlichen Lebenswirkung – sie hätte es sein sollen – zu entsagen, so ist vielleicht nicht genug lernbar in unseren Tagen auch das Gute nur zu wollen, wann und so lange Gott es will. Wir hoffen Freytag Abend den 23. bey Ihnen zu sein. Wozu wir Sie alle wohl und froh treffen." Freund Guido solle Herrn Mendelsohn sagen, er habe seine Zeilen heute erhalten, lasse ihn aber nur grüßen, da die mündliche Erwiderung nahe sei. Seine Frau grüße aufs Beste. (Orig.: Familienarchiv Görres-Jochner Nr. 220; Binder (Hrsg.), *Freundesbriefe* Nr. 215, S. 588f).

21.9.1819 (Koblenz) Königliche Regierung 1. Abtheilung in Koblenz: „Da die vorläufige Beschlagnahme der bey Hölscher allhier erschienen Schrift Deutschland und die Revolution betittelt auf Verfügung des Herrn Staatsministers und Ober-Präsidenten von Ingersleben geschehen ist, so haben wir Sr Excellenz die Eingabe Euer Wohlgeb vom 19. d. M. vorgelegt." (Orig.: Berlin, GStA PK, I. HA Rep. 77, Tit. 22, 8 adh., Bl. 37; *Zeitschwingen* (Hrsg. von Ludwig Börne), 3. Jg., Nr. 80 6.10.1819, S. 322).

25.9.1819 (Koblenz) Karl Heinrich Ludwig Freiherr von Ingersleben: „Euer Wohlgeboren erwidere ich auf Ihr gestriges Schreiben, daß nachdem das hiesige Regierungs-Präsidium am 15ten dieses, mir mehrere demselben überbrachte Druckbogen eines angeblich unter der Presse allhier befindlichen Werks, ohne Titel und Benennung des Verfassers eingereicht hatte, ich selbige dem Präsidio mit dem Auftrage remittirt habe, solche der Königlichen Regierung vorzulegen, und, unter Voraussetzung ihres Einverständnisses, diese Schrift nebst dem Manuskripte unter Siegel legen zu lassen, weil in eben diesen Bogen, an vielen Stellen, Maaßregeln unserer Regierung, auf das unehrerbietigste getadelt, Regenten und höhere Staatsbeamten beleidigt, und die deutschen Völker, vorzüglich aber die Preußischen Unterthanen zum Mißtrauen und Unzufriedenheit gegen ihre Regierungen aufgeregt würden. Meiner Meinung nach, kann und darf es niemanden gestattet seyn, dergleichen Gesinnungen in Druckschriften zu verbreiten, und ist es Pflicht der Regierungen, auch diese Verbreitung, soweit sie es vermögen, zu verhindern.

Im gegenwärtigen Fall ist zwar, durch die Eil mit welcher der Druck und die Versendung der Schrift betrieben worden, der eigentliche Zweck nur unvollständig erreicht, und dadurch die Versiegelung der noch vorhanden gewesenen Exemplare selbst unnütz geworden: Da indeß die Königliche Regierung von dem Königlichen Ministerio des Innern weitere Verhaltungsbefehle deshalb erbeten hat, so muß dessen Bestimmung nun auch abgewartet werden. Koblenz den 25. September 1819. Der Staatsminister und Oberpräsident. (gez.) Ingersleben". (Orig.: Berlin, GStA PK, I. HA Rep. 77, Tit. 22, G. 8, adhib., Bl. 39; Abschrift: GStA PK, I. HA Rep. 77, Tit. 21, Spez G Nr. 1 Bd. 1, Bl. 64: Acta zu Görres; Müller, *Görres in Straßburg,* Beilage Nr. 5, S. 235f).

29.9.1819 (Mainz) Johann Friedrich Jacobi: „Daß Dr. Galls Lehre von der Einwirkung und Stärke der angebohrenen Neigungen und Fähigkeiten Grund hat, davon zeugt auch, wie ich glaube, Ihre neueste Schrift, hochgeehrtester Herr Profeßor, und die meinige, welche ich Ihnen schicke, um Ihnen zu zeigen, auf wie verschiedenen Wegen zwey Menschen dem nemlichen Ziel entgegen gehen können. Sie sind wohl unbedingt der gewaltigste Strafprediger, den man seit Jahrhunderten kennt; eben darum möchte ich Sie aber auf Hiob Kap. 36 V.5 und 16 und dann auf 1 Ep. Joh. Kap. V.16 verweisen. Ich kann einmal nicht der Meinung seyn, daß es frommen könne, durch den Druck, das Allen preis zu geben, was Vielen zum Meßer in Kinder Hand wird. – Das Kind verwundet sich selbst und Andere, die Eltern aber ärndten Verdruß, Sorge Kosten und Reue für die begangene Unvorsichtigkeit. Möchten Sie Ihren 17jährigen Sohn, wenn er nicht für die Heilkunde bestimmt ist, sich in einem Mädchen-Entbindungs-Institut herumtreiben oder Ihre 16jährige Tochter die Haushaltung in einem Officier-Speisehaus lernen lassen? – Es giebt, meine ich, Dinge, die man ihrer wahrscheinlichen Folgen wegen beßer unterläßt als thut und so möchte ich, daß Ihre Strafpredigten nur im Manuscript existirten; sie würden dann mehr Gutes würken und doch auf die Nachwelt kommen, so gut wie viele Schriften der alten Zeit. – Nun ist die Censur herbeigeschrieben. – Verzeihen Sie diese, ehrlich gemeinte Ergießung Ihrem in, mit und durch die Zeitperiode von 1789 bis jetzt, ergrauten ganz ergebensten Diener Jacobi". (Orig.: Berlin, GStA PK, I. HA Rep. 77, Tit. 22, 8 adh., Bl. 24; Müller, *Briefe von und an Görres* Nr. 12, S. 459; Raab, *GS/Erg.bd.* 1, Nr. 257; Schellberg (Hrsg.), *Ausgewählte Briefe*, S, 767: als Friedrich Heinrich J. unter Datum 29.1.1819).

Ende Sept 1819 (o.O.) Friedrich Perthes: „Gegen Staat, Religion und Sitte ist nichts im Buche, von dieser Seite aus können Sie nicht angegriffen werden, aber die Gesinnungen und Absichten, welche Sie den Regierungen zuschreiben, werden Sie eben so wenig zu beweisen im Stande sein, wie die preuß Polizei ihren Verdacht und ihre Behauptungen republikanischer Verschwörungen beweisen kann". (zit. bei Schellberg, *Briefe an Perthes*, S. 86f; Perthes, *Friedrich Perthes' Leben,* Bd. 2, S. 210).

8.10.1819 (Frankfurt a. Main) Christian Schlosser: „Lassen Sie sich, nach Ankunft in der Heimath, das Beste und herzlichste von uns, für Sie und Ihre Lieben sagen. Oft sind unsere Gedanken bey Ihnen, und unsere Wünsche eilen der Zukunft voran, die uns noch manches Gute vereinigt genießen lassen soll; - so Gott will! Ich begrüße Sie um so früher, als Umstände unsere Reise schneller als wir es vorhatten herbeyziehen. Ist der Himmel unserer Absicht hold, so sind wir den 20ten dieses bereits in Paris. Möchten wir dort bald gutes von Ihnen vernehmen. ... Von Herzen der Ihrige. Monsieur Christian Schlosser a Paris chez M Jacques Frederic Gontard Rue d'artois Nro 16" (Orig.: Familienarchiv Görres-Jochner Nr. 220; Unveröffentlicht).

ANHANG: BRIEFE VON UND AN KATHARINA GÖRRES

1. Eberhard v. Groote an Katharina Görres Köln, 16.3.1815: „Die polit Veränderungen der letzten Tage werden natürlich unserem lieben Direktor wieder vollauf zu thun geben. Ich freue mich schon, seine Ansichten über die Sache in den nächsten Blättern zu lesen. Es scheint, die große Zeitepoche ist noch nicht zu Ende, oder es ist nur noch einmal das letzte Auflodern der erlöschenden Flamme." Da „das schon Geschehene, und das möglicher Weise noch bevorstehende" den politischen Geschichtsschreiber noch lange beschäftigen werde, sehe er sich gezwungen, ihre Vermittlung zu erbitten, um von H. Görres das längst versprochene Fragment aus Gregorius vom Stein zu erhalten. Sie seien nun mit ihrem Büchlein soweit, dass es angekündigt werden könne, hätten auch von von der Hagen noch „allerliebste Sachen" erhalten, auch freundliche Zusagen von Ludwig Tieck, Arnim und Clemens Brentano. „Ihre Beyhilfe wird hier das meiste vermögen, denn es ist begreiflich, wie dem armen Director nun wieder die Zeit zum Lesen und Schreiben kaum ausreichen mag. Weil es Sie oder H Görres villeicht interessiren kann, was v. d. Hagen treibt, so kann ich Ihnen aus seinem letzten Briefe vom 25. Februar etwas über seine jetzigen Arbeiten mittheilen. Am meisten scheint ihn die Bearbeitung einer kritischen Ausgabe des Tristan zu beschäftigen, wozu er, wie er schreibt, das Altenglische des Thomas und das Altfranzösische, wonach Gottfr v Straßb gearbeitet benutzt. Kürzlich hat er ein dänisches Volksbuch erhalten, worin Tristan als ein burgundischer Herzog und Ysalde als des Großmoguls Tochter angegeben ist. Dann meldet er mir, das 4te Bändchen nordischer Heldensagen, welches die Volsunga-Saga enthalte, sey eben erschienen, die Edda-Lieder in 8 Tagen fertig; dann solle eine neue Ausgabe der Niebelungen in der Ursprache vorgenommen werden; endlich aber, wovor ihm einigermaßen graut, ein Handwörterbuch der altdeutschen Sprache. Doch die Ausgabe des Tristan scheint ihm am meisten am Herzen zu liegen, und die Mittheilungen über unser hiesiges Manuskript werden ihm daher sehr willkommen seyn. Zum Schlusse äußert er seine große Sehnsucht an den Rhein zu kommen, als zum Herzen der alten deutschen Welt und Geschichte, und dem Archiv, wo auch nun noch das meiste dahin gehörige aufbewahrt liege. Er versichert an ihm werde es nicht fehlen, sein Vorhaben, zu uns herüber zu kommen auszuführen, und meint, es würde dazu noch Rath werden." Er selbst würde im Frühling gern nach Koblenz kommen, wäre er nicht durch seine Vorlesungen „und unaufhörliches Gewühl" an der Schulverwaltung und der bevorstehenden neuen Einrichtung des Schulwesens „so hingehalten", könne aber fürs erste sich nur „Ihrem freundlichen Andenken und dem Wohlwollen unseres theuren Direktors empfehlen, noch mal Ihre Vermittlung bey Letzterem erbitten und der Freude eines frohen Wiedersehens harren." (Binder (Hrsg.), *Freundesbriefe*, Nr. 145; Reifferscheid, Erinnerung an Groote, in: *Monatsschrift für rheinisch-westfälische Geschichtsforschung und Alterthumskunde*, 1. Jg., 1. und 2. Heft S. 31f; Reifferscheid, *Eberhard v Groote. Mitteilungen aus seinem Briefwechsel aus den Jahren 1815-1859*, Bonn 1875, Nr. 1).

2. Katharina Görres an Eberhard von Groote Koblenz, 1.4. ohne Jahr: 1.4.1815: „Sie werden wol schon oft in der Stille gedacht haben, sie hätten ihre Angelegenheit mit dem H. Gregorius einem recht nachläßigen Sachwalter anvertraut. Ich kann aber mit gutem Gewißen betheuern daß nicht ich, sondern ganz allein die vielen Geschäfte meines Mannes Schuld daran sind, daß sie so spät etwas, wen auch, was mir sehr seid thut, nicht das verlangte erhalten; die Sache verhält sich nämlich so: gleich nach Empfang ihres Briefes bat ich G. mir die Stellen in dem H. G. zu bezeichnen die ihnen zu schickken gedächte ich wollte sie abschreiben da es aber um dies zu thun nöthig war das ganze Gedicht zu durchlesen und er, neben seinen vielen Schreibereien auch noch Hauptman vom hiesigen Landsturm geworden ist, welches ohne die übrigen Weitläuftigkeiten blos täglich zu Exerciren 2 Stunden hinweg nimmt so können sie leicht denken daß es von einem Tage auf den andern verschoben wurde, bis ich mich endlich entschloß um sie nicht länger warten zu laßen, den H. G. selbst zu lesen, und etwas auszusuchen, aber da fand ich daß alle Theile so eng mit dem gantzen verbunden sind, daß man keins ohne Nachtheil von dem andern trennen kan; nun war wieder guter Rath theuer, ich wolte mich doch auf mein eigenes Urtheil nicht ganz verlaßen zumal da sie ihn so sehr zu haben wünschten, ich mußte also doch warten, bis G Zeit fand ihn zu durchlesen, das ist nun geschehen und er fand das nämliche er schikt ihnen hier zum Ersatz einige Lieder gleichfals aus der Vatikanischen Bibliothek ich wünsche nur daß sie mit dem Tausch nicht unzufrieden sein mögen, weil ich weis daß sich für etwas was man lange erwartet hat selten ein Ersatz findet. wen sie noch einige ältere Lieder wünschen so können sie von dem guten Willen überzeugt sein, den ich habe, mir ein, wen auch nur ganz kleines Verdienst um ihr Büchlein zu erwerben. Brentano hat seit er in Berlin ist nichts von sich hören laßen, Arnim schreibt aber ziemlich fleißig scheint sich aber jetzt mehr mit der Politik zu beschäftigen. Wen sie noch Beiträge wünschen, so glaube ich würde es den Graf Löben freuen, wen sie ihn darum ersuchten und ich habe vorigen Herbst recht hübsche ungedrukte Gedichte von ihm gesehen so viel ich weis sammelt er jetzt Legenden. Ihr Versprechen uns zu besuchen würde uns noch mehr gefreut haben wen sie es nicht auf eine so unbestimmte Zeit hinaus geschoben hätten, was man jetzt thun will, muß man bald thun, den niemand weiß was die nächste Zeit bringt. Ich hoffe indeß, wen Sie nur halb so gern reisen als ich, die warme Sonne, das junge Grün, und alle die tausend Stimmen, die der Frühling mit sich bringt, werden sie wol mächtiger heraus lokken als ich mit schwachen Worten vermöchte. Wir wollen dan nur wünschen, daß sie ihr Weg zu uns führen möge. Leben Sie recht wol, und Gott möge Sie ruhig durch dieße unruhige schwerdrohende Zeit hindurch führen.“ (Orig.: Stadtarchiv Bonn I i 98/631/2; Unveröffentlicht).

3. Eberhard von Groote an Katharina Görres Köln 10.4.1815: „Ihre gefällige Mittheilung der schönen Minneklage hat mich wahrhaft erfreut. Ich bin doppelt beschämt, einmal daß ich dem Herrn Director bey dem nun drängenden, wichtigern literarischen und militairischen Arbeiten, mit solchen Unbedeutenheiten, wie die Vollendung meines Buchs, beschwerlich falle; und dann nicht minder, daß Sie selber sich haben die Mühe geben wollen, die alten Sachen ins Reine zu bringen. Ich hoffe Ihnen meinem Dank einmal durch einen ähnlichen Dienst bezeugen zu können. – Um dem Herr Director zu beweisen, daß ich nicht als unthätiges Mitglied zu jener alterthumsforschenden Gesellschaft will aufgenommen seyn, nehme ich mir die Freyheit, Ihnen gleich hier meine vor Kurzem gemachte Entdeckung eines alten, wie ich glaube, nicht unbedeutenden Manuscripts vorzulegen, welche Sie gütigst H. Goerres mittheilen, und Ihn bitten werden, mir gelegentlich seine Meinung darüber zu sagen, damit ich das Buch, welches nicht mir gehört, wenigstens im Auge halte. – Das ist gerade das schlimme bey mir, daß ich noch zu wenig Zeit und Gelegenheit habe finden können, mich mit demjenigen bekannt zu machen, was wirklich von unseren Sprachalterthümern schon aufgefunden, villeicht gar herausgegeben ist, und dem übrigen, dessen Namen man wohl kennt, one es aber noch wieder aufgefunden zu haben." (Es folgen Abschriften von Teilen einer alten Handschrift, des *Wigalois* des Wirnt von Gravenberg, und eine kurze Zusammenfassung der „sehr schönen Mähre an des Kgs Artus Hof"). „Dieß mag dem H. Goerres einstweilen genügen, um urtheilen zu können, von welchem Gehalt und Werthe die Handschrift seyn kann; es wird mich freuen, sein Urtheil darüber zu hören. Für dießmal will ich nun Ihr gütiges Anerbiethen, mir noch andre Lieder zu schiken, nicht weiter unbescheiden in Anspruch nehmen. Wollen Sie für künftig mir noch einiges sammeln, was Sie zum Zwecke unseres, hoffentlich fortzusetzenden, Büchleins brauchbar halten, so sollen Sie dafür meinen herzlichsten Dank haben." Gern hätte er an Prof. Loeben geschrieben, habe aber keine Adresse, müsse daher wieder an ihre Gefälligkeit appellieren. „Leider müssen wir die schöne Frühlingssonne dießmal wieder nur über Kriegsrüstung und Waffengeklirre auf und nieder gehen sehen; wären meine Verhältnisse so günstig, als mein Wille fest und gut, so stände ich schon bey den Ersten an der französischen Gränze. Nun kann ich nur noch arbeiten, bis ich erst von hier fort bin; u. das wird hoffentlich bald werden." (Orig.: ULB Münster, Nachlass Schulte-Kemminghausen, Kapsel 71,10; Binder (Hrsg.), *Freundesbriefe*, Nr. 458f; Reifferscheid, Erinnerung an Groote, in: *Monatsschrift für rheinisch-westfälische Geschichtsforschung und Alterthumskunde*, 1. Jg., 1. und 2. Heft S. 33f; Reifferscheid, *Eberh. V. Groote. Mitteilungen aus seinem Briefwechsel aus den Jahren 1815-1859*, Bonn 1875, Nr. 2, S. 3-6).

4. Wilhelmine von Chezy an Katharina Görres Heidelberg, 22.4.1815: „Verehrte theure Frau! Ich sende in dieser Zeit frischer Stürme neue Lieder, und einen Plan, der eine reine Frucht der Wehmuth und Liebe ist. Geben Sie einen Seegen Ihres lieben sanften Herzens dazu, und sagen Sie mir bald in Ihrer Antwort, daß Sie einwilligen, daß Ihr lieber Name mein Verzeichnis schmückt! Ich habe diesen Plan im Zutrauen auf die Gesinnung von vielen edlen Seelen gefaßt, an die ich mich wende, eh die Zeitungen ihn öffentlich machen, weil manche Blätter nicht in jede Hand kommen, wo sie nützlich sein könnten." Bittet Katharina, den Gatten zu bewegen, das Abschiedslied der Berliner, das in der *Berliner Zeitung* abgedruckt werde, auch in den *Merkur* aufzunehmen, ebenso auch ihre Subskriptionsanzeige für *Auserlesene Schriften der Enkelin der Karschin*. „Ich überlasse das, mit vollem Vertrauen auf Ihr schönes Herz, Ihrer Einsicht. Und nun, sehr theure Frau, die ich jetzt als Preußin mit frischer neuer Liebe und Achtung begrüßen kann, empfehle ich mich und meine Knaben Ihrem und der Ihrigen freundlichen

Angedenken". Graf von Loeben, der sich Ihnen aus das innigste beiden empfiehlt, geht wegen eines empfindlichen Schmerzes, den er oft am Herzen selbst spürt und der jede starke Bewegung verbietet, weder in Krieg, noch für das Erste nach Heidelberg. Er bleibt bei seiner theuren Mutter, die in den Zeiten des Durchmarsches auch männlichen Beistandes bedarf." (Orig.: Familienarchiv Görres-Jochner Nr. 35; Binder (Hrsg.), *Freundesbriefe*, Nr. 147).

PERSONENVERZEICHNIS

Ackermann, Jakob Fidelis (1765-1815), 1789 Priv.doz. gerichtl. Medizin Univ. Mainz, 1792 Prof. Botanik Univ. Mainz, 1796 Prof. Anatomie, 1798 Präsident Med. Spezialschule, 1804 Prof. Anatomie Jena, 1805 Prof. Anatomie und Physiologie Heidelberg, Direktor Poliklinik Heidelberg, Vertreter der romantischen Medizin.
Werke: Med. Abhandlungen, u.a. *Versuch einer phys. Darstellung der Lebenskräfte organisierter Körper*, 2 Bde., Frankfurt/M. 1797, 1800; *Infantis androgyni historia*, 1805; *Die Gall'sche Hirn-, Schedel- u. Organen-Lehre*, 1806.
Lit.: *ADB* 1; *NDB* 1, S. 37f; E. Stübler, *Geschichte der med. Fak. der Univ. Heidelberg*, 1926, S. 228-233; H. Killian-G. Krämer, *Meister d. Chirurgie u. d. Chirurgenschulen im deutschen Raum*, 1951, S. 57.
Erw.: Briefe an Görres: 2.11.1815.

Aders, Johann Jakob (1768-1825), Fabrikant, Bankier, 1799 Bürgermeister Elberfeld, Sozialreformen zur Armenpflege, 1800 Stadtrichter, 1801 Ratsverwandter, 1802-07 Gerichtsschöffe, 1814 Stadtrat, 1816 Gründung „Elberfelder Kornverein", Gründung „Rheinisch-Westindische Kompagnie".
Werk: *Wie schützte sich Elberfeld in d. Jahren d. Not 1816/17 durch seinen Bürgersinn vor Brot-Mangel?*, 1817.
Lit.: *ADB* 1, S. 84f; *NDB* 1, S.66; Rudolf Bergmann, *300 Jahre reformierte Diakonie in Elberfeld*, Wuppertal 2002.
Erw.: Briefe an Görres: 11.3.1818, 14.4.1818, 20.12.1818.

Albrecht, Carl (1747-1833), 1770 Priesterweihe, Benediktiner Maria Laach, 1803-1832 Pfarrer Liebfrauen Koblenz, 1814 Mgl. Hilfsverein Koblenz, 1818 Mgl. der Deputation bei Hardenberg unter Führung von Görres, 1824 Ehrendomherr Trier, Dekan Koblenz.
Lit.: Max Bär, *Aus der Geschichte der Stadt Koblenz. 1814-1914*, Koblenz 1922; Schütz, *Koblenzer Köpfe*.
Erw.: Brief Nr. 106.

Albrecht, Daniel Ludwig (1765-1835), 1809 Geheimer Justizrat beim König, 1810 Leiter Kgl. Zivilkabinett, 1817 Mgl. Staatsrat, 1819 Mgl. Immediat-Untersuchungskommission.
Lit.: *ADB* 1, S. 55, *NDB* 1, S. 180; P. Haake, *Der Preuß. Verfassungskampf vor 100 Jahren*, 1921; *Allgemeine deutsche Zeitung für Rußland* Nr. 202 (22.8./3.9.1812).
Erw.: Briefe an Görres: 12.9.1816.

Alexander I., Zar (1777-1825), seit 1801 Kaiser von Russland.
Erw.: Briefe Nr. 22, 23, 55, 66; Briefe an Görres: 9.1.1814, 31.5.1815, 14.11.1815, 23.1.1816, 28.1.1816, 29.3.1816, 1.9.1818, 4.2.1819..

Altenstein, Karl Sigmund Franz Freiherr vom Stein zum Altenstein (1770-1840), stud. Erlangen, Göttingen, Jena, 1793 Referendar preußische Kriegs- und Domänenkammer Ansbach, 1799 Ministerialrat Berlin, 1808 Finanzminister, nach Entlassung Breslau, 1813 Zivilgouverneur Schlesien, 1815 Paris zur Rückführung der entführten Kunstschätze, 1817-1838 Kultusminister.
Lit.: *ADB* 35, S. 645-660; *NDB* 1, S. 216f; Herbert Hömig, *Altenstein. Der erste preußische Kulturminister. Eine Biographie*, Münster 2015.
Erw.: Briefe Nr. 103, 115, 118, 135, 137, 138, 151, 152, 153, 165; Briefe an Görres 21.11.1817, 1.12.1817, 27.2.1818, 14.11.1818, 21.11.1818, 28.11.1818, 20.12.1818, 18.2.1819.

Ancillon, Jean Pierre Frédéric (Johann Peter Friedrich) (1767-1837), stud. prot. Theol. Genf, 1790 Prediger Berlin, 1792 Prof. Geschichte preuß. Militärakademie, 1803 Hofhistoriograph, 1809 Staatsrat, 1810-1814 Erzieher des Kronprinzen, des späteren Königs Friedrich Wilhelm IV. v. Preußen, 1814 Wirkl. Geheimer Legationsrat im Außenministerium, 1817 Mgl. Staatsrat, 1831 Chef Departement für das Fürstentum Neuenburg, 1832 Staatsminister des Äußeren.
Werke: *Mélanges de littérature et de philosophie*, 2 Bde, Berlin 1801; *Tableau des révolutions du système politique de l'Europe depuis la fin du XVème siècle*, 4 Bde, Paris 1803-1805; *Über Souveränität und Staatsverfassung*, Berlin 1816; *Über Staatswissenschaft*, Berlin 1819; *Über*

Glauben und Wissen in der Philosophie, Berlin 1824; *Nouveaux essais de politique et de philosophie*, 2 Bde, Berlin 1824; *Über den Geist der Staatsverfassungen und dessen Einfluß auf die Gesetzgebung*, Berlin 1825; *Pensées sur l'homme, ses rapports et intérets*, 2 Bde, Berlin 1829.
Lit.: *ADB* 1, S. 420-424; *NDB* 1, S. 264f; Franz Burkei, Friedrich Ancillon – Ein Weg in die Reaktion? Anmerkungen zu Person und Werk, in: Franz Burkei, Dirk-Meints Polter (Hrsg.), *Rechtsfragen im Spektrum des Öffentlichen*, Berlin 1976, S. 97-116; Niels Hegewisch, *Die Staatsphilosophie von Johann Peter Friedrich Ancillon*, Marburg 2010.
Erw.: Brief Nr. 118.

Anschütz, Joseph Andreas (1772-1855), Musiker und Komponist, um 1798/99 Koblenzer Republikaner und Cisrhenane, Commis-Greffier (Gerichtsschreiber) Kriminaltribunal Rhein-Mosel-Dep., Staatsprokurator Landgericht, seit 1806 Musiklehrer École centrale (später Gym.) Koblenz, 1808 Gründer und Leiter Musikinstitut Koblenz, 1809, 1814 erw. Gerichtsschreiber, 1815 Hauptmann Bürgermiliz, 1817 Staatsprokurator, Mgl. Instanzgericht Koblenz, 1820 (bis mind. 1831) Staatsprokurator Landgericht Koblenz.
Werke: Kompositionen, Lieder, Gesänge, Tänze, Klaviervariationen, Kirchenwerke; *Rübezahl* 2. Trim., 3. Heft: Musik zum Schwur der Vereinigten (*GS* 1, S. 449).
Lit.: *ADB* 1, S. 477; *GS* 1, S. 449, 633; Wegeler, *Coblenz in seiner Mundart und seinen hervorragenden Persönlichkeiten*, 2. Aufl. 1906, S. 72ff; Hansen, *Quellen*, Bd. 4, 911, 1010; M. Bär, *Aus der Geschichte der Stadt Koblenz 1814-1819*, Koblenz 1922, S. 96; *Kalender für den Regierungs-Bezirk Koblenz*, 1817-1818; *Kalender und Adreß-Handbuch für den Regierungsbezirk Coblenz*, 1820-1825: auf das Schaltjahr 1824; *Adreßbuch für den Regierungsbezirk Coblenz* 1831; *GS/Briefe* 2; Worbs, *Geschichte des Königlichen Gymnasiums zu Coblenz*, S. 28.
Erw.: Briefe Nr. 27, 57.

Arndt, Ernst Moritz (1769-1860), Lyriker, nationaler Schriftsteller, stud. evang. Theologie, Geschichte Greifswald, Jena, 1800 Priv.doz. Geschichte Philologie Greifswald, 1806 ao. Prof. phil. Fak. Greifswald, 1806-1809 Schweden: Mitarbeit Gesetzeskommission für Pommern, 1809-1811 Greifswald, 1812-1816 Privatsekretär des Frh. vom Stein, 1818 Professor Geschichte Bonn, 1820 Suspendierung wegen angebl. demagog. Umtriebe, 1826-1840 Vorlesungsverbot, 1841 Rektor Univ. Bonn, Abgeordn. Frankfurter Nationalversammlung.
Werke: Lyrik: *Lieder für Teutsche*, 1813; *Kriegs und Wehrlieder*, 1815; *Gedichte*, 2 Bde, 1818, *Geistl. Lieder*, 1855; Politische und historische Schriften: *Versuch einer Geschichte der Leibeigenschaft in Pommern und Rügen – Nebst einer Einleitung in die alte teutsche Leibeigenschaft*, Berlin 1803; *Geist der Zeit*, 4 Teile, 1806-1818; *Der Rhein, Teutschlands Strom, nicht aber Teutschlands Grenze*, 1813; Philosophische und theologische Schriften: *Fragmente über Menschenbildung*, 1805-1809; *Kurzer Katechismus für teutsche Soldaten nebst einem Anhang von Liedern*, 1812; *Katechismus für den teutschen Kriegs- u. Wehrmann*, 1813; *Vom Wort und vom Kirchenliede, nebst geistlichen Liedern*, 1819; Reiseberichte; autobiogr. Berichte.
Lit.: *ADB* 1, S. 541-548; *NDB* 1, S. 358-360; Dirk Alvermann/Imfried Garbe (Hrsg.), *Ernst Moritz Arndt. Anstöße und Wirkungen*, Köln u. a. 2011; Max Braubach, in: *Rheinische Lebensbilder*, Band 7, Köln 1977, S. 83-108; Walter Erhart, Arne Koch (Hrsg.), *Ernst Moritz Arndt (1769-1860). Deutscher Nationalismus, Europa, Transatlantische Perspektiven*, Tübingen 2007.
Erw.: Briefe Nr. 3, 11, 19, 20, 22, 66, 114, 150, 153, 154, 163; Briefe an Görres: 4.6.1814, 6.8.1814, 31.12.1814, 4.3.1815, 28.1.1816, 18.3.1816, 10.4.1817, 10.6.1817 (Fs. 12.6.), 16.8.1817, 4.3.1818, 28.11.1818, 4.2.1819, 26.7.1819.

Arnim, Achim von (1781-1831), Schriftsteller, Publizist, stud. Halle, Göttingen, 1801-4 Bildungsreise, 1805 und 1808 Heidelberg, 1809-13 Berlin, seit 1814 auf Gut Wiepersdorf, 1811 Heirat mit Bettine Brentano. 7 Kinder: Freimund (1812-1863), Siegmund (1813-1890), Friedmund (1815-1883), Kühnemund (1817-1835), Maximiliane (1818-1894), Armgart (1821-1880), Gisela (1827-1889).
Werke: Lyrik, Romane, dramat. Werke, Novellen, publizist. Tätigkeit für Zeitschriften, 1808 Herausgeber *Zeitung für Einsiedler* (als *Tröst Einsamkeit* in Buchform); Hrsg. (mit Brentano) *Des Knaben Wunderhorn*, 3 Bde, 1805-8; *Sämtliche Werke*, hrsg. von Wilhelm Grimm (eigentl. Bettine v. Arnim), 22 Bde, Berlin 1839-56.
Lit.: *ADB* 1, 557f; *NDB* 1, 365ff; R. Steig und H. Grimm (Hrsg.), *Achim v. Arnim und die ihm nahestanden*, 3 Bde, Stuttgart 1894, Stuttgart und Berlin 1913; R. Steig, *Joseph von Görres'*

Briefe an Achim von Arnim; R. Burwick, Exzerpte Achims von Arnim zu unveröffentlichten Briefen, in: *Jb des Freien Deutschen Hochstifts* 1978, 298ff; Knaack, *Achim von Arnim – Nicht nur ein Poet. Die politischen Anschauungen Arnims und ihre Entwicklung*, Darmstadt 1976; W. Vordtriede (Hrsg.), *Achim und Bettina in ihren Briefen*, 2 Bde, Frankfurt 1961; Otto Mallon, *Arnim-Bibliographie*, Berlin 1925; ders., Achim von Arnims Beiträge zum „Literarischen Conversationsblatt" und zu den „Blättern für literarische Unterhaltung" (1823-1831). Mit ungedruckten Stücken aus Arnims Nachlass und einem Anhange über Arnims letzte Beziehungen zu Joseph Görres, in: *Preussische Jahrbücher* 223 (1931), S. 44-68; Achim v. Arnim, *Werke und Briefe. Hist.-krit. Ausgabe* (Weimarer Arnim-Ausgabe), hrsg. von Roswitha Burwick, Lothar Ehrlich, Heinz Härtl u.a., 2000ff; Fink-Lang (Hrsg.), *GS/Briefe* 1, Einleitung, S. CIV-CIX; GS/Briefe 2.

Görres an Arnim: Briefe Nr. 6, 36, 41, 58, 60, 92, 118, 128, 155, 159; Arnim an Görres: 4.6.1814, 31.12.1814, ca. Sommer 1815, 23.1.1816, 26.3.1817, 14.6.1817, 21.10.1817, 23.12.1817, 17.3.1818, 30.4.1818, 4.2.1819.

Erw.: Briefe Nr. 18, 84, 88, 93, 95, 147, 150, 153; Briefe an Görres: 9.1.1814, 19.8.1814, 29.3.1816, 10.6.1816, 11.11.1816, 6.12.1816, 10.4.1817, 20.3.1817, 11.4.1817, 4.7.1817, 7.11.1817, 1.12.1817, ca. Jan. 1818; Anhang: Briefe von und an Katharina Görres Nr. 1, Nr. 2.

Arnim, Bettine von (1785-1859), geb. Brentano, Tochter von Peter Anton Brentano und Maximiliane von La Roche, Schwester von Clemens Br., 1811 Heirat mit Achim v. Arnim, 7 Kinder.

Werke: *Goethes Briefwechsel mit einem Kinde*, 1835; *Die Günderode*, 1840; *Clemens Brentano's Frühlingskranz aus Jugendbriefen ihm geflochten, wie er selbst schriftlich verlangte*, 2 Bände, Charlottenburg 1844; *Dies Buch gehört dem König*, 1843.

Lit.: *ADB* 2, S. 578-582; *NDB* 1, S. 369-371; Konstanze Bäumer, Hartwig Schultz, *Bettina von Arnim*, Berlin 2004.

Erw.: Briefe Nr. 6, 36, 60, 128, 147; Briefe an Görres: 10.4.1817.

Arnold, Christian Ludwig (Chr. Louis) (gest. nach 1840), Kaufmann Koblenz, 1814 Mgl. Hilfsverein Koblenz, 1828 „Materialist" Koblenz, 1840 Stadtrat Koblenz, Farbenhändler.

Lit.: *Handbuch für die Bewohner der Stadt Koblenz*, Koblenz 1823; *Handbuch für die Bewohner der Stadt Koblenz*, Koblenz 1828; *Adreß-Handbuch der Stadt Koblenz*, Koblenz 1840, S. 53.

Erw.: Briefe Nr. 106, 175.

Ascher, Saul (1767-1822), Schriftsteller, Buchhändler, Verleger, Mitarb. *Berlinische Monatsschrift, Berlinisches Archiv der Zeit und ihres Geschmacks, Eunomia, Allgemeine Literaturzeitung Halle, Morgenblatt für gebildete Stände, Miscellen für die Neueste Weltkunde, Journal de l'Empire*, 1810 Hrsg. *Welt- und Zeitgeist*, 1818f, *Der Falke*.

Werke: *Bemerkungen über die bürgerliche Verbesserung der Juden; Leviathan oder über Religion in Rücksicht des Judentums*, 1792; *Philosophische Skizzen zur natürlichen Geschichte des Ursprungs, Fortschritts und Verfalls der gesellschaftlichen Verfassungen*, 1801; *Ideen zur natürlichen Geschichte der politischen Revolutionen*, 1802; *Historisch-romantische Gruppen*, 1809; *Romane, Erzählungen und Märchen*, 2 Bände, 1810; *Die Germanomanie*, 1815; *Idee einer Preßfreiheit und Censurordnung*, 1818; *Die Wartburgsfeier*, 1818; *Ansicht von dem künftigen Schicksal des Christenthums*, 1819.

Lit.: Walter Grab, Saul Ascher. Ein jüdisch-deutscher Spätaufklärer zwischen Revolution und Restauration, in: Walter Grab: *Ein Volk muss seine Freiheit selbst erobern. Zur Geschichte der deutschen Jakobiner*, Frankfurt 1984, S. 461-494; Christoph Schulte, *Die jüdische Aufklärung. Philosophie, Religion, Geschichte*, München 2002; Renate Best, *Der Schriftsteller Saul Ascher. Im Spannungsfeld zwischen innerjüdischen Reformen und Frühnationalismus in Deutschland*, in: Ascher: *Ausgewählte Werke*, Köln 2010, S. 7-57.

Erw.: Brief Nr. 153.

Athenstädt (Athenstaedt), Friedrich Ernst Ludwig (1777 - nach 1835), 1814 Departementskommissär, Oberauditor, 1814 Leiter Verwaltung Saardepartement, Generalgouvernementskommissar Saardepartment mit Sitz in Trier, später Oberauditor bei der preuß. Armee in Magdeburg und Tilsit.

Werke: *Europa und sein Monarchenthum oder geheime Politik der Staaten aus der Moral- und Rechts-Philosophie*, Magdeburg 1823; *Zuruf an deutsche Frauen und Töchter beim Grab der Königin Luise*, Berlin 1910.

Lit.: Heinz Monz (Hrsg.), *Trierer Biographisches Lexikon*, Trier 2000; Gottfried Kentenich, *Geschichte der Stadt Trier von ihrer Gründung bis zur Gegenwart*, Trier 1915, 689 ff; Emil Zenz, *Geschichte der Stadt Trier*, 3 Bde., Trier 1967-1973, Band 1, S. 60 f, 64.
Erw.: Briefe Nr. 1, 2, 5.

Augereau, Charles Pierre François (1757-1816), 1775-1792 Dienst im russ. und preuß. Heer, 1792 frz. Revolutionsarmee, Oberkommandierender General Rhein-Mosel-Armee und Sambre-Maas Armee, Chef Zivilverwaltung für die besetzten, linksrheinischen Länder, 1798 Abberufung, Mgl. Rat der Fünfhundert Paris, Oberbefehlshaber in Holland, 1801 Rückkehr nach Frankreich, 1804 Maréchal d'Empire, 1805 Herzog von Castiglione, 1806 Feldzug gegen Preußen, 1809 Oberbefehl Katalonien, 1812 Feldzug gegen Russland Kommandant XI. Armeekorps, 1813 Generalgouverneur von Frankfurt und Würzburg, 1814 Kommandeur Lyon, nach der Restauration Mgl. Pairskammer, Kriegsgericht.
Lit.: Karl Bleibtreu, *Marschälle, Generale, Soldaten Napoleons I.*, Berlin 1899, Neudruck Hamburg 1999; Hermann Cardauns (Hrsg.), *Die Franzosen in Koblenz 1794 bis 1797*, Koblenz 1916; Axel Kuhn, *Die Französische Revolution,* Stuttgart 2009; Jürgen Sternberger, *Die Marschälle Napoleons*, 2008.
Erw.: Brief Nr. 17.

August, Prinz v. Preußen (1779-1843), Prinz Friedrich Wilhelm Heinrich August, Sohn des Prinzen Ferdinand von Preußen, 1807 Generalmajor, 1815 Kommandierender General II. Armee-Korps, nach dem Frieden Berlin, Inspektion und Neugestaltung der Artillerie.
Lit.: *ADB* 1, S. 671-674.
Erw.: Briefe an Görres: 27.2.1818

Balbier, Wilhelm Friedrich (1778-1832), Gymnasiallehrer Worms (Mathematik nach Pestalozzi Methode), 1811 Prof. Progymnasium Kaiserslautern, ab 1817 Subrektor und 1. Lehrer, 1818 Direktor Schullehrerseminar Kaiserslautern.
Lit.: *Amtsblatt der Königlich-Baierischen Regierung des Rheinkreises* Nr. 33 vom 8.11.1817; Horlacher/ Tröhler (Hrsg.), *Sämtliche Briefe an J. H. Pestalozzi* Bd. 4, Zürich 2012, S. 600; *Anzeiger der Beamten und Angestellten im Staats- und Communaldienste des Rheinkreises*, Speyer 1827; Georg Strutz, Friedrich Wilhelm Balbier und das Schullehrer-Seminarium in Kaiserslautern während der ersten Jahre seines Bestehens (1817-1822), in: *Mitteilungen des Historischen Vereins der Pfalz* Nr. 55 (1957), S. 181-228; Werner Weidmann, Friedrich Wilhelm Balbier: sein Wirken und sein geistiges Umfeld, in: *Pfälzer Heimat* Nr. 33 (1982), S. 146-155.
Balbier an Görres: 3.5.1816, 25.5.1816, ca. Ende Juni/Juli 1816.

Barclay de Tolly, Michail Bogdanowitsch (Michael Andreas) (1761-1818), aus deutsch-baltischer Familie mit schott. Wurzeln, 1798 Oberst russ. Armee, 1799 Generalmajor, Befehlshaber Koalitionskrieg 1806, Russisch-Schwed. Krieg 1808-1809, 1810-1813 russ. Kriegsminister, 1813 Befehlshaber der russ. Armee Völkerschlacht bei Leipzig, 1814 Oberbefehlshaber beim Vormarsch nach Frankreich, Ernennung zum Fürsten, Mgl. der Akademie gemeinnütziger Wissenschaften zu Erfurt.
Lit.: *NDB* 1, S. 583; Friedrich Wilhelm von Weymarn, *Barclay de Tolly und der vaterländische Krieg 1812,* Reval 1914; Michael Josselson/ Diana Josselson, *The Commander. A Life Of Barclay de Tolly,* Oxford u. a. 1980.
Erw.: Brief Nr. 47; Briefe an Görres: 20.7.1815.

Batt, Georg Anton (1775-1839), Privatgelehrter und Heimatforscher, stud. theol., niedere Weihen, 1799 Erzieher der beiden Söhne des Johann Lambert Babo, 1810-1813 stud. jur. Univ. Heidelberg, Privatstudien zur Geschichte der Kurpfalz, Sammler einer umfangreichen Bibliothek zur Geschichte der Pfalz (Bibliotheca Battiana), Privatgelehrter Weinheim.
Werke: Hrsg.: *Friedrich Müllers lit. Werke*, 3 Bde, Heidelberg 1811; *Teutsche Denkmäler zum Sächsischen Land- und Lehnrecht nach dem Heidelberger Sachsenspiegel*, 1, 1820.
Lit.: Jakob Wille, *Katalog der Handschriften der Universitäts-Bibliothek in Heidelberg*, Band 2, Anhang: Die Handschriften der Batt´schen Bibliothek, Heidelberg 1903; Udo Hoegy, Dr. Georg Anton Batt und die Bibliotheca Battiana in der UB Heidelberg, in: *Bibliothek und Wissenschaft* 6 (1969), S. 50-136; Armin Schlechter, *Gelehrten- und Klosterbibliotheken in der Universitätsbibliothek Heidelberg*, Heidelberg 1990, S. 32f; *GS/Briefe* 2.
Erw.: Briefe an Görres: 9.1.1814.

Becker: Bekker, (August) Immanuel (1785-1871), Altphilologe, 1806 stud. Halle, Promotion, 1810 ao., 1811 o. Prof. Klass. Philologie Univ. Berlin, Reisen zur Sammlung, Erforschung und Collationierung von Handschriften, 1815 Paris, 1817-1820 Italien (Verona mit Göschen), England, Holland.
Werke: Editionen griech. (Aristoteles, Platon, Homer), mittelalterl., byzantin. Handschriften.
Lit.: *ADB* 2, S. 300-303; *NDB* 2, S. 24f; Wilt Aden Schröder, *Immanuel Bekker – der unermüdliche Herausgeber vornehmlich griechischer Texte,* in: Annette M. Bartschi, Colin G. King (Hrsg.), *Die modernen Väter der Antike. Die Entwicklung der Altertumswissenschaften an Akademie und Universität im Berlin des 19. Jahrhunderts,* Berlin 2009, S. 329-368.
Erw.: Briefe an Görres: 18.5.1817.

Belderbusch, Anton Maria Karl Graf von (1758-1820), 1804 Mgl. Conseil général du Department in Koblenz, 1804-1814 Maire, 1814-1816 Bürgermeister Bonn, 1816 Landrat Kreis Bonn, Engagement für Errichtung der preuß. Univ. in Bonn; Mgl. Bonner Lesegesellschaft, Freimaurerloge „Les frères courageaux".
Lit.: *Almanach d'adresses de la ville de Coblence pour l'an XII* (1804), S. 10; *NDB* 2 (1955), S. 28; Josef Niesen, *Bonner Personenlexikon*, 2. Aufl. Bonn 2008.
Görres an Belderbusch: Brief Nr. 32.

Bencke: Benecke, Georg Friedrich (1762-1844), 1814 Prof. Philologie Göttingen, Bibliothekar Göttingen, Studien zur mittelhochdeutschen und engl. Lit., Red. *Göttinger Gelehrte Anzeigen*
Werke: *Beyträge zur Kenntniss der altdeutschen Sprache und Litteratur*, Göttingen 1810 und 1832; *Minnelieder. Ergänzung der Sammlung von Minnesingern*, Göttingen 1810; Wigalois von Wirnt von Gravenberch, Berlin 1819; *Iwen. Der Riter mit dem Lewen* von Hartmann von Aue, Berlin 1827.
Lit.: *ADB* 2, S. 322-324.
Erw.: Brief Nr. 66; Briefe an Görres: ca. Jan. 1818.

Benzenberg, Johann Friedrich (1777-1846), stud. theol. Marburg, stud. Physik, Mathematik Göttingen, 1800 Promotion, Prof. Mathematik und Astronomie Lyzeum Düsseldorf, 1805-1810 Leiter Landesvermessung Hzgtum Berg, 1810 Schweiz, 1817-1819 Hrsg. *Deutscher Beobachter,* Hamburg, 1821/22 Rückzug in wiss. Arbeiten, 1844 Errichtung Privatsternwarte in Bilk bei Düsseldorf.
Werke: Astronom. und mathemat. Arbeiten: *Ueber die Bestimmung der geographischen Länge durch Sternschnuppen,* Hamburg (Perthes) 1802; *Versuch über das Gesetz des Falles, den Widerstand der Luft und die Umdrehung der Erde*, Dortmund 1804; *Instruction für die Landmesser aller Classen in dem Großherzogthum Berg*, Düsseldorf ca. 1806; *Handbuch der angewandten Geometrie*, 3 Bände, Düsseldorf 1810; *Anfangsgründe der Rechenkunst und Geometrie für die Feldmesser des Großherzogthums Berg*, Düsseldorf 1810; *Beschreibung eines einfachen Reisebarometers. Nebst eine Anleitung zur leichten Berechnung der Berghöhen*, Düsseldorf 1811; *Die Sternschnuppen*, Hamburg 1839; *Versuche über die Umdrehung der Erde*, Düsseldorf 1845; Verfassungspolit. und volkswirtschaftl. Schriften: *Wünsche und Hoffnungen eines Rheinländers*, Paris 1815; Düsseldorf 1816; *Über das Cataster*, 2 Bände, Bonn 1818; *Über Handel und Gewerbe, Steuern und Zölle*, Elberfeld 1819; *Über Provinzialverfassung, mit besonderer Berücksichtigung von Jülich, Cleve, Berg und Mark*, 2 Bände, Hamm 1819-1822; *Über Preußens Geldhaushalt und neues Steuersystem*, Leipzig 1820; *Ueber die Staatsverwaltung des Fürsten von Hardenberg*, 1821; *Friedrich Wilhelm III.*, 1821; *Ueber Pressfreiheit und Censur*, Düsseldorf 1841; *Briefe, geschrieben auf einer Reise nach Paris*, Dortmund 1805; *Briefe geschrieben auf einer Reise durch die Schweiz im Jahr 1810*, Düsseldorf 1811; Beiträge für *Rheinischen Merkur.*
Lit.: *ADB* 2, S. 348f; *NDB* 2, S. 60; Dajana Baum, *J. F. Benzenberg. „Doktor der Weltweisheit" und „Professor der Konstitutionen". Verfassungskonzeptionen aus der Zeit des ersten preuß. Verfassungskampfes,* Essen 2008; J. Heyderhoff, *J. F. Benzenberg, der erste rhein. Liberale*, 1909; ders., *Der junge Benzenberg*, 1927; ders., *Benzenberg der Rheinländer und Preuße*, 1928 (Briefe); W. Lindemann, J. F. B., Leben u. Vermächtnis eines niederrhein. Astronomen, in: *Sternenwelt* 3, 1951, S. 163-66.
Görres an Benzenberg: Brief Nr. 153; Benzenberg an Görres: 26.9.1815, 15.10.1815, 5.12.1815, 12.9.1816, 10.4.1817, 10.6.1817 (Fs. 12.6.), 13.9.1817, 11.3.1818, 17.3.1818, 30.3.1818, 14.4.1818,

27.4.1818, 4.5.1818, 12.9.1818, 28.11.1818, 20.12.1818, 17.4.1819, 10.5.1819, 10.6.1819, 20.8.1819.
Erw.: Briefe Nr. 85, 92, 112, 135, 150, 159; Briefe an Görres: 26.3.1817, 14.6.1817, 21.10.1817, 18.2.1818, 17.3.1818, 4.2.1819, 17.3.1819, 9.9.1819.

Bercht, Gottlob Friedrich August (1790-1861), 1808 stud. Philologie Geschichte Univ. Leipzig, 1813 Lützowsches Freicorps, 1815 Leutnant 2. Westpreuß. Regiment Paris, 1816 Schriftleiter *Bremer Zeitung,* 1817 ao. Prof. Philosophie Bremen, 1819 Lehrer Gym. Kreuznach, vor Einführung als „Demagoge" entlassen, 1823 Lehrer Gym. Basel, 1825 Frankfurt a. Main, 1830-1835 Hrsg. *Archiv für Geschichte und Literatur,* 1837 Direktor Frankfurter Kunstverein, 1844 ao. Prof. Pädagogik Univ. Bonn, 1844-1848 Redakteur *Rheinischer Beobachter,* nach 1848 Privatier in Neuwied und Koblenz.
Werke: Gedichte über Ereignisse in den Befreiungskriegen, Zeitungsartikel; Redakteur *Teutsche Feldzeitung aus Paris;* Beiträge *Rheinischer Merkur.*
Lit.: *ADB* 2, S. 352; *NDB* 2, S. 64f.
Erw.: Brief Nr. 162.

Bergmann, Emil, Amtmann, Geheimrat Wiesbaden, Febr. 1819 Weigerung, einen Erlass der Regierung auszuführen, Denkschrift gegen die Regierung bei den Landständen (Vertreter der Regierung: Ibell), März 1819 Versetzung in Ruhestand.
Lit.: Thomas Weichel, *Die Bürger von Wiesbaden: Von der Landstadt zur „Weltkurstadt" (1780–1914),* 1997, S. 133.
Erw.: Briefe an Görres: 26.7.1819.

Bernadotte, Jean Baptiste (1763-1844), frz. Revolutionsgeneral, 1804 Marschall unter Napoleon, 1810 Gouverneur Kurfürstentum Hannover, 1810 Adoption durch König Karl XIII. von Schweden, als Karl Johann Kronprinz von Schweden, 1813-1814 Oberbefehlshaber der alliierten Nordarmee gegen Napoleon, 1818-1844 Karl XIV. Johann König von Schweden, Karl III. Johann König von Norwegen.
Erw.: Brief Nr. 7; Briefe an Görres: 9.1.1814.

Bertram, Johann Baptist (1776-1854), Kunstsammler, Freund der Brüder Boisserée, stud. Jur. Erlangen, 1803 Parisreise, Aufbau der Kunstsammlung Stuttgart, Heidelberg, zus. mit den Brüdern Boisserée.
Lit.: Renate Matthaei, *Sulpiz Boisserée und die Vollendung des Kölner Doms,* S. 17f; M. Boisserée, *Sulpiz Boisserée. Lebensbeschreibung und Briefwechsel,* 2 Bde, Stuttgart 1862; Sulpiz Boisserée, *Tagebücher,* 4 Bde (1808-1854), hrsg. Hans-J-Weitz, 1981-85.
Erw.: Briefe Nr. 97, 138, 171; Briefe an Görres: 9.1.1814, 2.4.1815, 8.1.1817.

Bettendorf, (Jakob) Leopold (1779-1839), Kaufmann, Tuchfabrikant, präsidierender Richter Handelsgericht Aachen, 1815 Präsident Aachener Casino, Kunstsammler.
Lit.: https://de.wikipedia.org/wiki/Club_Aachener_Casino; C.F. Jahn, *lllustrirtes Reisebuch: ein Führer durch Deutschland, die Schweiz, Tyrol,* 1847, S. 440; Heinrich August Ottokar Reichard, *Passagier auf der Reise in Deutschland, der Schweiz, nach Venedig, Amsterdam,* 1837, S. 405; Die Bettendorfsche Gemäldesammlung zu Achen und insbesondere eine zweite Nacht von Correggio, in: *Abendzeitung Dresden: Literarischer und Kunst- Wegweiser* Nr. 38 (12. Mai 1824).
Erw.: Briefe an Görres: 18.2.1818, 22.2.1818, 14.5.1818.

Betz, NN, Handelsmann Kreuznach, gest. 1819.
Erw.: Briefe an Görres: 14.7.1819.

Beust, Ernst August Graf von (1783-1859), stud. Bergakademie Freiberg, 1816 Geheimer Oberbergrat, Organisation kgl. preuß. Oberbergamt für die niederrheinischen Provinzen, Berghauptmann Oberbergamt Bonn, 1840 Oberberghauptmann, Direktor Berg-, Hütten- und Salinenwesen im Preußischen Finanzministerium Berlin.
Lit.: *Meyers Großes Konversations-Lexikon* 2, Leipzig 1905, S. 781.
Erw.: Briefe an Görres: 9.12.1815.

Béving, Théodore (1766- nach 1814), aus Luxemburger Familie, Prämonstratenser Abtei Thenailles/ Dep. Aisne, Abtei Wadgassen/Saarland, nach der Auflösung Beamtenlaufbahn Luxemburg, 1804 Conseilleur Conseil de Préfecture (Präfekturrat) unter Präfekt Mouchard-Chaban; Mgl. Commission administrative de Bienfesance et des Hospices, 1808-1812 Präfekturrat

Koblenz, 1814 Ernennung zum Leiter des ehemal. Rhein-Mosel-Departements durch k.k. österreichische und kgl. bayrische gemeinschaftliche Administrations-Kommission.
Lit.: *Almanach d'adresses de la ville de Coblence pour l'an XII* (1804), S. 4, 43; Per Linder, *Another Acquisition of Property by a Former Monk: The Case of Cantzheim* (www.larscarlberg.com/Per Linder); *RM* Nr. 76 (23.6.1814).
Erw.: Briefe Nr. 5, 15.

Beyme, Carl Friedrich von (1765-1838), stud. jur. Halle, 1788 Assessor Kammergericht, 1791 Kammergerichtsrat, 1798 Kabinettsrat für das Justizwesen, 1808 Leitender Justizminister, 1810 Entlassung, Zivilgouverneur Pommern, Juni 1816 Berufung in die Immediatkommission für die Justiz der Rheinprovinzen, März 1817 Mgl. Staatsrat, Nov. 1817 Minister für Gesetzesrevision, 1816 erbl. Adel, Dezember 1819 Rücktritt aus Protest gegen die Karlsbader Beschlüsse.
Lit.: *ADB* 2, S. 601-605; *NDB* 2, S. 208; Werner von Beyme, *Carl Friedrich von Beyme,* Berlin 1987.
Erw.: Brief Nr. 150; Briefe an Görres: 27.2.1818.

Beyts, François Joseph (1763-1832), geb. Brügge, stud. Jur. Löwen, conseiller pensionnaire Freiamt Brügge, Gerichtsschreiber Stadt Brügge, Mgl. Rat der 500, procureur général Appelllationsgericht Brüssel, 1804 Inspecteur Général des écoles de droit (Generalinspektor der Spezialschulen der Rechtswiss.) de Bruxelles, Coblence et Strasbourg, 1810 procureur général impérial (Kaiserl. Generalstaatsanwalt) Appellationsgericht Den Haag, Präsident Cour impériale Brüssel, Baron de l'Empire, 1813/14 Präsident cour spéciale extraordinaire Hamburg, danach Privatier bei Brüssel, wiss. Studien (Astronomie, Mathem.), 1830 Mgl. belg. Nationalkongress, 1831 Mgl., Vicepräsident belg. Senat.
Lit.: Just, *Lassaulx*, S. 134; *Biographie nationale de Belgique,* Bruxelles 1809-91, II, S. 410ff; Artikel in: *Dictionnaire des parlementaires français*, 1889-1891; Jacques Logie, *Les grands notables du premier Empire dans le département de la Dyle*, Bruxelles, 2013, p. 91.
Erw.: Brief Nr. 5.

Bierweiler, Frederik Christiaan (1783- nach 1831), niederländischer Kupferstecher und Schabkünstler, wohl Schüler von Ch. H. Hodges, ab 1803 Tätigkeit in Amsterdam, 1818 in Jever, 1819 in Altona und Bremen.
Lit.: https://www.grafikliebhaber.de/Vreden-_Allegorie_der_Stadt-_Frederik_Christiaan_Bierweiler-_Nach_Jan_Kamphuysen-Vreede/topic/Shop_Detailseite/shop_art_id/88784/tpl/koenitz_detail; Deutsche Nationalbibliothek http://d-nb.info/gnd/133769232; https://www.deutsche-digitale-bibliothek.de/person/gnd/133769232.
Erw.: Briefe an Görres: 22.12.1818.

Birkenstein, Elias (ca. 1778–1854), deutsch-jüdischer Schriftsteller, geb. Rosenberg/Baden, Privatlehrer in kleinstädt. jüd. Gemeinden Hessen, Rheinland, Propagator von relig. Reformen im Judentum.
Werke: *Patriotischer Aufruf eines treuen Israeliten an die Fürsten Deutschlands,* Büdingen 1816; *Freimüthige Gedanken über den Geist des Judenthums*, Marburg, 1818; *Rede bey der Confirmation eines jungen Israeliten*, Frankfurt and Leipzig 1818; *Rede bei der feierlichen Vorstellung welche am 5. Nov. 1831 in der Bürgeler Synagoge statt fand*, Offenbach 1832; (Mit A.L. Rosenthal) *Sammlung vermischter Aufsätze zur religiösen und sittlichen Verbesserung der Juden*, Marburg 1823.
Lit.: Edward Breuer, *Lost to History: The Writings of Elias Birkenstein,* Jerusalem 2016 (https://library.unej.ac.id/repository/Lost_to_History_The_Writings_of_Elias_Birkenstein); C. Lammert, *Die israelitische Gemeinde Bürgel am Main,* Offenbach 1924, S. 22f; Michael Meyer, *Response to Modernity: A History of the Reform Movement in Judaism*, Oxford, 1988, S. 39f; Hess. Staatsarchiv Darmstadt, Bestand D 12 Nr. 4/15 (Birkenstein, Elias, Schullehrer in Offenbach-Bürgel 1831-1832).
Erw.: Briefe an Görres 31.3.1815; 24.4.1815.

Blanc, Ludwig Gottfried (1781-1866), reformierter Pfarrer, Romanist, 1805 bis 1807 Hilfsprediger Berlin, danach Halle/Saale, 1809 Dritter Domprediger Halle, 1813-1815 preußischer Feldprediger, 1822 ao. Prof. Halle, 1833 ord. Prof. romanische Sprachen und Literatur, 1838-1860 Zweiter Domprediger Halle.

Werke: *Handbuch des Wissenswürdigsten aus der Natur und Geschichte der Erde und ihrer Bewohner* (1821ff).
Lit.: *ADB* 2, S. 688; Adolph Zahn, *Mitteilungen über die Geistlichen der evangelisch-reformierten Domgemeinde zu Halle a. d. S.* Halle 1863, S. 52f.
Erw.: Briefe an Görres 18.12.1815.

Blomberg, Wilhelm Freiherr von (1786-1846), stud. jur. Halle, Heidelberg, 1809 Jurist Warburg, 1813 preuß. Militärdienst Hamm, ab 1821 Düsseldorf, 1830 Hauptmann Prüm, 1837 Abschied.
Werke: *Die Satiren über das göttliche Volk. Nebst den gewaltsamen Anmerkungen des Collaborateurs und Hofcriticus Doktor Peter Rüppel zu O****, 2 Bände, Lemgo 1811; *Thomas Aniello*, ein Trauerspiel in 5 Aufzügen, Hamm 1819; *Das Leben Johann Friedrich Reinert's, zuletzt Directors des Archi-Gymnasiums zu Soest,* Lemgo 1822; *Hermanns Tod.* Ein Trauerspiel in 5 Aufzügen, Hamm 1824; Hrsg. *Liederbuch für die Mitglieder des Treubundes mit Gott für König und Vaterland,* Berlin 1850.
Lit.: https://www.lexikon-westfaelischer-autorinnen-und-autoren.de/autoren/blomberg-wilhelm-von.
Blomberg an Görres 10.9.1819.

Blücher, Gebhard Leberecht von (1742-1819), seit 1760 in preuß. Dienst, 1813 Generalfeldmarschall, 1814 Fürst von Wahlstatt.
Lit.: *ADB* 2, S. 727-733; *NDB* 2, S. 317-319; Tom Crepon, *Leberecht von Blücher. Leben und Kämpfe. Biografie*, Berlin 1988; Wolfgang von Unger, *Blücher,* Bremen 2011.
Erw.: Briefe Nr. 4, 66; Briefe an Görres: 28.1.1816.

Böcking, Ludwig (1758–1829), Kaufmann, Winzer, Weinhändler, Gutsherr in Trarbach, 1800 stellvertr. Friedensrichter.
Lit.: Eduard Böcking, *Geschlechtsregister der Familie Böcking*, Köln 1894, S. 25-28; Heinz-Günther Böse, Goethe an der Mittelmosel, in: *Jahrbuch des Landkreises Bernkastel-Wittlich,* 1994, S. 86-91; ders., in: Heinrich Monz (Hrsg.): *Trierer Biographisches Lexikon*, Trier 2000; Artikel A. Böcking, in: *NDB* 2, S. 368; Heinrich Rodewald, *Goethe in Trarbach und sein Besuch bei Ludwig Böcking,* 1926 (Ndr. 2017).
Erw.: Briefe an Görres: 12.1.1817.

Bölling, Moritz (1775-1824), Appellationsrat Düsseldorf, 1816 Kommissar Generalgouvernement, Mgl. Immediat-Justiz-Commission, 1819-1824 Generaladvokat, Rat am Rheinischen Revisionshof, Regierungsrat, Generalprokurator Appellationsgerichtshof Köln.
Lit.: www.heidermanns.net; Nachlass: Stadtarchiv Schwelm; *Rheinische Blätter* Nr. 76 vom 13.5.1819; *Rhein. Blätter* Nr. 103 vom 29. Juni 1819.
Erw.: Brief Nr. 93.

Boisserée, Melchior (1786-1851), jüngster Bruder von Sulpiz B., stud. Nat.wiss. École Centrale Köln, 1803 Parisreise, ab 1804 Sammlung altdeutscher Gemälde zus. mit Supiz B. und J. B. Bertram, 1810-1819 Heidelberg, dann Stuttgart.
Werke: Hrsg.: *Die Sammlung Alt-Nieder- und Ober-Deutscher Gemälde der Brüder Sulpiz und Melchior Boisserée und Johann Bertram: Mit Nachrichten über die Altdeutschen Maler von den Besitzern*, 114 Blätter, Stuttgart 1821-1840.
Lit.: *ADB* 3, S. 87-90; *NDB* 2, S. 427; *GS/Briefe* Bd. 1, 2.
Erw.: Briefe Nr. 78, 138, 171; Briefe an Görres: 2.4.1815, 8.1.1817, 18.5.1817, 4.9.1818, 24.12.1818.

Boisserée, Sulpiz (1783-1854), Kunstsammler, Kunst- und Architekturhistoriker, 1803 Kunstreise nach Paris mit Melchior und J.B. Bertram, ab 1804 Aufbau einer Kunstsammlung unter dem Einfluss der Romantik in Köln, 1810 Umzug nach Heidelberg, kunsthistor. Studien, Dr. phil. Heidelberg, 1818 Umzug nach Stuttgart, 1828 Heirat mit Mathilde Rapp, 1827 nach Erwerb der Kunstsammlung durch König Ludwig I. Umzug nach München, 1835 bayer. Oberbaurat und Generalkonservator München, 1836 bis 1840 Frankreich- und Italienreise, ab 1840 Engagement für Dombauverein Köln, 1845 Übersiedlung nach Bonn, Geheimer Hofrat.
Werke: *Geschichte und Beschreibung des Kölner Doms,* Stuttgart 1822-1831 (zus. mit dem Architekturmaler Quaglio); *Denkmale der Baukunst am Niederrhein vom 7. bis zum 13. Jh.*, 1831-33; Mitherausgeber Zeitschrift *Über Kunst und Altertum.*
Lit.: *ADB* 3, S. 87ff; *NDB* 2, S. 426f; M. Boisserée, *Sulpiz Boisserée. Lebensbeschreibung und Briefwechsel*, 2 Bde., Stuttgart 1862; Sulpiz Boisserée, *Tagebücher,* 4 Bde. (1808-1854), hrsg.

Hans-J-Weitz, 1981-85; W. Braunfels, S. Boisserée, in: *Rhein. Lebensbilder* 4, 1970; *GS/Briefe* Bd. 1, 2.
Görres an Sulpiz Boisserée: Nr. 97, 138, 171; Sulpiz Boisserée an Görres: 2.4.1815, 26.2.1817.
Erw.: Briefe Nr. 76, 78, 88, 137, 152; Briefe an Görres: 9.1.1814, 5.7.1814, 6.8.1814, 30.10.1814, 2.11.1815, 25.6.1816, 8.1.1817, 19.1.1817, 18.5.1817, 4.9.1818, 14.11.1818, 24.12.1818, 23.8.1819.

Boosfeld, Peter Joseph Maria (1750-1819), 1772 Advokat, 1784 Hofkammerrat, 1786 Mgl. Magistrat Bonn, 1794 Maire Bonn, 1804-1814 Unterpräfekt frz. Arrondissement Bonn, danach Präsident des Tribunals, Mgl. Bonner Lese- und Erholungs-Gesellschaft.
Lit.: Hermann Hüffer, *P.J. Boosfeld und die Stadt Bonn unter franz. Herrschaft* (*Annalen des Hist. Vereins für den Niederrhein*), 1863; Charles François Philibert Masson, *Annuaire statistique du Département de Rhin-et-Moselle*, 1808, S. 91 ff.
Erw.: Brief Nr. 7.

Bopp, Franz (1791-1867), Sprachwissenschaftler und Sanskritforscher, Gym. Aschaffenburg (Schüler Karl Windischmanns), 1812 Paris, London, 1821 ao. Prof. Univ. Berlin, 1825 Prof. oriental. Lit. Berlin.
Werke: *Über das Conjugationssystem der Sanskritsprache in Vergleichung mit jenem der griech., lat., pers. und german. Sprache*, Frankfurt a. Main 1816; *Nalus, carmen sanscritum e Mahābhārato,* London 1819 (Hrsg. und lat. Übers.); *Vergleichende Grammatik des Sanskrit, Zend, Griechischen, Lateinischen, Litauischen, Gotischen und Deutschen*, 6 Bde, Berlin 1833-52; *Ausführliches Lehrgebäude der Sanskritsprache*, Berlin 1828; *Grammatica critica linguae sanscritae*, Berlin 1829-32; *Kritische Grammatik der Sanskritsprache*, Berlin 1834; *Glossarium sanscritum,* Berlin 1830.
Lit.: *ADB* 3, S. 140-149; *NDB* 2, S. 453f.
Erw.: Briefe an Görres: 9.10.1815

Borrigs, Albert (Adalbert), (gest. 1829) stud. SJ-Gym. Koblenz, ca. 1779 Priesterweihe, 1787 erw. als Lehrer der 4. Klasse lat. Mittelschule Koblenz, 1798 Lehrer École Secondaire, 1800 von den Franzosen abgesetzt, 1806 wieder angestellt, März 1818 kurz Direktor, 1818 pensioniert, 1829 „Goldpriester".
Lit.: Worbs, *Geschichte des Königl. Gymnasiums zu Coblenz*, S. 21f, 30ff; *Denkwürdiger und nützlicher rheinischer Antiquarius* (1851), S. 522f; *Des Hohen Erz-Stifts und Churfürstenthums Trier Hof-, Staats- und Stands-Kalender auf das Jahr 1787*, S. 32.
Erw.: Briefe Nr. 39, 57.

Bourscheid, Ferdinand (Boursched/Bourschack/Frédéric Bourscheid) (1766-1816), Reichsfreiherr, Großgrundbesitzer vom Mittelrhein, Güter im Landkreis Mayen, propriétaire Schloss Burgbrohl, Landkreis Ahrweiler, um 1790 stud. Bonn, 1804 Mgl. Conseil général du Département Koblenz, Maire Burgbrohl.
Lit..: *Almanach d'adresses de la ville de Coblence pour l'an XII* (1804), S. 10, 36; Anton Werres, *Der Landkreis Köln um 1825: preußische Bestandsaufnahme des Landes und seiner Bevölkerung*, Köln 2007, S. 98;
Reinhold K. Weitz, *Der niederrhein. und westfäl. Adel im ersten preussischen Verfassungskampf 1815-1823/24: die verfassungs- und gesellschaftspolitischen Vorstellungen des Adelskreises um den Freiherrn vom Stein*, Berlin 1970, S. 18.
Bourscheid an Görres: 2.5.1814, 11.5.1814, 18.5.1814, 25.5.1814.

Bouterweck, Friedrich Ludewig (1766-1828), stud. Jur. Göttingen, 1789 Priv.doz. Göttingen, 1802 o. Prof. Göttingen.
Werke: *Ästhetik,* 1806; *Geschichte der Poesie und Beredsamkeit seit dem Ende des 13. Jahrhunderts*, 12 Bde., 1801-1819; *Graf Donamar*, 1791-1793; *Ideen zu einer allgemeinen Apodiktik*, 1799; *Die Religion der Vernunft. Ideen zur Beschleunigung der Fortschritte einer haltbaren Religionsphilosophie*, 1824.
Lit.: *ADB* 3, S. 213-216; *NDB* 2, S. 492.
Erw.: Briefe an Görres: 30.12.1815; ca. Jan. 1818.

Brewer, Johann Paul (1783-1840), stud. Heidelberg, Göttingen, Paris, 1803 Lehrer Physik, Mathematik Lyzeum Düsseldorf, 1819-1825 Mgl. Stadtrat Düsseldorf, entschiedener Vertreter der Aufklärung und der Ideen der frz. Revolution.
Werke: *Was hat uns die jüngste Zeit gelehrt? Was dürfen wir von der zukünftigen hoffen? Einige Worte darüber,* Köln 1816; *Urkundliche Widerlegung der von dem ehemaligen Adel*

der Lande Jülich, Kleve, Berg und Mark dem Fürsten Staatskanzler überreichten Denkschrift, Frühjahr 1819 (anon.).
Lit.: Günter Sandgathe, *Der Westfälische Anzeiger und die polit. Strömungen seiner Zeit (1798-1809)*, Dortmund 1960, S. 128f; Carl Heiner Beusch, *Adlige Standespolitik im Vormärz*, S. 345, 186-194.
Erw.: Briefe an Görres: 10.5.1819, 10.6.1819.

Buderus, Carl Friedrich (1759-1819), ab 1806 Buderus von Carlshausen, Finanzbeamter Hessen-Kassel, Finanzbuchhalter Hanau, 1792 Kriegszahlmeister Kassel, 1795 Geheimer Kriegsrat, 1802 Kriegszahlamtsdirektor, wichtigster Finanzberater des Kurfürsten, 1810-1813 Mgl. Ständeversammlung Großherzogtum Frankfurt für Hanau, 1815 zuständig für Reklamation der Kunstwerke aus Hessen-Kassel, 1816-1817 Gesandter Bundesversammlung.
Lit.: *Rheinischer Merkur* Nr. 224, 243, 252 („Aus Hessen", 13.6.1815), Beylage zu Nr. 264 (Erwiderung von Buderus v. Carlshausen); Lothar Buderus von Carlshausen, *Das Leben eines kurhessischen Beamten in schwerer Zeit,* in: *Hessenland,* 42. Jg. 1931, Heft 2-4.
Erw.: Briefe an Görres: 26.4.1815.

Capo d'Istria s. Kapodistrias
Carlshausen s. Buderus
Carové, Friedrich Wilhelm (1798-1852), Gym. Koblenz, 1806ff stud. jur. Rechtsfakultät Koblenz, Advokat (conseilleur auditeur) Appellationshof Trier, Verwaltungsstellen im Rheingebiet (Octroi-Controlleur Zütphen, Laar, Gernsheim, Andernach), 1816 stud. phil. Heidelberg, Mgl. Burschenschaft, 1817 Teilnehmer Wartburgfest, Privatdozent Heidelberg, 1818 Dr. phil., 1818 Berlin, 1819 Breslau, Privatgelehrter Frankfurt, Heidelberg, 1827/28 England, Frankreich, 1846 Italien, 1848 Mgl. Vorparlament Frankfurt, 1849 Vizepräsident Friedenskongress Paris.
Werke: *Entwurf einer Burschenschafts-Ordnung und Versuch einer Begründung derselben*, Eisenach 1818; *Romantische Blätter*, Eisenach 1818; *Ueber die Ermordung Kotzebue's*, Eisenach 1819; *Ueber alleinseligmachende Kirche*, 2 Bände, Frankfurt am Main 1826, Göttingen 1827; *Moosblüthen, zum Christgeschenk*, Frankfurt am Main 1830; *Der Saint-Simonismus und die neuere französische Philosophie*, Leipzig 1831; *Kosmorama. Eine Reihe von Studien zur Orientierung in Natur, Geschichte, Staat, Philosophie und Religion*, Frankfurt am Main 1831; *Was heißt römisch-katholische Kirche?*, 1828; *Beiträge zur Litteratur, Philosophie und Geschichte,* 1830; *Skizzen zur Kunst- und Culturgeschichte*, 1830; *Der Saint-Simonismus und die neuere französische Philosophie*, 1831; *Ueber das Coelibatsgesetz des römisch-katholischen Klerus*, 2 Bände, Frankfurt am Main 1832-1833; *Die letzten Dinge des römischen Katholicismus in Deutschland*, 1832; *Der Messianismus, die neuen Templer und einige andere merkwürdige Erscheinungen auf dem Gebiete der Religion und Philosophie in Frankreich, nebst einer Uebersicht des gegenwärtigen Zustandes der Philosophie in Italien*, 1834; *Rückblicke auf die Ursachen der französischen Revolution und Andeutungen ihrer welthistorischen Bestimmung*, 1834; *Ueber kirchliches Christenthum*, 1835; *Papismus und Humanität*, 1836; *Ueber Emanzipation der Juden, Philosophie des Judentums und Jüdische Reformprojekte zu Berlin und Frankfurt a.M.*, Siegen und Wiesbaden 1845; *Souverainität der Deutschen Nation und Competenz ihrer constituirenden Versammlung*, Berlin 1848; *Vorhalle des Christenthums oder die letzten Dinge der alten Welt. Ein weltgeschichtlicher Rückblick auf die vorchristlichen Religionen*, Jena 1851; Hrsg. *Taschenbuch für Freunde altdeutscher Zeit und Kunst auf das Jahr 1816* (mit Groote); Beiträge *Deutsches Stammbuch auf das Jahr 1838*, *Altdeutsche Wälder.*
Lit.: *ADB* 4, S. 7f; *NDB* 3, S. 154; Klaus Graf, *Ein vergessener Autor: Friedrich Wilhelm Carové,* 1999.
Erw.: Briefe Nr. 10, 34, 78, 80, 81, 88, 108; Briefe an Görres: 19.1.1817, 9.3.1817, 20.3.1817, 19.1.1817, 9.3.1817, 18.6.1817, 6.7.1817, 24.7.1817.

Castello, Johann Wilhelm Josef (1758–1830), Gym. Koblenz, Priesterseminar Trier, 1782 Priesterweihe, 1783f Kaplan Hundsangen, 1784-87 Haushofmeister Schloss Molsberg, 1787 Subregens Priesterseminar Trier, 1788 Dr. theol., Prof. Enzyklopädie, Patrologie, Literaturgeschichte Univ. Trier, 1791 suspendiert wegen angebl. aufklärer., antiklerikaler, febronianistischer Tendenzen, 1792 Pfarrer St. Wendel, Munizipalrat Kanton St. Wendel, 1814 Pfarrer Neumagen-Dhron, 1816 Konsistorial- und Schulrat Trier, 1824 Domdechant.

Werke: *Theses Selectae Ex Universo Pentateucho*, Trier 1781; *Dissertatio Historica De Variis Causis Queis Accidentalis Romani Pontificis Potestas, Successive Ampliata Fuit*, Trier 1788; *Dissertatio Theologica De Necessitate Determinandi significatum memorabilium verborum aut phrasium in canonibus conciliorum*, Trier 1790; *Dissertatio De Immoderata Alios Haereseos Insimulandi Libidine Aetate Nostra Admodum Familiari Et Eiusdem Causis*, Trier 1791.
Lit.: Alfons Friderichs (Hrsg.), Artikel in: *Persönlichkeiten des Kreises Cochem-Zell*, Trier 2004, S. 68; Eduard Lichter, Johann Wilhelm Josef Castello und die Aufklärung im Erzstift Trier, in: *Archiv für mittelrheinische Kirchengeschichte* 21 (1969), S. 179-227.
Erw.: Briefe an Görres: 18.11.1817.

Castlereagh, Robert Stewart, Viscount Castlereagh, 2. Marquess of Londonderry (1769-1822), 1790 Mgl. Irisches Parlamant, 1795 Abgeordn. Tory-Partei brit. Unterhaus, 1798 Chief Secretary for Ireland, 1801-1822 Mgl. Unterhaus, 1805, 1807-1809 Kriegs- und Kolonialminister, 1812-1822 Außenminister, Fraktionsführer der Tories im Unterhaus.
Lit.: Artikel Stewart, Robert, in: *Oxford Dictionary of national Biography*, 2004; Sidney Lee, in: *Dictionary of National Biography*, Bd. 54, S. 346-358.
Erw.: Briefe an Görres: 12.2.1819.

Chézy, Wilhelmine (Helmina) von (1783-1856), geb. von Klenk, Schriftstellerin, 1801 Paris, 1803-1807 Hrsg. Zeitschrift *Französische Miszellen*, 1805 Heirat mit Antoine-Léonard de Chézy, 1810 Scheidung, Rückkehr nach Deutschland: Heidelberg, Frankfurt, Aschaffenburg, Darmstadt, ab 1817 Dresden, 1823 Wien, ab 1829 München, 1843 Heidelberg, 1852 Genf.
Werke: *Leben und romantische Dichtungen der Tochter der Karschin*, 1805; *Leben und Kunst in Paris seit Napoleon I.*, 2 Bde., Weimar 1805-1807; *Gedichte der Enkelin der Karschin*, 2 Bde., Aschaffenburg 1812; *Gemälde von Heidelberg, Mannheim, Schwetzingen, dem Odenwalde und dem Neckarthale. Ein Wegweiser für Reisende und Freunde in dieser Gegend*, 1816; *Neue auserlesene Schriften der Enkelin der Karschin*, Heidelberg 1817; *Emmas Prüfungen* (Erzählung), Heidelberg 1817; *Emma und Eginhard* (Schauspiel), 1817; Hrsg.: *Altschottische Romanzen*, 1818; *Iduna. Schriften deutscher Frauen gewidmet den Frauen* (Mitherausgeberin als Teil eines „Vereins deutscher Schriftstellerinnen“), 2 Bde., 1820; Schauspiele, Gedichte, Erzählungen, Novellen, Reisebücher, Zeitungsartikel.
Lit.: *ADB* 4, S. 119-122; *NDB* 3, S. 202f; Eva Münz, *Helmina von Chézy. Eine deutsche Schriftstellerin und eine lästige Frau*, Neckenmarkt 2012.
Chézy an Katharina Görres: Anhang: Briefe von und an Katharina Görres Nr. 4.
Erw.: Brief Nr. 34.

Claudius, Mathias (1740-1815), stud. theol. Rechts- und Kameralwissenschaft, Jena, Mgl. Deutsche Gesellschaft, 1768- 1770 Redakteur *Hamburgische-Adreß-Comtoir-Nachrichten*, 1771-75 Redakteur Tages-Zeitung *Der Wandsbecker Bothe*, 1776 Oberkommissar Oberlandkommission Darmstadt, 1777 Redakteur *Hessen-Darmstädtische privilegirte Land-Zeitung*, Rückkehr nach Wandsbeck, 1788 Revisor bei der Schleswig-Holsteinischen Speciesbank, Altona. Tochter Caroline Ilsabe (1774-1821) verheiratet mit Friedrich Perthes.
Werke: Lyrik, Prosa; *Asmus omnia sua secum portans, oder Sämmtliche Werke des Wandsbekker Boten, I. und II. Theil*, Hamburg 1775, letzter Band: Gedichte und Rezensionen, Traktate, 1812; *Werke*, 1. Bd. Hamburg (Perthes) 1819.
Lit.: *NDB* 3, S. 266 f; *ADB* 4, S. 279-281; Reinhard Görisch, *Matthias Claudius oder Leben als Hauptberuf*, Marburg 2014; Martin Geck, *Matthias Claudius. Biographie eines Unzeitgemäßen*, München 2014; Annelen Kranefuss, *Matthias Claudius: eine Biographie*, Hamburg 2011.
Erw.: Brief Nr. 40.

Clemens, Simon (1782-1857), Kaufmann und Bankier Koblenz, 1817 Unterzeichner Petition der Koblenzer Bürger an den König (als „Handelsmann“), 1820, 1826 Mgl. Eichungs-Kommission Koblenz.
Lit.: *NDB* 3, S. 284 (Artikel „Clemens, Franz Friedrich Jakob“); *Kalender und Adreß-Handbuch für den Regierungsbezirk Coblenz auf das Schaltjahr 1820; Adreßbuch für den Regierungsbezirk Coblenz auf das Jahr 1826.*
Erw.: Brief Nr. 106.

Cloden, NN, 1814 vermutlich Beamter Unterpräfektur Simmern.
Erw.: Brief Nr. 5.

Coenen, NN, geb. vermutlich vor 1760, aus Bopparder Familie, Freund der Familie Görres, vielleicht verwandt oder verschwägert, evtl. Bruder von Catharina Coenen (1754-1838, verheir. mit August Knoodt, Maire in Boppard). Ein Coenen, maire a Zell, als Mgl. Conseil général du département erw. 1804.
Lit.: *NDB* 21, S. 309f (Artikel „August Reichensperger"); *Almanach d'adresses de la ville de Coblence pour l'an XII* (1804), S. 10.
Coenen an Görres: 9.3.1814.

Coll, Johann Nicolaus Jacob Ritter und Edler von (1781-1872), geb. Koblenz, stud. Politik Marburg, Obersteuereinnehmer Bebra, Bürgermeister St. Goar, 1823 Bürgermeister Zell an der Mosel.
Werke: *Chronik der Gemeinde Kaimt,* geschrieben zu Ehrenbreitstein, 1848; *Chronik des Dorfes Alf*, geschrieben zu Ehrenbreitstein, 1851.
Lit.: *Neues allgemeines deutsches Adels-Lexicon*, Bd. 2, Leipzig 1860/61; *Genealogisches Handbuch des Adels*, Band 104, 1993.
Erw.: Brief Nr. 5.

Cölln, Friedrich v. (1766-1820), nationalökonomischer Schriftsteller, stud. Marburg, Halle, Jena, 1790 preuß. Staatsdienst, Referendar Minden, 1792 Assessor, 1793 Kriegsrat Posen, 1803 Steuerrat Nieder-Schlesien, 1805 Kriegs- und Domänenrat Berlin, Privatier Schmiedeberg in Schlesien, Mitarb. Berliner *Hausfreund*, Verhaftung durch Franzosen, Steuerrat Glogau, 1808 Verhaftung, Januar 1809 nach Glatz abgeführt, Flucht nach Österreich, 1811 durch Vermittlung Hardenbergs restituiert.
Werke: *Reflexionen über den preußischen Staat*, 1804; *Vertraute Briefe über die inneren Verhältnisse am preußischen Hofe seit dem Tode Friedrichs II.*, 6 Bde., Amsterdam und Köln 1807; *Neue Feuerbrände. Marginalien zu der Schrift: Vertraute Briefe etc.*, Amsterdam und Köln 1807; *Actenmäßige Vertheidigung des Kriegsraths v. Cölln*, 1811; *Schlesien wie es ist. Von einem Oesterreicher*, 3 Bde., 1805; *Der preußische Staats-Anzeiger*, Berlin 1806; *Gedanken über die Aufhebung der Erbunterthänigkeit in Schlesien*, 1808; *Intelligenzblatt zu den Neuen Feuerbränden*, 1808; *Wien und Berlin in Parallele*, 1808; *Fackeln. Journal in zwanglosen Heften*, 1811; *Wanderungen im Geiste der Zeit durch einen Theil von Schlesien und Sachsen*, 1816; *Entwurf zu einer preußischen organischen Staatsverfassung*, 1816; *Preußische Volksstimmen, ausgesprochen in 4 Aufsätzen (der freimüthigen Blätter)*, 1818; *Historisches Archiv der preußischen Provinzial-Verfassungen*, 5 Hefte, 1819f; *Neue freimüthige literarische Blätter*, 12 Hefte, 1820.
Lit.: *ADB* 4, S. 411f.
Erw.: Brief Nr. 153.

Cornelius, Peter (1783-1867), Maler, 1798-1805 stud. Akademie Düsseldorf, 1809-1811 Frankfurt im Haus des Verlegers Friedrich Wilmans, 1811 Rom, Mgl. Lukasbund, 1819-1824 Direktor Kunstakademie Düsseldorf, 1819 München, 1825 Leitung Akademie der Bildenden Künste München, 1841 Übersiedelung nach Berlin.
Werke: Wandmalereien 1806/08 Neuss, 1820-30: Fresken *Die Götter Griechenlands,* Glyptothek München; 1836-40: Altarfresko *Das Jüngste Gericht,* Ausmalung St. Ludwig, München; *Die Apokalyptischen Reiter* (Karton) Berlin 1841-67; Bildmedaillons der Propheten des Alten Testaments, St. Nicolai Potsdam, 1850; Fresken Palazzo Zuccari; *Entwürfe zu den kunstgeschichtlichen Fresken in den Loggien der Königlichen Pinakothek zu München*, Leipzig 1875; Illustrationen: *Aventiure von den Nibelungen,* Berlin 1817; *Bilder zu Goethe's Faust,* Frankfurt 1816; *Le Paradis du Dante,* Leipzig 1830.
Lit.: *ADB* 4, S. 484-497; *NDB* 3, S. 363-365; Frank Büttner, *Peter Cornelius in Düsseldorf*, in: Wend von Kalnein (Hrsg.), *Die Düsseldorfer Malerschule,* Mainz, 1979, S. 48-55; Frank Büttner, *Peter Cornelius. Fresken und Freskenprojekte*, 2 Bde, Wiesbaden 1980, 1999.
Cornelius an Görres: 3.11.1814.
Erw.: Briefe Nr. 22, 63, 121, 152, 165; Briefe an Görres: 9.10.1814, 6.3.1815, 31.5.1815, 16.10.1815, 14.11.1818, 18.2.1819.

Cornely, Franz Xaver (gest. 1828 Koblenz), Premierleutnant, 7. Rheinisches Landwehr-Regiment Saarlouis, 1817 preuß. Ingeneurcorps, 1818 Landesvermessung Saarlouis, 1819 Koblenz: Ingenieur-Offizier beim Bau der Großfestung Koblenz, zuletzt Hauptmann, 1820 als Premier-

leutnant „zum Ingeneursdienst commandirt", ebenso 1825, 1826 Ingenieur-Offizier, Hauptmann.
Lit.: https://de.wikipedia.org/wiki/Festung_Koblenz; *Kalender und Adreß-Handbuch für den Regierungsbezirk Coblenz auf das Schaltjahr 1820,* S. 62; *Kalender und Adreß-Handbuch für den Regierungsbezirk Coblenz auf das Jahr 1825*, S. 91; *Adreßbuch für den Regierungsbezirk Coblenz auf das Jahr 1826*, S. 77.
Erw.: Briefe an Görres: 12.6.1819.

Cotta, Johann Friedrich, seit 1817 Cotta von Cottendorf, 1822 bayerischer Freiherr, Verleger. 1787 Übernahme Cotta'sche Verlagsbuchhandlung, 1814 Deputierter beim Wiener Kongress, 1815-1819 Mgl. Ständeversammlung, 1819-1831 Mgl. Zweite Kammer Landtag Stuttgart, 1827 Gründung *Literarisch-artistische Anstalt der J. G. Cotta'schen Buchhandlung für lithographische Vervielfältigung und Kupferdruck, nebst Buch-, Kunst- und Landkartenhandel*, München (mit Sohn Johann Georg).
Verlagswerke: Bedeutendster Verleger der Klassik (Goethe, Schiller, Hölderlin, Hebel, Uhland, Schelling, Fichte, Kleist etc.); Zeitungen, Zeitschriften: *Die Horen*, *Musen-Almanach*, *Allgemeine Zeitung*, *Morgenblatt für gebildete Stände* (1816–1849 mit der Beilage *Kunst-Blatt*), *Literaturblatt, Das Ausland, Das Inland* (Literar.-artist. Anstalt, München)
Lit.: *ADB* 4, S. 527-533; *NDB* 3, S. 376-379; Bernhard Fischer, *Der Verleger Johann Friedrich Cotta. Chronologische Verlagsbibliographie 1787-1832* (= *Deutsches Literaturarchiv. Verzeichnisse, Berichte, Informationen.* Bd. 30, 1-3), 3 Bde., München 2003; ders., *Johann Friedrich Cotta. Verleger – Entrepreneur – Politiker*, Göttingen 2014.
Erw.: Briefe Nr. 49, 153; Briefe an Görres: 9.1.1814, 10.4.1817, 2.5.1817, 26.5.1817, 23.6.1817.

Cretschmar, s. Kretzschmar.

Creuzer, Georg Friedrich (1771-1858), 1789 stud. prot. Theol. Marburg, Jena, 1798 Altertumswissenschaft Leipzig, 1799 Privatdozent, 1802 Professor, 1804-1845 Prof. klass. Philologie und alte Geschichte Heidelberg, Juli bis Oktober 1809 Prof. Leyden.
Werke: *Über die hist. Kunst der Griechen*, 1803; *Symbolik und Mythologie der alten Völker, besonders der Griechen*, 1810-12; *Plotini Opera omnia* (ed.), 1835; *Aus dem Leben eines alten Professors*, Leipzig 1848.
Lit.: *ADB* 4, 593-596; *NDB* 3, 414f; Leonardo Lotto, Die Allegorie des Überschwenglichen, in: Dickerhof (Hrsg.), *Görres-Studien*, 1999, S. 97ff; Ernst Howald, *Der Kampf um Creuzers Symbolik: eine Auswahl von Dokumenten,* 1926; *GS/Briefe* 2.
Creuzer an Görres: 9.1.1814, 5.7.1814, 6.8.1814, 30.10.1814, 24.5.1815, 2.11.1815, 9.12.1815, 25.6.1816, 19.1.1817, 9.3.1817, 18.5.1817, 17.9.1817, 4.9.1818, 24.12.1818, 23.8.1819.
Erw.: Briefe Nr. 58, 80, 81, 88, 92, 96, 97, 104, 151; Briefe an Görres: 9.5.1814, 2.4.1815, 26.2.1817, 24.7.1817, 5.10.1817.

Crull, Ludwig v., Regierungsrat, bis 1815 Oberst und Kommandeur des Dragonerregiments Gr. Hertzberg, 1816 (bis mindestens 1818) Liquidationskommissar, Chefunterhändler in Paris.
Lit.: *Militär-Wochenblatt* Nr. 237, Berlin 1821, S. 1800; Berlin, GStA PK, I. HA Rep. 81 Ges. Paris nach 1807, VII Nr. 41: 1816-1821 Korrespondenz mit der Liquidationskommission; Thomas Lackmann, *Der Sohn meines Vaters: Abraham Mendelssohn Bartholdy und die Wege der Mendelssohns*, Göttingen 2007, S. 54.
Erw.: Briefe Nr. 15, 20, 22, 23; Briefe an Görres: Ede Sept./Anf. Okt. 1814, 26.2.1817, 6.7.1817, 24.8.1817, 30.11.1817, 9.5.1818.

Cunz, Johann Justus (1774-1853), stud. theol. Herborn, Marburg, 1796 Pfarrverwalter Urbach, 1803 erw. als protest. Bewohner Koblenz, 1803 erster evangelischer Pfarrer Koblenz, Hauslehrer bei Kaufmann Friedrich Wilhelm Korn, 1816 Konsistorialrat, 1820 interimistischer, seit 1821 ordentlicher Superintendent, Mgl. Consistorium Großherzogtum Niederrhein, Superintendentur-Verwalter, Consistorialrat, Mgl. Kirchen- und Schulkommission, seit 1822 Zensor für evangelisch-theologische und philosophische Schriften, seit 1833 zudem Gefängnisseelsorger, nach 1836 Ruhestand in Koblenz.
Lit.: *Almanach d'adresses de la ville de Coblence pour l'an XII* (1804), S. 84, 87; *Kalender- und Adreßbuch für den Regierungsbezirk Coblenz auf das Jahr 1821*, S. 20;
Rheinland-Pfälzische Personendatenbank (http://www.rppd-rlp.de/pk01369); Wolfgang Neugebauer, Christina Rathgeber, *Von der Kirchengesellschaft zur Kirche in der Gesellschaft* (Der Preuss Kulturstaat in der polit und sozialen Entwickelung, Bd. 8), 2016, S. 143; Archiv

der Ev. Kirche im Rheinland, Bestand Evangelisches Konsistorium der Rheinprovinz ca OB 002, S. 3; (https://silo.tips/download/archiv-der-ev-kirche-im-rheinland-bestand-evangelisches-konsistorium-der-rheinpr); Archiv der Ev. Kirche im Rheinland, Bestand Kirchenkreis Koblenz (https://www.archiv-ekir.de/images/PDF/Findmittel/3MB_MittelbehoerdenKirchenkreise/3MB009B_Koblenz1.pdf).
Cunz an Görres: ca. April/Mai 1815.
Erw.: Brief Nr. 60.

Dabelow, Christoph Christian Freiherr von (1768-1830), stud. Jur. Rostock, Jena, 1792-1809 Prof. Jur. Univ. Halle, lit. Beschäftigungen, 1811 Staatsrat, dann Staatsminister unter Herzog August Christian zu Anhalt-Köthen, 1813 ohne feste Anstellung Heidelberg, Göttingen, Halle, 1819-1830 Prof. Jur. Univ. Dorpat.
Werke: Jurist. und rechtshistor. Werke; *Frankreichs gegenwärtige Lage, Verfassung und Verwaltung – mit einem Rückblick auf die vergangenen Zeiten als Einleitung*, Halle 1810; *Gedanken über den durch den Pariser Frieden vom 30. Mai 1814 verhießenen Deutschen Staatenbund. Nebst einem Anhange über die Pläne Napoleons mit Deutschland, wenn seine Absichten auf Rußland geglückt wären, aus ungedruckten Urkunden*, Göttingen 1814; *Über den 13. Artikel der deutschen Bundes-Acte die landständischen Verfassungen betreffend*, Halle 1816; *Über Souverainität, Staatsverfassung und Repräsentativ-System, mit Berücksichtigung der Ancillonschen Grundsätze und mit Anwendung auf Deutschland*, Marburg 1816.
Lit.: Franz Wieacker, *Privatrechtsgeschichte der Neuzeit unter besonderer Berücksichtigung der deutschen Entwicklung*, Göttingen 2. Auflage 1967, S. 321; Jörg H. Lampe, Polit. Entwicklungen in Göttingen vom Beginn des 19. Jhs bis zum Vormärz, in: Dietrich Denecke, Ernst Böhme (Hrsg.), *Göttingen. Geschichte einer Univ.stadt* Bd. 2, 2002, S. 56; Von Selle, *Der Fall Dabelow in Göttingen*, 1929.
Erw.: Briefe an Görres: 18.1.1816.

Daevel, Jakob Bendix (geb. 1781), Buchhandlungs-Assistent Wien, Schreiber und Sekretär des Baron Friedrich Karl v. Tettenborn, 1813 Gründung *Deutscher Beobachter* als Konkurrenz zum Hamburger *Correspondent*, 1814 Hrsg. *Zeitung aus dem Feldlager* mit Karl August Varnhagen von Ense (i.A. Tettenborn), Jan. bis Juli 1814 *Deutscher Beobachter* in Bremen, seit Jan. 1815 leitender Redakteur *Deutscher Beobachter oder privilegierte Hanseatische Zeitung* in Hamburg unter Hrsg. Cotta (seit Anfang 1817 Hrsg, Benzenberg), Sept. 1819 Erscheinen eingestellt.
Lit.: Heinz Bergmann, *Der Deutsche Beobachter und die deutsche Verfassungsbewegung vom Beginn der Befreiungskriege bis zum Ausgang des Wiener Kongresses*, Diss. Köln 1940; Konrad Feilchenfeldt u.a. (Hrsg.), *Varnhagen von Ense und Cotta. Briefwechsel 1810-1848*, Bd. 2, Stuttgart 2006, S. 137ff; Ursula Wiedenmann, *Karl August Varnhagen von Ense: Ein Unbequemer in der Biedermeierzeit*, S. 173ff *https://refubium.fu-berlin.de/bitstream/handle/fub188/7818/02_kap1.pdf?sequence=3&isAllowed=y.*
Erw.: Briefe an Görres: 10.4.1817.

Dahm, NN, 1814 Mgl. Kommission des Koblenzer Musikvereins, Mgl. Revisionshof. Ein Jacques Dahm 1804 erw. als Mgl. Conseil Général du Departement und Maire de St. Jean, 1820 Kommissarischer Präsident Instanzgericht Koblenz, 1820-1831 erw. Appellationsgerichtsrat Appellationsgerichtshof Köln.
Lit.: *Rhein. Merkur* Nr. 73; *Almanach d'adresses de la ville de Coblence pour l'an XII (1804)*, Koblenz 1804; *Geschäftskalender für den Regierungs-Bezirk Koblenz auf das Jahr 1820*, S. 84; *Kalender und Adreß-Handbuch für den Reg.bez. Coblenz auf das Jahr 1823*, S. 52, 59; *Adreß-Buch für den Reg.bez. Coblenz auf das Jahr 1831*, S. 41.
Erw.: Briefe Nr. 1, 27; Briefe an Görres: 31.5.1814.

Dalwigk, Marie Magdalene Elisabeth von (1788-1856), geb. Hassenpflug, seit 1814 verheir. mit Friedrich von Dalwigk, 1819-1824 Hofdame im Dienst der Herzogin Friederike von Anhalt-Berneburg, Hanau, Bonn, danach Kassel, Sammlung von Märchen für die Brüder Grimm.
Lit.: https://www.landkreiskassel.de/der-landkreis/29-plus-eine/marie-von-dalwigk-geb.-hassenpflug.php.
Erw.: Brief Nr. 19.

Danecker, Johann Heinrich (1758-1841) ab 1808 von Dannecker, 1780 württemberg. Hofbildhauer, 1790-1794 Prof. Hohe Karlsschule, danach private Lehrtätigkeit, 1823 Inspektor Galerie, 1829 Direktion der neu gegründeten Kunstschule Stuttgart.
Lit.: *ADB* 4, S. 741-744; *NDB* 3, S. 509f; Christian von Holst, *Johann Heinrich Dannecker*, Bd. 1: *Der Bildhauer*; Bd. 2: *Der Zeichner*, Stuttgart 1987.
Erw.: Briefe an Görres: 24.2.1817.

Daniels, Heinrich Gottfried Wilhelm (1754-1827), stud. Mathem., Jur. Köln, 1770 Dr. phil., 1776 Advokat Bonn, 1780 Kommissar weltl. Hofgericht, 1783 Professor Univ. Bonn, 1786 kurfürstl. Hof- und Regierungsrat, Geheimer Rat, Universitätsrektor, Oberappellationsgericht Bonn, nach Einmarsch der Franzosen Mgl. Obertribunal Köln, 1798 Lehrer für Gesetzgebung Zentralschule Köln, 1804 substitut du procureur général, 1805-1813 avocat-général Kassationshof Paris, 1813 Generalprokurator Appellhof Brüssel, 1817 Mgl. Preuß. Staatsrat Berlin, 1819-1827 Präsident Rheinischer Appellationshof Köln, Mgl. Justizorganisationskommission.
Lit.: *ADB* 4, S. 735f; *NDB* 3, S. 508; C. Varrentrapp, *Beiträge z. Gesch. d. kurköln. Univ. Bonn*, 1868, S. 43; M. Bär, *Die Behördenverfassung d. Rheinprov.*, 1919, S. 384 ff.; M. Braubach, *Die erste Bonner Univ. u. ihre Professoren*, 1947, S. 144 ff.
Erw.: Brief Nr. 93; Briefe an Görres: 14.6.1817, 18.7.1817.

Daniels, Franz Wilhelm Anton Maria Hubert (1778-1845), Justizrat, Notar, 1820 zweiter beigeordneter Bürgermeister Aachen, 1826-1832 Oberbürgermeister Aachen, 1820-1826, 1830-1831 Präsident Handelskammer.
Lit.: Horst Romeyk, *Die leitenden staatlichen und kommunalen Verwaltungsbeamten der Rheinprovinz 1816-1945* (*Publikationen der Gesellschaft für Rheinische Geschichtskunde.* Band 69), Düsseldorf 1994, S. 320.
Daniels an Görres: 6.5.1816, 23.6.1817, 17.10.1817, 16.11.1817, 18.11.1817, 15.12.1817, 13.1.1818, 18.2.1818, 22.2.1818, 14.5.1818, 1.9.1818.

Daub, Karl (1763-1836), 1794 Prof. Philosophie Hanau, 1795 Prof. Theol. Heidelberg, 1805 Kirchenrat, Hauptvertreter der spekulativen protestantischen Theologie in Heidelberg.
Werke: 1805-1810 Hrsg. *Heidelberger Studien* (mit Creuzer); *Lehrbuch der Katechetik*, 1801; *Theologumena*, 1806; *Einleitung in das Studium der Dogmatik*, 1810; *Judas Ischarioth oder das Böse im Verhältnis zum Guten betrachtet*, 1816-1818; *C. Daubs philos. und theol. Vorlesungen*, hrsg. Ph.K. Marheineke, Th.W. Dittenberger, 7 Bde, 1838-44.
Lit.: *ADB* 4, 768; *NDB* 3, 522; E. Pfeiffer, Zur Erinnerung an K. Daub, in: *ZThK NF* 17 (1936), 273ff.
Erw.: Brief Nr. 92; Briefe an Görres: 9.1.1814, 5.7.1814, 6.8.1814, 30.10.1814, 2.4. 1815, 25.6.1816, 19.1.1817, 4.9.1818.

D'Avoût (Davoût, Davoust), Louis-Nicolas, duc d'Auerstedt, Prince d'Eckmühl et de l'empire (1770-1823), General Napoleons, 1795 Kämpfer Moselarmee, Rheinarmee, Ägyptenfeldzug, Russlandfeldzug, 1813-1814 Generalgouverneur der Hanseatischen Departements mit Sitz in Hamburg, 1815 Kriegsminister, Exil.
Lit.: Karl Bleibtreu, *Marschälle, Generale, Soldaten Napoleons I.*, Hamburg 1999 (Repr. d. Ausg. Berlin 1898); Helmut Stubbe da Luz, *„Franzosenzeit" in Norddeutschland (1803-1814). Napoleons Hanseatische Departements*, Bremen 2003; Pierre Charrier, *Le maréchal Davout*, Paris 2005.
Erw.: Briefe an Görres: 5.1.1816.

Deinhard, Johann Friedrich (1772-1827), seit 1796 Koblenz, 1799 Gründung eines „Früchtegeschäfts" mit Joh. Nikolaus Nebel, 1801 Heirat mit dessen Tochter, seit 1802 „Wein-, Wechsel- und Kommissionsgeschäft" Koblenz, 1804 als Fréderic D. Marchand de vin en gros in Koblenz erwähnt, 1807 Zus.schluss mit Weinhandlung von Karl Anton Tesche (1778–1848): Firma Deinhard & Tesche, Gründer der Sektkellerei Deinhard, 1818-1825 Stadtrat Koblenz, 1823-1825 Mgl. Servis-Deputation Stadt Koblenz.
Lit.: *Almanach d'adresses de la ville de Coblence pour l'an XII (1804)*, Koblenz 1804, S. 119; *Kalender Für den Regierungsbezirk Koblenz auf das Jahr 1818*, S. 20; *Kalender- und Adreßbuch für den Regierungsbezirk Coblenz auf das Jahr 1821*, S. 41; *Kalender- und Adreßhandbuch für den Reg.bez. Coblenz* 1823, S. 49; 1824, S. 50; 1825, S. 54; Max Bär, *Geschichte der Stadt Koblenz* 1814-1914, Koblenz 1922; Helmut Prößler, *200 Jahre Deinhard 1794-1994. Die Geschichte des Hauses Deinhard von den Anfängen bis zur Gegenwart,* Koblenz 1994.
Erw: Brief Nr. 5.

Delius, Daniel Heinrich (1773-1832), stud. Jur. Halle, 1793 Referendar Kriegs- und Domänenkammer Minden, Westfalen, 1800 Kriegs- und Domänenrat, 1811-1813 Präfekt Leine-Departement mit Sitz in Göttingen, 1814 Geheimer Regierungsrat Brüssel, 1816 Regierungspräsident Trier, 1825 Regierungspräsident Köln, seit 1820 Besitzer Klostergut der Abtei Laach.
Erw.: Briefe Nr. 145.

Denon, Dominique-Vivant (1747-1825), 1769 Konservator Gemmenkabinett Paris, 1771 diplomat. Dienst, 1802 *Directeur général du Musée central des Arts* (1804 Musée Napoléon; Louvre), 1812 Baron.
Hauptwerk: *Voyage dans la basse et la haute Egypte*, 1802.
Lit.: Jean Chatelain, *Dominique-Vivant Denon et le Louvre de Napoléon*, Paris 1973; Phillippe Sollers, *Der Kavalier im Louvre. Vivant Denon,* Heidelberg 2000; Reinhard Kaiser, *Der glückliche Kunsträuber – Das Leben des Vivant Denon,* München 2016.
Erw.: Briefe an Görres: 26.9.1815.

Desolles, Jean Joseph, Marquis (1767-1828), 1792 Adjutant, 1797 Brigadegeneral, 1799 Divisionsgeneral, 1801 Chef des Generalstabs, 1802 Staatsrat, 1810 Gouverneur von Cordoba und Sevilla, 1814 Chef der Nationalgarde von Paris, Mgl. der provisor. Regierung unter Ludwig XVIII, 1818 Präsident Ministerrat, 1819 Minister der auswärtigen Angelegenheiten, Pair von Frankreich.
Lit.: Leopold von Zedlitz-Neukirch, *Frankreich als Militairstaat unter Ludwig XVIII: zehn Jahre nach dem Pariser Frieden*, Leipzig 1825, S. 326f; Yvert Benoît, *Premiers ministres et présidents du Conseil. Histoire et dictionnaire raisonné des chefs du gouvernement en France (1815-2007)*, Paris 2007; Artikel in: *Dictionnaire universel d'histoire et de géographie*, 1878; Charles Mullié, *Biographie des célébrités militaires des armees de terre et de mer de 1789 à 1850*, 1852.
Erw.: Briefe an Görres: 15.10.1815.

Devora (Dewora), Victor Joseph Aloysius (1774-1837), stud. theol Trier, Mainz, Würzburg, Fulda, 1797 Priesterweihe, 1808 Pfarrer St. Matthias Trier, 1810 Gründung Lehrerseminar im Geist Pestalozzis (1841 nach Brühl bei Köln verlegt), 1824 Domherr, Domprediger Trier.
Werke: Theolog., pädagog. Schriften.
Lit.: *ADB* 5, 106f.
Erw.: Briefe an Görres: 25.11.1815.

Dey, Antoine François Thomas (geb. 1762 Paris), 1786 (-1791?) stud. Jur. Göttingen, danach in Ahrenberg. Diensten, erw. 1804 (Antoine François Joseph) Chef de Division Präfektur Koblenz, Mgl. Leseverein, seit mind. 1809 Lehrer Mathematik Gym. Koblenz, zugleich Gerichtsschreiber, Nov. 1815 Entlassung, 1818 erw. als Einwohner Koblenz.
Lit.: Worbs, *Geschichte des Königlichen Gymnasiums zu Coblenz*, S. 28, 30ff; von Selle, *Matrikel Göttingen*, Bd. 1, Nr. 14049 (imm. 15.4.1786, „Suisse"); *Almanach d'adresses de la ville de Coblence pour l'an XII* (1804), S. 6, 95; Stadtarchiv Koblenz, Einwohnerverzeichnis 1818 (stadtarchiv_einwohnerverzeichnis_1818.xls); https://raa.gf-franken.de/de/suche-nach-stammbucheintraegen.html?permaLink=1788_dey;61#ID_1788_dey_61 (1791 Stammbucheintrag von Johann Ludwig John aus Weilburg, stud. Jur. Göttingen 1790).
Erw.: Brief Nr. 57.

Diesterweg, Wilhelm Adolf (1782-1835), 1809 Prof. Mathematik, Physik Karl-Friedrich-Gymnasium Mannheim, 1819 Prof. Mathematik Univ. Bonn, 1831/32 Rektor.
Werke: Übersetzungen: Apollonius von Perge, *De sectione rationis*, Berlin 1824, *De sectione determinata*, Mainz 1822, *De inclinationibus*, Berlin 1823, *De sectione spatii*, Elberfeld 1827; *Geometrische Aufgaben nach der Methode der Griechen bearbeitet*, Berlin 1825, Elberfeld 1828.
Lit.: *ADB* 5, S. 153.
Erw.: Briefe an Görres: 3.5.1816.

Dietz, Hermann Josef (1782-1862), Fabrikant und Stadtrat Koblenz, 1806 Erwerb der Alten Burg, Gründung Blechwarenfabrik (Firma Schaafhausen und Dietz), Mgl. Commission des Koblenzer Musikvereins, Hauptmann Bürgermiliz, 1817-1846 Stadtrat Koblenz, 1825 Gründung Bürgerhospital, 1826 Deputierter Provinziallandtag, 1829 Übergabe der Fabrik an den Sohn.
Lit.: Weber, *Aufklärung und Orthodoxie am Mittelrhein 1820-1850*, München 1973; Schuth, Der Koblenzer katholische Kreis und der katholische Klerus in ihrem gegenseitigen Verhältnis,

in: *Archiv für mittelrheinische Kirchengeschichte* 2 (1950), S. 318-325; ders., Vorbildliche kath. Laienarbeit, in: *Trierer Theolog. Zeitschrift* 59, 1950; Georg Köhl, *H.J. Dietz*, Diss. Trier 1975; M. Bär, *Aus der Geschichte der Stadt Koblenz 1814-1819*, Koblenz 1922, S. 96; Fink-Lang (Hrsg.), *GS/Briefe* 1, Einleitung S. LXXXIVff; S. 617f; *GS/Briefe* 2.
Erw.: Briefe Nr. 1, 27, 52, 106, 137; Briefe an Görres: 13.2.1814.

Dineur, Louis-Joseph, geb. in Mons, 1804, 1810-1813 Präfekturrat Rhein-Mosel-Departement Koblenz, Mgl. Freimaurerloge „Union désirée à la vallée de Coblence", 1814 Paris (bey Hrn Moreau).
Lit.: Kasper-Holtkotte, *Im Westen Neues: Migration und ihre Folgen,* S. 342; Dotzauer, *Die Koblenzer Freimaurerloge L'Union Désirée,* S. 79f; *Almanach d'adresses de la ville de Coblence pour l'an XII* (1804), S. 4; *Rheinischer Merkur* Nr. 71 vom 13.6.1814 und Nr. 73 vom 17.6.1814.
Erw.: Brief Nr. 5.

Dissen, Georg Ludolf (1784-1837), stud. klass. Philologie Univ. Göttingen, Dozent Göttingen, 1812 ao. Prof. Univ. Marburg, 1813 ao., 1817 ord. Prof. Göttingen, 1832 Hofrat.
Werke: Editionen: Pindar (in August Böckh, *Pindari opera, quae supersunt,* 1811, selbständig: Gotha 1830); Tibull, Leipzig 1819; Demosthenes, Göttingen 1837.
Lit.: *ADB* 5, S. 254-256.
Erw.: Briefe an Görres: 30.10.1814.

Dobschütz, Leopold Wilhelm von (1763-1836), 1777 Eintritt preuß. Militär, 1794 Major, 1806 Oberst, 1813 Divisions-Chef schlesische Landwehr, Generalmajor, 1814 Kommandant von Erfurt, Militär-Kommandant Königreich Sachsen, April 1815 Militärgouverneur der preuß. Rheinprovinzen in Aachen, Juni 1815 Kommandierender General am Rhein, Chef 1. Brigade Koblenz, Oktober 1816 Brigade-Chef Glogau, 1817 Generalleutnant, Kommandeur 12. Division, 1825 Stellvertreter des Kommandierenden Generals Posen, 1825 Gouverneur Breslau.
Lit.: *ADB* 5, S. 277.
Erw.: Brief Nr. 75.

Docen, Bernhard Joseph (1782-1828), Germanist, 1803 Angestellter Hof- und Staatsbibliothek München, 1810, 1806-1812 Requisitions-Reisen nach Augsburg, Ulm und Regensburg, 1811 Kustos, Adjunkt Akademie der Wiss., 1827 Mgl. Bayer. Akademie d. Wiss.
Werke: *Miscellaneen zur Geschichte der deutschen Literatur*, 2 Bde., 1806/07; *Erstes Sendschreiben über den Titurel, enthaltend die Fragmente einer Vor Eschenbachischen Bearbeitung des Titurel. Aus einer Handschrift der Königlichen Bibliothek zu München herausgegeben und mit einem Kommentar begleitet*, Berlin u. Leipzig 1810; Hrsg.: *Museum für altdeutsche Literatur* (mit Büsching und von der Hagen); Beiträge *Museum für altdeutsche Literatur, Aurora, Morgenblatt für gebildete Stände.*
Lit.: *ADB* 5, S. 278-280; *NDB* 4, S. 8f; Gesa Singer, *Bernhard Joseph Docen (1782-1828) und sein Beitrag zur frühen Germanistik. Eine biographisch orientierte wissenschaftsgeschichtliche Untersuchung* (= *Germanistische Texte und Studien* 86), Hildesheim u. a. 2010.
Erw.: Briefe an Görres: 26.2.1817.

Dohna, Carl Ludwig-Alexander (1758-1838), Graf zu Dohna-Schlodien.
Lit.: E. Heinrich, *Max von Schenkendorf,* S. 6, 43f; Gustav Adolf Benrath, Martin Sallmann, *Der Pietismus im 19. und 20. Jahrhundert (Geschichte des Pietismus Bd. 3)*, 2000, S. 157; Max von Schenkendorf, *Das Lied von den drei Grafen,* in: *M. von Schenkendorf's sämmtliche Gedichte.* Erste vollständige Ausgabe von Gottlob Ferdinand Maximilian Gottfried Schenk von Schenkendorf, S. 388; Familienverband-Dohna.de;
Erw.: Brief Nr. 121.

Dorow, Wilhelm (1790-1845), kaufmänn. Stelle Königsberg, daneben phil. und math. Studien, 1811 Paris, 1812 preuß. Attaché Paris, 1813/1814 Heeresdienst, 1814 Oberaufsicht Militärlazarette Frankfurt, 1816 Legationssekretär Dresden, 1817 Kopenhagen, archäolog. Studien, 1819 Hofrat, Dr. phil. Univ. Marburg, 1820 Direktor der Verwaltung für Altertumskunde Rheinland u. Westfalen, Begründer *Museum Rheinisch-Westfälischer Altertümer,* 1822 Amtsenthebung, Ruhestand, Ausgrabungen Neuwied, 1827 Italienreise: Ausgrabungen zu Etruskern, seit 1829 Halle.
Werke: Archäolog. Schriften, u.a. *Die Denkmale germanischer und römischer Zeit in den Rheinisch-Westfälischen Provinzen,* 2 Bde., Stuttgart 1823 und 1826; *Denkmäler alter Sprache und Kunst,* 2 Bde., Bonn 1823 und Berlin 1827; *Etrurien und der Orient. Nebst Albert*

Thorwaldsen's Darstellung der 1828 entdeckten Etrurischen Alterthümer, Heidelberg 1829; *Denkschriften und Briefe zur Charakteristik der Welt und Litteratur,* 5 Bde., Berlin 1838-1841; *Erlebtes*, 4 Bde., 1843-45; Hrsg. *Morgenländische Alterthümer,* Wiesbaden 1820-1821 und Wien 1821; *GS/Briefe* 2.
Lit.: *ADB* 5, S. 359f; Heinrich Döring, in: *Neuer Nekrolog der Deutschen*, 23. Jg., Weimar 1847, S. 962ff.
Görres an Dorow: Brief Nr. 38; Dorow an Görres: 29.3.1816.

Dumbeck, Franz Joseph (1791-1842), 1812 stud. Theol. Univ. Freiburg, 1814 Philologie Heidelberg, 1814 Lehrer Literaturgeschichte, Griechisch, Deutsch Köllnisches Gymnasium Berlin, 1815 Promotion, 1819 Prof. Geschichte und Geographie Univ. Löwen, 1825-1827 Rektor, 1835 Rückkehr nach Deutschland.
Werke: *Geographia pagorum vetustae Germaniae Cisrhenanorum* (Diss. 1815), *Geographia pagorum vetustae Germaniae cisrhenanorum, proxime quidem Rhenum a Basilea ad Moenum Fl. sitorum, quales fere saec. XII. fuere, praemio ornata praemisso prooemio de pagis, et adjectis observationibus longioribus, indicibus copiosis et tabulis aeneis*, Berlin 1818; *Historiae universae tabulae ethnographico-periodico-synchronisticae*, Berlin 1820; *Oratio Commentariis illustrata de re publica literata*, Löwen 1827.
Lit.: Georg Christoph Hamberger, Johann Georg Meusel, *Das gelehrte Teutschland: oder Lexikon der jetzt lebenden teutschen Schriftsteller*, 5. Auflage, Band 17 (1820), S. 460; Joseph Kehrein, *Biographischliterarisches Lexikon der katholischen Deutschen Dichter, Volks- und Jugendschriftsteller im 19. Jahrhundert*, Stuttgart/ Würzburg 1868, S. 79-80; Karl Goedeke, *Grundriss zur Geschichte der deutschen Dichtung aus den Quellen*. 2. Auflage, Band 7, Dresden 1900, S. 229.
Erw.: Briefe an Görres: 2.4.1815; 24.5.1815.

DuMont, Marcus Johann Theodor (1784-1831), stud. Philosophie Univ. Münster, Jur. Würzburg, Göttingen, 1805 Erwerb der Schaubergschen Druckerei nebst *Kölnischer Zeitung,* Übernahme Redaktion *Kölnische Zeitung,* 1809 eingestellt, danach *Mercure de la Roër,* 1814 Wiederaufnahme der *Kölnischen Zeitung*, 1815 DuMont-Bachemscher Verlag, 1818 Du Mont-Schauberg'sche Buchhandlung, Verlagshaus, 1820 Filiale Aachen.
Lit.: *ADB* 5, S. 464-466; Werner Jung, *Das neuzeitliche Köln – Der historische Stadtführer,* Köln 2009, 2. Auflage, S. 247; Ernst von der Nahmer, Karl Buchheim, *Beiträge zur Geschichte der Kölnischen Zeitung, ihrer Besitzer und Mitarbeiter,* Bd. 1, Köln 1920.
Erw.: Briefe an Görres: 28.2.1818.

Dziembowski, 1814 als Hauptmann mit sächs. Truppen in Koblenz stationiert, Juli 1814 nach eigenmächtiger Verhaftung von Görres nach Sachsen zurückversetzt.
Lit.: Johann Georg Herzog zu Sachsen, Joseph Görres' Gefangennahme durch sächsische Soldaten im Sommer 1814, in: Hoeber (Hrsg.), *Görres-Festschrift,* S. 114-118; Albrecht Graf von Holtzendorff, *Beiträge zu der Biographie des Generals Frh. von Thielmann und zur Geschichte der jüngst vergangenen Zeit,* Leipzig 1830, S. 253; Friedrich Vollborn, *Erlebtes,* Bd. 4: 1814-1816, S. 39-41.
Erw.: Brief Nr. 17.

Ebel, Johann Gottfried (1764-1830), Arzt, Geologe, 1789 Dr. med., 1792-1796 prakt. Arzt Frankfurt a.M., bis 1801 Paris, ab 1803 Schweiz, 1810 Zürich.
Werke: *Anleitung, auf die nützlichste und genußvollste Art die Schweiz zu bereisen*, Zürich 1793; *Schilderung der Gebirgsvölker der Schweiz*, 2 Bände, Tübingen 1798-1802; *Über den Bau der Erde im Alpengebirge*, Zürich 1808.
Lit.: *ADB* 5, S. 518f; *NDB* 4, S. 217; Ludwig Strauß, Aus dem Nachlass Johann Gottfried Ebels, in: *Euphorion* 32 (1931).
Görres an Ebel: Brief Nr. 45; Ebel an Görres: 4.3.1815.
Erw.: Briefe an Görres: 1.4.1815.

Eberhard, Konrad (1768-1859), Bildhauer der Nazarenerschule, 1796 München, 1806 Rom, 1816 Prof. Akademie München
Lit.: *ADB* 5, S. 571; Christian Arnold, *Konrad Eberhard. Bildhauer und Maler. Leben und Werke eines Allgäuer Künstlergeschlechts,* 1964; *GS/Briefe* Bd. 1.
Erw.: Briefe an Görres: 31.5.1815, 2.10.1815, 16.10.1815, 18.2.1819.

Eglinger, NN, vor 1814 Adjunkt des Maire in Kreuznach, wohlhabender Bürger, vielleicht verwandt mit Wernhard (Werner) David (Daniel) Eglinger (1778-1855), geb. Kreuznach, stud. Heidelberg, 1803-1854 ev. Pfarrer in Weinsheim.
Lit.: gedbas.genealogy.net; B. Koerner, *Deutsches Geschlechterbuch* 92, Görlitz 1936, S. 53 f; A. Rosenkranz, *Das Evangelische Rheinland* II, Düsseldorf 1958, S. 108; J. Gruch, *Die evangelischen Pfarrerinnen und Pfarrer im Rheinland* II, Bonn 2013, Nr. 2776.
Erw.: Brief Nr. 5.

Eichhorn, Ambrosius Hubert (1770-1852), 1792-1794 Rechtspraktikant Kaiserl. und Reichs-Kammergericht Wetzlar, dann Trier, 1784 Mgl. Oberhof, unter frz. Herrschaft Mgl. Departementalgericht, dann Obersekretär Revisionsgericht Trier, Substitut des General-Prokurators, Rat Appellationsgerichtshof, 1811 Generalprokurator Hamburg, 1814-1819 Generalprokurator Revisions- und Kassationshof Koblenz, 18.6.1819 Ernennung zum Generalprokurator Revisions- und Kassationshof Berlin, 1832 Mgl. Staatsrat, 1837 Wirkl. Geheimer Ober-Justizrat, Mgl. Montagsclub der Gesetzlosen Gesellschaft Berlin.
Lit.: *Jahrbücher für die Preußische Gesetzgebung, Rechtswissenschaft und Rechtsverwaltung*, Bd. 59, Berlin 1842, S. 677f (50-Jährige Amts-Jubelfeier des Königlichen Wirklichen Geheimen Ober-Justizrathes und Generalprokurators am rheinischen Revisions- und Kassationshofe Herrn Ambrosius Hubert Eichhorn zu Berlin. Am 21. Mai 1842); *Rheinische Blätter* Nr. 76 (13.5.1819), Nr. 103 (29.6.1819); www.gesetzlose-gesellschaft.de; Kullnick, *Berliner und Wahlberliner: Personen und Persönlichkeiten in Berlin 1640-1960*, Berlin 1960.
Eichhorn an Görres: 21.7.1816.
Erw.: Briefe Nr. 1, 22, 93, 128, 155, 159.
Briefe an Görres: 28.7.1816, 14.6.1817.

Eichhorn, Johann Albrecht Friedrich (1779-1856), 1796-1799 Stud. Jur. Göttingen, 1800 Auskultator Obergericht Kleve, Regimentsquartiermeister im Bataillon Graf Wedel, 1802 Obergericht Hildesheim, 1806 Kammergerichtsassessor, 1810 Kammergerichtsrat Berlin, 1811 gleichzeitig Syndikus Univ. Berlin, 1813 Mitglied im Ausschuss zur Organisation der Landwehr, Teilnahme Befreiungskriege im Stab von Blücher, Mgl. Zentralverwaltungsdepartement für die besetzten Gebiete unter Frh. vom Stein, Juli 1815 Diplomat Paris, 1816 Geheimer Legationsrat Außenministerium, ab 1817 Mgl. preuß. Staatsrat, 1818 Teilnahme am Aachener Kongress, 1840-1848 Kultusminister.
Werke: *Die Central-Verwaltung der Verbündeten unter dem Freiherrn von Stein*, Berlin, 1814; *An die Widersacher der Vereinigung Sachsens mit Preußen*, Frankfurt, 1815.
Lit.: *ADB* 5, S. 737-741; *NDB* 4, S. 376f; Jochen Lengemann, *Das Deutsche Parlament (Erfurter Unionsparlament) von 1850. Ein Handbuch: Mitglieder, Amtsträger, Lebensdaten, Fraktionen*, München 2000, S. 131f.
Erw.: Briefe Nr. 135, 153, 155, 159; Briefe an Görres: 17.5.1817, 30.4.1818, 4.5.1818, 28.11.1818, 20.12.1818.

Eichhorn, Karl Friedrich (1781-1854), Rechtshistoriker und Kirchenrechtler, stud. Göttingen, Dr. beider Rechte, 1803 Habilitation in Göttingen, 1804 Beisitzer des Spruchkollegs Göttingen, 1805 ao. Professor in Frankfurt/Oder, 1811 neben Savigny nach Berlin berufen, 1813 Freiwilliger Befreiungskriege, 1816 ord. Prof. deutsches und kanon. Recht Göttingen, 1824 krankheitshalber beurlaubt, 1829 emeritiert, 1832 Prof. Universität Berlin, Mitglied Geheimes Obertribunal, Staatsrat, neben Savigny Mitbegründer der Historischen Rechtsschule.
Hauptwerk: *Deutsche Staats- und Rechtsgeschichte*; Hrsg. *Zeitschrift für geschichtliches Recht* (mit Savigny).
Lit.: *ADB* 6, S. 469-481; *NDB* 4, S. 378f; J. F. v. Schulte, *K. F. Eichhorn, Leben u. Wirken*, 1884.
Erw.: Briefe an Görres 21.11.1815.

Eichhorn, Johann Gottfried (1752-1827), Orientalist, 1770-74 stud. Philologie, Orientalia, Theologie Göttingen, 1774 Schulrektor Ohrdruf, 1775-1787 Professor oriental. Sprachen Jena, 1788 Professor Geschichte, Literaturgeschichte Göttingen.
Werke: Hist., literaturgeschichtliche Werke; *Historisch-kritische Einleitung in das Alte Testament*, 3 Bde., Leipzig 1780-1783; *Einleitung in das Neue Testament*, 3 Bde., Göttingen 1804-1814.
Lit.: *ADB* 5, S. 731-737; *NDB* 4, S. 377f.
Erw.: Briefe an Görres: 30.12.1815.

Eifert, Ernst Traugott (um 1770 - nach 1850), Druckereibesitzer Tübingen, 1819 erw. als Buchdrucker und Lehrer der franz. Sprache, Gesuch um Erlaubnis der Herausgabe einer Zeitung „Württemberg. Blätter", 1823 Kauf der Druckerei des verstorb. Wilhelm Heinrich Schramm, bis 1845 Hrsg. Tübinger Intelligenzblatt („Amts- und Intelligenzblatt für die Oberamtsbezirke Tübingen und Rottenburg").
Lit.: Hans Widmann, Tübingen als Verlagsstadt, Tübingen 1971, S. 116; Fritz Barth, Biographie C.M. Eifert: https://heimatforschung.mianba.de/frameeifert.html; Hauptstaatsarchiv Stuttgart E 146 Bü 4880.
Erw.: Brief Nr. 162.

Emmerick, Anna Katharina (1774-1824), Augustiner-Chorfrau und Mystikerin Dülmen, 1812 stigmatisiert, 1819-1824 Clemens Brentano in Dülmen: Aufzeichnung der Visionen, 2004 Seligsprechung.
Lit.: *NDB* 4, S. 483f; Clemens Engling, *Anna Katharina Emmerick: Mystikerin der Nächstenliebe*, Kevelaer 2011; Clemens Engling, *Unbequem und ungewöhnlich. Anna Katharina Emmerick – historisch und theologisch neu entdeckt*, Würzburg 2005; Clemens Engling u. a. (Hrsg.), *Emmerick und Brentano. Dokumentation eines Symposiums der bischöflichen Kommission Anna Katharina Emmerick'.* Münster 1982, Dülmen 1983; Clemens Brentano, *Das bittere Leiden unsers Herrn Jesu Christi; Das Leben der hl. Jungfrau Maria* (Posthum 1858, 1852).
Erw.: Briefe an Görres: 4.2.1819.

Engelmann, Joseph (1783-1845), Verleger und Buchhändler, 1805 Heidelberg, 1808 Geschäftsführung Druckerei des Verlags Mohr und Zimmer, 1812-1839 Verlagsbuchhandlung Joseph Engelmann.
Lit.: Albert Carlebach, *Joseph Engelmann. Buchdrucker und Verlagsbuchhändler in Heidelberg, „der Drucker der Heidelberger Romantik"*, in: *Festgabe zum 50jährigen Bestehen des Badisch-Pfälzischen Buchhändler-Verbandes,* Heidelberg 1925, S. 197-222; Friedrich Strack (Hrsg.), *Heidelberg im säkularen Umbruch,* Stuttgart 1987, S. 130-137.
Erw.: Briefe an Görres: 9.1.1814.

Eschenmeyer: Eschenmayer, Philipp Christoph Heinrich (1763-1820) (Philipp Caspar Heinrich; Heinrich), Prof. Nationalökonomie Univ. Heidelberg.
Werke: *Über Staats-Aufwand und die Bedeckung desselben,* Heidelberg 1806; *Anleitung zu einer systematischen Einrichtung des Staats-Rechnungs-Wesens*, 2 Bde., Heidelberg 1807; *Vorschlag zu einem einfachen Steuersysteme,* Heidelberg 1808; *Lehrbuch über das Staats-Oeconomie-Recht*, 2 Bde. Frankfurt a. M. 1809; *Einleitungs-Programm zu den Vorlesungen über die Lehre der Staatsökonomie und des Stattsökonomierechts*, Heidelberg 1810; *Über die Consumtions-Steuer*, Heidelberg 1813.
Lit.: Eschenmayer, Philipp Christoph, Indexeintrag: Deutsche Biographie, https://www.deutsche-biographie.de/pnd116569131.html [21.01.2021]; Hermann Schulz, *Das System und die Prinzipien der Einkünfte im werdenden Staat der Neuzeit*, Berlin 1982, S. 409; Katalog der Deutschen Nationalbibliothek (http://d-nb.info/gnd/116569131).
Erw.: Briefe an Görres: 4.9.1818.

Fallenstein, Georg Friedrich (1790 oder 1785 bis 1853), geb. Kleve, 1804 Freiwilliger in österr. Diensten, 1805 Teilnehmer Schlacht bei Austerlitz, Verwundung, ca. 1807 stud. Jena, 1809 Univ. Halle; 1810 Privatlehrer bei Posen, 1812 provisor. Anstellung Beeskow bei Frankfurt a. d. O., schriftsteller. Nebentätigkeit, 1813 Lützowsches Freicorps, 1814 Berlin: Bemühung um Anstellung, 1815 Premierleutnant 8. schlesisches Infanterieregiment, August 1815 Einzug in Paris, Polizeikommandant 7. Arondissement, November 1815 Rückkehr nach Berlin, Calculator bei der Regierung Potsdam, 1816 Regierungs-Sekretär Düsseldorf, 1832 Regierungsrat Koblenz, Preuß. Geheimer Oberfinanzrat, 1845 Entlassung, Niederlassung in der Nähe von Heidelberg.
Werke: Hrsg. *Iduna. Ein Taschenbuch für Freunde und Freundinnen anspruchsloser vaterländischer Dichtung*, 1813; Dialektmärchen *Häsichenbraut* 1815 (Grimm, *Kinder- und Hausmärchen*); Beiträge *Der Freimüthige,* Liedersammlung *Braga* (1814), *Rheinischer Merkur* Nr. 336 (28.11.1815), *Hermann* (1816-18), *Monatsrosen* (1817), *Mindener Sonntagsblatt* (1819), *Westfäl. Anzeiger* (1819), *Rhein. Unterhaltungsblatt* (1822-1824), *Rhein. Westfäl. Musenalmanach*

(1822); elegische Stücke, Zechlieder, Freiheitslieder, Kampfgesänge, *Lied der schwarzen Jäger*, 1813; *Zur Vertheidigung des Professor G. G. Gervinus wider die gegen ihn erhobene Anklage. Mitgetheilt von Fr. Fallenstein, Königl. preuß. Geheimer Finanz-Rath a. D. Frankfurt a. M.*, 1853.
Lit.: Georg Gottfried Gervinus, *Georg Friedrich Fallenstein. Erinnerungs-Blätter für Verwandte und Freunde,* Heidelberg 1854; Günter Voldenberg, *Georg Friedrich Fallenstein – ein niederrheinischer Querdenker?, in: Niederrhein-Magazin* Nr. 26 (2013), S. 3-18; *NDB* 2, S. 41; Bd. 8, S. 127; Bd. 10, S. 589.
Erw.: Fallenstein an Görres 20.12.1815 (Fs 21.12.1815).

Fink, Sebastian (geb. 1771 Koblenz), 1800 Bleiwarenfabrik Fink &Co, 1806 Compagnie Fink, Dietz und Schaaffhausen, 1815 Heirat (Görres Trauzeuge), Hauptmann Bürgermiliz Koblenz, 1817 erw. als Fabrikant.
Lit.: R. Schmitt, *Zur Biographie von Joseph Görres für die Jahre 1802-1808*, S. 67-95; Just, *Lassaulx*, Anhang S. 225 (Franz Lassaulx an J. Cl. Lassaulx, 16.12.1799); Fink-Lang, *Görres,* S. 69f; Müller, *Von der alten Stadt zur neuen Munizipalität*, S. 279ff; Petition der Kobl. Bürger an den König 18.10.1817: *GS* 13, Einlage; LHA Koblenz, Best. 256, Nr. 1105; M. Bär, *Aus der Geschichte der Stadt Koblenz 1814-1819*, Koblenz 1922, S. 96; *GS/Briefe* 2.
Erw.: Briefe an Görres: 9.10.1814, 14.11.1818.

Fiorillo, Johann Dominicus (1748-1821), 1759 Akademie Bayreuth, 1761-1765 Rom, Bologna, 1769 Maler Braunschweiger Hof, 1781 Privatlehrer Göttingen, 1785 Aufseher Kupferstichsammlung Univ. Göttingen, 1796 auch Gemäldegalerie, 1799 ao., 1813 ord. Prof. Kunstgeschichte.
Werke: hist.-heroische Gemälde; kunsthist. Schriften: *Gesch. d. zeichnenden Künste v. ihrer Wiederauflebung bis auf d. neuesten Zeiten,* 5 Bde., Göttingen 1798-1808; *Beschreibung d. Gemäldesammlung d. Univ. Göttingen*, 1805; *Gesch. d. zeichnenden Künste in Deutschland u. d. vereinigten Niederlanden*, 4 Bde., 1815-20; Beiträge *Wünschelruthe* („Über den Amor des Michel Angelo und einige antike Vorstellungen schlafender Knaben“, in Nr. 13 vom Febr. 1818).
Lit.: *ADB* 7, S. 27; *NDB* 5, S. 167f; *Hamburger Schriftsteller-Lex.* II, 1854.
Erw.: Briefe an Görres: 16.10.1815; ca. Jan 1818.

Fischenich, Bartholomäus Ludwig (1768-1831), stud. jur. Univ, Köln, Bonn, Jena, Leipzig, 1792 Prof. Natur-Völker- und Strafrecht Univ. Bonn, 1793 Hofrat, 1794-1795 Mgl. Bezirksadministration für das Gebiet zwischen Neuss und Andernach, ab 1795 Mgl. Obertribunal Köln, 1797 Mgl. Intermediärkommission, 1800 Lehrer für Recht Zentralschule Bonn, 1802 Ankläger am Tribunal 1. Instanz Bonn, 1811 Kreisgerichtspräsident Aachen, 1816 Mgl. königl.-peruß. Immediat-Justiz-Kommission Köln, 1819 Geheimer Oberjustizrat am Justizministerium, zugleich Geheimer Oberrevisionsrat am Rheinischen Revisions- und Kassationshof Berlin, 1825 Mgl. Preuß. Staatsrat.
Lit.: *ADB* 7, S. 47-49; Ulrike Teschner, *Bartholomäus Fischenisch. Ein rheinischer Philosoph und Jurist der Aufklärungszeit,* Bonn 1968; *Rheinische Blätter* Nr. 76 (13.5.1819); *Rhein. Blätter* Nr. 103 (29. Juni 1819).
Erw.: Brief Nr. 93.

Flemming, Fritz (1787-1863), stud. Akademie Düsseldorf, Freundschaft mit Cornelius und Mosler, 1806 Köln, 1809 Plan, nach Russland zu gehen, 1816 vorläufige Anstellung als Unterlehrer Koblenz, Fürsprache von Görres für Anstellung an der Bibliothek in Trier, später „in Irrsinn gefallen“.
Lit.: Ernst Förster, *Peter von Cornelius. Ein Gedenkbuch aus seinem Leben und Wirken,* Berlin 1874, S. 46ff; Betthausen, *Künstlergemeinschaften*, S. 138, S. 44ff; Büttner, *Cornelius. Fresken und Freskenprojekte*, Bd. 1, S. 1ff; *GS/Briefe* 2.
Erw.: Brief Nr. 63.

Floret, Engelbert Joseph von (1759-1827), königl.-kaiserl. Hofrat Hof- und Staatskanzlei, Ritter des Kaiserl. Königl.-Österr. Leopoldsordens, des kgl.-ungar. St. Stefans-Ordens, 1810 Sekretär des österr. Botschafters Schwarzenberg in Paris, 1812 österr. Botschafter in Frankreich i.V. Schwarzenbergs, Botschaftsrat in Königsberg, 1813 kaiserl.-österr. Geschäftsträger in Paris, 1813 zeitweise im liechtenstein. diplomat. Dienst, 1814 auf Kongress von Châtillon als Adlatus Stadions, 1814 Teilnehmer, Protokollführer Kongress Wien, 1822 Kongress von Verona.

Lit.: *Neues Jahrbuch von Heraldisch-Genealogische Gesellschaft „Adler“*, Wien 1909, Nr. 236; *Gazzetta di Milano* 30. Nov. 1816; Munro Price, *Napoleon: The End of Glory,* 2014, S. 44ff, 197; August Fournier, *Der Congress von Châtillon*, Wien 1900, S. 377, S.102f; ders., *Die Geheimpolizei auf dem Wiener Kongress*, Wien 1913, S. 170; Siegfried Seifert (Hrsg.), *Goethes Leben von Tag zu Tag,* 2011: Pers.register; Georg Malin, Die polit. Gesch. des Fürstentums Liechtenstein in den Jahren 1800-1815, in: *Jahrbuch des Historischen Vereins für das Fürstentum Liechtenstein* (1953) (53), S. 160; Jan Kahuda, *Das Familienarchiv Metternich als Quelle zur Geschichte des Wiener Kongresses*, S. 184.
Erw.: Briefe an Görres: 11.5.1814.

Fochem, Gerhard Cunibert (1771-1847), stud. theol., 1797-1817 Rektor der von Grootes'schen Elendskirche, 1817-1831 Pfarrer St. Ursula Köln, Kunstsammler.
Erw.: Briefe Nr. 137, 152.

Fölix, Peter Joseph, Jurist, Schüler von Franz v. Lassaulx, 1808 Advokat Rhein. Appellationshof Köln, 27. April 1814 „Advokat-Anwald bey dem ersten Instanz-Gericht“ Koblenz, Febr./5. März 1814 „Präsident beym Tribunal zu Koblenz“, Mgl. „Untersuchungs-Kommission über die wider die Bürgermeister, Steuer-Empfänger und Forstbeamten eingehenden Beschwerden“, Mai 1814 Rat Revisionshof Koblenz, 1820 Appellationsgerichtsrat Köln, 1820, 1821, 1823 Fölix der Ältere und Fölix der Jüngere erw. Advokaten Koblenz,1826 Auswanderung nach Frankreich.
Lit.: *Rheinischer Merkur* Nr. 24 (9.3.1814): Bekanntmachung von General-Gouvernements-Kommissär Vincke, Nr. 50 (1.5.1814), Nr. 55 (11.5.1814), Nr. 71 (13.6.1814) Rubrik „Anzeigen“ (dat. 25. May 1814); Verzeichniß der bei dem Königlich - Rheinischen Appellationshofe zu Köln immatriculirten Advokaten: https.//forum.ahnenforschung.net; *Geschäftskalender für den Regierungs-Bezirk Koblenz auf das Jahr 1820,* S. 83; *Kalender- und Adreßbuch für den Regierungsbezirk Coblenz auf das Jahr 1820*, S. 54, ebenso 1821, 1823.
Erw.: Briefe Nr. 1, 3, 5; Briefe an Görres: 31.5.1814.

Fonck, Martin Wilhelm (1752-1830), stud. Jur., Theol. Köln, 1776 Priesterweihe, Vikar Goch, Kanoniker Kranenburg, 1802 Generalvikar Aachen, Mgl. Domkapitel, 1814 Kapitularvikar, Diözesanadministrator Aachen, 1825 Dompropst Köln.
Lit.: Reimund Haas, Martin Wilhelm Fonck (1752-1830). Kanoniker, Generalvikar und Domprobst, in: *Christen zwischen Niederrhein und Eifel – Lebensbilder aus zwei Jahrhunderten*, 1993, S. 103-128; Heinrich Schiffers, Der Gocher Martin Fonck (1752-1830), in: *Niederrhein-Heimatbeilage* Nr. 35 vom 25. September 1931.
Erw.: Brief Nr. 162.

Fouché, Joseph (1759-1820), 1809 Hzg. v. Otranto, 1815 frz. Polizeiminister, 1816 Exil: Prag, Linz.
Werke: *Rapport au Roi sur la situation de la France et sur les relations avec les armées étrangères, fait dans le conseil des ministre, le 15 août 1815*; *Deuxième rapport fait au Roi*, le 25 août 1815; *Troisième rapport du duc d'Otrante, suivi du discours de démission des derniers ministres, le prince de Talleyrand portant la parole* (1815).
Lit.: Louis Madelin, *Fouché,* 2 Bde., 1923, repr. 2002, 2010; ders., *Fouché. Der Mann, den selbst Napoleon fürchtete,* München 1989; Paul Elgers, *Im Schatten Napoleons. Joseph Fouché, der Meister der Intrige,* Rudolstadt 2010.
Erw.: Briefe an Görres: 26.9.1815.

Fouqué, Friedrich Heinrich Karl Baron de la Motte (1777-1843), aus altadliger frz. Hugenottenfamilie, 1794-1802 Dienst in der Armee, Teilnahme am Rheinfeldzug, Leutnant im Kürassierregiment des Herzogs von Weimar, 1812-1815 Teilnahme an den Befreiungskriegen, Rittmeister bei den freiwilligen Jägern, Major, 1818 Schlaganfall, 1831 Halle/Saale, seit 1841 Berlin.
Werke: Pseudonym Pellegrin; Rittertragödien, epische Gedichte; *Dramatische Spiele*, Berlin 1804; *Romanzen vom Thale Ronceval*, Berlin 1805; *Historie vom edlen Ritter Galmy und einer schönen Herzogin aus Bretagne*, 1806; *Alwin*, 1808; *Sigurd, der Schlangentöter*, 1808; *Undine*, 1811; *Der Zauberring*, 1812; *Die Fahrten Thiodulfs, des Isländers*, Hamburg 1815; *Kleine Romane,* 6 Bde., Berlin 1814-19; *Altsächsischer Bildersaal*, 2 Bde., 1818; *Bertrand du Guesclin*, Leipzig 1821; *Ritter Elidouc, altbretagnische Sage*, Leipzig 1823; *Die Saga von Gunlaugar, genannt Drachenzunge, und Rafn dem Skalden. Eine Islandskunde des 9. Jahr-*

hunderts, Wien 1826; *Jakob Böhme, ein biographischer Denkstein*, 1831; *Die Weltreiche zu Anfang der Jahre 1835-40.*
Lit.: *ADB* 7, S. 198-201; *NDB* 5, S. 306f; Arno Schmidt, *Fouqué und einige seiner Zeitgenossen*, 1958; Claudia Stockinger, *Das dramatische Werk Friedrich de la Motte Fouqués. Ein Beitrag zur Geschichte des romantischen Dramas*, Tübingen 2000; *GS/Briefe* 2.
Fouqué an Görres: 1.2.1814, 25.11.1815.
Erw.: Briefe Nr. 6, 34, 58.

Frandorff, NN, Kriegsrat, 1814 Intendant Rhein-Mosel-Departement in Koblenz, eventuell ders.: Jan./Febr. 1814 erw. als Kriegsrat zu Neiße, 1821 Regierungssekretär Oppeln.
Lit.: Joh. Daniel Ferdinand Neigebauer, *Darstellung der provisorischen Verwaltungen am Rhein vom Jahr 1813 bis 1819*, Köln 1821, S. 42; *Rheinischer Merkur* Nr. 12 (13.2.1814: Übersicht der neuesten Zeitereignisse); *Amts-Blatt der Königl. Liegnitzschen Regierung von Schlesien*, Vierter Jahrgang 1814, S. 72, 148; *Amtsblatt der Königl. Oppelnschen Regierung* Stück V, S. 32 (30.1. 1821).
Erw.: Brief Nr. 5.

Frank, Michael (gest. vor 1823), 1804 Chef de l'équipage Pont-volant Koblenz, Holzhändler, Nachbar von Görres, Rheinstraße, 1811 erw. als Brückenmeister Koblenz (Schützenkönig Schützenbruderschaft Ehrenbreitstein), 1823 Erw. der Witwe.
Lit.: *Almanach d'adresses de la ville de Coblence pour l'an XII* (1804), S. 25, 127, 166; *Handbuch für die Bewohner der Stadt Koblenz*, Koblenz 1823, S. 22; https://www.schuetzen-ehrenbreitstein.
Erw.: Briefe an Görres: 12.9.1818.

Franz I. (1768-1835), 1804 Kaiser von Österreich.
Erw.: Briefe an Görres: 9.1.1814, 30.1.1814, 25.4.1814, 10.5.1815, 31.5.1815, 26.6.1815, 20.12.1818.

Frickhöfer, Karl Christian (1791-1845), 1807-1809 Lehrerseminar Idstein, Schuldienst Frücht (heute Teil von Bad Ems), 1813-1815 Institut Yverdon, 1815 Koblenzer Institut von Johann Philipp Rossel, Seminarkurs Esslingen, Yverdon, 1817 Lehrer Seminar Idstein, bis 1844 Konrektor.
Lit.: Horlacher/ Tröhler (Hrsg.), *Sämtliche Briefe an Johann Heinrich Pestalozzi. Kritische Ausgabe* Bd. 5, S. 413.
Erw.: Briefe Nr. 37, 49.

Friedrich, NN, Dresden, Autor eines Aufsatzes über Sachsen für den *Rheinischen Merkur*.
Friedrich an Görres: 8.9.1814.

Friedrich I. von Württemberg (1754-1816), 1797 als Friedrich II. Herzog von Württemberg, 1803-1806 Kurfürst, 1806-1816 König Friedrich I. von Württemberg.
Lit.: *ADB* 8, S. 56-60; *NDB* 5, S. 596-598; Paul Sauer, *Der schwäbische Zar. Friedrich – Württembergs erster König*, Stuttgart 1984.
Erw.: Briefe Nr. 82, 85.

Friedrich Wilhelm III (1770-1840), 1797 König von Preußen.
Görres an Friedrich Wilhelm III: Briefe Nr. 72, 145.
Erw.: Briefe Nr. 28, 32, 46, 48, 59, 62, 70, 71, 73, 78, 82, 84, 94, 102, 107, 112, 115, 118, 122, 124, 127, 128, 129, 131, 132, 134, 146, 147, 152, 154, 155, 159, 162, 169, 173; Briefe an Görres: 9.1.1814, 1.2.1814, 26.6.1815, 18.7.1815, 30.7.1815, 14.11.1815, 5.12.1815, 12.1.1816, 23.1.1816, 28.1.1816, 25.5.1816, 12.9.1816, 26.2.1817, 10.6.1817, 29.9.1817, 1.10.1817, 14.10.1817, 19.10.1817, 3.11.1817, 18.11.1817, 27.2.1818, 10.3.1818, 17.3.1818, 30.3.1818, 27.4.1818, 4.5.1818, 14.5.1818, 20.8.1818, 28.11.1818, 20.12.1818, 27.1.1819, 4.2.1819, 14.7.1819.

Friedrich Wilhelm (1795-1861), Kronprinz, 1840 König Friedrich Wilhelm IV. von Preußen.
Erw.: Briefe Nr. 115, 118, 131, 132, 137; Briefe an Görres: 9.1.1814, 21.10.1817, 27.2.1818.

Fries, Christian Adam (1766-1847), genannt Krapp-Fries, Heidelberger Bankier, Fabrikant, 1784-1835 Bankhaus Fries, 1788-1835 Fabrik für Krapp (roter Textilfarbstoff), bis 1808 mit Monopol durch kurfürstliches Privileg, Abgeordneter Zweite Kammer Badische Ständeversammlung, Kunstsammler.
Lit.: Hans-Peter Becht, *Die badische zweite Kammer und ihre Mitglieder, 1819 bis 1841/42. Untersuchungen zu Struktur und Funktionsweise eines frühen deutschen Parlaments*, Heidelberg 1985, S. 468; Carl-Ludwig Fuchs/Susanne Himmelheber (Hrsg.), *Biedermeier in Heidel-*

berg 1812-1853, Heidelberg 1999; Ursula Keller, *Die Entwicklung der Industrie in Heidelberg im Rahmen ihrer geographischen und industriepolitischen Voraussetzungen* (Diss. Basel), Heidelberg 1961, S. 91; Werner Abelshauser, *Die BASF: Eine Unternehmensgeschichte*, München 2002; *GS/ Briefe* 2, Nr. 81.
Erw.: Brief Nr. 77; Briefe an Görres: Herbst 1816.

Fries, Jakob Friedrich (1773-1843), stud. Theol, Jur., Philosophie Leipzig, Jena, 1801 Habil. Jena, 1805 Prof. Philosophie, elementare Mathematik (seit 1812 auch Physik) Heidelberg, 1816 Prof. theoret. Philosophie Jena, 1817 Redner Wartburgfest, Lehrer von Karl Ludwig Sand, Zwangsemeritierung, 1824 Wiedererlangung der Lehrerlaubnis.
Werke: *Reinhold, Fichte und Schelling*, Jena 1803 (neugedruckt 1824 als *Polemische Schriften); System der Philosophie als evidente Wissenschaft,* 1804; *Wissen, Glaube und Ahndung,* 1805; *Neue oder anthropologische Kritik der Vernunft,* 1807 (2. Aufl. 1828-1831); *System der Logik,* 1811; *Julius und Evagoras, ein philosophischer Roman,* 1814; *Handbuch der praktischen Philosophie*, 1817-1832; *Handbuch der psychischen Anthropologie*, 1820-1821, 2. Aufl. 1837-1839; *Die mathematische Naturphilosophie*, 1822; *Ueber die Gefaehrdung des Wohlstandes und Charakters der Deutschen durch die Juden,* 1816.
Lit.: *ADB* 8, S.73-81; *NDB* 5, S. 608f.
Erw.: Briefe an Görres: 25.6.1816, 5.10.1817, 17.3.1818.

Friese, Karl Ferdinand (1770-1837), stud Jur. Königsberg, Frankfurt /Oder, Halle, 1790 Auskultator Marienwerder, 1796 Kriegs- und Domänenrat, zweiter Justitiar bei der westpreußischen Kammer Marienwerder, 1805 vortragender Rat im altpreußischen Departement des Generaldirektoriums, Geheimer Kriegs- und Domänenrat, 1808 Erster Vortragender Rat, Staatsrat, 1814 Leiter der Finanzen beim Generalgouvernement für Sachsen, Direktor Ministerium des Innern, 1817 Vorsitzender Oberexaminationskommission für die Finanz- und Polizeiverwaltung, 1819 Präsident Preuß. Hauptbank Berlin, Sitz und Stimme im Staatsministerium, preußischer Staatssekretär.
Lit.: Rolf Straubel, *Biograph. Handbuch der preuß. Verwaltungs- und Justizbeamten 1740-1806/15*, Teil I, München 2009, S. 285; *Neuer Nekrolog der Deutschen*, 15. Jg. (1837), T. 1, S. 40-54.
Erw.: Briefe an Görres: 25.6.1816, 27.2.1818.

Fritsch, Familie Koblenz, vermutlich Erben von Johann Jacob Fritsch, kurtrier. Hofrat, Besitzer des ehemal. Altenberger Hofs, Horchheim/Koblenz (1818 an Bankier Joseph Mendelssohn verkauft).
Lit.: Ingrid Bátori, Dieter Kerber, Hans Josef Schmidt (Red.), *Geschichte der Stadt Koblenz* (hrsg. Energieversorgung Mittelrhein GmbH) Theiss, Stuttgart 1992-1993; Fritz Michel, *Die Kunstdenkmäler der Stadt Koblenz. Die profanen Denkmäler und die Vororte*, München/ Berlin 1954; Ulrike Weber (Bearb.), *Stadt Koblenz. Stadtteile; Kulturdenkmäler in Rheinland-Pfalz.* Bd. 3, 3, Worms 2013.
Erw.: Briefe an Görres: 26.2.1817, 4.7.1817.

Froriep, J. H. Ludwig Friedrich (1779-1847), stud. med. Jena, 1799 Promotion, 1801 Priv.doz. Jena, stellvertretender Direktor priv. Institut für Geburtshilfe, 1802 ao. Prof., 1804 Prof. Geburtshilfe Univ. Halle, 1806 prakt. Arzt Halle, 1808 Prof. Geburtshilfe, Chirurgie, Anatomie Tübingen, 1810 pers. Adelsstand, 1814 Leibarzt König Friedrichs I. Stuttgart, 1816 Obermedizinalrat Weimar, Mitarbeit am Verlag des Schwiegervaters Friedrich Bertuch, August bis Nov. 1817 London, 1821 Kopenhagen, Lund, 1822 nach Bertuchs Tod Übernahme des Kontors, 1823 Mgl. Landtag Sachsen-Weimar-Eisenach.
Werke: Lehrbücher zur Geburtshilfe, Arbeiten zur Anatomie; *Darstellung der neuen, auf Untersuchungen der Verrichtungen des Gehirns gegründeten, Theorien der Physiognomik des Dr. Gall in Wien,* 1801; Mit-Hrsg. *Oppositionsblatt oder Weimarische Zeitung* (Verlag Bertuch) 1817-1820; Hrsg.: *Notizen aus dem Gebiet der Natur- und Heilkunde*, Weimar 1822-1836, 50 Bde, seit 1837 *Neue Notizen …; Fortschritte der Geographie und Naturgeschichte*, Weimar 1846-1848.
Lit.: *ADB* 2, S. 552 (Artikel Bertuch); Wiebke von Häfen, *Ludwig Friedrich von Froriep (1779-1847): Ein Weimarer Verleger zwischen Ämtern, Geschäften und Politik*, Köln-Weimar-Wien 2007.
Froriep an Görres: 16.11.1817.

Fuchs, Maximilian Heinrich (ca. 1767-1846), Maler, Architekturzeichner, Restaurator Köln.
Werke: u.a. *Ansichten, Risse und einzelne Theile des Doms von Köln: mit Ergänzungen nach dem Entwurf des Meisters, nebst Untersuchungen über die alte Kirchen-Baukunst und vergleichenden Tafeln der vorzüglichsten Denkmale,* Stuttgart, 1821-1823.
Erw.: Brief Nr. 132; Briefe an Görres: 3.11.1817.

Gall, Franz (1763-1841), stud. Köln, Dr. phil., Dr. med. Wien, Arzt, Erzieher bei Graf Nesselrode, Düsseldorf, stud. Jur., Dr. jur., Ruf Univ. Bonn (kurz vor Auflösung), Präsident Kantonalverwaltung Brühl, Dolmetscher (frz.) Immediatkommission, Kommissar Tribunal Köln, Vorlesungen alte Literatur Zentralschule Köln, 1805 Direktor Gym. Aachen, ca. 1811 Studiencensor Lyceum Bonn, Direktor Gym. Lüttich, Generalinspektor des öffentl. Unterrichts Wallonie, 1817-1831 Prof. griech. und lat. Literatur Univ. Lüttich.
Lit.: *Neuer Nekrolog der Deutschen,* 19. Jahrgang: 1841, Teil 2, Weimar 1843, S. 1133, Nr. 344; M. Dupret, Discours lors de la mort du Prof. émérité Gall, 24. Nov. 1841, in: *Annales des Universités de Belgique* 4, Brüssel 1846, S. 601-604.
Gall an Görres: 22.12.1816.
Erw.: Briefe Nr. 82, 94.

Gall, Franz Joseph (1758-1828), Arzt und Anatom, stud. med. Straßburg, Wien, prakt. Arzt Wien, 1805 Ausweisung aus Österreich, Europatournee, u.a. München, Augsburg, Frankfurt a. Main, 1808 Paris, 1820 prakt. Arzt Montrouge bei Paris.
Werke: *Philosophisch-medizinische Untersuchungen über Natur und Kunst im kranken und gesunden Zustand des Menschen,* Wien 1791; *Anatomie et Physiologie du système nerveux en général et du cerveau en parliculier avec des observations sur la possibilité de reconnaître plusieurs dispositions intellectuelles et morales de l'homme et des animaux par la configuration de Ieurs têtes,* 4 Bde., Paris 1810-19 (dass., 6 Bde., Paris 1822); *Recherches sur le système nerveux en général et sur celui du cerveau en particulier* (Paris 1809; deutsch: *Untersuchungen über die Anatomie des Nervensystems im Allgemeinen und des Gehirns insbesondere,* 2 Theile, Paris und Straßburg 1809 u. 1812).
Lit.: *ADB* 8, S. 315 f; *NDB* 6, S. 42; Görres' Rezension von Gall's Schädellehre, in: *Jenaische Allgemeine Literatur-Zeitung* Nr. 7, 8 und 9 (8.-10.1.1805); *GS/Briefe* 2.
Erw.: Briefe an Görres: 29.9.1819.

Garlichs, Hermann Anton Bernhard (1770-1818), stud. Jur., Rechtsanwalt Jever, 1806 Mgl., dann Präsident Arrondissement-Rat Jever, 1814 Bürgermeister Jever.
Lit.: J.F.L.Th. Merzdorf, *Geschichte der Freimaurerlogen im Herzogthume Oldenburg,* Oldenburg 1852, S. 123f; Bernhard Friedrich Voight (Hrsg.), *Neuer Nekrolog der Deutschen,* 32. Jg., 1. Theil, Weimar 1846; Stadt Jever: *Liste der Bürgermeister von Jever seit 1533.*
Garlichs an Görres: 22.12.1818.

Gattermann, Franz Richard (1753-1830), 1778 Hochgerichtsschöffe am kurfürstlichen Hochgericht Trier, 1779 Amtmann St. Wendel, 1788 wirkl. Hofrat Oberappellationshof Trier, 1798 Richter am Zivil-Tribunal des Departements, Regierungskommissar Trier, 1802 Commissaire du gouvernement in Koblenz für die Rhein- und Moseldépartements, 1804 Procureur Général Impérial Kriminalgerichtshof Koblenz, 1805 Suppléant Jurist. Fak. Koblenz, 1807 öffentl. Ankläger Trier, 1815 Preuß. Generalstaatsprokurator, 1818 erw. als Criminal-Staats-Prokurator Koblenz, 1823 als Regierungssekretär Koblenz.
Lit.: Toepke (Hrsg.), *Die Matrikel der Universität Heidelberg* Bd. 5, Nr. 39f; Karl Zimmermann, Richard Gatterman. Der letzte kurtrierische Amtmann in St. Wendel, in: *Heimatbuch des Kreises St. Wendel* 5 (1953/54), S. 112-120; Udo Fleck, *„Diebe – Räuber – Mörder". Studie zur kollektiven Delinquenz rheinischer Räuberbanden an der Wende vom 18. zum 19. Jahrhundert,* Diss. Trier, 2003, S. 265; LHA Koblenz, Best. 1 C, 17, Sachakte 6634; *Almanach d'adresses de la ville de Coblence pour l'an XII* (1804), S. 55; *Kalender für den Regierungsbezirk Koblenz auf das Jahr 1818,* S. 18; *Kalender und Adreß-Handbuch für den Regierungsbezirk Koblenz auf das Jahr 1823,* S. 28; *GS/Briefe* 2, Nr. 83.
Erw.: Brief Nr. 149.

Gell, William (1777-1836), engl. Archäologe, Maler, 1804ff Reisen und archäolog. Untersuchungen Olympia, Ägina, Kleinasien, 1814 Italien, seit 1820 Rom.

Werke: u.a.: *The Topography of Troy and its vicinity illustrated and explained by drawings and descriptions etc.* London 1804; *The Geography and Antiquities of Ithaca.* London 1807; *The Itinerary of Greece, with a commentary on Pausanias and Strabo, and an account of the Monuments of Antiquity at present existing in that country, compiled in the years 1801, 2, 5, 6 etc.* London 1810; 2. Ausgabe 1827.
Lit.: Edith Clay (Hrsg.), *Sir William Gell in Italy. Letters to the Society of Dilettanti,* London 1976.
Erw.: Briefe an Görres: 24.5.1815.

Gensler, Johann Caspar (1767-1821), 1801 Promotion, 1804 Prof. Univ. Jena, 1805 Justizrat, 1809 Hofrat, 1816 Prof. Univ. Heidelberg, 1818 geheimer Justizrat.
Lit.: Stintzing/Landsberg, *Geschichte der deutschen Rechtswissenschaft* Abt. 3, Halbband 2, 1910, S. 80; Dagmar Drüll, *Heidelberger Gelehrtenlexikon,* Bd. 3, S. 82.
Erw.: Briefe an Görres: 10.1.1816.

Gentz, Friedrich (1764-1832), stud. jur. Univ. Königsberg (Schüler Kants), 1785 Beamter preuß. Hof, 1802 Österreich, 1810 Berater Metternichs, außerordentlicher Hofrat, erster Sekretär, 1814/15 Protokollführer Wiener Kongress, 1830 Bruch mit Metternich.
Werke: Aufsätze, Rezensionen, Übersetzungen (E. Bourke), polit. Monografien; Hrsg. Zeitschriften; *Gesammelte Schriften*: 12 Bände, hrsg. von Günther Kronenbitter, Hildesheim/ Zürich/ New York 1997-2004.
Lit.: *NDB* 6, S. 190-193; *ADB* 8, S. 577-593; Günther Kronenbitter, *Wort und Macht. Friedrich Gentz als politischer Schriftsteller,* Berlin 1994; Harro Zimmermann, *Friedrich Gentz. Die Erfindung der Realpolitik*, Paderborn 2012.
Gentz an Görres: 10.8.1815.
Erw.: Briefe Nr. 162, 167; Briefe an Görres: 20.12.1818.

Gerber, Carl (geb. 1792), Jurist, 1816f hessen-kassel. Gesandtschaftssekretär am Bundestag, 1822 Kreissekretär Frankenberg.
Werke: *Die Freymaurerey betrachtet in ihren möglichen und nothwendigen Verhältnissen im Zeitalter der Gegenwart,* Schmalkalden 1821.
Lit.: https://www.zvab.com/buch-suchen/autor/GERBER,-KARL; *Allgem. Zeitung* 26.3.1817, S. 340.
Erw.: Briefe an Görres: 2.5.1819.

Gerdolle, (Jean Bapt.) Nicolas, (1781- nach 1843), 1804 Chef de bureau du Receveur Général Rhein-Mosel-Departement, verheir. mit Sophia Regina Linz, Gutsbesitzer St. Ingbert, mind. bis 1809 Koblenz, 1813 Aachen, 1813 bis vor 1819 Mgl. Casino Aachen, 1823 erw. als Einwohner Koblenz ohne Vorn. und Funktion, 1843 Rentner Metz.
Lit.: *Almanach d'adresses de la ville de Coblence pour l'an XII* (1804), S. 32; *Handbuch für die Bewohner der Stadt Koblenz*, Koblenz 1823, S. 22; https://www.geni.com/people/Jean-Baptiste-Nicolas-Gerdolle; Casinogesellschaft Aachen; *Königlich bayerisches Amts- und Intelligenzblatt für die Pfalz*: 1843, Beilage, pr. den 14. Juli 1843; http://www.familienbuch-euregio.de/genius/?person=580915; LHAK Best. 48 Nr. 3502: Verpachtung der Mineralwasserquelle am Baurenberg, Herrschaft Nievern an Herrn Gerdolle von Koblenz; Taufbücher Koblenz.
Erw.: Briefe an Görres: 6.7.1817, 20.5.1819.

Gerhards, Johann Heinrich (geb. 1757), stud. phil., theol. SJ-Gym. Koblenz, 1781 Priesterweihe, Lehrer Trier, 1786 Lehrer Philosophie Logik, Metaphysik, Geschichte Erzbischöfl. Gym. Koblenz, 1791-93 Lehrer von Görres, 1797 Führer der Koblenzer Cisrhenanen, 1798-1800 Zentralverwalter im Saardepartement in Trier, danach Präfekturrat in frz. Diensten, 1814 Mgl. innere Verwaltung Generalgouvernement Mittelrhein für das Saardepartement mit Sitz in Trier.
Lit.: Hansen, *Quellen*, Bd. 1, S. 687ff, 893f; Bd. 3, S. 1023; Kuhn, *Linksrhein. deutsche Jakobiner*, S. 317; Worbs, *Geschichte des Königlichen Gymnasiums zu Coblenz*, S. 21ff; Reitz, Der philosophische Unterricht am Koblenzer Gymnasium zu J. Görres' Schülerzeit, in: *Koblenzer Volkszeitung* Nr. 18 (1926); Reitz, Noch einiges über J. Görres' Philosophieprofessor J.H. Gerhards und dessen Philosophie, in: *Mittelrhein. Geschichtsblätter* Jg. VI (1926), Nr. 11; Fink-Lang, *Görres,* S. 23; *Rheinischer Merkur* Nr. 9 vom 7. Februar 1814 (Verordnung über die innere Verwaltung des General-Gouvernements vom Mittelrhein, gez. Justus Gruner,

Trier 23.1./4.2.1814); *Öffentliches Blatt für die allgemeinen im General-Gouvernement des Mittelrheins erscheinenden Verordnungen, welche gesetzliche Kraft haben*, Koblenz (Pauli) 1814, Verordnung Nr. 4; *Des Hohen Erz-Stifts und Churfürstenthums Trier Hof-, Staats- und Stands-Kalender auf das Jahr 1787*, S. 32.
Erw.: Brief Nr. 2.

Giudice, Jakob (geb. 1774), Kreuznach, ab April 1809 Chef der städt. Polizei, in preuß. Zeit Landgerichtsrat Aachen, dessen Sohn, Enkel etc. als Weinhändler in Kreuznach nachgewiesen, Verf. einer *Sage vom hungrigen Wolf.*
Lit.: Martin Senner, *Von Ochsen mit Hütchen und einem sagenhaften Kreuznacher Metzger* (*Heimatblätter* 2014: https://www.heimatkundeverein-kh.de/fileadmin/user_upload/PDF/Heimatblaetter/2014/E-HBL_12-2014.pdf).
Erw.: Brief Nr. 5.

Glöckle, Ferdinand (1779-1826), stud. Heidelberg 1801ff, seit ca. 1807 Rom, Scriptor pour les langues du Nord i.A. der frz. Besatzer, Abschriften deutscher Handschriften in der Vatikanischen Bibliothek (u.a. Görres, *Lohengrin, ein altteutsches Gedicht, nach der Abschrift des vatikanischen Manuskriptes von F. Glöckle*, Heidelberg 1813).
Lit.: Ernst Emmering, Der Literat Ferdinand Glöckle aus Ingelheim, in: *Mainzer Zeitschrift. Mittelrheinisches Jb für Archäologie, Kunst und Geschichte* 44/45 (1949/50), S. 128-133; Armin Schlechter, Populäre Fassungen oder wissenschaftliche Editionen? Ludwig Tieck, die Heidelberger Romantik, die Brüder Grimm und Ferdinand Glöckle, in: Hofmeister/ Hofmeister-Winter (Hrsg.), *Wege zum Text,* S. 175ff; Leo Just, *GS* 4, S. 313ff; Sepp, *Görres und seine Zeitgenossen*, S. 247; „Nachricht von den verdienstvollen Bemühungen des Herrn Glöckle in Rom", in: *Morgenblatt für gebildete Stände* 1810; *GS/Briefe* 2.
Erw.: Briefe Nr. 4, 18, 34, 78, 96, 108; Briefe an Görres: 30.10.1814, 30.1.1815, 6.12.1816, 11.4.1817, 18.6.1817.

Gloeden, aus uckermärkischem Adelsgeschlecht, 1815 Premierleutnant Ingenieurcorps der 3. Preuß. Armee, gefallen 16. Juni 1815 bei Ligny.
Lit.: *Berlinische Nachrichten von Staats- und gelehrten Sachen,* 1815, Nr. 98.
Gloeden an Görres: 20.4.1815.

Gneisenau, August Wilhelm Anton Graf Neidhardt von (1760-1831), 1815 Generalleutnant, Generalstabschef von Blücher, 1815/16 Generalkommandeur am Rhein in Koblenz, 1818 Mgl. Staatsrat, 1825 Generalfeldmarschall.
Görres an Gneisenau: Briefe Nr. 85, 91; Gneisenau an Görres: 8.1.1817, 3.4.1817, 17.5.1817, 29.9.1817, 20.8.1818.
Erw.: Briefe Nr. 60, 88, 90, 93, 94, 107, 172; Briefe an Görres: 20.11.1815, 28.1.1816, 12.9.1816, 10.4.1817, 10.6.1817 (Fs.: 12.6.), 6.3.1818, 14.4.1818, 28.11.1818.

Gneisenau, Karoline von, geb. von Kottwitz, 1796 Heirat mit Graf Neidhardt von Gneisenau.
Erw.: Briefe an Görres: 14.8.1819

Görres, Guido (1805-1852), Sohn von Joseph Görres, 1824 stud. Bonn Geschichte, Philosophie, vergleichende Sprachwissenschaften, Indologie, 1838ff Redakteur *Hist.-pol. Blätter*, 1844 Heirat mit Sängerin und Pianistin Marie Vespermann, 3 Kinder: Katharina, Sophie, Maria Theresia Franziska.
Werke: populäre religiöse Literatur, Beiträge für *Historisch-polit. Blätter*, *Festkalender;* Werkliste s. *GS/Briefe* 1, S. 630.
Lit.: *ADB* 9, S. 378; *NDB* 6, S. 531f; I. Scheitler, Guido Görres als Volksschriftsteller, in: *Görres-Studien*, hrsg. von H. Dickerhof, S. 171ff; Binder, Guido Görres und die Jungfrau von Orléans, in: *Hist.-polit. Blätter* 135 (1905), S. 788-805; Nachruf auf Guido Görres, in: *Hist.-polit. Blätter* 30 (1852), 129-147; Fink-Lang, *GS/Briefe* 1, Einleitung, S. XIV, XXIf, XXXIIff, XXXIX-XLIV; S. 630f.
Erw.: Briefe Nr. 36, 41, 74, 95, 148, 166, 177; Briefe an Görres: 26.2.1817, 16.8.1817, 20.1.1818, 17.3.1818, 2.6.1818, 17.9.1819.

Görres, Helena Maria Theresia (1745-1819), geb. Mazza, Mutter von Joseph Görres.
Lit.: Reitz, J. Görres' Elternhaus und erste Kindheit, in: *Mittelrhein. Geschichtsblätter* 6, Nr. 1; Vanden Heuvel, *Görres*, S. 1ff; Fink-Lang, *Görres*, S. 14ff; *GS/Briefe* 2, Nr. 4, 105.
Erw.: Brief Nr. 5.

Görres, Jakob Ignaz (geb. 1784), Bruder von Joseph Görres, Steuereinnehmer in Boppard.
Lit.: Stadtbibl. Koblenz, AB Görres-Briefe (Vergleich zw. den Geschwistern Görres 11.4.1828); LHA Koblenz, Best. 655.007, Nr. 84 (Rechnungswesen Ignatz Görres 1817-1825); *GS/Briefe* 1, Einleitung, S. Lf, CLXXI, 631; *GS/Briefe* 2, Nr. 11, 28, 105.
Ignaz Görres an Görres: 15.10.1817.
Erw.: Briefe an Görres: 9.3.1814.

Görres, Katharina (1779-1855), geb. v. Lassaulx, Tochter von Adam v. Lassaulx und seiner Frau Marie Christine, geb. Volmer; seit 1801 Ehefrau von Joseph Görres.
Lit.: *NDB* 13, S. 643 (Artikel Franz v. Lassaulx); Fink-Lang, *Görres*, S. 63-66; *GS/Briefe* 1, Einleitung, S. XXXVIIIf; *GS/Briefe* 2.
Görres an Katharina: Nr. 74, 75, 147, 148, 149, 176, 177, 178.
Anhang: Briefe von und an Katharina Görres.
Erw.: Briefe Nr. 13, 28, 34, 36, 45, 101, 133, 142, 166; Briefe an Görres: 30.6.1814, 18.9.1814, 26.6.1815, 5.12.1815, 20.12.1815, 29.3.1816, 25.6.1816, 28.7.1816, 11.11.1816, 8.1.1817, 12.1.1817, 9.3.1817, 10.4.1817, 17.5.1817, 18.5.1817, 12.6.1817, 14.6.1817, 23.6.1817, 6.7.1817, 30.7.1817, 16.8.1817, 13.9.1817, 15.10.1817, 4.11.1817, 18.11.1817, 27.2.1818, 28.2.1818, 11.3.1818, 17.3.1818, 29.3.1818, 30.3.1818, 14.4.1818, 21.4.1818, 27.4.1818, 4.5.1818, 2.6.1818, 20.8.1818, 4.9.1818, 9.9.1818, 12.9.1818, 28.11.1818, 20.12.1818, 31.1.1819, 4.2.1819, 17.4.1819, 10.5.1819, 2.6.1818, 10.6.1819, 14.7.1819, 16.7.1819, 20.8.1819.

Görres, Maria Benedicta Luise, genannt Marie (1808-1871), Tochter von Joseph Görres.
Lit.: Binder, Erinnerung an Marie Görres, in: *Hist.-polit. Blätter* 70 (1872), S. 397-419, 497-524; Fink-Lang, Der Beitrag Friedrich Böhmers zu Marie Görres' Ausgabe der Familienbriefe, in: *Görres-Studien*, hrsg. von H. Dickerhof, 215ff; Fink-Lang, *GS/Briefe* 1, Einleitung, S. XLIIIf.
Erw.: Briefe Nr. 6, 36, 41, 74, 95, 148; Briefe an Görres: 19.1.1817, 9.3.1817, 30.7.1817, 4.11.1817, 28.2.1818, 21.4.1818, 2.6.1818.

Görres, Sophie (1802-1854), Tochter von Joseph Görres, 1824 verheiratet mit Johann Leopold Steingaß.
Lit.: Fink-Lang, *GS/Briefe* 1, Einleitung S. XLIVff.
Erw.: Briefe Nr. 36, 41, 74, 95, 115, 131, 148; Briefe an Görres: 26.2.1817, 16.8.1817, 4.11.1817, 28.2.1818, 21.4.1818, 2.6.1818.

Göschen, Johann Friedrich Ludwig (1778-1837), stud. jur. Königsberg, Göttingen, Berlin, 1811 Dr. Jur., ao. Prof. römisches Recht Berlin, 1813 ord. Prof, 1815 Mithrsg. *Zeitschrift für geschichtl Rechtswissenschaft*, 1817 Verona: Entzifferung des Codex Veronensis des Gaius (mit Bekker), 1819/20 Rektor Univ. Berlin, 1822 Prof. Rechtswiss. Univ. Göttingen.
Werke: Hrsg. Gaii Institutionum commentarii IV e codice rescripto bibliothecae capitularis Veronensis , Berlin (Reimer) 1820; 2. verbesserte Ausgabe: 1824.
Lit.: *ADB* 9, S. 403; https://www.hu-berlin.de/de/ueberblick/geschichte/rektoren/goeschen; Leopold August Warnkönig, *Vorschule der Institutionen und Pandekten*, Freiburg/Breisgau 1839, S. 129; Filippo Briguglio, Barthold Georg Niebuhr und die Entdeckung der Gaius-Institutionen – tatsächlich ein „Glückstern", in: *Zeitschrift der Savigny-Stiftung für Rechtsgeschichte: Romanistische Abteilung* Bd. 128, Heft 1.
Erw.: Briefe an Görres: 18.5.1817.

Goethe, Johann Wolfgang von (1749-1832).
Erw.: Briefe Nr. 137, 147, 152; Briefe an Görres: 13.2.1814, 6.8.1814, 30.10.1814, 25.7.1815, 2.11.1815, 10.6.1816, 25.6.1816, 14.11.1818.

Göttling, Karl Wilhelm (1793-1869), stud. Philologie Jena, Berlin, 1816 Prof. Gym. Rudolstadt, 1819-1821 Direktor Gym. Neuwied, 1826 Direktor philolog. Seminar und Universitätsbibliothekar Jena, 1829 Honorarprof., 1831 ord. Prof. klass. Philologie Jena, 1849 Prof. griech. Sprache, 1852 Prof. Beredsamkeit, 1845 Gründer und Direktor Archäolog. Museum.
Werke: Ausgaben von Aristoteles, *Politica* (Jena 1824), *Oeconomicus* (1830), Hesiod (Gotha 1831); Veröff. zur griech Grammatik; *Über das Geschichtliche im Nibelungenlied,* Rudolstadt 1814, *Nibelungen und Ghibellinen*, 1817; *Gesammelte Abhandlungen aus dem klassischen Altertum* (Bd. 1, Halle 1851, Bd. 2, München 1863).
Lit.: *ADB* 9, S. 487-489; Carl Nipperdey, *Memoria Goettlingii*, Jena 1869.
Erw.: Briefe an Görres: 6.12.1816

Goldmann, Georg Friedrich August (1785-1855), stud. Theol., Philologie Göttingen, Dr. phil., 1807 Konrektor, 1808 Rektor Gym. Soest, 1810 Dortmund (Kirchen- und Schulangelegenheiten im Ruhrdepartement), 1813 Prof. Lyzeum Kassel, Ende 1813 Aufgabe der Anstellung, 1815 Pfarrer Blumlage bei Celle, 1817 Prediger Hameln, 1822 Lauenstein, 1826 Elbingerode, 1830 Pfarrer Voigtsdahlum/Hzgtum Braunschweig.
Werke: Predigten; Hrsg. (mit B. H. Freudenfeld) *Zeitschrift für Poesie*, Unna 1812; Tragödie *Karl V;* Bearbeitung des Lobgesanges auf den heiligen Anno, 1816.
Lit.: *ADB* 9, S. 337f.
Erw.: Briefe an Görres: 15.11.1814.

Goltz, August Friedrich Ferdinand Graf von der (1765-1832), 1787 preuß. Staatsdienst, Gesandtschaftsposten Polen, Dänemark, Schweden, Russland, 1807 Verhandlungen Frieden von Tilsit, 1808-1814 preuß. Außenminister, Präsident der Regierungskommission Berlin, Oberhofmarschall, 1816-1824 Gesandter am Bundestag in Frankfurt, 1817 Staatsrat.
Graf v.d. Goltz an Görres: 1.9.1817.
Erw.: Briefe an Görres: 4.2.1818.

Grambs, Johann Georg (1756-1817), Jurist, Advokat Frankfurt, Kunstsammler, Testamentsvollstrecker nach dem Tod von Johann Friedrich Städel 1816.
Lit.: Renate Matthaei, *Sulpiz Boisserée und die Vollendung des Kölner Doms. Eine Biographie,* S. 156.
Erw.: Briefe an Görres: 26.2.1817.

Grashof, Karl Friedrich August (1770-1841), 1789-1792 stud. theol. Halle, daneben Vorlesungen Mathematik, Chemie, Philosophie, Psychologie und Alte Sprachen, 1794 Kand. Theol., Lehrer Pädagogium der Realschule Berlin, 1798 Konrektor, 1810 Rektor Lyzeum Prenzlau, Teilnahme Befreiungskriege, 14.7.1814-1816 provisor. Direktor des öffentl. Unterrichts Generalgouvernement Aachen, 1815 provisor. Direktor Gym. Köln, 1816 Konsistorial- und Schulrat Köln, zusätzlich 1820-1841 Direktor Karmeliterkollegium („Höhere Bürgerschule", seit 1825 Gymnasium), 1826 Konsistorial- und Schulrat Köln.
Lit.: *ADB* 9, S. 587.
Erw.: Brief Nr. 32.

Grebel, Mathias Joseph (1771-1827), aus Koblenzer Händlerfamilie, stud. jur. Mainz, 1794 Republikaner Koblenz, 1797 erw. als Syndikus und Munizipalsubstitut, Advokat am Tribunal, 1798 Richter Rhein-Moseldepartement, 1799 Präsident 1. Sektion Zivilgericht Koblenz, 1804 Mgl. Stadtrat Koblenz, Rechtsanwalt (avoué) Koblenz, 1814 erw. als Anwalt Koblenz, 1815 Hauptmann Bürgermiliz Koblenz, 1818/19 Meister der Koblenzer Freimaurerloge, Betreiber einer Druckerei, erw. als Stadtrat, 1820-1824 als Anwalt-Advokat.
Werke: Juristische Abhandlungen, Freiheitslieder, Hist.-pol. Schriften, Febr. 1799 Rede im Dekadentempel *Über die Entbehrlichkeit der Religion*; 1797 Hrsg. *Kalender der Trierischen Geschichte,* 1799 Hrsg. jurist. Monatsschrift *Journal der Rechtsgelehrsamkeit für die vier neuen Departemente auf dem linken Rheinufer.*
Lit.: Hansen, *Quellen*, Bd. 3, S. 39*, 730, 734; Bd. 4, S. 103, 255, 289f, 995f; Just, *Lassaulx*, S. 38, 50, 110; Dotzauer, *Die Koblenzer Freimaurerloge l'Union désirée*, S.84f; Stramberg, *Rheinischer Antiquarius,* 1. Abt., 2. Bd., S. 57, 393-400; M. Bär, *Aus der Geschichte der Stadt Koblenz 1814-1819*, Koblenz 1922, S. 96; *RM* Nr. 45 (21.4.1814); Nr. 70 (11.6.1814); *Almanach d'adresses de la ville de Coblence pour l'an XII*, S. 44, 64; *Kalender für den Regierungs-Bezirk Koblenz auf das Jahr 1818*, S. 6; *Geschäfts-Kalender für den Regierungs-Bezirk Koblenz auf das Jahr 1820*, S. 85; *Kalender und Adreß-Handbuch für den Regierungs-Bezirk Koblenz auf das Jahr 1820, 1821, 1822 1823 1824 1825.*
Erw.: Briefe Nr. 3, 5, 7, 19; Briefe an Görres: 30.11.1817.

Griesinger, Ludwig Friedrich (1767-1845), stud. Jur. Tübingen, Rechtsanwalt Stuttgart, 1808 Dr. jur. Tübingen, 1815, 1820-1827 Abgeordn. Württemberg. Ständeversammlung für Oberamt Stuttgart.
Werke: *Kommentar über das herzoglich württembergische Landrecht*, 10 Bde., Frankfurt und Leipzig 1793-1808; *Von der Verbindlichkeit der Verträge nach allgemeinen Grundsätzen und besonders nach dem württembergischen Recht*, Tübingen 1793; *Drei Vorträge des Repräsentanten des Stuttgarter Oberamtsbezirks, Konsul Dr. Griesinger, über das königliche Reskript vom 13. November, gehalten in der Ständeversammlung*, Frankfurt und Leipzig 1815.

Lit.: *ADB* 9, S. 668f; *Neuer Nekrolog der Deutschen*, 23. Jg., 2. Teil, Weimar 1847, S. 1014-1023.
Erw.: Briefe an Görres: 23.6.1817.

Grille, De Grille: reformierter Geistlicher, ausgewandert aus Frankreich, evtl. in Köln.
Erw.: Brief Nr. 86.

Grimm, Jacob Ludwig Karl (1785-1863), stud. jur. Marburg, 1805 Paris, seit Herbst 1805 Kassel, 1806 Sekretär-Anwärter Kriegskollegium, 1808 Bibliothekar des Kgs Jérôme Bonaparte v. Westphalen Schloss Wilhelmshöhe, 1809 Auditor Staatsrat, 1814/15 kurhess. Legationssekretär beim Wiener Kongress, Juni bis Ende 1815 Beauftragter Preußens in Paris (Rückgabe von Handschriften), 1816 zweiter Bibliothekar Landesbibl. Kassel, 1830 Prof. Univ. Göttingen, 1837 Amtsenthebung, 1840 Mgl. Akademie der Wissenschaften Berlin, Vorlesungen bis 1848, 1848 Abgeordn. Frankfurter Nationalversammlung.
Werke: *Über den altdeutschen Meistergesang*, Göttingen 1811; *Kinder- und Hausmärchen* (mit Wilhelm Grimm) Bd. 1, Berlin 1812; Bd. 2, Berlin 1815; Gedanken über Mythos, Epos und Geschichte, in: *Deutsches Museum*, Januarheft, Wien 1813, S. 53-75; *Der arme Heinrich von Hartmann v. Aue* (mit Wilhelm Grimm), Berlin 1815; *Deutsche Sagen*, 1816 (mit Wilhelm Grimm); Eine dänische Sammlung von Volkssagen, in: *Wünschelruthe*, 1818; *Deutsche Grammatik* 1819 (2. Ausgabe: 2 Bde. 1822 und 1826); *Deutsche Rechtsaltertümer*, Göttingen 1828; *Deutsche Mythologie*, Göttingen 1835; *Weisthümer*, 7 Bde., Göttingen 1840-1872; *Sendschreiben an Karl Lachmann von Jacob Grimm über Reinhart Fuchs*, Leipzig 1840; *Geschichte der deutschen Sprache*, 2 Bde., Leipzig 1848; *Deutsches Wörterbuch* (mit Wilhelm Grimm), 1. Bd. 1854; *Kleinere Schriften*, 8 Bde., Berlin 1864ff.
Lit.: *ADB* 9, S. 678-688; *NDB* 7, S. 76-79; Franz Binder, Die Brüder Grimm und Joseph Görres, in: *Historisch-politische Blätter* 124 (1899), S. 179-192; Wilhelm Schoof, Joseph Görres und die Brüder Grimm, in: *Jb für Geschichte und Kunst des Mittelrheins und seiner Nachbargebiete* 6-7 (1954-55), S. 94-103; ders., *Jacob Grimm, Aus seinem Leben*, Bonn 1961; Günter Niggl, Geschichtsbewusstsein und Poesieverständnis bei den „Einsiedlern" und den Brüdern Grimm, in: Strack (Hrsg.), *Heidelberg im säkularen Umbruch*, Stuttgart 1987, S. 216-224; Fink-Lang, *GS/Briefe* 1, Einleitung, S. CII-CIV; *GS/Briefe* 2.
Görres an J. Grimm: Briefe Nr. 19, 43, 96, 103, 108, 135, 160, 161, 168; J. Grimm an Görres: 18.7.1814, 3.12.1814, 22.6.1815, 10.6.1816, 11.4.1817, 18.6.1817, 6.7.1817, 13.3.1819, 8.8.1819.
Erw.: Briefe Nr. 4, 61, 77, 78, 88, 100; Briefe an Görres: 9.1.1814, 3.3.1814, 4.6.1814, 21.11.1815, 9.12.1815, 18.5.1817, ca. Jan. 1818, 24.12.1818.

Grimm, Ludwig Emil (1790-1863), Maler und Kupferstecher, Bruder von Jacob und Wilhelm Grimm, 1808-1814 stud. Malerei München (bei Carl Ernst Heß), Frankreichfeldzug, 1815 Kassel, München, 1818 Italienreise mit Georg Brentano, seit 1817 Kassel mit den Brüdern, 1833 Prof. Kunstakademie Kassel.
Lit.: *ADB* 9, 689f; *NDB* 7, S. 81f; Robert Stein, Görres und der Maler Ludwig Grimm, in: *Augsburger Postzeitung*. Liter. Beilage 24.12.1929, S. 205-208; L. Grimm, *Erinnerungen aus meinem Leben*, hrsg. A. Stoll, Leipzig 1911 (überarb. Auflage 1913; dass., hrsg. Wilhelm Praesent, Kassel 1950); Stein, Görres, Cornelius und der Maler Ludwig Grimm, in: *Kölnische Volkszeitung* 7.3.1933.
Erw.: Brief Nr. 160; Briefe an Görres: 3.3.1814, 30.1.1815, 7.5.1815, 21.11.1815, 10.6.1816, 6.12.1816, 20.3.1817, 7.11.1817.

Grimm, Wilhelm (1786-1859), stud. Jur. Marburg, 1809 Kuraufenthalt Halle, Berlin (bei Arnim und Brentano), 1814-1829 Bibl.sekretär Kassel, 1825 Heirat, 1830 Unterbibliothekar Göttingen, 1831 ao., 1835 ord. Prof. deutsche Sprach- und Literaturwissenschaft Göttingen, 1837 Amtsenthebung, 1840 Mgl. Akademie der Wissenschaften Berlin, 1841 Übersiedlung Berlin, Vorlesungen bis 1852.
Werke: Ueber die Entstehung der altdeutschen Poesie und ihr Verhältniß zu der nordischen, in: *Studien* Bd. 4, Heidelberg 1808, S. 75-121; Beiträge *Zeitung für Einsiedler*, Heidelberg 1808; Christi Wiedererscheinen in der Natur. Nach dem Dänischen des A. G. Oehlenschläger, in: *Vaterländisches Museum*, Bd. 1, Hamburg 1810, S. 211-213; *Altdänische Heldenlieder, Balladen und Märchen*, Heidelberg 1811; *Drei altschottische Lieder in Original und Uebersetzung aus zwei neuen Sammlungen.* (Angehängt ein Sendschreiben an Fr. David Gräter, sowie Zusätze und Verbesserungen zu den *Altdänischen Heldenliedern, Balladen und Märchen*), Heidelberg 1813; Ueber Otacher im Hildebrandslied, in: *Altdeutsche Wälder*, Bd. 1, Kassel 1813,

S. 188-192; Zeugnisse über die deutsche Heldensage, in: *Altdeutsche Wälder*, Bd. 1, Kassel 1813, S. 195-323; Nachträge zu den Zeugnissen über die deutsche Heldensage, in: *Altdeutsche Wälder*, Bd. 3, Frankfurt 1816, S. 252-277; Beiträge *Altdeutsche Wälder* Bd. 2, 1815; (Hrsg.), *Deutsche Kinder- und Hausmärchen*, 1812-15 (mit Jakob Grimm); *‚Der arme Heinrich' von Hartmann von Aue*, Berlin 1815 (mit Jacob Grimm); *Deutsche Sagen*, 1816 (mit Jacob Grimm); *Die altnordische Literatur in der gegenwärtigen Periode*, in: *Hermes* Nr. 5, Leipzig 1820, S. 1-53; *Ueber deutsche Runen*, Göttingen 1821; *Die deutsche Heldensage*, Göttingen 1829; *Der Rosengarten*, Göttingen 1836; *Ruolandes liet*, Göttingen 1838; *Ludwig Achim's von Arnim Sämmtliche Werke*, 21 Bände, Berlin 1839-48; Beiträge *Zeitschrift für deutsches Alterthum*, Bd. 1, Leipzig 1841, Bd. 2, Leipzig 1842, Bd. 3, 1843, Bd. 5, Leipzig 1842, Bd. 6, 1848, Bd. 10, 1856, Bd. 11, Berlin 1859, Bd. 12, Berlin 1865; Beiträge *Philol. und hist. Abhandlungen der Königl. Akad. d. Wiss. zu Berlin*, 1842, 1844, 1846, 1849, 1851; *Kleinere Schriften*, 4 Bde, Berlin 1881-1887, 1897, 1899, 1902.
Lit.: *ADB* 9, S. 678ff, 690ff; *NDB* 7, S. 76-79; Ludwig Denecke, *Jacob Grimm und sein Bruder Wilhelm*, Stuttgart 1971; H. Gerstner, *Leben und Werk der Brüder Grimm*, 1985; Franz Binder, Die Brüder Grimm und Joseph Görres, in: *Hist.-pol. Blätter* 124 (1899) 179-192; Wilhelm Schoof, Josef Görres und die Brüder Grimm, in: *Jb für Gesch. u. Kunst des Mittelrheins und seiner Nachbargebiete* 6-7 (1954-55), S. 94-103.
Görres an Wilhelm Grimm: Briefe Nr. 4, 18, 78.
Wilhelm Grimm an Görres: 3.3.1814, 30.1.1815, 7.5.1815, 21.11.1815, 6.12.1816, 20.3.1817, 7.11.1817.
Erw.: Briefe Nr. 19, 22, 43, 66, 77, 96, 103, 108, 135, 160, 161; Briefe an Görres: 4.6.1814, 30.10.1814, 9.12.1815, 10.6.1816, 6.7.1817.

Gröben, Carl Graf von der (1788-1876), 1806 Eintritt preuß. Armee, 1814 Feldzug Frankreich, 1815 Oberstleutnant, stationiert in Koblenz, 1824 Chef Generalstab 2. Armeecorps, 1829 Flügeladjutant des Königs, 1834 Generalmajor, 1842 Generalleutnant, Generaladjutant Friedrich Wilhelms IV., 1852 kommandierender General 7. Armeecorps, General Kavallerie, 1854 Mgl. Herrenhaus, 1858 Abschied.
Lit.: *ADB* 9, S. 705f.
Groeben an Görres: 2.6.1818, 14.8.1819.
Erw.: Briefe Nr. 66, 131; Briefe an Görres: 28.1.1816, 4.6.1816, 10.4.1817.

Grolman, Karl Wilhelm (1777-1843), 1805, Mgl. Militär-Reorganisationskommission von Scharnhorst, 1809 Direktor 1. Departement Kriegsministerium, 1813 Major, 1814 Wiener Kongress, 1815 Generalquartiermeister der Armee des Generals Blücher, Generalmajor und Chef des Generalstabs, 1819 Abschied, 1824 Rückkehr in aktiven Dienst, Generalleutnant, Kommandeur 9. Division Glogau, 1832 Kommandierender General, 1837 General der Infanterie.
Lit.: *ADB* 9, S. 714-716; *NDB* 7, S: 123-125; *Neuer Nekrolog der Deutschen* Bd. 21, 2. Ausg., Weimar 1845, S. 807-819.
Erw.: Briefe an Görres: 27.2.1818.

Groos, NN, 1814 Regierungsassessor Friedberg/Wetterau. Eventuell verwandt oder identisch mit: Georg Groß 1821-1824 Bürgermeister Friedberg, Groos, NN, 1834 Hofgerichtsrat Gießen, Groß Georg sen. 1834 Großhändler Friedberg.
Lit.: https://de.wikipedia.org/wiki/Friedberg_(Hessen)#cite_ref-10; *Großherzoglich-Hessisches Regierungsblatt* 1834, S. 96, Nr. 510, 511.
Erw.: Briefe an Görres: 30.10.1814.

Groote, Eberhard (Ebbo) von (1789-1864), Germanist, Schriftsteller, aus Kölner Bürgermeisterfamilie, stud. Jur., Geschichte Heidelberg, 1815 in preuß. Auftrag Paris (Rückgabe der Kunstschätze), 1816-1827 Regierungsassessor Bezirksregierung Köln, 1818 Heirat mit Maria Francisca von Kempis, 1818ff Kampf um Beförderung zum Regierungsrat mit bes. Aufgabengebiet (1827 Ablehnung durch den König), 1827 Kölner Armenverwaltung, 1831-51 Präsident Kölner Armenverwaltung, 1826-51 Abgeordneter Provinziallandtag, 1842-55 Mitbegründer und Vorstandsmitglied Dombauverein Köln, 1839-49 Kölnischer Kunstverein.
Werke: Hrsg. *Jahrbuch für Freunde altdeutscher Zeit und Kunst* (mit Carové), 1816; *Tristan von Meister Gotfrit von Straßburg mit der Fortsetzung des Meisters Ulrich von Turheim*,

Berlin 1821; *Des Meisters Godefrit Hagen, der Zeit Stadtschreibers, Reimchronik der Stadt Cöln aus dem dreizehnten Jahrhundert,* Köln 1834.
Lit.: *ADB* 9, S. 728-730; Willi Spiertz, *Eberhard von Groote*, 2007; Adolf Giesen, *E. v. Groote. Ein Beitrag zur Geschichte der Romantik am Rhein,* Gladbach-Rheydt 1929; E. v. Groote, *Mitteilungen aus seinem Briefwechsel*, Bonn 1875; Adam Wrede, J. v. Görres und Eberhard v. Groote, in: *Kölnische Volkszeitung,* Lit. Beilage 28.1.1926, S. 101f.
Görres an Groote: Briefe Nr. 10, 34, 65, 113, 119, 162, 166.
Groote an Görres: 6.7.1817, 24.7.1817, 3.11.1817, 20.11.1817, 31.12.1817, 9.7.1819, 16.7.1819.
Erw.: Briefe Nr. 32, 132, 172; Briefe an Görres: 31.5.1815, 18.7.1817, 28.2.1818; Anhang: Briefe von und an Katharina Görres Nr. 1-3.

Grote, August Otto Graf (1747-1830), seit 1768 in hannoverschen Diensten, 1775 Hamburg, 1776 kurkölnischer u. bischöflich münsterischer Geheimer Rat, Minister im niedersächsischen Kreis, 1804 ao. Gesandter in preuß. Dienst, bevollmächtigter Minister im niederdeutschen Kreis, 1806/7 akkreditierter Minister für das Herzogtum Holstein in Altona, Rückkehr nach Hamburg, 1809 Erhebung in Grafenstand, 1812 „General-Commissär" Departement Elbe, Weser und Ems mit Sitz Hamburg, 1813 kurzzeitig Gesandter Dresden, dann Rostock, seit 1814 Hamburg.
Lit.: *ADB* 9, S. 757f; *Neuer Nekrolog der Deutschen* Bd. 8 (1832), S. 249-252.
Erw.: Briefe an Görres: 20.12.1818.

Grünewald, NN, vermutlich Forstmeister oder Oberförster Simmern bis mind. 1814.
Erw.: Brief Nr. 7.

Grundler, M. J., Kaufmann, 1815 London.
Erw.: Briefe an Görres: 5.12.1815.

Gruner, Karl Justus (1777-1820), ab 1815 von Gruner, stud. Jur., Staatswiss. Halle, Göttingen, 1802 Eintritt in preuß. Staatsdienst, Kammerrat Ansbach-Bayreuth, 1804 Generaldirektorium Südpreußen (Posen) in Berlin, 1805 Direktor Kriegs- und Domänenkammer Posen, 1807 Verwaltungsbeamter Ostpreußen, 1809 Kommissar für die Einführung der Städteordnung Berlin, März 1809 Polizeipräsident Berlin, 1811 Geheimer Staatsrat, Chef der höheren Polizei in Preußen, 1812 Wechsel in russ. Dienste, Übersiedlung nach Prag, Leitung russ. Geheimdienst, 1813 Mgl. Zentralverwaltungsrat für die besetzten Rheinbundgebiete, 19.11.1813 Gouverneur Generalgouvernement Berg, Februar 1814 bis April 1815 Gouverneur Generalgouvernement Mittelrhein, Juni 1815 Chef der alliierten Polizei in Frankreich, Polizeidirektor Paris, nach 1815 preuß. Gesandter Bern.
Lit.: *ADB* 10, S. 42-48; *NDB* 7, S. 229; W. Real, Justus Gruner, in: *Westfälische Lebensbilder.* 5, 1937, S. 259-276; H. Redecker, Ernst Moritz Arndt und Karl Justus von Gruner, in: *Ernst Moritz Arndt. Festschr. zum 200. Geburtstag,* Greifswald 1969; K. Zeisler, Justus von Gruner. Eine biographische Skizze, in: *Berlin in Geschichte und Gegenwart.* 1994, S. 81-105; Wentzke, *Justus Gruner, der Begründer d. preuß. Herrschaft im Berg. Lande,* 1913.
Görres an Gruner: Nr. 1, 2, 3, 5, 7, 9, 15, 20, 22, 27, 115, 124, 129, 150.
Gruner an Görres: 6.2.1814, 18.2.1814, Ende Sept./Anf. Okt. 1814, 21.12.1814, 20.11.1815, 18.3.1816, 25.4.1817, 4.7.1817, 1.10.1817, 1.12.1817, 14.12.1817, 4.2.1818, 28.2.1818, 12.2.1819.
Erw.: Briefe Nr. 4, 6, 12, 23, 29, 58, 59, 84, 92; Briefe an Görres: 13.2.1814, 2.5.1814, 18.5.1814, 25.5.1814, 4.6.1814, 8.6.1814, Sept. 1815, 30.11.1817.

Guaita, Georg Johann Friedrich (1772-1851), seit 1813 von Guaita, 1807 Mgl. Senat Frankfurt, 1812 Präfekturrat, 1822, 1824, 1826, 1831, 1833, 1837, 1839 Älterer Bürgermeister Freie Stadt Frankfurt, 1810 Heirat mit Meline Brentano (1788-1861), Schwester von Clemens und Bettine Brentano.
Lit.: Wolfgang Klötzer (Hrsg.), *Frankfurter Biographie. Personengeschichtliches Lexikon*, Bd. 1, Frankfurt am Main 1994, S. 283; Jochen Lengemann, *MdL Hessen. 1808-1996. Biographischer Index,* Marburg 1996, S. 156f; *Hessische Biografie* <https://www.lagis-hessen.de/pnd/116906650.
Erw.: Briefe an Görres: 19.1.1817.

Gubitz, Friedrich Wilhelm (1786-1870), stud. Theol. Jena, Hozschnittarbeiten, 1805 Prof. Kunstakademie Berlin (Technik des Holzschnitts), Verleger, Publizist.
Werke: Hrsg. *Der Gesellschafter oder Blätter für Geist und Herz*, Berlin, 1817-1848; *Gaben der Milde* (Anthologie, 4 Bde., 1817-1818), Beiträge *Vossische Zeitung*; *Erlebnisse. Nach Er-*

innerungen und Aufzeichnungen, 3 Bde., Berlin 1868-1869; *Die Talentprobe. Lustspiel in einem Akt*, Berlin 1813; *Lieb' und Versöhnen oder Die Schlacht bei Leipzig. Schauspiel in einem Akt*, Berlin 1816; *Deutscher Volks-Kalender. Jahrbuch des Nützlichen und Unterhaltenden*, Berlin 1835-1870; *Monatsschrift für Dramatik, Theater, Musik*, Berlin 1846-1848; *Gedichte, 2 Bde.*, Berlin 1860; Holzschnitte: u.a.: Johann Anton Zeune, *Das Nibelungenlied. Die Urschrift nach den besten Lesarten neu bearbeitet, und mit Einleitung und Wortbuch zum Gebrauch für Schulen versehen.* Mit einem Holzschnitt von Gubitz, Berlin 1815.
Lit.: *ADB* 10, S. 86; *NDB* 7, S. 247f.
Erw.: Briefe Nr. 92, 95; Briefe an Görres: 10.4.1817.

Guérin, Jacques-Julien, Général de Brigade, Commendant le Département de Rhin et Moselle in Koblenz
Lit.: *Almanach d'adresses de la ville de Coblence por l'an XII*, S. 3.
Erw.: Brief Nr. 49.

Günther, Wilhelm Arnold (1763-1843), OPraem., stud. Theol., Jur. Köln, Trier, 1788 Archivar Abtei Rommersdorf, 1803 Prior Kloster Altenberg, 1805 Archivar Archiv Département de Rhin-et-Moselle Koblenz, seit 1814 Archiv Bezirksregierung Koblenz, 1826 Generalvikar Trier, 1834 Weihbischof Trier.
Werke: *Geschichte der Abtei Rommerskirchen*, 1794; *Topographische Geschichte der Stadt Coblenz von ihrem Entstehen bis zum Schluß des 18. Jahrhunderts*, 1813; *Codex diplomaticus Rheno-Mosellanus*, 6 Bde., 1822-1826.
Lit.: *ADB* 10, S. 177; Thomas Alois, *Wilhelm Arnold Günther 1763-1843. Staatsarchivar in Koblenz, Generalvikar und Weihbischof in Trier*, Trier 1957.
Erw.: Briefe an Görres: 23.6.1815.

Hach, Johann Friedrich (1769-1851), stud. Theol., Jur. Univ. Jena, Göttingen, 1791 Rechtsanwalt Lübeck, 1794 Prokurator Niedergericht Lübeck, 1805 Stadtrat, Vertreter der Hansestadt Immerwähr. Reichstag Regensburg, 1814, 1815 Wiener Kongress, 1817 Kuriatstimme der Hansestädte bei den Vorbereitungen für den Deutschen Bund, Senator, Mgl. Oberhof, Vorsitzender Finanzdepartement Lübeck, 1820-1850 Richter Oberappellationsgericht der vier freien Städte.
Lit.: *ADB* 10, S: 289-292; *NDB* 7, S. 405; Emil Ferdinand Fehling, *Zur Lübeckischen Ratslinie 1814-1914*, Lübeck 1915, Nr. 14; ders., *Lübeckische Ratslinie von den Anfängen der Stadt bis auf die Gegenwart*, Lübeck 1925; *Biographisches Lexikon für Schleswig-Holstein und Lübeck*, Bd. 10, Neumünster 1994, S. 150-154; Michael Hundt, Johann Friedrich Hach – Eine biographische Skizze, in: *Zeitschrift des Vereins für Lübeckische Geschichte und Altertumskunde* 81 (2001), S. 249-282.
Erw.: Brief Nr. 116.

Hagen, Friedrich Heinrich von der (1780-1856), Germanist, 1810 ao. Professor altdeutsche Literatur Berlin, 1818 ord. Prof. Breslau, 1821 ord. Prof Berlin, 1841 Mgl. Berliner Akademie der Wissenschaften.
Werke: *Der Nibelungen Lied*, Berlin 1807; *Der Helden Buch*, Berlin 1811; *Nordische Heldenromane*, 5 Bde., Breslau 1814-1828; *Die Edda-Lieder und die Nibelungen*, Breslau 1814; *Der Nibelungen Lied, zum ersten Mal in der ältesten Gestalt aus der St. Galler Handschrift mit Vergleichung der übrigen Handschriften herausgegeben*, Breslau 1816; *Gottfrieds von Straßburg Werke aus den beßten Handschriften mit Einleitung und Wörterbuch*, Breslau 1823; *Minnesinger. Deutsche Liederdichter des zwölften, dreizehnten und vierzehnten Jahrhunderts aus allen bekannten Handschriften und früheren Drucken gesammelt und berichtigt, Leipzig* 1838; *Gesammtabenteuer: Hundert altdeutsche Erzählungen: Ritter- und Pfaffen-Mären, Stadt- und Dorfgeschichten, Schwänke, Wundersagen und Legenden*, 3 Bde., Tübingen 1850; *Minnesinger. Deutsche Liederdichter des XII. bis XIV. Jahrhunderts*, Berlin 1856; Übers.: Rasmus Kristian Rask, *Über das Alter und die Echtheit der Zend-Sprache und des Zend-Avesta und Herstellung des Zend-Alphabets nebst einer Übersicht des gesammten Sprachstammes*, Berlin 1826; Hrsg. *Germania. Neues Jahrbuch der Berlinischen Gesellschaft für Deutsche Sprache und Alterthumskunde*, Bd. 1-10, Berlin 1836-1853.
Lit.: *ADB* 10, S. 332-337; *NDB* 7, S. 476-478; Eckard Grunewald, *Friedrich Heinrich von der Hagen 1780-1856. Ein Beitrag zur Frühgeschichte der Germanistik*, Berlin/New York 1988;

Lothar Bluhm, „*compilierende oberflächlichkeit*" gegen „*gernrezensirende Vornehmheit*": *Der Wissenschaftskrieg zwischen Friedrich Heinrich von der Hagen und den Brüdern Grimm*, in: Lothar Bluhm, Achim Hölter (Hrsg.), *Romantik und Volksliteratur*, Heidelberg 1999, S. 49-70.
Erw.: Brief Nr. 119; Briefe an Görres: 26.2.1817, 20.11.1817; Anhang: Briefe von und an Katharina Görres, Nr. 1.

Hahn, Brüder: Heinrich Wilhelm Hahn d.Ä. (1760-1831) und Bernhard Dietrich Hahn (gest. 1818), 1792 Gründung Gebrüder Hahn Sortiments- und Verlagsbuchhandlung Hannover, 1810 weiterer Firmensitz Leipzig, v.a. geschichtswiss. Publikationen, 1818-1873 Hof-Buchhandlung.
Lit.: *ADB* 10, S. 361; H. von Thielen: *125 Jahre des Geschäftshauses Hahnsche Buchhandlung in Hannover*, 1917; *Hannoversches Biographisches Lexikon. Von den Anfängen bis in die Gegenwart*, Hannover 2002, S. 147.
Erw.: Briefe an Görres: 9.1.1814.

Hake, Albrecht Georg Ernst Carl von (1769-1835), 1785 Eintritt preuß. Armee, 1804 Adjutant beim Prinzen Heinrich, 1809 Direktor 1. Division Allgem. Kriegsdepartement Kriegsministerium, 1810 Leitung Militär-Ökonomie-Departement, Geheimer Staatsrat, 1810-1813, preuß. Kriegsminister, 1812 Generalmajor, 1815 Chef der Bundestruppen in Frankreich, Chef Brigade Danzig, dann Glogau, Mai 1816 Kommandierender General am Rhein, 1819-1833 preuß. Kriegsminister.
Lit.: *ADB* 10, S. 394-396; Kurt v. Priesdorff, *Soldatisches Führertum,* Bd. 3, Hamburg 1937, S. 376–382; *Neuer Nekrolog der Deutschen,* Band 13, Teil 2, Weimar 1835, S. 706 ff.
Erw.: Brief Nr. 146.

Hallberg-Broich, Karl Theodor Maria Hubert Freiherr von Hallberg zu Broich (1768-1862), Schriftsteller, Forschungsreisender (England, Skandinavien, Russland, Konstantinopel, Syrien, Griechenland, Sizilien, Tunis, Spanien, Persien, Indien), seit 1810 Hennef, 1814 Feldobrist des bergischen Landsturms, seit 1819 Bayern. Werke: *Deutsches Kochbuch für Leckermäuler und Guippies*, Düsseldorf 1819; Reiseberichte, polit. Zeitungsbeiträge.
Lit.: *ADB* 10, S. 416-418; *NDB* 7, S. 538f Werner Bülow: *Der Eremit von Gauting. Theodor Freiherr von Hallberg-Broich, Leben, Ansichten und Reisen,* Rosenheim 1991.
Erw.: Briefe an Görres: 16.7.1819.

Haller, Johann Nepomuk (1792-1826), österr. Bildhauer, Bildhauerlehre Imst/Tirol, 1810 Ausbildung bei Bildhauer Peter Paul Schöpf aus Imst in München, Günstling des Kronprinzen Ludwig, 1813 1. Preis der Akademie für Bildhauer, 1818 Kunstakademie München, 1817 Auftrag Glyptothek München, 1819-1823 Rom (Kreis der Deutschrömer) i.A. des bayer. Königshauses.
Lit.: *ADB* 10, S. 431; Constantin v. Wurzbach, Haller, J.N., in: *Biograph. Lexikon des Kaiserthums Oesterreich*, 7. Theil, Wien 1861, S. 242f; Josef Ringler, in: Ulrich Thieme, Alfred. C. Willis (Hrsg.), *Allgemeines Lexikon der Bildenden Künstler von der Antike bis zu Gegenwart,* Bd. 15, Leipzig 1922, S. 518f; Georg Kaspar Nagler, *Neues allgemeines Künstler-Lexicon*, 5. Bd. München 1837, S. 525.
Erw.: Briefe an Görres: 9.10.1814.

Haller, Karl Ludwig von (1768-1854), 1786 Staatsdienst Bern, 1798 Flucht vor Revolution nach Süddeutschland, 1807 Prof. allgemeines Staatsrecht, vaterländische Geschichte und Kameralistik Akademie Bern, 1814 Mgl. Großer Rat der Stadt Bern, 1820 Konversion zum Katholizismus, 1822 Rücktritt von allen öffentl. Ämtern, Paris, 1824 Berufung ins Außenministerium, 1830 Prof. École de Chartres, nach Julirevolution Rückkehr in die Schweiz.
Werke: *Restauration der Staats-Wissenschaft oder Theorie des natürlich-geselligen Zustands der Chimäre des künstlich-bürgerlichen entgegengesezt*, 6 Bde., Winterthur 1817-1834; *Handbuch der allgemeinen Staaten-Kunde*, Winterthur 1808; *Politische Religion oder biblische Lehre über die Staaten*, Winterthur 1811; *Was sind Unterthanen-Verhältnisse?*, o. O., 1814; *Ueber die Constitution der spanischen Cortes*, o. O., 1820; *Lettre de M. Charles-Louis de Haller, membre du conseil souverain de Berne, à sa famille, pour lui déclarer son retour à l'église catholique, apostolique et romaine*, Paris/Lyon 1821.

Lit.: ADB 10, S. 431-436; *NDB* 7, S. 549f; Alexander Kruska, *Die Polemik der Restauration: Metapolemische und ideengeschichtliche Betrachtungen zum Initialband der Restaurationsschrift Karl Ludwig von Hallers*, Bielefeld 2019.
Erw.: Briefe an Görres: 23.12.1817; 30.4.1818.

Hallwachs, Georg Ludwig Anton Friedrich (1788-1843), stud. Jur. Gießen, 1808 Heidelberg, 1811 Assessor Hofgericht Darmstadt, 1813 Hofgerichtsrat Darmstadt, 1814 Kapitän Corps der freiwilligen Jäger, 1830 Rat Obergericht Mainz, 1832/33 Abgeordn. (liberal) Zweite Kammer Landtag Großherzogtum Hessen, 1841 Vizepräsident Obergericht Mainz.
Lit.: Toepke (Hrsg.), *Die Matrikel der Univ. Heidelberg* Bd. 5, S. 15, Nr. 31; Jochen Lengemann, *MdL Hessen. 1808-1996. Biographischer Index,* Marburg 1996, S. 164; Klaus-Dieter Rack, Bernd Vielsmeier, *Hessische Abgeordnete 1820-1933. Biografische Nachweise für die Erste und Zweite Kammer der Landstände des Großherzogtums Hessen 1820-1918 und den Landtag des Volksstaats Hessen 1919-1933,* Darmstadt 2008, Nr. 306; „Hallwachs, *Georg* Ludwig Anton Friedrich", in: *Hessische Biografie* https://www.lagis-hessen.de/pnd/1110767188.
Hallwachs an Görres: ca. Anfang Jan. 1816.

Hardenberg, Karl August Freiherr von (1750-1822), stud. jur. Göttingen, Leipzig, 1781 Herzogl.-Braunschweig. Geheimer Rat, 1790 Eintritt preuß. Staatsdienst, leitender Minister Ansbach-Bayreuth, 1803 vertret. Außenminister, 1804 bis 1806 Außenminister, 1807 leitender Minister, 1810 bis 1822 preuß. Staatskanzler, 1814 Erhebung in den Fürstenstand.
Lt.: *ADB* 10 (1879), S. 572-590; *NDB* 7 (1966), S. 658-663; Lothar Gall, *Hardenberg: Der Reformer und Staatsmann*, München, Berlin 2016; Ingo Herrmann, *Hardenberg: Der Reformkanzler*, Berlin 2003; Peter G. Thielen, *Karl August von Hardenberg, 1750-1822 – Eine Biographie*, Köln/Berlin 1967; Thomas Stamm-Kuhlmann (Hrsg.), *Tagebücher und autobiographische Aufzeichnungen des preußischen Staatskanzlers Karl August von Hardenberg (Deutsche Geschichtsquellen des 19. und 20. Jahrhunderts)*, München 2000.
Görres an Hardenberg: Briefe Nr. 28, 46, 73, 89, 125, 127, 134, 146, 170.
Hardenberg an Görres: 26.4.1815, 10.5.1815, 16.7.1817, 27.1.1818, 31.1.1818, 10.3.1818, 27.1.1819.
Erw.: Briefe Nr. 15, 38, 48, 62, 64, 72, 84, 85, 90, 91, 94, 97, 103, 112, 115, 118, 119, 121, 122, 123, 124, 126, 128, 129, 131, 135, 138, 144, 145, 172, 176, 177; Briefe an Görres: 9.1.1814, ca. Sommer 1815, 20.11.1815, 23.1.1816, 28.1.1816, 29.3.1816, 8.1.1817, 20.2.1817, 26.2.1817, 10.6.1817 (Fs. 12.6.), 14.6.1817, 17.5.1817, 1.10.1817, 14.10.1817, 15.10.1817, 30.11.1817, 1.12.1817, 14.12.1817, 31.12.1817, 2.2.1818, 18.2.1818, 23.2.1818, 28.2.1818, 4.3.1818, 6.3.1818, 11.3.1818, 17.3.1818 (Arnim), 29.3.1818, 30.3.1818, 4.4.1818, 14.4.1818, 27.4.1818, 4.5.1818, 9.5.1818, 2.6.1818, 28.11.1818, 20.12.1818, 4.2.1819, 17.3.1819 17.3.1819.

Hartmann, Christian Ferdinand (1774-1842), 1786-1794 stud. Malerei Hohe Karlsschule Stuttgart, 1794-1798 Rom, Mitglied Malerakademie Stuttgart, 1803 Dresden, 1810 Prof. Akademie Dresden, 1820-1823 Rom, 1825 Mgl. Direktorium Kunstakademie Dresden.
Lit.: *ADB* 10, S. 682; *NDB* 7, S. 733; Werner Gebhardt, *Die Schüler der Hohen Karlsschule. Ein biographisches Lexikon*, Stuttgart 2011, S. 276.
Erw.: Briefe an Görres: 24.2.1817.

Hartung, Franz Peter (1769 - nach 1842), stud. Mainz, Göttingen, 1795 Friedensrichter, 1798 Richter Ziviltribunal Koblenz, 1799 Präsident Munizipalverwaltung, Notar Mayen, 1800-1815 Maire, 1815-1817 Bürgermeister Mayen, 1816 Kreiskommissar, 1817 Landrat Kreis Mayen, Ehefrau: Katharina Kleutgen.
Lit.: *Almanach d'adresses de la ville de Coblence por l'an XII*, S. 36; Liste der Bürgermeister: www.gavmayen.de); Josef Hilger, *Die Stadt Mayen im Wandel der Zeiten,* Mayen 1926, XIII, S. 102ff (Online-Ausgabe: Landesbibliothekszentrum Rheinland-Pfalz 2013: https://www.dilibri.de/rlb/content/structure/1013335).
Hartung an Görres: 8.12.1817, 23.2.1818.

Harwig, NN, vermutlich Forstmeister oder Oberförster Simmern bis spätestens 1814.
Erw.: Brief Nr. 7.

Hasenclever, Josua (1783-1853), Kaufmann Remscheid, 1806 Teilhaber Ausfuhrgeschäft des Vaters Joh. Bernhard (1731–1806, Begründer d. Handelshauses „Joh. Bernh. H. & Söhne"),

Geschäftsreisen nach Frankreich und England, 1821 Mitgründer „Rheinisch-Westindische Kompagnie“, Abgeordn. rheinischer Provinzial-Landtag.
Lit.: *NDB* 8, S. 27f.
Erw.: Briefe an Görres: 4.3.1818.

Haßlacher, NN, 1814 Mgl. Kommission Koblenzer Musikverein, viell. Anwald Haßlacher, erw. in Koblenz 1814, oder Anton Hasslacher, erw. Koblenz 1823.
Lit.: *Handbuch für die Bewohner der Stadt Koblenz, die öffentlichen Plätze, Gebäude etc. 1823,* S. 28; *Rheinischer Merkur* Nr. 44 (19.4.1814); A. Hasslacher, Zur Geschichte der Familien Hasslacher, Oswald und Leyenthal. 3. Aufl. München 1949.
Erw.: Brief Nr. 27.

Haxthausen, August Franz Ludwig Maria Freiherr von (1792-1866), stud. Halle/Saale, 1811 stud. Geologie, Mineralogie Bergschule Clausthal, Teilnahme Befreiungskriege, 1815-1818 stud. Kameralwiss., Jur. Göttingen, Gründung „poet. Schusterinnung an der Leine“, 1818 Hrsg. *Wünschelrute*, 1818-1825 Verwaltung Familiengüter Bökendorf, 1830-1838 Reisen durch preuß. Regierungsbezirke i.A. Justiz- und Innenministerium, 1834 Geheimer Regierungsrat, 1842 Ausscheiden aus preuß. Staatsdienst, 1843/44 Rußlandreise i. A. des Zaren.
Werke: „Geschichte eines Algierer Sklaven“, in: *Wünschelruthe* (Januar-Juli 1818); *Über die Agrarverfassung in den Fürstenthümern Paderborn und Corvey und deren Conflicte in der gegenwärtigen Zeit nebst Vorschlägen, die den Grund und Boden belastenden Rechte und Verbindlichkeiten daselbst aufzulösen*, Berlin 1829; *Die ländliche Verfassung in den einzelnen Provinzen der preußischen Monarchie*, Bd. 1: *Die ländliche Verfassung in den Provinzen Ost- und West-Preussen*, Königsberg 1839, Bd. 2: *Die ländliche Verfassung in der Provinz Pommern,* Stettin, 1861; Sammlung von Volksliedern, zumeist ungedruckt, *Geistliche Volkslieder* 1850.
Lit.: *ADB* 11, S. 119-121; *NDB* 8, S. 140f; Peter Heßelmann, Walter Gödden, *August Freiherr von Haxthausen (1792-1866). Sammler von Märchen, Sagen und Volksliedern, Agrarhistoriker und Rußlandreisender aus Westfalen* (Ausstellungskatalog Münster), Regensburg/ Münster 1992.
Görres an August v. Haxthausen: Briefe Nr. 123, 133, 136, 140; August v. Haxthausen an Görres: 4.11.1817, ca. Jan 1818, 21.4.1818, 2.6.1818, 9.9.1818.
Erw.: Briefe Nr. 105, 111, 114, 121, 166; Briefe an Görres: 7.11.1817, 28.2.1818.

Haxthausen, Werner Moritz Maria Graf von (1780-1842), Bruder von August, stud. Jur., Medizin Univ. Münster, stud. Orientalistik Paris, Göttingen, Halle, Mgl. „Tugendbund“, 1810 Flucht nach England, Teilnahme an Befreiungskriegen, Mitgründer „Adelskette“ (mit Laßberg), 1815 preuß. Regierungsrat Köln, 1825 Entlassung, Verwaltung der Familiengüter bei Paderborn, 1833 Vorsitzender Ausschusses für das bäuerliche Erbhofgesetz im westfälischen Provinziallandtag, 1837 Rückzug auf Gut bei Neustadt in Franken, 1839 Erhebung in den Grafenstand.
Lit.: *ADB* 11, S. 121f; *NDB* 8, S. 141f; Eduard Arens, *Werner von Haxthausen und sein Verwandtenkreis als Romantiker*, Aichach 1927; August Klein, W. v. H. und sein Freundeskreis am Rhein, in: *Annalen des Hist. Vereins für den Niederrhein* 155/156 (1954), S. 160-183; Wilderich von Droste zu Hülshoff, *Werner Adolph Freiherr von Haxthausen – Inspirator des Bökendorfer Romantikerkreises und seine Nachkommen*, Gorinchem (Niederlande) 2014.
Görres an Werner v. Haxthausen: Briefe Nr. 105, 110, 114, 132; Werner v. Haxthausen an Görres: 4.6.1816, 18.7.1817, 16.8.1817, 28.2.1818.
Erw.: Briefe Nr. 58, 60, 65, 119, 123, 133, 162, 166; Briefe an Görres 6.7.1817 23.1.1816, 4.6.1816, 6.7.1817, 24.7.1817, 3.11.1817, 4.11.1817, 7.11.1817.

Heeren, Arnold Hermann Ludwig (1760-1842), stud. ev. Theol., Philosophie, Geschichte Univ. Göttingen, 1784 Privatdozent Göttingen, 1787 ao., 1794 ordentl. Prof. Philosophie, 1801 Professor Geschichte Göttingen.
Werke: *Ideen über Politik, den Verkehr und den Handel der vornehmsten Völker der Alten Welt*, 2 Bde., Göttingen 1793-96; *Geschichte des Studiums der klassischen Litteratur seit dem Wiederaufleben der Wissenschaften*, 2 Teile, Göttingen 1797-1802; *Geschichte der Staaten des Altertums*, Göttingen 1799; *Geschichte des Europäischen Staatensystems*, Göttingen 1809; *Versuch einer Entwickelung der Folgen der Kreuzzüge*, Göttingen 1808; *Geschichte des Europäischen Staatensystems und seiner Kolonien*, Göttingen 1809; *Vermischte historische Schriften*, 3 Bände, Göttingen 1803-1808; *Johannes von Müller*, Leipzig 1810; *Ludwig Thimotheus*

Spittler, Berlin 1812; *Christian Gottlob Heyne*, Göttingen 1813; *Historische Werke*, 15 Bände, Göttingen 1821-1826; 1833 bis 1840 Redaktion *Göttingische Gelehrte Anzeigen.*
Lit.: *ADB* 11, S. 244-246; *NDB* 8, S. 195 f.
Erw.: Briefe an Görres: ca. Jan 1818.

Heil, Ignaz (gest. 1824), Jurist, Advokat, Republikaner Koblenz, 1797 Mgl. Magistrat, 1799 Gerichtsschreiber beim Tribunal Koblenz; 1804 Gerichtsvollzieher Koblenz, 1818 Advokat Koblenz, 1820, 1821, 1823 Regierungsassessor Koblenz.
Lit.: Hansen, *Quellen,* Bd. 4, S. 232f, 911, 1245; *Almanach d'adresses de la ville de Coblence pour l'an XII (1804),* Koblenz 1804, S. 60; *Kalender und Adreß-Handbuch für den Reg.bez. Coblenz auf das Jahr 1820,* S. 21; *1821*, S. 20; *1823,* S. 27; Familienarchiv Görres-Jochner Nr. 45d (H.J. Dietz an Görres: 30.10.1824).
Heil an Görres: 11.12.1818.

Heinrich, Karl Friedrich (1774-1838), 1791 stud. Theol., klass. Philologie Göttingen, 1795 Lehrer Gym. Breslau, 1804-1818 Prof. Universität Kiel, 1818-1838 Prof. Univ. Bonn.
Lit.: *ADB* 11, S. 647f.
Erw.: Briefe an Görres: 4.9.1818.

Heintz, NN, 1818 ehemal. Kanzleiinspektor Mayen.
Erw.: Briefe an Görres: 23.2.1818.

Heldmann, Friedrich (1776-1838), 1803f Prof. Handlungswiss. Univ. Würzburg, Lehrer Mathem. Gym. Würzburg, 1807-1814 Professor Handlungswissenschaften Kantonsschule Aarau, 1817-1819 a.o. Prof. Kameralistik Akademie Bern, bis 1821 in Bern, dann Italien, Mainz, Darmstadt, 1830 Gründung „Pensionsanstalt für die weibliche Jugend" Darmstadt.
Werke: *Ueber die Bildung der Jugend zum Handlungsstande in republikanischen Staaten. Ein Programm,* Aarau 1807; Hrsg.: *Freymüthige Europäische Zeitung,* Bern 1817; *Akazienblüthen aus der Schweiz*, 1819.
Lit.: *Deutsche Biographische Archiv* I, 506, 16-24 und II, 135; *Neuer Nekrolog der Deutschen.* 16. Jahrgang 1838 (Zweiter Theil), Weimar 1840, S. 534f; Engelhorn, *Die Universität Würzburg 1803-1848,* 1987, S. 149; Josef Inauen, *Brennpunkt Schweiz. Die süddeutschen Staaten Baden, Württemberg und Bayern und die Eidgenossenschaft 1815-1840*, Fribourg 2008, S. 85, 303.
Erw.: Brief Nr. 124.

Helwig, Amalie von (1776-1831), geb. Freiin von Imhoff, 1791 Hofdame Weimar, 1803 Heirat mit Carl v. Helvig (1764-1844, schwed. Artillerie-Offizier, seit 1815 in preuß. Diensten), 1804-1810 Stockholm, 1810 Heidelberg, 1814-1816 Uppsala, dann Berlin.
Werke: Lyrik, Balladen, Erzählungen; Beiträge *Musenalmanach, Die Horen, Deutsches Museum* (2, 1812: „Beschreibung altdeutscher Gemälde"); *Rheinischer Merkur* (17.4.1814: „Der Sieger Einzug in Paris"); Mit-Hrsg. *Taschenbuch der Sagen und Legenden* (1812), *Taschenbuch* (1817); Übersetzungen schwed. Literatur.
Lit.: ADB 11, S. 714f; *NDB* 8, S. 508f.
Helwig an Görres: 10.4.1814.

Hepp, Georg Philipp, Lehrer Bürgerschule Prüm, 1817 Subskr. Werkausgabe Pestalozzis.
Lit.: Horlacher/ Tröhler (Hrsg.), *Sämtliche Briefe an J. H. Pestalozzi. Kritische Ausgabe*, Bd. 4, 1814-1817, Zürich 2012, S. 697ff.
Erw.: Briefe an Görres: 18.11.1817.

Herff, Johann Daniel (1752-1816) Kaufmann Kreuznach, Gutsbesitzer Departementsrat, 1786 Privileg für den Handel mit rohen Häuten, Inhaber Speditions-, Kommissions- und Bankunternehmen Daniel und Carl Herf, Mgl. Loge „Die vereinigten Freunde der Nahe und des Rheines, am Morgen zu Kreuznach", erw. 1814/15 auf Subskribentenliste für Carl Hoffmann, *Des Teutschen Volkes feuriger Dank- und Ehrentempel.* Sein Sohn Christian Jakob Herf (1793-1824) 1808-1810 Schüler in Yverdon.
Lit.: Horlacher/Tröhler (Hrsg.), *Sämtliche Briefe an Johann Heinrich Pestalozzi, Kritische Ausgabe,* Band 4: 1814 - Juli 1817, Zürich 2012, S. 597ff; https://www.mfpev.de/datenraum/tree/Restorff/individual/I2513/Johann-Daniel-Herf; Carl Hoffmann, *Des Teutschen Volkes feuriger Dank- und Ehrentempel*, Offenbach 1815, S. VI.
Erw.: Briefe Nr. 5, 49.

Hériot, Pierre Bernard François (1768-1833), geb. Bar-le-Duc/Lothringen, seit 1794 Koblenz, Imprimeur de la Préfecture, Verlagsgeschäft und Druckerei, 1808 erste Bücher in Steindruck,

1814/15 Verleger *Rheinischer Merkur*, 1832 Verkauf der Rechte an den Koblenzer Drucker und Verleger Rudolph Friedrich Christian Hergt (1790-1862).
Lit.: Max Bär, *Presse und Buchhandel*, in: *Aus der Geschichte der Stadt Koblenz*, 1814-1914, Koblenz 1922, S. 349-358; Helmut Kampmann, *Koblenzer Pressechronik. 80 Zeitungen aus drei Jahrhunderten*, Koblenz 1988.
Erw.: Briefe Nr. 2, 62, 83, 169, 173; Briefe an Görres: 17.3.1819.

Hermani, NN, Kreuznach, vielleicht: Hermanni, Daniel Christian, 1801 erw. als Salineninspektor zu Kreuznach, 1821 Controlleur, zum Rechnungsführer der Saline Theodorshalle Kreuznach ernannt, ders.? 1800 erw. als pfalz-zweybrückischer Regierungsrat und Direktor Theodors-Haller Saline und Carls-Haller-Saline.
Lit.: *Großherzogl. hessisches Regierungsblatt auf das Jahr 1821*, S. 286; *Churfürstlich-Pfalzbaierischer Hof- und Staatskalender: auf das Jahr 1800*, S. 266; https://www.eberhard-ref.net/pf%C3%A4lzisches-pfarrerlexikon/pfarrerlexikon/litera-t-u-v/.
Erw.: Brief Nr. 5.

Hermes, Johann Peter Job (1765-1833), Jurist und Sammler mittelalterlicher Handschriften Trier, 1782 Mag. phil. 1783/4 stud. Jur. Trier, Mainz, 1788 Hochgerichtsschöffe, unter frz. und preuß. Verwaltung Richter und Gerichtspräsident Trier, Kunstsammler.
Lit.: Guido Groß, in: Monz, Heinz (Hrsg.), *Trierer Biographisches Lexikon*, Trier 2000; Guido Groß, Johann Peter Job Hermes (1765-1833). Ein Trierer Sammler und Mäzen, in: *Trierer Beiträge* 14 (1984), S. 20-29; ders., J. P. Hermes, in: *Neues Trierisches Jahrbuch*, 1961 ff, 1998, S. 32-43; *Rheinland-Pfälz. Personendatenbank*; https://www.trier.de/Rathaus-Buerger-in/Aktuelles/Rathaus-Zeitung/Edle-Spender-aus-Liebe-zur-Kunst/.
Erw.: Briefe Nr. 149, 161.

Herz, Hirsch und Nathan (Kaufmann), 1804 erw. Mgl. jüd. Gemeinde Koblenz.
Lit.: *Almanach d'Adresses* 1804, S. 83, 116.
Erw.: Briefe an Görres: 26.2.1817, 4.7.1817.

Heß, Carl Philipp (1792-1872), 1814 ao. Hilfslehrer Pädagogium Marburg, 1816 Priv.doz. klassische Philologie Universität Marburg, 1816 Professor Gymnasium Hanau, 1826 Direktor Gymnasium Helmstedt.
Lit.: Gundlach, *Catalogus professorum academiae Marburgensis* 1, Marburg 1927, Nr. 600; „Heß, *Philipp* Carl", in: Professorenkatalog der Philipps-Universität Marburg <https://professorenkatalog.online.uni-marburg.de/de/pkat/idrec?id=9806>
Erw.: Briefe an Görres: 30.10.1814.

Hetzrodt, Joh. Bapt. Michael (1751-1830), 1772 Dr. iur. Univ. Trier, Praktikant Reichskammergericht Wetzlar, 1779 Hochgerichtsschöffe Oberhof Trier, Hofrat, Syndikus der weltl. Landstände des Obererzstifts, 1786 Mgl. Stadtrat, 1795/96 Mgl. (frz.) Bezirksverwaltung Trier, Zentralverwaltung Aachen, seit 1798/99 Betreiber Druckerei, Herausgabe verschiedener Zeitungen, 1800 Richter Zivilgericht, 1801 Initiator und erster Präsident Gesellschaft für nützliche Forschungen Trier, 1814 Hofrat, Verwaltungschef Saardepartement, 1815 Mgl. provisor. Departementsverwaltung, 1816-1825 Regierungsrat Trier, 1825 Geheimrat.
Werke: *Dekadenrede über das Verhältnis der Bewohner des linken Rheinufers zu Deutschland*, Trier 1799; *Memoire sur la dette publique des quattre départements de la rive Gauche du Rhin*, Paris 1803; *Memoire sur les moyens de réprimer la contrefaction des livres*, Trèves 1808; *Notices sur les anciens Trévirois*, Trèves 1809; *Ueber die künftige Verfassung der deutschen Länder des linken Rhein-Ufers*, 1814; *Ansprüche und Hoffnungen der Stadt Trier bei Gelegenheit der Organisation des königlich-preussischen Großherzogtums Nieder-Rhein*, Trier 1815; Redakteur und Herausgeber: u.a. *Patriotische Beiträge*, *Beobachter an der Saar*, *Politische Zeitung im Saardepartement*, ab 1814 *Trier'sche Zeitung*.
Lit: Guido Groß, in: Monz, Heinz (Hrsg.), *Trierer Biographisches Lexikon*, Trier 2000; Rheinland-Pfälz. Personendatenbank: http://www.rppd-rlp.de/pta0522; *Rheinischer Merkur* Nr. 9 vom 7. Februar 1814; *Öffentliches Blatt für die allgemeinen im General-Gouvernement des Mittelrheins erscheinenden Verordnungen, welche gesetzliche Kraft haben*, Koblenz (Pauli) 1814, Verordnung Nr. 4.
Erw.: Briefe Nr. 2, 7; Briefe an Görres: 18.2.1814.

Heuberger, Johann Wilhelm Eberhard (1767-1849), Präceptor ev.-luther. Gemeinde Neuwied, Hrsg. *Unpartheyischer Correspondent am Rhein* Neuwied, 1806 Steuerbeamter Wesel, 1808

Ober-Sekretär der frz. Bürgermeisterei, Redakteur *Westphälische Provinzialzeitung* Wesel, General-Sekretär des Präfekten Osnabrück, 1813 Umzug nach Aachen, Stellung beim Generalgouverneur, 1818 Preuß. Regierungsrat Koblenz, 1826 Oberregierungsrat, 1847 Umzug nach St. Goar.

Werke: *Marie Antoinette im Elysium*, Neuwied 1794; *Todtenfeyer Ludwigs XVI. und Marien Antoniens* in Versen, Neuwied 1794; *Der frohe Tag. Ein Nachspiel*, Wesel 1798; *Meine Launen. Ein Taschenbuch für Freunde des Komischen*, Wesel 1799; *Kurzgefaßte Geschichte des 18. Jahrhunderts*, Wesel 1801; *Nothwendiges Handwörterbuch*, Duisburg, Leipzig und Wesel 1816f; Korrespondent für ausländ. Zeitungen.

Lit.: Ph. Wirtgen, *Neuwied und seine Umgebung*, Neuwied 1902, S. 170-174; *Neuer Nekrolog der Deutschen* 27 (1849), Nr. 1099, S. 1245; Rheinland-Pfälz. Personendatenbank http://www.rppd-rlp.de/pk06149; Goedeke/ Goetze (Hrsg.), *Grundriss zur Geschichte der Deutschen Dichtung*, Bd. 7, S. 212, 322.

Erw.: Brief Nr. 168; Briefe an Görres: 17.3.1818.

Hillebrand, Heinrich Joseph (1788-1871), Klerikalseminar Hildesheim, stud. Klass. Philologie, oriental. Sprachen Univ. Göttingen, 1815 Lehrer Josephinum Hildesheim, 1816 Übertritt zum Protestantismus, Hofmeister Belgien, 1817 ao. Prof. Univ. Heidelberg, 1818 Dr. phil., Bad. Hofrat, Direktor Gym. Gießen, 1820-1850 ord. Prof. Philosophie Univ. Gießen, 1847-1850, 1851-1856, 1862-1865 Mgl. Zweite Kammer hess. Landtag.

Werke: Histor. Romane, Erzählungen, philosophische Schriften. *Über die Einheit der Zeit und den Zusammenhang der Ereignisse in derselben. Eine Rede*, Heidelberg 1817; *Propädeutik der Philosophie*, 2 Bände, Heidelberg 1819; *Die deutsche Nationalliteratur seit dem Anfange des achtzehnten Jahrhunderts, besonders seit Lessing, bis auf die Gegenwart, historisch und ästhetisch-kritisch dargestellt*, Theil 1-3, Hamburg u. a. 1845f; Hrsg.: *Germanikus*, 2 Bände, Frankfurt am Main 1817.

Lit.: *ADB* 12, S. 415-417; Hans Georg Ruppel, Birgit Groß, *Hessische Abgeordnete 1820-1933*, Darmstadt 1980; Artikel in: *Hessische Biografie (Landesgeschichtliches Informationssystem Hessen (LAGIS)*: https://www.lagis-hessen.de/de/subjects/idrec/sn/bio/id/4362).

Hillebrand an Görres: 30.12.1815.

Erw.: Briefe Nr. 2, 7; Briefe an Görres: 18.2.1814.

Hoche, Louis-Lazare (1768-1797), frz. General, 1793 Divisionsgeneral Mosel-Armee, 1794 Kommando Italien-Armee, 1795 Niederschlagung des Aufstands der Vendée, 1796 Oberbefehl Sambre-Maas-Armee und Chef der Zivilverwaltung „der Länder zwischen Rhein, Maas und Mosel", 1797 Oberbefehl über alle Armeen an der deutschen Westgrenze.

Lit.: Hansgeorg Molitor, *Vom Untertan zum Administré*, Wiesbaden 1980; Robert Garnier, *Lazare Hoche ou l'honneur des armes*, Paris 1986; Jochen Rudersdorf, *Der letzte Feldzug des französischen Generals Lazare Hoche und das Ende des Koalitionskrieges 1797*, in: *Nassauische Annalen* 109 (1998), S. 229-264; Hansen, *Quellen*, Bd. 3, S. 5*, 15*, 876ff, 907ff, 978ff und passim; Bd. 4, S. 3*-7* und passim; *GS/Briefe* 2.

Erw.: Brief Nr. 17.

Hölscher, Hermann-Joseph (1765-1824), Buchhändler, Verleger Koblenz, 1804 erw. als „relieur" (=Buchbinder) und Inhaber eines „Cabinet de lecture" (Leihbibliothek) Koblenz, seit 1808 Verlag Hölscher; Sohn, seit 1824 Nachfolger: Jakob Hölscher (1798-1862).

Verlagswerke: u.a. Görres, *Teutschland und die Revolution*, 1819.

Lit.: *Almanach d'adresses de la ville de Coblence pour l'an XII (1804)*, Koblenz 1804, S. 95; Helmut Kampmann, *Koblenzer Presse-Chronik. 80 Zeitungen aus drei Jahrhunderten*, Koblenz 1988, S. 107-109, 147.

Erw.: Briefe Nr. 164, 169, 173; Briefe an Görres: 21.9.1819.

Hoffmann, Karl (1770-1829), stud. Gießen, 1791 Advokat, Regierungssekretär Solms-Rödelheim, Leiter gräfl. Gerichts- und Verwaltungsbehörde, Justizrat, 1806 hessischer Amtmann, dann Landrichter Rödelheim, 1810 Advokat Frankfurt, 1813 Mgl. Allgemeine Deutsche Bewaffnungskommission, Organisation Landsturm Fulda und Aschaffenburg, 1814 Oberst, Generaladjutant Landsturm bisher. Großherzogtum Frankfurt, Ausarbeitung mehrerer Organisationsentwürfe für den Landsturm, 1814/15 Hauptagitator „Deutscher (Hoffmannscher) Bund" (1814/15), 1818 Dr. Jur. Gießen, 1820/21 Verfolgung durch Mainzer Zentraluntersu-

chungskommission, 1821-29 Mgl. Bürgervertretung Freie Stadt Frankfurt, Landrichter Landgericht Rödelheim, Mgl. Gesetzgebende Versammlung Frankfurt.
Werke: *Aufforderung an Frankfurts teutschgesinnte Bewohner*, 1814; *Des teutschen Volkes feuriger Dank- und Ehrentempel oder Beschreibung wie das aus zwanzigjähriger französischer Sklaverei durch Fürsten-Eintracht und Volkskraft gerettete Teutsche Volk die Tage der entscheidenen Völker- und Rettungsschlacht bei Leipzig am 18. und 19. Oktober 1814 zum erstenmale gefeirt hat*, Offenbach 1815.
Lit.: *NDB* 9, S. 431; F. Meinecke, *Die Deutsche Gesellschaft und der Hoffmannsche Bund*, 1891; ders., Zur Geschichte des Hoffmannschen Bundes, in: *Quellen und Darstellungen zur Gesch. der Burschenschaft* 1, 1910, S. 4-17; H. Haupt, W. Snell u. s. Dt. (sog. Hoffmannscher) Bund v. 1814/15 u. dessen Einwirkung auf d. Urburschenschaft, in: *Quellen und Darstellungen zur Gesch. der Burschenschaft* 13, 1932, S. 133-208; *Hessische Biografie:* https://www.lagis-hessen.de/pnd/137598742.
Görres an Hoffmann: Brief Nr. 20.
Erw.: Briefe Nr. 5, 19.

Hoffmann: Hofmann, Andreas Joseph (1752-1849), stud. jur. Mainz, Würzburg, Privatdozent Wien, 1784-1791 Mainz, Prof. Geschichte, 1791 Prof. Naturrecht Mainz, 1792/93 Mitgründer Mainzer Jakobinerklub, 1793 Hauptakteur der Mainzer Republik, Präsident Rheinisch-deutscher Nationalkonvent, nach Rückzug der Franzosen Flucht nach Paris, Aktivität in der *Societé des Refugiés Mayençais*, 1793-1795 Agent der Revolutionsregierung in England, 1795-1797 in versch. Ämtern in Paris, Leiter des *bureau des étrangers*, 1798-1803 oberster Steuerbeamter Département Donnersberg, Rückkehr nach Mainz, 1815 Rückzug ins Privatleben in Winkel/Rheingau.
Lit.: *ADB* 12, S. 625 f; *NDB* 9, S. 446; Kuhn, *Linksrheinische deutsche Jakobiner*, S. 317; Helmut Mathy, in: *Jahrbuch der Vereinigung „Freunde der Universität Mainz"*, Mainz 1973, S. 15-45; ders., Andreas Josef Hofmann (1752-1849) Professor der Philosophie in Mainz und Präsident des rheinisch-deutschen Nationalkonvents, *in: Deutsche Jakobiner. Mainzer Republik und Cisrhenanen 1792-1798*, Bd. 1, Mainz 1982, S. 235-238; Franz Dumont, Die Mitglieder des rheinisch-deutschen Nationalkonvents zu Mainz, in: *Archiv für hess. Geschichte und Altertumskunde,* Bd. 40, H. 79, Darmstadt 1982, S. 143-185; Jörg Schweigard, *Die Liebe zur Freiheit ruft uns an den Rhein*, Gernsbach 2005, S. 146-147; *GS/Briefe* 2.
Erw.: Briefe an Görres: 30.1.1815.

Hofmann, Heinrich Carl (1795-1845), stud Gießen, Heidelberg, 1814/15 Mgl. Burschenschaft Heidelberg, 1817 Hofgerichtsadvokat, 1819 Mgl. „Darmstädter Schwarze" (mit Georg Rühl (1793-1851) und Wilhelm Stahl), Haft bis März 1820, 1825/26 Haft mit Freund Rühl in Köpenick, 1832/33 Hrsg. Zeitung *Beobachter in Hessen und bei Rhein* in Darmstadt.
Lit.: Hermann Haupt, Heinrich Karl Hofmann, ein süddeutscher Vorkämpfer des deutschen Einheitsgedankens, in: *Quellen und Darstellungen zur Geschichte der Burschenschaft* 3, 1912, S. 327-404; Helge Dvorak, *Biograph. Lexikon der Deutschen Burschenschaft*, Bd. 1, Politiker, Teil 2, Heidelberg 1999, S. 375f.
Hofmann an Görres: 5.10.1817.

Hohnbaum, Carl (1780-1855), stud. Med. Bamberg, Wien, Jena, Arzt Rodach, später Hildburghausen, Hofmedicus der Herzogin Charlotte, Amtsarzt, Hofrat Sachsen-Hildburghausen, hzgl. Leibarzt, Obermedizinalrat.
Werke: Med. Arbeiten, Gedichte, Mitherausgeber der gesellschaftskritischen *Dorfzeitung,* 1830-1832 Mithrsg. *Medicinisches Conversationsblatt*; umfangreiche Sammlung von Volksliedern: *Die deutschen Volkslieder mit ihren Singweisen*, Band 1, 4. Heft, 1839, S. 72; *Neue Sammlung deutscher Volkslieder mit ihren Singweisen*, Bd. 2, 1843f; Ludwig Erk (Hrsg.), *Deutscher Liederhort. Auswahl der vorzüglichern deutschen Volkslieder aus der Vorzeit und der Gegenwart mit ihren eigenthümlichen Melodien,* Berlin 1856.
Lit.: Helmut Heydenreich, *Leben und Werk Carl Hohnbaums*, München 1961; H. Schewe/E. Seemann, Friedrich Briegleb als Sammler und Bearbeiter coburgischer Volkslieder (Sonderdruck aus Jahrbuch für Volksliedforschung, 1. Jg. 1928, S. 1-202.
Hohnbaum an Görres: 11.11.1816.

Horn, NN, 1814 Obristlieutenant. Mögliche Zuordnungen: 1) Heinrich Wilhelm von Horn (1762-1829), 1810, 1812 Oberstleutnant in Befreiungskriegen, 1815 Kommandant von Mag-

deburg, 1817 Generalleutnant, 1820 kommand. General. 2) Johann von Horn (1776-1852), geb. Westfalen, 1794 Husaren-Regiment Blücher, 1809 Premierleutnant, 1812 Adjutant bei Oberst und Brigadier von Hünerbein, 1812 Premierleutnant, Juni 1813 Major und Kommandeur des 9. Schlesischen Landwehr Kavallerie-Regiments, Februar 1814 außer Tätigkeit gesetzt, im Gefolge des Fürsten Blücher von Wahlstatt, 1815 Kommandeur 3. Pommersches Landwehr Kavallerie-Regiment, 1815 Oberstleutnant, 1822 Oberst, 1833 Generalmajor.
Lit.: *ADB* 13, S. 140; Richard Wellmann, *Das Leben des Generallieutenant Heinrich Wilhelm von Horn. Mit einem Bildniß und Skizzen.* Mittler & Sohn, Berlin 1890); Wilhelm Joseph Frh. v. Horn, in: Heinrich August Pierer, Julius Löbe (Hrsg.), *Universal-Lexikon der Gegenwart und Vergangenheit*, 4. Auflage, Band 8, Altenburg 1859, S. 539-540 (zeno.org); Zu Johann von Horn: Geschichte des Königlich Preußischen Ulanen-Regiments von Schmidt (1. Pommersches) Nr. 4, 1815-1890, Berlin 1890, darin: Personalien sämmtlicher aktiven Offiziere Nr. 100; http://wiki-de.genealogy.net/Johann_von_Horn.
Erw.: Briefe Nr. 18, 23.

Hornthal, Johann Peter von (1794-1864), stud. Jur. Landshut, Göttingen, 1819-1824 Dozent jurist. Fak. Freiburg im Breisgau, Rechtsanwalt Bamberg, 1836 Abgeordn. Bayer. Landtag, 1836 Kauf des Literarisch-Artistischen Instituts Bamberg mit Verlag und Druckerei (bis 1845).
Werke: *Deutsche Frühlingskränze für 1816*, Bamberg 1816; Mitherausgeber Zeitschrift *Wünschelruthe* Göttingen 1818.
Lit.: *NDB* 9, S. 640.
Erw.: Brief Nr. 133.

Hoyer Mme, Besitzerin Hotel Reichskrone Aachen.
Erw.: Briefe an Görres: 12.9.1818.

Hüllmann, Karl Dietrich (1765-1846), stud. Halle, 1786 Leiter Handelsschule Bremen, 1792 Lehrer Kloster Berge, Berlin, 1793 Promotion Göttingen, 1795 Habil. Univ. Frankfurt/Oder, 1797 ao., 1807 ord. Prof. Geschichte, 1808 Univ. Königsberg, Ablehnung Ruf Heidelberg, 1818 Ruf Univ. Bonn, 181/19 Rektor Univ. Bonn.
Werke: *Geschichte des Ursprungs der Stände in Deutschland.* 3 Theile, Frankfurt an der Oder 1806-1808; *Deutsche Finanz-Geschichte des Mittelalters*, Berlin 1805; *Staatsrecht des Alterthums,* Köln 1820; *Städtewesen des Mittelalters,* 4 Theile, Bonn 1826-1829, *Ursprünge der Kirchenverfassung des Mittelalters*, Bonn 1831; *Römische Grundverfassung*, Bonn 1832; *Staatsverfassung der Israeliten*, Leipzig 1834; *Handelsgeschichte der Griechen*, Bonn 1839.
Lit.: *ADB* 13, S. 330-332; *NDB* 9, S. 733f; Holger Krahnke, *Die Mitglieder der Akademie der Wissenschaften zu Göttingen 1751-2001,* Göttingen 2001, S. 120.
Erw.: Brief Nr. 160; Briefe an Görres: 23.6.1817.

Hünerbein, Friedrich Heinrich Karl Georg Freiherr von (1762-1819), 1778 Eintritt preuß. Armee, 1794 Adjutant des Prinzen Louis, 1801 Major im Generalstab, Dez. 1813 Generalleutnant, Kommandierender General Herzogtum Berg, Oberbefehl Bergische Brigade mit Sitz in Düsseldorf, Okt. 1815 Gouverneur Breslau, Kommandierender General Schlesien, 1818 Berlin.
Lit.: *ADB* 13, S. 410; Kurt von Priesdorff, *Soldatisches Führertum*, Bd. 3, Hamburg 1937, S. 390-395, Nr. 1183.
Erw.: Brief Nr. 30; Briefe an Görres: 20.12.1815.

Humboldt, Alexander von (1769-1859), 1791-1796 preuß. Staatsdienst, Oberbergrat, 1799-1804 Forschungsreise Süd- und Mittelamerika, 1805-1828 Paris, Berlin, 1811, 1818/19 Pläne Asien-Expedition, 1829 Russland-Expedition.
Werke: *Ansichten der Natur,* 1808*; Voyage aux régions équinoxiales du Nouveau Continent: fait en 1799, 1800, 1801, 1803 et 1804* (zusammen mit Aimé Bonpland); *Kosmos – Entwurf einer physischen Weltbeschreibung,* 1845-1862.
Lit.: *NDB* 10, S. 33-43; Thomas Richter, *Alexander von Humboldt*, Reinbek 2009; Andrea Wulf, *Alexander von Humboldt und die Erfindung der Natur*, München 2016.
Erw.: Briefe an Görres: 5.12.1815, 28.11.1818.

Humboldt, Wilhelm von (1767-1835), 1790 Eintritt in Staatsdienst, Jurist Kammergericht Berlin, 1802 Italienreise, 1808 Leiter Kultus- und Unterrichtswesen im preuß. Innenministerium, 1810 Gründung der späteren Humboldt Universität, Staatsminister und Diplomat, 1815 bis Ende 1816 preuß. Bundestagsgesandter, 1816 Ernennung Gesandter London (Antritt des Postens

Herbst 1817), 1819 Minister für ständische und kommunale Angelegenheiten, Dez. 1819 Entlassung, Schloss Tegel, sprachwiss. Studien.
Werke: *Denkschrift über die äußere und innere Organisation der höheren wissenschaftlichen Anstalten in Berlin*, 1808-1809; *Über den zukünftigen Zustand Deutschlands*, 1813; *Über das vergleichende Sprachstudium in Beziehung auf die verschiedenen Epochen der Sprachentwicklung*, 1820; *Über die Aufgabe des Geschichtsschreibers*, 1821; *Über die Kawi-Sprache auf der Insel Java*, posth. 1836; *Gesammelte Schriften*, hrsg. von Albert Leitzmann, Berlin 1903-1936, Nachdruck 1968; *Werke in fünf Bänden*, hrsg. v. Andreas Flitner und Klaus Giel, Darmstadt 1963ff; *Werke in fünf Bänden*, Studienausgabe, Darmstadt 2002.
Lit.: *ADB* 13, S. 338-358; *NDB* 10, S. 43-51; Rudolf Freese (Hrsg.), *Wilhelm von Humboldt. Sein Leben und Wirken, dargestellt in Briefen, Tagebüchern und Dokumenten seiner Zeit*, Darmstadt, 1986; Lothar Gall, *Wilhelm von Humboldt. Ein Preuße in der Welt,* Berlin 2011.
Erw.: Briefe an Görres: 26.6.1815, 9.12.11815, 29.12.1816, 12.6.1819.

Hundeshagen, Helfrich Bernhard (1784-1858), 1802/3 stud. jur. Marburg (Savigny), Göttingen, Hofgerichtsadvokat Hanau, architekturhist. Studien, 1813 Bibliothekar Öffentl. Bibl. Wiesbaden, Beteiligung an Ausgrabungen am Rhein, 1816 Erwerbung einer Bilderhandschrift des Nibelungenlieds (Hundeshagenscher Codex), 1817 Entlassung aus Bibliotheksdienst, Mainz (Zeichnungen zur Wiederherstellung des Doms), 1820-24 Dozent Baukunst Univ. Bonn, letzte Jahre psychiatr. Anstalt Bonn-Endenich.
Werke: *Der alten gothischen Kapelle zu Frankenberg Grundriß, Aufriß und Durchschnitt. Nebst Gedanken über die sogenannte gothische Kirchenbaukunst*, Frankfurt am Main 1808; *Kaiser Friedrichs I. Barbarossa Palast in der Burg zu Gelnhausen. Eine Urkunde vom Adel der von Hohenstaufen und der Kunstbildung ihrer Zeit*, Mainz 1819.
Lit.: *NDB* 10, S. 62f; Julius Noll, *H.B. Hundeshagen und seine Stellung zur Romantik*, Frankfurt am Main 1891; Wolfgang Wagner, Helfrich Bernhard Hundeshagen 1784-1858. Leben und Werk eines Romantikers, in: *Zeitschrift des hessischen Vereins für Geschichte und Landeskunde.* 93, 1988, S. 111-128; H. Hornung, Der Hundeshagensche Kodex, in: *Das Nibelungenlied in spätmittelalterl. Illustrationen*, Faks.-ausg. unter Mitarb. v. G. Schweikle hrsg. v. H. Hornung, 1968, S. 10-20; *GS/Briefe* 2.
Erw.: Brief Nr. 78.

Ibell, Karl von (1780-1834), stud. Jur. Göttingen, 1815 Regierungspräsident Herzogtum Nassau, Juli 1819 Attentatsversuch, 1821 Entlassung, 1828-1832 Regierungspräsident Landgrafschaft Hessen-Homburg, 1830 erbl. Adel.
Lit.: *ADB* 13, S. S. 737-739; Jochen Lengemann, *MdL Hessen. 1808-1996. Biographischer Index,* Marburg 1996, S. 197; Cornelia Rösner, *Der Landtag des Herzogtums Nassau 1818-1866* (*Nassauische Parlamentarier.* Teil 1), Wiesbaden 1997, Nr. 112; Christian Spielmann, *Karl von Ibell. Sein Leben und Wirken*, Herborn 1917.
Erw.: Brief Nr. 163.

Ingersleben, Karl Heinrich Ludwig Freiherr von (1753-1831), 1769 Fahnenjunker, Adjutant, 1786 Ausscheiden aus Militärdienst, 1787 Landrat Tangermünde, 1795 Präsident Kriegs- und Domänenkammer Halberstadt, 1798-1806 Präsident Pommersche Kriegs- und Domänenkammer, 1806 kurzzeitig Vorsitz Administrationskommission Hannover, dann Stettin, 1806-1812 ohne Anstellung, 1812 Präsident pommersche Regierung mit Sitz in Stargard, seit 1814 Stettin, Juli 1815 Oberpräsident Pommern, 1816 Oberpräsident Großherzogtum Niederrhein mit Sitz in Koblenz, 1822 Oberpräsident Provinz Jülich-Kleve-Berg, 1824-1831 Oberpräsident Rheinprovinz.
Lit.: *ADB* 50, S. 669-676; *NDB* 10, S. 172f; Johann Daniel Ferdinand Neigebaur, *Darstellung der provisorischen Verwaltungen am Rhein vom Jahr 1813 bis 1819,* Köln 1821*; Klaus Schwabe* (Hrsg.), *Die preußischen Oberpräsidenten 1815-1945,* Boppard 1985; Horst Romeyk, *Die leitenden staatlichen und kommunalen Verwaltungsbeamten der Rheinprovinz 1816-1945,* Düsseldorf 1994, S. 549.
Görres an Ingersleben: Briefe Nr. 70, 71, 94; Ingersleben an Görres: 25.4.1816, 9.5.1816, 2.3.1817, 4.8.1819, 25.9. 1819.
Erw.: Briefe Nr. 59, 63, 84, 90, 102, 162, 169, 172; Appendix Nr. 1; Briefe an Görres: 18.3.1816, 8.5.1816, 26.3.1817, 3.4.1817, 14.6.1817, 21.6.1817, 27.1.1818, 9.7.1819, 21.9.1819.

Jacobi, Friedrich Heinrich (1743-1819), Philosoph, 1772 Mgl. Jülisch-Bergische Hofkammer, 1779 Geheimrat München, 1780 Privatmann Gut Pempelfort, 1804 Mgl. Bayer. Akademie der Wiss. München, 1807-1812 Präsident Akademie.
Werke: *Woldemar: eine Seltenheit aus der Naturgeschichte*, Flensburg 1779; *Über die Lehre des Spinoza in Briefen an den Herrn Moses Mendelssohn*, Breslau 1785; *David Hume über den Glauben, oder Idealismus und Realismus*, Breslau 1787; *Sendschreiben an Fichte*, Hamburg 1799; Vorrede zu: *Überflüssiges Taschenbuch für das Jahr 1800* (hrsg. von Johann Georg Jacobi), Hamburg (Perthes) 1799; *Über das Unternehmen des Kritizismus, die Vernunft zu Verstand zu bringen*, Breslau 1801; *Über gelehrte Gesellschaften, ihren Geist und Zweck*, München 1807; *Von den göttlichen Dingen und ihrer Offenbarung*, Leipzig 1811; Gesamtausgabe: 6 Bde, Leipzig 1812-25 (1. Bd. 1812, 2. Bd. 1815; Hist.-krit. Ausgabe, hrsg. v. Klaus Hammacher und Walter Jaeschke, Hamburg/Stuttgart 1998 ff.
Lit.: *ADB* 13, S. 577-584; *NDB* 10, S. 222-224; *GS/Briefe* 2.
Erw.: Briefe an Görres: 5.12.1815.

Jacobi, Johann Friedrich (1765-1831), Sohn von Friedrich Heinrich Jacobi, 1768 Subdirektor Tuchfabrik Clermont in Vaals, 1794 Mgl. Zentralverwaltung der linksrheinischen Gebiete, 1798-1800 Präsident Munizipalverwaltung, 1800-1810 Präfekturrat Déaprtement de la Roer, mehrmals Interims-Präfekt des Départments, 1804 Präsident Generalkonsistorium der Augsburger Konfession der ev. Kirche Köln, 1810 Mgl. Vertretung des Roer-Départements im corps législatif Paris, 1814 Rückkehr ins Rheinland, 1815 Revisor Steuer- und Zollwesen für die preußische Rheinprovinz, 1816 Leiter Zentralkommission für die Rheinschifffahrt Mainz.
Werke: *Recueil de pièces particulières, qui ont trait à la chute de Napoléon Buonaparte*. Aix-la-Chapelle 1815.
Lit.: Andreas Becker, in: Biographisch-Bibliorgaphisches Kirchenlexikon Bd. 21 (2010), Sp. 693-698; ders., Johann Friedrich Jacobi und die napoleonische Kirchenpolitik im nördlichen Rheinland, in: *Düsseldorfer Jahrbuch*, Düsseldorf 2012, S. 109-129; Thomas R. Kraus, *Auf dem Weg in die Moderne – Aachen in französischer Zeit 1792/93. 1794-1814*, Aachen 1994, S. 646.
Jacobi an Görres: 29.9.1819.

Jacobi, NN, 1816 Proviantmeister Koblenz, eventuell identisch mit Jacobi, 1817 Rendant der Brand-Assekuranz-Casse, in Ehrenbreitstein, bzw. Jacobi, 1817 Kanzlist bei der Regierung Koblenz.
Lit.: *Amtsblatt der Preuß. Regierung zu Koblenz für das Jahr 1817*, S. 176; *Kalender auf das Jahr 1817*, S. 19.
Erw.: Brief Nr. 67; Briefe an Görres: 12.2.1816.

Jahn, Johann Friedrich Ludwig Christoph (1778-1852), „Turnvater Jahn", 1796ff stud. theol. Halle, Greifswald, Göttingen u.a., 1810 Hilfslehrer Berlin, Gründung des geheimen Deutschen Bunds Hasenheide bei Berlin, 1811 Beginn der Turnbewegung, 1819 Turnverbot, 1819-1825 Haft, danach unter Polizeiaufsicht Freyburg /Unstrut, 1840 Amnestierung, 1848 Mgl. Frankfurter Nationalversammlung.
Lit.: *ADB* 13, S. 662-664; *NDB* 10, S. 301-303; Oliver Ohmann, *Friedrich Ludwig Jahn*, Erfurt 2009.
Erw.: Briefe Nr. 11, 153; Briefe an Görres: 15.10.1815, 10.4.1817, 10.6.1817 (Fs.12.6.1817), 4.3.1818.

Jassoy, Daniel Ludwig (1768-1831), 1786 stud. Jur. Marburg, Göttingen, 1790-1793 Praktikum Reichskammergericht Wetzlar, 1793 Advokat Frankfurt am Main, Justitiar der Bankhäuser Bethmann und Rothschild, 1816 Mitglied des „Dreizehner Kollegiums", Mitbegründer Senkkenbergische Naturforschende Gesellschaft Frankfurt am Main, 1817-1818, 1820-1824, 1826 und 1828 Mgl. Gesetzgebende Versammlung der Freien Stadt Frankfurt, 1817, 1820 Vizepräsident.
Werke: *Welt und Zeit*, Bde. 1-6, Berlin 1816-1828.
Lit.: „Jassoy, Louis Daniel", in: *Hessische Biografie:* https://www.lagis-hessen.de/pnd/117085502; Jochen Lengemann, *MdL Hessen 1808-1996. Biogr. Index*, Marburg 1996, S. 200.
Erw.: Brief Nr. 119.

Jordan, Johann Ludwig von (1773-1848), stud. Jur. Halle, 1799 Geheimsekretär preuß. Außenministerium, 1802 Kriegsrat, 1806 Verhandlungen mit Frankreich, 1810 Sektionschef Außenministerium, Staatsrat, 1813/14 enger Mitarbeiter Hardenbergs, 1814 Wirklicher Geheimer Legationsrat, 1814 Mgl. preuß. Delegation Paris, Vertreter Preußens beim Wiener Kongress, 1816 Erhebung in Adelsstand, 1816 bis 1818 diplomat. Missionen Warschau, Wien, Dresden, 1819-1848 Gesandter Dresden.
Lit.: *ADB* 14, S. 506.
Erw.: Brief Nr. 150; Briefe an Görres: 26.4.1815.

Jordis, Carl (1781-1839), Frankfurter Bürger, Handelsmann, Bankier, Hofbankier des Königs Jérôme, Handelshäuser Kassel und Paris, von Kg. Jérôme geadelt, 1805 Heirat mit Ludovica (Lulu) Brentano, Schwester von Clemens Brentano, seit 1812 Paris, 1824 Scheidung durch päpstl. Dispens, danach Mainz, Berlin.
Lit.: *NDB* 2, S. 461f (Artikel Ludovika Katharina Maria Freifrau des Bordes, geb. Brentano); Stadt Alzenau (Hrsg.), *Alzenauer Beiträge zur Heimatgeschichte. Band 1, Ludovica Freifrau von des Bordes, geborene Brentano von La Roche,* Alzenau 2002.
Erw.: Briefe an Görres: 26.6.815.

Julius, Nikolaus Heinrich (1783-1862), 1805 stud. Heidelberg, 1808 Würzburg, 1809 Konversion vom Judentum zum Kath., Dr. med., Distriktarzt öffentl. Armenanstalt Hamburg, 1813 Stabs- und Brigadearzt, 1815 Stabsadjutant, Armenarzt, Assistenzarzt Allgem. Krankenhaus Hamburg, 1827 Berlin, 1834-1836 Studienreise Nordamerika, 1840-1848 Berater im kgl. Kabinett Berlin zur Reform des Gefängniswesens, seit 1848 Hamburg.
Werke: 1810 Mitherausgeber *Vaterländisches Museum;* 1817 Hrsg. *Bibliotheca germano-glottica*; Hrsg. *Magazin der ausländischen Litteratur der gesammten Heilkunde; Vorlesungen über Gefängnißkunde oder über Verbesserung der Gefängnisse und sittliche Besserung der Gefangenen und entlassenen Sträflinge,* Berlin 1828; *Jahrbücher der Straf- und Besserungsanstalten*, 10 Bde., 1829-1833; *Nordamerika's sittliche Zustände*, 2 Bde., 1839.
Lit.: *ADB* 14, S. 686-689; *NDB* 10, S. 656-658; H. Schröder, *Lex. d. Hamburger Schriftsteller bis zur Gegenwart,* Bd. 3 (1857), S. 513-517; *GS/Briefe* 2.
Erw.: Briefe an Görres: 19.7.1814.

Jung, Franz Wilhelm (1757-1833), 1780 Hofmeister des Grafen Athlone in Holland, 1786 Hessen-Homburg. Hofrat, 1798 Chef Bureau für Öffentlichkeit Mainz, Polizeikommissar Mainzer Republik, 1814 Generalsekretär Département Donnersberg in Mainz, Ernennung zum Schulinspektor durch J. Gruner, August 1814 Entlassung, 1816 in Hessen-Homburgischen Diensten, 1820 Geheimer Rat, 1822 fast vollständige Erblindung.
Werke: *Über das Übel auf Erden. Ein Wort der Beruhigung und der Erhebung,* Frankfurt a. M. 1806; *Heinrich Frauenlob. Ein Gedicht. Gewidmet den Bewohnern von Mainz mit einer Vorerinnerung*, Mainz 1806, 2. Aufl. Mainz 1819; *Erinnerungen an Johann Kaspar Lavater. Vorgelesen im Museum zu Frankfurt am Main den 14. Februar 1812*, Frankfurt a. M. 1812; *Klara. Ein Gedicht,* Frankfurt a. M. 1813; *Odmar. Ein dramatisches Gedicht,* Heidelberg 1814, 2. Aufl. Mainz 1821; *Beytrag zu Ideen über Kirche und Kirchengebräuche,* Mainz 1814; *Die Anklänge der hochdeutschen Sprache, oder Aufstellung ihrer tonverwandten Wörter zum Behufe der Dichtkunst (Deutsches Reimwörterbuch)* Darmstadt (bzw. Leipzig), 1834; Übersetzungen: Jean-Jacques Rousseau, *Vom gesellschaftlichen Vertrage oder über die Grundsätze der Staatslehre,* Frankfurt a. M. 1800; *Ossians Gedichte*, 3 Bde. Frankfurt a. M. 1808.
Lit.: *NDB* 10, S. 672-674; „Jung, Franz Wilhelm", in: *Hessische Biografie* <https://www.lagis-hessen.de/pnd/117234303>; *Biographisch-literärisches Lexikon der Schriftsteller des Großherzogthums Hessen im ersten Viertel des neunzehnten Jahrhunderts,* 2. Band, S. 361f; Christian Waas, Franz Wilhelm Jung und die Homburger Revolutionsschwärmer 1792-1794, in: *Mitteilungen des Vereins für Geschichte und Landeskunde zu Bad Homburg vor der Höhe* 19 (1936), S. 31-80.
Erw.: Briefe an Görres: 30.6.1814, 5.8.1814.

Jung, NN, wohl nicht identisch mit Franz Wilhelm Jung.
Erw.: Briefe an Görres: 1.4.1815.

Jurkowitsch, NN.
Erw.: Brief Nr. 5.

Kaa, Franz Ignaz (1739-1818), stud. Musik Italien, 1772 Kapellmeister Den Haag, 1777-1803 Domkapellmeister Köln, Komponist, nach Entlassung Musikalienhändler und Musiklehrer Köln.
Werke: Kirchenmusik, Messen, Vokalmusik, Orchesterwerke, Streichquartette, Trios für Cembalo, Violine und Basso Continuo.
Lit.: Liste der Kölner Domkapellmeister seit 1700: https://de.wikipedia.org/wiki/K%C3%B6lner_Domchor; Klaus Wolfgang Niemöller, *Kirchenmusik und Reichsstädtische Musikpflege im Köln des 18. Jahrhunderts*, Köln 1960; https://www.oxfordmusiconline.com/grovemusic/view/10.1093/gmo/9781561592630.001.0001/omo-9781561592630-e-0000014570; https://www.mgg-online.com/article?id=mgg06977&v=1.0&rs=mgg06977; https://musicalics.com/de/node/91790.
Kaa an Görres: 17.5.1815.

Kamp, Johann Heinrich Daniel (1786-1853), Ausbildung in der Firma des zukünftigen Schwiegervaters Johann Heinrich Brinck (Baumwoll- und Siamosenfabrik), 1808 Eintritt Bankhaus J. H. Brinck & Co., 1819 Gründung Mechanische Werkstätten Harkort & Co. (Dampfmaschinen, seit 1834 Kamp & Co.), 1821 Beteiligung Aktiengesellschaft Rheinisch-Westindische Kompagnie, 1824 Deutsch-Amerikanischer Bergwerksverein, 1827-1831 Baumwollmaschinenfabrik, Mgl. „Erste Gesellschaft" (von Unternehmern), seit 1818 vereinigt mit Verein „Museum" Elberfeld, 1816-1822 Stadtrat und Beigeordneter Elberfeld, Vorsteher Börse Elberfeld, 1826 Abgeordn. Rheinischer Provinziallandtag.
Lit.: *NDB* 11, S. 87; Klaus Herdepe, Heinrich Kamp, in: Wolfhard Weber (Hrsg.), *Bergisch-Märkische Unternehmer der Frühindustrialisierung,* Münster 2004, S. 299-318.
Erw.: Briefe an Görres: 11.3.1818.

Kamphausen, Magdalena, geb. Bode, Koblenz.
Kamphausen an Görres: 9.11.1817.

Kamptz, Karl Albert von (1769-1849), stud. Jur. Göttingen, 1790 Assessor Neustrelitz, Leiter Schulkommission, Referent im Geheimen Rats- und Regierungskollegium Mecklenburg-Strelitz, 1798 Assessor Hof- und Landgericht Güstrow, 1804 Kammerherr, Assessor Reichskammergericht Wetzlar, 1811 Mgl. Oberappellationssenat Berliner Kammergericht, 1817 Polizeidirektor Innenministerium, 1822 daneben Leiter der Unterrichtsabteilung im Kultusministerium, 1825 Erster Direktor Justizministerium, 1832 Justizminister, 1829-1848 Mgl., Präsident Akademie gemeinnütziger Wissenschaften Erfurt.
Werke: (u.a.) *Litteratur des preußischen Rechts*, Gießen 1807; *Die deutschen Roth- und Schwarz-Mäntler,* Neubrandenburg 1814; *Codex der Gensd'armerie,* Berlin 1815; *Rechtliche Erörterung über die öffentliche Verbrennung von Druckschriften,* in: *Jahrbücher der Preußischen Gesetzgebung* XIX, 1817 (Sonderabdruck. Mit einer Vorrede, Berlin 1817); *Neue Literatur des Völkerrechts,* Berlin 1817; *Merkwürdige Urtheile neuerer französischer Juristen über Geschworenengerichte und französische Kriminaljustiz,* Berlin 1819.
Lit.: *ADB* 15, S. 66-75; *NDB* 11, S. 95-97; http://www.lexikus.de/bibliothek/Kamptz-Karl-Christoph-Albert-Heinrich-v-(1769-1849)-preussischer-Staatsmann-Biographie.
Erw.: Briefe Nr. 66, 153; Briefe an Görres: 28.1.1816, 13.9.1817, 2.2.1818, 8.8.1819.

Kanne, Johann Arnold (1773-1824), 1790 stud. Theol., klass. Philol., oriental. Sprachen, 1797/98 Lehrer Gym. Halle, Hofmeister Hersbruck und Leutenberg, 1802 österr. Kriegsdienst, 1805 Würzburg, 1806 preuß. und österr. Kriegsdienst, 1809 Lehrer Geschichte, Archäologie Realinstitut Nürnberg, 1818 Prof. oriental. Sprachen Univ. Erlangen.
Werke: *Über die Verwandtschaft der griech. und deutschen Sprache*, 1804; *Mythologie der Griechen,* 1805; *Erste Urkunden der Geschichte oder allgemeine Mythologie*. Mit einer Vorrede von Jean Paul Friedrich Richter, 2 Bde., Bayreuth 1808; Rezension von *Scheik Mohamed Fanis Dabistan, oder von der Religion der ältesten Farsen. Aus der pers. Urschrift von Sir Francis Gladwin ins Engl., aus diesem ins Deutsche übers. v. F. v. Dalberg*, Aschaffenburg 1809, in: *Morgenblatt für gebildete Stände*, Tübingen 3. Jg., Beilage zur Nr. 281 vom 24.11.1809; *Pantheum der Aeltesten Naturphilosophie, die Religion aller Völker*, Tübingen 1811; *System der indischen Mythe, oder Chronus und die Geschichte des Gottmenschen in der Periode des Vorrückens der Nachtgleichen, nebst einer Uebersicht des mythischen Systems als Beilage an den Verfasser*, Leipzig 1813.

Lit.: *ADB* 15, S. 77f; *NDB* 11, S. 105-107; Erich Neumann, *Johann Arnold Kanne: ein vergessener Romantiker. Ein Beitrag zur Geschichte der mystischen Sprachphilosophie*, Berlin 1927; *GS/Briefe* 2.
Erw.: Briefe an Görres: 9.1.1814.

Kapodistrias, Ioannis Antonios Graf (1776-1831), 1803 Innenminister, dann Außenminister Republik Jonische Inseln, Kampf gegen Frankreich, 1809 Außenministerium St. Petersburg, 1811 russ. Gesandter Wien, 1813 Schweiz, russ. Bevollmächtigter auf Wiener Kongress, 1816-1822 russ. Staatssekretär, danach Werbung für griech. Unabhängigkeit Schweiz, Frankreich, Deutschland, 1827 erster Präsident Griechenlands.
Lit.: Fabrizio Frigerio, in: *Schweizer Lexikon,* Bd. 1, Luzern 1991, S. 817f; Christopher M. Woodhouse, *Capodistria. The founder of Greek independence,* London 1973.
Erw.: Briefe an Görres: 24.8.1817.

Kastner, Karl Wilhelm Gottlob (1783-1857), 1798 Arbeit als Apotheker Swinemünde, Berlin, Neustadt bei Stolpen, 1804 stud. med. Nat.wiss. Jena, 1804 Promotion, 1805 Priv.doz., ao. Prof. Chemie Heidelberg, 1810 ord. Prof. Heidelberg, 1812 Professor Physik, Chemie Halle, 1813/14 Freiwilliger Militärdienst, 1818 ord. Prof Univ. Bonn, Dekan Phil. Fak., 1821-1857 Professor Chemie, Physik Univ. Erlangen.
Werke: Lehrbücher zur Chemie, Experimentalphysik, Meteorologie, Naturlehre, *Encyklopädische Uebersicht der gesammten Naturwissenschaften*, 1813.
Lit.: *ADB* 15, S. 439; *NDB* 11, S. 324.
Erw.: Brief Nr. 8.

Kastner, Philipp, Bruder von Karl Wilhelm Gottlob.
Erw.: Brief Nr. 8.

Kaufmann, Johann Heinrich (1772-1843), Spezereihändler Kreuznach, 1826 „Colonial Waaren", Handelsbeziehungen Niederlande, Schweiz, Engagement für Gründung Gymnasium Kreuznach.
Werke: *Gedichte, Briefe und Tageblätter*, 1820; *Rheinische Klänge und Wanderbilder*, Koblenz 1834.
Lit.: www.bad-kreuznach.de /politik und Verwaltung/Stadtarchiv/Aufsätze und Reden.
Kaufmann an Görres: 13.2.1814, 12.1.1817, 14.7.1819.
Erw.: Briefe Nr. 5, 68, 162.

Kehrmann, Johann Heinrich, Kaufmann Koblenz, 1804 im protestant. Kirchenvorstand, 1815 Hauptmann Bürgermiliz, 1817 Mgl. Koblenzer Hilfsverein, 1824, 1831 Stadtrat Koblenz.
Lit.: Almanac*h d'adresses de la ville de Coblence pour l'an XII (1804),* Koblenz 1804, S. 84; M. Bär, *Aus der Geschichte der Stadt Koblenz 1814-1819*, Koblenz 1922, S. 96; *Kalender und Adreß-Handbuch für den Regierungsbezirk Coblenz auf das Schaltjahr 1824*, S. 50; *Adreß-Buch für den Regierungsbezirk Coblenz 1831,* S. 48.
Erw.: Briefe Nr. 106, 148; Briefe an Görres: 4.7.1817.

Kempis, Philipp Johann Joseph von (1794-1876), Schwager von Eberhard von Groote, verheiratet mit Therese geb. Groote, Schwester von Eberhard v. Groote. Seine Schwester Franziska von Kempis (1797-1868) seit 1818 verheiratet mit Eberhard von Groote.
Lit.: Spiertz, *Groote*, S. 305f; Spiertz, Eberhard von Groote, in: *Internetportal Rheinische Geschichte:* http://www.rheinische-geschichte.lvr.de/Persoenlichkeiten/eberhard-von-groote/DE-2086/lido/57c6d7610db7d3.72713715 (abgerufen am 05.02.2021); Paul Clemen, *Die Kunstdenkmäler der Rheinprovinz.* Band 4, Teil 1, Düsseldorf 1897; Rainer Draaf, Geschichte der Familie von Kempis bis zum Jahre 1881, in: *Hürther Heimat* 71/72 (1993), S. 62.
Erw.: Brief Nr. 162.

Klaud: Frau NN, geb. von Klaud, Köln.
Frau NN an Görres: 19.1.1816.

Kleist, Friedrich Emil Ferdinand Heinrich von (1762-1823), 1774 Page des Prinzen Heinrich v. Preußen, seit 1814 Graf Kleist von Nollendorf, seit 1778 in preuß. Militärdienst, 1803-1807 Generaladjutant des Königs, 1808 Generalmajor, 1813 Generalleutnant im Feldzug gegen Frankreich, 1814 General der Infanterie, 1821 Abschied als Generalfeldmarschall.
Lit.: *ADB* 16, S. 124-127; *NDB* 12, S. 185f.
Erw.: Briefe Nr. 15, 30, 36.

Kleist, Heinrich von (1777-1811), Dramatiker, Dichter, Publizist, Okt. 1810-März 1811 Hrsg. *Berliner Abendblätter.*
Lit.: *ADB* 16, S. 127-149; *NDB* 12, S. 13-27; Helmut Sembdner, *Die Berliner Abendblätter Heinrich von Kleists, ihre Quellen und ihre Redaktion,* Berlin 1939, Repr. Heilbronn 2011.
Erw.: Brief Nr. 6; Briefe an Görres: 4.6.1814.

Kleutgen, Matthias, 1817-1824 Bürgermeister Mayen.
Lit.: https://www.gavmayen.de/fileadmin/user_upload/dateien/download-PDFs/Stadt_Buergermeister.pdf.
Erw.: Briefe an Görres: 8.12.1817.

Kleudgen, Peter (1775-1825) aus Hillscheid bei Koblenz, Gym. Koblenz (mit Görres), 1804 Maire Saffig bei Koblenz, Mgl. Conseil d'arrondissement, 1814 Reeder (Erwerb der Bark „Gustav", Ziel Karibik), 1815-1825 Oberstleutnant, Chef Bürgermilitär Hamburg, 1816 Kaufmann Hamburg, Steinkohlehandel, Eingabe an den Senat um Einrichtung einer Dampffähre zwischen Hamburg und Harburg: privilegierte Hamburg-Harburger Dampfschifffahrt.
Lit.: Almanach d'adresses de la ville de Coblence por l'an XII, S. 34, 36; Staatsarchiv Hamburg Sig. 111-1, 325: Gesuch des Peter Kleudgen um Verlängerung seines Privilegs der Dampfschiffsfähre nach Harburg; *Rheinischer Merkur* Nr. 196 (19.2.1815); *Staats-und Adress-Handbuch der Teutschen Bundes-Staaten für das Jahr 1816,* S. 439; Hans Szymanski, *Die Dampfschiffahrt in Niedersachsen und in den angrenzenden Gebieten von 1817 bis 1867,* Bremen 2011, S. 191f, S. 197; Herbert Karting, *Itzehoer Schifffahrtschronik: Die maritime Geschichte der Stadt und ihres Hafens, ihrer Kaufleute, Schiffer, Reeder, Schiffbauer und deren Fahrzeuge bis zur Gegenwart,* 2015, S. 188; Hans-Hermann Damann, *Militärwesen und Bürgerbewaffnung der freien Hansestädte in der Zeit des Deutschen Bundes von 1815-1848,* Diss. Hamburg 1958; Andreas Fahl, *Das Hamburger Bürgermilitär 1814-1868,* Berlin/ Hamburg 1987.
Kleudgen an Görres: 5.1.1816.
Erw.: Briefe Nr. 107, 112, 122; Briefe an 25.8.1817.

Klinsky, Johann Gottfried (1765–1828), stud. Kunstakademie Dresden, Architekt und Maler, Böhmen, Rom, 1804f Umbauten Schloss Frohburg/Sachsen, 1810 Orangerie Schlossgarten Stuttgart, 1811 Hofbaumeister Stuttgart, 1816 Landbaumeister Hall, 1817/19 Hofbaumeister, 1818 Baurat Ulm.
Werke: *Geschmackvolle Darstellungen zur Verschönerung der Gärten und öffentlichen Plätze. Enthaltend auf 35 Platten eine Sammlung in Kupfer gestochener Gebäude, Tempel, Denkmähler, Brücken ... nebst e. deutlichen Beschreibung der abgebildeten Gegenstände,* Leipzig (Voß) 1799 (Rez.: *Allgemeine Literaturzeitung* 1 (1800) Nr. 15); *Versuch über die Harmonie der Gebäude zu den Landschaften,* Dresden 1799 (Rez.: *Allgem. Literaturzeitung* Bd. 1, 1800, Nr. 13).
Lit.: Thüringer Univ.- und Landesbibl. Jena: https://zs.thulb.uni-jena.de/receive/jportal_person_00024926; Landesarchiv Baden-Württemberg Best. E 21: http://www.landesarchiv-bw.de/plink/?f=2-462942; Sitzungs-Protokolle / Verein für Baukunde in Stuttgart (1879); https://digibus.ub.uni-stuttgart.de/viewer/object/1466506725020_1879/45/.
Erw.: Briefe an Görres: 24.2.1817.

Knackfuß, Friedrich Ludwig Karl (1772-1842), 1790 Gefreitenkorporal preuß. Armee, 1795 Sekondeleutnant, 1809 Premierleutnant, 1810 Lehrer Allgemeine Kriegsschule Berlin, 1811 Kapitän Generalstab, 1815 Major Generalstab, Anfang Oktober 1815 zu Vermessungen an den Rhein kommandiert, Januar 1816 2. Departement des Kriegsministeriums, 1816 Heirat mit Maria Katharina Theresia Walpurgis Settegast (1792-1829), Koblenz, Tochter des Arztes Modest Amand Settegast und seiner Frau Anna Elisabeth Mazza, 1818 Dirigent im Topographischen Büro, 1833 Oberst, 1842 Abschied als Generalmajor.
Lit.: *NDB* 12, S. 149f; Kurt von Priesdorff, *Soldatisches Führertum.* Band 6, Hamburg 1938, S. 65f, Nr. 1700.
Erw.: Briefe Nr. 114, 158.

Kohlrausch, Heinrich Friedrich Theodor (1780-1867), 1799 stud. Theol. Göttingen, 1806 stud. Geschichte, Literatur, römische Rechtsgeschichte Göttingen, 1807 Heidelberg, 1808 Schweizreise (Pestalozzi), Päd. Kolleg Göttingen, Eintritt in J. H. Herbarts „Pädagogische Gesellschaft", 1810 Lehrer Barmen, 1814 Prof. alte Literatur und Geschichte Lyceum Düsseldorf,

1818 Schulrat Münster, 1825 und 1829 Direktor Verein für Geschichte und Altertumskunde Westfalens, 1830 Oberschulrat und Generalinspektor der gelehrten Schulen Hannover, 1864 Generalschuldirektor Königreich Hannover.
Werke: *Deutschlands Zukunft in 6 Reden*, Elberfeld 1814; *Handbuch für Lehrer höherer Schulen beim Gebrauch der Geschichte*, Halle 1811; *Anleitung für Volksschullehrer* (vierte Aufl., Halle 1837); *Chronologischer Abriss der Weltgeschichte für den Jugend-Unterricht*, Elberfeld 1818, 1820, 1828; *Die deutsche Geschichte für Schule und Haus*, 1816; *Kurze Darstellung der deutschen Geschichte*, Elberfeld 1822; *Erinnerungen aus meinem Leben*, Hannover 1863.
Lit.: *ADB* Bd. 16, S. 450f; Karl Mench, Ein Generalschuldirektor aus Landolfshausen. Zum 200. Geburtstag des Pädagogen Friedrich Kohlrausch. In: *Göttinger Jahresblätter*, Jg. 4 (1981). S. 69-76.
Görres an Kohlrausch: Briefe Nr. 11, 35.
Kohlrausch an Görres: 31.5.1817, 13.7.1817, 14.10.1817, 4.3.1818.
Erw.: Briefe an Görres: 12.6.1817 (Fs. vom 10.6.).

Korb, Christian Gottlob (1746-1825), 1745 Gründung Buchdruckerei Neubrandenburg, Hofbuchdrucker des Herzogs von Mecklenburg-Strelitz, Mgl. Freimaurerloge zu den 3 Sternen.
Lit.: Helmut Borth, *Tempel, Logen, verschworene Brüder. Freimaurergeschichten aus Mecklenburg*, Norderstedt 2016, S. 51.
Erw.: Briefe an Görres: 20.12.1815.

Koreff, David Ferdinand (1783-1851), nach Konversion vom Judentum 1816 Johann Ferdinand K., stud. med. Halle, Berlin, Praxis Paris, Magnetische, mesmeristische Behandlungen, 1816 Prof. Univ. Berlin, Leibarzt und Vertrauter Hardenbergs, Mitwirkung beim personellen Ausbau Univ. Berlin und Bonn, 1818 Ministerialrat,
1822 Verlust der Vertrauensstellung bei Hardenberg
Werke: *Deutsches Wort aus Preussen an die Rheinländer. Als Antwort auf die Schrift: Übergabe der Adresse der Stadt Coblenz und der Landschaft an Sr. Majestät den König in öffentl. Audienz bei Sr. Durchl. dem Fürsten Staats-Kanzler am 12. Januar 1818*, 1818; *Du triomphe inévitable et prochain des principes constitutionnels en Prusse* (mit Benjamin Constant; Schrift Benzenbergs „Über den unvermeidlichen und nahe bevorstehenden Triumph der konstitutionellen Prinzipien in Preußen"), Paris 1821; *Lyrische Gedichte*, Paris 1815; Libretto zur Oper *Aucassin und Nicolette*, Berlin 1822; Übersetzungen (*Tibulli carmina* 1810, *Der Sulpicia Elegien*, Paris 1810); *Ueber die Erscheinungen des Lebens und über die Gesetze nach denen es im menschlichen Organismus sich offenbart. Eine Skitze als Einleitung zu den Vorlesungen über die Physiologie des Menschen*, Berlin 1820; 1804-1806 Beiträge *Musenalmanach.*
Lit.: *NDB* 12, 582f; Ingeborg Köhler, Ein Wegbereiter Hoffmanns in Frankreich. Der Doktor Koreff, in: *Mitteilungen der E.T.A. Hoffmann-Gesellschaft* 26 (1980), S. 69-72; Friedrich von Oppeln-Bronikowski, *David Ferdinand Koreff, Serapionsbruder, Magnetiseur, Geheimrat und Dichter. Der Lebensroman eines Vergessenen*, Berlin 1928; Karl August Varnhagen von Ense, *Briefwechsel zwischen Varnhagen von Ense und Oelsner nebst Briefen von Rahel*, Bd. 2, Nr. 48 (Oelsner an Varnh. 7.4.1821).
Erw.: Brief Nr. 153; Briefe an Görres: 28.11.1818, 20.12.1818.

Kortum, Karl Arnold (1745-1824), stud. med. Duisburg, prakt. Arzt Mühlheim/Ruhr, seit 1770 Bochum, 1792-1807 Bergarzt.
Werke: Med. Untersuchungen, Arbeiten zu Pädagogik, Jurisprudenz, Naturkunde, Orts- und Landesgeschichte, Landwirtschaft, Untersuchungen über Nahrungs- und Genussmittel; *Skizze einer Zeit- und Literaturgeschichte der Arzneikunst*, 1809; Märchen, Satiren; *Leben, Meynungen und Thaten von Hieronimus Jobs dem Candidaten Und wie er sich weiland viel Ruhm erwarb, Auch endlich als Nachtwächter in Sulzburg starb*, 1784; *Jobsiade*, 1799; *Elisabeth Schlunz, ein Anhängsel zur Jobsiade*, 1819; Zeitschriftenbeiträge; 1784-86 Hrsg. Zeitschrift *Die magische Laterne*.
Lit.: *ADB* 16, S. 730; *ADB* 4, S. 507; *NDB* 12, S. 603f; *Neuer Nekrolog der Deutschen* 1824, II, 832-844; E. Tegeler, *Der Bochumer Arzt Dr. C. A. Kortum*, 1931; ders., *Der Arzt Dr. C. A. Kortum*, 1949.
Erw.: Briefe an Görres: 12.6.1817 (Fs. vom 10.6.).

Koch, Joseph Anton (1768-1839), österr. Maler, stud. Hohe Carlsschule Stuttgart, 1794 Italien, 1795 Rom, 1812-1815 Wien, seit 1815 Rom (Kreis der Lukasbrüder).
Lit.: *ADB* 16, S. 388-392; *NDB* 12, S. 269f.
Erw.: Briefe an Görres: 9.10.1814, 31.5.1815, 16.10.1815.

Körner, Bernhard (1776–1829), Verleger, Buch- und Kunsthändler Frankfurt, 1800 erw. Buch- und Papierhändler, 1811 erw. als Verleger1814 Expedition des *Rheinischen Merkur.*
Lit.: *NDB* 12, S. 383 (Artikel Körner, Gustav); *Jenaische allgemeine Literatur-Zeitung*, Bd. 8 (1811), Teil 4, Sp. 696; *Leipziger Jahrbuch der neuesten Literatur vom Jahre 1800*: Flugblatt, 3. Stück vom 19.7.1800.
Erw.: Briefe Nr. 13, 14; Briefe an Görres: 30.10.1814.

Krahe, Nicolas, jüngerer Bruder von Peter Joseph Krahe, Kupferstecherlehre Akademie Düsseldorf, später Steuereinnehmer Koblenz.
Lit.: Reinhard Dorn, *Peter Joseph Krahe,* 3 Bde., 1969-1999: Bd. 1, S. 260, S. 19; HStA Düsseldorf, Jülich-Berg II, Nr. 4086; Hist. Arch. der Stadt Köln, Best. 1105 (Wallraf, Ferdinand Franz), A 10/106.
Erw.: Briefe Nr. 15, 20; Briefe an Görres: Ende Sept./Anf. Okt. 1814.

Krahe, Peter Joseph (1758-1840), Architekt des Frühklassizismus, Sohn des Historienmalers Lambert Krahe (1712–1790), stud. Kunstakademie Düsseldorf, 1780 Prof. Architekturklasse, 1782 Studienreise Rom, 1785/86 zweiter Italienaufenthalt, Ehrenprofessor Akademie der Künste Florenz, 1786-89 freier Architekt Düsseldorf u. Koblenz, 1790-1794 Hofkammerrat Koblenz, 1803 Berufung nach Hannover, 1787 Bau des Theaters Koblenz, 1790-1795 Hofkammerrat und kurtrierischer Baudirektor Koblenz, bis 1802 Bautätigkeit Koblenz, während frz. Besatzung Arbeit als Departmentair, freier Unternehmer im Straßenbau, 1803-1806 Kammer- und Klosterrat Braunschweig, 1814-1837 Leiter des Bauwesens Herzogtum Braunschweig, 1790 Heirat mit Marthe Nell aus Koblenz (gest. 1792), 1798 2. Ehe mit Caroline Linz, Tochter des Geheimrats und Kammerdirektors Linz, 1800 1. Tochter.
Lit.: *NDB* 12, S. 658f; Reinhard Dorn, *Peter Joseph Krahe,* 3 Bde, 1969-1999; Cecilie Hollberg (Hrsg.), *Peter Joseph Krahe. Ein Architekt um 1800.* Ausstellungskatalog Städtisches Museum Braunschweig, Braunschweig 2015; Ulrich Knufinke, Simon Paulus (Hrsg.), *Peter Joseph Krahe. Wegweiser zum Klassizismus in Braunschweig und Umgebung,* Braunschweig 2008.
Erw.: Brief Nr. 111.

Kretschmann, Theodor von (1762-1820), stud. jur. Erlangen, 1782 Regierungssekretär Saalfeld, 1791 Dr. iur., Eintritt in den preuß. Staatsdienst in Bayreuth, 1801-1808 dirigierender Minister Hzgtum Sachsen-Coburg-Saalfeld, 1808 Rückzug auf Gut Obertheres am Main, 1816 Versuch, die Einverleibung des Fürstentums Wittgenstein in die preuß. Provinz Westfalen zu verhindern, Dez. 1816 Verhaftung durch Oberpräsident Ludwig von Vincke, 1817 Stadtarrest Düsseldorf, 1819 Freilassung.
Werke: Hrsg. *Staatswissenschaftliche Zeitung, Journal für Menschenrecht, Volksrecht und Volksglück, den Fürsten Deutschlands geweiht,* 1789/90; *Die Organisation der Coburg-Saalfeldischen Lande*, Bd. 1, Leipzig 1803; *Bericht des Herzogs von Sachsen-Coburg-Saalfeld an den Kaiserlichen Reichshofrath über die Dienstentlassung des ehemaligen Vicepräsidenten (Carl) von Wangenheim*, Coburg 1805; *Isis* Nr. IX, 153, S. 623: „Der Minister von Kretschmann an das Publikum über seine zweimalige Verhaftnehmung in Wittgenstein"; *Isis* Nr. IX, 154, S. 629: „Der Minister von Kretschmann an das Publikum über seine zweimalige Verhaftnehmung in Wittgenstein".
Lit.: *ADB* 17, S. 132-140; *NDB* 13, S. 12 f; K. A. v. Wangenheim, *Beiträge z. Gesch. d. Organisation der Coburg-Saalfeld. Lande durch d. Min. v. Kretschmann*, 2 Bde., 1805.
Erw.: Briefe an Görres: 17.3.1818.

Kretzschmar, Philipp Jakob (1785-1845), Arzt und Anatom, Medizinalrat und Prof. am Senkenbergschen Stift Frankfurt am Main, 1828 Mgl. Deutsche Akademie der Naturforscher Leopoldina.
Erw.: Brief Nr. 176; Briefe an Görres: 2.5.1819.

Krezzer, Jacob (Jacques), Bruder von Lambert Joseph Kr. in Koblenz, 1804 Händler (Pferdeverleih), 1823 erw. als Bürger Koblenz.

Lit.: *Handbuch für die Bewohner der Stadt Koblenz, die öffentlichen Plätze, Gebäude etc. 1823,* S. 27, 30; *Almanach d'adresses de la ville de Coblence pour l'an XII (1804),* Koblenz 1804, S. 6, S. 130.
Erw.: Briefe an Görres: 6.7.1817.

Krezzer (Kretzer), Lambert Joseph (1770-1865), Advokat, einer der führenden radikalen Republikaner Koblenz, Mai 1799 Mgl. Munizipalität Koblenz, Juli - Okt. 1799 Präsident der patriotischen Munizipalverwaltung, Bürgermeister Koblenz, Advokatenbüro mit Lassaulx in Koblenz, 1804 Rechtsanwalt (avoué) Koblenz, 1808 Mitbegründer Koblenzer Casino, 1814 Mgl. Gouvernementsrat unter Gruner, 1815 Hauptmann Bürgermiliz Koblenz, nach 1815 Senatspräsident Appellationshof Köln, 1817 erw. als Obergerichtsschreiber, 1817/1818 Reklamationsverhandlungen Paris, 1814-1819 Mgl. Revisionshof Koblenz, 1819 Mgl. Revisions- und Kassationshof für die Rheinlande in Berlin.
Lit.: Wegeler, *Koblenz in seiner Mundart*, 1906, S. 69ff; Vanden Heuvel, *Görres*, S. 76ff; *Jenaische Lit. zeitung* Jg. 14, Bd. 1 (Jan. 1817); Hansen, *Quellen*, Bd. 4, S. 1078, 1118f, 1162, 1220f; *Almanach d'adresses de la ville de Coblence pour l'an XII (1804),* S. 64; Just, *Lassaulx*, S. 53ff; M. Bär, *Aus der Geschichte der Stadt Koblenz 1814-1819*, Koblenz 1922, S. 96); *GS/Briefe* 2.
Krezzer an Görres: 20.2.1817, 6.7.1817, 26.2.1817, 24.8.1817, 30.11.1817, 9.5.1818.
Erw.: Briefe Nr. 1, 5, 15, 93, 124, 150; Briefe an Görres: 6.2.1814, 18.3.1816, 4.7.1817, 14.6.1817.

Kutusow-Smolenski, Michael Laurionowitsch Golenitschew (1745-1813), Generalfeldmarschall der russ. Armee, seit 1812 Fürst von Smolensk, 1813 Oberbefehlshaber der preuß.- russ. Truppen, März 1813 Proklamation von Kalisch.
Lit.: *Meyers Konversations-Lexikon*, 4. Aufl. Bd. 10, Leipzig/Wien 1885-1892, S. 363; Hugo Weczerka (Hrsg.), *Handbuch der historischen Stätten, Bd. Schlesien*, Stuttgart 1977, S. 536f.
Erw.: Briefe an Görres: 4.5.1818, 12.9.1818.

Lachmann, Karl Konrad Friedrich Wilhelm (1793-1851), stud. Leipzig, Göttingen, 1816 Priv. doz Gym. Berlin, 1818 ao. Prof. Königsberg, 1825 ao., 1827 ord. Prof. lat. und deutsche Philologie Univ. Berlin.
Werke: Germanistik: *Über die ursprüngliche Gestalt des Gedichts der Nibelunge Noth,* Berlin 1816; *Über althochdeutsche Betonung und Verskunst,* 1831; *Über das Hildebrandslied,* 1833; *Über Singen und Sagen,* 1833; *Über den Eingang des Parzival,* 1835; Editionen: *Auswahl aus den hochdeutschen Dichtern des 13. Jahrhunderts,* Berlin 1820; *Der Nibelunge Noth und die Klage,* Berlin 1826; *Walther von der Vogelweide*, Berlin 1827; *Hartmann von Aue,* Berlin 1827; *Wolfram von Eschenbach*, 1833; Hartmann von Aue, *Gregorius*, Berlin 1838; *Zwanzig alte Lieder von den Nibelungen,* Berlin 1840; *Ulrich von Lichtenstein,* Berlin 1841; Lat. Philologie: *Observationes criticae*, 1815; *De choricis systematis tragicorum graecorum*, 1819; *Betrachtungen über Homers Ilias,* 1837, 1841, 1843; Editionen: Properz (1816), Tibull, Catull (1829), Lukrez (1850), Terenz u.a., *NT*, *Genesis*, Übersetzungen: Shakespeare, *Sonette* (1820), *Macbeth* (1829); Hrsg.: Gotthold Ephraim Lessing, *Sämmtliche Schriften. Neue rechtmäßige Ausgabe,* 13 Bde., Leipzig 1838-40.
Lit.: *ADB* 17, S. 471-481; *NDB* 13, S. 371-374; Martin Hertz, *Karl Lachmann. Eine Biografie*, Berlin 1851.
Erw.: Briefe an Görres: 6.12.1816.

Lakanal, Joseph (1762-1845), frz. Politiker, Prof. Rhetorik, Philosophie bei den Doktrinariern (Pères de la Doctrine Chrétienne), Abgeordneter Nationalkonvent, Mgl. Comité de l'Instruction publique, Mgl. Rat der Fünfhundert, 1799 Regierungskommissar Mainz, 1804ff Prof. alte Sprachen École centrale, 1809 Inspektor für Gewichte und Maße, Auswanderung nach Amerika, Präsident Universität New Orleans, Farmer in Alabama, 1830 Rückkehr nach Frankreich, Mgl. Académie des sciences morales et politiques.
Lit.: *Biographisch-Bibliogaph. Kirchenlexikon* 4 (1992), Sp. 1000-1002; Toussaint Nigoul, *Lakanal,* Paris 1879 (Nachdr. Nîmes 2003); Marcel Boussioux, *Joseph Lakanal (1762-1845). Un combat pour la République et pour l'école,* Toulouse 2003; *GS/Briefe* 2.
Erw.: Briefe an Görres: 30.1.1815.

Lang, Joseph Gregor (1755-1834), 1779 Priesterweihe Köln, Pfarrer kurfürstliche Militärkirche Koblenz, Lehrer Garnisonsschule, Lehrerseminar Fulda, Würzburg, Mainz, 1784 Gründung

Lehrerseminar Koblenz, 1787 erw. Lehrer deutsche Sprache, Schönschreiben, Landwirtschaft Normalschule Koblenz, 1794ff Hauslehrer, 1804-1834 Pfarrer Neuendorf, 1818 Schulinspektor; umfangreiche Sammlung von Büchern, Handschriften, Gemälden.
Werke: *Reise auf dem Rhein*, 2 Bde., 1789/1790.
Lit.: Theophil Gassen, *Katalog der Städtisch-Lang'schen Gemälde-Sammlung zu Coblenz*, Koblenz 1874; Mario Kramp (Hrsg.), *Eine Gemäldegalerie für Koblenz – 170 Jahre Mittelrhein-Museum, 250. Geburtstag des Stifters Joseph Gregor Lang* (Ausstellungskatalog), Koblenz 2005; Schütz, *Koblenzer Köpfe*, S. 315f; *Des Hohen Erz-Stifts und Churfürstenthums Trier Hof-, Staats- und Stands-Kalender auf das Jahr 1787*, S. 32
Görres an Lang: Brief Nr. 68.
Erw.: Briefe an Görres: 12.1.1817.

Lange, Friedrich Heinrich Wilhelm (1779-1854), stud. Altphilologie Halle, Jena, 1808 gräfl. Hauslehrer Gut Quilitz bei Neuhardenberg, 1809 Lehrer Friedrich-Wilhelms-Gym. Berlin, später Friedrichwerdersches Gym. Berlin, 1810 mit Friedrich Ludwig Jahn und Zeune Gründungsmgl. „Deutscher Bund", Teilnehmer Befreiungskriege, Organisation Lützowsches Freikorps, 1815 Mgl. „Berlinische Gesellschaft für deutsche Sprache und Alterthumskunde", 1816 Regierungsrat, Schulrat Provinzialkonsistorium Koblenz, seit 1819 Zensor philos. und theol. Werke, 1833-1850 Provinzialschulrat Berlin.
Werke: *Die Geschichten des Herodotus*, 2 Teile, Berlin 1811, 1812; *Geschichten aus dem Herodot. Ein Lesebuch,* 2. Auflage, Berlin 1850.
Lit.: Friedrich August Eckstein, *Nomenclator philologorum*, Leipzig 1871, S. 316; Jörg-Jochen Müller (Hrsg.), *Germanistik und Deutsche Nation 1806-1848: Zur Konstitution bürgerlichen Bewusstseins,* 2000, S. 64; Uta Motschmann (Hrsg.), *Handbuch der Berliner Vereine und Gesellschaften 1786-1815*, Berlin/München/Boston 2015.
Erw.: Briefe Nr. 60, 166; Briefe an Görres: 19.1.1816, 28.1.1816.

Langer, Johann Peter (1756-1824), ab 1808 von Langer, stud. Kunstakademie Düsseldorf, 1784 Prof. Akademie, 1789 Direktor, 1801 zusätzlich Direktor Gemäldegalerie Düsseldorf, 1806 Direktor Akademie der Bildenden Künste München.
Werke: Religiöse Motive, Zeichnungen, Porträts im Stil des akadem. Klassizismus.
Lit.: *ADB* 17, S. 678f; *NDB* 13, S. 591-593.
Erw.: Briefe an Görres: 6.3.1815, 31.5.1815 (als L.), 16.10.1815.

Langsdorff, Karl Christian von (1757-1834), stud. Jur., Mathematik Göttingen, Gießen, 1781 Dr. phil. Erfurt, Priv.doz. Mathem. Gießen, 1781-84 Landrichter Mülheim/Ruhr, 1784 Salineninspektor Gerabronn, 1798-1804 Prof. Mathematik, Maschinenkunde Erlangen, 1804-1806 Prof. Wilna, 1806 Bad. Geh. Hofrat, 1806-1827 Prof. Mathem. Heidelberg, 1808 Dekan, 1809 Prorektor.
Werke: Arbeiten zu Mathematik, zum Salinenwesen, Handbücher zur Hydraulik, Maschinenlehre, Optik, Mechanik, theol. Arbeiten.
Lit.: *ADB* 17; *NDB* 13, S. 611f; W. Volk, *K. Ch. v. Langsdorff, sein Leben u. s. Werke*, 1934.
Erw.: Briefe an Görres: 4.9.1818.

Lassaulx, Adam von (1753-1813), kurtrier. Reg.rat Koblenz, Appellationsgerichtsrat Trier, Vater von Katharina Görres.
Lit.: *NDB* 13, S. 643 (Artikel Franz v. Lasaulx); Rheinland-Pfälz. Personendatenbank.
Erw.: Briefe Nr. 29, 142.

Lassaulx, Benedicte von (ca. 1786-1839), geb. Korbach, Frau von Franz v. Lassaulx, nach dessen Tod verheiratete de Reusse, Paris. Kinder: Virginie (gest. 1828), Clementine (Heirat 1832, gest. 1835), Anna (Nannchen; vor 1839 verheir. mit Eugen de Fourcy, Prof. Polytechn. Schule Paris), Franz (1840 New Orleans, 1842 Texas).
Lit.: L. Just, *Franz von Lassaulx. Ein Stück rheinischer Lebens- und Bildungsgeschichte im Zeitalter der großen Revolution und Napoleons*, Bonn 1926; *GS/Briefe* 1, S. 675; *GS/Briefe* 2.
Benedicte an Görres: 20.5.1819.
Erw.: Briefe Nr. 149, 177; Briefe an Görres: 9.5.1818, 11.12.1818.

Lassaulx, Franz Georg Joseph von (1781-1818), Bruder von Katharina v. Lassaulx, Sohn von Adam von Lassaulx, 1797 Mitgründer republikan. Club Koblenz, 1798 Übersetzer am Koblenzer Kriminalgericht, 1799-1807 Mitarbeiter, dann Leiter der Lassaulxschen Druckerei s. Vaters, 1801-1803 Herausgeber *Koblenzer Zeitung*, Advokat Koblenz (bis 1802 Praxis gemein-

sam mit Kretzer), 1806 Prof. Zivilrecht École de droit Koblenz, 1807 Übergabe der Druckerei und des Buchhandels an seinen Schwager L. Pauli, 1808 Gründungsmitglied Casinogesellschaft Koblenz, 1810 Dekan Rechtsschule Koblenz, 1813 Generalinspektor der Kaiserlichen Universität für Rechtswissenschaften, Ende 1813 Flucht nach Paris, seit 1814 Prof. Rechtsschule Nancy, Dekan jurist. Fakultät.
Werke: Jurist. Werke, u.a. *Civil Gesetzbuch der französischen Republik,* Coblenz (Lassaulx) 1805; *Ueber das neue Civil-Recht der Franzosen, rücksichtlich auf dessen Abweichungen von dem gemeinen Recht und der vorigen französischen Gesetzgebung*, Koblenz 1806; *Kodex Napoleon*, übersetzt von F. Lassaulx, Koblenz (Pauli u. Comp.) 1807; Hrsg., *Journal für Gesetzeskunde und Rechtsgelehrsamkeit*, Koblenz (Lassaulx), 1. 1804/06 - 2. 1805/06, 1807.
Lit: Just, *Franz von Lassaulx. Ein Stück rheinischer Lebens- und Bildungsgeschichte im Zeitalter der großen Revolution und Napoleons*, Bonn 1926; ders., *Der junge Franz von Lassaulx: Zwei Kapitel rheinischer Lebens- und Bildungsgeschichte im Zeitalter der großen Revolution; mit einem Abriß der späten Entwicklung,* Diss. Köln 1924; Mallmann, *Französische Juristenausbildung im Rheinland,* S. 69ff, v.a. S. 135-141; Karl Zimmermann, Die Gründung der Lassaulx'schen Druckerei in Koblenz, in: *Koblenzer Heimatblatt* 3, Koblenz 1926; *NDB* 13, S. 643; Stadtarchiv Koblenz, Bestand 623 Nr.1232, Nr. 61; *GS/Briefe* 2.
Lassaulx an Görres: 31.5.1814.
Erw.: Briefe Nr. 5, 13, 15, 133, 142, 148, 149, 154, 177; Briefe an Görres: 15.11.1814, 26.6.1815, 4.6.1816, 22.12.1816, 4.7.1817, 24.8.1817, 9.5.1818, 11.12.1818.

Lassaulx, Marie Christine (1761-1814), Tochter d. kurtrier. Hofkammerrats Franz Georg Volmar in Trier, Mutter von Katharina Görres.
Lit.: *GS/Briefe* 2, S. 625f.
Erw.: Briefe an Görres: 9.3.1814, 31.5.1814.

Lassaulx, Virginie (gest. 1828), Tochter von Franz und Benedicte v. Lassaulx, verheir. mit Prof Karl Gustav Jung Basel, Mutter von 3 Kindern.
Lit.: Just, *Lassaulx*, S. 211.
Erw.: Briefe an Görres: 24.8.1817, 11.12.1818.

Laßberg, Joseph Maria Christoph Freiherr von (1770-1855), stud. Jur. Straßburg, Freiburg/ Breisgau, Beamter Forst- und Kameralverwaltung Fürstentum Fürstenberg, 1792 Fürstl. Oberforstmeister, 1807 Landesoberforstmeister, 1813 Direktor Forst- und Jagdwesen Fürstenberg, 1815 Mitgründer Adelsverein „Die Kette“, Mgl. Wollzeilergesellschaft Wien, seit 1817 auf Schloss Eppishausen im Thurgau, seit 1838 auf Schloss Meersburg.
Werke: *Liedersaal* (1820–1825), *Littower* (1826), *Sigenot* (1830), *Eggenlied* (1832), *Der Nibelunge Lied,* Leipzig 1840. Sammlung mittelalterlicher Handschriften (u.a. Handschrift C des Nibelungenliedes aus Hohenems).
Lit.: *ADB* 17, S. 780-784; *NDB* 13, S. 670-672; Karl Siegfried Bader (Hrsg.), *Joseph Laßberg, Mittler und Sammler,* Stuttgart 1955; Heinz Bothien (Hrsg.), *Joseph von Laßberg, des letzten Ritters Bibliothek*, Frauenfeld 2001.
Erw.: Brief Nr. 78; Briefe an Görres: 24.12.1818.

Lawrence, Thomas (1769-1830), engl. Maler, 1787 stud. Royal Academy of Arts London, 1792 Hofmaler, 1794 Mgl. Royal Academy of Arts, 1820-1830 Akademie-Präsident.
Werke: v.a. Porträts, u.a. Porträts der Kongressteilnehmer Aachen 1818.
Lit.: Cassandra Albisson, Peter Funnel, *Thomas Lawrence, Regency Power and Brilliance*, London 2010; *Dictionary of National Biography,* Band 32 (1892), S. 278-285.
Erw.: Brief Nr. 152.

Lay, J., in Netterhöfe. Ein Lay ohne Vorn. erw. 1804 Maire von Burgen, 1820 Bürgermeister Antweiler, Kreis Adenau.
Lit.: *Almanach d'adresses de la ville de Coblence pour l'an XII (1804),* S. 36; *Geschäftskalender für den Reg.bez. Koblenz auf das Jahr 1820,* S. 32.
Lay an Görres: 31.8.1817.

Lebens, Johann Friedrich (gest. zw. 1844 und 1850), 1804 Rechtsanwalt (avoué) Koblenz, Febr./ März 1814 erw. als Prof. Rechtsfakultät Koblenz, Mai 1814 Rat Revisionshof Koblenz, Mgl. „Untersuchungs-Kommission über die wider die Bürgermeister, Steuer-Empfänger und Forstbeamten eingehenden Beschwerden“, 1819 Regierungsrat und Justitiar, anwesend bei der Beschlagnahmung der Schriften von Görres als Mitglied der Kgl. Regierung in Koblenz, 1823,

1824 Regierungsrat Koblenz, Justiziar, 1826, 1831 erw. als Ober- und Geheimer Regierungsrat, Dirigent der Abtheilung für die Verwaltung der direkten Steuern, Domänen und Forsten, Justitiarius, 1831 Ritter des rothen Adler-Ordens III. Klasse, 1836 Ehrenmgl, 1840, 1844 „pensionierter Regierungsrat, 1850 Erw. der Witwe.

Lit.: *Almanach d'adresses de la ville de Coblence pour l'an XII (1804),* Koblenz 1804, S. 48, 64; *Handbuch für die Bewohner der Stadt Koblenz 1824*, S. 49; *Kalender und Adreß-Handbuch für den Regierungsbezirk Coblenz* 1823, S. 27; *Kalender und Adreß-Handbuch für den Regierungsbezirk Coblenz auf das Schaltjahr 1824,* S. 27; 1825, S. 27; *Adreßbuch für den Regierungsbezirk Coblenz auf das Jahr 1826* S. 5; *Adreßbuch* 1831 S. 5, *Geschäfts- und Adreßkalender* 1836, S. 43, *Adreß-Handbuch der Stadt Coblenz* 1840, S. 3; *Neues Adreßbuch der Stadt Coblenz* 1844, S. 42; 1850, S. 56; *Rheinischer Merkur* Nr. 73 vom 17.6.1814.

Erw.: Briefe Nr. 1, 3, 5, 7, 115; Briefe an Görres: 26.2.1817.

Lecoq: Le Coq, Paul Ludwig (1773-1824), 1793 preuß. Staatsrat, 1794 Kriegsrat, 1807 wirklicher Geheimer Rat, 1809 Staatsrat im Kabinetts-Ministerium, 1812-21 Polizeipräsident, ab 1816 Regierungspräsident Berlin, 1821 Neuenburg, 1822 im Ministerium der auswärtigen Angelegenheiten.

Lit.: Rolf Straubel, *Biographisches Handbuch der preußischen Verwaltungs- und Justizbeamten 1740-1806/15,* München 2009, S. 558; *Neuer Nekrolog der Deutschen,* 1824, 2. Jahrgang Heft 2, S. 1126 ff.

Erw.: Briefe an Görres: 23.1.1816, 28.1.1816.

Lehne, Johann Friedrich Franz (1771-1836), 1789/90 stud. Univ. Mainz, 1798 Lehrer Lyzeum Mainz, 1799 Prof. der Schönen Wissenschaften Univ. Mayence, 1792 Mainzer Jakobinerclub, 1793 Sekretär Mainzer Republik, Mgl. „Wachhabender Ausschuss", nach dem Ende der Mainzer Republik Flucht nach Paris, Corporal frz. Nationalgarde, 1795 Straßburg, Tätigkeit Bergbau Pfalz, 1797 Bildungsreise Italien, 1798 Rückkehr nach Mainz, 1798-1801 Hrsg. republikanische Zeitung *Beobachter vom Donnersberg*, 1814-1829 Oberbibliothekar Stadtbibl. Mainz, 1813 Ehrendoktor Sorbonne, Leiter Altertumsmuseum Mainz, regionalgeschichtliche Forschungen, Sammlung von Altertümern, 1816 Redaktion *Neue Mainzer Zeitung.*

Werke: Texte zu revolutionären Liedern, Gedichte: *Lied freier Landsleute*, 1793; *Gesang beim Bombardement der Stadt, 1793; Versuche republicanischer Gedichte*, Straßburg 1795; *Republikanische Gedichte,* 1799 (mit Nikolaus Müller); Lobgedichte auf Napoleon; *Die Stadt Mainz im Mittelalter*, Mainz 1824; *Romantische Seereise nach Neapel*, Mainz 1825.

Lit.: Jörg Schweigard, *Friedrich Lehne. Revolutionspoet, Frühdemokrat, Journalist,* Obernburg/Main 2018; Wolfgang Balzer, *Mainz: Persönlichkeiten der Stadtgeschichte*, Band 2, Ingelheim 1989; Franz Pelgen, Lieber guter Lehne, in: *Mainzer Zeitschrift* Jg. 96/97, 98 (2001-2003), 100, 101 (2005/2006).

Erw.: Brief Nr. 17; Briefe an Görres: 30.6.1814.

Leonhard, Karl Cäsar von (1779-1862), 1797 stud. Kameralistik Marburg, Göttingen, 1801 Assessor Landsteuerdirektion Hanau, 1809 Kammerrat, Referent für die Bergwerke, 1810 Leiter Domänenverwaltung Großherzogtum Frankfurt, 1813 Generalinspektor und Geheimer Rat, 1815 München, Anstellung bayer. Akademie der Wiss., 1818 Prof. Mineralogie Univ. Heidelberg, großherzogl. Geheimrat.

Werke: *Handbuch der allgemeinen topographischen Mineralogie*, 1805; *Systematisch-tabellarische Uebersicht und Charakteristik der Mineralkörper,* 1806*; Allgemeines Repertorium der Mineralogie*, 1811-1821; *Propädeutik der Mineralogie,* 1817; Hrsg. *Taschenbuch für die gesammte Mineralogie,* 1807-1829, ab 1830 *Jahrbuch für Mineralogie, Geognosie und Petrefactenkunde*; *Naturgeschichte der Vulkane*, Heidelberg 1818; *Geologie oder Naturgeschichte der Erde*, 5 Bde., 1833-1844; *Taschenbuch für Freunde der Geologie*, 3 Bde., 1845-1847; *Aus unserer Zeit in meinem Leben*, 2 Bde., 1854-1856.

Lit.: *ADB* 18, S. 308-311; Wilhelm von Gümbel, *Karl Cäsar von Leonhard*, in: Friedrich v. Weech (Hrsg.), *Badische Biographien*, Zweiter Theil, Heidelberg 1875, S. 17-21.

Erw.: Briefe an Görres: 25.6.1816, 4.9.1818.

Le Roy, Charles (1726-1779), französischer Arzt, Professor Medizin Univ. Montpellier.

Werke: Med. und chem. Werke; *Mémoire où l'on rend compte de quelques tentatives que l'on a faites pour guérir plusieurs maladies par l'électricité*, Paris 1755; Beiträge zu Diderot, *Encyclopédie*, Bde. I, II, III, VI und VII.

Lit.: Louis Dulieu, Un Parisien, professeur à l'Université de Médecine de Montpellier: Charles le Roy, in: *Revue d'histoire des sciences et de leurs applications*, tome 6, Nr. 1, 1953, S. 50-59; Pierre Larousse, *Grand Dictionnaire universel du XIXe siècle*, vol. 10, S. 399.
Erw.: Briefe an Görres: Herbst 1816

Leske, Carl Wilhelm (1784-1837), 1801 Geschäftsführer Buchhandlung G.F. Heyer Gießen, 1806 Teilhaber Darmstädter Zweiggeschäft (seit 1811 Heyer & Leske), 1821 Trennung: Firma J. W. Heyer Sohn, C. W. Leske Verlag Darmstadt, Hofbuchhandlung, seit 1823 mit Druckerei, Stiefsohn von Friedrich Creuzer (Sohn von Nathaniel Gottfried Leske und Eleonora Sophia Müller (1758-1831), seit 1799 verheir. Creuzer).
Verlagswerke: u.a. F. Creuzer, *Symbolik und Mythologie der alten Völker*, Leipzig und Darmstadt, Heyer und Leske (ab. Bd. III: C. W. Leske) 1819-23; *Allgemeine Kirchenzeitung*; *Allgemeine Schulzeitung; Allgemeine Militärzeitung*; Expedition *Darmstädter Zeitung*. Lit.: *NDB* 14, S. 328.
Erw.: Briefe an Görres: 23.8.1819.

Lessing, Gotthold Ephraim (1729-1781) Dichter der Aufklärung.
Erw.: Briefe an Görres: 13.2.1814.

Leuzinger, Fridolin (1786-1856), aus Mollis/Kanton Glarus, 1807 Eintritt Pestalozzi-Istitut Yverdun, 1811 Vevey, 1813 stud. Mathem., Physik Heidelberg, Lehrer Knabenanstalt von Friedrich Heinrich Christian Schwarz, 1815 Lehrer Mathematik Yverdon, seit April 1817 Oberlehrer Mathematik, Physik Gymnasium Koblenz, Königl. Professor.
Werk: *Darstellung einiger wichtiger Lehrsätze aus dem Gebiete der gesammten Analysis,* Koblenz (Heriot) 1827 (Programm zur Herbstprüfung in dem Kgl. Gym. zu Coblenz 1827).
Lit.: *Amtsblatt der Preuß Regierung zu Koblenz 1817*, S. 123 (11.4.1817); Horlacher/ Tröhler (Hrsg.), *Sämtliche Briefe an J. H. Pestalozzi* Bd. 5, S. 108 (Leuzinger an Pestalozzi: Koblenz, 30.9.1817), S. 110; Johannes H. Pestalozzi, *Sämtliche Briefe* Bd. 10, S. 10, 90, 92.
Erw.: Briefe an Görres: 10.9.1819.

Leval, Jean-François (1762-1834), frz. General der Infanterie, 1793 Sambre- und Maas-Armee, 1794 Brigadegeneral, Kommandeur Linker Flügels Rheinarmee, kommandierender Offizier der frz. Garnison in Koblenz, Dez. 1799 Kommandant Neu-Breisach, 1809 Baron de l'Empire.
Lit.: David Chandler, *The campaigns of Napoleon*, London 1993; Kevin F. Kiley, *Once there were titans. Napoleon's generals and their battles 1800-1815*, London 2007; Fink-Lang, *Görres*, S. 56; M. Braubach, Die Unruhen in Koblenz im Oktober 1799, in: *Rheinische Heimatblätter* 5 (1928), S. 122-126; Hansen, *Quellen,* Bd. 4, S. 203ff; *GS/Briefe* 2.
Erw.: Briefe an Görres: 30.1.1815.

Lichte, NN, Pfarrer von Schöndorf bei Trier.
Lichte an Görres: 22.2.1816.

Lichtenberger, NN, 1815 in Münster am Stein bei Kreuznach, vielleicht stud. Heidelberg (Empf. durch Creuzer). In Münster am Stein lediglich bezeugt: Johann Ludwig Lichtenberger (1764-1821) 1783-1800 Pfarrer in Georg-Weierbach, 1800-1821 Salineninspektor Münster am Stein; Matrikel Heidelberg verzeichnen nur 1805 Christian Lichtenberger (Kameralwiss., vorher Göttingen) und 1807 Eduard L., beide aus Homberg in Hessen.
Lit.: Toepke (Hrsg.), *Die Matrikel der Univ. Heidelberg* Bd. 4, S. 387, Bd. 5, S. 9; A. Rosenkranz, *Das Evangelische Rheinland II*, Düsseldorf 1958, S. 303; http://www.heidermanns.net/gen-pers.php?ID=88023; gedbas.genealogy.net .
Erw.: Briefe an Görres: 25.11.1815.

Lindemann, Johann Friedrich (1792-1854), 1811 stud. Theol., Philos. Wittenberg, 1814 Rektor Gym. Torgau, 1817 stud. Leiden, 1819 Prof. Landesschule Meißen, 1823 Gym. Zittau, 1840 Leitung königl. Gewerbeschule und Bauwerkschule
Werke: Altphilolog. Werke, Ausgaben lat. Autoren, Übungsbücher, u.a. *Prisciani opera minora,* 1818; *Corpus Grammaticorum latinorum veterum,* 4 Bde, 1831-34.
Lit.: *ADB* 18, S. 674-678.
Erw.: Briefe an Görres: 17.9.1817.

Linz, Goswin (1774-1841), Notar, 1797 Cisrhenane Koblenz, Mgl. Magistrat Koblenz, 1799 Generalsekretär Munizipalverwaltung Koblenz, Dez. 1799/1800 Parisreise i.A. der Koblenzer Patrioten, 1804 öffentl. Notar Koblenz, 1808 Eintritt Casino Koblenz als „Notar", 1818 Regierungssekretär, 1819 Assessor.

Lit.: Kuhn, *Linksrheinische deutsche Jakobiner,* S. 143ff, 322, 279f; Just, *Lassaulx*, Anhang Nr. 22, S. 246-248; *Almanach d'adresses de la ville de Coblence pour l'an XII (1804),* S. 65; *Kalender für den Regierungsbezirk Koblenz auf das Jahr 1818*, S. 4; https://www.geni.com/people/Goswin-Caspar-Joseph-Linz/6000000102855290855; *100 Jahre Casino Coblenz*, S. 263 (www.casino-Coblenz.de).
Erw.: Briefe an Görres: 31.1.1819.

Lippe, Wilhelm Ernst Graf zur Lippe-Biesterfeld (1777-1840), Chef des Hauses Lippe-Biesterfeld, auf Gut Oberkassel bei Bonn.
Lit.: Monika Arlt u.a., *Das Lippesche Landhaus in Bonn-Oberkassel,* Stuttgart 1982; Friedrich Maximilian Oertel, *Genealogische Tafeln zur Staatengeschichte des neunzehnten Jahrhunderts,* S. 52.
Erw.: Briefe an Görres: 17.3.1818.

List, Daniel Friedrich (1789-1846), Wirtschaftstheoretiker, 1816 Oberrevisor Finanzministerium Stuttgart, 1817 Prof. Staatsverwaltungswissenschaften Univ. Tübingen, 1819 Mitgründer, Geschäftsführer Allgemeiner Deutscher Handels- und Gewerbeverein, 1819-1821 Abgeordn. Württemberg. Landtag, Verurteilung zu Festungshaft, 1822 Flucht Baden, Frankreich, Schweiz, 1825 Auswanderung Pennsylvania, 1840 Rückkehr, Augsburg.
Werke: 1818 Redaktion *Organ für den deutschen Handels- und Gewerbestand; Das nationale System der politischen Ökonomie*, Stuttgart und Tübingen 1841; Gesamtausgabe: *Friedrich List. Schriften, Reden, Briefe*, hrsg. von Erwin v. Beckerath u.a., 10 Bände, Berlin, 1927-1936.
Lit.: *ADB* 18, S. 761-774; *NDB* 14, S. 694-697; Carl Brinkmann, *Friedrich List*, in: *Handwörterbuch der Sozialwissenschaften*, Bd. 6, Stuttgart u. a. 1959, S. 633-635; Elfriede Rehbein, Günter Gerhard Fabiunke, H. Wehner, *Friedrich List. Leben und Werk*, Berlin 1989.
Erw.: Briefe an Görres: 20.8.1819.

Liversberg (Lyversberg), Jakob Johann Nepomuk (1761-1834), Kaufmann, Gutsbesitzer, Kunstsammler, 1805-1814 Munizipalrat Köln, 1814-1832 Stadtrat, 1815 Mgl. Delegation Paris, Mgl. Handelskammer, nach Säkularisation Erwerb von Kunstschätzen, u.a. „Lyversberger Altar“, umfangreiche Gemäldesammlung (Jan van Eyck, Lucas van Leyden, Lucas Cranach d. Ä., Leonardo da Vinci, Andrea Mantegna, Peter Paul Rubens, Anthonis van Dyck, Rembrandt van Rijn).
Lit.: W. Feldkirchen, *Der Handel Kölns im 18. Jahrhundert*, Diss. Bonn 1974; Ingrid Nicolini, *Die politische Führungsschicht in der Stadt Köln gegen Ende der reichsstädtischen Zeit*, Köln-Wien, 1979.
Erw.: Briefe Nr. 137, 143, 152; Briefe an Görres: 16.10.1815, 18.2.1819.

Loeben, Otto Heinrich Graf von (1786-1825), Pseudonym: Isidorus Orientalis, Dichter der Romantik, 1804 stud. Jur. Wittenberg, ab 1806 lit. Studien, 1807 stud. Heidelberg, „Eleusischer Bund“ mit Brüdern Eichendorff, Budde und Strauß, 1809 Berlin, 1813 Dresden.
Werke: Romane, Erzählungen, Novellen, Gedichte, literaturkritische Schriften; u.a. *Guido* (Roman), Mannheim 1808; *Arkadien. Ein Schäfer- und Ritterroman*, 2 Teile, Berlin 1811/1812; *Julius und Blanka*, Novelle, in: *Morgenblatt für gebildete Stände* Nr. 139, 140, Tübingen 1808; *Blätter aus dem Reisebüchlein eines andächtigen Pilgers*, Mannheim 1808 (Gedichte); *Rosengarten*, 2 Bde., Altenburg /Leipzig 1817.
Lit.: Harald Preiß, *Otto Heinrich Graf von Loeben. Adliger und freier Schriftsteller in der romantischen Bewegung*, Frankfurt am Main 1995; *ADB* 19, S. 40-45; *NDB* 15, S. 23-25; *GS/Briefe* 2.
Erw.: Briefe an Görres: 5.7.1814; Anhang: Briefe von und an Katharina Görres Nr. 2, 3, 4.

Löning, Karl (1791-1819), 1814 Apotheker Idstein, Mgl. Deutsche Gesellschaft Idstein, Kontakte zu Wilhelm Snell und Gießener Schwarzen, 1819 Attentat auf nassauischen Regierungspräsidenten Carl von Ibell, Verhaftung, Tod im Gefängnis.
Lit.: Adolf Genth, Carl Löning's meuchelmörderischer Anfall auf den Regierungspräsidenten Ibell aus Wiesbaden (1. Juli 1819), in: *Nassauische Annalen* 13 (1874), S. 1-18; Wolf-Heino Struck, Das Streben nach bürgerlicher Freiheit und nationaler Einheit in der Sicht des Herzogtums Nassau, in: *Nassauische Annalen* 77. Band, 1966. S. 142-216; Wilfried Schüler, *Das Herzogtum Nassau 1806-1866. Deutsche Geschichte im Kleinformat,* Wiesbaden 2006, S. 96-101.
Erw.: Brief Nr. 163.

Lossau, Johann Friedrich Constantin von (1767-1848), aus märk. Adelsfamilie von Lossow, seit 1781 preuß. Militär, 1812 Russlandfeldzug, 1814 Generalmajor, 1815-1818 Brigadechef beim preußischen Armeekorps in Frankreich, 1819 Kommandeur 15. Division, 1820 Kommandant Graudenz, 1824 Generalleutnant, 1825 Kommandant Danzig, 1833 Abschied.
Werke: Militärtheoretische, militärhistorische Betrachtungen: *Der Krieg. Für wahre Krieger,* Leipzig 1815; *Ideale der Kriegführung in einer Analyse der größten Feldherren,* Berlin 1836; *Charakteristik der Kriege Napoleons,* Karlsruhe und Freiburg 1843.
Lit.: *ADB* 19, S. 216; Kurt von Priesdorff, *Soldatisches Führertum,* Bd. 4, Hamburg 1937.
Erw.: Brief Nr. 162.

Luden, Heinrich (1778-1847), 1799 stud. Theol., Geschichte Göttingen, Hauslehrer Berlin, 1805 Promotion Jena, Mitgründer Urburschenschaft Jena, 1806-1847 Prof. Geschichte Jena, 1822, 1829 Rektor, 1820-1832 Deputierter Landstände Sachsen-Weimar-Eisenach.
Werke: *Einige Worte über das Studium der vaterländischen Geschichte.* Vier Vorlesungen, Jena 1810, Gotha 1828; *Handbuch der Staatsweisheit oder der Politik. Ein wissenschaftlicher Versuch,* Jena 1811; *Allgemeine Geschichte der Völker und Staaten des Althertums,* Jena 1814; *Tagesgeschichte. Zu den teutschen Blättern,* Altenburg 1815; *Verurtheilung und Rechtfertigung in der Kotzebueschen Bülletin-Sache. Mit einer Einleitungsvorrede von C. G. Gensler,* Heidelberg 1818; *Neigebauers Darstellung der provisorischen Verwaltung am Rhein vom Jahre 1813 bis 1819. Mit einer Vorrede,* Köln 1821; *Allgemeine Geschichte der Völker und Staaten des Mittelalters,* 3 Bde., Jena, 1821-1822; *Geschichte des Teutschen Volkes,* 12 Bde., 1825-1837; Hrsg. *Nemesis. Zeitschrift für Politik und Geschichte,* Weimar 1814-1818; *Allgemeines Staatsverfassung-Archiv. Zeitschrift für die Theorie und Praxis gesetzmäßiger Regierungsformen,* Weimar 1816.
Lit.: *ADB* 19, S. 370-375; *NDB* 15, S. 283-285.
Erw.: Briefe an Görres: 5.10.1817.

Ludwig, A., Gastwirt in Arenberg.
Görres an Ludwig: Brief Nr. 106.

Ludwig, Kronprinz (1786-1868), 1825-1848 König Ludwig I. von Bayern.
Erw.: Briefe an Görres: 16.10.1815, 25.6.1816.

Ludwig XVIII. (1755-1824), 1814-1824 König von Frankreich.
Erw.: Brief Nr. 124; Briefe an Görres: 3.12.1814, 26.9.1815, 15.10.1815, 24.8.1817, 30.11.1817.

Lüttwitz, Hans Ernst Freiherr von (1776-1837), 1794 Kammerreferendar Breslau, 1797 Kreisdirektor Wassertrüdingen/Fürstentum Ansbach, 1806 Rückkehr Breslau, Oberkriegskommissar, 1812 Zivilcommissar Blücher'sche Armee, 1816 Regierungspräsident Reichenbach/Schlesien, 1818 Rückzug auf Gut Gorkau am Zobtenberge, seit 1826 Abgeordn. Provinziallandtag, Schwager von Minister Schuckmann.
Lit.: *ADB* 52, S. 135-137; *Neuer Nekrolog der Deutschen*, Jahrgang XIV, 2, S. 732-782.
Erw.: Briefe an Görres: 20.12.1815, 28.1.1816.

Maehler (Mähler), Abundius (1777-1853), Mitschüler von Görres Gym. Koblenz, stud. Gießen, 1798 Gerichtsschreiber Virneburg, Sekretär Munizipalverwaltungen Cochem und Mayen, 1800 Sekretär Mairie Mayen, 1803 Präfektur Koblenz, 1805-1814 Notar Mayen, Oktober 1814 Amtsverweser Kreisdirektion Koblenz, Kreispolizeiinspektor beim Generalgouvernementskommissar Koblenz, Regierungssekretär, März 1818-1847 Oberbürgermeister und Polizeidirektor Koblenz.
Werk: *Zeitgenossen, Biographien und Charakteristiken,* Leipzig 1820.
Lit.: Max Bär, *Aus der Geschichte der Stadt Koblenz. 1814-1914,* Koblenz 1922; Schütz, *Koblenzer Köpfe.*
Erw.: Briefe Nr. 9, 62, 169, 177; Briefe an Görres: 12.1.1816.

Malchus, Karl August Freiherr von (1770-1840), 1787-89 stud. Staats- und Kameralwissenschaften, Göttingen, 1790 Privatsekretär des Grafen Clemens August v. Westphalen zu Fürstenberg (1754–1818, Minister des Kurfürsten von Trier in Koblenz), 1799 Domsekretär, Hofgerichtsassessor Hildesheim, 1802 Mgl. preuß. Spezial-Organisationskommission, 1803 wirklicher Kriegs- und Domänenrat Halberstadt, 1808 westfäl. Staatsrat, 1808-1809 Generaldirektor der Steuern, Generalliquidator der Staatsschuld, 1811 Finanzminister, seit Oktober 1813 auch Innenminister, 1817-1818 Finanzminister Württemberg.

Lit.: *ADB 20,* S. 132-137; *NDB* 15, S. 724-726; Hans-Peter Ullmann, Karl August Freiherr von Malchus. Ein Finanzreformer zwischen Ancien Régime und moderner Welt, in: Helmut Neuhaus, Barbara Stollberg-Rilinger (Hrsg.), *Menschen und Strukturen in der Geschichte Alteuropas,* Berlin 2002, S. 421-434.
Erw.: Briefe an Görres: 18.11.1817.

Malinckrodt, Arnold (1768-1825), stud. Halle, Jena, Vorsitzender Erbsassenstand Dortmund, Direktor städt. Waisenhaus, 1795 Mgl. Stadtrat, bis 1812 Präfekturrat Ruhrdepartement, Teilhaber Verlagsbuchhandlung Gebrüder Mallinckrodt, Hrsg. *Westfäl. Anzeiger*, 1818 Verurteilung zu zweimonatiger Festungshaft, Prozess um Pressefreiheit, Dez. 1818 Verkauf der Zeitung, Versuch der Hrsg. *Neuer Rheinischer Merkur* in Jena, Rückzug ins Privatleben.
Werke: u.a. *Was thun bey Deutschlands, bey Europas Wiedergeburt*, 2 Bde., Dortmund 1812-1814; *Preßfreyheit, Preußens Grundton,* Dortmund 1817; *Ein merkwürdiger Prozeß, in zwey Prozeßakten,* Dortmund 1818; *Ein Angriff der Preußischen Staatszeitung und eine Vertheidigung in Aktenstücken. Ein Beytrag zur Geschichte der Zeit, insbesondere zur Verwaltung in derselben*, Jena 1819; Hrsg. *Magazin von und für Dortmund*, 1796, 1797 als *Magazin für Westfalen,* 1798-1818 als *Westfälischer Anzeiger*, ab 1817 als *Rheinisch-Westfälischer Anzeiger.*
Lit.: *ADB* 20, S.141-143; *NDB* 15, S. 732f; Gustav Luntowski, Arnold Mallinckrodt (1768-1825), ein Vertreter des frühen Liberalismus in Westfalen, in: *Beitr. zur Gesch. Dortmunds und der Grafschaft Mark* 73, 1981; ders., Arnold Mallinckrodt, in: *Westfälische Lebensbilder* Bd. 15, 1990, S. 91-107.
Erw.: Briefe an Görres: 2.2.1818, 17.3.1818.

Marheineke, Philipp Konrad (1780-1846), stud. prot. Theol. Göttingen, 1803 Dr. phil. Erlangen, 1804 theol. Repetent Univ. Göttingen, 1805 Universitätsprediger, ao. Prof. Univ. Erlangen, 1807 ao., 1809 ord. Prof. Univ. Heidelberg, 1811 Prof. Univ. Berlin, 1820 Prediger Dreifaltigkeitskirche, Konsistorialrat, 1838 einer der in Görres' Schrift angesprochenen „Triarier".
Werke: u.a. *Universalhistorie des Christentums,* 1806; *Geschichte der christlichen Moral*, 1806; *Christliche Symbolik ... historisch-kritische und dogmatisch-komparative Darstellung des katholischen, lutherischen, reformierten und socianischen Lehrbegriffs*, 3 Bde., 1810, 1813; *Institutiones Symbolicae,* 1812; *System des Katholizismus in seiner symbolischen Entwickelung*, 3 Bde., Heidelberg 1810-1813; *Aphorismen zur Erneuerung des kirchlichen Lebens im prot. Deutschland*, 1814; *Geschichte der teutschen Reformation,* 2 Bde., Berlin 1817; *Grundlehren der christl. Dogmatik*, Berlin 1819.
Lit.: *ADB* 20, S. 338-340; *NDB* 16, S. 172-174; J. Görres, *Die Triarier H. Leo, Dr. P. Marheinecke, Dr. K. Bruno*, Regensburg 1838.
Erw.: Briefe an Görres: 18.5.1817.

Marschall v. Bieberstein, Ernst Franz Ludwig Freiherr (1770-1834), 1792 Hofgerichts- und Regierungsassessor Nassau-Usingen, 1793 Regierungsrat, 1803 Regierungspräsident, 1806 Staatsminister Herzogtum Nassau, seit 1809 alleiniger Staatsminister.
Lit.: *NDB* 16, S. 254-256; Barbara C. Anderson, *Ernst Marschall von Bieberstein and the foundation of modern Nassau (1770–1814)*, 1990; Albert Henche, *Der nassauische Staatsminister Ernst von Marschall zu Bieberstein: ein politisches Lebensbild,* Frankfurt am Main 1940; *Vortrag des dirigirenden Staatsministers den Landes-Existenz-Etat für das Jahr 1817 betreffend* (*Verordnungsblatt des Herzogtums Nassau vom 8. März 1817. Extrabeilage*); *Neuer Rheinischer Merkur* 125 (7.8.1817): „Einige Bemerkungen zu dem neuesten Compte rendu des Herzogl. Nassauischen dirigirenden Herrn Staats-Ministers Freiherrn von Marschall" (anon.).
Erw.: Briefe an Görres: 24.3.1817, 27.3.1817, 2.4.1817, 26.5.1817.

Martin, Christoph (1772-1857), 1787-1789 stud. Jur. Göttingen, 1796 Dr. jur., 1802 ao., 1805 ord. Prof. der Rechte Univ. Göttingen, 1805 Prof. Univ. Heidelberg, 1807 Prorektor Univ. Heidelberg, 1815 Gerichtl. Untersuchung wegen Unterschriftensammlung für Eingabe beim Großherzog zur Einberufung der Landstände, Abschied, 1816 geh. Justizrat Oberappellationsgericht Jena, 1816-1818 Hrsg. *Neuer Rheinischer Merkur* (Offenbach).
Lit.: *ADB* 20, S. 485-489; Manfred Maiwald, Der Heidelberger Kriminalist Martin, in: Doerr (Hrsg.), *Semper apertus,* Bd. 1, S. 197-221.
Erw.: Briefe an Görres: ca. Anfang Jan. 1816, 10.1.1816, 25.6.1816, 5.10.1817.

Martini, Nikolaus (1782-1851), eigentlich Mertes, Priesterseminar Trier, 1807 Priesterweihe, Rektor Domschule Trier, 1812-1844 Lehrer Gym. (Religion, Deutsch, Latein).
Lit.: Hanns-Georg Salm, *Die Lehrer von Karl Marx: insbesondere: Nikolaus Mertes, latinisiert Martini*, 2017.
Erw.: Briefe an Görres: 15.11.1815.

Massenbach, Christian Karl August Ludwig Freiherr von (1758-1827), 1778 Offizier württemberg. Garde, 1786 preuß. Generalquartiermeisterstab, Lehrer Militär-Ingeneurakademie Potsdam, 1791 Major, Flügeladjutant des Preuß. Königs, 1806 Rückzug auf Gut Bialokosch/ Hzgtum Warschau, 1816-1817 Mgl. Ständeversammlung Königreich Württemberg, 1817 Ausweisung wegen politischer Aktivitäten für eine nationale Verfassung, Verhaftung, Festungshaft Küstrin, 1819 Verurteilung zu 14 Jahren Festungshaft wegen Landesverrat, 1826 Begnadigung.
Werke: *Historische Denkwürdigkeiten zur Geschichte des Verfalls des preußischen Staates seit 1794 nebst meinem Tagebuch über den Feldzug von 1806. In zwei Theilen. Mit vier Situationskarten und Plänen*, Amsterdam 1809; *Memoiren über meine Verhältnisse zum preußischen Staat und insbesondere zum Herzog von Braunschweig*, 2 Bde., Amsterdam 1809; *An alle teutsche Männer*, 1817; Hrsg. *Militärische Monatsschrift*, 1785.
Lit.: *ADB* 20, S. 565-567; *NDB* 16, S. 358f; Frank Raberg, *Biographisches Handbuch der württembergischen Landtagsabgeordneten 1815-1933*, Stuttgart 2001, S. 544.
Erw.: Briefe an Görres: 23.6.1817.

Mathieu, Clemens-Wenzeslaus, Advokat, 1801 Associé Advokatenbureau von Franz v. Lassaulx und L. Krezzer, 1804 „surnuméraire du Receveur de l'enregistrement et du domaine national, Conservateur des Hypothèques pour l'arrondissment communal de Coblence", 1814 Domänenempfänger und Hypothekenbewahrer, 1817 Paris, 1820, 1823, Rat Appellationshof Köln, 1822 Notar Koblenz, 1825 Justizrat, Notar, 1828 Notar (Erw. jeweils ohne Vorn.)
Lit.: Just, *Lassaulx*, S. 118f; *Almanach d'Adresses* 1804, S. 20; *Amtsblatt der preuß. Regierung zu Koblenz* 1822; *Handbuch für die Bewohner der Stadt Koblenz 1828*, S. 67; *Kalender und Adreß-Handbuch für den Regierungsbezirk Coblenz 1820, 1823, 1825.*
Mathieu an Görres: 4.7.1817, 30.7.1817.
Erw.: Briefe Nr. 5, 74; Briefe an Görres: 26.2.1817, 6.7.1817, 30.11.1817, 20.5.1819.

Mathiowitz (Matthiowitz), Joseph (gest. vor 1815), 1804 Prof. Franz. Sprache Sekundärschule Koblenz. Seine Witwe 1815 Handarbeitslehrerin Pestalozzi-Schule Koblenz.
Lit.: *Almanach d'adresses de la ville de Coblence pour l'an XII (1804),* Koblenz 1804, S. 91; Worbs, *Geschichte des Königlichen Gymnasiums zu Coblenz*, S. 21f.
Erw.: Brief Nr. 49.

Maurer, Heinrich, vor 1786 Lehrer Physik Gymnasium Koblenz, 1786 bis mind. 1815 Lehrer Physik Gymnasium Trier.
Lit.: *Auserlesene Litteratur des kath. Deutschlands* Bd. 7, Coburg 1786, S. 603.
Erw.: Briefe an Görres: 15.11.1815.

Max Joseph, (1756-1825) seit 1806 König von Bayern.
Erw.: Briefe Nr. 15, 28; Briefe an Görres: 31.5.1815.

Maybaum, Franz Xaver Alois (1775-1835), bis 1817? Prof. Gym. Boppard, Pfarrer Ediger/ Mosel, 1825-1835 Pfarrer Adenau, Bruder von: Karl Joseph Hubert Maybaum (1773-1833; stud. Theol., Philosophie Köln, Düsseldorf, 1793 Dr. phil., Prof Gym. Münstereifel, 1796 Priesterweihe, 1804 Pfarrer Barweiler, 1812 Gymnasialdirektor Boppard, 1814 Pfarrer Adenau, 1825 Domkapitular und Geistlicher Rat Köln, Synodal-Examinator).
Lit.: Martin Persch, *Die katholische Pfarrei Adenau im Jahre 1822* (https://www.kreis-ahrweiler.de/kvar/VT/hjb1992/hjb1992.15.htm).
Erw.: Briefe an Görres: 18.11.1817.

Mazza, Johann Joseph (1752-1828), Sohn von Josef Antonius Mazza und Helene Therese, geborene Fachbach, Bruder der Mutter von J. Görres, Kaufmann, 1813 Maire, 1815-1818 Oberbürgermeister Koblenz.
Lit.: Max Bär, *Aus der Geschichte der Stadt Koblenz. 1814-1914*, Koblenz 1922; Schütz, *Koblenzer Köpfe.*
Erw.: Briefe Nr. 5, 28, 158.

Meinert, Joseph Georg (1773-1844), stud. Philosophie, Jur. Prag, Jena, 1799 Lehrer Gym. Prag, 1806-1811 Prof. Ästhetik und Geschichte Karls-Universität Prag, Volksliedersammler

Werke: *Hymne an den Frieden*, 1798; *Rede über das Interesse der Aesthetik, Paedagogik, Geschichte der Gelehrheit und Philosophie*, 1807; *Der Fylgie. Alte teutsche Volkslieder in der Mundart des Kuhländchens,* Bd. 1, Wien und Hamburg, 1817; Hrsg. Wochenschrift *Der böhmische Wandersmann*, Zeitschrift *Libussa.*
Lit.: *ADB* 21, S. 226f; *Österr. Biograph. Lexikon* 1815-1950, Bd. 6, Wien 1975, S. 195f.
Erw.: Briefe an Görres: 7.11.1817.

Mendelssohn, Joseph (1770-1848), Sohn von Moses Mendelssohn, 1795 Bank- und Wechselgeschäft Berlin, 1799 mit Moses Friedländer „Mendelssohn & Friedländer", 1804 mit Bruder Abraham „J. & A. Mendelssohn", 1805-1810 weitere Firma „Gebr. Mendelssohn & Co." Hamburg, 1815 führende Rolle bei der Übermittlung der franz. Kriegsentschädigung an Preußen, 1815-17 eigenes Abwicklungsbüro Paris, 1818 Kauf Palais Horchheim, Koblenz (1830 Garten- und Teehaus durch Architekt Joh Claudius v. Lassaulx), seit 1827 „Mendelssohn & Co.".
Lit.: *NDB* 17, S. 49f; W. Treue, Das Bankhaus Mendelssohn als Beispiel e. Privatbank im 19. u. 20. Jh., in: *Mendelssohn - Stud.*, Bd. 1, 1972, S. 29-80; Hans-Günter Klein, Joseph Mendelssohn, in: *Die Mendelssohns in Berlin: eine Familie und ihre Stadt*, Wiesbaden 1983, S. 20-30; Thomas Lackmann, *Das Glück der Mendelssohns – Geschichte einer deutschen Familie*, Berlin 2005; Fritz Michel, *Die Kunstdenkmäler der Stadt Koblenz. Die profanen Denkmäler und die Vororte*, München/ Berlin 1954; *Kulturdenkmäler in Rheinland-Pfalz.* Bd. 3, 3, Worms 2013.
Erw.: Briefe an Görres: 4.7.1817, 6.7.1817, 30.7.1817, 30.11.1817, 9.5.1818, 17.9.1819.

Mendelssohn, Moses (1729-1786), Philosoph der Aufklärung.
Werke: *Briefe über die Empfindungen*, 1755; *Philosophische Schriften,* 2 Bde., 1761; *Gedanken von dem Wesen der Ode,* 1764; *Phädon oder über die Unsterblichkeit der Seele,* 1767; *Von der Lyrischen Poesie,* 1778; *Ueber die Frage: was heißt aufklären?,* 1784; *Kleine philosophische Schriften,* Berlin 1789; *Sämtliche Werke,* 12 Bde., 1819-1825; *Ästhetische Schriften,* hrsg. von Anne Pollok, Hamburg 2005.
Lit.: *NDB* 17, S. 46-49; Heinz Ludwig Arnold, Cord-Friedrich Berghahn (Hrsg.), *Moses Mendelssohn*, München 2011; Stephen Tree, *Moses Mendelssohn*, Reinbek bei Hamburg 2007.
Erw.: Briefe an Görres: 13.2.1814.

Mesnik, NN von, 1815 Kgl. Niederländ. Oberstleutnant.
Erw.: Briefe an Görres: 23.11.1815.

Metternich, Clemens Wenceslaus Lothar (1773-1859), Graf, 1813 Fürst, geb. Koblenz, 1809-1848 österr. Außenminister, 1821 Staatskanzler.
Erw.: Briefe Nr. 22, 162; Briefe an Görres: 9.1.1814, 11.5.1814, 9.12.1815.

Metternich, Matthias (1758-1825), stud. phil. Mainz, Dr. phil., 1784 stud. Göttingen, 1780 Lehrer Mathem. Normalschule Mainz, 1786 Dr. phil. Univ. Erfurt, ao. Prof. Mathematik und Physik kurfürstl. Univ. Mainz, 1792 führendes Mgl. Mainzer Jakobinerklub, Deputierter Rhein. Nationalkonvent, 1793 Vizepräs. Rheinischer Nationalkonvent, 1793 nach Rückeroberung von Mainz Verhaftung, 1795 Frankreich, 1796/97 Haft, 1797/98 Mitstreiter der Cisrhenanen, Prof. Zentralschule Mainz, 1799 Polizeichef, Vorsteher Denunziationsbüro Mainz, bis März 1800 Mgl. Départementsverwaltung Département du Mont-Tonnerre, Prof. Mathematik Zentralschule Mainz, nach 1809 ohne Stelle, 1814 Ernennung Lehrer Gym. Mainz, Bemühungen um Anstellung Univ. Bonn, 1818 Lehrer preuß. Brigadeschule für die Besatzung der Bundesfestungen Mainz.
Werke: 1792/93 Hrsg. *Der Bürgerfreund*; 1796 Mithrsg. *Rheinische Zeitung;* 1797 Hrsg. *Politische Unterhaltungen am linken Rheinufer;* Mithrsg. *Der Beobachter vom Donnersberg; Aufruf der cisrhenanischen Bewegung An die Bewohner des linken Rheinufers;* Mathem. Schriften: *Von dem Widerstande der Reibung*, 1789; *Gründliche Rechenkunst in Dezimalbrüchen und andern Zahlen: zum vorzüglichen Gebrauch bei den neuen Maßen und Gewichten,* 1808; *Die reine und angewandte Zahlenlehre für Lehrer und Lernende,* Koblenz 1813; *Vollständige Theorie der Parallellinien. Nebst einem Anhang, in welchem der erste Grundsatz, zur Technik der geraden Linien angegeben wird,* Mainz (Selbstverlag) 1815; *Anfangsgründe der Algebra. Aus dem Französischen, nach der 7. Auflage, übersetzt und mit erl. Anmerkungen und Zusätzen vermerkt von Matthias Metternich. Nebst einem Anhang,* 2. Auflage Mainz 1820; Übersetzung von Sylvestre François Lacroix, *Élements d'algèbre; Geometrische Abhandlungen über die Theilung des Dreyeckes, durch drey Linien nach bestimmten Richtungen,*

die sich in einem einzigen Punkte schneiden; und über verschiedene Verwandlungen der Vierecke. Rein-synthetisch, dann auch analytisch, und umgekehrt, entwickelt. Mit 2 Figuren-Tafeln, Mainz 1821; *Vollständige Theorie der Parallellinien, oder: geometrischer Beweis des elften Euklidischen Grundsatzes,* 2. umgearbeitete Auflage, Mainz 1822.
Lit: *ADB* 21, S. 527; Anne Cottebrune, *„Deutsche Freiheitsfreunde" versus „deutsche Jakobiner". Zur Entmythisierung des Forschungsgebietes „Deutscher Jakobinismus",* Bonn 2002; Franz Dumont, *Mayence. Das französische Mainz (1792/98-1814),* in: Franz Dumont, Ferdinand Scherf, Friedrich Schütz (Hrsg.), *Mainz – Die Geschichte der Stadt,* 2. Auflage Mainz 1999, S. 319-374; Mario Keller, *Rund um den Freiheitsbaum – Die Bewegung von unten und ihr Sprecher Mathias Metternich in der Zeit der Mainzer Republik (1789-1799),* Frankfurt 1988; Susanne Lachenicht, *Information und Propaganda. Die Presse deutscher Jakobiner im Elsass (1791-1800),* München 2004; Jörg Schweigard, *Die Liebe zur Freiheit ruft uns an den Rhein. Aufklärung, Reform und Revolution in Mainz*, Gernsbach 2005; Kuhn, *Linksrheinische deutsche Jakobiner,* S. 318; *GS/Briefe* 2, Nr. 40f.
Görres an Metternich: Brief Nr. 79.
Metternich an Görres: 18.5.1814, 30.6.1814, 29.10.1817, 29.3.1818
Erw.: Briefe Nr. 12, 147; Briefe an Görres: 30.6.1814, 12.9.1816.

Metten, Cornelius (1776-1838), 1807 Maire Barweiler, 1809 bis 1812 Kantonsvorsteher im Kanton Ulmen (Mairie Ulmen und Mairie Kelberg), 1809 „Spezial-Kommissar", 1814-1838 Bürgermeister Kelberg, Verfasser einer Chronik der Amtsbürgermeisterei Kelberg, 1819.
Lit.: Erich Mertes, Bürgermeister Cornelius Metten, in: *Heimatjahrbuch Vulkaneifel:* https://www.heimatjahrbuch-vulkaneifel.de/VT/hjb2003/hjb2003.117.htm; *Trierer Zeitschrift* 1980/81, S. 410ff.
Metten an Görres: 18.9.1817.

Meusebach, Karl Hartwig Gregor Freiherr von (1781-1847), stud. Göttingen, Leipzig, 1803 preuß. Staatsdienst: Kanzleiassessor Dillenburg, 1809 Procurateur Tribunal Dillenburg, 1815 Präsident rhein. Revisionshof Koblenz, 1819 Oberrevisionsrat rhein. Revisionshof Berlin, 1843 Frühpensionierung, Sammler Lit. des 17. Jh., Kirchenlieder, Luther-Drucke.
Werke: (Pseudonyme: Alban; Markus Hüpfinsholz) *Kornblumen*, Marburg 1804; *Geist aus meinen Schriften. Durch mich selbst herausgezogen, und an das Licht gestellt,* Frankfurt a. M. 1809; *Fischartstudien*, hrsg. v. C. Wendeler, 1879.
Lit.: *ADB* 21, S. 539-541; *NDB* 17, S. 271f; Camillus Wendeler, *Zur Geschichte des Ankaufs der Meusebachschen Bibliothek*, Leipzig 1884; ders. (Hrsg.), *Briefwechsel des Freiherrn Karl Hartwig Gregor von Meusebach mit Jacob und Wilhelm Grimm*, Heilbronn 1880, Ndr. Wiesbaden 1974.
Görres an Meusebach: Briefe Nr. 18, 23, 101; Meusebach an Görres 19.8.1814, 13.6.1819.
Erw.: Brief Nr. 135; Briefe an Görres: 21.11.1815, 10.5.1819.

Michelet, Michel Jacques, stud. Jur. Frankreich (Diss. vor 1760), 1776 als kgl. Conseiller Elsaß (Officier du Conseil Souverain d'Alsace), 1804 Präsident Zivilgericht Koblenz, 1808 erw. als Präsident Bezirksgericht Koblenz (Président du Tribunal de première Instance à Coblenz).
Lit.: *Almanach d'adresses de la ville de Coblence pour l'an XII (1804),* Koblenz 1804, S.58; Pierre M. Conlon, *Le siècle des Lumières. Bibliographie chronologique* Tome XII : Index des auteurs L-Z, 1716-1760, Genf 1993; *Déclaration du roi, qui confirme les officiers du Conseil Souverain d'Alsace ... du 29 mars 1776,* Colmar 1776 ; LHA Koblenz, Best. 256, Nr. 354; 1808 erw. In : Hans Kleinpass, *Die Namenswahl der Juden in der Mairie Niederbreisig anno 1808* (www.kreis-ahrweiler.de).
Erw.: Brief Nr. 3.

Mills, Charles (1788-1826), engl. Historiker, Sept. 1814 bis Ende April 1815 Reise durch den Kontinent: Paris, Nizza, Mailand, Genf, Stuttgart, Frankfurt, Brüssel (Skottowe, A Memory, S. 50-58).
Werke: *An History of Muhammedanism: Comprising the Life and Character of the Arabian Prophet, and Succinct Accounts of the Empires Founded by the Muhammedan Arms: An Inquiry into the Theology, Morality, Laws, Literature, and Usages of the Muselmans, and a View of the Present State and Extent of the Muhammedan Religion*, London 1817; *The History of the Crusades, for the Recovery and Repossession of the Holy Land*, 2 Bde, London 1820; *The History of Chivalry, or, Knighthood and its Times*, 2 Bde., London 1825.

Lit.: Augustine Skottowe, *A Memoir of the Life and Writings of Charles Mills*, London 1828; Gordon Goodwin, Myfanwy Lloyd, *Mills, Charles (1788-1826)*, in: *Oxford Dictionary of National Biography*, 2004.
Mills an Görres: 1.4.1815.

Milz, Johann Heinrich (1763-1833), stud. Theol. Priesterseminar Trier, 1786 Priesterweihe, Gymnasiallehrer Koblenz, stud. Philosophie, Rechtswissenschaft Mainz, Göttingen, 1792 Kanoniker St. Kastor Koblenz, 1804 Mgl. Bischöflicher Geistl. Rat Koblenz, 1813 Präsident Conseil ecclésiastique Département Rhin-et-Moselle, Pfarrer Koblenz, 1816 Königlicher Konsistorialrat Koblenz, 1817 Mgl. Hilfsverein Koblenz, 1825 Weihbischof Trier.
Lit.: *ADB* 21, S. 764f; Wolfgang Seibrich, *Die Weihbischöfe des Bistums Trier*, Trier 1998; Heinz Monz (Hrsg.), *Trierer Biographisches Lexikon*, Trier, 2000, S. 298-299; Schütz, *Koblenzer Köpfe*, S. 390f.
Erw.: Brief Nr. 106; Briefe an Görres 23.5.1819.

Mohr, Jakob Christian Benjamin (1778- 1854), 1793 Buchhändlerlehre bei Varrentrapp und Wenner Frankfurt/Main, Gehilfe bei Dieterich Göttingen, Hoffmann Hamburg, 1804 Kauf Buchhandlung Frankfurt, 1805 Errichtung Akademische Buchhandlung Heidelberg (Leitung J.G. Zimmer: Firma „Mohr u. Zimmer"), Verlag der Heidelberger Romantik, 1811 Aufgabe der Frankfurter Buchhandlung, 1815 nach Ausscheiden von Zimmer „Akademische Buchhandlung Mohr und Winter" (bis 1822), 1817 Mitgründer „Wahlausschuß der Teutschen Buchhändler", 1825 Mitgründer Börsenverein in Leipzig, 1838-40 Vorstand Börsenverein.
Lit.: *ADB* 22, S. 69-71; *NDB* 17, S. 709; O. Reichel, *Der Verlag v. M. u. Zimmer in Heidelberg u. d. Heidelberger Romantik*, Diss. 1913; W. Siebeck, *Der Heidelberger Verlag v. J. C. B. Mohr*, 1926.
Görres an Mohr und Winter: Brief Nr. 77.
Erw.: Briefe Nr. 8, 76, 78, 121; Briefe an Görres 9.1.1814, 19.7.1814, 10.1.1816, 19.1.1817, 18.5.1817.

Mone, Franz Josef (1796-1871), 1814-1816 stud. Philologie, Geschichte Heidelberg, 1817 Habil., 1818 Sekretär Universitätsbibliothek, 1819 ao., 1822 ord. Prof. Geschichte, 1825 Direktor Universitätsbibliothek Heidelberg, 1827-1830 Prof. Statistik und Politik Univ. Löwen, 1830-1836 Leiter und Redakteur *Karlsruher Zeitung*, 1835 Geheimer Archivrat, Direktor Badisches Generallandesarchiv Karlsruhe, 1840 Konservator Baudenkmäler Baden.
Werke: *De Emendanda Ratione Grammaticae Germanicae Libellus, accedunt excerpta aliqua e codicibus Palatinis*, Heidelberg 1816; *Geschichte und Beschreibung von Speyer*, Speyer 1817; *Einleitung in das Nibelungen-Lied zum Schul- und Selbstgebrauch*, Heidelberg 1818; *Geschichte des Heidenthumes im nördl. Europa*, 2 Bde, 1822f; *Ueber die Sage vom Tristan, vorzüglich ihre Bedeutung in der Geheimlehre der britischen Druiden*, Heidelberg 1822; *Symbolik und Mythologie der alten Völker von Dr. Friedrich Creuzer, fortgesetzt von Dr. Franz Joseph Mone, 5. Theil. Geschichte des nordischen Heidenthums*, Leipzig und Darmstadt 1822; *Quellen und Forschungen zur Geschichte der deutschen Literatur und Sprache*, 1830; *Reinardus vulpes. Reinhart Fuchs aus dem 9. und 12. Jahrhundert*, Stuttgart 1832; *Anzeiger für Kunde des deutschen Mittelalters*, 1835-39; *Untersuchungen zur Geschichte der teutschen Heldensage*, Quedlinburg 1836; Hrsg.: *Otnit*, Berlin 1821; *Anzeiger für Kunde der deutschen Vorzeit*, 1835ff; *Zeitschrift für die Geschichte des Oberrheins*, 21 Bde.; *Quellensammlung zur badischen Landesgeschichte*, 4 Bde., Karlsruhe 1845-67; *Lateinische Hymnen des Mittelalters*, Freiburg im Breisgau 1853.
Lit.: *ADB* 22, S. 165f; *NDB* 18, S. 32f; Willy Messmer, *Archivdirektor Franz Josef Mone und seine Zeit. Ein Stück badischer Geschichte*, Östringen 1989; Fridegar Mone, *Franz Josef Mone: Sein Leben, Wirken und seine Schriften*, Freiburg i. B. 1871.
Görres an Mone: Brief Nr. 151.
Erw.: Briefe Nr. 78, 152; Briefe an Görres: 9.3.1817, 24.12.1818.

Monschaw, Franz Rudolf von (1760-1841), 1780ff Militärdienst, 1794 kurpfälz. Major, 1813 Kommandeur städt. Miliz Köln, 1815 Beigeordneter Köln, 1819-1823 Oberbürgermeister Köln.
Lit.: Robert Steimel, *Kölner Köpfe*, 1958; *Neuer Nekrolog der Deutschen*, Jahrgang 19, 1841; Spiertz, *Groote*, S. 146f.
Erw.: Brief Nr. 162.

Montgelas, Maximilian Carl Joseph Freiherr von (1759-1838), ab 1809 Graf von Montgelas, 1799-1817 Minister unter Kurfürst, dann König Maximilian I. von Bayern.
Erw.: Brief Nr. 162; Briefe an Görres: 26.3.1817, 23.6.1817.

Moser, Georg Heinrich (1780-1860), stud. Theol., Philolog. Heidelberg, 1809/10 Leyden, Dr. phil., 1811 Professor, 1826 Rektor Gym. Ulm, 1830 Pädagogarch für den Donaukreis.
Werke: Hrsg. *Plotinus. Opera omnia* (gemeinsam mit Creuzer), Oxford 1835; Hrsg. *Creuzers Symbolik und Mythologie im Auszug*, Leipzig 1822; *Hrsg. De natura Deorum*, 1818 (mit Creuzer), Übers.: Cicero, *De re publica,* 1828.
Lit.: *ADB* 22, S. 371-372; *GS/Briefe* 2, S. 632.
Erw.: Briefe an Görres: 25.6.1816.

Mosler, Karl Josef Ignatz (1788-1862), Maler und Kunstgelehrter, Schüler von Görres in Koblenz, 1804-1806 stud. Kunstakademie Düsseldorf, dann Köln, 1813 stud. Akademie München, 1816-20 Rom, 1821 Heirat mit Marie Helene Therese Settegast, 1822 Prof. Kunstakademie Düsseldorf, Freund von Cornelius und den Brüdern Boisserée.
Werke: Der Nibelunge Noth. Heldengedicht des zwölften Jahrhunderts. Studien und ausgewählte Stücke zur Herstellung des ursprünglichen Werkes, Leipzig 1864 (posthum fortgesetzt und veröffentlicht von seinem Sohn Nikola Mosler); *Museum Ramboux. Nachbildungen zur Vergegenwärtigung der christlichen Malerei in Italien von der frühesten zu der kunstreichsten Epoche bei der Königlichen Kunst-Academie zu Düsseldorf*, Düsseldorf 1851; *Verfassungs-Grundsätze des Kunstvereins für die Rheinlande und Westfalen,* Düsseldorf 1841.
Lit.: *ADB* 22, S. 403; Sepp, *Görres und seine Zeitgenossen,* S. 241; E. Förster, *P. v. Cornelius,* Bd. I, S. 149-162; Kurt Karl Eberlein, Carl Mosler. Zur Geschichte der rheinischen Kunstwissenschaft, in: *Wallraf-Richartz Jahrbuch (1924-1934)* Bd. 5 (1928), S. 109-118; Mayer, Carl Ignaz Mosler, in: *Rhein. Heimatblätter* Nr. 6 (1925), S. 172-176.
Görres an Mosler: Briefe Nr. 14, 44, 52, 137, 143, 152, 165.
Mosler an Görres: 9.10.1814, 18.10.1814, 6.3.1815, 31.5.1815, 2.10.1815, 16.10.1815, 3.4.1818, 1.8.1818, 14.11.1818, 18.2.1819.
Erw.: Brief Nr. 63.

Mosler, NN, Bruder von Karl Mosler in Koblenz: ein V. Mosler, Handelsmann, Stadtrat, Verwaltungsrat Gym. Koblenz erw. 1823-1826.
Lit.: *Kalender und Adreß-Handbuch für den Regierungsbezirk Coblenz* 1823, 1824, 1826, 1831.
Erw.: Briefe an Görres: 14.11.1818.

Müffling, Karl, Freiherr von (1775-1851), 1787 Junker, 1797 bis 1802 trigonometr. Vermessung Westfalens für die Lecoqsche Karte, 1803 Premierleutnant bei der Gradmessung in Thüringen, 1805 Kapitän im Generalstab, 1813 Oberstleutnant im Generalstab Blüchers, 1814 Chef Generalstab der Armee am Rhein, 1815 preußischer Verbindungsoffizier im Hauptquartier der britischen Armee, Militärgouverneur Paris, 1820 Chef des Generalstabs der Preußischen Armee, 1829 Generalleutnant, diplomat. Mission Konstantinopel, 1832 General, 1837 Gouverneur Berlin, 1838-1844 Präsident preuß. Staatsrat, 1847 Generalfeldmarschall.
Werke: Schriften zur Kriegsgeschichte, 1806ff; Leitung eines Kartenwerks für das Königreich Preußen.
Lit.: *ADB* 22, S. 451-454; *NDB* 18, S. 266f.
Erw.: Briefe an Görres: 26.9.1815, 15.10.1815.

Mühl, Johann Christian (gest. 1838), Frankfurter Patrizier, 1786 Senator, 1790, 1792 Jüngerer Bürgermeister Frankfurt, 1828 Senator.
Lit.: https://de.wikipedia.org/wiki/Datei:Frankfurt-Bockenheim,_Haus_Kirchplatz_5,_Storchennest.jpg; Liste der Jüngeren Bürgermeister von Frankfurt am Main (https://de.wikipedia.org/wiki).
Mühl an Görres: 2.5.1819.

Mühlenfels, Ludwig v. (1793-1861), 1812 stud. Jur. Greifswald, 1813 Lützowscher Jäger, 1815 stud. Jur. Heidelberg, 1816 Dr. Jur., Mgl. Burschenschaft Heidelberg, Staatsprokurator Köln, Juli 1819 Verhaftung (Demagog. Umtriebe, Mitgliedschaft Gießener Schwarze), Untersuchungshaft Berlin, 1821 Flucht, Exil Schweden, 1828 Prof. deutsche und nordische Sprache und Literatur Univ. London, 1829 Gerichtsverhandlung Deutschland, Freispruch, 1830

Oberappellationsgericht Frankfurt/Oder, 1834 Oberlandesgerichtsassessor Oberlandesgericht Stettin, 1836 Oberlandesgericht Naumburg, 1846 Oberappellationsgericht Greifswald.
Lit.: Margret Käfer, Sachverhalt und Tatvorwurf im Fall v. Mühlenfels, in: Margret Käfer, *Widerspiegelungen des Strafrechts im Leben und Werk des Richters und Poeten E. T. A. Hoffmann*, 2010, S. 117-132; *Geschichte des Corps Pomerania zu Greifswald von 1810-1935. Im Auftrage des Altherrenverbandes zusammengestellt von Walter von Hirschfeld*, S. 30 f.
Erw.: Briefe an Görres: 5.10.1817, 31.12.1817; 16.7.1819.

Müller, Adam Heinrich v. (1779-1829), seit 1826/27 Ritter von Nitterdorf, stud. Jur., Geschichte Göttingen, Rechtsreferendar Berlin, Hauslehrer Posen, 1805 Konversion zum Kath., 1805-1809 Vorlesungen Dresden, hist.-pol. Vorlesungen Berlin, 1813-1815 österr. Armee, Landeskommissar und Regierungsrat Tirol, 1815-1826 österr. Generalkonsul für Norddeutschland in Leipzig, 1827 Hofrat Wien.
Werke: *Die Lehre vom Gegensatz*, 1805; *Vorlesungen über die deutsche Wissenschaft und Lit.*, Dresden 1806/7; *Von der Idee der Schönheit*, 1809; *Von der Idee des Staates*, 1809; *Die Elemente der Staatskunst*, 1809; Mithrsg. Zeitschrift *Phöbus*, 1811; *Zwölf Reden über die Beredsamkeit und deren Verfall in Deutschland*, 1816; *Von der Nothwendigkeit einer theologischen Grundlage der gesammten Staatswissenschaften und der Staatswirthschaft insbesondere*, Leipzig 1819. Beiträge für Kleists *Berliner Abendblätter*; 1816-1818 Hrsg. *Deutsche Staatsanzeigen*.
Lit.: *ADB* 22, S. 501-511; *NDB* 18, S. 338-341; Joseph Anton von Pilat (Hrsg.), *Briefwechsel zwischen Friedrich Gentz und Adam Heinrich Müller 1800-1829*, Stuttgart 1857; Jakob Baxa (Hrsg.), *Adam Müllers Lebenszeugnisse*, 2 Bde., München-Paderborn-Wien 1966; Görres, „Über das Recht der Todten", in: *Eos* 1829, Nr. 28.
Görres an Müller: Briefe Nr. 141, 167; Müller an Görres: 17.5.1816, 16.7.1819.

Müller, Christoph Heinrich (Myller) (1740-1807), geb. Schweiz, 1767-1788 nach Ausweisung aus der Schweiz Lehrer Philosophie, Geschichte Joachimsthalisches Gym. Berlin, danach Schweiz.
Werke: Editionen mittelalterlicher Handschriften; *Samlung deutscher Gedichte aus dem XII., XIII. und XIV. Jahrhundert*, 3 Bde., Berlin 1784-1787.
Lit.: *ADB* 22, S. 521; *NDB* 18, S. 350f.
Erw.: Briefe an Görres 20.11.1817.

Müller, Johannes Friedrich, genannt Maler Müller (1749-1825), deutschrömischer Maler, Kupferstecher, Dichter, 1769 stud. Kunstakademie Mannheim, Kabinettsmaler, seit 1778 Rom. 1805 Fremdenführer des bayerischen Kronprinzen und späteren Königs Ludwig I., königlich bayerischer Hofmaler.
Werke: Gedichte, Idyllen; *Der hohe Ausspruch, oder Chares und Fatime* (Novelle); *Golo und Genovefa*; *Adonis*; *Faust* (Dramen); *Gesammelte Werke*, 1811.
Lit.: *ADB* 22, S. 530-535; *NDB* 18, S. 373-375; Goedeke/Goetze, *Grundriss zur Geschichte der deutschen Dichtung aus den Quellen*, Bd. 4. 1, S. 890-907; Rolf Paulus, Eckhard Faul, *Maler-Müller-Bibliographie*, Heidelberg 2000.
Erw.: Brief Nr. 137; Briefe an Görres: 16.10.1815, 3.4.1818.

Müller, Johann Gotthard (1747-1830), ab 1808 von Müller, Kupferstecher, 1776 Akademie Paris, 1776 Premier Graveur, Professor der Kupferstecherkunst, Lehrer Militärakademie Stuttgart.
Lit.: *ADB* 22, S. 610-616; A. Andresen, *Leben und Werke der beiden Kupferstecher Johann Gotthard von Müller und Johann Friedrich Wilhelm Müller,* in: Robert Naumann (Hrsg.): *Archiv für die zeichnenden Künste mit besonderer Beziehung auf Kupferstecher- und Holzschneidekunst und ihre Geschichte*, 11. Jg., 1. Heft, Leipzig 1865, S. 1-41; Berthold Pfeiffer, *Die Kupferstecher Johann Gotthard Müller und Friedrich Müller,* in: *Württembergische Vierteljahrshefte für Landesgeschichte,* Jahrgang 4, 1881, S. 161-179, 257-281; Christian Rümelin, *Johann Gotthard Müller und das Stuttgarter Kupferstecherei-Institut,* Stuttgart 2000.
Erw.: Briefe an Görres: 24.2.1817.

Müller, Josef (1774-1841), Advokat, Richter Justizrat Stadtsyndikus Aachen, Mgl. Casinogesellschaft Aachen
Lit.: Mitglieder aus dem Club Aachener Casino und ihre Genealogien: http://www.familienbuch-euregio.de/Casinogesellschaft-Aachen.html.
Erw.: Briefe an Görres: 15.10.1817 (Fs. 31.10.1817).

Müller, Karl Christian (1775-1847), Fürstenschule Meißen, 1793-97 stud. Theol. Wittenberg, 1802 Oberprediger Goltzen, 1802-1809 stud. Leipzig, 1806 Dr. Phil. Wittenberg, Mitglied „Tugendbund“, 1809 Berlin, Strategieentwürfe für Preußen, 1811 Durchführung von Geheimmissionen Prag, Wien, in Justus v. Gruners preuß. Agentennetz, 1811/12 Schutzhaft, Teilnahme an Feldzügen der Nordarmee, Lützower Freischar, Gouvernementskommissar Niederlausitz, Mitarbeiter Hardenbergs auf dem Wiener Kongreß, 1817 Hofrat Berlin, Anstellung im Statistischen Büro, Aufsicht über Bibliothek und öffentl. Blätter, Reise nach London, literar. Aktivität, Mitgründer der Deutschen Sprachgesellschaft.
Werke: Kommentare zum Kriegsgeschehen, patriotisch-propagandistische Schriften und Zeitungsbeiträge; *Allgemeines Verteutschwörterbuch der Kriegssprache*, 1814; Hymnen auf die Hauptakteure der Befreiungskriege; *Carmina neo-latina*, 2 Bde. (zur Reformationsfeier 1817); Redakteur *Preuß. Staatszeitung*; Beiträge *Rheinischer Merkur, Deutscher Beobachter*.
Lit.: *ADB* 22, S. 643-647; *NDB* 18 (1997), S. 434f; Varnhagen von Ense, *Karl Müllers Leben und kleine Schriften*, Berlin 1847; ders., *Denkwürdigkeiten des eigenen Lebens*, S. 564.
Erw.: Briefe an Görres: 5.12.1815; 10.4.1817; 29.3.1816.

Müller, Nikolaus (1770-1851), Mgl. Mainzer Klubisten, 1794 Flucht, Kunststudien Paris, 1798 Rückkehr nach Mainz, 1802 Lehrer Ästhetik und Zeichnen Lyceum Mainz, 1805 Konservator städt. Gemäldegallerie, 1841 Mitgründer Mainzer Altertumsverein
Werke: Theaterstücke, Gemälde; *Glauben, Wissen und Kunst der alten Hindus*, 1822; *Mithras*, 1831.
Lit.: *ADB* 22, S. 655; *NDB* 18, S. 460f; Wolfgang Balzer, *Mainz: Persönlichkeiten der Stadtgeschichte*, Band 2, Ingelheim 1989; Jörg Schweigard, *Aufklärung und Revolutionsbegeisterung an der Universität Mainz 1782-1792*, Mainz 2007.
Erw.: Briefe Nr. 12, 81, 83, 87; Briefe an Görres: 24.2.1817.

Münchhausen, 1817 Regierungsrat (Königl. Regierung. 2te Abtheilung) Koblenz.
Lit.: *Kalender und Adreß-Handbuch für den Regierungsbezirk Coblenz 1817*, S. 18.
Münchhausen an Görres: 1.4.1817.

Münster, Ernst Friedrich Herbert Graf zu (1766-1839), aus westfäl. Adel, stud. Jur. Göttingen, 1788 hannoverscher Staatsdienst, 1791 Hof- und Kanzleirat Hannover, 1793-1798 Italienreise, 1805 Staats- und Kabinettsminister des englischen Königs, 1814 Wiener Kongress, 1831 Entlassung, Rückzug auf Schloss in Derneburg.
Lit.: *ADB* 23, S. 157-185; *NDB* 18, S. 533-535; Carl Haase (Hrsg.), *Das Leben des Grafen Münster (1766-1839). Aufzeichnungen seiner Gemahlin Gräfin Wilhelmine, geb. Fürstin zu Schaumburg-Lippe*, Göttingen 1985; Susanne Schilling: *Ernst Graf von Münster (1766-1839). Ein hannoverscher Staatsmann im Spannungsfeld von Reform und Restauration*, Hannover 2018.
Erw.: Briefe an Görres: 28.1.1816.

Münter, Friedrich Christian Carl Heinrich (1761-1830), stud. prot. Theol. Kopenhagen, Göttingen, 1788 Prof. Theologie Kopenhagen, 1808 Bischof Roskilde, Primas der dänischen Kirche.
Werke: Kirchengeschichtl. und orientalist. Werke; *Odae Gnosticae Salomoni tributae, Thebaice et Latine, praefatione et adnotationibus philologicis illustratae*, 1812; *Religion der Karthager*, 1816; *Die Kirchengeschichte von Dänemark und Norwegen*, 3 Bde., 1823-33; *Sinnbilder und Kunstvorstellungen der alten Christen*, 1825; *Religion der Babylonier*, 1827.
Lit.: *ADB* 23, S. 35-37; Edith Rosenstrauch-Königsberg, *Freimaurer, Illuminat, Weltbürger – Friedrich Münters Reisen und Briefe in ihren europäischen Bezügen*, Essen 1984.
Erw.: Briefe an Görres: 24.5.1815, 19.1.1817.

Murat, Joachim (1767-1815), Schwager Napoleons, 1804 Maréchal d'Empire, Gouverneur von Paris, 1805 Großadmiral, französischer Prinz, 1806-1808 als Joachim I. Großherzog von Berg und Kleve, 1808-1815 als Gioacchino I. König von Neapel, Februar 1815 Besetzung des Kirchenstaats, Kampf gegen österr. Truppen, April/Mai Niederlagen bei Ferrara und Tolentino.
Lit.: *ADB* 14, S. 91-93; *NDB* 10, S. 433f; Rudolf Goecke, *Das Großherzogtum Berg unter Joachim Murat, Napoleon I. und Louis Napoleon 1806-1813*, Köln 1877; Joseph Alexander Freiherr von Helfert, *Joachim Murat. Seine letzten Kämpfe und sein Ende*, Wien 1878.
Erw.: Briefe an Görres: 31.5.1815.

Mylius, Karl Josef von (1778-1838), stud. Jur. Köln, Jena, Göttingen, 1804 Adjunkt Munizipalverwaltung Köln, Präfekturrat Département de la Roer Aachen, 1809-1811 Interimspräfekt

Département Ems Münster, 1812 Senatspräsident Appellationsgericht Düsseldorf, 1815 Oberbürgermeister Köln, 1819 Justizrat Rhein. Appellationsgerichtshof Köln, Mgl. Rhein.Provinziallandtag, 1826 Freiherr, 1831 Präsident des dritten Zivilsenats Appellationsgerichtshof , 1834 Senatspräsident am Appellationsgerichtshof.
Lit.: Karin Hachenberg, *Die Entwicklung der Polizei in Köln von 1794 bis 1871,* Köln, Weimar, Wien 1997.
Erw.: Briefe an Görres: 31.12.1817 (ohne Namensnennung).

Nalbach, Jakob (gest. 1820), Karmeliterpater, Vikar St. Kastor Koblenz, Bruder von Nikolaus Nalbach (1767-1847; 1794 Vikar St. Castor Koblenz, ab 1794-98 Kaplan Cochem, 1801 Rockskyll, Rüber, 1803 Pfarrverwalter Hambuch, 1804 pensionierter Geistlicher in Kaisersesch, danach Landkern, seit April 1815 Pfarrer Kaifenheim).
Lit.: *Almanach d'adresses de la ville de Coblence pour l'an XII (1804),* S. 104 (Nicolas); *Kalender und Adreß-Handbuch für den Regierungsbezirk Coblenz 1825* (S. 79), 1826 (S. 63), 1831 (S. 80), 1836 (S. 94); Alfons Friderichs (Hrsg.), *Nalbach, Nikolaus,* in: Persönlichkeiten des Kreises Cochem-Zell, Trier 2004, S. 258; Heinz Kugel, *Kaifenheim in der Vordereifel,* in: *Jahrbuch Kreis Cochem-Zell 2002,* S. 180-183; Werner Schumacher, *Chronik der Ortsgemeinde Kaifenheim,* Kaifenheim 2005, S. 518.
Erw.: Brief Nr. 49.

Napoleon Bonaparte (1769-1821), 1804-1814 Kaiser der Franzosen.
Erw.: Briefe Nr. 45, 46, 72, 84, 124, 148, 150, 155, 159; Appendix Nr. 1; Briefe an Görres: 18.5.1814, 15.11.1814, 3.12.1814, 5.4.1815, 10.5.1815, 31.5.1815, 23.6.1815, 26.6.1815, Sept. 1815, 15.10.1815, 5.1.1816, 25.4.1817, 24.8.1817, 18.11.1817, 30.11.1817.

Nebel, Johann Daniel (1785-1841), 1808 Dr. med. Heidelberg, prakt. Arzt, Medizinalrat Heidelberg.
Lit.: *Neuer Nekrolog der Deutschen,* 19. Jg., 1. Teil, Weimar 1843, S. 52f; Doerr, *Semper Apertus,* Bd. 1, S. 61f; Dagmar Drüll, *Heidelberger Gelehrtenlexikon,* Bd. 3, S. 189f; Georg Ludwig Menzer, *Stammesgeschichte der Familie Nebel,* Leimen 1937.
Erw.: Briefe an Görres: 9.1.1814.

Nebel, Johann Nikolaus (1752-1828), 1804 Jean Nicolas marchand de vin en gros, 1804-1808 Maire Koblenz, 1815 Hauptmann Bürgermiliz, 1817 Mgl. Koblenzer Hilfsverein, 1818 Präsident Servis-Kommission.
Lit.: *Almanach d'adresses de la ville de Coblence pour l'an XII (1804),* S. 119; Schütz, *Koblenzer Köpfe,* S. 409f.
Erw.: Briefe Nr. 5, 27, 106.

Nell, Christoph Philipp (1753-1825), Kaufmannssohn Trier, 1795 Mgl. Magistrat, frz. Munizipalverwaltung Trier, 1798/99 Richter Ziviltribunal Koblenz, nach 1800 Stadtrat, Mgl., Präsident Generalrat des Departements, 1804-1814 Mgl. „Corps législatif" (nationale gesetzgebende Versammlung in Paris), „kaiserl. Prokurator" zuständig für Domänen-, Finanz, Kontributions-Wesen, Schifffahrt, Brücken- und Straßenbau, Mgl. städtische Wohltätigkeitskommission, unter preuß. Herrschaft Kommerzienrat, Febr./März 1814 Prokurator beim Tribunal Koblenz, Mgl. Kommission Musikinstitut Koblenz, Mai 1814 Mgl. Revisionshof Koblenz, 1815 Hauptmann Bürgermiliz, 1817 Mgl. Koblenzer Hilfsverein.
Lit.: Gabriel B. Clemens, Chr. Ph. Nell. Vom rhein Holzhändler zum Notabeln des Grand Empire, in: Franz Irsigler, Gisela Minn (Hrsg.), *Porträt einer europäischen Kernregion. Der Rhein-Maas-Raum in histor. Lebensbildern,* Trier 2005; Günther Molz, Die Familie von Nell im Trierer Land, in: *Jahrbuch zur Information und Unterhaltung Kreis Trier-Saarburg* 1978; Hansen, *Quellen,* Bd. 3, S. 179, 452, 487, 707; Bd. 4, S. 456f, 551, 1173.; M. Bär, *Aus der Geschichte der Stadt Koblenz 1814-1819,* Koblenz 1922, S. 96.
Erw.: Briefe Nr. 1, 3, 5, 27, 106; Briefe an Görres: 31.5.1814.

Nellessen, Leonhard Aloys Joseph (1783-1859), 1809 Priesterweihe, Hauslehrer für angehende Priester, 1817 Pfarrer St. Nikolaus Aachen, strenger Vertreter des Ultramontanismus, Gegner des Hermesianismus, Gründer „Aachener Priesterkreis".
Werke: Predigten, Trauerreden, Streitschriften; *Die Göttlichkeit des katholischen Glaubens-Systems: bewiesen in sechs Predigten,* Düsseldorf 1816; *Die Bekenntnisse des hl. Augustins, mit eingestreuten Anwendungen auf unser Zeitalter, in fünf Fastenpredigten,* Aachen 1819 (2. Aufl.

1821); *Ein Beitrag zur Geschichte der Liberalität unserer Tage, oder meine abgenöthigte Vertheidigung*, Aachen 1819 (zu Anklage wegen Predigten zu Augustinus, mit Brief an Ingersleben dat. April 1819); *Richtige Ansicht des christlichen Ehevertrags und der gesetzgebenden Gewalt der Kirche über denselben aus Schrift und Kirchenrecht: als Widerlegung der Schrift des Oberlandgerichtsraths Zum Bach über die Ehen zwischen Katholiken und Protestanten*, Aachen, 1820.
Lit.: *ADB* 23, S. 423f; August Brecher, Oberpfarrer Nellessen und der Aachener Priesterkreis, in: *Zeitschrift des Aachener Geschichtsvereins*, Bd. 76, 1964, S. 45-205.
Erw.: Brief Nr. 162.

Nicolai, Christoph Friedrich (1733-1811), Verlagsbuchhändler, Gründer Berliner Mittwochsgesellschaft, Vertreter der Berliner Aufklärung.
Werke: Satir. Romane, Reisebeschreibungen; Hrsg. *Allgemeine deutsche Bibliothek* (nach 1793 *Neue allgemeine deutsche Bibliothek*); Mithrsg. *Bibliothek der schönen Wissenschaften und freien Künste*, 12 Bde., 1759ff; *Briefe über den itzigen Zustand der schönen Wissenschaften in Deutschland*, 1755; *Das Leben und die Meinungen des Herrn Magister Sebaldus Nothanker*, 3 Bde., Berlin 1773-1776; *Eyn feyner kleyner Almanach vol schönerr echterr liblicherr Volckslieder*, Berlin u. Stettin 1777; *Anhang zu Friedrich Schillers Musen-Almanach für das Jahr 1797*, Berlin u. Stettin 1797; *Leben Justus Mösers*, Berlin u. Stettin 1797; *Einige Bemerkungen über den Ursprung und die Geschichte der Rosenkreuzer und Freymaurer*, Berlin u. Stettin 1806; *Philosophische Abhandlungen*, Berlin u. Stettin 1808.
Erw.: Brief Nr. 103.

Niebuhr, Barthold Georg (1776-1831), 1806 preuß. Staatsdienst Berlin, seit 1810 Vorlesungen Geschichte Univ. Berlin, 1816 bis 1823 preußischer Gesandter beim Hl. Stuhl, 1825 Prof. Universität Bonn.
Werke: Arbeiten zur Alten Geschichte, antiken Rechtsgeschichte, philolog. Schriften. *Römische Geschichte*, 3 Bde., Berlin 1811-1832; Hrsg. *Rhein. Museum* (1826-29); *Corpus Scriptorum Historiae Byzantinae*.
Lit.: *ADB* 23, S. 646-661; *NDB* 19, S. 219-221; Karl Christ, *Barthold Georg Niebuhr*, in: *Von Gibbon zu Rostovtzeff. Leben und Werk führender Althistoriker der Neuzeit*, Darmstadt 1972.
Erw.: Brief Nr. 152; Briefe an Görres: 14.11.1818.

Nonne, Karl Ludwig (1785-1854), stud. Theol., Philologie Univ. Jena, 1808 Schulrat Herzogtum Sachsen-Hildburghausen, Schweiz: Schüler Pestalozzis, 1810 Gründer/Direktor Lehrerseminar Hildburghausen, 1818 Gründer/Hrsg. *Dorfzeitung* (mit Carl und Christian Hohnbaum), 1819 Hofprediger, 1826 Oberkonsistorialrat, bis 1835 Leiter des Schulwesens, 1833 Oberpfarrer Stadtkirche, Generalsuperintendent, Mgl. Loge „Karl zum Rautenkranz", 1847 Mgl. Meininger Landtag, 1848 Vorparlament Frankfurt.
Lit.: *ADB* 23, S. 766-768; Ernst Kaiser, *Dr. Ludwig Nonne der Schulreformator und Pestalozzi Thüringens*, Weimar 1948; Hanspeter Wulff-Woesten, *Wirken so lange es Tag ist! Ludwig Nonne. Eine Biografie*, Hildburghausen 2008.
Nonne an Görres: 26.2.1818.

Nuth, Heinrich Ernst aus Selbold, stud. Marburg, 1815 Heidelberg, Sohn des Pfarrers von Selbold.
Lit.: Toepke (Hrsg.), *Die Matrikel der Univ. Heidelberg* Bd. 5, S. 109.
Nuth u.a. an Görres: 10.1.1816.

Oberreit, Jakob Andreas Hermann (1777-1856), 1793 Unteroffizier Ingeneurkorps Sachsen, 1813 Hauptmann, Adjutant im Generalstab, 1813 Verwundung, Gefangennahme, 1815-1818 Generalstab in Frankreich, 1817 Major, 1819 Direktor Militärplankammer Dresden, 1834 Kommandant Ingenieurkorps, 1837 Oberst, 1849 Generalmajor, Leiter Militärplankammer.
Werk: *Topographischer Atlas des Königreichs Sachsen*, 4 Lieferungen 1836-1860.
Literatur: *NDB* 19, S. 383f; Hans Brunner, *Die sächsische Landesaufnahme von 1780 bis 1825*, in: *Atlas zur Geschichte und Landeskunde von Sachsen*, Leipzig/Dresden 2005; *Rheinischer Merkur* Nr. 246, 248 vom 1. und 5.6.1815: „Der Aufruhr der sächsischen Grenadiere in Lüttich anfangs Mai 1815".
Oberreit an Görres: 18.5.1815.

O'Donell, Moritz Graf O'Donell von Tyrconell (1780-1843), 1817 Oberst österr. Armee, Ital. Infanterieregiment Nr. 45, k. k. Kämmerer, zuletzt Feldmarschall-Lieutenant.
Lit.: *Carl-Maria-von-Weber-Gesamtausgabe.* Digitale Edition, http://weber-gesamtausgabe.de/A007921; *Biogr. Lexikon des Kaiserthums Oesterreich*, Bd. 21 (1870), S. 8 (Artikel zu Maximilian O'Donell); *Österr. Biograph. Lexikon 1815-1950*, Bd. 7, Wien 1978, S. 206 (Artikel zu Maximilian O'Donell).
Erw.: Briefe an Görres: 12.9.1816.

Oken, Lorenz (1779-1851) (eigentlich Okenfuß), 1804 stud. Würzburg, Priv.doz. Göttingen, 1807 ao. Prof. Medizin Jena, 1812 ord. Prof. Naturgeschichte, 1819 Entlassung, 1821/22 Priv. doz. Univ. Basel, 1827-1832 Prof. Physiologie Univ. München, 1833 Prof. Naturgeschichte Univ. Zürich.
Werke: *Uebersicht des Grundrisses des Sistems der Naturfilosofie und der damit entstehenden Theorie der Sinne*, Frankfurt am Main 1803; *Abriß des Systems der Biologie. Zum Behufe seiner Vorlesungen*, Göttingen 1805; *Über die Bedeutung der Schädelknochen. Ein Programm beim Antritt der Professur an der Gesammt-Universität zu Jena*, Jena 1807; *Erste Ideen zur Theorie des Lichts, der Finsterniß, der Farben und der Wärme*, Jena 1808; *Ueber das Universum als Fortsetzung des Sinnensystems. Ein pythagoräisches Fragment*, Jena 1808; *Lehrbuch der Naturphilosophie*, 3 Teile, Jena 1809-1811; *Lehrbuch der Naturgeschichte*, 13 Bde., 1813-1826; *Allgemeine Naturgeschichte für alle Stände*, 13 Bde., Stuttgart 1833-1841; Hrsg.: *Beiträge zur Vergleichenden Zoologie, Anatomie und Physiologie*, Bamberg/Würzburg 1806f; *Isis. oder Encyclopädische Zeitung*, Jena 1816-1819.
Lit.: *ADB* 24, S. 216-226; *NDB* 19, S. 498f; M. Pfannenstiel, *L. Oken, Sein Leben u. Wirken*, 1953.
Erw.: Briefe Nr. 19, 162; Briefe an Görres: 10.6.1817, 17.3.1818.

Olivier, Johann Heinrich Ferdinand (1785-1841), Maler und Grafiker, 1804-1806 Dresden, 1807 Dessau, 1811 Wien, Mittelpunkt protestantischer Künstler in Wien, freundschaftl. Austausch mit Nazarenern, 1816 Mgl. Lukasbund, 1830 München, Generalsekretär Königl. Akademie der Bildenden Künste, 1833 Prof. Kunstgeschichte.
Literatur: *ADB* 24, S. 308-311; *Biograph. Lexikon des Kaiserthums Österreich*, 21. Theil, Wien 1870, S. 57 f; *Nachtrag der Wiener Moden-Zeitung* 25 (22.6.1816): Kunstwerke öffentlich ausgestellt im Gebäude der österr.-kaiserl. Akademie der vereinigten bildenden Künste 1816, Nr. 46, S. 274 (Ferdinand Olivier, Der heilige Hubertus mit seinem Jagdgefolge).
Erw.: Briefe an Görres: 16.10.1815.

Oster, Peter Franz (1772-1841), 1795 Generalsekretär Munizipalverwaltung Mayen, 1796 Bürgermeister Kaisersesch, 1805 Bürgermeister Cochem, 1810 Maire Cochem, zugleich Bezirksrat Arrondissement Koblenz, 1816 Bürgermeister Cochem und Pommern (Mosel) mit Sitz in Klotten, Notar des Kantons Cochem, Bataillonschef Bürgermiliz, 1816 landrätlicher Kommissar Kreis Cochem, 1818 Landrat Kreis Cochem.
Lit.: Robert Castor, Die Landräte von Cochem und Zell, in: *Heimatjahrbuch Cochem-Zell 2006*, S. 67-71; Alfons Friderichs (Hrsg.), in: *Persönlichkeiten des Kreises Cochem-Zell*, Trier 2004, S. 265f.
Oster an Görres: 30.6.1817, 19.7.1817, 12.9.1817.

Ostermann-Tolstoi, Alexander Iwanowitsch Graf (1770/72- 1857), Offizier der russ. Armee, 1805 Generalleutnant, Gouverneur von Sankt Petersburg, 1812 Kommando des IV. Armeekorps, Befehl des russ. Gardekorps in Schlacht bei Kulm, 1815 Gesandter Paris, 1816/1817 Kommandant russ. Grenadierkorps, General Infanterie, 1825 Abschied.
Lit.: Erik Amburger, *Geschichte der Behördenorganisation Russlands von Peter dem Grossen bis 1917*, S. 337; Frank Bauer, *Kulm 29./30. August 1813 (*Kleine Reihe *Geschichte der Befreiungskriege* Heft 15), Potsdam 2006; Joseph Alexander Helfert, *Die Schlacht bei Kulm 1813*, Wien 1863.
Erw.: Briefe an Görres: 12.9.1816.

Oswald, August, Verlag Heidelberg und Speyer, seit 1813 Verlag und Druckerei Heidelberg, Universitätsbuchhandlung, seit 1821 Verlag der *Heidelberger Jahrbücher.*
Erw.: Brief Nr. 103; Briefe an Görres: 9.3.1817, 24.12.1818.

Otterstädt, Georg Ulrich Ludwig Joachim Friedrich Freiherr von (1769-1850), 1786-1801 preuß. Militär, Aufenthalt Paris, 1814 Generalgouvernementskommissar Departement Donnersberg

Worms, 1815 preußischer Geschäftsträger Frankfurt a. M., 1816 preußischer Gesandter Darmstadt und Wiesbaden, später Karlsruhe.
Lit.: *ADB* 52, S. 731-733.
Erw.: Briefe Nr. 1, 48; Briefe an Görres: 18.5.1814.

Overbeck, Johann Friedrich (1789-1869), Maler, 1806 Wien, Akademie der bildenden Künste, 1810 Rom (Nazarener), 1813 Konversion zum Katholizismus.
Lit.: *ADB* 25, S. 7-14; *NDB* 19, S. 721-723; Brigitte Heise, *Johann Friedrich Overbeck. Das künstlerische Werk und seine literarischen und autobiographischen Quellen,* Köln 1999; Karl Georg Heise, *Overbeck und sein Kreis,* München 1928.
Erw.: Briefe an Görres: 31.5.1815, 16.10.1815, 1.8.1818, 18.2.1819.

Palini, NN, vermutlich Maler Rom, 1815 München.
Erw.: Briefe an Görres: 16.10.1815.

Pastor, Gotthard (1769-1830), Tuchfabrikant Bourtscheid/Aachen.
Lit.: Casino-Gesellschaft Aachen (Familienbuch-Euregio.de); *NDB* 20, S. 93 f (Artikel Pastor, Aachener und Burtscheider Tuch- und Nadelfabrikantenfamilie).
Pastor an Görres: 4.7.1817.

Pauli (Pauly), Heinrich Wilhelm Ludwig (1779-1847), Schwager von Katharina Görres, verheiratet mit Elisabeth v. Lassaulx, seit 1804 Direktor, 1806 Besitzer der Buchdruckerei des Schwiegervaters Johann Adam von Lassaulx (Druckerei des *Rheinischen Merkur*), 1815-1823 Verleger *Confluentia oder Rhein- und Moselzeitung* (1824-1826 als *Der Eilbote),* zeitweise Betreiber einer Buchhandlung.
Lit.: Max Bär, *Aus der Geschichte der Stadt Koblenz 1814-1914*, Koblenz 1922, S. 349ff; Helmut Kampmann, *Koblenzer Pressechronik. 80 Zeitungen aus drei Jahrhunderten*, Koblenz 1988, S. 95ff, 110ff; Wegeler, *Coblenz*; *NDB* 13, 643 (Artikel Johann Adam v. Lassaulx).
Görres an Pauli: Brief Nr. 13.
Erw.: Briefe Nr. 2, 16; Briefe an Görres: 3.3.1814, 29.7.1814, 6.8.1814, 11.9.1814, 26.6.1815.

Paulus, Heinrich Eberhard Gottlob (1761-1851), ev. Theologe, stud. Tübingen, 1789 Prof. oriental. Sprachen Univ. Jena, 1793 Prof. Theol. Jena, 1803 Prof. Theol. Würzburg, 1807 Schulrat Bamberg, 1808 Nürnberg, 1810 Ansbach, 1811-1844 Prof. Univ. Heidelberg, Geheimer Kirchenrat.
Werke: *Neues Repertorium für biblische und morgenländische Literatur,* 3 Bde., Jena 1790-91; *Clavis über die Psalmen* 2. Aufl., Heidelberg 1815; *Philologisch-kritischer und historischer Kommentar über das Neue Testament,* 4 Teile, 2. Aufl., Leipzig 1804-1808; *Sophronizon, oder unparteiische, freimütige Beiträge zur neuern Geschichte, Gesetzgebung und Statistik der Staaten u. Kirchen,* Heidelberg 1819-30 (u.a.: Warum eifert J. Görres gegen Voß?, in: *Sophronizon* 9, Heft 3, Heidelberg 1827, S. 114-124); *Der Denkgläubige, theologische Zeitschrift*, Heidelberg 1825-29; *Das Leben Jesu als Grundlage einer reinen Geschichte des Urchristentums,* 2 Bde., Heidelberg 1828; *Exegetisches Handbuch über die drei ersten Evangelien*, Heidelberg 1830-33; *Neuer Sophronizon,* 3 Bde., Darmstadt 1841-42.
Lit.: *ADB* 25, S. 287-295; *NDB* 20, S. 135f; *Biograph.-Bibliograph. Kirchenlexikon* Bd. 7 (1994), Sp. 96-102; Dagmar Drüll, *Heidelberger Gelehrtenlexikon* Bd. 3; F. Wagner, Auf dem Weg in eine säkulare Theologie im Zeichen spekulativer Rechtfertigung, in: Strack (Hrsg.), *Heidelberg im säkularen Umbruch*, *Traditionsbewußtsein u. Kulturpolitik um 1800*, 1987.
Erw.: Brief Nr. 160; Briefe an Görres: 19.1.1817, 13.3.1819.

Pelzer, Stephan Anton (1781-1865), Advokat Aachen, Justizrat, Stadtrat, 1849, 1851 Mgl. Casino-Gesellschaft Aachen als „Justizrat".
Lit.: http://www.familienbuch-euregio.de/Casinogesellschaft-Aachen.html.
Erw.: Briefe an Görres: 15.10.1817 (Fs. 31.10.1817).

Pereville (Perreville), Franz Xaver (Xavier) (1776-1865), geb. Koblenz, verheir. mit Margaretha Luise, geb. Clemens, vor 1814 Lehrer École centrale Koblenz, danach Lehrer Gym. Koblenz, 1840 erw. als Oberlehrer und pensionierter Professor in Koblenz.
Werk: *Kurzer Unterricht in den wissenswürdigsten Real-Kenntnisse für die Jugend, zunächst für die unteren Klassen des Gymnasiums zu Coblenz*, bearb. von Franz Xaver Pereville, Professor, Koblenz 1829.

Lit.: Stadtarchiv Koblenz, Einwohnerverzeichnis 1818 (stadtarchiv_einwohnerverzeichnis_1818.xls); *Adreß-Handbuch der Stadt Coblenz 1840*, S. 69; Totenzettel Margaretha Luise Clemens 1851 (Findbücher des Stadtarchivs Koblenz 7: Stadtarchiv Koblenz, Bestand KH: Kartuschen Heimatkunde, neu bearb. Von Petra Weiß und Michael Koelges, Koblenz 2012, S. 42; Worbs, *Geschichte des Königlichen Gymnasiums zu Coblenz*, S. 30ff; Geh. Staatsarchiv Berlin III. HA MdA, III Nr. 2242 (Insinuation eines gerichtl. Schreibens an Prof. Xaver Pereville in Koblenz, 1817.
Erw.: Brief Nr. 57.

Perry, James (1756-1821), geb. Aberdeen, Zeitungsredakteur London, 1790-1821 Herausgeber/Redakteur *Morning Chronicle.*
Lit.: E.A. Smith, Perry, James, in: *Oxford Dictionary of National Biography,* 2004; I. Asquith, *James Perry and the Morning Chronicle,* Diss. London 1973 (https://discovery.ucl.ac.uk/id/eprint/1381760).
Erw.: Briefe an Görres: 5.12.1815.

Perthes, Friedrich Christoph (1772-1843), Buchhändler und Verleger, 1787 Buchhändlerlehre Leipzig, 1793 Gehilfe Buchhandlung Benjamin Hoffmann Hamburg, 1796 Gründung Sortimentsbuchhandlung Hamburg, seit 1799 mit Teilhaber und Schwager Johann Heinrich Besser, 1797 Heirat mit Matthias Claudius´Tochter Caroline, 1810/11 Hrsg. *Vaterländisches Museum,* 1813 Widerstand gegen französische Besatzung, 1822 Übersiedlung nach Gotha, Überlassung des Hamburger Geschäfts an Besser.
Werke: *Der deutsche Buchhandel als Bedingung des Daseins einer deutschen Literatur. An Franz Varrentrapp als Handschrift mitgetheilt*, Gotha 1816.
Lit.: *ADB* 25, S. 394-399; *NDB* 20, S. 203f; Clemens Theodor Perthes, *Friedrich Perthes Leben nach dessen schriftlichen und mündlichen Mittheilungen*, 3 Bde., Gotha 1848-1855; Inge Grolle, *Friedrich Christoph Perthes,* Hamburg 2004; Dirk Moldenhauer, *Geschichte als Ware. Der Verleger F.C. Perthes (1772-1843) als Wegbereiter der modernen Geschichtsschreibung*, Köln/Weimar 2008; Wilhelm Schellberg (Hrsg.), *Briefe von Görres an Friedrich Christoph Perthes*, Köln 1913; *GS/Briefe* 2.
Görres an Perthes: Briefe Nr. 40, 99, 107, 109, 112, 122, 154, 164, 173, 174.
Perthes an Görres: 25.8.1817, Ende Sept. 1819.
Erw.: Brief Nr. 178, Briefe an Görres: 9.1.1814, 19.7.1814.

Pestalozzi, Johann Heinrich (1746-1827), Schweizer Pädagoge, Schul- und Sozialreformer, 1775-1779 „Erziehungsanstalt für arme Kinder", 1799 Waisen- und Armenhaus Stans, 1800 Erziehungsinstitut im Schloss Burgdorf, seit 1804-1825 in Yverdon-les-Bains/Kanton Waadt.
Werke: u.a. *Lienhard und Gertrud* (Roman), 4 Bde., 1781-1787; *Christoph und Else*, 1782; *Gesetzgebung und Kindermord,* 1783; *Meine Nachforschungen über den Gang der Natur in der Entwicklung des Menschengeschlechts*, 1797; *Fabeln*, 1797; *An die Unschuld, den Ernst und den Edelmut meines Zeitalters und meines Vaterlandes*, 1815; *Sämmtliche Schriften*, 15 Bde., Stuttgart/Tübingen (Cotta) 1819-1826.
Lit.: *ADB* 25, S. 432-461; *NDB* 20, S. 214-216; Peter Stadler, *Pestalozzi – Geschichtliche Biographie*, 2 Bde., Zürich 1988, 1993; Artur Buchenau, Eduard Spranger, Hans Stettbacher (Hrsg.), *Pestalozzi. Sämtliche Werke. Kritische Ausgabe*, Berlin/ Zürich 1927-1996; Rebekka Horlacher, Daniel Tröhler (Hrsg.), *Sämtliche Briefe an Johann Heinrich Pestalozzi. Kritische Ausgabe*, 6 Bde., 2009-2015.
Erw.: Briefe Nr. 37, 49, 117; Briefe an Görres: 11.7.1815, 19.7.1817.

Petri, NN, 1814 Generalsekretär Generalgouvernement Departement Saar mit Sitz in Trier.
Lit.: *Rheinischer Merkur* Nr. 9 vom 7. Februar 1814; *Öffentliches Blatt für die allgemeinen im General-Gouvernement des Mittelrheins erscheinenden Verordnungen, welche gesetzliche Kraft haben*, Koblenz (Pauli) 1814, Verordnung Nr. 4.
Erw.: Brief Nr. 2.

Pfaffenberger-Hoffmann, Karl, Stiefsohn, Adoptivsohn von Karl Hoffmann, stud. Gießen, 1813/1814 Kriegsfreiwilliger, 1817 Mgl. Gießener Schwarze, Anhänger linker Flügel Gießener Burschenschaft, Beitritt Burschenschaftsordnung „Ehrenspiegel", christlich-teutsche Burschenschaft (Ausschluss aus Landsmannschaften Hassia und Constantia: unter den „Verschißenen" genannt: „Pfaffenberger, gen. Hoffmann"), Mgl. Hoffmannscher Deutscher Bund.

Lit.: Hans Dieter Schneider, Das Rödelheimer Friedensfest von 1814. Leben und Wirken des Justizrats Dr. Karl Hoffmann, in: *Beiträge zur Rödelheimer Geschichte* 3, S. 29ff (www.academia.edu); Friedrich Arnecke, *Drei zeitgenössische Quellen aus den Tagen der Gießener Schwarzen* (geb.uni-giessen.de); Hermann Haupt, *Karl Follen und die Gießener Schwarzen: Beiträge zur Geschichte der polit. Geheimbünde und der Verfassungsentwicklung der alten Burschenschaft in den Jahren 1815-1819,* Gießen 1907.
Erw.: Brief Nr. 20.

Pfuel (Pfühl), Ernst Heinrich Adolf von (1779-1866), seit 1797 preuß. Militärdienst, 1809 österr. Dienste, 1810/1811 Kapitän Infanterieregiment, Kriegsarchiv Wien, 1812 in russ. Diensten, 1814 Kommandeur des 1. Infanterieregiments der Russisch-Deutschen Legion, 1815 im Generalstab von Blücher, 26. Juli bis 30. August 1815 Kommandant preuß. Sektor von Paris, 1816 Lehrer Berliner Allgemeine Kriegsschule, 1818 Chef Generalstab VIII. Armee-Korps in Koblenz, 1825-1828 Kommandeur 7. Landwehr-Brigade in Magdeburg, 1830 Erster Kommandant Festung Köln, 1832 Gouverneur von Neuchâtel, 1844 General der Infanterie, März 1848 Gouverneur von Berlin, Sept/Okt 1848 Ministerpräsident und Kriegsminister, 1858 Mgl. Preuß. Herrenhaus.
Lit.: *ADB* 25, S. 705-712; *NDB* 20, S. 362f; Ernst von Pfuel, *Uebersicht der Kriegsjahre 1813, 1814, 1815*, Berlin 1828; Bernhard von Gersdorff, *Preußische Köpfe – Ernst von Pfuel*, 1981.
Erw.: Briefe an Görres: 26.9.1815; 14.4.1818.

Picard, Jean Baptiste, 1800-1827 Hrsg. *L'Oracle, Journal du département de la Dyle*, Brüssel (Redaktion: Picard und Fiocardo).
Picard an Görres: 30.7.1814.

Pirch, Otto Karl Lorenz von (1765-1824), preuß. Offizier, 1813 im Hauptquartier Blüchers, dann Yorcks, Juni 1813 Generalmajor, Brigadekommandeur, mit Blücher bei Kaub Überschreitung des Rheins, 1814/15 Kommando Yorcksches Korps, 1815 Abschied, 1817 Mgl., 1819 Präsident Generalordenskommission, Oberdirektor Kadettenanstalten, Allgemeine Kriegsschule, Präsident Militärstudienkommission.
Lit.: *ADB* 26, S. 175f; Kurt von Priesdorff, *Soldatisches Führertum,* Bd. 3, Hamburg 1937, S. 450, Nr. 1213.
Erw.: Brief Nr. 30.

Pistor, Carl Philipp Heinrich (1778-1847), 1793-1813 Beamter im preuß. Postdienst Berlin, Geheimer Postrat, 1813 Gründung feinmechanische Werkstatt zur Produktion mathematischer, optischer und physikalischer Instrumente.
Lit.: *ADB* 26, S. 185f; *NDB* 20, S. 485f.
Erw.: Briefe an Görres: 10.6.1817 (Fs.: 12.6.), 14.6.1817.

Platzhoff, Johann Jakob (1769-1843), Kaufmann aus Elberfeld, Bandfabrikant, Inhaber Seidenfabrik in Brüggen (Stücksammet, Posament-Seiden und Floretband), Firma J.J. Platzhoff Erben, Besitzer des Kreuzherrenklosters in Brüggen (1811 Erwerbung zus. mit Benzenberg), Mgl. Elberfelder Lesegesellschaft, Onkel Benzenbergs.
Lit.: Johann Andreas Demian, *Geographisch-statistische Darstellung der deutschen Rheinlande nach dem Bestande vom 1. August 1820,* Koblenz 1820, S. 136; Horlacher/Tröhler (Hrsg.), *Sämtliche Briefe an J.H. Pestalozzi*, Bd. 5, S. 78; https://www.grenzregion-brueggen-niederkruechten.de/gemeinden-in-der-grenzregion-schwalm/gemeinde-brueggen/brueggen-geschichte/brueggen-kreuzherrenkloster/.
Erw.: Briefe an Görres: 11.3.1818, 17.3.1818.

Pott, NN, Förster oder Jäger im Hunsrück vor 1814.
Erw.: Brief Nr. 7.

Pottgeißer, Markus Aloys (1762-1839), Kaufmann, Bankier Koblenz, 1794 kurfürstl. Hofkammerrat, einer der Führer der Aristokraten in Koblenz, 1797 zeitweise Mgl. Bezirksregierung, 1798-1799 Generalsekretär Munizipalverwaltung Koblenz, 1804 Sekretär Mairie, 1808ff Mgl. Freimaurerloge „L'Union désirée" Koblenz, 1832-1838 Beigeordneter der Stadt.
Lit.: Braubach, Die Unruhen in Koblenz im Okt. 1799, in: *Rhein. Heimatblätter* V (1928), S. 123; *GS* I, S. 699f; Hansen, *Quellen*, Bd. 3, S. 279, 795; Bd. 4, S. 100, 1119, 1204ff; Stadtarchiv Koblenz, Best. 623, Nr. 1483; Max Bär, *Aus der Geschichte der Stadt Koblenz, 1814-1914,* Koblenz 1922, S. 122; *Rheinland-pfälzische Personendatenbank*; *Almanach d'adresses de la*

ville de Coblence por l'an XII, S. 37; Einwohnerverzeichnis Koblenz 1818 (https://stadtarchivkoblenz/.../stadtarchiv_einwohnerverzeichnis_1818.xls).
Erw.: Brief Nr. 5.

Pozzo di Borgo, Carlo Andrea Graf (1764-1842), Rechtsanwalt, Generalprokurator Korsika, 1794-96 Mgl. Kors. Staatsrat, Exil England, 1802 russ. Dienste, 1814-1835 russ. Botschafter Paris, Teilnahme Wiener Kongress, 1835 russ. Botschafter London.
Lit.: *Bilder-Conversations -Lexikon für das deutsche Volk*, Bd. 3, Leipzig, 1839, S. 551; Egon Larsen, *Carlo-Andrea Pozzo Di Borgo: One Man Against Napoleon*, 1968.
Erw.: Briefe an Görres: 24.8.1817.

Pradt, Dominique Dufour de (1759-1837), eigentlich Dominique Georges Frédéric de Riom de Prolhiac de Fourt de Pradt, 1783 Priester, 1789 Generalvikar Rouen, 1804 Bischof Poitiers, 1808-1815 Erzbischof Mecheln.
Werke: *Récit historique sur la restauration de la royauté en France*, Paris 1814; *Histoire de l'ambassade dans le grand-duché de Varsovie en 1812*, Paris 1815 (deutsch: Wien 1816); *Du congrès de Vienne*, 2 Bde., Paris 1815-1816 (deutsch: Leipzig 1816); *Mémoires historiques sur la révolution d'Espagne*, Paris 1816 (deutsch: Karlsruhe 1816); *Des colonies et de la révolution actuelle de l'Amérique*, 2 Bde., Paris 1877 (deutsch: Hamburg 1818); *Les quatre concordats*, 4 Bde., Paris 1819-1820; *Le congrès de Carlsbad*, 2 Bde., Paris 1819-1820; *De la Belgique depuis 1789 jusqu'en 1794*, Paris 1820.
Erw.: Brief Nr. 81.

Rapp, Georg Aquilin (1795-1845), aus Frankfurt, 1813-1816 stud. Jur. Heidelberg, Vater: Oberpostamtssekretär (gest. vor 1813), Dr. beider Rechte, 1817 Advokat Frankfurt, Fürstlich Thurn und Taxis'scher Generalpostdirektionsrat.
Werk: *Versuch einer rechtlichen Prüfung der sogenannten Bürgerlichen Rechte und Verfassungsverhältnisse der Frankfurter Judengemeinde*, (von Georg Aquilin Rapp, beider Rechte Doctor und hiesiger ordentlicher Advokat), Frankfurt 1817.
Lit.: Toepke (Hrsg.), *Die Matrikel der Universität Heidelberg* Bd. 5, S. 82, Nr. 32 (imm. 30. April 1815); Frankfurter Personenlexikon.de.
Rapp u.a. an Görres: 10.1.1816.

Rapp, Jean (1771-1821), 1805 franz. Général de division, Adjutant Napoleons, 1809 Comte, Gouverneur von Danzig, 1813 Gefangennahme, 1814 Rückkehr nach Paris, Kämmerer Ludwigs XVIII.
Lit.: *Die Memoiren des General Rapp Adjutanten Napoleons I. Geschrieben von ihm selbst.* Übertragen von Oskar Marschall von Bieberstein, Leipzig 1902; Fritz Schülin, Napoleons General Graf J. Rapp und seine verwandtschaftlichen Beziehungen zur Familie der Freiherren von Rotberg in Rheinweiler, in: *Das Markgräflerland.* Heft 1/2 1977, S. 79-102.
Erw.: Briefe an Görres: 24.8.1817.

Rauch, Christian Daniel (1777-1857), 1795 Bildhauergehilfe Kassel, 1797 kgl. Kammerdiener Berlin, stud. Kunstakademie Berlin, 1804-1819 Rom, Carrara, 1819 Werkstatt, Bildhauerschule Berlin.
Werke: Standbilder, Grabdenkmäler, 1810 Grabdenkmal für Königin Luise.
Lit.: *ADB* 28, S. 765-778; *NDB* 21, S. 195-197.
Erw.: Briefe an Görres: 26.6.1815.

Rauschenbusch, Johann Carl Gottfried (ca. 1787-1834) aus Elberfelder Pastorenfamilie, 1807 stud. Heidelberg, 1809 Tübingen, Dr. med., Arzt und Chirurg Elberfeld, Kreisphysikus.
Lit.: Johann F. Knapp, *Geschichte, Statistik und Topographie der Städte Elberfeld und Barmen im Wupperthale*, Iserlohn und Barmen, 1835, S. 79, 157, 165; *Hufelands Journal der practischen Heilkunde*, Bd. 51, Berlin 1820: *Bestätigende Erfahrungen über die Schutzkraft der Belladonna gegen die Ansteckung des Scharlachfiebers*, von Dr. Berndt, Kreisphysikus zu Cüstrin, S. 22: Erfahrungen über denselben Gegenstand von Dr. Rauschenbusch zu Elberfeld; *www.heidermanns.net/gen-pers.php?ID=108807; ADB* 53, S. 223-225 (Artikel zu August Ernst R.).
Rauschenbusch an Görres: 8.6.1814.

Rebmann, Johann Andreas Georg Friedrich (1768-1824), seit 1817 von Rebmann, 1785-89 stud. Jur. Erlangen, Jena, 1790 Prokurator und Advokat Steigerwald, 1792-94 freier Schriftsteller Dresden, 1794 Gründung Verlagsbuchhandlung Erfurt mit Gottfried Dietrich Leberecht Voll-

mer, 1796-98 Publizist Paris, 1797 Richter linksrhein. Departements, 1798 Kriminalgericht Departement Donnersberg in Mainz, seit 1799 Revisions- und Appellationsgericht Trier, 1803 Präsident Kriminalgericht Departement Donnersberg Mainz, 1811 Richter, dann Kammerpräsident Appellationsgericht Trier, 1815 Präsident des neuen Appellationsgerichts für den Bereich der bayer.-österr. Landesadministration Kaiserslautern, 1816 Präsident Appellationsgerichtshof für den Rheinkreis in Zweibrücken.
Werke: Pseudonym Anselmus Rabiosus der Jüngere. Stadt- und Reisebeschreibungen, satirische Romane, Schriften zu Strafrecht und Gerichtsverfassung; *Kosmopol. Wanderungen durch einen Teil Deutschlands*, 1793; *Blick auf die vier neuen Departemente des linken Rheinufers*, 1802; *Hist.-pol. Miscellen*, 1805; *Aussichten von der Zeit für die Zukunft*, 1816; 1795f Zeitschrift *Das neue graue Ungeheuer*; 1814 Mitarbeit Zeitschrift *Allemannnia*.
Lit.: *ADB* 27, S. 483-485; *NDB* 21, S. 226-228; H. Voegt, *Die deutsche jakobinische Literatur und Publizistik 1789-1800*, 1955; Ch. Wirth, *Der Jurist J. A. G. F. Rebmann zw. Revolution und Restauration*, 1996; E. Wadle, G. Sauder (Hrsg.), *G. F. Rebmann (1768-1824), Autor, Jakobiner, Richter*, 1997; Hedwig Voegt, Werner Greiling, Wolfgang Ritschel (Hrsg.), *G. F. Rebmann. Werke und Briefe*, 3 Bde., Berlin 1990.
Erw.: Brief Nr. 2; Briefe an Görres: 18.2.1814.

Rehberg, August Wilhelm (1757-1836), 1786 Sekretär Geheimes Ratskollegium Hannover, 1814-1821 Geheimer Kabinettsrat Hannover, später in Dresden und Göttingen, 1828/29 in Italien.
Werke: populärphilosophische, politisch-histor. Schriften, Schriften zur franz. Revolution; *Untersuchungen über die Franz. Revolution nebst kritischen Nachrichten von den merkwürdigsten Schriften welche darüber in Frankreich erschienen sind*, 2 Bde., 1793; *Über den deutschen Adel*, 1803; *Über d. Code Napoleon u. dessen Einführung in Deutschland*, 1814; *Zur Geschichte des Königreichs Hannover in den ersten Jahren nach der Befreiung von der westphäl. u. franz. Herrschaft*, 1826; Beiträge *Allg. Literaturzeitung*, 1790-93, *Hannoversche Zeitung*; *Sämmtliche Schriften*, 3 Bde., Hannover 1828-31.
Lit.: *ADB* 27, S. 571-583; *NDB* 21, S. 277 f; Karl Mollenhauer, *A. W. Rehberg, ein hannoverscher Staatsmann im Zeitalter der Restauration*, Blankburg am Harz 1904/05.
Erw.: Briefe an Görres: 15.11.1814.

Rehfues, Philipp Joseph (1779-1843), seit 1826 von Rehfues, 1801-1803 Hauslehrer Livorno, danach Aufenthalt Rom, Florenz, Neapel, Sizilien, 1805 Bibliothekar des Kronprinzen Tübingen, Reisen Frankreich, Spanien, interimistische Verwaltung der befreiten deutschen Lande am linken Rheinufer, Gouverneur Stadt Trier, danach Stadt Koblenz, Kreisdirektor Bonn, 1815 Kommissar 3. Armeekorps in Paris, 1818 Kurator Univ. Bonn, 1842 Ruhestand.
Werke: *Reden an das deutsche Volk. Erste Rede*, Nürnberg 1814; *Die Ansprüche und Hoffnungen der Stadt Bonn, vor dem Thron ihres künftigen Beherrschers niedergelegt*, Bonn 1814; *Antwort eines Rhein-Preußen auf des Herrn Julius v. Voss Sendschreiben eines Brandenburgers an die Bewohner Rhein-Preußens bei Gelegenheit der S. D. dem Fürsten Staatskanzler übergebenen Adresse*, Bonn 1818; *Die katholische Kirche in der preußischen Rheinprovinz und der Erzbischof Clemens August von Köln. Ein Beitrag zur Cultur- und Sittengeschichte des 19. Jahrhunderts. Von einem Sammler historischer Urkunden*, Frankfurt am Main 1838; *La frontière du Rhin*, Liège 1840; Reiseberichte, Übersetzungen; Hrsg.: (mit J.Fr v. Tscharner) Monatszeitschrift *Italien. Eine Zeitschrift hrsg. von zween reisenden Deutschen*, Berlin 1803-1804; *Italienische Miscellen*, 5 Bde., Cotta, Tübingen 1804-1806; *Süd-Deutsche Miscellen für Leben, Literatur und Kunst*, Karlsruhe 1811; *Europäisches Magazin für Geschichte, Politik und Kriegskunst der Vorwelt und Gegenwart*, Nürnberg 1813 bis Juni 1814; Mitarb. *Morgenblatt für Gebildete Stände*.
Lit.: *ADB* 27, S. 590-595; *Neuer Nekrolog der Deutschen*, Weimar, 1843, S. 915-920; Alexander Kaufmann, Philipp Joseph von Rehfues, ein Lebensbild, in: *Zeitschrift für Preußische Geschichte und Landeskunde*, Jg. 18, März-April 1881, S. 89-224.
Erw.: Briefe Nr. 32, 129.

Reimann, August von (1771-1847), stud. Jur., Kameralistik Halle, 1803 Rat Kriegs- und Domänenkammer Münster, 1804 Kommissar Kriegs- und Domänenkammer Paderborn, 1808 Präfekt Departement Werra Marburg, Fuldadepartement Kassel, 1812 Staatsrat, Präfekt Braunschweig, 1813 Geheimer Rat Herzogl.-Braunschweigische Regierung, Mai 1814 Gene-

ralgouvernement Niederrhein Aachen, April 1816-1834 Regierungspräsident Aachen, 1834 Staatsministerium Berlin, Mgl. Staatsrat.
Lit.: Max Bär, *Die Behördenverfassung der Rheinprovinz seit 1815*, Düsseldorf 1998; Bernhard Poll, Regierungspräsident August von Reiman (1771–1847), in: *150 Jahre Regierung und Regierungsbezirk Aachen. Beiträge zu ihrer Geschichte*, Aachen 1967, S. 293-307; Rolf Straubel, *Biographisches Handbuch der preußischen Verwaltungs- und Justizbeamten 1740–1806/15*, München 2009.
Erw.: Briefe Nr. 70, 71; Briefe an Görres: 8.5.1816, 9.5.1816, 22.2.1818.

Reimer, Georg Andreas (1776-1842), 1795 Leiter Verlag Gottlob August Lange Berlin, 1800 Leitung Buchhandlung der Königlichen Realschule Berlin (ab 1817 Reimersche Buchhandlung), 1816 eigene Druckerei, 1822 Erwerb Weidmannsche Buchhandlung Leipzig.
Verlagswerke: Geisteswissenschaftliche, naturwiss. Werke, Autoren der deutschen Romantik; Görres, *Das Heldenbuch vom Iran aus dem Schah Nameh des Firdussi*, 2 Bde., Berlin 1820.
Lit.: *ADB* 27, S. 709-712; *NDB* 21, S. 338f; Doris Reimer, *Passion & Kalkül. Der Verleger Georg Andreas Reimer (1776–1842)*, Berlin, New York 1999; Doris Fouquet-Plümacher, *Jede neue Idee kann einen Weltbrand anzünden: Georg Andreas Reimer und die preußische Zensur während der Restauration*, Frankfurt am Main 1987; Ernst Förster, *Peter von Cornelius: ein Gedenkbuch aus seinem Leben und Wirken*, 1. Theil, Berlin 1874 (Briefe Cornelius an Reimer). Görres an Reimer: Brief Nr. 121, 158.
Erw.: Briefe Nr. 65, 76, 111, 114, 123, 133, 139, 156; Briefe an Görres: 9.1.1814, 16.10.1815, 18.3.1816, 16.8.1817, 4.11.1817, ca. Jan 1818.

Rein, Wilhelm, Verleger Leipzig, seit ca. 1797 Verlag Wilhelm Rein, 1818 Wilhelm Rein und Comp., 1813 Teil von Gruners Agentennetz.
Verlagswerke: v.a. patriot. Schriften, u.a. E.M. Arndt, *Der Rhein, Teutschlands Strom, aber nicht Teutschlands Gränze*, 1813; Turnvater Jahn, *Deutsches Volksthum*, 1817; *Handschrift auf unbekannte Art von St. Helena gekommen* aus dem Frz. von Prof. Wilh. Traugott Krug, 1817; Wilh. Traugott Krug, *An meine Zuhörer und die Studirenden in Leipzig*; Anon., *Die Waffenbrüder oder Freundschaft jenseits des Grabes. Höchst abenteuerliche und doch wahre Geschichte*, 1818; Zeitschriften: *Anekdoten zur Charakteristik Napoleons, seiner Dynastie, Marschälle, Generale und Zeitgenossen*, 1. Heft 1814; Friedrich Wilhelm Ferdinand von Cölln, *Fackeln. Ein Journal in zwanglosen Heften*, 1. Heft 1811.
Lit.: Projekt Gutenberg.de: Konspirative Tätigkeit des preußischen Polizeichefs Gruner (https://www.projekt-gutenberg.org/kisch/pragerpi/chap015.html).
Erw.: Briefe an Görres: 18.3.1816.

Renard, Jean Baptiste Karl Fortunat (1745-1818), seit 1782 Generalrezeptor der Hofkommission des Mainzer Universitätsfonds, zuständig für Rechnungswesen, Schriftverkehr, Verwaltung des Archivs, Visitation des Fondsbesitzes, Rechtsangelegenheiten.
Lit.: 225 Jahre Stiftung Mainzer Universitätsfonds (Festschrift zur 225 Jahrfeier der Stiftung Mainzer Universitätsfonds 1781-2006, Mainz 2006, S. 24f, 37f, 40 (www. Mainzer Universiätsfonds.de:file:///C:/Users/Besitzer/AppData/Local/Temp/225_Jahre_Stiftung.pdf.
Erw.: Briefe an Görres: 30.6.1814.

Renesse-Breidbach, Clemens Wenzeslaus Graf von (1774-1833), Kunstsammler, seit 1816 Besitzer Bürresheimer Hof Koblenz, Florinsmarkt (Graf Rennes-Haus), 1826 Abgeordn. Provinziallandtag Wahlbezirk Koblenz.
Lit.: Carl Heiner Beusch, *Adlige Standespolitik im Vormärz: Johann Wilhelm Graf von Mirbach-Harff*, S. 345; *Amtsblatt der Preußischen Regierung zu Koblenz: für das Jahr 1835*, Nr. 35, Juli 1835; *Kalender und Adreß-Handbuch für den Regierungsbezirk Coblenz 1823*, S. 15; *Handbuch für die Bewohner der Stadt Koblenz 1828*, Nr. 79; Karl Marold (Hrsg.), *Gottfried von Straßburg, Tristan*, Berlin New York 1977 (Fotomech. Nachdruck der Ausgabe Leipzig 1906), S. XLVIIf.
Erw.: Brief Nr. 5.

Renfner, Johann Heinrich (1753-1819), 1791-1803 preuß. Zeitungszensor, geheimer Legationsrat.
Lit.: Axel Schumann, *Berliner Presse und franz. Revolution. Das Spektrum der Meinungen unter preuß. Zensur 1789-1806*, Diss. Berlin 2001, S. 58, 63ff; Iwan-Michelangelo D'Aprile, *Die Erfindung der Zeitgeschichte: Geschichtsschreibung und Journalismus*, Berlin 2013,

S. 107ff; Acta Renfner: GStA PK, III. HA: Ministerium für Auswärtige Angelegenheiten I, Nr. 8942.
Erw.: Briefe an Görres: 10.5.1815, 28.1.1816.

Repnin-Wolkonski, Nikolai Grigorjewitsch Fürst von (1778-1845), General der Kavallerie der russischen Armee, 1809 Gesandter am westfäl. Hof, Okt. 1813 bis Nov. 1814 Generalgouverneur Sachsen, 1816 Gouverneur Gouvernement Poltawa, Mgl. Göttinger Akademie der Wissenschaften.
Lit.: Joachim Winsmann, *Die Familie des Fürsten Grigorij Semjonowitsch Wolkonsky,* 2016, S. 43-73; Holger Krahnke, *Die Mitglieder der Akademie der Wissenschaften zu Göttingen 1751-2001* Folge 3, Bd. 246, Göttingen 2001, S. 200.
Erw.: Brief Nr. 23.

Reuter, Johann Peter (Jean Pierre), Kaufmann Koblenz, 1804, 1823 verzeichnet.
Lit.: *Almanach d'adresses de la ville de Coblence por l'an XII,* 1804, S. 120; *Handbuch für die Bewohner der Stadt Koblenz*, Koblenz 1823, S. 17.
Erw.: Brief Nr. 5.

Ribbentrop, Friedrich Wilhelm Christian Johann (1768-1841), Dr. Jur., 1788 Referendar Kriegs- und Domänenkammer Minden, 1793-1806 Kammer- und Domänenrat, Mgl. Feldkriegskommissariat, 1802/05 Mitglied Organisationskommission Münster, 1805/06 Direktor, 1813-1815 Intendant Feld-Kriegskommissariat bei Blüchers westfäl. Armeekorps, Kommandant Jauer, 1815 Generalintendant der preußischen Armeen, 1815 Leiter Verwaltung der besetzten französischen Landesteile, bis 1835 Beamter Kriegsministerium, Chefpräsident Preußische Ober-Rechnungskammer Potsdam.
Werke: *Verfassung des preußischen Cantonwesens*, Minden 1798; *Feldmarschall Fürst Blücher v. Wahlstatt, Westfälischer Nationalkalender von 1806*; *Instruction für die Feld-Lazareth-Inspektoren,* Königsberg 1812; *Sammlung von Vorschriften, Anweisungen und sonstigen Aufsätzen in Beziehung auf den Dienst der Militair-Oekonomie-Beamten der Königlich-Preußischen Armee,* 13 Bände, Berlin 1814-21; *Vorschriften über den Dienst der Krankenpflege im Felde,* 2 Bde., Berlin 1832.
Lit.: *Gelehrtes Berlin im Jahre 1825,* Berlin 1826; Albrecht Erlenmeyer, *Friedrich Ribbentrop als Freimaurer,* Bendorf/Rh. 1903.
Ribbentrop an Görres: 17.7.1815.

Richelieu, Armand Emmanuel du Plessis, duc de Richelieu (1766-1822), 1790 Eintritt in russ. Armee, Generalmajor, 1803 Gouverneur von Odessa, 1814 Pair de France, Präsident frz. Ministerrat, 1815-1818 Außenminister, 1820-1821 Präsident Ministerrat.
Erw.: Briefe an Görres: 24.8.1817, 9.5.1818.

Richter, Jean Paul Friedrich (1763-1825), Jean Paul, Schriftsteller.
Werke: *Abelard und Heloise,* 1781; *Hesperus oder 45 Hundposttage*, 1795; *Siebenkäs*, 1796/97; *Titan,* 1800-1803; *Vorschule der Ästhetik, nebst einigen Vorlesungen in Leipzig über die Parteien der Zeit,* 1804; *Freiheitsbüchlein*, Tübingen 1805; *Levana oder Erziehlehre*, 1807; *Dr. Katzenbergers Badereise*, 1809; *Dämmerungen für Deutschland,* Tübingen, 1809; *Leben Fibels, des Verfassers der Bienrodischen Fibel,* 1812.
Lit.: *NDB* 10, S. 372-382; Günter de Bruyn, *Das Leben des Jean Paul Friedrich Richter. Eine Biographie*, Halle 1975; Michael Zaremba, *Jean Paul – Dichter und Philosoph. Eine Biografie,* Köln/Weimar/Wien 2012; Eduard Berend (Hrsg.), *Jean Paul. Sämtliche Werke.* Hist.-krit. Ausgabe, Weimar 1927ff., Repr. Berlin 1996ff: Dritte Abteilung (Briefe von J.P.), 1952-1964; 4. Abtheilung (Briefe an J.P.), hrsg. Jörg Paulus, Markus Bernauer u.a., Berlin/Boston 2010ff; Bernauer, Markus u.a. (Hrsg.) *Jean Paul – Sämtliche Briefe digital*, 2018; Görres' Rezension: Über Jean Paul Friedrich Richter's sämmtliche Schriften, in: *Heidelbergische Jahrbücher der Litteratur* 4. Jg. (1811) 2. Hälfte, Nr. 76-78, S. 1201-1239 (*GS* 4, S. 51-78); *GS/Briefe* 2, Nr. 94, S. 506.
Erw.: Briefe Nr. 101, 147; Briefe an Görres: 24.7.1817, 17.9.1817.

Ringseis, Johann Nepomuk (1785-1880), 1805-1812 stud. med. Landshut, 1812 Dr. med., 1812-1816 Studienreise Wien, Berlin, Paris, 1817 Arzt Allgem. Krankenhaus München, Begleiter des Kronprinzen Ludwig auf Italienreisen, 1818 Medizinalrat Isarkreis, 1826 Prof. Med. Univ. München, 1825-71 Obermedizinalrat und Medizinalreferent im Innenministerium, 1834 und 1856 Rektor Univ. München.

Hauptwerk: *System der Medizin. Ein Handbuch der allg. und speziellen Pathologie und Therapie*, Regensburg 1841.
Lit.: *ADB* 28, S. 635-640; *NDB* 21, S. 636f; E. Ringseis, *Erinnerungen an Dr. Johann Nepomuk Ringseis*, 4 Bde., 1886-1891; Bettina Ringseis, *Dr. J.N. Ringseis. Ein Lebensbild*, 1909; Georg Lindermayr, *Dr. J.N. v. Ringseis. „Der Ritter ohne Furcht und Tadel". 1785-1880. Sein Leben und Wirken*, 1950; Alexander Loichinger, J.N. v. Ringseis. Arzt und Professor, in: *Beiträge zur Geschichte des Bistums Regensburg*, 23/24, II, 1989/1990, S. 591-602; Eberhard Dünninger, *J.N. v. Ringseis in seiner Zeit (Beiträge zur Geschichte und Landeskunde Oberpfalz* 26), 1987; Alfred Wolfsteiner, *J.N. Ringseis*, Regensburg 2016; Fink-Lang, *GS/Briefe* 1, Einleitung, S. LVIIIf, S. 676.
Erw.: Briefe an Görres: 3.4.1818.

Röder, Karl, 1817 Major, Taufpate von Savignys Sohn Karl Friedrich.
Lit.: Stoll, *Savigny*, Bd. 2, Nr. 280, S. 123 (Sav. an Arnim Berlin 22.10.1814); Willy Real, *Karl Friedrich von Savigny 1814-1875. Ein preussisches Diplomatenleben im Jahrhundert der Reichsgründung*, Paderborn 1988.
Erw.: Briefe an Görres: 7.7.1817.

Röding, Carl Nicolaus (1780-1839), Hamburger Publizist, zeitweise Mitarbeiter des *Beobachter*.
Werke: *Geographische Beschreibung des Kriegsschauplatzes in Spanien*, Hamburg 1808; *Schilderung der Insel Van Diemensland, einer höchst merkwürdigen brittischen Colonie in der Südsee*, Hamburg 1823; *Amerika, in seiner gegenwärtigen politischen Gestalt, nach den neuesten, zuverlässigsten Originalquellen, mit Berücksichtigung des merkantilen Bedürfnisses*, Hamburg 1824; *Columbus: Amerikanische Miscellen*, Hamburg 1826; *Hamburg, wie es war und ist*, Hamburg 1827; *Bolivars Denkwürdigkeiten*, Hamburg 1830; *Der Freiheitskampf in Süd-Amerika. Nach den Memoiren des Generals Miller und andern zuverlässigen Quellen, historisch dargestellt*, Hamburg 1830; *Amerika im Jahre 1831*, Hamburg 1832; *Biograph. Skizze des Generals Francisco de Paula Santander, Columbia's Moreau: nach authentischen Quellen*, Hamburg 1830.
Lit.: Heinz Bergmann, *Der Deutsche Beobachter und die deutsche Verfassungsbewegung vom Beginn der Befreiungskriege bis zum Ausgang des Wiener Kongresses*, Diss. Köln 1940; Ursula Wiedenmann, *Karl August Varnhagen von Ense: Ein Unbequemer in der Biedermeierzeit*, Stuttgart 1994.
Erw.: Briefe an Görres: 10.4.1817.

Rolshausen, Josef (Georg Joseph Aloysius) (1782-1861), Kalkulator, Kataster, Steuerbeamter, Hauptmann bei der Landwehr, 1803 Hofbauschreiber Hofkammer Ehrenbreitstein, 1801 und 1806 erw. als Zeichner von Karten und Plänen städt. Gebäude, 1810-1815 als Geometer, 1815 erw. als Steueraufseher, 1815 Eintritt in die Landwehr, 1816-1827 Kalkulator Deposital- oder Departementalspezialkasse ehem. Rhein- und Moseldepartements, 1818 Kalkulator und Hauptmann bei der Landwehr in Koblenz, Unterz. Adresse (als Vertreter der Landwehr, als „v. Rollshausen, Regierungs-Calculator"), 1819 Generalkommissar des Rheinisch-westfäl. Katasters, 1826/27 Regierungsrat und Generalkommissar bei der Generalkatasterdirektion für Rheinland und Westfalen, 1838 Oberregierungsrat Köln, 1841 Mgl. Vorstand Dombauverein, 1843-1848 Präsident Zentraler Dombauverein.
Werk: *Bemerkungen über das Bewaffnungssystem in Preußen besonders in Beziehung auf die Rheinlande*, von J. Rolshausen und Josef Görres, Koblenz 12. März - 4. April 1818.
Lit.: Stadtarchiv Koblenz, Einwohnerverzeichnis 1818: https://stadtarchivkoblenz/stadtarchiv_einwohnerverzeichnis_1818.xls, Nr. 3666-3672; LHA Koblenz, Best. 355, Sachakte 903; Best. 48, Sachakte 3923; Best. 441, Sachakte 1861-1863; Best. 331. 002, Sachakte 219; Best. 702; Ludger Graf v. Westphalen, *Stein und Vincke*, 1977, S. 94, 97; Heide Barmeyer, Politik und Familie im Leben Ludwig Vinckes 1826/27, in: *Westfäl. Zeitschrift* 150, S. 38; *GS* 13, S. 549ff; Görres, *Die Übergabe der Adresse der Stadt Coblenz*, S. 8. GS 13, S. 551f.
Erw.: Briefe Nr. 13, 106, 134, 144, 158, 159.

Rosbach, Matthias (1784-1859), stud. Jur., preuß. Verwaltungsbeamter, Rentmeister Cochem, 1809 Zoll- und Steuerverwaltung, 1814 Steuerbeamter, 1816 Regierungssekretär Trier, 1817 interimist. Landrat Landkreise Daun und Prüm, 1833 Leiter Hypothekenamt Köln, 1836 Leiter Stempelfiskalat Trier.

Lit.: Horst Romeyk, *Die leitenden staatlichen und kommunalen Verwaltungsbeamten der Rheinprovinz 1816-1945*, Düsseldorf 1994, S. 316; ders., in: *Trierer biograph. Lexikon*, Trier 2000, S. 378; *Rheinland-Pfälzische Personendatenbank*.
Rosbach an Görres: 31.7.1817, 10.9.1817.

Rossel, Johann Philipp, aus Nassau, Ausbildung bei Pestalozzi, 1813 Yverdon, Ende 1814 Gesuch wegen Eröffnung einer Privatschule nach Pestalozzi-Methode in Koblenz, 1817 Schule geschlossen, später Lehrer Gym. Aachen (erw. 1820, 1827), Hrsg. *Allgemeine Monatsschrift für Erziehung und Unterricht*, Aachen.
Lit.: Stein, Görres und die Pestalozzischule in Koblenz, in: *Koblenzer Volkszeitung* Nr. 35 (15.2.1927); ders., Weiteres über Görres und die Pestalozzischule in Koblenz, in: *Koblenzer Volkszeitung* Nr. 51, 7.3.1927, Viertes Blatt.
Erw.: Briefe Nr. 37, 49.

Rostophchin, Fjodor Wassiljewitsch Graf (1763-1826), 1796 russ. General, Oberhofmarschall, Minister des Auswärtigen, 1799 Reichsgraf, 1801 in Ungnade, 1810 Rückkehr Oberkammerherr, 1812 Oberkommandierender von Moskau, 1814 Begleiter Zar Alexanders I. Wiener Kongress, 1817 in Ungnade, 1817-1823 Paris, 1825 Rückkehr nach Russland.
Werke: u.a. zwei Lustspiele, Reiseberichte, *Mémoires écrits en dix minutes.*
Lit.: J. H. Schnitzler, *La Russie en 1812. Rostoptchine et Koutousof. Tableau de mœurs et essai de critique historique*, Paris 1863; Anatole de Ségur, *Vie du comte Rostopchine, gouverneur de Moscou en 1812*, Paris 1871.
Erw.: Briefe an Görres: 26.2.1817.

Rother, Christian (1778-1849), 1797 Assistent Kriegs- und Domänenkammer, 1806 Kanzleiinspektor Polizeimagistrat Warschau, 1810 Kalkulator General-Staatskasse Berlin, 1812 Rechnungsrat Berlin, finanzpolit. Berater Hardenbergs, 1815 preuß. Beauftragter für die Verteilung der französischen Kriegsentschädigungen, wirklicher Geheimer Oberfinanzrat, Direktor Zentralbüro im Finanzministerium, 1817 Mgl. Preuß. Staatsrat, 1820-1848 Königlicher Commissarius und Chef der Seehandlungsgesellschaft, Präsident der Hauptverwaltung der Staatsschulden, 1831 Direktor kgl. Hauptbank, 1835-1837 Leiter Verwaltung für Handel, Fabrikation und Bauwesen, 1836 geheimer Staatsminister, 1837-1848 Präsident kgl. Hauptbank.
Lit.: *ADB* 29, S. 360f; *NDB* 22, S. 121f; Rolf Keller, *Christian von Rother als Präsident der Seehandlung*, Dittmann, 1930; Wolfgang Kirchner/Wolfgang Radtke, *Bankier für Preußen*, Berlin 1987.
Erw: Briefe an Görres: 1.12.1817.

Rougemont: Karl David von Bonstetten von Rougemont (1783-1851), Gutsbesitzer Valeyres-sous-Rances, Kammerherr am bayer. Hof.
Lit.: *ADB* 47, S. 110f (Art. Gustav Karl v. Bonstetten, Sohn).
Erw.: Briefe an Görres: 30.7.1817.

Ruckstuhl, Karl Joseph Heinrich (1788-1831), geb. Schweiz, ca. 1807 Pestalozzi'sche Erziehungsanstalt Yverdon, 1812 stud. Philologie Heidelberg (Creuzer), 1813 Paris, 1814 Lehrer Seminar Hofwil/Kanton Bern, 1815 Lehrer alte Sprachen Kantonsschule Aarau, Mgl., Sekretär „Aargauische Culturgesellschaft", 1815 Freiwilliger Kriegsdienst, Besuch in Koblenz, mit preuß. Herr Einzug in Paris, 1816 Oberlehrer Gymnasium Bonn, seit 1820 Lehrer Gym. Koblenz.
Werke: Von der Ausbildung der Teutschen Sprache, in Beziehung auf neue, dafür angestellte Bemühungen, in: *Nemesis, Zeitschrift für Politik und Geschichte*, Bd. 8, 3. Stück, Weimar 1816, S. 337-386; Beiträge *Rheinischer Merkur* (vermutlich „Aus der Schreibtafel eines teutschen Freywilligen in Paris", 5.9.1815 - 31.10.1815: Nr. 294, 295, 318, 322).
Lit.: *ADB* 53, S. 576-580; Ludwig Hirzel, *Karl Ruckstuhl. Ein Beitrag zur Goethe-Litteratur*, Straßburg 1876; Worbs, *Geschichte des Königlichen Gymnasiums zu Coblenz*, S. 34.
Görres an Ruckstuhl: Brief Nr. 117.

Rudler, François Joseph (1757-1837), stud. jur. Straßburg, Richter Kassationsgerichtshof Paris, 1796-1798 Regierungskommissar bei der Armée du Rhin u. Armée de Mayence, 1797 Regierungskommissar Direktorialregierung Bonn, Mainz und Trier, 1801 Präfekt Département Charente, 1809 Ernennung zum Baron d'Empire, 1810 Ruhestand Straßburg, Deputierter Nationalversammlung für Département Bas-Rhin.

Lit.: Karl Georg Bockenheimer, *Geschichte der Stadt Mainz während der zweiten französischen Herrschaft (1798-1814)*, 1890; Franz Dumont/Ferdinand Scherf/ Friedrich Schütz (Hrsg.), *Mainz – Die Geschichte der Stadt*, Mainz 1998; Hansen, *Quellen*, Bd. 4, S. 922 ff.
Erw.: Brief Nr. 17.

Rudolphi, NN, 1814 Oberstleutnant Hauptquartier Koblenz, eventuell identisch mit Nikolaus Ludwig von Rudolphi (1772-1837), seit 1793 preuß. Militär 1805 Premierleutnant, 1810 Mgl. Direktion Kriegsschule Berlin, 1814 Oberstleutnant, Chef des Generalstabs in Schlesien unter Yorck, Mai 1814 Mainz, 1815 Generalquartiermeister im 5. Deutschen Bundeskorps, Juni 1815 Oberst, 1817 Inspekteur Landwehr Stettin, 1820 Generalmajor, 1832 Kommandant Glogau, 1835 Abschied.
Lit.: Kurt von Priesdorff, *Soldatisches Führertum.* Band 4, S. 351f, Nr. 1347; Schultze, *Kriegsbriefe des weil. Königl. preuß. Generallieutenants Julius Ludwig von Rudolphi aus den Jahr 1812 bis 1813,* Berlin 1813.
Erw.: Brief Nr. 30.

Ruhl, Johann Christian (1764-1842), Bildhauer, Illustrator und Architekt Kassel, 1808 Hofbildhauer des Königs Jérôme v. Westfalen, Professor Akademie der bildenden Künste Kassel, Vater von Ludwig Sigismund Ruhl.
Lit.: *ADB* 29, S. 606f.
Erw.: Briefe an Görres: 2.10.1815.

Ruhl, Ludwig Sigismund (1794-1887), Ausbildung Akademie der bildenden Künste Kassel, 1811f stud. Anatomie, Kunstgeschichte Göttingen, 1814 Freiwilliger Frankreichfeldzug, stud. Akademie Dresden, 1815 Kunstakademie München, 1816-1818 Rom, Kassel (Schönfelder Kreis), 1832 Professor Akademie Kassel, Direktor Bildergalerie und Museum, später Direktor kurprinzl. Bibliothek Wilhelmshöhe, Leiter Geheimes Kabinettarchiv, 1840 Direktor Akademie.
Lit.: Tjark Hausmann, Ruhl, Ludwig Sigismund, in: Ingeborg Schnack (Hrsg.), *Lebensbilder aus Kurhessen und Waldeck 1830-1930*, Marburg 1955, S. 302-313; Brigitte Rechberg-Heydegger, *Ludwig Sigismund Ruhl (1794-1887): Leben u. Werk*, Diss. Gießen 1973.
Erw.: Briefe an Görres: 2.10.1815.

Rumohr, Carl Friedrich Ludwig Felix von (1785-1843), Kunsthistoriker, Schriftsteller, Zeichner und Maler, 1802-1804 stud. klass. Philologie, Geschichte Univ. Göttingen, Zeichenunterricht bei J. D. Fiorillo, 1805/6, 1816-1821, 1828/29, 1837, 1841 Italienreisen, Mgl. Akademie der Bildenden Künste München, Mäzen der Nazarener, 1834 Kupferstichsammlung Kopenhagen, nach 1841 Lübeck.
Werke: Kunsthist. Schriften: *Über die antike Gruppe Castor und Pollux oder von dem Begriffe der Idealität in Kunstwerken*, Hamburg, 1812; *Sammlung für Kunst und Historie*, Hamburg 1816, 1825; *Italienische Forschungen,* 3 Teile, Berlin und Stettin 1827-1831; *Ueber den gemeinschaftlichen Ursprung der Bauschulen des Mittelalters*, Berlin und Stettin 1831; *Drey Reisen nach Italien. Erinnerungen,* Leipzig 1832; *Geist der Kochkunst,* 2. Aufl., Stuttgart und Tübingen 1832; *Hans Holbein, der jüngere, in seinem Verhältnisse zum deutschen Formschnittwesen*, Leipzig 1836.
Lit.: *ADB* 29, S. 657-661; *NDB* 22, S. 250f; Heinrich Wilhelm Schulz, *Karl Friedrich von Rumohr, sein Leben und seine Schriften,* Leipzig 1844.
Erw.: Briefe an Görres: 16.10.1815.

Runge, Daniel (1776-1856), Bruder von Philipp Otto Runge, Kaufmann, Reeder, Lyriker, Herausgeber der Schriften seines Bruders.
Werke: *Vaterländische Lieder nach bekannten Weisen* (1815); *Hamburgischer Liederkranz* (1838); 1815ff Hrsg. *Der Nieder-Elbische Merkur*; 1819 Redaktion *Liste der Börsenhalle*; Hrsg.: Ph.O. Runge, *Hinterlassene Schriften*, 2 Bde., Hamburg 1840-41.
Runge an Görres: 19.7.1814.
Erw.: Briefe Nr. 40, 61, 107, 137.

Runge, Philipp Otto (1777-1810), Hamburger Maler der Frühromantik, 1795 Kaufmannslehre Hamburg („Kommissions- und Speditionshandlung“ seines Bruders Daniel), 1797 Zeichenunterricht Hamburg, 1799-1801 kgl. Akademie Kopenhagen, 1801-1804 Kunstakademie Dresden, 1804 Heirat, Übersiedlung nach Hamburg.

Werke: Porträts, Scherenschnitte; theoret. Werk: *Farbenkugel oder Construction des Verhältnisses aller Mischungen der Farben zu einander und ihrer vollständigen Affinität*, Hamburg (Perthes) 1810.
Lit.: *ADB* 29, S. 692-94; *NDB* 22, S. 264-267; Markus Bertsch/ Regine Gerhardt (Hrsg.), *Kosmos Runge. Der Morgen der Romantik* (Ausstellungskatalog), München 2010; Jörg Traeger, *Philipp Otto Runge und sein Werk*, München 1975; Peter Betthausen (Hrsg.), *Ph. O. Runge. Briefe und Schriften*, Berlin 1988.
Erw.: Briefe Nr. 40, 61, 107, 137; Briefe an Görres: 19.7.1814.

Rupert, NN., 1814 erw. als Empfänger Kreuznach, 1819 k. Oberbürgermeisterei-Verwalter und Rendant.
Lit.: Stadtarchiv Kreuznach 5 - StA1814 – 1948, Signatur 2630: Rechnungen der Herren Schnabel, Rupert, Hermany, Hexamer und Graeff, Empfänger im Jahre 1814. (https://www.bad-kreuznach.de/politik-und-verwaltung/haus-der-stadtgeschichte/bestaende/findbuch/5-sta-1814-1948.pdf?cid=e76).
Erw.: Briefe an Görres: 14.7.1819.

Rupprecht, NN, Rittmeister, Anführer eines Corps freiwilliger Jäger Hanau.
Erw.: Briefe an Görres: 2.6.1815.

Saalfeld, Friedrich Jakob Christoph (1785-1834), stud. Theol., Philosophie Göttingen, 1807 Mag. Phil., 1808 Habil. Heidelberg, 1809 Privatdozent Göttingen, 1811 ao., 1823 ord. Professor Philosophie Göttingen, Vorlesungen über neueste Geschichte, Nationalökonomie, Statistik, Politik, allgemeines Staatsrecht und Europ. Völkerrecht, 1832 Mgl. Landtag Hannover, 1831 Entlassung, Ausweisung aus Hannover.
Werke: *Staatsrecht von Frankreich*, 2 Bde., 1810/14; *Handbuch des westfälischen Staatsrechts*, 1812; *Geschichte des portugiesischen Kolonialwesens in Ostindien*, 1810; *Geschichte des. holländ. Kolonialwesens*, 2 Bde., 1812/13; *Geschichte Napoleon Buonapartes,* Leipzig und Altenburg 1815; *Allg. Geschichte der neuesten Zeit, seit d. Anfange d. franz. Revolution*, 4 Bde., 1815-21; *Handbuch des positiven Völkerrechts*, 1833.
Lit.: *ADB* 30, S. 102f; *NDB* 22, S. 314.
Erw.: Briefe an Görres: 15.11.1814.

Sack, Ernst Heinrich (1775-1847), Bruder von Johann August, 1813-1815 in der Verwaltung der Generalgouvernements Mittelrhein und Berg, 1814 Gouvernementskommissar Koblenz, 1819 Regierungsdirektor Magdeburg, 1825-1836 Provinzialsteuerdirektor für die Provinz Sachsen.
Lit.: Ute Dietsch, *Familienarchive und Nachlässe im Geh. Staatsarchiv Preuß. Kulturbesitz. Ein Inventar*, Berlin 2008, S. 321f; W. Just, *Verwaltung und Bewaffnung im westl. Deutschland nach der Leipziger Schlacht 1813-1814,* Göttingen 1911, S. 28-55.
Görres an E.H. Sack: Briefe Nr. 25, 29, 31, 33, 37, 42, 47, 50, 51, 54, 56, 62.
E.H. Sack an Görres: 28.7.1814, 29.7.1814, 29.9.1814, 18.7.1815, 20.7.1815, 24.7.1815, 29.8.1815, 8.9.1815, 14.9.1815, 21.9.1815, 22.9.1815, 30.9.1815, 5.10.1815, 4.11.1815, 16.11.1815, 23.11.1815, 12.1.1816 (2mal), 12.2.1816.
Erw.: Briefe Nr. 15, 19, 29, 59, 72; Briefe an Görres: 11.7.1815, 20.1.1816.

Sack, Johann August (1764-1831), Bruder von E. H. Sack, stud. jur. Kameralwiss. Halle, Göttingen, 1785 Auscultator Regierung Kleve, 1788 Bergrat und Bergrichter in Wetter, 1792 Justiziar Kriegs- und Domänenkammer Kleve, 1794 Geheimer Oberfinanzrat Berlin, 1806 Zivilgouverneur Berlin, 1814 Gouverneur Generalgouvernement Niederrhein, Juli 1814 Generalgouverneur Nieder- und Mittelrhein, 1815/16 Oberpräsident Rheinprovinz, 1816 Oberpräsident Provinz Pommern, gleichzeitig Regierungspräsident Stettin, Mitbegründer und erster Präsident der Gesellschaft für pommersche Geschichte und Altertumskunde.
Lit.: *ADB* 30, S. 152-154; Horst Romeyk, *Die leitenden staatlichen und kommunalen Verwaltungsbeamten der Rheinprovinz 1816-1945* (= *Publikationen der Gesellschaft für Rheinische Geschichtskunde*. Band 69), Düsseldorf 1994; Wolfgang Dahle, Ein preußischer Reformer in Pommern: Johann August Sack, in: *Pommersches Heimatbuch 2008,* Lübeck 2008, S. 41-46.
Görres an J. A. Sack: Briefe Nr. 16, 48, 49, 55, 57, 64, 67.
J.A. Sack an Görres: 10.7.1814, 5.8.1814, 30.12.1814, 11.7.1815, 30.7.1815, 21.8.1815, 14.11.1815.
Erw.: Briefe Nr. 15, 22, 27, 59, 62, 63, 72, Appendix Nr. 1; Briefe an Görres: 2.6.1815, ca. Sommer 1815, 5.12.1815, 30.12.1815, 4.1.1816, 1.12.1817.

Sailer, Johann Michael (1751-1832), 1780 Prof. Dogmatik Univ. Ingolstadt, 1781 Entlassung (Vorwurf des „Obskurantismus"), 1784 Prof. Theol. Univ. Dillingen, 1794 Entlassung (Vorwurf: Illuminat), 1799 Prof. Theologie Univ. Ingolstadt, seit 1800 Landshut, 1821 Domkapitular, 1822 Generalvikar, Koadjutor, Titularbischof Regensburg, 1825 Dompropst, 1829 Bischof Regensburg.
Werke: Theol., pastoraltheol. Werke, Predigten.
Lit.: ADB 30, S. 178-192; *NDB* 22, S. 356f; Hubert Schiel, *Johann Michael Sailer. Briefe,* Regensburg 1952; Gerard Fischer, *Johann Michael Sailer und J.H. Pestalozzi,* Freiburg/Basel/ Wien 1954; Georg Schwaiger (Hrsg.), *Johann Michael Sailer und seine Zeit,* Regensburg 1982; Alexander Loichinger, Sailer, Diepenbrock, Christian und Clemens Brentano, in: *Münchener Theologische Zeitschrift.* Jg. 52 (2001), S. 304-322; *GS/Briefe* 1, Einleitung, S. LXXXff, S. 679.
Sailer an Görres: 13.4.1816.
Erw.: Brief Nr. 59.

Sand, Karl Ludwig (1795-1820), Attentäter Kotzebues, Nov. 1814 imm. Univ. Tübingen, Mgl. Teutonia, Kadett Freiwill. Jägerkorps, stud. ev. Theol. Univ. Erlangen, Aug. 1816 Gründung Erlanger Burschenschaft, Okt. 1817 Teilnahme Wartburgfest, stud. Jena, Mgl. Urburschenschaft, Anhänger der „Unbedingten", 23.3.1819 Ermordung August v. Kotzebues, 5.5.1820 Verurteilung zum Tod.
Lit.: *NDB* 22, S. 413f; Ernst Wilhelm Wreden, *Literatur zur Geschichte der Burschenschaft und des deutschen Studententums VIII: Quellen und Darstellungen zur Ermordung August von Kotzebues durch Karl Ludwig Sand und den Folgen. Eine Bibliographie der wichtigsten gedruckten Quellen und Darstellungen,* in: Horst Bernhardi, Ernst Wilhelm Wreden (Hrsg.), *Jahresgabe der Gesellschaft für burschenschaftliche Geschichtsforschung 1975*, S. 18-26; Helge Dvorak, *Biographisches Lexikon der Deutschen Burschenschaft,* Bd. I, Teilband 5, Heidelberg 2002, S. 162-166; Karl Alexander v. Müller, *Karl Ludwig Sand,* München 1923; Harald Neumann, *Carl Ludwig Sand. Theologiestudent und Attentäter,* Berlin 1997; Harro Zimmermann, *Ein deutscher Gotteskrieger? Der Attentäter Carl Ludwig Sand: Die Geschichte einer Radikalisierung*, Paderborn 2020; Görres, „Kotzebue und was ihn gemordet", in: *Die Waage,* 6. Heft (April 1819), Frankfurt 1819; *GS* 13, S. 490-495.
Erw.: Briefe Nr. 159, 162, 164.

Sandfort, H., großhrzgl. hess. Artilleriemajor, 1803 Erstellung Plan Abtei Wedinghausen, 28.11.1809 Verbannung aus Arnsberg durch Verfügung des großhzgl. hess. Oberkriegsgerichts, 12.8.1816 Aufhebung der Verbannung durch Oberpräsident v. Vinke.
Lit.: Wolfram Essling-Wintzer, Grafengruft und Luftheizung. Zwei aufseheneregende archäolog. Befunde im Kloster Wedinghausen in Arnsberg, in: *Sauerland* 3 (2019); H. Sandfort, Plan [...] der Abtey Wedinghausen bei Arnsberg, 1803: Hessische Landes- und Hochschulbibliothek Darmstadt, hist. Mappe 233/16/2-3; *Rheinische Blätter* Nr. 50 (26.9.1816); *Baireuther Zeitung* Nr. 233 (1.10.1816).
Erw.: Briefe an Görres: 9.1.1816.

Savigny, Friedrich Carl von (1779-1861), 1795 stud. jur. Marburg, Jena, Leipzig, Göttingen, Halle, 1800 Dr. jur. Marburg, 1801 Priv.doz. Marburg, 1804 Heirat mit Kunigunde Brentano, 1808 Prof. römisches Zivilrecht Univ. Landshut, 1810 Prof. Univ. Berlin, Privatlehrer des preuß. Kronprinzen, 1817 Staatsrat, Mgl. preuß. Justizministerium, 1819 Mgl. Obertribunal für die Rheinprovinzen, 1820 Mgl. Kommission für die Revision des Allgem. Landrechts für die preuß. Staaten, 1842-1848 Großkanzler, preußischer „Minister für Revision der Gesetzgebung".
Werke: *Geschichte des römischen Rechts im Mittelalter,* 1815-1831; *System des heutigen römischen Rechts,* 8 Bde, 1840-1849; Mitgründer *Zeitschrift für geschichtliche Rechtswissenschaft.*
Lit.: Wilhelm Schoof, Friedrich Karl von Savigny in Berlin – ein Lebens- und Zeitbild, in: *Jahrbuch des Vereins für die Geschichte Berlins* 21, 1972, S. 7-61; Iris Denneler, *Friedrich Karl von Savigny,* Berlin 1985; Benjamin Lahusen, *Alles Recht geht vom Volksgeist aus. Friedrich Carl von Savigny und die moderne Rechtswissenschaft*, Berlin 2013; Matthias von Rosenberg, *Friedrich Carl von Savigny (1779-1861) im Urteil seiner Zeit,* Frankfurt am Main 2000; Ingeborg Schnack, Wilh. Schoof (Hrsg.), *Hessische Briefe des 19. Jahrhunderts. Briefe der Brüder Grimm an Savigny,* Berlin 1953; Hellfried Dahlmann, Ing. Schnack (Hrsg.), *Hessische Briefe des 19. Jahrhunderts. Briefe Friedrich Creuzers an Savigny,* Berlin 1972; Ingeborg Schnack

(Hrsg.), *Hessische Briefe des 19. Jahrhunderts. Der Briefwechsel zwischen Friedrich Carl von Savigny und Stephan August Winkelmann (1800-1804) mit Dokumenten und Briefen aus dem Freundeskreis,* Veröffentlichungen der Historischen Kommission für Hessen Bd. 23/03, 1984.
Görres an Savigny: Briefe Nr. 93, 102.
Savigny an Görres: 28.7.1816, 14.6.1817, 21.6.1817, 7.7.1817, 27.2.1818.
Erw.: Briefe Nr. 41, 58, 60, 93, 95, 128, 147, 155, 159, 160; Briefe an Görres: 9.1.1814, 18.7.1814, 30.10.1814, 24.5.1815, 26.6.1815, ca. Sommer 1815, 12.7.1815, 2.11.1815, 6.12.1816, 10.4.1817, 18.5.1817, 6.7.1817, 4.9.1818.

Schaaffhausen, Hubert Joseph (1780-1868), Fabrikant Koblenz, Compagnon von Dietz (Blechwarenfabrik Schaaffhausen & Dietz), 1806 Kauf der „Alten Burg“ Koblenz als Fabrikgelände, 1817 erw. als Handelsmann.
Lit.: Peter Kleber, Von der Feinblechwarenfabrik zum Schweinestall. Das unrühmliche Ende der Koblenzer Blechwarenfabrik Schaaffhausen & Dietz, in: *Koblenzer Beiträge zur Geschichte und Kultur.* Neue Folge 13, 2003, S.107 ff; Petition der Koblenzer Bürger an den König 18.10.1817; Akten: LHA Koblenz, Best. 256, Nr. 1105; http://www.regionalgeschichte.net/mittelrhein/koblenz/einzelaspekte/blechwarenfabrik.html; Fink-Lang, *Görres,* S. 69f.
Erw.: Brief Nr. 1.

Schack, Ferdinand Wilhelm Carl von (1786-1831), 1802 Eintritt preuß. Militär, 1807 Premierleutnant, 1811 Adjutant des Generalmajors Yorck, 1813/14 Major im Generalstab des Yorckschen Korps, 1814 Oberstleutnant, Adjutant des preußischen Kronprinzen Friedrich Wilhelm, 1823 Generalmajor.
Lit.: *ADB* 30, S. 491f; Kurt v. Priesdorff, *Soldatisches Führertum,* Bd. 4, Hamburg 1937, S. 457f.
Schack an Görres: 27.2.1818.

Schäfer, Michael, 1815, 1826 erw. Lehrer Mathematik und Naturgeschichte Gymnasium Trier, 1818 Mgl. Gesellschaft nützlicher Forschungen (für botan. und zoolog. Fach).
Werk: *Trierische Flora oder kurze Beschreibung der im Regierungsbezirke Trier wildwachsenden Pflanzen,* 3 Teile, Trier 1826-1829.
Lit.: Gottfried Kentenich, *Geschichte der Stadt Trier von ihrer Gründung bis zur Gegenwart,* Trier 1915, S. 726.
Erw.: Briefe an Görres: 15.11.1815.

Schaesberg, Heinrich Edmund (Heinrich Eduard) von (1779-1835) auf Schloss Krickenbeck / Nettetal am Niederrhein (=Heinrich Eduard), aus Limburgischem Uradel, 1814 Mgl. Deputation Ruhr-Departement zum Generalgouverneur, Verwandtschaft mit Frh. von Bourscheid (durch Heirat von Heinrich Ludwig Frh. von Bourscheidt, gest. Büllesheim 1710, mit Godfrieda Isabella v. Schaesberg auf Krickenbeck, gest. 1733).
Lit.: *Hof- und Staats-Schematismus der röm. kaiserl. auch kaiserl.-königl. und erzherzoglichen Haupt- und Residenz-Stadt Wien: derer daselbst befindlichen höchsten und hohen unmittelbaren Hofstellen, Chargen und Würden, niederen Kollegien Instanzen und Expeditionen,* Wien 1797, S. 271; http://www.werndl-von-lehenstein.de/veroeffentlichung/Hohenstaufen.htm; Christian Quix, *Die Reichsgrafen von Schaesberg zu Kerzen und Lommarsum etc.*, Aachen 1841, S. 13.
Erw.: Briefe an Görres: 2.5.1814.

Scharnhorst, Heinrich Wilhelm Gerhard (1786-1854), seit 1802 von Scharnhorst, 1809 Eintritt preuß. Armee, 1812 Hauptmann, Adjutant bei Wellington, 1813 Sekondeleutnant Generalstab Blücher, 1816 Major im Stab des Generalkommandos am Rhein, Artillerieinspektor Koblenz, 1818 Heirat mit Agnes Gräfin Neidhardt von Gneisenau (1800-1822), Tochter von August Graf Neidhardt von Gneisenau, 1833 Oberst, Kommandeur der 3. Schlesischen Artilleriebrigade, 1836 Dienst im Kriegsministerium, 1849 Gouverneur von Rastatt.
Lit.: *ADB* 30, S. 597f; Kurt von Priesdorff, *Soldatisches Führertum,* Bd. 5, Hamburg 1938, S. 394-397, Nr. 1613.
Erw.: Briefe Nr. 81, 90, 135; Briefe an Görres: 4.6.1816, 10.4.1817,24.7.1817, 29.9.1817, 2.6.1818, 20.8.1818.

Schenkendorf, Henriette Elisabeth (1774-1840), geb. Dittrich, verheir. Barckley, 1812 in 2. Ehe Heirat mit Max von Schenkendorf.
H. v. Schenkendorf an Görres: Anfang 1818.
Erw.: Brief Nr. 34.

Schenkendorf, Maximilian von (1783-1817), 1798-1806 stud. Kameralwiss. Königsberg, 1807 Mitherausgeber Zeitschrift *Vesta. Für Freunde der Wissenschaft und Kunst* (Königsberg), 1813 Freiwilliger Befreiungskriege, (obwohl nicht kriegstauglich wegen Handverletzung in Duell 1809), Teilnahme Völkerschlacht bei Leipzig, 1815 Tätigkeit Militärgouvernement Aachen, Köln, Sommer 1815 Regierungsrat Koblenz.
Werke: Kriegslieder, Oden, Sonette, Gedichte, in Taschenbüchern und Zeitschriften veröff. (*Vesta, Studien, Königsberger Zeitung, Preußischen Korrespondent, Breslauer Zeitung, Rheinischer Merkur*); *Christliche Gedichte. Frommen Jungfrauen und Mägdlein zur Weihnachtsgabe*, 1814 (anon.); *Gedichte*, 1815; *Sämmtl. Gedichte*, hrsg. v. F. Lang, 1837.
Lit.: *ADB* 31, S. 74-82; *NDB* 22, S. 680f; A. Hagen, *Max v. Schenkendorf's Leben, Denken und Dichten. Unter Mittheilungen aus seinem handschriftlichen Nachlaß*, Berlin 1863; L. M. Fouqué, *Aus Max von Schenkendorff's Leben. Erinnerungen* (*Preußische Provinzial-Blätter* Bd. 12), Königsberg 1834._
Erw.: Briefe Nr. 17, 34, 58, 90, 106, 115, 120, 121; Briefe an Görres: 9.12.1815, 19.1.1816, 26.2.1817, 16.8.1817, 20.11.1817, Anfang 1818, 4.2.1818.

Scherer: Scheerer, Wilhelm Joachim Gottfried (1772-1826), Apotheker, Schriftsteller Berlin, Mitarbeiter *Beobachter an der Spree, Gesellschafter* von Friedrich Wilhelm Gubitz, Kritik an Turnbewegung, seine Werke 1817 beim Wartburgfest verbrannt.
Werke: Schauspiele, politische Schriften, u.a. *Die Reise ins Vaterland, Schauspiel in zwei Aufzügen*, 1797; *Die Turnfehde, oder: Wer hat Recht?*, Teil 1, Berlin 1818, Teil 2, Berlin 1819; *Deutschlands Triumph, oder das entjochte Europa*, 1814/1815; „Über das Turnwesen", in: *Der Gesellschafter* 1817, Nr. 45 und 46.
Lit.: Karl Goedeke, *Grundriss zur Geschichte der deutschen Dichtung aus den Quellen*, Bd. XIV, Achtes Buch, 2. ganz neu bearb. Auflage (Hrsg. Herbert Jacob), Ndr. Berlin 2011, S. 583; Karl-Heinz Schodrok, *Preußische Turnpolitik mit Blick auf Westfalen*, S. 60-67; *Deutscher Beobachter oder privilegierte Hanseatische Zeitung* Nr. 519 (22.4.1819); *Oppositions-Blatt, oder weimarische Zeitung* Nr. 105 (3.5.1817); Jahn, „Geforderte Antwort", in: *Der Gesellschafter* 16.4.1817.
Erw.: Briefe an Görres: 10.4.1817.

Schiett, NN, vermutlich aus Kreuznach.
Erw.: Brief Nr. 68.

Schinkel, Karl Friedrich (1781-1841), Architekt, Maler, 1810 Geheimer Oberbauassessor Oberbaudeputation Berlin, 1815 Geheimer Oberbaurat, 1838 Oberlandesbaudirektor, Architekt des Königs.
Lit.: *ADB* 54, S. 17-28; *NDB* 22, S. 795-798; Jörg Trempler, *Karl Friedrich Schinkel. Eine Biografie,* München 2012; Christoph v. Wolzogen, *Karl Friedrich Schinkel – Unter dem bestirnten Himmel. Biographie,* 2 Bde., Frankfurt 2016.
Erw.: Briefe Nr. 41, 78, 95, 97, 137; Briefe an Görres: 31.12.1814, 26.2.1817.

Schlegel, August Wilhelm v. (1767-1845), 1786 stud. Theol., Philologie Göttingen, 1791 Hauslehrer Amsterdam, 1795 Vorlesungen Ästhetik Univ. Jena, 1798-1801 Prof. Jena, 1801-1804 Berlin: Vorlesungen über schöne Lit. und Kunst, 1802-1817 mit Mme de Staël auf deren Landsitz Coppet und auf Reisen (Wien, Bern, Stockholm, 1815 Italien, 1817 Paris), 1818 Heirat mit Sophie Paulus, Tochter des Theologen Heinrich Eberhard Gottlob Paulus, 1818 Prof. Indologie Bonn, 1824/25 Rektor, 1841 Ruf Univ. Berlin, Rückkehr nach wenigen Monaten.
Werke: Shakespeare-Übersetzungen, 9 Bde., 1797-1810; Gedichte (Sonette, 1. Sammlung, 1800), Balladen, Dramen (*Ion*, 1803); *Spanisches Theater*, 5 Bde., 1803-9; *Blumensträuße italienischer, spanischer und portugies. Poesie*, 1804; *Über dramatische Kunst und Litteratur*, 3 Bde., 1809-11; *Über dramatische Kunst und Litteratur. Vorlesungen, 3 Bde.*, Heidelberg 1809-11; *Poetische Werke, 2 Bde.*, Heidelberg 1811; (Übers.) *Bhagavad-Gita*, Bonn 1823; 1794ff Rezensionen in: *Horen, Allg. Lit.-Zeitung;* 1797-1800 Hrsg. *Athenäum* (mit Friedrich Schlegel); 1820-1830 Hrsg. *Indische Bibliothek*; *Ges. Werke*, hrsg. Eduard Böcking, 16 Bde., Leipzig 1846-1848.
Lit.: *ADB* 31, S. 354-368; *NDB* 23, S. 38-40; Roger Paulin, *The life of August Wilhelm Schlegel. Cosmopolitan of art and poetry*, Cambridge 2016 (deutsch: *August Wilhelm Schlegel. Biografie*, Paderborn 2017); Ernst Behler, *Die Zeitschriften der Brüder A. W. Schlegel. Ein Beitrag*

zur Geschichte der deutschen Romantik, Darmstadt 1983; Andreas Wistoff, *Die deutsche Romantik in der öffentlichen Literaturkritik. Die Rezensionen zur Romantik in der „Allgemeinen Literatur-Zeitung" und der „Jenaischen Allgemeinen Literatur-Zeitung" 1795-1812,* Bonn/Berlin 1992.
Erw.: Brief Nr. 136; Briefe an Görres: 9.1.1814, 21.11.1815, 4.9.1818, 13.3.1819.

Schlegel, Friedrich v. (1772-1829), 1790ff stud. jur., klass. Phil., Philosophie Göttingen, Leipzig, 1793 freier Schriftsteller, 1794 Dresden, 1796 Mitarb. Zeitschrift *Deutschland,* 1796 Jena, Mithrsg. Zeitschrift *Athenäum* (mit August Wilhelm), 1797-1799 Berlin, 1800-1801 Priv.doz. Univ. Jena, 1802 Paris, oriental. Studien, 1803-1805 Hrsg. Zeitschrift *Europa,* 1808 Konversion z. Kath., 1809 Sekretär kaiserl. Hof- und Staatskanzlei Wien, 1810 Mitarb. *Österr. Beobachter,* 1810/12 Vorlesungen Geschichte Wien, 1812/13 Hrsg. *Deutsches Museum* Wien, 1815-18 österr. Legationsrat am Frankfurter Bundestag, 1820-23 Hrsg. Zeitschrift *Concordia,* 1827/28 Vorlesungen Wien, 1828 Vorlesungen Dresden.
Werke: u.a. *Vom ästhetischen Werte der griechischen Komödie,* 1794; *Über das Studium der griechischen Poesie,* 1797; *Fragmente* (*Athenaeums*-Fragmente), 1798; *Geschichte der Poesie der Griechen und Römer,* 1798; *Lucinde* (Roman), 1799; *Gespräch über die Poesie,* 1800; *Grundzüge der gotischen Baukunst,* 1804/1805; *Über die Sprache und Weisheit der Indier,* 1808; Rezensionen *Heidelberg. Jbb,* 1808; *Geschichte der alten und neueren Literatur.* Vorlesungen, 1815; *Sämmtliche Werke,* 10 Bde., Wien 1822-1825; *Philosophie des Lebens,* 1828, *Philosophie der Geschichte,* 2 Bde. 1829; *Philos. Vorlesungen,* 2 Bde., 1836f (hrsg. Fr. Windischmann).
Lit.: *ADB* 33, S. 737-752; *NDB* 23, S. 40-42; Hans Eichner, *Fr. Schlegel,* 1970; Klaus Peter, *Fr. v. Schlegel,* 1978; Josef Körner (Hrsg.), *Krisenjahre der Frühromantik: Briefe aus dem Schlegelkreis,* 3 Bde., 1936/37; ders., *Briefe von und an Friedrich und Dorothea Schlegel,* Berlin 1926.
Erw.: Brief Nr. 137; Briefe an Görres: 13.2.1814, 16.10.1815.

Schleiermacher, Friedrich (1768-1834), evang. Theologe, 1796 Prediger Charité Berlin, 1802 Hofprediger Stolp, 1804 ao., 1806 ord. Prof. Theol., Philosophie, Universitätsprediger Halle, 1807 Privatgelehrter Berlin, 1809-1817 Pfarrer Dreifaltigkeitskirche Friedrichstadt, 1810 Prof., Dekan theol. Fak. Univ. Berlin, 1815 Rektor Univ. Berlin, ab 1817 Präses Vereinigte Berliner Synode.
Werke: Theol., philosoph. Schriften; *Sämmtliche Werke,* Berlin 1834-64 (Abteilung I: Zur Theologie, 11 Bände, 1835-1864; Abteilung II: Predigten, 10 Bände, 1834-1856; Abteilung III: Zur Philosophie, 9 Bände, 1835-1862).
Lit.: *ADB* 31, S. 422-457; *NDB* 23, S. 54-57; Wilhelm Dilthey, *Leben Schleiermachers,* 2 Bde., Berlin 1860 (Neuausgabe Berlin 1966); Hermann Fischer, *Friedrich Daniel Ernst Schleiermacher,* München 2001; Ulrich Barth, Schleiermacher-Literatur im letzten Drittel des 20. Jahrhunderts, in: *Theologische Rundschau.* 66, 2001, S. 408-461.
Erw.: Briefe an Görres: 10.6.1817 (Fs. 12.6.).

Schlözer, August Ludwig von (1735-1809), 1751 stud. theol. Wittenberg, Orientalistik, Med. Staatswiss. Göttingen, 1761-1770 Russland, 1770 ord. Prof. Philosoph. Fak. Göttingen: Universalgeschichte, Statistik, Politik, neuere Staatengeschichte und Staatsrecht.
Werke: hist. Werke, u.a. *Vorstellung seiner Universal-Historie,* 2 Bde., Göttingen, Gotha 1772-1773; *Münz-, Geld-, und Bergwerks-Geschichte des Russischen Kaiserthums,* Göttingen 1797; Hrsg. Zeitschriften: *Briefwechsel meist statistischen Inhalts* (1775); *Briefwechsel meist historischen und politischen Inhalts* (1778-1782); *Staatsanzeigen* (1782-1793).
Lit.: *ADB* 31, S. 567-600; *NDB* 23, S. 98f; Martin Peters, *Altes Reich und Europa. Der Historiker, Statistiker und Publizist August Ludwig (v.) Schlözer (1735-1809),* Münster u. a. 2003.
Erw.: Briefe an Görres: 18.7.1814, 25.6.1816

Schlosser, Christian Friedrich (1782-1829), stud. med. Jena, Göttingen, 1806 Dr. med. Göttingen, 1808 Rom, 1812 Konversion, 1814 Zentralverwaltung Frankfurt, Lehrer Gym. Frankfurt, Wortführer der katholischen Partei Frankfurt, politischer Schriftsteller, Frühjahr 1818 Verfasser einer Adelsdenkschrift, Heirat mit Helene Gontard, 1818/1819 Gymnasialdirektor Koblenz, 1820-1824 Frankreich, 1826 Rom.
Lit.: *Biographisch-Bibliographisches Kirchenlexikon* Bd. 9, 1995, Sp. 302-303; Oswald Dammann, *J. Fr. H. Schlosser auf Stift Neuburg und sein Kreis,* Heidelberg 1934; Carl Heiner

Beusch, *Adlige Standespolitik im Vormärz: Johann Wilhelm Graf von Mirbach-Harff*, S. 89-91, 211ff, 282f; Gunter Heinickel, *Adelsreformideen in Preußen: Zwischen bürokratischem Absolutismus und* demokratisierendem Konstitutionalismus, 2014, S. 233ff; Görres, *In Sachen der Rheinprovinzen und in eigener Angelegenheit*, Stuttgart 1822, S. 134ff.
Schlosser an Görres: 12.6.1819, 19.8.1819, 10.9.1819, 17.9.1819, 8.10.1819.
Erw.: Briefe Nr. 7, 123, 148, 166, 177; Briefe an Görres: 31.5.1815, 11.3.1818, 14.11.1818, 10.5.1819, 10.6.1819, 8.10.1819.

Schlosser, Friedrich Christoph (1776-1861), stud. Theol., klass. Philologie, Geschichte, 1809 Dr. phil. Gießen, 1810-1819 Collaborator städt. Gym. Frankfurt a. Main, 1812 Prof. Geschichte Lyzeum Frankfurt, Stadtbibliothekar, 1817-1852 Prof. Geschichte Univ. Heidelberg, bis 1825 Leiter Universitätsbibliothek.
Werke: *Weltgeschichte in zusammenhängender Erzählung*, 4 Bde., 1815-41; *Universalhist. Übersicht d. Gesch. d. alten Welt u. ihrer Cultur*, 3 Bde., 1826-34; *Geschichte des achtzehnten Jh. und des neunzehnten bis zum Sturz des franz. Kaiserreichs*, 7 Bde., 1836-48 (1. Fassung: 2 Bde., 1823); *Weltgeschichte für das dt. Volk*, 19 Bde., 1844-57; *Denkschrift an die hohe deutsche Bundesversammlung, mit der Ankündigung und den Statuten der Gesellschaft übergeben in der Sitzung von 12. August 1819*, in: *Archiv der Gesellschaft für ältere deutsche Geschichtskunde* 1, 1819/20, S. 73-79.
Lit.: *ADB* 31, S. 533-541; *NDB* 23, S. 104; E. Wolgast, Polit. Geschichtsschreibung in Heidelberg, in: Doerr (Hrsg.), *Semper Apertus*, Bd. 2, S. 158-96; E.- Ch. Sellier-Bauer, F. Chr. Schlosser. *Ein deutsches Gelehrtenleben im 19. Jh.*, 2004.
Erw.: Briefe an Görres: 23.8.1819.

Schlotmann: Schlottmann, NN, Arzt aus Koburg, nach 1813 im preuß. Staatsdienst, Ankündigung von polit. Büchern, u.a. 1817 den „diplomatischen Plutarch" über alle Diplomaten. Unter dem Namen Schlottmann erschienen (Verf.: Oelsner): *Politische Aphorismen zur Beherzigung vor dem Congreß zu Aachen*, Frankfurt 1818.
Lit.: Heinz Duchhardt, *Der Aachener Kongress 1818: Ein europäisches Gipfeltreffen im Vormärz,* München 2018, S. 76f, 82; Karl August Varnhagen von Ense, *Denkwürdigkeiten und vermischte Schriften,* Band 9, S. 403; *Allg. Zeitung* Nr. 285 (12.10.1813); *Isis* Bd. 1 (1817), S. 294: „Schlottmanns Ankündigung" (1. Nov. 1816).
Erw.: Briefe an Görres: 17.3.1818.

Schmalz, Theodor Anton Heinrich (1760-1831), stud. Theol, Jur., 1785 Priv.doz. Göttingen, 1788 Prof. Rechte Univ. Rinteln, 1793 Assessor Kriegs- und Domänenkammer Königsberg, 1798 Konsistorialrat, 1801 Kanzler und Rektor Univ. Königsberg, 1802 Kanzler, Rektor Univ. Halle, 1809 Rat Oberappellationssenat, Kammergericht, 1810 Prof., erster Rektor Univ. Berlin, 1814 Logenmeister Große Landesloge von Deutschland.
Werke: Jurist. Werke; *Berichtigung einer Stelle in der Bredow-Venturinischen Chronik für das Jahr 1808,* Berlin 1815; *Ueber politische Vereine,* Berlin 1815; *Ueber des Herrn B. G. Niebuhr's Schrift wider die meinige, politische Vereine betreffend,* Berlin 1816; *Letztes Wort über politische Vereine,* Berlin 1816.
Lit.: *ADB* 31, S. 624-627; *NDB* 23, S. 120f; Thomas Jaeger, Kampf der Flugschriften. Theodor Schmalz und die Debatte um die Gründung der Berliner Universität, in: *FEGV-Jahresbericht* 6 (2011), S. 66-85; Barthold Georg Niebuhr, *Ueber geheime Verbindungen im preußischen Staate und deren Denunciation,* Berlin 1815; Friedrich Rühs, *Das Märchen von den Verschwörungen,* Berlin 1815; Friedrich Scheiermacher, *An den Herrn Geheimrath Schmalz. Auch eine Rezension,* Berlin 1816.
Erw.: Briefe an Görres: 20.12.1815, 28.1.1816, 12.9.1816.

Schmelz, Gertrudis (geb. ca. 1805), Lehrerin Arbeitsschule Altenahr.
Lit.: *Amtsblatt der Preußischen Regierung zu Koblenz für das Jahr 1819*, S. 309.
Erw.: Briefe an Görres: 14.5.1819.

Schmidt, Joseph, während frz. Zeit in Arrondissementverwaltung Trier, Friedensrichter, März 1810 Prof. röm. Recht Rechtsschule Koblenz, Richter Gericht 1. Instanz Saardepartement, 1817 Appellationsgerichtsrat Trier, Senatspräsident, 1819 Richter Appellationsgerichtshof Köln.

Lit.: Christian Wiefling, Die Personalpolitik am Rhein. Appellationsgerichtshof, in: Haferkamp/ Schwerin (Hrsg.), *Das Oberlandesgericht Köln zwischen dem Rheinland, Frankreich und Preußen,* S. 177.
Erw.: Brief Nr. 7; Briefe an Görres: 18.2.1814.

Schmitt, Stanislaus (1766- nach 1816), Advokat, Friedensrichter, Dr. Philosophie, 1798 Präsident Kriminalgericht Koblenz, substituierter Staatsprokurator Trier, Advokat Kreuznach, März 1814 Oberbürgermeister Kreuznach, April 1814 Staatsprokurator, 1816 erw. als „zweiter Staatsanwalt am Apellhofe zu Trier".
Werke: Aufrufe, Festlieder, Beiträge *Rotes Blatt, Rübezahl,* 1814 *Neue Kreuznacher Zeitung,* Lyrik, Theaterstücke; *Feldblumen. Poesien für Freunde der ländlichen Natur,* Kreuznach 1808; *Zenobia oder der Triumph des Kreuzes. Episches Gedicht,* Kreuznach 1810; *Hildegarde, die Gemahlin Karls des Grossen. Ein episches Gedicht in sechzehn Gesängen,* 1810; *Der neue Ortsherr. Vorspiel in einem Aufzuge (...) zur Feier der einsetzenden königl. Preußischen Regierungen in den Rheinprovinzen,* Kreuznach 1816.
Lit.: Liste der Bürgermeister und Oberbürgermeister seit 1806, Lexikon Kreuznacher Persönlichkeiten: www.bad-kreuznach.de; Oskar Ludwig Bernhard Wolff (Hrsg.), *Encyclöpädie der deutschen National-Literatur,* Bd. 7, Leipzig 1846, S. 11; Jörg Julius Reisek, *„Er setzt uns in einiges Staunen". Stanislaus Schmitt und Hildegarde ein lyrisches Opfer von 1810* (www.regionalgeschichte.net); Rezension zu *Hildegarde*: *Jenaische Allg. Literatur-Zeitung,* 1810.
Schmitt an Görres: 13.2.1814.
Erw.: Brief Nr. 5; Briefe an Görres: 13.2.1814, 14.6.1817, 30.11.1817.

Schmitz, Johann Hubert (1765-1838), 1790 Priesterweihe Trier, Vikar Niederstadtfeld bei Daun, ab 1801 Initiative zur Schutzimpfung gegen Blattern, 1803 Schulinspektor Kanton Daun, 1807 Pfarrer Dockweiler, Kanton Daun, Arrondissement Prüm, Definitor, Schulinspektor, Mitglied mehrerer gelehrter Gesellschaften.
Lit.: Alois Mayer, *Menschenfreund und eifriger Förderer. Pfarrer Johann Hubert Schmitz starb 1838* (https://www.heimatjahrbuch-vulkaneifel.de/VT/hjb2010/hjb2010.98.htm).
Schmitz an Görres: 24.9.1817, 10.11.1817, 18.11.1817, 26.11.1817, 22.3.1819.
Erw.: Briefe Nr. 93, 148, 175.

Schmitz-Grollenburg, Franz Edmund Joseph, Freiherr von (1776-1844), 1793-1797 stud. Jur. Erfurt, Göttingen, 1797 Hof- und Regierungsrat in salzburg. Diensten, 1801 salzburg. Kammerherr, 1801-1806 Gesandter der Hohenzollern und Arenberg, 1814-1815 Gouvernementskommissar Wälderdepartement Luxemburg, Mai 1815 Generalgouverneur Département de la Sarre Kreuznach, ab Juni Trier, 13.3.1816 Abteilungsdirektor bei der Regierung in Koblenz, 9.8.1817 Regierungsvizepräsident Trier, 29.5.1818 Regierungspräsident Trier, 1831-1834 Regierungspräsident Düsseldorf.
Lit.: Horst Romeyk, *Die leitenden staatlichen und kommunalen Verwaltungsbeamten der Rheinprovinz 1816-1945,* Düsseldorf 1994, S. 728; Friedrich August Schmidt, Bernhard Friedrich Voight, *Neuer Nekrolog der Deutschen,* 1844, Teil 1, S. 171f; www.saarland-biografien.de.
Schmitz-Grollenburg an Görres: 25.11.1815.
Erw.: Briefe Nr. 22, 77, 87, 106, 110, 147; Briefe an Görres: 11.7.1815, 18.7.1817, 15.10.1817, 31.1.1819.

Schmitz, NN, „Präsident", vermutlich Aachen, und Sohn, gest. vor 1816.
Erw.: Briefe an Görres: 6.5.1816.

Scholz: Scholtz, H.G., Freiherr von (Vorname und Lebensdaten unbekannt), 1807 Legationssekretär, 1813 Legationsrat, Gesuch um andere Stellung, eventuell = Legationsrat und Gesandter in Württemberg, ab Juni 1816 Frankfurt, preußischer Minister-Resident beim Bundestag, bis 1818 preußischer Minister-Resident beim Bundestag in Frankfurt. Eventuell identisch mit einem Freund von Rahel von Ense, seit 1795 in diplomat. Dienst in Wien, 1803 in Madrid, danach (ca. 2 Jahre) in Marseille und in Paris, ca. 1825-1830 Rom (unter Bunsen).
Lit.: *Allgemeine Zeitung München,* Nr. 362 vom 27.12.1816, S. 1447; *Deutscher Beobachter oder privilegirte hanseatische Zeitung,* Nr. 459 vom 27.12.1816; *Augsburg. Ordinari Postzeitung von Staats-, gelehrten, historisch- u. ökonomischen Neuigkeiten,* Nr. 170 vom 16.7.1816; Tobias C. Bringmann, *Handbuch der Diplomatie 1815-1963: Auswärtige Missionschefs in Deutschland,* München 2001, S. 315; K. A. v. Müller, Fünf Briefe von J. v. Görres, in: *Eupho-*

rion 19 (1912), Nr. 2, S. 286f; *Aus dem Nachlaß Varnhagen's von Ense. Biographische Porträts*, Leipzig 1821, S. 301-334; Geh. Staatsarchiv Preuß Kulturbesitz, Ministerium der Auswärt. Angelegenheiten: Personalangelegenheiten. Mitarb. diplomat. Dienst: III.HA MdA, ZB Nr. 1006f (Legationsrat und Gesandter in Württemberg Scholz: ebda Nr. 1008).
Görres an Scholz: Brief Nr. 130.

Schott, NN, 1817 „Reisender des Hauses Schweitzer": Bankhaus Schweitzer und Palais Schweitzer in Frankfurt (s. dort).
Erw.: Briefe an Görres: 12.1.1817.

Schreiber, Aloys Wilhelm (1761-1841), 1781 stud. theol. Freiburg, 1784 Prof. Ästhetik Gym. Baden-Baden, 1788 Hofmeister und Hauslehrer bei Graf von Westphalen-Fürstenberg Mainz, 1790/91 Rheinreisen, 1801 Prof. klass. Lit. Lyzeum Baden-Baden, 1804-1813 Prof. Ästhetik Univ. Heidelberg, 1807 Dr. phil., 1809 Dekan phil. Fak., 1813-1825 Hofhistoriograph Karlsruhe.
Werke: Reiseberichte u.a. *Malerische Ansichten des Rheins von Mainz bis Düsseldorf, 1806; Heidelberg und seine Umgebungen, historisch und topographisch beschrieben,* 1811; *Comoedia Divina. Mit drei Vorreden von Peter Hammer, Jean Paul und dem Herausgeber*, 1808; *Lehrbuch der Ästhetik,* 1809; Lyrik, Theaterstücke, hist. Werke zur Geschichte Badens; Hrsg. Zeitschriften (u.a. *Musarion, Quartalschrift für Frauenzimmer,* 1789; *Badische Wochenschrift zur Belehrung und Unterhaltung für alle Stände*, 1806-1808; *Heidelberger Taschenbuch*, 1808ff; *Cornelia, Taschenbuch für deutsche Frauen*, 1816-1840; Schriftleiter *Rheinischer Hausfreund*, 1816.
Lit.: *ADB* 32, S. 471; Otto Biehler, Aloys Schreiber. 1761-1841. Sein Leben und seine Werke, in: *Zeitschrift für die Geschichte des Oberrheins* 94 (1942), S. 598; Claudia Rink, *„weder Kosmopolit noch Spießbürger", Der badische Dichter und Heidelberger Professor der Ästhetik Aloys Schreiber (1761-1841),* Heidelberg 2006; Hans-Martin Mumm, A. Schreiber, Der Romantiker in der „Partei Voß", in: Strack (Hrsg.), *200 Jahre Heidelberger Romantik*, Heidelberg 2008, S. 389-414; *GS/Briefe* 2.
Erw.: Briefe an Görres: 17.9.1817.

Schreiber, Johann Joseph, Republikaner Koblenz, 1799 Mgl. Ausschuss d. Republikaner, Heirat mit Anna Maria Adams, 1814 Rat am Revisionshof Koblenz, Richter, 1819 Richter Appellationsgerichtshof Köln.
Lit.: Hansen, *Quellen*, Bd. 4, S. 232, 255ff, 289f, 350ff, 474f, 601, 1173, 1221; Gudrun Seynsche, Der Revisionshof in Koblenz (1814-1819), in: Reiner Schulze (Hrsg.), *Rheinisches Recht und Europäische Rechtsgeschichte,* Berlin 1998, S. 37-60; *Almanach d'adresses de la ville de Coblence pour l'an XII (1804),* Koblenz 1804, S. 54; www.wgff.de/trier/Familienbücher/Wittlich; *GS/Briefe* 2.
Erw.: Briefe Nr. 1, 7; Briefe an Görres: 18.2.1814, 6.2.1814.

Schuckmann, Kaspar Friedrich von (1755-1834), 1779 Eintritt preuß. Staatsdienst, 1786 Oberamtsregierungsrat Breslau, 1790 Oberbergrichter Schlesien, 1791 Verwaltung Fürstentümer Ansbach Bayreuth, Kammerpräsident der beiden Kriegs- und Domänenkammern, 1810 Geheimer Staatsrat, Leitung Abt. Handel und Gewerbe, Kultus und öffentl. Unterricht im Innenministerium, 1812 Leitung allgemeines Polizeidepartement mit Ausnahme der Sicherheitspolizei, 1814-1834 Innenminister, 1819-1830 incl. Polizeiministerium.
Lit.: *ADB* 32, S. 647-650; Hans Ernst von Lüttwitz, *Biographie des königl. preuß. Staatsministers Freiherrn von Schuckmann.*
Schuckmann an Görres 21.11.1817.
Erw.: Briefe Nr. 60, 65, 84, 113, 114, 115, 118, 135, 176; Briefe an Görres: 30.12.1815, 4.1.1816, 23.1.1816; 28.1.1816, 14.6.1817, 21.10.1817, 27.2.1818.

Schülzchen, P.J., 1819 Pfarrer Altenahr, Gründer einer Mädchen-Industrieschule.
Lit.: *Amtsblatt der Preußischen Regierung zu Koblenz für das Jahr 1819,* S. 309: Kurzer Bericht über die seit dem 1. April bestehende, von Pfarrer Schulzchen (!) gegründete weibliche Industrieschule zu Altenahr: „Die zur Errichtung derselben erforderliche kleine Summe von 293 Fr. ward durch einen Hauptbeitrag des Hülfsvereins und durch freiwillige Gaben einzelner Privaten der Stadt Coblenz zusammen gebracht". (9. Juni 1819, unterz. Kgl. Kirchen- und Schul-Commission).
Schülzchen an Görres: 14.5.1819.

Schütz, Christian Wilhelm von (1776-1847), („Schütz-Lacrimas"), stud. Jur. Würzburg, Erlangen, 1798 Kgl. Kurmärk. Kriegs- und Domänenkammer Berlin, 1807 Landrat, „Ritterschaftsdirektor in der Neumark", 1811 entlassen, 1814 Übersiedelung auf Gut in Ziebingen, 1820 Dresden, 1828 Rückkehr Mark Brandenburg, 1830 Konversion.
Werke: *Lacrimas* (Schauspiel), 1803; *Niobe, Der Graf und die Gräfin von Gleichen* (Tragödien) 1807; *Carl der Kühne* (hist. Drama), 1821; Übersetzung Memoiren Casanovas, 12 Bde., 1822-28; Veröffentlichungen zu landwirtschaftlichen, juristischen, historischen, ökonomischen und naturphilosophischen Themen.
Lit.: *ADB* 33, S. 134-136; *NDB* 23, S.666f; H. Sembdner, *Schütz-Lacrimas*, 1974.
Erw.: Brief Nr. 105.

Schulenburg, Friedrich Wilhelm Graf von der Schulenburg-Kehnert (1742-1815), 1791 Minister für auswärtige Angelegenheiten, 1800 Generalpostmeister, 1805 Gouverneur Berlin, 1806 Leiter Militär- und Zivilangelegenheiten.
Lit.: *ADB* 34, S. 742f; Kurt von Priesdorff, *Soldatisches Führertum*, Bd. 2, Hamburg 1937, S. 316-320, Nr. 802; *Meyers Großes Konversations-Lexikon*, Band 18, Leipzig 1909, S. 62f.
Erw.: Briefe an Görres: 12.2.1819.

Schuler, NN, Gerichtsschreiber Elberfeld, Verf. eines rechtshistor. Buchs über die Bergische Verfassung mit Auszügen aus Urkunden.
Erw.: Briefe an Görres: 14.4.1818.

Schultz/Schulz, Heinrich (1780-1844), Verlagsbuchhändler in Hamm, seit 1818 Hrsg. *Rheinisch-Westfälischen Anzeiger*, 1825 Hrsg. *Archiv für Geschichte und Alterthumskunde Westphalens* (Schulz und Wundermann, Hamm); *Protestantismus und Katholizismus oder: Der Kampf über Voß und Stolberg in Westfalen: Eine Reihe von Streitschriften für und wider, gesammelt von Heinr. Schultz, Herausgeber des Rheinisch-Westfälischen Anzeigers*, Hamm (Schultz und Wundermann, 1820; *Zur Urgeschichte des deutschen Volksstamm's*, Hamm, Schulzische Buchhandlung 1826.
Schultz an Görres: 9.9.1819.
Erw.: Briefe an Görres: 20.8.1819, 10.9.1819.

Schulze, Johannes Karl Hartwig (1786-1869), 1805-1807 stud. evangel. Theologie Halle, Leipzig, 1807 Promotion, 1808 Professor Gym. Weimar, 1812 Gründungsdirektor Hohe Landesschule Hanau, 1813 Oberschulrat des Großherzogtums, Frühjahr 1816 Konsistorial- und Schulrat Koblenz, Juli 1818 Berufung Berlin Preuß. Kultusministerium, Geheimer Oberregierungsrat und Vortragender Rat, 1849 Direktor Unterrichtsabteilung.
Werke: *Predigten*, Leipzig 1810; *Reden über die christliche Religion*, Halle 1811; *Zwei Schulreden*. Hopf, Hanau 1813; Hrsg.: *Winckelmann's Geschichte der Kunst des Alterthums*, 4 Bände, Dresden 1809-1815.
Lit.: *ADB* 33, S. 5-18; *NDB* 23, S. 726f; Conrad Varrentrapp, *Johannes Schulze und das höhere preußische Unterrichtswesen in seiner Zeit*, Leipzig 1889; Barbara Schneider, *Johannes Schulze und das preußische Gymnasium*, Frankfurt am Main u. a. 1988.
Görres an Schulze: Briefe Nr. 53, 59; Schulze an Görres: 26.4.1815, 24.5.1815, 2.6.1815, 30.9.1815, 22.11.1815, 18.12.1815, 4.1.1816.
Erw.: Briefe Nr. 12, 57, 60, 94, 135, 151, 153; Briefe an Görres: 5.8.1814, Ende Sept./Anfang Okt. 1814, 25.6.1816, 2.3.1817, 7.11.1817; 20.12.1818, 4.2.1819.

Schumm, Peter Franz (1765-1857), stud. Jur. Univ. Trier, 1786-1787 Rechtspraktikant, Sekretär beim kurfürstlichen Amt Wittlich, stud. Jur. Heidelberg, 1794-1795, 1796-1799 Schreiber Friedensgericht Wittlich, 1797-1798 Amtmann Kröv, 1801 Sekretär Mairie Wittlich, 1803-1813 Maire Wittlich, 1813 Friedensrichter Kanton Wittlich, 1816-1836 königlich-preußischer Landrat Landkreis Wittlich.
Lit.: Alfons Friderichs (Hrsg.), Schumm, Peter Franz Jodokus Blasius, in: *Persönlichkeiten des Kreises Cochem-Zell*, Trier 2004, S. 424–425; Claudia Schmitt, in: *Trierer Biographisches Lexikon*, Trier 2000, S. 111; Peter Neu, *Peter Franz Schumm, erster Landrat des Kr W – Staatsdiener unter drei Regimen*, 1981; Horst Romeyk, *Die leitenden staatlichen und kommunalen Verwaltungsbeamten der Rheinprovinz 1816-1945* (= *Publikationen der Gesellschaft für Rheinische Geschichtskunde* Bd. 69), Düsseldorf 1994, S. 740.
Erw.: Briefe an Görres: 4.4.1818.

Schwarz, Friedrich Heinrich Christian (1766-1837), Theologe, Pädagoge, stud. Theol. Gießen, 1790 Pfarrer Dexbach, private Lehranstalt, 1804 Prof. Univ. Heidelberg, 1807 Gründung Philologisch-Pädagogisches Seminar Heidelberg mit G.F. Creuzer.
Werke: *Erziehungslehre*, 4 Bde, 1802-1813.
Lit.: Volker Lenhart, *F. H. C. Schwarz und die Gründung des Philologisch-Pädagogischen Seminars,* Heidelberg 2007.
Erw.: Brief Nr. 92; Briefe an Görres: 6.8.1814, 2.4.1815, 25.6.1816, 17.9.1817.

Schwarz, 1816 Mgl. Immediatjustizkommission Köln, 1819 Richter Rheinischer Revisions- und Kassationshof Berlin.
Erw.: Brief Nr. 93.

Schwarzenberg, Karl Philipp Fürst zu (1771-1820), seit 1788 österr. Militärdienst, 1796 Generalmajor, 1805 Vizepräsident Hofkriegsrat, 1809 General Kavallerie, 1810 österr. Botschafter Paris, 1812 Feldmarschall, 1813 Oberbefehl über die verbündeten Streitkräfte gegen Napoleon, 1814 Einzug in Paris, Präsident Hofkriegsrat.
Lit.: *ADB* 33, S. 306-311; Karl Schwarzenberg, *Feldmarschall Fürst Schwarzenberg. Der Sieger von Leipzig.* Herold, Wien u. a. 1964; A. Prokesch, *Denkwürdigkeiten aus dem Leben des Feldmarschalls Fürsten Carl zu Schwarzenberg,* Wien 1823.
Erw.: Briefe an Görres: 9.1.1814, 15.10.1815.

Schweinitz, Graf von, Rittmeister, Adjutant bei General Kleist: Aus der gräflichen Linie Schweinitz, vielleicht Friedrich Graf von Schweinitz (1771-1848), preußischer Oberstleutnant.
Erw.: Brief Nr. 30.

Schweins, Franz Ferdinand (1780-1856), 1801f stud. Akademie Kassel, 1802 stud. Mathematik Göttingen, 1808 Dr. phil., 1810 Privatdozent Univ. Heidelberg, 1811 ao. Prof, 1816 ord. Prof Mathematik Heidelberg.
Werke: *Geometrie. Nach einem neuen Plane bearbeitet aus den Schriften der Alten und Neuen gesammelt und mit neuen Sätzen vermehrt,* Erster und Zweiter Teil, Göttingen 1805-1808; *System der Geometrie. Mit einer Einleitung in die Größenlehre. Als Handbuch zu Vorlesungen entworfen,* Göttingen 1808; *Skize eines Systems der Geometrie als Einladungsschrift zu Vorlesungen,* Heidelberg 1810; *Handbuch der Geodäsie,* Gießen 1811; *Analysis,* Heidelberg 1820.
Lit.: ADB 33, S. 364; *Heidelberger Gelehrtenlexikon, Bd.* 2 (1803-1932), 1986, S. 252; Moritz Cantor, *Ferdinand Schweins und Otto Hesse,* in: *Heidelberger Professoren aus dem 19. Jahrhundert,* Bd. 2, Heidelberg 1903, S. 221-242.
Erw.: Brief Nr. 79.

Schweitzer, Franz Maria (1772-1812), Geschäftsmann ital. Abstammung, Seidenhändler, Kurpfälzer Bankier, Senator Frankfurt am Main, Mittelpunkt der italienischen kath. Kolonie in Frankfurt, verwandt mit Fam. Brentano und Guaita.
Lit.: Lothar Gall, *Frankfurt am Main 1200: Traditionen und Perspektiven einer Stadt,* Frankfurt 1994; Ernst Heinrich Kneschke, *Die Wappen der deutschen freiherrlichen und adeligen Familien,* 3. Bd., Leipzig 1856, S. 402.
Erw.: Briefe an Görres: 12.1.1817.

Schweizer, Christian Wilhelm (1781-1856), stud. Jur. Leipzig, 1810 Prof. Jur. Univ. Jena, 1814/15 Beteiligung Aufbau Weimarer Landsturm, 1815 Mitarbeit Zentralverwaltungsdepartement Frankfurt a. Main, Mitarbeit Ausarbeitung der Verfassung Großherzogtum Sachsen-Weimar-Eisenach, 1817 Abgeordn. Landtag als Vertreter Univ. Jena, 1818 Geheimer Staatsrat, 1827 Vorsitzender Immediatkommission für Erziehungs- und Unterrichtswesen, 1832 Oberaufsicht Kunst und Wissenschaft, 1843 Staatsminister Großherzogtum Sachsen-Weimar-Eisenach.
Lit.: *ADB* 33, S. 367-370; Klaus Ries, *Wort und Tat: das politische Professorentum der Universität Jena im frühen 19. Jahrhundert*, Stuttgart 2007.
Erw.: Briefe an Görres: 5.10.1817.

Sebastian, Friedrich Jacob (1771-1840), 1793 Dr. med. Heidelberg, 1795 Lehrer Militärarzt-Schule Leyden, 1811 ao., 1816 ord. Prof Univ. Heidelberg, seit 1831 Schwiegervater von G.F. Creuzer (Heirat mit Tochter Anna Jacobina (1803-1889).
Lit.: Drüll, *Heidelberger Gelehrtenlexikon* Bd. 3, S. 252; *NDB* 3, S. 414f (Artikel Creuzer).
Erw.: Briefe an Görres: 4.9.1818.

Seber, Franz Joseph (1777-1827), stud. kath. Theol. Würzburg, Priester, Pfarrverwalter Miltenberg, 1806 Konrektor Gym. Aschaffenburg, später zugleich Repetitor Philosophie Lyceum Aschaffenburg, 1815 Direktor Gym. Köln, 1819 Prof. Dogmatik und Moral Univ. Bonn, 1825 Prof. Philosophie Löwen.
Werke: *Eine allgemeine Grundlage der christlichen Religion und Theologie*", 1823; *Gereicht es dem Katholicismus zum Vorwurf, daß er an der in der neueren Zeit so hoch gepriesenen Perfectibilität des Christenthums keinen Antheil nehmen will*, 1824; Mitarbeit *Archiv für das katholische Kirchen- und Schulwesen*, Frankfurt 1809-1815.
Lit.: *ADB* 33, S. 506.
Erw.: Briefe an Görres: 2.4.1815, 9.10.1815.

Seckendorf, (Christian) Adolph Freiherr von (1767-1833), seit 1785 Militärdienst Kursachsen, seit 1794 Verwaltung Gut bei Querfurt, schriftsteller. Tätigkeit, 1828 Verurteilung zu Festungshaft nach Grenzkonflikten mit Nachbarn, Flucht in die Schweiz.
Werke: Arbeiten zu Verfassungsfragen, landwirschaftl. Themen; *Buch vom Fürsten;* Possen, Lustspiele: *Dramat. Arbeiten*, 3 Bde., Leipzig 1822-1824, *Almanach dramatischer Spiele*, 1825; *Sämmtliche Schriften,* 7 Bde., 1816-23.
Lit.: *ADB* 33, S. 512f.
Seckendorf an Görres: 6.1.1816.

Servatii, Anton (1778-1852), Priester, 1800-1805 Volksschullehrer, stud. Theol., 1807 Lehrer Domschule, 1811-1850 Lehrer Gym. Trier (Religion, Mathem., Naturwiss.).
Lit.: Tim Becker, Gerd Stolz, *Professor Anton Servatii: Priester und Lehrer in Trier*, Trier 1973 (dass.: *Neues Trier. Jahrbuch* 56 (2016), S. 45-67); Hanns-Georg Salm, *Die Lehrer von Karl Marx: insbesondere: Nikolaus Mertes, latinisiert Martini*, 2017, S. 31.
Erw.: Briefe an Görres: 15.11.1815.

Servière, Paula Maria (Pauline) (1773-1832), Tochter von Peter Joseph Servière, Weinhändler, Likör- und Parfümeriefabrikant Frankfurt.
Lit.: Bernauer, Markus u.a. (Hrsg.), *Jean Paul – Sämtliche Briefe digital*, Bd. VII, 418; Dagmar von Gersdorff, *Die Erde ist mir Heimat nicht geworden: Das Leben der Karoline von Günderrode*, S. 199, 239, 241; Angelika Reimann (Hrsg.), *Goethe. Begegnungen und Gespräche,* Bd. 20 (1815/16), 2018.
Erw.: Brief Nr. 147.

Settegast, Joseph Maria (1780-1855), Sohn von Nicolaus Settegast und Maria Josepha, geb. Mazza (Schwester von Helene Theresia Görres, der Mutter von J. Görres), stud. med. Mainz, Jena, Bamberg, 1802 Paris, 1814 Leitung Militärlazarett Koblenz, 1816 Dr. med. Marburg, Mitbegründer Koblenzer Hilfsverein, 1816-1840 Kreisphysikus Kreis Koblenz, 1843 Geh. Medizinalrat.
Lit.: Wilhelm Josef Becker, Briefe aus dem Görres-Kreis. Görres – Dr. Settegast – Dietz, in: *Koblenzer Heimatblatt (Beilage zum Koblenzer Generalanzeiger)* 192.9, Nr. 20; Wegeler, *Coblenz*, S. 237ff; Moering, *Die Karitas in Koblenz*, Koblenz 1982; N. Freytag, *Aberglauben im 19. Jh.*, S. 235-237, 259, 265, 276ff; Fink-Lang, *GS/Briefe* 1, Einleitung, S. XXX, XLV, L, LXXXVff, XCVI; LHA Koblenz, Best. 403, Sachakte 30.
Settegast an Görres: 31.5.1814.
Erw.: Briefe Nr. 74, 106, 135, 148; Briefe an Görres: 14.11.1818.

Sieveking, Karl (1787-1847), Kaufmannssohn Hamburg, 1806-1810 stud. Jur., Staatswiss. Heidelberg, Göttingen, 1813 Bürgerwehr Hamburg, als Sekretär des Hamburger Syndikus im Hauptquartier des Kronprinzen von Schweden, Nov. 1813 Frankfurt, 1814 Mgl. Hamburger Deputation Paris, 1814/15 stud. Berlin, ab März 1815 Hauptquartier am Rhein, Abgesandter der drei Hansestädte zum Hauptquartier Wellingtons, Teilnahme Einzug in Paris, Dez. 1815 Advokat Hamburg, 1819 Vertreter der Hansestädte St. Petersburg, 1820 Senatssyndikus Hamburg, seit 1830 Gesandter Hamburgs Bundestag Frankfurt. Kunstmäzen, Mgl. Hamburger Kunstverein.
Lit.: *ADB* 34, S. 227-231; Joist Grolle, *Sieveking, Karl*, in: Franklin Kopitzsch, Dirk Brietzke (Hrsg.), *Hamburgische Biografie* Bd. 3, Göttingen 2006, S. 361-363; Heinrich Sieveking, *Karl Sieveking 1787-1847. Lebensbild eines hamburgischen Diplomaten aus dem Zeitalter der Romantik*, 3 Bde., Hamburg 1923-1928; *Lexikon der hamburgischen Schriftsteller bis zur Gegenwart*, Bd. 7, Hamburg, 1879, S. 179.
Erw.: Briefe an Görres: 9.1.1814.

Simon, August Heinrich (1780-1857), 1811 Notar Kammergericht Berlin, 1816 Mgl. Immediatjustizkommission Köln, 1817 Oberlandesgerichtsrat Köln, 1819 Geheimer Justizrat u. vortragender Rat preuß. Justizministerium, Rat am rhein. Revisions- u. Kassationshof Berlin.
Lit.: *ADB* 34, S. 371 (Artikel Heinrich Simon); *NDB* 24, S. 432f.
Erw.: Brief Nr. 93; Briefe an Görres: 21.7.1816, 28.7.1816, 16.8.1817, 24.7.1817.

Simon, Johann Nikolaus (1761-1815), SJ-Gym. Koblenz, 1784 Priesterweihe, 1787 erw. Lehrer Mathematik, prakt. Philosophie Erzbischöfl. Gym. Koblenz, Lehrer Gym. Koblenz, 1786 Prof. Mathematik und Moralphilosophie, Lehrer von Görres, Direktor Gym. Koblenz.
Werk: *Exercitatio philosophica moralis*, 1788.
Lit.: Reitz, J. Simon – J. Görres' Moralprofessor, in: *Mittelrheinische Geschichtsblätter* 7 (1927), Nr. 1; *Almanach d'adresses de la ville de Coblence pour l'an XII* (1804), Koblenz 1804, S. 89; *Des Hohen Erz-Stifts und Churfürstenthums Trier Hof-, Staats- und Stands-Kalender auf das Jahr 1787*, S. 32; Worbs, *Geschichte des Königlichen Gymnasiums zu Coblenz*, S. 21ff.
Görres an Simon: Briefe Nr. 26, 39, 57, 59.
Briefe an Görres: 21.2.1816.

Simon, Mathias (Johann Mathias) (geb. 1774), Jurist, 1797 Mgl. republikan. Magistrat Koblenz, 1798 Obersekretär Departements-Gericht Koblenz, 1803 Gerichts-Anwalt, 1804 Avoué Koblenz, Sous-chef Administration générale et haute police, 1806 Lic. Jur., 1810-1812 Präfekturrat Rhein-Mosel-Departement, 1814 Landeskommissär und Appellationsrat Saarbrücken, 1814 substituierter Prokurator Appellationshof Trier, 1815 Kgl.-preuß Gouvernements-Commissair, 1817 Geheimer Kriegsrat, Vortragender Rat beim Generalkommando am Rhein, 1820 Appellationsgerichtsrat Köln, Vorsteher der Koblenzer Freimaurer-Loge „Friedrich zur Vaterlandsliebe".
Werk: Handbuch für Präfekturräte: *Manuel des Conseils de Préfecture*, Bd. 1-3, 1810-1812.
Lit.: Dotzauer, *Die Koblenzer Freimaurerloge l'Union désirée*, S. 79f; https://www.freimaurer-koblenz.de; *Almanach d'adresses de la ville de Coblence pour l'an XII* (1804), S. 8, 64; Georg Christoph Hamberger, Johann Georg Meusel, *Das gelehrte Teutschland, oder Lexikon der jetzt lebenden Teutschen,* Bd. 20, S. 487; Müller, *Von der alten Stadt zur neuen Munizipalität,* S. 117f, 287f; Joachim Henning, Die Anfänge der linksrheinischen Verwaltungsgerichtsbarkeit, in: *Zeitschrift für Landes- und Kommunalrecht Hessen-Rheinland-Pfalz – Saarland* 11 (2008), S. 401-440.
Görres an Simon: Brief Nr. 69.
Erw.: Brief Nr. 5.

Sinen: Sienen, Jakob Albrecht von, (1768-1837), stud. Jur. Jena, Göttingen, Advokat Hamburg, 1794 Senatssyndikus Hamburg, 1810-1814 Verwalter Departement Elbe- und Wesermündung, danach wieder Senatssyndikus, 1819 Zensor für die polit. Blätter Freistaat Hamburg, 1820 Protosyndikus (zuständig für christl. Religionslehrer) Hamburg, 1824-1832 Schiffs- und Hafen-Deputation.
Lit.: *Neuer Nekrolog der Deutschen, 15. Jahrgang, 1837,* 1. Teil, 1839, S. 123f; Friedrich Georg Buek, *Die hamburgischen Oberalten, ihre bürgerliche Wirksamkeit und ihre Familien,* Hamburg 1857.
Erw.: Briefe an Görres: 10.6.1817 (Fs. 12.6.1817).

Smidt, Johann (1773-1857), stud. Theol. Jena, 1797 Ordination zum Predigtamt, 1798 Heirat mit Wilhelmine Rhode (1777-1848), Prof. Philosophie und Geschichte Gymnasium illustre Bremen, Syndikus der Elterleute Bremen, 1799 Gründer *Hanseatisches Magazin*, Mgl. Bremer Bürgerkonvent, 1800 Ratsherr, 1811 Paris i. A. Bremens, 1813 Senator, 1814 Verhandlungen für Hansestädte in Frankfurt, beim Wiener Kongress, 1815 bremischer Gesandter Bundesversammlung, 1821-1857 Bürgermeister Bremen, 1848 Alterspräsident Vorparlament.
Lit.: *ADB* 34, S. 488-494; *NDB* 24, S. 511f; B. Schulze-Smidt, *Bürgermeister Johann Smidt, das Lebensbild eines Hanseaten*, Bremen 1914; Monika M. Schulte, Nicola Wurthmann (Bearb.), *Nachlass Johann Smidt (1773-1857), Bürgermeister der Freien Hansestadt Bremen (Staatsarchiv Bremen, Bestand 7,20)*, Bremen 2004; *Bremisches Jahrbuch* Bd. 87, Bremen 2008.
Görres an Smidt: Briefe Nr. 61, 100, 120; Smidt an Görres: 21.1.1819.
Erw.: Briefe an Görres: 22.6.1815.

Snell, Wilhelm (1789-1851), Jurist, 1814 Gründung „Deutsche Gesellschaft" Herzogtum Nassau, 1815 Mitgründer Geheimbund „Hoffmannscher Bund", 1816 Untersuchungsrichter Krimi-

nalgericht Dillenburg, 1818 Amtsenthebung, 1819 Prof. Univ. Dorpat, Ausweisung wegen angeblicher Beteiligung an Attentat auf Ibell, 1821 Professor Univ. Basel, 1833 Prof. Univ. Zürich, 1834 Univ. Bern, Hochverratsanklage, Absetzung, Landrat Baselland, 1846 Bern.
Werke: *Naturrecht nach den Vorlesungen von Dr. Wilhelm Snell, postum herausgegeben von einem Freunde des Verewigten*, Langnau im Emmental 1857.
Lit.: *ADB* 34, S. 512-514; *NDB* 24, S. 516-518.
Erw.: Briefe Nr. 20, 163; Briefe an Görres: 26.7.1819.

Soethoff, NN, Leutnant, vermutlich Ingenieurcorps der 3. Preuß. Armee.
Erw.: Briefe an Görres: 20.4.1815.

Solms-Laubach, Friedrich Ludwig Christian Graf zu (1769-1822), 1786-1789 stud. Jur. Gießen, Ausbildung Reichskammergericht, 1791ff Reichshofrat Wien, 1813 im Zentralverwaltungsdepartement des Freiherrn vom Stein, 1814/15 Berater Hardenbergs und Steins auf Wiener Kongress, 1815 Eintritt in preuß. Staatsdienst, 1816-Dez. 1817 Oberpräsident Provinz Jülich-Cleve-Berg mit Sitz Köln, zugleich erster Regierungspräsident in Köln, 1818 Kurator Universität Bonn.
Lit.: *ADB* 54, S. 383-391; Helmut Prößler, *Friedrich Ludwig Christian Graf zu Solms-Laubach 1769 bis 1822. Sein Lebensweg von 1769 bis 1806*, 1957 (*Quellen und Forschungen zur hessischen Geschichte 18*).
Erw.: Briefe Nr. 58, 59, 60, 63, 65, 94, 102, Appendix Nr. 1; Briefe an Görres: 22.11.1815, 25.11.1815, 9.12.1815, 19.12.1815, 4.1.1816, 18.3.1816, 21.6.1817, 18.7.1817, 27.1.1818.

Sommer, Johann Friedrich Joseph (1793-1856), stud. Jur., Staatswiss., Forstwiss., Geschichte Gießen, 1812 Accessist Hofgericht Arnsberg, 1813 Hofgerichtsadvokat, Mitarbeiter Kanzlei des Vaters in Kirchhundem, 1818 Übernahme der Kanzlei, 1824 Mitbegründer Verein für vaterländische Geschichte und Alterthumskunde Westfalens, 1826 Abgeordn. Westfälischer Provinziallandtag, 1827 Beigeordneter Bürgermeisterei Bilstein, Übersiedelung nach Arnsberg, 1848 Abgeordn. Preuß. Nationalversammlung Berlin.
Werke: (teilweise Pseudonym „Westphalus Eremita“) *Recht, Richtsteig, Rechtsgelehrte und Adel der preußischen Rheinlande, in der Gegenwart und Zukunft*, Dortmund 1817; *Rechtswissenschaftliche Abhandlungen. Bd. 1. Nebst Abhandlung über das rechtliche Verhältniss Roms zu Deutschland & über Wessenberg & das päbstliche Breve*, Giessen 1818; *Von deutscher Verfassung im germanischen Preußen und im Herzogthum Westfalen: mit Urkunden*, Münster 1819; *Von der Kirche in dieser Zeit. Betrachtungen von Westphalus Eremita,* Münster 1819; *Geschichtliche Entwicklung der Rechtsverhältnisse in Deutschland, 3 Bde,* 1823-1830; *Darstellung der Rechtsverhältnisse der Bauerngüter im Herzogthum Westfalen nach älteren und neueren Gesetzen und Rechten. Mit Beilagen*, Hamm 1823; *Handbuch über die ältern und neueren bäuerlichen Rechtsverhältnisse in den ehemals Großherzoglich-Bergischen, Königlich-Westphälischen und Französisch-Hanseatischen Preußischen Provinzen in Rheinland-Westphalen,* Erster Theil, 1. und 2. Band, Hamm 1830; „Katholizcismus, Protestantismus, deutsche Kirche, oder: Erwiderung von Westphalus Eremita auf Nr. 558 des Beobachters“ (An Herrn Prof. Benzenberg gerichtet und Görres gewidmet), in: *Deutscher Beobachter Hanseatische Zeitung Nr. 579 vom 18.11.1817*); Beiträge in: *Rheinisch-Westfälischer Anzeiger* (1816ff), *Hermann. Zeitschrift für Westfalen* (1817ff), *Deutscher Beobachter* (Hamburg 1818f), *Neuer Rheinischer Merkur*;; Mitherausgeber *Neues Archiv für Preußisches Recht und Verfahren sowie für deutsches Privatrecht* (1834–1854), Herausgeber *Landwirthschaftliche Mittheilungen der Landeskultur-Gesellschaft für den Regierungsbezirk Arnsberg* (1842-1852).
Lit.: *ADB* 34, S. 606f; Martin Vormberg, *Johann Friedrich Joseph Sommer - Westphalus Eremita. Wissenschaftler, Publizist, Politiker und Bauernadvokat,* in: *Bauern im südwestfälischen Bergland. Dokumentation zur XXVII. Holthauser Museumswoche*, Bd. 1, Münster 2006, S. 238ff.
Sommer an Görres: 9.12.1818, 17.3.1819.
Erw.: Briefe an Görres: 13.9.1817, 12.9.1818, 28.11.1818, 20.12.1818, 10.5.1819.

Spiegel, Ferdinand August Maria Joseph Anton (1764-1835), 1782 Präbende Domstift Münster, stud. Theol. Münster, 1793 Vicedominus und Archidiakon Domkapitel Münster, 1796 Diakon, fürstbischöfl. Geh. Rat, 1799 Domdechant, 1799 Priesterweihe, 1813-1815 Bischof Münster (Ernennung durch Napoleon, ohne päpstl. Bestätigung), 1813 Parisreise, 1815 Berater Har-

denbergs, Teilnahme Wiener Kongress, 1816 Erhebung in Grafenstand, 1817 Mgl. Staatsrat, 1819 Wirkl. Geh. Rat, 1824 Erzbischof Köln.
Lit.: *ADB 35, S. 149-154; NDB* 24, S. 678f; Walter Lipgens, *Ferdinand August Graf Spiegel und das Verhältnis von Kirche und Staat 1789-1835. Die Wende vom Staatskirchentum zur Kirchenfreiheit*, Münster/Westfalen 1965.
Erw.: Briefe an Görres: 11.5.1814.

Staegemann, Friedrich August von (1763-1840), stud. Jur. Halle, 1785 Gerichtsreferendar Königsberg, 1789 Justizkommissar und notarius publicus Königsberg, 1788 Generallandschaftssyndikus, 1790 Kriminalrat und Assessor ostpreuß. Hof-Hals-Gericht, 1806 Geh. Finanzrat, Chef Preuß. Bank Berlin, 1807 Mgl. Immediatkommission zur Neugestaltung des Königreichs Preußen, Mitarbeit Stein-Hardenbergsche Reformen, 1808 Oberfinanzrat, 1809 Geheimer Staatsrat, 1810 Mgl. Immediatfinanzkommission unter Hardenberg, Begleiter Hardenbergs auf allen Reisen, Wien, Paris, Teilnahme Wiener Kongress, 1814 preuß. Gesandter London, 1815 Regierungskommissar Warschau, preuß. Kommissar zur Verpflegung der Truppen, 1815 Teilnahme Friedensverhandlungen Paris, 1816 Erhebung in den Adelstand, 1817 Mgl. Staatsrat, 1819-1820 Leiter *Allgemeine Preußische Staatszeitung.*
Lit.: *ADB* 35, S. 383-389; Franz Rühl (Hrsg.), *Briefe und Aktenstücke zur Geschichte Preussens unter Friedrich Wilhelm III., vorzugsweise aus dem Nachlass von F.A. Stägemann*, 3 Bde., Leipzig 1899-1902; Varnhagen, *Briefe von Stägemann, Metternich, Heine und Bettina*, Leipzig 1865; Varnhagen, *Tagebücher*, I, 1861.
Görres an Staegemann: Briefe Nr. 84, 90.
Staegemann an Görres: 15.3.1817, 11.4.1817, 6.3.1818.
Erw.: Briefe Nr. 15, 28, 85, 89, 93, 94; Briefe an Görres: 23.1.1816, 2.3.1817, 29.9.1817, 23.1.1816, 10.5.1819.

Staël, Anne-Louise-Germaine Baronin von Staël-Holstein (Madame de Staël) (1766-1817), geb. Necker, frz. Schriftstellerin, 1786 Heirat mit schwed. Botschafter in Paris Baron Erik Magnus Staël von Holstein, Salon Paris, seit 1792 Schloss Coppet (Schweiz), 1794-1805 Beziehung mit Benjamin Constant, 1795 Rückkehr nach Paris, 1803 Reise durch Deutschland, 1804 Italienreise mit August Wilhelm Schlegel.
Werke: *Lettres sur le caractère et les écrits de Jean-Jacques Rousseau*, 1788; *De l'Influence des passions sur le bonheur des individus et des nations*, 1796; *Delphine*, 1802; *Corinne ou l'Italie*, 1807; *De l'Allemagne*, 3 Bde, 1810/1813; *Considérations sur la Révolution française*, 1818; *Œuvres complètes de Mme la Bonne de Staël, publiées par son fils, précédées d'une notice sur le caractère et les écrits de Mme de Staël, par Mme Necker de Saussure,* 17 Bde., 1820/21.
Lit.: Sabine Appel, *Madame de Staël. Biographie einer großen Europäerin*, Düsseldorf 2006; Christopher Herold, *Madame de Staël. Herrin eines Jahrhunderts*, München 1968; Udo Schöning, Frank Seemann (Hrsg.), *Madame de Staël und die Internationalität der europäischen Romantik. Fallstudien zur interkulturellen Vernetzung*, Göttingen 2003; Michel Winock, *Madame de Staël*, Paris 2010.
Erw.: Briefe Nr. 81, 160; Briefe an Görres: 21.12.1814, 20.8.1818.

Stahl, Wilhelm (1793-1841), stud. Jur. Gießen, 1814 Freiwillige Jäger, 1815 Akzessist Hofgericht Darmstadt, 1816 Hofgerichtsadvokat, 1817 Jurist. Hilfsarbeiter Amt Zwingenberg, Freundschaft mit Heinrich Karl Hofmann, Mitgründer „Darmstädter Schwarze", 1819/20 Haft, Advokat Darmstadt.
Lit.: Wilhelm Flegler, *Stahl, Wilhelm Christian Tillmann*, in: *Hessische Biographien*, Bd. 3, Darmstadt 1934, S. 353-357; Eckhardt G. Franz, Peter Fleck, Fritz Kallenberg, *Großherzogtum Hessen (1800) 1806–1918*, in: *Handbuch der Hessischen Geschichte*, Band 4.2: *Hessen im Deutschen Bund und im neuen Deutschen Reich (1806) 1815–1945,* Marburg 2003; Helge Dvorak, *Biographisches Lexikon der Deutschen Burschenschaft,* Bd. I, Teilband 5, Heidelberg 2002.
Stahl an Görres: 5.10.1817.

Stammer, Heinrich (geb. 1785), 1812 Pestalozzi-Institut Yverdon, 1815 Gründung Schule nach Pestalozzi-Methode Koblenz (mit Philipp Rossel), 1818 Prof. Athenäum Luxemburg.
Lit.: Kurt Werder (Hrsg.), *Joh. Heinrich Pestalozzi, Sämtliche Briefe*. Kritische Ausgabe Bd. 14, Nachtrag: Briefe und briefähnliche Dokumente aus den Jahren 1767 bis 1826, S. 414.
Erw.: Brief Nr. 37.

Starck, Ferdinand Maximilian (1778-1857), stud. Jur. Erlangen, Advokat Frankfurt, 1808 Archivar Stadtarchiv Frankfurt, städt. Syndikus, 1816 Senator, 1828, 1834 und 1836 Älterer Bürgermeister Frankfurt, später Gerichtsschultheiß, Präsident Appellationsgericht.
Lit.: Barbara Dölemeyer, *Frankfurter Juristen im 17./18. Jahrhundert (Studien zur Europäischen Rechtsgeschichte Nr. 60)*, S. 199 (Nr. 640), Frankfurt am Main 1993.
Erw.: Brief Nr. 177.

Stargardt, NN, 1815 Leutnant kgl. niederländ. Armee.
Erw.: Briefe an Görres: 23.11.1815.

Steffens, Henrich (1773-1845), geb. Stavanger, Norwegen, 1790-97 stud. Nat.wiss., Med. Kopenhagen, Kiel, 1797 Promotion, stud. Jena, 1800 Bergakademie Freiberg, 1802/03 Dozent Univ. Kopenhagen,1804 Prof. Univ. Halle, 1811 Prof. Univ. Breslau, 1813 Kriegsfreiwilliger, 1821/22 und 1829/30 Rektor Univ. Breslau, 1832 Prof. Univ. Berlin, 1834/35 Rektor.
Werke: Beiträge zur inneren Naturgeschichte der Erde, Freyberg 1801; *Grundzüge der philosophischen Naturwissenschaft*, Berlin 1806; *Ueber die Idee der Universitäten. Vorlesungen*, Berlin 1809; *Geognostische geologische Aufsätze, als Vorbereitung zu einer innern Naturgeschichte der Erde*, Hamburg 1810; *Über die Bedeutung der Farben in der Natur*, in P.O. Runge, *Farben-Kugel*, Hamburg 1810; *Vollständiges Handbuch der Oryktognosie*, 4 Bde., Halle 1811-1824; *Turnziel. Sendschreiben an den Professor Kayßler und die Turnfreunde*, Breslau 1818; *Anthropologie*, 2 Bde., Breslau 1824; *Die Familien Walseth und Leith*, 5 Bde., Breslau 1827; *Die vier Norweger*, 6 Bde., Breslau 1828; *Novellen. Gesammt-Ausgabe*, 16 Bde., Breslau 1837-1838; *Christliche Religionsphilosophie*, 2 Bde., Breslau 1839; *Was ich erlebte*, 10 Bde., Breslau 1840-1844.
Lit.: *ADB* 35, S. 555-558; Fritz Paul, *Henrich Steffens. Naturphilosophie und Universalromantik*, München 1973; Werner Abelein, *Henrik Steffens' politische Schriften. Zum politischen Denken in Deutschland in den Jahren um die Befreiungskriege*, Tübingen 1977; Sibille Mischer, *Der verschlungene Zug der Seele. Natur, Organismus und Entwicklung bei Schelling, Steffens und Oken*, Würzburg 1997; Marit Bergner, *Henrich Steffens: Ein politischer Professor in Umbruchzeiten 1806-1819*, Frankfurt am Main 2016.
Erw.: Briefe an Görres: 21.12.1814

Stegmann, Dr., Neuwied, seit 1813 Redakteur *Reich der Todten* Frankfurt am Main (Nachfolgeblatt von: *Neuwieder Zeitung. Reich der Todten,* hrsg. von Frh. Flavius Trenck von Tonder (1746-1810), 1785-1795 als *Politische Gespräche der Todten* in Neuwied, 1786-1810 als *Reich der Todten* in Frankfurt am Main), August 1815 bis Dez. 1818 Redakteur *Neuwieder Zeitung*, ab Juli 1818 als *Reich der Todten oder Neuwieder Zeitung*, Aufgabe der Zeitung, Wiederaufnahme ab 1819 als *Neue Neuwieder Zeitung* unter neuer Leitung. Eine Identifikation mit Karl Joseph Stegmann (1767-1837; stud. Jur. Halle, Beamter Berlin, Italienreise, 1789 Zürich, Redakteur *Neue Zürcher Zeitung*, 1804-1837 Redakteur *Allgemeine Zeitung*, Ulm, seit 1810 Augsburg, s. *ADB* 35, S. 564f) wird von ihm selbst in *Allgemeine Zeitung* Nr. 136 bestritten: „Berichtigung“: Stegmann, Redakteur der *Allgem. Zeitung* sei nie in Neuwied gewesen und habe nie das ehemalige dortige Tagblatt „Gespräche im Reich der Todten“ redigiert.
Lit.: Anzeige in *Frankfurter Ober-Postamts-Zeitung* vom 14. Juli 1818; *Neue Speyerer Zeitung* Nr. 157, 31.12.1818; *Allgemeine Zeitung* Nr. 136 vom 16.5.1833; Karl d'Ester, *Der Neuwieder. Ein vergessener Vorkämpfer für die Freiheit des deutschen Rheines*, Neuwied 1930; ders., *Das politische Elysium, oder die Gespräche der Todten am Rhein. Ein Beitrag zur Geschichte der deutschen Presse und des deutschen Gedankens am Rhein*, Neuwied 1936/37.
Stegmann an Görres: 20.1.1816.

Stein, Heinrich Friedrich Karl Reichsfreiherr vom und zum (1757-1831), 1773-1777 Stud. Göttingen, Praktikum Reichskammergericht Wetzlar, 1780 Eintritt preuß. Staatsdienst, Referendar Bergwerks- und Hüttendepartment des Generaldirektoriums Berlin, 1784 Direktor Bergämter Wetter an der Ruhr und Ibbenbüren, 1787 Leiter märkische Kriegs- und Domänenkammern Hamm, 1792 Landtagskommissar Grafschaft Mark, 1793 Kammerpräsident Kleve, 1796 Oberkammerpräsident aller westlichen preußischen Territorien mit Amtssitz in Minden, 1804 königlicher Finanz- und Wirtschaftsminister im Generaldirektorium Berlin, 1807 Entlassung, Rückzug auf Besitzungen Nassau, 1807 Nassauer Denkschrift, Staatsminister („Leitung aller Civil Angelegenheiten“ Preußens), Nov. 1808 Entlassung, Flucht nach Böhmen, Berater des Zaren, 1813

Leiter der alliierten Zentralverwaltungsbehörde, russischer Gesandter Wiener Kongress, 1818 Beteiligung an Petition des westfäl. Adels, 1826 Vorsitzender Provinziallandtag Münster, Mitbegründer der Monumenta Germaniae Historica.
Lit.: Heinz Duchhardt, *Stein-Facetten, Studien zu Karl vom und zum Stein,* Münster 2007; ders., *Stein. Eine Biographie,* Münster 2007; Hans Fenske, *Freiherr vom Stein, Reformer und Moralist,* Darmstadt 2012; Gerhard Ritter, *Stein. Eine politische Biographie*, 2 Bde., Stuttgart 1931 (4. Aufl. Stuttgart 1981); Erich Botzenhart, *Freiherr vom Stein, Briefwechsel, Denkschriften und Aufzeichnungen,* 7 Bände, 1931-1937; Walther Hubatsch (Hrsg.), *Freiherr vom Stein: Briefe und amtliche Schriften,* 10 Bde., Stuttgart 1957-1974; Norbert Reimann (Hrsg.), *Der Nachlass des Freiherrn vom Stein im Archiv des Grafen von Kanitz auf Schloss Cappenberg,* 2 Teilbände, Münster 2009.
Görres an Stein: Briefe Nr. 17, 126, 163.
Stein an Görres: 25.7.1815, 29.12.1816, 24.3.1817, 27.3.1817, 2.4.1817, 2.5.1817, 26.5.1817, 2.2.1818, 26.7.1819.
Erw.: Briefe Nr. 7, 19, 22, 43, 58, 172; Briefe an Görres: 9.1.1814, 11.5.1814, 15.11.1814, 20.11.1815, 23.1.1816, 3.11.1817, 22.12.1818, 12.6.1819, 23.8.1819.

Stein, Karl, Dr., 1814-1816 Redakteur *Journal des Nieder- und Mittelrheins*, Aachen (Beaufort), Nr. 1 (15. März 1814) bis Nr. 8 (20. April 1816), öffentl. Amtsblatt des Generalgouvernements für Bekanntmachung von Verordnungen etc.
Lit.: Landesarchiv NRW Abt. Rheinland 2.2.1 (Genehmigung zur Herausgabe des Journals durch Dr. Karl Stein)
Görres an Stein: Brief Nr. 24.

Steinebach, NN von, Kaufmann, 1817 Mgl. Hilfsverein Koblenz.
Erw.: Brief Nr. 106.

Steininger, Johannes (1794-1874), 1809-1813 stud. Philosophie, Theologie Priesterseminar Trier, stud. Mathematik, Physik, Naturwissenschaften Paris, 1815-1857 Lehrer Mathem., Naturwiss. Gym. Trier, 1817 Mgl. Gesellschaft für nützliche Forschungen Trier, geolog., paläontolog. Forschungen, 1848 Ernennung zum Professor.
Lit.: Guido Groß, Professor Johann Steininger (1794-1874). Erinnerung an einen Trierer Pädagogen, Geologen und Historiker, in: *Neues Trierisches Jahrbuch* 1994, S. 85-104; ders., in: H. Monz (Hrsg.), *Trierer Biographisches Lexikon,* Trier, S. 450; Hubert Schiel, Der Trierer Geologe Johannes Steininger, in: *Trierer Volksfreund*, Jg. 76, Nr. 209 v. 8./9. Sept. 1951, Beil.: Die Feierstunde Nr. 36.
Erw.: Brief Nr. 63; Briefe an Görres: 15.11.1815.

Stempel, NN, Dr. in Prüm.
Erw.: Briefe an Görres: 18.11.1817, 26.11.1817.

Stieldorff, Peter-Josef (1755-1842), geb. Koblenz, 1793-1796 Guardian Minoritenkloster Merl, 1799 Prof. Himmerod, 1801 Beichtvater Filzen, 1807-1819 Prof. Philosophie Bischöfl. Priesterseminar Trier, 1812 Ehrendomherr, 1816-1818 Assistent von Dewora in der Lehrerausbildung, 1818-1828 Seelsorger Landarmenhaus, 1820 Fühmesser Rachtig, nach 1828 Vikar Bullay.
Lit.: Alfons Friderich (Hrsg.), *Persönlichkeiten des Kreises Cochem-Zell,* Trier 2004; *Der Weltklerus der Diözese Trier seit 1800*, hrsg. Diözesanarchiv Trier, Trier 1941, S. 337f; *Rheinland-Pfälzische Personendatenbank* (www.rppd-rlp.de/pkd0941).
Erw.: Briefe an Görres: 25.11.1815.

Stolberg, Christian Graf zu Stolberg-Stolberg (1748-1821), 1770-1772 stud. Jur., Literatur Univ. Halle/Saale, Göttingen, Mgl. Hainbund, Mitarbeit Göttinger *Musenalmanach*, 1774 Kammerherr Kopenhagen, Schweizreise, 1777 Amtmann Tremsbüttel, 1806 Gerichtsrat Landgericht Schleswig.
Werke: Gedichte, Dramen (*Otanes 1786, Belsazar 1788*), Balladenzyklus *Die weiße Frau* 1814, Übersetzungen (Sophokles, 1787).
Lit.: *ADB* 36, S. 348-350; Hermann Bräuning-Octavio, *Stolberg* (1918).
Erw.: Briefe an Görres: 26.6.1815.

Stolberg, Friedrich Leopold Graf zu (1750-1819), Bruder von Christian, stud. Jur. Halle, Göttingen, 1772 Mgl. Hainbund, 1777-1780 Gesandter des Fürstbischofs von Lübeck in Kopenhagen, 1789 dänischer Gesandter Berlin, 1791-1800 Präsident der fürstbischöflichen Kollegi-

en in Eutin (Eutiner Kreis), 1800 Übersiedelung nach Münster (Münsterscher Kreis um Fürstin von Gallitzin und Franz von Fürstenberg), Konversion.
Werke: Oden, Balladen, Satiren, Reisebeschreibungen, Dramen, Übersetzungen (Homer, Aischylos, Plato, Ossian); *Geschichte der Religion Jesu Christi*, 15 Bde., Hamburg (Perthes), 1806-1818.
Lit.: *ADB* 36, S. 350-367; Jenny Lagaude, *Die Konversion des Friedrich Leopold Graf zu Stolberg. Motive und Reaktionen*, Leipzig-Berlin 2006; *Friedrich Leopold Graf zu Stolberg (1750-1819) – Standesherr wider den Zeitgeist* (Ausstellung der Eutiner Landesbibliothek und des Gleimhauses Halberstadt), hrsg. v. Frank Baudach, Eutin 2010; Johann Heinrich Voß, *Wie ward Friz Stolberg ein Unfreier?*, 1819; *Bestätigung der Stolbergschen Umtriebe*, 1820; Fink-Lang, *GS/Briefe* 1, Einleitung, S. XCI, CX, CXXVI.
Erw.: Briefe an Görres: 10.6.1819.

Straube, (August) Heinrich (1794-1847), stud. Lit.wiss. Göttingen, Mgl. „Poetische Schusterinnung an der Leine“, Freundschaft mit Brüdern Haxthausen, 1820 stud. Jur. Göttingen, 1821 Dr. jur., 1822 Advokat Kassel, 1832 Staatsanwalt Provinz Niederhessen, 1841 Regierungsrat Oberbaudirektion, 1842 Oberappellationsgerichtsrat.
Werke: Gedichte; Hrsg. *Wünschelruthe. Ein Zeitblatt*, Göttingen, Jan. bis Juni 1818 (zusammen mit Johann Peter v. Hornthal).
Lit.: Ernst Elster, Heine und Straube. Ein Gedenkblatt zum 17. Februar 1906, in: *Deutsche Rundschau* 126, 1906, S. 205-213; Eduard Arens, Josepha Grauheer, Die Poetische Schusterinnung an der Leine, in: *Göttingische Nebenstunden* Heft 7, Göttingen 1929.
Erw.: Brief Nr. 133; Briefe an Görres: ca. Jan. 1818.

Straus: Strauß, Friedrich (1786-1863), 1805-1808 stud. Theol. Halle, Heidelberg, Hörer von Görres, mit Otto von Loeben, Wilhelm Budde und J. v. Eichendorff Zusammenschluss zum „Eleusischen Bund“, 1809-1814 prot. Pfarrer Ronsdorf, Elberfeld, 1822 Dom- und Hofprediger Berlin, Prof. prakt. Theologie Univ. Berlin, 1836 Geistl. Rat Kultusministerium, 1850 Mgl. Preuß. Evang. Oberkirchenrat, 1856 Oberhofprediger.
Werke: Theol. Werke; *Glockentöne – Erinnerungen aus dem Leben eines jungen Geistlichen*, 4 Bde., Elberfeld 1815-1819; *Abend-Glocken-Töne – Erinnerungen eines alten Geistlichen aus seinem Leben*, Berlin 1868 (postum).
Lit.: *ADB* 36, S. 532-534; Fink-Lang, *Görres*, S. 110f, 113.
Erw.: Briefe an Görres: 8.6.1814.

Stürtzer, NN von, Verf. eines Werks über die deutschen Universitäten ca. 1818.
Eventuell = Stürzer, Joseph Michael Sigismund von (ca. 1775-1837), 11799 Dozent Univ. Ingolstadt, 1802 Prof. Jur. Landshut, 1804 Hofgerichtsrat Bamberg, 1808 Oberappellationsgerichtsrat München; Veröffentlichungen: *Über die Rücksichten die der Gesetzgeber bei Verfassung eines neuen Strafkodex zu nehmen hat*, 1801; *Über den Zustand des Kriminalwesens in Deutschland*, 1803; *Theoretisch-praktische Bemerkungen zum dermaligen bayerischen Zivilgerichtsverfahren*, 1838.
Lit.: Haus der Bayer. Geschichte: https://www.hdbg.eu/biografien/detail/prof-joseph-sturzer/3663
Erw.: Briefe an Görres: 20.12.1818.

Sturz, NN („der ältere“), Mainz: vielleicht Carl Sturz, 1800 erw. als homme de loi in Mainz, vermutl. ders. 1803 als Anwalt in Mainz.
Lit.: *Le guide de la ville de Mayence contenant la denomination de ses six sections, rues, maisons et de leurs numéros, ainsi que des habitans avec leurs qualités*, Mainz 1800, S. 161; Udo Fleck, *Diebe-Räuber-Mörder. Studie zur kollektiven Delinquenz rheinischer Räuberbanden an der Wende vom 18. zum 19. Jahrhundert*, Diss. Trier 2003.
Erw.: Brief Nr. 20.

Süvern, Johann Wilhelm (1775-1829), 1793 stud. Theol. Jena, Altertumswiss. Halle, 1796 Schulamtskandidat philologisch-pädagogisches Seminar Berlin, 1800 Rektor und erster Professor Gymnasium Thorn, 1803 Direktor Gym. Elbing, 1809 Staatsrat Innenministerium Sektion Kultus und öffentl. Unterricht unter Humboldt, seit 1817 Rückzug auf Mitarbeit im Referat Akademie der Wissenschaften.
Lit.: *ADB* 37, S. 206-245; *NDB* 25, S. 689.
Erw.: Brief Nr. 90.

Thibaut, Anton Friedrich Justus (1772-1840), 1796 Privatdozent, 1798 ao., 1801 ord. Prof. römisches Recht Univ. Kiel, 1805-1840 Prof. röm. Recht Heidelberg, badischer Geheimer Staatsrat, 1805-1807, 1821 Rektor Univ. Heidelberg.
Werke: *System des Pandektenrechts*, 1803; *Über die Notwendigkeit eines allgemeinen bürgerlichen Rechts für Deutschland*, 1814; *Über Reinheit der Tonkunst*, 1824.
Lit.: *ADB* 37, S. 737-744; Dörte Kaufmann, *Anton Friedrich Justus Thibaut (1772-1840). Ein Heidelberger Professor zwischen Wissenschaft und Politik,* Stuttgart 2014; Joachim Rückert, Heidelberg um 1804 oder: die erfolgreiche Modernisierung der Jurisprudenz durch Thibaut, Savigny, Heise, Martin, Zachariä u.a., in: Friedrich Strack (Hrsg.), *Heidelberg im säkularen Umbruch.* Stuttgart 1987, S. 83-116.
Erw.: Briefe an Görres: 19.1.1817.

Thiele: Thile, Ludwig Gustav von (1781-1852), 1811 pers. Adjutant Blüchers, 1813 Flügeladjutant des Königs, 1815 Obrist Generalstab des Hauptquartiers im niederrhein. Kriegsheer unter Generalstabschef Gneisenau, 1816 Befehlshaber Infanterieregiment, 1816 im Gefolge des Königs und Gneisenaus in Karlsbad und Töplitz, Nov. 1816 Verwundung in Duell, nach Verurteilung Begnadigung durch den König, 1817 Inspektor Landwehr Potsdam, 1818 Generalmajor, 1820 Kommandeur 6. Landwehrbrigade Berlin, 1829 Generaladjutant des Königs, 1830 Festungskommandant Erfurt, 1832 Torgau.
Lit.: *ADB* 38, S. 28-32; Carl von Plotho, *Der Krieg in Deutschland und Frankreich in den Jahren 1813 und 1814,* Band 4, S. 36; *Deutscher Beobachter oder privilegirte hanseatische Zeitung* vom 5.9.1816; *Allg. Zeitung* 24.12.1816; *Bayer. Nationalzeitung* 8. April 1818; Henrik Steffens, *Was ich erlebte: aus der Erinnerung niedergeschrieben*, Bd. 7, Breslau 1843, S. 87; Pertz, *Das Leben des Feldmarschalls Grafen Neithardt v. Gneisenau,* Bd. 5; *Zeitschrift der Savigny-Stiftung für Rechtsgeschichte: Kanonistische Abteilung*, Band 36, Ausgabe 1, 1915, S. 139; http://www.vesteburg.com/Gouverneure.htm; *Deutsche Revue* Bd. 44, 1-2, S. 54.
Erw.: Briefe an Görres: 12.9.1816.

Thielemann: Thielmann, Johann Adolf Freiherr von (1765-1824), 1780 Militärlaufbahn Sachsen, 1798 Stabsrittmeister, 1801 Parisreise, 1805 nach Vereinigung der sächsischen und preußischen Truppen Adjutant des Prinzen Louis Ferdinand, 1809 Generalmajor, 1810 Generalleutnant, 1812 Erhebung in Freiherrenstand durch Kg. v. Sachsen, 1813 Gouverneur Festung Torgau, 1815 Generalleutnant in preuß. Diensten, 1816 kommandierender General VII. Korps Münster/ Westfalen, 1820 VIII. Korps, kommandierender General Koblenz, 1824 General Kavallerie.
Lit.: *ADB* 37 (1894), S. 755-759; Herman von Petersdorff, *General Johann Adolph Freiherr von Thielmann. Ein Charakterbild aus der napoleonischen Zeit.* Hirzel, Leipzig 1894; Albrecht Graf von Holtzendorff, *Beiträge zu der Biographie des Generals Frh. von Thielmann und zur Geschichte der jüngst vergangenen Zeit,* Leipzig 1830; Briefwechsel mit Stein 1814-1824: Archiv Cappenberg Cap.C.I - S 1312.
Erw.: Briefe Nr. 17, 30.

Thomas, Johann Gerhard Christian (1785-1838), 1802-1807 stud. Jur. Gießen, Würzburg, 1809 Archivar, Mitarb. Finanzverwaltung Großherzogtum Frankfurt, 1816 Senator, Vorstand Polizeiamt, 1818-1831 Mgl. Gesetzgebende Versammlung, 1821-26 Stadtgerichtsrat, 1824-1829 Jüngerer Bürgermeister, 1832, 1835, 1838 Älterer Bürgermeister, 1833-1836 Syndikus, 1834 Appellationsgerichtsrat, Mgl. Archiv- und Bibliotheksinspektion.
Werke: *Taulers Mystik*, 1826; *Über das älteste Frankfurter Stadtrecht und wetterauische Weisthümer*, 1826; *Abhandlung über die Entstehung des Strafrechtes in Deutschland*, 1831; *Frankfurter Annalen von 793 bis 1300,* (*Archiv für Frankfurts Geschichte und Kunst* 2), 1838; *Der Oberhof zu Frankfurt am Main und das Fränkische Recht in Bezug auf denselben,* 1841.
Görres an Thomas: Brief Nr. 116.
Erw.: Brief Nr. 177; Briefe an Görres: 9.10.1815.

Thomé, Lubentius, Pfarrer Gondershausen.
Lit.: Amtspersonen FB Gondershausen: https://forum.ahnenforschung.net/archive/index.php/t-12189.html.
Erw.: Briefe an Görres: 23.5.1819.

Thorwaldsen, Bertel (1770-1844), Bildhauer Kopenhagen, seit 1797 Rom, 1818 Prof. Akademie der Schönen Künste Kopenhagen, 1823ff Aufträge Rom.

Lit.: Gerhard Bott (Hrsg.), *Künstlerleben in Rom, Bertel Thorvaldsen*. Schleswig-Holsteinisches Landesmuseum Schloss Gottorf, 1991.
Erw.: Briefe an Görres: 31.5.1815.

Tieck, Ludwig (1773-1853), 1792-1794 stud. Geschichte, Philologie, alte und neue Literatur Halle, Göttingen, Erlangen, stud. Jur. Berlin, 1799-1800 Jena, 1801 Dresden, 1802-1819 Landgut Ziebingen, 1813 Prag, Reisen London, Paris, 1819-1841 Dresden, Dramaturg Hoftheater, 1841 Berlin.
Werke: Gedichte, Romane, Novellen, Dramen, Übersetzungen, Hrsg. mittelalterlicher Quellen (*Minnelieder aus dem schwäbischen Zeitalter*, Berlin 1803; *Frauendienst* 1812); *Ges. Schriften*, 28 Bde., Berlin 1828-1854; *Werke in vier Bänden. Nach dem Text der Schriften von 1828-1854*, 4 Bde., München 1963-1966; *Schriften*. In zwölf Bänden, hrsg. von Hans P. Balmes, Manfred Frank u.a., Frankfurt am Main 1986 ff.
Lit.: Claudia Stockinger, Stefan Scherer (Hrsg.), *Ludwig Tieck: Leben – Werk – Wirkung*, Berlin/Boston 2011; *ADB* 38, S. 251-276; *NDB* 26, S. 252-254.
Erw.: Briefe Nr. 4, 105; Briefe an Görres: 12.7.1815, 17.9.1817; Anhang: Briefe von und an Katharina Görres Nr. 1.

Tiedemann, Friedrich (1781-1861), stud. Med., Nat.wiss. Bamberg, Würzburg, 1804 Dr. Med. Marburg, 1805 Prof. Landshut, 1816 Prof. Heidelberg, Direktor Anatomisches Institut.
Werke: Anatomische Studien, Reiseberichte, Tagebücher; *Tabulae arteriarum corporis Humani*, 1822, *Das Hirn des Negers mit dem des Europäers und Orang-Outangs verglichen*, Heidelberg 1837.
Tiedemann an Görres: Herbst 1816.
Erw.: Briefe an Görres: 19.1.1817, 4.9.1818.

Tippel, François Joseph, 1803 Tribunalrichter 1. Instanz Rhein-Mosel-Departement, 1804 Civil-Tribunal-Richter Koblenz, Directeur du jury, 1815 Zensor, 1818 Vizepräsident Instanzgericht Koblenz, 1821 Landrichter Landgericht Koblenz.
Lit.: *Almanach d'adresses de la ville de Coblence pour l'an XII (1804),* Koblenz 1804, S.59; *Kalender für den Regierungs-Bezirk Koblenz auf das Jahr 1818*, S. 18; *Kalender und Adreß-Handbuch für den Regierungsbezirk Coblenz auf das Jahr 1821*, S. 43; LHA Koblenz, Best. 355, Nr. 25, Bl. 46-65.
Erw.: Briefe Nr. 33, 48, 55; Briefe an Görres: 18.7.1815, 20.7.1815, 24.7.1815.

Tormann, NN, Mainz.
Erw.: Briefe an Görres: 30.8.1814.

Tritschler, F.G., Provisor, Apotheker Einhorn-Apotheke Frankfurt a. Main.
Lit.: A. F. Gehlen/ J.A. Buchner (Hrsg.), *Repertorium für die Pharmacie*, Bd. 1, Nürnberg 1815 (Subskribentenliste).
Erw.: Briefe an Görres: 28.12.1815.

Türk (Türck), Johann A. (gest.1817), 1798 Mgl. republikan. Munizipalität Koblenz, seit 1804 Prof. Sekundärschule Koblenz, 1814 Mgl. Kommission des Musikinstituts Koblenz, Sammler mittelalterlicher Handschriften.
Lit.: Hansen, *Quellen*, Bd. 4, S. 57, 443, 626, 643, 887f, 911; *Almanach d'adresses de la ville de Coblence pour l'an XII (1804),* Koblenz 1804, S. 89; *Codices Manuscripti, libri rarissimi et rariores in bibliotheca J. A. Türck Confluentiae capite praefecturae Rheno-Mosellanae prostant venales* (Verkaufskatalog der Bibl.), Heidelberg 1818; Christina Meckelnborg (Bearb.), *Mittelalterliche Handschriften im Landeshauptarchiv Koblenz*, Bd. 1, Koblenz 1998 (*Veröffentlichungen der Landesarchivverwaltung Rheinland-Pfalz* 78), S. 467; Worbs, *Geschichte des Königlichen Gymnasiums zu Coblenz*, S. 21ff
Erw.: Brief Nr. 27; Briefe an Görres: 26.2.1817.

Tychsen, Thomas Christian (1758-1834), stud. Kiel, Göttingen, 1784 ao. Prof. Theol., 1788 ord. Prof. oriental. Sprachen Univ. Göttingen.
Werke: *Grundriß einer Archäologie der Hebräer*, Göttingen 1789; Hrsg.: *Quinti Smyrnaei Posthomericorum Libri XIV*, 1807; *Hymne an Teutschland nach der Rettungsschlacht bey Leipzig 16-18. October 1813*, Göttingen 1814; *Grammatik der arabischen Schriftsprache*, Göttingen 1823; *De inscriptionibus in Hispania repertis,* Göttingen 1831.
Lit.: *ADB* 39, S. 51; *Biogr.-Bibliogr. Kirchenlexikon* Bd. 12, 1997, Sp. 766–768.
Erw.: Briefe an Görres: 2.6.1818.

Ullmann, Johann Christoph (1771-1821), 1790 stud. Bergakademie Freiberg, 1792 Dr. Univ. Marburg, 1793-1797 ao. Prof. Philosophie, Finanzwissenschaft Univ. Marburg, 1797 ord. Prof. Staatswissenschaft, Berg- und Hüttenkunde, Mgl. Staatswirtschaftliches Institut, Leiter Hessisches Mineralien-Cabinett, Oberbergrat Marburg.
Lit.: *ADB* 39, S. 196; Franz Gundlach (Bearb.), *Catalogus Professorum Academiae Marburgensis. Die akademischen Lehrer der Philipps-Universität von 1527 bis 1910*, Marburg 1927, S. 451 f.
Ullmann an Görres: 19.10.1814.

Vacanau, Familie, vielleicht Nancy, eventuell verwandt mit Familie Lassaulx.
Erw.: Briefe an Görres: 20.5.1819.

Varnhagen, Karl August (1785-1858), ab 1826 Varnhagen von Ense, stud. Med. Akad. Berlin, Halle und Tübingen, in Befreiungskriegen Offizier in österr. und russ. Diensten, Begleiter Hardenbergs Wiener Kongress, Paris, 1815-1819 preuß. Gesandter Karlsruhe, Sammler von Handschriften, Büchern, Autographen.
Werke: Biographien; *Denkwürdigkeiten und vermischte Schriften*, 7 Bde, Mannheim 1837-1846; Bde. 8 und 9, posth. Leipzig 1859; *Tagebücher*, 14 Bde, hrsg. Ludmilla Assing, 1861-1870.
Lit.: *ADB* 39, S. 769-780; *NDB* 26, S. 716-718; Konrad Feilchenfeldt, *Varnhagen von Ense als Historiker,* Amsterdam 1971; Werner Greiling, *Varnhagen von Ense. Lebensweg eines Liberalen. Politisches Wirken zwischen Diplomatie und Revolution,* Köln/Weimar/Wien 1993; Ursula Wiedenmann, *Karl August Varnhagen von Ense. Ein Unbequemer in der Biedermeierzeit*, Stuttgart/Weimar 1994.
Erw.: Briefe an Görres: 28.2.1818.

Van Noorden, Carl Wolters (gest. ca. 1840), 1817 Revierförster in der Forstinspektion Andernach, im Revier Laach („mit Beibehaltung seines bisherigen Charakters als Oberförster"), 1818 Revierförster Mayen, 1819 Oberförster Sinzig, gest. als kgl. Oberförster Arnsberg.
Lit.: *Kalender für den Regierungs-Bezirk Koblenz auf das Jahr 1818*, S. 9; *Amtsblatt der Preußischen Regierung zu Koblenz: für das Jahr 1819*, S. 455; Georg-Ludwig Hartig (Hrsg.), *Forst- und Jagd-Archiv von und für Preußen,* Bd. 2, 1923, S. 138f; *Amtsblatt der Preußischen Regierung zu Koblenz: für das Jahr 1840*: Öffentl. Anzeiger Nr. 22 (16. Mai 1840).
Erw.: Briefe an Görres: 8.12.1817.

Van Recum, Andreas (1765-1828), 1786 Subdiakon, Stiftskapitular St. Victor vor Mainz, nach Dispens durch päpstliche Bulle Laisierung, 1791 Hofgerichtsrat Mannheim, 1792 Oberamtsverweser und Landschreiber kurpfälz. Oberamt Simmern, 1797 Friedensrichter, Präsident Übergangsregierung Bad Kreuznach, 1798 Beamter frz. Zentralverwaltung Koblenz, Sous-Prefect Simmern, ab 1804 Mgl. Corps législatif Paris, „Baron des Französischen Kaiserreiches", 1809 Gründer und Meister vom Stuhl der Freimaurerloge „Les amis réunis de la Nahe et du Rhin" Kreuznach, Vertreter Bayerns Schuldenliquidierungskommission, Königlich Bayer. Geheimrat, Freiherr, nach 1818 Gutsherr bei Bad Kreuznach.
Werke: *Jarzäler des Departements vom Rhein und Mosel von A. Vanrecum, Zentralverwalter im nemlichen Departemente. Jahr 8*, Koblenz, 1799/1800; Anleitungen zum Weinbau; "*Observations*" zur Landwirtschaft in Frankreich, (in frz. Sprache), 1807f.
Lit.: Karl-Georg Faber, *Andreas Van Recum 1765-1828. Ein rheinischer Kosmopolit (Pariser Hist. Studien,* Bd. 8, Bonn 1969; Franz Freiherr von Recum, *Andreas von Recum – Das Leben eines Pfälzers um die Wende des 18. Jahrhunderts, Mannheimer Geschichtsblätter*, 8/1927.
Erw.: Brief Nr. 5.

Vieweg, Johann Friedrich (1761-1835), Buchhandelslehre Waisenhausbuchhandlung Halle, Gehilfe Buchhandlung Hamburg, 1786 Gründung Verlagsgeschäft Berlin, 1795 Heirat mit Charlotte, Tochter von Verleger Campe, 1799 Umsiedelung nach Braunschweig, Kauf von Campes Schulbuchhandlung, 1799 Druckerei, seit 1825 Verlagsbuchhandlung Friedrich Vieweg und Sohn.
Lit.: *ADB* 39, S. 689-693; Rudolf Schmidt, *Deutsche Buchhändler. Deutsche Buchdrucker. Beiträge zu einer Firmengeschichte des deutschen Buchgewerbes,* Bd. 6, Berlin 1908, S. 983-986; *Friedrich Vieweg und Sohn. Braunschweig 1786-1911. Herausgegeben aus Anlaß des hundertfünfundzwanzigjährigen Bestehens der Firma*, Braunschweig 1911.
Görres an Vieweg: Briefe Nr. 111, 139, 156, 157.
Erw.: Briefe Nr. 92, 121, 133, 158, 160.

Villers, Charles François Dominique de (1765-1815), 1796 stud. Göttingen, Lübeck, 1803-1805 Paris, 1806 Vermittlung bei Eroberung Lübecks durch die Franzosen, Fürsprecher der Hansestädte, 1808 Mgl. Göttinger Gesellschaft der Wissenschaften, 1811 Prof. phil. Fak. Göttingen, 1814 Amtsenthebung.
Werke: *Philosophie de Kant ou principes fondamentaux de la philosophie transcendentale*, Metz 1801; *Essai sur l'Esprit et l'influence de la Réformation de Luther*, Paris 1804; *Combat de Lubeck*, 1806; *Lettre à Madame la Comtesse F(anny) de B(eauharnais), contenant un récit des évènemens qui se sont passés à Lubeck dans la journée du Jeudi 6. Novembre 1806 et les suivantes*, Amsterdam 1807; *Coup d'oeil sur les universités et le mode d'instruction publique de l'Allemagne protestante; en particulier du royaume de Westphalie*, Kassel 1808; *Coup d'oeil sur l'état actuel de la littérature ancienne et de l'histoire en Allemagne. Rapport fait à la troisième Classe de l'Institut de France*, Amsterdam u. Paris 1809; *Préface à la Confession d'Augsburg, Introduction à l'ouvrage de Mme. de Staël sur l'Allemagne*, 1813; *Constitutions des trois villes libres Anséatiques, Lubeck, Brêmen et Hambourg. Avec un mémoire sur le rang que doivent occuper ces villes dans l'organisation commerciale de l'Europe*, Leipzig 1814.
Lit.: *ADB* 39, S. 708-714; Monique Bernard, *Un homme, deux cultures. Charles de Villers entre France et Allemagne, 1765-1815*, in: *Romanische Studien* 3, 2016; Monique Bernard, *Charles de Villers. De Boulay à Göttingen. Itinéraire d'un médiateur franco-allemand*, Metz 2016; Louis Wittmer, *Charles de Villers (1765-1815). Un intermédiaire entre la France et l'Allemagne et un précureur de Mme de Staël*, Genf/ Paris 1908; Isler (Hrsg.), *Briefe aus dem handschr. Nachlasse des Ch. de Villers*, Hamburg 1879; *GS/Briefe* 2.
Villers an Görres: 18.9.1814, 15.11.1814.
Erw.: Brief Nr. 43; Briefe an Görres: 30.10.1814.

Vincent, Karl Freiherr von (1757-1834), 1773 Eintritt kaiserliche Armee, 1794 Major, Flügeladjutant, 1796 Oberstleutnant und Generaladjutant des Kaisers, seit 1806 diplomat. Tätigkeit, 1813 Anstellung bei der Armee des Kronprinzen von Schweden, Febr. bis Juni 1814 Gouverneur von Belgien, 1815 als kaiserlicher Bevollmächtigter im Hauptquartier des Herzogs von Wellington, mehrfach in diplomat. Mission in Paris, 1818 General Kavallerie, 1821-1825 österr. Botschafter Paris.
Lit.: *ADB* 39, S. 732-734.
Erw.: Briefe an Görres: 30.11.1817.

Vincke, Ludwig (Friedrich Ludwig Wilhelm Philipp) (1774-1844), 1789 Pädagogium der Frankeschen Stiftungen Halle/Saale, 1792-95 stud. Jur., Kameralwiss. Marburg, Erlangen, Göttingen, 1795 preuß. Staatsdienst, Referendar Kurmärk. Kriegs- und Domänenkammer Berlin, 1798 Landrat Minden, 1800ff Reisen Großbritannien, Spanien, 1803 Präsident Kriegs- und Domänenkammer Aurich, 1804 Leitung Kriegs- und Domänenkammer Münster, 1807 Berater des Freiherrn vom Stein Memel, 1808 preuß. Finanzministerium, 1809 Präsident kurmärk. Kammer Potsdam, 1810 Rückzug nach Westfalen ins Privatleben, Nov. 1813 Zivilgouverneur für die befreiten Gebiete zwischen Weser und Rhein, 1815-1844 Oberpräsident preuß. Provinz Westfalen in Münster, Mgl. Staatsrat, 1825 Wirkl. Geh. Rat.
Lit.: *ADB* 39, S. 736-743; *NDB* 26, S. 815-817; F. A. Steinemann, *Westfalens Oberpräsident L. Frhr. v. Vincke. Sein Leben u. seine Zeit 1774-1844*, 1858; H. Kochendörffer, *Vincke*, 2 Bde., 1932/33.
Erw.: Briefe Nr. 1, 2, 3, 5, 7, 43; Briefe an Görres: 6.2.1814, 17.3.1818, 4.5.1818, 12.9.1818.

Vogt, Nicolaus (1756-1836), 1774 stud. Philologie, Geschichte Univ. Mainz, Professor Mainz, 1792 Flucht Schweiz, 1797 Aschaffenburg, Leiter des Schulwesens, kurfürstlicher Bibliothekar, 1804 geh. Legationsrat, Kurator für das Schulwesen Frankfurt, 1808 Mitgründer Museumsgesellschaft, Senator Freie Stadt Frankfurt.
Werke: *Über die europäische Republik*, 5 Teile, 1785-1792; *Gustav Adolph König in Schweden*, 1790; *Abriß einer Geschichte von Mainz*, 1792; *System des Gleichgewichts und der Gerechtigkeit*, 2 Bde., Frankfurt a.M. 1802; *Politische Flugschriften*, 1803; *Die Ruinen am Rhein*, Frankfurt a. M. 1809; *Niklas Vogt's historisches Testament*, Mainz 1814; *Rheinische Geschichten und Sagen*, 4 Bde., 1817-1836.
Lit.: *ADB* 40, S. 189-191; Helmut Mathy, Niklas Vogt und seine politische Bedeutung, in: *Mainz. Vierteljahreshefte für Kultur, Politik, Wirtschaft, Geschichte*, 6. Jg. (1986), Heft 4, S. 113-118.
Vogt an Görres: 5.4.1815, 23.6.1815.

Von der Leyen, Friedrich Heinrich (1769-1825), Textilunternehmer Krefeld, 1800 Bürgermeister Krefeld, Vorsitzender *Chambre consultative de manufactures, fabriques, arts et métiers*, 1805 Deputierter gesetzgebende Versammlung Paris, Geschäftsführer und Eigentümer Seidenwebereien „Friedrich & Heinrich von der Leyen", 1813 Baron de l'Empire, 1816 Erhebung in preuß. Freiherrenstand, 1823 Gründung Seidenweberfirma „F. H. von der Leyen & P. von Loewenich" (mit Peter von Loewenich).
Lit.: *NDB* 14, S. 433.
Erw.: Briefe an Görres: 19.10.1817.

Voß, Clara, Näherin Koblenz, 1814 Gesuch zur Gründung einer priv. Lehranstalt für Mädchen.
Erw.: Brief Nr. 31.

Voß, Heinrich (1779-1822), Sohn von Johann Heinrich Voß, 1799 stud. Theologie, Philologie Halle, 1801/02 stud. Philologie Univ. Jena, 1804-1806 Prof. Gym. Weimar, 1806 ao., 1809-1822 ord. Prof. griech. und lat. Literatur Univ. Heidelberg.
Werke: *Curarum Aeschylearum specimen I*, Heidelberg 1812; *Notae in Theocritum*, Heidelberg 1813; Mitarbeit an *Shakspeare's Schauspiele*, 9 Bände, Leipzig/Stuttgart 1818-1829 (Band 1-3); Übersetzung der Tragödien von Aeschylos (posthum: *Äschylos von Heinrich Voß*. Zum Theil vollendet von Johann Heinrich Voß, Heidelberg 1826).
Lit.: *ADB* 40, S. 347-349; Johann Georg Meusel, *Das gelehrte Teutschland: oder Lexikon der jetzt lebenden teutschen Schriftsteller*, Bd. 16 (1812), S. 116f; Bd. 22 (1827), S. 268f; Abraham Voß (Hrsg.), *Briefe von Heinrich Voß*, 3 Bde., Heidelberg 1833-1838.
Erw.: Brief Nr. 92.

Voß, Johann Heinrich (1751-1826), 1772ff stud. Theol., Philologie, Gräzistik Göttingen, Mitgründer Göttinger Hainbund, 1774-1786 Mgl. Hamburger Freimaurerloge „Zu den drei Rosen", 1774-1800 Redaktion *Musenalmanach*, 1778 Rektor Lateinschule Otterndorf, 1782 Rektor Gymnasium Eutin, 1786 Hofrat, 1802-1805 Privatier Jena, 1805 Sinekure Univ. Heidelberg.
Werke: Übersetzungen klass. Dichter, u.a. Homer, *Odyssee,* 1781, *Ilias*, 1793, Vergil, *Aeneis*, 1799; *Shakspeare's Schauspiele*, 9 Bände, Leipzig/Stuttgart 1818-1829; Gedichte, 1785-1795 (u.a. *Luise. Ein ländliches Gedicht in drei Idyllen*); *Mythologische Briefe*, 2 Bde., 1794; *Zeitmessung der deutschen Sprache. Beilage zu den Oden und Elegien,* Königsberg 1802; *Abriß meines Lebens*, Rudolstadt 1818; *Wie ward Fritz Stolberg ein Unfreier?*, 1819; *Antisymbolik*, 2 Bde., Stuttgart 1824-1826; *Briefe,* hrsg. von Abraham Voß, 3 Bde., Halberstadt 1829-1833; *Sämmtliche poetische Werke,* hrsg. von Abraham Voß, Leipzig 1835; *Werke in einem Band*, ausgew. und eingel. v. H. Vogt, Berlin/Weimar 1976 (3. Aufl.).
Lit.: *ADB* 40, S. 334-349; Wilhelm Herbst, *Johann Heinrich Voss*, 3 Bde., Leipzig 1872-76; Sebastian Brunner, *Voss und Dichter-Bataillen*, Würzburg/Wien 1888; Heinrich A. Stoll, *Johann Heinrich Voß*, 2 Bde., Berlin 1962/1968; Klaus Langenfeld, *Johann Heinrich Voß. Mensch, Dichter, Übersetzer* (= *Eutiner Bibliothekshefte.* Bd. 3), Eutin 1990; Günter Häntzschel, Johann Heinrich Voß in Heidelberg. Kontroversen und Mißverständnisse, in: Strack (Hrsg.), *Heidelberg im säkularen Umbruch,* S. 301-321; Heribert Raab, Görres und Voß, in: Strack (Hrsg.), *Heidelberg im säkularen Umbruch*, S. 322-336; H.C.G. Paulus, *Lebens- und Todeskunden über J.H. Voß. Am Begräbnißtage gesammelt für Freunde*, Heidelberg 1826 (dazu J. Görres, in: *Der Katholik* 21 (1826), S. 208-239, und J. Görres, *J.H. Voss und seine Todesfeier in Heidelberg. Aus dem Katholiken besonders abgedruckt*, Straßburg 1826).
Erw.: Briefe Nr. 92, 95; Briefe an Görres 25.6.1816, 17.9.1817, 13.3.1819.

Voß, Julius von (1768-1832), 1782 Eintritt Militärdienst, 1794 Adjutant des Oberst von Hundt, 1798 Abschied, schriftstellerische Tätigkeit.
Werke: Lustspiele; *Possen und Marionettenspiele, zur Erheiterung in trüben Stunden*, Berlin 1816; Romane: *Ini. Ein Roman aus dem ein und zwanzigsten Jahrhundert,* Berlin 1810; *Das Grab der Mutter in Palermo,* 1818; Satiren.
Lit.: *ADB* 40, S. 349-352; Leif Ludwig Albertsen, *Die Eintagsliteratur der Goethezeit. Proben aus den Werken von Julius von Voß*, Bern/Frankfurt a. M. 1975; Rüdiger von Voss, *Julius von Voß. Offizier, Aufklärer und Schriftsteller im Zeitalter der Revolutionen*, Berlin 2017.
Erw.: Brief Nr. 95.

Wächter, Eberhard Georg Friedrich (1762-1852), 1781-1783 Hohe Karlsschule Stuttgart, 1785-1792 stud. Malerei Paris, 1793 Rom, Konversion, 1808 Übersiedlung nach Wien, Illustrator Cotta-Verlag, 1808 Stuttgart, 1810- 1817 Kustos Königl. Kupferstichkabinett.
Werke: Gemälde nach antiken und biblischen Motiven, Hauptwerk: *Hiob und seine Freunde.*
Lit.: *ADB* 40, S. 431-434; *Biograph. Lex. des Kaiserthums Oesterreich*, 52. Theil, Wien 1885, S. 59f; Werner Gebhardt, *Die Schüler der Hohen Karlsschule. Ein biographisches Lexikon,* Stuttgart 2011, S. 540.
Erw.: Briefe an Görres: 24.2.1817.

Walch, Johann Georg (1693-1775), 1718 Prof. Philosophie, Altertumskunde, später Rhetorik und Dichtkunst, 1722 Prof. evang. Theologie Univ. Jena, 1731 Kirchenrat Sachsen-Eisenach, 1742 Kirchenrat Coburg-Saalfeld.
Werke: *Historische und theologische Einleitung in die Religions-Streitigkeiten außer der Evangelisch-Lutherischen Kirche,* Jena 1733-1736; *Historische und Theologische Einleitung in die Religions-Streitigkeiten der Evangelisch-Lutherischen Kirche,* Jena 1733-1739; Hrsg.: *Dr. Martin Luthers sämtliche Schriften,* Band I - XXIII in 25 Bänden, Jena 1740-1753.
Lit.: *ADB* 40, S. 650-652.
Erw.: Briefe an Görres: 18.5.1817.

Wallraf, Ferdinand Franz (1748-1824), Mag. Art. Köln, 1772 Priesterweihe, 1776 stud. Med., 1784 Prof. Univ. Köln, Kanonikus, 1788 Dr. med., 1793-1796 Rektor Univ. Köln, 1799 Lehrer Zentralschule Köln, 1798 Conservateur des monuments, Sammlertätigkeit (römische Ausgrabungsstücke, mittelalterliche Gemälde, religiöse Kunstwerke, Handschriften und frühe Drukke, Münzen, Fossilien).
Lit.: *ADB* 40, S. 764-766; Wilhelm Smets, *Ferdinand Franz Wallraf. Ein biographisch-panegyrischer Versuch*, Köln 1825; Joachim Deeters (Hrsg.), *Franz Ferdinand Wallraf. Ausstellung des Historischen Archivs der Stadt Köln,* Köln 1974; Klaus Müller, *Ferdinand Franz Wallraf. Gelehrter, Sammler, Kölner Ehrenbürger 1748-1824,* Köln 2017.
Görres an Wallraf: Brief Nr. 86.
Erw.: Briefe Nr. 32, 137, 143.

Wangenheim, Karl August Freiherr von (1773-1850), aus thüring. Adel, stud. Jur. Jena, Erlangen, Regierungsrat Coburg-Saalfeld, bis 1805 Vizepräsidenten der Regierung, 1806 Präsident württemberg. Oberfinanzkammer, 1811 Präsident Obertribunal, Kurator Univ. Tübingen, Mgl. Kommission zur Vermittlung zw. König und Ständen in der Verfassungsfrage, 1816 Kultusminister, 1817 Abschied, 1818-1823 württemberg. Gesandter am Bundestag.
Werke: *Auch ein Beitrag zur Geschichte der Organisation der coburg-saalfeldischen Lande durch den Minister Th. v. Kretzschmann*, Coburg 1805; *Die Idee der Staatsverfassung mit besonderer Rücksicht auf Württembergs alte Landesverfassung,* 1815; *Ueber die Trennung der Volksvertretung in zwei Abtheilungen und über landschaftliche Ausschüsse*, September 1816; *Oesterreich, Preußen und das reine Deutschland auf der Grundlage des deutschen Staatenbundes organisch zum deutschen Bundesstaat vereinigt*, Weimar 1849.
Lit.: *ADB* 41, S. 153-155.
Görres an Wangenheim: Briefe Nr. 82, 98.
Wangenheim an Görres: 24.2.1817, 22.3.1817, 5.5.1817.
Erw.: Brief Nr. 89, 94, 99; Briefe an Görres: 24.3.1817, 27.3.1817.

Weber, Eduard (1791 bis 1868), 1816 Eintritt Verlag Reimers Berlin, 20.6.1818 Gründung Verlag Eduard Weber Bonn.
Verlagswerke: u.a. J. Fr. Benzenberg, *Ueber das Cataster - 1.Buch: Geschichte des Catasters*, Bonn 1818; Benzenberg, *Die Gemeinde-Ausgaben der Städte Düsseldorf, Elberfeld, Barmen, Köln, Bonn, Coblenz, Creuznach, Trier, Aachen, Münster, Minden, Arnsberg, Dortmund, Berlin,* 2. Auflage, Bonn 1835.
Lit.: *NDB* 26, S. 689 (Artikel Vahlen, Franz Wilhelm); Rudolf Müller, Die Gründung der Weberschen Buchhandlung in Bonn nach Briefen Arndts an E. Weber, in: *Börsenblatt für den deutschen Buchhandel* 1906, Nr. 145, S. 6284-6287; ders., Die ersten Beziehungen zw. E. M. Arndt und seinen Verlegern Reimer und Weber, in: *Börsenblatt für den deutschen Buchhandel* 1906, Nr. 47, S. 2129f; Alf Christophersen, *Friedrich Lücke (1791-1855)*, Teil 1, S. 195.
Erw.: Briefe an Görres: 10.6.1819.

Weckbecker, Johann Peter, 1808 erw. Maire Sinzig (1808-1815?), 1819 Kreissekretär Sinzig, Bewerbung für Koblenz.
Lit.: *Handbuch für die Bewohner vom Rhein-Mosel-Departement*, 1808, S. 132f.
Weckbecker an Görres: 31.1.1819.

Wedekind, Georg Christian Gottlieb (1761-1831), stud. Med. Göttingen, 1787 Leibarzt des Kurfürsten Friedrich Karl Joseph von Erthal Mainz, ao. Professor und Hofrat, 1792/1793 Jakobinerklub Mainz (Mainzer Republik), Militärarzt Rheinarmee, Militärhospital Straßburg, 1808 Geheimer Rat, Leibarzt des hessischen Großherzogs Ludwig I. Darmstadt, 1809 Freiherr, 1830 Geheimer Staatsrat, Mgl. Logen Neuwied, Mainz, Darmstadt, Worms.
Werke: Med. Abhandlungen; *Ueber den Werth des Adels und über die Ansprüche des Zeitgeistes auf Verbesserung des Adelsinstituts*, 2 Bde., Darmstadt 1816; Vollständ. Schriftenverzeichniß: *Callisen's med. Schriftstellerlexicon* Bd. 33, S. 238-244.
Lit.: *ADB* 41, S. 396-398; Martin Weber, *Georg Christian Gottlieb Wedekind 1761-1831. Werdegang und Schicksal eines Arztes im Zeitalter der Aufklärung und der Französischen Revolution*, Stuttgart 1988; Franz Dumont, *Die Mainzer Republik von 1792/93*, 2. Aufl. Alzey 1982.
Wedekind an Görres: 30.1.1815.

Weidmann, Johann Peter (1751-1819), 1773 Dr. phil. Köln, 1779 Dr. Med. Würzburg, 1782 Prof. Anatomie, Chirurgie, Geburtshilfe Univ. Mainz, Direktor Entbindungsanstalt der Universität, 1786-89, 1795-97 Dekan Med. Fak., 1806-1812 Gründer, Direktor Entbindungsanstalt in der ehemaligen Abtei Altmünster Mainz.
Lit.: *ADB* 41, S. 458f; Barbara Weber, *Johann Peter Weidmann (1751-1819) und das Mainzer Accouchement*, Mainz 1985.
Erw.: Briefe an Görres: 30.6.1814.

Weis/Weiß, NN, 1815 vorgeschlagen als Lehrer untere Klassen Gymnasium Trier, vielleicht identisch mit Professor Weiß, bis 1817 Prüm, dann Boppard.
Erw.: Briefe an Görres: 15.11.1815, 18.11.1817.

Weishaar, Jakob Friedrich (1775-1834), stud. Jur. Tübingen, Dr. jur. utr., 1797 Rechtsanwalt Hofgericht Stuttgart, 1815-1817 Abgeordneter für Kirchheim unter Teck („Altrechtler") württemberg. Ständeversammlung, 1819 Vizepräsident Ständeversammlung, Mgl. Verfassungskommission, ab 1819 Abgeordn. Zweite Kammer württemberg. Landtag, 1820-1830 Präsident Abgeordnetenkammer, 1832 Minister des Innern und des Kirchen- und Schulwesens.
Werke: Juristische Schriften, u.a. *Handbuch des württembergischen Privatrechts*, 3 Bde., Stuttgart 1804-1808.
Lit.: *ADB* 41, S. 538f; Frank Raberg, *Biographisches Handbuch der württembergischen Landtagsabgeordneten 1815-1933*, Stuttgart 2001, S. 997.
Erw.: Briefe an Görres: 5.10.1817.

Weitzel, Johannes (1771-1837), 1789 stud. Mainz, 1795 Jena, Göttingen, Kommissar Exekutivkomitee Kanton Otterberg bei Kaiserslautern, 1799-1800 Kreiskommissar Munizipalverwaltung Kanton Germersheim, 1801ff schriftstellerische und redaktionelle Tätigkeit, Prof. Geschichte Grande École Mainz (*École spéciale de médecine)*, 1813/14 Professor Gym. Mainz, 1816 Revisionsrat Rechnungskammer Wiesbaden, 1820 Direktor Herzoglich Nassauische Öffentliche Bibliothek, Hofrat.
Werke: *Geist der fränkischen Revolution*, Frankfurt am Main 1795; *Über die Bestimmung des Menschen und des Bürgers,* Mainz 1798; *Denkschrift von Napoleon Buonaparte, und dessen Ansicht der gegenwärtigen Weltlage: aus Berichten vom Northumberland,* Wiesbaden, 1816; *Hat Deutschland eine Revolution zu fürchten?,* Wiesbaden 1819; *Vermische Schriften,* Wiesbaden 1820; *Das Merkwürdigste aus meinem Leben und aus meiner Zeit,* Leipzig 1823; *Europa in seinem gegenwärtigen Zustande,* Wiesbaden 1824; *Napoleon durch sich selbst gerichtet,* Frankfurt am Main 1829; *Betrachtungen über Deutschland - Von der letzten Hälfte des achten bis zur ersten des dreizehnten Jahrhunderts,* Leipzig 1828; *Geschichte der Staatswissenschaft,* Stuttgart und Tübingen, 1833; 1801f Redaktion Zeitschrift *Egeria (Monatsschrift für Freunde der Geschichte, Gesetzgebung und Politik)*, daneben (spätere) *Mainzer Zeitung,* 1807 Redaktion *Europäische Staatsrelationen* (seit 1810 *Rheinisches Archiv für Geschichte und Litteratur),* 1816-Okt. 1819 Hrsg. *Rheinische Blätter*.

Lit.: *ADB* 41, S. 630-635, Wolf- Heino Struck, Das Streben nach bürgerlicher Freiheit und nationaler Einheit in der Sicht des Herzogtums Nassau, in: *Nassauische Annalen* 77 (1966), S. 142-216.
Erw.: Brief Nr. 12; Briefe an Görres: 26.7.1819.

Welcker, Carl Theodor (1790-1869), stud. Jur., Staatswiss. Gießen, Heidelberg, 1814 Prof. Rechtswiss Univ. Gießen, Freiwilliger Befreiungskriege, 1814-1816 Prof. Rechtswiss. Univ. Kiel, 1816-1819 Prof. Univ. Heidelberg, 1819-1822 Prof. Univ. Bonn, 1822-1832, 1840/41 Prof. Univ. Freiburg/Breisgau, 1831-1851 Mgl. Zweite Badische Kammer, 1848 Mgl. Vorparlament, Verfassungsausschuss, 1848 badischer Bundestagsgesandter, 1848/49 Abgeordn. Frankfurter Nationalversammlung.
Werke: *Die letzten Gründe von Recht, Staat und Strafe. Philosophisch und nach den Gesetzen der merkwürdigsten Völker rechtshistorisch entwikkelt*, Gießen 1813; *Jury, Schwur- oder Geschworenengericht als Rechtsanstalt und als politisches Institut. Die großen Gebrechen unserer deutschen Strafrechtspflege und das Schwurgericht als das einzige Mittel, ihnen gründlich abzuhelfen*, Altona 1840; Hrsg. (mit Karl v. Rottek) *Staats-Lexikon*, 1. Aufl.: 15 Bde., 1834-1843 (2. Aufl.: 12 Bde., 1845-1848; 3. Auflage: 14 Bde., 1856-1866); 1814ff Mitherausgeber *Kieler Blätter*; 1832 Mithrsg., Redakteur *Der Freisinnige*.
Lit.: *ADB* 41, S. 660-665; Georg Christoph Berger Waldenegg, K. Th. Welcker, in: Frank Engehausen, Armin Kohnle (Hrsg.), *Gelehrte in der Revolution. Heidelberger Abgeordnete in der deutschen Nationalversammlung 1848/49*, Ubstadt-Weiher 1998, S. 121-154; Heinrich Best, Wilhelm Weege, *Biographisches Handbuch der Abgeordneten der Frankfurter Nationalversammlung 1848/49*, Düsseldorf 1996, S. 353 f; Ewald Grothe, Hans-Peter Becht (Hrsg.), *Karl von Rotteck und Karl Theodor Welcker. Liberale Professoren, Politiker und Publizisten*, Baden-Baden 2018.
Erw.: Brief Nr. 163; Briefe an Görres: 19.1.1817, 24.12.1818.

Welcker, Friedrich Gottlieb (1784-1868), Bruder von Carl Theodor W., stud. klass. Philologie Univ. Gießen, 1803 Lehrer Paedagogium, 1804 Privatdozent Univ. Gießen, 1809 Prof. griech. Lit., Archäologie Univ. Gießen, 1814 Freiwilliger Befreiungskriege, 1816 Prof. griech. Literatur, Archäologie Univ. Göttingen, 1819 Prof. Philologie, Archäologie Univ. Bonn, Direktor Univ.bibliothek und Kunstmuseum, 1837/38 Rektor Univ. Bonn.
Werke: *Sappho von einem herrschenden Vorurtheil befreyt*, Göttingen 1816; (Hrsg.) *Zeitschrift für Geschichte und Auslegung der alten Kunst*, 1818; *Die Äschyleische Trilogie*, 1824; *Der epische Zyklus oder die Homerischen Dichter*, 2 Bde., 1835; *Die griechischen Tragödien mit Rücksicht auf den epischen Zyklus geordnet*, 3 Bde., 1839-1841; *Griechische Götterlehre*, 3 Bde., Göttingen 1857-1862.
Lit.: *ADB* 41, S. 653-660; Karl Betz, *Friedrich Gottlieb Welcker: Ein Leben für Wissenschaft und Vaterland*, Grünberg 1984.
Erw.: Brief Nr. 163; Briefe an Görres: 4.9.1818.

Wellington, Arthur Wellesley, 1. Duke of Wellington (1769-1852), brit. Feldmarschall, Sieger von Waterloo, 1827/28, 1842-1852 Oberbefehlshaber der britischen Armee, 1828-1830, 1832 Premierminister, 1834 Außenminister, 1841 Oberkommandierender der Armee, Minister ohne Geschäftsbereich, Leader House of Lords.
Lit.: Michael Glover, *Wellington as Military Commander*, London 1973; Richard Holmes, *Wellington. The Iron Duke*, London 2003.
Erw.: Briefe an Görres: 24.8.1817, 9.5.1818.

Wenner, Johann Friedrich (1772-1835), Buchhändler, Kunsthändler Frankfurt, Buchdrucker, Verleger, Kunstförderer und Kunstmäzen, Freund von Peter Cornelius.
Lit.: Digitale Sammlung Städelmuseum: https://sammlung.staedelmuseum.de/de/person/wenner-johann-friedrich.
Erw.: Briefe an Görres: 16.10.1815.

Westerholt, Alexander Ferdinand Graf von (1763–1827), dirigierender fürstlich-thurn- und taxischer Geheimrat Regensburg.
Lit.: Thomas Barth, *Wir sind nur unnütze Knechte. Regensburger Studien und Quellen zur Kulturgeschichte* Bd. 17, Regensburg 2008; G. Zieroff, *Die Briefe Johann Michael Sailers an Graf Alexander von Westerholt*, Regensburg 2020.
Erw.: Briefe an Görres: 13.4.1816.

Westphalus eremita: s. Sommer.

Wichterich, NN: mögliche Identifizierung: Hofrat Wichterich, 1810 imm. Univ. Giessen als „Führer" der Grafen Karl und Friedrich zu Solms-Rödelheim, ders. als Justizrat zu Rödelheim erw. 1814 als Subskribent auf ein Werk von Carl Hoffmann.
Lit.: *Register zu den Matrikeln und Inscriptionsbüchern der Universität Gießen WS 1807/08 - WS 1850*, zusammengestellt von Franz Kössler, Giessen 1976, S. 212; Carl Hoffmann, *Des teutschen Volkes feuriger Dank und Ehrentempel*, Offenbach 1815, Subskribentenliste.
Erw.: Brief Nr. 20.

Wieland, Ludwig Friedrich August (1777-1819), Sohn von Christoph Martin Wieland, stud. Jur. Jena, Erlangen, Bern, Aarau, Zürich, 1809-1811 Bibliothekar Bibl. des Fürsten Esterházy Wien, 1811 Rückkehr nach Weimar und Jena, 1817-1819 Hrsg. *Oppositionsblatt oder Weimarische Zeitung*.
Werke: Erzählungen, Lustspiele; *Bemerkungen gegen die Schrift des Geheimenrath Schmalz zu Berlin über politische Vereine*, Erfurt 1815; *Über die Vorzüge der gesetzlichen Monarchie vor jeder andern Regierungsform*, Erfurt 1815; *Giebt es gegenwärtig in Deutschland eine revolutionäre Partei und wie kann man wider Willen eine machen?*, Gotha 1819.
Lit.: *Biograph. Lexikon des Kaiserthums Österreich*, 56. Theil, Wien 1888, S. 18; Heinz-Dietrich Fischer, Geschichte der Parteizeitung, in: Joachim-Felix Leonhard, Hans-Werner Ludwig (Hrsg.), *Medienwissenschaft 1. Teilband*, Bd. 15, Berlin/New York 1999, S. 940 f; Oskar Ludwig Bernhard Wolff, *Encyclopädie der deutschen National-Literatur* Bd. 6, 1842, S. 583.
Erw.: Briefe an Görres: 10.6.1817, 17.3.1818.

Wilberg, Johann Friedrich (1766-1846), Schneiderlehre, autodidakt. Studien, Lehrer Schule für Handwerksburschen, Hospes Schule Reckahn, Berliner Schullehrerseminar, 1789 Lehrer Hamm bei Bochum, 1803 Vorsteher und Lehrer Armeninstitut Elberfeld, 1805 Leiter und Hauptlehrer Bürgerinstitut Elberfeld, 1814 Schulpfleger, Gründung Lehrerwittwen- und Waisencasse, Lehrerbibliothek, Präses Armenverwaltung Elberfeld, 1816 Dr. Phil. Universität Tübingen, 1829-1827 Inspektor der Volksschulen.
Werke: *Lesebuch für Kinder, die gern verständiger und besser werden wollen*, Hamm 1793; *Der Märkische Lehrer- und Kinderfreund, ein Handbuch für Lehrer in Bürger- und Landschulen*, 2 Bde., Dortmund 1795/96; *Auszüge aus Tagebüchern einer Schule nebst Aufsätzen pädagogischen Inhalts. Ein Handbuch für Lehrer*, 2 Bde., Elberfeld 1811/12; *Der Schulmeister Lebrecht, wie er über sein Amt dachte und darin wirkte*, Elberfeld 1820; *Aufsätze über Unterricht und Erziehung*, 2 Bde., Essen 1824; *Ueber das Armenwesen*, Elberfeld 1834; *Erinnerungen aus meinem Leben nebst Bemerkungen über Erziehung, Unterricht und verwandte Gegenstände*, Essen 1836.
Lit.: *ADB* 44, S. 518-519; Eduard Langenberg, *Johann Friedrich Wilberg. Sein Leben und seine Schriften. Eine Gedenkschrift zur Feier seines 100. Geburtstages,* Elberfeld 1866; Manfred Heinemann, Wilhelm Rüter, *Landschulreform als Gesellschaftsinitiative. Philip von der Reck, Johann Friedrich Wilberg und die Tätigkeit der „Gesellschaft der Freunde der Lehrer und Kinder in der Grafschaft Mark" (1789-1815)*, Göttingen 1975; Volkmar Wittmütz, Johann Friedrich Wilberg in Elberfeld. Pädagogik zwischen Philanthropismus und Zensur, in: *Geschichte im Wuppertal* 4 (1995), S. 8-19; ders. in: *Internetportal Rheinische Geschichte*: http://www.rheinische-geschichte.lvr.de/Persoenlichkeiten/johann-friedrich-wilberg-/DE-2086/lido/582b05c9c57d66.91442836.
Erw.: Briefe an Görres: 11.3.1818.

Wild, Philipp Jacob, aus Frankfurt, Vater: General-Controlleur Frankfurt, 1813-1817 stud. Jur. Heidelberg, Dr. Jur., 9.6.1821 Venia Legendi, 1821 Privatdozent Rechtsgeschichte Heidelberg.
Lit.: Toepke (Hrsg.), *Die Matrikel der Universität Heidelberg* Bd. 5, S. 82, 101, 144; Klaus-Peter Schroeder, *Eine Universität für Juristen und von Juristen: die Heidelberger Juristische Fakultät im 19. und 20. Jh.*, Tübingen 2010, S. 160; *Intelligenz-Blatt für die Heidelberger Jahrbücher der Literatur 1821*, Nr. 5, S. XXXVI.
Wild u.a. an Görres: 10.1.1816.

Wilhelm I. (1743-1821), 1785 regierender Landgraf, 1803 Kurfürst von Hessen-Kassel.
Erw.: Briefe an Görres: 30.1.1815.

Wilhelm I. (1781-1864), 1816 König von Württemberg.
Erw.: Briefe Nr. 82, 85, 94, 98, 99; Briefe an Görres: 24.2.1817, 23.6.1817, 24.12.1818.

Wilhelm I. (1792-1839), 1816 Herzog von Nassau.
Görres an Herzog Wilhelm I.: Brief Nr. 104.

Wilken, Friedrich (1777-1840), 1795 stud. Theol., Geschichte, oriental. Sprachen Univ. Göttingen, 1803 Studienbetreuer des Erbgrafen zu Schaumburg Lippe Univ. Leipzig, 1805 ao., 1807 ord. Prof. Geschichte Univ. Heidelberg, 1808-1817 daneben Direktor Univ.bibliothek, 1810ff Redakteur *Heidelberger Jahrbücher,* 1817 Professor Geschichte, Orientalistik Univ. Berlin, Oberbibliothekar Königl. Bibl., 1819 Mgl. preuß. Akademie der Wiss., 1821/22 Rektor Universität Berlin.
Werke: Schriften zur arabischen und persischen Geschichte, u.a. *Geschichte der Kreuzzüge nach morgen- und abendländischen Berichten,* 7 Teile, Leipzig 1807-1832; *Handbuch der deutschen Historie.* Erste Abteilung, Heidelberg 1810; *Geschichte der Bildung, Beraubung und Vernichtung der alten Heidelberger Büchersammlungen – Ein Beitrag zur Literaturgeschichte, vornehmlich des fünfzehnten und sechzehnten Jahrhunderts,* Heidelberg 1817; *Über die Verfassung, den Ursprung und die Geschichte der Afghanen,* Berlin 1820; *Geschichte der Sultane aus dem Geschlechte Bhjeh nach Mirchond,* Berlin 1837.
Lit.: *ADB* 43, S. 236-241; Adolf Stoll, *Der Geschichtsschreiber Friedrich Wilken,* Kassel 1896; *GS/Briefe* 2.
Erw.: Brief Nr. 78, 92; Briefe an Görres 9.1.1814, 6.8.1814, 30.10.1814, 2.4.1815, 2.11.1815, 25.6.1816, 19.1.1817, 26.2.1817.

Willemer, Johann Jakob (1760-1838), Chef der Frankfurter Bankfirma Johann Ludwig Willemer & Co., 1788 königl. preußischer Agent beim Frankfurter Rat, Geheimer Rat, 1789 Stadtrat, 1792 Senator Frankfurt, schriftsteller. Tätigkeit, 1800 Mgl. Oberdirektion Frankfurter Nationaltheater, 1816 Nobilitierung durch Kaiser von Österreich.
Werke: Dramen, pädagogisch-moralische Schriften; *An meine Mitbürger auf der rechten Seite des Rheinufers über die Frage: Besitzen denn die Franzosen die Freiheit, welche sie uns anbieten?,* o. O. 1798; *Von den Vorzügen einer Nationaltracht,* Frankfurt am Main 1814; *Von den Vorzügen des christlichen Moral-Princips und seinem Einfluß auf Erziehung,* Frankfurt am Main 1828.
Lit.: *ADB* 43, S. 265-267; Günter Jacobs, *Johann Jakob Willemer (1760-1838). Politik und Pädagogik in seinen Schriften,* Frankfurt am Main 1971; Hans-Joachim Weitz, *Marianne und Johann Jakob Willemer: Briefwechsel mit Goethe,* 1965.
Erw.: Briefe Nr. 38, 147, 176, 177.

Wilmans, Friedrich (1764-1830), 1792 Eröffnung Buchhandlung Bremen, später auch Verlag, 1802 Umzug nach Frankfurt, 1815-1821 „Gebrüder Wilmans".
Verlagswerke: Lyrische Werke, Unterhaltungsliteratur, religiöse Werke, Reisebeschreibungen, Sagen; Johann Smidts, *Hanseatisches Magazin;* Werke von Fr. Schlegel, Cl. Brentano, Fr. Hölderlin; Görres, *Altteutsche Volks- und Meisterlieder.*
Lit.: Paul Raabe, Der Verleger Friedrich Wilmans. Ein Beitrag zur Literatur- und Verlagsgeschichte der Goethezeit, in: *Bremisches Jahrbuch* 45, 1957, S. 79-162.
Görres an Wilmans: Briefe Nr. 76, 80, 81, 83, 87, 88.
Erw.: Briefe an Görres: 22.12.1818.

Windischmann, Karl Joseph Hieronymus (1775-1839), 1787 stud. Phil. Mainz, 1792 stud. Würzburg, 1796 Dr. med., 1797 Arzt Mainz, 1801 Hofmedicus Aschaffenburg, 1803/4 Prof. Philosophie und Universalgeschichte Lyzeum Aschaffenburg, 1811 daneben Hofbibliothekar, 1818 Prof. Geschichte, Philosophie, Pathologie, Geschichte der Medizin Bonn.
Werke: Übers. Plato, *Timäos,* 1803; *Ideen zur Physik,* 1804; *Das Gericht des Herrn über Europa,* 1814; *Philosophie im Fortgang der Weltgeschichte,* 4 Bde., 1827/34; Hrsg.: Fr. Schlegel, *Philos. Vorlesungen,* 2 Bde., 1836f.
Lit.: *ADB* 43, S. 420-422; Adolf Dyroff, *Carl Jos. Windischmann (1775-1839) und sein Kreis,* Köln 1916; Anon., Aus dem Leben eines Katholiken, in: *HpBll* 5 (1840), S. 257-269, 343-365; Josef Niesen, *Bonner Personenlexikon,* 3. Auflage, Bonn 2011; *Biogr.-Bibliograph. Kirchenlexikon* Bd. 13 (1998), Sp. 1389-1391; *GS/Briefe 1; GS/Briefe* 2.
Windischmann an Görres: 15.4.1815, 9.10.1815.
Erw.: Brief Nr. 60; Briefe an Görres: 2.4.1815.

Winter, Christian Friedrich (1773-1858), Verlagsbuchhändler, ca. 1789 Lehrling Frankfurter Handlungshaus, 1801 Gründung eigenes Geschäft Heilbronn, 1815 nach Ausscheiden Zim-

mers Eintritt in Universitätsbuchhandlung Heidelberg: Akademische Buchhandlung Mohr und Winter, 1822 nach Ausscheiden Mohrs C. F. Winter'sche Universitätsbuchhandlung, 1819ff Abgeordn. zweite Ständekammer, 1831-1835 Abgeordneter badischer Landtag, 1843 zweiter Bürgermeister, 1845-1849 Erster Bürgermeister Heidelberg, 1848 Mgl. Vorparlament Frankfurt.
Lit.: *ADB* 43, S. 464f.
Görres an Mohr und Winter: Brief Nr. 77.
Winter an Görres: 20.1.1818.
Erw.: Briefe Nr. 76, 121, 174; Briefe an Görres: 5.10.1817.

Winzigerode: Wintzigerode, Georg Ernst Levin Graf von (1752-1834), 1786 Oberhofmeister Hessen-Kassel, 1794 Reichsgraf, 1801 Präsident, Geheimer Rat und Minister des Auswärtigen Württemberg, 1806 Kabinettsminister, 1806 und 1807, 1807 Bruch mit König Friedrich von Württemberg, Gesandter Jérômes in Paris, 1814 Rückkehr: Kabinettsminister Württemberg, 1815 und 1816 Chef des königlichen Verfassungskomitees, 1816 Rücktritt, Oberhofmeister der Königin, 1825 württemberg. Gesandter Berlin, Hannover, Kassel. Dresden.
Lit.: *Neuer Nekrolog der Deutschen*, Bd. 12, S. 900ff; Paul Sauer, *Napoleons Adler über Württemberg, Baden und Hohenzollern – Südwestdeutschland in der Rheinbundzeit*, Stuttgart 1987; Heinrich Jobst Graf von Wintzingerode, Württembergs Weg zum Königreich und die beiden Minister Wintzingerode, in: *Zeitschrift für Württembergische Landesgeschichte* 66, 2007, S. 239-248.
Erw.: Brief Nr. 28.

Wirz, Cosmas Damian (1761-1845), Gym. Koblenz, 1784 Priesterweihe Trier, 1786-1834 Lehrer Kurfürstl. Gym. Trier, bis 1827 zusätzlich Ökonom, Zeichner, Illustrator von Wyttenbach, *Versuch einer Geschichte von Trier*.
Lit.: Guido Groß, Der Zeichner und Pädagoge Cosmas Damian Wirz, in: *Neues Trierisches Jahrbuch* 1993; J. Schwall, *400 Jahre Friedrich-Wilhelm-Gymnasium Trier*, S. 17; Hanns-Georg Salm, *Die Lehrer von Karl Marx: insbesondere: Nikolaus Mertes, latinisiert Martini*, 2017; Willi Körtels, *Jüdische Schülerinnen und Schüler an höheren Schulen der Region Trier*, 2015: https://docplayer.org/69417007-Willi-koertels-juedische-schuelerinnen-und-schueler-an-hoeheren-schulen-der-region-trier.html.
Erw.: Briefe an Görres: 15.11.1815.

Witte, Johann Heinrich Friedrich Karl (Carlo) (1800-1883), Sohn von Karl Heinrich Gottfried Witte, 1810 Abschluss Thomasschule Leipzig, stud. Univ. Gießen, 1813-1816 stud. Jur. Heidelberg, Venia Univ. Berlin, bis 1821 Italienaufenthalt, 1823 ao., 1829 ord. Prof. Univ. Breslau, 1833 Prof. röm. Recht Univ. Halle, 1878 Gründer Deutsche Dante-Gesellschaft
Werke: Rechtshistor. Arbeiten, Dante-Forschungen: u.a. Ausgaben von Dante's Briefen, 1827; Übers. der lyrischen Gedichte, 1842; krit. Ausgabe der *Divina Commedia*, Berlin 1862; *Die Göttliche Komödie des D. A. übersetzt*, 1865, *Dante-Forschungen*, 2 Bde., 1869, 1879.
Lit.: *ADB* 43, S. 595-599; Hermann Witte, *Karl Witte. Ein Leben für Dante. Vom Wunderkind zum Rechtsgelehrten und zum größten deutschen Dante-Forscher*, Hamburg 1971.
Erw.: Briefe an Görres: 17.5.1816,

Witte, Karl Heinrich Gottfried (1767-1845), Vater von Joh. Heinrich Friedrich Karl, protestant. Pfarrer Lochau/Saale, ab 1800 Ausbildung seines hochbegabten Sohnes.
Werk: *Karl Witte oder Erziehungs- und Bildungsgeschichte desselben*, 2 Bde., 1819.
Lit.: *ADB* 43, S. 593f.
Erw.: Briefe an Görres: 17.5.1816.

Wittgenstein, Wilhelm Ludwig Georg Graf zu Sayn-Wittgenstein-Hohenstein (1770-1851), 1791 kurpfälz.-bayerischer Geheimer Rat, 1797 bis 1805 Oberhofmeister der preußischen Königin bzw. Königinmutter Friederike, 1804 Erhebung in Fürstenstand, ao. Gesandter und bevollmächtigter Minister in Kassel, 1810 Oberkammerherr, 1812 Geheimer Staatsrat, Leiter preuß. Polizei, 1814-1819 Polizeiminister, 1819 Minister des kgl. Hauses.
Lit.: *ADB* 43, S. 626-629.
Erw.: Brief Nr. 48; Briefe an Görres: 31.5.1814, 10.4.1817, 10.6.1817 (Fs: 12.6.), 2.2.1818.

Wolber, NN, vermutlich Heidelberg, Freund von G. Fr. Creuzer.
Erw.: Briefe an Görres: 2.11.1815.

Wolf, Friedrich August Christian (1759-1824), Altphilologe, Altertumswissenschaftler, 1777 stud. Philologie Göttingen, 1782 Rektor Stadtschule Osterode, 1783 Prof. Philologie Halle, 1799 Mgl. Akademie der Wiss. Berlin, 1807 Übersiedelung nach Berlin, 1810 Direktor der Wissenschaftlichen Deputation für die Sektion des öffentlichen Unterrichts im Ministerium, Professor klassische Philologie Berlin.
Werke: *Prolegomena ad Homerum*, 1795; *Darstellung der Alterthums-Wissenschaft,* Berlin 1807; *Museum der Alterthumswissenschaften* (mit Ph. Buttmann), 1. Bd., Berlin 1807; 2. Bd. Berlin 1810; Hrsg.: *Literarische Analekten vorzüglich für alle Literatur und Kunst, deren Geschichte und Methodik*, 4 Teile, Berlin 1816 und 1818; *Encyclopädie der Philologie,* Leipzig 1831.
Lit.: *ADB* 43, S. 737-748.
Erw.: Brief Nr. 118; Briefe an Görres: 25.6.1816.

Wrede, Carl Philipp von (1767-1838), seit 1814 Fürst von Wrede, stud. Heidelberg, 1787 Hofgerichtsrat Oberamt Heidelberg, 1792 Eintritt Militärlaufbahn, pfälzischer Landkommissär, 1799 Bildung bayer. Freiwilligencorps, 1800 Generalmajor, Mgl. Kommission zur Neubildung der Bayer. Armee, 1811 General Kavallerie, 1813 Feldmarschall, 1814 Fürst, 1817 bayer. Staatsrat und Minister ohne Geschäftsbereich, 1818 Präsident der Kammer der Reichsräte, 1822-1829 Oberbefehlshaber Armee, 1835 Spitze Kronrat.
Lit.: *ADB* 44, S. 246-252; Hasso Dormann, *Feldmarschall Fürst Wrede. Das abenteuerliche Leben eines bayerischen Heerführers,* München 1982.
Erw.: Brief Nr. 28; Briefe an Görres: 9.1.11814, 16.10.1815.

Würth, Franz Johann Nepomuk (1781-1842), Kaufmann im Tuchhandel, Wollkaufmann, Handelsrichter Aachen, Mgl. Casinogesellschaft Aachen, 1815 Mgl. Stadtrat, Ergänzungsrichter Handelsgericht.
Lit.: http://www.familienbuch-euregio.de/Casinogesellschaft-Aachen.html.
Erw.: Briefe an Görres: 13.1.1818.

Wurm, Christian Heinrich Clemens (1771–1835), 1789 stud. Erlangen, 1800-1802 Erster Assessor preuß. Polizeikommission Fürth, 1806 Polizeidirektor Fürth, 1806-1818 Kgl. Bayerischer Polizeidirektor Nürnberg, 1818 Übersiedlung nach München.
Lit.: Gerhard Hirschmann, *Die Ära Wurm in Nürnberg 1806-1818*, in: *Mitteilungen des Vereins für Geschichte der Stadt Nürnberg,* Bd. 48.
Erw.: Brief Nr. 16; Briefe an Görres: 28.7.1814.

Wyttenbach, Johann Hugo (1767-1848), 1784-1786 stud. Theol. Trier, Mgl. Schulkommission Departement Saar, 1799 Bibliothekar, Prof. Zentralschule, 1804-1846 Direktor Sekundarschule, Collège und Gym. Trier, 1804-1848 Stadtbibliothekar, 1801 Mitbegründer Gesellschaft für nützliche Forschungen Trier.
Werke: *Plan einer inneren Einrichtung für Primärschulen*, Trier 1798; *Aussprüche der philosophirenden Vernunft und des reinen Herzens über die der Menschheit wichtigsten Gegenstände mit besonderer Rücksicht auf die kritische Philosophie zusammengetragen aus den Schriften älterer und neuerer Denker,* Jena 1798; *Denkmal den Wohlthätern des Menschengeschlechts*, Trier 1799; *Handbuch für den Unterricht in den Pflichten und Rechten des Menschen und des Bürgers*, Trier 1801; *Der Geist der Religion*, Frankfurt a. M. 1806; *Versuch einer Geschichte von Trier,* Trier 1810; *Neue Beiträge zur antiken heidnischen und christlichen Epigraphik,* Trier 1833; *Gesta Trevirorum*, Trier 1836-1839; *Recherches sur les antiquités romaines dans la vallée de la Moselle de Trèves*, Trier 1840.
Lit.: *ADB* 44, S. 431-434; Guido Groß, Das Gesamtwerk der Trierer Historiker Johann Hugo Wyttenbach und Michael Franz Josef Müller, in: *Kurtrierisches Jahrbuch*, Trier 1968, S. 186-193; Richard Laufner, in: *Rheinische Lebensbilder*, Bd. 5, Düsseldorf 1973, S. 45-56; ders. in: *Trierer biographisches Lexikon,* Koblenz 2000; Tina Klupsch, *Johann Hugo Wyttenbach. Eine historische Biographie*, Trier 2012.
Görres an Wyttenbach: Brief Nr. 63.
Wyttenbach an Görres: 15.11.1815.
Erw.: Briefe Nr. 161, 168; Briefe an Görres: 6.7.1817, 24.7.1817.

Yorck, Johann David Ludwig von (1759-1830), seit 1814 Graf Yorck von Wartenburg, 1773 Eintritt preuß. Armee, 1780 Festungshaft wegen Subordination, 1781 Kapitän Schweizerregi-

ment in niederländ. Diensten, 1787 Wiedereintritt preuß. Armee, 1792 Major, 1799 Kommandeur Feldjägerregiment, 1805 Oberst, Kommandeur der 1. leichten Brigade, 1807 Generalmajor, Kommandant von Memel, 1811 Generalgouverneur West- und Ostpreußen, 1812 eigenmächtige Unterzeichnung der Konvention von Tauroggen, 1. Januar 1814 General der Infanterie im Stab Blücher, Übertritt bei Kaub über den Rhein, 1815 Abschied, 1821 Generalfeldmarschall.
Lit.: *ADB* 44, S. 594-606; Kurt von Priesdorff, *Soldatisches Führertum* Bd. 3 (1937), S. 248-263, Nr. 1120; Frank Bauer, *Yorck von Wartenburg. Rebell aus Ehre und Treue,* Potsdam 2009.
Erw.: Brief Nr. 15.

Zeiller, Ferdinand (1774-1856), 1804 erw. Bürger Koblenz, in frz. Zeit Sekretär und Kanzlist (Chef de Bureau) Unterpräfektur Simmern, 1811-1814 Angestellter Rheinzoll-Kontrolle Dordrecht, 1814 Empfänger Kreuznach, dann Kreisdirektor Simmern, nach 1817 bei den Liquidationsgeschäften mit Frankreich in St. Goar beschäftigt, 1818 auf Wartegeld gesetzt, keine Wiederanstellung, Umzug nach Koblenz.
Lit.: *Almanach d'Adresses de la ville de Coblence pour l'an XII (1804),* S. 160; *Amtsblatt der Preuß. Regierung zu Koblenz für das Jahr 1816*, S. 66; Wilhelm Haberling, *Johannes Müller. Das Leben des rheinischen Naturforschers aufgrund neuer Quellen und seiner Briefe*, Leipzig 1924, S. 31; *NDB* 18, S. 425f (Artikel Johannes Müller); *Rheinischer Merkur*, Beilage zu Nr. 40 vom 11.4.1814.
Erw.: Briefe Nr. 5, 7, 124; Briefe an Görres: 19.12.1815, 14.12.1817.

Zeune, Johann August (1778-1853), stud. Wittenberg, Diss. zur Geschichte der Geographie, Dozent Geographie, 1803 Lehrer Gym. Zum Grauen Kloster Berlin, 1806 Gründer, Direktor kgl. Blindenanstalt Berlin, 1810 Prof. Geographie Univ. Berlin, 1811-1821 zudem deutsche Sprache und Literatur, 1828 Mitgründer Gesellschaft für Erdkunde Berlin.
Werke: *Belisar* (Handbuch der Blindenerziehung), 1808; geogr. Werke; *Gea. Versuch einer wissenschaftlichen Erdbeschreibung*, 2. Auflage, Berlin 1811; *Gothische Sprachformen und Sprachproben, zu Vorlesungen entworfen*, Berlin 1825; Hrsg.: *Das Nibelungenlied. Die Urschrift nach den besten Lesarten neu bearbeitet, und mit Einleit und Wortbuch zum Gebrauch für Schulen versehen*, Berlin 1815; *Der Krieg auf Wartburg nach Geschichten und Gedichten des Mittelalters*, Berlin 1818.
Lit.: *ADB* 45, S. 121-128; Hartmut Mehlitz, *Johann August Zeune. Berlins Blindenvater und seine Zeit,* Berlin 2003.
Görres an Zeune: Brief Nr. 66.
Zeune an Görres: 28.1.1816.
Erw.: Brief Nr. 65.

Ziethen: **Zieten,** Hans Ernst Karl von (1770-1848), 1789 preuß. Offizier, 1800 Major, Führer Kavallerie, 1813 Generalmajor, 1815 Teilnahme Schlacht bei Waterloo, Gefecht bei Issy, Oberbefehlshaber Preuß. Okkupationskorps in Frankreich, 1817 Erhebung in Grafenstand, 1819 Kommandierender General schles. VI. Korps, 1825 General Kavallerie, 1839 Abschied als Generalfeldmarschall.
Lit.: *ADB* 45, S. 220-225; Kurt v. Priesdorff, *Soldatisches Führertum*, Bd. 4, Hamburg 1937, S. 253-260, Nr. 1315.
Erw.: Briefe an Görres: 12.9.1816.

Zimmer, Johann Georg (1777-1853), 1791 Buchhändlerlehre Frankfurt, 1796 Buchhändler bei Dieterich Göttingen, 1800 Hamburg (Perthes), 1805 „Akademische Buchhandlung von Mohr und Zimmer" Heidelberg, Verleger der Heidelberger Romantiker, 1810/1811-1814 stud. ev. Theologie Heidelberg, 1815 Pfarrer Schriesheim/Bergstraße, 1816 Pfarrer Worms, 1823 Dechant Marienstift Lich bei Gießen, 1827-1851 Pfarrer Frankfurt.
Lit.: *ADB* 45, S. 233-242; Uwe Hentschel, „Ein Buchhändler, wie Sie es waren, ist so ehrwürdig, wie eine unschuldige Magd im Wirtshause." Johann Georg Zimmer – der Verleger der Heidelberger Romantik, in: *Leipziger Jahrbuch zur Buchgeschichte* 13, 2004, S. 11-38; Heinrich W. Zimmer, *J.G. Zimmer und die Romantiker. Ein Beitrag zu Geschichte der Romantik mit bisher ungedr. Briefen von Arnim, Böckh, Brentano, Görres, Marheineke, Fr. Perthes, F.C. Savigny, Brüder Schlegel, L.Tieck, de Wette u.a.*, Frankfurt a.M. 1888; Sophie Görres, Briefw. J. Görres /J.G. Zimmer, in: *Historisch-politische Blätter* 157 (1916.1), S. 743-760.

Görres an Zimmer: Brief Nr. 8.
Zimmer an Görres: 9.5.1814, 1.4.1815.
Erw.: Briefe Nr. 77, 148, 177; Briefe an Görres: 9.1.1814, 19.7.1814.

Zimmermann, Johann Christian (1786-1853), 1807 Dr. phil. Heidelberg, Priv.doz. Univ. Heidelberg, 1808 Heirat mit Wilhelmine Eleonore Leske (Tochter von Sophie Leske, Stieftochter von Friedrich Creuzer), 1809 Habil. Math., Physik, Baukunst Univ. Marburg, 1809 Bergverwaltung Kgreich Westfalen, 1818 Bergschreiber, 1811-1851 Geschäftsführer, Lehrer Bergschule Clausthal, 1827 Bergsekretär, 1839 Bergrat, 1850-1853 stellvertretender Berghauptmann beim Berg- und Forstamt Clausthal, 1853 Oberbergrat.
Lit.: Johann Christian Poggendorff, *Biographisch-literarisches Handwörterbuch zur Geschichte der exacten Wissenschaften,* Bd. 2, Leipzig 1863, Sp. 1413; Georg Müller, *Dr. phil. Johann Christian Zimmermann 1786-1853. Eine ungewöhnliche Karriere im Oberharzer Bergbau,* Clausthal-Zellerfeld 2012; Reinbeck, *Heidelberg und seine Umgebungen im Sommer 1807,* Tübingen 1808, S. 140.
Erw.: 5.7.1814, 30.10.1814, 2.11.1815, 9.12.1815, 25.6.1816, 23.8.1819.

Zimmermann, Karl Ludwig Alexander (1770-1835), 1801 Pfarrer reform. Kirchengemeinde Saarbrücken, ab 1804 Lehrer Gymnasium Saarbrücken, ab 1805 Präsident des reformierten Konsistoriums Saarbrücken, 1808-1834 Direktor Gym. Saarbrücken, Juli 1815 - Sept. 1816 Oberbürgermeister, 1834 erster Pfarrer und Superintendent Saarbrücken.
Lit.: www.Saarbrücken.de Landeshauptstadt Saarbrücken » Kultur » Stadtarchiv » Stadtoberhäupter Saarbrückens » Liste der Stadtoberhäupter.
Erw.: Brief Nr. 69.

Zwackh, Franz Xaver von Zwackh-Holzhausen(1756-1843), Dr. Jur. Univ. Ingolstadt, 1778 Hofrat, 1782 Fiskal- und Hofkammerrat, Mgl. Illuminatenorden, nach Verbot Strafversetzung, Flucht, 1786 Paris, 1787 fürstl. salm-kyrburg. Hofrat, Kanzleidirektor Kirn, 1788 Reichskammergerichtsbevollmächtigter Wetzlar, 1806 bevollmächtigter Minister Bayerns beim Rheinbund, 1814/1815 Präsident österr.-bayer. Landesadministration Kreuznach, 1816/17 Regierungspräsident bayerischer Rheinkreis, Rückzug ins Privatleben Mannheim.
Lit.: *Bosl's Bayerische Biographie. Ergänzungsband,* Regensburg 1988, Sp. 180f; Hermann Schüttler, *Die Mitglieder des Illuminatenordens 1776-1787/93,* München 1991.
Erw.: Briefe an Görres: 25.11.1815.

Zweiffel (Zweyffel), Johann Jakob, Kaufmann Koblenz, 1804 négociant, Compagnie Dietz und Zweiffel, 1815 erw. als Hauptmann Bürgermiliz.
Lit.: *Almanach d'adresses de la ville de Coblence pour l'an XII (1804),* Koblenz 1804, S.123; *Handbuch für die Bewohner der Stadt Koblenz 1823*; M. Bär, *Aus der Geschichte der Stadt Koblenz 1814-1819*, Koblenz 1922, S. 96.
Erw.: Briefe Nr. 5, 52, 68; Briefe an Görres: 6.2.1814, 13.2.1814, 16.10.1815.

Zwigker: Zwicker, Carl August Heinrich (1794-1826), 1814 stud. Jur. Universität Göttingen, Teilnehmer Befreiungskriege, Mgl. Corps Hannovera Göttingen, 1817 Mgl. Poetische Schusterinnung an der Leine, 1818 Dr. Jur. utr., jurist. Dienst Königreich Hannover, Auditor Kabinettsministerium, 1823 Richter, 1826 titularischer Amtmann Amt Leer.
Werke: Beiträge *Wünschelruthe* (Lyrik, Novelle, Übersetzungen aus dem Englischen), 1818; *Ueber die Ordale. Ein Beytrag zur Deutschen Rechtsgeschichte*, Göttingen 1818.
Lit.: Josepha Grauheer, Eduard Arens, *Die poetische Schusterinnung an der Leine,* Göttingen 1929; Goedeke/ Goetze, *Grundriss zur Geschichte der deutschen Dichtung aus den Quellen,* Bd. 13, S. 398.
Erw.: Briefe an Görres: 2.6.1818.

VERZEICHNIS DER IN DEN BRIEFEN (INCL. ANM.) ERWÄHNTEN GÖRRES-SCHRIFTEN UND ARBEITSPROJEKTE

Rheinischer Merkur (1814/1815):

„Preußen und sein Heer" (*RM* Nr. 8, 9, 14 vom 5.-17.2.1814): Brief Nr. 15.

„Übersicht" (*RM* Nr. 60 vom 21.5.1814), dazu „Erklärung" (*RM* Nr. 68 vom 8.6.1814): Brief Nr. 16.

„Politische und merkantilische Bemerkungen über einige Verhältnisse Teutschlands zum Auslande" (*RM* Nr. 88 vom 17.7.1814, Nr. 96 vom 2.8.1814 und Nr. 97 vom 4.8.1814): Brief Nr. 17.

„Die künftige teutsche Verfassung" (*RM* Nr. 104 vom 18.8.1814, Nr. 105 vom 20.8.1814, Nr. 106 vom 22.8.1814, Nr. 107 vom 24.8.1814): Brief Nr. 17.

„Sachsens Pflicht und Recht" (*RM* Nr. 90 vom 21.7.1814, Nr. 91 vom 23.7.1814, Nr. 92 vom 25.7.1814, Nr. 93 vom 27.7.1814 und Nr. 94 vom 29.7.1814: Briefe Nr. 17, 18, 20; Briefe an Görres: Ende Sept./Anfang Okt. 1814.

„Erläuterungen" (*RM* Nr. 102 vom 14.8.1814);

„Die Polizey" (*RM* Nr. 105 vom 20.8.1814): Briefe Nr. 20, 26.

„Die Landwehr auf dem linken Rheinufer" (*RM* Nr. 109 vom 28.8.1814, Nr. 110 vom 30.8. und Nr. 115 vom 9.9.1814): Briefe Nr. 20, 22.

„Österreich, Preußen und Bayern" (*RM* Nr. 124 vom 27.9.1814, Nr. 125, 128, 129, 130, 132, 133, 138, 139, 140 und 142 vom 2.11.1814): Brief Nr. 46.

„Die Schlacht bei Braíne la Leude oder Belle-Alliance" (*RM* Nr. 257 vom 23.6.1815): Briefe an Görres: 20.7.1815.

„Stand der Verhandlungen am 10. September" (*RM* Nr. 302 vom 10.9.1815): Briefe an Görres: 21.9.1815, 22.9.1815.

„Teutsche Waffenehre" (*RM* Nr. 296 vom 9.9.1815): Briefe an Görres 8.9.1815 (Verbot).

„Frankreichs Zukunft" (*RM* Nr. 326 vom 8.11.1815, 327 vom 10.11., 328 vom 12.11., Nr. 330 vom 16.11.1815): Brief Nr. 63; Briefe an Görres: 16.11.1815.

Das Rothe Blatt, Febr. - Sept. 1798: Briefe Nr. 2, 17, 66; Briefe an Görres: 25.5.1814.

Der Rübezahl, Sept. 1798 - Mai 1799: Briefe Nr. 2, 17, 66.

Exposition der Physiologie. Organologie, Koblenz (Lassaulx) 1805: Brief Nr. 2.

Glauben und Wissen, München (Scherersche Buchhandlung) 1805: Brief Nr. 2; Briefe an Görres: 9.5.1818.

Die teutschen Volksbücher. Nähere Würdigung der schönen Historien-, Wetter- und Arzneybüchlein, welche theils innerer Werth, theils Zufall, Jahrhunderte hindurch bis auf unsere Zeit erhalten hat, Heidelberg (Mohr und Zimmer) 1807: Briefe Nr. 2, 34; Briefe an Görres: 1.2.1814, 16.10.1815.

Mythengeschichte der asiatischen Welt, 2 Bde., Heidelberg (Mohr und Zimmer) 1810: Briefe Nr. 2, 77, 95; Briefe an Görres: 24.12.1818, 23.8.1819.

Lohengrin, ein altteutsches Gedicht, nach der Abschrift des Vaticanischen Manuscriptes von Ferdinand Glöekle, hrsg. von J. Görres, Heidelberg (Mohr und Zimmer) 1813: Briefe Nr. 2, 76, 78, 96; Briefe an Görres: 16.10.1815.

Altteutsche Volks- und Meisterlieder aus den Handschriften der Heidelberger Bibliothek. Herausgegeben von J. Görres, Frankfurt 1817: Briefe Nr. 34, 76, 78, 80, 81, 83, 87, 88, 92, 96, 103, 118; Briefe an Görres: 18.6.1817, 21.10.1817.

Die Übergabe der Adresse der Stadt Coblenz und der Landschaft an Se. Majestät den König in öffentl. Audienz bei Sr. Durchl. dem Fürsten Staatskanzler am 12. Januar 1818. Als Bericht für die Theilnehmer, Koblenz (Heriot) 1818: Briefe Nr. 76, 112, 121, 122, 125, 126, 127, 128, 129, 131, 132, 134, 138, 141, 144, 154; Briefe an Görres: 23.2.1818, 6.3.1818, 10.3.1818, 4.5.1818, 9.5.1818, 2.6.1818, 20.8.1818, 4.2.1819.

Kotzebue und was ihn gemordet, in: *Die Waage*, 6. Heft (April 1819), Frankfurt 1819 (Dass. in *Deutscher Beobachter oder privilegierte Hanseatische Zeitung* (Hamburg) Nr. 733 vom 11.5.1819 und Nr. 734 vom 14.5.1819): Briefe Nr. 159, 162, 164; Briefe an Görres: 2.5.1819.

Teutschland und die Revolution, Koblenz (Hölscher) 1819: Briefe Nr. 76, 124, 163, 164, 165, 166, 167, 168, 169, 170, 171, 172, 173, 174, 176; Briefe an Görres: 21.9.819, 25.9.1819, 29.9.1819, Ende Sept. 1819.

Das Heldenbuch vom Iran aus dem Schah Nameh des Firdussi, 2 Bde, Berlin (Reimer) 1820: Briefe Nr. 2, 65, 88, 92, 103, 111, 114, 121, 123, 133, 139, 141, 156, 157, 158, 159, 160, 162, 163, 172; Briefe an Görres: 9.1.1814, 19.1.1817, 9.3.1817, 18.5.1817, ca. Jan. 1818, 24.12.1818.

Denkschrift über die Landwehr (dat. Coblenz, 12.3.1818) (Coautor mit Joseph Rolshausen): Briefe Nr. 118, 134, 144.

In Sachen der Rheinprovinzen und in eigener Angelegenheit, Stuttgart (Metzlersche Buchhandlung) 1822: Briefe Nr. 9, 46, 62, 72, 73, 84, 102, 115, 121, 124, 131, 134, 138, 162, 163, 166, 169, 170, 17, 177.

Emanuel Swedenborg, seine Visionen und sein Verhältniß zur Kirche, in: *Der Katholik* 22 (1826) S. 96-127, 222ff, 337ff und 23 (1827), Heft 3, S. 302-352; Separatdruck Speyer 1827: Brief Nr. 38.

Nicht ausgeführte Projekte:

Politische Schrift („Preußens rheinische Mark"): Briefe Nr. 76, 80, 83, 88, 154.

Sagen und Legenden aus Heidelberger Handschriften: Briefe Nr. 76, 77, 78, 121.

QUELLEN- UND LITERATURVERZEICHNIS

Archive, Bibliotheken

Andernach, Archiv der kath. Pfarrgemeinde Maria Himmelfahrt

Berlin, Staatsbibliothek, Preußischer Kulturbesitz
Geheimes Staatsarchiv, Preußischer Kulturbesitz

Bonn, Stadtarchiv
Universitätsbibliothek

Cappenberg, Archiv des Grafen Kanitz, Nachlass Frhr. v. Stein

Dortmund, Stadt- und Landesbibliothek
Institut für Zeitungsforschung

Düsseldorf, Heinrich-Heine-Institut

Frankfurt a. Main, Freies Deutsches Hochstift/Frankfurter Goethe-Museum
Stadt- und Universitätsbibliothek

Hamburg, Staatsarchiv
Theatersammlung (Zentrum für Theaterforschung)
Staats- und Universitätsbibliothek Hamburg Carl von Ossietzky, CS 6

Harrisburg, Historical Society of Pennsylvania

Heidelberg, Universitätsbibliothek

Koblenz, Landeshauptarchiv
Stadtarchiv
Stadtbibliothek
Landesbibliothekszentrum Rheinland-Pfalz/ Rheinische Landesbibliothek

Köln, Historisches Archiv

Krakau, Biblioteka Jagiello ska

Leipzig, Universitätsbibliothek

Mainz, Stadtarchiv

Marburg, Universitätsbibliothek

München, Bayer. Hauptstaatsarchiv
Bayer. Staatsbibliothek

Münster, Universitäts- und Landesbibliothek

Stuttgart, Hauptstaatsarchiv

Ulm, Familienarchiv Görres-Jochner

Nürnberg, Germanisches Nationalmuseum

Trier, Stadtbibliothek

Weimar, Goethe- und Schiller-Archiv

Wien, Österr. Nationalbibliothek

Wolfenbüttel, Herzog August Bibliothek

Wuppertal, Stadtbibliothek

Zürich, Zentralbibliothek

Briefeditionen: /Quelleneditionen

Görres-Briefe:

Binder, Franz (Hrsg.), J. *Görres. Gesammelte Briefe Bd. 2: Freundesbriefe (1802-1821)*, München 1874 (=Binder (Hrsg.), *Freundesbriefe*).
Binder, Franz (Hrsg.), J. *Görres. Gesammelte Briefe Bd. 3: Freundesbriefe (1822-1845)*, München 1874.
Fink-Lang, Monika (Hrsg.), *Joseph Görres. Briefe der Münchner Zeit (GS/Briefe* 1), Paderborn-München-Wien-Zürich 2009.
Fink-Lang, Monika (Hrsg.), *Joseph Görres. Briefe Bd. 2: Von den Anfängen bis Ende 1813 (GS/Briefe 2)*, Paderborn 2020.
Görres, Marie (Hrsg.), *J. Görres. Gesammelte Briefe Bd. 1: Familienbriefe*, München 1858.
Görres, Joseph, *In Sachen der Rheinprovinzen und in eigener Angelegenheit*, Stuttgart 1822: Anhang
Görres, Sophie (Hrsg.), Briefwechsel zwischen J. Görres und Joh. Georg Zimmer, in: *Historisch-politische Blätter* 157 (1916).
Gruner, Justus von, Ein Beitrag zum Briefwechsel von Joseph von Görres, in: *Deutsche Revue* 18. Jg., Bd. 3, S. 362f.
Hermanns, Will (Hrsg.), Josef Görres – Cisrhenanenbriefe, in: *Rheinische Vierteljahrsblätter* 19 (1954), S. 473-477.
Heßelmann, Peter, Unbekannte Briefe von Görres, in: *Literaturwiss. Jahrbuch der Görresgesellschaft, NF* 35 (1994), S. 232-252
Just, Leo, Zwei Görresdokumente, in: *Koblenzer Heimatblatt* 37 (Wöchentliche Sonderbeilage des Koblenzer General-Anzeigers), 1926, S. 4-6
Müller, Karl Alexander v. (Hrsg.), Briefe von und an J. v. Görres, in: *Archiv für Kulturgeschichte* 9 (1911), S. 438-474.
Müller, Karl Alexander v., Fünf Briefe von J. v. Görres, in: *Euphorion* 19 (1912),
Schellberg, Wilhelm (Hrsg.), *J. v. Görres' Ausgewählte Werke und Briefe*, Bd. 2: *Ausgewählte Briefe*, Kempten-München 1911.
Schellberg, Wilhelm (Hrsg.), *J. Görres. Eine Auswahl aus seinen Werken und Briefen*, Köln 1927.
Schellberg, Wilhelm (Hrsg.), Briefe von Joseph von Görres an Friedrich Perthes, in: *Erste Vereinsschrift der Görresgesellschaft für 1913*, Köln 1913.
Steig, Reinhold (Hrsg.), Joseph von Görres' Briefe an Achim v. Arnim, Bd. 1: *Neue Heidelberger Jbb* 10 (1900), S. 115-176; Bd. 2: *Neue Heidelb. Jbb* 19 (1916), S. 103-159.
Stein, Robert (Hrsg.), *Görres' Briefe an seine Braut und Familie*, Mönchen-Gladbach 1926.
Stein, Robert, Ungedruckte Briefe von Görres, in: *Wissenschaftliche Beilage zur Augsburger Postzeitung* Nr. 10, 9.3.1935.

Görres-Schriften:

GS Bd. 1: Braubach, Max (Hrsg.), *J. Görres, Politische Schriften der Frühzeit (1795-1800)*, Köln 1928.
GS Bd. 2.1: Stein, Robert (Hrsg.), *Joseph Görres, Naturwissenschaftliche, kunst- und naturphilosophische Schriften I* (1800-1803), Köln 1932.
GS Bd. 2.2: Stein, Robert (Hrsg.), *Joseph Görres, Naturwissenschaftliche, kunst- und naturphilosophische Schriften II* (1793-1810), Köln 1934.
GS Bd. 3: Müller, Günther (Hrsg.), *Geistesgeschichtliche und literarische Schriften I* (1803-1808), Köln 1926.
GS Bd. 4: Just, Leo (Hrsg.), *Geistesgeschichtliche und literarische Schriften II* (1808-1817), Köln 1955.
GS Bd. 5: Kirfel, Willibald (Hrsg.), *Mythengeschichte der asiatischen Welt. Mit einem Anhang: Beiträge aus den Heidelberger Jahrbüchern*, Köln 1935.
GS Bd. 6-8: Ester, Karl d'/Münster, Hans A./Schellberg, Wilhelm/Wentzke, Paul (Hrsg.), *Rheinischer Merkur, 1. Band (1814)*, Köln 1928.
GS Bd. 9-11: Ester, Karl d'/Münster, Hans A./Schellberg, Wilhelm/Wentzke, Paul (Hrsg.), *Rheinischer Merkur, 2. Band (1815/16)*, Köln 1928.
GS Bd. 12: Kirfel, Willibald (Hrsg.), *Joseph Görres. Das Heldenbuch vom Iran aus dem Schah Nameh des Firdussi*, Köln 1942.
GS Bd. 13: Wohlers, Günther (Hrsg.), *Joseph Görres. Politische Schriften* (1817-1822), Köln 1929.
Görres, Marie (Hrsg.), *J. Görres, Gesammelte Schriften. Erste Abtheilung. Politische Schriften*, 6 Bde, 1854-1860 (=*GPS*)
Görres, Marie (Hrsg.), *J. Görres. Gesammelte Schriften*, 9 Bde, München 1854-1874.
Schellberg (Hrsg.), J. v. Görres' *Ausgewählte Werke und Briefe*, Bd. I: *Ausgewählte Werke*, Kempten-München 1911.
Münster, H., *Johann Joseph Görres. Eine Auswahl aus seinen nationalen Schriften*, Hamburg 1925.
Tau, Max (Hrsg.), *Joseph Görres. Eine Auswahl aus seinen Schriften*, Berlin 1931.

Quellenausgaben, Briefwechsel, zeitgenöss. Werke, Autobiographien, Erinnerungen, Werkausgaben.

Adressbücher Koblenz (www.dilibri.de):
Adreßbuch für den Regierungsbezirk Coblenz auf das Jahr 1817, 1818, 1820, 1821, 1822, 1823, 1824, 1825, 1826, 1831, 1836.
Adreß-Handbuch der Stadt Koblenz, Koblenz 1840; *Neues Adreßbuch der Stadt Coblenz* 1844, 1850.
Almanach d'adresses de la ville de Coblence pour l'an XII, Koblenz 1804.
Handbuch für die Bewohner der Stadt Koblenz, die öffentlichen Plätze, Gebäude, Anstalten, Straßen, Hausnummern, Hausbesitzer so wie Verordnungen der öffentlichen Sicherheit, im Markt- und Privatverkehr, und Taxen mehrerer öffentlichen Arbeiten enthaltend, Koblenz 1823; 1824, 1828.
Kalender für den Regierungsbezirk Coblenz auf das Jahr 1817-1818; Kalender und Adreß-Handbuch für den Regierungsbezirk Coblenz auf das Jahr 1820-1825.
Geschäfts-Kalender für den Regierungs-Bezirk Koblenz auf das Jahr 1820; Geschäfts- und Adreß-Kalender des Regierungsbezirks Koblenz, Koblenz 1836.
Anon., *Die preußische Verfassungsfrage: Sammlung aller auf die Verordnung vom 22ten Mai bezüglichen Aktenstücke, Gesetze, Petitionen, Landtags-Abschiede, Denkschriften u.s.w.*, Berlin/ Leipzig 1845.

Baxa, Jakob (Hrsg.), *Adam Müllers Lebenszeugnisse*, 2 Bde., München-Paderborn-Wien 1966.
Becker-Jàkli, Barbara (Bearb.), *Eberhard von Groote: Tagebuch 1815-1824*, Bd. 2: *Tagebuch 1816*, Köln 2020.
Bernauer, Markus/ Miller, Norbert/ Neuber, Frederike (Hrsg.), *Jean Paul – Sämtliche Briefe digital*. In der Fassung der von Eduard Berend herausgegebenen 3. Abteilung der Historisch-kritischen Ausgabe (1952-1964), Berlin 2018.
Betthausen, Peter (Hrsg.), *Philipp Otto Runge. Briefe und Schriften*, Berlin 1981.
Betz, Otto/ Straub, Veronika (Hrsg.), *Bettine und Arnim. Briefe der Freundschaft und Liebe*, 2 Bde., Frankfurt 1986f.
Boisserée, Mathilde (Hrsg.), *Sulpiz Boisserée. Lebensbeschreibung und Briefwechsel*, 2 Bde., Stuttgart 1862.
Boisserée, Sulpiz, *Tagebücher*, hrsg. Hans-J. Weitz, Bd. 1: 1808-1823, Darmstadt 1978.
Botzenhart, Erich (Hrsg.), *Freiherr vom Stein, Briefwechsel, Denkschriften und Aufzeichnungen*, 7 Bände, 1931-1937: Bd. 5 (1933).
Brentano, Clemens, *Werke*, hrsg. v. Wolfgang Frühwald u. Friedhelm Kemp, 4 Bde., München 1968ff.
Brentano, Clemens, *Sämtliche Werke und Briefe, Historisch-Kritische Ausgabe (Frankfurter Brentano-Ausgabe FBA)*, 42 Bde. (hrsg. von Anne von Bohnenkamp-Renken, Konrad Feilchenfeldt, Jürgen Behrens, Wolfgang Frühwald, Detlev Lüders u.a.), Stuttgart/Berlin/Köln/Mainz 1975ff.
Breslau, Ralf, *Der Nachlass der Brüder Grimm: Teil 1: Katalog*, Wiesbaden 1997.

Chézy, Helmina von, *Leben und Kunst in Paris seit Napoleon I.*, 1804 (neu hrsg. von Bénédicte Savoy, Berlin 2009).
Czygan, Paul, *Zur Geschichte der Tagesliteratur während der Freiheitskriege*: Bd. 2, Abt. 1 und 2: Aktenstücke, Leipzig 1911, repr. 2013.

Dorow, Wilhelm, *Erlebtes aus den Jahren 1790-1827*, Teil III, Leipzig 1845.
Duch, Arno, *Rheinischer Merkur* (*Der Deutsche Staatsgedanke*, R. 1, 11), Bd. 1, München 1921.

Gebhardt, Michael/ Haustein, Jens/ Jaehrling, Jürgen/ Höppner, Wolfgang (Hrsg.), *Briefwechsel der Brüder Grimm*, Bd. 4: *Briefwechsel der Brüder Jacob und Wilhelm Grimm mit Theodor Georg von Karajan, Wilhelm Wackernagel, Johann Hugo Wyttenbach und Julius Zacher*, 2009.
Grus, Michael, *Brentanos Gedichte „An Görres" und „An Schinkel". Histor.-kritische Edition der bislang ungedruckten Entwürfe mit Erläuterungen*, Frankfurt a. Main 1993.

Hansen, Joseph (Hrsg.), *Quellen zur Geschichte des Rheinlandes im Zeitalter des französischen Revolution 1780-1801*, 4 Bde., Bonn 1931-1938.
Horlacher, Rebekka/Tröhler, Daniel (Hrsg.), *Sämtliche Briefe an Johann Heinrich Pestalozzi, Kritische Ausgabe*, 6 Bde., Berlin/Zürich 2009-2015; Band 4: 1814 - Juli 1817, Zürich 2012; Bd. 5: August 1817-1820, Zürich 2013.
Hubatsch, Walther (Hrsg.), *Freiherr vom Stein, Briefe und amtliche Schriften*, 10 Bde., Stuttgart 1957-1974; Bd. 5 (1964).

Koch, Willi A. (Hrsg.), *Briefe deutscher Romantiker*, Leipzig 1938.
Kössler, Franz (Hrsg.), *Register zu den Matrikeln und Inscriptionsbüchern der Universität Gießen WS 1807/08 - WS 1850*, Gießen 1976.
Kohlrausch, Heinrich Friedrich, *Erinnerungen aus meinem Leben*, Hannover 1863.
Kuhn, Axel (Hrsg.), *Linksrheinische deutsche Jakobiner. Aufrufe, Reden, Protokolle. Briefe und Schriften 1794-1801*, Stuttgart 1978.

Öffentliches Blatt für die allgemeinen im General-Gouvernement des Mittelrheins erscheinenden Verordnungen, welche gesetzliche Kraft haben, Koblenz (Pauli) 1814.
Oehring, Sabine (Hrsg.), *Clemens Brentano, Briefe V* (1813-1818): *Sämtliche Werke und Briefe (FBA)*, Band 33, Stuttgart/Berlin/Köln 2000.

Pestalozzi, Johann Heinrich, *Sämtliche Briefe*, hrsg. v. Pestalozzianum Zürich und der Zentralbibliothek Zürich, 13 Bde., Zürich 1946-1971, Bd. 14: Nachtragsband, Zürich 1995.

Pilat, Joseph Anton von (Hrsg.), *Briefwechsel zwischen Friedrich Gentz und Adam Heinrich Müller*: 1800-1829, Stuttgart 1857 (ND: Friedrich Gentz, *Gesammelte Schriften*, hrsg. von Günther Kronenbitter. Bd. 9, Hildesheim 2002).

Raab, Heribert (Hrsg.), *Joseph Görres. Leben und Werk im Urteil seiner Zeit* (Quellensammlung), *GS Erg.Bd.* 1, Paderborn/München/Wien/Zürich 1985.

Reifferscheid, Alexander (Hrsg.), *Eberhard von Groote, Mitteilungen aus seinem Briefwechsel mit G. Fr. Benecke, J. Fr. Böhmer, M. und S. Boisserée, B. I. Docen, dem Kronprinzen Friedrich Wilhelm, Gr. v. Gneisenau, J. Görres, J. und W. Grimm, H. v.d. Hagen, A. v. Haxthausen, H. Hoffmann v. F., F. J. Mone, Ph. J. Rehfues, A. W. v. Schlegel, der Prinzessin Wilhelm u. A. aus den Jahren 1815-1859*, Bonn 1875.

Reifferscheid, Alexander, Erinnerung an Eberhard von Groote, in: *Monatsschrift für rheinisch-westfälische Geschichtsforschung und Alterthumskunde* Jg. 1, 1875, S. 30-44, 539-560.

Reimann, Angelika (Hrsg.), *Goethe. Begegnungen und Gespräche*, Bd. 20 (1815/16), 2018.

Rölleke, Heinz (Hrsg.), *Briefwechsel zwischen Jacob und Wilhelm Grimm. Kritische Ausgabe* Bd. 1.1, 2001.

Rühl, Franz (Hrsg.), *Briefe und Aktenstücke zur Geschichte Preussens unter Friedrich Wilhelm III., vorzugsweise aus dem Nachlass von F.A. Stägemann*, Bd. 2, Leipzig 1900.

Schiel, Hubert (Hrsg.), *J. M. Sailers Briefe*, Regensburg 1952.

Schoof, Wilhelm/ Schnack Ingeborg (Hrsg.), *Briefe der Brüder Grimm an Savigny*, Berlin 1953.

Schoof, Wilhelm, Freundesbriefe der Familie Haxthausen an die Brüder Grimm, in: *Westfäl. Zeitschrift* 94 (1938), S. 57-142.

Strauß, Ludwig, Aus dem Nachlaß Johann Gottfried Ebels. Bisher ungedruckte Briefe von Fichte, Hölderlin, Görres und andern, in: *Euphorion* 32 (1931), S. 353-393; 353f.

Toepke, Gustav (Hrsg.), *Die Matrikel der Universität Heidelberg*, 4. Teil: 1704-1807, Heidelberg 1903; 5. Teil: 1807-1846, Heidelberg 1904.

Vollborn, Friedrich, *Erlebtes*, hrsg. von Jörg Titze, 4 Bde., Bd. 4: 1814-1816, 2014.

Vortriede, Werner/Bartenschlager, Gabriele, *Dichter über ihre Dichtungen. Clemens Brentano*, Frankfurt 1970.

Weiss, Hermann F. (Hrsg.), *Unbekannte Briefe von und an Achim von Arnim aus der Sammlung Varnhagen und anderen Beständen* (*Schriften zur Literaturwissenschaft* 4), Berlin 1986.

Weitz, Hans-J. (Hrsg.), *Sulpiz Boisserée, Tagebücher*, Bd. 1: 1808-1823, Darmstadt 1978.

Weitz, Hans-J. (Hrsg.), *Marianne and Johann Jakob Willemer: Briefwechsel mit Goethe*, Frankfurt am Main 1965.

Wendeler, Camillus (Hrsg.), *Der Briefwechsel des Frh Karl Hartwig Gregor von Meusebach mit Jacob und Wilh Grimm. Nebst einleitenden Bemerkungen über den Verkehr des Sammlers mit gelehrten Freunden, Anmerkungen und einem Anhang von der Berufung der Brüder Grimm nach Berlin*, Heilbronn 1880.

Wurm, Chr. Friedrich (Hrsg.), *Beiträge zur Geschichte der Hansestädte in den Jahren 1806-1814: aus den nachgelassenen Papieren von Carl von Villers*, Hamburg 1845.

Zimmer, Heinrich W.B., *Johann Georg Zimmer und die Romantiker. Ein Beitrag zu Geschichte der Romantik mit bisher ungedruckten Briefen von Arnim, Böckh, Brentano, Görres, Marheineke, Fr. Perthes, F.C. Savigny, Brüder Schlegel, L.Tieck, de Wette u.a.*, Frankfurt a.M. 1888.

Sekundärliteratur

Bär, Max, *Geschichte der Stadt Koblenz 1814/1914*, Koblenz 1922.
Bär, Max, *Die Behördenverfassung der Rheinprovinz seit 1815*, Bonn 1919, Nachdruck 1965.
Betthausen, Peter, *Künstlergemeinschaften der Romantik*, Berlin 2016.
Beusch, Carl Heiner, *Adlige Standespolitik im Vormärz: Johann Wilhelm Graf von Mirbach-Harff (1784-1894)*, Münster 2001.
Bianco, Franz Joseph von, *Versuch einer Geschichte der ehemaligen Universität und der Gymnasien der Stadt Köln*, Köln 1833.
Büttner, Frank, *Peter Cornelius. Fresken und Freskenprojekte*, 2 Bde., Wiesbaden 1980.

Czygan, Paul, *Zur Geschichte der Tagesliteratur während der Freiheitskriege*, 2 Bde.: Bd. 1: *Einleitung und Einführung in die Aktenstücke, Darstellung*, Leipzig 1911.

Doerr, Wilhelm (Hrsg.), *Semper Apertus. Sechshundert Jahre Ruprecht-Karls-Universität Heidelberg, 1386 bis 1986*, 6 Bde., Heidelberg 1985.
Dotzauer, Winfried, Die Koblenzer Freimaurerloge l'Union désirée. Ein Beitrag zu Aufklärung und Empire am Mittelrhein, in: *Jahrbuch für Geschichte des Mittelrheins und seiner Nachbargebiete* 22/23 (1970/71), S. 65-108.
Drüll, Dagmar, *Heidelberger Gelehrtenlexikon*, 4 Bde., Heidelberg 1986-2009: Bd. 2: 1652-1802, 1991; Bd. 3: 1803-1932, Berlin, Heidelberg 1986, 2. Aufl. 2019.

Eberlein, Kurt Karl, Carl Mosler. Zur Geschichte der rheinischen Kunstwissenschaft, in: *Wallraf-Richartz Jahrbuch* Bd. 5 (1928), S. 109-118.

Faber, Karl Georg, *Die Rheinlande zwischen Restauration und Revolution. Probleme der rheinischen Geschichte von 1814 bis 1848 im Spiegel der zeitgenössischen Publizistik*, Wiesbaden 1966.
Feilchenfeldt, Konrad, *Brentano-Chronik. Daten zu Leben und Werk*, München-Wien 1978.
Fink-Lang, Monika, *Joseph Görres. Die Biographie*, Paderborn 2013.
Fink-Lang, Monika, *Joseph Görres. Ein Leben im Zeitalter von Revolution und Restauration*, Kevelaer 2015.
Fischer, Bernhard, *Der Verleger Johann Friedrich Cotta. Chronologische Verlagsbibliographie 1787-1832*, 3 Bde., Marbach 2003.
Fischer, Bernhard, *Johann Friedrich Cotta. Verleger, Entrepreneur, Politiker*, Göttingen 2014.
Folter, Roland, *Deutsche Dichter- und Germanistenbibliotheken*, Stuttgart 1975.
Friemel, Berthold, Jacob Grimms unpreußische Ansichten über Polen und Sachsen. Bisher ungedruckte Polemiken Arnims und Varnhagens gegen eine Korrespondenz im *Rheinischen Merkur*. Mit einem Anhang: Jacob und Wilhelm Grimms Beiträge zum *Rhein. Merkur*, in: *Brüder Grimm Gedenken* Bd. 10 (1993).
Friemel, Berthold, Unpreußische Ansichten. Dokumente und Tatsachen zum politischen Engagement der Brüder Grimm 1813-1815, in: *Brüder Grimm Gedenken Bd.* 11 (1999), S. 178-196.

Gersdorff, Dagmar von, *Die Erde ist mir Heimat nicht geworden: Das Leben der Karoline von Günderrode*, Frankfurt a. Main 2006.
Grunewald, Eckard, *Friedrich Heinrich von der Hagen 1780-1856. Ein Beitrag zur Frühgeschichte der Germanistik*, Berlin/New York 1988.

Hagman, Reinhard, *Görres und seine politische Publizistik zwischen 1810 und 1822 im zeitgenössischen Urteil*, Diss. Mainz-Bonn 1953.
Hauck, Karl, *Catalogus librorum manu scriptorum e Bibliotheca Goerresiana*, München 1902.
Heinickel, Gunter, *Adelsreformideen in Preußen: Zwischen bürokratischem Absolutismus und demokratisierendem Konstitutionalismus (1806-1854)*, München/Wien 2014.
Heitger, Elisabeth, *Die Koblenzer Maler und ihre Werke in der ersten Hälfte des 19. Jahrhunderts*, Bonn 1982.

Herre, Franz, *Freiherr vom Stein. Sein Leben – seine Zeit*, Köln 1973.
Herres, Jürgen, Das preußische Koblenz, in: *Geschichte der Stadt Koblenz,* Bd. 2. *Von der französischen Stadt bis zur Gegenwart*, Stuttgart 1993, S. 49-118.
Heßelmann, Peter, *August Freiherr v. Haxthausen: Sammler von Märchen, Sagen und Volksliedern, Agrarhistoriker und Russlandreisender aus Westfalen (Ausstellung der Univ.bibl. Münster),* Münster 1992.
Heyderhoff, Julius, Görres, Benzenberg und die Anfänge der Universität Bonn. Mit zwei ungedruckten Briefen, in: *Kölnische Zeitung* 26.1.1926.
Hoeber, Karl (Hrsg.), *Görres-Festschrift. Aufsätze und Abhandlungen zum 150. Geburtstag von Joseph Görres*, Köln 1926.
Hofmeister, Wernfried/Hofmeister-Winter, Andrea (Hrsg.), *Wege zum Text. Überlegungen zur Verfügbarkeit mediävistischer Editionen im 21. Jahrhundert*, Tübingen 2009.
Holtzendorff, Albrecht Graf von, *Beiträge zu der Biographie des Generals Frh. von Thielmann und zur Geschichte der jüngst vergangenen Zeit,* Leipzig 1830.
Hurlebusch, Klaus/ Hurlebusch, Rose-Maria (Bearb.), *Autoren, Bücher, Verleger. Briefe aus dem Zeitraum 1747-1873. Nach den Handschriften wiedergegeben und mit Anmerkungen versehen*, Hamburg 1977.

Jacobs, Emil, Die Handschriftensammlung Joseph Görres. Ihre Entstehung und ihr Verbleib, in: *ZblBiblw.* 23 (1906), S. 189-204.
Johann Georg Herzog zu Sachsen, Joseph Görres' Gefangennahme durch sächsische Soldaten im Sommer 1814, in: Hoeber (Hrsg.), *Görres-Festschrift,* S. 114-118.
Just, Leo, *Franz von Lassaulx. Ein Stück rheinischer Lebens- und Bildungsgeschichte im Zeitalter der großen Revolution und Napoleons*, Bonn 1926.

Kaufmann, Paul, Joseph Görres und Andreas Reimer, in: Hoeber (Hrsg.), *Görres-Festschrift,* 1926, S. 119-125.
Klein, Adolf, Die rheinische Justiz und der rechtsstaatliche Gedanke in Deutschland, in: Wolffram, Josef/ Klein, Adolf (Hrsg.), *Recht und Rechtspflege in den Rheinlanden*, Köln 1969.
Knaack, Jürgen, Achim von Arnim und der „Preußische Correspondent", in: Ricklefs, Ulfert (Hrsg.), *Universelle Entwürfe – Integration – Rückzug: Arnims Berliner Zeit (1809-1814),* Tübingen 2000 *(Schriften der Internationalen Arnim-Gesellschaft* Bd. 1), S. 133-142.
Knaack, Jürgen, *Achim von Arnim, nicht nur Poet: die polit. Anschauungen Arnims in ihrer Entwicklung: mit ungedr. Texten u. einem Verzeichnis sämtl. Briefe*, Vowinckel 1976.

Mallmann, Luitwin, *Französische Juristenausbildung im Rheinland 1794-1814. Die Rechtsschule von Koblenz,* Köln 1987.
Matthaei, Renate, *Sulpiz Boisserée und die Vollendung des Kölner Doms. Eine Biographie*, 2016.
Mayer, Carl Ignaz Mosler, in: *Rhein. Heimatblätter* Nr. 6 (1925), S. 172-176.
Moering, Renate, *Die Karitas in Koblenz und Clemens Brentanos Ordensgeschichte „Die Barmherzigen Schwestern"*, Koblenz 1982.
Moldenhauer, Dirk, *Geschichte als Ware. Der Verleger F.C. Perthes (1772-1843) als Wegbereiter der modernen Geschichtsschreibung*, Köln/ Weimar 2008.
Müller, Jürgen, *Von der alten Stadt zur neuen Munizipalität. Die Auswirkungen der frz. Rev. in den linksrheinischen Städten Speyer und Koblenz*, Koblenz 1991.
Müller, Karl Alexander von, *Görres in Straßburg 1819/20. Eine Episode aus dem Beginn der Demagogenverfolgungen,* Stuttgart/Berlin/Leipzig 1926.

Perthes, Clemens Theodor, *Friedrich Perthes Leben nach dessen schriftlichen und mündlichen Mittheilungen*, 3 Bde., Gotha 1848-1855.
Pertz, Georg Heinrich, *Das Leben des Ministers Freiherrn vom Stein*, 6 Bde., Berlin 1850-1855: Bd. 5 (1815-1823), Berlin 1854.
Portmann-Tinguely, Albert, *Görres-Bibliographie (GS/Ergänzungsband* 2), Paderborn 1993.
Priesdorff, Kurt v., *Soldatisches Führertum,* 10 Bde., Hamburg 1937-1942.

Reichel, Otto, *Der Verlag v. Mohr u. Zimmer in Heidelberg und die Heidelberger Romantik*, Diss. Augsburg 1913.

Reifferscheid, Alexander, Erinnerung an Eberhard von Groote, in: *Monatsschrift für rheinisch-westfälische Geschichtsforschung und Alterthumskunde* 1 (1875).

Reiners, Heribert, *Die Kölner Malerschule,* Mönchen-Gladbach 1925.

Ritter, Gerhard, *Freiherr von Stein: eine politische Biographie*, Stuttgart 1931 (Ndr. 2018).

Romeyk, Horst, *Die leitenden staatlichen und kommunalen Verwaltungsbeamten der Rheinprovinz 1816-1945* (*Publikationen der Gesellschaft für Rheinische Geschichtskunde*. Band 69), Düsseldorf 1994.

Savoy, Bénedicte, *Kunstraub: Napoleons Konfiszierungen in Deutschland und die europäischen Folgen; mit einem Katalog der Kunstwerke aus deutschen Sammlungen im Musée Napoléon*, Wien, 2011.

Schagen, Alfons, *J. Görres und die Anfänge der preußischen Volksschule am Rhein 1814-1816* (*Studien zur Rheinischen Geschichte* Heft 7), Bonn 1913.

Schagen, Alfons, *Schule und Unterricht während der provisorischen preussischen Verwaltung der Rheinlande 1814-1816: Mit besonderer Berücksichtigung der Tätigkeit von Josef Görres als Direktor des öffentlichen Unterrichts*, Diss. Bonn 1913.

Schlechter, Armin, Populäre Fassungen oder wissenschaftliche Editionen? Ludwig Tieck, die Heidelberger Romantik, die Brüder Grimm und Ferdinand Glöckle, in: Hofmeister, Wernfried/ Hofmeister-Winter, Andrea (Hrsg.), *Wege zum Text: Überlegungen zur Verfügbarkeit mediävistischer Editionen im 21. Jh.*, Tübingen 2009, S. 167-184.

Schmidt, Hans M., *Der Meister des Marienlebens und sein Kreis: Studien zur spätgotischen Malerei in Köln*, 1978.

Schmitz, Christian, *Die Vorschläge und Entwürfe zur Realisierung des preuß. Verfassungsversprechens 1806-1819. Eine rechtliche Bilanz zum Frühkonstitutionalismus der Stein-Hardenberg'schen Reformzeit*, Göttingen 2010.

Schütz, Wolfgang, *Koblenzer Köpfe. Personen der Stadtgeschichte – Namensgeber für Straßen und Plätze.* 2. überarb. u. erw. Auflage, Mülheim-Kärlich 2005.

Schultz, Frantz, *Joseph Görres als Herausgeber, Literarhistoriker, Kritiker im Zusammenhange mit der jüngeren Romantik. Mit einem Briefanhang,* Berlin 1902 (Neudruck New York/ London 1967).

Selle, Götz von, *Die Matrikel der Georg-August-Universität zu Göttingen*, Bd. 1: 1734-1837, Hildesheim 1937.

Sepp, Johann Nepomuk, *Görres und seine Zeitgenossen*, Nördlingen 1877.

Seynsche, Gudrun, Der Revisionshof in Koblenz (1814-1819), in: Reiner Schulze (Hrsg.), *Rheinisches Recht und Europäische Rechtsgeschichte,* Berlin 1998, S. 37-60.

Seynsche, Gudrun, *Der Rheinische Revisions- und Kassationshof in Berlin (1819-1852). Ein rheinisches Gericht auf fremdem Boden*, Berlin 2003 (*Schriften zur europäischen Rechts- und Verfassungsgeschichte* 43).

Spiertz, Willi, *Eberhard von Groote: Leben und Werk eines Kölner Sozialpolitikers und Literaturwissenschaftlers (1789-1864)*, Köln 2007

Spies, Karl-Ludwig, *Der Beleidigungsprozess zwischen dem Herausgeber Joseph Görres und dem Generalgouvernementskommissar Ernst H. E. Sack. Ein Nachspiel zum Verbot des „Rheinischen Merkurs" im Januar 1816*, Liz.-Arb.Masch, Freiburg/Schweiz 1991.

Steig, Reinhold, Gesammelte kleine Bemerkungen zu Dichtern und Schriftstellern des 18. und 19. Jhs, in: *Euphorion* 15. Erg.heft (1923), S. 70f.

Stein, Robert, Görres und die Pestalozzischule in Koblenz, in: *Koblenzer Volkszeitung* Nr. 35 (15.2.1927).

Stern, Alfred, Die preuß. Verfassungsfrage im Jahr 1817 und die Rundreise von Altenstein, Klewitz, Beime, in: *Deutsche Zeitschrift für Geschichtswissenschaft 9* (1893), S. 62-99.

Stoll, Adolf (Hrsg.), *Friedrich Karl von Savigny. Ein Bild seines Lebens mit einer Sammlung seiner Briefe*, 3 Bde., Berlin 1927-39.

Strack, Friedrich (Hrsg.), *Heidelberg im säkularen Umbruch. Traditionsbewußtsein und Kulturpolitik um 1800*, Stuttgart 1987.

Strack, Friedrich (Hrsg.), *200 Jahre Heidelberger Romantik*, Berlin/Heidelberg 2008.

Stramberg, Christian von, *Denkwürdiger und nützlicher Rheinischer Antiquarius, welcher die wichtigsten und angenehmsten geographischen, historischen und politischen Merkwürdigkeiten des ganzen Rheinstroms, von seinem Ausflusse in das Meer bis zu seinem Ursprunge darstellt. Von einem Nachforscher in historischen Dingen*, 39 Bde., Koblenz 1843-1871.

Traube, Ludwig, Bibliotheca Görresiana, in: *Neues Archiv d. Ges. f. ältere deutsche Geschichtskunde* 27 (1902), S. 737-739.

Vanden Heuvel, Jon, *A German Life in the Age of Revolution: Joseph Görres, 1776-1848*, Washington D.C. 2001.

Wegeler, Julius, *Coblenz in seiner Mundart und seinen hervorragenden Persönlichkeiten*, Koblenz 1876, 2. Aufl. 1906.

Wendling-Zabern, Emil, Görres' Reise ins Elsaß 1818, in: *Jahrbuch für Geschichte, Sprache und Literatur Elsass-Lothringens*, Jg. 30, Straßburg 1914, S. 161-166.

Wiefling, Christian, Die Personalpolitik am Rheinischen Appellationsgerichtshof zwischen Preußen und Rheinland, in: Hans-Peter Haferkamp, Margarete Gräfin von Schwerin (Hrsg.), *Das Oberlandesgericht Köln zwischen dem Rheinland, Frankreich und Preußen*, Köln 2019, S. 169-196.

Wolffram, Josef/ Klein, Adolf (Hrsg.), *Recht und Rechtspflege in den Rheinlanden*, Köln 1969.

Worbs, Hermann, Geschichte des Königlichen Gymnasiums zu Coblenz von 1582-1882, in: *Festschrift zu dem dreihundertjährigen Jubiläum des Königlichen Gymnasiums zu Coblenz*, hrsg. von J. P. Binsfeld, Koblenz 1882.